평양
대부흥운동

평양대부흥운동
ⓒ 한국기독교사연구소 2024

2000년 09월 20일 1판 1쇄 발행
2005년 02월 25일　　 7쇄 발행
2007년 01월 13일 2판 1쇄 발행 (이상 생명의말씀사)
2024년 12월 15일 3판 1쇄 발행

지은이: 박용규
펴낸이: 박용규
펴낸곳: 한국기독교사연구소
등　록: 2005. 10. 5. 등록 25100-2005-212호
주　소: 서울시 마포구 성지길 54 (04083)
전　화: 02) 3141-1964 (Fax. 02-3141-1984)
이메일: kich-seoul@daum.net

기획편집: 한국기독교사연구소
디 자 인: 김은경, 황예준
인　쇄: 아람 P&B

ISBN 979-11-87274-27-8 (93230)

저작권자의 허락 없이 이 책의 일부 또는 전체를
무단 복제, 전재, 발췌하면 저작권법에 의해 처벌을
받습니다.

평양 대부흥운동

| 박용규 지음 |

주요 선교단체들의 선교 구역 분계도

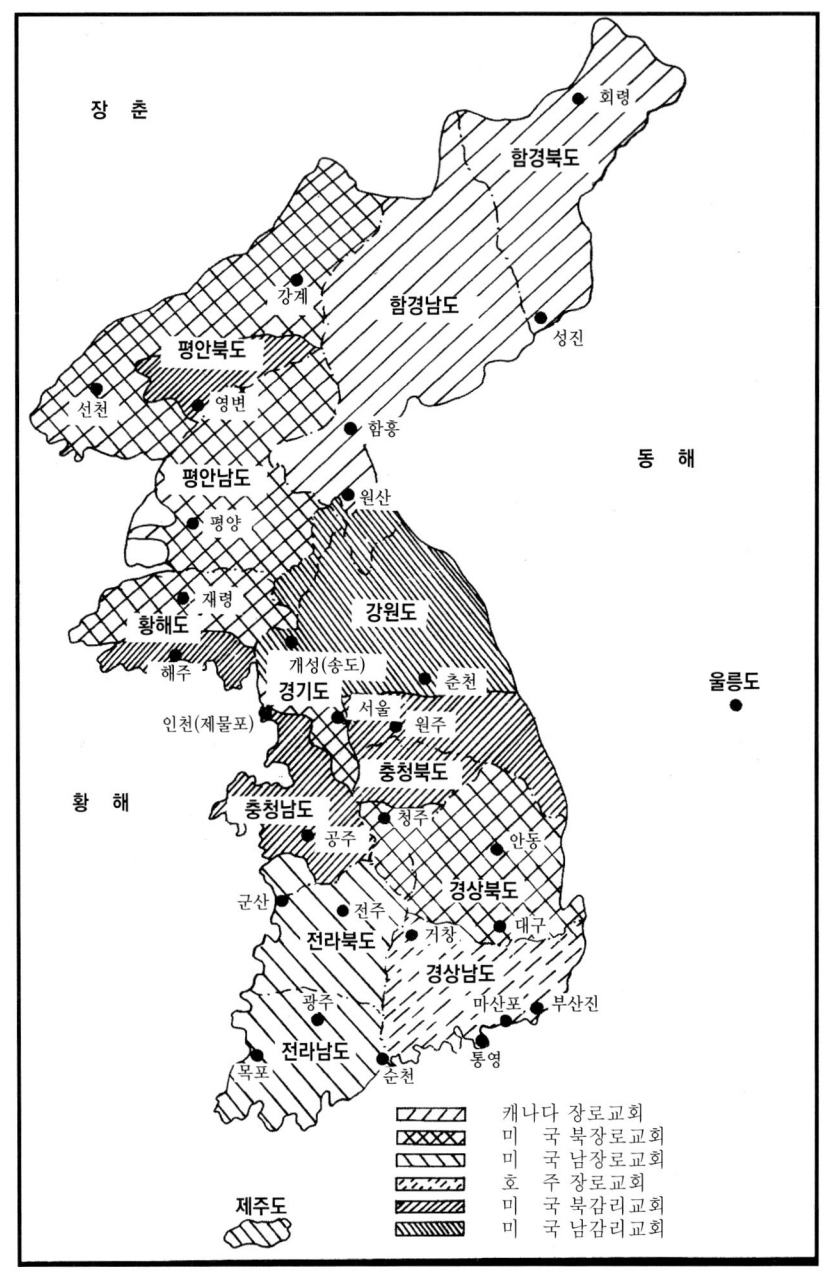

평양대부흥운동
100주년 기념 개정판을 내면서

　2000년 첫판이 출간된 이래 평양대부흥운동은 많은 사랑을 받아 왔다. 무엇보다 100년전 이 땅에 부어주신 영적유산의 가치를 깊이 공감하는 움직임이 일어나 점점 더 많은 이들이 그 놀라운 성령의 역사를 사모하며 기도하고 있는 것은 참으로 감사한 일이다.

　평양대부흥운동 100주년을 맞아 그동안 새롭게 발견한 자료들과 일부 부정확한 부분을 수정 보완하여 평양대부흥운동 100주년 기념 개정판을 출간하게 되었다. 사도행전 이후 가장 강력한 성령의 역사로 평가받고 있는 평양대부흥운동의 역사를 정확하게 전달하는 일이야 말로 가장 긴요하고 시급한 일이다. 개정판은 초판의 내용과 체제를 그대로 유지하되 각주의 원문자료(原文資料)들을 일일이 확인하면서 부정확한 부분을 바로 잡았다. 무엇보다 관련 사진 자료들을 상당히 보완하여 독자들이 좀 더 친근하게 다가갈 수 있도록 다듬었다.

　마침 안식년을 맞아 미국 예일대학교에 객원교수로 머물 수 있는 기회가 주어져 이 작업이 가능할 수 있었다. 귀한 기회를 주신 하나님께 먼저 감사를 드리며 객원교수로 풍부한 자료를 마음껏 활용할 수 있는 기회를 제공한 예일대학교 당국과, 특히 이 일에 많은 지원을 아끼지 않은 예일대학교 신학대학원 교수이면서 도서관 관장인 폴 스튜렌버그 박사(Dr. Paul Stuehrenberg)와 도서관 사서 수잔 브래디(Susan P. Brady)에게 감사를 드린다.

　본서가 주께서 100년 전 이 땅에 부어주신 놀라운 성령의 역사를 정확히 전달하여 한국 교회로 하여금 다시 부흥을 꿈꾸도록 돕는 일에 작은 도구로 쓰임 받기를 바라며 하나님께 영광을 돌린다.

2007년 1월 14일
평양대부흥운동 100주년 기념일에
박용규

찬하의 글

閔庚培
(延世大學校 名譽敎授)

이번 외우(畏友) 박용규 박사님께서 평양대부흥운동이란 실로 방대한 저작을 공간하시었다. 장장 700여 페이지에 이르는 대작이다. 우리나라에서 학술저술로 이만한 크기의 서적은 아마도 최초의 것이 아닌가 하는 생각을 한다. 다들 공하동경(共賀同慶)의 갈채를 보내지 않을 수가 없다.

더구나 이번에 간행한 연구는 한국 교회의 골격을 굳힌 획기적 사건으로서의 평양대부흥운동에 대해 더 이상의 연구를 할 필요가 없게 만들 만큼, 그 범위나 깊이 그리고 자료의 동원과 그 해석의 정묘로 완벽을 기한 우수한 저작이어서, 우리 신학계에 길이 남을 기념비적 공적으로 빛난다.

우리 한국 교회의 모든 신학적, 목회적 문제들은 이 평양대부흥운동을 그 정통(正統)으로 하여 그 역사의 영광을 빛내고 그 정수에 이르면 다 풀린다고 할 수 있을 정도의 무게를 가진 사건(史件)이다. 한데 지금까지 그 해석이 자료의 불충분한 확보와 해석의 완고로 포괄적이면서도 적의(適宜)한 분석과 의미 발굴에 미흡하였다는 자책이 없지 아니하였다. 여기 박용규 박사님은 "일종의 소명의식"을 가지고 이 운동의 역사적 재구성을 위한 작업에 나서 이에 그 글을 마치심에, 깊은 경의와 뜨거운 찬하로 그 오랜 연구의 실적을 반기지 않을 수가 없다.

더구나 우리는 그의 학자로서의 겸손에 깊이 감동을 받는다. 이만한 정도의 대작인

데도 스스로 "어느 정도의 식견을 갖추어야 할 필요성" 때문에 이런 연구를 하게 되었다는, 그 겸비의 자세에서라면 이 저서의 깊이와 그 완벽을 알고도 남는다. "한국 교회의 영적각성운동에 작은 기여라도 할 수 있기" 바란다는 그의 소박한 신앙이 실로 이 저작의 품위를 더해주고도 남는다. 더구나 그는 서문의 반 이상의 분량을 그가 가서 연구한 곳 도서관이나 대학 당국자들에 대한 감사로 일관하고 있어서, 그런 사사(謝辭)의 망라를 기하면서도 그의 연구에 동원된 자료의 폭을 공개하는 뜻도 있는지라, 이래저래 저자의 참 면목을 바라보게 한다. 존덕성이도문학(尊德性而道問學)이라. 달리는 경신앙이도문학(敬信仰而道問學)이다. 한국 교회 신학의 대세에 이런 물결이 도도히 흐르기를 얼마나 고대하였던가.

이 저작은 선교사들과 선교본부의 자료들을 구석구석 탐색하여 광범위하게 원용(援用)하고 있을 뿐만 아니라, 감리교계의 자료가 아주 다량 자세하게 그리고 객관적으로 사용되면서, 균형 잡힌 해석의 정수(精髓)를 보여 주고 있는 것이 당장 눈에 띈다. 이것은 물론 북감리교계의 부흥운동에 대한 거부의 자세 같은 것도 명시하여 그 본상(本像) 조명(照明)에 정확을 기하였다는, 그런 비판적인 뜻도 포함한다.

본서는 이렇게 해서 지금까지의 평양대부흥운동의 전모 규명에 계속되던 일말의 하자(瑕疵)를 불식(拂拭)했다는 의미를 가졌을 뿐만 아니라, 한국 교회 부흥운동 본래의 원류(源流)에 흐르던 신앙의 참 모습을 확인하여 그것을 정통화하였다는, 그런 역사적 의미도 가진다.

우리는 다시 하나, 본서에서 역사 진행의 실체가 무엇인가 하는, 가장 중요한 주제의 실체가 드러난 사실을 알게 된다. 그것은 한국의 복음주의 역사방법론의 거대한 힘을 시위하는 것이다.

그것은 이렇다. 곧 이 연구는 평양대부흥운동의 역사를 체계화하는 데 성령의 강림을 그렇게 사실적으로 써 내려가는 필치가 유난히 돋보인다. 거기 그의 학문과 동시에 그 표현력의 탁월함을 내보이고 있다.

하지만 그는 하나님이 경륜하시는 데 반드시 사람을 불러 그에게 맡기시는 소명으로 하신다는, 그런 역사 이해의 기조를 분명히 하고 있다. 그래서 여기에서는 한국인 사역자들이나 선교사들의 인간적인 고투의 모습들과 그들의 아픔과 죽음 그리고 환난을 적나라하게 묘사하고 있다. 과로와 추위로 쓰러져간 이들, 그 선교사 자녀들의 병사의 기록들, 이런 이야기들이 이 운동의 거대한 물결의 뒤안길에서 말없이 희생된 인간 드라마로 쓰여지고 있다. 역사가, 전능자의 경륜에 따른, 인간 사역(使役)의 기록들이라는 것이 여기 숙연하게 밝혀지고 있는 것이다.

우리는 본서에서 한편에서는 역사 구성의 사실성 추구, 다른 한편에서는 역사가 꾸며지고 진행되는 데에 작용한 여러 요소들의 포착, 이런 과정에서 보여 준 필자의 정련(精鍊)된 방법론과 그 성실한 자세에 압도된다. 그것이 기조가 되어서 비로소 평양대부흥운동의 역사와 그 참된 모습 그리고 그것이 후대나 다른 나라에 끼친 영향, 이런 것들을 일목요연하게 정리할 수 있는 체계력과 색인력(索引力)이 가동될 수 있었다. 사진 자료들을 대거 실어서 역사의 현장감에 박진감을 더해 준 데에도 이런 구상의 면모가 현저하다.

우리는 본서가 교회사의 연구이면서도 한국 20세기 초의 사회사를 전망(展望)할 수 있는 광역사(廣域史)로 읽혀지게 된다는 점을 분명히 하고 싶다. 따라서 우리는 이런 거대한 신앙운동을 민족사나 사회변동사적인 차원에서 접근한 실증적인 태도나 그 역사 재구성의 정신과 기교에서 본서는 최근에 와서 보기 드물게 시도하여 성취한 한 모델로 한국 교회의 역사에 대서특필되리라 확신한다.

우리는 본서를 통해서 1907년의 한국 교회 부흥운동 그 실상과 역사 및 그것이 한국 교회 향후의 진로에 미친 영향의 엄청난 결과를 확인할 수 있었고, 또 그것이 실제 한국 교회 연수(淵藪)라는 확인을 다시 할 수 있는 기회를 가졌다. 다시 한 번 저자의 현란한 학문적인 업적에 찬하의 글을 남기면서 아쉬운 채로 각필(閣筆)한다.

머리말

누구나 마찬가지만 필자 역시 한국 교회에 널리 알려진 평양대부흥운동에 관심이 많았다. 한국 교회사를 가르치는 한 사람의 교회사가로서 평양대부흥운동의 기원과 발전과 결과에 대한 어느 정도의 식견을 갖추어야 할 필요성을 평소 느끼고 있던 필자는 여기에 대해 한편의 논문을 쓰려고 계획을 세우고 착수했다. 그러나 연구를 계속하면서 한편의 논문으로는 평양대부흥운동의 역사를 총체적으로 정리하는 것이 불가능하다는 판단이 들었다. 그것은, 수많은 지류들이 하나로 뭉쳐 거대한 강줄기를 형성한 것처럼 평양대부흥운동이 하루아침에 우연히 태동된 것이 아니라 그 이전의 수많은 크고 작은 영적각성 움직임들이 연합되어 거대한 운동으로 발흥되었기 때문이다.

따라서 평양대부흥운동 이전에 있었던 원산부흥운동과 평양대부흥운동 이후의 백만인 구령운동을 이해하지 않고는 평양대부흥운동을 제대로 이해할 수도, 서술할 수도 없다는 결론에 이르게 되었다. 필자는 그렇다면 아예 한국 교회의 일련의 부흥운동을 역사적으로 재구성하는 작업을 해야겠다는 일종의 소명의식을 강하게 느끼게 되었다. 마침 안식년이어서 이 일에 몰두할 수 있었다.

안식년을 허락해 준 총신대학교 신학대학원 학교 당국과 재단이사회에 감사드리며, 안식년 동안 객원교수로 연구할 수 있도록 기회를 제공해 준 미국 필라델피아 웨스트민스터 신학교 당국에 진심으로 감사드린다. 그곳에서 연구하는 동안 도서관을 마음대로 이용하고 자료를 수집할 수 있도록 헌신적인 협력을 아끼지 않은 교수님들과 도서관 직원들, 특히 황규명 교수님과 도서관 사서 그레이스(Grace) 양에게 감사를 표하는 바이다.

또한 도서관의 귀한 사료들을 이용할 수 있도록 협력을 아끼지 않은 맥코믹 신학교, 시카고 대학교, 노스웨스턴 대학교, 프린스톤 신학교, 그리고 뉴브룬스위크 신학교 도서관 관계자에게도 진심으로 감사드린다. 이들 학교는 백년이 넘어 한국에서는 고문서로 분류되어 접근하기조차 힘든 귀중본들을 마음 놓고 이용할 수 있도록 배려해 주었다.

필요한 한국 관련 문헌들을 이용할 수 있도록 협력해 준 필라델피아의 장로교 역사학회(Presbyterian Historical Society) 관계자에게도 감사드린다. 상당히 많은 귀한 자료들이 일목요연하게 정리되어 있어 그곳의 한국관련 자료들은 단순히 부흥운동뿐만 아니라 한국 선교역사와 한국 교회사 전반에 대한 연구에 소중한 문헌들이라고 사료된다.

그러나 더 감사한 것은, 이들 학교가 한국 선교와 깊은 관련을 갖고 있는 학교들이었기 때문에 이곳 도서관을 방문하여 자료를 찾고 연구하는 동안 그곳에서 사료 이상의 값진 유산을 피부로 접할 수 있었던 일이다.

한국 교회의 신앙의 유산이 얼마나 값지고 소중한가를 피부로 느낄 수 있었던 것도 본서를 준비하는 과정에서 얻은 값진 결실이었다. 이 글을 읽는 독자들도 필자가 본서를 준비하는 과정에서 발견하고 경험했던 그와 같은 감격을 공유할 수 있었으면 하는 마음 간절하다. 이 책이 완성되기까지 수고를 아끼지 않은 많은 분들에게 감사드린다. 하예성교회 교우들과 동역자들, 그리고 한국교회사 연구소 간사 김석환 목사는 필자에게 변함없는 사랑과 헌신으로 격려를 아끼지 않았다.

끝으로 본서가 한국 교회사 연구와 한국 교회의 영적각성운동에 작은 기여라도 할 수 있기를 간절히 바라며 하나님께 감사를 드린다.

총신대학교 신학대학원
朴容奎 교수

목 차

평양대부흥운동 100주년 기념 개정판을 내면서 · 5
찬하의 글 · 6
머리말 · 9
서론 · 15

제 1부 원산부흥운동(1903-1906)

제 1장 하디와 원산부흥운동 ·· 25
    1. 영적 각성의 시대적 배경 · 26
    2. 하디의 회심과 원산부흥운동의 발흥 · 39
    3. 계속되는 원산부흥운동 · 52

제 2장 원산부흥운동의 확산 ·· 61
    1. 타지역으로 확산되는 성령의 바람 · 62
    2. 연속적인 하디의 부흥 집회 · 74
    3. 확대되는 영적각성운동 · 83

제 3장 을사조약 전후의 영적각성운동 ································ 93
    1. 을사조약과 주권의 상실 · 94
    2. 민족복음화: 민족의 유일한 소망, 기독교 · 113
    3. 전역에서 감지되는 영적각성의 움직임 · 130
    4. 장감연합공회 결성과 신년 부흥회 개최 결정 · 137

제 4장 신년 부흥회와 하디의 귀환 ···································· 145
    1. 계속되는 하디의 부흥 집회 · 146
    2. 신년 부흥회 · 150
    3. 어디서나 눈에 띄는 급속한 교회성장 · 175

제 5장 평양대부흥운동의 준비 ·· 182
    1. 1906년 8월 하디의 평양선교사 사경회 · 183
    2. 하워드 존스톤의 입국과 일련의 사경회 · 191
    3. 목포에서의 영적각성운동 · 201
    4. 선교사들의 정오 기도회 · 212

제 2부 평양대부흥운동(1907-1908)

제 6장 평양대부흥운동의 발흥 ·· 217
    1. 평양대부흥운동의 발단 · 220
    2. 평양의 오순절, 그 첫째날 · 227
    2. 평양의 오순절, 그 둘째 날 · 241

제 7장 평양 전역으로 확산되는 성령의 불길 ···························· 254
    1. 사경회 이후 계속되는 성령의 역사 · 255
    2. 2월의 장로교 남녀 사경회 · 270
    3. 평양 시내 감리교 내의 성령의 불길 · 275
    4. 미션 스쿨에서의 성령의 역사 · 287

제 8장 전국으로 확산되는 성령의 불길 ···································· 305
    1. 평양대부흥운동의 주역, 길선주의 등장 · 311
    2. 길선주의 서울 부흥회 · 317
    3. 평양 근교 지역(선천, 해주, 영변, 재령)의 부흥운동 · 326
    4. 대구에서의 성령의 역사 · 334
    5. 개성, 강화, 제물포에서의 성령의 역사 · 340
    6. 공주에서의 성령의 역사 · 346
    7. 기타 지방에서의 성령의 역사 · 353
    8. 중국으로 번져 나간 성령의 불길 · 359

제 9장 대부흥운동과 자전, 자립 ··· 369
    1. 선교사들과 구령에 대한 열정 · 370
    2. 한국인의 전도열:자전 실천 · 392
    3. 처음부터 실천한 자립 · 408

제 10장 대부흥운동과 교회성장 ·· 427

1. 대부흥운동과 놀라운 교세의 성장 · 428
2. 대부흥운동과 각 선교회의 성장 · 444
3. 미션 스쿨 및 의료 사역의 증대 · 456
4. 급속한 성장과 자원의 결여 · 469
5. 한국 교회 부흥운동과 성장의 몇 가지 특징 · 477

제 11장 대부흥운동과 사회개혁 ·· 480

1. 대부흥운동과 영적각성 · 481
2. 배움에 대한 갈망 · 492
3. 철저한 성경적 기독교 신앙의 구현 · 500
4. 여성의 지위 향상 · 508
5. 우상숭배에서의 해방 · 513
6. 기독교에 대한 비기독교인의 시각 변화 · 521
7. 한국에 대한 선교사들의 시각 변화 · 525

제 12장 복음주의 연합운동 ·· 535

1. 교파간의 연합운동 · 536
2. 복음주의 연합공의회 조직 · 539
3. 연합의 목표, 하나의 민족교회 · 542
4. 연합운동의 결실들 · 550

제 13장 평양대부흥운동, 그 성격과 평가 ································ 563

제 3부 백만인 구령운동(1909-1910)

제 14장 민족복음화운동과 백만인 구령운동 ···························· 579

1. 민족복음화로 이어진 구령의 열정 · 583
2. 백만인 구령운동의 발흥 · 590

제 15장 백만인 구령운동의 진행 ·· 616

1. 1909년 초 백만인 구령운동 · 618
2. 전국으로 확산되는 백만인운동 · 625
3. 저변 확대되는 백만인 구령운동-1910년 봄 · 641
4. 열기를 더하는 백만인 구령운동-1910년 여름 · 650

제 16장 백만인 구령운동의 재편과 영향 ·· 661
    1. 새롭게 재편된 백만인 구령운동 · 662
    2. 백만인 구령운동의 영향 · 673
    3. 백만인 구령운동의 평가 · 687

맺는말 · 701

부록 1. 평양대부흥운동 주요 사건 연표 (1901-1910) · 711

부록 2. 도표로 보는 통계 자료 · 717

참고 문헌 · 725

색인 · 737

서론

> 오직 성령이 너희에게 임하시면 너희가 권능을 받고 예루살렘과 온 유다와 사마리아와 땅 끝까지 이르러 내 증인이 되리라 하시니라.
>
> 사도행전 1장 8절

부흥의 시기는 기독교 역사 속에서 끊임없이 있어 왔다. 1740년의 미국 제1차 대각성운동, 웨슬리의 복음주의 부흥운동, 찰스 피니로 대변되는 2차 대각성운동, 19세기 말의 무디 부흥운동, 그리고 20세기 초엽의 웨일스 부흥운동이 바로 그것이었다.[1]

20세기에 접어들면서 한국 교회에서도 1903년의 원산부흥운동, 1907년의 평양 대부흥운동, 그리고 1909년의 백만인 구령운동 등 세 차례의 부흥운동이 일어났다.[2] 한국 교회에 일어난 이 세 차례의 부흥운동은 한국 교회의 놀라운 교세 신장뿐 아니라 한국 교회가 질적으로도 한 단계 도약하는 전기를 마련해 주었다는 점에서 한국 교회사를 특징짓는 중요한 사건이었다.[3]

길선주가 증언하고 후에 솔터(T. Stanly Soltau, 소열도)가 재확인한대로 만약 "이 부흥이 없었다면 연소한 한국 교회는 지금 회고할 수 있는 대로 그 놀라운 성장을 경험

---

1   Richard M. Riss, *A Survey of 20th Century Revival Movements in North America* (Peabody: Hendrickson, 1988), 11-16.

2   J. S. Ryang, ed., *Southern Methodism in Korea: Thirtieth Anniversary* (Seoul: Methodist Episcopal Church, South, Korea, 1929), 24, 26; S. Kate Cooper, *Evangelism in Korea* (Nashville: Board of Missions Methodist Episcopal Church, South, 1930), a, 1929), 28-29.

3   William Newton Blair, *Chansung's Confession* (Topeka, Kansas: H. M. Ives and Sons, 1959), "introduction."

하지 못했을 것이다."⁴ 1884년 9월 20일 알렌이 입국한 후 지금까지 대부흥운동 만큼 한국 교회에 "심대한 영향"을 미친 사건은 없다. 그것은 한 마디로 게일이 말한 것처럼 "경이"(驚異)⁵였다.

대부흥운동의 영향이 거의 한 세기가 지난 오늘날까지 교파를 초월하여 한국 개신교를 지배하여 왔음에도 불구하고 그 관심과 영향력에 비해 체계적이고 종합적인 연구가 미흡했던 것이 사실이다. 그런 의미에서 거의 한 세기가 지난 지금, 한국 교회 대부흥운동에 대한 현대적 의미를 확인하는 작업은 일종의 시대적 사명이라 아니 할 수 없다.

미국 제 1차 대각성운동의 주역 에드워즈의 고백대로 부흥운동은 결코 인간적인 어떤 노력으로 만들어지는 것이 아니다. 왜냐하면 에드윈 오(J. Edwin Orr)가 지적한 대로 복음주의 영적각성운동은 "그리스도 교회 내에서 일어나는 성령의 운동"⁶이기 때문이다. 부흥운동은 하나님의 주권적인 은혜의 역사가 있어야만 가능하다. 그러나 그 주권적인 은혜가 어느 곳에서나 임하는 것이 아니라 철저한 회개와 통회 가운데 가물어 메마른 땅이 봄비를 기다리듯 성령의 단비를 간절히 사모하는 곳에 나타났다.

부흥운동이 기도와 성령의 임재로 특징되는 영적각성의 성격을 지니고 있는 것도 그 때문이다. 이것은 평양대부흥운동도 마찬가지다.⁷ 1908년 7월, 부흥의 현장을 처음부터 목도한 한 선교사는 당시 한반도 전역에 확산되고 있는 대부흥운동이 웨일스 부흥운동과 마찬가지로 "기도와 성령의 임재"로 특징되는 영적각성운동임을 분명히 했다:

> 지금은 인간의 심령과 삶에 하나님의 현존이 놀라운 권능으로 널리 현시되고 있는 시기다. 이 현시는 너무도 신비스러워 인간의 방향과는 분명히 독립되어 전 세계의 광범위한 지역들에서 다양한 방식으로 나타나지만, 그러나 그것은 항상 그것을

---

4   T. Stanley Soltau, *Korea The Hermit Nation and Its Response to Christianity* (New York: World Dominion Press, 1932), 94.
5   James S. Gale, *Korea in Transition* (New York: The Layman's Missionary Movement, 1909), 213.
6   J. Edwin Orr, *Evangelical Awakenings in India* (New Delhi: Masihi Sahitya Sanstha Christian Literature Institute, 1970), "Introduction."
7   George Heber Jones, *The Korean Revival* (New York: The Board of Foreign Missions of the Methodist Episcopal Church, 1910), 5.

확인해 주는 두 가지 특징에 의해 뚜렷이 구분되어 왔다. 이 두 가지 특징이란 기도와 성령의 임재이다. 여기에 대한 일례로 우리는 웨일스의 대부흥운동과 오스트레일리아와 한국에서의 압도적인 성령의 바람을 들 수 있다. 이 모든 것은 그 발단에 있어서 기도의 능력과 밀접히 연계되어 있으며, 그 전개 과정 동안 나타난 성령의 권능의 비상한 현시에 의해 특징지어진다.[8]

부흥운동을 연구하다 보면 한국 교회 부흥운동을 특징짓는 기도와 성령의 능력이 말씀 연구에 깊이 뿌리를 두고 있다는 사실을 발견할 수 있다.[9] 한국 교회 부흥운동은 처음부터 말씀 연구, 말씀을 깨달은 후에 성령의 능력을 간구하는 간절한 기도, 그리고 위로부터 내리우신 성령의 임재가 하나로 어우러진 걸작품이었다.

그런데 놀랍게도, 또 신비하게도 한국 선교 초부터 위 세 가지는 항상 한국 교회의 중요한 특징으로 자리 잡아 왔다. 바로 그것이 사경회였다. 네비우스 선교 정책의 채택과 더불어 시작된 사경회는 한국 교회에 부흥운동의 토양을 제공해 주었다.[10] 사경회는 체계적인 성경공부, 기도, 전도, 그리고 사경회 기간 동안 열리는 전도 집회를 통해 기성 신자들에게는 영적인 재충전의 기회를, 초신자들에게는 주님을 만나는 기회를 제공해 주었다. 기도와 말씀 연구, 전도에 대한 관심이 한데 어우러지면서 사경회는 부흥운동을 촉발하는 중요한 요인으로 작용했다.

마스든(George M. Marsden)이 근본주의와 미국문화(*Fundamentalism and American Culture*)에서, 그리고 샌딘(Earnest Sandeen)이 근본주의의 뿌리(*The Roots of Funda-mentalism*)에서 지적한 것처럼 미국의 경우에도 부흥운동은 처음부터 사경회운동과 밀접히 연계되어 진행되었다.[11]

---

8   "The Religious Awakening of Korea," *KMF*(*The Korea Mission Field*) IV.7 (Jul., 1908), 105. cf. Arthur Judson Brown, *Mastery of the Far East* (New York: Fleming Revell Com., 1919), 528.
9   기도는 당시 선교사들이 선교 사역을 성공적으로 수행하기 위해 가장 중점을 두었던 필수조건 가운데 하나였다. cf. James Edward Adams, *The Missionary Pastor* (New York: Fleming H. Revell Company, 1895), 27-28.
10 Soltau, *Korea The Hermit Nation and Its Response to Christianity*, 94. 소열도 선교사는 "1907년 부흥은 부분적으로 네비우스 선교정책의 채택으로 조성된 분위기의 결과였다"고 증언한다.
11 George M. Marsden, *Fundamentalism and American Culture: The Shaping of Twentieth-Century*

한국에 파송된 대부분의 선교사들은 그와 같은 영적 분위기 속에서 성장하고 신학 교육을 받고 파송된 선교사들이었기 때문에 부흥운동에 대해 매우 긍정적이었다. 한국에 파송된 적지 않은 선교사들은, 나이아가라 사경회든, 무디 부흥운동이든, 학생 자원운동(Student Volunteer Movement)이든, 혹은 성결운동(Holiness Movement)이든 19세기말과 20세기 초 미국 전역을 휩쓸고 있던 부흥운동의 영향을 직·간접으로 받은 자들이었다.

특별히 무디의 영향이 가장 강했던 시카고에 위치한 맥코믹 신학교(McCormick Theological Seminary) 출신들은 신학적으로는 구학파 전통을 계승하면서도 부흥운동에 대해서는 긍정적인 시각을 갖고 있어, 그 같은 신학적 분위기가 한국 교회 평양대부흥운동을 가능하게 만들어 주는 중요한 요인으로 작용했다. 이와 같은 맥코믹 출신 북장로교 선교사들의 입장은 당시 복음주의 신앙을 공유한 남감리교 선교회 소속 선교사들과 쉽게 어울릴 수 있도록 만들어 주었다.

당시 한국에 파송된 대부분의 감리교 선교사들은 전형적인 웨슬리안 복음주의 부흥운동의 후예들이었다. 신학적으로 건전했던 남감리교 선교사들은 물론 북감리교 출신 미국 선교사들도 좀 더 폭이 넓었던 본국의 신학적 분위기보다는 복음주의 입장을 견지하고 있어 부흥운동에 대해 상당히 열려 있었다. 그 결과 자연스럽게 장로교와 감리교 선교사들은 교파를 초월하여 한국 교회의 복음화를 자신들의 공동의 목표로 삼을 수 있었다.

한국 교회 부흥운동에 맥코믹 신학교 출신 장로교 선교사들과 하디(Robert Alexander Hardie), 저다인(J. L. Gerdine), 크램(W. G. Cram) 등 남감리교 출신 선교사들의 활동이 두드러졌던 것도 그 때문이다. 자연히 맥코믹 신학교 출신들이 주도했던 평양이 한국 교회 성장과 부흥운동의 중심지로 부상하고 원산과 송도의 남감리교가 늦게 선교를 시작했음에도 불구하고 부흥운동을 거치면서 가장 빠른 신장률을 보이며 한반도의 영적각성을 견인했다.

Evangelicalism 1870-1925 (근본주의와 미국문화-서울: 생명의말씀사, 1997)(New York: Oxford University Press, 1980); Earnest Sandeen, *The Roots of Fundamentalism: British and American Millennialism 1800-1930* (Grand Rapids: Baker, 1978).

초기 한국에 파송된 선교사들을 장감으로 분류하여 장로교는 보수주의, 감리교는 진보주의 선교사들로 획일화시키는 경향이 있는데 선교 초기에는 그렇지 않았다. 실제로 초기 장로교 선교사나 감리교 선교사들 모두 복음주의 입장을 견지하고 있었고, 적어도 1920년대까지는 그 같은 분위기가 어느 정도 유지되었다.

두 교단의 선교사들이 1905년 협의체를 만들면서 복음주의(장감) 연합공회라고 이름을 붙였던 것도 그 때문이다. 그만큼 장감 선교사들은 복음주의 신앙을 견지하면서 부흥운동에 대해 긍정적인 시각을 가지고 있었다. 조나단 에드워즈로 대변되는 개혁파 영적각성운동, 맥코믹 신학교 출신들로 대변되는 무디 부흥운동의 전통, 언더우드(H. G. Underwood)의 개혁파 경건주의 전통, 그리고 남북감리교의 전형적인 웨슬리 복음주의 부흥운동의 전통이 하나로 어우러져 거대한 부흥운동의 물줄기를 형성한 것이다. 교파가 다르고 출신도 달랐지만 이 나라 이 민족을 살리는 길이 영적 대각성운동이라는 사실에는 의견의 차이가 있을 수 없었다.

장감이 교파를 초월해 성경공부, 기도, 전도를 축으로 한 사경회를 가장 중요한 사역으로 여겼던 것도 그 때문이다. 사경회는 부흥운동이 장감을 넘어 전국적으로 확산될 수 있도록 만들어 준 중요한 요인이 되었다.[12]

1903년 하디의 회심으로 촉발된 원산부흥운동이 성경공부와 기도회로 모인 기간 동안 촉발되었다는 사실, 1907년의 평양대부흥운동 역시 장대현교회에서 모인 겨울 남자 사경회 기간 동안에 발흥하기 시작했다는 사실도 부흥운동과 사경회가 처음부터 밀접한 연계성을 지니고 있었음을 보여 준다. 평양대부흥운동이 미국의 제1차 대각성운동처럼 말씀에서 출발한 전적인 성령의 주권적 역사였다는 사실과, 네비우스 선교 정책을 채택할 때부터 철저하게 강조하여 온 말씀 연구가 사경회운동을 통해 더욱 보편화되고 확산되면서 한국 교회에 새로운 영적각성운동을 촉발하는 요인으로 작용하게 되었다.[13]

---

12 William Blair & Bruce Hunt, *The Korean Pentecost & the Sufferings which Followed* (한국의 오순절과 그 후의 박해-서울: 생명의말씀사, 1995)(Edinburgh: Banner of Truth Trust, 1977), 66-67.

13 Donald A. McGavran 역시 전통적인 의미에서의 부흥운동은 복음화 되지 않거나 성경을 무시하는 공동체에서는 일어나지 않았으며, 대각성운동이 일어나는 곳에서는 늘 성경에 대한 관심과 연구가 선행되었다고 말한다. Orr, *Evangelical Awakenings in India*, 39.

놀라운 사실은 처음부터 전도가 부흥운동의 특징은 아니었다는 점이다.[14] 부흥운동을 깊이 연구하다 보면 영적각성이 선행되었을 때 구령의 열정은 자연스럽게 이어졌음을 발견할 수 있다. 자신의 죄성과 구원의 은혜를 바로 깨닫게 되면 자연히 구령의 열정에 사로잡히게 마련이다. 부흥운동의 역사가 보여 주듯이 개인 구원은 항상 사회 구원과 민족복음화와 깊숙이 연계되어 진행되었다.[15] 그것은 누구나 구원의 은혜를 깊이 깨닫게 되면 구원의 진리를 동족에게 전하지 않고는 견딜 수 없기 때문이다.

미국 뉴잉글랜드의 제1차 대각성운동, 웨슬리의 영국 부흥운동, 찰스 피니로 대변되는 제2차 대각성운동, 무디 부흥운동, 웨일스 부흥운동은 물론 한국의 원산부흥운동, 평양대부흥운동, 백만인 구령운동도 이점에서 결코 예외가 아니었다.[16] 부흥을 사모하는 선교사들의 소원과 이 민족을 복음화하려는 한국인들의 구령의 열정이 하나로 어우러져 하나님의 은혜 가운데 은둔의 나라 한국에서 대부흥운동이 태동된 것이다. 한마디로 한국 교회의 대부흥운동은 이 같은 모든 조건들이 하나로 맞아 떨어진 가운데 일어난 하나님의 은혜였다.[17]

민족주권의 상실이라는 유사 이래 민족이 당하는 가장 큰 위기의 시련 속에서 기독교인이든 아니든 이 민족을 살릴 수 있는 유일한 소망이 기독교에 있다는 확신을 가지지 않을 수 없었다. 더구나 인도와 웨일스 부흥운동 소식은 기왕의 한국인들과 선교사들이 갖고 있던 부흥운동에 대한 간절한 염원을 더 한층 북돋아 주기에 충분했다. 이 땅에도 부흥의 계절이 오게 해달라고 끊임없이 기도하면서 부흥운동을 사모했던 선교사들과 한국 교회 지도자들에게 그것은 더 없는 희소식이었다. 이 땅에 부흥운동을 사모하고 이를 위해 노력을 아끼지 않았던 선교사들,[18] 한국인들의 불타는 구령의 열정, 외부에서 들려오는 부흥운동 소식은 사경회를 통해 말씀을 사모하고 기도에 열심히며 이웃에게 복음

---

14 James Dale Van Buskirk, *Korea: Land of the Dawn* (New York: Missionary Education Movement of the United States and Canada, 1931), 46.

15 Timothy L. Smith, *Revivalism and Social Reform in Mid-Nineteenth-Century America* (New York: Abingdon Press, 1962), 15-33.

16 George T. B. Davis, *Korea For Christ* (New York: Fleming H. Revell Co., 1910), 5-11.

17 "The Religious Awakening of Korea," 105.

18 백낙준, 한국 개신교사 (서울: 연세대학교 출판부, 1990), 387.

을 전하는 것을 자신들의 중요한 사명으로 여겼던 한국 교회에 부흥을 더욱 열망하는 영적 분위기를 형성해 주었다.

영적각성운동은 한국 교회의 성장뿐만 아니라 사회적 변화로도 이어져 한국 교회가 건강하고 건전하게 성장할 수 있는 틀을 제공하여 주었다.[19] 정치, 경제의 심각한 위기를 넘어 전국으로 확산되는 부흥의 불길을 목도하면서 선교사들은 이 시대 이 민족을 살릴 수 있는 유일한 길은 역시 복음화라고 더욱더 확신했던 것이다. 그 결과 대부흥운동은 제임스 게일(James S. Gale)이 전환기의 한국(Korea in Transition)이라고 불렀던 위기의 시대에 정치 사회 경제 전반에 걸친 어려움을 극복하는 중요한 원동력이 되었다.[20]

본서는 3부 16장으로 구성되었다. 1부에서는 원산부흥운동을, 2부에서는 평양대부흥운동을, 그리고 3부에서는 백만인 구령운동을 집중적으로 고찰하였다.

1장부터 5장까지로 구성된 제1부 원산부흥운동(1903-1906)에서는 하디와 원산부흥운동, 원산부흥운동의 확산, 을사조약 전후의 영적각성운동, 신년 부흥회와 하디의 귀환, 그리고 평양대부흥운동의 준비를 집중적으로 고찰하여 원산부흥운동이 어떤 배경 속에서 태동되어 전국적인 부흥운동으로 저변확대 되어 갔는가를 역사적으로 추적하였다. 원산부흥운동은 성경공부와 기도로 특징되는 기도회 기간에 발흥했으며, 원산부흥운동의 발흥과 확산에서 가장 중추적인 역할을 한 사람은 캐나다 출신 선교사들이었고, 그 중에서도 하디 선교사는 가장 핵심적인 인물이었다.

6장부터 13장까지로 이루어진 제2부 평양대부흥운동(1907-1908)에서는 1907년 1월 장대현교회에서 발흥한 평양대부흥운동이 길선주 장로를 비롯 부흥운동 지도자들을 통해 평양전역으로, 다시 전국으로, 그리고 한국을 넘어 중국으로 확산되어 가는 일련의 과정을 역사적으로 추적하고, 평양대부흥운동이 가져다준 결과가 무엇인지도 심도 있게 고찰하였다. 평양대부흥운동의 발흥, 과정, 성격, 결과를 동시에 고찰하려고 한 것

---

19 이 부분은 본서 11장에서 심도 있게 고찰하였다.
20 Gale, *Korea in Transition* (New York: The Layman's Missionary Movement, 1909); James S. Gale, "A Symposium on Korea's Greatest Present Need," *KMF* Ⅲ.11 (Nov., 1907), 161. 한국의 경제는 이미 20세기 이전에 일본에 예속되어 있었다. "Trade and Commerce of Korea", *The Korean Repository* Vol. IV (1897), 444-448.

은 원산부흥운동, 신년 대부흥회, 하디의 전국적인 집회, 1906년 여름 이후의 선교사 사경회와 정오 기도회, 목포 부흥운동 등 평양대부흥운동 이전에 있었던 이와 같은 영적각성 움직임과 무관하지 않고, 평양부흥운동의 역사적 진행과정과 그것의 성격 규명 없이는 평양대부흥운동을 바로 이해할 수 없다고 판단했기 때문이다.

따라서 2부에서는 평양대부흥운동과 관련하여 평양대부흥운동과 자전 자립, 평양대부흥운동과 교회성장, 평양대부흥운동과 사회개혁 그리고 복음주의 연합운동을 동시에 고찰하였다. 그것은 평양대부흥운동은 단순히 교회성장 만 아니라 한국 교회를 특징 지우는 자립, 자치, 자전, 사회개혁, 복음주의 연합운동을 태동시키는 결과를 낳았기 때문이다.

14장부터 16장까지로 구성된 제3부 백만인 구령운동(1909-1910)에서는 민족복음화운동과 백만인 구령운동, 백만인 구령운동의 진행, 그리고 백만인 구령운동의 개편과 영향을 집중적으로 조명하였다. 백만인 구령운동이 어떤 배경 속에서 태동하여 하나의 민족부흥운동으로 발흥되었고, 어떤 진행과정을 거쳤으며, 그리고 어떤 결과를 낳았는가를 역사적으로 추적하였다. 그리고 백만인 구령운동이 그 이전의 원산부흥운동이나 평양대부흥운동과 그 성격이 어떻게 다른가도 심도 있게 다루었다.

마지막 맺는말에서는 본 연구를 통해 발견된 몇 가지 중요한 결론들을 기술하였다.

제 I 부

원산부흥운동(1903-1906)

1장
하디와 원산부흥운동

2장
원산부흥운동의 확산

3장
을사조약 전후의 영적 각성운동

4장
신년 부흥회와 하디의 귀환

5장
평양대부흥운동의 준비

제 1 장
하디와 원산부흥운동

> 성령이 내게 오셨을 때 그의 첫 요구는 나의 선교사 생활의 대부분을 함께 보냈던 선교사들 앞에서 나의 실패와 그 실패의 원인을 시인하게 하시는 것이었다. 그것은 고통스럽고 굴욕적인 경험이었다.
>
> 1904, Robert Alexander Hardie

19세기말과 20세기 초는 한국 교회가 영적으로 거듭나기 시작한 시기이기도 하지만, 그때만큼 한국 교회가 위기를 맞았던 때도 드물다. 한국은 정치, 사회, 종교적으로 심각한 도전을 맞고 있었다.[1] 주권의 상실은 경제 상황을 더욱 악화시켜 19세기말에 이르러 "한국의 빈곤은 극심했으며"[2] 모든 생활 여건이 비참할 정도로 열악한 수준이었다.[3]

게다가 외국에 대한 문호개방으로 물밀듯이 밀려드는 외래문화는 "뿌리 내린 한국인의 생활 방식뿐만 아니라 한국의 사회 체계를 파괴시키려고 위협하고"[4] 있었고 기독교의 전래로 미신, 우상숭배, 귀신숭배, 조상숭배로 구축된 전통 종교는 점차 생명력을 잃어 가고 있었다.[5] 뿐만 아니라 동학란과 청일전쟁으로 인한 정치적 혼란은 민중을 동요

1　James S. Gale, *Korean Sketches* (Chicago: Fleming H. Revell Co., 1898), 194-221. 특히 "Korea's Present Condition" 부분을 참고하라.

2　Gale, *Korean Sketches*, 211.

3　Joseph H. Longford, *The Story of Korea* (London: T. Fisher Unwin, 1911), 378.

4　Gale, *Korean Sketches*, 195.

5　F. A. McKenzie, *The Unveiled East* (New York: E. D. Dutton and Co., 1907), 287.

시키기에 충분했다.[6] 게일이 코리안 스케치에서 "지탱할 수 없는 전쟁의 커다란 짐이 한국의 북부 지역에 떨어졌다"고 지적한 것처럼 청일전쟁으로 한국 전역 특히 북부 지역은 어느 지역보다도 전쟁의 피해가 컸다. "약 수마일의 시골 지역이 황야로 변했으며, 전쟁터로부터 날아오는 악취로 오염"[7]될 만큼 평양은 그야말로 황폐화되었다.

동학란과 청일전쟁, 그리고 그 후에 이어진 민비 시해는 왕실은 물론 민중을 공포로 몰아넣었다.[8] 그것은 게일이 표현한 것처럼 "무시무시한 악몽"(a hideous nightmare)[9] 그대로였다. 1894년은 조선에서 가장 어두웠던 암흑기의 하나였으며, 여러 해가 지나도 진정될 기미가 보이지 않았다. 게다가 1895년에 발생한 콜레라는 한국인들에게 더욱더 위기의식을 심어주었다.[10]

1. 영적 각성의 시대적 배경

이와 같은 국내의 정치적 혼란과 사회적 불안정은 20세기에 접어들어서도 계속되었다.[11] 청일전쟁 후 한풀 꺾였던 동학 세력들이 반기독교 기치를 내걸고 다시 급신장하면서 여기저기서 동학도들에 의한 기독교 박해가 극에 달하고 있었다.[12] 뿐만 아니라 한반도를 사이에 두고 첨예하게 대립해 오던 러시아와 일본의 기득권 쟁탈전이 급기야 러

---

6   E. A. McCully, *A Corn of Wheat or the Life of the Rev. W. J. McKenzie of Korea* (Toronto: The Westminster Co., 1903), 163-198.
7   Gale, *Korean Sketches*, 196.
8   Robert E. Speer, *Missions and Politics in Asia* (New York: Fleming H. Revell, 1898), 246-247.
9   Speer, *Missions and Politics in Asia*, 195.
10 Speer, *Missions and Politics in Asia*, 244. 콜레라는 당시 일반적인 현상이었다. William Elliot Griffis는 1886년 콜레라가 서울에서 발생해 6주 동안 도시가 적막에 휩싸였다고 말한다. William Elliot Griffis, *A Modern Pioneer in Korea: The Life Story of Harry G. Appenzeller* (New York: Fleming H. Revell Co., 1912), 196.
11 *Korea Mission of the PCUSA*, Report of Pyeng Yang Station, 1904, 6.
12 동학이 천도교로 이름을 바꾼 것은 1905년이다. cf. Ellasue Wagner, *Korea: The Old and the New* (New York: Fleming H. Revell Co., 1931), 139-142; *Minutes of Korea Mission*, Methodist Episcopal Church, 1904, 27-30.

일전쟁으로 이어져 한반도, 특히 북부 지역은 전장으로 변하고 말았다.[13] 포스터(John W. Foster)가 표현한 대로 당시 한반도는 지정학적 위치 때문에 주변 강대국이 항상 노리고 있던 "나봇의 포도원"[14]이었다. 한반도를 거점으로 만주와 중국으로 뻗어 가려는 일본의 관점에서 볼 때 한국은 가장 이상적인 식민지 실험 무대였다.[15] 반면 중국과 러시아는 이와 같은 일본의 호전적인 식민지 정책을 깊이 우려하지 않을 수 없었다.

이와 같은 주변국들의 이해관계 때문에 한반도에는 끊임없이 전쟁의 바람이 일고 있었다. 러일전쟁의 발발은 곧 과거 청일전쟁 때처럼 북부 지역 특히 평양이 "전쟁터"(a battle field)로 전락하여 "집들이 파괴되고 신자들이 흩어진다는 것"[16]을 의미하였다.

러일전쟁

예측대로, 1904년 2월 9일 제물포항에서 러시아와 일본의 함선들 사이에 불을 뿜는 대포 소리와 함께 시작된 러일전쟁은 한국인들과 한반도 전역에 지울 수 없는 상처를 남겨 놓았다.[17]

---

13   Gale, *Korean Sketches*, 195; Homer B. Hulbert, *The Passing of Korea* (New York: Doubleday, Page & Co., 1906), 185-206; D. L. Putnam Weale, *The Reshaping of the Far East* (New York: The Macmillan Co., 1905), 25-198; Sidney Lewis Gulick, *The White Peril in the Far East: An Interpretation of the Significance of the Russio-Japanese War* (New York: Fleming H. Revell Co., 1905), 109-117; Thomas F. Millard, *The New Far East* (New York: Charles Scribners & Sons, 1906), 50-123.

14   John W. Foster, *American Diplomacy in the Orient* (Boston & New York: Houghton, Mifflin & Co., 1903), 307. 또한 H. J. Whigham, *Manchuria and Korea* (New York: Charles Scribners Sons, 1904), 189-205, Joseph Walton, *China & The Present Crisis with Notes on a Visit to Japan and Korea* (London, Sampson Low, Marston & Co., 1900), 297, Tyler Dennett, *Americans in Eastern Asia: A Critical Study of the Policy of the United States with Reference to China, Japan and Korea in the 19th Century* (New York: The Macmillan Co., 1922), 466을 보라.

15   F. A. McKenzie, *The Unveiled East* (New York: E. D. Dutton and Co., 1907), 33. 또한 Sidney Lewis Gulick, *The White Peril in the Far East: An Interpretation of the Significance of the Russio-Japanese War* (New York: Fleming H. Revell Co., 1905), 109-117을 보라. Gulick은 이것이 바로 일본의 미션이었다고 말한다.

16   *Korea Mission of the PCUSA*, Report of Pyeng Yang Station, 1904, 7.

17   1904년 2월 8일 1,500명의 일본 군대가 제물포에 도착했고, 그 이튿날 러시아 함대가 파선되었으며, 2월 12일에 러시아 외교관과 모든 러시아인들이 일본 군대의 호위 속에 서울을 떠났다. Horace N. Allen, *Korea the Fact and Fancy* (Methodist Publishing House, 1904), 236

전쟁이 시작되기 바로 전날인 2월 7일 주일 밤 미국 공사 알렌(Horace N. Allen)은 선교사들의 안전을 위해 전보를 쳐 일체의 여행을 금지시켰다. 2월 8일 월요일 아침 상해로부터 제물포항에 도착한 북감리교의 존 무어(J. Z. Moore) 감독은 그 다음날 "2월 9일, 화요일 오후 제물포의 북감리교 선교회 선교사들과 함께 바리악(Variag) 호와 카리츠(Karietz) 호, 그리고 그가 바로 전날 아침에 타고 왔던 상선 숭가리(Sungari) 호가 파괴되는 러일전쟁 첫 해군 전투를 목격하였다."[18] 단 하루만 늦었어도 존 무어는 살아남지 못했을 것이다. 전쟁이 가져다준 피해는 이루 말할 수 없었다:[19]

> 즉시 모든 전보 통신이 한동안 중단되었고, 우편배달이 중지되거나 아주 심각한 피해를 입었으며, 모든 상선과 우편선들이 소환되었고, 한동안 군사 정보망을 제외하고는 한국은 외부 세계와 두절되었다.[20]

클락(곽안련, C. A. Clark)이 지적한 대로 "그 전쟁이 일본과 러시아 사이의 문제였음에도 불구하고 2년여에 걸친 전쟁 기간은 당연히 엄청난 혼란"[21]을 야기했고, 후에 "일본이 한국에 대한 통치권을 접수하기 시작했을 때는 한층 더한 소요가 있었다."[22] 평양 시내 교회는 전쟁 초부터 대단한 영향을 받아 대부분의 사람들이 도시를 떠났고, 교인이 극소수로 줄어들었다.[23] 전쟁의 도래와 동학도들의 위협으로 한국 교회는 적지 않은 손실을 입었으며, 전쟁과 사회적 불안은 한국 선교에 적지 않은 방해 요인으로 작용했다. 예를 들어 전쟁의 피해가 컸던 원산 선교부의 경우 러일전쟁이 한창 절정에 달하던 1904년부터 1905년까지 더 이상 선교활동을 수행할 수 없어 잠시 선교부를 폐쇄하

---

18 *Minutes of Korea Mission*, Methodist Episcopal Church, 1904, 7.
19 *Minutes of Korea Mission*, Methodist Episcopal Church, 1904, 28-29.
20 *Minutes of Korea Mission*, Methodist Episcopal Church, 1903, 8.
21 Charles Allen Clark, 한국 교회와 네비우스 선교 정책 (서울: 기독교서회, 1994), 184. 러일전쟁으로 2월 17일 서울에서 모이기로 예정되어 있던 북감리교 연례회에 북부 지역 선교사들에게 서울에 오지 말 것과 상해에 있는 존 무어에게도 같은 내용의 전보를 보냈다. *Minutes of Korea Mission*, Methodist Episcopal Church, 1904, 7.
22 Clark, 한국 교회와 네비우스 선교 정책, 184.
23 *Minutes of Korea Mission*, Methodist Episcopal Church, 1905, 34.

지 않을 수 없었다.[24] 후에 클락은 러일전쟁이 한국 교회에 미친 심각한 폐해를 이렇게 기술하였다:

> 이 기간 동안 교회의 사역은 어려움을 당하였다. 여러 나라의 공사들은 때때로 선교사들의 국내 순회를 금하였으므로 교회들에 대한 심방은 잘 이루어지지 못하였다. 현지인 조사들과 이 나라의 기타 사역자들은 양측(일본과 러시아)으로부터 많은 고난을 당하였다.[25]

러일전쟁은 정치, 경제, 사회, 종교 전반에 걸쳐 총체적으로 한반도 전체를 혼란과 무질서의 상태로 몰아넣고 말았다.[26] 극도의 사회적 불안을 피해 적지 않은 사람들이 하와이의 사탕수수 재배 농장으로 이주한 것도 바로 그 즈음이다.[27] 더구나 정치적 혼란 외에 식량과 연료를 비롯한 생필품의 폭등, 재정 긴축, 점점 더 점증하는 공직자의 부정은 이 나라와 이 백성을 더욱 동요하게 만들었다. 심지어 천주교에 의한 박해마저 끊이지 않았다.[28]

그러나 아이러니컬하게도 이와 같은 시대적 상황이야말로 한국 선교 사역의 "새로운 격려와 영감"을 제공해 준 하나님의 "사랑의 섭리"(loving Providence)[29]였다. 벡(S. A. Beck)이 지적한 것처럼, 전쟁이 교회 사역을 방해하고 한국인들 사이에 일시적인 불안감을 조성하였으며, 몇몇 신앙의 단체들을 흩어지게 만들었지만, 선교사들은 흩어진 이들이 다시 돌아와 자신들의 복음의 밭을 다시 일구고 그로 인해 많은 사람들이 복

---

24 Lak-Geoon George Paik, *The History of Protestant Missions in Korea 1832-1910* (Pyeng Yang: Union Christian College, 1929), 279.
25 Clark, 한국 교회와 네비우스 선교 정책, 184.
26 "War," *The Korea Field* (May, 1904), 161. 전쟁으로 한국 개신교 선교 20주년 기념대회도 하는 수 없이 포기해야만 했다.
27 *Minutes of Korea Mission*, Methodist Episcopal Church, 1904, 27.
28 Horace G. Underwood, "The Romanist Troubles," *The Korea Field* (Aug., 1903), 122; 1903년 북감리교 연례모임에서 북감리교 선교사 케이블은 황해 지역에서 천주교회에 의한 개신교의 박해야말로 당대의 주제였다고 보고하였다. 그만큼 당시 천주교에 의한 박해는 중요한 현안으로 떠올랐다. *Minutes of the Korea Mission*, Methodist Episcopal Church, 1903, 51.
29 *Korea Mission of the PCUSA*, Report of Pyeng Yang Station, 1904, 5-6.

음을 접하게 될 것이라는 확신을 갖고 있었다. 예상보다 교회를 떠난 사람들의 수가 적었으며, 흩어졌던 교인들이 다시 돌아와 오히려 교회야말로 진정으로 자신들이 추구하여야 할 참된 안식처라는 인식이 점증했다. 그 결과 "주의 사역이 놀라운 방식으로 백성들 가운데 확산되고 있었다."[30] 케이블(Elmer M. Cable)은 1904년 북장로교 보고서에서 이렇게 보고하였다:

> 기회의 문이 이전보다 더욱 활짝 열렸다. 이교주의에서 대거 탈출하여 하나님 나라로 향하는 놀라운 운동이 일고 있다. 우리는 우리가 이룩한 성공과 현재 우리 앞에 열려 있는 놀라운 기회, 그리고 그 상황을 충족시켜 주기에는 턱없이 부족한 단지 소수의 사역자들로 인해 당황하고 있다. 대감리교회가 우리의 실제적인 상황을 목도하고 알게 된다면 그들의 무지함으로 인해 부끄러워 어쩔 줄 모를 것이다. 현재 우리에게 제시된 기회를 포용하는 일을 연기한다는 것은 곧 한국의 복음화에 재난을 초래하는 것을 의미하는 것이다. 우리는 모국의 교회가 이 위대한 긴급 상황에 충실히 응하여 구호품을 보내, 너무도 긴급하게 요청되는 재정 및 지원 강화를 해줄 것을 희망한다.[31]

북감리교 선교사 모리스(C. D. Morris)가 1905년 북감리교 연회에서 보고한 것처럼 전쟁터로 변한 평양의 위기가 백성들을 돌아서게 만들었으며, 교세가 다시 옛날의 모습으로 회복되었다.[32] 평양시 교회들은 초신자들이 밀려오는 바람에 그들의 교육을 미처 감당하지 못할 정도였다. 선교사들은 이 문제를 해결하기 위해 노력했지만, 만족할만한 해결책을 발견하지 못했다.[33]

하디가 지적한 대로 "1904-1905년, 러일전쟁이 맹위를 떨치고 있을 바로 이때

---

30 *Minutes of Korea Mission*, Methodist Episcopal Church, 1904, 9.
31 *Minutes of Korea Mission*, Methodist Episcopal Church, 1905, 31.
32 *Minutes of Korea Mission*, Methodist Episcopal Church, 1905, 34.
33 *Minutes of Korea Mission*, Methodist Episcopal Church, 1905, 35.

원산부흥운동이 정점에 달했던 것이다."³⁴ 정치적 혼란과 부흥운동, 전혀 어울릴 것 같지 않은 이 둘이 이 시대를 대변하는 가장 중요한 특징이 되었다는 것은 정말 역설 중의 역설이 아닐 수 없다. 그러나 이것이 하나님의 방식이었다. 전혀 예측할 수 없이 전개되는 시대적 상황이 민중의 마음을 가난할 대로 가난하게 만들어 그들의 심령이 복음의 씨를 뿌리기에 적합한 옥토가 되게 하셨다.³⁵ 본래 유순하고 종교성이 강해 서양교육이나 고등교육 없이도 복음을 받아들일 준비가 되어 있었던 한국인들의 심령이 고난의 시대를 통과하면서 더욱더 옥토로 변한 것이다. 게일이 말한 것처럼, "이미 그들은 준비가 되어 있었다."³⁶

환난과 역경의 시대에 영적각성이 이 백성 가운데 일어났다. 확실히 1903년에 들어서면서 이전에 찾아볼 수 없었던 영적각성의 움직임이 여러 곳에서 뚜렷하게 감지되었다. 이와 같은 국내의 영적 분위기 조성에는 당시 외국에서 일고 있는 영적각성운동도 중요한 요인으로 작용하였다.³⁷

영적각성의 첫 징후, 송도(개성) 남감리교 선교회

역사에는 거의 알려지지 않았지만, 원산부흥운동이 있기 전 1901년부터 남감리교 선교회의 송도 선교부 지역에서 부흥운동의 징후가 뚜렷하게 나타났다. 이곳 송도는 오늘날 개성으로 더 알려진 곳으로 1897년 컬리어(C. T. Collyer)가 도착한 이후 남감리교 선교회의 선교 거점이 된 곳이다.³⁸ 이곳에 선교가 시작된 지 4년 후인 1901년 10월 북감리교와 남감리교가 연합으로 개최한 신학회에서 수업 시작부터 마지막 끝날 때까지

---

34 R. A. Hardie, "The Methodist Episcopal Church, South", *Within The Gate*, ed., Charles A. Sauer (Seoul: The Methodist News Service, 1934), 40-41.
35 "Still, War", *The Korea Field* (Aug., 1904), 177.
36 Gale, *Korean Sketches*, 242.
37 세계 여러 곳에서 부흥을 위해 기도하고 있었다. 1897년 12월 Student Volunteers는 인도의 영적각성운동을 위해 기도의 날을 정해 지켰고, 1898년에는 무디교회와 무디 성경학교가 한 주간의 기도회를 갖고 전 세계의 부흥을 위해 기도했다. 매 모임마다 300여 명이 참석했으며 때로는 밤이 맞도록 기도가 계속되었다. J. Edwin Orr, *Evangelical Awakenings in India*, 60.
38 Paik, *The History of Protestant Missions in Korea*, 283. 이하 송도를 개성으로 통일한다.

대부흥운동의 중심지 가운데 한 곳인 송도 주재 남감리교 선교사들

"성령이 강력하게 임재하여" 참석한 이들이 "마음이 뜨거워지면서 새롭게 다짐하는"[39] 역사가 있었다. 처음으로 한국 교회 성도들이 성령의 임재를 경험한 것이다.

이 같은 개성의 성령의 역사는 1902년 사경회와 고난 주일 특별기도회 때 다시 나타났고,[40] 그 이듬해 1월 존스(George Heber Jones)가 인도한 속장과 권사들을 위한 서울의 북감리교 선교회와 남감리교 선교회의 연합 사경회에서 다시 반복되었다.[41] 그러나 이 보다도 더 강한 부흥의 역사가 나타난 것은 1903년 1월 구정을 맞아 열린 개성의 신

---

39   *Official Minutes and Reports of the Annual Session of Korea Mission Conference of the Methodist Episcopal Church*, 1901, 61.

40   *Minutes of the Sixth Annual Meeting*, Korea Mission Methodist Episcopal Church, South, 1902, 61.

41   *Official Minutes and Reports of the Annual Session of Korea Mission Conference of the Methodist Episcopal Church*, 1903, 45.

년 기도회에서였다.[42]

개성의 남감리교 선교회는 새해를 맞아 헌신을 다짐하고 자신들의 신앙의 각오를 새롭게 하기 위해 해마다 부흥회 형태의 신년 기도회를 갖는 전통이 있었다. 1903년 1월 30일(음력 정월 초하루) 크램 목사의 인도로 신년 기도회가 시작되었다. 구정 첫날 이장포교회에서 30여명이 낮에 전도예배를 드리고 저녁에는 장단읍교회에서 남녀 20여명이 모여 전도집회를 갖고, 그 다음날 개성 북부의 한 교회당에서 전도집회가 계속되었다. 부흥운동의 움직임이 나타난 것이 바로 이때였다.[43]

매일 오전에는 11시부터 12시 30분까지 전도하고 저녁에는 기도회를 가졌다. 이와 같은 전도와 기도회는 여러 날 동안 계속되었고, 시간이 지나면서 기도의 열기는 더욱 고조되었다. 그와 함께 오순절의 성령의 강한 역사가 영적각성을 수반한 가운데 모인 이들 중에 강하게 임한 것이다. 1903년 연례 보고서에서 크램이 보고한 대로 신년 시즌 동안 열린 부흥회에 "성령의 분명한 임재와 권능이"[44] 현시되었다. 이 부흥회는 "집회에 대한 열기나 성령의 분명한 임재와 능력이 나타난 점에서 옛 감리교 부흥운동이 재현된 것이라 할 수 있으며, 감수성이 예민한 이 백성들이 하나님의 성령으로 나타난 그리스도의 복음을 확실하게 받아들였다."[45] 1903년 3월, 그 현장에 있던 문경호 전도사는 신학월보에 개성의 영적각성 움직임을 보고하면서 다음과 같이 자세하게 증언하였다:

---

42   *Minutes of the Seventh Annual Meeting*, Korea Mission Methodist Episcopal Church, South, 1903, 33.

43   *Minutes of the Seventh Annual Meeting*, Korea Mission Methodist Episcopal Church, South, 1903, 33. 장로교나 감리교를 막론하고 사경회는 부흥운동의 중요한 토대가 되었다. 노블 부인, "사경회 하는 뜻," 신학월보, 1903년 5월 204-205. 여기에는 "사경회 하는 뜻" 세 가지를 언급하면서 "一은 우리 위ᄒᆞ야 십ᄌᆞ가에 못박혀 죽으신 예수의 큰 ᄉᆞ랑을 조곰 비왓스니 ᄆᆞ옴에 ᄉᆞ랑홈과 감소홈이 ᄀᆞ득ᄒᆞ고 더욱 예수를 만히 비호고 십은 ᄆᆞ옴이 잇슬지라. 예수ᄭᅴ셔 주긔 말ᄉᆞᆷ을 두어두시고 우리 의게 말ᄉᆞᆷᄒᆞ시기를 너희가 셩경을 샹고ᄒᆞ는 거ᄉᆞ 그즁에 영ᄉᆡᆼ잇ᄂᆞ거슬 ᄎᆞᆺᄂᆞᆫ 것이라ᄒᆞ셧시며, 二는 … 여러 회원이 홈의 모혀 예수의 명을 찻기로 셜립ᄒᆞᆫ 거시며, 三은 또 그 각각오신이가 다 예수ᄭᅴ 더 갓가히가고 도라간후에 ᄂᆞᆷ의게 더 만히 ᄀᆞᄅᆞ치기를 원ᄒᆞ야 셜립ᄒᆞᆫ 거시라"이라고 밝히고 있다.

44   *Minutes of the Seventh Annual Meeting*, Korea Mission Methodist Episcopal Church, South, 1903, 33.

45   *Minutes of the Seventh Annual Meeting*, Korea Mission Methodist Episcopal Church, South, 1903, 33.

> 숑도 북부 병교회당의셔 젼도ᄒᆞ엿ᄂᆞᆫᄃᆡ 아침에는 열흔시부터 열두 시 반ᄭᅡ지는 젼도ᄒᆞ고 져역 일곱 시부터 아홉 시ᄭᅡ지는 긔도회를 열고 형제자매들이 각각 간증을 ᄒᆞ게 ᄒᆞ엿ᄂᆞᆫᄃᆡ 교인들이 날마다 점점 늘허 회당에 안질 틈이 업게 모혀셔 례비를 ᄒᆞᄂᆞᆫᄃᆡ 이ᄯᅢ에 셩신임이 예젼 오순절에 일빅 이십 인의게 감화ᄒᆞ시듯키 이 례비당의 모인 형제자매들에게 각각 감화ᄒᆞ시더니 하로는 젼도할 시대에 왼 회즁이 눈물을 흘니고 슶히 우는 거슬 보고 또 하로는 형제 즁에 가삼을 치고 ᄃᆡ셩통곡ᄒᆞᄂᆞᆫ 거슬 보고 또 하로는 긔도할 ᄯᅢ에 홀연히 마음이 비창ᄒᆞ야 울면셔 긔도를 ᄒᆞ엿스며 또 하로는 간증할 ᄯᅢ에 각울면셔 간증함으로 왼회즁이 셔로 비창ᄒᆞ야 얼골을 숙이고 눈물을 먹음엇더라.[46]

사도행전에 나타난 오순절의 역사처럼 철저한 회개운동이 나타나고, 원수로 지내는 자들은 기도회 동안에 "주 압ᄒᆡ 풀고 셔로 사랑ᄒᆞ고"[47] 지내게 되었으며, 전에는 볼 수 없었던 서로를 이해하고 사랑하는 마음이 그곳에 모인 이들 가운데 불일 듯 일어났다.

"셩신님이 이 곳치 여러 사ᄅᆞᆷ의게 계셔셔 여러 사ᄅᆞᆷ을 가라치시ᄂᆞᆫᄃᆡ 혹 무섭게도 ᄒᆞ시고 혹 깃부게도 ᄒᆞ시고 혹 슶흐게도 ᄒᆞ시고 혹 열심나게도 ᄒᆞ사 각 사ᄅᆞᆷ의 령혼을 깨워 주시"는 강한 역사가 나타났던 것이다. 자연히 성령의 은혜를 체험하고 주안에서 주시는 용서와 사랑의 기쁨을 체험한 이들은 "둘식둘식 짝지여 동서남북으로"[48] 흩어져 개성 시내와 시내 밖으로 나가 열심으로 전도하였다. "거리거리 찬찬미 소래요 젼도ᄒᆞᄂᆞᆫ 소래가 셔로 연ᄒᆞ야 긋치지 아니ᄒᆞ니 과연 텬국이 갓가왓더라."[49]

북부교회에서만 11일 동안 계속된 구정 신년 기도회에 25명의 새 신자들이 교회에 등록하였다. 이 같은 결실을 본 교우들은 이 추세가 꾸준하게 계속된다면 "일년 동안에 일천 명이"[50] 될 것이라고 믿었다. 이와 같은 놀라운 역사를 목도하는 이들은 "감리교

---

46 문경호, "숑도에 젼도함," 신학월보 1903년 3월호, 112.
47 문경호, "숑도에 젼도함," 112.
48 문경호, "숑도에 젼도함," 112.
49 문경호, "숑도에 젼도함," 112.
50 문경호, "숑도에 젼도함," 112.

식 부흥운동의 그 옛날의 능력"이 그대로 재연된다고 흥분했다. "하나님의 영이 현시되면 이 백성이 그리스도의 복음을 받아들인다는 사실을 입증해 주었다"[51]고 감격했다.

전체 개성 남북부의 신년 기도회에서 "밋는 형제자매가 능력 밧은 것과 은혜 밧은 거슨 일우 층양하야 다 긔록할 수 업"을 정도였다. 이와 같은 놀라운 역사를 목도하고는 "개성 백성이 다 하나님의 백성이 될 줄 밋사옵나이다"[52]는 확신을 이들이 가졌던 것도 무리가 아니었다. 이처럼 개성의 구정 기도회에 나타난 성령의 역사는 기성 신자들에게는 영적각성의 기회를, 그리고 믿지 않는 자들에게는 그리스도를 영접할 수 있는 기회를 제공해 주었던 것이다.

개성보다는 뚜렷하지 않지만, 1903년 초 부흥운동의 징조가 서울에서도 나타났다. 서울 지역의 권사들과 교회 지도자들, 그리고 감리교 교회 지도자들로 구성된 사경회(training class)가 1903년 1월 서울에서 열려 두 주간 동안 114명의 남녀 지도자들이 성경, 교회사, 교회정치와 교회론, 그리고 성서지리를 공부하였다. 전형적인 감리교 열정의 소유자 존스가 1903년 1월에 진행된 일련의 부흥운동을 인도하면서 이 기간 동안 참석자들이 전형적인 옛 감리교 부흥운동을 경험한 것이다. 1903년 북감리교 스위러(Wilbur C. Swearer)는 존스의 부흥 집회를 이렇게 기술하였다:

> 이 부흥회는 옛 감리교 부흥운동의 정신을 그대로 가지고 있었다. 설교 후 하나님의 자비, 하나님의 은혜, 그리고 하나님의 선하심에 대한 40, 50, 그리고 60명의 간증이 있었다. 그것은 매우 고무적인 시간이었으며, 부흥회에 참석한 모든 사람들이 신앙 안에서 새 힘을 얻고 신앙이 견고해졌다.[53]

이 부흥회에서 얼마나 놀라운 영적각성과 회개의 역사가 나타났는지 정확히 알 수 없지만, 우리는 이 부흥회를 통해 두 가지 사실을 알 수 있다. 첫째는 감리교 선교사들의

---

51   *Minutes of the Seventh Annual Meeting*, Korea Mission Methodist Episcopal Church, South, 1903, 33.
52   "송도남부회당별전도회," 신학월보 1903년 4월, 145-146.
53   *Minutes of the Korea Mission*, Methodist Episcopal Church, 1903, 45.

서울 정동 감리교회의 초기 모습

심령에는 웨슬리의 부흥운동이 한국 교회에도 그대로 재연되기를 바라는 간절한 염원이 있었다는 것과[54] 둘째는 후에 평양대부흥운동에서 발견되는 공개적인 죄고백의 간증이 이미 1903년 초부터 실시되었다는 사실이다. 이와 같은 감리교 부흥운동의 열정과 공개적인 간증은 한국 교회 부흥운동의 중요한 특징으로 자리 잡게 되었다.

평양에서의 영적각성의 움직임

1903년 초 개성에서 영적각성의 움직임이 감지되고 있는 동안 북부 지역에서도 이와 같은 영적 움직임이 일고 있었다. 평양 교회가 영적으로 깨어나기 시작한 것은 청일전쟁 이후부터였다. 1897년 스피어(Robert E. Speer)는 한국 북부 지역은 세계 어떤 곳도 능가할 만큼 교회가 놀랍게 확산되고 있으며, "교회가 차고 넘치고 있고, 기회가 무

---

54   *Minutes of the Korea Mission*, Methodist Episcopal Church, 1903, 49. Wilbur C. Swearer는 매년 1월에는 신학생 교육과 부흥회 인도에 대부분의 시간을 보낸다고 말한다.

궁하다"⁵⁵고 말했다.

당시 한국의 북부를 방문하여 현장을 확인한 영국의 저널리스트 매켄지(F. A. McKenzie)도 "한국에서 기독교는 특별히 북부지방에서 놀라운 속도로 확산되고 있다"고 증언했다.⁵⁶ 한국 북부지방의 선교는 세계에서 보기 드물 정도로 놀라운 성공을 거둔 사례 가운데 하나였으며,⁵⁷ 그중에서도 평양은 영적각성을 주도하는 중심 세력이었다. 청일전쟁 이후 수많은 사람들이 교회로 몰려들었고, 영적각성의 움직임이 북부 전역에 확산되면서⁵⁸ 평양은 명실상부 한국 교회를 이끌어 가는 중심부로 부상한 것이다.⁵⁹ 이와 같은 평양 지역의 급속한 기독교 확장을 가리켜 기포드(Daniel L. Gifford)는 그의 한국에서의 매일의 생활(*Every-Day Life in Korea*)에서 "놀라운 전진운동"(a remarkable forward movement)⁶⁰이라고 불렀다.

점 더 평양은 말씀에 대한 반응, 복음의 전도열, 그리고 모이는 열심에 있어서도 전국에서 가장 활발한 선교 지역으로 급부상하였다. 1899년 사무엘 마펫(마포삼열, Samuel A. Moffett)이 보고한 대로 북부교회는 "힘있고 활력이 넘치며 자립하고 있으며, 영향력 있고, 그리고 최고의 상태"⁶¹를 유지하고 있었다. 그렇게 우상숭배가 강했던 북부 전역에 점차 우상숭배가 사라지기 시작했다. 게일은 코리안 스케치에서 확신에 차 "지금은 이 백성들에게 복음을 전할 수 있는 특별한 때라고 믿는다. 그것은 놀라운 변화가 그들의 물질세계에 발생하고 있기 때문이다."⁶²라고 말했다. 1902년 9월, 자신이 맡고 있는 평안남도 선교 사역에 대한 보고를 하면서 마펫은 "나는 지난 수년간 성취된 큰

---

55   *Annual Report, PCUSA*, 1898, 158.
56   McKenzie, *The Unveiled East*, 287.
57   McKenzie, *The Unveiled East*, 292. 또한 L. H. Underwood, *Fifteen Years Among the Top-Knots or Life in Korea* (New York: American Track Society, 1904), 232-234.
58   Gale, *Korean Sketches*, 209. cf. Samuel M. Zwemer & Arthur J. Brown, *The Nearer and Farther East: Outline Studies of Moslem Lands and of Siam Burma and Korea* (New York: The Macmillan Co., 1909), 285.
59   Paik, *The History of Protestant Missions in Korea*, 272.
60   Daniel L. Gifford, *Every-Day Life in Korea* (New York: Fleming H. Revell Company, 1898), 207-229.
61   *Annual Report, PCUSA*, 1899, 158.
62   Gale, *Korean Sketches*, 209-210.

사역이 앞으로 3, 4년 내에 배로 성장할 것을 전혀 의심하지 않는다. … 사역이 지난해보다 더 견고해졌고, 한층 더 체계화되었다."[63]며 확신에 차 있었다.

이와 같은 영적 분위기 속에서 1902년 12월 31일부터 1월 13일까지 열린 평양 장로교 겨울 사경회, 특히 기도회 주간 동안과 그 후에 열린 저녁 집회는 "대단히 유익하고 성공적이었다."[64] 610명이 등록한 가운데 열린 이 겨울 사경회 동안에 성령론은 매우 중요하게 다뤄진 교과목이었다.

확실히 1903년에 접어들면서 평양의 영적 분위기는 이전과 매우 달라졌다. 이같은 영적 분위기는 1903년 6월 22일부터 7월 3일까지 열린 조사들을 위한 여름 사경회, 특히 그 기간 동안 열린 새벽기도회를 통해 더욱 촉진되었다.[65] 복음 전파 사역은 물론 남녀 사경회, 중학교와 보통학교, 그리고 의료 및 문서사역에 이르기까지 모든 선교 사역에서 영적각성과 성령의 역사의 중요성이 어느 때보다도 강조되었다.[66] 매년 4월에 열리는 평양신학교의 그 해 커리큘럼 중에서도 성령의 사역은 신학생들이 거쳐야 할 필수 과목이었다. 평양을 선교 거점으로 삼고 있는 북장로교 평양선교부가 1903년을 회고하면서 빛과 그늘이 교차되고 있는 가운데 새로운 용기와 영감을 공급받았다고 말한 것도 그 때문이다.

프란손(F. Franson)의 입국과 원산부흥운동의 소식은 평양 교우들에게 더욱더 영적각성에 대한 강한 도전을 주었다. 평양 교회는 지금까지 경험했던 어떤 것보다도 "가장 놀라운 영적각성운동"[67]을 경험한 것이다. 평양 교회는[68] 러일전쟁이 촉발된 1904년 동안에도 한국 개신교를 이끄는 중요한 역할을 하였다.[69] 1903년 회기 동안 평양의 장로교회에서만 1,104명이 세례를 받았고, 1,063명이 학습을 받았다. 이처럼 평양 지역에

---

63 "Annual Report of Dr. S. A. Moffett", *The Korea Field* (Feb., 1903), 90.
64 *Annual Report, PCUSA*, 1904, 30.
65 *Annual Report, PCUSA*, 1904, 31.
66 *Annual Report, PCUSA*, 1904, 38-49.
67 *Annual Report, PCUSA*, 1904, 12.
68 청일전쟁 이후 성장이 두드러졌으며, 특히 1898년은 "성장의 해"라고 극찬할 만큼 평양 지역은 놀라운 성장을 이룩하였다. Georgiana E. Whiting, "*A Year of Progress,*" *The Korean Repository* (November, 1898), 416-418; Daniel L. Gifford, *Every-Day Life in Korea*, 207-229.
69 *Annual Report, PCUSA*, 1904, 11-26.

교세가 급속하게 확장되자 그 지역의 현 시설로는 급증하는 교세를 충족시켜 주기에는 턱없이 부족했다.[70] 이와 같은 영적각성과 성장의 움직임은 그곳 감리교회에서도 뚜렷이 감지되었다. 1903년 7월 7일에 서울을 떠나 그 달 12일에 평양에 도착한 감리교 노블(W. A. Noble) 선교사는 평양 시내 감리교회마다 주일에 평균 700명이 모였고 수요일에 400명이나 모이는 것을 목격하였으며, 주일 오후 장대현교회에 갔을 때 그곳에서는 1,400명이 예배당을 가득 메운 가운데 주일 오전예배를 드리고 있었다.

이미 개성에서 성령의 은혜를 경험한 문경호 전도사가 1903년 8월 평양의 함종읍교회와 칠산리교회에서 사람들을 모아놓고 집회를 가질 때 "성신림이 각 사람의게 감하하심으로 온 회중이 다 마음이 비창하야 서로 고개를 들지 못하고 눈물을"[71] 흘리는 영적각성이 있었다.

확실히 평양의 영적 분위기는 서울의 그것과는 완연히 달랐다. 1903년 신학월보 10월호에는 평양과 서울을 대비시키면서 서울 교회와 교우들이 분발할 것을 촉구하는 글이 실렸다:

> 서울 교회나 평양 교회나 하나님을 섬기고 닑는 성경도 하나요 가는 곳도 한 곳이요 가는 길도 한 길이요 밋음과 바람이 다 갓거널 엇지하야 평양 교우들은 열심으로 힘쓰고 서울 교우들은 잠자는 모양이니 성경의 갈아대 천국은 힘쓰는 자가 엇는다 하셧스니 이 글 보시는 교우들이 평양 교우들이 열심으로 힘써 하나님 섬기는 정성을 알니로다.[72]

2. 하디의 회심과 원산부흥운동의 발흥

이 모든 것보다도, 이 시대에 영적각성운동을 촉발시킨 가장 두드러진 사건은 역

70　"General Report of Pyeng Yang Station", *The Korea Field* (Nov., 1903), 130.
71　문경호, "성신씌서 감하하심," 신학월보 1903년 10월호, 432.
72　론설, "북쪽 지방에서 전도함," 신학월보 1903년 10월, 427-428.

시 원산에서 활동하고 있던 남감리교 선교사 하디의 영적 회심이었다. 1903년 8월, 원산에서 활동하고 있던 남감리교 소속 의료 선교사 하디(河鯉泳, 1865-1949)가 성령의 감동을 받고 사역의 실패가 자신의 교만과 성령 충만하지 못한 데 있다는 사실을 공개적으로 고백하면서 영적각성운동은 원산 지역에 놀랍게 확산되기 시작했다.[73] 거의 같은 시기, 원산을 시작으로 진행된 스칸디나비아 선교회(The Scandinavian Missionary Alliance) 책임자 프란손(Fredrik Franson, 1852-1908)의 전도 집회는[74] 국내에서 활동하던 선교사들과 한국인들에게 적지 않은 "영적 재충전"[75]의 기회를 제공했다.

이와 같은 영적 분위기는 거의 모든 선교부에서 열리는 겨울 사경회 기간 중에 열린 한 주간의 기도회를 통해 더욱 고조되어, 많은 사람들이 "영적 대각성"(the Greatest awakening)[76]을 경험하였다. 선교사들은 세계 기독교 역사에 일어났던 "대각성운동"이 머지않아 이 나라와 이 민족 가운데 임할 것을 확신하기 시작했다. 하디의 영적각성은, 전에 없이 위기를 만나고 있는 이 나라 이 백성들에게 영적 대각성의 직접적인 불씨가 되었다.

원산부흥운동을 촉발시킨 원산 기도회와 1903년 8월 하디의 회심은 백낙준 박사의 말대로 한국 "부흥운동의 기원"[77]이었다. 1907년 1월 6일부터 10일간 평양 장대현교회에서 사경회 기간 중에 일어나 평양 전역, 그리고 더 나아가 한국 전역으로 널리 확산되었던 평양대부흥운동도 기원을 거슬러 올라가면 하디의 영적각성에서 시작되었다:

한국 교회가 경험한 일련의 부흥운동의 경험을 연구하면 한 가지 분명하게 보여 주는 것은 한국 교회의 대부흥운동이 어떤 원인을 갖지 않고 갑자기 일어난 사건이 아니라 대부흥운동이 일어나기까지 일련의 사건들이 밀접하게 연계되었다는 사실을 보여 준다. 그리고 그 출발점은 적어도 원산의 남감리교 선교사 가운데 한 사람(하디)의 영적 체험

---

73 George T. B. Davis, *Korea for Christ* (New York: Fleming Revell Co., 1910), 62-63.
74 *Minutes of the Eighth Annual Meeting*, Korea Mission of the Methodist Episcopal Church, South, 1904, 24.
75 *Annual Report, PCUSA*(1904), 12.
76 *Korea Mission of the PCUSA*, Report of Pyeng Yang Station, 1904, 12.
77 "The Religious Awakening of Korea," *KMF* IV: 7 (Jul., 1908), 105.

으로 거슬러 올라가야 할 것이다.[78]

화이트, 매컬리, 원산 기도회, 그리고 하디

그리고 하디의 영적 체험을 가능하게 만든 그 사건은 원산에서 활동하는 캐나다 장로교 매컬리(Louise Hoard McCully)와 중국에서 활동하다 잠시 방문 중이던 남감리교 화이트(Mary Culler White) 여선교사가 시작한 기도회에 뿌리를 두고 있다.[79] 매컬리와 화이트 두 여선교사는 "자신들과 함께 사역하는 선교사들 가운데 성령이 풍성하게 임하도록 함께 모여 기도하곤 했다."[80] 훗날 하디가 증언한 대로 1903년부터 조선교회에서 강하게 일어난 대 부흥의 불길은 이 두 여선교사가 시작한 기도회에서 출발했다.

기도회는 시간이 지나면서 그 열기를 더해갔다. 1903년 여름[81] 캐롤(A. Carroll), 노울즈(Mary Knowles), 하운셀(Josephine C. Hounshell), 그리고 캐나다 장로교의 매컬리 등 원산의 여선교사들은 남감리교 선교사 화이트의 제의로 그해 8월 24일부터 30일까지 한 주간 동안 교파를 초월하여 연합으로 성경공부 겸 기도회를 가지며 주의 은혜를 간구했다.[82] 초기 자료들과 증언들은 이 기도회가 원산부흥운동의 모체가 되었고, 다시 원산부흥운동이 평양대부흥운동으로 이어져 한국 교회 안에 영적대각성운동을 저

---

78 "The Religious Awakening of Korea," *KMF* IV: 7 (Jul., 1908), 105. cf. L. H. Underwood, *Underwood of Korea* (언더우드, 이만열 역-서울: 교문사, 1990), 228. 언더우드의 아내 릴리아스 역시 1903년 원산부흥운동이 그 후에 일어난 한국 교회 부흥운동의 시초였다고 보았다. "1903년 말에 원산에서는 놀라운 부흥운동이 시작되었다. 필자는 늘 이것이 그로부터 3년 후 한국의 전 교회에 퍼부어진 놀라운 복의 시초였다고 믿고 있다."

79 화이트가 한국을 잠시 방문 중일 때 중국의 선교 상황은 매우 열악했다. 그 중의 하나가 의화단 사건이다. 의화단 사건(Baxer Outbreak)은 독일이 1897년 12월에 일어난 두 명의 천주교 신부 살해 사건을 빌미로 칭타우(靑島)를 손에 넣고 엄청난 배상을 요구며 산동성 내륙의 상업적 조치지(租借地) 설치를 강요하자 이에 대항하여 중국의 비밀결사조직 의화단이 들고 일어난 사건을 말한다. 135명의 선교사와 53명의 자녀, 47명의 천주교 신부가 살해당했다. Canadian Presbyterian Mission, *A Quarter Century in North Honan 1889-1913* (Shanghai: Printed at The Presbyterian Mission Press, n.d.), 3-4; John Ross, *Mission Methods in Manchuria* (Edinburgh and London: Oliphant Anderson & Ferrier, 1908), 252-274.

80 R. A. Hardie, "God's Touch in the Great Revival," *KMF* X: 1 (January, 1914), 22-25.

81 Hardie, "God's Touch in the Great Revival," 22-25.

82 *Official Minutes and Reports of the Annual Session of Korea Mission Conference of the Methodist Episcopal Church*, 1903, 26, 53, 57.

변화대시키는 중요한 밑거름이 되었다는 사실에 동의한다.[83]

특별히 남감리교 의료 선교사 하디는 이 사건을 통해 부흥의 주역으로 부상,[84] 이후 진행될 한국 교회 대부흥운동의 중요한 출발점을 제공하였다.[85] 하디는 원산지역 여선교사들로부터 어떻게 하면 효과적으로 기도할 수 있는지 기도에 대해 3번의 강의를 해 달라는 부탁을 받고[86] 준비하던 중 말씀과 깊이 만나는 특별한 은혜를 체험했다.[87] 세상적인 면들을 의지했던 자신의 잘못과 무엇보다 "너희가 악할지라도 자식에게 좋은 것을 줄 줄 알거든 하물며 너희 천부께서 구하는 자에게 성령을 주시지 않겠느냐"(눅 11:13)는 말씀을 통해 자신이 성령충만을 받지 못했다는 사실을 깨달았다.[88]

1903년 8월, 이미 은혜를 경험한 가운데 그가 전한 요한복음 14장 12절과 14절, 15장 7절, 6장 23절에 근거한 그의 3편의 강의, "그리스도 안에 있는 믿음"(Faith in Christ), "그리스도 안에 굳게 섬"(Abiding in Christ), "오순절의 경험"(Pentecostal Experience)은 기도회에 참석한 선교사들에게 깊은 감동과 도전을 주었다. 하나님께서 기도회 중 확신과 거룩한 능력 가운데 놀랍게 현시하셨으며, 이 기도회는 여러 해 동안 한국 전역을 휩쓸었던 원산부흥운동을 태동시키는 직접적인 요인이 되었다.[89] 훗날 하디는 이렇게 고백했다:

83　*Official Minutes and Reports of the Annual Session of Korea Mission Conference of the Methodist Episcopal Church*, 1903, 52; Sauer, ed., *Within the Gate*, 40-41. 원산부흥운동의 주역 하디 자신의 진술이나 *KMF*에 나타난 부흥운동에 대한 기사들, 1929년에 기술된 남감리교회 30주년 기념보, 기타 부흥운동에 관한 자료들에 이르기까지 대부분의 자료들이 같은 견해를 갖고 있다.

84　기도회가 종종 부흥운동의 중요한 불씨가 된 사례는 기독교 역사 속에서 자주 있었다. cf. J. Edwin Orr, *The Fervent Prayer:The Worldwide Impact of the Great Awakening of 1858* (Chicago: Moody Press, 1974), 45-51; J. du Plessis, *The Life of Andrew Murray of South Africa* (London: Marshall Brothers, Ltd., 1919), 193-4.

85　"The Religious Awakening of Korea," 105.

86　George T. B. Davis, *Korea for Christ* (London: Christian Worker's Depot, 1910), 63.

87　"The Religious Awakening of Korea," 105.

88　*Minutes of the Seventh Annual Meeting*, Korea Mission Methodist Episcopal Church, South, 1903, 26. Cf. Wasson, *Church Growth in Korea*, 30.

89　R. A. Hardies, "Korea Mission-General Work," *Southern Methodism in Korea: Thirtieth Anniversary*, ed., J. S. Ryang (Seoul: Methodist Episcopal Church, South, Korea, 1929), 51. 이 부흥운동의 특징은 철저한 회개를 통한 죄 사함이며, 이후 1903년과 4년 동안 서울과 평양의 감리교에 부흥운동은 놀랍게 확산되었다.

1903년 8월에 원산의 캐나다 장로교 선교회와 남감리교 선교회는 한 주간 연합사경회와 기도회를 시작했다. 원산 지역 선교회 소속 선교사 외에 중국의 화이트 선교사와 하운셀 선교사가 우리와 함께 했다. 하나님께서 죄의 확신과 성결의 권능 가운데 임재 하셨으며, 이 기도회의 직접적인 결과로 몇 주후에 부흥이 시작되어 수년 동안 한국전역을 휩쓸었다.[90]

하디가 증언한 대로 이 기도회는 한국 교회 대부흥운동의 불씨가 되었고, 곧 그 불은 하디를 통해 원산을 넘어 한반도 전역으로 확산되었다.

하디의 회심과 원산부흥운동의 촉발

스코틀랜드 혈통의 하디는 1865년 6월 11일 온타리오 할디만(Haldiman)에서 태어났다. 21세 때인 1886년 토론토대학 의과대학에 진학해 1890년에 졸업한 그가 은둔의 나라 한국 선교에 관심을 가지게 된 것은 1888년에 토론토대학 YMCA 대표로 한국에 파송된 제임스 게일 때문이었다.[91] 의대를 졸업한 하디가 179명의 토론토 의과대학생 YMCA 회원으로부터 적어도 8년 동안의 지원을 약속받고 사랑하는 아내 켈리(Margaret Kelly Hardie)와 함께 내한한 것은 1890년 9월 30일이었다.[92]

하디가 한국 선교를 결심하고 한국으로 파송을 받기까지는 당시 토론토 의과대학 교수로 재직하고 있던 아비슨(O. R. Avison)의 영향이 컸다. 1890년 하디 가족은 한국으로 떠나오기 전 칼턴 스트리트(Carlton Street)에 있는 아비슨의 집에서 며칠을 함께 지냈고, 아비슨 박사가 토론토 유니온 역까지 차로 데려다 주었다.

이렇게 깊은 인연이 있었던 하디와 게일 및 아비슨과의 관계는 선교지 한국에서도 일생동안 계속되었다. 1935년 은퇴할 때 하디 가족은 서울에 있는 아비슨 집에서 며칠

---

90   Hardies, "Korea Mission-General Work," 51.
91   Young Sik Yoo, *Earlier Canadian Missionaries in Korea: A Study in History 1888-1895* (Ontario: Westward Graphics, 1987), 57.
92   *The Missionary Review of the World* (November, 1890), 878.

하디(R. A. Hardie)

을 함께 보내고 45년 전 토론토에서 그랬던 것처럼 아비슨이 하디 가족을 서울역까지 차로 데려다 주었다.[93] 입국 후 하디는 처음에는 게일과 함께 부산에 있다가 게일이 원산으로 떠나자 자신도 원산으로 선교지를 옮긴 후 1898년 5월부터는 남감리교 선교회 소속 선교사로 그곳에서 의료 선교활동을 계속하였다.[94] 1892년 11월 11일 원산으로 선교 거점을 옮긴 하디는 말콤 펜윅(M. C. Fenwick) 집의 방 하나를 진료소로 사용하면서 의료 선교를 본격적으로 시작했다. 둘 다 토론토 출신이었기 때문에 잠시 동안 하디가 펜윅의 집을 선교 거점으로 삼은 것은 여러 가지 면에서 볼 때 자연스러운 일이었다. 마침 같은 토론토 출신 북장로교 선교사 게일도 원산에 자리잡고 있어 하디에게 이곳은 선교 거점으로 삼기에는 더 없이 알맞은 곳이었다.[95] 하디가 이곳에서 활동을 시작한 지 몇 년 후 청일전쟁이 일어났기 때문에 그에게는 그 같은 환경이 한편으로 환자들을 돌보면서 복음을 전할 수 있는 절호의 기회였다. 그러나 이와 같은 여건과 환경에도 불구하고 선교의 결실은 눈에 띨 정도는 아니었다.

그는 1901년부터 원산과 강원도 통천 지방에서 개척 선교사로 3년간 선교활동을 했으나 선교의 결실이 거의 없었다. 1903년 9월 하디가 고백한 것처럼 "그것은 마치 악한 자의 권세가 연합하여 매번 자신을 패배감"으로 몰아넣어 "사역"과 "그 자신의 자신

---

93 Young Sik Yoo, *Earlier Canadian Missionaries in Korea: A Study in History 1888-1895*, 58.
94 James S. Gale, "Dr. R. A. Hardie," *The Korea Methodist* I: 9 (July, 1905), 113-114.
95 Paik, *The History of Protestant Missions in Korea*, 276.

감을 무너뜨리는 것 같았다."[96] 1904년 보고서에서 하디는 이렇게 자신의 심정을 토로하였다:

> 나는 3년 동안 강원도에 교회가 처음 세워진 지경대(地境垈) 지역에서 어떤 다른 지역에서보다 애써 일하였으나, 그곳에서의 선교 사역의 실패는 나에게 말할 수 없는 타격을 안겨 주었고, 사역을 더 할 수 없을 정도로 절망감을 가져다주었다.[97]

처음에 하디는 자신의 실패의 원인이 무엇인지를 정확히 파악하지 못했다. 그러나 "점점 더 영적인 능력의 결핍을 강하게 의식하게 되었고, '힘으로도 안 되고 능으로도 안 되고 오직 나의 능력으로 되느니라'고 하나님이 말씀하신 것처럼, 그것이 사역 실패의 주요 원인이라"[98]는 것을 깨닫게 된 것이다.

이와 같은 상황에서 하디는 1903년 8월 24일부터 30일까지 열린 기도회 기간 중 처음에는 선교사들 앞에서, 그리고 후에 주일 오전예배 때 한국인들 앞에서 공개적으로 "교만, 심령의 강퍅함, 그리고 믿음의 부족"[99] 등 자신의 죄악을 낱낱이 털어놓으며 눈물로 참회하고 회개했던 것이다.[100] 하디의 표현을 직접 빌린다면 그것은 고통스럽고 굴욕적인 경험이었다:

> 성령이 내게 오셨을 때 그의 첫 요구는 나의 선교사 생활의 대부분을 함께 보냈던

---

96 *Minutes of the Seventh Annual Meeting*, Korea Mission Methodist Episcopal Church, 1903, 26.
97 *Minutes of the Seventh Annual Meeting*, Korea Mission Methodist Episcopal Church, South, 1904, 27. 지경대 사역은 매우 어려운 지역이라고 하디는 1903년과 1904 보고서에서 밝히고 있다. 백낙준 박사가 위 부분을 인용하면서 *Methodist Church Report for 1905*, 39-44라고 밝히고 있으나 실제로 위내용이 실린 Report는 1905년이 아니라 1904년도 27페이지이다. 따라서 이를 바로잡는다. cf. 백낙준, 한국 개신교사, 384.
98 *Minutes of the Seventh Annual Meeting*, Korea Mission Methodist Episcopal Church, 1904, 26.
99 Rhodes, *History of The Korea Mission Presbyterian Church of the U.S.A.* Vol. I, 1884-1934, 281.
100 이와 같은 죄의 고백은 여타 다른 부흥운동에서 하나의 두드러진 특징으로 나타난다. Richard M. Riss, *A Survey of 20th Century Revival Movements in North America* (Peabody: Hendrickson, 1988), 4. Cf. John Wesley, *A Plain Account of Christian Perfection* (London: Epworth Press, 1952), 58-59.

선교사들 앞에서 나의 실패와 그 실패의 원인을 시인하게 하시는 것이었다. 그것은 고통스럽고 굴욕적인 경험이었다.[101]

그로부터 한 달 후 하디는 "지난 달 한 주간의 성경공부 도중"[102] 이미 우리를 위해 보혈을 흘리신 예수 그리스도를 통해 아버지로부터 성령을 약속받았음을 깨달으면서 실패의 원인이 자신의 영적 결핍에 있다는 사실을 깊이 인식하게 되었다고 고백했다. 한국에 파송된 서양 선교사들에게서 흔히 찾아볼 수 있는 민족적 우월감, 성령의 도우심과 인도하심을 의지하기보다는 자기의 능력과 학력과 실력을 의지하는 자만감, 한국인을 미개한 민족과 무식한 백성으로 생각하는 깊은 자만심을 그대로 토로한 것이다. 말씀이 자신 안에 있는 죄악들을 드러내자 더 이상 견딜 수 없었던 것이다. 하디 선교사는 "자기가 선교 사업에 실패한 원인이 믿음이 약하여 아직 성령강림의 체험이 없는 데 있다"[103]는 사실을 솔직히 시인하였다.

하디의 경험은 웨일스 부흥운동의 불씨를 제공해 준 이반 로버츠(Evan Roberts)가 1904년 봄에 경험한 것과 유사하다. 로버츠는 영국의 스태드(W. T. Stead, *Review of Reviews*의 편집인)와의 인터뷰에서 "아주 오랫동안 기독교의 실패에 대한 생각으로 나의 영혼과 심령에는 고통이 많았다"[104]고 고백했다.

하디의 솔직한 고백을 통해 한국인들은 죄에 대한 회개가 무엇을 의미하는지를 깊이 깨닫기 시작했다. "이전에는 개인의 체험으로서의 죄성이나 종교의 죄성에 대해 잘 알지 못했던"[105] 한국인들이 이를 계기로 죄의식을 깊이 느끼기 시작한 것이다. 그로부터 2년 후 하디는 그 당시의 영적 체험과 분위기를 이렇게 전한다:

---

101 *Minutes of the Seventh Annual Meeting*, Korea Mission Methodist Episcopal Church, 1904, 23.
102 *Minutes of the Seventh Annual Meeting*, Korea Mission Methodist Episcopal Church, 1903, 26.
103 William Scott, *Canadians in Korea* (Toronto: William Scott, 1975), 55.
104 W. T. Stead, "Mr. Evan Roberts," in *The Story of the Welsh Revival* (New York: Fleming H. Revell Co., 1905), 55-56.
105 Ryang, ed., *Southern Methodism in Korea: Thirtieth Anniversary*, 52.

그러나 내가 성령의 충만함을 깨달은 후 그 첫 주일 아침 우리 원산 감리교회 회중 앞에 서서 부끄럽고 당황한 얼굴로 나의 교만, 심령의 강퍅함, 그리고 믿음의 결핍과 또한 이것들이 가져다준 많은 결과들을 고백하면서 그들은 처음으로 죄의 확신과 회개가 실제적인 경험 속에서 무엇을 의미하는지를 알게 되었다.[106]

참된 고백과 회개 후 성령이 충만히 임하면서 "평강과 기쁨"이 하디에게 찾아왔고, 그는 이 같은 축복이 자신이나 이미 구원의 지식을 소유한 이들에게만 제한된 것이 아니라 모든 사람들이 반드시 공유해야 할 축복된 약속이라는 확신을 가졌다.[107] 바로 이 사건이 하디의 사랑하는 동료 제임스 게일이 "1903년 8월 그의 생명을 그늘에서 끌어낸 하나의 경험이 그에게 찾아왔다"[108]고 말한 사건이었다. 그로부터 2년 후인 1905년 7월 게일은 하디의 성령 체험과 하디가 그 후 어떻게 변화되었는가에 대해 이렇게 말한다:

> 우리는 그 이야기를 듣고 그것이 놀라울 정도로 진실이라는 것을 알고 있다. 하나님은 그에게 전혀 아무런 가식이 없는 진지함(earnestness)과 부드러운 촉진(觸診, tender touch)의 은사를 주셨으며, 그에게 다른 사람들을 감동시키는 주님 나라에 대한 사모함을 주셨다. 그의 삶의 변화는 갈릴리에서의 베드로의 마지막 고기 잡는 여정과 그가 너무도 놀라운 부드러움으로 베드로 서신을 기록하던 그 사이에 일어난 변화만큼이나 차이가 있었다.[109]

하디의 고백은 모인 이들의 마음을 여는 계기가 되었고, 그가 고백한 죄악들은 모인 선교사들 대부분이 공감하는 부분이었다. 특별히 하디 선교사 자신이 개인적으로 경험한 "깊고 놀라운 경험"은 곧 주변에 영향을 미치지 않을 수 없었다.

---

106 *Minutes of the Seventh Annual Meeting*, Korea Mission Methodist Episcopal Church, 1904, 25.
107 *Minutes of the Seventh Annual Meeting*, Korea Mission Methodist Episcopal Church, 1903, 26.
108 Gale, "Dr. R. A. Hardie," *KM* (*The Korea Methodist*)I: 8 (Jul., 1905), 113
109 Gale, "Dr. R. A. Hardie," 114.

이렇게 해서 발흥한 "부흥운동은 강력한 죄의 회개로 특징지어졌다."[110] 사람들은 이전에 잘 알지 못하였던 죄성과 개인적인 체험으로서의 종교를 비로소 발견하기 시작했다. 하디의 진정한 회개와 고백이 동료 선교사들과 특히 한국인들을 깊은 영적 잠에서 깨운 것이다. 그렇게 오랫동안 보기를 원했던 한국인들의 죄의식과 회개를 비로소 볼 수 있었던 것도 하디의 회심 이후였다. 하디의 변화된 모습을 확인하면서 한국인들은 믿음의 새로운 교훈과 죄 가운데서 자신의 백성을 구원하시는 하나님의 능력을 배우게 된 것이다.

프란손의 입국

하디가 스칸디나비아 선교회(The Scandinavian Missionary Alliance) 책임자 프레드릭 프란손으로부터 극동 아시아 순방 중 한국에 입국해 원산에서 일련의 연합 전도 집회를 개최하고 싶다는 편지를 받은 것은 바로 그 일이 있기 얼마 전 일이었다.[111] 스웨덴 출신 프란손(Fredrik Franson, 1852-1908)은 무디와 동시대 인물로 미국에 이주한 스웨덴 사람들을 대상으로 한 선교단체인 스칸디나비아 선교회를 1890년에 창설하여 무디와 함께 활동하고 있던 전도자였다.[112]

그는 1852년 6월 17일 스웨덴 웨스트만랜드(Westmanland)의 퍼쇠이탄(Pershyttan)에서 태어나 1869년 미국으로 이주한 후 무디를 만나 훈련을 받고 잠시 그와 함께 동역하기도 했다. 프란손은 중국선교의 개척자 허드슨 테일러(J. Hudson Taylor)의 선교사역에 큰 도전을 받고 1890년 오늘날 팀(TEAM)으로 널리 알려진 이반젤리칼 어라이언스 미션(The Evangelical Alliance Mission)을 조직 현재 전 세계 40개국 이상에 750여명이 넘는 많은 선교사들을 파송하는 기념비를 놓았다.

프란손은 "위에서 부르실 때까지 전진하라"(Forward 'Till Upward')는 모토를

---

110 Ryang, ed., *Southern Methodism in Korea: Thirtieth Anniversary*, 52.
111 *Minutes of the Seventh Annual Meeting*, Korea Mission Methodist Episcopal Church, 1904, 24.
112 대표저술, *Himlauret: Eller Det Profetiska Ordet-Hanvisnigar, 3 Ofversik tstabeller Och 1 Diagram* (Stockholm: Redaktionens Af Sanningsvittnet Forlog, 1897.

가지고 전 세계 선교지를 다니며 복음을 전하면서 선교사들을 독려하고 세계선교를 진작시키는 일에 혼신을 다했던 입지전적인 인물이었다. 세상을 떠날 때 자녀들도 아무런 재산도 남기지 않았고 일생 동안 오직 해외선교에만 매진했다. 1908년 8월 2일 세상을 떠날 때까지 이 일을 계속했으며, 그가 1903년 가을 한국을 방문한 것도 일종의 그의 선교여행의 일환이었다.

하디는 프란손의 입국을 기다리는 동안 이 전도 집회를 준비하기 위해 지방에서 온 이들과 자기가 맡고 있는 원산의 감리교회 교

프란손(Franson. F)

인 몇 사람과 매일 성경공부와 기도회를 가졌다. 함께 모여 공부하고 있던 어느 날 아침, 최종손이 갑자기 일어서더니 며칠 동안 너무 괴로워 더 이상 숨길 수 없다며 자기의 죄목들을 적은 한 장의 종이를 읽는 것이었다. 그가 종이에 기록한 죄목 가운데는 물건을 훔친 일도 있었다. 이 일이 있기 전 사오일 밤 동안 그는 너무 고통스러워 잠을 이룰 수 없었다.[113]

이 일은 그곳에 있는 이들에게 적지 않은 영적인 도전을 주었다. 회심 후 최종손은 다른 사람들의 구원, 특히 같이 있는 룸메이트의 영혼을 구원하는 일에 모든 관심을 기울였다.[114] 그의 룸메이트 가운데 한 사람인 강태수가 성령의 강권적인 역사로 자신의 죄를 고백한 것은 그로부터 하루나 이틀이 지난 후였다. 강태수 역시 회심을 경험하고 그

---

113 *Minutes of the Seventh Annual Meeting*, Korea Mission Methodist Episcopal Church, 1904, 31.
114 *Minutes of the Seventh Annual Meeting*, Korea Mission Methodist Episcopal Church, 1904, 31.

후 기회가 주어질 때마다 죄 사함의 은총과 그 후에 찾아온 평안을 간증하였다. 회심 후 1년 동안 최종손을 지켜본 저다인(J. L. Gerdine)은 그에게 변화가 계속해서 나타나는 것을 목도할 수 있었다.[115] 며칠 후에는 진천수가 자신의 숨겨진 죄들을 고백했다.

하디가 공개적으로 자신의 교만과 죄들을 다 고백한 그 다음 주일 오전예배 후에도 죄를 고백하는 사건이 또다시 일어났다.[116] 그날 주일 오전예배 축도가 막 끝나자마자 약 5개월 전에 처음으로 복음을 들었던 존 로스(J. Robert Ross) 박사의 젊은 한글 선생, 진천수가 회중 앞에서 갑자기 일어서더니 그 동안 감추어진 자신의 죄악들을 눈물을 흘리며 토로하기 시작한 것이다. 그는 마음의 평안을 얻기 위해서 내면의 죄악들을 고백하지 않을 수 없음을 솔직하게 털어놓았다. 그가 고백한 죄악들은 앞서 있었던 소년의 고백보다도 몇 배 더 부끄럽고 수치스러운 것이었다.[117]

그를 너무도 잘 알고 있는 수많은 사람들이 모인 그 주일날 아침 이 젊은이는 자기가 무지해서 아내를 죽게 만들었다며 공개적으로 자신의 죄를 통회하고 회개한 것이다.[118] 그가 19세 되던 해 그의 아내는 수개월 동안 병을 앓다 세상을 떠났다. 그러나 아내가 외롭게 사투하는 "동안 내내 그는 술을 마시며 방탕한 생활"[119]을 보낸 것이다. 심지어 아내가 새해에 세상을 떠났을 때도 친구와 명절을 즐기지 못하게 되었다며 죽은 아내를 저주했을 정도였다. 그날 그는 눈물을 흘리며 그가 미워했던 몇몇 사람들이 있었음을 고백하고 용서를 구하였다. 1년 후인 1904년 하디는 이 사건을 이렇게 기술하였다:

> 그는 교만에서부터 시작해서 탐욕, 그리고 위선적인 행위를 회개하였다. 그러고는 그곳에 모인 교인들에게 매우 진지하게 단지 외형적인 기독교 신앙을 회개하고 진정으로 하나님께로 돌아설 것을 간청하였다. 나는 비로소 성령께서 우리의 심령

---

115 *Minutes of the Seventh Annual Meeting*, Korea Mission Methodist Episcopal Church, 1904, 31.
116 *Minutes of the Seventh Annual Meeting*, Korea Mission Methodist Episcopal Church, 1904, 24.
117 *Minutes of the Seventh Annual Meeting*, Korea Mission Methodist Episcopal Church, 1904, 24.
118 S. Kate Cooper, *Evangelism in Korea* (Nashville: Board of Missions Methodist Episcopal Church, South, 1930), 26-27.
119 *Minutes of the Seventh Annual Meeting*, Korea Mission Methodist Episcopal Church, 1904, 24.

안에 역사하고 계시다는 것을 깨닫기 시작했다.[120]

원산 지역에서는 양반 가문으로 널리 알려진 이 젊은이가 그 같은 죄를 토로한다는 것은 보통 용기와 결단이 아니면 불가능했다. 공개적으로 자신의 죄를 고백한 이후 그에게는 하늘의 평화가 찾아들었고, 하나님에 대한 의심의 구름이 완전히 사라졌으며, 그의 삶에는 성령의 결실이 계속해서 나타났다.[121] 1903년 8월 말 하디에게서 시작된 공개적인 죄의 자백이 9월에 접어들어 원산의 한국인 신자들에게 확산되기 시작한 것이다. 몇 사람의 죄의 자백은 지금까지 없었던 영적 분위기를 태동시키는 전기를 마련해주었다.

그 해 10월, 이와 같은 영적 분위기가 형성된 가운데 중국 스칸디나비아 선교회 연맹 소속 프란손 선교사는 예상했던 것보다 일정을 앞당겨 진천수가 자신의 숨겨진 죄를 자백하던 그날 밤에 갑자기 원산에 도착했다. 그는 하디 선교사 집에서 한 주간을 머물면서 원산 지역 선교사들과 교우들을 대상으로 한 주간 동안 연합집회를 인도했다.[122] 감리교 선교사뿐만 아니라 장로교와 침례교 선교사까지 원산 지역 모든 선교사들이 함께 모여 프란손과 함께 성경을 공부하고 기도하며 장로교 창전 예배당에서 한 주간 연합집회를 가진 것이다.[123]

이 집회는 그곳 공동체에 너무도 큰 유익을 가져다주었다. 집회 이듬해 하디는, 프란손은 "기도의 사람이며 노련한 전도자임을 입증하였고, 어떻게 사역할 것인가를 우리에게 가르치기 위해 주님께서 그를 보내셨음이 확실하다"[124]고 회고했다. 그는 하디로 인해 촉발된 원산지역의 영적각성을 더욱 견고하게 만들어주었다.

120　*Minutes of the Seventh Annual Meeting*, Korea Mission Methodist Episcopal Church, 1904, 24.
121　*Minutes of the Seventh Annual Meeting*, Korea Mission Methodist Episcopal Church, 1904, 32.
122　*Minutes of the Seventh Annual Meeting*, Korea Mission Methodist Episcopal Church, 1904, 25.
123　車載明, 朝鮮 예수敎長老會 史記 (京城: 朝鮮예수敎 長老會 總會, 1928), 179.
124　*Minutes of the Seventh Annual Meeting*, Korea Mission Methodist Episcopal Church, 1904, 25. 그는 똑같은 고백을 그로부터 10년 후 다시 반복하였다. R. A. Hardie, "God's Touch in the Great Revival," 23.

3. 계속되는 원산부흥운동

프란손이 떠난 후 하디는 그가 시무하는 교회에서 계속 영적 대각성집회를 가졌다.[125] 시간이 지나면서 부흥운동에 대한 관심은 점점 더 증가하고 깊어졌다. 일련의 모든 집회를 통해 사람들은 회중 앞에서 공개적으로 자신들의 죄를 고백하는 일이 계속되었다. 집회가 끝나기 전에 "거의 모든 교인들이 회심을 체험했다."[126] 그곳에서 자신들의 죄를 고백했던 모든 사람들의 일치된 간증은 자신들이 전에는 종교를 인격적이고 살아있는 경험으로 알지 못했다는 사실이다. 그러나 집회를 통해 하디는 물론 그곳에서 자신들의 죄를 통회하고 공개적으로 고백한 이들 거의 모두가 "그리스도 예수 안에서 새로운 피조물로 지음 받았다"[127]는 사실을 확신하게 되었다. 하디가 고백한 대로, 그 후 이들이 "참으로 거룩한 삶"을 살기 시작함으로써 성령의 능력과 은혜를 힘입는 자는 더 이상 죄 가운데 살아갈 수 없도록 성령께서 강하게 강권하신다는 사실을 입증해 주었다. "성령이 통치하는 곳에서는 죄가 행해질 수 없다"는 것이다. "하나님께로서 난 자마다 죄를 짓지 아니하나니 이는 하나님의 씨가 그의 속에 거함이요 저도 범죄치 못하는 것은 하나님께로서 났음이라."(요일 3:9)

집회가 끝난 후 하디는 아내와 자녀들이 고국으로 돌아가는 길에 일본까지 동행하였다. 고베에 도착하자마자 갑자기 아이들이 홍역에 걸려 한 달 이상을 그곳에 머물러 있어야 했다. 하지만 하디는 그 "시련과 고통의 환경 중에서도 하나님의 권능으로 완벽한 평안을 유지할 수 있었다."[128] 특별히 딸 베시가 폐렴으로 인한 합병증으로 상당히 심각한 상태까지 도달했으나 전적으로 하나님께 맡김으로 그 가운데서도 주님을 찬양할 수 있었다. 그는 이것이야말로 하나님의 권능이 그의 온 인격을 사로잡고 있다는 분명한 증거라고 확신했다.

하디는 일본에서 원산으로 돌아오자마자 겨울 사경회를 개최하였다. 여선교사들

125　Jonathan Goforth, *When the Spirit's Fire Swept Korea* (Grand Rapids: Zondervan, 1943), 6.
126　*Minutes of the Seventh Annual Meeting*, Korea Mission Methodist Episcopal Church, 1904, 25.
127　*Minutes of the Seventh Annual Meeting*, Korea Mission Methodist Episcopal Church, 1904, 25.
128　*Minutes of the Seventh Annual Meeting*, Korea Mission Methodist Episcopal Church, 1904, 25.

캐롤, 노울즈, 저다인의 도움을 받으며 개최한 이 사경회에서 과거와는 달리 주로 신약성경 공부에 초점을 맞추었다. 에베소서, 기도, 성령, 그리스도인의 삶, 그리고 다른 사람들을 어떻게 하나님께로 인도할 것인지를 주제로 택했고, 매일 저녁 대각성 전도 집회를 열었다. 이 집회를 통해 여러 사람들이 영혼의 구원을 얻었고, 자신들의 영적인 삶이 견고해지는 은혜를 경험했다. 조직신학, 교회사, 설교학과 같은 주제들을 다루지 못한 것으로 인해 처음에는 몇몇 교인들이 실망했으나 "한 주가 지나면서 모든 사람들은 이전에 경험하지 못한 은혜를 경험했다."[129]

하디는 물론 그와 함께하는 동료들, 그리고 사경회에 참석한 이들은 주님이 자신들과 함께하신다는 사실을 점점 더 확신하기 시작했다. 이처럼 성령의 놀라운 은혜가 충만한 가운데 진행된 사경회가 끝나는 그 주일은 지금까지 하디가 경험했던 가장 아름다운 주일 가운데 하나였다. 하디는 이렇게 술회하였다:

> 아침 예배는 그날 내내 계속되었고, 집회를 마치기 전 몇몇 교우들은 지성적으로, 그리고 완전히 이전보다도 더 자신들을 주님께 드렸으며, 믿음으로 성령의 충만함을 받았다. 집회가 또 한 주간 계속되었고, 그 동안에 몇몇 학습교인들이 회심했으며, 참석한 모든 사람들이 지식, 신앙, 그리고 거룩에 있어서 대단한 진보를 이룩하였다.[130]

하디는 일련의 집회가 끝난 후 전체 교인들을 일곱 그룹으로 나누고 각 그룹에 조사를 임명하였다. 이것은 오늘날의 구역 제도나 순장 책임하에 모이는 다락방 모임과 유사한 데가 있었다. 이것은 교인들의 신앙생활에 활력을 불어넣었을 뿐만 아니라 영적 성장을 촉진시키는 중요한 계기가 되었다. 전쟁의 발발로 동료 선교사 캐롤과 노울즈가 서울로 옮겼음에도 이들의 헌신적인 노력으로 교인, 특히 여자 교인들의 출석이 줄지 않았다.

---

129   *Minutes of the Seventh Annual Meeting*, Korea Mission Methodist Episcopal Church, 1904, 26.
130   *Minutes of the Seventh Annual Meeting*, Korea Mission Methodist Episcopal Church, 1904, 26.

뿐만 아니라 사경회가 끝난 후 권서인 한 사람을 지원하기로 결정하였다. 말씀 공부와 기도는 자신들의 죄를 깨닫게 만들었고, 각 개인의 영적각성은 교회의 활력을 더해 주었으며, 교회는 그와 더불어 든든히 지어져 갔다. 이렇게 해서 개인의 영적각성이 교회의 영적각성으로 발전한 것이다.

1903년 가을에 접어들면서 더욱더 영적각성이 저변 확대되었고, 복음 전파가 진작되었으며, 무엇보다도 서로서로 죄를 용서하고, 관용하고 격려하는 분위기가 넘쳐났다. 원산부흥운동이 한창 확산되고 있던 1903년 가을, 몇몇 사람들이 물건을 훔친 것을 고백하고 배상하였으나 그 주변의 사람들 모두가 기쁨으로 잘못을 용서하고 대신 그것을 주님께 드린 일이 있었다.[131] 이렇게 비축된 비용은 권서인 지원에 사용되었다. 철저한 죄에 대한 영적각성이 단순한 고백으로 머물지 않고 개인과 공동체의 삶의 변혁으로 이어진 것이다.

1903년 8월 하디로 인해 촉발된 성령의 역사를 경험한 원산 주재 선교사들은 1904년에도 그와 같은 성령의 역사가 계속되기를 간구했고, 실제로 성령의 역사는 계속되었다.[132] 하디의 회심이 원산 전역에 성령의 바람을 불러일으킨 것이다. 이 성령의 바람은 곧 교회뿐만 아니라 학교에까지 확산되었다. 1904년 봄에 열린 부흥회 동안 캐롤이 맡고 있는 10세에서 16세까지의 원산의 여학교 학생들은 어른들처럼 데굴데굴 구르며 자신들의 죄를 회개하였다. 이들은 선생님들에게 먼저 자신들의 죄를 고백한 후 눈물을 흘렸고, 몇몇 학생들의 경우는 부모와 형제들에게 편지를 써서 교회에 다닐 것을 간청하기도 하였다.[133]

"하디에게 찾아온 변화로 한국인들은 깊은 감동을 받았다."[134] 하지만 하디의 회심에 도전을 받은 것은 한국인들만이 아니었다. 하디의 회심은 그와 함께 사역하는 선교사들에게 영적각성을 촉구하는 전기가 되었다. 모든 선교사들이 그런 것은 아니지만 한국에 파송된 일부 선교사들 중에는 은둔의 나라 한국에 복음을 들고 오기는 했지만 여전히

---

131   *Minutes of the Seventh Annual Meeting*, Korea Mission Methodist Episcopal Church, 1904, 26.
132   Paik, *History of Protestant Missions in Korea*, 355.
133   *Minutes of the Seventh Annual Meeting*, Korea Mission Methodist Episcopal Church, 1904, 43.
134   Wasson, *Church Growth in Korea*, 31.

서구의 우월주의와 한국인들과 동양의 문화와 사람들을 무시하는 근본 성향이 있었다. 그러던 그들이 하디의 영적각성의 경험을 계기로 다시 한 번 자신들의 신앙을 점검하고, 수많은 장애물을 극복하면서 한국에서의 능력 있는 사역을 감당하기 위해서 먼저 성령의 능력을 통한 영적각성의 필요성을 깊이 깨달은 것이다.

원산에서 발흥한 회개의 운동을 통해 하디 선교사와 유사한 성령의 역사를 체험한 선교사 가운데 한 사람이 같은 캐나다 출신의 업아력(A. F. Robb) 선교사였다. 캐나다 장로교 소속 업아력 선교사는 1901년에 함경남북도 전역과 간도 지방이 캐나다 선교 구역으로 지정되면서 원산에 정착하여 선교의 발전을 위해 창전 예배당에서 열심히 기도회를 가졌다. 1904년 1월 25일 모인 사경회에서 업아력 선교사는 "난생 처음으로" "하나님의 권능과 역사를 체험"[135]했고, 사경회에 모인 "선교사들, 한국 사람들, 남녀노소가 다수 모여 울면서 죄를 통회하고 죄 사하여 주실 것을 호소했다."[136]

> 翌年[1904] 春 正月에 右三派 教會[장로교, 감리교, 침례교]가 聯合查經 中 長老會 宣教師 鄴亞力이 特恩을 밧아 多日間 禁食 痛悔하며 街路上에서도 懇求不絶함으로 信者 等은 誹笑하고 不信者등은 醉酒者라 指稱하엿나니라. 越二[1906]年夏 諸職查經會 中에 特別한 復興이 기하야 或者는 四十日間 時間을 定하고 祈禱하난 中 異像을 보기도 하얏으며, 鄴亞力 私弟에서 三四人이 祈禱하난 中 痛悔하난 哭聲이 喪家와 同하얏고 當席에 傍參하엿던 가나다 宣教會 總務 마가이와 中國 陽子江沿岸에서 傳道하던 宣教師 高요한[Jonathan Goforth]은 方言을 不通하나 特恩에 感動되얏고 또 平壤에 至하야 章臺峴教會에서 大復興됨을 目睹하고 其國에 歸하야 有名한 復興會 引導者가 되얏고 元山諸職查經會는 復興會로 變하게 되야 鄴亞力이 引導하난 中 悔改痛悔하는 者도 多하고 奇異한 能力을 받는 者도 多 하얏스며 此가 引導線이 되야

---

135 Scott, *Canadians in Korea*, 56.
136 車載明, **朝鮮 예수敎長老會 史記 上**, 179-180.

其後 全國敎會가 漸次 復興함으로 敎會發展의 一大轉機를 作하니라.[137]

돌이켜 볼 때 한국 교회에 놀라운 부흥의 역사를 이루시기에 앞서 한국에서 복음을 전하는 선교사들의 심령을 먼저 정화시키셔서 이 나라 이 민족이 하나님의 은혜를 간절히 사모하도록 만들어 주시려는 하나님의 섭리가 있었던 것이다.[138]

1904년 1월 5일부터 2주간 하디 목사의 인도로 원산 남산동감리교회에서 열렸던 사경회 저녁 기도회에서도 "성신임이 여러 무리의게 감화하사 혹 슔흐게도 하시고 혹 깃부게도 하시며 혹 열심나게도 하사 각각 신령한 양식을 만히 엇어가지고 도라"[139]가는 역사가 나타났다. 선교사 중심으로 시작한 기도회지만 선교사들뿐만 아니라 전계은, 정춘수 등 한국인들도 충만한 은혜를 받았다.[140]

확실히 1903년 8월 이후 원산에는 부흥운동의 움직임이 뚜렷하게 나타나기 시작했다. 부흥운동의 영향이 점점 더 확대되면서 원산의 장로교, 침례교, 감리교 선교사들은 세계 복음주의 연맹이 제안한 기도 주간을 연합으로 지키며 부흥운동의 불길이 더욱더 확산되기를 바랐다. 많은 선교사들과 한국인들이 참여한 가운데 장로교회와 감리교회에서 번갈아 개최된 그 기도회에서도 전에 없는 각성운동이 일어났다.

한 젊은이의 영적각성

원산부흥운동과 관련하여 빼놓을 수 없는 인물이 1904년에 세상을 떠난 윤승근이다. 그는 하디보다 앞서 성령의 역사를 강하게 체험한 주인공이었다. 하디가 사역의 실패를 자신의 교만과 성령 충만하지 못한 데 있다고 주저하지 않고 고백할 수 있기까지는

---

137 車載明, 朝鮮 예수敎長老會 史記 上, 179.
138 W. F. Bull, "Genuine Repentance," *KMF* II: 6 (Apr., 1908), 105.
139 권사 유성근, "사경회을 함," 신학월보 1903년 5월, 207-208.
140 이 후 특히 정춘수는 "예수교리"의 충실한 제자가 되었고, 朝鮮南監理敎 三十年 記念報가 그의 이름을 하디와 나란히 기술할 만큼 원산부흥운동 발흥에 중요한 역할을 했다. Ryang, ed., *Southern Methodism in Korea:Thirtieth Anniversary*, 61; Robert Moose, *Village Life in Korea* (Nashville: Publishing House of the M. E. Church, South, 1911), 224.

윤승근이 중요한 역할을 했다. 하디가 원산부흥운동의 불을 지폈다면 최초의 불씨 역할을 한 사람이 바로 윤승근이었다. 1904년 하디의 보고에 의하면 윤승근은 "지금까지 공개적으로, 그리고 구체적으로 죄를 고백한 최초의 사람이었다."[141]

윤승근은 8년 전인 1896년 남감리교 선교사 리드(Reid)가 원산에서 사역을 처음 시작했을 때 남감리교에 합류했던 최초의 교인 가운데 한 사람이었다.[142] 죄가 실제로 무엇을 뜻하는지, 그리고 그 죄로부터의 구원이 무엇을 의미하는지를 깨닫지 못했던 그가 죄가 무엇인가를 배우기 시작한 것은 그로부터 5년 후인 1901년의 일이다. 그러다 원산부흥운동이 일어나면서 하디가 인도하는 어느 한 집회에서 성령의 강권하심 속에 내면의 죄를 낱낱이 고백하였다.[143] "그는 성령의 책망에 민감하게 반응했고, 사경회에서 몇 번 죄를 고백했는데, 그와 같이 살거나 사역하는 이들 가운데 선교사나 한국인 누구도 그가 그러한 죄를 지었을 것이라고 전혀 생각하지 않았었다."[144]

그가 고백한 죄들 가운데는 매우 수치스러운 죄들도 있었다. 그는 한 선교사의 지도를 받으며 권서인으로 일하고 있을 때 7달러에 달하는 돈을 훔친 적이 있다고 고백하였고, 그것을 공개적으로 회개한 이후에 그 돈을 돌려주었다. 또 한 번은 원산에서 열린 첫 부흥 집회에 참석하고 집으로 돌아오는 길에, 과거 20년 전에 주전소(鑄錢所)에서 일하고 있을 때 4달러에 달하는 임금을 초과하여 받은 죄가 생각나 하디를 찾아와 4달러에 해당하는 돈을 건네주면서 그것을 탁지부에 되돌려 줄 것을 부탁한 일도 있었다.[145] "아마도 이것은 지금까지 한국 정부에 되돌아간 최초의 양심적인 돈이 될지 모른다."[146] 성령 충만을 받은 후 비록 그의 육신은 폐결핵으로 점점 더 쇠하여 갔지만 그는 계속 은혜 가운데 자라갔고 그의 삶에는 놀라운 변화가 나타났다.[147]

하디의 영적각성으로 촉발된 원산부흥운동이 영적각성운동으로 이어지면서 개개

141　*Minutes of the Seventh Annual Meeting*, Korea Mission Methodist Episcopal Church, 1904, 28.
142　*Minutes of the Seventh Annual Meeting*, Korea Mission Methodist Episcopal Church, 1904, 28.
143　Moose, *Village Life in Korea*, 221-222.
144　"One of the Faithful," *KM* I: 2 (Dec., 1904), 16.
145　*Minutes of the Seventh Annual Meeting*, Korea Mission Methodist Episcopal Church, 1904, 28.
146　"One of the Faithful," *KM* I: 2 (Dec., 1904), 16.
147　Moose, *Village Life in Korea*, 221-222.

인들에게 나타나는 그와 같은 변화는 더욱더 깊고 강해졌다. 교회와 그리스도인들이 영적으로 깨어나 비로소 자녀가 되는 권세를 누리기 시작한 것이다. 이처럼 원산부흥운동은 인간의 죄된 본성을 성령의 역사로 새롭게 만드는 결과를 가져왔던 것이다.

프란손의 서울 집회

하디의 영적각성과 그로 인한 원산에서의 성령의 역사는 곧 한국 선교지 전역에 알려졌고, 그것은 자연스럽게 부흥운동을 사모하는 마음을 확산시켰다.[148] 프란손 목사의 입국과 그가 인도한 일련의 집회는 그와 같은 영적각성의 움직임을 더욱더 보편화시키는 데 크게 공헌했다.[149] 1903년 11월 2일과 3일 상동교회와 제중원에서 프란손이 인도한 서울 전도 집회는 잠자고 있는 수많은 한국인들에게 대단한 영적 도전을 주었다:

> 프란손 목사난 근본 쉬웨덴 사람으로 미국 와서 사시난대 세계 각국에 두루 단니며 전도하기를 힘쓰난 사람이오 유명한 목사이라. 양력 십일월 초이일 하오 칠점에 특별히 광고하시고 경성 안에 잇는 교우들을 무론 남녀로 아동하고 일제히 상동회당으로 모힌 후에 회부래 구장 二十七절에 말삼으로 문제를 삼아 여러 가지 조흔 비유로 전도하실새 장로교 목사 모쌍률 씨가 대한 방언으로 번역하신지라. 회당에 가득히 모힌 무리들이 크게 유익함을 밧아 모도 깃분 마음으로 구점반에 폐회하엿시며 초삼일 하오 칠점에 쏘한 여러 교우들이 제중원으로 가득히 모히고 프란손 씨가 전도하섯는대 요한 二장 七절에 말삼으로 문제를 삼아 오묘한 리치를 강론하시니 새로 하나님의 은혜를 닙으니가 여러시오 영광을

---

148 바로 그 즈음 후에 한국 부흥운동에 크게 기여한 감리교 선교사 John Z. Moore와 Arthur L. Becker가 평양에, Wilbur G. Cram과 J. L. Gerdine이 각 개성과 원산에 선교의 거점을 마련하고 한국 선교를 시작하였다. "Methodist Missionaries in Korea," KM I: 1 (Nov., 1904), 6을 보라.
149 1903년 말에 들어 심지어 강원도 지역에서도 영적각성의 움직임이 나타나고 있었다. "Awakening Kang Won Do," The Korea Field (Aug., 1904), 180.

서울 감리교 집회

일제히 찬양하엿더라.[150]

    원산부흥운동, 하디와 프란손의 전도 활동에 힘입어 1903년 후반에 들어서면서 서울의 영적 분위기도 확실히 이전과 달라지고 있음을 감지할 수 있었다.[151] 그 같은 분위기를 반영하는 첫 번째 사례는 1903년 12월 5일 전에 없이 241명이나 참석하였던 서울 상동교회에서 모인 남북감리교 연합 사경회였다.[152] 또 한 가지 사례는 1904년 1월말 하디, 캐롤, 노울즈, 저다인이 인도한, 개성에서 개성 주변 지방에서 올라온 이들을 대상으로 열린 개성 지방 사경회였다. 개성 지방 사경회에서는 참석자들이 공개적으로 죄를

---

150   "프란손 목사의 전도하심," 신학월보, 1903년, 12월, 537.
151   1903년 12월 5일 상동교회에서 모인 사경회에는 241명이 참석하였는데, 이는 이전에 비해 상당히 증가한 것이다. "사경회," 신학월보, 1904년 2월, 76.
152   "사경회," 신학월보, 1904년 2월, 76.

자백하고 성령의 능력을 체험하는 역사가 나타났다.¹⁵³ 이와 같은 놀라운 영적각성이 일어나자 사경회를 2월 9일까지 1주일 더 연장하였다.

지금까지의 원산부흥운동 연구를 통해 우리는 다음 몇 가지의 중요한 사실을 확인할 수 있다.

첫째는, 의심할 바 없이 하디가 원산부흥운동의 발흥에 중요한 역할을 했다는 사실이다. 스톡스(M. B. Stokes)의 말대로 하디는 한국에 부흥운동을 가져다주시기 위해 특별히 "하나님이 선택하신 사람이었다."¹⁵⁴ 매컬리와 화이트의 기도모임이 원산부흥운동의 불씨가 되었다면 하디의 회심과 활동은 원산부흥운동을 하나의 신앙운동으로 저변 확대시키는 포문의 역할을 하였다. 어니스트 피셔(Earnest J. Fisher)가 "하디야말로 한국에 파송된 어떤 다른 선교사들이나 한국인들보다도 더 한국의 대부흥운동과 밀접한 관련을 맺고 있었다"¹⁵⁵고 말한 것은 충분한 근거가 있다.

이처럼 캐나다 출신 선교사들은 원산부흥운동의 발흥에 있어서 상당히 중요한 리더십을 발휘하였다. 원산 기도모임을 처음 시작한 사람도 캐나다 여선교사 매컬리이고, 원산부흥운동을 발화시킨 주인공 하디 역시 캐나다 출신이었다는 점에서 한국 부흥운동의 발흥에 있어서 캐나다 선교사들의 영향력은 결코 과소평가될 수 없을 것이다.¹⁵⁶

둘째는, 원산부흥운동으로 원산 지역의 교회들이 뚜렷한 영적 변화를 경험하기 시작했다. 크램이 보고한 것처럼 1903년 8월 이후 원산 "지역 모든 교회가 충만한 성령의 부으심을 경험했고,"¹⁵⁷ 저다인이 지적한 것처럼 원산 "교회는 수적인 면에서나 은혜 면에서 성장했다."¹⁵⁸

셋째는, 프란손의 입국과 그의 전도 활동은 하디의 회심으로 촉발된 기왕의 영적각성운동을 전국적인 현상으로 발흥시키는 데 중요한 밑거름이 되었다.

---

153 *Minutes of the Seventh Annual Meeting*, Korea Mission Methodist Episcopal Church, 1904, 32.
154 *Minutes of the Seventh Annual Meeting*, Korea Mission Methodist Episcopal Church, 1904, 32.
155 Earnest J. Fisher, *Pioneer of Modern Korea* (Seoul: The Korea Literature Society, 1979), 115.
156 Young Sik Yoo, *Earlier Canadian Missionaries in Korea*, 61.
157 Ryang, ed., *Southern Methodism in Korea:Thirtieth Anniversary*, 52.
158 Ryang, ed., *Southern Methodism in Korea:Thirtieth Anniversary*, 52.

제 2 장

원산부흥운동의 확산

> 우리 사람들 중 많은 이들이 처음으로 죄와 용서가 실제로 무엇을 의미하는지를 알게 되었다. 이 [하디의] 집회의 결실은 집회에 참석하여 은혜를 받은 이들의 새 삶에서 맺어지고 있다. 이 부흥회는 우리 모두에게 성령께서 한국인의 심령을 움직이고, 그 결과 현재의 구원을 확신시키시고 증거하는 것임을 입증해 주었다.
>
> 1904, 남감리교 선교사 J. Robert Ross

성령의 바람은 곧 원산을 넘어 다른 지역으로 확산되기 시작했다. 1904년 2월 중순, 원산에서 일련의 집회를 끝낸 하디는 3년 동안 선교 사역에 전념했으면서도 실패의 연속으로 패배감만 안겨 주었던 자신의 선교구 강원도의 지경대(地境垈) 지역으로 발걸음을 옮겼다. 강원도에서 최초로 교회가 세워진 곳이면서도[1] 그를 끝없는 좌절로 몰아넣었던 금화군 지경대로 가서 사경회를 인도하기로 결심한 것이다.[2]

하디가 이와 같은 결심을 할 수 있었던 것은 성령의 감동하심 때문이었다. 그는 이전과는 달리 자기의 능력이 아닌, 자기 안에 역사하시는 성령의 능력을 의지한다면 얼마든지 힘 있게 주의 사역을 감당할 수 있다는 자신감을 갖게 되었다. 성령 충만의 경험이 그를 완전히 변화시켜 준 것이다. 오랫동안 제대로 사역을 감당하지 못한 죄책감에 사로

---

1 梁柱三, 朝鮮 南監理教會 三十週年 紀念報 (京城: 朝鮮 南監理教會 傳道局, 1929), 60.
2 *Minutes of the Seventh Annual Meeting*, Korea Mission Methodist Episcopal Church, South, 1904, 27.

잡혀 있던 그에게 성령께서 사역에 대한 새로운 비전과 확신을 불어넣어 주셨던 것이다.

주님은 히브리서 6장10절의 말씀으로 하디를 위로해 주셨다. "하나님이 불의치 아니하사 너희 행위와 그의 이름을 위하여 나타낸 사랑으로 이미 성도를 섬긴 것과 이제도 섬기는 것을 잊어버리지 아니하시느니라."[3]

1. 타지역으로 확산되는 성령의 바람

강원도 지경대 부흥회

하디가 지경대에서 가장 가까운 교회가 있는 새술막에 도착한 것은 원산을 출발한 지 닷새가 지나서였다. 이 닷새 동안은 주님으로부터 많은 말씀을 공급받는 참으로 축복된 날들이었다. 이때 하디에게 여호수아 14장9절 말씀은 큰 힘과 위로가 되었다. "그날에 모세가 맹세하여 가로되 네가 나의 하나님 여호와를 온전히 좇았은즉 네 발로 밟는 땅은 영영히 너와 네 자손의 기업이 되리라 하였나이다." 하디는 얼마 후 "그보다 더 큰 도움이 된 말씀은 없었다"[4]고 술회하였다. 처음에 그는 그 말씀이 정확히 무엇을 의미하는지 알지 못하였지만 전혀 의심하지 않고 그 말씀을 자신에게 주신 약속으로 받아들였다. 그리고 하나님께서 그 약속을 성취시켜 주실 것이라는 확신도 가졌다.

그가 새술막에 도착한 그 이튿날 그의 일기에는 "여기 사역을 축복하실 것을 믿는 믿음으로 잠에서 깨어났다"[5]고 기록되어 있다. 그에게 주님은 또 하나의 말씀을 주셨다. "지금까지는 너희가 내 이름으로 아무것도 구하지 아니하였으나 구하라 그리하면 받으리니 너희 기쁨이 충만하리라"(요 16:24). 주님은 하디의 믿음 그대로 그에게 응답하셨다. 지경대에 나타난 성령의 역사를 하디는 이렇게 술회하였다:

---

3 *Minutes of the Seventh Annual Meeting*, Korea Mission Methodist Episcopal Church, 1904, 27.
4 *Minutes of the Seventh Annual Meeting*, Korea Mission Methodist Episcopal Church, 1904, 27.
5 *Minutes of the Seventh Annual Meeting*, Korea Mission Methodist Episcopal Church, 1904, 27.

주님은 나의 신앙을 실망시키지 않으셨다. 그 다음 12일 동안에 사경회에 참석한 모든 사람들은 결코 전에는 경험하지 못했던 놀라운 감동을 받았고, 지난 3년 동안 남감리교와 관련이 있었던 거의 모든 사람들뿐만 아니라 몇몇 새로운 사람들이 회심을 경험했다. 사경회가 끝나기 전날 미국 영사의 소환을 받고 서울에 갔던 원산의 나의 동료 사역자들이 새술막에 도착했다. 그들도 그 다음날 그 동안 함께 기도해 왔던 사역이 성령의 권능의 은혜로운 부으심으로 뒤덮인 것을 발견하고는 대단한 격려와 힘을 얻었다. 그날의 집회, 특별히 그날 오후 집회와 저녁 집회에 대한 기억은 우리가 살아 있는 한 일생 동안 우리를 떠나지 않을 것이다.[6]

하디가 경험한 영적각성을 나눌 때마다 그곳에 참석한 이들이 적지 않은 도전을 받았다.[7] 집회에 참석한 이들이라면 하나님의 은혜를 사모하지 않을 수 없고, 온갖 죄악으로 가득 찬 자신의 죄성을 발견하고는 죄의식으로 괴로워하지 않을 수 없었다.[8] 오랫동안 그에게 실패감만 안겨 주었던 강원도 지경터가 영적으로 깨어나는 것을 목도하는 것은 하디에게 있어서 대단한 축복이었다.

12일간의 새술막 사경회를 끝낸 하디는 1904년 2월말, 집회를 계속 인도하기 위해 서울과 개성으로 향했다. 성령께서 그의 발걸음을 인도하신 것이다. 그가 이 나라 이 민족을 깊은 잠에서 깨워야 한다는 영적각성에 대한 소명의식을 느끼기 시작한 것은 그 때부터였다.

개성 부흥회

하디는 1904년 2월 26일부터 10일간 개성남부교회당에서 열리는 개성지방 연합 사경회를 인도하기 위해 크램과 하운셀 양을 비롯한 남감리교 선교사들이 사역하고 있

---

6 *Minutes of the Seventh Annual Meeting*, Korea Mission Methodist Episcopal Church, 1904, 27.
7 George Thompson Brown, *Mission to Korea* (Seoul: The Presbyterian Church of Korea, Department of Education, 1884), 58-59.
8 W. F. Bull, "Genuine Repentance," *KMF* II: 6 (Apr., 1906), 105.

는 개성으로 왔다.[9] 남감리교 선교사들이 앞으로 있을 부흥회와 강사 하디를 위해 기도하며 집회를 준비하고 있었다. 여기서도 예외 없이 성령께서 하디를 도구로 사용하셨다. 그로부터 6개월 후, 개성 지역을 맡고 있는 크램도 이렇게 보고하였다:

> 그 부흥회에서 우리 한국인 조사들과 권서인들은 이전에는 결코 깨닫지 못했던 복음의 능력, 죄의 의미, 중생의 경험, 성령의 충만을 깨닫기 시작했다. 사람들이 자신의 죄 때문에 슬피 울고, 과거 자신들이 범한 죄에 대한 배상이 이루어졌으며, 숨겨진 죄들이 고백되었고, 지금까지도 시들지 않은 영적 생명을 많은 사람들이 소유하였다. 그 부흥회 이후 권서인들이 더 큰 용기와 희망을 가지고 자신들의 사역으로 뛰어들었다. … 복음서들이 대량으로 팔렸으며, 권서인들은 사람들이 축복된 소식[복음]을 듣기를 더욱더 염원하고 있다고 보고하였다.[10]

하디의 개성 부흥회는 원산부흥운동과 마찬가지로 죄의 회개와 고백이 이어지는 영적각성운동이었다. 성령의 역사가 강하게 나타났고, "많은 사람들이 죄용서를 받고 거룩한 삶"[11]을 시작했으며, 몇몇 사람은 성령의 충만을 받았다. 1904년 7월 신학월보에 따르면 약 150명 가량이 참석한 가운데 2월 26일부터 10일 동안 열린 부흥회 동안 "모든 형제자매가 숨은 죄와 들어난 죄를 발키 재단하여 모두 슬픈 마음과 통곡함으로 죄를 자복하고 사함을 얻은 후에 성신 충만함을 만히"[12] 받았다.

하디의 부흥운동은 개인의 영적각성뿐만 아니라 그들의 가치관을 변화시켜 준 것이다. 확실히 하디로 인해 촉발된 영적각성운동은 전형적인 복음주의 부흥운동의 특징들을 수반하고 있었다.

크램이 지적한 대로 "참된 감리교 부흥회"라고 불렀던 이 집회 후 그리스도인들은

---

9 *Minutes of the Seventh Annual Meeting*, Korea Mission Methodist Episcopal Church, 1904, 37.
10 *Minutes of the Seventh Annual Meeting*, Korea Mission Methodist Episcopal Church, 1904, 37.
11 "Where are the Reapers?," *KM* I: 2 (Dec., 1904), 15. 그 결과 8년 전만 해도 단 1명의 기독교인도 없었던 개성이 이제는 이 선교구(circuit)에 18개의 예배 처소가 생겼으며, 지난해에는 교세가 55%나 증가했다.
12 김순일, "숑도(復興)부흥회," 신학월보 1904년 7월, 293.

1900년 초 평양 성경학교의 모습

열정을 가지고 진지하게 다른 사람들의 구원을 위해 노력하기 시작했다. 이처럼 하디가 가는 곳마다 영적인 각성이 일어났고, 은혜를 받은 이들마다 자신들의 옛 생활을 청산하고 새로운 삶을 시작했으며, 다른 사람들에게 복음을 전하려는 전도열에 불타올랐다. 기성 신자들은 영적인 재충전을 공급받았고, 불신자들이 교회에 모여들기 시작했다. 영적 각성은 교회에 새로운 활력을 불어넣어 주었다.

6개월 후 개성의 남감리교 선교사 크램은 이렇게 고백했다. "오늘날 개성 선교구는 대단한 기회의 때를 맞고 있다. 남녀들이 그리스도를 믿고 있다. 나는 다음해에는 우리 구주의 이름으로 위대한 일이 일어날 것을 기대한다."[13]

당시 개성의 유력한 상인 최대건이 자신의 죄를 고백하고 그리스도를 고백하고 변화된 것도 바로 하디가 인도한 부흥회에서였다.[14] 그가 교회를 처음 찾게 된 동기는 신앙

---

13 *Minutes of the Seventh Annual Meeting,* Korea Mission Methodist Episcopal Church, 1904, 37. 부흥운동의 결과 15개의 교회 가운데 12개가 외국 선교비의 지원을 한 푼도 받지 않고 자신들의 예배 처소를 확보했다.

14 Charles A. Sauer, ed., *Within The Gate,* 41-42.

적인 데 있지 않았다. 개성의 관리가 50달러에 해당하는 돈을 부당하게 요구하자 교회가 그와 같은 부당한 요구에 영향력을 미칠 수 있을 것을 기대하고 교회를 찾아온 것이다. 그러나 "교회에 나온 지 약 3개월 후 성령께서 그의 죄성을 깨닫게 해주시면서 그는 복음의 참된 능력을 발견하기 시작했다. 하디가 인도하는 부흥회 동안에 그는 자신의 죄를 고백하였다."[15] 주님을 영접한 후 그의 얼굴에는 거듭난 자들의 공통적인 특징, 곧 빛과 기쁨이 충만했다. 그는 관리가 50달러를 요구하는 바람에 주님을 만나게 된 셈이다. 그는 돈 주고 살 수 없는, 주님을 만난 큰 은혜가 너무 감사해 관리에게 자진하여 50달러를 건네 주었다. 크램의 고백대로 이것은 부흥회 기간 동안에 얻은 수많은 축복 가운데 하나에 불과했다. 무엇보다도 예배 출석률이 30% 이상 증가했으며, 여자 선교사들이 몇 개월간 출타한 중에서도 여자 성도들의 출석이 줄어들지 않았다.[16]

이보다도 더 큰 축복은 부흥운동의 저변 확대였다. 개성 부흥회가 끝난 후 크램은 조사들을 동행하고 지방 교회로 가서 각 교회에서 부흥회를 개최했다. 조사들이 인도하는 부흥회였음에도 메시지에 대한 교인들의 반응은 대단했다. "많은 사람들이 새로운 심령과 새로운 영적각성을 경험"했고, 새로운 교회들이 몇몇 지역에서 설립되었다.[17] 이처럼 부흥운동이 점점 더 널리 확산되어 나갔던 것이다.

서울 부흥회

개성 부흥회를 성공적으로 마친 하디는 1904년 4월 서울로 올라와 자골에 위치한 자교(Chat Coal or Chakol)교회에서 10일 동안 부흥회를 개최했다. 이 집회에는 자교교회 교우들과 배재학당을 비롯한 일부 학생들, 그리고 지방에서 올라온 몇몇 사람들이 참여했다.[18] 여기서도 성령의 역사는 예외 없이 나타났다.[19] 배재학당 몇몇 학생들이

---

15 *Minutes of the Seventh Annual Meeting*, Korea Mission Methodist Episcopal Church, 1904, 38.
16 *Minutes of the Seventh Annual Meeting*, Korea Mission Methodist Episcopal Church, 1904, 38.
17 *Minutes of the Seventh Annual Meeting*, Korea Mission Methodist Episcopal Church, 1904, 38.
18 *Minutes of the Seventh Annual Meeting*, Korea Mission Methodist Episcopal Church, 1904, 41.
19 Charles A. Sauer, ed., *Within The Gate*, 42. S. Kate Cooper, *Evangelism in Korea* (Nashville: Board of Missions Methodist Episcopal Church, South, 1930), 28.

"자골에서 열린 은혜로운 부흥회"에서 회심을 경험한 것이다. 유경상, 김계명, 지수돌 등이 공개적으로 죄를 자백하고 성령의 은혜를 경험한 것도 이 집회에서였다.[20] 성령으로 거듭난다는 것이 무슨 의미인지도 몰랐던 그들이 하디가 외치는 강력한 복음의 메시지, "성령의 조명과 확신"[21]으로 새로운 심령으로 변화되어 새 삶을 걷게 된 것이다.

집회 기간 동안 몇몇 학생들은 교회에서 "기도와 금식"을 하며 하나님께 간절히 매달렸다. 성령이 그들에게 찾아오셨고, 성령 충만한 그들의 열렬한 기도와 간증은 참으로 감동적이었다. "이 장면은 에모리 헨리 대학에서 대부흥운동의 능력이 나타나 강팍한 젊은이들이 완전히 변화되어 자신들의 의지를 예수 그리스도에게 완전히 굴복시켰던 그날의 부흥운동을 생생하게 상기시켜 주었다."[22] 집회 동안 하디는 "성령의 권능"[23]으로 담대하게 말씀을 전했고, 그곳 교회와 학교, 선교사들 가운데서도 하디의 인도로 성령의 놀라운 역사가 나타난 것이다:

> 말씀은 예리하고 능력이 충만하여 심령을 쪼개었으며, 그리고 놀라운 방법으로 확신을 주었다. 그래서 교사가 표현한 대로 "사람들은 자신들의 죄를 고백하지 않고는 다른 어떤 것도 할 수 없었다." 많은 여학생들이 회심했고, 과거 그리스도인들이었던 이들이 영적으로 깨어났으며 몇 사람은 성령을 받았음을 고백했다. 두 명의 교사들이 회심하고 후에 교회를 다녔다. 여학생들 가운데 다섯 명이 또한 교회에 다니기 시작했다. 학교의 사환들과 조사들도 많은 도움을 받았다. 부흥회가 끝난 후 우리가 학교를 개강했을 때 여학생들은 "이것은 새로워진 학교다"라고 말했으며, 그리고 실제로 학교가 새로운 학교가 된 것 같았다.[24]

하운셀 양은 그곳에서 일어난 놀라운 영적각성을 가리켜 주저하지 않고 "영적 대각

---

20 *Minutes of the Seventh Annual Meeting*, Korea Mission Methodist Episcopal Church, 1904, 35, 41.
21 *Minutes of the Seventh Annual Meeting*, Korea Mission Methodist Episcopal Church, 1904, 35.
22 *Minutes of the Seventh Annual Meeting*, Korea Mission Methodist Episcopal Church, 1904, 35.
23 "Carolina Institute," *KM* I: 3 (Jan., 1905), 18.
24 "Carolina Institute," *KM* I: 3 (Jan., 1905), 18.

성운동"이라고 불렀다. 하우셀 양은 남감리교 연례모임에서 하디가 인도한 집회를 이렇게 극찬했다. "올해 우리와 우리 학교에 베푸신 하나님의 모든 선물 가운데 최고의 선물은 4월에 열린 부흥회였다."[25]

하디의 자교교회 집회에 참석한 학생들 가운데는 어린 시절부터 기독교 영향하에 성장해 이론적인 것 외에는 중생에 관한 아무것도 알지 못했던 유경상이라는 한 학생이 있었다. 하루는 그가 집회 중에 일어서더니 성령의 감동을 받아 자신이 얼마나 큰 죄인인가를 고백하고는 구원받기를 원한다고 말했다. 그의 소원은 그대로 응답되어 며칠 후 그는 이렇게 고백했다. "나는 새 마음을 받았다는 사실을 알았습니다. 나는 전에는 결코 이것을 느끼지 못했습니다. 나는 하나님께 나의 삶 전체를 복종시키고 내가 사는 동안 그분을 섬길 것을 결심합니다."[26] 그가 강단 앞에 나와 무릎을 꿇자 이미 회심한 학생들이 그와 함께 앞으로 걸어 나왔다. 그러고는 간절히 그를 위해 기도했다. 드디어 그가 일어나 그리스도의 보혈로 죄 사함을 받았으며, 그 결과 마음에 평안이 가득하다는 사실을 간증하였다.[27]

그와 같은 또 하나의 사례는 기숙사에서 연료로 사용하는 나무 구입을 책임 맡은 지수돌이라는 학생의 회개였다. 그는 나무 구입 과정에서 비용을 부풀려 일부를 착복한 일이 있었다. 성령께서 죄를 깨닫게 하시자 그는 견딜 수 없었다. 자기가 착복한 3달러를 내놓으며 하나님께 회개하며 용서를 구하였다. 이미 선교사들이 이 사실을 눈치 채고 그를 위해 기도했는데도, 결코 그 같은 죄를 짓지 않았다며 계속해서 부인하던 그가 성령의 감동을 받은 후 자신의 죄를 토로한 것이다. 그 후 그에게는 놀라운 영적 성장이 나타나, 샤프(C. E. Sharp) 선교사와 지방을 순회하면서 복음을 전하는 신실한 전도사가 되었다.[28]

하디의 집회로 인한 놀라운 영적각성운동은 학교에 대단한 변화를 가져다주었다. 철저한 일제의 통제를 받으며 식민지화의 수단으로 전락한 보통교육은 방황하는 이 나

---

25 "Carolina Institute," *KM* I: 3 (Jan., 1905), 18.
26 *Minutes of the Seventh Annual Meeting*, Korea Mission Methodist Episcopal Church, 1904, 35.
27 *Minutes of the Seventh Annual Meeting*, Korea Mission Methodist Episcopal Church, 1904, 35.
28 *Minutes of the Seventh Annual Meeting*, Korea Mission Methodist Episcopal Church, 1904, 35.

라 젊은이들에게 민족에 대한 새로운 소망을 심어 줄 수 없었다. 이와 같은 상황에서 배재학당을 비롯한 일련의 미션 스쿨의 영적각성 움직임은 이들 젊은이들에게 민족에 대한 새로운 비전을 심어 주기에 충분했다.[29] 존 로스는 1904년 보고서에서 다음과 같이 말했다:

> 우리 사람들 중 많은 이들이 처음으로 죄와 용서가 실제로 무엇을 의미하는지를 알게 되었다. 이 집회의 결실은 집회에 참석하여 은혜를 받은 이들의 새 삶에서 맺어지고 있다. 이 부흥회는 우리 모두에게 성령께서 한국인의 심령을 움직이고, 그 결과 현재의 구원을 확신시키고 증거하는 것임을 입증해 주었다.[30]

부흥회는 집회에 참석한 이들을 영적으로 각성시켰을 뿐만 아니라 집회 후에도 여러 가지 유익한 결과를 가져다주었다. 자교교회가 건강하게 성장하고 있다는 많은 증거들이 나타났다. 많은 초신자들이 교회로 영입되기 시작했고, 여학생들은 간절히 주의 은혜를 더욱 사모하였으며, 그들 중에 몇은 죄를 고백하고 그리스도에게 자신을 온전히 복종시켰다. 더 많은 복음서가 판매되었고, 복음을 전하는 열심도 확실히 이전과 비교할 수 없을 정도로 증가되었다.

서울과 개성에서의 영적각성

하디가 밟는 곳마다 성령의 놀라운 현시가 잇따랐다.[31] 개성과 서울에서 열린 하디의 부흥회를 통해서도 수많은 사람들이 영적각성을 경험하고 성령으로 거듭나는 역사가 나타났다.[32] 원산에서 발흥한 성령의 불이 강원도 지경대를 거쳐 개성으로, 개성에서 다

---

29   *Minutes of the Seventh Annual Meeting*, Korea Mission Methodist Episcopal Church, 1904, 36.
30   *Minutes of the Seventh Annual Meeting*, Korea Mission Methodist Episcopal Church, 1904, 41.
31   *Minutes of the Seventh Annual Meeting*, Korea Mission Methodist Episcopal Church, 1904, 27.
32   *Minutes of the Seventh Annual Meeting*, Korea Mission Methodist Episcopal Church, 1904, 44-45, 47, 51.

시 서울로 확산되어 남감리교가 선교 거점으로 삼고 있는 원산, 개성, 서울, 세 곳 모두에서 성령의 불길이 타오르기 시작한 것이다. 당시 신학월보는 개성과 서울에서 열린 두 집회를 이렇게 소개한다:

> 몃 달 전에 원산 계신 하목사가 이 [부흥]회를 실시하시고 여러 날을 전도하시매 여러 형제자매들이 만히 모혀 성경을 착실히 공부할 뿐 아니라 각각 자긔 죄과를 자복하야 뉘웃처 곳치고 쏘 성신의 능력으로 새 마음을 엇어 거듭난 사람이 되엿스며 진실이 밋난 형제 몃 사람은 성신이 마암에 츙만함을 엇엇고 쏘 하목사 끠서 서울노 올나와 크람 목사와 갓치 송도[개성]에 내려가서 이 회를 열매 거긔 잇는 여러 형제자매들도 죄과를 회개하야 거듭난 사람이 되고 깃분 영광을 하나님끠 만히 돌녀 보내엿스며 다시 서울노 올나와서 자골회당에 또 이 회를 열어 보름 동안을 전도하시매 여러 형제자매들이 만히 모혓고 그중에 자긔 죄를 낫낫치 자복하고 사유함을 엇은 이도 잇스며 새 마음을 엇어 거듭난 사람된 이도 잇고 성신이 츙만한 이도 잇서서 대단히 깃분 마암으로 진실히 하나님 좃기를 작정하엿스니 여러 회당에 교우들이 다 성신의 감화하심으로 진실히 밋난 사람들이 되시며 하나님의 주시난 복도 만히 밧으시려니와 쏘 하나님 압헤 거륵하고 온전한 사람이 되기를 바라노라.³³

이렇게 해서 1904년 봄, 하디는 부흥의 불을 원산에서 개성과 서울로 가지고 오는 데 성공했다. 이미 1903년 초에 영적인 각성의 움직임이 일어났던 개성에서는 하디의 부흥회로 영적각성이 진작되어 말씀 공부와 기도 열기가 더욱 강해졌다. 그와 함께 부흥운동 이후 은혜를 받은 사람들이 자기 가정과 친구들에게로 돌아가 구원의 메시지를 전하는 일이 과거 어느 때보다도 더 활발하게 일어났다. 그 후 개성에서는 영적각성의 움직임이 계속해서 일어났고 그것은 교회에 적지 않은 활력을 불어넣었다.³⁴

---

33 "사설," 신학월보 1904년 6월, 241-242.
34 개성에서 사역하는 한 선교사는 1905년 2월 *The Korea Methodist*에 "부흥의 영이 우리 가운데" 있으며 지난해 연례모임 이후 약 80여 명의 새 신자들이 생겨났다고 알려 왔다. 부흥의 움직임과

1905년 4월, 크램의 인도로 진행된 개성의 첫 여자 사경회에서도 그곳에 모인 이들이 놀라운 영적 경험을 함으로써 기독교가 감리교의 모토대로 "개인적인 체험으로서의 종교"[35]임을 증명해 주었다. "비록 사경회가 단지 일주일 동안만 열렸지만, 여인들은 그들을 향한 예수의 사랑과 죄를 이기게 하시는 성령의 능력을 더 충만히 이해하였다."[36] 1905년 남감리교 연례 모임에서 개성을 맡고 있는 크램은 흥분을 감추지 못하고 이렇게 보고하였다:

> 우리가 기록해야 할 지난해 사역의 가장 고무적인 특징 가운데 하나는 교인의 영적 상태가 특별히 널리 확산된 부흥운동에 의해 대단히 향상되었다는 사실이다. 개성 교구에는 부흥운동의 영향을 받지 않고 성령의 참된 부으심을 경험하지 않은 교회는 하나도 없었다. 이 부흥운동은 구정에 개성교회에서 시작되어 교구의 각 교회에서 7일 동안 연합적인 노력이 계속되어 부활절까지 계속되었다."[37]

구정 부흥운동 이후 영적인 각성운동이 점점 더 확산되어 부활절 이후에는 개성 전역으로 확산되었던 것이다. 이 기간 동안 개인들이 경험한 것은 다 측량할 수 없었다. "교회의 영적인 삶이 대단히 각성되었으며, 그 결과들은 영구적인 축복으로 오늘날까지 우리에게 나타나고 있다."[38]

1897년에는 성도가 단 한 명도 없던 개성 지역이 1905년 9월에는 24교회에 620명의 입교인과 학습교인으로 성장한 것이다. 개성 남부를 맡고 있는 남감리교 컬리어가 말한 대로 "나타난 발전 속에서" "성령의 역사를 인식할 수 있었다."[39] 그가 볼 때 그것

영적각성의 움직임이 1904년에 들어서면서 더욱 감지되기 시작했다. Cf. *Minutes of the Seventh Annual Meeting*, Korea Mission Methodist Episcopal Church, South, 1905, 31.

35 *Minutes of the Seventh Annual Meeting*, Korea Mission Methodist Episcopal Church, 1905, 44.
36 *Minutes of the Seventh Annual Meeting*, Korea Mission Methodist Episcopal Church, 1905, 44.
37 *Minutes of the Seventh Annual Meeting*, Korea Mission Methodist Episcopal Church, 1905, 33-34.
38 *Minutes of the Seventh Annual Meeting*, Korea Mission Methodist Episcopal Church, 1905, 34.
39 *Minutes of the Seventh Annual Meeting*, Korea Mission Methodist Episcopal Church, 1905, 36.

은 자신들의 기도에 대한 하나님의 응답이었다. 계속해서 시련을 겪었지만 "성령의 권능은 악한 세력보다 확실히 더 크게 역사하였다."[40] 몇 년 전부터 일기 시작한 개성의 영적 각성의 움직임은 하디의 부흥회로 인해 더욱 깊어졌다. 그것은 하디가 인도한 서울 부흥회에서도 마찬가지였다.

1905년 하운셀 양은 서울의 사역이 그렇게 희망에 찬 적이 이전에는 결코 없었다고 말했다.[41] 1905년 초 하디가 인도한 정동교회 부흥회가 그와 같은 영적 분위기 조성에 중요한 몫을 하였다.[42] 특별히 이 집회에 참석한 학생들 가운데 영적각성의 움직임이 뚜렷하게 나타났다. 여러 학생들이 집회에 참석하였으며, "그들 가운데 몇 사람이 회심을 하고 교인들이 대단히 부흥되었다. 주님의 영이 사람들에게 임하자 밤늦게까지 하나님을 찬양하는 소리가 실내의 학생들에게까지 들렸다."[43]

사기로 돈을 갈취한 후 죄의식에 사로잡혀 견딜 수 없었던 한 학생이 하나님의 은혜로 받은 돈을 가지고 선교사를 찾아와 용서를 구한 일도 있었다. 1904년에 들어서면서 하디의 부흥회로 인해 촉발된 영적 분위기는 더 성숙한 단계로 접어들었다. 교회가 영적인 깊은 잠에서 깨어났고, 교회 지도자들과 교인들은 물론 미션 스쿨에 다니는 학생들 사이에서도 건강한 결실이 나타났다. YMCA에서 활동하거나, 그곳에서 운영하는 학교에 다니는 학생들의 매일의 삶 속에서도 그 같은 현상이 나타난 것이다.[44] 교회가 영적으로 깨어나면서 이전에 찾아볼 수 없었던 생동감이 넘치기 시작하였다. 교회가 수적으로나 은혜적으로나 성장을 계속했고, 심지어 "극심한 박해"[45] 가운데서도 성령의 많은 증거들이 나타났다.[46] 1905년 2월에 열린 연례 사경회를 통해 상당수의 교인들이 "더 한층 두드러진 내적 경험"[47]을 체험한 것이다.

---

40 *Minutes of the Seventh Annual Meeting*, Korea Mission Methodist Episcopal Church, 1905, 37.
41 *Minutes of the Seventh Annual Meeting*, Korea Mission Methodist Episcopal Church, 1905, 27.
42 *Minutes of the Seventh Annual Meeting*, Korea Mission Methodist Episcopal Church, 1905, 29.
43 *Minutes of the Seventh Annual Meeting*, Korea Mission Methodist Episcopal Church, 1905, 29.
44 *Minutes of the Seventh Annual Meeting*, Korea Mission Methodist Episcopal Church, 1905, 29.
45 *Minutes of the Seventh Annual Meeting*, Korea Mission Methodist Episcopal Church, 1905, 30.
46 *Minutes of the Seventh Annual Meeting*, Korea Mission Methodist Episcopal Church, 1905, 30.
47 *Minutes of the Seventh Annual Meeting*, Korea Mission Methodist Episcopal Church, 1905, 31.

보편화되기 시작한 부흥회

하디의 부흥 집회가 점점 더 확대되면서 간간이 사용되던 부흥회라는 말이 점차 보편화되기 시작했다. 부흥회에 대한 관심이 어느 때보다도 높아졌다. 1904년 6월 신학월보가 "부흥회"를 특별 사설로 다루었던 것도 그 같은 분위기를 반영하는 것이다.[48] 부흥회는 기성 신자들에게는 영적인 재충전을, 그리고 불신자들에게는 말씀을 통해 주님을 발견하는 기회를 제공해 주는 두 가지 역할을 하였다:

> 이 부흥회라 하는 뜻은 다시 니러난다 함이라. 이 회가 예수교에 대단히 유익한 연고가 두 가지 잇스니 첫재는 하나님을 밋난 사람이 성신의 힘을 엇어 각 교우의 식은 마암을 열심되게 하여서 교회가 다시 더욱 흥왕하게 함이오, 둘재는 교를 밋지 안턴 사람도 회당에 인도하여 예수의 조흔 셩경 말삼으로 간절히 권면하매 그 사람의 마암이 감동하야 예수교를 밋기로 작정함이라.[49]

부흥회는 처음부터 사경회와 마찬가지로 말씀 공부에 철저하게 기초를 두고 있었다. 부흥회는 "몃칠 동안에 날마다 하로 두세 번식 교우들이 회당에 모혀 셩경을 독실히 공부하고 하나님끠 긔도를 졍셩으로 드리며 젼도하는 목사의 조흔 말삼을 만히 드를 뿐 아니라 각 사람이 자긔 마암을 스사로 살펴 마암이 엇더케 됨을 깨다르며 만일 죄를 범함이 잇스면 하나님끠 나와 일일이 자복 고죄한 후에 다시 사유하심을 밧는 거시라."[50] 사경회에서 찾아볼 수 있는 말씀 공부, 전도, 기도를 부흥회에서도 그대로 찾아볼 수 있다. 언제든지 개교회에서 부흥회를 통해 두 가지 목적을 이룰 수 있었기 때문에 부흥회는 점점 더 한국 교회에 보편화되기 시작했다.

---

48   "사설, 부흥회," 신학월보, 1904년 6월, 241-242.
49   "사설, 부흥회," 신학월보, 1904년 6월, 241.
50   "사설, 부흥회," 신학월보, 1904년 6월, 241.

2. 연속적인 하디의 부흥 집회

하디의 서울 부흥회

1904년에 들어서면서 하디의 활동은 더욱 두드러졌고, 그 해 10월, 안식년 차 미국으로 떠나기에 앞서 가졌던 하디의 서울과 평양과 제물포 집회는 원산부흥운동의 영향을 한국의 주요 도시로 저변 확대시키는 계기가 되었다.[51] 이들 부흥회에는 성령의 역사가 과거 어느 때보다도 두드러지게 나타났다. 하디의 서울 집회는 1904년 10월 1일부터 9일까지 정동 감리교회에서 9일 동안 열렸다. 본래 이 집회를 계획한 것은 정동 감리교회 내 두 학교의 남학생들과 여학생들 가운데 성령의 놀라운 역사가 임하기를 소망해서였다. 집회가 계속되면서 하디의 명성과 그곳에 나타난 성령의 은혜의 소문이 퍼져 나가면서 그곳 정동 감리교회 교우들은 물론 서울 시내 모든 감리교회에서 은혜를 받기 위해 모여들었다. 학생들을 위해 계획했던 부흥회가 전교인 부흥회로, 더 나아가 서울 지역 감리교 부흥회로 발전하면서 9일간 예정되었던 집회 기간이 보름간으로 연장되었다.[52]

보름 동안 하루 세 번씩 말씀을 증거하였고, 일주일 동안은 "회개하난 문제를 가지고" 열심히 복음을 증거해 "여러 형제 자매들이 성신의 책망하심을 밧아 일체 회개하고 죄를 자복한 후 사유하심을 밧앗으며 또 한 주일 동안에 난 성신의 책망하심을 가지고 열심히 전도하매 죄 사유함을 엇은 모든 형제 자매들이 성신의 충만하심을"[53] 얻었다:

> 성령의 능력이 놀랍게 나타났다. 많은 사람들이 공개적으로 죄를 고백하고, 죄의 고백을 들은 이들은 아무도 그들의 회개의 진실성을 의심할 수 없었다. 지적 회심 이상의 어떤 것을 결코 알지 못하는 교회에서 상당히 뛰어난 많은 사람들이 죄를

---

51 그가 미국으로 떠난 것은 1904년 11월이다. *KM* I: 1 (Nov., 1904), 6을 보라.
52 "Revival Meeting in Seoul," *KM* I: 1 (Nov., 1904), 7.
53 "정동회당에서 부흥회로 모힘," 신학월보, 1904년 11월, 427.

인식하고 그리스도를 통한 죄용서를 경험했던. 사역을 하면서 점점 냉랭해졌던 한국인 설교자, 성서부인, 성경반 지도자들 그리고 주일학교 교사들이 각성을 하고 한 차원 높은 기독교 삶으로 인도되었다. 배재학당에 다니는 거의 모든 학생들이 공개적으로 죄를 고백하고 새 삶을 시작했다. 이화학당의 여학생들의 삶에 있어서의 변화는 그들의 심령에 역사하신 성령의 역사를 증명해 준다. 부흥회 결과 학생들은 한국인 교사들과 함께 그리스도와 그의 예배(섬김, service)에 대한 새로운 헌신으로 새해의 사역을 시작하였다. 우리 한국인들의 심령에 이와 같은 결실을 볼 수 있었던 것은 연합하여 간절히 기도한 결과라고 확신하며, 그리고 우리는 한국 친구들이 아직 더 큰 "소나기 같은 축복"을 위해 함께 기도하기를 희망한다.[54]

서울에서 열린 하디의 집회는 남녀 학생들만 아니라 정동 감리교회와 다른 많은 감리교인들에게 적지 않은 영적인 도전을 주었다. 이화학당에서 오랫동안 교사로 활동했던 페인(Josephine Ophelia Paine)가 증언한 대로 "정동교회에서 하디 박사가 인도한 일련의 집회 동안 여학생들 가운데 성령의 은혜로운 부으심(a gracious outpouring of the Spirit)"[55]의 역사가 나타났다.

하디의 평양 부흥회

그러나 이보다도 더 크게 부흥운동의 영향을 민감하게 받은 곳은 역시 평양이었다. 이것은 부흥운동을 간절히 사모하는 모리스를 비롯한 평양과 영변 주재 북감리교 선교사들이 하디를 부흥회 강사로 초청하여 이루어진 것이다. 1904년 10월 14일 아침, 부흥운동의 주역 하디가 서울 집회를 끝내고 그의 동료 무즈(J. R. Moose)와 함께 평양에 도착했을 때 평양의 선교사들은 부흥 집회를 위해 기도회를 갖고 있었다. 그 다음날 토

---

54 "Revival Meeting in Seoul," *KM* I: 1 (Nov., 1904), 8. 같은 내용이 다음 문헌에도 나타난다. L. E. Frey, "Ewa Haktang-Seoul," *The Annual Report of Korea Woman's Conference of the Methodist Episcopal Church*, 1905, 5; "Revival at Ewa," *KMF* II: 7 (May, 1906), 133.
55 "Miss Payne," *KMF* VI: 1 (Jan., 1910), 15.

요일에도 평양의 모리스와 다른 선교사들은 심령이 갈급한 가운데 영적각성이 자신들에게 임하기를 간절히 바라면서 한마음으로 모였다. 하나님께서는 그들의 기도를 외면하지 않으셨다.

그로부터 한 달 후 모리스는 그날의 일을 이렇게 기록했다. "주님이 우리와 함께하셔서 우리의 심령에 우리가 매우 낮은 수준의 신앙의 삶을 살았다는 사실을 드러내 주셨다. 우리는 무조건적으로 우리의 심령을 복종시키고 믿음으로 우리의 삶이 성령으로 충만하도록 간구하였다."[56]

그 다음날 10월 16일 주일, 모리스 일행은 한국인들을 위한 집회를 시작하였다. 그 후 저녁 전체 집회가 열리기 바로 직전에 열린 집회를 포함하여 매일 세 번의 집회를 가졌다. 집회에 참석한 전도인을 비롯한 상당수의 교인들이 자신들의 죄를 자백하는 성령의 강한 임재를 경험한 것이다.[57] 가는 곳마다 성령의 도구로 쓰임 받았던 하디, 자신들에게도 놀라운 성령의 역사가 임하기를 간절히 사모하며 고대하는 평양의 선교사들과 한국 교인들, 그리고 하디만큼이나 성령의 충만을 받았던 무즈가 한마음으로 어우러져 하나님의 보좌를 움직였던 것이다:

> 주께서 권능 가운데 우리와 함께하셨다. 설교자 몇 사람을 포함하여 많은 우리 선교회 사람들이 자기들의 삶 속에서 지은 죄들을 회개하였다. 그들 자신들과 상당한 갈등을 한 후 그들은 공개 집회에서 일어나 분명한 태도로 자신들의 죄를 인정하고 간절히 용서를 구하였다. 몇몇 사람은 그리스도인들이 마땅히 해야 할 자세로 자신들의 가족들을 대하지 않았음을 회개했고, 어떤 사람들은 그들의 형제를 미워했음을, 또 다른 어떤 사람들은 빚을 갚지 않았음을 회개하였고, 그리고 그 외 모든 사람이 다른 수많은 죄목들을 비롯한 특별한 죄들을 무엇이나 다 깊이 회개하였다. 많은 사람들이 자신들의 심령을 사로잡는 놀라운 회개의 역사로 심하게 울부짖었다. 나는 이 부흥회 동안 내가 목격했던 것보다 더 직접적이고 더 강하게

---

56 C. D. Moris, "Revival Services in Pyeng Yang," *KM* I: 1 (Nov., 1904), 7.
57 Moris, "Revival Services in Pyeng Yang," 7.

회개하는 백성들을 본국에서는 결코 보지 못했다."⁵⁸

그만큼 그 집회에 참여했던 사람들 가운데 적지 않은 이들이 성령의 은혜를 강하게 체험한 것이다. 모리스는 1905년 6월 "이 부흥회는 우리 교인들에게 놀라운 축복이었다. 나는 결코 그 즈음에 내가 목도한 것보다 더 깊은 죄에 대한 각성을 본 적이 없으며, 우리 교회는 여러 방향에서 그 이후 임한 영구적인 축복을 받았다"⁵⁹고 북감리교 연례모임에서 보고하였다. "우리에게 감동을 준 것 가운데 한 가지는 우리가 특별히 기도의 제목으로 삼고 기도했던 거의 모든 사람의 심령이 깨어지고, 그리고 그들 모두가 주님과 바른 관계를 가지기를 간절히 원했다는 사실이다."⁶⁰

모리스가 체험한 놀라운 평양에서의 성령의 역사는 이미 1년 전 원산의 하디와 그곳 교인들이 경험했던 부흥운동의 역사와 너무도 흡사했다. 본국에서는 그와 같은 놀라운 회개의 역사를 결코 경험하지 못했다는 모리스 선교사의 고백은 평양에서 일어난 성령의 역사가 얼마나 강도 높은 것이었는가를 말해 준다.

미국 출신의 감리교 선교사들은 이미 19세기말부터 미국 전역에 일고 있던 성결운동이나 무디의 부흥운동으로 촉발된 영적각성운동을 직접 체험했거나 들어 알고 있었다. 그런데도 본국에서는 그와 같은 영적 회개를 목도하지 못했다고 고백한 것은 한반도에서 일어나고 있는 당시의 성령의 역사가 얼마나 강도 높은 것이었는가를 말해 준다.

사무엘 마펫(마포삼열, Samuel A. Moffett)이 말한 1904년에 개최된 "평양에서의 특별전도 집회"⁶¹가 바로 모리스가 언급한 이 하디의 부흥 집회를 가리키는 것으로 보인다. 하디의 부흥회가 그렇게 놀라운 결실을 거둘 수 있었던 것은 선교사들과 한국인 지도자들의 적극적인 협력이 뒷받침되었기 때문이다. 선교사들의 지도 아래 한국인들이 도시를 여러 구역으로 분할하여 매일 조직적으로 가가호호를 방문하면서 전도했다. 마펫

---

58 Moris, "Revival Services in Pyeng Yang," 7.
59 *Minutes of Korea Mission*, Methodist Episcopal Church, 1905, 35.
60 Moris, "Revival Services in Pyeng Yang," 7.
61 *Quarto Centennial Papers Read Before the Korean Mission of the Presbyterian Church in the U.S.A. at Annual Meeting* (Pyung Yang, Korea: Korea Mission of PCUSA, 1909), 21.

2장 원산부흥운동의 확산　77

은 다음과 같이 말한다:

> 오전에는 성경공부로 보냈고, 오후에는 기도회 및 축호 전도가 있었는데 축호 전도시에는 두 사람씩 짝을 지어 초대장과 전도지를 돌렸다. 밤에는 교회가 사람들로 가득 찼으며 수백 명의 불신자가 참석하였고, 첫날 저녁에 96명의 결신자를 얻었다. 다음날 밤 집회에는 2,000명이 참석하는 바람에 불신자들을 수용하기 위해 그리스도인들은 다른 곳으로 물러가야 했다. 그리고 여성들을 위한 오후 예배와 남성들을 위한 밤 예배가 개최되었으며 엄청난 수확이 있었다.[62]

확실히 평양 부흥회는 그곳 교회뿐만 아니라 선교사 공동체에 새로운 영적 갱생의 바람을 불어넣었다. 이 집회는 평양 교회로 하여금 자립과 자전의 정신을 더욱 강화시켜 한국인 전도자들의 생활을 돕기 위한 십일조와 성미운동이 전개되었다.[63] 평양의 교회들이 영적으로 거듭나기 시작하면서 교회는 이전 보다 더욱더 활력이 넘쳐났다. 그곳 현장에 있던 한 선교사는 다음과 같이 보고하였다:

> 한국인 교회에 임한 축복은 우리 자신들이 받은 축복보다 더 크지는 않았다. 지난 목요일 저녁의 우리 외국인 공동체의 기도회는 내가 믿기로는 평양에서 거주했던 4년 동안에 내가 목격했던 가장 훌륭한 것이었다. 하나님이 우리를 위해 위대한 일을 행하셨고 우리는 그에게 모든 영광을 돌린다.[64]

하디의 제물포 부흥회

서울과 평양에 부흥의 불길을 가지고 간 하디가 다시 성령의 불을 가지고 간 곳은

---

[62] *Quarto Centennial Papers Read Before the Korean Mission of the Presbyterian Church in the U.S.A. at Annual Meeting*, 21.
[63] C. D. Morris, "Self Support and Self Sacrifice," *KM* I: 2 (Dec., 1904), 12.
[64] Moris, "Revival Services in Pyeng Yang," 7.

인천 제물포였다. 11월 1일부터 일주일간 가진 하디의 인천 제물포 집회에서도 집회 기간 동안 100명에 달하는 교인들이 자신들의 죄를 자백하고 성령의 충만한 은혜를 경험한 것이다.[65] 케이블이 "또 다른 놀라운 부흥"이라고 불렀던 그 성령의 역사가 바로 그 집회였다. 그곳에 모인 이들은 "하나님이 이 백성 위에 놀라운 축복을 부어 주실 것"이라는 하나의 주제를 마음에 새기면서 매일 기도회를 가졌다. 하나님께서는 그들의 믿음의 기도에 놀랍게 응답하셨다. 그 결과 "부흥운동이 한국인들 가운데 시작되었다."[66] 원산부흥운동의 주인공 하디가 인도하는 부흥회마다 놀라운 영적각성운동이 일어났던 것이다. 그 현장에 있었던 케이블은 결코 전에는 그와 같은 것을 목격하지 못했다며 이렇게 보고하였다:

> 말씀 선포에는 성령의 대단한 능력과 증거가 나타났으며, 무시무시한 죄성과 죄로부터 구원하시는 예수의 능력이 나타났다. 설교가 계속되면서 죄의 통회가 너무도 강해 한국인들이 자신들의 죄를 고백하기 위해 일어나는 바람에 심지어 하디 박사의 집회 인도가 방해받았다. 나는 결코 전에는 어떤 사람들 가운데 그와 같은 것을 목격하지 못했다. 하나 둘씩 일어나 그가 혹은 그녀가 행한 모든 죄악된 것들을 낱낱이 열거하였다. 우리가 생각하기에는 착했던 한 여인이 일어나 그녀가 계속해서 죄를 지었다고 고백했다. 그녀는 한 남자와 거의 1년이 넘도록 함께 동거했다고 고백했다. 그 남자 또한 이 여인과 함께 동거했음을 고백하였고, 이 문제를 바로잡기 위해 부흥회가 끝나고 그 둘이 결혼했다.[67]

성령의 은혜를 체험하면 죄를 감추고는 견딜 수 없는 법이다. 심령 깊은 곳에 깊숙이 감추어져 있던 나만의 죄악들이 성령의 빛이 비추이자 적나라하게 드러나 그것들을 통회하지 않을 수 없었다. 하디가 인도하는 제물포의 집회에서는 사이가 좋지 않은 두 여인이 성령의 은혜를 경험한 후 일어나 자신들의 죄를 고백하고 서로 용서를 구해 교

---

65 E. M. Cable, "Another Wonderful Revival," *KM* I: 2 (Dec., 1904), 11.
66 Cable, "Another Wonderful Revival," 11.
67 Cable, "Another Wonderful Revival," 12.

회를 떠나기 전 서로의 묵은 앙금을 풀어 버리고 주님이 주시는 내면의 평안을 경험하였다. 사실 선교사들은 이 두 여인들이 다시 우정을 회복할 수 있을 것이라는 희망을 오래전에 포기했었다.[68] 그만큼 둘 사이에는 골이 깊었다. 그러나 성령의 역사 앞에 그것은 아무 문제가 아니었다. 성령의 은혜가 임하자 모든 앙금들이 눈 녹듯이 녹아내리기 시작한 것이다. 이미 신앙을 받아들이고 사역을 감당하던 전도부인들과 여성들에게 변화가 찾아온 것이다.

이 여인들 외에도 성령의 은혜를 체험한 이들은 한두 사람이 아니었다. 수년 동안 교회에 다니고 있던 한 남자는 눈물을 흘리며 자신이 거짓말을 했고 도적질도 했으며 심지어 간음죄도 저질렀다고 공개적으로 자신의 죄를 회개했다. 어느 한 사람의 참된 죄의 고백은 다른 사람의 마음을 여는 계기가 되어 얼마 지나지 않아 그곳에 모인 이들 모두가 자신의 죄악을 적나라하게 볼 수 있었다:

> 그래서 그 부흥회는 수일 동안 계속되어 그 교회의 거의 100명의 사람들이 자신들의 죄를 공개적으로 인정하고 주님과 관계를 회복하려는 깊고 간절한 열망을 표현하였고, 많은 사람들이 성령 충만을 받았다. 부흥 집회 이후 그들의 삶이 얼마나 행복과 능력으로 충만했는가를 보는 것은 즐거운 일이었다. 죄를 확신시키고 죄에서 구원하시는 이 하나님의 능력의 놀라운 현시(demonstration)를 증거하기 위해 선교지 한국에 오는 것은 값진 일이다. 이 자비로운 은혜의 역사는 주로 교회내에 시작되었으나 그 영향은 선교구 전체에 광범위하게 감지되었다. 부흥 집회에 참석하여 은혜를 받은 이들은 세상으로 나가 그것을 다른 사람들에게 전하였고, 그리고 나는 그것이 전체 사역에서 일어날 대부흥운동의 시작일 뿐이라고 확실하게 느끼고 있다.[69]

서울과 평양과 개성에서 일어난 부흥의 불길은 집회가 끝난 이후에도 계속되어 점점 더 주변 지역으로 번져 나갔다. 하디 한 사람의 영적각성과 그 결과가 얼마나 많은 사람들에게 영향을 미칠 수 있는가를 잘 보여 준 것이다.

---

68 Cable, "Another Wonderful Revival," 12.
69 Cable, "Another Wonderful Revival," 12.

하디 가족

　1890년, 아내와 어린 딸을 데리고 은둔의 나라에 처음 발을 내디딜 때 무척이나 앳되 보였던 하디가 이제는 완숙한 한국 교회 지도자로 성장하여 의료 선교사와 복음 전도자로 이 나라의 복음화를 위해 한국에서 가장 귀하게 쓰임받은 선교사 가운데 한 사람이 된 것이다. 1903년 8월에 체험한 성령의 능력이 그의 생을 완전히 바꾸어 놓은 것이다. 이때 그가 체험한 성령의 역사, 그리고 그로 인한 그의 놀라운 변화는 한국인들은 물론 그를 잘 아는 주변의 사람들도 감동시킬 만큼 강한 것이었다.
　옆에서 하디의 일거수일투족을 지켜 본 가장 사랑하는 친구 게일은 하디의 놀라운 변화에 대해 이렇게 말했다. "이 놀라운 물질주의 시대에 때때로 면전에서 하나님을 만나 그분과 이야기를 나누기 위해 부름 받고, 그런 후 돌아와서 우리에게 가장 차원 높고 순수한 아버지의 현존의 기쁨을 말해 주는 사람이 우리 가운데 있다는 사실은 우리가 감사해야 할 이유이다."[70]
　하디가 원산부흥운동의 불을 서울과 평양과 제물포에까지 확산시킨 이면에는 이

70　James Gale, "Dr. R. A. Hardie," *KM* I: 8 (Jul., 1905), 114.

나라에 영적 대각성을 베푸시려는 하나님의 깊으신 섭리가 있었다. 하나님께서 수많은 당신의 일꾼들을 역사 속에 사용하신 것처럼 믿음과 성령의 사람 하디를 한국 교회를 위해 사용하신 것이다. 특히 그가 안식년으로 떠나기 직전 가졌던 일련의 부흥회는 하디가 없는 동안에도 부흥의 역사가 계속될 수 있도록 성령의 바람을 불러일으키시려는 하나님의 섭리며 인도하심이었다. 1904년 한 해 동안 여러 곳에서 영적각성의 움직임이 일어났다.

1904년 한 해 동안 선교 현장을 경험한 와그너(Ellasue C. Wagner)는 성령의 충만에 대한 사모함이 선교사들과 한국인들 사이에 팽배하다는 사실을 감지하고 흥분하였다. 선교사들이나 한국인 모두는 성령의 은혜를 받은 이후 달라지는 사역의 결실과 삶의 변화를 목도하면서 영적각성은 한국의 복음화를 위해 선행되어져야 한다고 점점 더 느끼고 있었다. 따라서 성령의 능력을 체험하는 것은 선교사와 교회 지도자들은 물론 모든 한국 그리스도인들에게 맡겨진 시대적 사명이었다.

성령의 충만한 은혜를 체험하지 않고는 효율적이고 능률적인 사역을 감당하는 것이 불가능하다는 사실을 기독교 역사가 교훈해 주고 있다. 겁 많고 구약의 모든 예언들과 주님의 약속을 더디 믿는 제자들이 오순절 마가의 다락방에서 놀라운 성령의 충만을 받은 후에 180도로 달라졌던 것을 우리는 너무도 잘 알고 있다. 사도들이 성령의 권능을 힘입고 담대하게 세상으로 나갔을 때 그들을 통해 하나님 나라가 확장되었고, 수많은 불신자들이 주께로 돌아왔으며 표적과 기사가 나타났다.

우리가 잘 아는 대로 그 주체는 사도들이 아니라 성령이었다. 성령께서 사도들에게 권능을 입히시고 그들을 영적으로 무장시키시고 세상으로 내보내신 것이다. "성령의 전능하심으로 그들이 복음의 메시지를 전 로마 제국에, 그리고 심지어 시골에까지 전파할 수 있었다."[71]

한국 민족은 아직 연약한 도구지만 "하나님, 결코 소멸되지 않는 힘의 근원이신 성령께서 사용하신다면"[72] 그들을 통해서도 복음은 놀랍게 확장될 것이다. 그것은 "예수 그

---

71 Ellasue C. Wagner, "A Glimpse of Spiritual Life in Korea," *KM* I: 3 (Jan., 1905), 21.
72 Wagner, "A Glimpse of Spiritual Life in Korea," 21.

리스도는 어제나 오늘이나 영원토록 동일하시고 그를 전하러 나가는 모든 자들과 함께 거하시기"[73] 때문이다.

3. 확대되는 영적각성운동

1905년에 접어들면서 한국에서 활동하고 있는 선교사들은 최근에 급속하게 진행되는 국제 관계를 목도하면서 한편으로는 위기의식을 느끼면서도 다른 한편으로는 그것이 한국이 새로운 시대로 돌입하는 전기를 마련해 줄 것이라며 희망을 포기하지 않았다. 1905년 2월 하운셀 양은 이렇게 말했다:

> 우리 바로 앞에 하나의 위기가 한국의 선교 사역에 찾아올 것이라는 사실은 명백한 것처럼 보인다. 지금 일본과 러시아 사이에 값진 대가를 치르며 진행되고 있는 전쟁의 결과가 무엇이든지 이 백성의 역사에 새 시대를 도래시킬 것이다. 한국은 이제 더 이상 "은둔의 나라"가 아니다. 새로운 항구들이 세계에 개방될 것이고 외국인들의 유입이 급속도로 증가할 것이다. 이와 같은 변화로 백성들의 종교 생활은 일대 혁명을 맞을 것이다. 조상숭배와 미신을 섬기는 이들에게서 발견되는 정령 숭배는 더 이상 계속될 수 없다. 다가올 10년은 백성이 불교 신자, 무신론자 혹은 기독교인이 될 것인지를 대체로 결정해 줄 것이다. 모든 징표들에 의해 지금은 한국 교회의 기회이다.[74]

이와 같은 정치적인 위기 속에서 이 나라를 살릴 수 있는 길은 복음화뿐이며 이 일은 일차적으로 성령 충만한 한국 그리스도인들에 의해 진행되어야 할 몫이라고 믿었다. 그래서 이들은 매일 하나님께서 한국의 형제자매들을 인도하셔서 그들이 바로 자기 형

---

73 Wagner, "A Glimpse of Spiritual Life in Korea," 21.
74 C. G. Hounshell, "Come Over and Help us," *KM* I: 4 (Feb., 1905), 36.

제자매들에게 복음을 전할 수 있게 해달라고 간절히 기도했던 것이다. 무엇보다도 처음 신앙생활을 시작할 때부터 예수를 믿는다는 것은 복음에 빚진 자의 사명을 다하는 것이라는 사실을 한국 교회에 분명히 일깨워 주었다.

따라서 예수를 믿는 이들이라면 자신의 불신 가족들과 친척들의 영혼 구원을 위해 기도하지 않을 수 없었다. 그러나 가정과 이웃의 구원만이 그들의 목표는 아니었다. 민족복음화만이 이 민족을 살릴 수 있는 유일한 길이라는 확신이 구원받은 이들 가운데 깊숙이 자리 잡고 있었다. 1905년에는 만 7세짜리 사내아이의 시라고는 도저히 믿어지지 않는, 민족구령의 열정이 훨훨 불타오르는 한 편의 시가 게재되었다:

> 영생의 의미는 영원히 사는 것
> 지금 영생을 얻기 위해 우리가 해야 할 것은?
> 만약 우리가 예수를 믿고 순종하고 그의 말씀을 전하면
> 우리는 하늘나라에 갈 수 있어요.
> 이 민족 모두에게 자비, 자비를 베풀어주세요!
> 이 민족을 깊은 잠에서 깨우기 위해
> 우리 모두 서두르고
> 일어나고
> 일으켜야 해요!
> 세상 모든 사람들이 영생을 소유할 수 있도록
> 우리 모두 최대한의 간절한 열망으로
> 민족에게 예수를 전하고
> 그들을 그리스도에게로 인도해야 해요.
> 우리 민족 모두가 우리처럼 이 축복을 누리기를 나는야 소망해요.[75]

실제로 1905년에 접어들면서 부흥의 역사는 전역에서 감지되었고, 이미 부흥의 역

---

75 "Essay on Eternal Life," *KM* I: 4 (Feb., 1905), 38.

사를 경험한 곳에는 점차 영적각성의 움직임이 뚜렷하게 나타났다. 1905년 2월 크램의 지적대로 "지난 몇 개월의 개성 선교구 사역은 불신자들을 각성시켜 그들을 그리스도인으로 결심하게 하는 일에 있어서 대단히 고무적이었다."[76] 크램은 "요엘 2:24 '마당에는 밀이 가득하고 독에는 새 포도주와 기름이 넘치리로다'는 말씀이 집주인이신 그분의 확실한 인도로 우리 가운데 성취된 것처럼 보인다"[77]며 흥분을 감추지 못했다.

1905년 개성의 신년 기도회

지난해 가을 하디의 부흥 집회로 인해 영적각성이 강하게 일어난 개성에 또다시 신년 기도회를 기점으로 그 같은 움직임이 나타났다. 1903년과 1904년의 원산부흥운동을 주도하던 하디가 1904년 11월 안식년으로 휴가를 떠나면서 1905년부터 개성의 남감리교회가 부흥운동을 주도하기 시작했다. 남감리교 선교회가 맡고 있는 이곳 개성에서는 해마다 구정이면 민족복음화와 자기들이 섬기는 교회의 성장을 위해 하루 두 차례씩 집회가 열렸다. 이 집회는 일종의 부흥회 성격을 띠고 있었으며, 집회와 집회 사이에는 노방전도와 축호전도가 있었다. 말씀 전파는 선교사들의 몫이었다. 모든 설교에서 특별히 강조된 것은 "죄로부터의 구원이 개인적인 양심 문제"며 "뚜렷한 중생의 교리와 성령의 증거"[78]가 뚜렷하게 제시되어야 한다는 사실이다.

그 해 2월 개성에서 열린 지방 연례 사경회 초부터 참석한 이들 모두가 구원의 확신을 가졌고, 선교사들과 한국 교회에 "옛 부흥운동"(an old time revival)이 임하였다. 개성을 담당하고 있는 남감리교 선교사 크램은 1905년 보고서에서 지방 연례 사경회를 통해 "지금까지 본 적이 없는 확실한 회심의 장면을 볼 수 있었다"[79]며 흥분을 감추지 못했다. 집회 기간 내내 강단은 "밤낮 새로운 심령의 빛"을 찾는 남녀들로 붐볐으며, 집

---

76 W. G. Cram, "The Putting in of the Sickle on the Songdo Circuit," *KM* I: 4 (Feb., 1905), 41.
77 Cram, "The Putting in of the Sickle on the Songdo Circuit," 41.
78 W. G. Cram, "A New Year's Revival in Songdo," *KM* I: 5 (Mar., 1905), 54.
79 *Minutes of the Eighth Annual Meeting*, Korea Mission Methodist Episcopal Church, South, 1905, 34.

회에 참석한 이들의 "얼굴이 환하게 빛나고, 행복에 찬 간증들이 모든 집회마다 나타났다."[80] 이와 같은 성령의 역사를 목도하면서 그 현장에 있던 크램은 오래지 않아 그가 만난 성령의 역사가 한반도 전역으로 확대될 것을 믿어 의심치 않았다:

> 불신자들의 심령에 구주의 얼굴의 광채를 발견하는 데 수년간의 훈련이 필요한 것은 아니라는 사실을 나는 점점 더 확신한다. 성령의 확신은 확실하고, 그가 모든 진리로 우리를 인도하실 것이라고 약속하셨으며, 우리는 그의 리더십을 의심할 수 없다. 그러나 나는 그 앞서 한국 교회 안에는 이 나라 전역에 깊고 넓게 확산되는 부흥의 계절이 임해야 한다고 믿는다. 하나님이여 그날이 속히 임하게 하소서.[81]

그의 확신은 부흥의 역사가 한국에 임해야 한다는 소망 차원이 아니라 그와 같은 성령의 역사가 반드시 임해야 한다는 간절한 간구였다. 그만큼 이 나라에 부흥의 역사가 임할 것이고 또 임해야 한다는 자의식을 강하게 갖고 있었다.

이와 같은 영적각성은 다시 1905년 4월에 처음으로 여인들을 위해 열린 개성의 여자 사경회에서도 계속되었다.[82] 처음부터 이 사경회는 영적각성을 주된 목표로 모임이 시작되고 진행되었다. 그것은 개성 부흥운동의 주역인 크램의 강의 제목 "인격적 체험으로서의 종교"(Religion as a Personal Experience)만 보아도 금새 알 수 있다. 비록 매일 평균 70명이 참석해 수적으로는 규모가 크지 않았지만, 참석자들의 열심은 대단했다. 그 중 38명이 5마일, 10마일, 20마일, 심지어 35마일을 걸어왔고, 그리고 몇 사람은 아이를 등에 업고 사경회 기간 동안 먹을 양식을 머리에 이고 수많은 고개와 산을 넘고 물을 건너 포장되지 않은 시골의 거친 길을 따라왔다.

말씀에 대한 사모함, 은혜에 대한 간절한 사모함이 이들 모두를 지배하고 있었다. 한국인 조사들이 인도하는 저녁 집회는 성령의 은혜를 사모하는 열기로 가득 찼다. 개성 주재 남감리교 선교사 캐롤이 보고한 것처럼, "비록 사경회가 단지 일주일 동안만 열

---

80   W. G. Cram, "A New Year's Revival in Songdo," 54.
81   Cram, "A New Year's Revival in Songdo," 54.
82   Miss Arrena Carroll, "Women's Special Study Classes in Songdo," *KM* I: 12 (Oct., 1905), 166.

렸지만 그 집회 동안 여인들이 자신들을 향한 그리스도의 더 충만한 사랑과 죄를 이기게 하시는 성령의 능력을 이해했음이 분명히 현시되었다."[83]

1905년 강화와 원산에서의 영적각성

1905년에 들어서면서 영적각성이 뚜렷이 감지된 곳은 개성뿐만이 아니었다. 케이블이 보고한 것처럼 "고도(古都) 강화에서도 마른 뼈 가운데 놀라운 각성이 일어나고 있었다."[84] 1905년 2월 말, 강화 홍해교회에서 열린 여자 사경회 기간 중 아델리아 밀러(Lula A. Miller)가 인도하는 아침 성경공부 시간에 말씀의 은혜를 깨달은 여자 성도들이 성령의 역사로 자신들의 나태한 신앙을 통회하고 죄 사함을 경험하는 역사가 일어났다.[85] 항상 그렇듯이 부흥운동을 통한 영적각성은 교회에 새로운 활력을 더해주어 교회 성장을 촉진시키는 요인이 되었다. 그 결과 강화에서도 "수적으로, 현상적으로 놀랄만한 성장"이 있었으며, 그러면서도 "건강한 영적 성장이 현시되었다."[86]

지난해 11월에 하디가 떠난 뒤 원산에서도 부흥의 역사가 계속되었다. 1905년 신년(구정) 들어 열린 원산 남자 사경회는 많은 사람들이 참석한 가운데 성대하게 열렸다. 오전에는 말씀을 배우고 정오에는 기도하고 오후에는 전도를 나가고 저녁에는 영적각성과 전도를 위한 특별 부흥회가 열렸다. "첫 집회부터 성령의 임재와 역사가 뚜렷하였으며, 집회가 막바지로 접어들면서 점점 더 능력이 강하게 나타났다."[87] "이들 집회에서 깊은 죄의 회개와 참회의 고백이 있었다. 적지 않은 사람들이 용서받은 확신을 간증하였다."[88]

---

83 Carroll, "Women's Special Study Classes in Songdo," 166. 성령과 부흥의 역사가 항상 교회성장과 구령에 대한 열정을 더욱더 증가시켜 선교열을 고취시켜 왔던 것처럼 개성의 여자 사경회 기간 동안 많은 교회들도 여선교회(Women's Home Mission Society)를 조직하였다.
84 *Minutes of Korea Mission*, Methodist Episcopal Church, 1905, 64.
85 M. R. Hillman, "Women's Work on the West District," *KM* I: 7 (May, 1905), 87.
86 *Minutes of Korea Mission*, Methodist Episcopal Church, 1905, 64.
87 "The Wonsan Class," *KM* I: 5 (Mar., 1905), 54.
88 "The Wonsan Class," 54.

같은 기간 남자 사경회와 별도로 열린 원산 지방 여자 사경회에서도 성령의 역사로 죄를 회개하고 죄 사함의 기쁨을 경험하는 영적각성운동이 일어났다.[89] 성령의 역사가 강하게 나타나는 곳에는 언제나 그곳에 참석한 이들이 더욱더 은혜를 사모하였고, 영적각성이 수반되었다. 여기서도 놀라운 성령의 역사로 영적각성이 수반되고 죄가 청산되었으며 새로운 미래에 대한 소망이 열렸다. 좌절과 절망으로 가득 찼던 이들이 정치적인 상황이 전혀 나아지지 않았는데도 희망으로 가득 찼다. 그 이전의 개별적인 영적각성이 1905년에 들어서면서 집단적인 성향을 띠면서 교회 갱신으로 이어진 것이었다:

> 아마도 가장 주목할 만한 특징은 교인들의 신앙 체험이 전반적으로 깊어졌다는 사실이다. 거의 모든 사람들이 그리스도의 새로운 비전을 가졌으며, 그리고 항상 그렇듯이 그와 함께 성결에 대한 더 강한 열망과 헌신의 의미에 대한 새로운 개념이 찾아왔다. 성령께서 한국인들에게 하나님의 깊은 것을 가르쳐 주실 것이라는 우리의 신념이 과거보다 더 강해졌다.[90]

하디가 본국으로 떠난 1904년 11월 이후에도 원산에서는 부흥의 역사가 여전히 계속되었다. 1905년 2월에는 여인들을 위한 특별 사경회가 열려 여인들이 아침, 저녁 집회에 전에 없이 열심히 참석하였고, 모두가 놀라운 성령의 은혜를 체험했다. "그들 가운데 말씀에 대한 지식이 증가했을 뿐만 아니라 성령의 축복이 임했다."[91] 이와 같은 놀라운 성령의 임재와 역사는 한국인들을 성령으로 무장시키는 것이야말로 자신들에게 맡겨진 가장 시급한 과제라는 분명한 확신을 선교사들 가운데 심어 주었다.

특히 학습반에서 공부하는 세례 지원자들에게 성령의 역사를 분명하게 경험하게 만드는 것이야말로 그들이 어떤 역경 속에서도 흔들리지 않고 신앙생활을 하도록 만드는 원동력이라고 확신했다.[92] 자연히 "세례문답 공부 기간에 거의 매일 특별 집회를 열어

---

89 Miss Mary Knowles, "Women's Special Study Class in Wonsan," *KM* I: 12 (Oct., 1905), 165.
90 Miss Mary Knowles, "Women's Special Study Class in Wonsan," 165.
91 Miss Mary Knowles, "Women's Special Study Class in Wonsan," 165.
92 Miss Mary Knowles, "Women's Special Study Class in Wonsan," 165. 1905년 2월에 열린 원산 사경

새 마음을 받는 중요성을 계속해서 강조했다. 매 모임은 자신들의 회심을 위해 간절히 기도하고 끝났다."[93]

점차 보편화되기 시작한 부흥운동

이와 같은 부흥운동은 한편으로는 한국 교회에 외형적인 성장을 가져다주었고, 다른 한편으로는 성령의 능력으로 죄인들을 영적인 깊은 잠에서 일깨워 그들이 그리스도의 보혈로 구원받은 새로운 피조물이라는 자의식을 심어 주었다. 1905년에 접어들어 확실히 부흥운동은 여러 곳에서 감지되고 있었다. 개성, 원산에 이어 서울에서도 영적각성운동이 일고 있었다. 1905년 2월 서울 문산포 교인들이 죄를 자백하고 죄 사함을 경험하였고, 배화 학생들도 유사한 영적각성을 경험했으며,[94] 동소문에 새로 시작한 한 교회에서도 일주일간 열린 부흥회를 통해 교인들이 성령의 역사를 체험했다.[95]

이처럼 1903년 8월 하디로 촉발된 원산부흥운동은 1904년 하디를 통해 개성과 서울과 평양을 중심으로 확대되다 1905년에 접어들면서 개성을 비롯 남감리교 선교회 교회들을 통해 더욱 폭 넓게 확대되기 시작했다. 하디 중심으로 전개되던 부흥운동이 이제는 선교사들과 한국인 교회 지도자들과 전도부인을 비롯 한국 교회와 교인들이 동참하는 하나의 각성운동으로 발전한 것이다. 해마다 정기적으로 열리는 구정 사경회는 영적각성운동을 저변 확대시키는 중요한 채널 가운데 하나였다. 그리고 1905년에 접어들면서 이 영적각성은 여성들과 학생들 사이에 더욱 뚜렷하게 나타나기 시작하여 한국인

회 그 현장에서 처음부터 지켜보고 참여하고 그 모임을 주도했던 사람 가운데 한 사람인 Knowles 는 "우리는 그들(세례후보자)이 지적으로 구원의 본질적인 진리들을 이해하기를 원했을 뿐만 아니라 이들 진리들이 그들에게 영적 실체가 될 수 있기를 원했다. 우리는 그들이 하나님 나라로 들어갈 수 있도록 거듭 나는 것을 보기를 열망했다. … 상당히 가르치고 기도 가운데 하나님 앞에서 상당히 기다린 후 주께서 은혜롭게 우리의 간구에 응답하셔서 9명의 부인과 3명의 소녀가 세례를 받기 전 하나님께서는 그들이 하나님의 영적인 계시 안에서 행복하고 자신들의 죄를 용서받고 기뻐하는 것을 볼 수 있게 하셨다."

93 Miss Mary Knowles, "Women's Special Study Class in Wonsan," 165.

94 C. G. Hounshell, "Seoul Circuit," *Minutes of the Seventh Annual Meeting*, Methodist Episcopal Church, South, 1905, 27.

95 C. G. Hounshell, "The Lord Blessing His People," *KM* I: 7 (May, 1905), 83.

들 사이에 죄에 대한 각성운동을 일으키는 중요한 전기를 마련해주었다. 그러나 이와 같은 영적각성운동이 남감리교 선교회 소속 교회들에만 국한된 현상은 아니었다.

장로교, 감리교 할 것 없이 각 선교부에서 보내 온 겨울 사경회에 대한 보고들은 한국 교회가 영적인 깊은 잠에서 깨어나고 있음을 보여 주었다. 존 무어는 1905년 감리교 연회에서 많은 교인들이 평양에서 열린 여름 사경회 및 겨울 사경회에 참석했으며 거기서 "대단한 도움과 영감을 받았다. 나는 몇몇 한국인 조사들에게서 그리스도인의 삶의 지식과 삶의 깊이 모두에 있어서 괄목할 만한 성장을 목도하였다"[96]고 보고하였다.

북감리교 선교사 베커(Arthur L. Becker)도 지난해 동안에 자신이 맡고 있는 선교 지역의 교인들 가운데 "성령의 역사를 목도하고 경험할 수 있는 특권을 가졌다"[97]고 보고하였다. 베커는 자신의 선교구를 순회하면서 "수적인 면에서뿐만 아니라 영적 진리들을 이해하는 측면에서 매우 괄목할 만하고 놀라운 성장이 있었으며" 교인들 가운데 "매우 분명하고 진지한 '성령 충만'(infilling of the Spirit)에 대한 갈급함"[98]이 있음을 발견했다. 이처럼 한국 교회 어디서나 성령 충만에 대한 갈급함, 복음에 대한 관심, 배우려는 간절한 열망이 강하게 일어났고, 빈부귀천 남녀고하를 막론하고 수많은 영혼들이 주께로 돌아오고 있었다.[99]

한국에 파송된 선교사들은 부흥운동이야말로 이 나라와 이 민족을 죄와 외세의 억압에서 구할 수 있는 최선의 길이라는 자의식을 가지고 있었다. 그것은 장로교, 감리교를 초월해 한국에 입국한 거의 모든 선교사들이 갖고 있던 자의식이었다. 이와 같은 자의식은 무디의 영향을 강하게 받았던 시카고의 맥코믹 출신 선교사들과 복음주의 노선에 선명하게 서 있던 남감리교 선교사들 가운데 더욱 두드러졌다.[100] 이것은 한국 부흥운동 초기에 왜 유독 이들이 주도하는 선교지 원산과 개성 그리고 평양에서 부흥운동이 강하게

---

96 *Minutes of Korea Mission*, Methodist Episcopal Church, 1905, 42.
97 *Minutes of Korea Mission*, Methodist Episcopal Church, 1905, 43.
98 *Minutes of Korea Mission*, Methodist Episcopal Church, 1905, 44.
99 "News Notes," *KM* I: 5 (Mar., 1905), 59.
100 Moose, "The Development of a Native Ministry," *The Korea Field* (Nov., 1904), 204. Hunt는 "본국 사역은 복음주의 노선(evangelical lines)에 사역의 자연적인 발전이 이룩되어져야 한다"는 사실, "교회와 성령은 함께 역사하도록 해야 한다"는 입장을 분명히 했다.

나타났는가를 말해 주는 단서이기도 하다. 미국의 제1차 대각성운동과 2차 대각성운동에서 보여 주듯이 하나님께서는 이 나라에 하나님의 성령의 놀라운 역사가 나타나도록 간절히 사모하는 목회자와 교회들을 사용하셔서 부흥의 역사를 이루셨던 것을 알 수 있다.

한국에 파송된 선교사들이 부흥운동에 대한 자의식을 가짐과 동시에 부흥운동을 간절히 사모했다는 증거는 얼마든지 찾을 수 있다. 하디의 회심이 원산부흥운동으로 발전하면서 전국의 모든 선교지에서는 이와 같은 부흥의 역사를 모든 선교지에 가져오고 싶은 간절한 소망이 깊숙이 자리 잡고 있었다. 특별히 이와 같은 간절한 염원은 남감리교 선교회가 자리 잡고 있던 원산과 개성, 그리고 북장로교의 영향이 강했던 평양에서 두드러졌다. 1903년보다는 1904년에, 1904년보다는 1905년에 이와 같은 성령의 역사가 점점 더 깊고 넓게 확산되어 나갔다. 선교사들은 이 놀라운 부흥운동이 민족운동으로 확대되기를 간절히 바랐다.

부흥운동은 이제 결코 낯선 주제가 아니었다. 저다인이 지적한 것처럼 당시 "부흥운동에 대해 그렇게 많이 이야기되고 많은 글이 쓰여진 때가 결코 전에는 없었다. 종교 매체뿐만 아니라 세상 매체에서마저 부흥운동은 이제 일반적인 주제가 되었다."[101] 많은 지역에서 부흥운동이 목도되고 있었고, 전 교회는 간절히 부흥운동의 역사가 임하기를 기대했고, 실제로 많은 지역에서 부흥운동이 나타나고 있었다. 이와 같은 부흥의 역사를 가리켜 저다인은 "민족 각성운동"(the national awakening)[102]이라고 불렀다.

1903년부터 일기 시작한 부분적인 부흥운동과 영적각성운동은 경건주의운동, 영국 부흥운동과 미국의 제 1차, 2차 각성운동에서처럼 한국인들에게도 영적각성운동이 얼마든지 가능하다는 확신을 더해 주었다. 기독교 역사는 부흥운동이 보편적인 현상이며 특정 지역에만 국한된 현상이 아니라는 사실을 보여 주고 있다.

기독교 역사가 보여 주듯이 앵글로색슨 민족 가운데 일어난 과거 대부흥운동은 어느 한 나라에 국한되지 않고 앵글로색슨 전체 나라에 널리 확산되어 나타났다. 미국에서

101　J. L. Gerdine, "National Revivals," *KM* I: 7 (May, 1905), 84.
102　Gerdine, "National Revivals," 84.

의 1740년 "대각성운동"과 영국에서의 웨슬리 부흥운동은 거의 같은 시대에 일어난 부흥운동이었다. 유럽의 경건주의 영향으로 새로운 영적 갱생운동이 영국과 미국에 적지 않은 영향을 미치게 되어 유럽에서 일어난 경건주의운동이 영국과 미국에서 구체적으로 영적 대각성운동으로 이어진 것이다.

이것은 1800년부터 1858년까지 찰스 피니로 대변되는 제 2차 미국의 대각성운동이나 그 후의 19세기 후반 무디의 부흥운동에서 찾아볼 수 있듯이 영적인 각성운동이 어느 한 지역에만 국한된 현상도, 어느 한 시대의 특권만도 아니라는 사실을 분명히 보여 주었다. 특별히 "웨일스에서 시작된 현재의 하나님의 은혜와 권능의 현시는 이미 영국, 오스트레일리아, 그리고 미국의 여러 중심부에서 감지되고 있었다."[103] 특별히 1904년의 웨일즈 부흥운동은 전 세계 특히 1905년에 이르러 인도에 깊은 영향을 미치기 시작했다.[104] 이와 같은 전 세계적인 부흥운동의 움직임은 한국에서의 부흥운동에 대한 확신을 더해 주었다.

---

103   Gerdine, "National Revivals," 84.
104   The Presbyterian Church of India, ed. *The Presbyterian Church of India Book on Revival* (Shillong: The Presbyterian Church of India, 2006), 5.

제 3 장
을사조약 전후의 영적각성운동

> 지금까지 한국을 통치하던 대한제국의 황제는 이제 왕궁에서 하나의 봉급쟁이 로봇(a salaries automaton)으로 전락하고, 대신 이토 히로부미(伊藤博文)가 실질적인 통치자가 되었다. 황제는 어느 점으로 보아도 왕좌에 앉은 죄수에 불과하다. 한 세기에 걸친 일본의 야망이 채워졌으며, 한국의 오랜 독립의 소망은 실패로 돌아가고 말았다.
>
> 1906, 미 남감리교 감독, Warren A. Candler

1904년부터 1905년까지는 지금까지 개신교 선교가 시작된 이래 가장 암울했던 한 해였다. 이 기간은 클락의 말대로 "한국인들에게 민족적인 시련기였다."[1] 강제적인 을사조약 체결로 국권을 상실하는 민족적 슬픔 앞에 믿지 않는 자들은 물론 믿음을 가진 이들조차도 한없이 허우적거리고 있었다.[2] 게일이 이 시대를 가리켜 "전환기의 한국"이라고 명명한 것은 상당히 부드러운 표현이었다.

예일대학의 교회사가 라토렛(Kenneth S. Latourette)이 말한 것처럼 러일전쟁에

---

1 Charles Allen Clark, 한국 교회와 네비우스 선교 정책 (서울: 기독교서회, 1994), 184.
2 James S. Gale, *Korea in Transition* (New York: Laymen's Missionary Movement, 1909), 31-63. cf. H. B. Hulbert, *The Passing of Korea* (New York: Doubleday, Page & Co., 1906), 3장, 8-14장; Isabella Bishop Bird, *Korea and Her Neighbors* (New York: Fleming H. Revell Co., 1897), 101-102, 329, 446-448; D. L. Gifford, *Every-Day Life in Korea* (New York: Fleming H. Revell Company, 1898), 57.

서의 일본의 승리로 일본은 한국을 완전 통제하게 되었고,[3] 자연히 을사조약 체결 후 한국의 모든 정치 외교 전권은 일본의 손으로 넘어갔다.[4] 1905년 9월 5일 러시아와 포츠머스 조약을 통해 한국에 대한 기득권을 보장받은 일본은 1905년 11월 17일 이토 히로부미를 한국에 파송해[5] 한국을 보호한다는 미명하에 거의 모든 전권을 이양 받는 것을 내용으로 하는 을사조약을 강요한 것이다.[6] 황제와 대신들의 반대에도 불구하고 1905년 11월 17일 기관총으로 무장한 일본군들이 배석한 가운데 강제적으로 조약이 체결되었다.[7] 이로써 전권이 일본인의 손으로 넘어갔다.[8]

1. 을사조약과 주권의 상실

이 소식을 접한 민영환은 비통에 젖었다. 조국이 사라진 지금 더 이상 존재해야 할

---

3   Kenneth S. Latourette, *A History of the Expansion of Christianity* Vol. VI (New York: Harper & Row, Pub., 1944), 413. cf. James S. Gale, *Korea in Transition* (N.Y.: Laymen's Missionary Movement, 1909), 37.

4   조약이 체결되기 전부터 하나 둘씩 정권이 일본인의 손으로 이양되고 있었다. S. F. Moore, "Korean Independence," *KF* (Aug., 1905), 265. 그리고 강제적인 조약을 통해 일본 정부가 한국의 외교 관계를 장악하고 주도하였다. "The New Convention Between Japan and Korea," *KR* (Nov., 1905), 423-424; Andrew J. Grajdanzev, *Modern Korea* (N.Y.: The John Day Com., 1944), 30-41; H. M. Vinack, *A History of the Far East in Modern Times* (N.Y., 1928), 168; Henry Chung, *Korean Treaties* (N.Y.: H. S. Nochols Inc., 1919), 55; William Blair & Bruce Hunt, *The Korean Pentecost & the Sufferings Which Followed* (Edinburgh: The Banner of Truth Trust, 1977), 24-25.

5   F. D. David, *Our Neighbors the Korean* (N.Y.: Field Afar Press, 1946), 56-57.

6   Charles A. Sauer, ed., *Within the Gate* (Seoul: The Korea Methodist News Services, 1934), 42.

7   Henry Chung, *Korean Treaties* (New York: H. S. Nochols Inc., 1919), 55; A. J. Brown, *Mastery of the Far East: The Story of Korea's Transformation and Japan's Rise to Supremacy in the Orient* (New York: Charles Scribner's Sons, 1919), 195-207. 을사조약 내용에 대해서는 Hugh Heung-Wo Cynn, *The Rebirth of Korea* (New York: The Abingdon Press, 1921), 265-267를 보라.

8   William N. Blair, *Chansung's Confession* (Topeka, Kansas: H. M. Ives and Sons, 1959), 98-99; Cornelius Osgood, *The Koreans and Their Culture* (New York: The Ronald Press Company, 1951), 279. 사실 이미 앞서 1904년 2월 23일과 8월 22일 두 차례의 조약 체결을 통해 일본은 상당 부분 한국 통치를 이양 받았다. George Trumbull Ladd, *In Korea with Marquis Ito* (London: Longmans, Green & Co., 1908), 65-467.

이유가 없다고 결론을 내리고는⁹ "모든 친구들과 절연하고 자신의 뜻을 담은 몇 개의 유서를 쓰고는 자신의 무디어진 짧은 주머니칼로 자결하였다."¹⁰ 그는 독립의 주권을 상실한 상황에서 "살아남아 조국의 수치"¹¹를 보기보다는 차라리 자신의 생명을 끊는 것이 더 났다고 판단한 것이다. "그는 진실로 나라에 봉사했으며, 진정한 진보의 친구였고, 기독교에도 호의적이었다."¹² 국권의 상실 앞에 흔들린 사람은 민영환 한 사람뿐만이 아니었다. 홍만식, 조병세, 안병찬, 김봉학, 이명재, 이한응을 비롯 충성스러운 구한국의 정부 관리들과 유생들이 스스로 목숨을 끊었다. 한국인이라면 이 민족적 수치와 슬픔 앞에 통탄하지 않을 사람이 하나도 없었다.¹³

1906년 2월 이토 히로부미는 예정대로 제 1대 총독에 올라 전권을 장악했다. 총독에 오른 히로부미는 정치적인 문제에 선교사들이 개입하는 것을 사전에 차단하기 위해 북감리교 해리스 감독에게 이렇게 주문했다. "한국문제의 정치적인 면에서 나는 모든 것을 바르게 잡을 것이지만 한국 사람의 도덕적인 문제와 영적인 구원에 관해서는 당신과 당신의 동료 선교사들이 그것을 맡아 줄 것을 부탁한다."¹⁴

한국을 방문해 광범하게 여행을 하면서 한국의 정황을 체험한 미국 남감리교 감독 캔들러(Warren A. Candler)는 본국으로 돌아간 후 애틀랜타 저널(*Atlanta Journal*) 에 기고한 글에서 이렇게 말했다:

> 지금까지 한국을 통치하던 대한제국의 황제는 이제 왕궁에서 하나의 봉급쟁이 로

---

9   Gale, *Korea in Transition*, 37.
10   Gale, *Korea in Transition*, 37, 38; J. Grajdanzev, *Modern Korea* (New York: The John Day Company, 1944), 33; L. H. Underwood, *Underwood of Korea* (New York: Fleming H. Revell, 1918), 239; Hulbert, *The Passing of Korea*, 224.
11   Underwood, *Underwood of Korea*, 239.
12   Underwood, *Underwood of Korea*, 239.
13   고종황제는 조약 체결에 대해 반대 입장을 분명히 했다. F. A. McKenzie, *Korea's Fight for Freedom* (London: Hodder and Stoughton, 1908), 89; A. J. Brown, *Report on a Second Visit to China, Japan and Korea 1909* (New York: The Board of Foreign Missions, PCUSA), 63-69.
14   Kiyoshi Nakarai, *Relations Between the Government and Christianity in Chosen* (Government General in Chosen, 1921), 6.

봇(a salaries automaton)으로 전락하고, 대신 이토 히로부미(伊藤博文)가 실질적인 통치자가 되었다. 황제는 어느 점으로 보아도 왕좌에 앉은 죄수에 불과하다. 한 세기에 걸친 일본의 야망이 채워졌으며, 한국의 오랜 독립의 소망은 실패로 돌아가고 말았다.[15]

마치 1894년 청일전쟁이후 천하를 호령하던 "중국황제가 비록 실질적으로 죽은 것은 아니지만 정치 생명을 잃어버리고"[16] 다시 회복될 가능성이 전무 했던 것처럼 한 외국인의 눈에 비친 당시의 한국은 참으로 비참하기 그지 없었다.[17] 조약 체결과 함께 일본인들이 대거 부산, 인천, 원산, 서울, 평양을 비롯한 한국의 주요 도시에 유입되었고, 모든 상권도 이들이 완전 장악하기 시작했다.[18] 코리안 스케치에서 제임스 게일이 말한 것처럼, "일본인은 한국 어디에나 있었다."[19] 수입이 수출보다 압도적으로 증가하고, 이에 따라 점점 더 많은 수입업이 일본인의 수중으로 넘어가면서 한국은 일본의 경제 식민지로 전락하기 시작했다.[20] 정치 경제는 물론 심지어 사회 전반에 걸친 이와 같은 일본의 한국 침략이 노골적으로 표면화되면서 한국인들 사이에 위기의식은 더 커져만 갔다.[21]

---

15   "An Eminent Opinion," *KR* (December, 1906), 457에서 재인용. *Korea Review* 지는 기왕에 반일지라는 낙인이 12월호에 실린 분명하게 표면화된 이와 같은 기사로 인해 더 이상 간행을 계속할 수 없게 된 것으로 보인다.

16   Canadian Presbyterian Mission, *A Quarter Century in North Honan 1889-1913* (Shanghai: Printed at The Presbyterian Mission Press, n.d.), 2.

17   McKenzie, *Korea's Fight for Freedom*, 171-181.

18   예를 들어 1905년 4월 현재 부산에 거주하고 있는 일본인은 2,553 가구에 남자 5,845명 여자 5,218명이었다. 반면 영국인은 4가구에 여자 5명 남자 7명이었고, 미국인은 4가구에 남자 5명 여자 5명, 프랑스인은 1가구에 남자 1명, 그리고 상대적으로 많다고 하는 중국인도 23가구에 남자 417명, 여자 4명에 불과했다. 다시 1년 후인 1906년에는 부산지역 일본인이 17,785명으로 급증했고, 제물포에 13,013명, 서울에 11,491명, 그리고 평양에 5,662명 등 전국 60,470명으로 일본인 거주자 수가 크게 증가했다. 을사조약 이후 일본은 정책적으로 수많은 일본인들을 한국으로 이주시켰는데 이 같은 일본인들의 대거 이주는 곧 한국을 자국으로 편입시키겠다는 의미를 담고 있다. "News Calender," *KR* (April, 1905), 152; "News Calender," *KR* (May, 1906), 196; "Japanese Immigration," *KR* (September, 1906), 341-346.

19   James S. Gale, *Korean Sketches* (New York: Fleming H. Revell Co., 1898), 201.

20   "Japanese Finance in Korea," *KR* (August, 1905), 299.

21   일본은 한국의 주권을 무참하게 유린하면서 한국인들의 저항의식을 상당히 평가 절하한 것 같다. "놀라운 사실은 일본인들이 한국인들의 분노를 너무도 별 볼일 없게 평가하고 있다는 사실이다." "A Protest," *KR* (August, 1905), 279.

일본의 한국 지배에 대항하여 1905년 11월에 자살한 민영환

"일제의 강요에 의한 1905년 11월의 을사조약 체결은 온 국민의 분노를 사서 조약에 반대하고 일제를 배격하는 운동이 광범하게 일어났다."[22]

1905년 6월 21일부터 27일까지 서울에서 개최되었던 북감리교 선교회 제 1회 연회(the First Mission Conference of the M. E. Church in Korea)에서 한국 선교의 개척자 가운데 한 사람이자 북감리교 감독이었던 스크랜톤(W. B. Scranton)은 이렇게 말했다:

> 예루살렘 성벽의 한국 섹션은 "고난의 시대"로 축조되고 있다. 그 분위기는 미래에 대한 불안(disturbances), 걱정(uneasiness), 근심(unrest), 의심(doubt)으로 가득 찼다. 오늘날 한국의 정치적 상황은 이것을 자연스럽게 만들고 있다. 개인적인 재난이 한국의 실정(失政)과 더 적극적이고 결연한 이웃 나라[일본]의 침략 때문에 사방에서 발생하고 있다.[23]

일제 정부 차원에서는 물론 민간 차원에서의 이주 정책도 추진되어 농민들의 한국 이주를 위해 아예 그것을 전담할 회사까지 설립되었다. 일본 향천현에서는 자본가 20여 명이 20만 원으로 이주 회사를 차려 수많은 농가를 이주시킬 계획을 추진하고 있었다. 이 소식을 들은 그리스도 신문은 "미번에 농민 오십 호식을 보낼 터이라 ᄒ니 머히 아니

---

22 韓沽劤, 韓國通史 (서울: 을유문화사, 1994), 496. 皇城新聞 주필 장지연이 조약 체결 전말을 상세히 신문에 보도하고 "是日也放聲大哭"이라는 제목의 논설을 실어 국민의 의분을 호소하고, 李相卨, 趙秉世, 閔泳煥, 崔益鉉 등의 상소 항의가 있었으며, 반대 시위가 있었다. 그 해 11월 민영환은 국민에게 고하는 유서를 남기고 자결하였고, 이어 홍만식, 이상철 등이 뒤를 이었다. 조약 체결에 찬성한 李完用, 李根澤, 李趾鎔, 朴齊純, 權重顯 등은 "乙巳 五賊이라 하여 규탄의 대상으로 국민의 지탄의 대상이 되었다. 그 결과 1906년 2월에 이근택이 피격되고 권중현이 저격당했고 그 해 7월에 이완용과 박제순의 집이 분노한 민중에 의해 불살라졌다. 그러나 일반적으로 선교사들은 일본의 한국 지배를 환영했다. Grajdanzev, *Modern Korea*, 33-34; McKenzie, *Korea's Fight for Freedom*, 210.

23 W. B. Scranton, "Present Conditions," *KM* I: 10 (Aug., 1905), 130; *Minutes of Methodist Episcopal Church, 1905*, 28. 일본과 러시아의 전쟁 결과는 한국에 지대한 결과를 가져다주었다. 그로 인해 일본은 한국의 지배를 노골화하기 시작했다. "Editorial Comment," *KR* (August, 1905), 307. 1903년부터 1905년 12월까지 7,394명의 한국인들이 하와이로 가는 기회를 얻었으며, 그중 755명이 여인이고, 447명이 14세 이하 어린이였다. 이후 이민자는 급속하게 줄어들었다. 1906년 경 그중 5,700명이 하와이에 그대로 거주하고 있다. "The Koreans in Hawaii," *KR* (October, 1906), 401.

하여 우리 나라헤 일본 사룸이 차겟더라"[24]며 깊은 우려를 표명하였다. 더구나 일본의 이주 정책에 의해 한국의 철도 선로를 따라 하류층의 일본인이 정착하자 장차 이 나라에 두 인종간의 마찰이 심각한 문제로 부상할 것임이 예견되었다.[25]

1885년 29세의 나이에 한국에 도착해 지금까지 한국의 정황을 지켜 본 스크랜튼의 눈에도 작금(昨今)의 급변하는 한국의 정치 및 사회 정세는 예측이 불가능할 정도로 불안하게 진행되고 있었다. 이렇게 상황이 악화되기까지는 한반도를 둘러싼 강대국의 기득권 쟁탈전에 효과적으로 대처하지 못한 한국 정부의 무능과 일본의 용의주도한 침략 계획 추진에 그 원인이 있었다.[26] 그로 인해 현재 발생하고 있는 한국의 정세는 전혀 예측을 불허할 정도로 불안하기 짝이 없었다.[27]

정치적, 사회적 불안, 미래에 대한 불확실함으로 적지 않은 한국인들이 하와이로 떠났다.[28] 한국인들이 전에 없이 흔들리고 있는 이때 이권을 챙기는 것은 역시 일본인이었다. 사회적 불안정 속에서도 전에 없이 "무역과 사업이" 크게 번창했으며 일본과 중국의 상인들이 이권을 독점하고 있었다. "한때 은둔의 나라였던 이 나라가 이제는 심지어 쥐덫에서부터 최근 발명된 전기 제품까지, 해외 유학에서부터 외제 담배까지 외국 사상과 제품들이"[29] 범람하고 있었다.

러일전쟁 이후 조약을 통해 외형적으로는 한국이 여전히 독립국이었지만 모든 주권이 일본의 손에 넘어갔다. 그리고 일본이 한국의 산업발전 계획을 대대적으로 지원하

---

24 "잡보, 이민홀 계획이라," 그리스도 신문, 1906년 4월 5일, 336. cf. Thomas F. Millard, *The New Far East* (New York: Charles Scribners & Sons, 1906), 122.

25 Minutes of Korea Mission, *Methodist Episcopal Church, 1905*, 54.

26 미국은 이미 오래전부터 이 상황을 예견하고 있었다. Tyler Dennett, *Ameri-cans in Eastern Asia* (New York: The Macmillan Co., 1922), 489-506; George H. Blackslee, *China and the Far East* (New York: Thomas Y. Crowell & Co., 1910), 397-433.

27 "Editorial Comment," *KR* (February, 1905), 63-70. 일본으로부터 차관 도입이 늘어남에 따라 한국 경제의 일본 의존도가 점점 더 높아만 갔다. 당시 통용되던 가장 흔한 수수께끼 가운데 하나는 "늙어 가면서 나는 것이 무어시오."였다. 그 답은 "고리작이오."이다. Charles F. Bernheisel, "Korean Conundrums," *KR* (March, 1905), 81.

28 G. H. Jones가 맡고 있는 교회의 경우, 상당수의 교인이 하와이로 떠나는 바람에 교회의 지도력에 공백이 생길 정도였다. Minutes of Korea Mission, *Methodist Episcopal Church, 1905*, 312.

29 Scranton, "Present Conditions," 130.

겠다는 야심찬 계획을 세웠지만 그것은 어디까지나 식민지 정책의 일환에 불과했다.[30] 가와가미(Kiyoshi K. Kawakami)는 월간지 뉴욕(New York)에서 "마치 미국이 인디언들에게 수행해 왔던 것처럼 일본이 한국에서 수행하고 있다"[31]며 일본의 한국 점령을 강변하였지만, 그로부터 10년도 채 되지 않은 1919년에 켄딜(C. W. Kendall)은 "오늘날 한국인의 경제 상태는 옛 정부 하에서보다 더 열악하다"[32]고 고발하였다. 그럼에도 불구하고 아일런드(Alleyne Ireland)처럼 일본의 한국 점령이 동양의 평화와 한국의 개혁을 위한 순수한 일본의 미션에서 출발했다며 일본의 행동을 변호하는 견해가 지배적이었다.[33]

민족의 위기

이 시대의 한국의 상황은 절망적이었음이 분명하다. 1906년, 지난해를 돌아보면서 한 선교사는 "한국민에게 심각한 위기가 도래했음을 직감할 수 있다"[34]고 말했다. 을사조약을 통한 주권의 상실은 논외로 치더라도 공직자들의 부패, 열악할 대로 열악해진 경제 현실, 미래에 대한 불확실성은 국민들을 좌절과 절망의 늪으로 몰아넣었다. 개성에서 활동하고 있던 남감리교 선교회 소속 왓슨(A. W. Wasson)이 1906년 2월에 지적한 것처럼 "세계는 한국을 이 시대의 가장 큰 정치적인 실험 무대 가운데 한 지역으로 생각하고 있다. 국가의 무능력(national incompetence)과 공직자들의 부패의 노출은 전반적으로 한국과 한국인들에게 혐오감이나 아니면 이 불행한 백성의 운명에 대한 동정심을

---

30 "Japanese Industrial Projects in Korea," *KR* (July, 1904), 288-297; "Editorial Comment," *KR* (November, 1906), 433-434. 또한 Carton Waldo Kendall, *The Truth About Korea* (Sanfrancisco: The Korean National Association, 1919), 11-19를 참고하라.

31 Kiyoshi K. Kawakami, *American-Japanese Relations* (New York: Fleming H. Revell Co., 1912), 143.

32 Kendall, *The Truth About Korea*, 17.

33 Alleyne Ireland, *The New Korea* (New York: E. P. Dutton & Co., 1926), 18-82, 특히 64-65를 보라.

34 *Annual Report, PCUSA* (1906), 26.

야기했고 비극을 실감하게 만들었다."³⁵

이와 같은 한국의 불행이 야심찬 일본의 패권주의에 있다고 판단한 이들은 일본의 한국 식민화 작업에 비판적이었다. 일본의 패권주의에 대해 헐버트(Homer B. Hulbert)를 비롯한 일부 미국 선교사들과 미국의 언론들이 깊은 우려를 표명했던 것도 그 때문이다.³⁶ 1905년 10월 7일자 아웃룩(Outlook)에 켄넨(Kennen)이 일본에 대해 비판적인 기사를 싣고,³⁷ 뉴욕 헤럴드(New York Herald)가 일본의 한국 식민지화를 깊이 우려한 나머지 친러시아 입장을 견지했던 것은 그 전형적인 예라고 할 수 있다.³⁸

그만큼 한국을 바라보는 당시의 국내외 여론은 부정적이었다. 미국 대통령 루즈벨트는 1905년 7월 27일 미국 육군성 장군 태프트(W. H. Taft)와 일본 수상 가츠라(桂太郞) 사이에 맺은 소위 카츠라-태프트(Katsura-Taft) 밀약, 즉 미국이 필리핀을 지배하는 것을 일본이 인정하는 대가로 일본의 한국지배를 인준한다는 내용의 협정서에 서명하고 한국과의 외교 문제를 주미 일본공사와 교섭하기로 결정했다.³⁹ 소위 우방 미국이 일본의 한국 지배를 공식적으로 인준해준 셈이다. 그러자 샌프란시스코에서 간행하는 공립신문은, 미국이 일본의 마음을 사기 위하여 한국의 독립을 멸시하고 한국 주재 주미 공사까지 소환한다는 소식을 전하면서 이것은 결코 "의리 있다"고 할 수 없으며, 또 이

---

35 A. W. Wasson, "The Land of Opportunity," *KMF* II: 4 (Feb., 1906), 67. cf. J. E. Adams, Letter to Brown, Dec. 28, 1906.

36 Homer B. Hulburt in *Korea Review* (Phildelphia), Vol. I, No. 7 (September, 1919), 2, 3. cf. Latourette, *A History of the Expansion of Christianity* Vol. IV, 427

37 G. Kennen, "Korea:a degenerate state," *Outlook* (October 7, 1905), 310. "Kennen and Korea," *KR* (June, 1906), 203-217, 229를 참고하라. 아이러니컬하게도 지금까지 반일 입장을 견지하고 있다는 오해를 받았던 *Korea Review*가 *Outlook*에 실린 Kennen의 글을 게재한 것이다. 이것은 반일에 대한 오해를 불식시키기 위한 일종의 수단으로 취한 행동인 듯하다. 그것은 바로 그 기사가 실린 그 호에 "불행하게도 어떤 부류 가운데 코리아 리뷰가 일본인들에 대해 적대적인 단체 가운데 하나라는 인상이 널리 퍼져 있다. 우리는 이것을 분명히 부인한다"고 밝힌 것에서도 알 수 있다. A. J. Brown, *The Situation in Korea 1912*, "Selections from the Correspondence Regarding the Difficulties that Have Arisen Between the Korean Christians and American Missionaries and the Japanese Authorities" (n.p., 1912).

38 "Editorial Comment," *KR* (October, 1904), 456.

39 "외국 통신, 일본이 한국권셰잡음을 미국이 허락홈," 그리스도 신문, 1906년 1월 18일, 71.

것은 "일본의 마음을 사는 듯하나 미국을 멸시하는 자 일본이라"[40]는 사실을 알지 못하는 처사라며 신랄하게 미국의 한국 통치 인준을 비판했다.

하지만 일본의 한국 지배를 비판하는 이들만 있었던 것은 아니다. 아이러니컬한 사실이지만, 비판의 여론보다 오히려 찬성하는 여론들이 더 많았다. 특히 미국의 모든 여론들은 "한국은 사라졌다"[41]고 외쳤다. 미국인과 미국 언론들은 을사조약 체결 후 한국을 "쇠미해 가는 나라"로 이해하고 "한국이 억지로라도" 다른 나라의 권위에 "순복할 때 비로소, 그곳에 희망이 있다"[42]고 여론을 호도했다. 아예 노골적으로 일본 지배를 예찬하는 이들도 있었다.[43]

한국에서 사역하는 선교사들은 사라져 가는 한국을 목도하면서 이 민족의 장래를 염려하지 않을 수 없었다. 그들은 한편으로는 이 나라가 일본의 손으로 넘어가고 있는 현실을 인정하면서도 다른 한편으로는 그것이 장차 이 나라의 선교 사역에 어떤 영향을 미칠 것인지에 대한 불확실함으로 이 나라를 향한 새로운 선교적 과제를 가지고 고민하지 않을 수 없었다. 재령 선교부의 화이팅(H. C. Whiting)은 당시의 현실을 보면서 이렇게 자신의 고민을 털어놓았다:

> 오늘날의 한국 선교지를 연구하다 보면 우리는 한국민의 역사에서 한 위기가 우리에게 임했다고 확신하게 된다. 위기는 지금이지 결코 미래적인 일이 아니다. 민족

---

40 "외국 통신, 일본이 한국권셰잡음을 미국이 허락홈," 71.
41 J. Z. Moore, "The Vision and the Task," *KMF* II: 6 (Apr., 1906), 107. "그것이 바로 미국 신문들이 한국에 안녕(good bye)을 말하는 방식이다. 이 모든 것이 의미가 있는지 없는지 말하기 힘들다. 총독 이토 히로부미는 아직 한국은 존재하고 있는 것으로 생각하는 것 같다. 그러나 우리가 확신하는 한 가지 사실은 한국 백성이 아직 우리와 함께 있다는 사실이다. 우리의 관심은 그들이다."
42 W. A. Noble, "Korean Decadence," *KMF* II: 9 (Jul., 1906), 176.
43 그 전형적인 예가 Ladd, *In Korea with Marquis Ito*, 386, 388-413이다. 1907년, 래드는 이토 히로부미 총독정권이 "지금까지보다-단지 괴팍스러웠던 이전 황제와 명백하게 구별되는-더 참되고, 더 지성적이며, 더 효율적이라"고 예찬을 아끼지 않았다. 심지어 한국 선교 정책에 대한 총독의 입장까지 마치 훌륭한 방법인 양 미화하고 있다. 선교사들 중에도 일본의 한국 통치를 고무적으로 이해하는 분위기가 강했다. cf. Midori Komatsu, "The Old People and The New Government," *Transactions of the Korea Branch of the Royal Asiatic Society 1912*, Vol. IV-part 1, 1-12; Brown, *Second Visit to China, Japan and Korea 1909*, 80-81.

의 정치적 미래의 전반적인 방향이 정착되었다. … 종교적으로, 영적으로 그들의 장래가 어떨 것인가? 그것은 위대한 기독교회가 답해야 할 것이고, 그것도 지금 답해야 할 것이다.[44]

정치적인 위기에 대한 답을 줄 수 있는 곳은 교회이며, 그래서 교회가 그 답을 주어야 한다는 사명감을 철저하게 인식하고 있었다.[45] 그리고 그것은 정치 문제의 개입을 통해서가 아니라 순수한 복음 전파를 통해서만 가능하다고 확신하였다.[46]

복음의 기회

1885년에 한국에 입국해 기울어 가는 조선이 청나라와 일본과 러시아 강대국 사

---

44 H. C. Whiting, "Chai Ryung Station," *KMF* II: 10 (Aug., 1906), 190.
45 Brown, *Mastery of the Far East*, 559-610.
46 Homer B. Hulbert가 황제의 부탁을 받고 을사조약의 부당성을 호소하기 위해 미국에 건너 간 것이나 언더우드의 아내 Lillias가 1905년 11월 자결한 민영환에 대한 장문의 특집 기사를 1906년 1월 신년호 *Korea Review* 첫 기사에 실은 것이 말해 주듯이 선교사들은 한국의 주권상실로 인한 한국인들의 고통을 나누려는 진지한 노력이 있었던 것이 사실이다. Lillias Horace Underwood, "Min Young Hwan," *KR* (Jan., 1906), 1-10, 35를 참고하라(자결 일주년 기념식에 관한 기사에 대해서는 "Min Young-whan" *KR* (Nov., 1906), 406-412를 보라). 그러나 그들의 접근은 한국이나 일본의 어느 한쪽의 입장에 서는 정치적인 접근 방법이 아니라 기독교의 전파를 통해서라는 분명한 입장을 가지고 있었다. "Editorial Comment," *KR* (1904), 360-362. 러일전쟁이 종식된 후 1904년 8월호 *KR*에서 편집인은 한국에 파송된 선교사들의 정치적인 입장에 대해 이렇게 밝혔다. "우리는 한국과 일본 사이의 이슈 문제에 관한 선교사들의 태도와 관련하여 한마디 하지 않을 수 없다. 선교사들(개신교)은 한국 그리스도인들이 어떤 태도를 취해야 하고 그리고 어떻게 행동해야 할 것인지에 관하여 조언을 요청하는 한국인 그리스도인들로부터 집요한 질문 공세를 받아 왔다. 한국의 이권을 보호하려는 어느 한 단체에 가입해야 할 것인지 그들이 이것을 해야 할 것인지 아니면 저것을 해야 할 것인지? 지금까지 우리는 선교사들이 이러한 문제들을 매우 보수적인 방식으로 다루어 왔다는 것을 안다. 그들은 기독교 한국인들이 만약 그들이 이러한 시도의 어떤 것에 연루된다면 그것은 교회적인 차원에서가 아니라 단지 개인적으로 해야 한다고 말해 왔다. 교회가 어떤 구체적인 특별한 정치적인 운동과 일치되는 것을 금하는 것이 선교사들의 확고한 결정이었다. 매 경우 한국인들은 양심의 문제가 개입되지 않았다면, 폭력을 삼가고 오히려 심지어 부정(injustice)에도 순복해야 한다고 조언을 받아왔다. 기독교회는 기독교의 원리를 전파하는 것을 통하는 것을 제외하고는 정부 혹은 단체를 개혁하기 위해 한국에 존재하는 것이 아니다. 정치적인 문제로부터 상당히 떨어져 있으며, 그리고 우리는 항상 그럴 것이라고 신뢰한다." "Editorial Comment," (August, 1904), 361-362. 1906년 9월 북장로교 선교회 연례모임에서는 선교사의 비정치화 입장을 공식화하였다. "Missionary Work in Korea," *KR* (October, 1906), 361-366. cf. McKenzie, *The Unveiled East*, 295-296.

이에 이리 치이고 저리 치이며 영토 확장을 위한 전략적 요충지로 한없이 이용만 당하는 현실을 처음부터 목도해 왔던 스크랜톤은 지난 1년 동안의 한국에서의 변천을 지켜보면서 한국인만큼이나 가슴이 미어졌다. 현재의 한국의 고난은 한국인들에게 엄청난 고난이지만 장차 유익한 결과를 가져 올 것이라는 확신이 대부분의 선교사들에게 있었다.

스크랜톤 박사는 "한국은 지난 12개월 동안 또 다른 국면을 통과하였으며, 우리 자신들도 그 충격으로 영향을 받았다. 이 나라와 이 민족은 이미 거기에 대해 더 강해졌다. 우리는 하나님께 그들이 시편 기자의 고백대로 '고난당하는 것이 내게 유익이라. 내가 이로써 주의 율례를 배웠도다'고 고백할 수 있기를 기도하자."[47] 당시의 정치적인 상황은 상상할 수 없을 만큼 불안하고 불확실한 것이었지만 현재의 이와 같은 상황이 이 민족과 이 나라에 유익한 결과를 가져 올 것이라고 확신했다:

> 백성은 바른 길과 정의에 굶주리고 있으며…힘겨운 오늘이야말로 기회이다. 만약 우리가 단지 그들을 찾아갈 수 있도록 신체적 인내를 갖기만 한다면, 문자 그대로 그로 인해 수천 명 이상이 교회로 찾아 들게 될 것이라는 사실을 알면서도, 우리가 그렇게 해주기를 간청하는 많은 사람들을 찾아가 가르칠 수조차 없다는 것이 우리의 슬픔이다.[48]

이 민족이 당하는 심각한 재난이 이권을 챙기려는 강대국들, 특히 일본에 의해 더욱 가속화되고 있는 이와 같은 상황에서 선교사들은 이 위기가 오히려 복음 전파를 위한 절호의 기회라고 판단했던 것이다. 지난 20년간 이 민족이 보여 주었던 복음에 대한 반응, 그 결과로 나타난 놀라운 교회의 성장을 목도하면서 민족의 재난은 이 민족을 향한 하나님의 섭리이며, 민족복음화를 위한 절호의 기회라고 생각했다. 암울한 시대적 상황 가운데서도 복음에 대한 놀라운 반응이 나타나는 등[49] 부흥운동의 움직임이 뚜렷하게 감

---

47 W. B. Scranton, "This Day of Opportunity," *KMF* II: 8 (June, 1906), 141.
48 Scranton, "This Day of Opportunity," 141.
49 러일전쟁의 와중에서 평양에는 새로운 교회가 설립되고 기성 교회는 건축하는 등 복음의 결실이 계속되고 있었다. 신학월보, 1904년 7월호 291.

지되는 것을 보면서 한국의 모든 선교회는 부흥운동을 간절히 사모하였다:

> 선교사의 지혜, 민족적 혼란의 재난, 그리고 불안정은 우리를 당황하게 만들면서도 또한 선교 사역을 위한 용기와 기회를 제공해 주었다. 우리는 기회가 너무 많다는 사실 때문에 오히려 당황하고 있다. 우리 외국인 사역자들의 힘은 성공적인 사역을 위해 엄청난 요구를 충족시켜 주기에는 턱없이 모자란다. 우리는 견고한 안주읍을 점령했던 전쟁 초기 소수의 일본 군대와 같다. 그들이 압도적인 러시아 군대에 의해 포위되자 그들은 한국인들에게 단지 소총을 쏘아 소리만 낼 수 있도록만 가르친 후 소총을 그들의 손에 들려줬다. 적은 이와 같은 전술에 속아 퇴각했다. 우리에게는 우리가 방어할 수 있는 것보다 더 많은 출입구가 있다. 우리에게는 우리가 방문하고 돌볼 수 있는 규모 이상의 신앙 단체들이 있다. 또한 우리 선교회 구성원들의 대부분은 선교지에 온 지 7년 이내이며, 그들 가운데 반이 5년이 채 되지 않았다. 그러나 우리는 놀라운 진보를 이룩했으며 우리 사역자들의 사기와 끈기는 결국 승리를 가져오지 않을 수 없다.[50]

그것은 확실히 급변하는 한국의 정치 현실이 암담할 것이라는 사실을 예측하면서도 그 정치적 현실이 복음 전파의 방해보다는 오히려 복음의 진작을 가져오는 계기로 하나님께서 이끌어 가실 것이라는 확신 때문이었다. 선교사들은 국내의 상황의 변천에 당황하면서도 그로 인해 낙심하거나 좌절하거나 포기하기보다는 하나님의 주권 하에 영적으로 그것을 해석하려고 하였다.

우리는 스크랜톤에게서, 불과 3년 전 사랑하는 동료 아펜젤러를 잃는 대단한 슬픔을 경험하고도[51] 그 일로 인해 인생의 덧없음을 탓하지 않고 이곳을 하나님이 주신 사역 현장으로 받아들이고 묵묵하게 주어진 사역을 감당하려는 결연한 의지를 엿볼 수 있다.

---

50 Scranton, "Present Conditions," 130.
51 Henry Gerhard Appenzeller의 사역과 그의 죽음에 대해서는 1903년 북감리교 보고서에 실린 George Heber Jones, "Henry Gerhard Appenzeller"를 참고하라. Minutes of Korea Mission, *Methodist Episcopal Church, 1903*, 68-72.

일제는 철도를 부설하면서 보상 없이 토지를 강제 점유하고
이것에 항의하는 자들은 무참하게 처형하였다.

이것은 의료 사역으로 인해 너무도 힘든 가운데서도 이 시대에 전개되고 있는 거룩한 성령의 역사에 기꺼이 동참하는 자만이 느낄 수 있고 또 읽을 수 있는 역사적 혜안이리라. 이와 같은 역사적 혜안은 선교지에 있는 거의 대부분의 선교사들이 갖고 있는 공통된 견해였다.[52]

한국이 직면하고 있는 엄청난 위기야말로 이 민족에게 새로운 부흥운동의 역사가 도래할 것이라는 사실을 예견해 주는 것으로 이해되었다.[53] 러일 전쟁과 그 후 1905년 민족이 당하는 국권의 상실은 참으로 한국이 전에 없이 만나고 있는 절대 미명의 위기임

---

52 한국 교회가 정치문제에 개입하는 것을 반대하기는 했지만, 한국인에 대한 사랑마저 포기한 것은 아니었다. 대부분의 선교사들은 한국인들에 대해 상당히 우호적이었다. 한국을 방문해 현장을 돌아본 Warren A. Candler는 본국에 돌아간 후 한 유수한 언론에 기고한 글에서 한국 백성들에 관해 언급하면서 "나는 한국인들보다 더 신사적이거나 사의를 표하는 백성을 결코 보지 못했다"고 말했다. "An Eminent Opinion," *KR* (December, 1906), 458.

53 "Now or Never," *KR* (1903), 548

에 틀림이 없었다.[54] "1904년부터 1905년까지의 기간은 한국민들에게 민족적인 시련기"였다. 클락의 말대로 죄 없는 한국인들은 "두 강대국의 발길에 차이는 숙명적인 축구공과 같았다."[55] 이 나라 백성이라면 기울어 가는 국운 앞에 통탄하지 않을 사람이 하나도 없을 정도로, 을사조약과 그로 인한 국권의 상실은 마치 사랑하는 이의 시신 앞에 소망 없이 오열하는 자처럼 이 민족을 슬픔과 절망과 좌절로 몰아넣었다. 그러나 신앙적인 관점에서 볼 때 이것은 하나님께서 이 민족에게 부흥의 계절을 허락하시려는 하나의 사인이었다. 1903년 12월호 코리아 리뷰(Korea Review)에서 한 선교사는 지금이야말로 절호의 기회라며 흥분을 감추지 못했다:

> 한국에서 기회의 때는 바로 지금이다. 우리는 지금 한국을 그리스도에게로 인도할 수 있을 것이다. 우리는 아마 10년을 앞설 수 있을 것이다. 교회가 이 황금의 기회를 지나치게 할 것인가? 그것은 당신이 답해야 할 것이다. 그리스도는 한국에서 당신을 원하신다. … 확실히 지금 문은 열려 있다. 교회가 이 나라에 들어가 이 나라를 품을 것인가? 지금은 우리의 기회이다.[56]

서울 지역의 한 선교사가 1903년 말 과거 복음의 불모지로 낙인 찍혔던 선교지를 여행하던 중 무려 80명에게 세례를 줄 정도로 한국은 복음의 기회를 맞고 있었다.[57]

---

54 1904년 2월부터 6월호에는 당시 일본과 러시아 사이에 진행되고 있는 전쟁의 상황에 대해 비교적 소상하게 기술되어 있다. "The Russo-Japanese War," *KR* (Feb., 1904): 49-63, 70, 71, 74; *KR* (Mar., 1904): 97-109; *KR* (April, 1904): 145-155; *KR* (May, 1904): 193-207; *KR* (June, 1904): 241-249. 두 나라 사이에서 한국은 무참하게 짓밟히고 말았다. 두 나라의 중간에 중립을 지키려는 한국의 노력이 없었던 것은 아니지만 한국을 자신들의 전쟁 지원의 도구로 이용하려는 일본의 집요한 요구로 그것은 이룰 수 없었다. 처음에 실질적인 한국의 중립의 노력이 있었고, 중립을 선언도 했지만, 친 러시아 경향이 있었다. 이것은 일본의 적극적인 한국문제 개입을 자극하게 되었고, 결국 1904년 2월 23일 한국과 일본은 방위조약을 체결하고 말았다. *KR* (Feb., 1904), 74.
55 Clark, 한국 교회와 네비우스 선교 정책, 184; Underwood, *Underwood of Korea*, 233-244.
56 "Now or Never," *KR* (1903), 548. 더구나 지금은 정부와의 관계도 우호적인 관계에 있기 때문에 더욱 좋은 기회라고 생각하고 있었다. "지금 그리고 지난 몇 년 동안 공직 계층과 선교사들 사이에 가장 신뢰적인 관계가 진행되었다. 이것들은 오래 지속되지 않을지 모른다." 비록 옛 왕실과 선교사들과의 관계처럼 친밀한 관계는 아니지만 꽤 많은 신뢰의 관계가 유지되고 있었다.
57 "Now or Never," 548.

1904년 11월 16일에 설립된 서울의 세브란스 병원이 대변해 주듯이 이 민족에게 제공되는 서양 의료 선교는 이 민중의 마음을 더욱 열어 주었다.[58] 평양에서의 복음에 대한 부르짖음은 이보다 더 긴박하게 진행되고 있었다.[59] "복음의 토양이 지금보다 더 씨앗을 뿌리기에 적합하게 준비된 적이 없었다." "굶주리고 있는 한국은 오늘날 빵을 간절히 호소하고 있다."[60]

민족의 위기와 영적각성

한 나라가 민족적 위기를 만나고 있을 때 놀라운 영적 대각성운동이 발흥하였던 역사를 우리는 얼마든지 찾을 수 있다. 영국 교회가 청교도들의 전통을 떠나 십자가의 은혜를 잊어버리고 뼈대만 앙상한 마른 막대기처럼 영적 생명력을 상실해 산업혁명으로 인한 세속화의 도전 앞에 힘없이 무릎을 꿇을 때 웨슬리 부흥운동이 일어났다. 미국에서도 독립전쟁 이후 제 1차 대각성운동의 영향력이 끝없이 퇴색하고 유럽의 계몽주의의 물결이 기독교에 깊숙이 침투해 미국 민족이 영적으로 방황하고 있을 때 종교적 각성운동이 발흥했다.

그리고 1861년에 발발한 남북전쟁과 그 후 전개된 산업화와 세속화의 도전으로 미국 교회가 심각한 몸살을 앓고 있을 때 무디의 부흥운동이 일어났던 것을 우리는 잘 알고 있다. 신앙적으로 볼 때 위기는 또 하나의 새로운 기회였다. 역사를 이끌어 가시는

---

58   그 고통과 좌절의 때에 세브란스 병원의 설립을 지원한 것은 H. G. Underwood가 표현한 대로 "지구촌의 다른 쪽에서 한 미국 신사가 사랑과 자비의 팔을 빈곤과 고통받는 이 민족에게" 벌린 것이다. "자비는 자비를 베푸는 자와 받는 자 모두를 축복하기 때문에 배로 축복을 받는 행위이다"라고 한 셰익스피어의 말대로 세브란스 병원의 설립과 서양 교육은 한국인들의 심성을 복음에로 활짝 열어 주는 한 가지 중요한 동기였다. H. G. Underwood, "Opening of the Severance Memorial Hospital," *KR* (November, 1904), 496; "The New Hospital," *KR* (November, 1904), 496.

59   "Now or Never," 549. 평양 지역에서만 지난해 동안 872명의 성인이 세례를 받았고, 1,547명이 학습을 받았다. 1903년 말엽에 들어서면서 거의 한국의 모든 선교지로부터 성경공부, 기독교 문서, 기독교 교육에 대한 열망이 강하게 일고 있었다. 평양 지역 외에도 평양 북서쪽 110마일에 위치한 평안북도의 선천 지역은 1901년에 선교부가 개설된 신설 지역이었으나 1904년 초에 60개 교회에 5,000명의 등록교인을 가진 선교부로 급성장할 만큼 북부에서 복음은 놀랍게 확산되고 있었다. "Supplement to the KR," *KR* (Mar., 1904), 1.

60   "Now or Never," 549.

주권적인 하나님께서 그분의 거룩한 뜻에 따라 이 민족을 왕 같은 제사장 나라로 세우시기 위해 역사 속에 개입하신 것이다.

그런 면에서 1903년 원산부흥운동이 일어나면서 부흥운동의 움직임이 전국적으로 감지되고 있는 그 시대, 민족이 당하는 고난은 결코 우연이 아니었다. 그것은 아시아와 세계의 복음화를 위해 이 민족을 더 크고 놀랍게 사용하시려는 하나님의 섭리였다. 이것은 하나님의 놀라운 역사를 체험하지 못한 한국인들에게는 미처 발견하기 어려운 역사적 혜안이었다. 그러나 이미 놀라운 성령의 역사를 체험한 자신들, 또 그와 같은 은혜의 역사를 지난 2, 3세기 동안 소중하게 간직하고 있던 미국에서 파송된 선교사들은 점점 더 그와 같은 사실을 감지할 수 있었다. 따라서 이 나라 이 민족이 직면하고 있는 현 위기는 또 다른 은혜의 기회라고 확신했던 것이다.[61] 민족이 당하는 위기는 하나님의 놀라운 능력의 현시를 통해서만 극복할 수 있다는 자의식을 가지고 있었다:

> 지난 수년 동안 기초가 놓여졌고, 보이지 않는 손길의 축복과 능력으로 이 기초들은 의심할 바 없이 우리가 생각하였던 것 이상으로 더 깊고 강해졌다. 씨를 파종하는 준비 작업은 필요한 것이지만 그것이 마지막은 아니다. 민족적 위기의 이 시대에 이들 동양의 선교지에서의 한 가지 희망은 이 민족의 생각을 하나님께로 돌이키고 그들의 심령을 그분의 통제 하에 복종시킬 수 있도록 하나님의 권능과 권위가 전국적으로 현시하도록 하는 일이다. 간단히 말해 부흥운동은 이 나라의 교회를 각성시키고 권능으로 덧입혀 신앙으로 무장시켜 그들을 내보내 정복자를 짓밟고 다른 사람들에게 왕의 법칙을 전파하도록 만드는 것이다.[62]

그러므로 부흥운동이야말로 이 나라와 이 민족을 살리는 길이라는 확신을 가지고

---

61 1904년 말 당시 한국이 정치적인 위기를 맞고 있는 즈음, 한국 교회는 천주교로부터, 일진회로부터도 심각한 박해를 받고 있었다. "Editorial Comment," *KR* (1903), 22; "News Calender," *KR* (1903), 25; "Editorial Comment," *KR* (1903), 73; "News Calender," *KR* (1903), 77; "Editorial Comment," *KR* (1903), 115; "News Calender," *KR* (1903), 121; "News Calender," *KR* (1904), 557-560.

62 J. L. Gerdine, "National Revivals," *KM* I: 7 (May, 1905), 85.

있었다. 또한 선교사들은 "믿지 않는 백성들에게 하나님의 나라를 전파하기 위해 기독교 나라에서 온 자신들이 백성들에게 부흥운동의 능력을 전달하는 채널이 되어야 한다는"[63] 자의식도 가지고 있었다.[64] 이것은 한국에 파송된 선교사들 가운데 찾아볼 수 있는 일반적인 현상이었다. 따라서 그들은 자신들의 리더십 아래서 이 거룩하고 영광스럽고 필요한 영적각성을 볼 수 있고 감지할 수 있기를 기대했다. 그리고 그와 같은 역사가 임할 것이라는 확신도 가지고 있었다.[65] 생명의 떡을 공급해 주는 긴박한 사명은 미국의 교회들이 맡아야 한다는 강한 소명의식을 느끼고 있었다:[66]

> 주님과 그의 제자인 당신에게 크게 부르짖고 있는 것은 사실이고 사실이다. 지금은 우리가 지원할 때이다. 내일은 너무 늦을지 모른다. 너무도 많은 사람들이 생명의 떡에 굶주리고 있으며, 많은 사람들이 생명의 떡 없이 죽어 가고 있다. 만약 우리가 굶주리는 이들을 먹이지 않고, 죽어 가는 이들에게 생명을 전하지 않는다면, 얼마 지나지 않아 우리가 말한 모든 것이 아무 소용이 없을지 모른다.[67]

그러나 이들이 갖고 있는 한 가지 분명한 확신은 자기들의 힘만으로는 이 일이 이루어질 수 없다는 사실이었다. 모국의 헌신적인 지원과 한국인들의 적극적인 참여가 없이는 이 일은 불가능하다고 생각했다. 먼저 하나님의 은혜를 체험하고 역사 속에서 하나님의 성령의 임재를 경험한 서구의 선교사들이 이 민족에게 놀라운 성령의 역사를 가져오는 채널이 되어야 하겠지만 그러나 이 일을 주도해야 할 일차적인 책임은 한국인들에

---

63   Gerdine, "National Revivals," 85.
64   "Now or Never," *KR* (1903), 553 한국에서 원산부흥운동이 일기 시작한 1903년 12월 한국의 장로교 선교회는 "우리는 누군가 이 우리 하나님의 자녀들이 부르짖고 있는 빵을 공급해 주기를 청원한다"며 모국 교회에 도움을 요구하였다.
65   Gerdine, "National Revivals," 85.
66   "Now or Never,"549 "하나님께서 미국 교회에 이 한국의 유아교회를 허락하셨다"는 것이 일반적인 정서였다. 1905년에는 루스벨트의 딸 루스벨트 양이 한국을 방문해 선교사들로부터 대대적인 환영을 받기도 했다. "The Visit of Miss Roosevelt," *KR* (September, 1905), 332.
67   "Now or Never," 553. 평양 지역에서만 지난해 동안 872명의 성인이 세례를 받았고, 1,547명이 학습을 받았다. 1903년 말엽에 들어서면서 거의 한국의 모든 선교지로부터 성경공부 기독교 문서 기독교 교육에 대한 열망이 강하게 일고 있었다.

게 있다고 믿었다:

> 한국이 이 운동을 주도해야 한다. 여기의 조건들이 그것을 쉽게 만들어 줄 것이다. 비록 나라는 작고 선교 사역이 상대적으로 오래되지 않았지만, 아마도 그렇게 완전히 커버될 수 있는 다른 선교지는 없을 것이다. 백성들이 접근하기 쉽고 불안정한 이 시대에 복음은 이전의 어느 시대보다도 더 설득력을 제공하고 있다. 중국과 일본은 부흥운동이 동양의 조건에 적합한지에 대한 증명이 필요할 것이고, 우리는 그것을 제공해 주어야 한다. 한국의 민족적 부흥운동은 지극히 소수만이 할 수 있는(다른 것으로는 거의 할 수 없는) 바, 이 운동이 이들 이웃 제국에 있는 사역자들에게 영감을 불어넣는 일을 할 수 있다는 사실을 누가 의심하겠는가? 하나님께서 이 민족 가운데 놀라운 능력으로 역사하시기 위해 우리의 믿음과 노력만을 기다리고 계실 뿐이라는 사실이 이미 증명되었다. 지난해 한국의 여섯 개 중심지에서 있었던 부흥운동을 위한 특별한 노력들에서 매번 놀라운 영적 현시가 나타났으며, 많은 사람들의 삶과 사역에서 뚜렷한 차이가 나타났다. 한국의 사역의 중심지 모든 곳에서도 그 같은 노력이 필요하고, 가능한 작은 지역들에까지 더 멀리 그것을 확대시키는 것이 필요하다고 우리는 믿는다. 이미 추수해야 할 만큼 곡식이 무르익었고, 섭리의 징표들 또한 우리가 이 일을 더 이상 기다릴 필요가 없다는 사실을 가르쳐 주고 있는 것처럼 보인다. 그것은 그러한 하나님의 역사에 대한 요청에 관한 한, 현재의 요구가 이 백성 가운데 너무도 크기 때문이다. 한국의 각성이 영국과 미국에서의 각성과 같은 때에 발생하는 것이 그분의 뜻이 아니겠는가?[68]

미국의 부흥운동의 역사와 그 성격을 정확히 간파하고 있었던 선교사는 단지 저다인만이 아니었다. 적지 않은 선교사들이 이와 같은 부흥운동의 역사를 정확히 이해하고 있었기 때문에 지금 이 나라가 겪고 있는 외형적인 위기를 민족을 각성시키려는 하나님의 섭리로 이해했다. 1905년의 암울한 민족적 슬픔을 딛고 저 멀리 찬란하게 떠오르

---

68 Gerdine, "National Revivals," 85-86.

서울에서 한국인 사역자와 함께한
게일(J. S. Gale)) 박사

는 태양, 어느 민족도 앗아갈 수 없고 강탈해 갈 수 없는 영적인 태양이 떠오르고 있는 것을 영적인 혜안으로 직시하고 있었던 것이다.

"의인 10명만 찾을 수 있어도 소돔과 고모라를 멸하지 않겠다고 약속하신 하나님께서 만약 이 민족이 그분께로 돌아서 그를 섬기기만 한다면 그가 한국에 값진 미래를 예비하시지 않겠는가? 더 힘센 국가의 야심과 탐욕의 마수에서 꼼짝달싹 못하는 한 연약한 백성의 상황은 우리로 하여금 하나님의 구원의 길을 찾도록 고취시킨다. 우리는 그것이 민족의 영적각성운동에서 발견될 수 있을 것이라고 믿는다."[69]

실제로 아더 브라운(Arthur J. Brown)이 지적한 것처럼, "한국인들은 이 세상에서 자신들의 유일한 희망이자 도움인 복음을 받아들이고, 세상적인 깊은 절망의 늪으로부터 하나님께로 돌아서고 있었다."[70]

확실히 1905년에 접어들면서 서울과 개성과 평양 등 한국의 주요 도시에는 이전보다 영적인 움직임이 뚜렷이 감지되고 있었다. 민족의 위기는 하나님의 주권적인 은혜를 더욱 사모하는 분위기를 만들어 주었다. 1905년 민족이 당하는 수난은 이 민족에게 부흥의 역사를 가져오시기 위해 애통하는 자로 만드시려는 하나님의 섭리였다.

69　Gerdine, "National Revivals," 85-86.
70　Brown, *Report on a Second Visit to China, Japan and Korea 1909*, 91.

2. 민족복음화:민족의 유일한 소망, 기독교

케이블은 이 시대의 어두운 정세가 이 민족에게 교육에 대한 열망을 더해 줄 것이라고 믿었다. "한국의 독립이 사라진 것은 한국인들에게 교육 노선을 따르도록 무엇인가 자극을 주는 역할을 했다. 한국인들은 아는 것이 적은 자는 적은일밖에 하지 못한다는 것을 깨달았다.

지식에 대한 이 같은 갈망은 한 민족이 생명(life)과 힘(power)과 유용성(usefulness)을 깨닫고 있다는 정상적인 징조(the normal symptom)다. 지난해는 고요한 아침의 나라에 전에 없이 지적 발전(an intellectual advancement)에 대한 더 많은 움직임이 목격되었다. 나에게 일 년 내내 소년들과 젊은 사람들과 나이 많은 사람들로부터 학교에 관한 질문이 쇄도했다. 사방으로부터 학교, 교사, 그리고 서양학문에 대해 부르짖는 소리가 들려왔다."[71]

케이블이 말한 이와 같은 한국인들의 "교육에 대한 갈망"은 노블이 말한 바 "교육에 대한 열정"[72]과도 맥이 통하는 것이었다. 더구나 초등학교, 중·고등학교는 물론 대학 교육에 이르기까지 "혁명화 작업이 젊은이 교육의 전체 방법일 뿐만 아니라 교육의 전체 주제"[73]인 상황에서 이 민족을 깨우려는 기독교 교육의 필요성은 어느 때보다도 더욱 증대되고 있었다.

---

71 E. M. Cable, "The Longing for Education," *KMF* II: 8 (Jun., 1906), 144; Minutes of Korea Mission, *Methodist Episcopal Church, 1906*, 39. 한국인들의 교육에 대한 관심은 당시 하와이 교포 사이에서도 높게 일었다. 당시 7,000명의 한국인들이 그곳에 주로 노동자로 있었으며, 그중에 1,500명은 여인들과 어린이들이었다. 그들은 열악한 노동 생활 속에서도 호놀룰루의 한국인 자녀들의 교육을 위해 200달러를 헌금하였고, 회사가 1,500달러, 그리고 미 정부가 5,000달러를 지원하여 한인들을 위한 학교를 건립하였다. "The Koreans in Hawaii," *KR* (November, 1905), 412, 413.

72 W. A. Noble, "Enthusiasm for Education," *KMF* II: 8 (Jun., 1906), 150. 1906년 한 한국 감리교인은 이와 같은 시대적 요청에 부응하기 위해 자신의 사재를 털어 감리교 선교회의 새로운 과학교육에 써 달라고 무려 6,000엔을 헌금했다. 이제는 초등학교가 아닌 전문 교육 사업에도 자립의 의지가 나타난 것이다. 또한 "A Notable Movement in Korea," *KR* (July, 1905), 249-254를 보라.

73 "The Educational Needs of Korea," *KR* (1904), 443, 443-453; "The Educational Needs of Korea," *KR* (1904), 481-486. 일본이 한국인들에 대한 교육을 외치고 있었지만 그것은 식민지화의 수단에 불과했다. 일본이 한국의 모든 보통학교 학생들이 일본교과서를 사용할 수 있도록 강력한 계획을 세우고 추진했던 것도 그런 이유에서이다. "Editorial Comment," *KR* (June, 1906), 231.

기독교 민족주의의 발흥

　　북감리교 버딕(George M. Burdick)도 "넓은 의미에서 기독교 계몽과 기독교 교육이야말로 성령의 인도하심으로 자신들의 현재의 불행에 맞서 싸울 수 있는 충분한 힘이 될 유일한 무기"[74]라고 믿었다. 모든 미션 스쿨을 통해 기독교의 근본 진리를 가르치고, "참 애국주의"(true patriotism)[75]를 고취시킨다면 결코 민족의 미래가 어둡지는 않을 것이라고 확신했다.

　　따라서 그들이 볼 때 기독교 교육을 통한 민족계몽은 가장 시급한 시대적 과제였다.[76] 그 즈음 신학월보를 통해 감리교의 최병헌이 "공부를 아니 ᄒᆞ면 미쳔흔 백셩"이 될 것이라며 지금은 "공부를 부지러니 홀 쌔"[77]라고 호소했던 것도 그 때문이다.

　　확실히 선교사들은 위기야말로 새로운 도약을 위한 절호의 기회라고 생각하고 있었다. 한국의 상황은 역사의 주관자이신 하나님의 섭리 속에서 볼 때 우연히 일어난 사건이 아니라 한 몸을 구성하는 지체처럼 의미와 가능성이 있다는 확신을 가지고 있었다:

> 인간의 몸에서 소용없는 지체가 없고 각 지체가 특별한 사역을 가지듯이, 각 사람의 인생이 하나님의 특별한 계획, 혹은 적어도 각 생명을 향한 하나님의 계획이 있는 것처럼, 만약 사람이 그 계획을 찾고 발견하고 성취하기에 지혜롭다면 꼭 마찬가지로 각 민족은 위대한 세계 역사에서 그들 자신들의 위치와 의무를 갖는다. 헬라는 세계에 미(beauty)를 주고 그 자신이 아름답지 못하기 때문에 사라졌다. 로마는 세계에 법을 제공하고 그 자신이 법적이지 못했기 때문에 사라졌다. 이스라

74　Minutes of Korea Mission, *Methodist Episcopal Church*, 1905, 54-55.

75　Minutes of Korea Mission, *Methodist Episcopal Church*, 1905, 55. 그의 다음과 같은 고백은 한국인들을 교육시키는 것이 얼마나 중요하고 시급한 시대적 요청이며 그의 간절한 꿈인가를 말해 준다. "이것이 한국을 향한 나의 꿈이다. 나는 한국의 구원을 믿는다. 나는 오랫동안 살면서 그것을 돕고 나누기를 원한다. 나는 이 사역에서 기쁨으로 당신과 협력할 것이다."

76　Minutes of Korea Mission, *Methodist Episcopal Church*, 1905, 60-61. Blair는 이때 애국주의가 한국에 태동되었다고 말한다. Blair & Hunt, *The Korean Pentecost & the Sufferings Which Followed*, 63.

77　최병헌, "공부를 부지러니 홀 쌔," 신학월보, 1904년 10월, 427-430.

엘은 세계에 종교의 기초를 제공하였으나 그가 세우지 않은 기초를 가졌기 때문에 사라지고 말았다. 그래서 각 나라는 세계의 발전에 각기 어떤 역할을 해 왔거나, 또는 할 것이다.[78]

상업도, 산업도, 학문성도 이 민족에게 주어진 몫은 아니다. 그렇다면 한국이 세계에서 갖고 있는 중요한 사명은 무엇인가? "가난하고, 멸시받고, 압박받는 한국이" 장차 동양에서 해야 할 역할은 상업도 학문도 아니다. 분명히 이것들보다 더 큰 역할은 "동방의 칠흑 같은 암흑적 상황에 기독교의 진리의 빛을 가져다 줄 하나님의 메신저"가 되는 것이다. 이 빛, 곧 이 빛만이 동양의 문제를 해결할 수 있다.

중국의 바시포드(Bashford) 감독이 말한 것처럼, "주(the master) 없는 승리(mastery)는 존재할 수 없고, 빛의 근원 없는 빛이 존재하지 못하며, 램프 없는 빛의 근원이 존재할 수 없다. 한국은 동방을 밝히는 유일한 램프, 곧 기독교 램프가 되어야 한다."[79]

항상 한국 민중의 편에서 말없이 민족과 아픔을 같이했던 펜윅이 작사해 한국인들에게 선물했던 당시 유행하는 노래 가사 속에는 국권의 상실이라는 가장 치욕적인 민족적 슬픔을 이길 수 있는 길, 그것은 곧 하나님께로 돌아가는 것이라는 확신이 잘 담겨 있다:

대한 노리

一 우리 대한 나라	四 맘 먹고 니러나
대한국을 위히	하ᄂ님 압헤셔
노리합세	긔도합세
열성조 나신데	잘못된 일 ᄌ복

---

78 Moore, "The Vision and the Task," *KMF* II: 6 (Apr., 1906), 107.
79 Moore, "The Vision and the Task," *KMF* II: 6 (Apr., 1906), 107.

쏘 도라가셧네　　　죄 사훔을 밧어
　　　모든 산 겻혜셔　　긔독의 의지로
　　　노리합셰　　　　　나라 셰오

　二 우리 대한 일흠　　五 긔조 셰운 나라
　　　헛지 亽랑홀가　　엇지 니즐소냐
　　　우리 대한　　　　만셰만셰
　　　그 산과 골이나　　대한의 사룸 다
　　　그 강과 슈풀 다　힝실 뉘쳐 곳처
　　　亽랑ᄒᆞ는 우리　힘써셔 나라를
　　　노리합셰　　　　　다시 셰오.[80]

　三 걱정ᄒᆞ지 말고
　　　하ᄂᆞ님만 의지
　　　셩조 밋셰
　　　구쥬 밋는 빅셩
　　　셩경을 조초면
　　　아모 나라던지
　　　핍박 업네

따라서 이 시대 한국이 가장 필요로 하는 것은 어두운 세상에 참된 빛을 제공하는 그리스도의 복음이다. 다행히 당시 한국에는 라토렛이 표현한 것처럼, "기독교만이 민족을 구원하는 수단이 될 수 있다는 유일한 소망"[81]이 깊숙이 자리 잡고 있었다. 이 시대만큼 한국의 민족 지도자들이 기독교에 대해 열려 있었던 적도 드물다. 이 사실을 누구보

80　M. C. F. "My Country Tai Han," *KR* (August, 1906), 320.
81　Latourette, *A History of the Expansion of Christianity* Vol IV., 426. cf. Gale, *Korea in Transition*, 191-192.

다도 잘 알고 있던 선교사들은 지금이야말로 일반 민중들뿐만 아니라 이들에게 복음을 전할 수 있는 절호의 기회라고 확신하였다.

"1904년과 1905년 언더우드는 기회가 닿을 때마다, 특히 주일 오후에는 감옥을 찾았다."[82] 투옥된 민족 지도자들을 정기적으로 찾아간 선교사는 언더우드만이 아니었다. 언더우드보다도 앞서 벙커(D. A. Bunker)와 게일은 이 일을 수년 동안 지속해 왔다. 그것은 을사조약을 전후해 정치적인 문제로 투옥된 "외로움과 절망에 빠져 있던"[83] 수많은 고위층의 사람들에게 복음을 전할 수 있는 좋은 기회였다. "감옥에서 읽을 것에 굶주려 있는 사람들에게 성경과 소책자와 찬송가가 주어졌으며, 그들은 이것을 탐독하였다."[84]

이승만의 옥중 전도

이때 뿌려진 복음의 씨앗은 이승만, 이원긍, 이상재, 유성준, 김정식, 홍재기, 안국선, 이승인, 신흥우 등 "양반 가문의 수많은 사람들이 회개하는 것으로 그 열매를 맺었다."[85] 일단 복음을 받아들인 이들은 주저하지 않고 감옥에 갇혀 있는 동안 동료들에게 복음만이 이 민족을 살릴 수 있는 길이라는 사실을 전하였다.[86] 그리고 일단 감옥에서 "풀려 난 후에도 이들은 계속 선교사의 친구로 남았을 뿐만 아니라 나아가서 기독교의 친구가 되었다."[87] 투옥되었던 이들 가운데 130여 명이 가족들을 데리고 교회에 나왔다. 그만큼 기독교가 민족의 유일한 소망이라는 확신이 한국 민족주의자들의 가슴에 깊이 뿌리내리고 있었다.

당시 옥중에서 옥살이하는 신분에도 불구하고 이승만이 많은 동료 죄수들에게 복

---

82 Underwood, *Underwood of Korea*, 251.
83 Underwood, *Underwood of Korea*, 251.
84 Underwood, *Underwood of Korea*, 251.
85 Underwood, *Underwood of Korea*, 251.
86 Underwood, *Underwood of Korea*, 251.
87 Underwood, *Underwood of Korea*, 251.

음을 전하고,[88] "예수교가 대한 장래의 긔초"[89]라고 외쳤던 것도 기독교가 겨레의 유일한 소망이라는 확신 때문이었다. 1903년 11월 신학월보 사설에서 이승만은 이렇게 호소하였다:

> 예수교로 변화식히난 법이 아니면 독립하난 생각이 날 수 업는고로 유지각한 이들은 다대한 장래의 여망을 예수교회에 바라난 바라…우리도 오날부터 깨다라 우리 손으로 힘들여 나라를 영미국 갓치 만들어 노코 세계 각국에 대한 선교사를 파송하야 야만과 미개한 인종들의게 전도할진대 우리의 일후복도 크겟고 우리의 권리도 장하겟고 우리나라의 영광도 영미국 갓치 들어날지라 … 우리가 정치로 만국을 통합하자 함이 아니오 령혼상으로 일통이 되자 함이라…맛당히 만국의 왕이시고 만국 왕의 왕이신 예수 크리스도로 우리의 왕을 삼아 사괴와 정욕의 모든 상전을 다 바리고 함끠 도라와 만세에 빗난 용상 압헤 머리를 숙이고 모도 천국을 위하여 싸호난 강병이 되여 사탄과 세상을 쳐 익이고 만국을 합하야 한천국을 만들자 함이니 예수를 위하며 … 스사로 합십이 될 거시오….[90]

이승만은 이듬해 8월에도 주의 군사의 군기는 "셩경 한 가지뿐이니 셩경의 리치를 전국에 젼파ᄒ야" "우리가 동포와 나라를 일톄로 [부터] 구제"해야 하며, "동포와 나라을 구졔ᄒ려면 졍치법율예 잇지 안이ᄒ고 교화로써 사롬의 마음을 풀어 노음에 잇난줄로 ᄭᅢ닷게" 되면 이들이 주님께로 돌아올 것이고, 결국 "전국이 모도 츙군애국ᄒ며 쟈쥬 독립ᄒᄂ 동포가"[91] 될 것이라고 강조했다. 그의 핵심은 이 나라를 살리는 길은 경제 중

---

88   이승만은 옥중에서 있었던 자신의 전도 활동과 신앙 활동을 광무 7년(1903년) 3월 8일자 신학월보에 보낸 편지에서 소상하게 밝히고 있다. 리승만 "사설, 옥중전도," 신학월보, 1903년 5월, 183-189.

89   이승만, "예수교가 대한 장래의 긔초," 신학월보, 1903년 8월, 사설, 330-334. 이와 같은 분위기에 편승하여 교회에 발을 옮겨 놓은 이들 가운데 실제로 "교회에 들어가면 곧 정사가 바로잡히고 나라를 문명화시키는 길이 있는 줄 알고 들어갔다"가 실망한 이들도 있었다. 리승만, "두 가지 편벽됨," 신학월보, 9월, 389-395.

90   이승만, 론설, "교회경략, 세계에 정치를 의론하난자," 신학월보, 1903년 11월, 473-479.

91   리승만, "대한교우들의 힘쓸 일," 신학월보, 1904년 8월, 340. "셩경 한 가지뿐이니 셩경의 리치를 전국에 젼파ᄒ야 사롬 마다 지금 무삼처지에 잇스며 엇지 ᄒ면 우리가 동포와 나라를 일톄로 [부터]

흥도, 도덕 향상도, 사회 발전도 아니고 오직 "성경이 나라를 흥왕케" 하는 것이라는 주장이다. 1906년 1월 25일 그리스도 신문에서 이창실도 성경이 나라를 흥왕케 하는 요인이라며 이렇게 강조했다:

> 교뎨는 일개서 싱으로 궁항(窮巷)에 홀노 안져셔 칙을 열남홀 때에 무음으로 싱각후기를 언제나 이만 권 셔 칙을 다 보고 나라를 다스리는 법과 슈신후는 법과 제가후는 법을 넉넉히 알고져 후엿더니 성경을 낡는날브터 다른 셔칙을 아니 보아도 관계치 아니훈 줄로 싱각후고 날마다 보는 바는 성경일 권 뿐이라. 대뎌 나라 흥훔에 크게 샹관되는 거슨 성경 일 권 인줄노 싱각후노라 … 영국은 성경에셔 싱긴 나라히라. 영국의 흥훔이 이 성경 일 권으로 말미암아 되엿다. … 우리 밋는형뎨들도 어셔 속히 그리스도에 도를 광포후여 우리 나라도 뎌 영국과 굿치 성경 일 권으로 말미 암아 즁흥후게 후샤 동양 영국 되기를 각각 힘씁시다.[92]

기독교가 이 민족의 유일한 소망이라는 확신은 당시의 거의 모든 사람들에게 공통된 의견이었다.[93] 1905년 12월 무즈는 이 상황에서 "한국에 가장 필요한 것이 무엇인가"라는 질문을 던진 후, "나는 한국에 가장 필요한 것은 '예수 그리스도'라고 답한다"[94]고 말했다. 그는 그것을 대신할 아무것도 없다고 확신하고 있었다.[95] 양식 있는 한국의 정치 지도자들도 "한국 민족의 구원에 대한 유일한 소망, 자유와 대국으로 향하는 문을

구제할 거시며 동포와 나라을 구계후면 정치법율에 잇지 안이후고 교화로써 사룸의 마음을 풀어 노음에 잇난줄로 째닷게후야 하나히라도 도라와 우리와 함의 일군이 될진대 얼마만에 젼국이 모도 츙군애국후며 쟈쥬독립후눈 동포가 될 지니 무삼 걱정이잇스며 무어시부죡후리오."

92 리창실, "셩경이 나라흘 흥왕케훔," 그리스도 신문, 1906년 1월 25일, 83.
93 Gale, *Korea in Transition*, 50. "희망은 어디에서 오는가? 오직 예수로부터라는 것이 일치된 견해며, 심지어 불신자들도 그와 같은 견해를 가진 것처럼 보인다"고 게일은 말했다.
94 J. Robert Moose, "Korea's Greatest Needs," *KR* (December, 1905), 456.
95 Moose, "Korea's Greatest Needs," 456. "그리스도의 순수 종교"만이 이 민족을 미신의 노예상태에서 구원할 수 있다는 것이다. 이 민족에게 진정한 빛과 자유를 제공할 자는 결코 일본도 세상의 어느 것도 아니고 오직 기독교에 있다고 믿었다. "한국의 희망은 교회에 놓여 있다"는 확신을 가졌고, 그것을 제공해 줄 수 있는 이들은 다름 아닌 선교사 자신들이라는 자의식이 있었다. 그리고 이 문제는 주로 선교사들의 수중에 있으며, 마지막 결과는 이 큰 주제를 다루는 그들의 능력에 달려 있다고 생각했다.

열어 줄 유일한 열쇠는 기독교에서 발견할 수 있다"[96]고 믿었다.

혹자는 이런 견해를 비웃을지도 모르지만 이와 같은 한국의 종교적 상황에 대해 긍정적으로 판단할 충분한 근거가 있다는 것이다.[97] 그는 국내의 여러 가지 정황이 이를 뒷받침해 준다고 확신했다. 오랫동안 추진되어 온 신약성경 번역이 완료되어 매달 수천 권의 성경이 복음을 모르는 어둠에 살고 있는 백성들에게로 반포되어 이 백성을 참 빛으로 인도하고 있다는 사실,[98] 그리고 무엇보다도 최근의 기독교의 놀라운 증가가 여기에 대한 확신을 더해 주었다.[99]

지금처럼 이 민족에게 복음의 문이 활짝 열려 있는 때는 없었다. 그것은 이 민족에게 고난이 없기 때문이 아니라 고난이 복음 전파에 대한 새로운 기회를 제공해 주고 있기 때문이다. 한국 선교지의 미래는 밝다. 중국의 경우 1847년에 선교를 시작해 1905년 현재 209명의 선교사가 25,787명의 세례 교인들을 돌보고 있다. 1872년에 선교를 시작한 일본의 경우에는 74명의 선교사들이 학습 교인을 포함해 6,557명을 돌보고 있다. 반면 1885년 1천 2백만 명의 한국인들을 대상으로 비교적 늦게 선교를 시작한 한국의 북감리교의 경우 43명의 선교사가 7,796명을 돌보고 있다.[100] 장로교 선교회보다 상

---

96 "Women's Rights in Korea," *KR* (February, 1906), 58.

97 역사를 돌이켜 보면 하나님께서 강한 바벨론과 이집트를 선택하셔서 이 나라를 통해 그의 권능과 영광을 드러내셨던 것처럼, 하나님이 택한 이스라엘 노예들을 통해 세상 나라를 주관하시는 하나님 이심을 선포하시지 않았는가? "근래 하나님은 동양에 자신의 영광을 드러내기 위해 전함과 화려한 군대를 가진 거만하고 강한 일본을 선택하지 않았는가? 다른 한편으로 하나님은 한문에 속박되어 온 한글을 이 땅에 자신의 영광을 하수같이 흐르게 하시려는 통로로 택하실 것이 아닌가? 하나님의 일을 배운 자들은 더 잘 알 것이다. 그러나 여기 어린 노예 한국이 있다. 어떤 다른 사역을 이 나라가 갖겠는가?" Moore, "The Vision and the Task," 108을 보라.

98 1905년에 한글 신약성경이 10,482권, 낱권 성경이 134,175권 등 전체 144,657권이 반포되었고, 중국어 성경은 구약 1,176, 신약 6,226권, 낱권 성경 2,648권, 합 10,050권이, 일본어 성경은 구약 21권, 신약 129권, 낱권 1,623권, 합 1,773권이, 그리고 영어 성경은 구약 40권, 신약 130권, 낱권 40권, 합 210권이 배부되었다. 이것은 주로 권서인들에 의해 이루어졌다. 1903년에 16,707권을 배부한 것에 비해 1904년에는 35,593권을, 그리고 1905년에는 68,826권을 권서인들이 배부하였다. "Report of Bible Committee of Korea for 1905," *KR* (February, 1906), 72. 또한 Moose, "Korea's Greatest Needs," 457; W. D. Reynolds, "Translation of Scriptures into Korean," *KR* (May, 1906), 165-180을 참고하라.

99 한국 교회는 1905년 6월까지 166명의 외국 선교사와 52,932명의 교세로 성장했다. 평양이 장감을 합쳐 2만 명 이상이어서 전국에서 가장 큰 교세를 가지고 있고, 약 1만 명의 교세를 가진 서울의 배나 되었다. Holofernes, "Missionary Work of the General Council," *KR* (March, 1906), 100.

100 이 숫자는 중국의 16,000명당 1명이고, 일본의 경우는 7천 명당 1명이고, 한국의 경우는 2,000명

대적으로 교세가 작은 감리교 선교회를 비교할 때도 그러한데 장로교를 비교할 경우에는 더 말할 나위가 없다. 1905년 현재 북장로교 선교회의 경우 입교인 9,756명, 학습교인 7,320명, 등록 교인 30,386명으로[101] 남장로교와 캐나다 및 호주 장로교 선교회까지 합친다면 한국 장로교의 교세는 중국의 모든 개신교 선교회의 교인 수를 합한 것보다도 더 많다.

이와 같은 놀라운 증가는 한국 선교지의 밝은 미래를 말해 주는 것임에 틀림없다. 이미 1904년 2월, 한국에서 활동하는 북장로교 선교회는 코리아 필드(*The Korea Field*)에서 흥분을 감추지 못하고 본국의 교회와 젊은이들에게 이렇게 한국 선교를 호소했다:

> 한국은 무르익은 황금 뜰이다. … 이 나라 어디서나 복음 전파를 방해하는 장애물은 사라졌으며 이미 우리가 그 모든 장애물을 정복한 것처럼 보인다. 우리는 더 많은 사역자들을 필요로 한다. 필요한 사역에 대한 지원이 사역의 증가와 보조를 맞추지 못하고 있다. 우리는 기혼 및 미혼 목사와 미혼 여자 선교사를 필요로 한다. … 우리는 오늘 아침 더 많은 사역자들을 위해 기도회를 가졌다. …선교지 한국에 와서 우리를 도우라.[102]

이들은 "지금 아니면 결코"(now or never)[103]라는 구호를 외치며, 지금 돕지 않으면 영원히 도울 수 없을 것이라며 한국 선교를 호소하였다. 평양 지역은 어느 지역보다도 더 긴급하고 간절했다.[104] 이것은 10년 전, 아니 불과 몇 년 전만 해도 전혀 예측하지

당 1명인 셈이다. 북감리교 소속 선교사들의 경우 선교사 1명당 중국과 일본은 123명이고 한국은 181명의 그리스도인당 1명으로 계산된다. 그만큼 한국의 선교 사역이 역사에 비해 결실이 많은 것이다. 이 통계는 케이블 선교사가 Leonard 박사의 "굶주린 수백만 명"이라는 팸플릿에서 인용한 것으로 정확히 언제의 통계인지는 불확실하다. Moore, "The Vision and the Task," 108을 보라.

101 The Korea Mission of the Presbyterian Church in the U.S.A., "A Macedonian Call," *The Korea Field* (Feb., 1904), 145.
102 The Korea Mission of the Presbyterian Church in the U.S.A., "A Macedonian Call," 145-146.
103 "Now or Never," *The Korea Field* (Feb., 1904), 146.
104 "Pyeng Yang's cry is even more urgent than this," *The Korea Field* (Feb., 1904), 146.

못했던 일이었다. 한국의 동료 선교사들, 미국의 동료 그리스도인들, 심지어 한국인들 누구도 상상하지 못했던 기회를 맞고 있으며 이것은 값으로 환산할 수 없는 소중한 특권이었다. 존 무어는 흥분을 감추지 못하고 다음과 같이 말했다:

> 바로 지금 한국 선교지는 세계 어느 다른 선교지보다도 더 중요하고 전략적인 시기를 맞고 있다. 옛 것은 지나고 모든 것이 새 것이 되도록 노력하고 있다. 사역에 필요한 적절한 인적 지원, 학교와 교회에 대한 물적 지원이 병행된다면 새로운 것은 기독교적인 것들이 될 것이고 한국인들은 기독교 백성이 될 것이다. 그런 후 백성이 스스로 나라를 다스릴 수 있게 될 것이다.[105]

이처럼 한국에서 사역하고 있던 선교사들은 한국이 어려운 상황이라는 사실을 인정하면서 한국의 현 시대적 상황이 결코 복음 진전에 장애가 될 수 없으며, 오히려 역사와 현재의 상황과 선교의 놀라운 진보는 한국 선교의 미래가 희망적임을 말해 준다고 믿었다.

민족복음화 비전

이와 같은 현실이 오히려 민족복음화를 앞당길 수 있는 절호의 기회라고 확신했던 것이다. 1905년은 한국 교회가 가장 위기에 직면한 때였지만 한국 교회에는 대단한 정치적 위기 속에서도 영적 갱생의 움직임이 뚜렷이 감지되고 있었다. 1905년 6월 케이블은 한 해를 돌아보면서 "지난해는 한국의 선교 사역의 전 역사에 있어서 가장 주목할 만한 한 해였다. 그리스도 교회의 진보는 놀라웠다"[106]고 보고하였다. 그것은 장감을 초월해 모든 선교지마다 공통적으로 찾을 수 있는 하나의 특징이었다. 이와 같은 현상은

---

105 Moore, "The Vision and the Task," 109:"이것을 쓰는 나의 목적은 전체 기록들이 다 화려하기 때문에 다른 나라의 선교 사역을 어둡게 하려는 의도가 아니라, 전 한국의 기록이 놀라울 정도로 화려하며, 따라서 나의 유일한 소원은 이 세대의 가장 가난한 나라이자 문호를 가장 활짝 열어 놓은 한국에 나의 모교회의 관심을 다소 얼마라도 더하려는 데 있다."

106 Minutes of Korea Mission, *Methodist Episcopal Church*, 1905, 67.

웰스(J. Hunter Wells)가 지적한 것처럼 특별히 한국의 북부 지역에서 더욱 두드러졌다.[107] 정치적인 위기 가운데서 나타나는 이와 같은 영적 분위기를 감지한 이들은 이 위기야말로 민족복음화를 위한 거룩한 기회이며, 이 나라를 위기 가운데서 구할 수 있는 절호의 기회라고 판단하지 않을 수 없었다:

> 지금은 사실 이 나라의 기독교 사역자들에게 황금의 기회다. 총체적인 불안과 그들이 의지할 무엇인가에 대한 결핍은 백성들을 선교사들과 그들이 가지고 있는 메시지로 돌아서도록 만들어 주고 있으며, 그들은 마치 우리가 그들이 신뢰할 수 있는 무엇인가를 가지고 있는 것처럼 찾아내려고 노력하고 있다. 나의 마지막 시골 방문에서 나는 자주 "의지할 곳 도무지 없소"라는 표현을 들었다. … 결국 이것은 이 백성들이 하나님을 생각하도록 가르치시고 그들을 구원할 수 있는 이를 그들이 신뢰하도록 하시려는 하나님의 방식일지 모른다.[108]

모든 상황이 복음의 방해 요인으로보다는 복음 전파를 촉진시키는 중요한 요인들로 작용하고 있었다. 최근 이 나라에서는 확실히 변화가 일어나고 있음이 분명하다. 말씀에 대한 사모함, 진리에 대해 배우려는 열정, 그것을 다른 사람들에게 선포하려는 진지한 노력은 어느 곳에서나 감지되고 있는 새로운 움직임이었다. 현재 직면하고 있는 한국의 위기적 상황이 오히려 복음의 진보를 가져 온 것이다. "백성이 부서지고 상처투성이의 심령이 되었다는 사실은 누구도 부인할 수 없을 것이다. 그러나 죽어야 새로운 생명, 실제적인 각성이 태동되는 것이며, 나는 나의 심령의 깊은 곳으로부터 한국인들이 자신들이야말로 고려할 가치가 있는 이 땅의 백성이라는 사실을 보여 줄 것이라고 느끼고 있다."[109]

---

107 J. Hunter Wells, "Northern Korea," *KR* (April, 1905), 139-141. Wells는 당시 한국의 북부 지역을 가장 잘 대변하는 것은 3M(Missions, Mines, Merchants)이라고 말한다(Wells, "Northern Korea," 139).

108 J. R. Moose, "A Great Awakening," *KMF* II: 3 (Jan., 1906), 51.

109 J. O. Paine, "Back to Ewa Haktang," *KMF* II: 9 (July, 1906), 179.

1906년 1월 무즈는 "대각성운동"이라는 글에서 "나는 말씀에 굶주린 이들과 매일 2번에서 4번의 집회를 여는 것이 전혀 문제가 없음을 발견했으며, 비록 예배가 오랫동안 계속되어도 그들은 지치지 않는 것처럼 보였다"110고 했다. 이와 같은 한국인들의 복음에 대한 적극적인 반응은 하나님께서 이 민족에게 부흥의 역사를 가져다주실 긍정적인 신호라고 여기지 않을 수 없었던 것이다:

> 내게는 현금의 한국 문제에 있어서 가장 의미심장한 사실이 백성의 타락(degradation)도, 독특한 정치적 상태도 아닌 것 같다. 그것은 이 나라가 복음 전파, 교육, 의료, 그리고 산업 분야와 나란히 효과적인 선교 사역에 보이고 있는 거의 비할 바 없는 기회이다. 이 기회는 다음 부분들, 첫째, 한국인들이 복음에 대해 보이는 비상한 환대, 둘째, 영적 진리에 대한 한국인들의 통찰력, 셋째, 그들 자신이 회심한 후 다른 사람들에게 전하는 복음 전파의 효율성, 넷째, 온갖 종류의 지식과 발전을 위한 그들의 진지함으로 구성된다. 선교사들의 선교 노력에 대한 한국인들의 이와 같은 반응은 현재의 상태보다 오히려 이 나라의 미래에 대한 더 진실된 징후이다.111

"따라서 우리가 이 나라에서 과거에는 없었던 우리의 노력의 결실들을 목도하고 있는 것은 바로 요즈음이다."112 그리고 복음에 대한 한국인들의 전에 없는 놀라운 반응은 이 민족의 암울한 정치적, 경제적 현실을 넘어 이 민족에게 정치와 경제가 줄 수 없는 참된 소망과 희망을 가져다 줄 것이라고 본다. 암담한 정치적 현실에도 불구하고 "기독교에 대해 보이는 한국인들의 반응은 한국 정부의 실패보다 더 예언자다운(more prophetic) 모습"113이었다.

---

110 Moose, "A Great Awakening," 51-52.
111 Wasson, "The Land of Opportunity," *KMF* II: 4 (Feb., 1906), 67.
112 Moose, "A Great Awakening," 51.
113 Moose, "A Great Awakening," 51. 이들은 C. E. Sharp가 지적한 것처럼 기독교야말로 "보호와 힘에 대한 열망"을 채워 줄 수 있으며, 기독교 국가들이 갖고 있는 통일된 고도의 문화야말로 기독교가 가장 우월한 종교라는 사실을 말해 주는 것으로 이해했다. 그러나 이것들이 기독교에 대한

왓슨은 이 민족에게 복음이 널리 확산되면 될수록 이 민족 가운데 정의감이 더욱 확산될 것이고, 그와 같은 정의감의 확산은 이 민족의 특성을 과거보다 한 단계 더 발전시켜 줄 것이며, 그리고 그와 같은 민족적인 특성의 성장은 곧 이 나라의 정치적 현실에 적지 않은 영향을 미칠 것이라고 보았다.

> 의는 민족을 고양시킬 것이고 그리스도의 복음은 능력이 있어 어떤 백성이라도 의롭게 만들 수 있다. 한국 공직자들이 죽음에 처한 이 나라로 인해 절망하고 있는 동안 이 나라의 희망의 별이 기독교회들과 기독교 학교의 형태로 떠오르고 있다. 진실로 선교지는 베어야 할 만큼 희어졌다. 새로 온 선교사의 한 사람으로서 나는 이 선교지를 준비하기 위해 오랫동안 수고한 개척 선교사들로 인해 하나님께 감사하며, 거두는 일에 동참할 수 있는 특권을 부여받은 것에 대해 추수의 주님께(to the Lord of the harvest) 감사한다.[114]

이 나라가 직면하고 있는 심각한 위기야말로 이 민족을 향한 하나님의 섭리라고 이해한 것은 이 민족이 보여 주고 있는 복음에 대한 반응과 복음을 받아들인 이들의 헌신에서 알 수 있다. 노블의 말대로 한국인들이 오늘날 교회 건축과 목사 사례와 학교 건물의 신축에 헌신하는 태도는 미국 성도들과 비교할 때도 결코 손색이 없을 정도였다.[115] 미국 성도들이 대단한 헌금을 하고 주의 일에 헌신적으로 동참하는 것은 사실이지만, 하

관심을 갖도록 만들어 준 것은 사실이지만 이것이 부흥운동의 중심적인 요인은 아니었다. C. E. Sharp, "Motives For Seeking Christ," *KMF* II: 10 (Aug., 1906), 182을 보라.

114 Wasson, "The Land of Opportunity," 67.
1905년 한 해 동안 외형적인 성장만 아니라 영적인 부흥의 역사가 선교지 각 곳에서 감지되고 있었던 것이다. 매서인들이 나누어 주는 쪽복음과 기독교 관련서적 및 전도지를 통해서 신앙을 갖는 이들도 적지 않았다. 1905년과 1906년 사이 감리교 선교사 E. M. Cable이 지도하는 매서인 가운데 서양 종교나 서양 서적들은 아무것도 원치 않는다며 거부했던 두 사람이 한편으로는 매서인의 권유와 다른 한편으로는 호기심으로 성경을 사서 읽은 후 교회에 등록해서 신앙생활을 시작해 한 사람은 얼마 후 강화 지역의 감리교회 지도자가 되었고, 다른 한 사람은 신실한 신앙인으로 열심히 신앙생활을 하고 있다. E. M. Cable, "Conversion Through the Scripture," *KMF* II: 5 (Mar., 1906), 97을 보라.

115 라토렛도 한국인들의 자립에 대한 헌신이 성장의 중요한 요인이라고 말한다. Latourette, *A History of the Expansion of Christianity* Vol. IV., 425.

루 2달러의 임금을 받는 펜실베이니아와 뉴욕의 사람들과 고작 하루 25센트의 임금을 받는 이들을 비교할 때 한국인들의 헌신은 그야말로 대단한 것이었다.

한국이 쇠미해 가는 것은 사실이지만, 그러나 한국 교회가 보여 주는 이와 같은 자립과 헌신은 이 나라의 미래가 결코 어둡지만은 않다는 것을 말해 준다. 민족의 어두운 현실 속에서 한국의 선교사들은 민족의 미래를 불확실하게 평가하는 경향을 단호하게 거부하였다. 그들이 볼 때 한국의 그리스도인들은 "두 개의 큰 필요 요건-순종과 자존감-을" 터득했으며, "그것은 기독교회의 특성이 수적 증가와 보조를 맞추고 있다는 것을 의미하는 것이다."[116]

일본과의 을사조약 체결을 통해 한국 민족이 암울했던 시기에 한국에 도착한 페인(Miss J. O. Paine)은 사역을 시작하면서 오히려 "위로"를 받았다.[117] 그것은 암울한 정치적 현실에도 불구하고 복음에 대한 반응이 대단했기 때문이었다.

케이블은 한국 전역에서 나타나고 있는 성장을 목도하고는 "어디서나 성장"(expansion everywhere)이라며 그 같은 은혜를 베푸신 하나님께 이렇게 감사했다. "지난해는 시련과 슬픔의 한 해였을 뿐만 아니라 한국인들에게 기쁨의 한 해였고, 우상을 버리고 그리스도에게로 돌아선 사람들 때문에 기쁨의 한 해였으며, 조국의 상실로 인한 시련과 슬픔의 한 해였다. 우리는 또한 그분의 지난 모든 축복과 한국에서 그분을 위해 사역할 수 있는 특권에 대해 감사한다."[118]

샤프 역시 한국이 만나는 엄청난 정치적인 시련 속에서도 복음이 교회 안에서뿐만 아니라 "교회 밖에서도 광범위하게 확산되고 있었다"[119]고 말한다. 이 민족의 복음화가 이 민족을 살리는 길이라는 사실은 선교사들뿐만 아니라 한국의 젊은이들도 가지고 있었다. 1905년 11월 10일 전덕기 회장을 중심으로 한 상동교회 청년회가 주최한 저녁 구국 기도회에는 무려 일천여 명의 회원이 모여 "國家禍機燃眉(국가화기연미)흠을 憤慨(분개)ᄒᆞ야 至於相扶痛哭(지어상부통곡)"하였고, 을사조약이 체결된 뒤 11월 18일

---

116   Cable, "Conversion Through the Scripture," 97.

117   Paine, "Back to Ewa Haktang," 179.

118   E. M. Cable, "Expansion Everywhere," *KMF* II: 11 (Sep., 1906), 197.

119   C. E. Sharp, "Motives For Seeking Christ," *KMF* II: 10 (Aug., 1906), 182.

에는 수많은 젊은이들이 교파를 초월하여 매일 3-4시에 모여 민족과 나라를 위해 기도하였다:

> 萬王의 王이신 하나님이시여 우리 韓國이 죄악으로 沈淪에 드럿스미 오직 하나님 밧게 빌디업사와 우리가 一時에 祈禱ᄒ오니 韓國을 불상히 녁이사 耶利未亞와 以賽亞 但以利의 自己 나라로 爲ᄒ야 懇求홈을 드르심갓치 韓國을 救援ᄒ사 全國 人民으로 自己 罪를 悔改ᄒ고 다 天國 百姓이 되어 나라이 하나님을 永遠히 保護로 밧아 地球上에 獨立國이 確立케ᄒ야 주심을 耶蘇의 일흠으로 비옵나니다.[120]

쓰러져 가는 이 나라, 기울어 가는 이 민족을 바라보면서 이화학당의 여학생들은 매일 몇 분씩 시간을 정해 놓고, 수업마저 멈추고 민족과 조국을 위해 기도하였다.[121] 기울어 가는 이 나라를 다시 세울 수 있는 분은 오직 하나님뿐이시며, 이 민족을 다시 각성시키셔서 주의 거룩한 도구로 사용하실 분도 하나님뿐이시라는 확신을 가지고 있었기 때문에 이들은 전혀 동요되지 않았다.

페인은 정기적으로 시간을 정해 놓고 매일 기도하고 있는 이화학당의 여학생들에게 매일 무엇을 위해 기도하는지 물어 보았다. 이때 여학생들의 대답은 페인이 전혀 기대하지 못했던 것이었다. "우리는 우리나라를 위해 기도하고 있습니다."[122] 이화학당 학생들은 "매일 같은 시간에 수업을 멈추고"[123] 조국을 위해 몇 분 동안 간절히 기도해 온 것이다. 이것은 페인에게 적지 않은 도전이었다. "하나님이 기도를 들으시고 응답하신다는 것을 아는 우리는 이 민족이 겸손히 그 앞에 자신들의 마음을 겸허하게 낮추면 그가 이 민족의 외침을 들으실 것이라는 사실을 믿지 않을 수 없었다."[124]

---

120 "聲聞于天," 대한매일신보 1905년 11월 19일.
121 J. O. Paine, "Ewa Haktang-Seoul," Minutes of Korea Mission, *Methodist Episcopal Church, 1906*, 5-6.
122 Paine, "Back to Ewa Haktang," 179.
123 Paine, "Back to Ewa Haktang," 179.
124 Paine, "Back to Ewa Haktang," 179.

시대적 불안, 그로 인한 미래에 대한 불확실함 속에서도 젊은이들이 좌절하지 않고 하나님께 민족의 장래를 온전히 맡기는 모습을 보면서 페인은 이 민족의 장래가 결코 어둡지만은 않다는 확신을 가지게 된 것이다. 이화학당 학생들의 이와 같은 모습은 결코 한국의 모든 학생들의 모습도 아니고, 전체적인 동향도 아닐 것이다. 그러나 분명한 것은 젊은이들 가운데 전에 없이 민족의 미래를 염려하고, 하나님께서 이 나라를 축복하셔야만 한다는 기독교 민족주의 사상이 넘치고 있었다는 사실이다.

기독교 신앙을 철저하게 가지면 가질수록 민족을 향한 하나님의 섭리를 더 깊이 헤아리려는 경향이 있다. 이것은 경건주의운동, 웨슬리 부흥운동, 제 1차, 2차 대각성운동, 무디 부흥운동 등 수많은 부흥운동에서도 찾을 수 있는 현상이다. 이 나라의 젊은이들은 암울한 민족의 현실 앞에서 좌절하지 않고 눈을 들어 하늘을 바라보았다. 이와 같은 움직임은 1905년 이후 두드러지게 젊은이들과 이 나라의 그리스도인들에게 감지되었던 현상이다. 다음과 같은 페인의 말은 너무도 적절한 표현이다. "나는 그것이 온전히 그들의 삶을 전적으로 주님께 순종했다는 것을 의미하는 것은 아니지만 그들 모두가 주님을 알아가고 있다는 강한 확신이 내게 들었다."[125]

비록 미완성이긴 하였지만 그녀는 민족의 미래를 진지하게 염려하는 젊은이들에게서 무한한 가능성과 잠재력을 발견한 것이다. "나는 마음으로 투쟁하는 몇 사람을 알고 있고, 그들 가운데 몇이 그 투쟁에서 승리한 것도 목도하였으며, 그리고 나는 내가 하나님의 작은 자 몇을 도울 수 있는 특권을 부여받은 것에 대해 그분께 찬양을 돌린다."[126] 민족의 미래를 포기하는 것과 민족의 미래를 새로운 차원에서 염려하는 것은 다르다.

선교사들은 최근에 감지되고 있는 부흥의 움직임이 이 시대를 향한 하나님의 섭리 가운데 하나라는 사실을 분명히 인식하였고, 그 역사적인 사명을 위해 하나님께서 자신들을 이 땅에 부르셨다는 소명 의식을 가지고 있었다. 이 일에 있어서는 장감이 따로 있을 수 없었다. 한국 교회가 전에 없이 위기를 만나고 있지만 그들은 이와 같은 위기가 불같은 시련 속에서도 한국 교회를 신앙 가운데 견고하게 서게 하시려는 하나님의 계획이

---

125   Paine, "Back to Ewa Haktang," 180.
126   Paine, "Back to Ewa Haktang," 179.

고종황제

라고 이해했다. 따라서 선교사들이 볼 때 "시련과 고난의 시기는 우리가 이것을 선용하느냐 하지 않느냐에 따라 유익할 수도 있고 아니면 해가 될 수도 있다. 이와 같은 시련을 이길 수 있는 우리의 능력은 우리가 하나님과 그분의 섬세한 은혜를 간청하는 길을 아는 데 달려 있다. 살아 있는 하나님의 지식을 교회에 가져오는 부흥운동은 하나님이 섭리적으로 다루셔서 새롭게 태동된 교회가 요구하는 고난과 힘을 가져오도록 그 길을 준비해야 할 것"[127]이다.

3. 전역에서 감지되는 영적각성의 움직임

선교사들은 부흥운동이 이 시대에 한국을 살리는 길이라는 확신을 가지고 있었지만 그것이 인간들의 작품이라고는 생각하지 않았다. 하나님의 주권적인 은혜로 그분이 섭리하실 때만 가능하다는 사실을 잘 알고 있었기 때문이다. 이들은 부흥운동을 자신들이 가져 올 수 있다고 확신하기보다는 하나님이 베풀어주시도록 그 길을 준비해야 한다고 믿었다. 그래서 그분이 그와 같은 역사를 이 땅에 베푸시도록 그 길을 준비하는 것이 가장 시급한 과제라고 생각하고 있었다. 즉 그들은 하나님의 주권과 인간의 책임을 균형 있게 이해했던 것이다.

무엇인가 새로운 변화를 요구하고 영원한 것을 요구하는 고난 받은 이 백성들에게 구원의 능력을 증거하고 하나님의 능력을 교회에 제공하는 부흥운동은 이 백성들에게 가장 시급히 필요한 것이지만, 불신자들과 고난 받은 백성들은 어디로 돌아서야 할지 알지 못하고 있었다. "지금이야말로 복음화를 위한 놀라운 기회를 제공하지만, 그러나 그것이 효과적으로 이루어지기 위해서는 한국 교회가 구원의 이야기를 능력 있게 말하고 그들이 말하는 대로 능력 가운데 살 수 있도록 새롭게 거듭나 성령으로 충만한 교회가 되어야 할 것이다."[128]

---

127   "The Time Opportune," *KMF* II: 2 (Dec., 1905), 30.
128   "The Time Opportune," 30.

1905년 9월 크램은 "한국의 이 전환기에 하나님께서 전능하신 은혜로 한국인들을 구원하고 계시다"[129]고 말하였다:

> 어떤 황인종의 나라에서보다 한국에서 영적 기능이 더 쉽게 태동되고 더 빠르게 발전되었다는 것은 의심의 여지없는 사실이다. 한국 개신교회는 현대 선교 노력의 유일한 기적(the miracle)이다. 20년이라는 짧은 기간 동안 하나님의 영은 백성들의 심령에 놀라운 능력으로 역사해 오셨으며, 그리고 지금은 더 놀라운 능력으로 역사하고 계시다. 이미 한국의 개신교도는 4만 명에 이른다고 추산하고 있다. … 이 나라의 사려 깊은 많은 사람들은 말하기를, "우리는 하나님께로 돌아가는 것 외에 달리 소망이 없다. 우리가 찾을 것은 하늘나라 외에 달리 어떤 나라도 없다"고 말하고 있다. 그리고 교회가 전에 없이 가득 차고 있듯이 사람들의 마음과 심령은 위를 향하고 있다. 한국인들뿐만 아니라 여러 선교 단체들 가운데 하나님의 영은 놀라운 힘으로 역사해 오셨다. 각 선교사들 개인의 심령과 선교 공의회들은 서열 체계를 종식하고 힘을 연합하고 사역을 강화시키고 한국에 하나의 교회를 설립하려는 길을 찾아, 그래서 여러 교파로의 분열로 인한 영향력 약화로부터 한국을 구원할 풍성한 계획을 가지고 있다.[130]

1905년 10월 크램은 "우리가 기록해야 할 영적 성장"이라는 글에서 "지난 사역 가운데 가장 고무적인 것 가운데 하나는 교회의 영적 상태가 특별히 널리 확산된 부흥운동으로 특징되었다는 사실이다."[131]고 말했다.

크램의 말대로 "개성의 선교구에는 이 부흥운동의 영향을 받지 않거나 성령의 참된 부으심을 경험하지 못한 교회는 하나도 없었다."[132] 특별히 해마다 구정이면 열리는 신년 부흥회에 성령의 역사가 강하게 나타났다. 크램은 "올 구정 부흥운동에서는 내가 이제까

---

129 W. G. Cram, "Rescued After Years of Bondage," *KM* I: 11 (Sep., 1905), 149.
130 "Korea, the Palestine of the Far East," *KM* I: 11 (Sep., 1905), 152.
131 W. G. Cram, "Spiritual Growth," *KM* I: 12 (Oct., 1905), 163.
132 Cram, "Spiritual Growth," 163.

이천읍교회

지 본 것 가운데 가장 분명한 회심 중 얼마를 목도하였다"[133]며 흥분을 감추지 못했다.

신년 부흥회 때 있었던 영적각성은 부활절에도 또다시 계속되었다. 부활절을 맞이하여 자신들의 온갖 숨겨진 죄들을 주 앞에 통회하고 그리스도 예수 안에 있는 새 생명의 신비를 경험한 것이다. 개개인이 영적인 잠에서 깨어나자 교회가 영적으로 살아나기 시작했다.[134]

부흥운동이 개성 지역에서 뚜렷하게 감지되면서 1905년 들어 그곳에서는 교회성장이 두드러졌다. 컬리어가 1897년 개성에 처음 도착했을 때 "단 한 명의 그리스도인도 찾아볼 수 없었던" 복음의 불모지 개성에 기적이 일어났다. 개성에 부흥운동의 바람이 불면서 1905년 10월 현재 24개 교회로 교세가 늘어난 것이다. 이것은 컬리어의 지적대

---

133 Cram, "Spiritual Growth," 163.
134 Cram, "Spiritual Growth," 163. 한 해 동안 사역이 7개 새 지역에서 발흥하였다. 7개 가운데 가장 유망한 반 가운데 하나는 이천읍인데 이곳에서는 지난 수개월 동안 약 50명의 초신자로 이루어진 조직이 불신자들 가운데서 발흥하였다. 이천읍은 한국인들이 말하기를 도의 가장 좋은 곳에 위치해 있는 약 2,500명의 인구를 가진 마을이다. 이 반은 그 마을에서 가장 훌륭한 사람들로 이루어졌으며, 그러므로 이 매우 가난한 선교지에서 강력한 사역의 핵이 될 가망이 많다."

로 "성령의 역사"[135]였다.

　1905년 들어 영적각성이 놀랍게 일고 있음을 전형적으로 말해 주는 한 예가 평안북도 용천 마을이다. 이곳은 "이전에 전도하는 사람들이 들어가면 아이와 어른이 쫓아다니며 양학 하는 놈이라 하며 여러 가지 말로 훼방하던" 곳이었으나 1905년 봄에 17세 소년 하나가 예수를 믿기 시작하더니 음력 7월부터 형제들이 하나님을 믿어 연말에 이르러는 "밋는 형뎨주민 가 수십여명"[136]이 되었고, "례비당집을 사려ᄒ야 열심히 연보ᄒ와 식골돈으로 이쳔삼빅여량"[137]을 모으기도 했다.

　1905년 한 해를 마무리하면서 무즈는 "그 동안 내내 햇볕이 비추었던 것은 아니지만 이제 한 해를 마무리하면서 구름보다는 햇볕이 더 많았음을 인하여 하나님께 감사 드린다"[138]고 말하였다. "선교지 전역에서 매우 건강한 성장"이 있었지만, 특별히 개성 지역에서 성장이 더욱 두드러졌다.

　무즈는 이렇게 고백했다. "나는 우리 역사에서 올해보다 더 좋은 상태로 마무리된 해가 없었다고 확신한다. 이것은 선교구 전체의 교회의 영적 및 일시적 조건 두 가지 모두에서 사실이다."[139] 그가 말하는 영적 및 일시적(temporal)에서 "일시적"이란 외형적인 성장을 두고 하는 말이다. 원산부흥운동의 영향을 받은 지역은 외적인 성장도 있었지만 눈에 띄게 영적각성을 체험하고 있었다.

　이와 같은 영적각성은 부흥운동의 발원지 원산에서도 마찬가지였다. 1905년 10월, 지난 한 해를 돌아보면서 남감리교 선교사 저다인은 이렇게 썼다. "원산교회는 지난 한 해 동안 수적으로나 은혜적으로 성장을 해 왔다. 더 강력한 영적 상태의 증거들 가운데 하나는 그들이 시험과 시련 가운데 서 있었지만 지금까지는 그것들을 상당히 참아낼 수 있음을 증명해 주었다는 사실이다. 아마도 사역에서 가장 두드러진 특징은 교회의 영적인 삶이 전반적으로 깊어졌으며, 교인들 가운데 더 두드러진 내적 체험이 있었다는 사

135　C. T. Collyer, "Praise Ye the Lord," *KM* I: 12 (Oct., 1905), 171.
136　챠형쥰, "강계 리신," 그리스도 신문, 1906년 1월 18일, 67.
137　챠형쥰, "강계 리신," 67.
138　J. R. Moose, "A Review of the Year," *KM* I: 12 (Oct., 1905), 162.
139　Moose, "A Review of the Year," 162.

실이다. 이 내적 체험은 더 연약한 형제들을 가르치고, 바로잡고, 권유하고, 훈계하는 일에서 선교사들에게 실제적인 도움이 될 수 있을 만큼 주 안에서 매우 강해졌다."[140] 개성과 원산에서 나타나고 있는 영적각성의 움직임은 1905년에 들어서면서 또다시 서울 근교에서도 나타났다.

클락은 그 해 11월 1일을 시작으로 서울 남부 지방을 중심하여 세 번의 여행을 하고, 다시 12월에 18일간 여행을 한 후 "이 모든 지역은 우리를 너무 기뻐 깜짝 놀라게 만들었으며," "한국에서 지금까지 본 가장 화려한 날들이었다"[141]고 보고하였다. 클락이 그렇게 감탄한 것은 "가장 가망 없는 지역"이라고 낙인이 찍혔던 그곳에 "가는 곳곳마다 성령의 놀라운 감동으로 살아 움직이는 것처럼"[142] 보였기 때문이었다. 은혜를 받은 후 "마을 전체가 자신들의 우상들을 버리거나 불태워 버렸다. 남자들은 며칠 걸리는 여행을 하면서 우리들을 만나러 와서는 자신들의 마을을 방문해 달라고 간청했다."[143]

이제 "부흥의 불길"이 원산, 개성, 평양, 서울이라는 특정 지역을 넘어 전국적으로 확산되기 시작한 것이다. 한 가지 분명하고 일관된 사실은 당시 부흥운동이 개인의 죄를 공개적으로 고백하는 간증을 가장 중요한 특징으로 하고 있다는 사실이다.

부흥운동이 확산되면서 개인의 영적각성과 죄 사함과 구원의 확신에 대한 고백은 그리스도인들이라면 반드시 거쳐야 할 중요한 과정으로 인식되었다. 성령의 능력이 개인의 고백과 간증으로 이어져야 한다는 확신이었다. 따라서 부흥운동은 죄에 대한 참회와 고백을 반드시 동반하는 것으로 이해되었다.

"변화시키시고 중생케 하시고 삶에 새로운 열심과 열정을 주시는 그리스도의 능력은 전투적인 교회의 모든 구성원에게 하나의 개인적인 간증 문제임에 틀림없다. 이와 같은 결과를 얻을 수 있는 가장 효과적인 방법 가운데 하나는 죄에 대한 진실된 통회, 깊은 회개, 그리고 하나님의 뜻과 능력에 대한 완전한 복종의 부흥운동이다. 지난해 부흥의 불

140　J. L. Gerdine, "Sowing in Difficult Places," *KM* I: 12 (Oct., 1905), 166.
141　C. A. Clark, "Not Unpromising Now," *KMF* II: 10 (Aug., 1906), 199.
142　Clark, "Not Unpromising Now," 199.
143　Clark, "Not Unpromising Now," 199.

길이 지속된 결과 한국 교회 곳곳이 계속 불타고 있다."[144]

1905년에 들어서면서, 특히 후반에 이와 같은 성령의 역사로 인한 회개의 움직임이 몇몇 선교지에서 뚜렷하게 감지되고 있었다. 이와 같은 상황에서 장감연합공회가 한국인들의 정서를 감안하여 구정에 맞추어 각 선교회가 일제히 부흥 집회를 열기로 결정한 것은 매우 뜻 깊은 결정이었다. 그것은 모든 사역자들이 새해를 맞아 자신들의 영적인 재충전을 받고 또한 믿지 않는 친구들과 이웃들을 저녁에 있는 전도 집회에 초청하여 그들에게 복음을 접할 수 있도록 기회를 제공한다는 의미에서도 중요한 의미를 지니고 있다. "이 변화의 시대에 수많은 사람들이 그리스도를 믿고 있으며, 우리 선교사들은 한국인들이 심령과 삶의 바닥까지 놀라운 권능으로 새 사람을 만드는 그런 형태의 종교를 가져야 한다고 느끼고 있다. 한국 교회는 '새 사람'의 경험을 가져야 할 것이다. 우리는 그것을 가져 왔고, 그것을 가지고 있고, 그리고 이제까지보다도 더욱더 그것은 다가오는 해의 사생결단의 외침(the battle cry)이 될 것임에 틀림없다."[145]

기독교가 한국인들에게 새로운 소망이라는 사실을 일깨워 주는 데는 어느 정도 성공했지만, 이들에게 구주를 영접한 자들에게 주어지는 하나님의 중생의 은혜, 거듭남의 체험, 예수 그리스도를 개인의 인격적인 구주로 영접하는 사상, 그리고 죄로부터 우리를 구원하시는 구주(a Redeemer from sins)에 대한 확신을 갖도록 하는 데는 실패한 것으로 보인다. 선교사들은 가장 급속하게 성장하고 있는 한국 교회에 그와 같은 분명한 죄의식을 심어주어 새로운 중생의 참된 의미를 분명하게 가르쳐 주는 것이야말로 가장 시급한 과제라고 확신했던 것이다.

한국인들이 죄에 대한 분명한 확신을 갖게 된 것은 부흥운동을 거치면서부터였다. 선교사들은 한국인들에게서 복음을 접한 후에 새로워지고 변화가 나타나고 과거와는 달리 신앙생활에 매우 헌신하는 분명한 모습을 볼 수 있으면서도, 그들이 죄의 문제를 심각하게 고민하고 죄로부터 자유케 하시는 보혈의 능력을 경험하고 이해하는 데는 부족하다고 생각하고 있었다. 이 때문에 그들은 마치 종교개혁 시대 루터가 분명히 인식한바

144　W. G. Cram, "Revival Fires," *KMF* II: 2 (Dec., 1905), 33.
145　Cram, "Revival Fires," 33.

믿음으로 말미암는 의가 한국인들의 중심에 깊이 뿌리를 내려야 한다고 생각했던 것이다:

> 우리는 교회가 그리스도와 그의 의에 기초하고 그 외 어떤 다른 것에도 기초하지 않도록 해야 한다. … 한국을 그리스도에게로, 그리고 그리스도를 한국에게로! 이것이 우리가 원하는 것이다. 이것이 우리가 위로부터 임하시는 부흥의 불길에서 얻어야 할 것이다.[146]

선교사들은 한국인들이 세계 어느 나라의 백성들보다도 복음에 귀를 기울이고 복음에 열려 있기 때문에 한국에서의 복음의 진보는 매우 낙관적이라고 보았다. 한국인들과 한국에 파송된 선교사들은 이와 같은 이 나라의 부흥의 역사를 가장 시급한 당면 과제로 생각했던 것이다. 그것은 과거보다도 훨씬 더 복음의 진보가 눈에 띄게 일고 있고, 또 어디서나 사람들이 복음에 귀를 기울이고 복음을 받은 자들이 그 복음을 다른 사람들에게 전하고 있기 때문이다. 따라서 선교사들은 지금이야말로 이 민족의 복음화를 위해 더욱더 힘을 모아 매진해야 할 때라고 확신하였다.

실제로 "복음은 한국에서 지난 21년의 역사에서 놀라운 진보를 이룩했으며 여기 선교사들은 세계 어느 지역의 사역자들보다 실망적인 요소들을 적게 가지고 있었다."[147] 그러나 그것이 곧 이곳에서의 모든 문제가 없다거나 해결되었다는 것을 의미하는 것은 아니었다. 선교사들은 이와 같은 성공에도 불구하고 선교지에서의 실제적인 수확이 자신들이 그렇게 정성스럽게 뿌려 온 씨앗의 양에 버금가는 수확을 거두지 못했다고 느끼고 있었다. 그래서 그들은 더 많은 이 나라의 백성들이 주께로 돌아서기를 간절히 원하고 있었던 것이다.

"어떤 사람은 '모든 것이 기다리는 자에게 찾아올 것이라'고 말하지만 나는 내가 그것을 변화시켜야 한다고 믿으며, 믿고 일하고 간구하는 이에게 그 모든 것이 임하는

146　Cram, "Revival Fires," 33.
147　Moose, "A Great Awakening," 51.

것이라고 말하고 싶다."¹⁴⁸

4. 장감연합공회 결성과 신년 부흥회 개최 결정

한편으로는 이 나라가 전에 없는 위기를 만나고 다른 한편으로는 한국 선교가 시작된 이래 그처럼 놀라운 외적 및 내적 부흥의 움직임이 감지되고 있는 것을 목도하면서 한국에서 선교하는 장감 선교회는 이와 같은 시대적 환경 속에서 좀 더 효율적으로 선교를 수행하기 위해 1905년 9월 15일 4개의 장로교 선교회와 2개의 감리교 선교회 소속 150명의 선교사들이 모여 장감연합공회(the General Council of Evangelical Missions in Korea)를 만장일치로 결성했다.¹⁴⁹

선교 초부터 한국 개신교 선교회의 연합 활동에 가장 적극적으로 참여하면서 연합 활동의 구심점 역할을 해온 언더우드가 초대 의장에 선출된 것은 자연스러운 일이었다.¹⁵⁰ 본래 "이 장감연합공회의 목적은 선교 활동에서의 협력을 이루어 궁극적으로 한국에 하나의 한국 복음주의 교회를 조직하려는 데 있었다."¹⁵¹ 공의회에 참석한 이들은 각 선교회의 자율성을 그대로 인정하면서 밀접한 상호 협력을 통해 한국에서 효율적이고 영구적인 복음주의 교회를 조직하여 민족복음화를 앞당기겠다는 결연한 의지가 있었다.¹⁵² 이들이 지금까지 출판되던 감리교 선교지 코리아 메소디스트(*Korea Methodist*)

148　Moose, "A Great Awakening," 51.
149　"Missionary Union in Korea," *KR* (September, 1905), 342-346. 장감연합공회(General Council)의 결성은 한국 선교의 또 하나의 신기원이었다. 영어 명칭(evangelical missions)에서 보여 주듯이 복음주의 노선을 분명히 천명하면서 개신교 선교의 연합운동을 추진하는 전기를 마련해 주었기 때문이다. 여기에는 미국 북장로교 선교회, 남장로교 선교회, 캐나다 장로교 선교회, 호주 장로교 선교회 등 4개의 장로교 선교회, 북감리교 선교회, 그리고 남감리교 선교회 등 6개의 개신교 선교회가 참여하였다.
150　Underwood, Underwood of Korea, 241.
151　"Action on Union taken by the M. E. Mission, South," *KM* I: 12 (Oct., 1905), 167; "Missionary Union in Korea," *KR* (September, 1905), 342-343; *Annual Reports*, "Korea Mission of the Methodist Episcopal Church, South, 1905," 26; Latourette, *A History of the Expansion of Christianity* Vol. IV., 429.
152　"Action on Union taken by the M. E. Mission, South," *KM* I: 12 (Oct., 1905), 167.

와 장로교의 코리아 필드(Korea Field)를 하나로 연합하여 코리아 미션 필드(The Korea Mission Field)로 출판하고, 교육 기관과 사역, 복음 전파 사역, 공동 찬송가, 의료 사역, 그리고 주일학교 교재도 하나로 통일하여 출판하는 등 하나의 민족교회 설립을 위한 기초 작업들을 진행해 나갔던 것도 그 때문이다.[153]

이들에게는 민족복음화를 앞당기는 것이야말로 이 민족을 살리는 길이며, 하나님의 축복을 누리는 길이라는 확신이 있었다. 따라서 이들은 현재 진행되고 있는 일부 지역의 부흥의 움직임을 목도하면서 이와 같은 부흥이 선교지 한국 전역에서 일어나야 한다는 사실에 모두 동의하고 있었다. 1905년 9월, 장감연합공회가 한국에서 가장 중요한 시즌, 구정을 기해[154] 전국적으로 일제히 부흥회를 열기로 결의한 것은 그 때문이었다:

> 9월의 연합공회 모임에서 한국 전역의 교회에서는 동시 부흥운동(a simultaneous revival movement)을 가져오도록 규정하는 한 결의안이 통과되었다. 준비를 책임 맡은 위원회는 한국의 구정이 부흥 집회 개최를 위한 적절한 시기라고 제의하였다. 최근의 성장에 비추어 볼 때 한국의 기독교 공동체가 이번에 하나님을 섬기는 일에 뜻을 모은다는 사실은 놀라운 하나님의 섭리인 듯하다. 아마도 한국 교회사에서 결코 이전에는 찾아볼 수 없었던 하나님의 권능의 현시에 대한 필요성이 일고 있다. 여기서 복음이 전파되면서 복음에 대한 참된 반응이 나타나고 있고, 그리고 교회는 수적으로 꾸준하게 증가하였다. 하나의 위기가 다가왔다. 정치적인 상황은 전 국민에게 불안한 상태를 가져 왔다. 이 나라 백성과 개인들의 희망은 어떤 정치적인 선동(agitation)이나 정치적인 논의(discussion)에 있는 것이 아니라 하

---

153 그러나 이들은 현재 한국에서 깊이 진행되고 추진되는 하나의 복음주의 교회 설립이 한국에서 사역하고 있는 여러 선교회의 정체성을 파괴하거나 선교회와 선교회 혹은 선교사들과 선교사들 간, 그리고 선교사들과 본국의 모 교회, 선교 단체들, 그리고 선교본부와의 관계를 방해하는 일이 있어서는 안 될 것이라고 생각하고 있었다. "Action on Union Taken by the M. E. Mission, South," KM I: 12 (Oct., 1905), 169; Annual Report, PCUSA (1906), 8; "Union," The Korea Field (Aug., 1905), 257-259.

154 한국의 구정 기간은 한국인들에게 사경회나 부흥회를 열기에 연중 가장 편리한 기간이었다. Lak-Geoon George Paik, The History of Protestant Missions in Korea 1832-1910 (Pyeng Yang: Union Christian College, 1929), 300-301.

나님께 놓여 있다. 교회의 불안정을 퇴치하는 방법은 복음이 제공하는 희망을 강조하는 것이다. 살아 있는 신앙은 "현재의 고난은 장차 다가올 영광과 족히 비교할 수 없다"는 희망을 낳는다.[155]

한편으로는 한국이 처한 정치적, 경제적 상황을 피부로 체험하고 다른 한편으로는 영적 갱생의 움직임을 목도하면서 한국에 파송된 선교사들의 가슴은 부흥에 대한 열망으로 불타올랐다. 1905년 9월 장감연합공회에서는 한국에 사역하고 있는 모든 선교사들에게 "특별한 노력을 요청"[156]하는 글을 보내 한국에서 사역하고 있는 모든 선교사들이 하나같이 부흥운동을 사모하고 하나님께서 이 나라에 그와 같은 은혜를 베풀어 달라고 준비하는 일에 열심히 동참해 줄 것을 호소하였다.

장감연합공회를 대표하는 무즈(J. R. Moose), 게일(J. S. Gale), 벙커(D. A. Bunker), 레이놀즈(W. D. Reynolds)의 이름으로 발송된 이 통지문의 내용은 그 해 9월에 결정된 바 한국의 모든 교회들이 한국의 구정에 동시에 부흥 집회를 여는 계획을 실천에 옮겨 줄 것을 부탁하는 것과 구체적인 실행 방법을 골자로 하고 있다:

한국의 선교사들에게!

한국에 있는 교회 전체에 동시 부흥 집회를 열기 위한 시기를 제의하고 또 같은 것을 여러 선교회에 전하기 위해 장감연합공회에 의해 구성된 위원회, 아래 서명자

---

155 "The Time Opportune," 29-30.
156 1905년 9월의 장감연합공회의 결정을 더 구체적으로 재확인하고 그것이 실제적으로 실천에 옮겨질 수 있도록 하기 위해 1906년 2월 23일 언더우드 집에서 장감연합공회 제1차 실행위원회가 열렸다. 여기에는 북감리교의 W. A. Noble, 남감리교의 J. R. Moose, 북장로교의 H. G. Underwood, 그리고 남장로교의 W. D. Reynolds가 각기 자신들의 선교회를 대표하여 참석하였다. 언더우드의 추천 지명으로 노블이 의장에, 그리고 레이놀즈가 서기에 선출되었다. 여기서는 선교지 분할 정책으로 인해 마찰이 생긴 지역들을 논의하고 공의회와 한국 교회, 선교 지역의 경계선, 다음 장감연합공회의 연례모임을 위한 준비 등 여러 가지 현안들을 의제로 다루었다. 이 모임은 장감이 교파를 초월해 한국의 복음화를 추진하는 과정에서 빚어지는 크고 작은 문제들을 해결하여 한국 선교지의 효율적인 선교를 위한 일종의 역사적인 모임이었다. 여기서는 미션 스쿨 연합사업, 찬송가, 저널은 물론 장감 연합공회를 대변할 수 있는 교리를 연구하기로 의결하고 오는 4월 27일 평양의 Noble 선교사 집에서 다음 모임을 갖기로 결정하였다. *KMF* (1905), 111-112.

들은 구정 시즌이 그러한 노력을 위한 가장 효율적인 기회를 제공한다고 결정하였다. 기도와 실천에서의 실제적인 조화, 그 결과 주된 능력의 요소 가운데 하나를 확보하기 위해서 다음의 제의들이 정중하게 제안되었다:

1. 부흥 시즌 동안에 가능한 전 선교단체는 전체 선교단체의 사상, 기도, 노력이 이 한 가지 최고의 목적과 직결되도록 하기 위해 문서사역, 시골 전도여행, 그리고 사역과 직접적으로 관련되지 않은 다른 사역으로부터 철수한다. 사탄은 그러한 우리편의 목적과 행동의 조화를 목도하고는 전전긍긍할 것이다.

2. 부흥 집회의 첫 번째 목적은 새로운 신자의 등록보다 교회내의 영적각성이어야 한다. 사역이 먼저 깊이(depth)가 있으면, 그 다음에 자연히 넓이(breadth)는 따라올 것이다.

3. 이들 구정 집회는 선교지부들 혹은 규모가 더 큰 중심지에서 열려야 할 것이고 조사들과 성경공부 지도자들이 참석하여야 할 것으로 추정된다. 만약 그들을 훈련시킨다면 선택하는 주제들은 머리(head)보다는 가슴(heart)을 가르치는 과목이어야 한다. 인죄론, 회개, 고백, 용서, 그리고 의식적인 구원이 제시될 수 있을 것이며, 교인들이 값없이 주어지는 선물을 소유했는지 못했는지 알도록 해야 할 것이다.

4. 중심지에서의 사역 이후에는 그 마을의 교회들이 똑같은 방식으로 도달될 수 있도록 집회가 열리도록 해야 한다. 외부에 도달하기 위하여 시간표가 조정될 수 있으며, 중심적인 집회들을 통해 뜨거운 은혜와 능력을 충만히 받은 사역자들에게 마을에서의 사역이 할당되어야 하며, 선교사들은 할 수 있는 대로 지도하고 참여해야 한다.

부흥의 열정과 권능보다 더 전염성이 있는 것은 아무것도 없기 때문에 우리는 하나님의 축복하에 우리의 전체 선교지가 앞으로 단지 수개월내에 영향을 받거나 생기를 띨 것이라고 믿는다. 하나님의 구원의 능력에 대한 확실하고 살아 있는 증거를 가진 교회는 이 땅에 복음화되지 않은 사람들에게 도달할 수 있는 가장 빠르고 가장 훌륭한 수단이 될 것이다. 우리는 이 사역에 우리 자신들을 참으로 헌신하여 그래서 하나님께서 그의 영광스러운 구원의 능력을 현시하시도록 기회를 제공해야 하지 않을까?[157]

장감연합공회의 결연한 의지는 당시 한국에서 활동하고 있던 선교사들의 분위기를 그대로 반영하는 것이었다. 선교사들은 만약 자신들이 신실하기만 한다면 하나님께서는 한국에 대부흥운동을 가져다 줄 것이라고 확신했다. 그러나 그것이 아무런 노력이 없이 찾아오는 것이라고는 생각하지 않았다. 여호수아와 갈렙처럼 하나님의 약속을 믿고 강하게 그분을 의지하고 나간다면 부흥운동의 축복이 이 민족에게 임할 것이라고 생각했다. "만약 우리가 주님께 헌신하고 그의 말씀을 믿고 일을 추진한다면 우리는 우리가 지금까지 생각할 수 있었던 것보다 훨씬 더 이 민족을 주께로 돌아서게 할 수 있는 방식을 발견할 수 있을 것이다."[158]

선교사들이 인간적인 방법을 포기하고 전적으로 주님이 기뻐하시는 방법을 따르자고 말한 것은 바로 부흥운동을 두고 한 말이다. 이 민족이 살 수 있는 길은 기독교이며, 기독교의 생명력은 영적인 각성에 있으며 영적각성은 부흥운동을 통해서만이 가능하다는 것이다. 결국 그들은 부흥운동이야말로 이 민족을 살릴 수 있는 가장 확실한 길이라고 확신했던 것이다:

> 그것은 부흥운동이라는 한마디로 집약할 수 있을 것이다. 먼저 우리에게 주어진 교회의 영적인 생명을 깊게 할 수 있도록 노력하자. 일단 이것이 이루어지면 우리는 수십만의 불신 영혼들이 교회로 찾아드는 것을 볼 수 있을 것이다. 먼저 우리는 그들을 받들 수 있는 입장에서 그들을 말씀으로 가르치고 남녀의 삶이 그리스도의

157　J. R. Moose, J. S. Gale, D. A. Bunker, W. D. Reynolds, "A Call to a Special Effort," *KMF* II: 2 (Dec., 1905), 30.
158　Moose, "A Great Awakening," 52.

영으로 충만하도록 가르치자. 이것은 지금이야말로 우리가 서 있는 시점이 한국 교회사에서 백성들이 말씀을 듣고 믿지 못하도록 할 만큼 문제 있는 시기는 아니라는 것을 말한다. 오히려 그것은 지금 우리에게 찾아와 가르쳐 달라고 간청하는 이들을 어떻게 적절히 돌보고 가르칠 것인가 하는 것이다. 아무것도 심령을 녹이는 종교의 참된 옛 형식의 부흥운동(a genuine old fashioned revival of heart felt religion)과 같은 [신비로운] 이것을 풀어내지는 못할 것이다. 백성으로 구원을 받게 하고 또 그들이 구원을 받았으며 우리가 누군가로 하여금 우리 주님을 증거하도록 하는 것에 아무런 문제가 없을 것임을 알리자. 주님의 방식은 제자들이 먼저 기다리고 충만하도록 한 후 그들이 그리스도를 증거하도록 하신 것이다.

성경 연구반(study class)을 갖는 것은 좋다. 나는 그것들을 전혀 반대하지 않는다. 그러나 나는 어떤 다른 것보다 교회가 지금 당장 필요한 것은 부흥운동이라고 믿는다. 한국에서 사역하는 모든 사역자들이여, 다가오는 한국의 구정에 이 부흥운동이 임하고, 그리고 이것이 한국의 오순절의 참된 시작이 되도록 전에 없이 간절히 기도하자.[159]

이처럼 선교사들은 이 시대 한국이 가장 필요로 하는 것은 다름 아닌 부흥운동이라고 확신하고 있었던 것이다. 왜 장감연합공회에서 구정에 맞추어 전국 선교지에서 일제히 부흥 집회를 열도록 결정했는가 하는 것도 그런 이유에서였다. 위기에서 한국을 구할 수 있는 가장 확실한 길은 하나님께 달려 있으며, 부흥운동은 하나님의 은혜를 구하는 가장 약속된 길이며, 따라서 모든 면에서 볼 때 지금이야말로 그것이 가장 절실하게 이 나라에 필요하다고 확신했기 때문이다. 그만큼 모든 선교사들은 이 나라를 살릴 수 있는 길은 영적 부흥이라고 믿었다. 그러나 먼저 이를 위해서는 양적 성장이 일차적 목표가 아니라 영적으로 깨어나 질적 성장을 먼저 갖추는 것이 선행되어야 할 시급한 과제라고 생각했다. 산발적인 집회를 갖는 것보다 모든 선교회가 함께 힘과 마음과 뜻을 모아 동시에 부흥 집회를 여는 것이야말로 하나님의 보좌를 움직여 그분의 은혜를 끌어내는 가

---

159 Moose, "A Great Awakening," 52.

장 확실한 길이라고 믿었던 것이다.

1905년 9월에 있었던 일련의 모임들은 이와 같은 선교사들의 확신과 이 나라 복음화를 위한 그들의 열정을 한데 모을 수 있는 기회를 제공해 주었다. 1905년 9월 3일부터 10일까지 한 주간 동안 예정대로 열린 선교사들을 위한 사경회(the Bible Study Conference)에서 선교사들은 9시 30분부터 10시 30분까지 성경공부를 하고 이어 그리스도인의 생활과 관련된 몇 가지 주제에 대한 강의에 참여하고 정오까지 공개토론을 하거나 기도회를 가졌다. 저녁 7시 30분부터 8시까지 찬양집회를 통해 사경회에 참석한 선교사들은 자신들의 사역과 이 나라의 복음화를 위한 비전을 새롭게 다질 수 있었다.

이어 1905년 9월 10일부터 16일까지 서울에서 열린 북장로교, 남장로교, 호주 장로교, 캐나다 장로교 선교회 등 6개 장로교 선교회의 연합 모임인 장로교 공의회에 참석한 선교사들은 최근에 진행된 놀라운 복음의 진보에 대한 소식을 서로 나누면서 다시 한 번 부흥에 대한 비전을 견고히 할 수 있었다.

장감연합공회가 구정을 기해 부흥회를 열기로 결정한 것은 자연스러운 일이었다. 더구나 계속되는 비와 여행의 어려움으로 평양에서 개최될 예정이었던 북장로교 선교회의 연례회가 연기되어 장로교 공의회 기간 중인 1905년 9월 11일 서울 이화학당 강당에서 남장로교와 연합으로 연례회를 가지면서 이것은 더 자연스럽게 추진되었다. 9월 14일부터 일주일간 남감리교 연례 모임이 본국 선교 본부로부터 온 8명의 대표와 본국 여선교회로부터 온 8명의 대표가 참석한 가운데 열렸던 것도 고무적인 일이었다. 1905년 9월 한 달 동안 이와 같은 각 선교회의 연례 모임이 열린 것은 시의적절한 일이었다.

1905년 음력 11월 16일부터 25일까지 열린 재령 사경회에서 보여 준 사경회에 대한 열기는 확실히 부흥에 대한 사모함이 얼마나 간절했는가를 보여 주기에 충분했다.[160] "평양에 마목亽[마펫]와 셔울에 샤목亽와 지녕을 쥬관ᄒᆞ는 군목亽와 황목亽와 쏘여러 조亽들이" 참석한 가운데 열린 이번 사경회는 재령읍에서만 106명이 참석하였고, 외촌에서 157명, 안악에서 61명, 봉산에서 59명, 신천에서 41명, 해주에서 8명, 서흥에

---

160 류몽툭, "지녕 사경회," 그리스도 신문, 1906년 1월 25일, 92-93. 이보다 앞서 11월 6일부터 십일간 열린 초산읍 사경회에서도 120명이 모여 사경회에 참석하는 이들의 수가 놀랍게 늘어났을 뿐만 아니라 공부하는 이들의 태도도 더 없이 진지해졌다. 그리스도 신문, 1906년 1월 25일, 94.

서 6명, 풍천에서 6명, 은율에서 5명, 문화에서 17명, 송화에서 3명, 장연에서 8명, 장련에서 7명, 중화에서 1명, 그리고 그 외 지방 구분이 안 된 곳에서 48명, 전체 533명이 참석한 거대한 집회였다. 이것은 과거에는 찾아볼 수 없었던 대단한 규모이다. 모인 이들의 열의 또한 대단했다:

> 이 모든 형뎨들과 목ᄉ들이 지녕읍 칠빅 여 호나 되는 집을 다 낫낫치 젼도ᄒ고 ᄯ 쟝날마다 외촌 빅셩들에게 젼도ᄒ며 ᄯ 린근 수십 리 되는 촌에 가셔 젼도ᄒ매 불과 열흘 동안에 외촌은 말ᄒ 거 시 업거니와 읍뉘에셔 새로 밋기를 쟉뎡ᄒᆫ 사ᄅᆷ이 빅뵉 여 명이나 되는 즁 사경[회] 홀 처소가 업서 념려가 되엿ᅀᆞ더니 ᄯᄒᆞᆺ 긔 본읍 군슈 진공희셩 씨끠서 길쳥을 빌녀 주심으로 수다한 교우가 편안히 공부ᄒᆞ엿ᄉᆞ오니…ᄒᆞᄂᆞ님끠셔 사ᄅᆞᆷ을 주시고 엇지집을 주시지 아니ᄒᆞ오릿가.[161]

재령군수는 사경회 장소를 제공해 주었을 뿐만 아니라 어느 날 밤 사경회에 참석하여 모인 이들에게 "예수를 밋는 거시 령혼만 구원홀쑨 아니라 나라히 문명진보ᄒᆞ는 것ᄭᅩ지 예수 교회에 잇다는"[162] 내용의 권면을 하였다. 이와 같은 분위기는 저녁에 열리는 전도 집회의 영적 분위기를 더욱 고조시키기에 충분했다.

또한 음력 11월 17일부터 23일까지 평양의 그레함 리(이길함, Graham Lee) 선교사가 인도한 황주 용소골교회 사경회와 12월 29일부터 1906년 1월 10일까지 수백 명이 참석한 가운데 열린 평양 사경회를 비롯해 거의 같은 기간에 열린 사경회마다 감지되는 영적 분위기는 확실히 이전과 달랐다.[163]

---

161 류몽뤽, "지녕 사경회," 92-93.
162 류몽뤽, "지녕 사경회," 93.
163 리챵실, "황쥬 룡소골회당 사경회," 그리스도 신문, 1906년 2월 1일, 108. 평남 강동군읍 교회는 그동안 박해가 많았으나 설립 7, 8년 만에 처음 개최하는 사경회에서 70세의 노인이 "성신의 권능을" 받는 역사가 나타나면서 교회의 분위기가 완전히 쇄신되었다. cf. 리태항, "평안남도 각군 사경회," 그리스도 신문, 1906년 4월 12일, 354.

제 4 장
신년 부흥회와 하디의 귀환

> 우리 밋는 모든 형뎨 주미들은 합심 협력호야 부흥회를 니르키면 복을 밧을 뿐이 아니라 밋지 아니호는 사롭들도 쥬의 말솜을 듯고 회기호야 참 밋는 사롭들이 만히 니러 날지니 밋는 사롭만 복을 밧을 뿐이 아니라 나라가 기명호야질 거시오 모든 빅셩들이 복을 밧을 거시라.
>
> 그리스도 신문, 1906년 1월 18일

1906년 전반기 한국 교회의 부흥의 불길을 전국적으로 저변 확대시키는 데 크게 기여한 두 가지 사건이 있었다. 하나는 앞서 언급한 대로 1905년 9월 장감연합공회에서 구정을 기해 동시에 부흥회를 개최하기로 한 결정이었고, 다른 하나는 원산부흥운동의 주역 하디의 귀국이었다. 1904년 11월 본국으로 떠났던 하디가 1905년 12월 선교지 원산으로 돌아왔다. 장감연합공회의 결정에 따라 1906년 구정을 기해 전도 집회를 열기에 앞서 원산부흥운동의 주역 하디가 돌아온 것은 매우 시의 적절했다. 기왕의 명성에다 이와 같은 영적 분위기가 형성됨에 따라 그에게는 각 선교지로부터 사경회와 부흥 집회를 인도해 달라는 요청이 쇄도했다.

하디는 떠나기 전보다도 한층 더 완숙한 지도자가 되어 귀국했다. 더 많은 곳에서 더 많은 선교사들이 집회의 강사로 그를 초빙하기를 원하였고, 그는 자신을 필요로 하는 곳이라면 사역에 지장이 없는 한 어느 곳이나 달려갔다. 가는 곳마다 성령의 놀라운 역사가 예외 없이 나타났다.[1] 그것은 그가 왜 그토록 부흥운동의 주역으로 쓰임 받았는가 하는 이유이다.

1. 계속되는 하디의 부흥 집회

1906년 봄 학기가 시작되기 전 이화학당과 배재학당 두 학교 학생들을 위해 매일 세 번씩 2주간 동안 하디의 인도로 열린 일련의 집회에서 놀라운 부흥의 역사가 나타났다.[2] 많은 학생들이 참석한 것은 아니었다. 그러나 전국적인 부흥운동의 영향을 받아 모인 젊은이들은 하디의 설교와 간증이 이어지면서 놀라운 흡인력으로 그의 말씀을 빨아들였다. 집회 때만 은혜가 임한 것이 아니었다. 새벽에 주님과의 개인적인 교제를 통해서도 은혜는 임했다. 1906년 5월, 이화학당에서 가르치고 있던 프레이(L. E. Frey)는 "이화학당에서의 부흥운동"(Revival at Ewa)에서 이렇게 증언한다:

> 집회 마지막 주간 페인 양과 나는 예배 후 매일 저녁 자정까지 여학생들이 죄를 고백하고 마음을 털어놓는 것을 듣고 있었다. 새벽에 우리는 여학생들이 한 사람 한 사람씩 기도하기 위해 채플로 살며시 가는 것을 보았고, 그들 가운데 많은 사람이 언제 어디서 자신들의 죄를 용서받았음을 체험했는가 질문을 받자 채플에서 어느 아침에 홀로 있을 때라고 말하였다. 부흥운동의 결과는 일년 내내 지속되었다.[3]

1900년 미 감리회 선교사로 내한하여 제물포 선교부에서 선교 활동을 했던 힐맨(Mary R. Hillman)이 "놀라운 한 주간"이라고 명명했던 은혜로운 부흥 집회가 그녀가 맡고 있는 1906년에 제물포 지역에서도 열렸다. 매일 3회의 부흥 집회가 거의 일주

---

1   하디는 부흥운동을 거치면서 의료 선교 분야를 포기하고 전도사업에만 전념하였다. 梁柱三, **朝鮮南監理敎會 三十週年 紀念報** (京城: 朝鮮 南監理敎會 傳道局, 1929), 59.
2   L. E. Frey, "Revival at Ewa," *KMF* II: 7 (May, 1906), 133.
3   Frey, "Revival at Ewa," 133.

일 동안 하디의 인도로 열렸다. 철저한 준비 가운데 열렸던 이 집회에서도 성령은 강하게 모인 회중 가운데 임했다. 힐맨의 다음과 같은 고백은 이 집회가 얼마나 은혜로운 집회였는가를 말해 준다:

> 얼마나 놀라운 한 주간이었던가! 고국에서 많은 은혜로운 부흥회에 참석했지만 우리는 결코 이전에는 그와 같은 강력한 죄의 확신, 성령 임재와 권능의 뚜렷한 현시, 그리고 기도에 대한 직접적인 응답을 목도하지 못했다.[4]

이 집회를 통해 여러 사람들이 특별한 은혜를 체험했다. 그곳에서 사역하는 한 성서부인은 자기의 내면에 깊숙이 자리 잡고 있는 "질투와 사랑의 결핍을 회개하면서 흐느껴 울었다. 죄의 확신으로 인한 그녀의 극심한 고통은 모든 지각에 뛰어난 평강으로 바뀌었으며, 그 후 그녀의 삶에는 성령의 결실이 맺혔다."[5] 하나님의 구원 능력의 또 다른 놀라운 사례는 한 가난한 과부에게 현시하신 경우이다.[6]

심한 폭풍이 이는 칠흑같이 어두운 밤, 수많은 방해에도 불구하고 그녀는 기도로 혹은 말씀으로 그 어려움을 이겨내며 신앙생활을 계속했다. 집회 기간 중 일어나 가장 굴욕적이라 할 수 있는 부끄러운 사실을 고백했으며, 그 후 그녀의 신앙은 경이적일 만큼 놀랍게 성장하기 시작했다. 무엇보다도 복음을 전하지 않고는 견딜 수 없었다. 그로부터 몇 주 지나지 않아 그녀가 힐맨을 찾아온 것이다. 성령께서 죄를 이기게 하시는 이 놀라운 능력을 다른 사람들에게 전해야 한다는 사명감을 느꼈기 때문이다.

그때부터 그녀는 선교회로부터 일전 한 푼도 받지 않고 자비를 들여가며 남양의 교회들, 부평의 교회들, 그리고 강화와 인접 섬들의 교회들을 방문하였다. 돌아와 그녀가 전하는 보고는 기쁨으로 가득 찼고, 그녀가 방문하는 교회마다 놀라운 은혜의 축복이 잇따랐다. 그가 방문한 여러 교회가 정규 성서부인으로 그녀를 다시 보내 달라고 요청할

---

4   M. R. Hillman, "A Wonderful Week," *KMF* II: 10 (Aug., 1906), 183.
5   Hillman, "A Wonderful Week," 183.
6   Hillman, "A Wonderful Week," 183.

정도로 그녀의 사역에는 은혜가 넘쳤다.[7] 하디가 인도하는 부흥 집회마다 영적각성운동이 일어났고, 영적각성운동은 복음 전파로 이어져 교회성장의 원동력이 되었던 것이다.

1905년 이후 나타난 부흥의 움직임은 1906년에 접어들면서 전국 어디서나 감지되고 있었다. 강화에서도 예외가 아니었다. 1905년의 정치적 시련은 강화 지역의 수많은 사람들의 심령을 가난하게 만들었다. 강화 지역을 책임 맡았던 케이블은 1906년 7월 "여기 사역이 수적으로, 영적으로 건강하게 성장하고 있다"면서 이렇게 말하였다:

> 옛 제국이 한국의 후견인(tutelage)으로부터 강력하고 탐욕스러운 섬나라의 손아귀로 사라지면서 수많은 사람들이 교회로 들어왔고, 국위를 얻으려는 그들의 희망, 자신들의 원수 나라에 대한 외국의 개입을 위한 몇 차례의 시도와 이에 대한 실패로 그들은 무너져 버리고 말았다. 다른 이들은 정치 상태에 대해 실망하여 교회로부터 무지와 무관심의 상태로 떨어졌으며, 몇몇 경우에 어떤 사람들은 교회를 반대할 목적으로만 조직된(일진회와 같은) 단체들에 합류하였다. 정치적 풍랑을 잠잠케 하는 데 성공한 교회의 교우들은 쓰라린 시련(trying ordeal)을 통해 더욱 강해졌으며, 교회와 영적인 하나님 나라와 관련된 문제들에 훨씬 더 큰 관심을 가지게 되었다. 이 모든 것은 더 강하고 더 강건한 교회의 모습을 현시해 주었다.[8]

그 결과, 케이블이 "우리가 지금까지 바랐던 것보다도 더 큰 진보"가 있었다고 지적한 대로 그곳에서도 놀랍게 복음이 확장되었다. 1906년 봄 케이블은 이렇게 말했다:

> 봄에 강화를 방문했을 때 우리가 1년 동안 보기를 희망했던 것보다 더 큰 진보를 보았다. 사람들 가운데 전반적인 각성운동이 일어났으며, 그들은 기독교가 다른 종교가 실패했던 그 시험을 감당해 내고 있다는 사실을 깨닫고 있었다. 차가울 대로 차가워진 이들이 영적 잠에서 깨어났으며, 그리스도를 저버리고 자신들의 불신

---

7   Hillman, "A Wonderful Week," 183.
8   E. M. Cable, "Kangwha," *KMF* II: 9 (Jul., 1906), 166.

앙으로 돌아갔던 이들이 한 번 더 하나님과의 언약을 갱신하고 역동적인 그리스도인들이 되었다.[9]

교회가 영적으로 새롭게 각성함에 따라 교세도 늘어나 불과 얼마 전까지만 해도 고작 8명에서 10명이 모이던 교회가 지금은 25명에서 30명씩 모여 예배드리는 교회로 성장했다. 이제는 교회가 너무 작아 교회 건물을 확장하여야 할 형편이 되었다:

> 개척교회가 여기저기서 새로 생겨 교사들을 필요로 하고 있다. 전보다 여학교에 대한 관심이 깊어졌고 심지어 아버지들이 자기 딸의 교육에 대한 관심을 나타내고 있다. 영적인 생명이 깨어나고 있으며, 섬 전체의 여인들이 힐맨과 밀러가 인도하는 성경 사경회에서 상당한 도움을 받고 있다. 강화읍에서 사역은 배가되었으며 사용할 수 있는 모든 공간들이 매 예배마다 수용할 수 없을 정도로 가득 차고 있다.[10]

이와 같은 놀라운 성장은 선교사들의 역할이 매우 중요하게 작용한 것이 사실이지만 벨(E. Bell)이 말한 것처럼 주로 "한국인에 의해 이루어진"[11] 것이다. 그가 맡고 있는 광주 지역도 9개월 전 지난해 연례모임 때만 해도 예배 처소가 11개였으나 대여섯이 모이는 예배 처소는 제외하더라도 9개월이 지난 지금 29개로 증가했다. 10명의 조사가 그를 지원하고 있으며 그들 가운데 8명이 한국인 교회들이 재정 지원을 하고 있는 이들이었다. 벨의 지적대로 그곳의 "전도 사역은 자립하고 있었다."[12] 이들의 헌신적인 노력으로 7개의 교회가 지난해 동안에 건축되었으며, 이들 모두가 건축비용을 선교비의 지원 없이 스스로 마련했다.

하디가 인도하는 집회마다 놀라운 성령의 역사가 나타났고, 영적각성은 물론 교회

---

9   M. R. Cable, "More Progress Than We Had Ever Hoped," *KMF* II: 7 (May, 1906), 138.
10 Cable, "More Progress Than We Had Ever Hoped," 138.
11 E. Bell, "Done by the Native Christians," *KMF* II: 8 (Jun., 1906), 142.
12 Bell, "Done by the Native Christians," 142.

의 성장도 눈에 띠게 나타났다. 그런 의미에서 장감연합공회가 전국적으로 구정을 기해 부흥회를 열기로 한 것과 때를 맞추어 그의 귀국이 이루어진 것은 매우 중요한 의미를 지니고 있다고 할 수 있다.

2. 신년 부흥회

1905년 가을 연합공회에서 신년 부흥회를 갖기로 결정한 후 부흥운동에 대한 필요성이 여러 채널을 통해 강조되기 시작했다. 1906년에 접어들면서 그 현상은 두드러지게 나타났다. 특별히 일반 민중들에게까지 파고들었던 교계 신문은 더 없이 중요한 홍보물이었다.

1906년 1월 18일자 그리스도 신문에 실린 존 무어 선교사의 글, "부흥회"는 그와 같은 분위기를 반영하는 전형적인 사례였다. 이 글에서 그가 일관되게 강조하는 것은 "교회가 흥왕ᄒᆞᄂᆞᆫ 거슨 부흥회로 되ᄂᆞᆫ"[13] 것이라는 사실을 신구약 전체가 보여 주고 기독교 역사가 보여 준다는 것이다. 자기 죄를 통회하며 행실을 바르고 단정하게 하여 진정한 영적 회복을 이룩한 느헤미야 시대, 마가의 다락방에서 120문도들이 성령을 충만히 받은 오순절 사건 모두 부흥회의 중요성을 일깨워 주는 것이다.[14]

루터의 종교개혁, 웨슬리의 감리교 부흥운동도 마찬가지다. 또한 근래 영국, 미국 교회들이 성장하고 흥왕하는 것도 부흥회를 통해서라는 것이다. 부흥운동 없이 교회가 생명력을 회복한 예가 없었던 것을 너무도 잘 알고 있었던 선교사들은 이 시대 이 민족에게도 부흥의 역사가 일어나야 한다는 확신을 가지고 있었다.[15] 개인과 민족이 사는 길

---

13 무목ᄉ, "부흥회," 그리스도 신문, 1906년 1월 18일, 53.
14 무목ᄉ, "부흥회," 54.
15 무목ᄉ, "부흥회," 55. "근리에 영국 미국에 감리교와 쟝로교와 여러 가지 예수교가 부흥회를 셜립홈으로 예수교가 널니 흥왕ᄒᆞᆫ 거시라. 지금도 우리 소원이 대한에 잇ᄂᆞᆫ 모든 교우들이 진심으로 합심ᄒᆞ야 부흥회를 니르키기를 바라ᄂᆞ이다. 그럼으로 여러 목ᄉ가 작뎡ᄒᆞᆫ 거슨 음력 졍월부터 대한에 잇ᄂᆞᆫ 각 지회에서 부흥회 니러나기를 위ᄒᆞ야 긔도ᄒᆞ기로 작뎡ᄒᆞ엿스오니 위션 경셩에셔 양력 일월 이십 팔 일브터 부흥회 셜시ᄒᆞ기로 작뎡ᄒᆞ엿슴즉 경향 각쳐에 잇ᄂᆞᆫ 교회 형뎨 ᄌᆞ미들도 부흥회를 위ᄒᆞ야 열심으로 긔도ᄒᆞ기를 바라ᄂᆞ이다."

이 바로 부흥회에 달려 있다고 믿었던 것이다:

> 우리 밋는 모든 형뎨 즈미들은 합심 협력ᄒ야 부흥회를 니르키면 복을 밧을 뿐
> 이 아니라 밋지 아니ᄒ는 사름들도 쥬의 말솜을 듯고 회기ᄒ야 참 밋는 사름들
> 이 만히 니러날지니 밋는 사름만 복을 밧을 뿐이 아니라 나라가 기명ᄒ야질 거
> 시오 모든 빅셩들이 복을 밧을 거시라.[16]

하나님께 믿음으로 간구하면 들으신다고 약속하셨기 때문에 이제 한국에 부흥회를 위해 간구하면 하나님께서 기도를 들으시고 응답하신다는 것이다. 따라서 존 무어가 지적한 대로 "우리가 부흥회를 니르키고져 ᄒ면 의심치 말고 맛당히 하ᄂ님ᄭᅴ"[17] 구해야 할 것이다.

그와 함께 그는 두 가지 사실을 더 환기시켜 주었다. 첫째는 죄에 대한 철저한 회개의 요청이고 둘째는 부흥회가 일차적으로 불신자들을 대상으로 한 것이 아니라 이미 믿음을 가진 신자들을 대상으로 한 것이라는 사실이다. 믿는 자들이 영적으로 깨어나면 전도를 할 수밖에 없고, 그 결과 자연스럽게 교회성장이 이루어진다는 것이다:

> 그런고로 우리가 부흥회를 니르키고져 ᄒ면…사름마다 즈긔 ᄆ음을 솔펴보고
> 무슨 죄가 잇거든 다 하ᄂ님ᄭᅴ 고ᄒ고 회기ᄒ여야 그 죄 샤유홈을 밧을 거시라.
> 지금은 우리 대한에 잇는 예수교회가 지극히 큰 복을 밧을 거시 새로 밋기를 작
> 명한 사름이 아니오, 임의 밋기로 작명한 형뎨 즈미들이 하ᄂ님의 신령한 ᄯᅳᆺᄉᆯ
> 더 깁히 ᄭᅢ돗고 거듭난 사름이 된 줄을 알아 셩신이 그 ᄆ음으로 더브러 거듭난
> 증거를 밧을 거시니 그러면 여러 형뎨 즈미들이 열심히 하ᄂ님의 도를 젼홀 거
> 시 밋지 아니ᄒ는 사름 가운디 밋는 사름이 만히 니러날 수 밧긔 업는 것시니

---

16 무목스, "부흥회," 55.
17 무목스, "부흥회," 55.

라.[18]

당시 그리스도 신문은 감리교의 그리스도인 회보와 장로교의 그리스도 신문이 하나로 통합되어 발간된 신문으로 장감 전체, 곧 한국 개신교 전체를 대변한다고 해도 과언이 아니었기 때문에 그 영향력은 대단했다. 이와 같은 분위기에 힘입어 부흥회에 대한 관심이 점점 더 널리 확산되기 시작했다.

장감연합공회의 신년 부흥회 동시 개최 결정 이후 처음으로 부흥운동이 선교 현장에 감지된 것은 1906년 1월 서울과 평양과 개성에서 열린 신년 연합 부흥회에서였다. 이들 지역은 이미 원산부흥운동의 영향으로 영적각성의 움직임이 강하게 일고 있던 지역이었기 때문에 성령의 역사에 가장 민감하게 반응하였다.

성령의 역사는 하나님의 주권적인 역사이지만 오순절 마가의 다락방의 120문도가 보여 주듯이 성령을 사모하며 간절히 기도하는 곳에 더 강하게 임재하는 법이다. 더욱이 교파를 초월한 장감 선교사들이 자신들과 이 백성들 사이에 영적 대각성의 역사가 임하게 해달라는 공동의 목적을 가지고 하나 되어 간절히 기도한 것이다.

신년 서울 연합 부흥회

장감연합공회의 결정에 따라 서울 지역에서는 장감이 연합하여 음력 정월 초삼일 (1906년 1월 27일)부터 14일까지 특별 신년 부흥 집회가 열렸다.[19] 집회가 열리기 열흘 전에 서울 지역 감리교와 장로교 선교사들과 교회 지도자들은 집회를 위한 기도회를 가졌다. 승동교회에서 열리는 장로교 기도회는 감리교 선교사가 인도하고, 정동교회에서 열리는 감리교 기도회는 장로교 선교사가 인도하여 장감의 협력 분위기는 어느 때보다도 고조되었다. 1905년 장감연합공회를 조직하면서 형성된 연합의 분위기는 신년 부흥

---

18 무목스, "부흥회," 55.
19 경성에서 실시되는 새해 집회 일자가 그리스도 신문에는 1월 28일부터라고 밝히고 있다. 무목스, "부흥회," 그리스도 신문 10권 3호 (1906년 1월 18일), 55. 조사 박승명, "런동," 그리스도 신문, 1906년 3월 8일, 232. 런동교회 조사 박승명은 서울 집회가 "음력정월 초삼일부터 십소일"까지 열렸다고 분명히 밝히고 있다.

회를 통해 더욱 발전한 것이다.

서울 동북편의 성도들은 연동(장로)교회에 모였고, 서남편의 교우들은 정동감리교회에서 그리고 남쪽편의 성도들은 상동감리교회에서 열리는 부흥회에 참석했다. 이번 2주간의 집회 중 1주간은 이미 교회를 다니는 사람들을 위한 집회로, 그 다음 한 주간은 불신자들을 위한 순수 전도 집회로 열렸다.

이미 기성 신자들을 위해 한 주간을 할애한 것은 구정에 맞춰 일제히 부흥 집회를 열기로 한 지난 9월 장감연합공회의 근본정신과 부합하려는 의도에서였다.[20] 이에 따라 "이 집회에는 불신자들을 교회로 인도하기 앞서 기성 교인들이 먼저 영적으로 더 깊고 더 충만히 깨닫게 하려는 데 노력을 기울였다."[21] 지난해 9월 장감연합공회 모임의 참석자들은 먼저 믿는 그리스도인들의 영적각성이 선행된다면 외형적인 성장은 자연히 뒤따를 것이라고 의견의 일치를 보았었다. 낮에는 각 교회에서 개별적으로 모임을 갖고 저녁에는 연동교회, 상동교회, 정동감리교회에서 연합 부흥회로 모였다.[22]

1906년 4월, 사무엘 무어(Samuel F. Moore)가 지적한 것처럼 지난번 연합공회의 결정 이후 처음 실시되는 이번 서울 부흥 집회는 여러 가지 어려운 여건 속에서 진행되었다.[23] 처음 2, 3일 저녁 집회에 참석했던 언더우드는 추운 혹한의 겨울 날씨로 인해 심한 감기에 걸려 집에 머물러 있어야 했고, 스크랜톤 박사는 늘어난 사역으로 인해 다

---

20   구정을 기해 부흥회를 개최한 것은 새로운 것이 아니라 이미 개성의 남감리교 선교사들이 해오던 부흥회 방식이었다. 원산부흥운동이 그곳에 미치던 그 즈음 개성의 남감리교 선교사들은 구정을 기해 2주간의 특별한 의미를 갖는 그 시기에 매일 저녁 부흥회를 겸한 기도회를 가져 왔다. 이것이 장감연합공회에서 구정 시즌에 부흥 집회를 갖기로 결정하는 데 중요한 역할을 했던 것으로 보인다.

21   W. D. Reynolds, "Clippings," *KMF* II: 9 (Jul., 1906), 173.

22   그러나 Moore가 지적한 대로 저녁 집회를 처음부터 불신자들에게 개방하는 전도 집회 겸 부흥 집회로 시작하는 것도 좋았을 것이다. 대신 낮과 오후에 열리는 집회에서 기성의 교인들을 말씀으로 훈련시키고 함께 기도할 수 있도록 기회를 제공해 주면 오히려 응집력을 더하게 되고 집회의 효율을 높일 수 있었을 것이다. 바로 이 점에서 이번 서울 부흥 집회는 후에 사경회 형식으로 진행된 저녁 전도 집회와 차이가 있었다. 일반 사경회에서는 오전과 오후 등 낮에는 주로 신앙인들이 모여 말씀을 연구하거나 기도모임을 갖고 저녁에는 모든 사람들을 초청하는 부흥 집회 형식으로 모임을 진행했다. 박승명, "련동," 그리스도 신문, 1906년 3월 8일, 232.

23   무엇보다도 구정을 전후한 겨울의 날씨는 그야말로 혹한이어서 사람들이 모임을 갖는다는 것 자체가 보통 어려운 문제가 아니었다. 그날의 날씨에 따라 모임의 성패가 좌우된다고 할 정도로 날씨는 집회 기간에서 매우 중요한 역할을 하는 것만은 사실이다. 따뜻한 날씨에 더 많은 사람들이 모였던 것이 확실했다.

른 곳에 가야 했으며, 그 동안 음악을 담당했던 벙커 역시 참석하지 못하고 대신 허스트 (Mrs. Hirst)가 음악을 담당하였다.

장감연합공회 실행위원회가 전체 책임을 맡아 추진한 이번 부흥 집회는 이와 같은 장애에도 불구하고 많은 유익이 있었다. 이 집회에는 기도회를 위해 1,000여 명이 모였는데 이것은 과거에는 찾아볼 수 없었던 "특별한"[24] 일이었다. 집회가 시작되기 전 10일 동안의 부흥 집회를 위해 시내 목회자들을 불러 이번 집회를 위해 그들의 협력을 구하는 한편, 장감이 교파를 초월하여 연합으로 갖는 이번 연합 부흥회가 성공할 수 있도록 사전 점검을 한 것이다. 연합 정신을 살리기 위해 장로교 목사는 감리교에서, 감리교 목사는 장로교에서 서로 강단을 교류하여 집회를 인도하였다.[25]

지금까지 선교회간의 협력은 있었지만 구체적인 교단간의 이와 같은 강단 교류는 드문 현상이었다. 장로교와 감리교를 대변하는 새문안교회와 정동감리교회 이 두 교회가 서울의 영적각성을 주도하여야 한다는 일종의 소명 의식을 가지고 있었다. 그것은 이들 교회에서 먼저 부흥의 역사가 일어나야 다른 서울의 교회들도 도전과 자극을 받을 수 있을 것이라고 판단했기 때문이다.

비록 단지 15곡 정도만 수록된 두 권의 찬송가가 찬양의 분위기를 조성해 주기에는 역부족이었지만 아비슨 여사와 벙커 대신 음악을 맡았던 허스트 여사의 인도로 진행된 찬양은 모인 이들의 영적 분위기를 한층 고조시켜 주었고, 모인 이들이 말씀을 받아들일 수 있도록 마음의 문을 활짝 열어 주었다. 에드먼즈(Edmunds Harbaugh) 양의 뛰어난 오르간 반주 실력도 모인 이들의 찬양의 열기를 한층 더 고조시켜 주었다.

그러나 이번 집회에서 매우 활발하게 움직이면서 영적 분위기 형성에 가장 크게 기여했던 선교사는 북감리회 소속 하운셀(C. G. Hounshell)이었다. 그는 1901년 북감리교 선교사로 내한하여 1902년 서울교구 담임을 맡았고, 1906년부터는 배재학교 교사를 겸직하면서 전도와 교육에 헌신했던 인물이었다. 연합 집회 현장에 끝까지 참여했던 사무엘 무어의 고백대로 "항상 기꺼이 새벽 기도회나 간증하는 일과 모임 후에 가장

---

24 Annual Report, PCUSA (1906), 8.
25 Annual Report, PCUSA (1906), 8.

열심히 참여했던 하운셀 형제를 언급하지 않고 이번 부흥회를 만족스럽게 설명할 수 없다."²⁶

한국 교회에 부흥의 계절이 오게 해 달라는 간절한 염원을 가진 이처럼 많은 사람들의 헌신이 뒷받침된 가운데 열린 집회였기 때문에 서울 연합 부흥 집회는 그만큼 중요한 의미를 지니고 있었다. 철저한 준비 기도와 장감의 협력이 뒷받침된 가운데 열린 집회였기 때문에 어려운 여건 속에서도 정동교회에서는 1,000여 명이 모였고, 승동교회와 새문안교회에서도 수백 명이 모였고 그 외 교회에서도 수많은 사람들이

하운셀(C. G. Hounshell)

모였다. 그만큼 부흥회에 대한 관심이 어느 때보다 높았다.²⁷

이번 집회에서 한 가지 특징은 사회자와 회중이 한데 어울리는 독특한 말씀 봉독 방식이었다. 사회자가 성경을 한 절 한 절씩 봉독하면 회중이 그대로 따라 읽었다. 이 절차에 따라 많은 은혜로운 성경구절들이 읽혀지면서 설교가 있기 전에 이미 말씀을 듣는 이들 가운데 말씀에 대한 선이해가 있었고, 성령의 역사가 나타나는 경우도 있었다. 이와 같은 성경 봉독은 회중과 사회자를 하나로 묶어 주었고, 회중이 단순히 참석하는 것으로 그치지 않고 역동적으로 집회에 참여할 수 있도록 영적 분위기를 한층 고조시켜 주었다.

영적 분위기를 고조시킨 또 한 가지는 예배 바로 전 15분 동안 가졌던 기도회였다. 이 기도회는 한번은 외국 선교사가 인도하고 다른 한번은 장로나 집사 혹은 주일학교 지도자가 인도하도록 하였다. 준비 찬양 뒤에 이어진 은혜를 사모하는 간절한 합심 기도는

---

26   S. F. Moore, "The Revival in Seoul," *KMF* II: 6 (Apr., 1906), 116.
27   Reynolds, "Clippings," 173.

이미 말씀을 듣기 전 모인 이들의 심령에 영적인 사모함과 갈급함을 한층 고조시켜 주었다. 부흥강사의 설교가 집회에 참석한 모인 이들에게 깊은 감동과 죄에 대한 각성을 가져다준 것은 결코 이상한 일이 아니었다. 이번 서울 연합 부흥회 동안 "성령의 감동을 받은 심령들의 간증, 고백, 기도가 많고 놀라웠다."[28]

> 하나님의 영의 임재가 참된 죄의 고백 속에 현시되어 어느 저녁 집회 때에는 한 여인이 일어나 말씀을 듣는 중에 자신이 전에는 보지 못했던 죄를 보게 되었다고 말하는 바람에 설교가 잠시 중단되기도 했으며, 또한 영적 생명의 각성에 대한 많은 간증들이 있었다. 초청에 응해서 매일 밤 남녀 신자들이 일어나 그리스도를 따르겠다는 의지를 표현했다.[29]

새로운 삶을 살겠다며 주 안에서 자신들의 의지를 다지는 여인들이 많았다. 서울 부흥회는 불신자들에게는 주님을 만나는 계기가 되었고 이미 주님을 영접한 이들에게는 자신들의 신앙을 한층 더 성숙한 단계로 끌어올리는 도약의 기회가 되었다. "마지막 저녁 집회는 가장 눈에 띄는 결과를 얻은 훌륭한 집회 가운데 하나였다. 남자석에서 13명이 회개 기도를 드리기 위해 일어서고, 이어서 17명의 다른 이들이 그 뒤를 이어 앞서거니 뒤서거니 뒤따랐다."[30]

이번 부흥회 기간 동안 새로 회심한 이들의 수가 400명 이상으로 추산되며 이것은 강퍅한 불신의 도시 서울에서 열린 집회임을 고려할 때 놀라운 은혜의 역사가 아닐 수 없다.[31] 그러나 실제로 더 큰 은혜는 이번 집회가 교회 다닌 지는 오래되었으나 구원의 확신을 경험하지 못한 이들에게 중생의 은혜를 경험할 수 있는 기회를 제공해 주었다는 사실이다. 이들이 은혜를 받은 후에 죄를 고백하고 통회하는 등 은혜에 반응하는 역사가

---

28 Reynolds, "Clippings," 173.
29 Moore, "The Revival in Seoul," 116.
30 Moore, "The Revival in Seoul," 116.
31 Reynolds, "Clippings," 173. cf. *Annual Report, PCUSA* (1906), 8. 보고서는 "수백 명이 심령의 변화를 고백했고, 그리스도인이 되기로 결심했다"고 보고한다.

두드러지게 나타났다.[32] 서울 부흥회가 끝난 후 연동교회 조사 박승명은 그리스도 신문에 서울 집회의 과정과 결과를 비교적 소상하게 보고하였다:

> 셔울 교회에서 음력 정월 초삼일부터 십사일꼬지 밤마다 부흥회를 흘시 미이미 [감리]교회와 장로교회가 합동하여 세 쳐소로 모혔느듸 동북편에 사는 형뎨들은 련동회당으로 모히고 서남편에 사는 형뎨들은 졍동회당에서 모히고 남대문긔 잇는 형뎨들은 샹동회당으로 모혀 긔도들을 미우 곤졀히 후여 새로 밋기로 쟉뎡훈 형뎨들도 스오빅 명이오. 이왕부터 밋던 형뎨 주미 즁에 죄를 분명히 회기하고 고쳐 밋기로 쟉뎡한 이가 여러 빅 명이니 감샤하옵는이다. 셔울 교우들이 쥬일을 온젼이 직희는이가 몇 사룸이 못 되더니 이제부터는 젼에 잘못 밋은 거슬 황연이 씨둣고 열심으로 쥬 압헤 모음을 밧치는 이가 만코 또 승동 즁앙회당에셔는 십일 동안 사경회를 후엿는듸 공부후신 형뎨가스빅 가량인 듸 싀골 형뎨가 이빅 오십 여명이오 셔울 형뎨가 일빅 스십 인이라. 모도 주미잇게 공부후엿고 흔층 더 새로온 밋음을 엇엇스니 셔울교회는 오늘날부터 특별히 감화되는 줄을 뎡녕이 알겟숨ᄂ이다. 이번 부흥회에 얼마츰 진보된 거슨 다 말훌 수 업거니와 각쳐 형뎨 자미 씌옵셔 셔울교회가 더 흥왕후기를 위후여 특별훈 긔도를 만히 후여 주시옵쇼셔.[33]

서울 집회는 순수하게 부흥을 위해서 처음부터 계획되고 추진된 집회였다는 점에서뿐만 아니라 장감이 공동의 목적을 놓고 연합하여 추진했다는 점에서 매우 의의가 있었다. 새로운 시도였지만, 기성의 장감 연합운동이 공동의 집회, 설교자들의 강단의 교류를 통해 구체적으로 실천에 옮겨져 부흥의 열기를 더해 주었다. "우리가 전에는 연합 전도 집회를 갖지 않았다는 사실을 생각할 때 부끄러워하지 않을 수 없으며, 비록 평양의 집회와 비교할 때 작은 집회였지만 그 결과는 확실히 당신의 종들이 '한 곳에서 하나 되

32　Reynolds, "Clippings," 173.
33　박승명, "련동교회 통신," 그리스도 신문, 1906년 3월 8일, 232.

어' 함께 모일 때 하나님께서 우리에게 은혜를 베푸시려고 하신다는 것을 보여 주기에 충분하였다."³⁴

그 해 서울에서 열린 신년 집회의 경우 몇몇 교회에서는 3주간 혹은 4주간의 부흥회를 가진 교회들도 있으며, "교회에 대단한 축복을 가져다주었다."³⁵ 1906년 2월 서울 자교교회에서 열린 신년 사경회에서는 어느 날 아침 회중 가운데 한 남자가 일어나 자신은 "술꾼에다 노름꾼, 사기꾼"이라고 자백하면서 죄에 대한 두려움을 솔직하게 고백하는 일이 있었다. 그는 다음날 자신의 죄에 대한 용서를 경험하고 "호랑이도 무섭지 않다."³⁶고 고백할 만큼 심령의 평안을 얻었다. 1월과 2월에 연합으로 열린 신년 부흥회나 개 교회에서 열린 서울 신년 부흥 집회는 아쉽게도 곧 시작되는 겨울 사경회 때문에 중단할 수밖에 없었지만 서울 교회의 영적 분위기 형성에 적지 않게 공헌했다.³⁷

1906년 신년 부흥회 이후 서울 지역의 교회들은 물론 특히 YMCA에는 국권의 상실로 인해 소망을 잃은 젊은이들이 대거 모여들면서 집회마다 성황을 이루었다.³⁸ 1906년 북장로교 서울 선교부가 "서울시에서 성장이 매우 두드러졌다"³⁹고 보고할 만큼 신년 서울 부흥 집회는 서울 지역의 영적인 분위기 성숙에 크게 기여했다.

서울 시내 북장로교 통계

	1904년	1905년	1906년
입 교 인	463	500	517
출석교인	1,070	1,150	1,519
헌 금($)	320	459	1,314

자료: *Annual Report, PCUSA*, 1906

---

34 Moore, "The Revival in Seoul," 116.
35 Reynolds, "Clippings," 173.
36 C. G. Hounshell, "He is Faithful that Promised," *KMF* II: 6 (April, 1906), 104.
37 1906년 들어 나타난 영적인 움직임은 사무엘 무어가 맡고 있는 선교 구역의 교세 증가에서 단적으로 알 수 있다. *Annual Report, PCUSA* (1906), 11.

	1904	1905	1906
예배처소	16	21	29
참 석 자	345	470	930

38 *Annual Report, PCUSA* (1906), 9.
39 *Annual Report, PCUSA* (1906), 10, 11. 예를 들어 사무엘 무어의 선교구에서 1904년 345명이 출석하던 것이 1905년에는 470명, 그리고 1906년에는 930명으로 거의 배가 성장하였다.

평양의 신년 부흥회

서울에서보다도 더 크게 성령의 역사와 그로 인한 부흥운동이 나타난 것은 평양과 선천에서였다. 청일전쟁 이후 한국 선교를 주도하던 평양에서 수많은 이들이 모인 가운데 대규모로 열린 평양 신년 부흥회에서 서울 못지않은 놀라운 성령의 역사가 나타났다. 서울처럼 장감이 연합으로 신년 부흥회를 열지는 않았고, 평양 시내 감리교인들은 남산현교회에서 열리는 신년 부흥 사경회에, 장로교인들은 장대현교회와 남문교회에서 열리는 사경회에 참석하였다. 1월 28일에 시작된 남산현교회의 감리교 사경회는 어느 때보다도 뜨거웠으며, 첫날부터 성령의 역사가 강하게 나타났다. 첫날 저녁 집회 때부터 성령의 역사가 나타나기 시작해 44명이 결신하였고, 집회에 참석한 이들이 성경공부와 전도에 열심히 참여하여 감리교 신년 부흥 사경회를 통해 일주 일만에 무려 400명이나 예수를 믿기로 결심하는 놀라운 역사가 나타났다.[40]

1월 29일부터 장대현교회와 남문교회에서 열린 장로교 신년 사경회에서도 성령의 역사가 임했으며, 그곳에서도 1주 동안 예수 믿기로 결신한 이들이 450명이나 되었다.[41] 평양 시내 신년 부흥 사경회 동안 수많은 불신 영혼들이 주님께로 돌아왔고 이미 복음을 받아들인 기성 교인들이 영적각성을 통해 중생의 확신을 경험하였다. 이와 같은 평양에서의 영적각성운동은 장차 평양에서 일어날 대부흥운동을 예견해 주는 듯했다.

평양 선교부가 지난 한 해는 평양 선교부의 사역과 사역자들에게 대단히 축복된 한 해였다고 확신했던 것도 그런 이유에서다. 그 해 평양과 주변의 사역은 "놀라운 성장"(remarkable progress)으로 특징될 만큼 양적 및 질적으로 급신장하였다.[42] 장대현교회는 오랫동안 밀려오는 사람들로 만원이었고, 도시에 두 개의 지교회를 설립할 필요가 어느 때보다도 절실하게 요청되었다.

1905년 12월 평양 북부에 방위량의 책임하에 사창골교회(North Gate Church)

---

40 W. A. Noble, "Report of Pyeng Yang District," Minutes of Korea Mission, the Methodist Episcopal Church, 1906, 58-59.
41 Annual Report, PCUSA, (1906), 255.
42 Annual Report, PCUSA, (1906), 28.

를 설립했고, 이듬해 1월 남동부에 번하이셀(C. F. Bernheisel) 책임하에 산정현교회(East Gate Church)를 설립했다. 그 결과 이제 평양에는 1893년에 설립된 장대현교회(Central Church)와 1903년에 설립된 남문밖교회(South Gate Church)를 포함한 네 개의 장로교회가 존재하게 된 셈이다.

신년 들어 평양 시내의 급신장은 "주로 구정에 열린 신년 부흥회의 결과"[43]였다. 이미 양력 1905년 12월 29일부터 1906년 1월 10일까지 수백 명이 모인 가운데 열린 사경회를 통해 수많은 심령들이 은혜를 받은 터였기 때문에[44] 1월 29일부터 십 일간 열린 신년 평양 부흥회에서는 성령의 은혜를 사모하는 분위기가 더욱 간절했다.

네 교회에서 열린 신년 부흥회를 통해 시내의 전 지역에 복음이 전해져 수백 명이 공개적으로 그리스도에 대한 신앙을 고백하는 결과를 낳았다. 방위량이 지적한 것처럼 1906년 초에 있었던 전도 집회의 결과는 대단했다:

> 1905년 겨울에 유사한 집회들이 개최되었으며 역시 흡사하게 유쾌한 반응이 나타났다. 매일 밤 20명에서 60명까지 이르는 회심자가 나왔으며 이 전도운동을 통해 총 1,000명 정도의 결신자가 생겼다. …1906년 사역자들이 한 번 더 전 도시를 샅샅이 누볐는데 그 도시 네 개의 교회에 전 해의 장면이 반복되었으며, 수백 명이 더 그리스도를 믿겠노라고 공언하였다.[45]

1월 29일부터 2월 8일까지 평양 교외 칠산감리교회에서 열린 사경회 겸 기도회에서도 60여 명의 성도들이 모여 열심히 성경을 공부하고 "또 밤마다 기도회로 모였는데 십일 일 동안 추위를 무릅쓰고 열심히 모여 기도하더니 오순절날에 성신 내리심과 같이

---

43 *Annual Report, PCUSA*, (1906), 28.
44 "교회 통신 평양 사경회," 그리스도 신문, 1906년 2월 1일, 107. 거의 같은 시기 재령에서 5백여 명의 성도들이 모여 사경회를 개최했기 때문에 신정에 열린 평양 사경회 참석률이 그렇게 높지 않았다.
45 Samuel A. Moffett, "Evangelistic Work," *Quarto Centennial Papers Read Before the Korean Mission of the Presbyterian Church in the U.S.A. at Annual Meeting* (Pyeng Yang, Korea: Korea Mission of PCUSA, 1909), 22.

1900년대 초 북한 제일의 도시 평양의 모습

성령의 충만함을 받아 힘써 전도할쌔 특별히 주일날 상오까지는 모든 교우가 근방 각처로 흩어져서 집집이 찾아 들어가서 전도하고 하오 2시에는 예배당으로 모여 예배하옵는데 성령의 감동함으로 그 마음을 감화하사 각 사람이 자기 죄를 깨닫고 믿기를 작정하니 이 일을 보건대 사도행전 2장 41절의 말씀과 같이 믿는 사람의 수가 칠십 인이나 더하더라."[46] 서울과 평양에서만 장감연합공회가 구정을 기해 열었던 부흥회를 통해 2,000명 이상이 회심하는 놀라운 결실이 있었다.[47]

두 교회가 장대현교회에서 분립해 나갔으면서도 장대현교회는 여전히 이전과 마찬가지로 가득 찼고, 남문밖교회도 지난해야말로 "성장의 해"(a prosperous year)[48]였으며, 장대현교회에서 분립되어 1905년 12월 마지막 주일날 100명 미만이 모여 설립된 평양 사창골교회는 불과 8개월 만에 127명의 세례교인과 97명의 학습교인, 그리고 다수의 출석교인을 가진 교회로 급성장하였다. 1906년 1월 마지막 주에 장대현교회에서

---

46 림경보, "평양 칠산래신," 그리스도 신문, 1906년 3월 8일, 236-7.
47 A. G. Welbon, "The Gospel of Cleanliness in Korea," *KMF* II: 7 (May, 1906) 130.
48 *Annual Report, PCUSA* (1906), 30.

분립된 산정현교회도 입교인과 학습교인만 187명의 교회로 급성장했다.[49]

장대현교회에는 매주일 2,000여 명이 모여 예배를 드릴 정도로 평양 교회는 놀랍게 성장을 계속했고, "독실히 밋눈쟈가 만흐며, 쏘 혹 방텽ᄒᆞ러 왓다가 셩신에 감화되여 회중에 니러서셔 밋겟노라고 크게 말ᄒᆞᄂᆞᆫ 쟈도 만하 쥬일마다 긋치지"[50] 않았다. 복음 전파에서뿐만 아니라 교육 분야에 있어서도 평양은 한국 기독교의 센터가 되었다.[51]

장대현교회의 이와 같은 놀라운 성장의 이면에는 물론 이길함 선교사와 마포삼열 선교사의 헌신적인 노력이 있었기 때문이다. 그러나 길선주 장로의 리더십이 발휘되기 시작한 것도 이 즈음이라는 사실이 간과되어서는 안 될 것이다.[52] 성령의 충만을 누구보다 사모하고, 이것만이 그리스도인들이 세상에서 승리하게 만드는 원동력이라는 사실을 간파하고 있던 길선주 장로는 아예 1906년 3월 8일, 그리스도 신문 논설에 어떻게 하면 그리스도인들이 성령의 충만을 받을 수 있는가를 다음과 같이 제시하였다:

> 셩신을 밧ᄂᆞᆫ거시 세 층이 잇스니 쳣재ᄂᆞᆫ 셩신의 인도ᄒᆞᆷ을 받고 둘재ᄂᆞᆫ 셩신의 감동ᄒᆞᆷ을 밧고 셋재ᄂᆞᆫ 셩신의 츙만ᄒᆞᆷ을 밧ᄂᆞ니 그런즉 맛춤 셩신의 인도ᄒᆞᆷ을 밧은 후에 셩신의 감동ᄒᆞᆷ을 받고 셩신의 감동ᄒᆞᆷ을 밧은 후에 셩신의 츙만ᄒᆞᆷ을 밧ᄂᆞ니 셩신을 츙만이 밧ᄂᆞᆫ 방측이 여섯신디 … 쳣재ᄂᆞᆫ 하ᄂᆞ님의 명을 순종ᄒᆞᆷ이니…둘재ᄂᆞᆫ 형뎨 즈미가 ᄆᆞ음을 합ᄒᆞᆷ이니 … 셋재ᄂᆞᆫ 겸손ᄒᆞᆷ이니…넷재ᄂᆞᆫ 마음이 죠용ᄒᆞᆷ이니…다섯재ᄂᆞᆫ 쥬에 일을 위ᄒᆞ야 힘쓰ᄂᆞᆫ 가온디 셩신의 권능을 츙만이 밧ᄂᆞᆫ것시니…여섯재ᄂᆞᆫ 근졀이 긔도ᄒᆞᆷ이니 … 구ᄒᆞᄂᆞᆫ 이마다 엇을 거시라.[53]

---

49 Annual Report, PCUSA (1906), 31.
50 "교회 통신 평양 사경회," 그리스도 신문, 1906년 2월 1일, 108.
51 Lak-Geoon George Paik, The History of Protestant Missions in Korea, 316.
52 길장로, "론셜, 셩신을 츙만히 밧을 방측," 그리스도 신문, 1906년 3월 8일, 229-230. 신천읍 교회당 조사 김익두가 봉산 사리원 사경회를 인도한 것도 그 즈음이다. 이것은 길선주에 이어 김익두가 서서히 부흥사로서 인정을 받고 있음을 말해 주는 것이다. 리지션, "봉산 사리원 사경회," 그리스도 신문, 1906년 3월 29일, 306.
53 길장로, "론셜, 셩신을 츙만히 밧을 방측," 229-230.

길선주 장로가 이와 같은 원리를 찾은 것은 사도행전 1, 2장에 나타난 오순절 사건에서이다. 그는 이와 같은 원리를 철저하게 따른다면 반드시 성령의 충만한 은혜가 임할 것이라고 확신했다. "나의 ᄉᆞ랑ᄒᆞ는 형뎨 ᄌᆞ미들이여 이 여섯 가지 방측을 깁히 싱각ᄒᆞ시와 날마다 힘써 셩신의 츙만ᄒᆞ심 밧기를 ᄇᆞ라옵ᄂᆞ이다."[54] 길선주 장로의 이와 같은 원리는 단순히 지식적으로만 얻어진 것이 아니라 몸소 성령의 은혜를 충만히 받고 은혜를 사모하는 이들 가운데 임했던 성령의 역사를 성경을 연구하는 가운데 체험론적으로 정리한 것이었다.

이와 같은 평양 교회의 영적 분위기는 자연히 평양에 자리 잡고 있는 장로교 신학교에 재학하고 있는 신학생들에게 적지 않은 영향을 미쳤다. 1906년 4월 30일 평양으로 올라가 평양신학교에서 한 달 동안 가르치고 평양 교회를 둘러 본 한 선교사는 두 가지 사실에 놀랐다. 하나는 "삼일 져녁에 ᄒᆞ 회당에 쳔여 명 형뎨가 모히여 례비ᄒᆞ는 거슬"[55] 보고 놀랐고, 다른 하나는 전국에서 모인 "목ᄉᆞ 공부ᄒᆞ시는 형뎨 오십 명이 모히여 셩경과 ᄉᆞ긔와 여러 가지 공부를 열심으로 ᄌᆞ미잇게 ᄒᆞ시는 것슬 보고"[56] 놀랐다.

1906년 현재 5년 과정의 수업이지만 학년별로는 1학년에 재학하고 있는 학생이 29명, 2학년에 14명, 그리고 3학년 학생이 7명이었다. 비록 학적인 면에서는 수준이 낮았지만 예수 믿은 지 십여 년이 지나 거듭난 확신이 있는 이들이었기 때문에 "공부를 열심으로 ᄌᆞ미잇게"[57]하지 않을 수 없었다.

1906년 당시 1학년에는 가장 오랜 신앙 연륜을 가진 18년 된 김관군 조사도, 신앙 연륜이 가장 적은 7년 된 김익두도 같은 반에서 목회자로서의 길을 준비하고 있었다. 2학년에 재학하고 있는 14명의 학생들 중 평균 나이가 38세였고, 그중 30세 미만과 40세 이상이 각각 두 명씩이었다. 3학년에 재학하고 있는 7명 가운데는 한석진 조사가 16년 전에 예수를 믿어 가장 오래되었다. 예수를 믿은 지 평균 13년이었다.

"은혜를 닙은 이 오십 명 형뎨들이 오 년 동안에 ᄒᆡ마다 석 돌만 모혀 공부ᄒᆞ고 아

---

54 길장로, "론셜, 셩신을 츙만히 밧을 방측," 230.
55 모목ᄉᆞ "평양리신," 569.
56 모목ᄉᆞ "평양리신," 569.
57 모목ᄉᆞ "평양리신," 569.

흡 둘 동안은 조소로 둔니며 젼도ᄒ고 교회 일을 보시니 여러 교우들은 뎌회를 위ᄒ여 긔도ᄒ옵는 거시 미우 합당ᄒ 일이외다."[58] 놀라운 사실은 외국 선교회로부터 사례를 받는 이는 50명 중 6명에 불과하고 나머지 사람들은 다 한국 교회로부터 지원을 받으며 신학 수업을 받고 있다는 사실이다. 처음부터 한국 교회는 자신들의 교역자들의 생활비 일체를 지원하는 것을 당연한 것으로 여겼다. 이처럼 부흥회는 외형적인 성장만 아니라 내적인 성장도 가져다주는 중요한 요인이 되었다. 당시 시내 거리를 여행하는 사람들은 주일날 평양 시내 수많은 상점들이 문을 닫은 것을 목도할 정도로 영적각성은 대사회적인 개혁으로 이어지고 있었다.

평양보다도 더 강한 부흥운동의 역사가 나타난 곳은 선천이었다. 1906년 음력 정월 6일(1월 30일)부터 16일까지 선천읍 교회당에서 열린 선천의 신년 부흥회에는 목사 5인, 장로 4인, 조사 7인, 그리고 교인 1,114명이 모인 가운데 성대하게 개최되었다. 무려 1천 1백여 리 떨어진 곳에서 어른과 아이가 "고싱을 무릅쓰고"[59] 참석할 정도로 선천 사경회 열기는 대단했다. 어느 곳 못지않게 전도열이 높아 신년집회 기간 중에 상당한 양의 날연보를 작정했다.[60] 서울과 평양에서 구정을 기해 열린 부흥회로 상당한 양적 및 질적 성장을 이룩한 것처럼 선천에서도 그로 인해 대단한 성장과 결실을 이룩한 것이다.

1906년 선천 지역의 샤록스(A. M. Sharrocks)는 흥분을 감추지 못하고 "지난해 우리 선천 선교부에서는 6,507명이 등록했는데, 올해는 11,943명이 등록했다"[61]고 썼다. 특별히 초신자의 경우에는 배가 훨씬 넘는 성장을 이룩해 한 해 동안 구정을 기한 신년 부흥회를 통해 새 신자들이 대거 교회로 영입되었음을 알 수 있다. 1906년 그 해 선천 선교부의 보고서 첫 문장은 "'평안북도에서의 하나님의 역사'는 바로 제 5차 선천 선교부의 연례 보고서 제목으로 적합할 것이다."[62]였다.

선천 지역은 어느 지역보다도 놀라운 성장을 이룩하였으며 지난 1년 동안 거의 배

---

58   모목스 "평양리신," 569.
59   량뎐백, "션쳔래신," 그리스도 신문, 1906년 3월 8일, 237.
60   량뎐백, "션쳔래신," 237.
61   James S. Gale, *Korea in Transition* (New York: The Layman's Missionary Movement, 1909), 195. 게 일은 급성장의 이유를 자립, 자치, 자전에 있다고 결론을 내렸다.
62   *Annual Report, PCUSA* (1906), 43.

의 성장을 이룩하였다. 선천 선교부의 컨즈(C. E. Kearns)에 따르면 1906년 한 해 동안 선천 지역에서는 놀라운 선교 사역의 진보가 있었다. 효율성은 증가한 반면 복음 전파를 방해하는 요소는 줄어들었다.

그 결과 1905년 하반기부터 1906년 전반기 1년 동안은 선천 선교부의 "역사에서 가장 놀라운 해"가 되었다. 1906년 2월에 5개의 예배 처소가 중앙 교회에서 분립되었음에도 불구하고 7월 현재 선천 지역 교회 등록자 수가 1,435명이고 평균 출석수가 1,000명이었다. 시설이 결여되어 더 이상 수용이 불가능하여 불가불 새 건물 신축이 불가피하게 되었다. 수많은 이들이 교회 건축을 위해 헌금을 드리거나 시계, 반지, 기타 값나가는 귀금속들을 아낌없이 바쳤다. 물질적인 헌금에 참여할 수 없는 이들은 자신들의 노동력을 바쳤다. 그것도 할 수 없는 이들은 기도로 지원을 아끼지 않았다. 한국인들이 현재 헌금한 액수가 전체 건축비의 5분의 2나 되었고, 교회 지도자들은 나머지 금액도 이들이 충당할 수 있을 것이라고 낙관하고 있었다. 컨즈의 다음과 같은 보고는 선천 지역이 어떻게 성장하고 있는가를 말해 준다:

> 1년 반 전에 시작된 대규모 전도운동(the great evangelistic movement)은 불과 몇 개월이 지나자 힘을 얻기 시작했다. 전 지역에서 계속해서 사람들이 놀랍게 모였다. 한 교회도 예외 없이 성장했고, 많은 교회들이 배가 되었으며, 18개의 힘 있는 교회가 새로 형성되었다. 이와 같은 성장은 단지 수적인 성장만 있었던 것이 아니다. 부흥운동은 전 교회가 영적인 삶이 깊어진 것을 의미하였다.[63]

지난 한 해 동안 외형적인 수적 증가뿐만 아니라 질적 성장이 뒷받침되었다는 것은 이들이 낸 헌금이 두 배 이상 증가한 것에서도 알 수 있다. 다음 도표는 1901년 9월 선천 선교부가 개설된 이래 성장이 얼마나 놀랍게 진행되었는가를 보여 준다. 특별히 눈에

---

63   *Annual Report, PCUSA* (1906), 45; C. E. Kearns, "More and Yet More," *KMF* II: 9 (Jul., 1905), 171. 지난 1년 동안 60교회가 78교회로, 6,507명이 11,943명으로 무려 83.5%가 증가했으며, 이 중에 3,121명이 세례를 받았고, 3,020명이 학습을 받았다. 지난 한 해 동안 세례를 받은 사람이 1,164명이고 학습을 받은 사람이 2,297명이고, 52개 교회 건물이 보고되었고, 27개 교회가 확장되었고 18개 교회가 최근에 신축되었다.

띄는 것은 1905년과 1906년 사이의 초신자와 전체 출석자의 눈부신 증가이다. 1905년 948명의 초신자가 1906년에는 2,297명으로 무려 두 배 이상이 증가했으며, 전체 출석자도 1905년의 6,507명에서 11,943명으로 거의 두 배 가까이 성장했다.

북장로교 선천 선교부 성장률

	예배 처소	세례 교인	당해 세례자	학습 교인	당해 초신자	전체 등록자
1902년 7월	44	677	267	1,340	696	3,429
1903년 7월	61	1,027	367	1,648	740	4,537
1904년 7월	57	1,265	310	1,792	536	5,119
1905년 7월	60	1,958	711	1,952	948	6,507
1906년 7월	78	3,121	1,164	3,020	2,297	11,943

외형적인 교세의 증가뿐 아니라 문서 보급의 증가도 한 해 동안 두드러지게 나타났다. 8개 서점과 3명의 권서인에 의해 한 해 동안 보급된 양은 3,092권의 신약성경(대부분 중국어)을 포함해 44,008권이었고, 찬송가는 4,048권이었다. 폭발적으로 늘어나는 수요를 채우는 것은 불가능하였고, 특히 "한글 신약성경과 찬송가의 부족은 대단히 심각했다." "우리 그리스도인들의 3분의 1이상이 신약 성경이 매진된 이후에 예수를 믿은 것이며, 지금 오래전부터 약속된 신약을 간절히 기다리고 있다."[64]

선천에서 열렸던 겨울 남자 사경회는 8개 반에 1,140명이 등록해 지금까지 열렸던 사경회 중에서 가장 큰 규모였다.[65]

개성에서의 신년 부흥회

거의 같은 시기에 개성 북부교회에서도 구정을 기해 개성 신년 연합 부흥회가 열렸고 그곳에서 부흥운동이 감지되었다. 1906년 4월에 개성에서 사역하는 크램은 "개성에

64　Kearns, "More and Yet More," 172.
65　Kearns, "More and Yet More," 172. 의주에서 열렸던 사경회에서도 무려 500명이 등록해 대단한 수적 증가를 보여 주었다. 여자 사경회의 경우 2,602명이 외국 선교사들의 지도를 받았다.

서의 부흥운동"[66]이라는 제목의 보고서를 통해 그곳에 부흥운동이 일어났음을 알려 왔다:

> 한국 선교회들에 의해 계획되어 매우 효과적으로 수행된 부흥운동이 우리가 처음 이해했던 것보다 훨씬 더 넓게 확산되고 훨씬 더 깊게 전개되었다는 것은 의심할 여지가 없다. 한국 교회는 성령에 의해서 이루어지는 이 부흥운동으로부터 영구적인 유익(permanent good)을 얻었다. 우리는 이미 개성의 우리 교회에서 한국인 그리스도인들의 개인적인 경험에 나타난 변화를 지켜보았을 뿐만 아니라 또한 그들이 대단한 열심과 열정을 가지고 동료들에게 복음을 전하는 것을 감사함으로 지켜보았다. 부흥 집회와 성경공부 이후, 개인적인 사역, 은밀한 기도, 대중집회의 인도와 그와 같은 은혜의 수단들이 참으로 회개와 믿음으로 "말씀" 안에 있는 영생을 발견한 이들의 생활에서 분명히 표출되는 것을 발견하였다.[67]

크램이 지적한 인격적 변화와 구령의 열정은 미국의 1차 대각성운동과 웨슬리 부흥운동으로 여실히 증명되었듯이 영적각성의 두드러진 특징이었다. 복음을 참으로 접한 이들은 성령의 도우심으로 그 복음을 자신의 삶에 적용하고, 성령께서는 그 말씀을 통해 역사하시기 때문에 그들의 인격과 삶에 변화가 따르는 것이다. 사마리아 여인처럼 성령의 역사를 체험한 이들에게는 자연히 자신이 체험하고 만난 보화, 그리스도를 다른 이들에게도 전하고 싶은 열정이 솟아나는 법이다. 이것은 말씀에 기초한 부흥운동과 경건주의운동에서 찾을 수 있는 중요한 특징 가운데 하나이다. 크램의 주의 깊은 관찰과 실제적인 체험은 개성의 부흥의 역사가 실제로 성령의 역사로 인한 것임을 말해 주는 것이다:

> 내가 목회하고 있는 개성의 북부교회(the North Ward Church)에서의 부흥운동

66　W. G. Cram, "The Revival in Songdo," *KMF* II: 6 (Apr., 1906), 112.
67　Cram, "The Revival in Songdo," 112.

은 특별히 그리스도인들이라고 고백하는 이들을 위해 계획되었다. 그들은 부흥 집회 기간 동안 세상으로부터 떨어져 하나님의 나라와 그의 사역을 위해 준비하도록 권유를 받은 것이다. 굳건한 신앙으로 드리는 마음의 간구와 기도가 명백하게 나타났으며, 부흥 집회가 시작된 지 1주일이 거의 차기 전에 그리스도인임을 고백하는 많은 사람들도 자신들의 죄로부터 구원을 받아야 하고 자신들 안에 성령의 증거를 가져야 한다는 사실을 결코 알지 못했음을 깨닫게 된다. 점차 시간이 지나면서 성령의 확신이 강하게 나타나 사람들의 심령에 죄가 드러나고 동시에 분명하게 죄의 해결자이신 그리스도가 드러나게 된다.

또한 많은 기독교인이 내면에 숨겨진 죄를 회개한다. 참된 죄의 회개와 고백은 성령의 인도하심에 의해 이루어진다. 사실 그들은 그리스도가 분명하게 자신들의 죄를 사해 주셨다는 사실을 믿을 때에야 비로소 그들의 심령에 찾아오는 기쁨과 즐거움을 볼 수 있다. 나 자신이 모국에서 목도한 것만큼이나 죄의 확신이 깊고 회심이 분명하였다. 참으로 하나님은 사람을 차별하시는 분이 아니시다.[68]

신앙생활을 오래 한 이들도 자신들이 구원을 받았다는 사실은 알고 있었지만 구체적으로 구원받았다는 의미가 무엇인지, 어떻게 역동적으로 구원의 능력을 누리며 살아가는지를 부흥운동을 통해서 비로소 터득한 것이다. 그것은 성령께서 그들에게 강하게 역사하셔서 구원의 소중한 은혜를 분명하게 이해하도록 도우셨기 때문이다. 10년 동안 신앙생활을 했다는 어느 믿는 사람이 "나는 십 년 동안 그리스도가 하나님의 아들이라는 사실을 믿었지만 그러나 오늘 비로소 처음으로 하나님의 영과 나의 영이 서로 교통한다는 사실을 알았다"고 고백했던 것도 그런 이유에서였다. 이와 같은 성령의 역사, 자기 안에 내재하시는 성령께서 자신의 죄를 깨닫게 하시고, 죄를 지으면 애통하시는 성령의 역사를 이해하였을 때 그 동안 지었던 죄에 대해 회개하지 않을 수 없다:

---

68   Cram, "The Revival in Songdo," 112-113.

불법으로 취한 돈이 회중 가운데로 되돌아왔으며, 자신의 동료를 미워했던 형제가 용서를 구하고, 금전상의 동기로 그리스도인이라고 고백한 이가 자기의 잘못을 선언하고 신실하게 그리스도를 섬기겠다는 자신의 열의를 표하고, 선교회에서의 그의 지위와 신분을 자신보다 더 신분이 낮은 어려운 형제들의 기를 꺾는 수단으로 사용한 이들이 성령의 확신으로 "나는 이제 모든 사람들이 나의 형제임을 깨닫고 이제부터 나는 그들을 종이 아닌 친구와 형제같이 대할 것입니다"라고 말했다. 주님이 축복을 주실 때까지는 기도 가운데 심령의 고투가 상당히 있었다. 회심의 고백이나 성령 세례는 피상적인 것은 아니지만, 오직 그들이 하나님의 증거를 받았다는 것을 깨달은 후에야 그와 같은 역사가 나타난다.

참으로 위대한 대부흥운동이 우리에게 임하고 있다. 하나님의 영이 이 한국 교회 안에 기독교의 특성, 곧 다가올 수년 동안의 시련을 참아내게 할 특성을 산출하고 있다. 부흥의 불길에 대해 하나님께 감사한다. 한국 교회가 이름 그대로 중심으로 기독교가 될 때까지 부흥운동이 교회에서 교회로, 그리고 선교부에서 선교부로 확산되기를 기원한다.[69]

이미 하디를 통해 원산에서 부흥운동의 역사를 경험한 남감리교 선교회는 장감연합공회의 차원에서 강도 높게 부흥운동을 전개하는 데 큰 역할을 했고, 다시 부흥운동을 경험함으로 한국 선교지에서 부흥운동을 주도하는 위치에 서게 되었다. 부흥회를 전국적으로 실시하자고 처음 제의했던 남감리교 선교회의 선교 거점인 개성에서 각성운동이 일어난 것이다. 이들의 인격적인 변화는 성령의 역사의 가장 뚜렷한 증거였고, 그와 같은 죄의 청산은 기독교의 순결성과 자신의 내면의 정화 작업으로 이어져 그들의 삶의 변화가 뒤따라 나타난 것이다.

지금까지 살펴본 것처럼 서울과 개성과 선천에서의 신앙의 분위기가 이전에 비해 상당히 쇄신되었고, 부흥을 바라는 움직임이 1905년을 지나 1906년에 접어들면서 더욱 강하게 나타났다. 특히 1905년 9월 장감연합공회의 결정에 따라 1906년 1월에 일

---

69   Cram, "The Revival in Songdo," 112-113.

제히 시작된 부흥 집회를 통해 그와 같은 영적 분위기의 쇄신을 더욱 감지할 수 있었다.

원산에서의 부흥

이와 같은 영적 분위기가 이들 특정 지역들에만 국한된 것은 아니었다.[70] 한국 부흥운동의 원산지 원산에서도 꾸준하게 감지되었다. 1903년에 일기 시작한 원산의 부흥운동으로 영적 분위기를 꾸준하게 갱신하고 있는 원산 교회들은 교파를 막론하고 놀랍게 성장하였다.

특별히 그곳에서는 남감리교의 성장이 타 선교회보다 더 두드러졌다. 남감리교 선교사 저다인이 맡고 있는 원산 지역의 한 교회는 3년 전인 1903년경만 해도 두 칸의 예배당에 남녀 성인과 어린이까지 합쳐 불과 40명이 모여 예배를 드렸으나 1906년에는 멋진 예배당을 신축하고, 주일 오전예배에 170명이 모여 예배를 드리는 교회로 성장하였다.

원산이 서울이나 평양 등 대도시에 비해 상대적으로 인구밀도가 적었던 것을 감안할 때 이 같은 성장은 결코 낮은 것이 아니었다. 가까운 작은 마을에 있는 한 교회는 저다인이 3년 전 방문했을 때는 불과 3명이 모여 예배를 드렸으나 이제는 35명이 모이는 교회로 성장했고, 자체 예배당 신축도 완성한 상태였다.[71]

그러나 이와 같은 외형적인 성장 못지않게 복음을 접한 이들에게 구령의 열정이 나타났고 새로운 삶이 뒤따랐다. 저다인이 방문한 원산 지역의 교회에는 유난히 성경을 잘 암송하는 12세 소녀가 있었다. 그 소녀는 공부를 도와주거나 돌봐줄 사람이 없는데도 저

---

[70] 심지어 그 열기는 해외 교포 교회에까지 확산되기 시작했다. "Koreans in America," *KR* (October, 1906), 376-378. 1906년 후반 *New York Times*는 선한 한국인 두 사람의 사역을 통해 200명의 하와이 한인들이 교회로 영입되었다는 기사를 실었다. 한국의 부흥의 열기가 해외 교포 사회에도 급속하게 확산되고 있음을 암시해 준다. 1906년에 하와이를 방문해 한국인들을 만난 G. H. Jones는 "해외 한국인들은 최선을 추구하고 있다. … 언급해야 할 한 가지 사실이 남아 있다. 한국인들이 해외에 갔을 때 교회를 찾는다. 하와이에서 한국인들의 작은 교회들이 어디서나 발견된다. 한국에서와 마찬가지로 미국에서도 저녁에 그들의 찬송소리를 대부분의 캠프에서 들을 수 있으며, 비록 그들은 '노래'하지 못하지만 '기쁘게 소리내서' 노래 부르는 것을 사랑한다." J. H. Jones, "Koreans Abroad," *KR* (December, 1906), 451.

[71] J. L. Gerdine, "After Three Years," *KMF* II: 6 (Apr., 1906), 118.

원산 감리교회

다인 자신도 놀랄 정도로 성경구절과 학습 요리문답을 잘 암송하는 것이었다.[72]

그러나 소녀의 그와 같은 놀라운 신앙보다도 저다인을 더 놀라게 만든 것은 하나님께서 그녀의 가정에 하신 역사였다. 이전에 그녀의 아버지는 술 없이는 살지 못하는 술고래였고, 때로는 가족들을 집에서 쫓아내는 짐스러운 존재였다. 게다가 가장인 그가 노름에 빠져 가정을 제대로 돌아보지 못하는 바람에 가족들은 이루 말할 수 없는 비참한 환경 가운데 살아가야만 했다. 그런 그녀의 가정에 성령께서 놀랍게 역사하신 것이다:

> 그녀는 이제 자기 할아버지를 제외하고는 모든 가족들이 그리스도인이 되었고 집의 모든 것들이 달라졌다고 말했다. 싸움이나 다툼이 사라졌고, 음주도 사라졌으며, 죽은 조상들이나 악한 영들(귀신들)에게 제사를 드리는 것도 사라졌으며, 모든 것이 풍성하다. 그녀가 말한 것처럼, "기독교는 육체뿐만 아니라 영혼에 유익하

72　Gerdine, "After Three Years," 119.

다." 그녀가 이전에 지니고 있던 어둡고 사색에 잠긴 모습과 비교할 때, 지금의 그녀의 둥글고 웃는 얼굴 인상보다 더 좋은 증거를 요구할 수 없었다. 어린 생명에 기쁨과 광명을 가져다준 복음으로 인해 하나님을 찬양한다.[73]

확실히 1906년에 들어서면서 영적인 분위기는 두드러지게 달라졌다. 1906년 5월 하운셀이 "굶주린 영혼"(Soul Hunger)[74]에서 지적한 것처럼 한국의 전역으로부터 기독교에 대한 대단한 환영, 급속한 성장, 곳곳에서의 새로운 교회의 출현, 그리고 교회들이 차고 넘친다는 소문이 들렸다.

원산에서 시작된 부흥의 열기가 이제는 강원도 전역으로 확산되어 산골 지역에서도 사람들이 주님을 영접하고 은혜를 받는 일이 흔하게 일어났다. 1904년 봄 하디의 집회로 인해 촉발된 강원도 금화 지방 지경터교회에서도 1906년 2월 인근 철원, 평강, 춘천 지역 교우들이 참석한 가운데 김흥순 전도사의 인도로 신년 사경회가 열렸다.[75] 여기서 성령의 역사로 자신들의 죄를 통회하고 자백하는 영적각성이 일어났다. 이처럼 회개하는 사람이 많이 일어나면서 흩어져 있는 각 교회가 날로 흥왕하기 시작했다.[76]

부산과 대구 지역에서의 부흥운동

부흥운동의 역사가 이들 지역에만 국한된 것은 아니었다. 부산 지역에서도 성령의 역사는 놀랍게 일어났다. 부산은 지난 5년 동안 외형적으로나 수적으로 대단한 성장을 이룩하였으며, 지난해 가장 큰 성장을 이룩하였다. 새로운 신자들이 상당히 영입되었다. 1905년에 160명이 학습을 받았으나 1906년에는 학습교인이 271명으로 증가했고, 1905년 943명이던 등록교인도 1906년에는 1,497명으로 거의 50% 이상이 증가했

---

73   Gerdine, "*After Three Years*," 119.
74   Josephine Hounshell, "Soul Hunger," *KMF* II: 7 (May, 1906), 128.
75   리원하, "김화디경터슌환셔 부흥회," 그리스도 신문, 1906년 3월 15일, 260.
76   그리스도 신문, 1906년 1월 18일, 60.

다.[77] 여타 모든 지역에서도 마찬가지이지만 이와 같은 놀라운 성장은 두 가지 요인, 즉 영적인 각성운동과 "한국인들의 전도"에서 기인된 것이다:

> 이와 같은 복된 성장은 인간적으로 말해 거의 전적으로, 사례비 혹은 보수 없이 기꺼이 그러면서도 관대히 며칠 또는 몇 주, 그리고 몇몇 경우에는 몇 달을, 그래서 총 4년 이상을 복음이 닿지 않은 곳에 진리를 선포하는 일에 헌신했던 한국 그리스도인들의 전도를 통해서 이루어져 왔다. 비록 권서인이 어디에나 갔고 조사와 목사들이 그 성장 선을 따라 보조를 맞추기는 했지만, 그것은 상당 부분이 그리스도를 사랑하고 그의 사랑을 전하는 것을 사랑하는 무급 그리스도인들의 덕분이었다.[78]

부산보다도 더 강하게 변화가 일고 있는 곳이 대구였다. 그곳에서 사역하는 선교사들은 1906년 한 해 동안 또 다른 기념비가 세워진 것으로 인해 감사하지 않을 수 없었다. 그들은 이구동성으로 1906년이 "자비와 축복으로 충만한"[79] 한 해였다고 말한다:

> 우리 선교부의 역사에서 지난 1년은 최고의 해였다. 한 해가 시작되기 전에는 도저히 도달할 수 없는 그 정도로 매년 우리의 사역이 특별한 성장을 이룩하였다. 올해 우리의 성장은 수적으로 지금까지의 성장을 합한 것만큼이나 컸다. 지난해 1,967명이 등록했으나 올해는 등록교인이 3,876명을 기록해 믿는 사람들의 수가 배가 되었다. …전에는 결코 사람들이 그렇게 복음을 듣고 자신들의 이전 관습과 신앙에서 벗어날 준비가 된 적이 없었다. 들은 이미 추수하도록 희어졌을 뿐만 아니라 추수 자체가 실제로 모아지도록 추수할 일꾼을 찾고 있다. 선교 사역은 역시

---

77 *Annual Report*, PCUSA (1906), 62.
78 *Annual Report*, PCUSA (1906), 55-56.
79 *Annual Report*, PCUSA (1906), 63.

주님의 사역이고, 그것은 우리 눈으로 볼 때 놀랍다.[80]

이것은 대구 지역 전체에서 일반적으로 나타나는 현상이었다. 아담스(James E. Adams)가 맡고 있는 대구 시내 교회에서는 지난해 평균 180명이 출석하던 것이 1906년에는 400명이 출석해 배 이상이 성장한 것이다. 전보다 전도열이 뜨겁게 달아올랐고, 실제로 새로운 신자들이 상당히 영입되었다. 그가 맡고 있는 대구 동부 지역의 선교구에서는 지난해 등록교인이 350명이었으나 올해는 무려 1,031명으로 거의 3배 가량이 성장했던 것이다.

그와 같은 성장은 브루엔(Henry M. Bruen)이 맡고 있는 서부 지역에서도 예외가 아니었다.[81] 1,215명이던 지난해의 신자 수가 올해는 2,126명이라는 거의 배에 가까운 성장을 기록하였고, 윌리엄 배럿(William M. Barrett)이 맡고 있는 북부 선교구의 경우도 79명에서 219명으로 무려 거의 3배 가까이 성장하였다.[82]

대구 지역의 교세 신장률

	1899년	1900년	1901년	1902년	1903년	1904년	1905년	1906년
예배처소	1	1	9	9	23	33	42	59
입교인	2	4	7	12	33	59	114	235
학습교인	5	10	21	41	80	213	714	1,318
등록교인	25	40	100	177	471	965	1,917	3,876
헌금($)	2.66	13.65	23.21	32.56	98.80	218.40	465.69	812.47

자료: *Annual Report, PCUSA*, 1906.

여자 겨울 사경회도 지난해보다 배 이상이 성장해 단순히 외형적인 성장만 아니라 전체 사역이 놀랍게 성장하였음을 알 수 있다.[83] 이와 같은 외형적인 성장은 영적각성이

---

80 *Annual Report, PCUSA* (1906), 64.
81 *Annual Report, PCUSA* (1906), 65.
82 *Annual Report, PCUSA* (1906), 67.
83 *Annual Report, PCUSA* (1906), 69.

일어나기 시작하면서 두드러지게 나타난 것이다.

3. 어디서나 눈에 띄는 급속한 교회성장

지금까지 수많은 사례들을 통해 우리는 한국 교회에 1905년 이후, 좀 더 분명하게는 1906년에 들어서면서 성장이 눈에 띄게 이루어지고 있음을 발견할 수 있다. 1906년 4월 한 선교사는 당시 선교 사역의 성공과 결실을 "사역이 진행되었다. 축복이 임했다. 회심자들이 영입되었다. 찬미가 올려졌다"[84]는 네 문장으로 압축했다.

1906년 저다인의 지적대로 "지난 1년은 한국의 모든 교회들이 수적으로 대단히 증가했던 한 해였다. 아마도 3만 명의 새 신자들이 지난해 동안에 교회에 영입된 것으로 보인다. 우리 선교회의 교회도 전반적인 번영과 발전을 공유하였다. 이것은 전체 지역(district)뿐만 아니라 각 선교부내 선교구(circuit)가 올해에도 상당히 성장할 것임을 보여 준다"[85]는 사실이다.

해주 지역을 선교 거점으로 삼고 있던 케이블도 지난 한 해 동안 수적으로, 영적으로 건강한 성장이 있었고, 대단히 많은 사람들이 교회로 영입되었다고 보고하였다.[86] "영혼의 수확"이 무르익고 "지금은 구원의 때"[87]라고 여겨질 만큼 초신자들이 매일 교회로 찾아들었다.

한 선교사의 고백대로 교회로 영입되는 사람들을 관리하고 더 많은 풍성한 수확을 거두기 위해서는 도움이 절실히 요청되고 있었다. 북감리교의 평양 지역 역시 지난 한 해는 어느 해보다도 수적으로나 질적으로나, 그리고 조직에 있어서나 가장 두드러진 성장을 이룩한 해였다.[88]

---

84 "The Bible Women," *KR* (April, 1906), 146. 부흥운동과 거의 때를 맞춰 신약성경 번역이 완료되고, 복음서가 출판된 것은 영적인 각성운동을 더욱 저변 확대시키는 데 중요한 역할을 했다.
85 J. L. Gerdine, "Growth and Spirituality," *KMF* II: 11 (Sep., 1906), 201-202.
86 Minutes of Korea Mission, *Methodist Episcopal Church, 1906*, 34.
87 Minutes of Korea Mission, *Methodist Episcopal Church, 1906*, 57.
88 Minutes of Korea Mission, *Methodist Episcopal Church, 1906*, 53, 54.

1906년 북감리교 보고서에 따르면, 지난 한 해 "평양제일교회가 전례 없는 성장의 해를 맞았다. 지난 한 해 동안 700명 이상의 초신자가 영입되었고, 지금까지 총 1,556명이 증가하였다."[89] 이 숫자는 허수를 제외한 실제 교회에 정기적으로 출석하는 이들을 기준으로 한 것이었다. 재정적인 자립도에 있어서도 평양 교회는 타 지역의 교회들보다 훨씬 앞섰다.[90]

이와 같은 놀라운 성장은 아래의 남감리교 선교회와 북감리교 선교회의 성장률에서도 확연하게 드러난다.

남감리교 선교회 성장률

	1897년	1903년	1905년	1906년
입 교 인	45	492	759	1,227
학습교인	108	472	457	1,694
등록교인	153	964	1,216	2,921

북감리교 선교회 성장률

	1888년	1895년	1900년	1903년	1904년	1905년	1906년
입 교 인	11	122	792	1,616	2,006	2,457	2,810
학습교인	27	288	3,105	5,299	4,979	5,339	9,981
전체등록	38	410	3,897	6,915	6,985	7,796	12,791

자료: Minutes of Korea Mission, *Methodist Episcopal Church, 1913.*

남감리교의 경우, 1905년에 457명이던 학습교인이 1906년에는 1,694명으로 3배 이상이 증가했고, 등록교인도 1905년 1,216명에서 1906년에는 배가 넘는 2,921명으로 급증했다. 한 해 동안 이렇게 교세가 증가한 것은 한국 선교가 시작된 이후 처음 있는 일이며, 이것은 1905년과 1906년에 들어서 한국에 새로운 성장의 움직임이 일고 있다는 것을 구체적으로 입증해 주는 것이다. 1906년 9월, 스왈른(소안론, W. L. Swallen)은 자신이 맡은 선교구가 "놀랍게 성장하는 선교구"(a prosperous circuit)라

---

89 Minutes of Korea Mission, *Methodist Episcopal Church, 1906,* 58.
90 Minutes of Korea Mission, *Methodist Episcopal Church, 1906,* 53-54. 1906년 북감리교 연회 보고서에 따르면 평양 지역의 "재정 자립은 그 해의 가장 큰 수확이었다."

며 이렇게 보고하였다:

> 모든 사역에서 모든 일들이 나를 매우 즐겁게 해주었다. 여기에 대단한 성장이 있었으며, 그것들 대부분이 영구적인 것처럼 보인다. 그리스도인들은 불신자들에게 열정적으로 복음을 전하고 있으며, 새로운 신앙 그룹이 놀랍게 형성되고 있다. 이들은 이미 상당한 힘을 가진 교회들로 성장하였다.[91]

춘천 지역을 맡은 무즈도 한 해 동안 전에 없는 "갑작스런 성장"(a sudden development)[92]을 경험하면서, 여러 교회들이 외국의 지원을 전혀 받지 않고 한국인들의 손에 의해 건축되었다고 보고하였다. 이런 놀라운 성장은 1906년이 춘천 선교구 역사에서 오랫동안 기억될 진귀한 기록이다. 모든 선교사들에게 "지난 한 해는 바쁘고, 행복하고, 축복과 감당해야 할 사역, 그리고 그것을 이루려고 시도하려는 힘으로 가득 찬 한 해였다."[93] 자연히 성장에 따른 인적 지원을 위해 더 많은 교회 지도자들과 조사들의 양육이 시급한 과제 가운데 하나로 부상하였다.

1906년 전반기를 보내면서, 지난해 9월의 구정을 기해 일시에 부흥 집회를 개최하기로 한 결정이 실천에 옮겨짐에 따라 선교지에는 뚜렷한 파급 효과가 나타나기 시작했다. 그것은 단순히 부흥 집회를 일시에 개최하였다는 측면에서의 효과보다도 실제로 전국 교회가 같은 마음으로 이 나라와 이 민족 가운데 부흥의 계절이 오게 해 달라고 사모하는 분위기를 북돋아 주는 계기를 마련해 주었다는 점에서 더욱 의의가 있었다.

실제로 1906년 후반기에 접어들면서 뚜렷한 부흥의 움직임이 선교지 곳곳에서 감지되고 있었다. 광주 지역을 맡았던 남장로교 선교사 프레스톤(John Fairman Preston)[94]은 1906년 7월 "이 지역 선교부의 역사에서 지난 9개월은 가장 분주하고 가

---

91 W. L. Swallen, "a Prosperous circuit," *KMF* II: 11 (Sep., 1906), 204.
92 J. R. Moose, "a Sudden Development," *KMF* II: 11 (Sep., 1906), 208.
93 W. N. Blair, "How a Year Passed," *KMF* II: 11 (Sep., 1906), 208.
94 그는 테네시 주 킹 대학과 남캐롤라이나의 두어만 대학을 졸업하고 프린스톤 신학교와 동대학원에서 신학과 영문학을 전공하고 1903년에 남장로교 선교사로 내한하여 전남 목포 선교부서 선교활동을 하면서 해남과 강진 지방에 교회를 개척하였다. 1940년 일제에 의해 강제 출국을 당할 때

장 훌륭했다"⁹⁵며 기쁨을 감추지 못했다. 전라남도의 선교 사역이 지난 1년 동안 배가 되었고, 2년 전에 비해서는 4배나 성장할 정도로 대단한 신장을 이룩한 것이다.

1906년 8월 허버트 블레어(Herbert E. Blair)가 맡고 있는 위주의 한 교회는 불과 6개월 혹은 8개월 전 위주에 내려온 한 그리스도인에 의해 시작되었으나 이제는 주일 오전 200명이 모여 예배드리는 교회로 급성장했다. 1901년 처음으로 믿기 시작한 한 교회 지도자의 노력에 힘입어 "거의 매년 100%씩 성장해" 그 도시에 400명의 기독교인이 생겨났으며, 그 선교구(the district)의 그리스도인이 1,000명으로 증가하였다. 하디는 이와 같은 놀라운 성장을 목도하고는 "성령께서 그의 왕국의 도래를 성취하시려고 숭고한 다른 인종들뿐만 아니라 고상한 한국인들을 사용하신다"⁹⁶고 고백하였다.

이와 같은 상황은 1906년 5월 1일에 처음 독립된 재령 선교부의 경우도 마찬가지다.⁹⁷ 불과 3개월 만에 2,000명의 입교인이 생겨났다. 1906년 들어 복음은 과거에 미처 닿지 않았던 첩첩 산중에까지 전해졌다. 평양 사경회가 끝나는 4월에 213마일의 긴 여행을 다녀온 베스트(Miss M. Best)는 높은 계곡에까지 복음이 전해지고 있음을 알려주었다. 여행을 다녀온 후 그녀는 산간 지역이 "지형적인 장벽으로 평양으로부터 단절되기는 했지만 기독교는 산골에까지 침투한 것으로 보이며, 어느 길에서나 기독교인을 만날 수 있다"⁹⁸며 말문을 잇지 못했다.

심지어 프레더릭 밀러(Frederick S. Miller)가 맡고 있는 충청도는 "한국에서 무시된 지역"⁹⁹이라는 고정 관념을 일소하고, 1년도 채 되지 않은 청주 시내 선교 사역이

까지 한국 선교지에서 활동했던 선교사였다.
95 J. F. Preston, "The Need at Kwangju," *KMF* II: 9 (Jul., 1906), 167.
96 H. E. Blair, "The Alexander Sampson Rest House," *KMF* II: 10 (Aug., 1906), 185.
97 독립된 지 불과 3개월 후 1906년 8월 그 지역을 맡은 H. C. Whiting 박사는 "이 지역에는 모두 다 끊임없이 조언과 도움을 필요로 하는 장로들, 집사, 지도자, 조사, 학교 선생, 그리고 신학생들과 더불어 현재 대략 100개의 신앙 그룹, 2,000명의 입교인, 상당히 많은 학습교인들과 다른 출석교인들이 있다"고 말한다. 이와 같은 급성장으로 인적 및 물적 자원이 절실히 필요하게 되자 H.C. Whiting 박사는 "우리에게 무엇보다도 필요한 것은 우리들, 우리의 조사, 선생, 장로, 그리고 지도자들 모두가 믿음, 지혜, 경건, 그리고 능력으로 충만하고, 사도행전 1장8절의 말씀이 우리의 끊임없는 경험이 될 수 있도록 하나님의 살아 있는 성도들의 기도가 필요하다"고 지원을 호소하기에 이르렀다. H. C. Whiting, "Chai Ryung Station," *KMF* II: 10 (Aug., 1906), 188을 보라.
98 M. Best, "In the High Valleys," *KMF* II: 11 (Sep., 1906), 209.
99 그러나 성장하는 교회만 있었던 것은 아니다. 드물기는 하지만 박해를 만나면서 교인들이 교회를

지금은 주일예배에 100명 이상이 출석하고 60-70명이 기도회에 참석할 정도로 급성장했다. 그 지역에서도 신분의 고하를 막론하고 교회로 찾아들고 있었다.

학자다운 점잖은 한 한국인은 예수를 믿은 후 자신의 첩과 그녀와의 사이에 낳은 아들을 내보내고 지금은 행복한 그리스도인이 되었으며, 또 다른 부유한 상인은 쫓아낸 본처를 집으로 데려왔고, 첩을 내보내려고 준비 중이었다. 이 사람은 채무자들을 불러 그들을 위로하고, 또 다른 상인은 상대적으로 적은 임금을 받는 권서인이 되기 위해 사업을 포기하기도 했고, 또 다른 사람은 생계 수단인 가게의 문을 닫고 초등학교에서 사례도 받지 않고 가르쳤다.[100]

> 오늘날 한국은 추수를 기다리는 무르익은 황금벌판이다. 전국은 복음 전도에 열려 있다. 백성들은 복음을 들을 준비가 되어 있을 뿐만 아니라 그들은 너무도 간절하여 교회가 열심히 예배를 드리는 자들로 가득 차고, 개척교회들이 끊임없이 설립되고 있으며 선교사들이 와서 자신들을 가르쳐 줄 것을 요청하고 있다. 사역이 너무도 급속하게 성장하고 있어 선교사들은 대부분의 시간을 그리스도인들을 돌보고 성례를 집행하기 위해 교회를 방문하고 그들에게 힘을 북돋아 주고 지도하고 본토 교회를 감독하고 목회할 조사들과 학생들을 교육하고 전반적으로 사역을 감독하는 데 보내야 하기 때문에 좀처럼 불신자들에게 직접 전도할 수 있는 시간이 없다. 불신자들에게 직접 전도하는 것은 주로 한국인들에 의해 이루어진다. 그렇지만 그들은 그것을 잘 수행하고 있다. 한국 그리스도인들은 내지 선교사들이며, 다른 사람들에게 구원의 메시지를 전하는 데 있어서 열정적이다.[101]

떠나는 경우도 있었다. 예를 들어 청주 서면 신대교회는 1900년경 처음 설립된 후 100명으로 성장했으나 1903년경 박해가 시작되면서 90여 명이 낙심이 되어 교회를 떠나고 다섯 사람만 남았다가 1905년에 귀신들린 아이를 고쳐 준 것이 계기가 되어 낙심했던 이들이 교회로 돌아오고 불신자들이 교회에 영입되면서 1906년 봄에 이르러서는 50여 명으로 회복되었다. 최경중, "교회 통신, 청쥬리신," 그리스도 신문, 1906년 3월 29일, 332.

100 F. S. Miller, "The Neglected Provinces of Korea," *KMF* II: 10 (Aug., 1906), 193-194.
101 Miller, "The Neglected Provinces of Korea," 194-195.

확실히 지난해 9월 장감연합공회에서 일제히 부흥 집회를 갖기로 결정한 후 1906년에 들어서면서 일고 있던 부흥의 움직임이 8월을 거치면서 더욱 두드러지게 나타나기 시작하였다.

이와 같은 외형적인 성장보다도 더 눈에 띄는 것은 이들의 영적 신앙의 성장이었다. 성경공부에 대한 관심이 높아졌고, 많은 그리스도인의 성품이 놀랍게 성장하였다. 벨이 지적한 대로 "성령의 역사가 지금보다 더 크게 현시된 적이 없었으며,"[102] 많은 그리스도인의 생활에서 놀라운 변화가 나타났다. 노름꾼과 술주정꾼과 수많은 우상숭배자들이 주님을 믿은 후에 술을 끊고 노름의 습관을 버리고 우상을 불태워 버렸다. 이런 외적 변화는 내적 변화가 가져다준 삶의 변화였다. 이와 같은 영적 분위기의 성숙은 교회의 외형적인 성장을 더욱 확고하게 다져 주는 동인이 되었다.

북장로교 전체 교세 증가율

	1902년	1903년	1904년	1905년	1906년
입 교 인	5,481	6,491	7,916	9,756	12,546
학습교인	5,968	6,197	6,295	7,320	11,025
등록교인	16,333	22,662	23,356	30,386	44,587

자료: *Annual Report, PCUSA*, 1906.

성령의 역사로 영적인 각성의 움직임이 나타나 부흥운동의 분위기가 더욱더 확대되었다는 점에서 더 큰 의미가 있었다. 특별히 1906년 전반기를 지나면서 영적각성의 움직임이 이전과는 달리 더 많은 지역에서 더 강하게 나타났다. 이것은 1905년과 1906년의 뚜렷한 차이라고 할 수 있다. 1905년에 나타나고 있는 영적각성의 현상은 보편적인 것이 아니라 부흥운동을 사모하는 선교사와 교회, 특히 복음에 열정이 더욱 두드러진 선교사가 맡고 있는 지역의 교회와 교회지도자들, 그리고 이미 부흥운동의 영적각성을 경험한 하디와 같은 선교사들이 집회를 인도하는 그곳에 나타나고 있었다. 그러나 1906년 후반기에 접어들면서 부흥에 대한 움직임이 1년 전 9월 장감연합공회가 부흥운동에

---

102   E. Bell, "Done by the Native Christians," *KMF* II: 8 (Jun., 1906), 143.

대한 결의를 다질 때보다도 더 넓고 더 깊게 전국 여러 곳에서 감지되었고, 그와 함께 부흥운동을 사모하는 분위기도 더욱 강해졌다.

하디의 선교지 귀환과 1905년 장감연합공회에서의 결정과 이에 따라 일시에 실시된 1906년 신년 부흥회는 기왕에 조성된 영적각성의 분위기를 더욱더 전국적인 현상으로 저변 확대하는 데 매우 중요한 역할을 하였다. 그 결과 불과 1년 전만 해도 특정 지역, 특히 평양과 선천과 원산을 비롯한 북부 지역과 개성에 집중적으로 일고 있던 영적각성운동이 점차 전국적으로 확대되어 가기 시작했다.

이렇게 해서 1903년 8월 하디로 인해 촉발된 원산부흥운동이 1904년 11월 하디가 안식년을 맞이하여 떠나기 전까지 하디의 부흥 집회로 인해 개성, 강원도 지경터, 서울로 확대되었고, 하디가 떠난 후에도 1905년 신년 들어 개성을 중심으로 부흥운동은 계속되었다. 그러다 그 해 가을 장감연합공회가 신년 부흥회를 전국적으로 갖기로 결의하고, 그 결의에 따라 1906년 신년에 전국적으로 열린 신년 부흥회를 통해 원산부흥운동은 1906년 전반기 동안 더욱 폭넓게 저변 확대되었던 것이다.

이 과정에서 한 가지 뚜렷한 관찰은 장로교 선교구와 장로교회에서도 영적인 각성운동이 일어난 것이 사실이지만, 하디로 촉발된 원산부흥운동은 주로 감리교, 특히 남감리교 선교구에 두드러지게 나타나 북감리교 지역으로, 그리고 1906년에 들어서면서 장로교 지역으로 확대되었다는 사실이다.

1903년부터 1906년 전반까지의 원산부흥운동은 감리교 특히 남감리교 선교회가 주도하였고, 그 부흥운동은 전형적인 옛 감리교 부흥운동처럼 죄의 고백과 죄용서의 체험을 특징으로 하는 영적각성운동이었으며, 이 부흥운동은 감리교 특히 남감리교가 주도했다는 사실이다. 그러다 1906년 하반기부터 발흥한 부흥운동은 장로교가 주도하는 부흥운동으로 감리교 부흥운동보다 더 강력한 회개와 죄용서를 수반하는 영적각성운동이었다는 사실이다.

제 5 장
평양대부흥운동의 준비

우리 선교부의 역사에서 지난 1년은 최고의 해였다. 한 해가 시작되기 전에는 도저히 도달할 수 없는 그 정도로 매년 우리의 사역이 특별한 성장을 이룩하였다. 올해 우리의 성장은 수적으로 지금까지의 성장을 합한 것만큼이나 컸다 … 전에는 결코 사람들이 그렇게 복음을 듣고 자신들의 이전 관습과 신앙에서 벗어날 준비가 된 적이 없었다…선교 사역은 역시 주님의 사역이고, 그것은 우리 눈으로 볼 때 놀랍다.

1906, *Annual Report, PCUSA*

실히 1906년에 들어서면서 한국 교회의 영적 분위기는 이전과 달랐다. 1903년 8월 하디로 인해 촉발된 영적각성의 움직임이 1906년 초에 실시된 전국적인 동시 부흥회를 통해 특정 지역에서 전국적으로 확대되면서 그만큼 부흥운동을 사모하는 분위기도 더욱 강하게 나타났다.

릴리아스가 지적한 대로 "특별히 1905년과 1906년 사이의 겨울 동안에 모든 선교회들이 성령의 은혜를 간절히 사모하고 끊임없이 기도하여 각지에 영적 축복이 다가오고 있다는 느낌이 감돌았다."[1] 1906년 가을 이와 같은 영적 분위기를 더욱더 촉진시킨 몇 가지 사건들이 있었다.

1906년 가을 평양과 원산과 서울에서 열린 일련의 사경회, 특히 평양 사경회, 존스

---

1   L. H. Underwood, *Underwood of Korea* (Seoul: Yonsei University Press, 1983), 224-225.

톤의 서울과 평양 집회, 그 해 가을에 있었던 저다인의 목포 부흥회, 그리고 선교사들의 정오 기도회가 바로 그것이었다. 이것은 곧 발흥할 평양대부흥운동의 영적 토양을 제공해 준 중요한 사건이었다.

1. 1906년 8월 하디의 평양선교사 사경회

1906년 가을 각 선교회 소속 선교사들이 연합으로 모이는 사경회는 그런 면에서 매우 중요한 의미를 지니고 있었다. 1906년 8월 5일부터 12일까지 원산 사경회가 열리고, 8월 26일부터 9월 2일까지는 평양 사경회가, 그리고 9월 2일부터 9일까지 서울 사경회가 열렸다.

부흥운동을 사모하는 분위기가 형성된 가운데 열리는 사경회였기 때문에 사경회에 대한 기대가 대단했다. 1906년 6월에 이르러 하운셀이 한국의 모든 선교사들에게 원산과 평양과 서울 세 곳에서 열리는 "성경공부 및 기도를 위한 사경회"[2]를 위해 기도할 것을 다음과 같이 요청했던 것도 그런 이유에서였다:

> 이 기간이 놀라운 영적 재충전 및 영적 성장(great spiritual refreshing and uplifting)의 계절인 고로 한국의 모든 선교사들은 이제 이들 사경회 중 한 곳 혹은 그 이상 참석할 계획을 세우기 시작해야 한다. 그때에 한국에 임할 실제적인 축복은 백성들에 대한 믿음의 기도와 비례할 것이다. 몇 사람이 이들 사경회를 위해 매일 기도하기로 약속했다. 모든 이들이여, 이들 사경회를 우리가 지금까지 가졌던 것 가운데 가장 훌륭한 것으로 만드는 일에 동참하지 않겠는가? 선교사로서 우리는 한국에서 지금 우리 앞에 있는 이 백성을 그리스도에게로 인도하는 이 놀라운 기회, 교회사에서 찾아보기 드문 기회를 위해 특별히 준비할 필요가 있다. 우리 모

---

2   C. G. Hounshell, "Call to Prayer," *KMF* II: 8 (Jun., 1906), 151.

두 기도하자.³

이미 일고 있는 영적각성 움직임과 부흥운동의 분위기는 당시의 암담한 정치적, 시대적 환경 속에서도 이들에게 이 민족을 향한 복음 전도의 비전을 가질 충분한 명분을 제공해 주었다.

이와 같은 상황에서 한국 선교지를 대변하는 원산, 평양, 서울 세 곳에서 연이어 사경회가 열린 것이다. 이들 세 지역에서 사경회가 열린 것은 이들 지역이 한국 선교지를 대변할 만큼 외형적으로나 영적으로 한국 선교를 주도하고 있었기 때문이다. 게다가 이들 세 지역은 장로교나 감리교 모두 놀라운 선교의 결실을 거두고 있는 지역이었고, 영적으로도 각성운동이 민감하게 나타나고 있었다. 이곳에서 선교사들 중심의 사경회가 열린 것은 자연스러운 일이었다.

원산 사경회

예정대로 1906년 8월 5일부터 12일까지 제3회 원산 지방 사경회가 그 지역의 선교사들이 거의 참석한 가운데 원산에서 열렸다.⁴ 3년 전 하디를 통해 놀라운 성령의 역사가 시작된 한국 부흥운동의 원산지인 원산에서의 사경회는 그런 의미에서 더욱 의의가 있었다. 이미 부흥운동의 움직임을 체험했던 이곳의 선교사들은 부흥운동이 전국으로 확산되기를 바라는 마음이 간절했다.

원산 사경회에서 경건회를 인도해 준 사람은 부흥운동에 지대한 관심을 가지고 있던 하운셀이었다. 그가 영적각성을 촉구하는 성격이 강한 스가랴서를 강의 주제로 선택한 것도 그런 이유에서였다. 동아기독교의 펜윅의 강의 주제, 그리스도의 재림(the Second Coming of Christ)도 시의 적절한 강의였다.⁵ 부흥운동을 사모하는 분위기 속에서 원산 지역의 거의 대부분의 선교사들이 참석한 가운데 연합으로 열린 사경회였기

---

3 Hounshell, "Call to Prayer," 151.
4 D. E. Hahn, "Wonsan Bible Conference," *KMF* II: 10 (Aug., 1906), 190.
5 Hahn, "Wonsan Bible Conference," 190.

때문에 원산 사경회는 어느 때보다도 은혜로웠다. 무엇보다도 모인 이들이 영적각성을 체험하는 장이 되었다.[6] 그곳에 참석한 한 선교사는 이렇게 증언한다:

> 원산 사경회는 유익했다. 하나님은 우리가 전에는 목도하지 못했던 밝은 빛 가운데서 우리에게 죄를 드러내셨다. 죄악에 대한 승리로 인해 하나님을 찬양했다. 참석한 모든 사람들의 한 가지 열망은 우리에게 맡겨진 그 사역을 더 잘 준비할 수 있도록, 죄 없으신 그리스도가 그것을 보시는 것처럼 빛 가운데서 죄를 볼 수 있도록, 하나님께서 우리에게 죄의 공포를 보여 주시기를 바라는 것이었다. 하나님의 말씀은 이제까지보다도 오늘날 우리에게 더 소중하고 더 훌륭한 도구였다.[7]

선교사들은 성공적인 한국의 사역에 자족하기보다는 좀 더 효율적이고 능동적인 사역을 위해서 먼저 하나님 앞에 자신들의 죄악들이 깨끗하게 도말되어 주의 은혜를 밝히 볼 수 있기를 원했다. 따라서 성령의 강권적인 역사가 더 강하게 자신들에게 임하여 복음의 빛 가운데서 자신들의 죄를 밝히 깨달을 수 있기를 기도했던 것이다.

평양 선교사 사경회와 하디의 평양 방문

평양 거주 선교사들은 1906년 8월 26일부터 9월 2일까지 "자신들의 삶에 하나님의 능력을 더 깊이 체험하고 싶은 감동이 일어나 이 목적으로 8일간의 성경공부와 기도 모임을 열었다."[8] 평양 사경회 강사는 원산부흥운동의 불씨를 제공해 준 하디였다.[9] 자신이 경험했던 것을 다른 동료 선교사들에게도 나누어 주려는 간절한 하디의 소원과 하디와 같은 영적각성이 자신들에게도 필요하다고 인식하고 그것을 간절히 소원했던 평양

---

6   Hahn, "Wonsan Bible Conference," 190.
7   Hahn, "Wonsan Bible Conference," 190.
8   "The Religious Awakening of Korea," *KMF* IV: 7 (Jul., 1908), 105.
9   백낙준, 한국 개신교사(서울: 연세대학교 출판부, 1990), 391. 백낙준 박사가 "일대각성운동"(一大覺醒運動)이라고 불렀던 평양대부흥운동은 원산에서 일어난 부흥운동의 영향으로 발흥한 것이고, 그 불씨를 제공해 준 주인공도 역시 하디 선교사였다.

주재 선교사들이 하나로 어우러져 그 집회에는 과거 어느 집회보다도 성령의 역사를 사모하는 분위기가 모인 회중 전체를 압도하고 있었다.[10]

선교사들의 일차적 관심은 자신들이 맡고 있는 한국 교회의 영적 부흥이었다. 이를 위해 장로교와 감리교 선교사들이 정결케 하시고 역동적으로 역사하시는 성령의 능력을 자신들도 경험하고 그것을 한국인들도 공유할 수 있기를 간절히 바랐던 것이다.[11]

돌이켜 볼 때, 강제로 체결된 을사조약으로 일본이 전권을 장악하면서 당시 국내의 정치 경제 상황은 그야말로 최악의 상태로 치닫고 있었다.[12] 한국 주재 미국 선교사들은 점점 더 악화되어 가는 국내의 정치적인 상황, 그로 인해 일본인들에 대한 반감뿐 아니라 미국인들에 대한 반감이 고조되고 있는 상황을 심각하게 우려하지 않을 수 없었다.

고종이 비밀리에 파송한 특사 헐버트의 노력이 실패한데다,[13] 한국정부와 전혀 상의도 하지 않고 루스벨트 대통령이 일본의 한국 지배를 반대하는 서울의 총영사 알렌을 소환하고, 카츠라 태프트 밀약을 통해 일본으로부터 미국의 필리핀 지배를 인준 받는 조건으로 일본의 한국 지배를 승인하기에 이르렀다.[14]

오랫동안 친구 관계로 생각해 왔던 미국이 "한국에 대한 일본의 지배를 서둘러 승인하자"[15] 국내 곳곳에서는 미국인들에 대한 실망의 목소리가 점점 더 커져만 갔다. 그와

---

10   William Blair & Bruce Hunt, *The Korean Pentecost & the Sufferings Which Followed* (한국의 오순절과 그 후의 박해-서울: 생명의말씀사, 1995)(Edinburgh: Banner of Truth Trust, 1977), 66-67.

11   "The Religious Awakening of Korea," 105.

12   Henry Chung, *The Case of Korea* (New York: Fleming H. Revell Co., 1921), 157-160.

13   Thomas F. Millard, *The New Far East* (New York: Charles Scribners & Sons, 1906), 107.

14   T. Dennett, "President Roosevelt's Secret Pact With Japan," *The Current History Magazine* (Oct., 1924), 15-21; Millard, *The New Far East*, 102-104; Homer B. Hulbert, *The Passing of Korea* (New York: Doubleday, Page & Co., 1906), 222; Kenneth Scott Latourett, *The Development of Japan* (New York: The Macmillan Co., 1926), 176-177; Lak-Geoon George Paik, *The History of Protestant Missions in Korea 1832-1910* (Pyeng Yang: Union Christian College, 1929), 270. Allen의 소환은 일본과 미국의 관계를 한층 강화시키는 계기가 되었다. Kiyoshi K. Kawakami, *American-Japanese Relations* (New York: Fleming H. Revell Co., 1912), 157-171.

15   이 문제와 직접적인 관련이 있었던 것으로 보이지는 않지만 미국인들에 대한 시각이 부정적으로 바뀌고 있음을 보여 주는 사건이 당시에 발생했다. 군산 선교부 남장로교 의료 선교사로 활동하고 있던 Forsythe가 1905년 초 일단의 복면을 한 괴한으로부터 공격을 받고 심한 부상을 당하는 사건이 발생했다. "Attack on Doctor Forsythe," *KR* (March, 1905), 106-110.

같은 미국의 태도는 한국인들에게 반미 감정을 유발했을 뿐만 아니라 미국 선교사들의 위치를 매우 어렵게 만들었다.[16] "격렬한 반 외국인 감정, 특히 반 미국인 폭풍이 나라를 휩쓸고 갔다."[17] 그토록 애착을 가지고 정성을 기울였던 한국 선교지가 일대 위기를 만난 것이다. 이에 정치적인 상황의 급변으로 영적인 성장이 심각하게 침해를 받을 것을 우려한 선교사들은 이 나라를 살릴 수 있는 길은 하나님의 주권적인 은혜, 성령의 역사밖에 없다는 결론을 내렸다.

청일전쟁과 러일전쟁으로 한국의 주권이 완전히 일본의 손아귀에 넘어가는 정치적인 현실을 목도하고, 일본과 청나라와 러시아의 조선에 대한 경제적인 찬탈을 경험하면서 선교사들은 이 민족의 미래에 대해 불안을 느끼지 않을 수 없었다. 미국을 비롯한 다른 나라들이 조선을 도울 것이라는 한 가닥의 희망마저 사라지자 기왕에 갖고 있던 미국인들에 대한 우호적인 이미지는 상당히 손상을 입게 되었고, 심지어 반미 움직임마저 일어나 선교 현장에는 위기감이 감돌고 있었다.

이 나라, 이 민족이 이와 같은 위기에서 벗어나고 한국의 선교지가 놀랍게 결실을 맺기 위해서는 과거와는 달리 선교사들이 먼저 전적으로 하나님께 매달리며 새로운 각오로 주의 사역을 감당해야 한다는 인식을 갖게 된 것이다. 그와 같은 위기의 순간에 하디의 영적각성의 체험은 다른 이들에게 적지 않은 도전과 자극을 주었다.

그리하여 "1906년 8월 평양의 장로교와 감리교 선교사들은 그 상황의 심각성을 깨닫고서 기도와 성경공부를 하기 위해 한 주간 동안 함께 모임"[18]을 가졌던 것이다. 참석자들 모두 성령의 능력이 자신들 가운데 풍성하게 임하기를 간절히 기도했다.[19] 그곳에 참여한 평양 주재 선교사들은 "통회와 자복으로 크게 은혜를 입었다."[20] 그레함 리 선교사가 지적한 대로 이번 모임의 목적은 "자신들의 영적인 삶의 깊이"[21]를 더하는 데 있

---

16 Paik, *The History of Protestant Missions in Korea*, 272.
17 Paik, *The History of Protestant Missions in Korea*, 272.
18 William Newton Blair, *Gold in Korea* (Topeka: H. M. Ives & Sons, 1946), 58.
19 George Heber Jones, *The Korean Revival* (New York: The Board of Foreign Missions of the Methodist Episcopal Church, 1910), 5.
20 金麟瑞, "靈溪先生小傳"(中 二), 神學指南 14. 2(1932년 3월), 33.
21 Graham Lee, "How the Spirit Came to Pyeng Yang," *KMF* III: 3(Mar., 1907), 33.

었다. 따라서 이미 원산에서의 놀라운 성령의 역사를 전국으로 확산시키는 데 크게 쓰임 받았던 하디 선교사를 초청하는 것은 그런 면에서 자연스러운 일이었다. 선교사들은 요한 1서를 함께 공부하고 자신들과 한국 교인들에게 성령의 충만한 임재가 필요하다는 사실과 평양에서 열리는 오는 겨울 사경회에 그와 같은 축복이 임하도록 함께 기도한 것이다.[22]

하디는 그와 같은 목적을 갈망하는 선교사들에게 적지 않은 도움을 주었다.[23] 그는 사경회에 참석한 평양주재 선교사들에게 기독교의 복음의 핵심이 하나님의 은혜에 있다는 사실, 인간이 어떤 노력에 의해 구원에 이를 수도 없다는 사실을 선명하게 선포했:

> 기독교 복음의 중심은 하나님의 은혜의 메시지에 있습니다. 단지 하늘의 상급을 위해 투쟁하거나 무서운 영원한 심판을 피하기 위해 고투하는 것은 이 메시지를 잘못 이해한 것입니다. 일반적으로 인간이 자기의 노력으로 잘되려고 시도하는 것은 오직 우리의 마음을 강퍅하게 만드는 자만심과 믿음의 부족에서 연유한 것입니다. 그리스도인에게 믿음의 교훈은 단지 내세에 있지 않고 여기, 바로 지금 죄로부터 당신의 백성들을 구원하시는 하나님의 능력에 있습니다.[24]

죄인을 구원하시는 하나님의 위대한 사랑과 그 은혜의 복음을 여과 없이 선포한 것이다. 기독교 역사에서 부흥은 은혜의 복음, 칭의론을 바르게 선포하는 곳에서 시작되었다. 하디가 이 사실을 터득하고 있었는지는 잘 모르지만 하나님께서는 이날 그를 감동시키셔서 그 사명을 감당케 하신 것이다.

칭의론이 강조되는 곳에는 언제나 성령의 필요성과 그 중요성이 동시에 강조되었다. 놀랍게도 또 신기하게도 하디는 이날 성령의 도우심 없이 인간의 노력과 힘만으로는

---

22 Blair & Hunt, *The Korean Pentecost & the Sufferings Which Followed*, 66-67.
23 하디는 1903년 회심 후 전국의 10개 선교부에서 집회를 인도하여 영적각성운동을 일으키는 데 중요한 역할을 했으며, 1904에 1만 명이 회심했고, 1906년까지 원산부흥운동으로 인한 영적 결실은 계속되었다. Jonathan Goforth, *When the Spirit's Fire Swept Korea* (Grand Rapids: Zondervan, 1943), 6.
24 Sherwood Hall, *With Stethoscope in Asia: Korea* (McLean: MCL Associate, 1981), 215.

의에 도달할 수도 거룩한 목적과 이상을 구현할 수도 없다는 사실을 너무도 설득력 있게 전달하였다:

> 우리가 인간 육체의 힘만으로는 우리의 이상(ideas), 열망(aspiration), 그리고 결의(resolutions)를 구현할 수 없다는 사실을 일단 하나님 앞에서 인식한다면 우리는 우리의 영원한 선생님이시고 위로자가 되시는 하나님이 약속하신 선물, 성령을 받기위해 마음의 문을 활짝 열어야 할 것입니다. 성령의 역사에 복종함으로써 우리는 한편으로 하나님의 무조건인 사랑에, 다른 한편으로 우리 이웃(동료)에 대한 사랑에 응답할 수 있습니다. 하나님의 아들 예수 그리스도에 대한 믿음이 값없이 주시는 영생에 대한 확신을 제공할 뿐만 아니라 우리 안에 역사하시는 성령에 의해 우리의 결의(resolves)가 금생에서 결실을 맺을 수 있도록 인도하십니다. 또한 우리의 결의를 다른 초점에 맞추어 우리가 우리 자신의 영광을 드러내려는 욕구로부터 하나님을 영화롭게 하려는 열망으로 그 초점을 바꾸어 주실 것입니다.[25]

성령 없이는 구원에 이를 수도, 어떤 이상과 목적을 달성할 수도, 무엇보다 자기의 영광을 추구하는 삶에서 하나님의 영광을 추구하는 삶으로 바뀌어 질 수 없다는 것이다. 우리가 성령을 받기 위해 마음의 문을 활짝 열고 기도를 통해 성령께서 주시는 영적인 힘을 날마다 공급받아야 할 이유도 거기 있다.

하디는 다음과 같은 고백으로 자신의 설교를 마무리했다. "아무리 높은 이상과 고상한 동기도 영적인 힘이 없다면 수행하기 어렵습니다. 기억하십시오. 이러한 영적인 힘은 오직 계속적인 기도로만 얻어질 수 있다는 사실을 말입니다. 우리의 체력이 날마다 음식물을 섭취함으로써 유지될 수 있는 것 같이 우리의 영적인 강건함도 날마다 기도를 통해서만이 유지될 수 있습니다."[26]

이것은 한 때 성령의 역사와 인도하심을 의지하기보다 자신의 학력, 대영 제국의

---

25   Hall, *With Stethoscope in Asia: Korea*, 215.
26   Hall, *With Stethoscope in Asia: Korea*, 215.

시민권, 백인우월주의, 게다가 명문 토론토의대를 졸업한 의사라는 외형적인 조건들을 의지하려고 했던 하디의 경험론적인 고백이었다. 때문에 그의 메시지는 힘이 있었다. 무엇보다 그곳에 참석한 모든 이들이 전적으로 성령을 의지하도록 만들어주었다.

선교사들은 이 모임을 통해 "전에 없이 강한 힘"[27]으로 역사하시는 성령의 은혜만이 자신들과 한국인 형제들의 문제를 해결할 수 있다는 확신을 가지게 되었다. 마음을 감찰하시는 하나님 앞에 진지하게 자신들을 토로하면서 그들은 성령의 도우심으로 이러한 상황에서 "승리하는 길은 비통의 눈물과 상한 마음으로 회개하는 길뿐임을 분명히"[28] 깨달은 것이다. 그들은 한국인들이 자신들의 생각을 희망 없는 국가의 상황으로부터 주님과의 인격적인 관계로 옮기는 것이 교회와 민족을 구하는 길이라는 확신을 가졌다. 그 모임에 참석한 이들의 가슴 속에는 성령이 자신들의 삶을 완전히 지배하셔서 그분의 사역을 위해 능력 있게 쓰임받기를 바라는 열망이 생겨났다.[29]

번하이셀이 자신의 일기에 기술한대로 하디를 강사로 8월 마지막 주에 열린 사경회를 통해 선교사들은 "대단한 축복을 받았다."[30] 그로부터 4개월 후 1907년 1월 18일자 편지에서 스왈른은 "지난 8월 우리의 영적 사경회 때에 놀라운 은혜가 여기 선교사들 가운데 임했다"[31]고 보고하였다. 하디의 솔직한 간증이 회중들 가운데 불을 지핀 것이다.[32] 특히 장대현교회 이길함 선교사가 하디의 설교를 듣고 죄를 자복하는 중 은혜를 충만히 받았다.[33]

하디 집회를 통해 어른들만 은혜를 받은 것이 아니었다. 이날 어머니 로제타 셔우드 홀과 함께 하디 집회에 참석했던 12살의 소년 셔우드 홀은 훗날 그 자신이 고백한대로 하디의 설교를 듣고 자신의 인생을 완전히 수정했다:

27　Goforth, *When the Spirit's Fire Swept Korea*, 6.
28　Blair & Hunt, *The Korean Pentecost & the Sufferings Which Followed*, 66-67.
29　Blair & Hunt, *The Korean Pentecost & the Sufferings Which Followed*, 66-67.
30　The Rev. Charles F. Bernheisel's Missionary Diary, unpublished, March, 1907.
31　W. L. Swallen, Letter to Dr. Brown, Jan. 18, 1907.
32　Swallen, Letter to Dr. Brown, Jan. 18, 1907.
33　車載明, 朝鮮 예수敎長老會 史記, 180; 변린서, 강규찬, 김선두, **平壤老會地境各敎會史記** (평양: 광문사, 1925), 9.

나는 그 전에도 그리고 그 이후에도 유사한 진술을 들었지만 그날 하디의 메시지는 좀 특별하게 어린 나의 마음과 심령에 영원히 인각되었다. 이 특별한 때, 특별한 장소에서 그 메시지가 나의 심령에 와 닿았고 나는 기꺼이 그 메시지에 응답했다. 비록 나는 서양에 가서 사업가가 되기 위해 훈련을 받을 계획을 세웠으나 이날 하디의 메시지를 듣고 사업가가 되는 대신 의료선교사가 되어 한국에 돌아오기로 결심했다."[34]

그로부터 얼마 후 셔우드 홀은 그 자신이 결심한 대로 북미로 건너가 하디가 졸업한 바로 그 토론토의대를 우수한 성적으로 졸업하고 의료선교사가 되어 한국에 돌아와 해주에 결핵 전문요양원 구세병원을 설립하고 남은 생애를 의료 사역에 헌신했다. 하디가 앞서 경험한 그대로 성령 안에서 자신의 영광을 추구하는 삶에서 하나님의 영광을 추구하는 삶으로 바뀐 것이다. 그날 하디의 메시지가 어린 소년의 인생을 완전히 바꾼 것이다.

이처럼 1906년 8월 하디의 평양선교사사경회를 통해 한국에서 가장 큰 교회 장대현교회 담임 이길함부터 12살의 소년 셔우드 홀에 이르기까지 그곳에 참석한 선교사들이 큰 은혜를 받았다.

2. 하워드 존스톤의 입국과 일련의 사경회

8월 26일부터 9월 2일까지 평양에서 있었던 한 주간의 사경회를 통해 영적인 도전을 받은 평양 주재 선교사들은 서울에서 열리는 서울 지역 사경회와 북장로교 선교회 연례모임에 참석하기 위해 서울로 향했다. 9월 2일부터 9일까지 일주일간 서울 사경회가 열리고, 같은 기간 북장로교 연례모임도 서울에서 열리기 때문이었다.

한국 교회의 부흥운동을 사모하는 분위기는 원산 사경회나 평양 사경회와 조금도

34　Hall, *With Stethoscope in Asia: Korea*, 215-216

다를 것이 없었다. 이미 원산과 평양에서 영적각성이 일어난 다음에 열린 사경회였기 때문에 서울 사경회 참석자들의 기대 심리는 더 컸다. 서울 사경회에 참석한 모든 선교사들은 하나같이 놀라운 성령의 임재와 영적 갱생이 나타나기를 고대했다. 전에 없이 많은 선교사들이 서울 지역 사경회에 대거 참석하였던 것도 그런 이유에서였다고 할 수 있다.

선교사들은 그곳에서 인도, 일본, 중국 등 아시아 선교 지역 탐방차 한국에 입국한 미국의 부흥전도자이자 미국 북장로교 해외 선교부 위원인 하워드 존스톤(Howard Agnew Johnston, 1860-1936)[35]을 통해 웨일스와 인도에서 있었던 놀라운 성령 강림에[36] 대한 이야기를 전해 들었다.

존스톤은 장로교 목사로 1860년 6월 29일 오하이오 제니아(Xenia) 근방에서 태어나 1882년 신시내티 대학(B.A.)을 졸업하고 레인 신학교에 진학해 1885년에 졸업했다. 1884년부터 1890년까지 신시내티 제 7장로교회를 담임했고, 1890년부터 3년간 L. A. Des Moines, 센트럴 처치를, 1893년부터 1899년까지 시카고의 제 41가 장로교회(Forty-First Presbyterian Church)를, 그리고 1898년 12월부터 1905년까지 뉴욕 메디슨 애브뉴 장로교회를 담임했다. 그 후 담임목사 직을 사임하고 교단의 아시아 선교 특별 책임자로 몇 년간 활동하다 1908년 콜로라도 스프링스에 있는 제 1장로교회 담임이 되었다. 그가 한국을 방문한 것은 뉴욕 메디슨 애브뉴 장로교회를 사임하고 아시아 선교현장을 순방하는 동안 이루어진 것이다.

존스톤이 전해준 1904년과 1905년 사이 웨일스의 여러 곳에서 동시에 일어났던 웨일스 부흥운동(the Welsh Revival)은 수많은 사람들이 일련의 비상한 영적 경험을 한 "매우 강력한 성령의 임재"[37]의 역사였으며 인도 부흥운동의 동인이었다. 웨일스

---

35 존스톤의 대표적인 저술로는 다음서적을 들 수 있다. *Moses and the Pentateuch* (Cincinnati, 1893); *Studies in God's Methods of Training Workers* (New York, 1900); *Bible Criticism and the Average Man* (Chicago, 1902); *Studies for Personal Workers* (New York, 1903); *Scientific Faith* (Chicago, 1904); *Famine and the Bread* (1908); *Brief Studies through the Bible* (New York, 1905); *The Beatitudes of Christ* (1905).

36 이 시기의 인도 부흥운동에 대해서는 J. Edwin Orr, *Evangelical Awakenings in India in the Early Twentieth Century*을 참고하라. 1905년과 1906년 사이 2년 동안 이 부흥운동을 통해 8,200명이 회심했다.

37 웨일스 부흥운동에 대해서는 다음을 참고하라. W. T. Stead, *The Story of the Welsh Revival* (New York: Fleming H. Revell, 1905), 59-60; Eiffion Evans, *The Welsh Revival of 1904* (Port Talbot,

하워드 애그뉴 존스톤(Howard Agnew Johnston)

의 부흥운동 소식을 들은 인도 카시 교회가 인도에서도 웨일스에서 일어난 부흥의 역사가 임하기를 간절히 소원하며 기도하던 중 얼마 후 그 같은 성령의 은혜를 경험할 수 있었던 것이다. 그 결실은 참으로 대단했다.[38]

존스톤이 전하여 주는 외국 교회의 부흥 사정을 들은 선교사들은 그와 같은 부흥의 역사가 자신들의 선교지 한국에도 임하기를 간절히 바랐다.[39] 집회는 시의 적절한 때에 열렸고 실제로 참석자 "모두에게 매우 유익했다."[40] 한국 장로교 선교회가 본국 선교부에 보낸 다음과 같은 내용의 편지는 당시의 영적 분위기를 잘 반영해 준다:

> 선교사들에게 행한 그[존스톤]의 강의는 성령께서 듣는 자들의 심령과 삶을 감동해, 그들에게 점점 더 놀라운 사랑과 간절한 기도열을 고취시켜 주었다. …한국인들에게 행한 그의 강의는 또한 매우 유익했고, 그의 방문은 오래 기억될 것이다.[41]

선교사들만 그 같은 도전을 받은 것은 아니다. 존스톤은 같은 9월 21일 한국 사람들을 대상으로 한 황성 기독교청년회관에서 열린 강연회를 통해 한국인들에게도 부흥운동을 사모하는 분위기를 고취시켜 주었다.[42]

서울 사경회가 끝나는 그 이튿날인 1906년 9월 10일과 11일 양일간 서울에서 제2차 장감연합공회 총회가 열렸다. 이렇게 9월 10일과 11일 양일간을 연합공회 일자로

Glamorgan, Wales: The Evangelical Movement of Wales, 1969); David Matthews, *I Saw the Welsh Revival* (Chicago: Moody Press, 1951); Eifion Evans, *Revival Comes to Wales: The Story of the 1859 Revival in Wales* (Wales: The Evangelical Press of Wales, 1979); Brynmor P. Jones, *Voices from the Welsh Revival 1904-1905* (Wales: The Evangelical Press of Wales, 1995).

38   "Fruit of the Revival in the Khasi Hills," *The Baptist Missionary Magazine*, Vol. 87, No. 10 (October, 1907), 417. "지난 2년 동안 웨일즈 칼빈주의 선교회가 담당한 선교지, 칼커타 북동부에 걸쳐 있는 카시 및 제인티아 언덕(the Khasi and Jaintia Hills)에서 부흥으로 인해 나타난 급속한 수적 증가는 참으로 놀라운 은혜의 역사였다. 250,000명의 인구 중 기독교인 수가 28,000명에 달했다. 1905년에만 5,100명이 교회에 영입되었으며, 지난해(1906)에 2,771명이 영입되었다. 이 외에도 전 기독교 공동체는 높은 기독교 삶의 도덕적 수준에 이르렀다."

39   Lee, "How the Spirit Came to Pyeng Yang," 33-37; Goforth, *When the Spirit's Fire Swept Korea*, 6-7.

40   The Rev. Charles F. Bernheisel's Missionary Diary, unpublished, Mar., 23, 1907.

41   *Annual Report, PCUSA* (1906), 26.

42   대한매일신보, 1906년 9월 16일; 만세보, 1906년 9월 21일.

잡은 것은 서울 사경회에 참석한 이들이 자연스럽게 연합공회에 참석할 수 있도록 하려는 배려에서였다. 원산 사경회, 평양 사경회, 서울 사경회가 지역적인 사경회였다면 장감연합공회는 교파와 지역을 초월하여 그야말로 한국의 개신교 선교사들이 한데 모이는 한국 최대 규모의 모임이었다.

이미 부흥운동의 움직임이 전국적으로 확대되고 있었고, 전에 없이 선교지에서 놀라운 선교의 결실이 맺어지는 상황에서 개최된 대회였기 때문에 전국에서 많은 선교사들이 모여들었고, 그곳의 영적 분위기도 전에 없이 진지하였다. 해리슨(William Butler Harrison)의 말대로 "많은 사람들이 참석하였으며, 장감연합공회 총회가 열리는 기간 동안, 시간 시간마다 관심이 대단했다."[43]

장감 연합운동

금번 연합공회 총회는 이번이 두 번째 총회이자, 지난해 일제히 부흥회를 개최하기로 결정한 이후 처음 모이는 모임이었다. 때문에 지난 한 해 동안 나타난 선교의 결실들을 함께 논의하면서 앞으로의 대책들을 심도 있게 논의할 예정이었다. 지난 1년 동안 진행된 장감 연합 분위기는 과거 어느 때보다도 더 놀랍게 진전되었다.

지난 한 해 동안 장로교와 감리교는 사역의 현장에서 함께 한반도의 복음화를 위해 협력할 수 있는 길을 구체적으로 모색했었다. 서울과 평양에서 장감이 연합으로 운영한 남자 중학교, 평양의 의료사업, 주일학교 교재 출판, 찬송가, 코리아 미션 필드, 교회 문서, 그리고 연합 출판사 등에서 장로교와 감리교는 지난 한 해 동안 깊은 유대 속에 협력해 왔다. "책임 맡은 이들이 총회에 보고한 내용은 연합 노력을 위한 지혜로운 계획을 입증해 주기에 충분했다."[44]

한국의 복음화라는 공동의 목표를 가지고 장감이 교파를 초월해 이룩한 연합운동의 놀라운 결실은 다른 선교지에서는 찾아보기 힘든 사례였다. 이와 같은 연합의 분위기

---

43 W. B. Harrison, "The Union Movement in Korea," *KMF* II: 11 (Sep., 1906), 201.
44 Harrison, "The Union Movement in Korea," 201.

때문에 오랫동안 한국 선교지에서 가장 민감한 문제였던 선교지 분할협정도 별 무리 없이 성사될 수 있었다:

> 지난해 동안 연합운동의 성취 가운데 하나는 선교지 분할 협정이 실행되지 않았던 지역의 분할이었다. 분할의 결과로 인해 몇몇 신앙그룹이 상호 교환되었다. 보고를 한 형제 가운데 한 사람은 지금까지보다 자신의 사역에서 더 큰 평강과 기쁨을 가지게 되었는데, 그것은 과거 장감이 사역하던 곳에 한 새로운 신앙의 단체가 발흥했으나, 그 지역이 곧 선교지 분할 협정에 충실하는 바람에 새로 발흥한 신앙 단체가 누구에게 속했는지에 대한 문제가 일어나지 않았기 때문이라고 말했다. 그것은 또한 어떤 한 입교인이 한 선교회 지역으로부터 다른 선교회 지역으로 옮길 때 그 협정에 따라 경쟁심이나 질투심을 나타내지 않고 다른 선교회로 연결되었기 때문이다.[45]

1906년 6월 20일에서 30일까지 10일 동안 처음으로 장로교와 감리교가 연합으로 한국인들을 위한 정규 사경회(the normal class)를 개최하였던 것은 무르익은 장감의 연합운동의 분위기를 말해 주는 한 가지 전형적인 사례이다. 1897년 서울에서 처음 시작된 이 정기 사경회는 해마다 참석률이 증가하고 내용에 있어서도 알차게 운영되어 오다 1906년에 이르러서는 장감이 공동으로 개최하기 시작한 것이다.[46] 장감이 효율적인 선교와 한국의 복음화를 위해 직접적인 마찰을 피할 수 있는 주일학교 교육이나 미션 스쿨, 의료 사역뿐만 아니라 마찰을 빚기 쉬운 선교지 분할 협정마저 실천한 것은 장감의 연합운동이 얼마나 놀랍게 추진되고 있었는가를 말해 준다. 한국에 파송된 선교사들은 자신들이 속한 교파의 벽을 넘어 참으로 하나 되는 길을 모색하는 것이 불가능하지 않다는 확신이 들었다. 이를 위해 지난해 총회 때 연구 위원들을 임명한 것도 그와 같은 분위기를 반영한다.

---

45 Harrison, "The Union Movement in Korea," 201.
46 W. M. Baird, "Teaching Teachers," *KMF* II: 11 (Sept., 1906), 205.

1906년 9월의 2차 총회 때 장감연합공회에는 지난해 임명받은 이들이 1년 동안 연구한 교리의 조화(Harmonization of Doctrine), 교회 정치의 조화(Harmonization of Policy), 선교지 분할(Division of Territory) 보고서가 발표되었고, 발표 후에 이들 주제에 대한 다소간의 토의도 잊지 않았다. 연구 보고서 가운데는, 본토 사역자들의 속성 안수(Speedy Ordination of a Native Ministry), 그 장점과 위험(its Advantages and Dangers), 그리고 학습교인 인허 실행안(Practice in Admission of Probationers)도 준비되었으나 발표할 시간이 없어 다음해로 연기되었다.[47]

이들이 교리와 교회 정치의 조화까지 연구한 것은 장차 장감이 하나의 교회를 지향하겠다는 분명한 목표가 있었기 때문이다. 부흥운동이 전국적으로 확산되고 있고, 한국 교회가 세계 선교지에서 유례를 찾기 힘들 정도로 성장하고, 심지어 가까운 중국과 일본과 비교해도 월등하게 앞서고 있는 민족복음화를 목도하면서 장감의 선교사들은 자신들이 속한 교단의 굴레를 넘어 하나의 민족교회를 설립하겠다는 결연한 의지를 다졌다.

그러나 이와 같은 선교사들의 결연한 의지가 곧 이들이 속한 본국의 선교 본부의 입장은 아니었다. 본국 선교 본부에서 볼 때 장감이 연합하여 하나의 교회를 설립하겠다는 것은 선교 확장에 긍정적으로 작용하기보다는 장차 여러 가지 문제점과 마찰을 빚을 가능성이 높다고 판단한 것이다.

그들은 교파의 벽, 장감의 신학적 차이, 선교철학의 상이점과 각 교단의 이해관계를 넘어 한국에 궁극적으로 하나의 민족교회를 설립한다는 움직임에 대해 우려하지 않을 수 없었다. 이와 같은 미묘한 차이, 곧 한국의 선교사들과 본국 선교부의 견해차는 이미 1906년 9월 장감연합공회 총회에서도 감지되고 있었다:

> 본국 교회들이 방해하지 않았다면 한국에서의 개신교 선교회의 몇 가지 연합 안은 분명히 계속되고 발전되었을 것이다. 어느 정도까지 이 연합이 발전할 것인지 책임을 맡은 이들 가운데 누구도 말할 수 없고 또 알려고 하는 자는 더 극소수이나,

---

47 Baird, "Teaching Teachers," 205.

대다수는 한순간에 한 단계씩 섭리자의 인도를 기꺼이 따르고 있는 것처럼 보인다.[48]

비록 하나의 교회를 이루려는 원대한 계획이 이루어지지 않았지만, 이 시대만큼 장감이 이 나라의 복음화를 위한 상호 협력의 필요성을 느꼈던 적은 일찍이 없었다. 장감 모두 한국 교회의 놀라운 성장을 목도하면서 이 나라의 복음화야말로 자신들이 이루어 가야 할 공동의 목표라고 확신했던 것이다. 특별히 최근에 일고 있는 놀라운 교회성장을 목도하면서 어느 때보다도 협력의 필요성을 더욱 절실하게 느끼고 있었다.

이와 같은 외형적인 성장은 한국의 선교사들에게 한편으로 복음화를 위한 공동의 협력 분위기를 만들어 주었고, 다른 한편으로는 지속적이고 알찬 성장을 위한 영적각성의 필요성을 더욱더 느끼게 만들어 주었다. 그것은 외형적인 성장이 영적각성과 병행되거나 거기에 기초하지 않는다면 한국 교회가 참된 부흥과 성장으로 이어질 수 없다고 판단했기 때문이다. 영적각성이 선행되어진다면 외형적인 성장은 자연스럽게 그 뒤를 따라올 것이라고 판단했던 것이다. 따라서 한국 교회는 영적 성장과 양적 성장의 조화와 균형을 이루는 교회가 되어야 한다고 확신했던 것이다.

하워드 존스톤의 평양 장대현교회 집회

1906년 9월 서울에서 열린 북장로교와 남장로교 연례모임과 장감연합공회에 참석하고 돌아온 평양의 선교사들은 몇 차례의 특별 집회를 갖고 하나님의 성령이 임하도록 기도했다. 마펫의 표현을 빌린다면 "1906년 가을, 기도의 영이 선교사들에게 임한 것이다."[49] 그것은 "다가오는 겨울 사경회에 더 깊고 풍요로운 축복을 내려 달라는 간절한 부

---

48 Harrison, "The Union Movement in Korea," 201.
49 Samuel A. Moffett, "Evangelistic Work," *Quarto Centennial Papers Read Before the Korean Mission of the Presbyterian Church in the U.S.A. at Annual Meeting* (Pyeng Yang, Korea: Korea Mission of PCUSA, 1909), 22.

르짖음"⁵⁰이었다. 비록 기도가 즉시 응답되지는 않았으나 선교사들은 실망하지 않고 웨일스와 인도에서와 같은 오순절 성령의 역사가 이 땅에서도 임하게 해달라고 계속해서 기도했다.

이와 같은 분위기 속에서 1906년 10월 평양 장대현교회에서는 평양 주재 장로교 선교사들과 교우들이 교회당을 가득 메운 가운데 특별 사경회가 열린 것이다. 9월 서울에서 열린 서울 사경회와 장감연합공회에서 웨일스와 인도의 부흥운동 소식을 전해 주어 적지 않은 도전을 준 하워드 존스톤 목사가 집회를 인도했다. 존스톤은 인도와 웨일스의 그리스도인들이 성령 충만을 받은 사실과 그리하여 그곳에서 놀라운 부흥운동이 일어난 사실을 전해 주었다. 길선주가 놀라운 성령의 은혜를 체험한 것은 바로 이때였다:

> 博士는 章臺峴敎會에 來하야 說敎할새 웰쓰 地方과 印度敎會 復興狀況을 說明하고 '朝鮮에서는 누가 聖靈充滿을 밧고저 하느냐' 願하는 者는 擧手하고 起立하라 하매 감히 應答하는 者가 업섯다. 當時에 아직 長老인 先生이 감동하는 바 잇 擧手하고 이러서매 博士는 朝鮮의 復興을 豫言하고 도라갓다.⁵¹

장대현교회에서 행한 존스톤의 설교는 그곳에 모인 평양 선교사들과 교우들에게 이 나라에서도 웨일스와 인도에서와 같은 부흥운동의 역사가 나타나기를 고대하도록 만들어주었다.

이미 하디의 집회를 통해 은혜를 체험한 이길함 선교사는 존스톤의 평양 집회가 끝난 후 그 받은 바 성령의 은혜를 자기가 섬기는 장대현교회와 평양 교회에 가져오기를 간절히 사모했다. 성령의 은혜를 체험한 목회자가 은혜를 전달하는 법이듯이 특별한 은혜를 받은 이길함 선교사가 10월부터 "平壤 諸 聖職과 勸察들을 景昌門內 女專道會堂에 會集ᄒ고 一週日間"⁵² 평양 시내 "朝鮮敎人 特別集會를 引導하야 赤是 恩惠를

---

50   Moffett, "Evangelistic Work," 22.
51   金麟瑞, "靈溪先生小傳"(中 二), 33.
52   변린서. 강규찬. 김선두, 平壤老會地境各敎會史記 (평양: 광문사, 1925), 9.

주었다."⁵³ 매일 저녁 요한 1서를 가지고 집회를 인도하는 동안 평양의 "제직들이 은혜 받기를 시작"⁵⁴한 것이다.

이처럼 8월 하디의 사경회와 10월의 존스톤의 집회 이후 평양에는 부흥운동을 사모하는 분위기가 어느 때보다도 고조되었다. 특히 이미 은혜를 체험한 이길함 선교사와 길선주 장로가 사역하고 있는 장대현교회의 영적 분위기는 이전과 달랐다.

하디와 존스톤을 통해 은혜를 경험한 이길함 선교사를 비롯 평양 시내 선교사들은 이 나라에도 성령의 역사가 임하도록 기도하기를 한국인 교우들에게 요청했고, "선교사들의 제의를 받고 수백 명의 한국 그리스도인들이 성령의 부어 주심을 위해 매일 한 시간씩 기도하기로 약속하였다."⁵⁵

선교사들은 기도회를 자신들만의 모임으로 제한하지 않고 한국인들에게도 같은 목적을 놓고 기도에 동참할 것을 촉구했던 것이다. 선교사들과 한국인들이 같은 목적을 놓고 드리는 일치된 기도는 일종의 "기도의 콘서트"⁵⁶와 같았다. "이 기도의 콘서트는 1907년 1월 첫 주 평양 장대현교회에서 열린 집회에 성령이 문자적으로 사람들에게 부어지고, 성령의 불길이 급속하게 전 도시와 시골 전역으로 확산되어 장로교회 및 감리교회와 학교 모두가 성령의 충만을 받을 때까지 계속되었다."⁵⁷

그때부터 선교사들은 한국인들과 선교사들에게 성령의 역사가 임할 때까지 기도를 계속했다.⁵⁸

---

53 金麟瑞, "靈溪先生小傳"(中 二), 33.
54 1907년 1월 18일자 편지에서 Swallen이 언급한 것처럼, "그 후 요한 1서는 평양 시내 몇몇 교회들과 몇몇 시골 선교구 사경회 때에 가르쳐져 대단한 유익을 제공했다." W. L. Swallen, Letter to Dr. Brown, Jan., 18, 1907.
55 "The Religious Awakening of Korea," KMF IV: 7 (Jul., 1908), 106.
56 "The Religious Awakening of Korea," 106.
57 "The Religious Awakening of Korea," 106.
58 "The Religious Awakening of Korea," 106.

3. 목포에서의 영적각성운동

확실히 1906년에 접어들면서 교회에는 수적인 성장과 영적인 성장 두 가지 면 모두에서 이전보다 현저한 증가가 있었다. 부흥운동에 지대한 관심을 가지고 있던 저다인이 "성장과 영성(Growth and Spirituality)"[59]에서 지적한 대로 수적으로뿐만 아니라 영적으로도 상당한 진보가 있었다.

"교회가 수적으로 증가했을 뿐 아니라 마찬가지로 교회는 영적으로도 번성했다. 여러 선교구에서 자신들의 간증과 삶으로 명백히 종교적 체험을 했음을 보여 주는 이들의 숫자가 끊임없이 증가하고 있다."[60]

> 3개월마다 분기별로 열리는 사경회 두 번째 회기와 관련하여 우리는 특별히 교회의 정식 입교인들의 영적 유익과 직결된 집회를 개최할 계획을 세웠는데, 이것은 그들이 교회의 몸을 더 아름답게 섬기도록 하기 위해서이다. 이들 집회에 하나님의 축복이 임했다. 죄에 대한 깊은 확신, 참회의 고백, 그리고 기쁨에 찬 승리 같은 성령 역사의 증거들이 현시되었다. 우리는 또한 하나님께서 이미 축복을 받은 이들을 통해 영향력 범위에 있는 그들 선교구내 많은 사람들에게 축복을 나누어 주도록 역사하셨다고 믿는다. 일반적으로 우리는 한국 교회에 3년 전에 시작된 부흥운동이 지금까지 계속되어 왔고 또 증가해 왔다는 사실을 관찰할 수 있어 기쁘다. 우리 선교회 소속 교회에서 올해 선교 중심지(원산, 개성, 서울) 교회의 부흥운동은 지난해보다 더 깊게 역사하였고 그 영향력은 더 확대되었다.[61]

1906년에 들어서면서 선교 현장에서 뚜렷하게 나타나고 있는 부흥운동이 후반기에 접어들면서도 계속되었다. 놀라운 부흥의 역사가 전국 곳곳에서 뚜렷한 외형적인 신장세를 보이면서 나타났다. 더욱 고무적인 것은, 저다인이 적절히 지적한 것처럼, 3년 전

---

59   J. L. Gerdine, "Growth and Spirituality," *KMF* II: 11 (Sep., 1906), 202.
60   Gerdine, "Growth and Spirituality," 202.
61   Gerdine, "Growth and Spirituality," 203.

부터 일어난 부흥운동의 역사로 한국 교회에는 외형적인 성장뿐 아니라 영적각성의 움직임이 여러 곳에서 일고 있었다는 사실이다.

1905년 컨즈는 "단지 수적으로만 증가한 것은 아니다. 부흥운동은 전 교회에 깊은 영적 생명을 낳았다."[62]며 흥분을 감추지 못했다. 그와 같은 영적 생명력은 1906년에 들어 더욱 눈에 띄게 나타났다. 그러나 선교사들은 이 정도에 만족하지 않고 더 크고 더 깊은 영적각성운동이 이 나라에 현시되어야 한다고 생각하였다:

> 그러나 그 부흥운동이 전 교회에까지 도달한 것이 아니기 때문에 전 교회가 부흥운동의 영향력을 받을 때까지 만족해서는 안 될 것이다. 하나님은 증거하는 교회를 원하며 이를 위해서는 교인들 편에서 예수 그리스도의 구원의 능력에 대한 체험적 지식이 있어야 할 것이다. 이미 놀라운 변화가 있어 왔고, 그리고 현재 많은 증거들이 있다. 우리는 하나님의 역사를 통해 다가오는 한 해 동안 교회에 훨씬 더 놀라운 성령의 부어 주심을 볼 수 있을 것이라고 확신을 가지고 기대하는 바이다. 우리 백성들은 이것에 대해 준비되어 있으며, 심지어 종교적인 경험을 갖지 못한 이들조차도 대체로 하나님을 알고 섬기려는 간절한 열망에 있어서 자신들의 빛과 신실함에 충실하였다.[63]

작금의 한국 교회는 영적각성의 움직임이 일어나고 있는 것은 사실이지만, 현재의 성령의 직접적인 역사로 인한 영적 대각성운동으로 만족해서는 안 된다는 것이다. 부흥의 역사가 교회 전반, 모든 선교지에서 찾을 수 있는 현상이기는 하지만, 성장하는 교회들 모두에서 영적각성의 움직임이 나타났던 것도, 또 그와 같은 각성이 매우 뚜렷하게 현시되었던 것도 아니었다. 과거보다는 영적각성이 점증되고 있는 것이 사실이지만, 외형적인 성장에 비해 영적각성의 역사가 보편적이지 않다는 사실, 다시 말해 교회가 놀랍

---

62 C. E. Kearns, "More and Yet More," *KMF* II: 9 (July, 1906), 171. 지난 1년 동안 60교회가 78교회로, 6,507명이 11,943명으로, 무려 83.5%가 증가했으며, 이중에 3,121명이 세례를 받았고, 3,020이 학습을 받았다. 지난 한 해 동안 세례를 받은 사람이 1,164명이고 학습을 받은 사람이 2,297명이고, 52개 교회 건물이 보고되었고, 27교회가 확장되었고 18개 교회가 최근에 신축되었다.

63 Gerdine, "Growth and Spirituality," 203.

게 성장하는 지역이라고 하더라도 영적각성이 항상 수반된 것은 아니었다. 따라서 선교사들은 한편으로 급속한 교회성장에 감사하면서도 뚜렷한 영적 대각성운동이 전국적으로 일어나야 한다는 사실에 한결같이 동의하고 있었던 것이다.

그와 같은 분위기 곧 교회성장과 영적각성이 균형을 이루어야 한다는 사실, 영적각성이 뒷받침된 가운데 부흥운동의 역사가 계속되어야 한다는 사실을 점점 더 강하게 느끼고 있었다.

따라서 전 교회가 이와 같은 영적 대각성운동의 영향을 받을 때까지 선교회가 노력을 포기해서는 안 된다고 확신했다. 1903년 원산부흥운동 이후, 특히 1906년에 들어 점점 더 많은 지역에서 영적각성이 보고되고 있다는 사실도 영적 대각성을 더욱 사모하게 만들어 준 중요한 요인이었다.

목포 부흥회

1906년 10월에 들어서면서 목포에서 열린 한 집회에서 매우 뚜렷한 영적각성의 움직임이 감지되었다. 남장로교 선교회 프레스톤이 "한 주목할 만한 집회"(a notable meeting)[64]라고 일컬었던 부흥회가 바로 그것이다. 목포 부흥회는 지역 교회 교인들 외에도 프레스톤이 맡고 있는 선교구(circuit)내 7개 선교소구(county)에서 온 42명의 지도자들과 교회 대표자들을 포함 약 300여 명이 참석한 비교적 큰 규모의 집회였다. 참석자들은 이제까지 경험하지 못한 성령의 놀라운 은혜를 경험했다.

1906년 10월, 프레스톤은 이제까지 자신이 "참여했던 집회 가운데 가장 강력한 부흥회가 최근 목포에서 열렸다"[65]고 흥분을 감추지 못했다. 목포 부흥회는 프린스톤 신학교를 졸업하고 프린스톤 대학원에서 영문학을 전공하여 논리적이고 이지적이며 대단히 지성적이었던 프레스톤이 이처럼 흥분을 감추지 못할 정도로 성령의 역사가 놀랍게

---

64 J. F. Preston, "A Notable Meeting," *KMF* II: 12 (Oct., 1906), 227. 같은 글이 *The Missionary*에 게재되었다. cf. J. F. Preston, "A Notable Meeting," *The Missionary Review of the World* (January, 1907), 21.

65 Preston, "A Notable Meeting," 227. 언더우드의 아내 릴리아스는 이것이 1906년 봄과 초여름에 일어난 것으로 언급한다. cf. Underwood, *Underwood of Korea*, 229.

임했던 집회였다.[66] 더구나 프린스톤의 구학파 분위기에서 성장해 부흥운동에 대해 부정적일 만한데도 그는 놀라운 성령의 역사에 의해 일어난 선교 현장의 영적각성운동을 직접 목도하고는 주저하지 않고 "내가 지금까지 참여한 가장 강력한 부흥회"[67]라고 토로한 것이다.

목포의 부흥운동은 남장로교 선교역사에만 아니라 한국 교회 부흥운동의 역사에서 특별한 의미를 지니고 있다. 그것은 1900년에 개설되었다 광주 선교부가 개설되면서 잠정 폐쇄되었던 목포 선교부가 1906년 10월에 프레스톤이 부임하면서 재개되었고, 선교가 재개되자마자 그곳에 놀라운 부흥의 역사가 나타났기 때문이다. 더구나 목포는 제물포나 부산에 비해 상대적으로 주목받지 못하는 비교적 작은 항구였고, 선교의 역사도 길지 못했다. 그 목포에서 놀라운 성령의 역사가 나타난 것이다.

뿐만 아니라 목포의 부흥운동은 지금까지 서울 이북지역을 중심으로 전개된 부흥운동이 이제는 전국적인 현상으로 저변 확대되고 있음을 보여 준다는 점에서도 매우 중요한 의의를 지니고 있다. 이 부흥운동 이후 목포 지역의 교회는 성장에 성장을 거듭해 짧은 역사에도 불구하고 어느 선교부에도 뒤지지 않는 큰 교세를 갖게 되었다.

이미 9월에 열린 존스톤의 서울 집회에 참석해 그가 전해 준 인도와 웨일스에서 일어난 놀라운 부흥운동의 소식을 들은 프레스톤이 그 같은 성령의 역사가 목포에서도 일어나기를 간절히 소원하고 있었다. 프레스톤이 하디와 함께 이미 원산부흥운동의 주역으로 활약하고 있는 남감리교 저다인을 강사로 초빙한 것도 그 때문이었다.

미국 앨라배마 주 픽케스 카운티에서 1870년에 출생한 저다인은 성령의 역사가 얼마나 크고 놀라운 것인가를 실제로 미국에서부터 경험했던 인물이었다. 명문 조지아대학교와 에이콘대학에서 법학을 전공한 저다인은 1898년 조지아 주 웹윗 청년회 회장으로 평신도운동에 깊이 관여하면서 해외 선교의 중요성을 피부로 느끼다 남부 조지아 연회에서 목사 안수를 받고 1902년 11월 남감리교 선교회 선교사로 내한하였다. 그 해 원

---

66   George Thompson Brown, *Mission to Korea* (Seoul: The Presbyterian Church of Korea, Department of Education, 1884), 59. Brown은 이 부흥회를 남장로교의 가장 대표적인 부흥운동 사건으로 기술한다.
67   Preston, "A Notable Meeting," 227.

산에 선교의 거점을 마련한 저다인은 이듬해 1903년 8월 부흥운동이 원산 전역을 휩쓸고 있을 때 국내에 입국한 지 채 1년도 되지 않은 상태에서 발흥한 원산부흥운동의 현장을 몸으로 체험한 것이다.

비록 한국에 입국한 지 4년밖에 되지 않지만, 한국어를 자유롭게 구사할 수 있었던 저다인은 직설적인 언어를 구사하며 참석한 모든 이들의 심령을 완전히 사로잡았다.[68] 성령께서 복음에 불타는 그의 열정을 사용하셔서 언어의 장벽을 넘어 부흥운동의 주역으로 사용하신 것이다.

33세의 저다인은 같은 남감리교 선교사인 하디의 불타는 열정과 이 나라의 복음화를 향한 그의 순수한 비전을 옆에서 배울 수 있었다. 그가 부흥운동이 발흥하기 바로 1년 전 한국 부흥운동의 발원지 원산에, 그것도 하디와 같은 남감리교 선교회 소속 선교사로 함께 사역할 수 있었던 것은 대단한 축복이자 특권이었다.[69] 1906년 개성 지방 선교지로 전임된 저다인은 개성에서도 놀라운 영적각성운동을 주도하면서 전국의 부흥 집회를 인도하는 주역으로 활동하였던 것이다.

프레스톤은 저다인이 자기와 같은 남부 출신이고 또 자신의 고향 조지아에서 대학을 졸업한데다 거의 같은 시기에 한국에 입국해 비록 소속된 선교회가 달랐지만 서로 통하는 데가 많았다. 따라서 프레스톤이 한국의 복음화를 위해 귀하게 쓰임 받는 저다인을 강사로 청빙한 일은 전혀 이상한 일이 아니었다. 오히려 부흥 집회 인도로 널리 알려지기 시작한 동향(同鄕)인 저다인을 부흥강사로 초빙할 수 있었던 것은 일종의 특권이었다. 이렇게 해서 "성령의 뚜렷한 지도력을 갖춘 남감리교 선교회의 저다인 목사가 특별히 초대되어 목포에 내려와 일주일 동안 하루에 두 차례씩 설교하게 된 것이다."[70]

직설적이고 단순하면서 설득력 있게 복음을 전하는 저다인의 설교는 마치 오순절

---

68 Preston, "A Notable Meeting," 228. 프레스톤은 저다인에 대해 이렇게 말한다. "Though only four years on the field, he is throughly at home in the language, and spoke with a directness and simplicity that won all hearts."
69 1905년 5월 4일 아침, Gerdine은 Moose와 함께 한국인 몇 사람을 대동하고 강릉을 거쳐 원산으로 출발했다. 자신은 자전거를 타고, Moose는 당나귀를 타고 긴 여행을 하였다. J. Robert Moose, "Six Hundred Miles Overland," *KR* (July, 1905), 241-249.
70 Preston, "A Notable Meeting," 228.

성령의 충만을 받은 후의 베드로 설교처럼 수많은 영혼들을 주께로 돌이켰다:

> 그는 성령 충만한 사람이었고, 그의 설교에는 성령의 현시와 능력이 나타났다. 성령께서 그를 통해 하나님의 말씀을 취하시고 의를 논증해 내서는 절제, 죄성의 심판, 죄 사함의 필요성, 죽음 같은 정적이 모두에게 임하였으며, 그리고 그것은 마치 하나님의 말씀이 외과용 수술 칼처럼 사람의 심령을 깊이 짜개어 은밀한 죄악들과 영혼의 숨겨진 암세포들을 적나라하게 드러내고는 그것들을 도려내는 것과 같았다. 그런 후 죄의 고백이 수십 명의 괴로워하는 영혼들에게 임해 힘있는 남자들도 마치 어린아이처럼 울었다. 그런 후 구세주의 간절한 사랑이 임하자 중생, 회개, 믿음, 정화(consecration), 섬김의 능력, 그리고 그리스도인의 기쁨이 치유의 향유처럼 부어졌다. 새 생명과 새 빛으로 얼굴이 빛나고 교회에는 승리의 찬송가가 울려 퍼지며 사람들은 받은 은혜-죄의 용서, 무관심의 치료, 이기심의 극복, 성령 세례-를 간증하기 위해 자기 순서를 간절히 기다리면서 진지하게 서 있었다.[71]

놀라운 성령의 임재

프레스톤이 보고하는 목포의 부흥회는 과거 다른 선교사들이 보고하는 부흥운동과 달리 성령의 내적인 역사가 어떻게 구체적으로 회중들 가운데 임했는가를 보여 주었다. 이미 성령의 은혜를 체험했던 하디에 의한 원산부흥운동과 마찬가지로 이미 성령 충만한 저다인이 인도하는 목포의 부흥회는 영적각성이 수반된 부흥운동이어서 실제로 모인 이들 가운데 철저한 죄의 고백이 있었고, 죄 사함 이후에 찾아오는 중생과 새 생명의 기쁨이 모인 회중들 가운데 강력하게 임했던 것이다.

이와 같은 성령의 역사는 원산부흥운동 때에 하디를 통해 임했던 것과 너무도 유사했고, 그로부터 불과 수개월 후 평양 장대현교회에서 임했던 성령의 역사와 너무도 같았다. 지금까지 감리교의 부흥운동과 달리 사전에 철저한 준비 기도가 있었고, 집회 때 통

---

71   Preston, "A Notable Meeting," 228.

복음 전파에 열중인 목포 학생들

성기도가 등장했다는 사실이다. 프레스톤은 지난 9월 존스톤의 서울 집회에 참석했을 때 웨일스의 부흥운동의 특징이 전 교우들이 "동시에 합심해서 드린 통성기도"(praying aloud simultaneously)에 있었다는 존스톤의 이야기를 듣고 그 방식을 그대로 적용한 것이다.

평양대부흥운동처럼 목포 부흥운동 역시 사전에 부흥 집회를 놓고 간절히 기도로 준비한 가운데 열렸다:

처음부터 끝까지 회중 가운데 쏟아 부어진 기도의 영, 중보의 영, 고백의 영은 놀라웠다. 부흥회가 시작되기 전 4일 동안 150명이 모여 기도했고, 집회 동안에 몇몇 사람들이 통성으로 일시에 기도하기 시작하여 말씀 전파가 시작되는 신호가 있을 때까지 기도가 계속된 것은 전혀 신기한 일이 아니었다.[72]

이처럼 철저한 기도의 준비가 선행된 가운데 열린 이번 집회에서 놀라운 성령의 역사가 임한 것은 조금도 이상한 일이 아니었다. 부흥회를 인도하는 인도자의 놀라운 성령의 체험, 성령의 충만함, 성령의 역사를 사모하는 회중, 그리고 하나님의 은혜가 임하게 해달라는 간절한 준비기도가 한데 어우러져 놀라운 영적각성으로 나타난 것이다.

"그 집회의 목적은 직접적으로 외부 사람들에게로 찾아가는 것이라기보다 그리스도인들을 일깨워 각성하게 하는 데 있었으며, 감사하게도 그 목적은 상당히 달성되었다. 거의 모든 사람이 분명한 축복을 받았음을 간증하였다. 수많은 사람들이 철저히 회심했으며, 가장 주목할 만한 것은 기독교를 정치적인 목적으로 이용하려고 했던 먼 지역에서 온 매우 탁월한 한 사람의 체험이었다. 이번 집회에서 그는 매우 놀라운 종교적 체험을 했다."[73]

이 부흥 집회에서는 성령의 임재를 경험하고 변화된 몇몇 사람의 사례가 두드러지게 나타났다. 그중에 주목할 만한 사례는 전라남도의 어떤 큰 신앙 단체 출신인 한 세례교인의 영적 체험이었다. 나이 지긋하고 영향력 있는 그는 온전치 못한 불신앙의 행동으로 여러 사람들을 넘어뜨리고 사역을 대단히 기형적으로 만들어 버린 장본인이었다.

그는 처음에는 부흥회에 참석할 수 없다고 말했으나 선교사들과 교우들이 하나님께 간절히 기도하자 그의 태도를 바꾸어 집회에 참석한 것이다. 3일이 지나기까지 집회 참석을 거부하던 그가 4일째 되던 수요일에 참석한 것이다. "그 다음날까지 그는 깊은 확신 속에서 무릎을 꿇었고, 떠나기 전 하나님과의 관계를 바로 회복한 것처럼 보였다."[74]

---

72   Preston, "A Notable Meeting," 228.
73   Preston, "A Notable Meeting," 228.
74   Preston, "A Notable Meeting," 228.

저딘(J. L. Gerdine) 가족사진

강퍅했던 지도자의 성령의 체험은 그 자신뿐만 아니라 그 교회와 그 지역의 많은 다른 교회에 새로운 영적각성과 갱생의 분위기를 확대시키는 계기가 되었다.[75] 저다인이 인도한 목포의 부흥회의 영향력은 목포 지역을 넘어 전라남도 전역으로 확대되었다:

> 이 부흥회의 영향은 전라남도에서 멀고 넓게 감지될 것이다. 정결하고(cleansed), 성결하고(consecrated), 성령 충만한 그리스도인이 없이는 부흥운동이 있을 수 없으며, 우리는 이번 부흥회에서 그와 같은 많은 결실들이 있었다고 믿는다. 목포에서 일어난 이 부흥운동이 우리의 선교지 전체를 휩쓸어, 이 나라의 다른 지역에서도 똑같은 방식으로 영혼의 놀라운 수확 얼마를 거둘 수 있도록 함께 기도하자.[76]

75　Brown, *Mission to Korea*, 62-80.
76　Preston, "A Notable Meeting," 228.

목포에서의 영적각성은 앞으로 이 나라에 더 크고 놀라운 성령의 역사가 임할 것임을 예표해 주는 사건이었다. 목포에서 남감리교 선교사 저다인을 통해 놀라운 영적각성을 체험한 프레스톤은 영적각성 없이는 진정한 부흥운동이 이 나라에 임할 수 없을 것이라는 확신을 가지고 있었다. 이것은 원산부흥운동의 주역 하디의 철학이었고, 또 원산에서 이미 놀라운 영적각성운동을 체험한 저다인의 철학이기도 했다.

바로 그 해 가을 저다인이 목포까지 가서 부흥운동을 전개한 것은 특별한 의미가 있었다. 그것은 한편으로는 1907년 평양대부흥운동을 예비하시려는 하나님의 섭리였고, 다른 한편으로는 아직도 은둔의 섬으로 머물러 있는 복음의 불모지, 탐라도 제주에도 목포 교회를 통해 선교의 횃불을 높이 드시려는 깊으신 섭리였다.

또한 그것은 성령의 역사가 원산, 개성, 서울, 평양, 선천 등 중부 이북 지역을 넘어 한반도 땅끝까지 널리 확산될 것이라는 사실을 예견해 주는 섭리적인 사건이었다. 따라서 목포 지역에서 저다인을 부흥회 강사로 초청할 수 있었던 것은 프레스톤의 말대로 특권이었지만, 그것은 저다인 자신에게도 영광이었다. 저다인이 목포에까지 가서 영적각성을 촉구했던 것은 이 나라를 향한 하나님의 놀라운 섭리였다. 목포 지역에서의 영적각성은 다른 지역에서도 그와 같은 은혜가 임할 수 있을 것이라는 희망을, 또한 이를 위해 계속해서 하나님께 기도해야 할 필요성을 더욱 일깨워 주었기 때문이다.

역사에는 거의 알려지지 않았지만, 목포에서 성령의 역사가 나타났던 것과 거의 같은 시기인 11월 강원도 북부 지역에서도 "참된 부흥운동"(a genuine revival)[77]이 일어났고, 약 600명이 참석한 가운데 12월 12일부터 22일까지 길선주의 인도로 열린 황해도 재령 남자 도 사경회(the Men's Training Class)에서도 이재선(李在善) 장로가 통회하고 김익두 조사와 김원민(金元敏) 조사를 비롯 많은 교인들이 큰 영적 감화를 받았으며,[78] 평양에서 남쪽으로 약 50마일 떨어진 진남포에서도 매우 뚜렷한 성령의 역사가

77　W. G. Cram, "Songdo North Circuit," *KMF* III: 9 (September, 1907), 140-1.
78　金麟瑞, "靈溪先生小傳"(中 二), 33. 1907년 북장로교 보고서에 의하면 재령에서 열린 황해도 도 사경회 참석자 600명 중 350명이 재령 밖에서 참석한 이들이었으며, 대구의 아담스 선교사가 이 곳 도 사경회에 큰 도움을 주었다. 그러나 보고서에는 길선주가 인도했다는 기록은 없다. 아마도 길선주가 아담스와 함께 집회를 인도했거나 아니면 아담스의 지원을 받아 집회를 인도한 것으로 보인다. 12월의 황해도 도 사경회의 영적각성은 1907년 신년에 열린 황해도 남자 도 사경회와 곧

나타났다.[79] 특히 진남포에서 열린 사경회에서는 사경회 마지막 날 밤에 목포에서 나타난 것과 같은 강하고 놀라운 성령의 임재가 있었다.

1907년 1월 18일 평양 주재 스왈른 선교사는 평양대부흥운동을 보고하는 편지 가운데서 그것을 구체적으로 언급하였다:

> 진남포에서 개최된 사경회 마지막 날 밤은 그 후 여기서 우리가 목도해 왔던 평양 장대현 교회의 성령의 역사보다 앞서 일어난 사건(precursor)이었다. 진남포에서 행해진, 대단히 많은 진지한 죄의 고백이 말해 주듯이 성령이 권능 가운데 현시되었다. 사람들은 자신들의 죄를 고백하는 동안 울부짖으며 고꾸라졌다. 간음, 도둑질, 시기, 그리고 많은 다른 무시무시한 죄악들이 고백되었고, 100엔에 달하는 돈이 되돌아오거나 그것을 돌려주기로 약속되었다. … 나는 결코 전에는 그 같은 것을 보지 못했다. 저녁 집회는 3시간 반이나 계속되었다. 그것은 참으로 대단한 집회였으며, 놀라운 은혜가 모든 교회로 퍼져 나갔다.[80]

목포에서 나타난 성령의 놀라운 현시가 또다시 진남포에서 반복되면서 선교사들과 한국인들은 이 나라에 머지않아 지금까지 경험한 것보다 더 놀랍고 더 큰 영적 대각성운동이 도래할 것이라고 확신하기 시작했다. 그것은 선교사들과 한국인들이 바라는 단지 염원만이 아니라 마치 주님께서 친히 약속해 준 일종의 확신처럼 강하게 다가오고 있었다.

돌이켜 볼 때 하디가 인도한 8월말의 평양 사경회, 목포와 진남포에서의 놀라운 영적각성, 그리고 특히 앞서 있었던 9월의 존스톤의 한국 방문은 그와 같은 영적 대각성의 임박성에 대한 확신을 더해 주었다. 특히 하디가 평양에 가지고 온 원산부흥운동의 불씨

이어 사무엘 양과 스눅 양의 도움을 받아 윌리엄 헌트 선교사의 인도로 열린 여자 도 사경회에 적지 않은 도전을 주었다. 그 결과 여자 도 사경회에서 "간절한 기도의 영"이 임하는 역사가 나타났다. *Annual Report, PCUSA* (1907), 59.

79 W. L. Swallen, Letter to Dr. Brown, Jan., 18, 1907.
80 Swallen, Letter to Dr. Brown, Jan., 18, 1907.

보다도 몇 배 더 큰, 웨일스와 인도의 대부흥운동에 대한 불씨를 존스톤이 평양에 가지고 온 것이다.[81] 스왈른이 미선교부에 보낸 편지에서 평양대부흥운동을 존스톤의 입국과 연계시켰던 것도 그런 이유에서였다고 할 수 있다:

> 또한 1월 2일부터 15일까지 열리는 남자 겨울 사경회 때 성령의 부으시는 역사가 임하기를 간절히 갈망하는 기도가 계속 있었으며, 9월 존스톤의 평양에의 일시 방문은 현재 임한 은혜를 받을 수 있도록 우리 선교사들과 한국 그리스도인들의 심령을 대단히 준비시키는 것과 깊은 관련이 있었다.[82]

4. 선교사들의 정오 기도회

확실히 1906년 말 한국, 특히 평양 지역의 영적 분위기는 이전과 비교할 수 없을 정도로 깊고 성숙해 있었다.[83] 존스톤을 통해 전해들은 인도부흥의 소식은 부흥을 갈망하는 한국의 선교사들과 교인들에게 큰 도전과 자극을 주었다. 어느 때보다도 부흥에 대한 목마름이 강하게 일기 시작했다. 이것은 어느 특정교단이나 교파에만 국한된 현상이 아니라 장감을 초월하여 한국인과 선교사 모두에게 찾을 수 있는 일반적인 현상이었다.

하디로 인해 부흥의 기운이 전국적으로 확산되고 있는 가운데 마침 들려오는 인도 카시 부흥운동과 목포 부흥 소식은 부흥에 목마른 한국 교회에 더 없는 희소식이었다. 1906년 늦은 여름부터 수개월동안 그룹들이 매일 모여 부흥을 사모하며 간절히 기도했다.[84] 특히 평양지역 선교사들은 교파를 초월하여 오는 1월 장로교의 평안남도도사경회

81　金麟瑞, "靈溪先生小傳"(中 二), 33. 길선주의 증언을 토대로 기록한 이 글에서 김인서 역시 존스톤의 입국이 평양대부흥운동의 중요한 동기였다고 말한다. 존스톤이 웨일즈의 부흥운동 소식을 인도에 전해 인도에서 부흥운동이 일어났고, 중국에서 전했으나 "중국교회는 움직이는 기색"이 전혀 없어 조선에 그 소식을 전해 조선에서 평양대부흥운동이 발흥하게 만드는 중요한 요인이 되었다는 것이다.

82　Swallen, Letter to Dr. Brown, Jan., 18, 1907.

83　Graham Lee, Letter to Dr. Brown, Dec., 26, 1906

84　T. Stanley Soltau, *Korea The Hermit Nation and Its Response to Christianity* (New York: World

와 후에 열릴 감리교의 연합사경회 때 놀라운 성령의 역사가 임하도록 한국인들과 함께 간절히 기도했다.[85] 그해 선교사들은 해마다 크리스마스 시즌에 갖던 친목 모임을 중단하고 "곧 개최될 예정인 장로교인의 남자 사경회와 그 후에 개최될 감리교 사경회를 위해 감리교인들과 장로교인이 연합하여 열심히 기도했다."[86]

크리스마스 이후 1주간 열린 특별기도회 장소는 장대현교회였고, 강사는 길선주 장로였다.[87] 마침 존스톤을 통해 큰 은혜를 경험한 길선주는 이 일에 적격자였고 준비된 사람이었다. 12월 22일까지 재령에서 열린 황해도 도사경회를 인도하고 막 돌아와 자신이 시무하는 장대현교회에서 부흥회를 열고 싶었다. 이것은 단순히 개인의 욕심을 넘어 위로부터의 일종의 거룩한 소명으로 그에게 다가왔다.

기도회 기간 매일 저녁 부흥을 사모하는 기도의 열기가 장대현교회당을 완전히 압도했다. 장로교와 감리교 한국인들과 선교사들은 과거 120문도가 마가의 다락방에 모여 간절히 기도했던 것처럼 매일 저녁 장대현교회에 함께 모여 오순절과 같은 놀라운 성령의 역사가 자신들에게 임하기를 간절히 기도했다. 사모하는 심령, 전적으로 간절히 기도하며 기다리는 심령들에게 성령의 역사는 나타나게 마련이다. 성령 충만한 길선주가 인도하는 저녁집회에는 처음부터 회개의 역사가 강하게 나타났다. 주께서 다가오는 평안남도도사경회 동안에 은혜를 주시려는 사인처럼 느껴졌다.

크리스마스 이후 시작한 저녁기도회는 사경회가 시작된 그 다음날 1월 3일 목요일 저녁까지 계속되었다. 비록 성령의 강력한 현시가 나타나지는 않았지만 1주간의 기도회

Dominion Press, 1932), 25.

85 Samuel A. Moffett, "Evangelistic Work," *Quarto Centennial Papers Read Before the Korean Mission of the Presbyterian Church in the U.S.A. at Annual Meeting*, 22. "1906년 가을 기도의 영이 선교사 그들 위에 임하여 오는 겨울 사경회 위에 깊고 풍요로운 축복이 임하도록 간절히 기도했다."

86 William Newton Blair, *Gold in Korea* (Topeka: H. M. Ives & Sons, 1946), 60; Goforth, *When the Spirit's Fire Swept Korea* (Grand Rapids: Zondervan, 1943), 8.

87 사경회가 열리기 전 저녁기도회가 시작된 날 자에 대해 약간 차이가 있다. 번하이셀은 자신의 일기에 "12월 마지막 주일 이후 우리는 매일 저녁 기도회를 가졌다. 그것은 의심할 바 없이 영구적인 제였다"고 기록하고 있으나 이길함을 비롯하여 대부분의 자료는 크리스마스가 지난 다음 저녁기도회가 열려 1월 3일 목요일에 끝난 것으로 기록하고 있다. 크리스마스가 지난 후 26일 목요일 혹은 27일 금요일부터 1월 3일 목요일까지 열린 것으로 보인다. Cf. The Rev. Charles F. Bernheisel's Missionary Diary, unpublished, Mar., 23, 1907.

는 매큔이 "우리 모두에게 풍성한 축복이었다"[88]고 고백할 만큼 의미 있는 집회였다. 대부분의 선교사들은 기도회가 여기서 중단되어서는 안 된다는 사실에 의견을 같이하고 감리교인들이 지방에 가야했지만 참석할 수 있는 선교사들만이라도 사경회 기간 동안 평양 외국인 학교에서 매일 정오기도회를 갖기로 의견을 모았다. 선교사들은 매일 정오 그곳에 모여 성령을 위해 간절히 기도했다.[89] 이렇게 시작된 정오 기도모임은 1월 2일부터 시작된 2주간의 평안남도남자도사경회 기간에도 하루도 빠지지 않고 계속되었다.

그 모임에는 특별히 기도회 인도자가 따로 없었다. 대부분의 선교사들은 한 사람 한 사람씩 기도모임 장소에 조용히 들어와 무릎을 꿇고 하나님께서 자신들의 기도에 응답해 주실 것을 믿으며 간절히 기도했다.[90] 평양 주재 선교사 그레함 리 선교사가 주저하지 않고 "이 정오 기도회가 바로 우리에게 벧엘이 되었다"고 말할 만큼 이 기도회는 "선교사 자신들에게 대단한 유익을"[91] 가져다주었다. 이 기도회는 원산에서 발흥했던 부흥운동을 평양대부흥운동으로 저변 확대시키는 결정적인 전기를 마련해 주었다.

한국 선교 사역에서 "필수적인 부분(an essential part)"[92]이었던 겨울 남자 사경회는 이와 같은 기도의 힘이 모아진 가운데 1907년 1월 2일부터 15일까지 평양 장대현교회에서 열린 것이다.[93] 바로 이 기간에 김인서가 "朝鮮 敎會歷史上에서 朝鮮敎會 첫 번 復興"[94]이라고 일컬었던 평양대부흥운동이 발흥하였다.

---

88 G. S. McCune, "The Holy Spirit in Pyeng Yang," *KMF* III: 1 (Jan., 1907), 1.
89 C. F. Bernheisel, *Forty One Years in Korea* (Bernheisel, 1942), 31.
90 G. S. McCune, "The Holy Spirit in Pyeng Yang," 1.
91 Blair & Hunt, *The Korean Pentecost & the Sufferings Which Followed*, 69; 백낙준, 한국 개신교사, 282.
92 E. W. Koons, "The Winter Class for Men," *KMF* III: 3 (Mar., 1907), 40. 흔히 사경회는 새벽기도회, 정규적인 성경공부, 찬양, 노방 및 축호전도, 전도지 분배, 저녁에 갖는 전도 집회로 이루어지는 것이 보통이다.
93 The Rev. Charles F. Bernheisel's Missionary Diary, unpublished, Mar., 23, 1907.
94 金麟瑞, "靈溪先生小傳"(中 二), 神學指南 14.2 (1932년 3월), 33.

제 2 부
평양대부흥운동(1907-1908)

6장
평양대부흥운동의 발흥

7장
평양 전역으로 확산되는 성령의 불길

8장
전국으로 확산되는 성령의 불길

9장
대부흥운동과 자전, 자립

10장
대부흥운동과 교회성장

11장
대부흥운동과 사회개혁

12장
복음주의 연합운동

13장
평양대부흥운동, 그 성격과 평가

제 6 장
평양대부흥운동의 발흥

> 우리는 매우 놀라운 은혜를 경험하고 있습니다! 성령께서 권능 가운데 임하셨습니다. 장대현교회에서 모인 지난밤 집회는 최초의 실제적인 성령의 권능과 임재의 현시였습니다. 우리 중 아무도 지금까지 이전에 그 같은 것을 경험하지 못했으며, 우리가 웨일스, 인도 등에서 일어난 부흥운동에 대해 읽었지만, 이번 장대현교회의 성령의 역사는 우리가 지금까지 읽었던 그 어떤 것도 능가할 것입니다.
>
> 1907년 1월 15일자 편지, George McCune, to Brown

1907년 한국 교회에는 한국에 복음이 전래된 이후 가장 강력한 영적각성운동이 일어났다.[1] 마치 깊은 계곡에서 발원하는 여러 물줄기들이 한 곳으로 모아져 거대한 강줄기를 형성하는 것처럼, 1903년부터 간단없이 줄기차게 이어져 온 영적각성의 움직임이 방위량이 한국의 오순절이라 불렸던 놀라운 성령의 임재와 함께 전국적인 운동으로 발흥했던 것이다.[2] 1907년 북장로교 한국 보고서 서문은 한 해 동안 얼마나 놀라운 성령의 강한 역사가 전국 전역에서 일어났는가를 언급하는 것으로 그 서두를 시작하고 있다: "지난해 동안 … 보고서의 가장 놀라운 특징은 한국 교회에 임한 성령의 특별한 부으심에

---

1 William N. Blair, *Chansung's Confession* (Topeka, Kansas: H. M. Ives and Sons, 1959), "introduction." 金麟瑞, "靈溪先生小傳," (中二) 神學指南 (1932년 3월), 33. 김인서는 1907년의 평양대부흥운동을 한국 교회의 첫 번 부흥이라고 명명했다. "一九0七年에 朝鮮敎會에 聖靈의 큰 爲化가 始作하엿나니 이를 朝鮮敎會歷史上에서 朝鮮敎會 첫 번 復興이라 일캇는다."

2 *Annual Report, PCUSA* (1906), 3.

1907년 1월 2일부터 15일까지 겨울 남자 사경회가 열린 평양 장대현교회 겨울사경회 모습
이 교회로부터 15년 동안 평양 전역에 39개 교회가 생겨났다.

대한 설명이다. 이전의 선교역사에서는 결코 찾아볼 수 없을 정도로 성령께서 놀랍게 자신을 현시하셨다. 거의 모든 선교부에서 똑같은 보고가 나왔다."[3]

그 시대만큼 우리 민족과 교회가 고통을 당하고 있었던 때는 일찍이 없었다.[4] 러일전쟁 후 을사조약을 통해 전권이 일본의 손으로 넘어간 후 황제는 더 이상 이 나라의 통치자가 아니었다. 1905년 기대했던 미국의 한국 문제 개입이 수포로 돌아가고, 다시 1907년 헤이그에 밀사를 파송해 세계 열국에 한국 문제의 심각성을 알리려는 계획마저 실패로 끝나자 백성들의 사기는 땅에 떨어질 대로 떨어지고 말았다. 게다가 1907년 고종 황제마저 강제로 폐위 당하자 마지막으로 남아 있던 한 가닥 희망마저 무너져 내렸

---

3   Annual Report, PCUSA, 1907, 4. 이것은 북감리교 보고서의 경우도 마찬가지다. Minutes of Korea, Methodist Episcopal Church, 1907, 30-41, 46-54, 56-58, 63, 66.
4   F. A. McKenzie, The Unveiled East (New York: E. P. Dutton & Co., 1907), 31-73.

다.[5] 1909년 10월 20일 안중근 열사의 이토 히로부미 암살이 보여 주듯 이 시기에 백성들 사이에서 일본에 대한 반일 감정은 극에 달했다.

백낙준 박사가 지적한 것처럼, "옛 기초들이 흔들렸고, 옛 질서는 사라지고 있었다."[6] 하지만 그때만큼 이 나라에 성령의 은혜의 역사가 놀랍게 현시된 적도 없었다.[7] 지금까지 한국 교회가 경험하지 못한 강도 높은 놀라운 영적각성운동이 이 민족 가운데 일어난 것이다. 그것은 장차 한국 민족을 당신의 백성으로 삼으시려는 하나님의 놀라운 섭리이자 그리스도인이 직면해야 할 더 큰 "시련의 때"[8]를 예비하시려는 깊으신 뜻이었다. 곧 "한국이 여러 해 동안 한국을 속박하고 있던 장의를 벗어 버리고 육체적 중생과는 다른 영적 중생으로, 옛 생명과 다른 새 생명으로 완전히 부활할 것이라고 우리는 믿는다."[9]

교회는 시련을 통과하면서도 놀라운 성장을 이룩하였고 의에 대한 새로운 각성이 뚜렷하게 나타났으며, 그 영향이 사회 전반에 미치기 시작했다. 기독교의 영향력이 확대되면서 일반 민중들뿐만 아니라 수많은 지성인들이 조국의 유일한 희망인 기독교로 돌아서기 시작했다.[10]

평양의 대부흥운동은 정치적 민족으로의 한국은 과거사로 돌리고 영적 왕국이 도래하고 있다는 "생명에 대한 분명한 사인"(evidencing signs of life)[11]이었다. 그것은 마치 깊은 잠에서 깨어나 어둠과 흑암의 옷을 훨훨 벗어 던지고 새로운 희망과 도약으로 나갈 것을 약속하는 민족 각성의 신호이기도 하였다. 이제 비로소 한국 교회는 이전에는

---

5   황제가 폐위된 후 곧 한국 군대마저 무장해제를 당했다. Lak-Geoon George Paik, *The History of Protestant Missions in Korea* (Pyeng Yang: Union Christian College, 1929), 361.

6   Paik, *The History of Protestant Missions in Korea*, 361.

7   William N. Blair, My Two Crooked Fingers (Duarte, CA: W. N. Blair, 1964), 15; Blair, Chansung's Confession, 98-99; W. L. Swallen, Letter to Dr. Brown, July, 25, 1907; J. S. Gale, Letter to Dr. Brown, September, 8, 1907; J. H. Wells, Letter to Dr. Brown, October, 2, 1907. Wells는 10월 2일자 편지에서 정치적인 불안정은 물론 서울에 현재 콜레라가 발생하였다고 기술하고 있다.

8   *Annual Report, PCUSA* (1907), 3.

9   *Annual Report, PCUSA* (1907), 3.

10 George H. Blackeslee, *China and the Far East* (New York: Thomas Y Crowell & Co., 1900), 446-455.

11 *Annual Report, PCUSA* (1907), 3.

경험하지 못했던 훨씬 더 높은 차원의 신앙을 경험하고 있었다.

1. 평양대부흥운동의 발단

평양부흥운동이 발단한 것은 1907년 1월 2일부터 15일까지 평양 장대현교회에서 열린 겨울 남자 사경회(the winter Bible Training class for men)에서였다.[12] 헌트(William B. Hunt)가 지적한 것처럼, "평양 사경회는 성령의 임재를 간절히 사모하는 기도와 간구 속에서 시작되었다."[13]

특별히 1907년의 평양 사경회는 전과 비교할 수 없을 정도로 매우 성대해 수많은 사람들이 모인 가운데 진행되어 부흥에 대한 기대감은 더욱 고조되었다. 보통 겨울 사경회는 400여 개 장로교 교회들이 연합하여 갖는 큰 규모의 사경회로 선교사들이 한국 선교 사역에 있어서 너무도 중요하게 생각하던 선교 사역이었다.[14] 보통 남자 겨울 사경회는 매년 초 2주 동안 열리며, 약 800명이 참석하였다.[15] 특별히 그 해 열린 겨울 사경회는 약 1,000명이 참석하여 지금까지 평양에서 열렸던 사경회 중 가장 큰 규모였다.[16]

---

12   The Rev. Charles F. Bernheisel's Missionary Diary, unpublished, Mar., 23, 1907. 매큔 선교사의 제의로 시작된 크리스마스 이후 한 주간의 특별저녁기도회가 1월 3일 목요일로 끝났다. 1907년 평안남도겨울도사경회는 1월 2일부터 15일까지 2주 동안 진행되었고 영적각성을 위해 저녁집회는 1월 6일부터 10일간 진행되었다. "우리[번하이셀과 헬렌]는 행복한 성탄절을 함께 보내고 1월 2일에 시작된 겨울 사경회에 돌입했다. 이어 그 다음주 동안 1월 6일부터 15일까지 영적인 삶을 더욱 깊게 하고 성령 충만을 위해 저녁집회가 열렸다." 김인서는 이 겨울 남자 사경회가 1월 6일에 시작되어 10일 동안 예정되었다고 말하는 데 6일부터 시작된 것은 저녁집회였다. 한국의 상당수의 문헌들이 김인서를 따르고 있는데 이를 바로 잡는다. 김인서의 글이 평양대부흥운동이 일어난 지 25년이 지난 1932년의 기록이고, 그 외에도 그의 글에 여러 오류들이 발견되는 것으로 미루어 볼 때 당시의 편지나 원 자료에 근거하기보다 구전이나 주변 다른 사람들에게 전해들은 이야기에 근거한 것으로 보인다. 金麟瑞, "靈溪先生小傳," (中 二), 34.

13   W. B. Hunt, "Impressions of an Eye Witness," *KMF* III: 3 (Mar., 1907), 37.

14   Graham Lee, "How the Spirit Came to Pyeng Yang," *KMF* III: 3 (Mar., 1907), 33.

15   William Blair & Bruce Hunt, *The Korean Pentecost & the Sufferings Which Followed* (한국의 오순절과 그 후의 박해-서울: 생명의말씀사, 1995) (Edinburgh: Banner of Truth Trust, 1977), 67.

16   George McCune, Letter to Dr. Brown, Jan., 16, 1907. Swallen은 이틀 후인 1월 18일자 미국 북장로교 선교부 총무 Brown에게 보낸 편지에서 1,000명을 940명으로 수정하여 보고하였다. cf. W. L. Swallen, Letter to Brown, Jan., 18, 1907. C. F. Bernheisel, *Forty One Years in Korea* (Bernheisel,

이 사경회는 "平安南道都査經會"였기 때문에 사경회 중에서도 비중 있는 집회였고, 이 사경회를 인도하는 강사는 길선주 장로와 이미 하디 집회를 통해 은혜를 경험한 평양주재 선교사들이었다.[17] 참석한 이들은 모두 지방에서 올라온 개교회 지도자급에 속하는 믿음의 사람들이었다. 평양 시내의 교인들은 저녁에 열리는 전도 집회를 제외하고는 참석이 허용되지 않았다.[18]

이번 사경회 참석자들 중에는 300리를 달려 온자들도 있었고, 어떤 이들은 360리를 달려오기도 했으며, 대부분의 참석자들은 2주간의 사경회에 참석하기 위해 영하 수십 도를 오르내리는 혹한과 싸우며 거친 산과 거친 들을 넘어 포장되지 않은 시골길을 달려온 자들이었다.[19] 더구나 이들은 사경회 장소까지 오는 교통비는 물론 사경회에 참석하는 동안에 필요한 식사와 숙박비 일체의 비용을 자신들이 부담해야 했다.[20] 그래서 모든 사람들은 사경회가 진행되는 동안 자신들이 먹을 쌀을 등에 메고 왔다.[21] "이들이 얼마나 열정이 대단한 사람들인가!"[22]라는 매큔(G. S. McCune)의 탄성은 당시 선교사들이 받은 공통된 느낌이었다.

사경회는 관례에 따라 성경공부와 기도에 주력하였으며, 오후에는 평양 각지로 흩어져 전도하고, 매일 저녁 특별전도집회가 열렸다.[23] 그 해 겨울 남자 사경회 저녁 집회는 1월 6일부터 1,500명이 참석한 가운데 장대현교회, 남문외교회, 사창골교회 그리고 산정현교회 등 평양 시내 4개의 장로교회 연합으로 장대현교회에서 시작되었다.[24] 사경회에 참석하기 위해 매일 저녁, 한 손에 성경을, 다른 한 손에 등을 든 사람들이 무리를

1942), 32.

17　金麟瑞, "靈溪先生小傳,"(中 二), 34. 이길함 선교사는 마치 하디가 원산부흥운동에 끼친 영향 만큼이나 평양대부흥운동의 발흥에 기여한 인물이었다.

18　金麟瑞, "靈溪先生小傳,"(中 二), 34.

19　G. S. McCune, "The Holy Spirit in Pyeng Yang," *KMF* III: 1 (Jan., 1907), 1.

20　Blair & Hunt, *The Korean Pentecost & the Sufferings Which Followed*, 67.

21　James S. Gale, *Korea in Transition* (New York: The Layman's Missionary Movement, 1909), 203.

22　McCune, "The Holy Spirit in Pyeng Yang," 1.

23　백낙준, 한국 개신교사, 387. 평양대부흥운동을 발화시킨 첫 성령의 임재가 저녁 전도 집회에서부터 나타났다. 하지만 평양대부흥운동으로 특징되는 회개를 동반한 강력한 성령의 역사는 사경회 저녁집회 마지막 이틀 동안 나타났다. *Annual Report, PCUSA* (1907), 28.

24　Blair & Hunt, *The Korean Pentecost & the Sufferings Which Followed*, 69.

지어 장대현교회 안으로 들어가는 그 모습은 선교사들과 교회 지도자들을 흥분시키기에 충분했다.²⁵ 그것은 한마디로 장관이었다.

장대현교회에서 있었던 저녁 전도 집회에는 여자들의 경우 자리가 없어 참석할 수 없었다.²⁶ 만약 남녀가 함께 한 건물 안에서 모임을 가질 경우 장소가 너무 비좁을 것으로 예견하고 남자들만의 모임으로 제한한 것이다. 여자들은 네 군데 다른 장소에서 별도의 모임을 가졌고, 학생들은 학교 채플에서 모이도록 하였다.²⁷ 그래서 "여자들은 여러 교회들, 곧 사창골교회(North Church), 산정현교회(East Gate Church), 남문외교회(South Gate Church), 서문 밖에 있는 남자들의 사랑채에 모여 이들 지역을 책임지고 있는 선교사들의 아내들이 인도하는 예배에 참석했다."²⁸ 저학년의 소년들은 대학이나 중학교에서 모임을 가졌고, 그 모임은 조사 가운데 한 사람이 인도하였다. 그리고 선교사와 한국인 지도자들이 번갈아 가며 저녁 집회를 인도했다.²⁹

성령의 역사, 뚜렷한 첫 징후

약 1,500명을 수용할 수 있는 장대현교회는 매일 저녁 은혜를 갈망하는 한국의 남자 그리스도인들로 가득 찼다.³⁰ 그날 그 자리에 참석했던 매큔 선교사가 그 다음날 7일 확신에 차 기록한 대로, "지난밤 그 건물 안에는 2,000명의 남자들이 모인 것으로 추정되며, 이날 저녁 그 예배당에 모인 사람들은 그보다 적지 않았다."³¹

이렇게 시작된 저녁 집회는 시간이 지나면서 영적인 힘으로 점점 더 달아올랐다.

---

25 McCune, "The Holy Spirit in Pyeng Yang," 1.
26 Swallen, Letter to Dr. Brown, Jan., 18, 1907.
27 Lee, "How the Spirit Came to Pyeng Yang," 33.
28 McCune, "The Holy Spirit in Pyeng Yang," 1.
29 Blair, *Gold in Korea* (Topeka: H. M. Ives & Sons, 1946), 61.
30 사경회 첫날부터 저녁 집회에는 1,500명이 운집한 가운데 집회가 열린 것으로 보인다. 평양대부흥운동에서 주요한 역할을 했던 Graham Lee는 1,500명을 수용할 수 있는 장대현 교회가 매일 저녁 모인 이들로 꽉 찼다고 증언한다. Lee, "How the Spirit Came to Pyeng Yang," 33을 보라.
31 McCune, "The Holy Spirit in Pyeng Yang," 1. 참석자들이 2,000명이나 된 것은 저녁 집회가 전도 집회 겸 부흥 집회로 열렸기 때문에 저녁 집회에 평양 시내 교인들도 참석했기 때문이다.

집회 초에는 특별한 성령의 임재를 바라는 선교사들과 한국인 지도자들의 기도가 응답되지 않았으나 점점 더 은혜로운 분위기가 고조되고 기도의 힘이 모아지고 성령의 임재를 갈망하는 열기가 더욱 달아오르기 시작하면서 1월 6일 주일 저녁 집회가 끝날 무렵에 처음으로 성령의 역사가 나타났다.[32]

헌트의 증언에 의하면, 성령의 은혜를 사모하는 사람들이 기도회 이후에도 남아 한 사람 한 사람씩 간절히 이어 기도하자 "그때 대단히 힘 있는 6인의 남자가 극심한 심령의 고통 가운데 자신들의 죄를 통회하고 용서를 구하는, 내가 전에는 결코 목격하지 못했던 성령의 임재가 이어졌다."[33] 약 30분 후 참석한 자들 대부분이 통성기도를 멈추었다. 길선주 장로가 "만복의 근원 하나님 온 백성 찬송 드리고"를 부르며 모인 이들에게 함께 찬송을 부를 것을 요청하고는 "성령이 오셨네, 성령이 오셨네"를 반복해서 불렀다. 헌트가 증언한 대로 "그날로부터 그곳에는 개인적으로나 집단적으로 성령의 임재의 새로운 증거가 우리에게 어느 정도 나타나지 않은 날이 단 하루도 없었다."[34]

그 다음날 1월 7일 월요일 저녁에도 성령의 역사가 강하게 나타났다.[35] 그날, 저녁 집회 때 헌트의 폐부를 찌르는 설교가 있은 후 그레함 리 선교사가 모인 회중에게 통성

---

32 W. B. Hunt, "Impressions of a Eye Witness," *KMF* III: 3 (Mar., 1907), 37.

33 Hunt, "Impressions of a Eye Witness," 37

34 Hunt, "Impressions of a Eye Witness," 37.

35 McCune, "The Holy Spirit in Pyeng Yang," 1-2. 매큔은 1월 6일 주일저녁과 7일 월요일 저녁집회 때 나타난 성령의 역사에 대해 잘 증언하고 있다. 매큔의 보고는 평양장대현교회에 임한 성령의 역사에 대한 최초의 보고, 특히 6일부터 시작된 저녁전도집회에 대해서 소상하게 밝히고 있다는 점에서 매우 의의가 있다. 저녁집회 설교는 그레함 리, 스왈른, 헌트, 블레어, 번하이젤 등 선교사들과 길선주가 돌아가면서 맡았다. 매큔은 이 편지를 7일 저녁집회를 마치고 기록한 것으로 보인다. 그것은 저녁집회가 "어제" 시작되었다고 증언하고 이어 그 다음날 1월 7일 월요일 저녁집회를 "오늘"이라고 구체적으로 밝히고 있기 때문이다. 매큔은 여기서 1월 6일(주일)과 그 다음날 7일(월) 장대현교회 저녁집회 때 임한 놀라운 성령의 역사를 이렇게 보고한다. "우리는 사경회 기간 동안에 갖기로 한 일련의 집회를 어제 저녁 시작했습니다." "지난밤에는 장대현교회당에 2천 명의 남자성도들이 모인 것으로 추산되며, 오늘 저녁에도 예배당에 모인 사람들이 그보다 적지는 않을 것입니다. 헌트 선교사가 설교를 하고 그레함 리 선교사가 몇 마디를 했습니다. 리 선교사가 '우리 함께 기도합시다'라고 말하자 즉시 남자 성도들로 가득찬 교회당은 하나님께 올려드리는 기도 소리로 가득 찼습니다. 나는 장대현교회 예배당에 참석한 남자 성도들 대부분이 통성으로 기도를 드렸다고 확신합니다. 이 얼마나 놀라운 일인가요!" 매큔의 이 보고에는 1월 14일과 15일에 있었던 그 놀라운 성령의 역사는 포함되지 않았다. 코리아 미션 필드는 매큔의 보고 다음에 별도로 그로부터 1주일 후 평양주재 의료 선교사 웰즈가 보낸 사경회 마지막 이틀(14일과 15일) 동안 평양 공동체에 임한 놀라운 성령의 현시에 대한 보고를 발췌해서 게재하고 있다. 이로 보아 매큔의 보고는 1월 6일과 7일 저녁집회 때 있었던 성령의 역사를 담고 있는 것으로 보인다.

기도를 요청하자 2,000명의 회중이 하나로 연합하여 합심해서 기도하는 동안 모인 회중 가운데 성령의 놀라운 역사가 나타났다.³⁶ 그날 밤 매퀸은 이렇게 기록하였다:

> 헌트의 설교 후 리(Lee)가 몇 마디 말하였다. 즉 리가 "우리 다 같이 기도합시다"라고 말하자 곧 남자들로 가득 메워진 실내는 하나님께 올려지는 기도 소리로 가득 찼다. 나는 그 실내의 남자들 대부분이 큰소리로 소리내어 기도하고 있었다고 확신한다. 그것은 장관이었다! 그렇다고 시끄럽게 기도한 사람은 아무도 없었다. 만약 당신이 귀를 기울였다면 그 둘의 차이를 분명히 구분할 수 있었을 것이다. 그 중에 얼마는 울부짖으면서 자신들이 지은 죄를 하나님께 구체적으로 거명하면서 [자신들이 범한] 어떤 죄를 용서해 달라고 간구하였다. 모든 사람들은 성령의 충만을 간구하였다. 비록 그곳에는 너무도 많은 기도 소리가 있었지만 전혀 혼란은 없었다. 거기에는 하나의 통제된 완벽한 조화가 있을 뿐이었다. 그것을 나는 말로 형언할 수 없다. 누군가가 그것을 이해할 수 있도록 확실히 증거해야 할 것이다.³⁷

1월 7일 월요일 저녁 그곳에 모인 모든 사람들은 소리 내어 기도했고, 매퀸이 목격한 대로 "모든 사람들이 성령의 충만을 간구했던 것이다."³⁸ 너무도 많은 소리들이 장안에 가득했지만 전혀 혼란이 없었으며 "말로 형언할 수 없는"³⁹ 완벽한 조화를 이뤘다.

저녁 집회에는 모인 이들 모두를 통회와 회개의 도가니로 몰아넣는 공개적인 죄의 고백이 있었고, 때로는 그렇게도 강인하였던 한 남성이 조용히 하나님께 자신의 죄를 자백하면서 눈물을 흘리는 경우도 있었다. 성령의 역사하심으로 잘못된 것이 고쳐지거나 동료와의 관계가 회복되는 역사도 나타났다. 확실히 그것은 한국인들은 물론 그곳에 참석한 선교사들도 전에는 보지 못했고, 목격하지 못했던 그와 같은 기도의 시간이었다.⁴⁰

---

36   William Blair, *Chansung's Confession* (Topeka, Kansas: H. M. Ives and Sons, 1959), 99.
37   Blair, *Chansung's Confession*, 99. 매퀸의 위 증언은 1월 7일 월요일에 있었던 성령의 역사였다.
38   Blair, *Chansung's Confession*, 99.
39   Blair, *Chansung's Confession*, 99.
40   Blair, *Chansung's Confession*, 99.

비록 남자들만이 그 집회에 허용되었음에도 불구하고 매 기도집회에는 사람들로 가득 메워져 빈 자리가 전혀 없었다.

저녁 집회만 그렇게 은혜로웠던 것은 아니었다. "성경을 가르치거나 기도회를 인도하면서 슬픔과 기쁨의 눈물이 그 자신이나 그곳 청중들의 볼에 흘러내리는 것을 발견하는 것은 놀라운 일이 아니다."[41]

매큔이 말한 대로 "그것은 단지 시작에 불과했다. 그 이후 이어진 낮과 저녁 집회에 위대한 축복이 우리를 위해 예비되어 있었던 것이다."[42] 그날 그와 같은 놀라운 성령의 임재가 중단되지 않고 계속되기를 기도한 대로 성령의 역사는 중단되지 않고 이어진 것이다.[43]

가장 힘든 고비

사경회는 이렇게 은혜로운 가운데 계속되었고, 시간이 지나면서 더욱 성령의 역사가 고조되어 1월 12일 토요일 저녁 집회는 한 주간의 집회 중에서 가장 은혜로운 집회가 되었다.[44] 토요일 저녁 집회에서 방위량 선교사는 고린도전서 12장27절 본문을 가지고 "이제 너희는 그리스도의 몸이요, 지체의 각 부분이라"는 말씀을 통해 교회의 불일치가 우리 몸에 발병하는 병과 같다는 사실을 일깨워 주었다.[45] 그는 "만일 한 지체가 고통을 받으면 모든 지체도 함께 고통을 받는다"는 사실을 통해 형제의 마음을 상하게 하는 미움이 전 교회에 상처를 줄 뿐 아니라 교회의 머리 되신 그리스도에게 고통을 준다는 사실을 모인 이들에게 보여 주려고 했다.

방위량 선교사가 한국에 온 지 얼마 되지 않아 사냥을 하다 총에 맞아 한 손가락 끝에 입은 자신의 손가락 상처를 청중들에게 보여 주며, 그 손가락의 상처로 인해 얼마나

---

41 Hunt, "Impressions of a Eye Witness," 37.
42 McCune, "The Holy Spirit in Pyeng Yang," 1.
43 McCune, "The Holy Spirit in Pyeng Yang," 2.
44 Lee, "How the Spirit Came to Pyeng Yang," 33.
45 Blair, *My Two Crooked Fingers*, 15-16; Blair & Hunt, *The Korean Pentecost & the Sufferings Which Followed*, 69.

머리와 온몸이 고통스러웠는지를 설명하자 모인 이들의 마음이 크게 감동을 받았다.[46] 그로부터 60여 년 후 방위량은 이렇게 증언한다. "그 밤에 하나님의 영이 분명히 우리와 함께 계셨다. 기도할 수 있는 기회가 주어지자 많은 사람이 눈물을 흘리며 다른 사람들, 심지어 우리 몇몇 선교사들에 대한 나쁜 감정들과 미움들을 고백했다. 우리 모두에게 그것은 우리가 소원하던 부흥이 그날 밤 시작되었다는 증거였다."[47]

설교 후에는 적지 않은 사람들이 죄에 대해 새롭게 깨닫는 계기가 되었음을 고백했다. 그날 밤 그곳에 모인 이들은 자신들의 기도가 응답되었다는 확신을 가지고 집으로 돌아갔다. 주일에 모든 교회에서 정기적인 예배를 드린 후에 저녁에 다시 연합집회로 장대현교회에서 계속해서 모임을 가졌던 것이다.[48]

그 다음날 놀라운 성령의 역사가 나타날 것을 기대하는 마음은 참석자들 가운데 한결같은 심정이었으나 많은 사람들이 참석한 가운데 열렸던 그 이튿날 1월 13일 주일 저녁 집회에는 모인 이들의 기대와 달리 성령의 놀라운 임재의 역사는 나타나지 않았다. 이날 주일 저녁 집회는 너무도 냉랭하고 차가웠다. 길선주 장로의 능력 있는 설교 후 그레함 리 선교사가 다시 기도할 것을 요청했으나 이상하게도 아무도 기도하기를 원치 않는 분위기였다.[49] 길선주 장로가 안타까운 나머지 회중들을 향해 "죽었느냐?"고 반문할 정도였다. 그만큼 주일 저녁 집회의 분위기는 영적각성의 움직임과는 너무도 거리가 멀었다.

장대현교회 길 장로가 후에 보고한 대로, 또 방위량 선교사가 지적한 대로 그날 예배당은 사람들로 가득 찼고, 설교가 끝나고 설교 후에 순서를 따라 기도도 열심히 드렸지만, 그날의 모임에는 전혀 징후가 보이지 않았고, "무엇인가가 모든 것을 가로 막고 있는 듯했다."[50]

---

46 Blair, *My Two Crooked Fingers*, 15-16;
47 Blair, *My Two Crooked Fingers*, 16.
48 Lee, "How the Spirit Came to Pyeng Yang," 33.
49 Blair, *My Two Crooked Fingers*, 17.
50 Blair, *Gold in Korea*, 61. 게일도 마치 "사탄의 모든 세력들이 다 동원되어 모인 회중들을 방해하는 듯했다"고 말한다. Gale, *Korea in Transition*, 203.

우리는 주일 저녁 집회 때 대단한 기대를 했으나 놀라운 축복을 받는 대신 상당히 독특한 경험(peculiar experience)을 했다. 그 집회는 죽은 시체와 같았고 하나님의 성령은 우리들을 떠나 버린 것 같았다. 한 번의 설교와 전혀 아무런 감동도 없는 얼마의 형식적인 간증 후에 우리는 문제가 어디 있는지를 배회하면서 무거운 마음으로 집으로 돌아갔다. 이전에 있었던 집회 동안에는 생명을 가진 간증들과 참되고 진지한 죄의 고백이 있었으나 주일 밤에 모든 것들이 가로막혔고, 그 집회는 죽어 버린 형식적인 집회처럼 보였다. 한국인들도 선교사들과 똑같은 느낌을 가졌고, 주일 저녁은 그야말로 캄캄한 밤이었다.[51]

1907년 1월 18일, 스왈른이 선교부 아더 브라운에게 보고한 대로, 그날 간증하라고 해서, 많은 사람들이 자신들의 죄를 고백하기는 하였지만, 그것은 사람들을 통회하고 자복하게 만드는 그런 고백은 아니었다. "그곳에는 집회를 방해하는 마치 무엇인가 보이지 않는 모종의 세력이 존재하고 있는 것처럼 보였다. 많은 사람들이 간증하려고 기다리고 있는 동안에 갑자기 집회가 끝나고 말았다. 모종의 방해하는 세력이 그곳에 존재하는 것처럼 보이기는 했지만, 그러나 의심할 바 없이 그날 집회도 능력 있는 집회였다. 그날 밤 사람들은 기도 가운데 몸부림치고 있었다."[52]

2. 평양의 오순절, 그 첫째날

전날 밤 기대와는 달리 힘든 고비를 경험한 선교사들은 1907년 1월 14일 월요일 정오 기도회에 모여 하나님께 성령 강림의 역사가 임하도록 간절히 구했다.[53] 이들이 얼마나 성령의 강림을 고대했는지, 그들의 심정은 마치 야곱이 압복강 나루에서 축복하시

---

51 Lee, "How the Spirit Came to Pyeng Yang," 33.
52 W. L. Swallen, Letter to Dr. Brown, Jan., 18, 1907.
53 Blair & Hunt, *The Korean Pentecost & the Sufferings Which Followed*, 71; Blair, *My Two Crooked Fingers*, 17.

지 않고는 그냥 보낼 수 없다며 밤이 맞도록 하나님의 사자와 겨루었던 그날의 야곱의 심정이었다. 무엇이 일어나리라는 것을 전혀 알지 못한 가운데, 그러나 하나님께서 들으시고 응답하실 것을 내내 기도하면서 선교사들과 한국인들은 월요일 저녁 집회에 참석했다.[54] 전날과는 달리 그날 사경회에 참석한 모든 사람들은 교회 안에 들어가면서 "하나님의 임재로 가득 찬 것을 느꼈다."[55]

이미 수개월 전 강한 영적각성을 체험해 영적 감각이 뛰어난 그레함 리는 성령의 임재를 느끼고 "우리 모두는 무언가 임하고 있다는 것을 느꼈다"[56]고 말했다. 그날은 어떤 다른 날보다도 더 많은 사람들이 장대현교회에 운집했다. 바로 그날이 백낙준 박사가 그의 한국 개신교사에서 "어느 날 저녁 집회 때에 부흥 기운이 터져 나왔다"[57]고 말한 그 날이었다.

그레함 리 선교사가 모두 힘을 다해 성령의 놀라운 임재를 사모하며 통성으로 기도할 것을 제의하자 죄를 회개하는 울부짖는 소리와 성령의 임재를 사모하는 하늘을 찌를 듯한 기도 소리가 실내를 가득 메웠다. 그 엄청난 기도 소리, 하늘을 찌를 듯한 우렁찬 기도 소리 속에서도 전혀 혼란이 없었고, 완벽한 조화와 질서가 그 장내를 지배하고 있었던 것이다. 그 현장을 목격한 방위량 선교사는 이렇게 당시의 상황을 기록하고 있다:

> 간단한 설교가 끝나고 그날 집회를 책임 맡은 그레함 리 선교사가 회중에게 기도를 요청했다. … 너무도 많은 사람들이 기도를 시작하여, 온 회중들이 통성으로 함께 기도하기 시작했다. 그 결과는 실로 어떻게 글로 표현할 수 없을 정도였다. 전혀 혼란이 없었고 대신 기도에 대한 저항할 수 없는 충동으로 감동을 받은 심령들이 한데 어우러져 드려진 하나님의 보좌를 향한 광대한 소리와 영혼의 화음이 있었다. 그 기도 소리는 내게 하나님 보좌를 울리는 기도의 대양, 수많은 폭포수에서

---

54 Lee, "How the Spirit Came to Pyeng Yang," 33.
55 Blair, *Gold in Korea*, 62.
56 Gale, *Korea in Transition*, 204에서 재인용.
57 백낙준, 한국 개신교사, 387.

나는 소리 같이 들렸다.[58]

그로부터 약 40년 후 방위량이 그날을 회고하면서 골드 인 코리아에서 지적한 것처럼 오순절 성령 강림 때 한 장소에서 한마음으로 기도했을 때 "홀연히 하늘로부터 급하고 강한 바람 같은 소리가 있어 저희 앉은 온 집에 가득했던"[59] 것처럼 놀라운 성령의 역사가 사경회에 참석한 이들 모두에게 임했던 것이다. 그러나 그날 하나님은 회오리 가운데서 임재하시지 않고 평양 시내가 떠나갈 듯한 회개의 기도 소리와 함께 임하셨던 것이다.

그날 그레함 리의 통성기도 제의는 마치 준비된 뇌관에 불을 당기듯 가득 매운 실내를 하나님께 드리는 기도로 가득 채웠던 것이다. 모인 회중이 옆 사람을 의식하지 않고 전심을 다해 드리는 이와 같은 통성기도는 평양대부흥운동을 특징짓는 가장 두드러진 특징이었다. 본래 통성기도는 평양대부흥운동 이전에는 보기 힘든 매우 낯선 기도 방식이었다. 그것이 한국 교회에 처음 소개된 것은 1906년 가을 한국을 방문한 하워드 애그뉴 존스톤(Howard Agnew Johnston) 박사를 통해서였다. 그는 1906년 웨일스 부흥운동 소식을 한국에 소개하면서 "웨일스의 부흥회에서는 공적 기도를 인도하는 인도자만 기도하지 않고, 각 사람이 다른 사람을 의식하지 않은 채 큰 소리로 통성기도를 하였다."[60]는 사실을 알려 준 것이다.

웨일스 부흥운동의 소식을 듣고 그와 같은 부흥운동이 한국 교회에도 발흥하기를 간절히 사모하는 교회 지도자들은 통성기도를 그대로 한국 교회에 도입했다. 클락이 "지금까지 보아 온 가운데 가장 감동적인 현상 가운데 하나"[61]라고 증언했던 "이 기도 방식은 그때부터 오늘날까지 한국 교회 부흥운동에서 널리 사용되어 오고 있다."[62] 이와 같은

---

58 Blair, *Gold in Korea*, 62.
59 Blair, *Gold in Korea*, 102.
60 Charles Allen Clark, 한국 교회와 네비우스 선교 정책 (서울: 기독교서회, 1994), 195. J. Edwin Orr가 지적한 것처럼 이와 같은 웨일스 부흥운동의 현상은 인도 부흥운동에 매우 중요한 영향을 미쳤을 뿐만 아니라 한국의 부흥운동에도 적지 않게 영향을 미쳤다.
61 Clark, 한국 교회와 네비우스 선교 정책, 195.
62 Clark, 한국 교회와 네비우스 선교 정책, 195.

이유 때문에 부흥운동의 현장에서 놀라운 역사를 직접 체험한 선교사들은 평양대부흥운동과 웨일스 부흥운동이 모종의 연계성을 지니고 있다고 이해한 것이다. 그들이 볼 때 통성기도는 기도에 간절히 집중할 수 있도록 만들어 주는 너무도 효과적인 기도 방식이었다. 그것은 기도가 하나님의 말씀과 성례와 더불어 은혜의 수단이라는 신학적인 사실을 고려할 때 더욱 그렇게 이해될 수밖에 없었다.

장대현교회에서 한국인들이 마룻바닥에 무릎을 꿇고 간절히 통성으로 기도하는 장면은 너무도 장관이었다. 하나도 예외 없이 하얀 바지저고리를 입은 1,500명의 사람들이 신발을 문 곁에 두고 "무릎을 꿇고 기도하는 광경은 지극히 인상적"[63]이었다. "모든 사람이 각각 소리를 내어 통성으로 기도할 때면 소리의 물결이 일어나 실내를 가로질러 파동치며 때로 그 소리는 노호(怒號)에 가깝도록 울려 퍼지다가 사그라진다. 이것이야말로 지극히 감동적인 장관이었다."[64]

기도 후 몇 사람의 간증이 있었고, 그런 후 사회자가 부를 찬송을 알리고, 회중에게 일어나라고 요청하였다. 그리고는 집으로 돌아가기를 원하는 모든 사람들은 돌아가도 좋다고 광고를 했다. 그러나 그 밤을 지새우며 기도하기를 원하는 이들은 다음 새벽까지 기도하도록 허락하였다. 상당히 많은 사람들이 집으로 돌아갔으나 5, 6백 명 가량이 남았다. 이들이 그 교회 한 곳에 모인 가운데 선교사들이 전에 한번도 경험하지 못했던 그와 같은 집회가 시작된 것이다.

당시 여러 문헌들이 증언하고 후에 소열도가 기술한 것처럼 1월 14일 저녁 놀라운 성령의 역사가 강하게 장대현교회를 사로잡았다.[65] 성령의 역사가 마치 오순절 마가의

---

63   Clark, 한국 교회와 네비우스 선교 정책, 195.
64   Clark, 한국 교회와 네비우스 선교 정책, 195.
65   "성령께서 깊은 내면의 성찰과 죄의 확신과 함께 온 회중들 가운데 임하신 것은 사경회 기간 중 1월 14일[월]이었다." T. Stanley Soltau, *Korea The Hermit Nation and Its Response to Christianity* (New York: World Dominion Press, 1932), 25. 평양대부흥운동이 발화된 것은 1월 14일과 15일 저녁집회 때였다. 사경회 마지막 이틀 동안 성령께서 놀랍게 회중들 가운데 임하신 것이다. 그것은 평양대부흥운동이 발흥하던 그해 작성한 1907년 북장로교 보고서나 다시 2년 후 한국선교 25주년기념 때 작성한 보고서, 그리고 당시 선교사들의 편지에서 일관되게 나타난다. "1907년 1월의 사경회 기간 중 마지막 이틀(the last days of the Bible Training Class) 저녁집회에 성령 임재의 공개적인 현시가 나타났다." Samuel A. Moffett, "Evangelistic Work," *Quarto Centennial Papers Read Before the Korean Mission of the Presbyterian Church in the U.S.A. at Annual Meeting* (Pyeng Yang, Korea: Korea Mission of PCUSA, 1909), 22; *Annual Report, PCUSA*, (1907), 28를 보라. 따

다락방의 120문도에게 임했던 것처럼, 하늘로부터 급하고 강한 바람이 장대현교회에 모인 5, 6백 명의 무리들에게 임했던 것이다. 그것은 그곳 현장에 처음부터 참석하였던 이들도 말로 형언하기 힘든 그 무엇이었다.

그로부터 며칠 후인 1월 18일 그 현장에 있었던 스왈른 선교사는 이렇게 증언하였다:

> 월요일 밤 성령의 은혜가 임했다. 성령께서 놀라운 권능으로 현시하셨다. 간단한 예배가 있은 후, 온 회중이 일치단결하여 드리는 통성기도는 마치 파도처럼 그 열정과 강도가 올라갔다 줄어들었다 했다. 그런 후 곧 간증이 시작되었다. 그러자 사람들이 매우 진지해졌다. 그들의 얼굴 표정, 그들의 언어, 그들의 눈물, 그들의 울부짖음이 그 이야기를 말해 주기 시작했다. 그 모임이 조기에 끝나지 않을 것임이 확실하자 누구라도 모임이 끝날 때까지 기다리기를 원치 않는 사람들은 집으로 돌아가도록 기회가 주어졌고, 모인 회중의 반 혹은 3분의 2가 집으로 돌아갔다.
>
> 그런 후 남은 이들이 드리는 연합 기도는 더 새로워졌고, 그 후 그들이 하는 죄의 고백에서도 죄 사함의 확신에 대한 힘이 한층 더 강하게 나타나기 시작했다. 사람들은 자신의 간증 차례를 기다리면서 여러 시간을 서 있었다. 몇몇 사람은 고백의 마지막 말이 채 끝나기도 전에 갑자기 펄쩍 뛰고는 자신의 죄를 통회하지 않고는 견딜 수 없다며 울부짖기 시작했다. 집회는 중단 없이 새벽 2시까지 계속되었다. 그 동안에 가장 소름 끼치는 일련의 죄에 대한 고백들이 방해받지 않는 가운데 있었다. 사악하고 수치스러운 모든 죄들이 아주 깊은 죄의식하에 고백되어졌다. 사람들은 자신들의 죄를 고백하고는 마치 가장 무시 무시한 고통에 처한 것처럼 갑자기 무섭게 통회하고 애통하기 시작했다. 때로는 마치 숨을 쉬지 못해 괴로워하는 사람처럼 자기 가슴을 치기도 했다. 때로 그들 중에는 갑자기 마룻바닥에 엎어

라서 놀라운 성령의 역사 평양대부흥운동의 폭발이 사경회 기간 1월 초 주일날 시작된 것으로 일각에서 이해하고 있는 경향을 바로잡는다.

져 몹시도 통회하는 가운데 손으로 바닥을 연타하기도 했다.[66]

너무도 분명한 한 가지 사실, 즉 그 현장에 있던 이들 모두가 한결같이 증언하는 것은 자신들의 죄를 통회하고 회개하는 회개기도가 모인 무리들 가운데 끝없이 회오리바람처럼 휩쓸고 지나갔다는 사실이다. 회오리바람 앞에 어느 누구도 그것을 피할 수 없었던 것처럼 놀라운 성령의 강권적인 회개의 역사 앞에 모든 이들이 단 한 올의 죄악마저도 숨길 수 없었던 것이다. 처음에는 자신들이 의식한 가운데 회개의 역사가 있었지만, 이제는 성령께서 강권적으로 그들로 하여금 자기들의 죄악들을 철저하게 통회하도록 역사하셨던 것이다. 그날 저녁 집회 도중 저 건너 한 쪽에서 어떤 사람이 울기 시작하자 순식간에 모든 회중은 울음바다가 되었다.[67]

그 현장에 있던 번하이셀의 말을 직접 빌린다면 "그곳에 우리가 결코 전에는 읽어보거나 보지 못했던 장면을 목도했다. 성령께서 권능으로 청중들에게 임했고 사람들은 대단한 탄식으로 무섭게 죄를 회개하고 고백하였다."[68]

기독교 역사 속에 나타난 여느 부흥운동처럼 그날 밤 그곳에 참석한 이들은 주변을 의식할 겨를도 없이 강한 성령의 강권적인 역사 앞에 하나같이 굴복하고 말았다. 이와 같은 성령의 역사는 부흥운동에서 보편적으로 나타나는 현상이자 중요한 특징이다.[69] 놀라운 성령의 역사가 진행되던 그날 그 오순절의 현장을 주도하며 그 현장을 처음부터 끝까지 지켜 본 그레함 리 선교사는 그날의 모습을 이렇게 생생하게 기술하였다:

한 사람씩 한 사람씩 일어나서 자신의 죄를 고백하고 고꾸라져 울었다. 그러고 나

66　W. L. Swallen, Letter to Brown, Jan., 18, 1907.
67　Blair, *Gold in Korea*, 62.
68　The Rev. Charles F. Bernheisel's Missionary Diary, unpublished, Mar., 23, 1907.
69　Charles G. Finney, *Lectures on Revivals of Religion* (Virginia Beach: CBN University Press, 1978), 57; Catherine C. Cleveland, *The Great Revival in the West 1797-1805* (Chicago: The University of Chicago Press, 1916), 59-195; Brysson N. Morrison, *America's Great Revivals* (Minneapolis: Bethany Fellowship, 1978), 16-44; Maria B. Woodworth-Etter, *Signs and Wonders God Wrought in the Ministry for Forty Years* (Indianapolis Ind: By the Author, 1916), 61-70; Stanley H. Frodsham, *With Signs Following* (Springfield: Gospel Publishing House, 1946), 15.

서 바닥에 엎드려져 자기가 죄인이라는 완전한 고통 속에서 주먹으로 바닥을 쳤다. 나의 요리사는 회개를 하려고 애쓰면서 그 가운데 거꾸러져 방 건너 쪽에 있는 나에게 소리쳤다. "목사님, 나에게도 희망이 있는지요, 용서받을 수 있는지요, 말씀해 주십시오." 그리고 나서 바닥에 엎드려 울고 또 울며 거의 고통 중에 부르짖었다. 때때로 회개의 고백 후에 모든 회중이 통성기도를 했다. 수백 명의 회중이 통성기도를 한 효과는 무엇이라고 표현할 수 없는 것이었다. 다시 회개의 고백 후에 그들은 참을 수 없는 울음을 터뜨렸고 우리 모두 함께 울었다. 우리는 그럴 수밖에 없었다. 그래서 그 모임은 기도와 고백과 눈물로 새벽 2시까지 계속되었다.[70]

통회와 흐느낌과 기도 속에서 8시에 시작한 그날 저녁 집회가 무려 6시간이나 계속되었던 것이다. 그 다음날 매큔은 선교부에 "완전히 화음되어 일시에 울려나는 천여 명의 기도 소리를 듣는 것은 과연 장쾌하였다"[71]고 보고하였다.

모인 모두를 기도의 끈으로 묶어 주는 웨일스 부흥운동을 특징지었던, 일시에 울려 나는 통성기도는 말 그대로 장관이었다.[72] 그것은 과거에는 찾아볼 수 없었던 철저한 회개, 성령의 은혜를 사모하는 간절한 염원, 이 민족의 장래가 오직 하나님께만 있다는 민족적 신앙애가 한데 어우러진 간절한 기도였다. 한국의 교인들이 자신들의 죄를 부여안고 그토록 철저하게 통회하며 절규해 본 적은 일찍이 없었다. 당시의 현장을 목격한 영국의 윌리엄 세실(William Cecil) 경은 이렇게 증언한다:

그(그레함 리)가 단지 "나의 아버지"라고 말하자 갑자기 비상한 힘이 밖으로부터 쏟아져 들어와 온 회중을 사로잡은 듯하였다. 유럽인들은 이 현시를 무시무시하다고 기술하였다. 거의 모든 참석자들이 가장 고통스러운 정신적 애통에 사로잡혔으며, 각 사람 앞에서 그의 죄가 그의 삶을 정죄하는 듯하였다. 어떤 사람은 벌떡 일

70　Lee, "How the Spirit Came to Pyeng Yang," 34.
71　George S. McCune, Letter to Brown, Jan., 15, 1907.
72　Jones, *The Korean Revival*, 39.

어나 양심의 안정을 찾기 위해 자신 안에 숨겨진 죄를 자백할 기회를 간청하였고, 다른 사람들은 말없이 침묵했으나 자기의 죄과를 폭로하려는 힘(the Power)을 저항하면서 복받치는 괴로움을 억제할 수 없어 주먹을 쥐고 머리로 땅을 찧기도 하였다. 이러한 장면은 저녁 여덟 시부터 이튿날 다섯 시까지 계속되었으며, 그런 후 선교사들은 사람들이 고백한 몇몇 죄로 엄청난 공포에 사로잡혔고, 그러한 이적을 행하시는 보이지 않는 힘의 임재로 두려워하기도 했으며, 그들이 너무도 사랑하는 한국인 제자들의 정신적인 고통을 동정하며 눈물을 흘리기도 하면서 그 집회를 중단했다. 몇몇 사람들은 잠자러 집에 갔으나 많은 한국인들은 그 밤을 새웠으며, 몇몇은 기도하였고, 다른 사람들은 무시무시한 영적 갈등에 처했다.[73]

선교사들은 "피차 죄를 고백"했고 한국 교회는 "일본인을 미워하는 생각을 회개했을 뿐만 아니라 하나님을 거역하는 모든 죄"[74]를 자복했던 것이다. 평양 선교사들 가운데 몇몇은 교회의 뛰어난 지도자들 중에, 특별히 강씨와 김씨 사이에 증오가 있다는 사실을 알고, 그 모든 것이 이번 집회를 통해 철저하게 청산되기를 바라는 마음이 간절했다.[75] 교회 직분을 가진 강유문이 일어나 자기에게 김 장로에 대한 미움이 있었다는 사실을 모인 회중 앞에 자백하고 용서를 구하였다.

방위량 선교사의 증언에 따르면 그 강씨는 평양 사창골교회에서 방위량 선교사를 도왔던 사람이었고, 김씨는 장대현교회 장로로 방위량 선교사가 책임자로 있었던 청년단체의 임원 가운데 한 사람이었다. 강씨가 먼저 월요일 밤에 용기를 내어 자신의 죄악과 미움을 토로했다. 그레함 리의 지적대로 "교만하고 강인한 사람이 고꾸라져 그런 후 자신을 완전히 통제하고 그가 얼마나 김 장로를 미워했는가를 자백하면서 다시 고꾸라

---

73   "The World-wide Kingdom," *The Baptist Missionary Magazine* Vol. 88, No. 2 (February, 1908), 58. 이 잡지는 선교잡지로 주로 침례교에서 파송한 전 세계 선교사들의 동향을 소개하고 있다. 여기에는 당시 인도, 아프리카, 아시아에서 일어난 많은 부흥운동이 소개되고 있는 데 이것은 당시 부흥운동이 세계적인 현상이었음을 보여준다.
74   Blair, *The Korean Pentecost*, 42.
75   Lee, "How the Spirit Came to Pyeng Yang," 34.

지는 것을 목도하는 것은 놀라운 일이었다."⁷⁶ 혹독하기로 이름난 그 추운 평양의 겨울 밤, 새벽 2시가 되었는데도 그곳에는 아직도 자신의 죄를 통회하는 사람들이 있었다. 이처럼 철저한 회개, 그리고 그 후에 찾아오는 죄용서의 기쁨은 평양대부흥운동의 특징이었다:

> 1907년 1월 겨울 사경회 기간 마지막 이틀(last days) 동안 드디어 성령의 임재의 공개적인 현시가 임했다. 이 집회에서 사람들은 죄의 무서운 결과, 죄 없으신 그리스도께서 받으신 고난, 자신들을 위해 죽으신 그리스도의 사랑을 절절히 깨닫게 되었다. 그들은 몸부림치며 번민하였다. 그 가운데 일부는 거의 죽음에까지 이를 정도였다. 그들은 완전한 용서를 깨닫고 마침내 마음의 평안을 얻었다.⁷⁷

"하나님의 성령께서 친히 놀라운 방식으로 현시하셔서 교회를 정결케 하시고, 수천 명의 심령에 새로운 성결, 권능, 기쁨을 가져다주신 것이다."⁷⁸

참석자들은 성령의 역사가 임하자 새벽 2시까지 시간 가는 줄 모르고 성령의 은혜에 취해 있었다.⁷⁹ 이것은 결코 이상한 현상이 아니었다. 부흥운동의 특징 가운데 하나는 시간의 감각을 넘어 이 땅에서 하늘의 신령한 은혜를 체험하게 만들어주는 것이다. 그것은 웨일스 부흥운동을 현장에서 생생하게 경험한 매튜스(David Mathews)의 고백에서도 알 수 있다. 그는 성령의 역사가 강하게 임하여 모인 이들 모두가 하늘의 신령한 은혜를 체험하던 그날을 이렇게 회고하였다:

> 아무도 시간으로 인해 방해를 받지 않았다. 시간은 분처럼 빨리 지나갔다. ⋯ 내가 교회의 천성의 분위기에서 집을 향해 떠났을 때 나는 새벽 5시라는 사실을 발견했

---

76   Lee, "How the Spirit Came to Pyeng Yang," 34.
77   Moffett, "Evangelistic Work," 22.
78   Moffett, "Evangelistic Work," 22.
79   McCune, Letter to Dr. Brown, Jan., 15, 1907.

다. 나는 10시간을-이 10시간이 10분처럼 지나갔다-하나님의 집에 있었던 것이다.[80]

장대현교회에 모인 이들이 저녁 8시에 시작한 집회에서 그 이튿날 새벽 5시까지 시간의 흐름을 잊고 은혜를 사모했던 것은 10시간이 10분처럼 순식간에 지나갔다던 웨일스 부흥운동의 현장과 너무 유사했다.[81] 그만큼 은혜의 역사가 강했던 것이다.

그러나 점차 찬 기운이 실내에 차오르면서 선교사들은 이날 베푸신 하나님의 은혜에 감사하면서 남은 하루 저녁 집회에서도 놀라운 성령의 역사가 나타나기를 기대하며 그날 집회를 마무리했다. 선교사들이 그날 회개할 것이라고 기대했던 김 장로는 그 현장에 있었지만 그는 끝내 침묵을 지키고 있었다.

분명히 이날의 성령의 역사에는 모종의 특징들을 찾아볼 수 있었다. 그 중 한 가지는 여기에 모인 선교사들과 한국인들이 한결같이 자신들의 죄를 공중 앞에서 숨김없이 털어놓았다는 사실이었고, 다른 하나는 성령의 감동에 따른 통성기도였다.[82] 그것은 한편으로는 회개를 동반하는 기도였고, 다른 한편으로는 자신들의 죄를 뉘우치면서 성령의 인도하심과 성령의 지배를 갈구하는 간절한 신앙의 염원이었다.

그렇게도 염원했던 놀라운 영적각성운동이 선교지에서 발생하자, 그것도 자신들이 오랫동안 기도하고 바랐던 그대로 겨울 사경회가 진행되는 동안 나타나자 선교사들은 감격과 흥분을 감추지 못했다. 놀라운 성령의 임재가 나타난 그 이튿날, 1월 15일자 북장로교 선교본부 총무 아더 브라운에게 보낸 편지에서 장대현교회를 담임하고 있는 그레함 리 선교사는 평양 선교부 사상 가장 크고 가장 훌륭한 사경회가 열리고 있으며, 바로 어제 저녁 지금까지 자신이 목격하지 못한 "성령의 특별한 임재"[83]가 있었다고 보고

---

80   David Mathews, *I Saw the Welsh Revival* (Chicago: Moody Press, 1951), 43-44.
81   성령의 역사와 죄에 대한 각성 등 여러 가지 면에서 Wales 부흥운동과 한국 평양대부흥운동 사이에는 유사성이 많았다. cf. Mrs. Penn-Lewis, *The Awakening in Wales and Some of the Hidden Spring* (Chicago: Fleming H. Revell Com., 1905).
82   Minutes of Korea Mission, *Methodist Episcopal Church*, 1907, 57. 북감리교 보고서에는 평양대부흥운동을 기술하면서 평양 대각성운동의 특징을 공개적인 죄의 고백과 중보기도 두 가지로 집약했다. 기도가 평양대부흥운동의 특징이라는 기록은 거의 모든 자료들이 일치하는 견해이다.
83   Graham Lee, Letter to Brown, Jan., 15, 1907.

하였다.

그것은 설명하기 힘든 참으로 놀라운 장면이었다.[84] 인간의 언어로는 성령의 역사를 충분히 설명할 수 없었던지, 아니면 그가 경험한 것을 표현하기에는 적절한 언어들이 떠오르지 않았던지 그레함 리는 다음 문장으로 편지를 맺었다:

> 어떤 말로도 (어제 있었던) 그 집회를 설명할 수 없습니다. 그것은 내가 이제까지 결코 목도하지 못했던 하나님의 영의 현시였습니다. 그로 인해 하나님께 찬양을 올리며, 이제 그들이 집으로 돌아가서도 하나님께서 이들을 도우시고 각자의 교회에서 그들을 놀랍게 사용하시기를 기도합니다.[85]

그레함 리가 아더 브라운에게 편지로 평양대부흥의 소식을 전하던 바로 그날, 1월 15일 그 놀라운 역사의 현장에 그레함 리와 함께 참여했던 매큔도 미국 북장로교 선교부 아더 브라운에게 다음과 같은 편지를 보냈다:

> 존경하는 아더 브라운 박사님.
>
> 당신은 지금 우리 가운데 임재하고 있는 축복에 대해 의심할 바 없이 듣고 계실 것입니다만 나는 그밖에 어떤 사람이 당신에게 들려주었을지도 모르는 것들을 위험을 무릅쓰고 반복하려고 합니다. 우리는 시골 지역 출신 남자 성도들을 위해 겨울 사경회를 열고 있는 중이며, 이것은 우리가 지금까지 열었던 것 가운데 가장 큰 규모이며, 스왈른이 이전에 보고했던 재령 지역은 포함되지 않은 것입니다. 약 1,000명이 참석했는데, 모두 시골에서 올라온 자들이며, 평양 시내 남자들은 참석이 허용되지 않았습니다. 교사진은 규모가 작습니다. 리, 스왈른, 번하이셀, 헌트, 그리고 방위량이 몇 명의 한국인들의 도움을 받으며 전적으로 가르치고 있습니다. 우

---

84 Soltau, *Korea The Hermit Nation and Its Response to Christianity*, 25.
85 Graham Lee, Letter to Brown, Jan., 15, 1907.

리는 매우 놀라운 은혜를 경험하고 있습니다! 성령께서 권능 가운데 임하셨습니다. 장대현교회에서 모인 지난밤 집회는 최초의 실제적인 성령의 권능과 임재의 현시였습니다. 우리 중 아무도 지금까지 이전에 그 같은 것을 경험하지 못했으며, 우리가 웨일스, 인도 등에서 일어난 부흥운동에 대해 읽었지만, 이번 장대현교회의 성령의 역사는 우리가 지금까지 읽었던 그 어떤 것도 능가할 것입니다.

저녁 집회 동안에 우리는 성령을 위해 간구하고 있었고, 우리는 명백한 방식으로 성령께서 이번에 자신을 현시하셔서, 이번 집회 중 어느 때에 전 청중이 일치하여 성령을 사모하며 부르짖기를 기도하고 있었습니다. 전혀 혼란이 없이 완벽히 조화를 이루며 1,000명 이상이 일시에 기도하는 것을 듣는 것은 놀라운 일입니다. 당신이 오후 혹은 초저녁에 거리를 지나간다면, 성령을 간절히 간구하는 가정에서 드리는 기도 소리를 들을 수 있을 것입니다. 사람들이 성령을 갈급하여 찾고 있습니다.

우리 선교사들은 평양에서 열린 8월의 사경회에서 성령의 능력을 간구하기 시작했으며, 이번 겨울 남자 사경회 때에 분명하게 성령이 임할 수 있도록 이를 위해 크리스마스가 지난 다음날 시작하여 한 주간 동안 매일 저녁 특별집회를 가졌고, 그 후 지금까지 정오에 우리가 모이고 있습니다. 우리는 우리 가운데 서로 죄를 고백하면서 집회를 시작하였는데, 그것은 비록 우리 공동체가 거의 완벽하기는 하지만, 우리가 기도하고 있는바 은혜를 받기 위해서는 서로에게 고백할 무엇인가를 발견해야 한다고 느꼈기 때문입니다. 우리는 그 은혜를 며칠 전에 받았고, 또 지난밤 한국인들 가운데서 그 권능을 목격하였습니다. 그것은 너무도 놀라워 지금 내가 그것을 말하기 시작하면서도 눈물이 너무 나와 흐르는 눈물을 주체하지 못하겠습니다. 말로는 어떻게 그것을 [다] 표현하지 못하겠습니다.

어제 저녁 집회는 저녁 7시에 시작했습니다. 그런데 지난밤 집회는 새벽 2시에야 끝났습니다. 하나 둘씩 일어나 자신들의 죄-그들 중 많은 사람이 악과 싸우며 대단히 고통스러워하면서-를 고백했습니다. 우리는 그 싸움이 계속되는 것을 보았지만, 결국 승리하는 것을 지켜보았습니다. "공포스러움"이 우리가 어제 밤 하나님과 사탄 사이의 투쟁을 목격하면서 체험했던 느낌을 잘 표현할 수 있는 유일한 단어입니다. 몇 사람은 믿기 전에 자기 친구를 살해했음을 고백했고, 많은 사람들이 하나님의 율법을 모조리 범했음을 고백했으며, 교회 직원들이 도둑질했음을 고백했고, 그들 가운데 있었던 질투와 미움도 고백했습니다. … 우리는 요즈음 우리 모두가 경험하고 있는 대단한 즐거움을 어떻게 다 말로 표현할 수 없습니다. 상당수가 교회의 지도자들인 이들 1,000명이 집으로 돌아간다면 얼마나 놀라운 능력이 임하겠는가! 그것은 측량할 수 없을 것입니다. 우리 모두는 그러한 임재 앞에 매우 겸비하며, 몇몇은 그들이 허풍을 떠는 것처럼 보일까봐 성령의 역사를 기술하는 것을 겁내고 있습니다. 나는 하나님께서 우리 모두로부터 모든 영광을 받으셨다고 확신합니다….

조지 매큔[86]

이와 같은 매큔의 생생한 증언은 매큔이 편지를 보낸 그 다음날 1월 16일자 평양 주재 북장로교 의료 선교사 웰스의 서신에서도 그날 밤의 놀라운 성령의 역사가 그대로 기술되어 있다. 합리적이고 과학적인 훈련을 받은 의사의 관점에서도 월요일 밤 "우리 가운데 임한 놀라운 성령의 현시는 가장 특기할 만하고 흥미롭고, 그러면서도 가장 영구적이고 불가항력적인 사건이었다."[87]

매큔이 증언한 대로 말로 형언할 수 없는 놀라운 성령의 역사를 눈으로 확인한 이들은 오순절 성령의 역사라고 확신하고 있었다.

웰스가 선교부에 보낸 편지에 의하면 그가 편지를 쓰고 있는 그중에도 한 사람이 그를 찾아와 병원 건물을 짓는 일에 자신이 관여하면서 죄를 범했다며 용서를 구하는 일이 있었다. 그레함 리가 이를 총괄하였는데 그는 의료 선교사이기 때문에 웰스가 그것을 관장했던 것으로 오해하고 그를 찾아와 용서를 구한 것이었다.

86　George McCune, Letter to Dr. Brown, Jan., 15, 1907. 이 편지는 15일자로 되어 있으나 16일에 있었던 사건까지 포함하고 있어 이틀에 걸쳐 기록된 것이거나 아니면 16일에 기록된 것으로 보인다.

87　J. H. Wells, Letter to Brown, Jan., 16, 1907.

확실히 매큔이 생생하게 증언한 대로, 또 앞서 그레함 리가 아더 브라운에게 보고한 대로, 그리고 웰스가 재확인한 대로 그날의 죄의 고백은 인위적인 입술의 고백이 아니라 성령의 강권적인 역사에 의한 믿음의 고백이었으며, 그것은 한국 "교회를 정화시키시고 더 크게 사용하시려는 하나님의 영"[88]의 섭리였다. 선교사들 중 많은 수가 처음에는 부흥운동을 지배하는 감정적인 요소 때문에 그 결과가 부정적이지 않을까 적지 않게 우려하는 이들도 있었다. 브라운이 지적한 것처럼 "부흥운동이 뜨겁게 진행되는 동안 극악한 죄에 대한 한국인들의 고백이 기독교 신앙이 깊지 못하다는 증거로 인용되어 왔다."[89]

심지어 조지 래드(G. T. Ladd)는 부흥운동의 현장을 목도하고도 이와 같은 영적 각성이 한국인들의 "비정상적 심리적 성품"[90]에서 나온 것으로 혹평했다. 하지만 선교사들과 한국 교회 지도자들은 그것이 단순히 자신들의 감정 표출이나 감정적 격정에서 나온 일종의 탄식이 아닌 자신들 안에 역사하는 성령의 감동으로 이루어진 것이라는 사실을 확인하고 놀라움과 감사가 떠나지 않았다.[91] 한 선교사의 고백대로, "그곳에는 종종 '감흥(the emotional)'이라는 말로 사용되는 감정(the sensational)적인 요소는 하나도 없었고, 모인 각 개인이 기도에 온전히 집중하였다."[92] 한때 자신들의 죄를 공개적으로 고백하는 한국인들에 대해 부정적인 견해를 가졌던 브라운도 한국교인들이 "비지성적이고 단지 감정적인 그리스도인들"[93]이라는 비판이 올바른 진단이 아니라는 사실을 분명히 했다. 통성기도와 부흥운동을 현대 심리학에서 말하는 군중심리 현상이라고 단정하는 것도 정확한 판단이 아니다. 이와 관련하여 그 현장에 있었던 클락은 한국 교회와 네비우스 선교 정책에서 이렇게 증언하였다:

---

88   Wells, Letter to Brown, Jan., 16, 1907.
89   A. J. Brown, *Report on a Second Visit to China, Japan and Korea 1909* (New York: The Board of Foreign Missions, PCUSA, n.d.[ca. 1910]), 92.
90   G. T. Ladd, *In Korea with Marquis Ito* (London: Longmans, Green & Co., 1908), 411.
91   cf. Brown, *Mastery of the Far East* (New York: Fleming Revell Com., 1919), 543-544; Brown, *Report on a Second Visit to China, Japan and Korea, 1909*, 91-93.
92   McCune, "The Holy Spirit in Pyeng Yang," 1.
93   Brown, *Report on a Second Visit to China, Japan and Korea 1909*, 92.

현대 심리학에서는 이것이 주로 군중심리 기법에 의한 것이라고 가르친다. 아마 그것이 사실일지도 모른다. 그러나 필자는 그러한 청중들을 어느 정도 둘러볼 기회를 가졌다. 필자는 여러 개인들의 기도 소리를 들으면서 그들의 기도가 얼마나 이성적인가를 깨닫고 깜짝 놀랐다. 각 사람은 마치 자기 홀로 작은 방에 갇혀 하나님과 단독으로 만나고 있는 것처럼 신실하게 기도를 드렸다.[94]

더구나 "부흥운동의 결과 삶이 변화되고 그러한 변화가 지속되어 왔다는 사실은" 선교사들로 하여금 "부흥운동에 대한 섣부른 전면적인 비판을 삼가도록 만들었다."[95] 심지어 클락은 "군중심리 같은 기법에 대한 서양의 일반적 비판 행위가 이성에 근거한 견해라기보다는 어떤 통칭에 의해 정죄하는 논리적 오류가 아닌지 의심스럽다"[96]고 보았다. 의심할 바 없이 평양대부흥운동은 심리적인 현상이 아니라 이 나라와 이 민족을 복음화시키시려는 놀라운 성령의 역사였다.

사도행전의 오순절 역사처럼, 그날 장대현교회의 오순절의 놀라운 성령의 역사는 그 후에도 계속되었다. 이 놀라운 오순절의 소식은 그 이튿날 그 현장에 참석한 이들 한국인들과 선교사들을 통해 장대현교회를 넘어 평양 시내로 삽시간에 퍼져 나갔다.

2. 평양의 오순절, 그 둘째 날

불행히도 그 놀라운 성령의 역사가 임했던 14일 월요일 저녁 집회에는 "단지 몇몇 선교사들만" 참석했다. 그러나 그 다음날 15일 화요일 아침, 그레함 리 선교사는 방위량 선교사와 함께 전날 밤의 놀라운 성령의 역사를 참석하지 않은 사람들에게 전하기 위해 이 집 저 집을 돌아다녔다.[97] 그 소식은 곧 평양 시내 장로교 선교사들뿐만 아니라 감리

94　Clark, 한국 교회와 네비우스 선교 정책, 195.
95　Clark, 한국 교회와 네비우스 선교 정책, 195.
96　Clark, 한국 교회와 네비우스 선교 정책, 196.
97　Blair, *Gold in Korea*, 63; Blair & Hunt, *The Korean Pentecost & the Sufferings Which Followed*,

교 선교사들에게도 알려졌다. 이들로부터 전날의 소식을 접한 모든 외국인들은 그날 정오 한자리에 모여 한편으로는 전날의 놀라운 성령의 역사에 감사하면서 다른 한편으로는 마지막 집회인 그날 저녁 화요집회에는 어제보다 더 놀라운 성령의 역사가 임하도록 간절히 기도하였다.[98]

이날 참석한 자들 가운데 방위량 선교사를 비롯한 몇몇 사람들은 또한 특별히 전날 죄를 고백했던 강 씨에게 적대감을 가지고 있는 김 장로를 위해 특별히 기도했다. 그것은 한 영혼을 사랑하는 선교사들의 목자적인 마음과 그날 저녁 집회에도 전날의 놀라운 성령의 역사가 계속되기를 바라는 마음에서였다.[99]

이와 같은 분위기 속에서 사경회 마지막 밤 화요일 저녁 집회가 시작되었다. 화요일 저녁, 전날 밤의 장면이 다시 더 강력한 형태로 반복된 것은 자연스러운 일이었다. 화요일 저녁 집회는 전날의 전도 집회와 똑같은 방식으로 진행되었다.[100] 전날의 놀라운 성령의 역사가 화요일에도 계속되기를 사모하는 마음에서 그와 같은 방식을 택한 것이다.

15일 저녁 "가장 은사받은 한국인 설교자" 길선주 장로의 설교가 있은 후 집으로 돌아가기를 원하는 사람들은 집으로 돌려보내 거의 600여 명의 사람들만 예배실에 남았다. 모인 이들 모두는 전날의 놀라운 성령의 역사를 고대하는 마음들이 역력했다. 청중들이 준비된 가운데 쏟아내는 길선주 장로의 거침없는 설교는 모인 무리들을 크게 감동시켰다. 2년 후 게일은 그 현장에 있던 목격자의 증언을 인용해 그 오순절 날의 길선주를 이렇게 전한다:

> … 그 다음날 밤 …길선주는 외칠 만반의 준비가 되어 있었다. "처음부터 그것은 길선주 얼굴이 아니었다." …한때 완전 장님이었다가 아직도 장님인 길선주, 그러나 여기서 그의 얼굴은 대단한 위엄과 능력의 얼굴, 순결과 거룩함으로 불타는

72.
98 Lee, "How the Spirit Came to Pyeng Yang," 34.
99 Lee, "How the Spirit Came to Pyeng Yang," 34.
100 Lee, "How the Spirit Came to Pyeng Yang," 34.

얼굴이었다. 그것은 길선주가 아니라, 예수였다. … 그가 사람들에게 회개하고 고백할 것을 요청한 것이다.[101]

5일 화요일 저녁 집회는 모든 면에서 월요일의 집회와 대동소이했지만, 성령의 임재는 더 강하게 임하였다. 1904년 웨일스 부흥운동 때 로버츠가 했던 역할을 1907년 평양대부흥운동 때 길선주가 한 것이다.[102] 길선주가 회개와 고백을 촉구하자 "시내산의 섬광"이 그들 위에 임했으며, 그곳에 모인 이들은 아무도 "하나님의 부르심을 피할 수 없었다. 전에는 경험하지 못한 무시무시한 죄의 공포가 우리 위에 임했다. 그것을 어떻게 벗어 버리고 피할 것인지 그것이 문제였다."[103] 윌리엄 세실 경이 지적한 것처럼 "그 다음날[15일] 선교사들은 폭풍이 지나고 거룩한 하나님 말씀의 위로가 어제 밤의 상처를 싸매어 주시기를 희망했으나 다시 똑 같은 고통, 똑 같은 죄의 고백이 반복되었다."[104] 그로부터 3일 후인 1월 18일 그 현장에 있던 스왈른은 다음과 같이 기록하였다:

그 다음날 저녁 성령의 역사는 전날과 같은 모습이었지만, 다만 더 강하게 나타났다. 그날 장로들과 목사들 사이에 큰 죄악들이 드러났는데, 모두가 죄를 고백하지 않을 수 없었다. 마치 이제까지 자신이 범한 그 극악한 죄를 고백하지 않을 수 없도록 역사하시는 성령의 놀라운 힘에 압도된 것처럼, 건장하고 양식 있는 사람이 견딜 수 없이 통회하며 몸부림치는 것을 보는 것은 매우 감동적이었다. 그 모임에 있었던 모든 일을 다 언급하는 것은 적절하지 않은 것 같다. 그것은 진실로 마지막 심판을 보는 것처럼, 너무도 무시무시했다. 다만 나는 그날 밤의 장면을 설명하기에 더 이상 어떤 단어도 적합하지 않다고 말할 수 있을 뿐이다. 그러나 한 가지 특기할만한 사실은, 그리스도 안에 있는 자기 형제를 미워하는 죄가 비록 가장 큰 것

101　Gale, *Korea in Transition*, 205.
102　George Godwin, *The Great Revivalists* (Boston: The Beacon Press, 1950), 194-203.
103　George Godwin, *The Great Revivalists*, 194-203.
104　"The World-wide Kingdom," *The Baptist Missionary Magazine*, 58.

은 아닐지라도 어떤 다른 죄만큼이나 큰 고통을 가져다주는 요인인 듯했다. 나는 교회의 유능한 두 지도자, 한 명의 장로와 전도사가 서로 팔로 엉켜 안고 강단으로 나와 마치 자신들의 심장이 터지는 듯이 울부짖었던 모습을 결코 잊을 수 없다. 그날 많은 사람들이 사기, 공금횡령, 그리고 실제적인 도둑질을 고백했다.[105]

이틀 동안 연속으로 놀라운 성령의 역사를 목도한 웰즈는 1월 15일 바로 그날 흥분을 감추지 못하고 코리아 미션 필드에 다음과 같이 보고했다. "우리 전 공동체와 한국 교회는 특별히 지난밤과 오늘 밤에 우리의 전 생애에 우리 모두가 경험하거나 목도하지 못한 놀라운 성령의 임재의 현시를 경험했습니다. 참석한 모든 선교사들 각자가 큰 축복을 받은 것은 참으로 놀랍습니다. 우리는 그 성령의 현시가 중단되지 않고 계속되기를 기도합니다."[106]

오순절 둘째 날 그 현장에 있던 사람들은 마치 심판 날에 심판주 앞에 서 있는 죄인처럼 죄의 공포와 두려움으로 견딜 수 없었다.[107] 김인서는 그 역사적 장면을 이렇게 기록했다:

> 二千名 以上을 收容하는 章臺峴禮拜堂에 會衆이 차고 넘치도록 모힌 査經會員全體가 聖靈의 휩쓸닌 바 되여 或은 소리처 울고 或은 가슴처 痛哭하고 혹은 嗚咽하야 祈禱하고 或은 발을 구르며 自服하고 或은 춤을 춰 讚美하니 소리소리 合하야 소리의 기동은 燔祭檀에 타오르는 불기동갓치 하늘노 떠오르고 떠올낫다. 이때에 이 자리에 잇는 사람으로는 眼中에 들보를 녓코 견댈 수 잇을넌지 모르거니와 良心에 몬지만한 罪라도 두고는 견댈 수 업섯고 혀를 끈흘지언정 말치 못할 罪惡이라도 萬人의 압헤 내여노치 안코는 견대지 못하며 吾

---

105   W. L. Swallen, Letter to Dr. Brown, Jan., 18, 1907.
106   "The Holy Spirit in Pyeng Yang," *KMF* III: 1 (January, 1907), 2.
107   Blair, *My Two Crooked Fingers*, 18.

長老의게 告解를 하지 안코는 그대로 돌아갈 수가 업섯다.[108]

그날 그 사경회 마지막 저녁, 가장 눈에 띄는 것은 주 장로와 김 장로의 회개였다. 선교사들 가운데 몇 사람은 특별히 김 씨와 주 씨를 위해 기도했는데 그것은 이들이 고백해야 할 무엇인가가 그들에게 있었기 때문이었다. 이날 저녁 집회에 김 장로는 고개를 숙인 채 강단 뒤에 장로들과 함께 앉아 있었다. 그를 위해 기도하던 방위량 선교사가 잠시 후 고개를 들었을 때 김 장로가 앞으로 나오고 있었다. 강단 앞으로 나온 김 장로는 강단을 붙잡고 절규하였다. "나는 하나님을 거슬러 싸운 죄인입니다. 교회의 장로인 나는 강유문뿐만 아니라 방 목사를 미워한 죄를 지었습니다."[109] 방위량 선교사는 김 장로가 강 씨뿐만 아니라 그가 속한 청년 단체를 지도하는 자신을 특별히 미워했다는 충격적인 사실을 고백하는 것을 들은 것이다.

방위량 선교사가 어느 날 운동장 사용과 관련하여 서두르라고 김 장로를 재촉했던 것이 김 장로를 몹시 화나게 만들었던 것이다. 자신과 같이 청년회 일을 하는 김 장로의 그와 같은 고백은 방위량 선교사가 "그보다 놀란 적이 내 생전에는 없었다"[110]고 술회할 만큼 방위량 선교사뿐만 아니라 다른 선교사들에게도 충격적이었다. 당시 방위량 선교사 옆에서 그를 지켜보았던 동료 선교사 그레함 리의 지적대로 방위량 선교사가 "겪은 고통은 표현할 수 없을 만큼 무서운 것이었다."[111]

방위량 선교사는 김 씨 옆에 고개를 숙이고 울면서 전에 없이 간절히 기도했다. 곧이어 "지붕이 건물로부터 들려지고 하나님의 성령이 권능 가운데 우리 위에 쏟아져 내리는 듯하였다."[112] 김 장로 또한 성령의 강권적인 역사 앞에 자신 안에 깊숙이 감추어 두었던 미움과 증오의 응어리들을 송두리째 드러내 놓고 회개하지 않을 수 없었다. 김 장로는 마루에 고꾸라져 마치 발작하는 사람처럼 행동했던 것이다:

---

108 金麟瑞, "靈溪先生小傳"(中 二), 34.
109 Blair, *Gold in Korea*, 63.
110 Blair, *Gold in Korea*, 63.
111 Lee, "How the Spirit Came to Pyeng Yang," 34.
112 Blair, *Gold in Korea*, 63.

그날 밤 가장 가련한 장면 중 하나는 강단에서 조용히 앉아 있던 상당히 신뢰받는 한 (김) 장로가 고통으로 인해 주먹을 움켜쥐고, 일그러진 얼굴 표정을 하고 양손으로 자기 머리를 감싸고는 고통 가운데 머리카락을 쥐어뜯는 모습이었다. 그가 심령에 몹시도 무거운 죄의 짐을 지고 있다는 것을 어렵지 않게 알 수 있었다. 그는 간신히 그 무서운 심령의 고통을 안고 집으로 돌아갈 수 있었다. 그 다음날 그는 집회가 거의 끝날 때까지 집회 내내 가장 무시무시한 고통 속에 투쟁하였다. 바닥에 고꾸라져 바닥에 부딪치고는 머리를 쥐어뜯으며 죽기 직전에 투쟁하는 것처럼 온몸을 뒤틀었다. 갑자기 집회를 끝낸다는 소리가 나자 그는 마치 초인적인 노력으로 일어서서 강단으로 걸어 나가서는 자신의 죄를 고백하기 시작했다. 흐느끼고, 울부짖고, 전율하고, 주먹으로 강단을 내리치면서 그는 무시무시한 자신의 죄악들을 토로하였다. 그의 몸이 너무도 무섭게 흔들리기 시작했으며, 선교사들이 받쳐 주지 않았더라면 바닥에 엎어졌을 것이다.

그가 고백한 것을 내가 반복할 필요는 없다. 그러나 성령께서 심령에 감추어진 것들을 드러나게 하시는 하나님의 말씀에 대한 놀라운 간증이었다. 이것은 결코 단순한 감정에서 비롯된 것이 아니었다. 이틀 밤 동안 기도와 고백으로 이루어진 예배 후에도 집회가 중단되지 않고 6시간이나 계속되었다. 이 모든 부르짖음 중에 그리고 집회 막간에 전혀 혼란 없이 모두가 하나되어 통성기도를 드렸다는 것은 놀라운 사실이다. 그것은 성령의 조명하시는 능력으로 진실된 심령을 간구하는 시간이었다.[113]

김 장로의 고백은 마치 기름에 불을 던지듯이 그곳의 집회를 회개의 도가니로 만들어 주었다. 그가 고꾸라지자 온 청중 가운데 갑자기 회개의 울음바다가 되어 너나 할 것 없이 그곳에 모인 모든 사람들이 울고 또 우는 것이었다. 선교사들도 예외가 아니었다. 모인 한국인들과 마찬가지로 그곳에 참석한 모든 선교사들이 한데 어울려 함께 통회

113　W. L. Swallen, Letter to Dr. Brown, Jan., 18, 1907.

하였다. "예배당 안에 모인 사람들이 흐느껴 울었다."[114] 그곳에 모인 모든 사람들은 성령의 강권적인 역사 앞에 자신들을 통제할 수 없을 정도로 영혼 깊은 곳에서부터 회개가 나온 것이었다.

이와 같은 회개의 울음이 온 실내를 가득 메운 가운데 강유문이 일어나서는 고뇌 가운데 기도하다가 마치 자신의 심장이 터질 것처럼 완전히 나자빠져 흐느껴 울부짖었다. 형제들이 그 주변에 몰려들어 그들의 팔로 강유문을 감싸자 곧 그는 안정을 되찾게 되었다. 그런 후 강유문이 일어나 김 씨에게 다가가서 자신의 두 팔을 사랑스럽게 벌리고는 그와 함께 흐느껴 우는 모습을 지켜보는 것은 너무도 아름다운 모습이었다. 그런 후 김 장로는 방위량 선교사에게 돌아서면서 "나를 용서할 수 있습니까?", "나를 위해 기도를 해주실 수 있습니까?"라고 부탁하는 것이었다. 방위량 선교사는 '아버지, 아버지…'만 계속할 뿐 더 말을 잇지 못하고 있었다.

모인 청중들은 계속해서 울부짖었고, 그것은 마치 통제할 수 없을 만큼 강한 것이었다. 그가 마지막으로 회중을 힐끗 보았을 때 그의 뇌리에 지울 수 없는 영상이 찍혔다. "몇 사람은 바닥 위에 몸을 던져 죽 뻗어 있었고, 수백 명이 하늘로 뻗고 서 있었다. 모든 사람은 서로서로 용서했다. 각자 하나님을 향해 얼굴을 마주 보고 있었다."[115] 그 현장에 있었던 정인노 장로의 증언을 인용해 게일은 이렇게 당시의 상황을 묘사하였다:

> 하나님의 부르심을 전혀 피할 수 없었다. 이전에는 결코 경험하지 못한 무시무시한 죄의 공포가 우리를 사로잡았다. 어떻게 그것을 떨쳐 버리고 도망하느냐가 당면한 문제였다. 몇몇 사람은 달아나려고 했으나 이전보다 더 극심한 비탄의 상태, 곧 영혼의 죽음과 얼굴에 깊은 골이 패진 모습으로 되돌아왔을 뿐이었다. "오! 하나님, 어찌하오리까? 내가 하늘에 올라갈지라도 거기 계시며 음부에 내 자리를 펼지라도 거기 계시니이다." 그래서 이들 수백 명은 무시무시한 공포감으로 함께 모였다. 심판 날이 임했고, 그들은 할 수 있는 대로 몸부림치고 날쌔게 피하려고 했

---

114 George McCune, Letter to Brown, Jan. 15, 1907.
115 Blair, *Gold in Korea*, 64.

으나 아무런 소용이 없었다. 죽음 외에 도저히 다른 길이 없었다. 설교의 외치는 소리 앞에 그리고 놀랍고 경외로운 하나님의 분명한 임재 앞에 그들이 해야 할 것이 과연 무엇인가?[116]

그들은 "나는 도저히 어찌할 수 없습니다. 나는 버림받은 자식입니다"라고 외쳐보기도 했지만 평안을 얻지 못했다. 그러면 그럴수록 더 무서운 죄의 공포가 그들을 사로잡았고, 그로 인해 더욱더 비판에 젖어들었다. "이 영감의 순간에 길선주는 장대현교회에 모인 군중들에게 세례 요한처럼 그들의 죄를 고백하도록 하였다." 길선주가 그 순간 할 수 있는, 하지 않으면 안 될 유일한 말은 회개하라는 것이었고, 회개는 모인 군중들이 해야 할 유일한 행위였다.

게일의 말대로 "그것은 마치 모든 사람이 얍복강 언덕에서 천사와 함께 생사를 걸고 투쟁을 하는 것과 같았다."[117] 매큔은 1월 15일 선교본부의 아더 브라운 총무에게 다음과 같이 보고하였다:

어느 선교사를 마음에 미워해 오던 한 장로는 공개적으로 용서를 빌었습니다. 하나님께 죄를 고백한 후에는 다른 사람에게 가서 용서를 간청하며 울부짖었습니다. 예배당 안의 모든 사람이 흐느껴 울었습니다. 성령이 가장 강퍅했던 사람이 놀랍게 감동을 받았습니다. 한 교회 집사는 기독교인이 되기 전에 딸 하나를 독살했다고 고백했는데, 그것은 결코 전에는 고백하지 않은 죄였습니다. 곡산 선교구 조사는 그가 래크(Leck)를 위해 일할 때 그로부터 우리 돈으로 2달러에 달하는 총 4엔을 취했다고 고백했습니다. 그는 그 돈을 그레함 리에게 가지고 와서 그것을 미국에 있는 래크의 아내에게 보내 달라고 요청했습니다. 남편들은 새 아내를 얻기 위해 자신들의 아내를 거의 죽음에 이를 정도로 증오했다고 고백했습니다. 그중 몇

---

116   Gale, *Korea in Transition*, 205-206.
117   Gale, *Korea in Transition*, 206.

명은 처가에 가서 아내들에게 그 사실을 솔직하게 고백했습니다.[118]

이날 수많은 사람들이 성령의 강권적인 역사 앞에 자기 내면에 깊숙이 감추어 두었던 죄악들을 고백하지 않을 수 없었다. "기도의 물결이 운집한 수많은 사람들을 사로잡자 모든 사람들이 동시에 합류하여, 그들의 간구가 죄로 인한 탄식과 뒤섞였다. 그런 후 잠시의 막간에 이 사람 저 사람이 일어나 자비를 호소하며 영혼의 무거운 짐을 토로했다."[119] 어떤 여인은 청일전쟁의 발발로 아이를 등에 업고 피난을 하다 무거운 아이를 업은 채 피난할 수 없어 아이의 머리를 나무에 부딪쳐 살해한 다음 도망한 것을 탄식하며 회개하였다. 은혜를 받고 나자 오랫동안 감추어 둔 자신만 알고 있는 이 "무시무시한 행동"이 얼마나 무서운 죄악인가를 깨닫고는 자신의 죄악들을 하나님 앞에 토로하지 않을 수 없었다.[120]

또 다른 사람은 주인이 밝혀지지 않은 한 일본인의 휴대용 소책자에서 600엔(300불)을 발견하고는 주인을 찾아 돌려주려는 노력도 하지 않고 그 돈을 다 탕진한 것을 회개하였다.[121] 또 한 사람은 과거 수년 전 자신이 너무도 몹쓸 행동을 하는 강도였음을 고백한 후 경찰에 자수하고 자진해서 구속된 일도 있었다.[122] 그 현장에 있던 한 장로의 고백대로 "집회의 장엄함은 말로 표현할 수 없는 무언가 무시무시하면서도 그러나 그것은 옳고 진실되고 거룩하다는 감명을 주었다."[123]

많은 사람들로부터 존경을 받고 선교사들과도 절친한 이 장로 역시 회개의 영으로 임하신 성령의 강권적인 역사 앞에 자신의 죄악된 모습들이 투명하게 비추어지자 도저히 견딜 수 없었다. 수년 전 빚을 갚고 영수증을 받았으나 빚을 갚는 과정에서 진 빚을 다 청산하지 못하고 속인 일이 있었다. 집회에 참석한 이들이 통회하고 자신들의 숨겨진

---

118   George McCune, Letter to Dr. Brown, Jan., 15, 1907.
119   Gale, *Korea in Transition*, 207.
120   Gale, *Korea in Transition*, 207.
121   Gale, *Korea in Transition*, 207.
122   Gale, *Korea in Transition*, 208.
123   Gale, *Korea in Transition*, 208.

무서운 죄악들을 그대로 드러내는 것을 목격하고는 더욱더 그 죄가 생각나 괴로워 견딜 수 없었다:

> 이것은 회오리바람처럼 내게 되돌아와, 죄악의 공포로 마치 영생을 잃는 것과 같았다. 나는 도저히 피할 수 없어 눈물을 흘리고 뉘우치면서 일어나 나의 부끄러운 죄악을 토로하지 않을 수 없었고, 모든 손실들을 배상하기로 결심하였다. 그런 후 평화, 이상하고 향기로운 형언할 수 없는 평화, 결코 전에는 알지 못했던 그러한 느낌이 나의 심령을 사로잡는 것 같았다.[124]

오순절, 그 현장에 있었던 방기창 목사는 2년 후 게일에게 이렇게 증언했다. "그것은 예수님이 바로 그곳에 계신 것처럼 대단한 표적과 기사였다. 도망갈 수 없었다. 나는 몇몇 사람이 일어서려고 몸부림치다가는 탄식하며 뒤로 나자빠지는 것을 보았다. 나머지 사람들은 다시 몇 가지의 해묵은 죄에서 자신들의 영혼이 벗어나기 위해 펄쩍펄쩍 뛰었다.

그러한 고백을 하는 것이 현명하지 않은 것처럼 보였지만 달리 방법이 없었다. 한국인들은 물론 선교사들도 모두 신비스럽고 무서운 권능에 사로잡혀 어찌할 수 없었다."[125] 그로부터 40년이 지난 후, 방위량 선교사는 "나는 지금도 자비를 베풀어 달라고 하나님께 호소하는 수백 명의 떨리는 목소리를 들을 수 있다"[126]고 회상했다.

1월 15일, 화요일 저녁 집회에 선교사들은 놀라운 성령 강림의 역사에 놀라 참석한 청중들을 어떻게 통제할 것인가를 상의할 정도였다. 성령의 강림을 기도한 대로 하나님께서 자신들과 한국 교회를 축복하신 것에 감사하면서, 그 강한 성령의 역사에 당황했던 것이다. 모든 참석한 선교사들은 급히 강단에 모여 어떻게 할 것인가를 논의했다. 그들을 진정시키기 위해 드디어 찬송을 불러야 했는데, 그것은 그들 중에 스스로를 통제할 수 없는 사람들이 생길까봐 두려웠기 때문이었다.

124　Gale, *Korea in Transition*, 208-209.
125　Gale, *Korea in Transition*, 207.
126　Blair, *Gold in Korea*, 64.

마지막으로 그레함 리 선교사가 찬송을 시작하자 분위기가 조용하게 진정되었다.[127] 찬송 부르는 동안 잠시 조용해졌지만 또다시 회개가 시작되어 새벽 2시까지 그 상태는 계속되었다. 선교사들은 바닥에 엎어져 흐느끼며 자신들의 죄를 자복하고 통회하는 한국의 형제들을 일으키며, "형제여 하나님께서 이제 당신의 죄를 용서해 주실 것입니다"며 위로해 주었다. 방위량 선교사는 이어 있었던 당시의 분위기를 이렇게 기술한다:

> 그런 후 내가 결코 전에는 보지 못했던, 또 하나님 관점에서 만약 그것이 절대적으로 필요하지 않는 한 다시 보고 싶지 않은 그 같은 집회가 시작되었다. 사람이 지을 수 있는 모든 죄가 그날 밤 공개적으로 고백되었다. 감정으로 말미암아 창백해지고 부들부들 떨면서 심신의 극심한 고통 가운데 심판의 백보좌 앞에 서 있는 죄악된 심령들이, 하나님께서 그들을 보고 계신 것처럼 서로를 바라보았다.[128]

교회사에 나타난 놀라운 성령의 역사는 말씀을 통해 자신의 죄를 발견하고 그것을 회개할 때 시작되었다. 성령의 역사가 나타나는 곳마다 회개와 통회의 역사가 나타났던 것이다. 평양대부흥운동에 나타난 놀라운 영적각성운동은 미국의 제 1차 대각성운동은 물론 이보다 2, 3년 앞서 일어난 웨일스의 각성운동이나,[129] 라이알(Leslie Lyall)이 기술한 바, 반세기 후 중국 북경 학생들 가운데 일어난 복음주의 영적각성운동과 너무도 유사했다. 깊은 확신이 곧 현시되었고, 개개인들이 회개하면서 그들은 용서의 기쁨을 경험하였다.

상당히 차분한 한 집회가 열리는 동안 신체 건강한 한 학생이 갑자기 흐느끼기 시작했고, 한 카운셀러가 그를 옆으로 데리고 가 그를 그리스도에게로 인도했다. 많은 사람들이 확실히 회심했으며, 반면 이미 그리스도인이었던 이들은 구원의 충만함 속으로 더 깊숙이 들어갔다.[130] 하나님의 성령이 죄 있는 영혼들에게 임할 때 회개와 고백이 따르고

127　Blair & Hunt, *The Korean Pentecost & the Sufferings Which Followed*, 74.
128　Blair, *The Gold in Korea*, 64.
129　Mrs. Penn-Lewis, *The Awakening in Wales and Some of the Hidden Springs*, 11-14.
130　Leslie Lyall, *God Reigns in China* (London: Hodder & Stoughton, 1985), 98-99. cf. John Wesley,

세상의 어떤 힘으로도 그것을 멈추게 할 수 없는 법이다. 선교사들과 한국인들은 적어도 이 순간만은 지도하는 자와 지도받는 자의 관계가 아니라 하나님 앞에 용서받아야 할 죄인들이었다.

그날 저녁 집회에서 있었던 또 하나의 놀라운 일 가운데 하나는 어느 한 대학생의 기도였다. 그는 공개적으로 하나님께 고백하기를 요청해 기회를 얻었다. 그는 통회하는 목소리로 기도를 시작했다. 그의 기도는 "나는 결코 전에 들어보지 못한 기도였다"는 그레함 리 선교사의 고백대로 모인 무리들에게 너무도 충격적인 도전을 주었다. 그것은 그의 공개적인 회개치고는 너무도 대담한 고백이었고, 너무도 충격적인 죄악들이었기 때문이다:

> 우리는 하나님 앞에 완전히 발가벗겨져 있는 한 인간 마음의 모습을 보았다. 그는 간음, 증오, 아내에 대한 애정 결핍, 나 자신이 기억하지 못하는 다른 몇 가지 죄들을 고백했다. 기도하면서 그는 흐느껴 울었고, 실로 그는 거의 자신을 통제할 수 없었으며, 그가 흐느껴 울자 청중들도 함께 흐느꼈다. 우리 모두는 마치 우리 자신들이 살아 계신 하나님 면전에 있는 것처럼 느껴졌다.[131]

성령의 놀라운 은혜가 임하자 자신들의 죄성이 얼마나 무서운 것인가를 깨닫게 되었고, 성령의 강권적인 역사 앞에 죄악의 치부가 송두리째 드러났다. 성령의 찬란한 빛이 비취자 과거 어둠 속에서는 보이지 않던 죄악의 광란이 적나라하게 드러난 것이다. 평양부흥운동은 그야말로 내면에 숨겨진 온갖 죄악들을 다 드러내는 영적각성운동이었다.

언더우드의 아내 릴리아스가 지적한 것처럼, 한국 교회 부흥운동의 특징은 성령께서 죄인의 심령에 역사하셔서 "아무리 작은 죄라도 감추어 놓고 있으면 못 견디게 하는 것이었다. 때문에 회개하는 사람들이 종종 바닥에 뒹굴거나 두려움과 슬픔에 사로잡혀 무섭게 경련을 일으켰다. 이어 하나님의 거룩함을 거역했던 모든 생각과 말과 행동에 대

A Plain Account of Christian Perfection (London: Epworth Press, 1952), 58-59.

131 Lee, "How the Spirit Came to Pyeng Yang," 35.

한 회개의 고백이 있었고, 마음에서 우러나오는 기도가 계속되었다. 또 전 회중은 통성으로 크게 기도하였으며, 함께 울고 기뻐하였다."[132]

한국인들은 "어느 정도 죄로 인한 슬픔을 경험하기는 했지만, 결코 죄악의 공포를 깊숙이 깨닫지는 못했었다. 그러나 이번 부흥 집회 때는 죄의 무서운 결과, 죄 없으신 그리스도께서 자신을 위해 죽기까지 사랑하신 십자가의 은혜를 깨닫고 통회했으며, 그 중 몇은 거의 죽기까지 탄식했다. 그들이 완전한 용서를 깨달았을 때 구원이 임했다."[133]

스왈른이 증언하는 대로, "그 다음날 사람들이 거리에서 서로 죄를 고백하는 것을 볼 수 있었다. 도둑맞은 물건들이 되돌아왔다. 도둑맞은 돈도 되돌아왔으며, 오랫동안 갚지 않았던 빚이 청산되었으며, 부정한 방법들이 전반적으로 바로잡혀졌다."[134]

1월 2일 시작된 장대현교회에서의 남자 겨울 사경회는 15일 화요일 저녁 집회를 마지막으로 다 끝났다. "이 놀라운 경험은 외국인들뿐만 아니라 전 한국인 공동체를 움직였다."[135] "성령의 역사를 경험한 이들은 옛 생활에서 돌아서서 성경의 가르침을 따르려고 노력했고 그들 중에 몇은 수년 동안이나 그렇게 했다."[136] 선교사들이나 한국 교회 지도자들이나 그곳에 참석한 모든 이들은 이와 같은 성령의 역사가 장대현교회에서뿐만 아니라 평양 시내 전역, 더 나아가 한국 교회 어느 곳에서나 그와 같은 놀라운 성령의 역사로 이어지기를 간절히 바랐다.[137]

---

132 L. H. Underwood, *Underwood of Korea* (New York: Fleming H. Revell, 1918), 229.
133 *Annual Report, PCUSA* (1907), 28.
134 W. L. Swallen, Letter to Dr. Brown, Jan., 18, 1907; Blair & Hunt, *The Korean Pentecost & the Sufferings Which Followed*, 75.
135 Gale, *Korea in Transition*, 204-205.
136 *Annual Report, PCUSA* (1907), 28.
137 Swallen, Letter to Dr. Brown, Jan., 18, 1907.

제 7 장
평양 전역으로 확산되는 성령의 불길

> … 그 다음날 밤 … 길선주는 외칠 만반의 준비가 되어 있었다. "처음부터 그것은 길선주의 얼굴이 아니었다" … 한때 완전 장님이었다가 아직도 장님인 길선주, 그러나 여기서 그의 얼굴은 대단한 위엄과 능력의 얼굴, 순결과 거룩함으로 불타는 얼굴이었다. 그것은 길선주가 아니라, 예수였다 … 그가 사람들에게 회개하고 고백할 것을 요청한 것이다.
>
> James S. Gale, *Korea in Transition*, 1909

그레함 리가 지적한 대로, 장대현교회에서 시작된 놀라운 각성운동은 "단지 시작에 불과했다."[1] 성령의 역사가 사경회가 끝난 후에도 중단되지 않고 장대현교회에서, 여자고등성경학교에서, 장대현교회 남자학교에서, 여자 보통학교에서, 그리고 선교사들의 기도회에서 연일 매 순간 계속되었다.

1907년 북장로교 보고서가 증언하는 대로 장대현교회에 성령이 임하던 "이 시기에 평양 시내 교회들, 상급여자학교, 그리고 초등학교 모두 같은 경험을 했다."[2] 장대현교회에 임재하신 성령께서 성령의 역사를 사모하는 다른 곳에서도 회개의 영을 물 붓듯이 부어 주신 것이다.[3] 남자 사경회가 끝난 다음날 16일 수요일 아침, 평양 여자고등학

---

1 Graham Lee, Letter to Dr. Brown, Jan., 17, 1907; C. F. Bernheisel, *Forty One Years in Korea* (Bernheisel, 1942), 32.
2 *Annual Report*, PCUSA (1907), 28.
3 비록 일부이기는 하지만, 선교사들 가운데는 1월 15일 화요저녁 집회가 끝나고 사경회 때 임했던

교, 장대현교회의 남자 보통학교, 선교사들의 정오 기도회, 그리고 장대현교회 수요 저녁 기도회에 또다시 성령의 놀라운 역사가 나타났다.[4]

장대현교회에서 이틀 동안 연속으로 놀랍게 오순절의 역사가 나타났다는 소식은 순식간에 평양 시내 전역으로 퍼져 나갔다. 그 소식을 접한 이들이라면 그 같은 성령의 역사를 사모하지 않을 수 없었고, 그리고 성령께서는 준비된 심령들 가운데 놀랍게 현시하셨던 것이다.

1. 사경회 이후 계속되는 성령의 역사

여학교에 임한 성령의 역사

장대현교회에 임했던 놀라운 성령의 역사는 사경회가 끝난 후에도 계속되었다. 1월 16일, 사경회가 끝난 이튿날 수요일 아침에 장대현교회 남자학교에서 똑같은 성령의 역사가 나타났다.[5] 수요일 아침 "장대현교회의 초등학교 학생들이 평소와 같이 수업을 받기 위해 모였으나 그날 아침에 수업을 할 수 없었다."[6] 학교가 예정대로 시작되었지만 즉시 성령께서 놀랍게 학생들 가운데 임재하셨고, 성령의 놀라운 역사로 인해 수업을 중

     이와 같은 놀라운 성령의 역사가 이것으로 그치는 것이 아닌가 하고 우려하는 이들도 있었던 것이 사실이다. 그러나 사경회가 끝난 다음날 16일, 수요일, 평양 시내 네 곳에서 똑같은 성령의 역사가 임한 사실을 확인하고는 전날의 우려가 단지 자신들의 걱정에 불과했다는 사실을 알게 되었다.

4   *Annual Report*, *PCUSA* (1907), 28. 장대현교회의 성령의 역사는 곧 시내 교회들, 여자 고등학교, 그리고 초등학교들에도 나타나 모두 성령의 은혜를 경험했다. 연례보고서는 감격하며 1월 14일 이후 계속된 평양대부흥운동의 역사를 이렇게 집약 정리했다. "이 일후 평양 시내 집회들과 시골 집회들이 열렸다. 방학에서 돌아온 대학과 중학교 학생들이 성령의 부으심을 나누었다. 평양 시내 사경회, 여자성경학교, 여자연합정규사경회가 각기 열렸으며, 각 사경회는 특별한 축복을 받았다. 한국 전역에서 계속적인 교회 사역을 잠시 중단하고 수업을 받기 위해 모였던 평양장로회 신학교 학생들도 학기 개강 주간에 성령의 충만을 받았다. 신학교 종강에 이어 가진 봄 남자성경학교에서도 그 축복이 계속되었고, 이 보고서를 기록하는 동안 연합정규사경회 저녁집회에 참석한 남자들이 성령 충만을 받아 교회와 연결된 초등학교들 내에서도 풍성한 결실이 맺혀질 것이다. …우리는 경건하게 그 역사를 이루신 그분께 감사하며 모든 영광을 그의 이름에 돌린다."

5   Graham Lee, "How the Spirit Came to Pyeng Yang," *KMF* III: 3(Mar., 1907), 36.

6   Lee, Letter to Dr. Brown, Jan., 17, 1907.

단하고 1시까지 울부짖으며 기도한 것이다. 장대현교회에서, 또 여학교에서 나타난 죄에 대한 회개와 통회의 역사가 또다시 숭덕학교 남학생들 가운데 그대로 재현되었다.

"김찬성이 인도하는 숭덕학교 기도회에서 3백여 명의 소학생들이 죄를 뉘우치고 통회 자복하였으며, 채정민이 통회하자 그 불길은 다시 감리교 미션 스쿨 학생들과 연결되어 교파의 벽을 뚫고 격류처럼 파급되었다."[7] 그날 학생들 가운데는 절제 못한 3명의 소년이 의식을 잃을 정도로 성령의 역사가 강하게 임했다.[8] 1월 14일 월요일과 15일 화요일 장대현교회 저녁 집회의 경우 지나치게 집회 열기가 달아올랐을 때 선교사들이 찬송을 통해 청중들의 분위기를 조정할 수 있었으나, 이날 남학생 집회를 책임 맡았던 김찬성은 처음 직면하는 그와 같은 현상 속에서 어떻게 그들을 통제해야 할지를 몰랐던 것이다.[9] 성령의 역사는 중학교에서도 예외가 아니었다. 학생들이 성령의 놀라운 역사로 통회와 절규와 탄식 가운데 선생님과 부모님, 그리고 친구들에게 범한 자신들의 죄를 철저하게 고백하는 것을 목도하는 것은 전혀 낯선 일이 아니었다.

1월 16일 수요일 아침, 여학교(Advanced School for Girls and Women)에서도 똑같은 성령의 역사가 나타났다.[10] 장대현교회 사경회 저녁 집회 때 놀라운 성령의 역사가 나타났다는 소식을 접한 여학생들이 자신들에게도 똑같은 은혜가 임하도록 간절히 기도했고, 그들의 기도는 그대로 응답되었다.

수요일 아침 간호사로 한국에 파송되어 선교 활동하고 있던 스눅(Snook) 여선교사는 평상시처럼 여학교에 출근했다.[11] 첫 수업이 있은 후 10시에 예배가 시작되었으나 그날 아침 예배는 여느 날과 달리 어떤 일정한 순서로 진행된 예배가 아니었다. 간단한 설교와 기도가 있은 후 몇몇 소녀들이 통회하자 곧 그곳의 모든 여자들이 울부짖으며 자신들의 죄를 고백하기 시작하였다. 오전 10시에 시작된 수요 집회는 기도와 눈물과 참회

---

7   민경배, 한국 기독교회사 (서울: 기독교서회, 1988), 253.
8   민경배, 한국 기독교회사, 253.
9   Lee, "How the Spirit Came to Pyeng Yang," 36.
10   Lee, "How the Spirit Came to Pyeng Yang," 36.
11   Lee, Letter to Dr. Brown, Jan., 17, 1907.

만이 그 온 실내를 가득 메운 가운데 12시 이후까지 계속되었다.[12] 이날 오전 내내 학생들은 수업은 안중에 없었다. 그만큼 성령의 강권적인 역사에 사로잡혀 있었던 것이다. 그날 조지 매큔은 아더 브라운에게 다음과 같은 편지를 보냈다:

> 스눅 양은 바로 오늘 아침 성경을 읽은 후 기도를 시작하자 한 젊은 여학생이 일어나 울부짖으며 자신의 죄를 고백하는 것을 보고 놀랐습니다. 이어 나머지 다른 여학생들도 일어나 똑같이 자신들의 죄를 고백했습니다. 오전 전체를 기도와 죄의 고백으로 보냈습니다. 스눅 양은 공개적으로 자신들의 죄를 고백하기를 원하는 이들을 위해 다시 한 번 기회를 줄 것을 약속하면서, 점심 때가 되어 오후 1시에 모임을 마쳐야 했습니다.[13]

그 다음날 목요일, 1월 17일 아침에도 수요일과 마찬가지로 강한 성령의 임재가 나타났고, 그날 예배는 정오까지 계속되었다.[14] 금요일에도 그와 같은 성령의 역사가 다시 반복되어 금요일 오전은 수요일 아침이나 목요일 아침과 같이 회개와 눈물과 기도로 보냈다.[15] 이처럼 장대현교회 사경회 마지막 이틀 동안에 임했던 성령의 역사가 사경회가 끝난 16일 이후에도 중단되지 않고 남녀 학생들 가운데 계속되었다:

> 그 다음날(16일) 아침 은혜의 역사가 학교 학생들 가운데 현시되기 시작했다. 남학교에서 상당수의 소년들이 자기들의 죄를 고백하고 여러 시간 동안 대단히 비통에 젖어 있었다. 이것은 아침 기도회 시간에 시작되어 여러 시간 동안, 심지어 오후에까지 계속되었다. 약 80명의 여학생이 등록한 여학교 또한 대단한 축복을 받았다. 여기서는 3일 동안 아침 10시에 열리는 아침 기도회 후 수업은 생략하고 기도와

---

12 Lee, Letter to Dr. Brown, Jan., 17, 1907.
13 George McCune, Letter to Dr. Brown, Jan., 15, 1907.
14 Lee, Letter to Dr. Brown, Jan., 17, 1907. 1월 17일자 편지에서 그레함 리 선교사는 "오늘 아침에 다시 같은 일(전날의 성령의 역사)이 일어났다"고 아더 브라운에게 보고하였다.
15 Lee, "How the Spirit Came to Pyeng Yang," 36.

죄의 고백에 전념했다. 이 여학생 집회는 신실한 회개로 특징지어진 집회였다. 그들은 때로 자신들의 죄를 고백하고 그런 후 교실을 가로질러 자신들이 범한 몇몇 사람들의 손을 잡고 용서해 줄 것을 요청했다.[16]

연일 계속되는 성령의 놀라운 역사에 대한 소식은 선교사들에게 적지 않은 영적 도전이었다. 그렇게 자신들이 염원하고 바라던 놀라운 성령의 역사가 실제로 자신들이 기대하고 소원했던 그 이상으로 강하고 주권적으로 임하는 것을 눈으로 확인하면서 선교사들 가운데 성령의 은혜를 사모하는 분위기가 더욱 크게 일어났다. 무엇보다도 성령의 능력을 경험하지 않고는 선교사역을 능력 있게 감당할 수 없다는 사실을 깊이 깨닫고 성령의 불이 자신들에게도 임하기를 간절히 사모한 것이다.

선교사 공동체에 임한 성령

주님께서는 이들의 소원과 기도를 외면하지 않으셨다. 선교사들은 사경회 마지막 이틀 동안 성령의 놀라운 역사를 친히 목도하고 또다시 16일 수요일 오전, 두 학교에 성령의 역사가 강하게 나타났다는 소식을 들었다. 그날 정오에 모여 기도회를 가질 때 강력한 성령의 기름 부으심이 그들 가운데 임했다. 성령의 역사, 죄인을 정결케 하고 모든 죄악을 소멸시켜 근본적으로 새롭게 지으시는 주권적인 은혜의 역사가 그날 모인 선교사들 가운데 임한 것이다. 그 다음날 평양 주재 의료 선교사 웰스는 평양 장대현교회에 임했던 월요일 밤의 놀라운 성령의 역사가 화요일에도 자신들 가운데 그대로 임했다며 미국 선교부에 이렇게 편지를 썼다:

> 어제 외국인 학교 작은 건물에서 모인 정오 기도회 때 똑같은 일이 우리 가운데 임했습니다. 우리는 성령의 권능을 위해 기도하면서 거의 한 달 동안 매일 이 모임

---

16 W. L. Swallen, Letter to Dr. Brown, Jan., 18, 1907.

을 가져 왔는데, 우리의 기도가 놀랍게 응답되었습니다. 나는 결코 어제와 같은 모임을 경험한 적이 없었습니다. 우리는 그저 한국인들 가운데 임한 성령의 임재하심을 감사하기 위해 모였을 뿐인데, 그가 친히 또한 우리와 함께 계셨던 것입니다! 그곳의 모든 사람(선교사들)이 울부짖었으며, 죄에 대한 고백과 슬픔이 거의 모든 각 개인의 입술에 임했습니다. 우리는 단지 몇 분간을 위해 모였는데 어제는 거의 두 시간이나 우리가 거기에 있었습니다. 그것은 결코 단지 놀라운 분출만이 아니라 변치 않는 참고 신실한 성령의 현시였습니다. 우리 모두는 성령과 교회가 우리에게 요구하는 책임 있는 사역에 대해 지금까지보다 더 차원 높고 더 적합한 계획을 느끼고 있었습니다.[17]

여느 때보다도 성령의 역사를 고대하는 영적인 분위기가 매우 고조된 가운데 모였던 그날 정오기도회에 성령의 역사가 전에 없이 강하게 나타난 것이다. 보통 갖는 30분의 기도모임 대신에 선교사들은 오후 2시까지 그곳에 남아 울부짖으며 자신들의 죄를 고백했다. 그 현장에 있었던 그레함 리의 표현을 빌린다면 "나는 전에 그와 같은 기도회에 참여해 본 적이 없었다. 하나님의 영이 문자적으로 우리에게 임했고, 우리 모두는 울부짖으며 우리들의 죄를 고백할 뿐이었다. 그것은 마치 하나님께서 거슬리거나 죄의 원인이 되는 모든 것을 우리의 공동체에서 정결케 하시려는 것처럼 보였다."[18]

그 현장에 있던 스왈른도 1월 18일 미 선교본부 아더 브라운 박사에게 보낸 서신에서 다음과 같이 기술하였다:

> 극소수를 제외하고는 선교사들 또한 성령의 놀라운 능력을 힘입었습니다. 성령께서는 꼭 놀라운 은혜의 소낙비로 우리에게 임하시는 것 같았습니다. 1월 16일 정오 기도회는 매우 놀라웠습니다. 시내 장로교와 감리교 선교사들이 함께 모였고,

---

17　J. H. Wells, Letter to Brown, Jan., 16, 1907.
18　Lee, "How the Spirit Came to Pyeng Yang," 36. 웰즈는 1월 16일 보고에서 선교사들에게 성령의 부으심이 임한 것이 '어제'[15일]라고 말한다. 그러나 스왈른은 선교부에 보낸 편지에서 그날이 1월 16일 정오 기도회 동안에 일어난 일이라고 분명히 밝혔다.

그곳에 모인 이들은 2시간 동안이나 자신들의 죄악과 잘못을 철저하게 회개하였습니다. 우리는 이와 같은 통회를 하면서 매우 뚜렷한 의식을 가지고 있었습니다. 그것은 은혜를 간절히 사모하는 시간이었습니다. 오, 그 현장에 있었다는 것이 얼마나 놀라운 은혜인가! 성령께서 우리의 심령에 가져다주신 그 기쁨을 말로는 설명할 수 없습니다.

우리는 이제까지 이와 같은 은혜의 역사 한가운데서 그분의 거룩한 임재의 권능을 직접 보고 느끼는 그러한 특권을 일찍이 경험한 적이 없었습니다. 그것은 또한 이 영적운동이 교회의 최고 직분자들 가운데 가장 큰 권능으로 시작되었다는 희망찬 참된 증거입니다.[19]

성령의 강권적인 역사 앞에는 복음을 전하는 자나 전함을 받는 자가 따로 있을 수 없었다. 모두가 죄인일 뿐이다. 선교사들 가운데 이와 같은 죄의 고백과 성령의 은혜의 체험이 없었다면 장대현교회에서 발원한 평양의 영적 대각성운동은 반쪽만의 운동으로 끝나고 말았을 것이다. 그러나 헬라인과 야만인과 종과 자유자, 남자와 여자를 하나로 묶어 주는 성령의 강권적인 은혜의 역사 속에서 선교사들과 한국인들은 성령의 띠로 하나가 되었던 것이다.

장대현교회 수요예배

성령의 역사는 사경회가 끝난 그 이튿날인 1월 16일, 장대현교회 수요 기도회에 또다시 계속되었다.[20] 그날 장대현교회 수요 기도회에 참석한 이들은 전날의 놀라운 성령의 역사가 계속되기를 바라는 간절한 마음으로 기도회에 참석한 이들이었다. 월요일과 화요일 사경회 저녁 전도 집회에서와 마찬가지로 짧은 설교를 마치자마자 즉시 함께 소리내어 통성으로 기도를 시작했다. 기도가 끝나자마자 곧 사람들이 자신들의 죄를 고백

---

19 Swallen, Letter to Dr. Brown, Jan., 18, 1907.
20 William Newton Blair, *Chansung's Confessions* (Topeka, Kansas: H. M. Ives and Sons, 1959), 103.

하기를 간절히 원했다. 그 집회를 인도했던 그레함 리와 동료들은 집회를 계속하는 것이 훨씬 더 좋을 것이라고 생각하고, 단지 몇 사람만 자신들의 죄를 고백할 수 있는 기회를 주고는 집으로 돌아가기를 원하는 사람들은 다 가도 좋다고 발표했다. 많은 사람들이 집으로 돌아갔으나 은혜를 사모하는 상당수의 사람들이 수요 기도회 후에 남아 있었다. 돌아갈 사람들이 하나 둘씩 일어나 다 돌아간 후 은혜를 사모하는 분위기는 훨씬 더 고조되었다.

 이와 같은 영적 분위기 속에서 자신들의 죄를 고백할 수 있는 기회가 또다시 주어진 것이다. 바로 그때 그레함 리 선교사는 "갑자기 주[朱孔三] 장로가 고백할 기회를 달라고 하면서 강단의 자기 옆에 서 있는 것"[21]을 발견하였다. 순간 바로 어제의 일이 그의 뇌리를 스쳤다. 놀라운 성령의 역사가 실내를 완전히 압도하던 사경회 마지막 날인 어제 저녁 집회 내내 어둡고 무거운 얼굴 표정으로 조용히 앉아 있었던 주 장로를 보면서 그레함 리와 다른 선교사들은 분명 그가 고백해야 할 무거운 죄를 갖고 있다고 느끼고 하나님께서 그에게 회개할 수 있는 힘을 부어 달라고 기도했었다.

 같은 교회를 섬기면서 주 장로에 대해 너무도 잘 알고 있던 그레함 리 선교사는 주 장로가 심령에 무거운 죄의 짐을 지고 있다고 느끼고 있었다. 그레함 리는 화요일 주 장로를 위해 간절히 기도했으나, 그에게는 자신의 죄를 고백할 수 있는 용기가 없었다. "그는 긴 화요일 밤 집회 내내 마치 사형선고를 받은 사람처럼 보였다."[22] 그러던 그에게 성령께서 역사하셔서 자신의 죄악을 직시하게 하시자 더 이상 견딜 수 없었던 것이다. 그 동안 자신을 너무도 짓눌렀던 내면에 깊숙이 감추어 두었던 무거운 죄악의 짐을 철저하게 토로하기 시작한 것이다. 그레함 리가 미 선교본부에 보낸 1월 17일자 편지에서 고백한 대로 "다시는 보고 싶지 않은 그 같은 장면이 시작되었다."[23] 그 현장을 처음부터 목도하였던 그레함 리는 그 분위기를 이렇게 전한다:

21 Lee, Letter to Dr. Brown, Jan., 17, 1907.
22 Lee, Letter to Dr. Brown, Jan., 17, 1907.
23 Lee, Letter to Dr. Brown, Jan., 17, 1907.

집회 내내 강단에 앉아 있던 그[주 장로]가 내 옆에 서 있는 것을 내가 갑자기 발견하였을 때 나의 마음은 기쁨으로 충만했다. 그것은 그가 이미 굴복한 것이고, 하나님의 영이 이제 그를 정결케 하실 수 있을 것이라는 사실을 알았기 때문이다. 그는 불완전한 말로 시작했고, 말소리가 또렷하지 못해 거의 알아들을 수 없을 만큼 [처음에는] 감동이 적었다. 그러나 시간이 지나면서 그의 말은 더 분명해졌고, 그는 모든 것을 토로했다. 그는 간음과 공금 유용을 고백했다.

그가 그것을 토로하는 동안 유한한 인간이 표현한다면, 이제까지 내가 목격했던 바로는 가장 무시무시한 고통 가운데 처해 있었다. 그는 머리에서 발끝까지 온몸을 부들부들 떨고 있었고, 나는 그가 혹시 고꾸라지지나 않을까 두려워서 팔을 벌려 그를 붙들었다. 무서운 심령의 비탄 속에 그는 "이제까지 세상 어디에 나와 같은 무시무시한 죄인이 있을까요?"라며 울부짖고는 온 힘을 다해 자신의 주먹으로 강단을 두드리는 것이었다. 드디어 그는 바닥에 주저앉고는 용서해 달라고 울부짖으며 극심한 고통 가운데 뒹굴었다. 그를 도와주지 않는다면 마치 그는 죽을 것만 같았다. 그 장면을 목도하는 것은 참으로 무서운 것이었지만 그러나 한국 형제들이 그에게 다가가 자신들의 팔로 그를 감싸고는 고통 가운데 있는 그를 위로하는 모습은 너무도 아름다웠다![24]

주 장로는 1월 16일 그날 수요 저녁 기도회에 참석한 청중들에게 회개의 도화선이 되었다. 그 이전에 회개하기를 기대했던 장대현교회 주 장로가 일어나 회개하자 회개의 역사는 절정에 달하게 되었다. 더구나 그날 찬성이라는 젊은이의 고백은 그곳에 모인 이들 모두에게 너무도 충격적이었다. 그것은 그가 성령의 은혜를 받은 후 더 이상 견딜 수 없어 사람들 앞에서 공개적으로 지금까지 쓰고 있던 이름이 예찬성이 아니라 본래 김찬성이라는 사실, 또 아내를 죽였다는 사실을 고백했기 때문이다.[25]

---

24   Lee, "How the Spirit Came to Pyeng Yang," 35-36.
25   Blair, *Chansung's Confessions*, 103.

모든 죄인 가운데 제가 가장 큰 죄인입니다. 여기 앉아 있는 여러 날 동안 저는 말할 수 없는 고통 가운데 처해 있었습니다. 왜냐하면 저의 죄가 가장 컸기 때문입니다. 이제는 비록 제가 죽을지라도 진실을 고백해야 할 것 같습니다. 저는 하나님을 속였고 여러분 모두를 속였습니다. 저의 이름은 예찬성이 아닙니다. 김찬성입니다. 10년 전 저는 태평동에 살았습니다. 저의 아버님은 아직도 그곳에 사십니다. 하나님께서는 저에게 아름다운 아내를 주셨습니다. 그러나 어느 날 우리는 싸웠습니다. 저는 악한 분노 가운데 아내를 때려죽이고 도망쳤습니다. 오 하나님, 저의 죄를 토로합니다. 저를 용서해 주소서! 용서해주소서![26]

주 장로와 찬성의 충격적인 고백은 전날 한 대학생의 철저한 죄의 고백이 모인 이들에게 충격을 주면서 회개의 불꽃으로 작용했던 것과 유사했다.

주 장로가 통회하자 마치 뇌관이 폭발하는 것처럼 그곳에 모인 모든 장대현교회 신자들이 울부짖기 시작한 것이다. "마치 전날 밤에 그들이 했던 것과 똑같이 사람들이 다시 자신들의 죄를 고백하고 울부짖으며 은혜를 구하였다."[27] 여러 남자들이 펄펄 뛰며 자신들의 죄악들을 통회하기 시작했다. 누가 누구에게 강요한 것도 아닌데 죄를 통회케 하시는 회개의 영에 사로잡히자 도저히 자신들의 죄악들을 내면에 은밀하게 가두어 둘 수 없었던 것이다. 그들은 계속해서 울부짖고 통회하고 또 통회하였으며 그것은 마치 중단할 수 없을 것처럼 보였다.

바로 전날과 이틀 전 장대현교회 사경회 저녁 전도 집회에서와 똑같은 회개와 통회와 울부짖는 역사가 계속되었다.[28] 이와 같은 회개의 역사가 계속될 때 어떻게 청중들을 통제할 수 있는지를 두 번의 집회 경험을 통해 터득한 그레함 리 선교사는 이전 집회에서 했던 대로 찬송을 불러 청중들을 진정시켰다. 찬송이 시작되자 실내를 압도하던 통회

---

26 Blair, *Chansung's Confessions*, 103. 수정인용, Blair, 찬성의 고백, 김홍만 역 (서울: 도서출판 옛적길, 2002), 180-181.
27 Lee, Letter to Dr. Brown, Jan., 17, 1907.
28 Lee, "How the Spirit Came to Pyeng Yang," 34.

와 회개의 울부짖음은 점차 줄어들어 잠시 후 그곳의 청중들 전체가 다시 진정되었다.[29] 그레함 리와 다른 선교사들은 다른 날 보다 좀 더 길었던 수요 저녁 집회를 그것으로 중단하고, 성령께서 여전히 자신들 가운데 임재하신 것에 감사하면서, 또한 주 장로가 용기를 가지고 자신의 죄를 공개적으로 고백할 수 있었던 것에 무엇보다도 감사하면서 교우들을 집으로 돌려보냈다.[30]

월요일의 놀라운 저녁 집회 때 그 현장을 주도했던 그레함 리 선교사가 장대현교회 수요예배를 인도하였다는 사실, 또 그 놀라운 성령의 역사가 임재했던 장소가 바로 장대현교회였다는 사실, 그리고 적지 않은 사람들이 사경회에 참석하여 놀라운 성령의 강림을 체험했다는 사실, 그리고 그곳에 참석해 그와 같은 놀라운 성령의 회개 역사를 목도한 장대현교회 주 장로가 그와 같은 성령의 역사를 고대하는 장대현교회 수요예배에 참석했다는 이 모든 사실이 사경회에서의 성령의 역사를 계속되게 만들어 주는 데 적지 않게 작용했을 것이다.

그러나 한국 교회에 놀라운 부흥을 가져다주시려는 하나님의 은혜가 없었다면 이 모든 것은 불가능했을 것이다. 조나단 에드워즈의 고백대로 참된 각성운동은 사람들의 인위적인 작품이 아니라 주권적인 하나님의 선물이기 때문이다. 한국의 초기 선교사들은 놀라운 성령의 역사, 부흥의 역사를 고대한 것은 사실이지만 그것이 자신들이 인위적으로 만들어 낼 수 있는 작품이라고 생각하지는 않았다. 선교사들은 오직 하나님께서만 구원의 은혜를 베푸시며, 이 나라를 살리실 수 있다는 확신을 가지고 오래전부터 정오 기도회와 사경회와 연례모임 등 기회가 있을 때마다 한마음으로 간절히 한국 교회의 놀라운 각성, 영적 부흥을 위해 기도하였다. 참으로 전심으로 부흥을 사모하는 이들 가운데 하나님께서는 놀라운 영적각성의 은혜를 허락하셨다.

---

29 Lee, "How the Spirit Came to Pyeng Yang," 34.
30 Lee, "How the Spirit Came to Pyeng Yang," 34.

여학교와 여성들에게 임한 오순절 역사

성령의 역사는 중단되지 않고 연일 계속되었다. 1월 17일 목요일 아침, 성령의 역사가 여자 보통학교에도 똑같이 임했다. 선교사 가운데 몇 사람이 그 학교 교실에 가까이 갔을 때 울부짖는 소리가 들려와 이미 몇 차례에 걸쳐 놀라운 성령의 역사를 경험했던 선교사들은 그곳에서도 성령의 역사가 임재하였음을 금방 알 수 있었다. 베스트가 즉시 그들을 돌보기 위해 내려갔고, 이 학교에 무엇이 일어났다는 소식을 듣고는 번하이셀 여사가 여학교로 달려갔다. 이미 열기가 달아오른 터에 번하이셀 여사가 여학생들에게 간단하게 말씀을 전하자마자 그들은 울부짖으며 자신들의 죄를 자백하기 시작했다.[31]

장대현교회 남자 사경회에 나타난 두 차례의 놀라운 성령의 역사, 이튿날 아침부터 저녁까지 네 차례에 걸쳐 계속된 성령의 임재에 대한 소식에 무엇보다도 자극을 받은 이들은 공간 부족으로 사경회 기간 동안 장대현교회 저녁 집회에 참석하지 못했던 여자 성도들이었다. 그레함 리가 지적한 것처럼 평양 시내에 분산되어 따로 모임을 가지고 있던 여자 성도들의 모임에는 특별한 성령의 역사가 나타나지 않았다. 선교사들과 길선주 장로를 비롯한 교회 지도자들이 볼 때 이것은 보통 안타까운 일이 아니었다. 1월 15일자 아더 브라운에게 보낸 매큔의 편지에 나타난 대로 남자 사경회에서 성령의 역사를 경험한 이들은 "여인들 가운데서도 같은 은혜가 임해야 할 것이라고 확실히 느끼고 있었다."[32]

그래서 이들은 성령의 역사가 여자 성도들에게도 있어야 한다는 간절한 마음으로 1월 17일 목요일 저녁부터 1월 19일 토요일 저녁까지 세 차례에 걸쳐 여자들을 위해 그 오순절 역사의 현장, 장대현교회에서 집회를 갖기로 했던 것이다.

1월 17일 목요일 저녁과 18일 금요일 저녁 집회에는 여자들이 준비되지 않아서인지 몇 차례의 고백과 몇몇 좀 나이든 여자 성도들이 의식적으로 소리 높여 기도한 것 외에는 별 특별한 성령의 역사나 회개운동이 나타나지 않았다. 그러다 19일 토요일 저녁

---

31 Lee, Letter to Dr. Brown, Jan., 17, 1907.
32 McCune, Letter to Dr. Brown, Jan., 15, 1907.

성령의 권능이 놀랍게 임재해 여인들이 죄를 통회하고 월요일과 화요일 저녁 남자들이 경험했던 것과 똑같은 죄악에 대한 탄식과 통회와 비탄에 젖은 울부짖는 역사가 재연되었다.[33]

그곳에 참여한 이들과 집회를 인도하였던 선교사들과 한국인들은 이미 자신들이 경험한 바 있는 그 똑같은 오순절의 성령의 역사가 남성들에 이어 여성들에게도 그대로 나타나는 것을 보고 감격과 기쁨을 금치 못했다. 한국 교회를 향한 하나님의 놀라운 섭리, 여기에 동참하려는 한국의 남자들과 여자들이 오순절의 성령의 역사를 통해 철저하게 자신들의 죄악들을 토로하게 하셔서 정결케 하시고, 하나님이 이들을 사용하시기 위해 깨끗한 그릇으로 준비시켜 주셨던 것이다.

선교사들 모두에게 큰 걱정과 슬픔을 안겨 준 한 젊은 여인이 드디어 토요일 저녁 마치 심장이 터질 듯하여 견딜 수 없는 것처럼 고꾸라져 자신의 죄를 통회하며 울부짖었다. 성령께서는 백의민족 한국인들을 자신들이 좋아하는 색깔처럼 순수하고 진정한 신앙의 사람으로 만들어 사용하시기 위해 거기에 걸맞게 철저하게 자신들의 죄를 숨김없이 토로하도록 강권적으로 역사하셨던 것이다.[34] 그토록 민족이 신음하고 있던 그 때 강한 영적각성이 나타난 것이다. 너무도 판에 박힌 것 같은 통회와 자복과 눈물과 회개의 역사는 평양 대각성운동의 하나의 두드러진 특징이자 유일한 특징이라고 해도 과언이 아니다.[35] 은혜를 받은 이들이 다시 시내로 흩어져 불신자들을 저녁 전도 집회로 인도했고, 그들 가운데 "수백 명이 그리스도를 믿었다."[36] 그 결과 평양은 교회마다 모여드는 이들로 넘쳐났다.

혹자는 이것을 마치 정치적인 좌절로 인한 카타르시스적 현상이라고 치부해 버릴지 모르지만, 여기에는 오랜 이교 전통 아래 있었던 한국에 복음의 횃불을 높이 드시려는 하나님의 깊으신 뜻이 내포되어 있었다.[37] 이 시대의 놀라운 성령의 역사는 한국만이

33　Lee, "How the Spirit Came to Pyeng Yang," 36.
34　*Annual Report, PCUSA* (1907), 28-29.
35　*Annual Report, PCUSA* (1907), 28.
36　*Annual Report, PCUSA* (1907), 30.
37　*Annual Report, PCUSA* (1907), 30. 1907년 북장로교 보고서는 1907년의 대부흥운동으로 인한 놀라운 성장이 정치적인 이유에서였다는 사실을 단호히 거부한다. "그리스도인들이 정치적인 이

예외적인 것이 아니지만, 한국에서의 놀라운 성령의 역사는 여타 어느 지역보다도 더 강하게 철저한 회개와 각성의 운동으로 이어져 선교사들과 한국인들 모두를 하나로 묶어주는 가교 역할을 했던 것이다.

이 회개의 역사 앞에는 신분의 높고 낮음도, 피부색의 희고 검음도, 지식의 높고 낮음도 존재하지 않았다. 모두 다 하나님 앞에서 회개해야 할 죄인, 용서받아야 할 죄인들이었다. 한국 초대교회 성령의 역사는 복음을 전하러 온 자들이나 복음을 전해 받은 이들이나 모두 같은 성령의 역사 안에서 하나로 띠를 띠게 만들었던 것이다.

미국의 1차 대각성운동 때 하나님께서 부흥의 역사를 사모하는 지도자들과 그들의 교회, 예를 들어 에드워즈와 그가 시무하는 교회, 테넌트(Gilbert Tennent)와 그가 시무하는 교회, 프릴링휘슨(Frelinghuysen)과 그가 시무하는 교회를 사용하셨던 것처럼,[38] 하나님께서는 20세기에 막 들어서는 한국 교회의 놀라운 영적각성을 위해 장대현교회를 사용하셨던 것이다.

몇 차례에 걸친 남자 사경회 저녁 집회에서의 놀라운 성령의 역사는 그 이튿날 수요 저녁 집회에서 다시 임했고, 토요일 저녁 여자들을 위한 집회에서 똑같이 재연되어 성령의 역사가 결코 몇 사람의 감정적인 죄의 고백이나 회개에서 비롯된 것이 아니라 하나님의 놀라운 간섭과 섭리 속에서 한국 교회 전체를 향한 하나님의 깊으신 뜻 가운데 진행되었음을 확신하도록 만드셨던 것이다. 토요일의 성령의 역사 이후에도 장대현교회에서의 성령의 역사는 중단되지 않았다.

이후 장대현교회는 한국 교회의 영적각성운동의 상징적 존재로 자리 매김을 하였다. 성령의 역사가 남자 사경회에서 남자들을 휩쓸고 지나갔고 이어 토요일에 저녁 집회 동안 똑같은 성령의 역사가 임한 후에 장대현교회의 모든 성도들은 확실히 이전과는 다른 모습들이었다.

유로 교회에 들어오는 것이 아니라는 사실이 최근 놀랍게 입증되었다"고 하면서 그 이유로 황제의 폐위 때에도 교회가 평화의 질서를 지키며 냉정을 잃지 않았다는 사실을 들었다.

38 Noll, Hatch, Woodbridge, *The Gospel in America* (박용규 역, 기독교와 미국, 서울: 총신대학교 출판부, 1992), 202-3.

사경회 이후 장대현교회 첫 주일 오전예배

바로 그 다음날 주일 1월 20일, 오전예배를 드리기 위해 장대현교회로 모여드는 이들의 표정은 어느 때보다도 밝고 평화스러웠다. 그날 아침 장대현교회에서는 주일 오전에 보통 갖는 성경공부를 마치고 오후예배에 또 한 번의 놀라운 성령의 권능을 경험했다. 뛰어나고 능력 있는 설교자였던 길선주 장로의 그날의 설교는 어느 날보다도 더 능력이 있었는데, 그는 무엇보다도 생생한 예화로 그의 설교를 마무리 지었다. 바로 이 예배가 그로부터 2년 후 게일이 "가장 놀라운 집회 가운데 하나"[39]였다고 말한 그 집회였다.

길선주는 강단에 서 있는 매큔이 그에게 오라고 손짓하는 동안 밧줄에 연결한 노끈을 가지고 자신의 허리를 단단히 조인 후 사회자 중 한 사람에게 잡아당기라고 부탁했다. 그런 후 길선주 장로는 어떻게 죄로 단단히 묶여 있는 죄인이 죄의 사슬을 끊어 버리고 하나님께 가까이 가는 것이 어려운가를 설명했다. 그런 후 그는 성령의 놀라운 역사 아래 있는 사람들이 행하는 것과 똑같이 엎어져 몸부림치기 시작했다. 드디어 그 노끈이 끊어지자 그는 강단으로 급히 달려가 매큔과 두 팔을 벌려 얼싸안았다. 길선주 장로는 철저하게 자신의 죄악을 통회하고 회개하는 것이 하나님께 가까이 가고 성령의 능력을 힘입는 비결인 것을 생생하게 동료 한국인들에게 온몸으로 보여 준 것이다.[40]

그의 이와 같은 행동은 즉흥적인 것이 아니라 성경의 죄관과 구원을 좀 더 현실감 있게 설명하여 모인 청중들에게 자신들의 죄를 회개하고 은혜를 사모하도록 만들려는 생각 속에서 미리 준비된 착상이었던 것이다. 그의 준비와 성령의 역사에 대한 간절한 열망을 하나님이 사용하셨다. 길선주 장로가 노끈에서 풀려나기 위해 발버둥치고 있는 동안 그곳에 모인 청중들 사이에는 "숨막히는"(breathless) 정적이 흘렀다. 쥐죽은 듯 숨죽이며 단 위에서 펼쳐지는 장면을 지켜보던 청중들 앞에서 길선주는 자신을 단단히 묶었던 노끈이 끊어지자 "할렐루야! 나는 해방되었다"[41]고 외치며 급히 매큔에게 달려가

---

39   James S. Gale, *Korea in Transition* (New York: Laymen's Missionary Movement, 1909), 210.
40   Gale, *Korea in Transition*, 210.
41   Gale, *Korea in Transition*, 210.

팔로 얼싸안았다. "그 결과는 형언할 수 없었다."[42]

"여러 남자들이 곧 일어나서 자신들의 죄악들을 간절히 통회하면서 울부짖었고, 다른 사람들은 간절히 울부짖으며 바닥에 고꾸라졌다."[43] 통회 후에는 "기쁨, 대단한 기쁨, 형언할 수 없는 기쁨, 지금까지 누구도 꿈꾸지 못한 기쁨, 그것을 체험한 자도 말로 표현할 수 없는 기쁨이 따랐다."[44] 길선주 장로는 그들에게 집으로 돌아가 사람들에게 자신의 죄를 고백하고 저녁 집회에 다시 오라고 말했다.[45]

장대현교회에서 놀라운 성령의 역사는 거의 연일 계속되었다. 이와 같은 놀라운 성령의 임재는 장대현교회 교우 전체에 더욱 성령의 은혜를 사모하는 분위기를 만들어 주어 아직도 성령의 은혜를 경험하지 못한 이들은 성령의 임재를 갈망하였다. "단지 여자들만을 위해 열렸던 그 다음 월요일과 화요일 저녁 집회 때 또다시 놀라운 하나님의 권능이 임했다."[46] 영적각성과 철저한 회개를 동반한 성령의 역사가 너무 강하게 나타나 그곳에 참석한 한 여인은 그와 같은 회개와 통회의 강권적인 역사 앞에 자신을 통제할 수 없어 그만 의식을 잃고 말았다. 그 현장에 있는 모든 선교사들은 물론 한국인 지도자들 역시 이것은 하나님이 하시는 놀라운 은혜의 역사라는 사실을 확신하게 되었다. 그것은 일부러 인위적으로 만들어 내려는 의도 속에서 그렇게 진행된 것이 아니라 오랫동안 그렇게 갈망했던 바대로 성령께서 이 나라와 이 민족을 구원하시려는 깊으신 섭리 속에서 이루어졌던 것이다.

이처럼 장대현교회에서 시작된 평양의 오순절의 역사는 사경회 기간에만, 또 장대현교회에만 국한된 현상도 아니었다. 시간과 공간을 넘어 평양 전역, 더 나아가 한국 전역으로 놀랍게 확산되고 있었다. 이와 같은 놀라운 은혜를 목도하면 할수록 그와 같은 놀라운 성령의 역사하심과 임재를 모든 사람들이 공유하기를 간절히 바라는 마음이 누구에게나 다 있었던 것이다. 그레함 리는 흥분을 감추지 못하고 이렇게 외쳤다:

---

42 Lee, "How the Spirit Came to Pyeng Yang," 37.
43 Lee, "How the Spirit Came to Pyeng Yang," 37.
44 Gale, *Korea in Transition*, 210.
45 Lee, "How the Spirit Came to Pyeng Yang," 37.
46 Lee, "How the Spirit Came to Pyeng Yang," 37.

그래서 우리 도시(평양)에서 시작된 은혜의 역사로 인해 우리는 대단히 하나님께 감사하며, 우리가 목도한 것이 필히 하나님이 우리에게 예비하신, 그러나 단순히 우리뿐만 아니라 이 나라 전체를 위해 예비하신 축복을 더 사모하는 것으로 이어지도록 기도합니다. 하나님께만 찬양을 돌리나이다. 그의 이름이 영원히 영원히 영광을 받으옵소서.[47]

1월 남자 사경회 마지막 이틀 동안 임했던 성령의 역사는 그 후에도 장대현교회와 그 주변에 계속해서 놀랍게 임재하셨던 것이다. 1907년 1월 25일자 편지에서, 부흥운동의 최전선에서 놀라운 성령의 역사를 연일 몸으로 체험한 길선주는 미국에 가 있는 게일 선교사에게 감격에 겨워 이렇게 썼다. "만약 하나님께서 그의 영을 현시하시지 않았다면, 한국 교회는 단지 외형적으로만 대교회가 되었을 터이고, 그러면 자연히 사탄이 지배했을 것입니다. 나는 극소수만이 구원을 받을까봐 두려웠습니다. 그 어떤 힘으로도 그 축복을 말할 수 없고, 나 역시도 하나님께서 행하신 모든 것을 펜으로 다 쓸 수 없습니다. 다만 나는 그가 여기에서 현시하셨던 것처럼 성령께서 당신 위에도 충만히 부어지기를 기도합니다."[48]

2. 2월의 장로교 남녀 사경회[49]

1907년 1월 2일부터 두 주간 동안 남자 사경회를 개최하여 놀라운 성령의 역사를 경험한 평양 장대현교회에서는 그 후 구정(2월 13일) 첫 두 주간 동안 장로교회 남녀 사경회가 열렸다.[50] 여기에는 약 800명의 남자 성도와 400명의 여자 성도들이 참석하였는데, 한 달 전의 평양 장대현교회의 성령의 역사에 대한 소식에 고무되어 어느 때보

---

47 Lee, "How the Spirit Came to Pyeng Yang," 37.
48 Gale, *Korea in Transition*, 220-221.
49 2월의 남녀 사경회는 2월 13일 수요일부터 26일 화요일까지 신년 첫 두 주 동안 열렸다.
50 G. S. McCune, "The Wonder of It," *KMF* III: 3 (Mar., 1907), 44.

다도 자신들과 한국 교회 전체를 향한 성령의 역사와 부흥운동에 대한 열망이 간절했다. 상점과 가게 문을 두 주간 동안 닫고 집회에 참석하였으므로 사람들이 평양 시내를 달리다 보면 대부분의 가게들의 문이 닫혀 있음을 발견할 수 있었다. 1월에는 남자들의 경우에만 장대현교회 사경회에 참석할 수 있었으나 이번 집회에는 남녀가 다 함께 모임을 가질 수 있도록 문호를 열어 놓았다.[51]

여느 때의 사경회와 마찬가지로 이번에도 담당자들은 달랐지만 진행 일정은 거의 유사했다. 참석자들은 아침 9시부터 12시까지 성경을 공부하고, 오후 1시 50분에 장대현교회에 모여 찬양을 한 후 2시부터 2시 30분까지 기도를 하고 그 후에 둘씩 둘씩 평양 시내 전역으로 흩어졌다.[52] 평양 역시 다른 대도시들처럼 장로교와 감리교 두 교단에 소속한 여러 교회들에 의해 도시 전체가 각 교회를 중심으로 구분이 되어 있어 "한 가정도 심지어 한 개인도 믿음과 찬양과 간증의 저녁 집회에 참여하도록 초대를 받지 않은 사람은 하나도 없었."[53]

사경회에 참석한 이들은 시내 전역으로 흩어져 축호전도를 하면서 그들에게 복음을 전하고, 전도 대상자들을 저녁 집회에 초대하였다. 언제나 그랬던 것은 아니지만 한국인들이 짝이 되는 경우보다 한 명의 선교사와 한 명의 한국인이 짝이 되어 나가는 축호전도는 외국인들에 대한 호기심 때문인지 더 많은 결실로 이어지는 경우가 많았다.

이번 사경회가 열리는 동안 매큔은 남문밖(South Gate)교회의 소안론(Swallen) 조사와 같이 나가 50-60명의 한국인들을 집회에 초청하였다. 이와 같은 놀라운 결실을 목도하면서 선교사들과 한국인들은 주의 기이한 역사에 놀라지 않을 수 없었다. "그것은 대단히 즐거운 일"[54]임에 분명했고, 매큔이 고백하는 대로 "확실히 그것은 사도들이 옛날에 했던 그 방식 그대로이었음에 틀림없다."[55] 둘씩 둘씩 흩어진 이들은 시내 어느 집

---

51 McCune, "The Wonder of It," 44.
52 오전 성경공부 시간에는 성경과 관련된 주제들, 예를 들어 "기도", "우리의 중보자 그리스도," "성령의 사역"과 같은 주제들이 다루어진다. E. F. MacFarland, "Itineration Events," *KMF* III: 3 (Mar., 1907), 48을 보라.
53 McCune, "The Wonder of It," 44.
54 McCune, "The Wonder of It," 44.
55 McCune, "The Wonder of It," 44.

1907년 평양대부흥운동의 진원지 장대현교회

이든 들어가 만약 집주인이 들어오라고 청하면 앉아 간단히 자신들을 소개하고, "집주인 남자에게 인간의 타락 이야기와 그들을 구원하기 위해 오신 예수 그리스도의 이야기를 들려 주었다."[56] 이 경우 이것이 비록 집주인 남자 한 사람에게만 구원의 이야기를 들려 주는 것이었지만 그러나 "전 가족을 청중"[57]으로 전도하는 것이나 마찬가지였다. 한국에서 가장(家長)은 가족 전체를 대변하는 경우가 일반적이기 때문에 가장이 예수를 믿기로 결심하면 다른 가족들은 특별한 경우가 아니라면 가장의 결정에 그대로 따르기 때문이었다. 주인에게 몇 분 동안 구원의 진리를 들려준 후 그가 주님을 믿기로 결심하면 가족들 모두가 "함께 고개 숙여 기도"[58]하게 된다. 떠나기 전에 그들에게 사람을 보내 교회까지 잘 안내할테니 걱정하지 말고 저녁 집회에 나오라고 부탁하면 이 경우 거의 대부분 저녁 집회에 참석한다. 그 결과 저녁 집회는 더 깊이가 있고 더 강렬하여 대부분의 경우

---

56 McCune, "The Wonder of It," 44.
57 McCune, "The Wonder of It," 44.
58 McCune, "The Wonder of It," 44.

그리스도인들이 되겠다고 결심한다.[59]

이 경우 이들은 성경에 대한 호기심이 있고, 구원의 진리를 알고 싶어 하기 때문에 필요한 성경 찬송을 스스로 구입한다. 2월의 사경회가 진행되고 있는 동안 "많은 사람들이 성경, 찬송가, 그리고 성경 요리문답서를 구입하였다."[60] 매큔에 따르면 복음을 전혀 들어보지 못한 사람이 짧은 동안의 전도로 예수를 영접하고 가족들과 더불어 저녁 집회에 참석하여 은혜를 받고 그 다음부터 열심히 교회를 다니는 경우가 흔하게 있었다:

> 우리 모두는 이와 같은 축복에 대해 기뻐한다. 많은 사람들이 이방인들은 죄와 그리스도를 구주로 알고 교회에 올 수 없다고 말해 왔으나 우리는 사람이 상상할 수 없는 성령의 역사를 목도하고 있다. "하나님에게는 불가능이 없다"는 것을 우리는 요즘 고백하고 있으며, 그리고 그보다 더 놀라운 것은 우리가 그것을 믿기 시작했다는 사실이다. 지난 주 교회에 처음 온 이방인들이 일어나 죄를 깨닫고 그리스도를 구주로 영접하는 간증을 하는 사례들이 있었다. 그 도시의 모든 이방인들은 그리스도인들만 아니라 자기들 역시 죄인이라는 사실, 다만 그리스도인들은 구원받은 죄인들이지만 자기들은 구원받지 못한 죄인이라는 사실을 배우고 있다. 이와 같은 성령의 부어 주심이 일어나고 있다는 것은 얼마나 즐거운 일인가!
> 고향의 도시들을 지나면서 그리스도인 남자들의 거의 모든 가게들과 상점들이 두 주간 동안 문이 닫혀진 것을 목격하는 것은 얼마나 놀라운 일인가! 그것이 이 도시에서 일어난 것이다. 사람들은 음력 새해 첫 두 주간을 성경공부와 영혼 구원에 보내고 있다. 그것은 실제로 사도적인 열정이다.[61]

2월 사경회가 열리는 동안 진행된 어느 날 저녁 집회에서는 도시의 유명한 "한 부유한 상인이" 다른 사람들 틈에 "앉아 얼굴에 눈물을 주루룩 흘리며 구원받지 못한 죄인

---

59   McCune, "The Wonder of It," 44.
60   McCune, "The Wonder of It," 44.
61   McCune, "The Wonder of It," 44.

을 위해 주의 사랑을 간구하는 것"⁶²이었다. 큰 사업을 하면서 한푼을 아까워하던 구두쇠, 도저히 신앙인이 될 것 같지 않은 차돌처럼 굳어질 대로 굳어진 그 마음이 집회에 참석해 복음의 강권적인 역사와 그리스도의 사랑 앞에 힘없이 무너져 내리고, 그 강퍅했던 심령이 산산조각으로 깨어진 것이다. 이것을 목도하는 것처럼 즐겁고 기쁜 일은 없을 것이다. 매큔의 고백대로 1월에 이어 2월의 집회를 통해 주님의 놀라운 축복을 말 그대로 향유할 수 있게 되었다. 그가 감격에 겨워 "우리는 우리의 신앙이 지금까지 도달했던 것보다 더 놀라운 축복을 향유하고 있습니다"⁶³라고 보고했던 것도 그런 이유에서이다.

성령의 역사가 계속해서 진행되면서 선교사들은 처음 자신들이 생각했던 것들을 하나 둘씩 포기하고 전적으로 하나님만을 의지하고 그분께 모든 것을 맡기기 시작했다. 주님은 선교사들의 생각을 넘어 자신의 방식으로 축복하셨던 것이다:

> 1월 사경회가 시작되기 전 선교사들 중 많은 이들은 부흥이 어떠해야 하는가에 대해 계획을 세웠었다. 그러나 성령께서 이 모든 계획들을 가져 가셨고, 그분의 방식대로 축복하셨다. 우리는 처음에 의심도 했고, 우리의 그 의심이 작은 것이 아니었으나 그분이 우리에게서 모든 의심과 두려움을 가져 가셔서 그분께 감사한다. 인도의 선교사들이 그랬던 것처럼 우리도 "하나님께서 우리에게 담대함의 은혜를 달라"고 기도했다. … 우리가 그분의 방식을 따라야 할 것인가 아니면 그분께 우리의 방식대로 역사하시도록 요청해야 할 것인가?⁶⁴

성령으로 충만한 감리교 지도자들이 평양을 떠난 얼마 후 3월 16일부터 12일간 전국에서 550여 명의 전도부인들이 사경회에 참석하기 위해 평양에 모였다.⁶⁵ 그들은 이미 이 도시에서 이전에 그들의 자매들이 경험했던 성령의 축복을 갈망하는 마음을 가지고 모인 이들이었다. 그중에 얼마는 평양에서의 오순절의 역사를 가지고 지역 교회로 흩

---

62   McCune, "The Wonder of It," 44.
63   McCune, "The Wonder of It," 44.
64   McCune, "The Wonder of It," 44.
65   W. L, Swallen, "God's Work of Grace in Pyeng Yang Classes," *KMF* III: 5 (May, 1907), 78.

어진 이들을 통해 어느 정도 성령의 은혜를 체험한 자들이었다. 저녁 집회 첫날부터 성령의 역사는 놀랍게 임했다:

> 죄에 대한 확신과 고백이 거의 첫날부터 시작되었고, 죄를 고백한 사람들의 숫자와 확신의 강도 모두 시간이 지나면서 매 저녁마다 점증했다. 그들이 경험한 것은 과거 도시 부녀들의 집회에서 현시되었던 것과 같았다. 그들은 흐느끼고 울부짖고 가슴을 치고 때로는 분명하게 토로할 수 없을 만큼의 무거운 죄짐으로 바닥에 나뒹구는 경우가 있었다. 때때로 전 회중은 함께 큰 소리로 하나님께 자비를 호소하기도 했다. 어떤 한 사람이 중단할 수 없을 만큼 탄식하면 전 회중도 함께 통성으로 기도하였고, 그 후에 찬송을 불렀다.[66]

이번 집회에서도 성령의 놀라운 은혜는 예외 없이 임했고, 모인 이들은 거의 예외 없이 죄의 짐을 벗어 버리고 자기 집으로 돌아갔다. 그들은 새로운 기쁨, 새로운 힘, 장래의 생에 대한 고상한 목적을 가지고 돌아간 것이다. 어느 곳보다도 성령의 역사를 고대하는 분위기가 짙었던 평양에서는 그것을 고대하는 사람들로 계속 붐볐다. 그것은 새로운 물결이라기보다는 이미 지난해에 계획된 것들이었고, 하나님께서는 평양의 대부흥운동의 물결이 전국적으로 확산될 수 있도록 미리 구체적으로 섭리하고 계셨던 것이다.

3. 평양 시내 감리교 내의 성령의 불길

청일전쟁 이후부터 한국 교회를 주도하던 평양이 이제는 한국 교회 영적각성운동을 주도하는 중심지로 솟아오르고 있었다. 1월 2일부터 15일간 있었던 장대현교회의 사경회와 그 후에 계속된 성령의 역사는 기왕의 한국 교회를 주도하던 평양을 동방의 예루살렘으로 끌어 올렸다. 장대현교회에서 평양의 오순절은 시작되었지만 곧 이어 평양의

---

66   Swallen, "God's Work of Grace in Pyeng Yang Classes," 78.

오순절 역사는 장로교와 감리교 전체로 확산되었다. 1907년에 계속된 장로교와 감리교의 대규모 사경회에서 이전의 성령의 역사가 반복되면서 평양은 전국 부흥운동의 요람으로 급속히 자리를 잡기 시작했다:

> 장로교회뿐만 아니라 감리교회도 마찬가지로 헤아릴 수 없는 축복을 공유했으며, 그것이 전에는 결코 불가능했으나 이제 평양은 한국 전체를 위해 기도하고 있다-그리고 그것은 선교사, 한국인, 장로교인, 감리교인, 남학생, 여학생, 선생, 교회 직분자, 모든 계층과 신분의 남자와 여자 모두가 "합심하여"(shoulder to shoulder) 한 사람같이 드리는 기도이다. 비공식적으로 그러나 성령으로, 성령에 의해 완전히 조직되어 그들이 평양 시내와 한국과 세계의 다른 지역에 있는 수많은 사람들을 위해 중보기도를 드리고 있는 것이다.[67]

장감을 초월한 성령의 역사는 평양에서 모인 일련의 사경회와 지도자들을 위한 모임에서 연속적으로 나타나, 마치 천하각국에서 모인 이들이 오순절날 예루살렘에서 놀라운 성령의 능력을 입고 자기들의 고향으로 돌아가 역동적으로 주의 사역을 감당했던 것처럼, 능력을 입은 이들을 통해 각자의 고향에서 성령의 역사는 반복되었다. 평양은 특별히 이와 같은 기대가 어느 곳보다도 팽배한 곳이었고, 그와 같은 기대는 여지없이 평양에 모여든 이들 가운데 응답되었다. 여기에 대해 소안론 선교사는 이렇게 지적한다:

> 특별한 연구를 위해 여기 평양에 연속적으로 기독교인들이 모여들면서 평양에서는 거룩한 축복 속에서 일련의 성령의 능력의 현시가 있었다. 새로 모이는 각 곳에 성령 임재의 특별한 현시에 대한 기대가 있었고, 그들은 이를 위해 기도했으며, 그리고 그와 같은 성령의 역사가 임했다. 우리는 그의 나타나심의 방식에 대해 구술하지 않는데도 이 기간 내내 상당히 많은 연합 및 개인 기도회에서 성령께서 놀

---

67 W. B. Hunt, "Impression of an Eye Witness," *KMF* III: 3 (Mar., 1907), 38.

라운 능력으로 믿는 자들을 찾아오셔서 그들의 삶과 성품을 변화시켜 주셨다. 이 문제의 결과에 대해서는 전혀 의심의 여지가 있을 수 없다. 그 경험은 과거에 자신들을 성령께 순복시켰던 다른 모든 사람들과 매우 같았다.[68]

감리교 선교사들도 크리스마스에 시작한 매일 기도회를 계속하면서 자신들의 사경회에서도 똑같은 성령의 역사가 임하기를 간구하였다.[69] 장대현교회 남자 사경회에서 나타난 놀라운 성령의 역사는 감리교 사역자들을 위한 감리교 사경회에서도 그대로 재연되었다. 이리하여 평양에 있는 모든 신도들은 그때부터 일찍이 가져 보지 못하였던 신앙의 힘을 경험하게 되었다. "두 교파 교회에서는 즉시 전시 복음화에 합심 협력한 결과 많은 새 신자들을 교회로 영입할 수 있었다."[70] 장로교와 감리교 모두 성령의 역사를 경험하면서 평양은 이제 오순절을 전후한 예루살렘과 유사했다.

이와 같은 감리교의 변화는 평양 시내 한 감리교회를 담임하고 있던 영향력 있는 감리교 지도자가 놀라운 성령의 은혜를 힘입고 자신의 교만과 이기적인 생각들이 잘못되었다는 사실을 깊이 깨달은 것이 그 계기가 되었다.[71] 장대현교회에서 시작된 각성운동과 그 파급에 대해 같은 마음으로 기도했던 감리교 선교사들과는 달리 평양 감리교 한인 지도자들은 그것을 처음에는 못마땅하게 생각하였지만, 그 후 계속된 교회내의 이와 같은 영적각성을 목도하면서 그 태도가 달라졌다:

아마도 부흥운동을 반대했던 가장 두드러진 사례는 1,700명의 교세를 가진 한 북감리교 교회의 한국인 목사와 북감리교 선교회의 공식적인 회원들에서 찾을 수 있을 것이다. 그 목사와 회원들은 평양의 미션 스쿨의 학생들에게 임한 부흥운동의 결과와 학생들이 죄로 인해 탄식하는 것을 지켜보았다. 그들은 죄로 인한 탄식으

68　Swallen, "God's Work of Grace in Pyeng Yang Classes," 77-78.
69　"Importance of Daily Prayer-meeting," *KMF* III: 3 (March, 1907), 43.
70　백낙준, 한국 개신교사, 389.
71　Swallen, "God's Work of Grace in Pyeng Yang Classes," 78.

로 수반되는 육체적인 소용돌이(physical demonstrations)가 너무 격렬해 그것을 성령의 역사로 보다는 귀신들린 것으로 돌리고 전력을 다해 부흥운동을 반대하기로 결정했다.

그러나 어느 금요일 밤에 그들 중의 한 목사[김창식]가 고등학교에서 열린 한 학생 집회에 참석했다가 거기서 결코 잊을 수 없는 한 장면을 목격한 것이다. 그가 학교 채플에 들어서자 20여 명의 젊은이들이 자신들의 죄로 가득한 삶을 통회하며 바닥에 부복하고, 더 많은 젊은이들이 사람들 앞에서 그들의 죄와 잘못들을 고백할 기회를 기다리며 서 있는 것을 보았다. 이 한국인 목사가 앉아 창백하고 일그러진 표정으로 그 장면을 지켜보고 있을 때, 한 젊은이가 갑자기 실내를 가로질러 그 옆에 무릎을 꿇고 죄를 통회하며 흐느끼자, 이어 다른 사람이 그의 뒤를 따랐고 드디어 이 감리교 목사는 흐느끼는 고해자들로 둘러싸였다.

처음에 감리교 목회자들 거의 모두는 이런 신비스럽고 놀라운 현시를 악령이 야기한다고 하는 잘못된 신앙을 가지고 있었다. 그러나 학생들이 은혜를 받는 그 현장은 이것이 하나님의 성령의 능력이라는 사실을 그에게 확신시켜 주었다. 학생들은 그에게 영으로 충만한 삶을 사모하는 일에 자신들과 합류할 것을 간청했다. 그 역시 곧 슬픔과 확신으로 압도되었으며, 그는 조용히 그 채플을 떠나 자기 집으로 돌아가 양심의 가책으로 인해 탄식하면서 온종일을 보냈다. 자신의 죄를 확신하고 부흥운동에 대한 그의 전 심령의 태도가 완전히 달라지자 그는 다음날 그 도시를 누비며 그가 부흥 집회를 반대하며 영향을 미쳤던 이들을 일일이 찾아다니면서 자신의 잘못된 행동을 공손히 사죄하고 그들의 용서를 구하였다. 그때부터 그 목사는 부흥 사역에 있어서 그의 교단 교회 가운데 가장 뛰어난 지도자가 되었다.[72]

이처럼 부흥운동 기간 동안 회심받지 못한 목회자가 성령의 놀라운 능력 앞에 변화된 경우가 많았다. 이것은 기독교 역사 속에서 자주 있었던 현상이다. 조지 휘트필드와 웨슬리 부흥운동이 대변하듯이 부흥운동은 기성 교인뿐만 아니라 목회자들의 심성마저

---

72   "The Religious Awakening of Korea," *KMF* IV: 7 (Jul., 1908), 106-107.

감리교 개척 선교사 노블(W. A. Noble)과 한국인 지도자들

변화시켜 주는 계기가 되었다.[73]

확실히 평양의 놀라운 영적각성은 인간의 성품과 삶을 변화시켜 주었고; 그들의 가치관을 세상적인 데에서 더 높은 영적인 차원으로 끌어올려 주었으며, 따라서 교회가 과거보다 더 복음 전도에 진력하기 시작하였다. 장대현교회의 놀라운 성령의 역사 이후 장로교와 감리교는 도시 지역의 복음화를 위해 "연합 전도운동"을 개최하여 도시 전역으로 흩어져 복음을 전하는 일에 매진했다.[74] 전 도시가 일정한 구획으로 구분되었고, 구분된 지역의 전도는 지역 교회가 그 책임을 맡았다. 그 이전에도 전도 집회가 없었던 것은 아니지만 부흥운동의 물결이 한국 전역을 휩쓸기 시작하면서 전도 집회의 결실은 이전보다 더 눈에 띄게 나타났다.

"약 2,000명의 사람들이 그리스도를 구주로 영접했다. 교회들은 가득 찼고, 사람들로 차고 넘쳤다. 공간이 좁은 장대현교회는 다시 200명의 교인들을 분가시켰다. 그러

---

73 *America's Revivals* (Minneapolis: Bethany Fellowship, n.d.), 17. cf. Richard M. Riss, *A Survey of 20th Century Revival Movements in North America* (Peabody: Hendrickson, 1988), 4.

74 Swallen, "God's Work of Grace in Pyeng Yang Classes," 77-80.

고도 교회가 비좁아 혼잡을 줄이기 위해 또다시 강권적으로 남녀 신자들이 주일날 별도의 시간에 모여 예배를 드리도록 하였다."[75]

장대현교회의 계속된 성령의 역사는 평양 시내 감리교회들에게 적지 않은 도전을 주었다.[76] 노블을 비롯한 감리교 선교사들은 평안남도와 황해도 각 교회에 사도행전의 성령의 역사가 그대로 나타날 수 있도록 "예루살넴을 떠나지 말고 아바님의 허락ᄒᆞ신 거슬 기ᄃᆞ리라 ᄒᆞ심 ᄀᆞ치," "맛치 쥬의 뎨ᄌᆞ들이 감남산에서 도라와 예루살넴 다락방에서 ᄆᆞ음을 ᄀᆞ치 ᄒᆞ야 긔도홈과 ᄀᆞ치"[77] 일심으로 기도했다. 그 결과 1907년 2월 10일, 곧 주일에 성령께서 평양 남산현교회에 임하신 것이다.

간단한 설교 후 교회 일에 열심인 한 젊은이가 갑자기 일어서더니 자신의 죄를 고백하고는 마룻바닥에 엎어져서는 하나님의 자비를 부르짖는 것이었다. "그런 후 형언할 수 없는 장면이 잇따랐다."[78] 교회의 모든 남자들이 마치 벼락을 맞은 것처럼 바닥에 쓰러졌다. 존스가 기록한 대로, "이 같은 종류의 회개 장면이 매일 반복되었다."[79] 그 현장에서 성령의 역사를 목도한 리은승 목사는 신학월보에 보고하면서 그날이야말로 "맛당이 평양 교회ᄉᆞ긔 머리에 긔록홀" 만큼 중요한 날이며 "우리 감리회의 션진이"[80] 되는 날이라고 흥분을 감추지 못했다. 그가 그렇게 흥분할 만하기도 했다. 그날 그곳에는 한 달 전 장대현교회에서 나타났던 놀라운 성령의 역사가 그대로 재연되었기 때문이다:

> … 성신께서 … 모든 권능을 베프시는 즁에 특별히 힝ᄒᆞ시는 거슨 각 교우의 ᄆᆞ음에 빗츨 빗최샤 죄를 나타나게도 ᄒᆞ시며 각 ᄆᆞ음을 칙망ᄒᆞ사 진로ᄒᆞ심을 나타나게도 ᄒᆞ시며 각 ᄆᆞ음을 떨니게 하샤 그 죄를 심히 이통ᄒᆞ게도 ᄒᆞ시며 각 ᄆᆞ음

---

75   Swallen, "God's Work of Grace in Pyeng Yang Classes," 78.
76   *Annual Report, PCUSA* (1907), 28.
77   리은승, "교회ᄉᆞ긔, 평양 오슌졀략ᄉᆞ," 신학월보, 1907년 2월, 54.
78   George Heber Jones, *The Korean Revival* (New York: The Board of Foreign Missions of the Methodist Episcopal Church, 1910), 6.
79   Jones, *The Korean Revival*, 7.
80   리은승, "교회ᄉᆞ긔, 평양 오슌졀략ᄉᆞ," 54.

을 찔으샤 가슴이 터지는 것 ᄀᆞ치도 ᄒᆞ시며 각 ᄆᆞ음에 눈을 붉히샤 십ᄌᆞ가에 달 니신 구쥬를 능히 바ᄅᆞ보게도 ᄒᆞ실시 엇던 사ᄅᆞᆷ은 식음을 전폐ᄒᆞ고 여러 날을 지내며 엇던 사람은 잠을 일우지 못하고 여러 밤을 지내며 엇지ᄒᆞ고 엇지ᄒᆞ여야 구원을 엇으리잇가 ᄒᆞ는 이도 만터라. 또 엇던 사ᄅᆞᆷ은 대마ᄉᆞ 길에 업더졋던 사 울과 ᄀᆞ치 하나님 압헤 업더져 삼ᄉᆞ 일 동안 금식 통회ᄒᆞ는 이도 잇고 엇던 이는 죄를 고ᄒᆞᆯ 때에 가슴이 너무 압ᄒᆞ긔 졀ᄒᆞ엿다가 다시 사는 이도 잇스며 엇던 이 는 밋친 것과 ᄀᆞ치 슐취ᄒᆞᆫ 것과 ᄀᆞ치 렴치업는 사ᄅᆞᆷ ᄀᆞ치 정신을 추리지 못ᄒᆞ다 가 다시 ᄶᆞᆨᄶᆞᆨᄒᆞ여 새 사ᄅᆞᆷ ᄀᆞ치 되는 이도 잇스며 엇던 이는 서로 붓들고 울며 서 로 도와주기 위ᄒᆞ야 죵용ᄒᆞᆫ 곳에 혹 학교이나 례비당이나 죵용ᄒᆞᆫ 산곡이나 셩당 우헤 가셔 긔도ᄒᆞ고 묵상ᄒᆞ는 이도 잇스며 엇던 이는 곳 이통ᄒᆞᆷ으로 죽엇다가 별안간 니러나 깃붐으로 찬숑ᄒᆞ는 이도 잇스며 ᄯᅩ한 ᄆᆞ음이 새로 변홈을 밧어 ᄆᆞ음이 넓고 ᄉᆞ랑이 ᄀᆞ득ᄒᆞᆫ지라.[81]

지금까지 부흥운동의 역사를 개별적으로 이렇게 상세하게 기록한 사람은 리은승이 처음인 것 같다. 그만큼 평양에 임했던 오순절 성령의 역사가 강했음을 의미한다. 회개와 통회 후에 그들 모두는 그 이전에 가졌던 용서의 감정과는 비교할 수 없을 만큼 감격과 환희를 체험했다. 어떤 사람은 특별히 회개할 사람의 이름을 일일이 기록하여 일일이 이 름을 불러가며 기도하다, 그중에 성령의 역사로 거듭나면 이름을 지우고 나머지 사람들 을 위해 집중적으로 기도하였다. 단순히 자신의 구원의 문제만을 가지고 그렇게 힘쓰고 애쓴 것이 아니라 다른 이들의 구원과 성령의 충만을 자기 문제처럼 여기고 중보의 기도 를 멈추지 않았던 것이다.[82]

부흥운동은 확실히 교회에 새로운 변화를 가져다주었다. 예배하는 자들이 신령과 진정으로 예배하기 시작했고, 이전의 문제들이 해결된 후에 하나님과 맺어진 새로운 관 계를 피부로 느끼고 체험하기 시작한 것이다. "죄인이 죄 잇ᄂᆞᆫ치 엇지 하ᄂᆞ님을 디ᄒᆞᆯ 수

---

81   리은승, "교회소긔, 평양 오슌졀략ᄉᆞ," 55-56.
82   리은승, "교회소긔, 평양 오슌졀략ᄉᆞ," 56.

잇스며, 녯 사람이 엇지 하느님과 화합홀 수 잇스며, 례식에 히흠이 엇지 하느님씌 온젼이 밧으실 만흔 례비가 되리오. 죄에셔 샤홈을 밧은 쟈 찬숑ᄒ며 새 사름을 닙은 쟈가 찬숑홀 거시로다. 죄인의 입이 엇지 쥬를 찬미ᄒ며 녯 사름이 엇지 쥬를 알어 보고 깃버ᄒ리오. 새 사름을 닙은 쟈라야 찬미홀지어다."[83] 죄를 그대로 가지고 어찌 하나님이 받으실 만한 예배를 드릴 수 있겠느냐는 것이다.

이번 부흥의 역사 가운데는 "셩신께셔 이적을" 행하셔서 사도행전 2장 17절의 말씀처럼 말세에 내 영을 남종과 여종에게 물붓듯이 부어 주셔서 꿈과 환상을 볼 것이라고 한 것처럼 어떤 이는 "과연 이샹훈 꿈"을 꾸었고, "엇던 이는 비몽ᄉ몽 간에 이샹훈 묵시도" 받기도 하였고, 그 외에도 신령한 이적이 그곳에 상당히 나타났다. 리은승 목사가 평양 교회사 머리에 기록해야 할 사건이라고 주저하지 않고 말할 만했다. 사도행전의 역사를 그대로 사모하는 이들에게는 평양대부흥운동의 역사가 곧 평양에 임하신 오순절의 사건이었다. 방위량이 그것을 "한국의 오순절"이라고 불렀던 이유도 거기에 있을 것이다.[84]

이와 같은 영적 분위기 속에서 바로 이어 2월 22일부터 3월 22일까지 평양 남산현 감리교회에서는 당시 신학월보가 일명 "신학회"라고 불렀던[85] 감리교 사역자들을 위한 신학회(the Methodist Mission's Class for Preachers and Christian Workers)가 열렸다. 감리교 선교회에서는 한인 감리교 지도자 가운데 가장 탁월하다고 평가받는 97명이 모여 노블, 모리스, 존 무어, 포렐(R. D. Follell) 선교사의 지도 아래 25일 동안 신학 공부를 한 것이다.[86]

평양 남산현교회에서의 성령의 역사는 마치 "셩신씌셔 신학회를 미리 예비ᄒ야"[87] 두시려는 "무궁하신 경륜"의 역사처럼 그곳에 모인 97명의 신학생들에게는 이전에 찾아볼 수 없었던 성령의 은혜를 사모하는 분위기가 어느 때보다도 강하게 나타났다. "여

---

83   리은승, "교회ᄉ긔, 평양 오슌졀략ᄉ," 57.
84   리은승, "교회ᄉ긔, 평양 오슌졀략ᄉ," 57.
85   리은승, "교회ᄉ긔, 평양 오슌졀략ᄉ," 59.
86   리은승, "교회ᄉ긔, 평양 오슌졀략ᄉ," 59; Minutes of Korea Mission, *Methodist Episcopal Church*, 1907, 74.
87   리은승, "교회ᄉ긔, 평양 오슌졀략ᄉ," 59.

기서 또한 성령의 축복이 임했고, 이전 집회에서와 똑같은 죄에 대한 통회가 있었다. 이 사람들은 새로운 심령, 새로운 목적을 가지고 사경회를 마치고 돌아갔고, 이전에 알지 못했던 하나님과 사람에 대한 사랑을 소유하였다."[88] 이 대부흥의 역사가 나타나던 1907년 2월 신학월보는 그 사건을 상세히 상술하였다:

> 성신 인도후심을 따라 특별훈 긔회를 六十三차를 모혓스니 날수는 二十五일이오 그 동안에 감화밧고 거듭난 쟈는 이곳 모든 교우뿐 아니라 특별이 신학학교 교소들과 싱도들이니 교소는 박소 죠원시 씨와 쟝로소 로브 씨와 모리시 씨와 문요한 씨요. 싱도는 九十七명이오 방텽인은 二十여인이니 깃부고 감샤훈 거슨 모든 싱도들이 다 신령훈 가온디 드러나 오직 후나뿐 되신 쥬만 바르보며 훈 쯧만 싱각후며 셩신만 의지후야 서로 스랑흐로 공부후니 과연 이때는 신령셰디요 영화셰월이라 셩신끠셔 이곳치 형편을 변후게 후셨스니 참 감샤후고 깃분 일이로다. 지금 우리 대한 모든 형뎨즈미가 다 이와 갓치 복락밧기를 츅원후나이다.[89]

부흥운동 기간 평양에서 열린 이 신학 수업을 통해 "학생들은 하나님의 능력을 힘입고 새 삶을 시작하였다."[90] 당시 그 현장에 있던 한 선교사의 말대로 부흥운동을 거치면서 당시 "신학교는 그들이 매일 수 시간씩 참석하는 기도실이 되었고, 그들의 교사는 하나님이었다."[91] 부흥운동의 현장에서 이와 같은 영적 변화를 직접 경험하고 있던 당시의 선교사들은 하나님이 직접 목자가 되셔서 백성들을 목양하고 계시며 장차 그의 나라를 위해 사용하실 목자들을 친히 양육하고 계시다고 느끼고 있었다. 이 때문에 "바야흐로 전 한국이 하나님 나라"[92]가 될 날이 머지않았다고 확신했다. 감리교 선교사 웰스가

---

88 Swallen, "God's Work of Grace in Pyeng Yang Classes," 78.
89 리은승, "교회스긔, 평양 오슌졀략스," 59.
90 Minutes of Korea Mission, *Methodist Episcopal Church, 1907*, 74.
91 Minutes of Korea Mission, *Methodist Episcopal Church, 1907*, 58.
92 Minutes of Korea Mission, *Methodist Episcopal Church, 1907*, 58.

"지금 감리교회는 회개와 개혁의 때를 맞고 있다"[93]라고 보고한 것처럼 감리교회는 전에 없는 영적각성을 경험하고 있었다. 성령의 놀라운 역사가 장로교에 이어 감리교에서도 그대로 재연되면서 평양의 교회들은 대변화를 맞고 있었다.

2월 24일 일요일에 지금까지 목격하지 못한 놀라운 성령의 역사를 체험한 평양주재 감리교 선교사 존 무어는 바로 그 다음날 25일 월요일에 감격과 흥분 속에서 "어제 평양은 놀라운 날, 아니 가장 놀라운 날이었다. 이 물결이 모든 지역으로 흘러가기를 기원한다"[94]는 보고를 코리아 미션 필드에 보내 왔다. 그 현장에 참여하여 평양에서 놀라운 영적각성운동을 직접 목도한 감리교 선교사 노블도 다음과 같은 보고를 보내 왔다:

> 나 자신이 지금까지 목격하지 못했고, 듣지도 못했던 가장 놀라운 성령의 부어 주심의 현시가 한국 교회에 있었는데, 아마도 사도시대 이후 이보다 더 놀라운 하나님의 권능의 현시는 없었을 것이다. 매 집회에서 주님의 권능이 교회 전체와 때로는 밖에까지 임했다. 남녀가 회개의 역사로 고꾸라지고 의식을 잃었다. 전 도시는 마치 사람들이 죽은 자를 위해 통곡하고 있는 듯했다. 많은 사람들이 자신들의 죄 사함이나 아직 회심받지 못한 다른 사람들을 위해 기도 가운데 탄식하며 집에서 온밤을 지새웠다. 이와 같은 움직임은 대부분 우리가 그리스도인으로 간주하는 사람들에게 제한된 것처럼 보인다. 첫 기도회 참석 권유를 받은 후 요즘에는 어떤 기도모임에서도 어느 누구도 기도를 주도한다고 생각하지 않는다. 그만큼 사람들은 자발적으로 기도하였다. 수백 명이 드리는 기도 소리는 아주 많은 악기에서 나는 화음보다 더 잘 조화를 이루며 교회를 가득 채웠다.[95]

평양 장대현교회에서 나타났던 회개와 통회와 죄 사함에 대한 절규로 특징되는 놀

---

[93] "Importance of Daily Prayer-meeting," *KMF* III: 3 (Mar., 1907), 43.
[94] "Importance of Daily Prayer-meeting," 43.
[95] "Importance of Daily Prayer-meeting," 43. W. A Noble은 "'당신도 여기에 참여했었더라면'이라고 생각합니다. 그리고 나는 성령의 부어 주심이 서울에도 일어나기를 희망하고 기도합니다"라며 서울에서도 그와 같은 성령의 역사가 임하기를 희망하였다.

라운 성령의 불길이 장차 이 나라의 교회를 짊어질 목회 후보생들에게 임했던 것이다. 1907년 6월 노블이 북감리교 연회에서 보고한 것처럼, 1월 첫주 시작된 부흥의 불길이 3월이 시작되기도 전에 수많은 사람들에게로 확산된 것이다.[96] 확실히 성령의 역사는 장대현교회에서 평양 전역과 장로교로부터 감리교로 교파를 초월하여 놀랍게 확산되고 있었다.[97] 평양을 담당하고 있는 감리교 선교사들과 장로교 선교사들은 평양 전도, 시의 복음화를 위해 협력을 아끼지 않았던 것이다. 모든 면에서 앞서갔던 장로교 선교회는 감리교 선교회가 그 일에 더욱 결실을 거둘 수 있도록 여러 가지 협력을 아끼지 않았다. 이와 같은 분위기는 평양 시내 교인들이 교파를 초월해 시 복음화를 위해 함께 노력하도록 협력의 분위기를 조성해 주었다. 그러나 언제나 이와 같은 긍정적이고 고무적인 일들만 있었던 것은 아니다.

놀라운 성령의 역사가 진행되고 있는 동안 전혀 예기치 않은 사건이 2월 22일부터 3월 22일까지 한 달간 감리교 여자 도(都) 사경회가 열리고 있는 평양의 남산현 감리교회에서 일어났다.[98] 매큔이 "그저께 저녁"이라고 말하는 그날, 감리교 도 사경회 기간 2천 명 이상이 모여 예배를 드리고 있는 평양의 한 감리교회에 믿지 않는 한 남자가 갑자기 난입하여 "불이요 불"이라고 외친 것이다. 남편이 말리는데도 불구하고 아내가 교회에 열심히 나가자 화가 난 나머지 그날 밤 교회를 찾아와 아내를 집으로 데려가려고 그 같은 어리석은 행동을 한 것이다.[99] 참석자 중 반 이상이 여성이었는데, 여자석 뒤편에 주로 앉아 있던, 집회에 처음으로 초대받은 불신 여자들이 동요되면서 실내는 순식간에 아수라장으로 변하고 말았다.[100] "그들이 동요하여 한꺼번에 문 쪽으로 몰려가면서 현관 문짝이 부서져 내렸고, 사람들은 소리 지르고 절규하였다."[101]

그 현장에 있었던 존 무어와 노블은 문제의 현장에 있던 "그들이 마치 우리 안에

96　Minutes of Korea Mission, *Methodist Episcopal Church, 1907*, 58.
97　Jones, *The Korean Revival*, 5.
98　이 부분에 대해서는 Jones, *The Korean Revival*, 10-11와 *KMF* III: 3, 44-45를 참고하라.
99　Jones, *The Korean Revival*, 10-11.
100　Jones, *The Korean Revival*, 10-11.
101　McCune, "The Wonders of It," 45.

있는 분노에 찬 수많은 야수들과 흡사했다"[102]고 증언한다. 많은 사람들이 심하게 다쳤으나 다행히 죽은 사람은 한 사람도 없었다. 몇몇의 유아들이 거의 죽을 뻔했으나 하나님의 은혜로 극악의 상황은 발생하지 않았다. 아마 거친 신발을 신은 미국 군중들이 모인 가운데 그 같은 사태가 발생했다면 분명히 사상자가 발생했을 것이다. 하지만 마귀가 교회에 침입해 수많은 사람들을 죽였다는 이야기들이 불신자들 가운데 나돌기 시작했다.

그 사건이 발생한 이튿날 저녁 집회에는 많은 여자들이 참석하지 못했으나 선교사들은 그 사건을 통해서도 하나님의 영광이 드러날 것이라고 믿었다. 한국인 강사가 마무리 기도에서 그 장면을 심판 날에 비견하면서 "그날에 믿지 않는 불신자들에게 무시무시한 화가 있을지어다!"[103]고 외쳤던 것은 너무도 시의적절한 외침이었다. 이날 있었던 거짓말 같은 사건은 현장을 직접 목격한 평양 주재 감리교 선교사 존 무어와 노블이 매큔을 비롯한 장로교 선교사들에게 알려주면서 사실로 드러난 것이다.

선교사들은 이와 같은 어린아이의 장난과도 같은 사건은 복음의 확산을 방해하려는 사탄의 우두머리(the Arch Enemy of God)의 조정에 의한 것이라고 생각했다. 박해는 교회 전체를 대상으로 한 이와 같은 방해 작업만이 아니라 실제로 가정과 사회에서도 일어났다. 특히 부흥운동의 물결이 강하게 일어났던 북쪽에서 박해는 더 심했다. 어떤 마을에서는 몇몇 사람이 교회를 다니기 시작하자 마을 사람들이 단합하여 그들에게 양식을 제공하지 않거나, 우물에서 물을 길어 가지 못하게 막거나, 산에서 나무를 하지 못하게 막는 경우가 발생하기도 했다. 지방 관리가 그와 같은 행위를 중단시키기는 했지만 예수 믿는다는 것은 그만큼 불이익을 감수하는 것을 의미하였고, 때로는 동네에서 철저하게 따돌림을 당하는 것을 의미하기도 했다.[104]

그러나 이와 같은 방해가 있으면 있을수록 복음에 대한 열정은 더욱더 강해졌고, 성령에 대한 갈망은 더욱더 높아만 갔다.

---

102   McCune, "The Wonders of It," 45.
103   McCune, "The Wonders of It," 45.
104   McCune, "The Wonders of It," 45.

4. 미션 스쿨에서의 성령의 역사

1907년 1월 장대현교회에 임했던 성령의 역사는 요원의 불길처럼 장대현교회를 넘어 순식간에 평양 전역으로 확대되면서 평양 시내 미션 스쿨에서도 오순절의 역사가 나타났다.[105] "부흥운동 이야기는 교회에서 열린 집회에만 국한된 것이 아니라 보편적인 현상이었다는 사실을 분명히 보여 준다. 하나님의 능력은 계속 그 백성들에게 임하여 그들의 가정이나 직장에서 그리고 그들이 습관적으로 가는 곳마다 같은 현상이 나타났다. 이것은 특별히 선교회의 교육기관에서 드러나는 사실이며, 이와 같은 부흥의 국면은 매우 흥미 있는 것이다."[106]

그 해 6월 노블은 평양 지역의 학교에 대한 보고를 하면서 "최근 부흥운동 기간 동안 우리의 거의 모든 학생들이 회개와 참회를 경험했으며, 사실 부흥운동은 학생 집단에 가장 크게 현시되었다"[107]고 말했다. 사실 미션 스쿨에서의 성령의 역사는 이미 장대현교회 남자 사경회가 끝난 바로 그 이튿날인 1월 16일 수요일부터 강하게 나타났던 것이다. 평양 "시내 안팎의 많은 다른 학교들, 소년 및 소녀 학교들, 보통학교, 그리고 야간학교들이 있으며 이들 모두는 부흥운동의 불로 곧 불타올랐다."[108] 당시 평양에서만 해도 미션 스쿨의 학생들이 1천 명을 넘어 이 사실의 중요성은 쉽게 인식될 것이다.[109]

평양 시내 남자 보통학교, 여자 보통학교, 여자 고등학교에서 나타난 성령의 불길은 마치 오래전부터 그날을 기다리고 있었다는 듯이 2월에 숭실학교가 개학하자 학교 전체를 삽시간에 불태워 버렸다. 북감리교 선교사 베커가 숭실학교 사역을 보고하면서 "지난해 동안 사역 전반에서 영적인 축복이 충만히 부어졌다"고 말한 것은 결코 과장이 아니었다. 외형적인 성장만이 아니라 그들의 내면적인 삶이 부흥운동을 통해 성령의 역사를 경험하면서 영적으로 새롭게 거듭나기 시작했던 것이다.

---

105   Jones, *The Korean Revival*, 12-18.
106   "The Revival," *KMF* IV: 6 (Jun., 1908), 84.
107   Minutes of Korea Mission, *Methodist Episcopal Church, 1907*, 49.
108   "The Revival," 84.
109   "The Revival," 84.

숭실학교 학생들 가운데는 이미 학교 개강 이전에 1월에 장대현교회에서 열린 사경회 저녁 집회 때 무시무시한 죄를 통회하고 자복하는 "성령의 불을 경험"[110]한 이들도 있었다. 장대현교회의 성령의 역사가 그 후에도 평양 전역으로 다시 평양에서 전국으로 확산되고 있는 상황에서 2학기 개강이 시작되자 "학생들이 일반 교인들보다도 더 쉽게 부흥운동의 영향"을 받았던 것이다. 그 결과 "방학을 끝내고 돌아온 대학생과 중학생들이 성령의 부어 주심을 공유하였던 것이다."[111]

숭실대학의 북감리교 선교사 베커는 1907년 2월 개학하자 성경 사경회에서 있었던 놀라운 성령의 역사와 같은 "은혜가 학교에도 내리기를 원하는" 움직임이 교수들 가운데 있었다는 사실을 보고한 적이 있었다:

> 그 해 가장 중요한 특징은 봄 학기 초에 발흥했던 부흥운동이었다. 2월 학교가 개강하기 바로 직전 장로교 (겨울 남자) 사경회에 성령께서 권능으로 임하셨는데, 우리는 우리 학교에도 그 같은 축복이 임하기를 원해 이미 도착한 교사들과 학생들을 모아 오후 및 저녁 기도회를 시작했다. 바로 첫 집회 때부터 성령께서 현시하셨음을 자세히 설명할 필요는 없을 것 같다. 거의 모든 교사들이 학교가 개강하기 전 사죄의 불을 경험하였다. 학생들이 등교한 다음 우리들은 평상시의 수업 시간표를 일시 중지하고 오전, 오후, 저녁을 통하여 성경공부 및 기도회의 특별 시간표를 마련하여 실행하는 것이 좋겠다고 생각하였다. 우리들은 그저 학생들의 감정을 흥분시키려고 하지 않았고, 또 주도하려고도 하지 않았으며, 우리는 다만 예수의 십자가에 마음을 모으기에만 노력하였다.[112]

성령의 역사를 사모한 것은 학생들만이 아니었다. 오히려 학생들을 가르치는 선교사들이 학생들 가운데 성령의 역사가 있기를 간절히 원했던 것이다. 개학 첫 주에 열린

---

110 "The Revival," 84.
111 Annual Report, PCUSA (1907), 28.
112 W. A. Noble, "Report of the Pyeng-yang District," Minutes of Korea Mission, Methodist Episcopal Church, 1907, 52.

평양대부흥운동의 평양숭실학교 개강사경회 기념사진

오전 기도회가 수업 중에 열리고 있을 때 학교를 책임 맡은 "두 선교사가 다른 방에서 자신들의 가슴을 내리누르는 학교에 대한 무거운 짐들로부터 구원을 얻기 위해 무릎을 꿇고 기도하고 있었다. 즉시 응답이 왔다."[113] 이 두 선교사는 오랫동안 평양 숭실학교에서 함께 사역하면서 협력을 아끼지 않았던 장로교의 베어드(William Baird)와 감리교의 베커 선교사였다.[114]

성령의 역사를 고대하는 학생들과 선교사들의 간절한 기도를 하나님이 받으신 것이다.[115] "수업 중에 가진 그 기도회에 하나님의 성령이 임재하여 그 교실은 통회의 외침과 흐느낌으로 가득 찼고, 그것은 학생들이 자신들의 죄의식으로 압도되고 전율할 때까지 계속되었다."[116] 성령의 역사가 학생들 가운데 너무 강하게 나타나 심지어 "회의적인

113　"The Revival," 84.
114　Jones, The Korean Revival, 13.
115　Jones, The Korean Revival, 13.
116　"The Revival," 84.

7장 평양 전역으로 확산되는 성령의 불길　289

태도를 가진 학생들까지 죄를 회개하고 애통하였다."[117] 1907년 6월, 베커는 숭실학교에 임했던 오순절의 역사를 이렇게 보고하였다:

> 그러나 성령의 능력이 너무 분명하여 심지어 회의적이고 비웃던 이들조차도 죄를 통회하고 애통하였다. 나는 한번은 여러 시간 동안 서 있으면서 죄의 무거운 짐을 벗어 버릴 수 있는 기회를 얻으려고 기다리다 시간이 너무 늦고 집회가 끝나는 바람에 만족을 얻지 못한 상태에서 할 수 없이 억지로 돌아가야 하는 30명 이상의 학생들을 헤아린 적도 있었다. 우리는 시간을 지킬 수 없었다. 집회가 끝났다고 여러 차례 말했음에도 불구하고 몇몇 학생들은 애통하고 절규하면서 "제발 제게 고백할 수 있는 기회를 주십시오"라고 부르짖었고, 어떤 때는 우리가 온종일 집회를 가졌지만 학생들이 자정이 되어 우리가 집으로 돌아갈 때까지 따라오며 자신들과 함께 그리고 자신들을 위해 기도해 달라고 우리에게 간청하는 때도 있었다. 학생들의 약 10분의 9가 이때에 성령의 깊은 감동을 받았고 중생의 은혜를 경험하였다.[118]

첫주 동안 그들 가운데 감동이 너무 깊어 학교 수업을 시작하는 것이 사실상 불가능했다.[119] 하나님의 영이 학생들을 너무도 강하게 감동시켜 그들이 수업에 집중하는 것이 불가능하였다. 방위량 선교사의 말대로 "학교에서는 심지어 학생들이 울면서 그들의 잘못을 서로 나누느라 수업을 중단하기까지 했다."[120] 책을 펴서 공부하려고 하였고 또 공부에 대한 열의도 대단했지만, 성령의 강권적인 역사로 자신들의 죄성을 발견하고는 그것을 토로하지 않고는 견딜 수 없었던 것이다.

117　Becker, "M. E. North Report for 1907," 52. "The Revival," 84를 보라.
118　Noble, "Report of the Pyeng-yang District," Minutes of Korea Mission, *Methodist Episcopal Church, 1907*, 52-53. 이것은 *KMF*의 보고와 정확히 일치한다. "고등학교에서의 부흥운동은 모든 학생들이 부흥운동의 능력을 경험할 때까지 계속되어 학생들 10분의 9가 중생함을 의식적으로 경험하였다. "The Revival," 84.
119　Jones, *The Korean Revival*, 12-13.
120　Blair, *Gold in Korea*, 65

학생들이 학생들을 찾아가 자신들의 잘못을 용서해 달라고 간구하는 일들이 여기 저기에서 눈에 띄었고, 개중에는 교사를 찾아가 자신들의 잘못을 비는 경우도 있었다. 그러나 이들의 통회와 회개는 자신들의 죄에만 국한되지 않았다. "그들이 기도하는 기회가 주어졌을 때 자신들의 죄와 동료 학생들의 죄에 대한 엄청난 통회가 반복되었다."[121] 그 후 2주간 성령의 역사는 숭실학교 학생들 가운데 계속되었다:

> 그 후 2주간은 무시무시하고 놀라웠다. 예비 시험 때가 되자 오후 네 시에 어떤 지도자(any leader) 없이도 자율적으로 학생 집회를 갖기로 정해졌다. 그러나 우리의 지도자(the Leader)이신 하나님께서 능력과 권능으로 그곳에 계셨으며, 그의 임재의 현시는 무시무시했다. 마치 이들은 사람이 하나님의 현시 속에 발가벗겨져 죄의 무시무시함이 적나라하게 드러난 듯이 행동했다. 먼저 육체적인 비통 가운데 손과 머리로 바닥을 치며 통회하였고, 마치 군대 마귀가 그를 찢듯이 울부짖으며 부르짖었고, 이어 죄악되고 정결치 못한 삶에 대한 뉘우침으로 흐느껴 울며 회개하였다.[122]

학생들은 자신들의 "두드러진 잘못들, 학교에서 학생들이 너무도 쉽게 범하는 작은 죄들, 시험 부정, 도둑질과 거짓말, 욕설과 원한들을 고백하고, 고백함으로써 심령의 정결함을 얻었다."[123] 그 후 학생들 가운데 일어난 이 부흥운동의 두드러진 특징은 학생들에게 자신들의 동료들을 위해 중보의 삶을 살도록 만들어 준 것이다. "이미 축복을 받은 학생들은 매일 수 시간씩을 기도하고 있고 몇몇은 하나님 앞에 머리 숙여 온밤을 지새우고 있다. … 한국 그리스도인들과 외국 선교사들은 똑같이 중보기도의 실제적인 의미를 발견했다. 한 사람이 자신에 대해 무시무시한 죄를 고백하면 한 선교사는 그를 위해 중보기도하기 위해 무릎을 꿇었다."[124] 그와 같은 모습은 마치 그 자신이 다른 사람을 대신

---

121 "The Revival: The Awakening of the Students," *KMF* IV: 6 (Jun., 1908), 84.
122 "The Revival: The Awakening of the Students," 84. cf. Jones, *The Korean Revival*, 14.
123 "The Revival: The Awakening of the Students," 85.
124 "The Revival: The Awakening of the Students," 84.

민족운동과 부흥운동의 산실 숭실학교

하여 고난을 받거나 겟세마네에서 그리스도가 받으신 고난의 참 의미를 암시해 주는 듯했다.

    부흥운동이 저변 확대되면서 중보기도는 부흥 집회의 "하나의 두드러진 특징"이 되었다. 이미 은혜를 받은 학생들이 매일 수시간씩 동료를 위해 중보기도를 드렸으며, 몇몇은 하나님 앞에서 온밤을 지새우며 기도했다.[125] 제임스 게일이 전환기의 한국에서 지적한 것처럼 은혜를 경험한 학생들에게 "기도하기에는 24시간 하루 전체가 너무 짧았다. 이전에는 단 한 시간의 기도회도 지루해 했으나, 이제는 중보기도의 즐거움으로 식사도 잊어버릴 정도였다."[126] 이들의 중보기도는 마치 겟세마네 동산에서의 주님의 중보기도를 연상케 할 정도로 진지하고 간절했다.[127]

    학생들 사이에 나타난 부흥운동의 두 가지 특징, 즉 공개적인 죄의 고백과 중보기

---

125   Jones, *The Korean Revival*, 15.
126   Gale, *Korea in Transition*, 212-213.
127   Jones, *The Korean Revival*, 16.

도는 평양 장대현교회에서 나타난 부흥운동의 특징 그대로였다.[128] 겨울 남자 사경회에 참석하였던 이들도 성령의 강권적인 역사 앞에 자신들의 죄를 공개적으로 고백하지 않을 수 없었고,[129] 또 성령의 은혜를 경험하지 못한 이들과 여전히 죄의 노예로 살고 있는 수많은 불신 영혼들을 위해 중보기도를 하지 않을 수 없었다. 부흥운동은 학생들의 삶에 엄청난 변화를 가져다주었다. 학생들의 경건생활이 달라졌고 기도생활에 더 많은 투자를 하기 시작했으며 예외 없이 전도열로 불타올랐다. 베커는 부흥운동 이후 학생들의 생활에 나타난 이 같은 세 가지의 뚜렷한 영적 변화를 다음과 같이 기술한다:

> 그러나 부흥운동의 깊이는 학생들의 변화된 생활과 습관을 통해 측정될 수 있다. 나는 왜 내가 이번 부흥운동이 심령을 정결케 하는 부흥운동이었는가를 알 수 있는 몇 가지 이유를 들겠다. 첫째, 주간 기도회가 실제적인 기도회로 변했다. 모든 학생들이 실내에 들어가자마자 곧 기도하기 시작했고 간증과 고백이 일상적인 논제의 위치를 대신하였다고 진실된 마음으로 느껴졌다. 둘째, 거의 모든 학생들이 충실하게 아침과 저녁 개인 경건회를 계속해서 갖고 있으며, 전체 학생 3분의 2 이상이 학교의 기도실을 찾는다. 셋째, 대규모의 학생들이 십자가의 열정으로 불타는 전도사가 되어 시내와 인근의 시골 교회들에 부흥의 불길을 전하였을 뿐만 아니라, 몇몇 학생들은 제물포와 공주에까지 부흥의 불길을 전하였다.
> 한국에 전도회라 불리는 전도단체가 조직되어 성령께서 그들의 수고를 놀랍게 축복하셨다. 매주일 몇몇 인근 촌락교회에서나 시내 거리에서 복음을 전하는 수많은 학생들을 우리는 쉽게 발견할 수 있었다. 며칠간 집에 가겠다고 허락을 받은 한 학생은 환한 모습으로 돌아와 그가 받은 축복을 이야기하였다. 그의 부친과 모친의 신앙적 경험이 더 깊어졌으며, 한 부유한 삼촌이 신앙생활을 시작했다는 것이다. 그의 모교회 교인들은 그가 그곳에 있는 동안 매일 저녁 모였는데, 따라서 평양 시

---

128 Minutes of Korea Mission, *Methodist Episcopal Church*, 1907, 57.
129 릴리아스는 1907년 대부흥운동의 가장 두드러진 특징이 회개였다고 말한다. L. H. Underwood, *Underwood of Korea* (Seoul: Yonsei University Press, 1983), 224. cf. Jones, *The Korean Revival*, 6-7.

내에서 현시된 것과 똑같은 죄에 대한 회개의 역사가 거기에서도 나타났다. 불신 이웃 열 명이 결신했으며, 새로 교회를 설립할 계획을 세웠고, 여학교를 세우는 일이 착수되는 등 이 모든 일들이 비교적 얼마 되지 않은 신입생들의 며칠 동안의 열정적인 사역에서 비롯되었다.[130]

확실히 부흥운동이 "학교생활에 미친 결과는 즉각적이고 급진적이었다."[131] 과거 구원의 확신이 없었던 학생들이 구원의 확신을 가졌고, 위에서 언급된 것처럼 기도생활과 경건생활이 이전과 비교할 수 없을 정도로 깊어졌으며,[132] 그 결과 벙커의 말대로 미션 스쿨 학생들 "모두 다 분명한 신앙을 가진 그리스도인들"[133]로 변했다. 경건생활과 기도와 전도로 집약되는 변화 중에서도 전도는 부흥운동이 가져다준 가장 두드러진 변화였다.[134] 은혜를 받은 학생들 가운데 "많은 사람들이 설교자로 부름을 받았고, 학생들의 각 주일 그룹이 전 도시와 가까운 시골 마을에서 복음을 전하는 것을 발견할 수 있었다. 많은 자원자들이 여름 방학 동안에 복음을 전하고 가르치는 사역에 시간과 힘을 쏟고 있다. 우리 선교회의 33명의 남학생들은 사역을 위해 수고하는 동안 식사 외에 전혀 다른 것을 제공받지 않으면서도 이 사역을 위해 임명을 받았다."[135]

부흥 집회를 통해 놀라운 성령의 역사를 경험한 평양의 고등학교 학생들은 1907년 여름 방학에 자신들의 고향으로 돌아가 그중 적어도 25여 명이 남자 보통학교에서 가르치면서 그 지역 조사의 지도하에 지원을 받지 않고 자비로 복음을 전하였다.[136] 성령의 은혜를 경험한 후 학생들의 장래 비전이 달라진 것이다.

1907년 6월 평양의 노블이 보고한 것처럼 "그리스도를 증거하기 위해 신학교에

---

130 Minutes of Korea Mission, *Methodist Episcopal Church, 1907*, 53.
131 Minutes of Korea Mission, *Methodist Episcopal Church, 1907*, 69.
132 Jones, *The Korean Revival*, 37.
133 Minutes of Korea Mission, *Methodist Episcopal Church, 1907*, 69.
134 Jones, *The Korean Revival*, 17.
135 "The Revival," 85
136 Minutes of Korea Mission, *Methodist Episcopal Church, 1907*, 45; Jones, *The Korean Revival*, 17.

들어가는 것이 학생 대다수의 비전이 되었다."[137] 노블은 이와 같은 현상이야말로 이 나라의 미래를 예비하시려는 하나님의 깊으신 섭리라고 확신했다. "현 성장 추세라면 오는 20년 안에 한국내의 그리스도인은 100만 명에 달할 것이다. 그렇다면 과연 누가 다가올 이 영광스러운 무리들을 목양할 것인가? 두말할 것 없이 이들은 우리 학교 졸업생들로부터 나와야 할 것이다."[138]

이것은 결코 허황되거나 낙관론자의 몽상이 아니라는 증거들을 현실 속에서도 얼마든지 찾을 수 있다. "지난 가을 학기 등록한 거의 100여 명의 젊은이들이 자발적으로 복음을 전파하고 있고 현재 자신들의 온 힘을 그 방향에서 쏟아 붓고 있다. 다시 말해 우리 선교회 출신 재학생의 75%가 자발적으로 목회를 배우고 있으며 그들 중 몇 사람은 이미 능력의 사람이 되었다."[139]

사도행전의 역사가 보여 주듯이 능력을 힘입은 사람은 자연스럽게 예루살렘과 온 유대와 사마리아와 땅 끝까지 증인이 되지 않을 수 없다. 실제로 평양대부흥운동 기간 동안 성령의 역사가 놀랍게 임하자 "많은 학생들이 십자가의 도리를 전하는 열정적인 전도인이 되어서 이 부흥의 불길은 온 성내와 인근 촌락에 전파되었을 뿐만 아니라 멀리 제물포와 공주에까지 전파되었다."[140]

부흥운동을 통해 학생들에게 나타난 변화는 이뿐만이 아니었다. 수업 분위기가 이전과 비교할 수 없을 정도로 진지해졌고, 교사를 바라보는 태도도 이전의 자세와 달랐다. 따라서 교사들의 입장에서 볼 때 부흥운동 이후 학생들에 대한 훈련이 이전보다 더 쉬워졌다. 학생들과 함께 부흥의 현장을 처음부터 지켜보고 경험한 베커가 "2년 동안의 훈련으로도 성취할 수 없었던 어떤 특성들을 부흥운동이 성취하였다"고 말한 것은 부흥운동이 얼마나 학생들의 삶과 가치관에 변화를 가져다주었는가를 잘 말해 준다.[141]

이 민족을 이끌어 갈 능력의 일꾼을 배출할 민족 학교로서의 틀을 다지고 더 효율

---

137 Minutes of Korea Mission, *Methodist Episcopal Church, 1907*, 45.
138 Minutes of Korea Mission, *Methodist Episcopal Church, 1907*, 45.
139 Minutes of Korea Mission, *Methodist Episcopal Church, 1907*, 45.
140 Noble, "Report of the Pyeng-yang District," 53.
141 Minutes of Korea Mission, *Methodist Episcopal Church, 1907*, 53.

적으로 민족복음화에 적합한 이 나라 젊은이들을 양성하기 위해 숭실중학교와 숭실대학은 1907년에 3년제 고등학교 과정과 4년제 대학 과정으로 교과 과정을 조정하여 새로운 도약을 다졌다. 이미 2년 동안 장로교와 감리교의 연합 사역을 통해 장로교와 감리교는 이 학교를 한 차원 발전시키는 기초를 다질 수 있었다.

1907년 6월 14일 평양의 방위량, 매큔, 번하이셀, 노블, 존 무어, 베커, 재령의 헌트, 그리고 선천의 휘트모어(N. C. Whittemore)로 구성된 교육 위원회가 평양의 숭실대학과 숭실중학교 사역을 논의하고 새로운 교과 과정을 인준하였던 것은 시의적절한 것이었다.[142]

평양신학교, 평양대부흥운동

숭실대학에 임했던 놀라운 성령의 역사는 곧 이어 2월에 있었던 남녀 사경회(the city training classes)와 97명의 감리교 사역자들이 참석한 신학회에서도 재연되었고, 여자 성경학교(the Women's Bible Institute), 3월에 있었던 장로교 여자 사경회(the Women's Union Normal Class)에서도 또다시 반복되었다.[143] 이들 모임마다 성령의 "특별한 축복"이 임했던 것이다.[144]

이제 평양은 장대현교회뿐만 아니라 평양 전역의 모든 교회들이 불타고 있었고, 평양은 마치 오순절의 예루살렘을 방불케 했다. 19세기 부흥의 불길이 타오르자 예일대학을 비롯한 수많은 학교에서 학생들 가운데 부흥의 역사가 나타났던 미국 2차 대부흥운동에서처럼 부흥의 불길은 평양 시내 수많은 미션 스쿨들을 강타한 것이다. 1907년 5월, 베어드의 아내(Annie A. Baird)는 코리아 미션 필드에 "평양 학생들 가운데의 성령의 역사"라는 기사를 통해 얼마나 놀랍게 성령의 역사가 평양의 미션 스쿨의 학생들에게 임했는가를 자세하게 증언해 주었다.[145] 평양신학교도 예외가 아니었다.

---

142 Minutes of Korea Mission, *Methodist Episcopal Church, 1907*, 51.
143 *Annual Report, PCUSA* (1907), 28.
144 *Annual Report, PCUSA* (1907), 28.
145 Mrs. W. M. Baird, "The Spirit Among Pyeng Yang Students," *KMF* III: 5 (May, 1907), 65-67. 기

1907년 3월 16일부터 12일 동안 진행된 감리교 여자 사경회가 끝나기 전, 3월말 전국에서 흩어져 사역하던 75명의 장로교 신학생들이 해마다 있는 3개월 간의 집중적인 신학 훈련을 위해 평양을 찾아왔다. 이들 가운데 7명은 6월로 5개년의 신학 과정을 다 마치고, 오는 가을에 목사 안수를 받을 예정이었다.

다른 사람들은 1학년, 2학년 아니면 3학년 과정에 있는 학생들이었다. 한국인들의 첫 목사 안수에 맞추어 성령의 오순절의 역사가 한국 장로교 전역에 확산되고 있었다는 것은 놀라운 축복이었다. 이들은 평양에서 시작된 성령의 불길이 전국을 강타하고 있던 3월말 평양에 모여든 것이다. 그때는 그야말로 부흥운동이 최고로 고조되고 있을 때였다.

개강, 한 주간의 기도회

따라서 부흥운동의 열기 속에 모인 개학 첫날 전국에서 모인 75명의 학생들의 분위기는 확실히 예전과 달랐다. 1월과 2월 숭실대학을 비롯한 미션 스쿨 학생들 가운데서도 놀라운 성령의 역사가 나타난 것을 몸소 체험한 선교사들은 평양신학교에서도 그와 같은 역사가 나타나기를 고대했다. 전국 교회를 장차 이끌어 갈 이들이 성령의 은혜를 받아야 한국 교회가 살 수 있을 것이라는 확신을 가졌던 것이다. 다행히 이미 평양신학교 학생들 가운데 적지 않은 수가 부흥운동의 지도자로 쓰임을 받고 있었다.

길선주 장로의 경우가 전형적으로 보여 주는 것처럼 "이들은 그때에 죄를 고백하고 사죄와 능력을 받아 다른 사람들에게 그와 같은 축복을 나누어 줄 수 있었다. 길 장로와 같은 몇몇 사람은 서울과 평양 모두에서 놀랍게 주님의 쓰임을 받고 있었다. 다른 많은 사람들도 지방 사경회에서 유사하게 주님의 쓰임을 받고 있었다."[146] 물론 모든 학생들이

숙사에 거주하는 몇몇 학생들은 매우 놀라운 체험을 경험하였다. 종종 며칠 동안 계속되는 무시무시한 죄의 탄식 후 용서, 평안의 느낌, 대단한 기쁨이 찾아들었고, 중보기도 가운데 권능의 세례가 찾아왔다. 특별히 어느 한 사람에게 성령이 놀랍게 임하자 그는 완전히 새롭고 영광스러운 피조물로 변한 것처럼 보였다. 수 시간이 지난 후 그는 다른 사람들을 위해 기도하면서 여기저기 자신의 친구와 동료들에게 찾아가 그들이 예수 그리스도를 기억할 것을 촉구했다.

146 Swallen, "God's Work of Grace in Pyeng Yang Classes," 79.

다 그와 같은 성령의 충만을 경험하고 주의 종으로 사용받고 있었던 것은 아니었고, 평신 학생들 중에서는 아직 "어떤 특별한 축복"을 받지 못했던 이들도 있었다.[147] 이를 위해서 학생들과 선교사들이 개학 첫 주 내내 저녁 기도회를 가졌던 것이다.[148]

이미 은혜를 체험한 이들은 아직 은혜를 경험하지 못한 이들을 위해 간절히 기도했다. 교수들과 학생들이 함께 모인 첫날 저녁 기도회는 특별한 부흥의 역사가 나타나지 않았으나, 첫 주 동안은 매일 저녁 기도와 참회의 시간을 가졌다. 학생들은 자신들의 학업이 하나님의 목적을 성취할 수 있도록 학기 초에 하나님과 바른 관계를 갖기로 결단하였다. 그 결과 매큔이 기록한 대로 "장차 한국 교회의 목회자가 될 이 사람들은 성령의 불로 그들의 죄가 모두 태워져 버렸음을 체험하였다."[149] 1907년 북장로교 선교회 평양 선교부가 보고한 대로 "한국 전역에서 교회의 사역을 비우고 온 신학교 학생들이 학기가 개강하는 그 주간에 성령의 충만을 받았던 것이다."[150]

1907년 그 해 평양신학교의 수업은 4월 2일에 시작되었고, 3월 30일 하루는 한국 교회 전체가 이들의 수업을 위해 기도하기로 정해진 "평신의 날"이었다.[151] 따라서 신학교 수업이 효과적으로 진행되어 이 신학 수업을 통해 이 나라의 훌륭한 목회자들이 배출될 수 있기를 바라는 간절한 마음이 어느 때보다도 고조되고 있었다. 한국 교회는 교회의 장래가 바로 이들에게 달려 있다는 사실을 너무도 잘 알고 있었다. 이 때문에 선교사들은 물론 한국인들이 이들에게 거는 기대는 대단했다. 무엇보다도 이들이 영적으로 한국 교회를 이끌어 갈 만한 지도자들이 되기를 고대하는 마음이 강했던 것이다.

8개월 전, 지난해 가을 신학 연구위원회는 모든 수업이 마쳐질 때까지 놀라운 축복 속에 진행되도록 신학교 수업이 진행되고 있는 3개월 동안 매일 저녁 한 시간씩 특별 기도회와 영적 집회(spiritual conference)를 갖기로 결정했다.[152]

---

147   "The Revival," 84.
148   C. F. Bernheisel, Letter to Dr. Brown, April, 13, 1907.
149   "Opening Days at the Theological Seminary," *KMF* III: 6 (Jun., 1907), 89.
150   *Annual Report, PCUSA* (1907), 28. 미 북장로교 선교본부에 보낸 Bernheisel, Letter to Dr. Brown, April, 13, 1907도 평신에서의 성령의 역사를 살펴볼 수 있는 좋은 자료이다.
151   Bernheisel, Letter to Dr. Brown, April, 13, 1907.
152   Swallen, "God's Work of Grace in Pyeng Yang Classes," 78.

4월 수업이 시작되자 선교사들은 이와 같은 기도 시간을 통해 자신들이 신학생들로 하여금 성령의 충만을 받게 만들 수 있다고 단정하기보다는 하나님께서 이들에게 은혜를 부어 주셔야 한다는 사실을 깨달은 것이다. 그래서 선천의 시릴 로스(Cyril Ross), 서울의 샤프(C. E. Sharp), 사이드보텀(Sidebotham), 스왈른 등 그 해 강의를 맡은[153] 선교사들은 "하나님께서 이들에게 즉각적인 은혜의 강림이 있도록 기도하기로 바꾸었던 것이다."[154] 성령의 역사가 인위적인 인간의 작품이 아니라 하나님의 주권적인 역사라는 사실을 구체적으로 경험한 이들이 하나님의 자비의 은총이 평양신학교 학생들 가운데에도 놀랍게 임하도록 간구하기 시작한 것이다. 여기서는 선교사들과 한국 학생들이 결코 둘이 아니라 하나였다. 선교사들은 한국 학생들에게만 그와 같은 성령의 역사가 있어야 한다고 생각하지 않았다. 자신들도 예외가 아니었다. 거의 매일 밤 은혜가 임했다:[155]

> 처음부터 이 저녁 집회는 열정적인 기도로, 때로는 개인들의 인도로, 그리고 다른 때는 모두가 연합한 통성기도로 매우 강렬한 열정에 사로잡혀 있었다. 처음 시작부터 이전에 언급되지 않은 극악한 죄악들이 고백되어졌다. 이 고백들은 비록 죄의식의 증거로 특징지어지지는 않았지만 진지한 것 같았다. 하지만 첫주를 지나면서 집회는 죄의 확신에 대한 강도에 있어서 분명한 진전이 나타났다. 그것은 성령께서 그들의 심령에 역사하고 계신다는 증거였다. 이전에 고백한 사람들이 지금은 자신들의 죄로 인한 탄식으로 울부짖으면서 더 비통한 죄책감에 대한 새로운 기회를 발견하였다.[156]

4월 6일 토요일 밤 집회는 심야까지 계속되었다. 성령은 사람들로 하여금 과거에 숨겨져 있던 기만, 교만, 속됨, 간음, 탐욕, 증오, 질투, 그리고 사실 마귀의 범주에 속한 거의 모든 것들을 드러내시며 놀라운 권능으로 임하셨다. 4월 8일 월요일에는 똑같은 역

153　Bernheisel, Letter to Dr. Brown, April, 13, 1907.
154　Bernheisel, Letter to Dr. Brown, April, 13, 1907.
155　Bernheisel, Letter to Dr. Brown, April, 13, 1907.
156　Swallen, "God's Work of Grace in Pyeng Yang Classes," 79.

사가 반복되지 않자 신학생들과 교사들은 그날 낮과 저녁 온 하루를 기도와 죄의 고백으로 보냈다. 많은 사람들은 회심 전에 지은 고백하지 않은 죄가 자신들의 기도를 방해하고 있다고 느꼈고, 성령께서 그들의 심령에 있는 모든 것을 드러낼 수 있는 힘을 주실 때까지 평안을 찾을 수 없었다.

다음날 4월 9일 화요일에도 또다시 성령의 역사는 반복되지 않았고, 그들은 그날도 월요일처럼 기도와 자기 성찰로 보냈다. 그곳에는 비상한 기도의 몸부림이 있었고 탄성으로 점철되었다. 아직 고백하지 않은 이들은 자신들의 죄의 짐으로 짓눌렸으며, 고백하고 평안을 소유한 자들은 다른 사람들의 죄의 짐으로 짓눌렸다. 이 사람들이 절규하며 하나님께 부르짖는 것을 들으면 그들의 심령에 성령께서 자신의 목적을 이루고 계시다는 것을 충분히 알 수 있었다.

평양신학교에 임한 성령의 역사

4월 9일 화요일 저녁에 찬양과 감사의 간증이 있었다. 간증자들은 간증을 간단하게 하도록 요구되었다. 약 한 시간 동안 전에 좀체 들어보지 못한 50-60명의 진지하고 기쁨에 찬 간증들이 있었다. "그중의 몇은 성령께서 신학교 개학날 집회 동안에 그들에게 행하신 것을 간증하면서 기쁨의 눈물을 흘렸다. 그들은 변화된 사람이었다."[157]

"그 주에 어느 정도 하나님의 은혜의 기적이 있었다. 장차 한국 교회의 목회자가 될 이들이 자신들의 삶에서 죄를 불태워 버리는 성령의 불(the fire of Holy Spirit)을 경험한 것이다. 성령의 은혜의 역사를 통해 평양신학교 학생들은 "일찍이 가져 보지 못하였던 신앙의 힘을 체험"[158]한 것이다. 신학생들의 이와 같은 성령의 체험과 변화는 장차 한국 교회의 영적 성숙과 발전을 위해 너무도 시급한 것이 아닐 수 없었다. 매큔의 고백대로 이것이 한국 교회의 장래를 위해 무엇을 의미하는지 측정할 수 없지만, 그들에게 분명한 한 가지는 "성령께서 이 시대의 사역에 그의 영을 부어 주셨고, 만약 우리가 우리의

157　McCune, "Opening Days at the Theological Seminary," 89.
158　백낙준, 한국 개신교사, 389.

평양신학교의 상급생들

맡겨진 일에 충실한다면 그가 더 큰 축복을 부어 주실 것을 약속하셨다[159]는 사실이다:

성령의 능력으로 진리의 서치라이트가 인간의 영혼을 비출 때 죄는 참 모습을 드러낸다. 성령의 조명으로 이 사람들은 매우 부정하고 행함이 없고 무가치한 죄인이라는 사실을 스스로 느끼고, 그런 후에야 자비에 대한 간구가 말로는 설명할 수 없지만 하나님께 상달되는 것이다. 친히 실제로 경험을 한 자만이 이 모든 것이 의미하는 것을 충분히 깨달을 수 있을 것이다. 이 세상의 어떤 힘도 이 집회가 그들에게 가져다주는 것처럼 사악한 심령에 숨겨진 것들을 드러낼 수는 없다. 거의 모든 사람들이 한 차례 혹은 또 한 차례씩 고백하면서 그날 저녁은 찬양과 감사로 드려졌다. 이 저녁 또한 아주 놀라운 집회였다. 하나 둘씩 때로는 많은 사람들이 함께 일어나 간증하여 75명의 신학생들 거의 모두가 자신들이 받은 평안에 대해 기

---

159 McCune, "Opening Days at the Theological Seminary," 90.

쁨에 찬 간증을 했다.[160]

　1907년 4월 13일자 편지에서 밝힌 것처럼, 이번 성령의 역사로 평양신학교의 "교수들과 학생들 모두의 과업이 매우 분명히 드러나게 되었다."[161] 학생들은 죄의 짐이 벗어진 것에 대해, 어둠에서 나와 빛으로 옮겨진 것에 대해, 자신의 죄가 용서함을 받고 자신이 구원받은 사람이 된 것에 대해, 이제 기도할 수 있게 된 것에 대해, 하나님의 말씀을 바르게 배울 수 있도록 준비하게 된 것에 대해, 나의 원수를 사랑할 수 있는 힘을 얻은 것에 대해, 사람들과 그들의 모습의 아름다움과 하나님의 사역의 아름다움을 볼 수 있게 된 것에 대해, 과거에는 영적으로 무지했으나 이제 인간의 본성을 정확히 볼 수 있게 된 것에 대해 감사했다.[162]

　확실히 평양신학교 학생들은 이제 민족의 교회를 짊어지고 가야 할 막중한 사명감을 깊이 인식하게 된 것이다. 이와 같은 놀라운 성령의 임재에는 그 해 목사 안수를 받을 사람들은 물론 장차 한국 교회를 이끌어 갈 한국의 장래 목회자들을 영적으로 무장하고 새로 조직될 한국 교회를 축복하시려는 하나님의 깊으신 섭리가 내재되어 있었다. 매큔이 지적한 것처럼 그들을 가르쳤던 선교사들은 학생들이 과거처럼 의미 없는 질문을 하지 않는 등 수업에 임하는 태도가 완전히 달라진 것을 발견할 수 있었다.[163]

　이와 같은 변화를 목도한 스왈른은 "이제 우리는 안수를 받고 한국 교회에 목회자로 자리를 잡아야 할 첫 목회자들이 성령으로 충만한 사람들이 될 것이라고 확신한다. 그리고 우리는 장차 이것이 한국 교회의 모든 복음의 사역자들의 경우에도 그렇게 될 것이라고 희망한다"[164]고 말했다. 대부흥운동은 참으로 인간의 이성을 넘어 역사하시는 하나님의 기이한 역사였다. 마치 존 로스의 사역을 통해 한국 선교가 상당히 준비된 가운데 언더우드와 아펜젤러를 비롯한 선교사들이 입국하여 그 토대 위에 효과적이고 결실

160　Swallen, "God's Work of Grace in Pyeng Yang Classes," 80.
161　Bernheisel, Letter to Dr. Brown, April, 13, 1907.
162　Bernheisel, Letter to Dr. Brown, April, 13, 1907.
163　McCune, "Opening Days at the Theological Seminary," 90.
164　Swallen, "God's Work of Grace in Pyeng Yang Classes," 80.

있는 선교를 추진했던 것처럼 부흥운동은 "한국인에 의한 한국 교회"를 이룩하려는 중요한 토대를 구축해 준 셈이었다.

지금까지 살펴본 것처럼, 1907년 1월 장대현교회에서 나타났던 성령의 놀라운 역사는 장대현교회뿐만 아니라 평양 시내의 교회들과 평양 시내의 초등학교에서부터 대학교, 더 나아가 성경학교와 평양신학교에 이르기까지 놀랍게 확산되었다. 마펫이 흥분을 감추지 못했던 것도 그 때문이었다:

> 그 도시의 교회들, 각종 초등학교와 고등학교들, 시골 지역에 있는 교회들, 시골에서 방학을 보내고 돌아온 대학생들과 중학생들 모두가 동일한 체험을 했으며, 똑같이 처절하게 죄를 자각하고 몸부림 치는 기도 가운데 번민하다가 마침내 모두가 평안과 기쁨을 체험하였다. 그 도시의 직분자 훈련 모임에서, 여성 성경학교에서, 신학교와 남자 성경학교에서도 동일한 역사가 일어났다.[165]

평양신학교가 종강하고 이어 열린 봄 남자 성경학교에서 놀라운 축복은 계속되었고, 그리고 장감이 연합으로 개최한 연합 정규 남자 사경회 저녁 전도 집회에 참석한 이들도 그 같은 은혜를 공유하였다.[166]

이처럼 1907년 겨울 남자 사경회에서 발흥한 평양의 성령의 역사는 남녀 성인들은 물론 보통학교, 중학교, 고등학교, 대학교에 이르기까지 모든 학생들에게 확산되었다. 유교와 우상에 깊이 물들어 있던 한국 남성들과 사회적 제약과 속박 속에 소망 없이 살아가던 여인들에게 세상이 줄 수 없는 서광이 비치기 시작한 것이다. 그 성령의 역사는 심지어 아주 어린아이들에게도 예외가 아니었다. 이들은 밤새워 기도하면서 요엘 선지자

---

165 Samuel A. Moffett, "Evangelistic Work," *Quarto Centennial Papers Read Before the Korean Mission of the Presbyterian Church in the U.S.A. at Annual Meeting* (Pyeng Yang, Korea: Korea Mission of PCUSA, 1909), 22.
166 *Annual Report, PCUSA* (1907), 28.

가 어린이들이 보라라고 예언한 기적들을 보았다.[167] 어린아이들 가운데 많은 아이들이 놀라운 성령의 역사를 목도하고는 자신들이 범한 잘못들을 깊이 뉘우치고 아버지와 어머니에게 찾아가 용서를 구했다. 자신의 부모가 아직 믿지 않는 아이들 가운데는 집으로 돌아가 울면서 부모에게 예수를 믿을 것을 간청하기도 하였다.[168]

  1907년 4월 22일 스왈른이 미국 북장로교 선교 본부에 보낸 편지에서 기술한 것처럼 4월에 들어서도 평양에서는 "은혜의 소낙비가 계속되고 있었다."[169] 그와 함께 평양은 놀랍게 변하기 시작했다. 그 결과 평양에서의 부흥운동은 한때 "한국에서 가장 희망 없는 지역"으로 알려진 평양시를 가장 역동적이고 활기찬 소망의 도시로 바꾸어 주었다. 게일이 전환기의 한국에서 말한 것처럼 정령 숭배가 들끓고 우상들이 범람했던 평양에 부흥운동 결과 "지금은 어디서나 기도 소리와 통회와 찬송 소리가 들렸다."[170] 1907년 3월 12일자 편지에서 베스트가 "평양이 점점 더 기독교 도시로 바뀌고 있다."[171]고 말한 것은 결코 과장이 아니었다.

  한때 소망 없던 전쟁터가 한국 선교를 주도하는 중심 세력으로 부상하더니 평양대부흥운동을 통과하면서 이제는 "동양의 예루살렘"으로 자리 매김을 한 것이다. 기왕에 한국 교회를 주도하는 평양이 부흥운동을 통해 이제는 "한국의 예루살렘"이 아니라 "동양의 예루살렘"이 되었다. 복음이 인간의 심령뿐만 아니라 지역과 사회를 바꾸는 놀라운 변화의 능력을 지니고 있음을 평양대부흥운동은 보여 준 것이다. 오순절의 역사적 현장, 도시 언덕 위에 높이 세워진 장대현교회에서 울려나는 종소리는 민족의 영적 여명을 알리는 종소리였으며, 평양의 불신자들과 그리스도인이라고 하면서도 여전히 죄악의 길을 걷고 있던 사람들에게 "회개하여 하나님과 바른 관계를 정립하고, 회복하여 바르게 살 것을"[172] 촉구하는 종소리였다.

---

167 Gale, *Korea in Transition*, 213.
168 Gale, *Korea in Transition*, 212.
169 Swallen, Letter to Dr. Brown, April, 22, 1907.
170 Gale, *Korea in Transition*, 210.
171 Margaret Best, Letter to Dr. Brown, Mar., 12, 1907.
172 Gale, *Korea in Transition*, 211.

제 8 장

전국으로 확산되는 성령의 불길

> 하나님의 성령께서 친히 놀라운 방식으로 현시하셔서 교회를 정결케 하시고, 수백 명의 심령에 새로운 성결, 권능, 기쁨을 가져다 주셨다. 리(Lee)는 선천으로, 헌트(Hunt)는 대구로, 소안론(Swallen)은 광주로, 길 장로는 의주와 서울로 달려갔으며, 그런 후 이 성령의 역사는 교회에서 교회로, 선교부에서 선교부로 확산되어 마침내 온 나라가 인간의 심령을 감동시키는 성령의 권능의 놀라운 현시를 목격하였다.
>
> 1909, *Quarto Centennial Papers, PCUSA*, Samuel A. Moffett

장대현교회의 성령의 역사는 곧 평양의 다른 교회에서도 나타났고, 선교사들의 가정이나 남학교와 여학교, 성경학교, 신학교, 도시나 시골을 막론하고 성령의 은혜를 사모하는 곳에서는 어디나 똑같은 성령의 역사가 재연되었다.[1] 장대현교회의 오순절의 역사는 게일이 말한 것처럼, "나라 전역으로 소문이 퍼져 나갔고, 여기저기서 유사한 성령의 현시가 나타났다."[2]

---

1. George Heber Jones, *The Korean Revival* (New York: The Board of Foreign Missions of the Methodist Episcopal Church, 1910), 23. 1907년 1월 장대현교회에서 모인 열흘 동안의 사경회에서 일어난 놀라운 성령의 역사는 경건주의운동, 영국의 복음주의 부흥운동, 미국의 1차 각성운동 등 부흥운동의 역사가 보여 주듯이 놀랍게 주변에 확산되었다.
2. James S. Gale, *Korea in Transition* (New York: The Layman's Missionary Movement, 1909), 214. Cf. T. Stanley Soltau, *Korea The Hermit Nation and Its Response to Christianity* (New York: World Dominion Press, 1932), 25.

원산에서 시작한 부흥운동의 불씨가 평양 장대현교회로 옮겨 붙더니 강하고 놀랍게 평양 전역으로, 그리고 급기야는 얼마 되지 않아 평양에서 다시 전국으로 걷잡을 수 없이 확장되어 나간 것이다.[3] 성령의 역사는 성령의 임재와 역사를 염원하는 이들, 자신의 죄를 철저하게 통회하며 성결한 주의 영의 인도를 받으려는 이들, 주의 복음을 모르는 백성들에게 참된 복음을 증거하려는 이들에 의해 시작되었고, 일단 시작된 복음은 지역을 넘어 놀랍게 확산되어 나갔다.[4]

1907년 6월, 평양의 북감리교 선교사 노블이 보고한 것처럼, "부흥운동은 1월 첫 주에 시작되어 3월이 시작되기 전에 이들 각자가 하나님의 임재로 압도되었다."[5] 1907년 3월 12일자 북장로교 선교부에 보낸 베스트의 편지에 의하면, 이미 그때에 회개와 통회를 수반하는 놀라운 성령의 바람이 선천과 많은 다른 시골 교회로 확산되었다.[6]

이 부흥의 불길은 1월부터 6월까지 절정을 이루며 전국으로 퍼져 나갔다. "부흥운동은 1월부터 6월까지 계속되었고, 평양 시내 교회를 새롭게 만든 후 시골과 멀리 남부까지, 그래서 한반도 전역의 모든 선교부(mission station)들이 부흥운동의 영향을 느낄 수 있을 만큼 확산되었다."[7] 성령이 임하자 사람들이 교회와 하나님 앞에서 자신들의 죄악들을 낱낱이 고백하고 죄 사함의 은혜를 경험한 것이다. 장대현교회 오순절의 역사를 통해 성령의 충만을 받은 많은 사람들이 그 성령의 불을 가지고 자신들의 고향 교회와 전국 교회로 흩어지면서 "나라는 곧 성령의 불길에 휩싸였다."[8]

이와 같은 놀라운 확산의 수단은 복합적이지만, 주로 세 가지이다. 첫째는 장대현

---

3   사설, "평양 교회의 부흥," 신학월보, 1907년 2월, 11. 2월 호 사설 "평양 교회의 부흥"에서 평양부흥운동의 역사가 서울과 기타 지역으로 확산되어 가고 있다는 사실을 다음과 같이 밝히고 있다. "이번에 평양 셩닉교회가 크게 감화ᄒ심을 닙어 뭇 교인들이 남녀 업시 조긔 죄를 조복ᄒ야 대성통곡으로 그 죄를 내여놋코 새사름들이 되엿ᄂ니라. '하ᄂ님씌셔 신긔ᄒ고 오묘ᄒ신 모양으로 친히 림ᄒ심이 평양뿐 아니오 경셩 교회와 인쳔 룡동교회에도 잇셧스니" 온 대한 교회도 그와 같이 될 것으로 믿었다.

4   William Blair & Bruce Hunt, *The Korean Pentecost & the Sufferings Which Followed* (Edinburgh: The Banner of Truth Trust, 1977), 75.

5   Minutes of Korea Mission, *Methodist Episcopal Church, 1907*, 58.

6   Margaret Best, Letter to Dr. Brown, Mar., 12, 1907.

7   "Korean Church," *KMF* IV: 7 (Jul., 1908), 106.

8   "Korean Church," 106. Mrs. W. B. Hunt, Letter to Dr. Brown, Feb., 27, 1907.

교회의 남자 사경회 등 평양에서 열린 일련의 사경회에 참석한 이들이 자기 고향 교회에 돌아가 부흥운동을 확산시킨 경우, 둘째는 평양 등에서 부흥운동이 일어난 소식에 자극을 받아 자신들이 맡고 있는 지역에서도 그와 같은 성령의 역사가 나타나기를 간절히 소망하며 기도하는 것을 통해 일어난 경우, 셋째는 부흥운동의 지도자들이 전국으로 흩어져 부흥 집회를 인도하면서 전국적으로 확대된 경우가 바로 그것이었다.

    부흥의 현장을 처음부터 목도한 존스가 지적한 대로, 평양대부흥운동의 전국적인 확산에 적지 않게 기여한 이들은 다름 아닌 바로 평양의 사경회에서 놀라운 성령의 능력을 실제로 체험한 본인들이었다.[9] 복음의 능력을 체험한 선교사들과 한국의 지도자들은 마치 오순절 성령 강림의 역사를 체험한 사도들과 120문도들이 그 복음을 듣고 예루살렘과 유대와 사마리아와 심지어 땅 끝까지 찾아 나섰던 것처럼 성령께서 인도하시는 대로 전국 어디나 달려가기를 주저하지 않았다.

    1월 평양 장대현교회에서 열렸던 북장로교 겨울 사경회가 끝난 다음 사경회에 참석하여 놀라운 성령의 역사를 직접 체험한 이들은 자신들의 고향으로 돌아가 그 이야기를 자신들이 다니는 교회의 다른 교우들에게도 전해 주었다. 그 결과 "이 소문이 각처에 전파됨에 따라 신령한 체험을 맛보고자 하는 열망과 기대는 지방 신자들의 마음속에 간절하여졌다."[10] 사경회에 참석해서 성령의 놀라운 역사를 경험한 개교회 지도자들은 장대현교회 겨울남자도사경회가 1월 15일 끝나고 자기가 맡은 교회로 돌아가 부흥회를 인도했다. 그곳에도 강력한 성령의 임재가 나타났다.

    1907년 1월 평양 장대현교회 사경회에서 놀라운 성령의 권능을 친히 목격한 그레함 리 선교사와 방위량 선교사가 시골 사경회를 인도하기 위해 내려갔던 "그 사경회에서도 정확히 똑같은 현상, 곧 죄로 인한 무시무시한 탄식과 참회 후의 놀라운 기쁨과 평화가 찾아오는 성령의 임재가 있었다."[11]

---

9   Jones, The Korea Revival, 23.
10   백낙준, 한국 개신교사 (서울: 연세대학교 출판부, 1990), 388.
11   Lee, "How the Spirit Came to Pyeng Yang," 37.

겨울전도 여행을 하는 이길함 선교사

하나님의 성령께서 친히 놀라운 방식으로 현시하셔서 교회를 정결케 하시고, 수백 명의 심령에 새로운 성결, 권능, 기쁨을 가져다 주셨다. 리(Lee)는 선천으로, 헌트(Hunt)는 대구로, 소안론(Swallen)은 광주로, 길 장로는 의주와 서울로 달려갔으며, 그런 후 이 성령의 역사는 교회에서 교회로, 선교부에서 선교부로 확산되어 마침내 온 나라가 인간의 심령을 감동시키는 성령의 권능의 놀라운 현시를 목격하였다.[12]

특히 평양대부흥운동의 주인공 길선주 장로는 신자가 있는 곳이면 어디에서나 부흥 집회를 인도했고, 그때마다 놀라운 성령의 역사가 나타났다. 그리하여 "신자가 있는 곳이면 어디에서나 부흥의 체험이 반복되었다."[13]

---

12   Samuel A. Moffett, "Evangelistic Work," *Quarter Centennial Paper Read Before the Korean Mission of the Presbyterian Church in the U.S.A. at Annual Meeting* (Pyeng Yang, Korea: Korea Mission of PCUSA, 1909), 22-23.

13   Lak-Geoon George, *The History of Protestant Missions in Korea 1832-1910* (Pyeng Yang: Union Christian College, 1929), 373.

1906년 가을부터 곡산 지역과 그레함 리의 정화 지역을 중심으로 두 번에 걸쳐 긴 전도여행을 다녀온 매큔은 1907년 4월 코리아 미션 필드에 "이 여행에서 나는 지방 사경회 동안 평양에서 있었던 놀라운 축복이 이곳까지 확산되었다는 사실을 발견했다"[14]고 보고했다:

> 나는 59명을 세례 문답했는데 그들 각 사람은 자신의 죄를 철저하게 회개한 죄인이었다. 이들 남녀들은 주일예배 동안 일어나 깊이 통회하면서 자신들의 죄를 고백했고, 그중의 몇은 심하게 통곡했다. 이들 남녀들은 그리스도 예수와 그들을 향한 그의 희생에 대한 놀라운 지식을 보여 주었다. 우리는 이 일로 하나님께 찬양을 돌릴 수밖에 없다. 우리의 마음이 상상할 수 없는 것-생짜 불신자가 몇 주 교회에 참석한 후 죄의 고백으로 통회하며, 그들을 구원하기 위해 돌아가신 그리스도의 사랑을 깨닫는-을 목도하고 있다.[15]

1907년 4월 지방 전도여행을 떠났던 클락(곽안련) 선교사에 의하면 서울에서 열린 사경회에 참석해 은혜를 받은 사람들이 내려와 집회를 열면서 그곳에서도 똑같은 성령의 역사가 나타났다.[16]

사도행전이 보여 주는 것처럼, 오순절의 성령의 놀라운 역사를 체험한 이들에 의해 오순절의 역사는 더욱더 넓게 확산되어 나갔다. 사경회에 참석해 성령의 놀라운 역사를 체험했던 이들은 장대현교회에서뿐만 아니라 자신들이 섬기는 지역 교회에서도 그와 같은 성령의 임재와 성령의 역사가 나타나기를 간절히 사모했고, 그때마다 성령께서는 놀랍게 응답하셨다.

방위량이 말한 것처럼 "그 이야기가 전해지는 곳마다 성령의 불꽃은 동일하게 퍼져 나갔다. 실제로 한국 북부 지역뿐만 아니라 반도 전체의 모든 교회가 이 복을 나누어 받

---

14   G. S. McCune, "Ever Extending Blessings," *KMF* III: 4 (Apr., 1907), 54.
15   McCune, "Ever Extending Blessings," 53-56.
16   H. G. Underwood, "Prayer Cure," *KMF* III: 5 (May, 1907), 69.

았다. 평양에서는 특별 집회를 한 달 이상 여러 교회에서 열었다."[17]

그 결과 평양에서 있었던 놀라운 오순절 성령의 역사는 한 달도 되지 않아 서울로, 선천으로, 청주로, 광주로, 대구로, 그리고 전국 방방곡곡으로 퍼져 나갔던 것이다. 프레더릭 밀러는 청주에서 영적각성운동이 일어났음을 알려 왔고, 광주 주재 놀란(J. W. Nolan) 선교사도 방금 2주간의 사경회가 끝나고 "성령이 여기에 권능 가운데서 놀랍게 죄를 확신시키시고 고백하게 하셨다"[18]고 긴급 타전했다. 서울에서 열린 장로교 신년 사경회에 참석한 모든 지도자들과 사역자들은 예외 없이 "전혀 의심할 수 없을 만큼"[19] 죄를 고백하고 성령의 은혜를 경험했고, 선천에서도 "그의 교회에 임했던 놀라운 성령의 강림이"[20] 그대로 재연되었다.

평양 장대현교회에서 일어난 부흥운동의 역사가 일어난 지 한 달 후 코리아 미션 필드 2월호에는 1월호에 실렸던 제호 "평양에서의 성령" 대신 "한국에서의 성령"이라는 특집 기사가 실렸다. 1월의 장대현교회와 평양 지역에 이어 "이번 2월에 성령은 큰 권능으로 모든 지역의 많은 도시들과 마을을 찾아가시기 위해 임하신 것이다."[21] 성령의 역사는 앞으로 도래할 미래적인 "임하실" 것이 아니라 이미 전국에 도래하고 있는 "임하시는" 현상이며, 이와 같은 그의 임재는 실로 강력하고 경이로운 것이었다.[22]

---

17 William N. Blair, *Gold in Korea* (Topeka: H. M. Ives & Sons, 1946), 65.

18 G. S. McCune, "The Wonder of It," *KMF* III: 3 (Mar., 1907), 44.

19 "The Holy Spirit in Korea," *KMF* III: 2 (Feb., 1907), 25. 여기에는 다음과 같은 내용이 실렸다. 아주 최근의 설명이 말해 주는 대로 평양에서 "우리는 사람이 상상할 수 없는 것을 보았고, 회심자는 적어도 2,000명은 족히 되리라고 믿어진다." KMF는 불과 한 달 만에 전국에서 보내 온 "성령의 운동에 관한 몇 개의 논문과 편지들을 수중에 갖고" 있지만 지면의 부족으로 게재하지 못했던 것이다.

20 "The Holy Spirit in Korea," 25.

21 "The Holy Spirit in Korea," 25.

22 "The Holy Spirit in Korea," 25. cf. 장대현교회에서의 집회는 끝이 나고 대단한 기쁨으로 충만했으며 놀라운 성령의 역사는 다른 지역에서 계속되었다. Graham Lee, "How the Spirit Came to Pyeng Yang," *KMF* III: 3 (Mar., 1907), 37.

1. 평양대부흥운동의 주역, 길선주의 등장

평양 장대현교회에서의 성령의 불씨를 평양에서 전국으로 가지고 간 사람은 바로 길선주 장로였다.[23] 의심할 바 없이 그는 평양대부흥운동이 전국적인 현상으로 발흥하는 데 결정적인 역할을 했다.[24] 알렌이 길선주를 부흥운동의 기폭제로 이해할 만큼 길선주는 1907년 대부흥운동의 저변 확대에 지도적인 역할을 하였다.[25]

돌이켜 볼 때 그는 한국 교회의 대부흥운동을 위해 하나님이 예비해 두신 인물이었다. 길선주는 이미 1903년에 "능력 있는 설교자요, 깊은 사고의 소유자요, 매우 뛰어난 판단력을 지닌 사람이요, 영적 지각의 소유자"[26]라고 평가받을 만큼 세인의 인정을 받고 있었다. 그는 예수 그리스도의 복음을 듣기 전에 산꼭대기에서 하나님과 진리를 찾아 무려 100일을 금식하며 기도할 만큼의 종교적 열성을 가지고 있었다. 그러던 그가 바울처럼 변화를 받고 주님의 헌신된 종으로 쓰임받은 것이다.[27] 바울 사도처럼 그의 기왕의 종교적인 헌신과 열정이 그를 더 크고 귀한 그릇으로 만들어 주었던 것이다. 그의 설교를 들어 보거나 가까이서 그를 지켜 본 사람들이라면 이구동성으로 그가 "매우 탁월한 사람"(a very remarkable man)이라고 칭찬을 아끼지 않았다.

한국인이라는 긍지를 가지고 서양인들 앞에서 당당했던 길선주, 물질 앞에서 청렴했던 길선주, 일생 동안 하나님과 그의 나라를 위해 온전히 헌신했던 길선주는 당시로서는 찾아보기 드문 한국인의 양심이었다.[28]

---

23 George T. B. Davis, *Korea for Christ* (New York: Fleming H. Revell Co., 1910), 33-38.
24 金麟瑞, "靈溪先生小傳,"(中二), **神學指南** 14.2 (1932년 3월), 33-36. 길선주는 평양대부흥운동, 백만인구령운동, 그리고 그 후의 부흥운동의 역사(歷史)에서 가장 중요한 역할을 감당하였다. 1906년 말부터 부흥사로 활약하기 시작해 1907년 평양대부흥운동의 발흥과 그 평양의 불길을 서울을 비롯 의주, 영천, 안동, 전주, 목포, 추자도 등 전국으로 확산시키는 데 중심역할을 했으며, 그리고 그는 그 후 백만인구령운동에서도 주역이었다.
25 Horace N. Allen, *Things Korean: A Collection of Sketches and Anecdotes Missionary and Diplomatic* (New York: Fleming H. Revell Co., 1908), 171.
26 The Theological Class, "From General Report of Pyeng Yang Station," *The Korea Field* (Nov., 1903), 141.
27 "Kil Moxa," *KMF* VI: 5 (Jun., 1910), 118.
28 T. Stanley Soltau, *Yin Yang: Korean Voices* (Wheaton: Key Publishers, 1971), 35.

그의 힘있는 설교와 능력 있는 강해는 그의 오랜 방황과 체험에서 나온 것이었다. 한국 교회가 배출한 가장 걸출한 설교자이자 부흥사였던 길선주는 1869년 3월 15일 평안남도 안주의 한 독실한 유교 가정에서 출생했다.[29] "그 家庭은 그러케 富하지는 아니하엿으나 裕福한 家庭이엇다."[30] 당시의 대부분의 한국 가정이 그렇듯이 길선주의 가정도 한학을 존중하며 그 전통 속에서 자녀들을 교육하는 평범한 가정이었다. 자연히 길선주도 어린 시절부터 한학 교육을 받으며 성장했다. 7세부터 16세까지 한학자 정(鄭) 모 씨로부터 엄격한 한학 교육을 받은 길선주는 잠시 지방 관청의 말단 서기로 관직을 시작했다.[31]

청렴결백한 성격의 길선주는 당시 부정부패가 만연된 관청의 모습에 깊은 실망을 느끼고 새로운 삶을 개척하기로 결심했다. 그러다 "十七歲, 十八歲 어간에 平壤에서 商業을 經營하여 보앗으나 天作에 宗敎人으로 태어난 先生의계 商業이 마즐니가 없어 商業은 畢竟 失敗하고"[32] 말았다. 상업 역시 일생을 투자할 천직이 아니라는 확신이 든 길선주는 도교를 연구하기 시작했고, 점점 더 도교에 흥미를 느끼게 되었다.[33]

깊은 도를 연마하기 위해 그는 한적한 산속에서 수도에 전념하기도 하고 때로는 잠을 쫓기 위해 찬물에 몸을 담그며 수도에 몰두하기도 했다. 이런 종교적인 열정은 후에 기독교로 회심한 후 기독교에 전심으로 헌신하도록 만들어 주는 간접적인 요인이 되었다.

장님으로 알려진 길선주 장로가 시력을 잃어버린 것은, 사실은 젊은 시절 그를 미치게 사로잡았던 종교적인 열정 때문이었다. 젊은 시절 그는 진리를 찾는 길이라면 어떤 대가도 치를 각오가 되어 있었다. 진리를 찾기 위해 40주야를 명상과 수도로 보낸 적도 있었고, 심지어 잠을 자지 않고 수도에 전념하기도 했다. 그것은 단순한 수도가 아니라 말 그대로 고행이었다. 길선주는 잠을 물리치기 위해 가까운 산 약수터에서 얼음물을

29　金麟瑞, "靈溪先生小傳," 神學指南 30.6 (1931년 11월), 37.
30　金麟瑞, "靈溪先生小傳," 37.
31　Soltau, *Yin Yang: Korean Voices*, 35.
32　金麟瑞, "靈溪先生小傳," 38.
33　Soltau, *Yin Yang: Korean Voices*, 35.

길선주 목사

길어다 눈에 부었다. 이렇게 하기를 여러 날, 급기야는 그의 각막이 파괴되고 말았다. 길선주는 책을 읽을 수 없었고, 심지어 가까이 있는 사람의 모습도 식별할 수 없게 되었다. 종교적 순수함을 추구한 길선주의 노력은 결국 실패로 돌아갔고, 그는 자신의 시력 상실로 인해 심한 좌절과 실의에 빠지고 말았다.

    길선주의 습관 가운데 하나는 한 가지 일에 헌신적으로 몰두하는 것이었다. 그는 도교에 몰두하는 동안 한의학 연구도 착수해 드디어는 한약방을 열어 평생의 직업으로 삼을 수 있게 되었다. 그때가 10대 후반이었다. 평양으로 거처를 옮긴 길선주는 그곳에 한약방을 여는 데 성공했다. 그가 평양에 정착할 즈음은 한국에 파송된 선교사들이 열정적으로 복음을 전하던 시기였다.

    그가 한약방을 평양에 개원한 지 얼마 되지 않아 그의 가까운 친구 중 한 명인 김종섭(金鍾燮)이 길선주를 찾아와 기독교 신앙을 받아들일 것을 권했다.[34] 그 즈음 길선주는 도교의 가르침에 회의를 느끼고 좀 더 영원한 진리를 가르치는 종교를 찾고 있던 중

---

34   金麟瑞, "靈溪 先生 小傳," 40.

이었다. 종교적인 심성이 누구보다도 깊고 예민했던 길선주는 그리 어렵지 않게 기독교 진리를 전심으로 받아들이게 되었다. 마침 그 즈음에 길선주는 게일 선교사가 번역한 천로역정을 접할 수 있었다. 길선주는 **천로역정**을 아내에게 읽어 달라고 부탁했다.[35] 아내가 읽어 주는 **천로역정**을 들으면서 말씀이 그의 영혼 안에 깊이 침투되는 것을 느꼈다.

그 후 수 주 동안 길선주는 마치 지옥에서 사는 듯했다. 스스로 자신의 종교적인 노력을 순례의 경험과 동일시한 그는 만약 그 책이 옳다면 고행과 시력 상실을 포함한 자신의 모든 노력이 완전히 헛되다고 결론을 내렸다. 그는 아내에게 그 책을 몇 번이고 다시 읽어 달라고 부탁했고, 자신의 생의 문제, 의심할 바 없는 사실, 즉 자신이 무거운 죄의 짐을 짊어지고 절망 가운데 허덕이고 있었다는 것을 발견했다.

드디어 길선주는 주께 완전히 굴복하고 예수 그리스도에게 온전히 헌신하기로 다짐했다. 그는 곧 그리스도 안에서 새 사람이 되었다. 영적 평안함과 새로운 평화가 그의 마음에 넘쳤고, 환희가 그의 삶에 찾아왔다. 그는 잃어버린 육신의 시력보다 훨씬 더 소중한 영적 시력을 얻은 셈이다.[36]

복음의 역사가 보여 주듯이, 길선주는 복음을 접하자마자 고향 안주로 돌아가 믿지 않는 부모님과 친구들에게 이 새로 발견한 진리를 전해 주었다.[37] 그의 열심과 열정으로 그의 부모님과 많은 친구들이 주께로 돌아왔다. 변화된 길선주의 삶이 그들로 하여금 그리스도를 영접하도록 만들어 준 것이다. 길선주는 함께 선도에 몰두하며 일생을 함께하기로 다짐한 지우 김찬성을 찾아갔다. 둘은 만약 어느 누가 한 종교를 받아들인다면 다른 한 친구는 그것을 주저하지 않고 받아들이기로 약속한 사이였다. 길선주의 전도를 받은 김찬성은 그 후 예수를 믿고 길선주와 함께 학습도 받고 신앙생활을 하다 장로교 신학교도 같이 입학해 졸업하고 영향력 있는 교회의 목사가 되었다.[38]

길선주는 28세 되던 1897년 시카고 맥코믹 신학교 출신 북장로교 선교사 이길함

---

35 金麟瑞, "靈溪 先生 小傳," 40.
36 Soltau, *Yin Yang: Korean Voices*, 33, 35.
37 金麟瑞, "靈溪 先生 小傳,"(중) **神學指南** 14.1 (정월, 1932), 37-43.
38 Soltau, *Yin Yang: Korean Voices*, 35; 金麟瑞, "靈溪 先生 小傳,"(중), 41. 김찬성은 장로회 신학교 2회로 졸업하였고, 그의 장남과 차남도 목회자가 되었다.

(Graham Lee)에게서 세례를 받았다.[39] 그리고 다음해 평양 동서문교회의 영수가 되었다. 이때부터 길선주는 신앙이 성숙되어 가기 시작했고 장래 한국 교회의 유능한 지도자 가운데 한 사람으로 주목을 받기 시작했다. 약방도 날로 번창해 그의 한 달 수입은 당시로서는 적지 않은 액수인 70엔에서 80엔에 달했다. 그러나 길선주는 선교사들의 권유를 받고 번창하는 약방을 포기하고 주의 일에 전념하기로 결심했다. 그때가 1902년이었다.

이듬해 길선주는 조사로 임명받아 이길함 선교사와 마포삼열(마펫) 선교사가 맡고 있는 장대현교회를 섬기기 시작했다.[40] 그가 조사로 받는 한 달 사례는 일반 노동자의 한 달 임금에 해당하는 6엔에 불과했다. 이전에 약방에서 벌어 들이던 수입과 비교하면 십분의 일도 되지 않는 금액이었지만 기쁨과 만족은 그보다 몇십 배 더 컸다. 조사로 임명받은 길선주는 초기 선교사들이 흔히 그랬던 것처럼 평안남북도, 황해도 일대를 다니며 시골 사람들에게 복음을 전하기 시작했다.

그러다가 길선주는 좀 더 체계적으로 신학을 연구하기 위해 1903년 평양 장로회신학교에 입학해 1907년 최초 7명의 평양신학교 졸업생 가운데 한 사람이 되는 영예를 얻었다. 1907년 9월 한국에 조직된 최초의 노회에서 목사로 안수받았고, 10월말에는 장대현교회 목사로 장립받았다. 그 후 평양에서는 물론 전 장로교회에서 탁월한 지도력을 발휘해 선교사 중심의 교회를 한국인 중심의 교회로 전이시키는 데 결정적인 역할을 했다.

처음부터 한국 교회를 선교하는 교회로 만들기로 계획한 선교사들은 7명의 첫 목사 중에 한 사람인 이기풍 선교사를 해외 선교사로 파송하기로 하고 제주도 선교사로 파송하는 한편 한국 장로교 교단 안에 선교부를 만들어 해외 선교를 가속화하기 시작했다. 그리고 길선주 장로에게 그 책임을 맡겼다. 그는 노회에서나 총회에서 한국 장로교 선교부 사역과 그 업적에 대해 설교해 참석한 한국인들과 선교사들의 마음을 감동시켰다. 해외 선교부의 활동과 놀라운 성공 이면에는 길선주의 숨은 노력과 헌신이 있었다.

장대현교회에서 일어난 부흥운동이 평양 시내를 넘어 전국 교회로 확산될 수 있었

---

39 "The General Report of Pyeng Yang Station," *The Korea Field* (Nov., 1903), 141.
40 Harry A. Rhodes, *History of the Korea Mission, Presbyterian Church U.S.A. 1884-1934* (Seoul: Chosen Mission Presbyterian Church, U.S.A, 1934), 151.

마포삼열, 길선주(가운데), 이길함 그리고 장대현교회 지도자들

던 이면에는 길선주의 역할이 컸다.[41] 그가 가는 곳마다 놀라운 성령의 역사가 나타났고, 회개와 영적각성운동이 일어났다. 곧 성령의 불길이 전국으로 확산되기 시작했다. 하디 선교사가 평양부흥운동의 발화자였다면, 그 부흥운동을 하나의 운동으로 진행될 수 있도록 포문을 연 사람 가운데 한 사람이 길선주였다.[42] 막힘없이 줄줄 암송하는 성경구절, 선교사들에 대한 가차 없는 비판, 무엇보다도 주권상실의 울분을 신앙으로 스스럼없이 승화시키는 탁월한 영적 리더십, 이 모두는 길선주를 명실상부한 한국 교회의 지도자로

---

41 Soltau, *Yin Yang: Korean Voices*, 33-34.

42 Soltau, *Yin Yang: Korean Voices*, 35. 길선주 장로의 짧은 설교가 끝난 후 전교인들이 즉시 전심으로 기도했다. 많은 사람들이 자신의 냉대와 무관심을 하나님께 고백했고, 다른 무서운 사람들은 자신의 탐심과 부도덕의 죄를 회개했다. 집회는 밤새도록 계속되었다. 그 소식이 그 도시와 시골에 퍼졌고, 많은 불신자들이 기독교인들이 하고 있는 것을 보기 위해 호기심으로 예배에 참석했다. 여러 교회들의 출석률이 배로 증가되었고, 많은 새 신자들이 교회에 생겨났다:"사람을 보내 어떻게 믿는가를 사람들에게 가르쳐 달라는 요청이 선교지부에 사방으로부터 쇄도했다. 종종 이런 요청들이 너무 많아 이것들을 들어줄 수 있을 만큼의 충분한 한국 목사들과 조사들이 없었다. 대신 선교회는 책자들과 전도지들을 보내 주었다. 몇 개월 후 선교사들이 그들을 찾아 나섰을 때 성령께서 그 사람들의 심령에 말씀하시는 방식에 깜짝 놀랐다. 그들이 방문할 때까지는 그들은 이미 지적으로 주님을 영접했고 거의 정규적인 가르침을 받은 이들과 마찬가지로 그와 그의 구속사역, 성령의 인격과 사역에 관해 말할 수 있었다."

만들어 주기에 충분했다.

역사 속의 한 인물이 그 시대와 그 후대에 얼마나 많은 영향을 미칠 수 있는가를 여실히 보여 준 전형적인 예가 바로 길선주였다. 마치 1730년대의 미국의 제 1차 대각성 운동 때 성령께서 조나단 에드워즈를 통해 강하게 역사하셨던 것처럼, 거의 2세기가 지난 20세기 초 그 성령께서 길선주 장로를 통해 미약한 은둔의 나라 조선에서 살아 계심을 선포하신 것이다.

전국에서 사경회 인도 요청이 쇄도했고, 길선주는 가능한 전국 어디에나 가서 말씀을 선포했다. 그만큼 한국 교회의 부흥운동을 위해 부름받았다는 소명의식을 강하게 가지고 있는 사람은 없었다.[43]

그는 "열심 있는 성경 연구자"였고, "본토 장로교회에서 가장 재능 있는 설교자"였으며, "한국 교회가 낳은 가장 위대한 설교자이며 전도자"[44]였다. 또한 평양에서 열린 부흥 집회에서 놀라운 성령의 세례(the baptism of the Holy Spirit)를 받았고 장대현교회에서 일어난 대부흥운동을 직접 경험한 주인공이었다.

비록 시력이 거의 없었지만 길선주만큼 "놀라운 영적 비전"을 가진 인물은 드물었다.[45] 홀(E. F. Hall)이 길선주를 가리켜 "가장 탁월한 설교자"였고 "비범한 사람"이었다고 평한 것은 결코 과장이 아니었다.[46]

2. 길선주의 서울 부흥회

1월에 평양에서 시작된 놀라운 성령의 역사는 그로부터 한 달 후인 2월에 길선주

---

43 평양대부흥운동에 있어서 길선주의 역할에 대해서는 George T. B. Davis, *Korea for Christ* (New York: Fleming H. Revell Co., 1910), 33-38을 보라. 그는 길선주에 대해 한 장 "KIL's Quest for God,"을 할애했다.

44 A. J. Brown, *One Hundred Years. A History of the Foreign Missionary Work of the Presbyterian Church in the U.S.A. with Some Account of Countries, People and the Policies and Problems of Modern Missions* (New York: Fleming H. Revll Co., 1936), 436.

45 Brown, *One Hundred Years*, 436.

46 Brown, *One Hundred Years*, 436.

를 통해 서울에서 그대로 재연되었다.⁴⁷ 서울에서 나타난 놀라운 성령의 역사에 대한 보고를 접한 코리아 미션 필드 편집자는 흥분을 감추지 못하고 1907년 3월호에 "서울에서 있었던 최근의 성령의 역사"에 대해 이렇게 기술하였다:

> '하나님이 가라사대 말세에 내가 내 영으로 모든 육체에게 부어 주리니.' 이 예언이 오늘날 우리 가운데 성취되고 있다. 지난달 동안에 이 도시의 그리스도인들의 마음속에 임했던 가장 놀라운 성령의 역사는 매일의 대화의 주제가 되고 있다. 부흥집회가 모든 교회에서 진행되고 있으며, 주님은 자신이 편파적이지 않으심을 입증하시고 계시며, 자신의 놀라운 권능을 모든 교회에 현시하신다.⁴⁸

1903년의 원산부흥운동과 그 후에 간간이 계속된 부흥의 역사, 그리고 1907년 1월에 일어난 평양 장대현교회에서의 놀라운 성령의 역사에 대한 소식을 들은 서울의 교회들과 성도들은 그와 같은 성령의 역사가 서울에서도 임하기를 기도했던 것이다. 서울에서 열리는 겨울 남자 사경회에서 부르자 길선주는 주저하지 않고 서울로 달려갔다. 평양의 소식을 접한 한 서울 교회가 길선주에게 말씀을 전해 달라고 부탁하자 길선주는 그것을 성령의 부르심으로 받아들였다.⁴⁹ 그가 서울에 도착했을 때, 겨울 사경회에 참석하기 위해 서울 근교 지방에서 모여든 수백 명의 남자들이 그를 기다리고 있었다.⁵⁰ 복음의 열정으로 불타는 한국 교회의 가장 촉망받는 38세의 젊은 부흥사 길선주 장로는 2월 서울의 교회들에 와서 특별 부흥회를 인도하였고, 2월 중순에 서울에서 열린 겨울 남자 사경회를 인도하였다.

서울 집회는 평양대부흥운동의 역사가 나타난 이후 바로 이어 열렸기 때문에 어느 때보다도 부흥운동을 사모하는 영적 분위기가 한층 고조되어 있었다. 이와 같은 상황에서 2월 17일부터 승동교회에서 평양의 길선주가 인도하는 서울장로교 연합 사경회가 열

---

47 Davis, *Korea for Christ*, 33-38; Jones, *The Korean Revival*, 30-31.
48 "Recent Work of the Holy Spirit in Seoul," *KMF* III: 3 (Mar., 1907), 41.
49 Jones, *The Korea Revival*, 30; James S. Gale, *Korea in Transition*, 214.
50 Hall, Letter to Dr. Brown, Mar., 21, 1907.

린 것이다. 베스트가 보고한 대로, "형제 사랑 안에서 양반들과 상놈들이" 함께 앉아 성령의 역사를 갈구하는 그 모습은 인종과 계급과 성을 초월하여 성령의 은혜를 간구하였던 초대교회 오순절 바로 그 모습이었다.[51] 평양을 점점 더 기독교 도시로 만들어 가는 데 귀한 도구로 쓰임받고 있던 성령의 사람 길선주가 서울에 와서 집회를 인도한다는 것 자체가 그곳에 모인 이들에게 은혜를 더욱 사모하는 분위기를 만들어 주기에 충분했다:

> 그의 입에서 나온 하나님의 말씀은 민첩하고 능력 있고 두 날을 가진 검보다도 더 예리했다. 그의 기도는 놀라웠다. 사람들은 무거운 죄 짐으로 고꾸라져 울부짖었다. 때때로 거의 전 회중이 눈물범벅 가운데 있는 것처럼 보였다. 이 (성령의) 역사는 기성 교인들 가운데 있었다. 심지어 교회의 지도자들이 무시무시한 죄를 지었음을 고백하였다.[52]

1907년 2월, 성령의 불길이 평양을 휩쓸기 시작한 지 불과 한 달 만에 서울에서도 놀라운 성령의 임재의 역사가 나타난 것이다. 이와 같은 서울에서의 놀라운 성령의 역사는 두 가지 면에서 준비되었다. 하나는 서울 교회들이 지난 3년 동안 성경 사경회를 통해 성령의 회개의 역사와 충만함을 사모해 온데다, 비록 소수의 남녀들이었지만 "일차적으로 선교사들에게 그리고 이차적으로는 본국 교회에 성령의 역사가 임하도록 거의 밤낮으로 간절히 기도를 계속해" 왔기 때문이고, 다른 하나는 지난 9월 뉴욕의 존스톤이 와서 서울 사경회에서 성령의 권능에 대해 강의하면서 웨일스와 인도에서 있었던 놀라운 성령의 역사에 대한 소식을 알려 주었기 때문이다.[53]

처음 부흥운동에 대해 그렇게 냉소적일 수 없었던 김창식도 길선주와 며칠을 함께 지내면서 그가 인도하는 부흥회에서 은혜를 받은 후에는 태도가 달라져 길선주에게 다가가서 무릎을 꿇고는 "나를 위해 기도해 주십시오"[54]라고 간청했다. 그가 그렇게 180

---

51 Best, Letter to Dr. Brown, Mar., 3, 1907.
52 Best, Letter to Dr. Brown, Mar., 3, 1907.
53 "Recent Work of the Holy Spirit in Seoul," 41.
54 이장직은 이눌서 선교사를 지원하면서 15년간 성경 번역자로 활동했던 사람이다. Gale, *Korea in*

도로 태도를 바꿀 수 있었던 것은 길선주를 옆에서 지켜보고 또 그가 인도하는 부흥회에 직접 참석하고 나서부터였다. "그는 밤새도록 기도하고, 또 밤새도록 기도하고는 다른 사람의 손에 이끌려 여기저기 다니면서 하루에 세 번 혹은 네 번을 설교하면서도 결코 지치지 않는 것 같았다. 그의 말은 죽은 자 가운데서 부활한 선지자의 말과 같아서 아무도 저항할 수 없었다."[55]

길선주는 "勝洞, 蓮洞, 水口門, 尙洞, 諸敎會에서 集會"[56]를 인도했고, 그가 인도하는 서울 집회마다 평양대부흥운동으로 급부상한 그의 명성을 듣고 몰려드는 사람들로 초만원을 이루었다. 그리고 그곳에 모여든 수많은 이들이 놀라운 영적각성을 체험하였다. 도둑맞은 돈과 물건들이 되돌아왔고, 새로운 화해가 시작되었으며, 성령의 은혜를 받은 이들 가운데 묵은 감정들을 청산하기 위한 몸부림이 너무도 분명하게 나타났다.[57] 이와 같은 성령의 놀라운 임재를 목도한 이들에게는 "웨슬리와 휘트필드의 능력 있는 설교 후에 일어났던 결과들을 기록한 역사가 떠올랐다." 평양과 서울을 휩쓸고 있는 성령의 역사는 말 그대로 영적 대각성운동이었다.[58]

서울의 어느 교회에서는 교회에 늘 문제를 일으키던 한 사람이 성령의 능력을 힘입고는 교회 안에서 껑충껑충 뛰다 마룻바닥에 나동그라져 울부짖으며 무섭게 자신의 죄악을 통회하는 일도 있었다.[59] 철저하게 자신의 죄를 회개하자 하늘에서 내려오는 주님이 주시는 참된 평안이 찾아오는 것을 느꼈다.

이와 같은 현상은 길선주가 인도하는 다른 교회에서도 마찬가지였다.[60] 이런 소식

Transition, 214. 평양대부흥운동이 발흥하면서 평양에서도 부정적인 시각을 갖고 있던 목회자가 감리교 목사였고, 서울에서도 일부 감리교 목사가 길선주 부흥운동에 대해 부정적인 태도를 갖고 있다 실제로 부흥운동의 현장을 목도하고는 태도를 바꾸는 경우가 있었다. Jones, The Korean Revival, 30-32.

55 Gale, Korea in Transition, 215.
56 金麟瑞, "靈溪先生小傳"(中 二), 34.
57 Best, Letter to Dr. Brown, Mar., 3, 1907.
58 Best, Letter to Dr. Brown, Mar., 3, 1907.
59 Best, Letter to Dr. Brown, Mar., 3, 1907.
60 金麟瑞, "靈溪先生小傳"(中 二), 34. 김인서는 길선주와 서울의 부흥운동과의 연계성을 이렇게 전한다:"이 復興의 所聞이 朝鮮各地에 들니움애 全國敎會가 크게 復興하엿다. 是年에 京城敎會에서 先生을 請邀하야 勝洞, 蓮洞, 水口門, 尙洞, 諸敎會에서 集會할새 聖靈의 爲化가 크게 나타낫다. 勝洞은 本名 僧洞을 이 復興會때에 先生이 그리스도의 勝利를 紀念하야 勝洞이라 改稱하고

가족과 함께한 길선주

이 서울 전역에 알려지면서 장로교나 감리교나 할 것 없이 서울에 있는 교회들은 교파를 초월해 부흥 집회를 계획하고 자신들의 교회에서도 그와 같은 놀라운 성령의 역사가 임하기를 기도했다:

> 同年 春에 京城 各 敎會가 復興하다 平壤 敎會 吉善宙 長老가 京城에 來하야 京畿道 査經會에 聖神道理를 敎授할 時에 聖神의 感動을 밧아 各其 罪를 自服하고 哀痛하며 重生의 洗禮를 밧앗고 熱心히 傳道하야 道內 各 敎會가 크게 復興하니라.⁶¹

확실히 길선주의 설교는 힘이 있고 능력이 있었다. 마치 오순절 성령 충만을 받은 후의 베드로의 설교처럼 그의 설교는 대단한 권능을 지니고 있었다. 길선주가 인도하는 일련의 서울 전도 집회에서 1,200명이나 결신했다는 사실만으로도 길선주의 서울 집회가 얼마나 놀라운 집회였는가를 말해 준다.⁶² 길선주를 논하지 않고는 평양대부흥운동을 논할 수 없고, 또 그 의미를 제대로 전달할 수 없다. 그가 얼마나 평양대부흥운동의 저변 확대에 영향을 미쳤는지, 또한 그의 설교가 얼마나 힘이 있었는지는 한 선교사의 다음과 같은 고백에서 잘 나타난다:

> 1907년 한국의 대부흥운동 때에 길 목사는 평양과 다른 선교부 모두에서 놀랍게 하나님의 도구로 쓰임받았다. 필자는 그의 설교를 들었는데, 아시아인이든 유럽인이든 청중들에게 그와 같은 놀라운 능력으로 복음을 전하는 어떤 국적의 사람을 좀체 들어보지 못했다. 그의 음성은 달콤하고 그의 예절은 사람을 사로잡았으며, 그리고 그는 놀라운 설득력을 가지고 심령에 호소해, 그의 설교를 듣는 청중들은

蓮洞에서는 故李明嫌牧師의 痛悔氣絶과 兪星濬 씨의 痛悔를 비롯하야 크게 復興하엿고 水口門 敎會에서는 一時間集會를 하엿는데 큰 恩惠가 임하엿다. 鄭春洙 씨와 李夏榮氏가 이때에 靈化를 밧엇다. 先生이 一次의 集會에 復興한 일은 平生에 지금까지 三次뿐이다."
61 　車載明, **朝鮮 예수敎 長老會 史記** (京城: 大韓예수敎長老會 總會, 1929), 181.
62 　Best, Letter to Dr. Brown, Mar., 3, 1907.

막 웃다가 울다가 엄청난 죄의 확신으로 전율하였다.[63]

일련의 부흥 집회를 통해 과거에는 찾아볼 수 없는 영적 대각성운동이 서울 지역에서도 일어났다. 평양대부흥운동의 역사가 서울에서도 그대로 재현된 것이다. 3월에 접어들면서 서울에서의 부흥운동의 물결은 더 강해졌고, 더 놀랍게 확산되어 갔다. 1907년 3월 21일 홀은 미 북장로교 선교부 아더 브라운에게 이렇게 편지를 썼다:

> 나는 당신이 평양 주재 선교사들로부터 주님께서 어떻게 그곳 그리스도인들, 선교사들과 한국인들 모두의 심령을 감동시키고 계시며 어떤 결과가 나타나고 있는가에 대해 소식을 들었을 것이라고 추정합니다. 당신은 서울에서도 똑같은 역사가 일어나고 있다는 사실로 인해 우리와 함께 기뻐할 것입니다. 그들은 여기 서울에서도 권능으로 성령의 부으시는 역사가 나타나기를 오랫동안 기도해 왔으며, 그 기도가 응답되었습니다. 교회들이 변화되었습니다. 죄가 고백되어지고 죄가 사라지고 있으며, 평화와 기쁨이 계속되고 있습니다.
>
> 한 달 전 2월에 남자 겨울 사경회가 여기서 모였습니다. 서울 지방 전역에서 온 수백 명의 남자들이 2주간 성경을 공부하기를 원하였습니다. 평양의 길 장로가 도와 주었습니다. 그는 거의 장님이었지만 놀라운 영적 비전을 가졌습니다.
>
> 그는 평양부흥운동 기간에 성령 세례를 받았으며, 대단한 능력으로 말씀을 전했습니다. 그는 한국인들 가운데서 가장 탁월한 설교자이며, 그리고 실로 대단한 사람입니다.
>
> 나의 조사 가운데 한 사람이 금주에 시골에서 올라왔습니다. 그는 시골에서 일련의 특별 집회를 열었는데, 그가 보고한 내용은 우리가 서울에서 목격한 것보다 더 놀라웠습니다. 나는 며칠 내에 여기에서의 성령의 역사에 관한 특기사항들을 시간을 내어 쓰려고 합니다. 지난 한 달 동안 우리 선교사들은 기도를 위해 매일 모임

---

63 "Kil Moxa," *KMF* VII: 5 (Jun., 1910), 118.

을 가져 왔으며, 우리는 계속해서 모임을 가지려고 합니다. 오늘부터 한국인 영수들, 집사들, 주일학교 교사들, 조사들인 교회 지도자들이 한 달 동안 매일 기도회로 모일 것이며, 나는 그들이 기도회를 중단하지 않을 것이라고 예견합니다.⁶⁴

서울에서 나타나는 부흥운동의 역사를 목도하면서 2월 중순 이후 한 달 동안 매일 기도회를 가졌던 선교사들이 3월 21일부터 다시 한 달 동안 성령의 역사가 중단되지 않고 계속될 수 있도록 기도회를 갖기로 한 것이다. "서울의 종일 기도회"⁶⁵라는 표제 하에 실린 코리아 미션 필드 4월호 특집 기사가 "서울에서 부흥이 깊고 참되다"⁶⁶는 말로 시작한 것은 그만한 이유가 있었다. 부흥의 물결이 확산되면서 모든 면이 놀랍게 달라져 갔다. 사람들이 과거보다 더 열심히 기도하기 시작했고, 무엇보다도 이웃의 불신 영혼들을 위한 중보기도가 부흥운동의 특징으로 나타났다. 매일 기도와 간증 집회가 열렸고, 매 집회마다 적지 않은 사람들이 참석하였다. 기도 요청이 쇄도했는데 그들의 기도 요청은 한결같이 성령의 놀라우신 역사였다.

이와 같은 분위기 속에서 4월 8일 월요일, 서울에서는 기도의 날을 가져 도시의 전 기독교인들이 서울에 성령의 부어 주심(the outpouring of the Spirit)을 위해 간절히 기도했다. "분주한 30명의 선교사들이 하루 동안 자신들의 사역을 멈추고 함께 기도한 것이다."⁶⁷ 이 소식을 듣게 된 학생들도 기도하겠다고 나섰고, 여학생들 상당수도 진심으로 같은 제목을 놓고 하루 동안 합심해서 기도했다.⁶⁸ 이와 같은 기도 분위기에 힘입어 서울에서는 4월에도 부흥운동의 역사가 계속되었다.⁶⁹

서울에서의 대부흥운동은 서울 시내 교회는 물론 서울 주변의 교회들에게도 적지 않은 결과를 가져다주었다.⁷⁰ 그것은 북장로교 서울 선교부가 1907년 보고를 하면서 보

---

64 Hall, Letter to Dr. Brown, Mar., 21, 1907.
65 "All Day Prayer Meeting in Seoul," *KMF* III: 4 (Apr., 1907), 57.
66 "All Day Prayer Meeting in Seoul," 57.
67 "All Day Prayer Meeting in Seoul," 57.
68 "All Day Prayer Meeting in Seoul," 57.
69 Ester Shield, Letter to Dr. Brown, April, 15, 1907.
70 金麟瑞, "靈溪先生小傳"(中 二), 35.김인서는 평양과 서울을 중심한 "성령의 불길"이 전국에 부

고서 서두에 "지난해는 서울 선교부에서 아마 과거의 그 어떤 해도 능가하는 성장과 번성이 있었던 한 해였다"[71]고 밝힌 것에서도 알 수 있다. 그것은 단순히 외형적인 수적 성장으로 그렇게 평가한 것이 아니라 과거에 없었던 영적각성운동이 수반되면서 신앙생활 전반에 걸쳐 놀라운 변화가 일고 있었기 때문이었다. 백정 선교와 신분타파에 가장 크게 기여한 사무엘 무어가 1906년 12월 22일에 세상을 떠났고, 언더우드와 널(M. N. Null) 역시 건강 악화로 사역을 떠나 있는 상황에서도 그와 같은 결실이 나타난 것은 1907년 전반기에 서울 전역을 휩쓸었던 놀라운 성령의 역사 때문이라는 것 외에는 달리 해답을 찾을 수 없다.[72]

레이놀즈가 잠시 맡고 있는 연목걸교회도 "영적으로나 수적으로, 특별히 신년 초에 놀랍게 성장했다."[73] 클락의 승동교회 역시 교회가 설립된 이래 한 해 동안 거의 배가 성장하는 "가장 놀라운 한 해"였다.[74] 1907년 2월에 있었던 부흥회는 그 해 승동교회 1년 회기 중 가장 특기할만한 일이었다. "이와 같은 성령의 부으심 이후 더 큰 일치, 기도, 더 풍성한 구제가 잇따랐다."[75]

이것은 새문안교회도 마찬가지였다. "그 해의 주된 사건은 겨울 동안에 발생한 부흥운동이었다. 전 교회가 부흥운동으로 변화되었으며, 그때 얻어진 영적인 분위기가 아직도 계속되고 있다."[76] 영적인 감각, 기도의 분위기, 사역의 영적인 측면들이 놀랍게 달라졌다. 그 결과 전환기의 한국에서 게일이 말한 것처럼, 길선주의 인도로 발흥한 서울의 부흥운동으로 서울 지역에는 "오늘날까지 영구적이고 지속적인 결과가 계속되고 있었다."[77]

흥운동의 불길을 확산시키는 동인이 되었다고 말한다. 강원도 홍성 지방 교인 40명은 서울에서 열린 1907년 사경회에 참석하여 큰 은혜를 받고 돌아와 열심히 전도하여 큰 결실을 얻었다. C. A. Clark, "Out To the Japan Sea," *KMF* III: 9 (Sep., 1907), 134.

71 *Annual Report, PCUSA* (1907), 6.
72 *Annual Report, PCUSA* (1907), 6. 다행히 남장로교 선교사 W. D. Reynolds가 연목걸교회를 맡아 수고하였다.
73 *Annual Report, PCUSA* (1907), 7.
74 *Annual Report, PCUSA* (1907), 7. 250명에서 400명으로 성장했다.
75 *Annual Report, PCUSA* (1907), 8.
76 *Annual Report, PCUSA* (1907), 8.
77 Gale, *Korea in Transition*, 215.

3. 평양 근교 지역(선천, 해주, 영변, 재령)의 부흥운동

영적 대각성운동은 선천 지역에서도 나타나 "교회와 선교부의 삶에 아주 깊이 영향을 미쳤다."[78] 평양과 거리가 멀지 않은 선천 지역은 1907년 1월 평양대부흥운동의 영향을 가장 민감하게 받았던 지역 가운데 하나였다. 선천 지역에서 영적 대각성운동이 점화된 것은 1907년 2월, 선천과 의주의 겨울 남자 사경회가 열릴 때였다.[79] 2월에 열린 이 사경회에는 어느 해보다도 더 많은 1,180명이 참석한 가운데 열렸으며, 사경회 기간 동안 저녁에 남녀를 위한 집회가 매일 열렸다. 성령의 역사는 이 기간 동안에 임했다. 1907년 북장로교 선천 선교부가 보고한 대로 2월 평양이 그레함 리가 인도한 선천 사경회에서는 "교회가 수개월 동안 기도하여 온 바 하나님의 능력이 현시되었다."[80] 한 달 전 장대현교회에서 일어났고, 곧 이어 평양 전역에서 나타났던 죄에 대한 철저한 고백과 회개를 수반한 성령의 강권적인 역사가 그대로 재연되었던 것이다.

1907년 3월 3일 컨즈는 "성령의 놀라운 역사"가 한반도를 휩쓸고 있으며, 선천에서도 성령의 역사가 나타나 사람들이 과거의 숨겨진 죄악들을 고백하고 하나님께 자비를 부르짖고 있다고 보고하였다.[81] 1907년 "북장로교 보고서"는 선천에서 일어났던 부흥운동에 대해 이렇게 기술한다:

> 비록 충분한 설명을 여기서 할 수 없지만, 우리가 올해 경험한 영적각성, 너무도 깊이 교회와 선교부의 삶에 영향을 미쳤던 그것을 언급하지 않고는 교회 사역에 대한 보고를 마무리할 수 없을 것이다. 우리는 2월 이길함 선교사의 선천 선교부 방문에 그 영예를 돌리지 않을 수 없다. 그것은 그때 부흥운동의 출구가 열리고, 교회가 몇 개월 동안 기도해 왔던 바대로 하나님의 권능이 현시되었기 때문이다.

---

78 *Annual Report, PCUSA* (1907), 64.
79 *Annual Report, PCUSA* (1907), 64-65.
80 *Annual Report, PCUSA* (1907), 64.
81 C. E. Kearns, Letter to Dr. Brown, Mar., 3, 1907. cf. A. M. Sharrocks, Letter to Dr. Brown, Mar., 12, 1907.

이길함 가족

그때의 고통과 어려움은 결코 잊혀질 수 없을 것이지만, 교회가 죄의 고백으로 순결해졌으며, 죄의 통회로 힘을 얻었으며, 사랑의 영의 지배로 더 높은 차원의 계획을 세울 수 있게 되었다. 성령의 권능은 약한 사람을 강하게 만들어 주었고, 흔들리는 여인들에게 도덕과 순결의 삶을 가져다주었다.

선천과 의주의 겨울 사경회 기간 동안 집회가 남녀를 위해 매일 열렸고 늦은 밤까지 죄의 고백이 계속되었다. 잘못된 것들이 바로잡혔고, 도둑맞은 돈이 되돌아왔으며, 그리고 그것은 많은 사람들에게 자기 자신들의 신앙생활이 거듭나는 시간이었다. 우리는 외국인이든 한국인이든 우리 모두가 우리에게 이미 주어진 중생에 대한 확신을 갖기를 기도했다.[82]

선천 지역이 이와 같이 축복을 받을 수 있었던 것은 이길함 선교사의 영향이 컸

---

82 *Annual Report, PCUSA* (1907), 64-65. cf. C. E. Kearns, Letter to Dr. Brown, Mar., 3, 1907.

다.[83] 이길함 선교사가 인도하는 선천 사경회에서 그와 같은 놀라운 역사가 나타난 것이다. 그는 1906년 여름, 평양에서 열린 선교사들을 위한 사경회 때 은혜를 체험하고, 1907년 1월의 겨울 남자 사경회 때 성령의 역사를 확인한데다 다년간 평양 장대현교회를 담임했기 때문에 사경회 강사로서 그만큼 적격인 사람도 드물었다. 또한 영적으로 뜨거운 영변 감리교 선교부 모리스가 사경회 성경공부와 저녁 집회를 도와준 것도 선천지역 영적각성운동에 적지 않게 기여했다.[84] 뿐만 아니라 선천 지역의 선교사들과 교인들이 그곳에서도 성령의 불이 임하게 해달라고 오랫동안 힘써 기도해 왔다. 이와 같은 준비 기도가 뒷받침되지 않았다면 선천에서의 성령의 역사는 불가능했을 것이다.[85]

사경회에 참석한 이들은 새로운 결단과 열망으로 불타올라 자기의 고향으로 돌아갔다. 이어 지방에서도 조사들의 지원을 받으며 많게는 500명까지 모이는 아홉 번의 사경회가 열려 부흥의 불길은 지방 전역으로 급속하게 확산되었다.[86] 1907년 7월에 열린 조사와 집사들과 교회 지도자들을 위한 사경회에서는 영적 생명력이 더 깊어진 것을 확인할 수 있었다.

성령의 강권적인 역사로 인한 전형적인 영적각성이 일어나면서 선천 선교부의 지역은 질적인 변화와 양적인 변화가 두드러지게 나타났다. 지난 한 해처럼 지역 교회는 과거에는 찾아볼 수 없을 정도로 "완전히 건강한 상태"로 성장했고,[87] 지방 사역도 "급속하게 성장을 계속했다."[88] 그 결과 "1907년은 선천 선교부 사역에 있어서 신기원을 이룩한 한 해였다."[89] 1907년 4월 1일자 헌트의 편지에 의하면 선천교회 주일 아침예배에 거의 1,000명이 출석하고 있었다.[90] 부흥운동을 거치면서 선천 지역은 103개의 학교, 102개의 교회에 4,039명의 입교인, 4,667명의 학습교인, 그리고 등록교인 15,348

---

83   *Annual Report, PCUSA* (1907), 64.
84   *Annual Report, PCUSA* (1907), 68.
85   *Annual Report, PCUSA* (1907), 64.
86   *Annual Report, PCUSA* (1907), 69.
87   *Annual Report, PCUSA* (1907), 62.
88   *Annual Report, PCUSA* (1907), 63.
89   *Annual Report, PCUSA* (1907), 61.
90   William B. Hunt, Letter to Dr. Brown, April, 1, 1907.

명의 교세로 급증하였다.[91] 이처럼 기대 이상으로 교회가 급속하게 조직되었고, 남녀 초등학교가 학생들로 넘쳐 났으며 신학생들도 늘어났다.[92] 의주에서도 1907년 부흥운동의 영향으로 영적각성의 움직임이 두드러지게 나타나 1908년에도 놀라운 부흥의 역사가 재연되었다.[93]

1907년 6월 크리체트(Carl Critchett)가 북감리교 연회에 보고한 대로 해주에서도 영적 대각성운동이 일어났다. "평양에 갔던 사람들이 놀라운 은혜를 받고 돌아와 자신들의 고향 교회와 이웃 마을에 부흥의 불을 전한 것이다."[94] 평양에서 열린 감리교 사역자들을 위한 신학회(theological class)에 참석했던 이들은 구령의 열정과 부흥의 불길이 자신들의 고향 교회에도 있기를 바라는 간절한 마음으로 돌아왔다. 당시 해주는 북부 지역이기는 했지만 영적 상태가 그리 높지 않았다. 따라서 부흥운동에 대한 반응이 처음에는 별로 신통치 않았다.

이와 같은 상황을 완전히 반전시키는 데 크게 기여한 사람이 그 지역에서 영향력 있는 곤미교회 담임 목회자였다.[95] 곤미교회를 맡은 목회자가 평양에서 성령의 불을 경험한 후 고향 교회에 돌아와 먼저 자신의 어머니에게 찾아가 죄를 고백하고 용서를 구하고는 일곱 명의 자기 교회 교인을 데리고 마을의 높은 산에 올라가 그들과 함께 교회를 대신하여 몸부림치며 간절히 기도한 것이다. 그 다음날 수요예배 때 과거에는 볼 수 없었던 죄의 고백이 나타났다. 집회에 참석한 남녀가 큰 은혜를 경험한 것이다:

이삼 일 설교 후 회개의 역사가 사람들에게 임하여 남자, 여자, 어린아이 모두 자

---

91 *Annual Report*, PCUSA (1907), 71.
92 *Annual Report*, PCUSA (1907), 65, 67. 초등학교 남학생이 195명, 여학생이 91명, 신학생이 28명이었다.
93 김인서는 길선주의 1908년의 의주 집회를 이렇게 전한다. 김인서, "영계선생소전,"(中二), 35-36. "1908年에 先生이 義州에서 復興集會를 할 때에 千餘名會衆이 밤을 새여 痛悔하얏다. 이때에 처음으로 敎會에 來叅하야 痛悔하야 氣絶하는 靑年 一人이 잇섯는데 그는 只今 長老 金德昌氏이다. 그때에 小學生中에 十三歲된 學生이 痛悔하며 恩惠를 밧엇는데 그는 只今 崔載亨牧師이다. 그곳 集會를 맛치고 떠날 때에 二百餘名 小學生은 울면서 先生을 送別하였다."
94 *Minutes of Korea Mission*, Methodist Episcopal Church, 1907, 46.
95 Jones, *The Korea Revival*, 32-33.

신들의 죄로 인해 애통하는 심령으로 부르짖으며 공개적으로 그것들을 고백하고 용서를 구하였다. 그러한 죄로 인한 애타는 투쟁과 몸부림과 절규를 나는 전에는 결코 보지 못했다. 성령이 확신과 구원의 능력으로 임재한 것이다.[96]

성령의 역사는 그날로 그치지 않았다. 시간이 지나면서 곤미교회의 성령의 역사는 더 강하고 더 놀랍게 임하기 시작했다. 존스는 이렇게 증언한다:

집회가 진행되는 동안, 갑자기 마치 하늘이 열리고 하나님의 영이 예배드리는 이들 위에 임재하는 것처럼 보였다. 사람들이 압도되었다. 그 교회의 한 권사는 가장 은혜를 받은 이들 가운데 한 사람이었다. 그 권사는 자기 죄를 고백하는 동안 마치 일격을 받은 것처럼 갑자기 바닥에 쓰러졌다. 그 일로 사람들이 대단한 경종을 받았고, 사람들이 자신들의 죄를 고백하고 하나님께 죄용서와 구원을 위해 간절히 기도했다.[97]

"평화와 용서가 집회에 참석한 모든 사람들에게 임했다. 이와 같은 부흥의 역사는 교회의 거의 모든 사람이 죄를 고백하고 용서를 경험할 때까지 일주일 동안 계속되었다."[98] 곤미교회의 변화는 해주 지역의 다른 교회에 적지 않은 도전과 자극을 주었다. 특별히 용서와 구원의 은혜를 경험한 곤미교회의 담임 목회자는 곤미교회뿐만 아니라 다른 마을에서의 부흥 집회 인도를 통해 해주 전역에 부흥의 불길을 확산시키는 일에 귀한 도구로 쓰임 받았다. 이렇게 해서 평양 장대현교회에서 있었던 것과 똑같은 영적각성의 특징들이 해주에서도 그대로 나타났던 것이다. 부흥 집회가 끝나면 조사들과 목사들이 목회자가 없어 영적으로 돌볼 수 없는 다른 교회들에서 복음을 전하기 위해 몇 주 동안 순회 전도를 떠나는 경우가 종종 있었다.[99]

---

96 *Minutes of Korea Mission*, Methodist Episcopal Church, 1907, 46.
97 Jones, *The Korea Revival*, 33.
98 Jones, *The Korea Revival*, 33.
99 *Minutes of Korea Mission*, Methodist Episcopal Church, 1907, 47.

해주감리교회 담임 목사와 그의 아내

그 결과 "부흥의 불이 18개 교회로 퍼져 나갔고, 전 교인의 약 3분의 2가 자신들의 죄를 고백하고 죄용서 받기를 간구했다. 그들은 성도의 교제 가운데 하나로 연합되었고, 죄의 개념과 죄의 결과를 깊이 깨달았다. 사람들 가운데 과거에는 찾아보기 힘든 기독교의 양심이 놀랍게 일고 있었다. 술 취하는 것이 죄라는 사실을 깨달은 한 사람은 한 통의 술을 땅에다 쏟아 버렸다. 몇몇 사람은 자신들로 인해 피해를 입은 이들에게 죄를 고백하기 위해 100마일 이상을 달려가 도둑질한 물건을 되돌려 주었다. 그리하여 불과 며칠 동안에 성령께서는 그들의 심령에 강하게 역사하셔서 그들이 몇 달 동안 성경공부반에서 배운 것보다도 더 많은 것을 그들에게 가르쳤다."[100]

평양에서 시작된 부흥의 불길은 순식간에 영변에까지 확산되었다.[101] 영변은 평양에서 멀지 않은 지역인데 선교 사역을 평양과 늘 연계하여 진행하였기 때문에 그만큼 평양에서 일어난 부흥운동의 영향을 더 민감하게 받을 수 있었다. 1906년 11월, 평양의 방위량이 그의 조사들을 동반하고 영변에 내려와 열었던 사경회를 통해, 12월에 평양에서 열린 감리교 신학교 수업과 그 해 겨울에 평양에서 열린 연합 사경회에 참석하고 돌아온 여러 명의 영변교회 성도들을 통해 성숙한 은혜의 분위기가 형성되었다.

이와 같은 분위기에 힘입어 영변은 평양대부흥운동을 어렵지 않게 공유할 수 있었다. 영변 지역에 있는 미국 광산에 종사하는 광부들에게까지도 부흥운동이 널리 확산되었다.[102] 다른 모든 지역도 마찬가지였지만, 영변의 경우 모리스가 지적한 것처럼, "이 대부흥운동의 가장 주목할 만한 사실은 한국 교회에 의해 주도되었다는 사실이다. 많은 곳에서, 한국 형제들이 부흥회를 전적으로 책임맡아 인도했을 때 가장 커다란 결실들이 맺혔던 것처럼 보인다."[103] 부흥운동이 요원의 불길처럼 전국으로 확산되는 데에는 한국 그리스도인들이 중요한 몫을 하였다.

해주와 영변뿐만 아니라 칠산 지역도 1907년의 부흥운동의 영향을 받으면서 영적

---

100   *Minutes of Korea Mission*, Methodist Episcopal Church, 1907, 46-47. 또한 Jones, *The Korean Revival*, 33-34을 보라.
101   Jones, *The Korean Revival*, 23.
102   Jones, *The Korean Revival*, 24.
103   *Minutes of Korea Mission*, Methodist Episcopal Church, 1907, 66.

으로 깨어나고 있었다. 케이블은 1907년 6월 "현재 칠산 지역 사역의 두드러진 특징은 교인들을 완전히 지배하고 있는 영적인 능력이다"고 보고하였다. "겨울 부흥운동이 이 지역에 임해 오래된 교인들의 영적인 삶이 놀라울 정도로 깨어나고 있었다."[104] 영적으로 깨어나면서 "모든 그리스도인들이 영혼 구원 문제에서의 자신들의 책임을 느끼고 있었다."[105]

부흥운동은 선교가 시작된 지 얼마 되지 않은 재령에서도 일어났다. 특별히 1907년 전반기 동안 부흥운동이 재령의 여러 곳에 꾸준히 확산되면서 이 지역에서도 여타 다른 지역에서와 마찬가지로 부흥운동의 전반적인 특징들이 수반되었다. 그 결과 재령 지역에서는 지난 한 해 동안 "최고의 해"로 기록될 만큼 놀랍게 교회가 성장했다.[106] 1907년 한 해 동안의 재령 지역 선교 결과를 보고하면서 한 선교사는 특히 "시내 교회의 역사는 한마디로 '급성장'으로 요약할 수 있을 것이다"[107]고 말하였다.

헌트는 재령 지역을 순회하면서 그 해에 여자 16명, 남자 13명, 합 29명에게 세례를 주고 47명에게 학습을 베풀었다. 재령 지역은 200명의 입교인을 포함해서 3년 만에 30명에서 500명으로 급성장한 교세를 갖출 수 있었다.[108] 그만큼 재령 지역도 대부흥운동을 거치면서 전에 없는 놀라운 성장을 경험한 것이다. 그와 같은 재령 지역의 급성장은 전국적으로 발흥한 부흥운동의 역사에 기인되었다. 특별히 지난 하반기 동안 재령 지역은 성령의 역사가 계속되어 그 영향을 받지 않은 곳이 거의 없을 정도였다. 많은 지역에서 죄의식이 더 깊어졌고, 기도의 영이 더 강해졌으며, 지금까지보다 더 하나님을 의지하는 모습들이 나타났다.

---

104 *Minutes of Korea Mission*, Methodist Episcopal Church, 1907, 48.
105 *Minutes of Korea Mission*, Methodist Episcopal Church, 1907, 48.
106 *Annual Report, PCUSA* (1907), 54, 53-60.
107 *Annual Report, PCUSA* (1907), 57.
108 W. D. Hunt, Letter to Dr. Brown, April, 8, 1907.

4. 대구에서의 성령의 역사

평양대부흥운동에 대한 소식을 듣고 부흥에 대한 간절한 소망이 강하게 일고 있는 가운데 1907년 1월에 대구 겨울 사경회에서도 놀라운 성령의 역사가 나타났다.[109] 평양의 소식을 들은 대구의 선교사들은 며칠 앞으로 다가온 자신들의 겨울 남자 사경회에서도 "평양에서 있었던 성령의 역사"가 나타나기를 간절히 열망하면서 "매일 기도회로 모였다."[110] 조사, 권서인, 집사, 주일학교 교사들을 비롯 약 300-400명이 등록한 가운데 2월에 10일간의 사경회가 시작되었다.[111] 처음에는 평양에서 있었던 것과 같은 죄에 대한 통회와 자복과 탄식과 같은 성령의 역사가 나타나지 않았다. 그렇게 매일 열심히 기도회로 모였는데도 특별한 성령의 역사가 나타나지 않은 것이다. 사경회 중반이 지나도 특별한 현상이 나타나지 않자 선교사들은 "특별 기도회"를 계속 가지면서 사경회가 마치기 전까지 성령의 역사가 나타나게 해달라고 간절히 기도하기 시작했다.[112]

마침 재령 주재 북장로교 선교사 헌트가 이곳 대구에 온 이후 이 기도의 열기는 더한층 강화되었다. 그러던 어느 날 아침 선교사들은 자신들만 모이던 기성의 기도모임을 한국인들과 함께 모이는 아침 기도회로 방향을 수정했다.[113] 그 후 확실히 기도회의 영적 분위기는 쇄신되었고, 진지함이 더했으며, 선교사들과 한국인들 모두가 하나가 되었다. 그날 모인 이들 가운데 자신들의 죄를 통회하고 회개하는 역사가 나타났다. 바로 이날이 1907년 3월 3일 맥팔랜드(E. F. McFarland)가 미국 북장로교 선교부에 보낸 편지에서 주일 아침에 부흥운동이 시작되었다고 전한 날이었다.[114]

---

109 관련된 주된 자료는 E. F. MacFarland가 Arthur Brown에게 보낸 1907년 3월 3일자 편지보고서, Bruen이 KMF에 실은 보고서, 그리고 Annual Report, PCUSA (1907), 42-52이다.

110 W. M. Bruen, "The Spirit at Taiku," KMF III: 4 (Apr., 1907), 51.

111 Annual Report, PCUSA (1907), 48. 다른 기록에는 거의 500명이 참석했다고 보고되었다. 대구에서 열린 사경회 일자가 정확히 언제인지 명확하지 않다. 그러나 E. F. MacFarland가 사경회가 끝난 후 3월 3일자로 편지를 보낸 것과 그 편지에서 사경회가 열리는 동안 가졌던 주일날 아침 특별 기도회 때에 첫 부흥운동의 역사가 나타났다고 말한 것으로 미루어 볼 때 2월 중순 이후인 것으로 보인다. E. F. MacFarland, Letter to Dr. Brown, Mar., 3, 1907.

112 E. F. MacFarland, Letter to Dr. Brown, Mar., 3, 1907.

113 Bruen, "The Spirit at Taiku," 51.

114 MacFarland, Letter to Dr. Brown, Mar., 3, 1907.

말씀을 사모하여 모여든 사경회 참석자들

그날 저녁 간단한 설교와 찬송 한 곡을 부른 후 모든 사람들은 엎드렸고, 몇 사람이 기도회를 인도하였으나 그 기도 역시 그 이전의 형식적인 기도와 다를 것이 하나도 없었다. 그러자 기도회를 인도하는 인도자는 과거의 형식적인 기도를 중단하고 모인 이들 중에 자신의 죄를 뉘우치고 진심으로 통회하기를 원하는 몇 사람이 먼저 기도하고, 나머지 사람들은 조용히 묵상기도해 주기를 요청하였다. 사람들이 무릎을 꿇고 매우 진지하게 자신들의 죄를 통회하기 시작했다. 곧 다른 사람들의 마음도 열려 여러 사람들의 심령 속에 자신들의 죄를 통회하고 싶은 성령의 강한 역사가 일어났다. 찬송 한 절을 부른 후 인도자는 모두가 다시 무릎을 꿇고 다른 사람들의 기도에 귀를 기울이거나 관심을 두지 말고 먼저 자신의 죄를 통회하면서 간절히 기도하기를 요청했다. 수백 명이 통성으로 기도를 계속했고 성령의 놀라운 역사가 모인 이들 가운데 임했다. 그 현장에 있던 맥팔랜드는 3월 3일자 편지에서 사람들이 처음으로 죄의 실체를 깊이 깨닫기 시작했으며, 그 사경회는 그가 지금까지 주관했던 사경회 가운데 가장 놀라운 성령의 역사가 나타난 사경회였다며 흥분을 감추지 못했다.[115] 브루엔도 1907년 4월호 코리아 미션 필드에서 이렇게 보고하였다:

> 나는 그렇게 간절한 기도를 결코 전에 들어 본 적이 없었다. 여기저기서 흐느끼고 울부짖는 소리가 들려왔다. 지금 나는 내 옆에서 자신의 죄를 고백할 수 있는 힘을 달라고 울부짖는 소리를 들었다. 상당한 몸부림 후 그는 일어서서 자기 말을 들어 달라고 간청을 하였다. 그는 2년 전 성경학교에서 얼마의 돈을 훔쳤다고 고백했다. 그 후 한 사람씩 일어나 더듬거리면서 띄엄띄엄 자신들의 죄를 고백했다. 마치 얼음을 깨듯이 이날부터 유사한 성령의 역사가 있었고, 죄의 고백에 이어 돌려주는 사례들이 여러 차례 발생했다. … 나의 옛 "소년"은 수년 전 대구로 돌아가면 갚겠다며 내게 서울에서 1엔을 빌렸으나 은혜를 받은 후 그것을 갚지 않은 것이 너무 부끄러워 그것을 돌려주기를 간절히 원했다.
>
> 놀랍게도 그는 0.60엔의 이자를 붙여 1.60엔을 돌려주겠다고 주장하였다. 내가 괜찮다며 반대하는데도 그는 "그것은 대단히 적은 것이지만 이자와 함께 돌려주지 않으면 내 마음에 평안이 없을 것 같다"고 말하는 것이었다. 그래서 나는 마지못해 그것을 받았다. 다른 집에서도 모두가 유사한 경험을 했으며, 문제들의 대부분은 주인에게는 거의 알려지지 않은 것들이었다.[116]

이와 유사한 죄의 고백이 여러 차례 있었다. 맥팔랜드의 요리사 역시 자신이 주인 몰래 얼마의 돈을 착복했다며 공개적으로 회개하였다. 그는 시장에 가서 계란을 산 후 1.10냥이라고 청구해 "목사"로부터 그 금액을 받았으나 실제 계란장수로부터 구입한 금액은 1.00냥이었다. 나머지를 자신이 챙기고는 나중에 돌려주리라고 생각하고는 지금까지 돌려주지 않았던 것이다. 그날 밤 자신이 너무도 큰 죄를 지었다는 사실을 깨닫고 맥팔랜드에게 다음날 아침까지 곱절을 돌려주겠다고 고백한 것이었다.[117]

---

115 MacFarland, Letter to Dr. Brown, Mar., 3, 1907.
116 Bruen, "The Spirit at Taiku," 52.
117 Bruen, "The Spirit at Taiku," 52.

브루엔이 관찰한 대로 이와 같은 죄들은 개인적으로 조용히 본인에게 찾아가 고백하는 것이 더 나을지도 모른다. 그러나 죄를 하나도 남겨 놓기를 원치 않으시는 성령께서는 이렇게 강권적으로라도 깊숙이 숨겨져 있던 내면의 죄악들을 공개적으로 드러내는 것을 주저하지 않았던 것이다.[118] 그들은 회개의 영을 받자 더 이상 자신들의 내면에 무서운 죄악들을 숨겨둘 수 없었다. 그것들을 온전히 토로하지 않고는 견딜 수 없었던 것이다. 그리하여 그곳에 모인 이들 거의 모두가 성결케 하시는 성령의 능력을 체험하였다. 이제 사경회를 마치고 자신들의 집으로 흩어지는 사람들의 발걸음은 이전보다는 가벼웠다. "깨끗한 양심과 깨끗한 원장"(a clear conscience and a clear ledger)으로 새출발하려는 마음으로 벅차올랐다.[119] 성령의 놀라운 역사는 이처럼 그곳에 모인 사람들을 새 사람으로 변화시켜 주었다.

그와 같은 회개의 역사는 각 교회에서 드려진 수요예배에서도 또다시 나타났다. 대구의 선교사들은 평양에서 성령의 역사로 죄에 대한 탄식과 회개와 울부짖음이 있었다는 보고를 처음 접했을 때 그것이 무엇을 의미하는지를 정확히 알지 못했었다. 어느 정도 인위적인 노력을 기울이려고 했던 것도 사실이었다. 그러나 선교사들은 그와 같은 인습적인 방식이 성령의 임재를 촉구하기보다 오히려 성령의 역사를 방해한다는 교훈을 얻고 그와 같은 노력을 포기하고 성령의 인도하심에 전적으로 맡겼던 것이다.

대구 지역과 관련하여 1907년 북장로교 보고서에는 "지난 겨울 남자 사경회가 개최되었을 때 성령께서 권능 가운데 명백하게 우리와 함께 계셨다"[120]며 다음과 같이 구체적으로 진행 과정을 기록하였다:

> 남자 겨울 사경회가 10일 동안 개최되었고 거의 500명이 등록했다. …우리는 재령의 헌트로부터 매우 대단한 도움과 유익을 받았다. …우리가 갈망했던 것은 사경회가 잘 진행되는 것이었다. 사경회에 모이기 전과 사경회 기간 며칠 동안 기도 가

---

118 Bruen, "The Spirit at Taiku," 52.
119 Bruen, "The Spirit at Taiku," 52.
120 *Annual Report, PCUSA* (1907), 49.

운데 우리의 심령이 가장 갈망하고 심적 부담을 안은 것은 참석자들 모두가 자신들의 죄를 알 뿐만 아니라 깨닫고 정결케 하시는 능력의 성령을 받게 되는 것이었다. 그들 모두가 자신들의 죄를 알고 고백하고 성결의 능력으로 임하신 성령을 받았다. 또한 우리는 북부에서 놀라운 성령의 부어 주심의 소식을 들었는데, 그것은 성령 충만에 대한 우리의 믿음과 갈망을 더욱 증가시켜 주었다.

사경회 마지막 3일 전까지는 성령의 현시가 없었다. 그 후 갑자기 하나님께서 우리의 기도를 들으사 성령이 임재하였고, 사람들이 놀랍게 기도 가운데 감동을 받아 하나님께 용서해 달라고 울부짖었으며, 자신들의 죄를 고백하면서 성령께서 자신들의 삶에 개입하실 것을 간구하였다. 이어 다른 선교부의 대부흥운동에서 목도되었던 그와 같은 장면들이 그곳에서 나타났다. 사람들이 하나님과 동료들과 바른 관계를 정립하였다. 사경회가 끝난 후 대구 시내 교회가 약 10일 동안 집회를 계속했는데 대단한 유익과 성령의 축복이 있었다. 그것은 전 지역에 걸쳐 우리 사역을 영적으로 놀랍게 고취시켜 주었다.[121]

겨울 남자 사경회에 임했던 성령의 역사는 다시 대구 시내 중심 교회로, 그리고 그곳에서 다시 대구 시내 전역으로 확산되었다. 그 결과 1907년 한 해는 "선교사들과 한국인 그리스도인들 모두에게 대단한 영적 축복이 임했던 한 해였다."[122] 심령에 나타난 은혜로운 역사, 죄로부터의 교회의 정결, 새로운 영적 권능의 현시는 지난 1년 동안 대구 지역을 특징짓는 가장 두드러진 특징이었으며, 그로 인해 하나님께 감사와 찬양과 영광을 돌리지 않을 수 없었다.

자연히 성령의 역사와 함께 교세가 놀랍게 늘어나 아담스가 맡고 있는 대구 시내 교회는 지난 한 해 동안 32명이 세례를 받아 세례교인이 79명이 되었고, 80명이 학습을 받아 학습교인이 168명이 되었으며, 주일 오전예배는 700명에서 800명이, 오후 주일학교에는 450명이, 그리고 삼일 기도회에는 250명이 참석하고 있다.[123] 아담스가 1907

---

121   *Annual Report, PCUSA* (1907), 48.
122   *Annual Report, PCUSA* (1907), 42.
123   J. E. Adams, Letter to Dr. Brown, June, 28, 1907.

년 6월 28일자로 미국 선교부 아더 브라운 박사에게 보낸 편지에 의하면, 교회가 수적으로 기하학적인 성장을 계속해 현재 5,000-6,000명이 매주 주일예배에 참석하고 있고, 이미 설립된 교회가 100교회를 넘어섰으며, 학교 역시 놀랍게 성장하고 있어 중학교 하나를 포함해 40-50개의 학교를 갖고 있으며, 5, 6단계로 되어 있는 사경회에 40명에서 많게는 500명씩 참석하고 있었다.[124]

아담스가 맡고 있는 동부 지역은 56명이 그 해 세례를 받아 전체 입교인이 106명, 학습의 경우 그 해 340명이 학습을 받아 486명이 되었고, 전체 등록 신자가 1,302명으로 급증하였다. 시내 교회가 배가되지는 않았으나 이 지역의 교세는 지난 한 해 동안 배 이상이 되었다.[125] 대구시와 대구 동부 지역을 맡고 있는 아담스가 보고한 것처럼 1907년 한 해 동안 "선교지는 영적으로나 수적으로 모두 놀랍게 성장했음을 보여 주었다."[126]

맥팔랜드가 맡고 있는 어떤 지역은 사역이 너무 힘들고 어려웠으나 부흥운동의 영향으로 "급속하게 성장하는"[127] 지역으로 변모되었다. 또한 극동 지역과 남부 지역도 지난 1년 동안 눈에 띄게 성장하였다. 그 지역의 경우 세례교인 120명 중 56명이, 420명의 학습교인 중 284명이 올해 세례나 학습을 받았으며, 그 결과 등록교우가 약 1,000명이나 되었다.[128] 부흥운동의 영향을 받으면서 대구 시내 교회뿐만 아니라 주변의 시골 교회들도 놀랍게 성장하였다. 1907년 북장로교 선교 보고서에 따르면 "대구 시내 교회의 대부흥운동 후 마치 악령이 이들 시골 교회들로 곧장 달려간 것처럼 보였으나 시간이 되자 그들 가운데서도 죄 고백이 나타났으며, 그 결과 지금은 시골 교회들도 새로운 영적 생명력을 가지고 발전 중에 있다."[129]

1907년에 들어서면서 부흥운동을 통해 영적인 진보가 이룩되면서 이와 같은 놀라운 신장이 시골 지역에 나타나기 시작한 것이다. 배럿의 북부 지역도 지난 한 해 동안 교

---

124 Adams, Letter to Dr. Brown, June, 25, 1907.
125 *Annual Report, PCUSA* (1907), 43.
126 *Annual Report, PCUSA* (1907), 44.
127 *Annual Report, PCUSA* (1907), 46.
128 *Annual Report, PCUSA* (1907), 44.
129 *Annual Report, PCUSA* (1907), 44.

세가 600명으로 불어났고, 14명의 입교인 중 12명이, 학습교인 82명 중 62명이 그 해 세례를 받은 자들이었다.[130] 브루엔이 맡은 서부 지역도 지난 1년 동안 대단한 성장을 이룩하였다. 입교인 245명 중 128명이, 1,640명의 학습 교인 중 610명이 그 해 시취를 받은 이들이었으며, 그 결과 전체 등록교인이 2,669명으로 늘어났다.[131]

대구 지역의 경우 전체적으로 볼 때 가장 급신장을 기록한 1906년에 비해서도 세례교인이 235명에서 564명으로 140%가, 학습교인은 1,318명에서 2,796명으로 112%가, 그리고 등록교인은 3,876명에서 6,371명으로 64%가 성장했다.[132]

대구 선교부 현장에서 이와 같은 놀라운 성장을 목도한 북장로교 선교사 어드만(W. C. Eerdman)이 1907년 5월 24일 미션교부에 보낸 편지에서 "여기 선교 사역의 대단한 진보가 계속되고 있다. 이것은 참으로 가장 경이적인 하나님의 역사의 장면(the scene of the most marvelous working of God)이다"[133]고 말한 것은 결코 과장이 아니었다. 불과 수개월 만에 평양 장대현교회의 대부흥운동이 대구 지역에까지 놀랍게 확산되어 갔던 것이다.

5. 개성, 강화, 제물포에서의 성령의 역사

3, 4월 들어 성령의 역사는 대도시를 넘어 시골 구석구석에까지 확산되어 가기 시작했다. 1907년 5월 코리아 미션 필드에는 남감리교 소속 크램 선교사가 성령의 "참된 변화"를 알려 왔다. 그는 "부흥의 불이 점점 더 거세게 한국 전역으로 확산되고 있는 동안 개성의 우리 교회도 적지 않은 축복이 임했다"[134]고 소식을 타전했다. 지난 3년 동안 성령의 은혜가 이 지역 교회의 삶에 뚜렷하게 역사하셨지만, 최근 들어 사람들의 성품과

---

130 *Annual Report, PCUSA* (1907), 46.
131 *Annual Report, PCUSA* (1907), 45.
132 cf. *Annual Report, PCUSA* (1906), 66.
133 W. C. Eerdman, Letter to Dr. Brown, May, 24, 2007.
134 W. G. Cram, "A Genuine Change," *KMF* III: 5 (May, 1907), 67-68.

삶을 변화시켜 주는 참된 성령의 역사가 나타났다. 뚜렷한 영적각성이 나타났고, 은혜를 받은 이들의 성품과 삶에서 뚜렷한 변화가 나타나기 시작했다는 점에서 이 성령의 역사는 "참된 것"이었고, 결코 "거짓 불"이 아니었다. 선교사 쪽에서 중생에 대한 성령의 증거를 입증하거나 그 진실의 증거로 죄를 고백하도록 유도한 것도 아닌데 심령 속에 영적 각성이 일어나 자신들의 죄를 청산하려는 노력들이 나타난 것이다.[135]

크램이 지적한 대로 이것은 과거와의 분명한 차이였다. 과거에는 한동안 부흥 집회에서 죄를 고백하는 이들에게 그들이 이제 그리스도인의 경험에서 첫걸음을 내디딘 것이라는 사실을 일깨워 주기가 참으로 어려웠다. 그것은 그들이 처음에는 죄를 고백하면 마치 필요한 것을 다 한 것처럼 느꼈기 때문이다. 그와 같은 현상은 그들이 의식적인 죄용서나 회심을 수반하는 분명한 영적 변화를 경험하지 않았기 때문에 일어난 것이었다:

> 그러나 구정 초[2월 중순] 개성에서 일제히 열렸던 사경회와 부흥 집회 동안에 우리는 죄를 용서받았고 성령의 능력이 임한 것에 대한 가장 명백한 증거 얼마를 경험했는데 그것을 보면서 나는 기뻤다. 나는 하나님의 전능하신 능력이 "명백한 경험 속에서" 한국인들의 심령 속에 이루어진 것에 대해 하나님께 감사한다. 우리는 이 부흥운동이 이와 같은 노선에서 진행되도록 밀고 나가고 있다. 하나님은 놀랍고 은혜로운 결과를 우리에게 허락하셨다.[136]

크램이 지적한 것처럼 1907년 이후 전국적으로 부흥운동의 물결이 번져 나가면서 모든 교회들이 성령의 역사를 경험할 수 있었던 것은 그만큼 그들이 준비되었기 때문이다. 단순한 부흥운동의 방식을 따라 죄를 고백하게 만드는 의도적인 회개가 아니라 허물과 죄로 인해 죽었던 자신들의 영혼이 그리스도의 십자가의 구속으로 죄 사함을 받았다는 중생과 구원의 은총을 구체적으로 경험할 수 있었던 것이다. 이와 같은 성령의 은혜

---

135 Cram, "A Genuine Change," 68.
136 Cram, "A Genuine Change," 68.

를 경험한 지역과 교회들은 이와 같은 구원의 역사가 자신들 가운데 계속되고, 다른 지역으로 확산되기를 바라는 마음이 간절했다. 그것은 그와 같은 성령의 역사가 이 민족을 향한 하나님의 깊으신 섭리라는 것을 그들이 공통적으로 느끼고 있었기 때문이다. "우리는 하나님께서 이 준비된 사람들 가운데 그의 구원과 성결의 능력을 계속해서 현시하실 것임을 안다. 우리 모두 부흥의 영의 이 은혜로운 부어 주심이 계속되도록 기도하자. 우리는 그분께서 우리에게 그의 권능의 더 큰 비전을 주시고 우리에게 기도의 놀라운 원천을 가르쳐 주시도록 하나님께 간구하자."[137] 확실히 평양 장대현교회에서 시작된 부흥운동이 전국적으로 확산되면서 하나님 나라 확장에 동참하는 한국 교회 지도자들은 물론 선교지에서 수고하는 선교사들과 막 태동하는 한국 교회에 새로운 비전과 용기를 가져다주었다.

이와 같은 영적인 분위기가 계속되면서 개성 북선교구는 놀라운 교세의 신장이 있었고, 은혜의 부흥이 아주 깊게 지속적으로 있었다.[138] 교회의 "영적각성운동"이 이곳 지역을 예외 없이 강타한 것이다. "성령이 놀라운 권능으로 친히 현시하시고, 이들 미천한 사람들의 사역을 축복하시고, 죄를 확신시키고 중생케 하시고 전 교회가 그리스도의 가르침에 더 가깝게 살아갈 수 있도록 만들어 주셨던 것이다."[139] 선교 지역에서의 이와 같은 놀라운 역사가 여기저기에서 계속해서 일어나고 있었다. 놀라운 성령의 역사로 교육에 대한 열의가 더 높아졌고, 더 많은 이들을 개성의 남감리교 학교에 보내는 현상이 발생했던 것이다.

1907년 4월 6일 토요일부터 12일까지 열린 강화 사경회에서도 개성보다는 그 강도가 약하였지만 성령의 역사가 나타났다. 강화 교동 등대에 있는 권사 속장, 유사, 탁사, 남녀 134명이 참석한 가운데 오전 9시부터 오후 5시까지 3반으로 나누어 성경공부를 실시하고 저녁 7시 반에는 전도 집회인 "매일성경회"를 열었다. 사경회 이틀째인 4월 7일 주일 10시에는 화창한 날씨 속에 공공 시장에 위치한 지방 행정소 건물 "런무당"에

---

137 Cram, "A Genuine Change," 68.
138 W. G. Cram은 다시 KMF 9월 호에 "개성 북 선교구"라는 글을 통해 부흥역사가 지속되었음을 말한다. W. G. Cram, "Songdo North Circuit," KMF III: 9 (Sep., 1907), 140.
139 Cram, "Songdo North Circuit," 140.

당시의 사경회 참석자들 – 그들은 성경공부를 하기 위해 100마일을 걸어오기도 했다

서 남녀 교우 1,500여 명이 운집한 가운데 드린 주일 오전예배는 참으로 은혜스러웠고, 이날 무려 117명이나 세례를 받았다. 같은 날 오후 3시에 다시 모여 스크랜톤이 누가복음 19장의 말씀을 가지고 전도하고 7시 반에 다시 모여 손승용, 권신일, 김경일과 로병션이 "깃붐이라 밋음이라 회기라 이통이라 ᄒᆞ는 문졔로 ᄎᆞ뎨강론ᄒᆞ고 산회ᄒᆞ다."140

8일, 사경회 셋째 날에는 "기회ᄒᆞ고 샤죄ᄒᆞ는 증거와 권면ᄒᆞ는 말과 감샤ᄒᆞ는 말노 서로 깃부게 지내고" 리민쳘 씨가 "초가(草家) 六간과 회당긔디문셔를 렬명ᄒᆞ야 교회에 밧치더라."141 그 다음날 오전 예정대로 공부를 다 마치고 참석자 100여 명이 마치 칠십 인처럼 각 시장과 사방으로 흩어져 열심히 전도하는 바람에 "쟝날이 크게 뒤집혀 무ᄉᆞᆷ 난리난 것"142 같았다. 그날 사경회 참석자 군중들이 운집한 가운데 선교사들이 인도한 저녁 집회 시 "그들의 설교에는 성령의 임재가 너무도 두드러져 73명이나 예수 그리

---

140 로병션, "강화사경회졍형," 신학월보 제 5권 2호(1907), 80.
141 로병션, "강화사경회졍형," 80.
142 로병션, "강화사경회졍형," 80.

8장 전국으로 확산되는 성령의 불길 343

스도를 믿기로 결신했다."[143]

10일 저녁 집회에는 손승용, 김경일, 로병션이 "녀즈교육이 급션무"[144]라는 주제로 토론을 하여 여자들의 교육문제를 부각시켰고, 11일 저녁 집회에는 참석한 이들이 그 동안에 자신들이 받은 은혜들을 보고하였는데, 그 현장에 참석했던 로병션은 신학월보에 사경회에 참석한 이들이 "화긔만당ᄒ야 깃버홈을 이긔지 못ᄒ니 가위성신이 강림ᄒ엿다 할만ᄒ더라"[145]고 보고하였다. "4월에 존스 박사와 스크랜톤 박사가 인도한 사경회로 인해 교회가 엄청난 축복을 받았다"[146]는 1907년의 북감리교 보고서는 강화 사경회가 얼마나 은혜스러운 집회였는가를 말해 준다.

은혜를 받은 후 강화 교인들 가운데는 새로운 변화가 나타났다. 옛 구습을 버린 사람도 있었고, 감찰 벼슬까지 지낸 조상정은 "또 흔사룸을 물건ㄱ치 미매ᄒ듯갑주고 셩문 미매ᄒ는거시 곳 야만의 악습이라 ᄒ야 즈긔가 칠년 젼에 계집죵 일인을 돈수쳔량주고 사셔 부리다가 그 문셔를 교회에 드려노아 불살나업시ᄒ고 그 계집죵의 몸을 쇽량ᄒ야 즈유케ᄒ며 홈ᄭ 하ᄂ님의 거룩한 즈녀가"[147] 되는 역사가 있었다. 일주일을 더 연장해 달라는 요청에도 불구하고 사경회는 12일로 마치게 되었다.

북감리교의 제물포교회에 성령의 역사가 임한 것은 강화보다 한 달 전인 1907년 3월이었다.[148] 평양에서 온 한국인 이은승 목사와 손정도 두 명이 인도하는 일련의 부흥집회에서 "성령의 은혜로운 임재"가 나타난 것이다. 어느 날 밤 10시에 도착한 이들은 긴 여행으로 몹시 피곤했지만, 평양에서 있었던 놀라운 성령의 역사를 모인 이들에게 설명해 주었다. 평양부흥운동의 소식은 제물포교회에 대단한 도전을 주었다. 아침 6시에 시작한 집회가 자정까지 계속되기도 했고, 수많은 이들이 자신의 죄악을 고백하였으며,

---

143 *Minutes of Korea Mission*, Methodist Episcopal Church, 1907, 37. 신학월보에 보고한 로병션의 보고에는 설교를 통해 전도의 결실을 얻은 것이 아니라 사경회 참석자들이 흩어져 전도하여 "금 을에 걸닌 생션"이 71명이었다고 말한다. 로병션, "강화사경회정형," 81.
144 로병션, "강화사경회정형," 81.
145 로병션, "강화사경회정형," 81.
146 *Minutes of Korea Mission*, Methodist Episcopal Church, 1907, 37.
147 로병션, "강화사경회정형," 82.
148 Jones, *The Korea Revival*, 28.

어떤 때는 전도사가 24시간 자리를 떠나지 않고 교회를 지키는 일도 있었다.[149] 1907년 6월 "북감리교 선교 보고서"에는 이렇게 기록되었다:

> 3월에 우리는 평양에서 온 우리의 한국 형제들 중 두 명에 의해 수행된 일련의 집회에서 성령의 은혜로운 임재를 체험했다. 이 시즌은 우리의 죄성을 깊이 깨닫는 것으로 특징될 수 있을 것이다. 전 교회는 자신들이 범한 개인적인 삶의 죄악들을 너무도 깊이 통회하였다. 그리하여 자비를 찾는 부르짖음으로 특징되는 진실된 회개, 달콤한 죄 사함의 체험이 잇따른 공개적인 죄 고백, 그리고 우리를 참으로 거듭난 교회로 만들어 주는 하나님께 향한 삶의 복종이 이어진 한 주간이었다.[150]

이와 같은 놀라운 성령의 역사가 나타난 것은 제물포 교인들이 자신들에게도 성령의 역사가 간절히 임하기를 사모하는 분위기 속에서 부흥회가 진행되었기 때문이다. 평양에서 부흥의 불을 가지고 온 사람은 선교사도, 한국 교회의 유명한 부흥사도 아니었다. 평양에서 성령의 역사를 경험한 바로 한국인 목회자와 형제였다는 사실이다. 이것은 부흥운동이 이제 한국인들에 의해 저변 확대되어 가고 있음을 말해 준다.

성령의 불길은 다시 제물포에서 남양 지역으로 확산되었다. 제물포교회 부흥회를 통해 성령의 역사를 체험한 제물포교회 전도사 홍성하가 바로 남양에 가서 부흥회를 인도하면서 3월에 남양교회에서도 성령의 은혜가 임했다. 이와 같은 영적 분위기에 힘입어 1907년 한 해 동안에 남양 지역에 나타난 종교적인 열정, 성장, 변화는 그야말로 놀라웠다. 신앙 단체가 배로 늘어났고, 선교비 지원을 받지 않고 평신도 지도자로 사역하는 젊은이들의 노력에 힘입어 새로운 신앙의 공동체가 생겨났으며, 남양의 학교도 놀랍게 성장했다.[151]

---

149 Jones, *The Korea Revival*, 28.
150 *Minutes of Korea Mission*, Methodist Episcopal Church, 1907, 35.
151 *Minutes of Korea Mission*, Methodist Episcopal Church, 1907, 37.

6. 공주에서의 성령의 역사

수원 지방 전도 사업을 하다 1900년에 충남 공주 지방을 맡았던 미 감리교 선교사 스웨러는 1907년 4월에 경기 남부지방을 순회 전도하면서 공주에서도 성령의 역사로 놀라운 복음의 진보가 있음을 몸소 체험하였다. 5, 6년 된 공주교회는 "목이 굿고 ᄆᆞ음이 완악ᄒᆞᆫ" 나머지 예수 그리스도의 구속의 은혜를 확실히 깨닫지 못하므로 영적인 진보가 없고 형제자매 사이에 "분정만" 일고 "ᄒᆡᆼ샹 마귀의 술에 취ᄒᆞ야 텬부의 뜻을 거역ᄒᆞ고 셩신을 슬프게"[152] 하는 일들이 자주 일어났던 교회였다. 책임을 맡은 한국인 전도사가 쉽게 시험에 들어 죄를 범하였고, 게다가 그 지역을 담당하던 샤프마저 갑자기 세상을 떠난 공주교회는 마치 고린도교회처럼 분쟁이 끊이지 않아 선교사들에게는 참으로 골치 아픈 곳이었다. 그러나 죄가 많은 곳에 은혜의 역사가 더 하듯이 강퍅한 그들의 심령에 성령의 놀라운 역사가 임하였다.[153]

907년 4월 8일 수요일, 1주간의 부흥회가 시작되었을 때 "즉시 성령의 임재와 권능이" 놀랍게 현시되었다. 그 현장을 목격한 이들이 "특별히 오슌졀 긔회를 우리의게"[154] 주셨다고 고백했던 것은 결코 과장이 아니었다. 그날 윌리엄즈(F. E. C. Williams)의 기도가 있은 후 공주 시내가 떠나갈 듯한 통성 기도를 한 후 안창호(安昌鎬)의 설교가 시작되었다. 그러나 워낙 완악한 이들의 심령이 쉽게 무너질 리 없었다. 모든 이들을 사로잡은 "형뎨ᄆᆞ음을 찌르되 간흉ᄒᆞᆫ 마귀에 유혹홈" 때문에 "성신의 충만함을 받아 죄의 담을 헐자"는 감샹벽 전도사의 설교도, "찌어질듯ᄒᆞᆫ ᄆᆞ음으로 실셩통곡ᄒᆞ"는 안창호의 통곡도, 그리고 윌리엄즈 목사의 애통하는 "눈물"도 소용이 없었다.[155] 그들이 은혜를 받기 시작한 것은 집회 삼일째 되던 날부터였다:

---

152 임동슌, "츙쳥남도 공쥬 하리동 교회 부흥ᄒᆞᆫ 결실," 신학월보, 1907년 2호, 120.
153 *Minutes of Korea Mission*, Methodist Episcopal Church, 1907, 63.
154 임동슌, "츙쳥남도 공쥬 하리동 교회 부흥ᄒᆞᆫ 결실," 120. 여기 안창호는 도산 안창호와 동일 인물이 아니다.
155 임동슌, "츙쳥남도 공쥬 하리동 교회 부흥ᄒᆞᆫ 결실," 121.

그러홈으로 제 삼 일 만에야 비로소 주복이 나오는디 그 형상이 맛치 만신창에 공긴 거슬 째고 피고름 싸는 것 갓흔지라. 서로서로 뮈워호고 싀긔호엿다 호며 간음호엿다 호며 소기로 도적질호엿다 호며 부모의게 불효호엿다 호며 우리 쥬를 입으로만 밋엇다 호며 엇던 이는 목사를 속이엿다 호며 엇던 이는 그간에 안창호 씨를 원슈갓치 보왓다 호며 슬피 이통으로 서로서로 용셔홈을 밧으며 서로 위로호며 날마다 이와 갓치 一쥬일 동안을 지낼시 외인들은 예비당에 초상난 줄 노 공론이 분분호더라. 엇지 감샤치 아니호리오.[156]

급한 사정으로 윌리엄즈 선교사가 갑자기 그곳을 떠나야 했지만 집회는 중단되지 않고 계속되었다. 그 다음날 스위러가 그곳에 도착했을 때 "그들은 한창 성령의 은혜 가운데 있었다."[157] 그는 그 이튿날 안창호가 그곳을 떠난 후에도 감샹빅 전도사와 하루 세 번씩 모여 기도하기로 작정하고 모임을 계속하였다. 그 집회에는 평양의 노블 선교사가 파송한 평양에서 내려온 두 형제, 고정철과 강신화가 참석하였다.[158] 이곳에 모인 이들이 볼 때 이미 평양에서 성령의 은혜를 체험한 이 두 사람의 방문은 마치 사도행전 8장 14절에 "베드로와 요한이 성령의 인도로 사마리아 성에 들어갔던 것"[159]과 너무 유사했다.

그들은 긴 여독에도 불구하고 그곳에 모인 이들에게 "우리 둘이 이곳에 온 거슨 첫재는 셩신의 인도호심이오 둘재는 우리 평양 형데가 공쥬 형데를 위호야 이통호는 결과로 우리 둘을 틱호야 보냄으로 이제야 와서 제 형제자매에게 문안"[160]한다고 하고는 우리와 하나님 사이에 죄의 담을 헐지 못하면 우리가 믿는 것은 아무 쓸데없다며 모인 이들에게 죄의 문제에 대한 경종을 울렸다. 그것은 "가쟝 권셰 잇는" 말로 셩신의 권능으로 형제의 마음을 찌르고 베어내는데, 그것은 마치 능력 있는 의사가 "뇌에 깊이 곪은 것을

---

156 임동슌, "츙쳥남도 공쥬 하리동 교회 부흥호 결실," 121.
157 W. C. Swearer, "Gospel Progress," *KMF* III: 6 (Jun., 1907), 86.
158 Jones, *The Korean Revival*, 34.
159 신학월보, 1907년 2호, 122.
160 신학월보, 1907년 2호, 122.

짜내는 것 같았다."¹⁶¹ 두 형제의 사역을 통해 이미 평양에서 임했던 성령의 역사가 공주에서도 그대로 재연되었던 것이다.¹⁶² 그날 그 역사적 현장에 있었던 임동순은 신학월보에 보낸 글에서 다음과 같이 생생하게 기술하고 있다:

> 누가 놀나고 동심치 아니ᄒ리오 제 형뎨주미가 머리를 들지 못ᄒ고 스스로 결박이되ᄂ디 졸연간 열병에 한열 왕ᄅㅣ 두통을 겸ᄒ여서 혹은 썰고 혹은 얼골이 슐에 취흠 ᄀᆺ고 혹은 취하엿던 슐을 새로이 씬듯ᄒ고 혹은 적은 눈이 커지고 혹은 몸도 엇지홀 줄 모르며 혹은 정신업시 안졌스니 이려 가지 모양이 활동사진을 버림 ᄀᆺ흔지라. 이 죄인도 만일 죄가 업셧스면 리어니와 죄인 즁 슈두라 엇지 무심ᄒ리오 과연 ᄆᆞ음이 썰니고 얼골이 취하며 두려움이 엇지 구식(舊式)에 잔인학힝ᄒᄂ 뢰형이리오 싱각건디 벽녁이 머리를 치는 듯ᄒᆫ지라. 셜혹 범상[犯上]ᄒᆫ 죄가 잇더라도 내여놋치 안코는 견딀수 업지라. 그러훔으로 형뎨 자미가 서로 뒤갈까 념려ᄒᆞ야 ᄌᆞ복ᄒᄂ디 드르즉 참아 드를 수 업고 그 독한 악취는 코를 두를 수 없더라. 참 셩신 권능이 아니면 누가 이 죄를 ᄌᆞ복케 ᄒ리오. 사ᄅᆷ의 힘으로는 비록 부월지권을 겸비ᄒ여도 홀 수 업ᄂ지라. 엇지 감샤치 아니ᄒ리오.¹⁶³

그 현장에 있었던 이들이라면 누구나 그들이 고백하는 죄들이 얼마나 "독한 악취"가 물씬 풍기는 무서운 죄들인가를 실감하고 있었다. 평양 장대현교회에서 일어났던 회개와 통회의 역사, 철저한 죄의 고백과 죄로 인해 슬퍼하고 탄식한 나머지 견딜 수 없어하는 모습을 그들에게서 여지없이 찾아볼 수 있었다. 우리는 이와 같은 성령의 역사로 인한 통회의 현장을 볼 때마다, 죄의 고백이 결코 오늘날 말하는 가십거리로 변질되지 않고 서로서로를 용서하고 이해하고 포용하고 바로잡아 주는 건설적인 방향으로 진행되었다는 사실을 알 수 있다.

---

161 신학월보, 1907년 2호, 123.
162 Jones, *The Korean Revival*, 34.
163 임동슌, "츙쳥남도 공쥬 하리동 교회 부흥ᄒ 결실," 123.

348 평양대부흥운동

그들은 이와 같은 참회의 역사가 나타날 때마다 하나님의 강권적인 은혜의 역사에 감사하였고 그들이 고백하는 죄가 어떤 성격인지, 얼마나 무서운 죄인지 그리고 어떤 종류의 죄를 어떤 형제자매가 지었는지 하는 것에는 전혀 관심을 두지 않았다. 형제자매가 지은 죄의 정도가 관심사가 아니라 형제자매가 성령의 역사와 은총으로 이제는 새로운 피조물이 되어 비로소 하나님의 자녀가 되는 권세를 누릴 수 있게 되었다는 사실로 인해 감격하였던 것이다. 그들은 형제자매의 아픔이 바로 자신들의 아픔이라고 생각했던 것이다. 그것은 공주에서 일어난 회개의 역사를 기술하면서 "이 ᄉᆞ긔를 보실 째에 텬부에 권능만 감샤홀 ᄲᅮᆫ이지 사름의 허물은 코를 디여 맛지 마시오"¹⁶⁴라는 사실에서도 알 수 있다.

회개하지 않고는 견딜 수 없는 성령의 강권적인 역사 앞에 그곳에 모인 이들은 남녀를 불문하고 그들이 범한 모든 죄악들을 토로한 것이다. "슯픔이 지극ᄒᆞ면 우는 소리가 나지 아니ᄒᆞ고 원통ᄒᆞᆫ 거시 지극ᄒᆞ면 쎠가 압푸다"고 하는 속담처럼 그날 "여러 형뎨ᄌᆞ미가 셩신의 칙망을 견디지 못ᄒᆞ야 깁히 든 죄를 내여놀 째에는 여간 이통이 아니라 그 형샹을 보니 ᄎᆞ마 볼 수 업ᄂᆞᆫ 거슨 얼골이 다만 푸른빗 ᄲᅮᆫ이오 긔운이 막히여 참담 오열ᄒᆞᆫ 긔식ᄲᅮᆫ이라."¹⁶⁵

> 무슴 죄악이 엇더ᄒᆞ기에 이러ᄒᆞᆫ가 ᄒᆞ엿더니 제 죄를 제가 싱각ᄒᆞ고 볼지라도 그러홀 수밧긔 업ᄂᆞᆫ지라. 엇던 이는 도적질ᄒᆞᆫ 거시 여간 ᄒᆞᆫ두 번 아니오 몇 번인지 알 수 업다 ᄒᆞ며 엇던 이는 그 형뎨를 뮈워ᄒᆞ야 해롭게 ᄒᆞ는 쇠로 엇던 목ᄉᆞ의 각지를 위조ᄒᆞ엿다 ᄒᆞ며 엇던 이는 외인의 ᄉᆞ쥬젼을 탈취ᄒᆞ엿다 ᄒᆞ며 엇던 이는 지친간에 말못할 일을 힝ᄒᆞ엿다 ᄒᆞ니 이는 다름 아니라 샹피를 힝홈이오 엇던 이는 쥬를 밋고도 불힝ᄒᆞᆫ 일을 만히 힝ᄒᆞᆫ고로 쥬를 풀고 협잡ᄒᆞᆫ즉 츌급엽 二百 량 표 一쟝을 내여노아 불지르고 엇던 이는 그 부친의 평싱 방탕홈을 뮈워홈으로 읍촌간에 각거ᄒᆞ다가 그 부친이 위즁ᄒᆞᆫ 병이 드러도 불고ᄒᆞ고 림죵시에도 보

---

164 임동슌, "츙쳥남도 공쥬 하리동 교회 부흥ᄒᆞᆫ 결실," 123.
165 임동슌, "츙쳥남도 공쥬 하리동 교회 부흥ᄒᆞᆫ 결실," 124.

지 못ᄒ엿스며 엇던 자ᄆ는 그 남편을 두려홈이 업시 간음ᄒ 죄를 졍직ᄒ ᄆ음으로 조곰도 ᄭ리지 아니ᄒ고 내여노며 엇던 이는 그 부모의게 말 못ᄒ 일을 ᄒᆼᄒ엿다 ᄒ여 서로 ᄲᅧ가 부서지듯 ᄒ게 통곡으로 하ᄂ님을 부르지지며 다 내여노ᄒ니 그 형샹을 싱각ᄒ면 마신분골 ᄒ지라도 과연 내여놀 수 업ᄂ 죄라.[166]

확실히 성신의 역사가 아니라면 고백할 수 없는 그 같은 죄악들이 서슴 없이 사람들에게서 나왔다. 성령의 책망 앞에 숨길 수 없었던 것이다. "모든 회중이 여러 방에서 기어 나와 울부짖고 흐느끼며 소리내어 기도했다. 공개적인 회개의 기회가 주어지자 일어나 고백하는 그들의 절규는 너무 처절했다. 얼마 동안은 그들의 울부짖음으로 그렇게도 그들을 억눌렀던 죄에 대해 한마디의 회개도 할 수 없었다. 그러나 기회가 오자 그들이 고백하는 죄악들은 무시무시한 온갖 종류의 죄들이었다!"[167]

이들의 고백은 입술만의 고백이 아니라 진정으로 자신들의 과거의 죄악된 삶을 청산하고 새로운 피조물로서의 새로운 삶을 살겠다는 각오와 결단의 고백이었다. 공주교회 성장의 가장 큰 장애물이었던 이전에 목사(the former pastor)였던 어떤 사람은 "자신의 절도와 다른 많은 것들을 고백했는데, 그 가운데는 형제들에 대한 미움도 있었다. 지도적인 교인 가운데 한 사람은 자신의 바르지 못한 처신을 통회했다. 여기에 대한 양심의 가책으로 그 이전에 목사였던 자는 형제의 집을 찾아가 그 밤을 고백과 기도로 보냈고, 형제와 화해한 후 충성의 맹세로 서로 성경을 교환했다."[168] 스위러는 몇 달 후 공주교회의 부흥회와 관련하여 이렇게 보고하였다:

> 몇 개월 전 성령께서 놀라운 방식으로 우리에게 임했다. 매일 그리고 어떤 때는 하루 종일 열렸던 부흥 집회 때에 모든 교인들이 대단히 애통하는 심령으로 눈물을 흘리며 울부짖으면서 공개적으로 자신들의 죄를 고백하였고, 도둑질한 물건들을

166　임동슌, "츙쳥남도 공쥬 하리동 교회 부흥ᄒ 결실," 124.
167　Swearer, "Gospel Progress," 86.
168　Swearer, "Gospel Progress," 86.

배상해 주었으며, 서로서로 화해하고는 자신들의 죄를 깨끗이 사함받고 더 새롭고 차원 높은 삶을 살기 시작하였다.[169]

거듭나게 하시는 성령의 강권적인 역사를 경험한 이들이 이제는 더욱더 주의 권능과 능력을 의지하게 된 것은 당연한 일이다. 전에 속여 취한 물건이나 도적질한 물건은 무슨 물건이든 그 주인에게 돌려보냈다. 가까운 곳일 경우 직접 찾아가서 형제자매의 용서를 구하면서 전달했고, 먼 곳의 경우는 우편으로 전달했다. "아조 견흘 곳이 업시된 거슨 다 하ᄂ님 앞헤 밧치고 감샤"함으로 기도를 드렸다. 그 결과 거듭나게 하시는 성령의 역사가 구체적으로 자신들의 삶을 지배하시는 사실을 경험하고, "형뎨자미가 더욱 셩신에 츙만ᄒ심으로" 하나님께 감사와 찬양과 영광을 돌렸던 것이다. 사죄의 기쁨을 경험한 죄인들, 죄가 중하면 중할수록 용서의 기쁨과 감격이 벅찬 것처럼 사죄함을 받은 이들은 "츔 츄는 모양이오 심지어 소학도 수십 명ᄭ지 셩신에 츙만홈으로 각기 울며 즈복이 된 고로 어른이나 ᄋ이나 ᄌ미가 다 단톄로 한 몸이 되야 즐기는 모양이 엄동 셜한에 소식 흔 겁질를 벗고 틱양 운회에 새 봄을 맛남 ᄀᆞᆺ흔지라."[170]

"셩신의 인도ᄒ심을 밧아"[171] 온 윌리엄즈와 안창호로 시작한 공주 하리동교회 집회는 평양에서 두 형제가 내려옴으로 두 주간 더 연장되어 3주간, 즉 20여 일 동안 계속되었다. 이리하여 공주의 교회는 윌리엄즈와 안창호에 의한 것과 평양의 두 형제에 의한 것, 이렇게 두 번의 부흥회를 연속으로 가진 셈이다. 부흥회로 교회가 완전히 정결해졌으며, 그곳 공주에서의 부흥의 역사는 그 후에도 계속되었다.

1899년 9월 미 감리회 선교사로 내한해 1905년부터 1909년까지 경기 서부와 충청도, 제물포, 공주 지방 감리사로 활동했던 케이블이 1908년 2월과 3월 유주와 목천에서 일련의 부흥 집회를 인도하였을 때 성령의 임재가 강하게 나타났다. 선교사 버딕과 함께 인도한 유주 사경회를 마치고 케이블은 "지난 여름, 문제의 기간 동안에 일본 군인

---

169 *Minutes of Korea Mission*, Methodist Episcopal Church, 1907, 63-64.
170 임동순, "츙쳥남도 공쥬 하리동 교회 부흥흔 결실," 125.
171 임동순, "츙쳥남도 공쥬 하리동 교회 부흥흔 결실," 120.

들로부터 심하게 고난을 당했던"[172] 목천으로 가 집회를 인도했다. 그곳에서 열린 사경회는 "그 전보다 더 큰 사경회"였으며, "몇몇 남녀들은 사경회에 참석하기 위해 50마일 이상을 걸어" 올 만큼 대단한 열의를 보여 주었다. 그곳에서 가진 그의 집회는 한마디로 성령의 역사가 과거 어느 집회보다도 더 강하게 나타난 "놀라운 집회"였다. "이 집회에는 깊은 확신과 통회하는 고백이" 있었고, "사경회에 참석한 이들은 한 사람을 제외하고 모두가 눈에 띠는 영적각성을 했다."[173] 그런데 1908년 3월 공주에서 열린 케이블의 집회는 이전의 어느 때보다도 더 놀라운 성령의 역사가 강하게 나타났다:

> 나는 방금 사경회를 끝냈는데, 그것은 공주에서 가장 놀라운 집회였다. 그곳에는 약 200명이 참석했다. 부흥 집회는 내가 지금까지 인도했던 그 어떤 것도 훨씬 능가하는 집회였다. 죄의 확신과 고백은 왠지 무시무시할 정도였다. 며칠 밤 남녀는 울부짖고 자신들의 손과 머리로 바닥을 치고, 무섭게 자신들의 죄악들을 통회하였다. 그것은 마치 심판 날과 같았다. 몇 사람은 "내가 당신을 십자가에 못박았나이다. 나를 구원하소서 구원하소서"라며 울부짖었다. 나는 그러한 것을 증거하고 싶지 않으나, 그것은 반드시 올 것이라고 생각한다. 성령의 권능은 너무도 놀랍게 현시하여서 그 앞에서 사람들이 정화되는 것처럼 보였다. 그러나 투쟁과 죄의 고백 후 승리가 찾아왔다. 사람들은 거의 행복의 탄성을 올렸다. 거기에는 죄용서로 찾아오는 평안과 기쁨 그리고 성령의 증거가 있었다. 나는 더 많은 것을 쓰고 싶지만 이제 마무리하는 것이 좋을 것이라고 생각한다. 우리는 본 지역의 300여 이상의 신앙 단체에서도 그와 꼭 같은 집회를 가졌지만 거기에서도 똑같은 결과를 보았다.[174]

그 외 버딕이 관할하는 수원 지역에서도 버딕과 한국인 조사의 인도로 구정을 맞아 특별 부흥 집회가 열렸으며 많은 영적 유익이 있었다. 특히 집회를 통해 남학교 학생들

---

172   E. M. Cabel, "Communications," *KMF* IV: 3 (Mar., 1908), 47.
173   Cabel, "Communications," 47.
174   Cabel, "Communications," 47-48.

이 성령의 충만을 받았다.[175] 그는 1907년 6월, "전망은 희망적이다. 성령 임재에 대한 많은 사인들이 있다. 수원 지역에 최고로 요청되는 것은 성령의 충만한 부으심이다. 나는 오래지 않아 그것이 이루어질 것이라고 믿는다"[176]라고 보고했다. 버딕은 이미 나타나고 있는 성령의 역사에 만족하지 않고 성령이 더 크고 더 놀랍게 임하기를 염원했던 것이다.

7. 기타 지방에서의 성령의 역사

이와 같은 대부흥의 역사는 위에서 언급한 몇몇 도시에서만 나타난 현상은 아니었다. 지난해 11월 강원 북부 지역에서 참된 부흥이 있었고,[177] 여러 지역에서도 1월과 2월, 3월 들어 영적각성운동이 끊임없이 일어났다. 곽안련(클락) 선교사도 1907년 4월, 24일간의 지방 전도여행을 다니면서 성령의 역사를 경험했다. 그는 전도여행 첫날 백정들을 대상으로 점심을 전후하여 두 번의 집회를 가졌는데 그때 "성령이 즉시 임재하셔서 눈물과 회개가 있었다."[178] 전도여행 중 한타리, 홍성이라는 곳에서 월요일 저녁부터 가진 지역 사경회에는 10개의 다른 동리에서 약 40명이 참석했다. "성령이 첫날 임재하시더니 그 역사는 마지막 날까지 점점 더 강하게 나타났다. 서울에서 있었던 것과 똑같이 눈물과 회개가 있었다. 특별히 한타리에서 온 한 지도자는 놀라운 축복을 받았다."[179]

믿기 전에 대도(大盜)였던 이 지도자는 과거 자신이 저지른 잘못이 얼마나 무서운 죄였는가를 깨닫고 자신의 죄를 철저하게 뉘우치고 과거 자기가 훔친 물건들을 하나 둘씩 보상해 주기 시작하였다. 그는 현재로서는 너무 가난해 다 보상해 줄 수 없어 일단 리스트를 만들어 할 수 있는 한 속히 그것을 갚기로 결심하였다. 성령께서 철저하게 회개하게 하시고, 한 호리라도 다 갚기를 원하셨던 것이다. 성령께서는 그의 인생관을 완전히

---

175 *Minutes of Korea Mission*, Methodist Episcopal Church, 1907, 39.
176 *Minutes of Korea Mission*, Methodist Episcopal Church, 1907, 40.
177 W. G. Cram, "Songdo North Circuit," *KMF* III: 9 (Sep., 1907), 140.
178 Charles Allen Clark, "April Itineration," *KMF* III: 5 (May, 1907), 74.
179 Clark, "April Itineration,"75.

바꾸어 주셨다.

그에게는 10년 동안 같이 살아 온 첩이 있었는데 그녀와의 사이에 한 아들을 두고 있었다. 그는 성령의 놀라운 역사를 경험하고 나서 이것이 무서운 죄라는 것을 깨닫고 이것을 청산하지 않고는 견딜 수 없었다. 보통 첩은 나이가 젊고 본 부인보다 더 외모가 나았기 때문에 남편의 사랑을 독차지하는 경우가 많았다. 그에게도 그것이 예외가 아니었다. 사랑하는 여인과 헤어지는 것처럼 고통스러운 것은 없지만, 그 안에 역사하시는 성령께서 강권하시기 때문에 순종할 수밖에 없었다. 성령께서 그에게 그 죄를 깨닫게 하셔서 그는 그녀와 헤어지기로 결정하였다. 여인은 간호사가 되겠다며 아이를 남겨 놓고 서울로 올라갔다. 둘 사이의 관계, 그리고 헤어지겠다는 이야기를 전해 들은 클락 선교사는 그들에게 자신이 말한 어떤 것 때문에 헤어지기보다는 그 안에 역사하시는 "성령의 뜻"에 따르도록 기도할 것을 부탁했다.[180]

10년이 지나 이제 자신의 삶의 일부분이 되어 버린 여인과의 관계를 청산한다는 것은 보통 고통이 아니었을 것이다. 그러나 살을 에이는 아픔보다 더 큰 고통이 수반된다고 하더라도 죄악을 철저하게 청산하도록 만드시는 성령의 강권적인 역사를 거절할 수 없었다. 성령께서 우리 안에 역사하시면 우리는 과거에 볼 수 없었던 죄악들을 보게 되고, 따라서 과감하게 그것을 청산하지 않을 수 없다. 클락은 이번 전도여행 도중 또 하나의 사건을 만났다. 그곳의 한 사람이 수년 전 한 어린 여자에게 결혼하자고 꾀어서는 그녀를 노예로 팔아넘긴 것이다. 수치스럽기 이를 데 없는 인신매매라는 죄악을 범하고도 눈 하나 깜짝하지 않던 그가 주님을 만나 성령의 은혜를 받는 그것이 무서운 죄라는 사실을 깨달은 것이다. 예수를 믿고 성령의 역사를 경험하고 나서 더 이상 이 문제를 청산하지 않고는 견딜 수 없었다. 그는 깊이 통회한 후 과거 자기가 팔아넘긴 그 여인의 주인에게 가서 몸값을 지불하고 그녀를 사서 놓아 주었다.[181]

한국 교회 지도자들과 선교사들은 부흥운동을 통해 성령께서 어떤 형태의 죄악들과도 끊도록 요구하신다는 사실을 수없이 경험하고 목도했던 것이다. 클락의 경험에 의

---

180   Cram, "Songdo North Circuit," 140.
181   Cram, "Songdo North Circuit," 140.

하면, 그것이 당시 한국인이라면 기독교를 받아들인 후 치러야 할 신앙인의 대가였다. 기독교인이 된다는 것은 곧 지금까지 자연스럽게 섬겨오던 조상숭배를 끊어야 하고, 정상적인 결혼 관계가 아닌 모든 관계들을 완전히 청산하는 것을 의미했다. 따라서 전통 문화와 기독교와의 갈등은 한 개인의 문제가 아니라 사회 전반의 문제였다.

1903년 원산부흥운동의 주역이었던 하디 선교사가 맡고 있는 원산 지역에서도 부흥운동의 역사는 계속되었다. 그곳 감리교회의 지속적이고 놀라운 성장은 원산 전역의 다른 교회들에게도 부흥을 더욱더 염원하도록 자극을 주었다. 원산은 하디를 통해 이미 오래전부터 부흥의 불길이 타오르고 있던 곳인데다 평양부흥운동의 소식이 전해지자 민감하게 반응했고 그 결과 그 어느 곳보다도 부흥의 결실이 풍성하게 맺혔다. 그 결과 1907년에 또다시 성령의 역사가 놀랍게 현시되었다. 하디에 따르면 1907년 봄, 원산에서 장로교, 침례교, 감리교의 연합 사경회가 열렸을 때 하나님께서 놀라운 권능으로 그들 가운데 임하셨다. "적지 않은 한국인들과 상당수의 선교사들이 새롭게 하시는 성령의 세례를" 받았으며, 그로 인해 자신과 그곳 교인들이 하나님께 찬양을 드렸다. 그 후 "모든 예배마다 출석률이 증가하고 주일 오전예배는 때로 예배당 안뿐만 아니라 바깥 뜰에까지 가득 찼다."[182]

1908년 2월 22일에는 "모든 남감리교 선교회 회원들이 교회 한국인 지도자들과 함께 연례모임에 참석하기 위해" 원산으로 달려갔다.[183] 중심부 서울을 떠나 원산에서 연례모임을 가질 만큼 원산은 감리교의 주요 선교지로 부상한 것이다. 부흥운동이 강하게 일어났던 원산은 마찬가지로 부흥운동의 영향 하에 있던 개성과 더불어 남감리교 선교회의 주요 선교 지역으로 부상했을 뿐만 아니라 한국 교회 전체에서도 주목받는 선교지로 떠올랐다. 1908년에도 부흥운동은 계속되어 1908년 10월 3일부터 일주일간 "원산 장로교회"에서 열린 장로교 부인 사경회에 말씀을 공부하는 중에 성령의 역사가 나타나 참석한 "여러 자매들이 신령훈 뜻을 만히" 받았다.[184]

1907년 1월 평양 장대현교회에서 놀라운 성령의 역사가 나타나던 그 즈음에 원

---

182   R. A. Hardie, "Evangelistic Work on the East Coast," *KMF* III: 6 (Jun., 1907), 95.
183   "News Notes," *KMF*, IV: 2 (Feb., 1908), 24.
184   송창운, "교회 통신, 함경도 원산," 예수교 신보, 1908년 12월 15일, 209.

산부흥운동의 불씨를 가져다준 기도회를 처음 시작한 캐나다 장로교 소속 여선교사 매컬리가 사역하던 함흥에서도 정도는 약하였지만 부흥의 움직임이 있었다.[185] 1월 첫 주에 함흥에서 있었던 부흥 집회에서 성령의 역사가 나타났고, 집회 후반에 그곳에 참석해 "성령의 세례"를 간구한 한 한국 여인이 "전에는 결코 알지 못했던 능력의 참 비밀을 알고 하나님께 완전히 굴복하였다."[186] 이 여인은 지난 한 해 동안 426권의 복음서를 팔았고, 3,000명 이상의 사람들에게 복음을 전했으며, 그 도시의 주일학교 어린이 반에서 가르쳤다.[187]

로스 여사는 1907년 여름 6, 7명의 지도적인 부인들을 자기 집에서 일주일에 한 차례씩 3개월 동안 성경공부를 지도하며 훈련시켜 사역의 현장으로 내보내 놀라운 결실을 얻었다.[188] 원산 지역에서는 5월에 감리교와 장로교 선교회가 연합으로 연합 부인 사경회(a union Bible women's class)를 열어 오전 9시부터 오후 4시까지 철저하게 훈련시켰다. 그리고 저녁에는 하디 선교사가 저녁 집회를 인도하고 매컬리 여선교사와 하디의 아내가 하디를 도와 저녁 집회에 놀라운 성령의 역사가 나타난 것이다. 1907년 코리아 미션 필드 9월호에서 로스 여사는 이렇게 보고하였다.

> 주께서 우리에게 놀라운 축복을 부어 주셔서 한국인 여인들과 우리는 매우 은혜로운 시간을 가졌다. 우리는 깊은 죄의 확신과 회개 가운데 그때에 임하신 그분의 임재와 많은 사람들에게 임한 새 생명, 심지어 성령 세례로 인해 하나님을 찬양한다. 결실이 계속될수록 우리를 위해 기도해 주기 바란다.[189]

춘천 지역 북감리교 선교 구역에서도 놀라운 성령의 역사와 그로 인한 교회의 성장이 있었다. 그러나 이 지역에서의 그와 같은 성장의 동기 가운데 하나는 지극히 정치적

185　L. H. McCully, "Fruits of the Revival," *KMF* III: 6 (Jun., 1907), 83-84.
186　McCully, "Fruits of the Revival," 83-84.
187　McCully, "Fruits of the Revival," 83-84.
188　Mrs. J. R. Ross, "Meeting Wonsan Women," *KMF* III: 9 (Sep., 1907), 136.
189　Ross, "Meeting Wonsan Women," 136.

인 사건에서 발단된 것이 있었다. 즉 러일전쟁의 발발로 많은 사람들이 이곳으로 이주해 오면서 이곳에서 더욱 부흥의 열기가 달아올랐던 것이다. 전쟁의 발발은 외국인에 대한 부정적인 시각을 팽배시켜 주었으나 선교사들에 대한 신뢰가 남달랐기 때문에 이들은 선교사들에 대해 매우 우호적인 시각을 가지고 있었다. 전쟁의 소용돌이 속에서 사람들은 세상의 어떤 것도 가져다 줄 수 없는 평안을 주님이 주신다는 사실을 발견한 것이다. "우리는 한 해 동안 마음 깊이 뉘우치고 자신들이 범한 죄로 인해 울부짖는 몇 사람을 목도하였으며, 그로 인해 우리의 심령은 하나님의 영이 역사하기 시작한 이와 같은 명백한 현시를 보면서 찬양과 감사로 기뻐하고 있다. 아무리 상황이 힘들고 어려워도 그리스도께서 영광스럽게 승리하시지 못할 상황과 어려움은 없을 것이다."[190]

부흥의 불길은 저 북단 함경도 북청에까지 깊숙이 침투했다. 1907년 음력 구월 십오 일부터 열흘 동안 북청교회에서 열린 기도회에서는 "ᄆᆞ지막 날에 셩신이 강림ᄒᆞ시기를 평양과 셔울과 ᄀᆞ치 ᄒᆞ샤 형뎨 쟈ᄆᆡ가 모두 ᄌᆞ긔 죄를 ᄌᆞ복홀시 말노다 홀 수 업ᄂᆞ 죄를 ᄌᆞ복ᄒᆞ고 례비당 안에 곡셩이 진동ᄒᆞ여 이웃 스룸이 다 놀ᄂᆡ"[191]는 역사가 나타났다. 그 해 12월 1일부터 열린 함흥 남자 사경회에서도 300여 명이 참여하여 공부하던 중 "여러 형뎨들이 셩신의 감화를"[192] 받았고 200여 명이 참여한 가운데 "셩찬례를 베플 째에 셩신을 츙만히"[193]받았다.

1907년 하반기에 들어서면서 대부흥운동의 열기는 이전보다 줄어들었지만, 사라진 것은 아니었다. 정도는 약했어도 그 후 1908년에 들어서면서도 부흥운동의 역사는 계속되었다.[194] 1908년 음력 1월 2일부터 1주간 동안 170명이 모인 가운데 열린 황해

---

190 C. T. Collyer, "Chun Chun Circuit," *KMF* III: 9 (Sep., 1907), 138.
191 김호일, "북청교회," 예수교 신보, 1907년 12월 25일, 27.
192 박웅원, "교회통신, 함경도, 함흥," 예수교 신보, 1908년 1월 29일, 42. 은혜를 받자 여러 가지 역사들이 나타났다. 예를 들면 장진에 사는 한 믿음의 형제(김영흠)가 자신의 소를 팔아 사경회 기간에 같은 동네 형제들의 식비를 담당하는 일도 있었다.
193 박웅원, "교회통신, 함경도, 함흥," 42.
194 비록 1년 전과는 비교할 수 없지만 1908년, 연초에 열리는 평양, 서울, 공주, 수원, 여주, 대구를 비롯 전국 주요 도시에서 열리는 신년 사경회에서도 부흥운동의 역사는 계속되었다. J .Z. Moore, "Bible Classes and Revival," *KMF* III: 4 (April, 1907), 50; *Minutes of the Korea Mission*, Methodist Episcopal Church (1908), 31-48.

도 풍천읍교회 사경회에서도 성령의 역사가 나타나 죄를 몰랐던 이들이 죄를 깨닫고, 주님을 몰랐던 이들이 주님을 알게 되었고, 하나님의 사랑을 몰랐던 이들이 하나님의 사랑을 깨닫게 되었으며, "사면에서 쥬를 밋겟노라 말ᄒ고 쟉뎡ᄒᄂ 쟈 부지기수"였다.[195]

1907년 후반과 1908년에 들어서면서 특정인들이 아닌 평범한 교회 지도자들, 곧 조사나 장로들이 인도하는 가운데서도 성령의 임재가 곳곳에서 나타났다. 당시 예수교신보에는 부흥운동 기간 동안 사경회가 전국적으로 실시되면서 사경회 기간 동안 나타난 성령의 역사에 대한 보고들이 상당히 접수되었다. 전라도 금산봉곡교회에서는 금산읍교회 조사 이경필이 집회를 인도하는 중 "감화흠을 밧아 죄과를 쌔둣고 슯흔 눈물이 옷기슬" 적실 정도로 은혜가 임했고,[196] 전주 지방 교회에서는 두 명의 평신도가 1908년 10월 19일부터 22일까지 4일 동안 예수 행적을 가르치는 중 "예수ᄭᅨ셔 십자가에 못박힌 일을 공부ᄒᆞᆯ 쌔에" 형제자매들이 "눈물을 흘니고 이통ᄒᄂ"[197] 역사가 나타난 것이다. 이 소식을 전하는 김필수는 "오묘ᄒ도다 하ᄂ님의 셩신이여 사롭만이야 엇지 사롭을 회기케 ᄒᆞᆯ 수 잇스리오, 그러ᄂ 하ᄂ님이시라도 우리 ᄀᆺ치 쳔ᄒᆞᆫ 쟈들의 입을 비려셔 당신의 권능을 나타니시ᄂ도다"라고 기이한 성령의 역사에 놀라움을 금치 못했다.[198] 1908년 11월 2일부터 한 주간 동안 함경도 지방의 조사 김성호가 인도한 그 지방 성천 잡바우교회 사경회에서도 성령의 역사가 나타났다:

> 형뎨 ᄌᆞ믹 삼십 여인이 모혀 쥬야로 합심 긔도ᄒ더니 샤경회 ᄯᅳᆺ날 져녁에 여러 형뎨 ᄌᆞ믹들이 각각 죄를 원통히 녁여 하ᄂ님 압과 교회 압헤 자복ᄒ고 리호렬

---

195 황금면, "교회 통신, 황히도 풍천읍교회 형편," 예수교 신보, 1908년 2월 26일(제 8호), 58. 그곳에 참석한 황금전은 다음과 같은 소식을 예수교 신보에 전해 주었다. "어떤 이는 죄를 몰랐더니 이번 사경공부에 알았다 하며 어떤 이는 예수를 몰랐더니 지금 알았으며, 어떤 이는 하나님의 사랑을 몰랐더니 깨달았다 함을 보오니 감사함을 다 칭송할 수 없사오며 또 지금 이곳 형편을 살펴보오면 사면에서 주를 믿겠노라 말하고 작정하는 자 부지기수이오니 하나님 은혜가 우리나라에 이같이 풍부하심을 생각하니 로마편지에 말씀과 같이 죄 많은 곳에 은혜가 많은 줄 알고 감사하오며…."
196 리긔환, "젼라도 금산봉곡교회," 예수교 신보, 1908년 11월 15일, 195.
197 김필슈, "젼주디방교회," 예수교 신보, 1908년 11월 15일, 195.
198 김필슈, "젼주디방교회," 195.

씨 씌셔는 이전에 도적질하엿던 물건을 갑후 주기로 작뎡하엿소오며 쏘 온 교회에셔 젼도인 셰우기 위하여 연보도 하엿소오니 하느님의 크신 권능과 너르신 은혜는 말로 다 칭송할 수 업도다.[199]

이와 같은 한국인들에 의한 성령의 역사는 부흥운동 기간 동안 어느 곳에서나 찾아 볼 수 있는 일반적인 현상이었다. 1908년 11월 경 강원도 강릉읍교회에서 김인수 전도사의 인도로 열린 한 주간의 기도회에서도 "조긔 죄과를 통회 자복한 이가 四十여 인이오 조민가 十七 인이오며 김인슈 씨가 젼도함으로 새로 밋는 형뎨가 十四 인"[200]이나 되었다.

선교사들이 주도하는 부흥운동에서 이제는 한국인들이 참여하고 인도하는 부흥운동으로 그 성격이 바뀌어 가고 있었던 것이다. 1907년 하반기와 1908년에 들어 부흥운동의 강도가 이전보다 강하지는 못했지만 산간벽지와 오지에까지 한국인 조사나 평신도 지도자들에 의해 전국적으로 저변 확대되어 갔다. 그리고 예루살렘을 넘어 사마리아와 온 유대를 넘어 널리 이방세계로 확산되어 갔던 오순절 성령의 역사처럼 그 부흥의 불길은 곧 한반도를 넘어 이웃 나라 중국으로 확산되어 갔다. 한국, 특히 평양의 일본인 교회들과 부흥운동 기간 동안 한국을 방문한 중국인들을 통해 부흥의 불길이 일본과 중국인들에게까지 확산되었다.[201]

8. 중국으로 번져 나간 성령의 불길

1907년 장대현교회에서 발흥한 대부흥운동의 불길은 곧 서울과 한반도 전역으로

---

199 송창운, "함경도 성천 잡바우 박계즙," 예수교 신보, 1908년 12월 15일, 210.
200 셩광호, "강원도 강능읍", 예수교 신보, 1908년 12월 15일, 210.
201 한국 내 일본인 교회, 특히 평양 시내의 일본인 교회는 평양대부흥운동의 영향을 상당히 받아 그 교회에서도 영적각성운동이 일어났다. 압록강을 건너 만주의 한국인들과 중국인 교회에도 평양 대부흥운동이 확산되어 한국 교회의 부흥운동이 아시아 지역에 미친 영향은 대단했다. Jones, The Korean Revival, 42-43.

확산되더니 얼마 후 압록강을 넘어 중국에까지 번져 나갔다.[202] 대부흥운동의 소식을 접한[203] 만주 교회는 2명의 장로를 한국에 파송했다. 이들은 평양에서 일어난 은혜의 역사를 친히 목도하기 위해 대부흥운동이 한창 일고 있던 1907년 평양을 방문했다.[204] 집회에 참석하려는 이들의 노력은 불행히도 늦게 도착하는 바람에 이루어지지 못했다. 그들이 도착했을 때는 이미 집회가 끝난 후였다. 그들이 집회에 늦게 도착한 것은 평양에서 중국어를 하는 사람을 만날 수 없어 한국어를 할 줄 몰랐던 그들이 집회 장소를 찾다가 시간을 다 보냈기 때문이었다.

두 사람은 집회가 끝난 후였지만 다행히 길선주와 다른 교회 지도자들을 만날 수 있었다. 그리고 만주로 돌아가 평양대부흥운동의 역사를 들려주었다.[205] 한국에서 일고 있는 놀라운 성령의 역사에 대한 소식을 들은 만주 교회와 교우들은 적지 않은 자극과 도전을 받았다. 장로회 사기는 평양의 대부흥운동이 어떻게 중국에까지 전달되었는지를 이렇게 기술한다:

> 此가 各地에 傳播됨에 中國人 神學士 胡萬成, 張賜禎 等이 來하야 一週間 留하얏난대 言語가 不通되고 通譯도 업섯스나 禮拜하난 儀表만 보고 聖神의 恩賜를 밧앗스며 其國에 歸하야 自己의 敎會를 復興케 하얏나니라. 同年 春에 中國 牧師 劉全岳 等 二人이 平壤에 來하야 當地敎會 職員들과 牧丹峰에셔 祈禱할새 自己 敎會를 爲하야 懇切히 哀痛하며 祈禱하엿나니라.[206]

---

202 T. Stanley Soltau, *Korea The Hermit Nation and Its Response to Christianity* (New York: World Dominion Press, 1932), 25-26.
203 Gale, *Korea in Transition*, 215.
204 Gale, *Korea in Transition*, 215. 게일이 전하는 이야기는 약간 차이가 있다.
205 Gale, *Korea in Transition*, 216.
206 車載明, 朝鮮 예수敎長老會 史記 上, 181. 김인서도 이 사실을 자세히 기록하고 있다. "이 奇別[평양부흥운동 소식]을 들은 中國敎會에서는 神學準士 胡萬成과 張錫禎 二人이 來壤하야 禮拜의 光景을 보고 言語는 通하지 못하나 靈音은 通하야 靈化를 밧고 도라갈애 中國敎會에 復興이 이러나고 牧師 등 劉全岳外 一人이 來壤하야 朝鮮敎人과 함께 牧丹峰에서 中國敎會를 向하야 痛哭하며 祈禱하고 歸國하엿다." 金麟瑞, "靈溪先生小傳," (中二), 34.

1907년 평양대부흥운동의 놀라운 성령의 역사는 곧 만주로 확산되어 가 그곳의 많은 그리스도인들 가운데서도 평양에서 있었던 것과 같은 회개와 영적각성운동이 강하게 일어났다. 만주에서 발생한 놀라운 종교적 운동은 라토렛 교수가 지적한 것처럼, "1908년에 이르러 주로 한국에서 일어난 부흥운동과의 접촉을 통해" 발화된 것이다. 평양대부흥운동과 마찬가지로 만주 지역의 집회에는 자주 공개적인 회개가 있었다. "만주에서 시작된 부흥운동은 특별히 중국 내지 선교회의 여러 지부나 선교회 협력 단체들로 확대되어 소위 대중 부흥운동으로 여겨지는 놀라운 각성운동이 일어났다."[207]

두 명의 중국인 지도자가 만주의 목단(牧丹)으로 돌아가 평양의 부흥의 소식을 알려 주던 거의 같은 시기에 중국 주재 고포드(Jonathan L. Goforth) 선교사도 또한 평양으로 내려왔다.[208] 그는 대부흥운동이 한창 진행되고 있던 1907년 3주 동안 한국의 8개의 주요 선교지를 방문하고 중국으로 돌아가 목단에 있는 기독교인들에게 한국의 부흥운동을 이야기해 주자 그곳에 모인 사람들이 깊은 감동을 받았다.[209] 고포드는 호난(湖南), 만주, 산동성, 제푸를 방문하여 집회를 열었고, 고포드 부인이 증언한 대로 그 때마다 "그는 단순히 그들이 한국에서 목도한 성령의 역사를 전해주었다."[210]

만주에서 고포드 집회에 동행하며 부흥의 현장을 직접 목도한 제임스 웹스터(James Webster)의 표현을 빌린다면 "그의 메시지는 단순한 옛 스타일의 설교였다. 서두를 시작하면서 우리는 한국 교회가 경험하고 있는 부흥운동, 은둔의 나라의 급속한 기독교 성장, 회심자들의 놀라운 증가, 교회의 힘과 자립심, 학교와 대학의 수, 지난 수 년 간에 이루어진 모든 일, 그리고 모든 자립 현황을 들었다. … 주께서 말씀하신대로 한국에서의 위대한 역사는 '힘으로도 안 되고 능으로도 안 되고 오직 여호와의 영으로' 되어

207　H. G. Underwood, "The Growth of the Korean Church," *The Missionary Review of the World* (Feb., Mar., 1908), 99-100.

208　Canadian Presbyterian Mission, *A Quarter Century in North Honan 1889-1913* (Shanghai: Printed at The Presbyterian Mission Press, n.d.), 33; Gale, *Korea in Transition*, 216; Soltau, *Korea The Hermit Nation and Its Response to Christianity*, 26.

209　Jonathan Goforth, *When the Spirit's Fire Swept Korea* (Grand Rapids: Zondervan, 1943), 7. 1907년 평양대부흥운동과 고포드를 중심으로 한 중국 부흥운동과의 관련성에 대해서는 Rosalind Goforth, *Goforth of China* (Grand Rapids: Zondervan Publishing House, 1946), 183; Jonathan Goforth, *By My Spirit* (Grand Rapids: Zondervan, 1942)을 참고하라.

210　Gale, *Korea in Transition*, 216.

진 일이다."²¹¹

고포드가 펠 다이 호(Pel Tai Ho)에 가서 선교사들에게 어떻게 하나님께서 한국 교회에 축복하셨는가를 이야기하자 그곳 선교사들은 눈물을 흘리며 중국에서도 그와 같은 성령의 역사가 나타날 때까지 기도하겠다고 약속하였다. 다른 건강한 선교지 지쿵산(Chi Kung Shan)에 초대를 받았을 때 그곳에서도 한국의 부흥운동에 관한 이야기를 했다. 주일 저녁에 그 이야기를 하고는 축도로 끝냈으나 아무런 반응이 없었다. 6분간 숨소리도 들리지 않는 죽음의 적막이 장내를 지배하다가 갑자기 장내는 흐느끼는 소리로 가득 찼다. 죄에 대한 고백, 용서를 구하는 간절한 기도 소리가 계속되어 그날 집회는 보통보다 늦게 끝났다.²¹² 그곳에 참석한 모든 사람들은 성령의 임재를 느낄 수 있었다.

그 후 그들은 4일간의 사경회 및 기도회를 가졌다. 고포드에 따르면, "그것은 선교사들 가운데 지금까지 볼 수 없었던 가장 놀라운 시간이었다. 우리는 중국 교회에 부흥이 일어날 때까지 매일 오후 4시에 기도하기로 결정했다. 그 해 가을 우리는 중국인들 가운데 하나님의 능력이 현시된 것을 보기 시작했으나 만주와 그 밖의 지역에서 1908년에 접어든 이후에야 성령의 역사는 놀랍게 증가하였다."²¹³ 그 이듬해 산둥 기독교 대학에 강력한 성령의 현시가 있었고, 만주와 중국 여러 곳에서 성령의 불길이 계속 타오르고 있었다. 1909년 중국을 방문해 중국에서 진행되고 있는 놀라운 부흥의 현장을 직접 목도한 브라운이 보고한 대로 "중국의 여러 곳에서 일어난 다른 많은 부흥을 언급하는 것은 어려운 일이 아니었다."²¹⁴ 이렇게 해서 평양에서 시작된 대부흥의 불길이 만주와 중국으로 이어진 것이다. 그로부터 수년 후 캐나다 장로교 북호남(北湖南) 선교 25주년(A Quarter Century in North Honan 1889-1913)은 이렇게 증언 한다:

중국의 모든 지역의 많은 사람들이 1907년 한국부흥운동에 대해 들었다. 1908년

---

211 Goforth, *Goforth of China*, 185-186.
212 Goforth, *When the Spirit's Fire Swept Korea*, 7.
213 Goforth, *When the Spirit's Fire Swept Korea*, 8.
214 A. J. Brown, *Report on a Second Visit to China, Japan and Korea 1909* (New York: The Board of Foreign Missions, PCUSA, [ca. 1910]), 118, 113-119.

평양대부흥운동의 불길을 중국으로 가지고 간 고포드(Jonathan L. Goforth) 선교사

부흥운동 당시 목단의 거리

겨울 동안 고포드는 만주에서 특별집회를 인도해 달라는 요청을 받았다. 그 지역 본토 그리스도인들은 한국을 휩쓸고 있는 은혜의 파도가 또한 그들에게도 확장되게 해달라고 기도하고 있었다. 하나님께서는 부흥을 사모하며 기다리는 그들의 심령을 실망시키지 않으셨다. 1908년 겨울과 봄 동안에 놀라운 부흥이 만주 교회들을 휩쓸었다. 고포드의 사역에 큰 축복이 임해 수많은 사람들이 감동을 받고 도움을 받았다. 그해 가을 그는 우리 선교지[湖南]에서 일련의 집회를 열었다. 그 전 수 주 동안 많은 심령들이 "주여, 무엇보다도 우리 가운데 당신의 역사를 부흥케 하소서"라고 기도해왔다. 각 지역마다 많은 사람들이 도움을 받았지만 가장 큰 역사는 창데푸(Changtefu)에 일어났다. 선교지 가운데 가장 오래된 이곳 그리스도인들이 더 깊이 각성했다. 성령께서는 이곳에서 더 특별히 죄의 확신, 의의 확신, 그리고 다가올 심판을 확신시키셨다. 때때로 죄 고백 때문에 예배 전체를 중단해야 했다. 많은 사람들이 "강하게 흐느끼고 눈물을 흘리며" 바닥에 엎어져서는 어떤 옥중 고문도 그렇게 그를 괴롭게 할 수 없을 만큼 고통스러워하며 자신의 죄를 고백했다. 깊숙한 내면까지 꿰뚫는 심령의 감찰이 있었으며, 많은 사람들이 우리의 가장 거룩한 왕 앞에 얼굴을 맞대고 있는 듯했다. 그 부흥의 외적 현시의 대부분은 지금은 지나갔으나 영구적인 결과가 아직도 목도되고 있다. 많은 그리스도인들이 더 선명하게 그리스도의 교회와 나라가 세상적인 것이 아니라 영적이라는 사실, 그의 사역을 수행하기 위해서는 "위로부터 임하시는 권능"을 받아야 한다는 사실을 깨달았다. 이제부터는 많은 사람들이 더 부지런히 하나님의 말씀을 공부하게 될 것이며, 이미 많은 사람들이 더 열심히 그리스도의 복음을 전파한다. 회개와 십자가가 그들의 메시지에 더 두드러지게 나타났으며, 현자보다는 구주 예수 그리스도가 모든 것 중의 모든 것이 되었다.²¹⁵

평양대부흥운동 때와 유사한 현상이 중국과 만주에서 재연된 것이다. 옥스퍼드 대학 출신 브라운(J. Macmillian Brown) 교수도 만주 부흥운동에 대한 한 논문에서 이렇게 기술했다:

> 만주 부흥운동은 두 장로가 그 나라에 종교가 확산되고 있다는 소식을 가지고 한국에서 돌아온 후 랴오양(Liaoyang)에서 시작되었다. 그들과 또한 한국을 막 방문한 호난 출신 캐나다 선교사 고포드가 랴오양에 있는 교회에 한국에서의 부흥운동을 설명하였다. 그리고 곧 유사한 현상이 발생했다. 그들은 목단으로 갔고 그곳에서도 똑같은 방식으로 부흥운동이 시작되었다.²¹⁶

부흥운동의 바로 그 현장에 있었던 웹스터(Webster)가 전하는 바에 의하면, 전도사가 조용하고 차분하게 말씀을 전하였는데도 명백한 원인이 없이 갑작스러운 감흥(sudden emotional infection)이 그곳 교회를 가득 메운 사람들을 완전히 사로잡았다.

---

215 Canadian Presbyterian Mission, *A Quarter Century in North Honan 1889-1913* (Shanghai: Printed at The Presbyterian Mission Press, n.d.), 33-34.
216 Gale, *Korea in Transition*, 217.

그 혹독한 혹한의 겨울 날씨에도 불구하고 하루에 두 차례씩 수많은 사람들이 말씀을 듣기 위해 포장되지 않아 진흙으로 질퍽거리는 목단의 거리를 지나는 것을 목도할 수 있었다. 마치 추운 겨울 날씨에도 불구하고 사경회에 참석해 말씀을 배우기 위해 산을 넘고 들을 건너 평양으로 평양으로 모여들었던 것처럼 말씀을 사모하는 열정이 그들 모두를 사로잡았던 것이다. 그곳에 모인 이들 남녀 모두가 그렇게 하나 되어 통성으로 간절히 기도한 적이 일찍이 없었다:

> 강한 남성들이 흐느끼더니 부복하고는 울부짖었다. 다른 사람들은 자신들의 옛 삶의 죄악들을 적나라하게 고백하였다. 모든 사람들은 복음 전도를 진작시키는 일에 너그러운 연보를 드리는 일과 그들이 잘못 행한 이들에게 그 값을 보상하는 일에 있어서 서로 경쟁적이었다. 그들은 토지, 집, 자신들의 수입 혹은 봉급의 십일조 혹은 그 이상을 드렸다.[217]

죄에 대한 통회와 자복, 놀라운 성령의 임재와 충만, 죄의 사죄와 용서의 기쁨, 그리고 공사를 구분하지 않고 재산을 공유하고 주의 나라를 위해 헌신을 아끼지 않는 모습은 바로 사도행전에 나타난 오순절을 경험한 예루살렘 공동체의 모습과 너무도 유사하다. 평양대부흥운동의 성령의 역사가 놀랍게 주변으로 확산된 것처럼 만주에서의 놀라운 영적각성운동은 주변으로 확산되어 나갔다. 심지어 외부 사람들도 "통회와 기도의 대폭풍"의 영향권에서 벗어날 수 없었으며, 고속도로 강도들과 연루된 한 남자는 집회에 참석해 "자신의 죄를 고백하고 오랫동안 마룻바닥에서 고통으로 괴로워하였다."[218]

부흥운동이 점점 진행되면서 부흥운동에 대해 비판적이던 이들의 시각도 달라지기 시작했다. "온갖 형태의 부흥운동에 대해 강하게 신경질적인 편견"[219]을 가지고 그토

---

217   Gale, *Korea in Transition*, 217-218.
218   Gale, *Korea in Transition*, 217-218.
219   Gale, *Korea in Transition*, 219. 그는 다음과 같이 말한다. "그 분위기는 마치 전기와 같았다. 긴장된 팽팽한 어조로 몹시도 흐느끼면서 남자들이 죄를 고백하기 시작했다. 나의 말로는 그 두려움, 공포, 그리고 대부분이 하찮은 죄들인데도 심한 양심의 가책으로 이어지는 이들 고백에 대한 연민을 설명할 수 없을 것 같다. 그것은 고해자의 탄식이었고, 그의 신음과 울부짖음, 그리고 흐느낌

호난성 주재 캐나다 장로교 선교사들

록 부흥운동에 대해 냉소적으로 비판하던 뉴챵(Newchwang)의 필립스(Phillips) 박사도 부흥운동으로 인한 죄 사함과 통회의 사건을 단순한 히스테리로 치부하기에는 한계가 있음을 인정하였다.

목단에서 일어난 성령의 역사는 무섭게 주변 지역으로 확산되었다. 목단 북서부 70마일 떨어진 파쿠만(Fakumen)에서도 똑같은 기도, 고백, 울부짖는 탄식, 그리고 한없는 관대함이 나타났다. 두 사람이 자기가 살인죄를 저질렀다고 고백했고, 수많은 사람들이 바닥에 고꾸라지는 현상이 발생했다. 그와 같은 경험을 한 것은 교회 안팎의 사람들이 볼 때에 파쿠만에서 전에는 결코 상상할 수 없었던 일이었다. 이 같은 부흥운동, 성령의 영적각성운동이 하일런쳉(Hailuncheng)에서도 나타나 부흥 집회에 참석한 "전 회중이 고꾸라져 큰 소리로 자비를 부르짖었다."[220]

중국 대륙에 부흥운동이 발생하면서 복음의 빛이 피부로 느껴질 만큼 어두워진 중

　　으로 떨리는 음성이었다…."
220　Gale, *Korea in Transition*, 219.

국의 구석구석을 찾아간 것이다. 게일은 왜 그런 현상이 발생하며, 왜 그런 죄의 고백이 일어나는가 자문하면서 하나님의 영이 아니라면 누가 인간의 "영혼의 비밀들을 드러낼 수 있으며", "누가 이 더럽고 고약한 인종으로 하여금 그 순수함과 아름다움에 대해 감사할 수 있도록 만들겠는가?"[221]라고 외쳤다. 사실 그의 말대로 그 부흥운동의 현장에는 장로교의 예배 모범도 감리교 교리문답도 없었고, 또 그것이 부흥운동의 요인으로 작용하지도 않았다.

말씀을 사모하고 기도하는 가운데 성령의 역사를 간절히 사모했을 뿐인데 성령의 역사가 강하게 나타난 것이다. "모든 부흥운동"은 "지속적인 기도" 후에 나타났으며, "시간과 장소의 필요"에 의존했으며, 그리고 무엇보다도 "그것은 하나님이 하시는 역사"[222]였다.

브라운 교수는 불신자이면서도 그 같은 영적각성운동을 연구하고는 "전세계 어느 곳에서도 놀라운 [영적각성] 운동이 있을 수 있겠지만, 그와 같은 각성운동은 중국에서는 전례가 없고 눈에 띄는 것이다"[223]라고 결론을 내렸다. 그러나 이와 같은 현상은 앞서 나타난 평양대부흥운동의 현상의 복사판이라고 할만큼 둘 사이에는 유사점이 너무도 많다는 사실을 기억해야 할 것이다. 그것은 성령의 역사, 죄를 회개케 하시고 인간의 영혼을 근본적으로 변화시키는 성령의 역사가 나타나는 곳마다 보편적으로 나타나는 현상이기 때문이다. 그러나 이보다도 더 중요한 것은 그와 같은 놀라운 중국의 영적각성이 바로 평양대부흥운동의 영향으로 말미암은 것이었다는 사실이다.

---

221   Gale, *Korea in Transition*, 220.
222   Gale, *Korea in Transition*, 220.
223   Gale, *Korea in Transition*, 220.

제 9 장
대부흥운동과 자전, 자립

> 한국 북부 지역의 교회성장은 거의 전적으로 한국 그리스도인 개개인이 열정
> 적으로 복음을 전파한 덕분이다. 각 신자는 구원의 이야기를 전해 주어야 한
> 다는 의무감을 느끼고 있었고, 그래서 사역이 성장해 왔고, 또 동족을 향한
> 열정적인 복음 전파 사역에 의해 산간벽지에까지 복음이 닿을 정도로 계속해
> 서 성장했다.
>
> <div align="right">1903, <i>The Korea Field</i></div>

　　사도행전의 역사가 보여 주듯이 누구든지 성령의 능력을 받으면 증인이 되지 않을 수 없다.[1] 모든 부흥운동에서와 마찬가지로 부흥운동을 통해 성령의 놀라운 은혜를 체험한 한국 교회에 가장 두드러지게 나타난 특징 가운데 하나는 전도열이었다. 부흥운동이 한창 한국 전역에 확산되어 놀라운 신장을 기록하고 있던 1907년 가을, 한국 교회의 놀라운 부흥의 역사를 목도한 한 선교사는 선교지 분할협정과 협력 정신과 더불어 한국인에 의한 복음 전도가 한국에서의 놀라운 신장의 중요 원동력이라고 결론을 지었다.[2]

1　Arthur Judson Brown, *The Why and How of Foreign Missions* (New York: Domestic and Foreign Missionary Society, 1911), 268.

2　처음부터 한국 교회는 네비우스 원칙이 말해 주듯이 자전을 원칙으로 하였다. cf. 朴容奎, **韓國長老敎 思想史** (서울: 총신대학교 출판부, 1992), 53-61; George Heber Jones, *The Korean Revival* (New York: The Board of Foreign Missions of the Methodist Episcopal Church, 1910), 18, 23. 1900년 봄 선천읍교회에서 평안북도 사경회 때 김경현 외 5인의 발기로 조직한 전도회는 한국인들의 전도열을 대변한다. 이것은 한국 교회의 남녀 전도회의 효시가 되었다. 車載明, **朝鮮 예수敎 長老會 史記** (京城:大韓예수敎長老會 總會, 1929) 74.

이와 같은 한국인의 전도열은 선교사들로부터 적지 않은 영향을 받았다. 한국에 파송된 선교사들은 자신들의 생명을 아끼지 않고 한 생명이라도 구원하려는 구령의 열정으로 가득 찼고, 또 그것을 한국인들에게 중요한 선교 정책으로 가르쳤으며, 그리고 그들은 실제로 그와 같은 구령의 열정을 처음부터 몸소 실천에 옮겼다.

이미 앞서 언급한 것처럼, 놀라운 외형적인 성장은 부흥운동의 직접적인 결과라기보다는 간접적인 결과였다. 부흥운동을 통해 영적각성을 경험한 이들은 교회에 처음 찾아온 신자들이라기보다는 어느 정도 교회와 연관을 가지고 있던 기성 신자들이었다.[3] 이들은 부흥운동을 통해 성령의 역사를 경험하고 영적으로 거듭나면서 복음의 빚진 자의 사명을 깊이 인식하기 시작한 것이다.

부흥운동은 기성 신자들의 영적 변화와 영적각성을 낳았고, 그들의 영적각성은 다시 자전(自傳)과 자립(自立)으로 이어져 한국 교회가 처음부터 자전과 자립의 정신을 모토로 한 교회로 발전할 수 있는 중요한 전기를 마련해 주었다. 그런 면에서 부흥운동과 복음 전파, 그리고 한국인들의 자립 정신은 부흥운동을 이해하는 데 있어서 매우 중요하다.

1. 선교사들과 구령에 대한 열정

한국에 파송된 선교사들은 처음부터 순회전도를 모든 선교사들의 가장 중요한 의무로 이해했고, 이것은 네비우스 선교 정책의 원리에도 명문화되었다. 한국에 파송된 언더우드 선교사는 경건주의운동의 영향을 강하게 받은 화란 개혁교회와 개혁교회 신학교 뉴 브룬스윅(New Brunswick) 출신이었고, 부흥운동에 절대적인 영향을 미쳤던 이길함(Graham Lee), 방위량(W. N. Blair), 소안론(W. L. Swallen), 곽안련(C. A. Clark), 마포삼열(S. A. Moffett) 모두 무디 부흥운동의 영향을 강하게 받은 시카고의 맥코믹 신학교 출신이었다. 때문에 그들은 신학적으로는 구학파(Old School)의 입장을

---

3   Jones, *The Korean Revival*, 11.

견지하였으면서도 부흥운동에 있어서는 구학파와 달리 긍정적인 시각을 가지고 있었다.[4] 한국에 파송된 선교사들 가운데 상당수가 이와 같은 분위기에서 신학교육을 받았거나 아니면 무디의 영향과 학생 자원운동(Student Volunteer Movement)의 영향을 받아 한국에 파송된 선교사들이었기 때문에 복음에 대한 열정이 대단했다.[5] 이 때문에 이들은 직접 선교는 물론 의료, 교육, 문서 선교 등 모든 선교활동에서 복음 전파를 지향해야 한다고 확신했다:

> 로마인들은 "모든 길은 로마로"라고 말한다. 위대한 신학자는 "모든 성경은 그리스도를 가리킨다"고 말한다. 사려 깊은 선교사는 "모든 활동들이 복음 전파적이어야 한다"고 말한다. 그래서 그들은 그렇게 사역하는 자들이다. 의료 선교는 사람들에게 위대한 의사 예수 그리스도를 가르쳐 주는 복음 전파이다. 교육 선교도 과거 인간이 결코 가르치지 못한 것을 가르치는 우리의 참 교사 그를 드러내는 것이다. 번역도 곡식을 수확하는 사람이 값진 도르래로 수확하도록 그의 손에 성령의 검을 쥐어 주는 복음 전파이다. 모든 면에서 구속의 주를 선포하고 사람들에게 회개를 요청하는 그 사람이 뛰어난 복음 전도자이다.[6]

클락이 지적한 것처럼, 1901년부터 1907년까지 "복음 전파에서 괄목할 만한 성장을 이룩한" 것은 "복음 전도"의 노력 때문이었다고 해도 과언이 아니다. 복음 전도를

---

[4] Robert Culver McCaughey, "A Survey of the Literary Output of Mc-Cormick Alumni in Chosun," (B. D. thesis, Presbyterian Theological Seminary, Chicago, 1940), 29. 선교 25주년을 맞던 1909년 북장로교 선교회 소속 40명의 안수 받은 선교사 가운데 McCormick 출신이 11명이나 있었다. 이들 명단은 다음과 같다. Samuel A. Moffett, William M. Baird, Graham Lee, William L. Swallen, James E. Adams, Cyril Ross, C. F. Bernheissel, William N. Blair, Charles Allen Clark, Alex. Alb. Pieters, Rodger E. Winn 등이다. cf. 朴容奎, 韓國 長老敎 思想史, 66. 주 12.

[5] 선교사들 중에는 한국에 파송되기 전 부흥운동을 경험한 이들이 적지 않았다. 예를 들어 William Blair는 한국에 파송되기 전 미국에 있는 동안 부흥운동을 경험했다. 평양에서의 부흥운동은 그에게 두 번째 경험이었다. William Blair, *My Two Crooked Fingers* (Duarte, CA: W. N. Blair, 1964), 10. 북장로교 선교사들뿐만 아니라 캐나다 토론토 출신 James S. Gale, Malcolm C. Fenwick, Robert Alexander Hardies, Oliver R. Avison 모두 직간접으로 Student Volundeer Movement의 영향을 받고 한국에 파송된 선교사들이었다. William Scott, *Canadians in Korea: Brief Historical Sketch of Canadian Mission Work in Korea* (William Scott, 1970), 14-27.

[6] *Annual Report, PCUSA* (1908), 13.

위해서는 동원할 수 있는 모든 노력을 다 기울였고, 그 결과 이 기간 동안 교회가 그야말로 놀랍게 성장할 수 있었다. 1907년에 이르러 교인이 7만 5,000명에 이를 정도로 한국 교회가 급속하게 성장할 수 있었던 이면에는 이와 같은 복음 전도의 열정과 노력이 있었기 때문이다:

> 복음 전도 방법은 전과 동일하였다. 거의 모든 선교사가 한층 더 넓고 끈질긴 순회 사역을 실시하였다. 학교에서 가르치는 이들조차 주말과 방학 기간에 심방하는 순회 교구를 가지고 있었다. 시장에서의 전도 설교, 사랑방 사역, 여인숙에서의 복음 전파, 다량의 전도책자 배포, 부흥회, 특히 사경회 등 여러 전도 방식이 있었다. 온갖 종류의 복음 전파운동이 넓고 멀리 두루 시행되었으며, 어떤 시골 마을로부터의 요청이 있을 경우에는 제 아무리 멀고 깊은 심산유곡이라 할지라도 누군가에 의해 즉각 응답되었다.[7]

이와 같은 경향은 장로교 선교사들에게서만 찾을 수 있는 현상이 아니었다. 아펜젤러에게서 찾을 수 있듯이 감리교 선교사들 역시 구령의 열정이 남달랐다.[8] 백낙준 박사가 적절히 표현한 것처럼 한국에 파송된 장감 선교사들은 "청교도적 열의와 웨슬리의 열정을 지닌 선교사들"[9]이었기 때문에 처음부터 복음의 빚진 자라는 철저한 자의식을 갖고 있었다. 1895년 이후, 특별히 1906년과 1907년 사이에 교회가 급성장한 이유가 "복합적인 것처럼 보이지만," 선교사들의 복음의 열정은 라토렛이 수많은 한국 교회 성장 요인들 가운데 첫 번째로 꼽을 만큼[10] 한국 교회 급성장을 가능하게 만든 매우 중요한 요

---

7   Charles Allen Clark, 한국 교회와 네비우스 선교 정책 (서울: 기독교서회, 1994), 178.
8   감리교 선교사들 가운데는 Robert Arthur Sharp와 같이 미국 제 2차 대각성운동 주역이었던 Charles Finney가 오랫동안 교장으로 있으면서 그곳의 젊은 대학생들에게 부흥운동의 열정을 고취시켰던 오하이오의 Oberlin 대학 출신도 있었다. "Robert Arthur Sharp," *KR* (April, 1906), 148-151.
9   Lak-Geoon George Paik, *The History of Protestant Missions in Korea 1832-1910* (Pyeng Yang: Union Christian College, 1929), 367
10 Kenneth S. Latourette, *A History of the Expansion of Christianity* Vol. IV (New York: Harper & Row, Pub., 1944), 430. "기독교는 여러 가지 이유로 확산되었다. 이것들은 선교사들의 복음에 대한 열정, 기독교의 본질과 모든 인종, 문화, 그리고 민족에 대한 기독교의 호소력, 상대 종교 체계

인이었다.¹¹ 따라서 처음부터 장감 선교사들은 부흥운동에 대해 열린 체계를 가지고 있었던 것이다. 1903년의 원산부흥운동을 촉발했던 주인공이 남감리교 선교사 하디였고, 1907년 평양대부흥운동의 산파 역할을 했던 곳이 장로교의 장대현교회였다는 점에서 장감 모두 부흥운동에 대해서는 상당히 고무적이고 긍정적인 시각을 가지고 있었다.¹²

이들은 하나같이 이 민족을 살리는 길은 복음화의 길이라고 확신했다. 한국 개신교 50년 동안 한국 교회를 이끌었던 이들은 바로 이들 장감의 복음주의 선교사들과 이들로부터 복음주의 정신과 사상을 계승한 장감 한국인 지도자들이었다.

1907년 가을 선교사들은 한국인 남성과 여성들에게 한국에서 가장 필요한 것이 무엇인가라는 주제를 놓고 심포지엄을 개최하면서 몇몇 남자 선교사들과 여자 선교사들에게 그들의 견해를 물어 본 적이 있었다. 물론 모든 사람들이 똑같은 대답을 한 것은 아니지만 이때 가장 많은 사람들이 공통적으로 언급한 것은 한국 남성과 여성의 복음화와 계몽(the evangelization and enlightenment of men and women)이었다.¹³ 한국 남자들에게 가장 긴급하게 요청되는 것이 무엇인가라는 질문에 아담스는 주저하지 않고 그리스도에 대한 헌신과 성령 충만을 꼽았다:

> 한국에서 가장 필요한 것은 한국 민족이 하나님을 주로 고백하는 민족이 되는 것이며, 여호와를 경외하는 것이 모든 참된 이해의 기초이며 출발이고 주된 부분이라는 사실을 깨달은 것이다. 따라서 이 시대의 교회가 가장 필요로 하는 것은 그리

의 유약성, 영적으로 갈급한 심령들과 19세기 말엽과 20세기 초엽의 한국의 정치적인 무능력으로 초래된 좌절감, 기독교가 외국 및 내국의 적들로부터 이 나라를 구원하는 수단이 될 수 있다는 애국주의적 소망, 그리고 옛 문화의 붕괴와 무엇인가 더 낫고 더 안정된 것에 대한 갈망에서 찾을 수 있을 것이다."

11　Latourette, *A History of the Expansion of Christianity*, 430. 그는 그 외에도 외국의 부흥운동 소식, 서구화를 향한 움직임, 서양 교육에 대한 열망, 개신교의 리더십 등을 들었다.

12　장대현교회가 부흥운동의 구심점으로 떠오르게 된 배후에는 이미 부흥운동에 대해 긍정적이었고, 또한 그와 같은 은혜를 사모하던 중 1906년 여름 하디 초청 선교사 사경회에서 은혜를 받고, 평양대부흥운동의 발흥에 지대한 영향을 끼친 맥코믹 출신 이길함 선교사가 오랫동안 장대현교회를 담임하고 있었기 때문이다. 길선주는 이길함의 영향을 지대하게 받았다.

13　"A Symposium on Korea's Greatest Present Need," *KMF* III: 11 (Nov., 1907), 161; "A Symposium. The Greatest Need of Korea's Women," *KMF* III: 12 (Dec., 1907), 177.

스도에게 헌신하는 것이고 성령으로 충만한 것이다.[14]

영향력 있는 선교사 가운데 한 사람이었던 벙커 역시 "한국인 사역자들이 매일의 삶에서 성령으로 충만하여 영적인 지식으로 굶주린 그들의 백성들을 먹일 수 있도록 교육시키는 것이야말로 우리의 가장 급선무"[15]라고 말하였다. "한국인들에게 가장 필요한 것은 다른 모든 백성들의 경우와 마찬가지로 빛과 생명과 구주요 왕이신 그리스도이다."[16]라는 무어의 견해도 거의 맥을 같이 하고 있다. 여기서 언급한 세 사람만이 그와 같은 입장을 가지고 있었던 것은 아니었다. 그들의 견해는 당시 선교사들의 일반적인 입장을 반영하는 것이었다.[17]

거의 같은 시기에 있었던 여성들에게 가장 시급히 요청되는 것이 무엇인가라는 심포지엄에서도 대부분의 선교사들은 거의 같은 견해를 피력하였다.[18] 구세군의 윌리엄 부스(William Booth)가 말한 "하나님의 능력에 의한 중생(regeneration by the power of God)"이야말로 현재 한국에서 남성과 여성 모두에게 가장 필요한 것이라는 사실에 거의 모든 선교사들이 일치하였다. 그만큼 한국에 파송된 선교사들은 부흥운동을 거치면서 놀라운 영적각성과 세계관의 변화와 그에 따른 사회개혁과 놀라운 복음 전도가 이 민족을 살리는 이 시대의 유일한 대안이라는 확신을 가졌던 것이다.

그래서 이들은 사경회와 부흥회(revival services)야말로 어떤 다른 것보다 한국 교

---

14   "A Symposium on Korea's Greatest Present Need," 161.
15   "A Symposium on Korea's Greatest Present Need," 161.
16   "A Symposium on Korea's Greatest Present Need," 161.
17   Samuel A. Moffett도 여기에 동의한다. cf. Authur Judson Brown, *The Foreign Missionary:An Incarnation of a World Movement* (New York: Fleming H. Revell Company, 1907), 111.
18   서울의 Mrs. Margaret B. Jones가 지적한 결혼한 젊은 부인들과 과부들을 훈련시키기 위한 성경부인 훈련원, 원산의 Mrs. Fannie Belle Fenwick이 말한 예수가 그리스도라는 사실을 아는 것, 서울의 Mrs. D. A. Bunker가 그리스도가 자신들의 구주라는 사실을 아는 것, 서울의 Miss L. E. Frey가 말한 그리스도에 대한 지식 모두는 신앙 교육이나 전도가 가장 시급한 것이라는 사실을 말해 준다. 예수 그리스도의 복음을 가르치고 그대로 살아가는 것이 가장 시급한 급선무라고 말한 Mrs J. R. Moose, 한국 여성이 가장 필요로 하는 것은 예수의 복음이라는 Mrs. A. F. Robb 모두 같은 맥락의 견해이다. "A Symposium on Korea's Greatest Present Need," 161; "A Symposium. The Greatest Need of Korea's Women," 177.

회의 성장을 위해 하나님이 가장 기뻐하시는 수단이라고 확신했다.[19] "한국의 사회 및 산업 상태는 지식이나 한국인의 능력이 부족하기 때문이 아니라 정치적 부패와 상류층에 의한 하류층의 압박 때문에 저 차원에 도달하였다. 왜냐하면 이들 요인들이 이 아름다운 나라 조선을 좌절과 쇠퇴로 몰아넣었기 때문이다."[20] 이처럼 당시의 정치적 및 경제적 상황은 이루 말할 수 없을 정도로 열악하였고, 강대국, 특히 일본에 의해 착취를 당하는 상황에 그 길만이 한국을 살리는 가장 확실한 길이라고 생각했던 것이다.

놀라운 신유역사와 복음전파

선교사들은 장로교나 감리교를 막론하고 이미 미국의 부흥운동을 통해 영적각성의 중요성을 체험하고 한국에 온 선교사들이었기 때문에 모든 선교 사역에 있어서 복음전파를 일차적인 목표로 삼았다. 심지어 의료 선교 사역을 하는 이들에게도 선교구가 할당되어 복음 전도를 요구할 정도로 복음 전도는 한국 선교 사역에서 중요하게 다루어졌다.[21] 그러나 그것은 단순한 강요에 의해서가 아니라 자발적인 참여에 의해 이루어졌다. 한마디로 한 생명을 천하보다 귀하게 여기는 구령의 열정이 선교사들에게 있었다.

이런 복음의 열정은 한국인들에게 그대로 계승되었다. 부흥운동 기간 동안 성령의 권능이 임하면서 복음전도는 더욱 더 강하게 확산되었다. 그것을 보여 주는 전형적인 한 사례를 1907년 언더우드의 기록에서 찾을 수 있다. 언더우드는[22] 1907년 5월 코리아

---

19 "A Symposium on Korea's Greatest Present Need," 185. A. J. Brown이 선교사들을 향해 성령을 단순히 지식적으로만 아는 것으로 만족해서는 안 된다고 외쳤을 만큼 영적인 체험과 각성을 강조했다. Brown, *The Foreign Missionary*, 190.

20 "Where is Korea?," *KMF* III: 12 (Dec., 1907), 187.

21 본래 가지고 있던 복음에 대한 열정이 부흥운동을 거치면서 놀라운 결실로 이어졌던 것이다. 최근 수년 동안 한국에서 진행된 복음의 결실은 선교지에 있는 선교사들뿐만 아니라 미국의 모 교회들에게 선교열을 더욱 가속화시켜 주는 중요한 요인이 되었던 것이다. 한국을 비롯한 아시아의 놀라운 복음의 확장은 the Presbyterian Brotherhood of America와 평신도운동(the Layman Movement)을 더욱 저변 확대시키는 데 적지 않게 기여했다. "From the Home Church," *KMF* IV: 1 (Jan., 1908), 1-2.

22 H. G. Underwood, "Prayer Cure," *KMF* III: 5 (May, 1907), 68-69. 비록 대부흥운동이 평양을 중심으로 일어났고, 그 부흥운동의 확산도 대부분의 평양주재 북장로교 선교사들에 의해 이루어지고 있었지만, 언더우드가 부흥운동에 대해 부정적인 인식을 가지고 있었던 것은 결코 아니었다.

미션필드에 부흥운동이 한국 전역에 놀랍게 확산되고 있던 그 즈음 새로운 개척지 발안 장터에서 일어난 놀라운 신유의 역사를 보고했다.[23]

안산읍, 발안 장터, 들목(덜목)은 대부흥이 일어나기 전 년부터 몇 명의 신자들이 생겨난 곳이다. 그곳은 본래 한국인 최덕천과 두 명의 권서인이 방문하기는 했지만 극심한 반대로 선교사들은 한 번도 가보지 못했던 곳이다. 바로 그 지역을 최덕천의 뒤를 이어 이 지역을 맡은 한 한국인이 처음으로 방문했다. 그가 처음으로 그곳을 방문하는 동안 하나님의 놀라운 성령의 역사가 나타났고, 또 얼마 되지 않아 그 지역이 완전히 복음화 되었다.[24]

발안 장터에는 불치의 병으로 집에 침거해 있는 한 사람이 있었다. 그 사람은 얼굴을 못 알아 볼 정도로 부어올라 사람들은 그와 같은 증상이 그가 곧 죽을 징조임을 보여주는 것이라고 생각했다. 아마도 이 사람은 신장 계통에 문제가 생겨 소변이 배출되지 않아 심하게 부어올랐던 것으로 보인다. 해가 진 지 얼마 되지 않았을 때 한국인 사역자가 그 환자의 이웃집에 들어갔다. 그러나 그때까지도 그는 환자나 그 가족에 대해 전혀 모르고 있었다. 그곳에서는 무당이 굿을 하고 있었고, 사람들은 무당이 환자에게서 악령이 떠나도록 굿을 하고 있는 것을 지켜보기 위해 그 주위에 모여 있었다. 무엇이 진행되고 있는지 궁금했던 그는 참을 수 없어 그 집으로 들어갔다.

때를 얻든지 못 얻든지 복음을 전하는 것을 자신의 사명으로 알고 지금까지 실천해 왔던 그에게는 이것은 한 생명을 구할 수 있는 절호의 기회였다. 그는 집주인에게 들어가도 되겠냐고 청했다. 그는 약 70세 가량의 주인이 자신을 보기 원한다는 이야기를 전해 듣고 집안 마루로 들어갔다. 노인은 그곳에서 그 집의 한 젊은 사람과 만약 환자가

본래 선교사로 파송받기 전부터 부흥운동이나 영적각성운동에 민감해 감리교 선교사라는 별명을 받기도 했던 언더우드는 자신에게 맡겨진 선교 지역에서 부흥운동의 결실을 조용히 즐기고 있었던 것이다. 부흥운동에 대해 침묵을 지키고 있던 언더우드는 오랜 침묵을 깨고 1907년 5월 KMF에 "신유"(Prayer Cure)를 기고했다. 여기에는 언더우드가 최근에 새로 시작한 선교지 안산읍, 발안 장터(Bal Wal Chang Toh), 들목(덜목, Teul Mok)에서 일어났던 놀라운 성령의 역사를 상세히 그려 주고 있다.

23   KMF 1907년 5월호에 게재된 이 이야기가 정확히 언더우드가 기술한 글이라면 이 사건이 일어난 시기는 1906년 봄 이전의 일이었을 것으로 추측된다. 그것은 1907년에는 언더우드가 건강 문제로 유럽에서 휴양을 하고 있었기 때문이다.
24   Underwood, "Prayer Cure," 68-69.

오늘밤 죽는다면 어떻게 할 것인가에 대해 이야기를 나누고 있었다.

그는 자신을 소개한 후 곧 바로 그 노인에게 예수를 믿으라고 권면했다. 그러자 노인은 "내 아들만 살려주면 나는 무엇이나 다 믿겠소이다"라고 답하는 것이었다. 죽어 가는 아들을 살릴 수만 있다면 그 노인은 무엇이나 다 할 각오가 되어 있었다. 그는 병의 완치보다도 더 중요한 것은 죽어 가는 환자의 영혼이 구원받는 것이라고 말했다. "당신의 아들이 살지 죽을지 나는 말할 수 없지만 예수를 믿고 그 영혼과 당신의 영혼이 구원받아야 합니다."[25] 이것이 노인의 대답이 끝나기도 무섭게 그가 한 일성(一聲)이었다.

바로 그때 예수 믿는 그 마을 사람 몇이 들어와 그에게 인사하자, 노인은 그에게 "당신이 원하는 대로 무엇이나, 당신이 할 수 있는 한 무엇이나 해주시오"[26]라고 부탁하는 것이었다. 옆방에는 환자가 누워 있었고, 그곳에서는 무당이 열심히 귀신을 부르고 있었다. 그는 노인에게 기도하고 있는 동안 자리를 떠나지 말고 끝까지 함께 있도록 요청하고, 환자가 누워 있는 방안으로 들어갔다. 그러고는 그곳에 모여 있던 남자 무당, 여자 무당, 친척들과 사람들을 다 밖으로 내보냈다. 그와 동리의 예수 믿는 사람들이 환자에게 예수를 믿으라고 말하자 그는 "믿겠습니다"[27]라고 분명하게 대답했다.

그는 하나님께서 놀랍게 역사하셔서 복음이 전래되지 않은 그 지역에 하나님 나라가 확장되기를 간절히 바랐다. 그리고 전적으로 주님께 믿고 매달렸다.[28] 그는 그 순간을 이렇게 기술했다:

> 그 순간부터 우리 세 사람 그리스도인들은 금식하며 3일 밤낮 동안 그곳에 남아 중단하지 않고 기도 드렸다. 3일째 되던 날 붓기가 가라앉기 시작해 해가 지기 전까지 붓기가 다 사라지고 그 생명이 구원을 받았다. 그가 계속 이 땅에서 삶을 영위할 수 있도록 하나님께서 섭리하셨던 것이다. 그런 후 우리는 그 집에서 그가 악

---

25 Underwood, "Prayer Cure," 68-69.
26 Underwood, "Prayer Cure," 68-69.
27 Underwood, "Prayer Cure," 68-69.
28 Underwood, "Prayer Cure," 68-69.

령을 숭배하던 모든 것들을 다 부셔버리기 시작했다. 이 놀라운 경험의 결과로 그의 전 가족과 많은 다른 사람들이 [하나님을] 믿게 되었다."[29]

마치 오순절 마가의 다락방에서 성령 충만을 받은 주님의 제자들이 복음을 전하면서 나타났던 놀라운 권능의 역사가 그들에게도 나타난 것이다. 놀라운 성령의 능력을 목격한 그곳에 있는 많은 사람들이 주님께로 돌아오는 역사가 나타났다. 한 생명을 살리기 위해 3일을 금식하며 하나님께 매달렸던 한국인 사역자들, 그들은 확실히 초기 한국교회의 훌륭한 복음전도자들이었다. 그들은 옛 방식, 사도들이 사용했고 주님이 원하시는 그 방식을 그대로 따랐던 한국의 개척 선교사들을 그대로 본받은 것이다.[30]

알렌이 지적한 것처럼, "부흥운동은 귀신을 쫓아내고 병든 자를 기적적으로 고치는 데까지 확장"[31]되었던 것이다. 1907년 4월에는 제물포 송림동에 사는 이경필의 처가 사귀가 들려 도저히 다른 길로는 해결할 수 없었으나 예수 믿는 한 성도, 홍승하가 "그 머리에 손을 안찰ᄒ고 긔도ᄒ 후에 니러나라 ᄒ니 허씨가 곳 씍긋"[32]해지는 기적의 역사가 일어났다. 67일을 먹지 못한 그녀가 음식을 먹게 되었고, "여러 번 가셔 긔도ᄒ니 쥬끠셔 온젼히 씍긋ᄒ게ᄒ셧ᄂᆞ지라."[33]

그 후 그 부부는 하나님을 진실하게 섬기는 믿음의 사람이 되었다. 1908년 말 무주의 무풍돌목교회에서도 귀신들려 자기 "육신을 죽여 놋코 집안 권속을 소동케ᄒ며 사룸의 귀경거리"[34]로 만드는 어떤 사람이 있었으나 교우들이 "합심 긔도ᄒᆞᆷ으로 하ᄂᆞ님끠

29　Underwood, "Prayer Cure," 68-69. 이즈음 병 고침에 대한 기사는 여러 곳에서 자주 나타났고, 심지어 소경이 고침 받은 경우도 있다. "병고침을 엇음," 신학월보, 1903년 10월, 440-442; "소병을 곳침," 신학월보, 1904년 1월, 18.

30　Brown, *The Foreign Missionary*, 386-402. 언더우드는 Brown이 말한 바, 우리 주님께서 선교사들에게 베푸시는 가장 큰 보상은 주를 위해 자기 생명을 아끼지 않는 자가 얻을 것이라는 진리를 그대로 실천한 것이다.

31　Horace N. Allen, *Things Korean: A Collection of Sketches and Anecdotes Missionary and Diplomatic* (New York: Fleming H. Revell Co., 1908), 171.

32　"경긔도, 인쳔졔물포," 예수교 신보, 1908년 1월 29일, 42.

33　"경긔도, 인쳔졔물포," 42.

34　송씨, "무쥬무풍들목교회," 예수교 신보, 1908년 12월 15일, 218.

옵셔 마귀의 종을 불샹이 녁여 마귀를 믈니치시고 은혜를 풍부히 밧아"[35] 하나님께 감사드리는 역사가 나타났다.

김익두가 성령의 능력으로 병든 자를 고치기 시작한 것도 바로 그 즈음이었다. 1908년 말 김익두는 13년간 "육신에 죵쳐가 발ᄒ야 좌우 다리에 살은 다 마르고 쎠와 힘줄만 남아 침셕(寢席)을 쪄나지 못ᄒ고 쥬일에 례비당에 가려ᄒ면 비록 지쳑수이라도 ᄉ오 ᄎ를 쉬여셔 둔니"[36]는 한 병자를 성령의 권능으로 치료하였다. 1908년 12월 15일자 예수교 신보는 이 사실에 대해 매우 소상하게 기록하였다:

> …황히도 신쳔 김 조사 익두 씨끠셔 교미에게 말솜ᄒ시기를 내가 누님을 위ᄒ야 긔도ᄒ겟숨나이다 ᄒ고 례비륙일마다 쥼화 치 조사 뎡민 씨와 홈끠 와셔 교미를 위ᄒ야 삼삭 동안 긔도ᄒ옵더니 과연 야고보 五〇 十五- 말솜과 ᄀᆞ치 밋음으로 ᄒᄂᆞ 긔도는 병든 쟈를 구원ᄒ심 ᄀᆞ다ᄒ신 말솜이 응ᄒ엿숩니다. 그러나 당초에 익두 씨께셔 교미를 위ᄒ야 긔도ᄒ신다 말솜ᄒ실 ᄯᅢ에 내가 싱각ᄒ기를 십삼년 동안에 의약이 무효ᄒ엿슨즉 아마도 납살노 ᄀᆞ치 아바지 나라에 가셔나 새몸을 엇지 이 셰상에셔 엇지 이 육신을 강건케 ᄒ리오 ᄒ엿숩더니 쥬씌셔 열두 히 된 혈루증든 녀인을 곳치신 권능을 오늘날 교미의게 나타내시오니 깃분 ᄆᆞ음을 이긔지 못ᄒ와 영광을 하ᄂᆞ님끠 돌니오며 누구든지 김 조사 익두 씨와 ᄀᆞ치 병인을 위ᄒ야 긔도홀 ᄯᅢ에 하ᄂᆞ님의 권능을 온전히 밋고 ᄒ실 거시오 ᄯᅩ 교미와 ᄀᆞ치 병즁에 게신 이가 잇스면 하ᄂᆞ님의 권능으로는 못홀 일이 업ᄂᆞ 줄 밋고 긔도 ᄒ시기를 보라ᄂᆞ이다.[37]

여기서 우리는 한 생명을 천하보다 더 귀하게 여기시는 주님의 마음을 읽을 수 있다. 확실히 부흥운동 기간 동안 복음의 확산뿐만 아니라 사도행전에 있는 말씀 그대로 복음의 능력이 나타났다. 그러나 우리는 기도한즉 하나님의 기적이 나타나 병을 고쳤다

---

35 송씨, "무쥬무풍들목교회," 218.
36 박부인관션, "평양 관동," 218.
37 박부인관션, "평양 관동," 218.

는 사실로 인해 감사해야 하겠지만, 주님이 70인들에게 "귀신들이 너희에게 항복하는 것으로 기뻐하지 말고 너희 이름이 하늘에 기록된 것으로 기뻐하라"고 하신 말씀처럼 죄로 말미암아 죽어 가는 한 영혼의 구원으로 인해 더 감사해야 할 것이다.

한번 생각해 보라. 3일 동안 식음을 전폐하며 기도했던 그 기도를 하나님께서 들으셔서 죽어 가는 환자가 살아나고, 그것으로 인해 그 집안 전체가 예수를 믿게 되고 그 지역의 수많은 불신 영혼들이 주님께로 돌아오는 역사를 경험하며 발안 장터를 떠나는 전도자들의 모습을! 그 당당함, 그러나 자신을 드러내지 않고 그 모든 영광을 전적으로 주님께 돌려보내는 사도와 같은 겸손한 신앙의 모습을! 이 민족이 속히 주님께로 돌아서기를 바라는 그 간절한 마음으로 중단 없이 이 복음 전파의 사역이 계속되기를 바라는 전도자의 마음을! 우리는 이 사건 하나만을 통해서도 선교사들과 초기 한국교회 지도자들이 어떤 사역자들이었는가를 충분히 느끼고 읽을 수 있다.

이 글을 옮기고 있는 지금 나의 가슴은 그런 헌신 자들로 인해 하나님께 감사하지 않을 수 없다. "오 주님! 그와 같은 순수한 복음의 열정을 우리 모두가 본받게 해주시옵소서. 우리에게도 한 생명을 살리기 위해 식음을 전폐하며 하나님께 매달리는 그와 같은 신앙이 있게 해주시옵소서!"

발안 장터를 떠난 이들 전도자들은 새로운 개척지 들목을 향해 떠났다. 그곳에서 형제 가운데 하나가 얼마 앓지도 않고 죽어 가고 있었다.[38] 전도자가 방에 들어가 그 환자와 함께 기도하고 마지막 순간에 위로할 수 있는 모든 것으로 그를 위로했다. 전도자가 방에 들어갔을 때 그 사람은 거의 의식이 없었으나 잠시 후 의식을 찾기 시작했다. 한 영혼을 사랑하는 구령의 열정과 죽음의 순간에 길을 잃고 방황하는 한 젊은 영혼과의 만남은 참으로 극적이었다. 죽어 가는 그 마지막 순간에 한 영혼을 구원해야 한다는 강박감과 긴장감 속에서 전도자는 주저하지 않고 그에게 천국 복음을 증거하였다. 그 젊은이는 그 짧은 순간에 주님을 영접하고 죽기 직전 하늘나라에 대한 환상을 보게 되었다. 잠시 후 의식을 되찾은 그 젊은이는 전도자에게 이렇게 말했다:

---

38 Underwood, "Prayer Cure," 69.

건강 문제로 1907년 스위스에서 요양 중인 언더우드(H. G. Underwood)

저 건너 수많은 색깔로 채색된 찬란하고 영광스러운 아치문(archway)의 길이 보입니다. 그것은 마치 무지개와 같습니다. 아치 너머에 붉게 빛나는 두 개의 십자가가 보입니다. 그 문에서 어떤 한 사람이 나를 기다리고 있는 것이 보입니다. 제가 가야 하니 창문과 문을 열어 주세요.[39]

이렇게 말하는 그 젊은이의 얼굴 표정에는 죽어 가는 사람의 모습이라고는 믿기지 않을 정도로 행복이 가득했다. 그가 요구하는 대로 누군가가 창문을 활짝 열어 제치자 그는 "안-녕-히 계-십-시-오"라는 마지막 말을 남기고 언더우드와 그곳에 모인 이들 곁을 떠나 하늘나라로 갔다. 현장에서 극적인 장면을 목격한 전도자의 고백대로, 그것은 "승리의 입성"(a triumphant entry)이었다. 그 전도자와 그의 일행은 "머리를 조아리며 하나님께 감사"하지 않을 수 없었다.[40] 언더우드의 말대로 부흥운동 기간 자신이 경험한 이 두 가지 사건은 당시 한반도를 강타하고 있던 놀라운 성령의 역사 가운데 하나이며, 자신의 경험으로는 수많은 사례들 가운데 단지 일부분일 뿐이었다:

> 확실히 하나님의 영광이 이 나라의 이 지역에서도 현시하셨다. 그 외에도 또한 성령과 말씀의 능력이 가난한 백성을 우상숭배에서 해방시킨 선교지에 대한 수많은 사례들이 있다. 하나님께 찬양을 돌린다. 아직 어떤 목사나 전도사도 방문할 수 없었던 이 지역에 성령의 역사의 결과로 지금 90명의 신자들이 있다.[41]

언더우드는 휴양지에 있는 동안 자신의 사역지에서 일어난 이 놀라운 성령의 역사를 코리아 미션필드에 보고한 것으로 보인다. 22년 동안 한국의 복음화를 위해 몸부림치며 마치 경주하는 사람처럼 정신 없이 달려온 48세의 중년의 선교사 언더우드, 그는 복음전도 열에 불타는, 상한 갈대를 꺾지 아니하시고 꺼져 가는 등불도 끄지 아니하시는 주님의 마음으로 한 생명을 위해 몸부림치는 전도자였다. 모든 조건이 예비 되어 있는

---

39   Underwood, "Prayer Cure," 69.
40   Underwood, "Prayer Cure," 69.
41   Underwood, "Prayer Cure," 69.

안정된 선교지 인도를 포기하고 주저하지 않고 은둔의 나라 조선을 자신의 선교지로 택했던 언더우드, 그는 22년이 지난 뒤에도 여전히 복음의 열정으로 불타고 있었다.

숨 가쁜 사역의 현장, 복음 전파의 값진 대가

언더우드는 복음전도에 생명을 걸고 전념했다. 때문에 희생도 많았다. 1906년 들어 언더우드는 "여러 히 동안 스무가 빈다ᄒ고 심력을 허비ᄒ흠으로 금년 봄부터 신병이 낫는디 과ᄒ지는 아니ᄒ되 지금ᄭ지 쾌츠치 못ᄒ"⁴² 상태가 되었다. "긔후가 찬디로 가는 거시 됴타"⁴³는 의사의 조언에 따라 1906년 7월 3일 "신병으로 말미암아"⁴⁴ 휴양차 스위스로 떠나 그곳에서 어느 정도 건강을 회복한 다음 미국을 거쳐 수개월 후 선교지로 다시 돌아왔다.⁴⁵

언더우드만 아니라 선교사들 중에는 자신의 건강을 잃거나, 아내나 남편 혹은 자녀들과 사별한 뒤에도 여전히 한국에 남아 선교 사역을 계속하는 이들이 적지 않았다. 바울 사도가 선교여행 중 수많은 난제들을 만나면서도 선교를 포기하지 않았던 것은 그가 복음의 빚진 자라는 철저한 소명의식에 사로잡혀 있었기 때문이다.

특히 1907년 한 해 동안 부흥운동으로 늘어난 사역을 돌아보느라 대부분의 선교사들은 눈코 뜰 새 없이 분주하게 보내야 하였다. 1907년 6월 28일자 편지에서 대구에서 활동하는 아담스가 "올해 나는 단 하루도 쉴 날이 없었다"⁴⁶고 말한 것은 전국교회에 대부흥운동이 발흥하면서 1907년, 특히 그 해의 전반기에 선교사들이 얼마나 선교 사역으로 분주했는가를 전형적으로 보여 준다:

---

42 그리스도 신문, 1906년 7월 12일, 662.
43 그리스도 신문, 1906년 7월 12일, 662.
44 그리스도 신문, 1906년 7월 12일, 682.
45 유럽에서의 생활과 미국에서의 활동에 대해서는 L. H. Underwood, *Underwood of Korea* (Seoul: Yonsei University Press, 1983), 257-264를 참고하라.
46 J. E. Adams, Letter to Dr. Brown, June, 28, 1907.

올해 나는 단 하루도 쉴 날이 없었다. 여기에 언급하는 것은 한 사례에 불과하다. (지난해) 중학교가 방학에 들어간 다음날 나는 시골로 떠났다. 내가 선교구에서 보낼 수 있는 날이 겨우 5일밖에 없었는데, 나는 하루에 한 교회를 세웠다. 지난해 이후 한 번도 이 교회들을 방문하지 못했기 때문에 그들에게 필요한 온갖 종류의 권징과 회복시킬 일들이 생겨났던 것이다. 방문 마지막 날 오후, 한 교회에 도착한 나는 새벽 1시 30분까지 학습문답을 하고 다음날 아침 식사 후 7시에 예배를 시작하여 세례를 주고 학습 시취를 하고 그리고 집사를 임명하였으며, 그리고 8시에 집에 오는 밤기차를 타기 위해 25마일을 가로질러 달렸다. 그 다음날 성서위원회 일로 서울에 가야 했고, 하루 만에 다시 돌아와 조사와 매서인들을 위한 2주간의 사경회에 들어갔다. …그렇게 해서 하루가 지나고, 7일 한 주가 지나고, 일년 365일이 지나간다. 당신은 지난 1년 동안 우리 선교사들 중 얼마나 많은 사람들이 무너져 내렸는가를 목도하지 않았는가?[47]

쉴 틈도 없이 숨 가쁘게 돌아가는 사역의 현장에서 한 치의 여유도 없이 불어나는 사역과 힘겹게 투쟁하는 바람에 한국에 파송된 선교사들은 온갖 희생을 감수하면서도 누렇게 익은 선교지 한국을 포기하지 않았다. 이 때문에 희생도 컸다. 건강 악화로 잠시 사역 현장을 떠난 북장로교 언더우드 부부, 배럿 부인(Mrs. Barrett), 맥팔랜드 부인(Mrs. MacFarland)은 단지 그 일부에 지나지 않는다.[48] 북장로교 선교사 사무엘 무어가 1906년 12월 22일 세상을 떠났다.[49] 남장로교 선교회 창설자 가운데 한 사람이며

---

47 Adams, Letter to Dr. Brown, June, 28, 1907.

48 PCUSA, Board Actions, September 17th, 1907. C. E. Avison, Letter to Mission Board, PCUSA, Sep., 23, 1907; E. Miller, Letter to Mission Board, PCUSA, Sep., 24 1907. 당시 의사의 진단이 있어야 사역을 쉴 수 있는 상황에서 이처럼 여러 선교사들이 사역을 떠난 것은 그만큼 사역의 가중으로 건강을 잃었기 때문이다. 이와 같은 이유 때문에 사역 현장에 의사를 보내 달라는 요구도 많았다. J. H. Wells, Letter to Dr. Brown, October, 2, 1907. 평양 주재 북장로교 Wells는 편지에서 이렇게 간절히 호소했다. "나 자신을 위해서만이 아니라 주로 전반적인 필요에 의해 나는 당신이 한 명의 의사를 이곳에 보내 주기를 간절히 희망합니다. 만약 그것이 불가능하다면, 중국에 주재하면서 이곳에 몇 개월 동안이라도 머물러서 현재 이곳의 요구를 충족시켜 줄 수 있는 의사를 곧 보내 주시기 바랍니다."

49 그로 인해 Mrs. S. F. Moore가 미국으로 돌아가야만 했다. Mrs. S. F. Moore, Letter to Dr. Brown, October, 8, 1907; Mrs. S. F. Moore, Letter to Dr. Brown, November, 4, 1907.

대부흥운동 당시 전도부인을 동반한 선교사 부인들의 전도여행

탁월한 언어 실력을 갖추어 모든 한국인들로부터 존경을 받던 전킨(William McCleery Junkin)도 부흥운동으로 선교 사역이 놀랍게 확장되면서 휴식을 취할 겨를도 없이 헌신적으로 전도 사역에 몰두하다 1908년 1월 2일 아내와 자녀들을 남기고 급성 폐렴으로 일주일 만에 먼저 하나님 나라로 갔다.[50]

1865년 미국 버지니아 주 크리스찬 벅에서 출생한 전킨(William McCleeary Junkin)은 명문 워싱턴 대학과 미국 남장로교 신학교인 버지니아 리치몬드의 유니온 신학교를 졸업하고 1892년 11월 3일 남장로교 선교회 최초의 선교사로 조선에 입국하였다. 입국한지 1년 후 1893년 11월에 호남 선교를 시작했고 3년 후인 1896년에 군산 선교부를 개척하여 호남 선교에 혼신을 다하며 이 지역의 놀라운 성장을 견인했다.

당시 난방 시설도 없는 추운 겨울날 복음을 전한다는 것은 강추위와 힘겹게 싸우는 정도가 아니라 때로는 죽음과 사투를 벌여야 하는 것을 의미하였다. 특히 북쪽의 겨울은 영하 30도를 오르내리는 강추위로 2월에 들어서도 기온이 영하 14도를 기록할 때가 많

---

50 "News Notes," *KMF* IV: 1 (Jan., 1908), 3.

다.⁵¹ 이와 같은 강추위 속에서 사역을 강행군하다 급성 폐렴에 걸린 것이다.

전킨이 폐렴에 걸린 것은 1907년 크리스마스 이튿날이었다. 그는 처음부터 심하게 앓았으며, 3명의 의사와 훈련된 한 간호사가 병의 진행을 막으려고 온갖 노력을 다했지만 헛수고였다. 자신의 마지막이 가까이 다가오고 있음을 직감한 전킨은 차분히 자신의 사역 방향을 제시하고, 둘러 있는 한국인들에게 몇 마디를 남기고는 사랑하는 이들과 마지막 작별을 고했다. 그는 옆에 앉은 사람에게 "제가 만약 여기서 죽는다면, 죽는 것은 값진 것입니다"라고 말한 후 숨을 몰아 쉬며 "나는-지금-갑니다-그리고 나는-매우--행복합니다"라고 말했다. 그에게 "죽음이란 승리로 뒤덮이는 것이었다."⁵²

이리하여 그의 영혼은 1908년 1월 2일 영원한 안식에 들어갔다. "그리스도와 조용히 연합된 그의 육신"은 군산 선교부 묘지에 앞서간 랜킨(Rankin) 박사의 무덤 가까이, 세 명의 어린 남자아이들의 무덤 옆에 나란히 안장되었다. 회색 화강암의 비문에는 한글로 이렇게 쓰여 있다. "여기 전킨 목사는 예수를 믿음으로 영생을 소유했노라."⁵³

그와 함께 한국에 첫 발을 디딘 후 16년 동안을 그와 동고동락했던 사랑하는 동료 선교사 레이놀즈가 "드문 인격의 소유자," "따뜻한 마음의 사람," 어떤 장애물 앞에서도 결코 흔들리지 않는 "확고한 믿음의 사람," "기도의 사람," 그러면서도 "실천과 성취의 사람"이라고 예찬을 아끼지 않았던 전킨이 세상을 떠난 것이다.⁵⁴ 분명히 하늘나라에서는 천군 천사의 나팔 소리가 울려 퍼지는 가운데 전킨은 개선장군처럼 승리의 입성을 하였을 것이다.

하지만 전킨의 죽음을 알리는 부고는 사랑하는 친구의 죽음 앞에 냉혹하리만큼 침착한 한 줄의 문장으로 되어 있다. "하나님의 섭리 가운데 우리의 신실하고 사랑하는 동

---

51   "News Notes," *KMF* IV: 2 (Feb., 1908), 24.
52   Anabel Major Nisbet, *Day in and Day out in Korea* (Richmond: Presbyterian Committee of Publication, 1919), 86.
53   *Annual Report, PCUS* (1908), 3-4.
54   *Annual Report, PCUS* (1908), 3-4. 그의 아내 Mary Leyburn Junkin과 Edward, Willie, Marion, Mary 그리고 전킨이 세상을 떠난 후 태어난 갓난 아들 다섯 명의 자녀들은 1908년 4월 미국으로 돌아갔다.

남장로교 개척선교사들
시계방향 12시부터 레이놀즈, 테이트 양, 테이트,
데이비스 양, 전킨, 레이놀즈 여사, 가운데 전킨 여사료 전킨 씨가 일주일간의 투병 끝에 1월 2일 세상을 떠났다."⁵⁵ 갑작스런 동료의 죽음 앞에 할 말을 잃어서가 아니라, 너무도 슬퍼 어떻게 표현해야 할지 몰라서가 아니라, 당시 한국에서 활동하는 선교사들이라면 언제 전염병에 노출되어 죽을지 모른다는 순교적 각오가 이미 뿌리내려 있었기 때문에 동료의 죽음 앞에서도 그처럼 담담할 수 있었던 것이다.⁵⁶

전킨은 복음 전파에 생명을 아끼지 않다가 그만 세상을 떠난 것이다.⁵⁷ 끝없이 확장되는 선교지, 특별히 사경회와 부흥운동의 계절이었던 12월과 1, 2월에 몸을 아끼지 않고 사역에 몰두하다 그만 건강을 잃는 경우가 한둘이 아니었고, 급기야는 다시 회복할 기회마저 잃는 경우가 많았다. 그래서 성경 번역과 전도 사역으로 눈코 뜰 새 없이 분주하게 지내고 있던 레이놀즈가 전킨이 남긴 선교지를 맡아야 했다.⁵⁸

교회의 놀라운 성장 이면에는 수많은 이들의 희생이 있었다. 1903년 미 감리교 선교사로 내한하여 평양으로 부임하여 관서지방의 교회와 교육기관에 헌신해 온 평양의 존 무어는 1908년 봄, 분주한 사역으로 인해 피로가 누적되어 "몇 주간 동안 심하게 앓았다."⁵⁹

평양대부흥운동의 주역들은 사경회를 인도하느라 휴식을 취할 겨를이 없을 정도로 분주하게 전국을 누벼야 했고, 평양신학교 학생들은 놀라운 영적각성운동을 경험한 후 자신들의 사역지로 돌아가 그곳에서 능력으로 사역하면서 놀랍게 신장하는 사역의 현장을 돌아보며 복음 전도에 매진해야 했다. 주변 교회에서 그들을 초청해 집회를 인도하는 경우도 많아 그들은 자신의 교회를 돌보면서 주변에 복음을 전하는 이중 삼중의 고된 사역을 반복해야 했다. 당시 평양장로회신학교 학생들은 1년 가운데 9개월을 사역의 현장에 전념하고, 누적된 피로를 풀 겨를도 없이 다시 5월에는 평양에 올라와 신학공부에 전념해야 했다. 1908년 봄, "서울 장로교 교인이며 탁월한 한국인이었던 고 장로가 평양

---

55 Mrs. L. B. Tate, "Death of Rev. William Junkin," *KMF* IV: 1 (Jan., 1908), 13.
56 Tate, "Death of Rev. William Junkin," 13.
57 "News Notes," *KMF* IV: 1 (Jan., 1908), 4.
58 "News Notes," 4.
59 "News Notes," *KMF* IV: 4 (Apr., 1908), 58.

신학교에서 공부를 하다 세상을 떠난 것"도 그 때문이었다. 그는 "수년 간 서울의 장로교회 사역에 있어서 탁월했던 인물이었다."[60]

성인들만 그렇게 희생된 것은 아니었다. 그들의 자녀들이 사역 현장에서 한 알의 밀알이 된 경우는 또 얼마나 많았던가! 원산부흥운동이 한창 진행되고 있던 1904년 곽안련(클락) 선교사의 첫째 아이가 세상을 떠났고, 그 이듬해에 둘째 아이마저 태어난 지 얼마 되지 않아 그만 세상을 떠나고 말았다. 1897년 북장로교 선교사로 내한하여 1902년 11월 25일부터 평북 선천으로 이주하여 평북 선천을 중심으로 선교 활동을 하던 시릴 로스의 18개월 된 아이가 부흥운동의 물결이 한반도 전역에 몰아치고 있던 1908년 1월에 세상을 떠났다. 막 재롱을 부릴 나이, 아장아장 걷기 시작한 그 초롱초롱한 눈망울의 아이가 갑자기 세상을 떠난 것이다.[61]

한국의 개척 선교사 가운데 한 사람인 게일은 아내의 죽음을 슬퍼할 겨를도 없이 부흥운동으로 놀랍게 급신장한 사역의 현장을 돌아보면서 선교 사역에 헌신하지 않을 수 없었다.[62]

부흥운동을 전후하여 배우자를 잃고 여전히 한국에 남아 선교를 계속한 사람은 게일만이 아니었다. 필자는 오래 전 양화진의 외국인 묘지에서 선교사들의 묘지를 둘러보다 어느 비문 앞에 문득 발길을 멈추고 말았다. 바로 그 무덤은 사랑하는 남편 윌리엄 홀(William James Hall) 박사와 사별한 뒤 여전히 평양에 남아 의료 선교를 계속해 온 감리교 여선교사 로제타 홀(Rosetta Sherwood Hall) 박사의 무덤이었다.

---

60 "News Notes," 58.
61 "News Notes," *KMF* IV: 1 (Jan., 1908), 3. 1908년 1월 12일 13개월 된 Cornelius Griffin Bull Jr.가 버지니아 Norfolk에서 사망했고, 남장로교 선교사 Thomas H. Daniel의 13개월 된 아들이 3월 23일 군산에서 세상을 떠났다. 그리고 1908년 4월에는 서울의 James S. Gale의 아내가 갑자기 세상을 떠났다. 딸들을 데리고 스위스에 가 몇 년간 자녀들이 학교에 다니는 동안 그곳에 머물러 있다가 딸들을 동반하고 남편 게일과 함께 몇 개월 전 미국을 거쳐 귀국했던 그녀가 그만 세상을 떠나고 만 것이다. "Saddened Hearts," *KMF* IV: 4 (Apr., 1908), 53; "News Notes," *KMF* IV: 4 (Apr., 1908), 58.
62 미국의 한 심리학자에 의하면 결혼한 부부가 이 세상에서 만나는 가장 큰 충격은 배우자와의 사별이다. 그러나 선교사들은 아내와의 사별 뒤에도 여전히 선교지에 남아 사역을 계속하는 경우가 많았다. 1866년 대동강에서 개신교 선교사로서는 최초로 순교했던 토마스 선교사도 아내와의 사별 뒤에 한국으로의 입국을 시도한 것이고, 존 로스도 아내와 사별 뒤에 여전히 선교지에 남아 한국 선교를 위해 노력했던 것이다.

윌리엄 제임스 홀(William James Hall)

그녀의 남편 홀 선교사는 퀸즈 의과 대학을 거쳐 뉴욕 벨레뷰 병원 의과 대학을 졸업하고 1891년에 내한하여 1892년부터 불모지 평양에 거점을 마련하고 의료 선교에 자신의 생애를 헌신했던 평양의 개척 선교사였다.[63] 1894년 7월 청일전쟁 발발 후 아내와 함께 부상자 치료에 헌신하다 전염병에 걸려 서울로 후송되어 치료를 받다가 1894년 11월 24일 세상을 떠난 홀 박사의[64] 아내는 그 전형적인 사례이다. 결혼한 지 겨우 2년 5개월 만에 그녀의 나이 29세에 은둔의 나라 조선에서 평생을 함께하자던 사랑하는 남편이 갑자기 세상을 떠난 것이다. 신앙과 학력과 인격이 겸비된 의료 선교사 홀이 그 젊은 날의 비전도 채 이루지 못하고 주님의 부르심을 받은 것이다. 모든 부귀와 영화를 버리고 자신들의 젊음과 정열을 바치며 헌신하겠다고 복음의 불모지 조선에 왔는데, 갑자기 아내를 남겨두고 먼저 세상을 떠난 것이다. 갑자기 당한 슬픔 앞에 견딜 수 없어 1894년 12월 2살 난 아들을 데리고 귀국했던 그녀가 남편이 생명을 바치며 사랑했던 나라 조선에 다시 돌아온 것은 그로부터 3년 후인 1897년 11월이었다.

---

63 에스더 김 박(Ester Kim Pak)은 Hall에 대해 이렇게 평했다. "Hall 박사는 성령으로 거듭났고, 친절하고, 자애롭고, 겸손하고, 온화하고, 그리고 주님을 통해 충성스럽고 온전한 삶을 살았기 때문에 하나님이 그를 임명하셔서 평양의 우리 가난한 백성을 위해 놀라운 사역을 하도록 하셨다. 그는 하나님의 명령에 순종하여 부모, 형제자매, 친구를 떠나 한국에 왔고, 이 사악한 도시 평양에 부임했다." Rosetta Sherwood Hall, *The Life of Rev. William James Hall, M.D.: Medical Missionary to the Slums of New York, Pioneer Missionary to Pyong Yang, Korea* (N.Y.: Eaton & Mains, 1897), 390-391.

64 E. M. Cable은 오랜 후 그 시절을 회고하면서 Hall 박사가 "용맹스럽게(heroically) 사역했다"고 예찬한다. Charles A. Sauer, ed., *Within The Gate* (Seoul: The Methodist News Service, 1934), 15.

그 후 로제타는 평양을 거점으로 광혜여원을 설립하고 부녀자들과 아동을 위한 의료 사업에 착수하는 한편 맹인교육도 실시했다. 설상가상으로 사랑하는 딸도 평양에서 선교 사역 도중 잃고 말았다. 남편과 사랑하는 딸이 생명을 아끼지 않고 사랑한 나라 한국, 그것은 더 이상 이방이 아니라 그녀의 영원한 조국이었다.

그로부터 10여 년이 지난 1908년 5월 20일, 의사였던 그녀의 헌신적인 노력에 힘입어 남편과 함께 처음 시작한 동방의 예루살렘 평양에 여성병원 기공식이 거행되었다. 남편이

로제타 셔우드 홀(Rosetta Sherwood Hall)

다하지 못하고 남겨 둔 몫까지 다하기 위해 자신의 생명까지 아끼지 않고 헌신했던 것이다.[65] 복음이 닿는 곳마다 그녀의 헌신도 동시에 전해져 배우자를 잃고 실의에 빠져 있는 수많은 선교사들에게 새로운 도전과 용기를 가져다주었다. 때문에 그날의 병원 준공식은 더욱 특별한 의미가 있었다.

평양 남문 근처에 위치한 그 새 병원 준공 기념식에는 장로교 선교사들이 평양 선교지부의 모임 때문에 많이 참석하지 못했지만 감리교 선교사들은 거의 다 참석하여 그 자리를 빛내 주었다. 장로교, 감리교 선교회로부터 온 장로교인들과 감리교인들이 있었고, 1908년 초에 18개월 된 아이를 잃은 선천의 시릴 로스도 그 자리에 참석하였다.[66]

1907년 여러 차례의 사경회를 인도하며 전주 지역의 복음화에 매진했던 해리슨 선교사 역시 1903년, 결혼 5년 만에 사랑하는 아내와 사별하고, 선교 현장에 남아 여전히

---

65 그녀는 남편의 생애와 사역을 정리하여 책으로 남겼다. Rosetta Sherwood Hall, *The Life of Rev. William James Hall, M.D.*, 390-391.

66 "Cornerstone Laying, Woman's Hospital, Pyong Yang," *KMF* IV: 7 (Jul., 1908), 103.

복음 전파에 매진했다. 과연 무엇이 이들을 선교지에 남도록 이토록 모질게 몰아쳤던가! 그것은 한마디로 말해 선교사들이 갖고 있던 한 영혼을 사랑하는 구령에 대한 열정 때문이었다.

2. 한국인의 전도열:자전 실천

이와 같은 선교사들의 복음과 구령에 대한 열정은 자연스럽게 한국인들에게 전달되었다.[67] 그리고 그 열정은 선교사들보다도 더 농도와 강도가 깊었다.[68] 게일이 말한 것처럼, "한국인들이야말로 본능적으로 복음 전파자였다."[69] 그리고 복음 전파의 훈련의 통로는 바로 사역의 현장이었고, 특히 그 사역을 집약해 주는 사경회는 선교사들과 한국인들을 한데 어울리게 만들어 주는 구심점이었다.[70]

사경회에 참석한 이들은 오전에는 반별로 성경을 체계적으로 공부하였고, 정오에는 한데 어울려 뜨겁게 지역과 민족복음화를 위해 기도하였으며, 오후에는 나가서 그 지역 사람들에게 복음을 전하였다. 저녁에는 전도 집회가 열려 영적인 재충전을 받거나 자신들이 전도한 이들이 복음을 받아들이고 영적으로 거듭나는 것을 현장에서 목도하는 시간이었다.

금식 기도원에 가면 그 영적 분위기가 금식을 하도록 격려하고 용기를 주는 것처럼, 사경회는 복음의 열정을 가진 이들이 말씀을 간절히 배우고 기도하고 전도하는 것을 실천할 수 있는 분위기를 형성해 주기에 충분하다. 따라서 "부흥운동과 사경회"는 처음

---

67 Samuel A. Moffett, "Evangelistic Work," *Quarto Centennial Papers Read Before the Korean Mission of the Presbyterian Church in the U.S.A. at Annual Meeting* (Pyung Yang, Korea: Korea Mission of PCUSA, 1909), 26.

68 Paik, *The History of Protestant Missions in Korea*, 295.

69 James S. Gale, *Korea in Transition* (New York: Laymen's Missionary Movement, 1909), 199.

70 Gale, *Korea in Transition*, 232-233. 예를 들어 선천에서 활동하고 있는 Miss Samuel이 일 년에 16개 성경반, 총 2,458명의 여인에게 성경을 가르칠 정도로 사경회는 중요한 사역이었다.

부터 밀접한 연계성을 지니고 있었다.[71] 선교부를 넘어 전체적으로 열리는 연례 사경회(the annual Bible class, the annual Bible conference), 겨울에 선교부 별로 열리거나 몇 개의 선교부 연합으로 열리는 겨울 사경회(the winter Bible class)는 부흥운동과 밀접히 연계되어 있었다. 특히 저녁에 열리는 전도 집회는 전형적인 부흥회와 특별한 차이가 없었다.

한국 교회 부흥운동의 기원을 거슬러 올라가면 이 부흥운동이 성경공부와 기도회를 위한 사경회와 매우 밀접한 연계성을 지니고 있다는 사실을 어렵지 않게 발견할 수 있다. 평양대부흥운동도 겨울 사경회 기간 동안에 나타났고, 그 외 전국에서 일어난 성령의 역사도 사경회 기간에 나타난 경우가 대부분이었다. 사경회는 말씀을 연구하고 기도하고 전도를 실천하는 훈련을 통해 영적인 은혜를 사모하는 분위기를 형성해 주었다. 사경회는 말씀을 공부하는 기회이자 복음을 전하는 기회였고 또한 전도할 수 있는 절호의 기회였다.[72]

사경회에서 열심히 공부를 하는 동안 마치 엠마오로 가는 두 제자들에게 주님이 말씀을 풀어 주실 때 그들의 마음이 뜨거워졌던 것처럼 복음의 비밀을 깨닫게 되었고, 그 복음의 비밀을 다른 사람들에게 나누어 주고 싶은 복음의 열정으로 불타오르게 된다. 일단 복음과 진리에 눈을 뜬 다음에는 말 그대로 다른 사람들에게 복음을 전하지 않고는 견딜 수 없다. 특별히 저녁에 열리는 전도 집회는 불신자들에게는 주님을 영접할 수 있는 구원의 기회였지만 기성 신자들에게는 자신의 신앙을 새롭게 만드는 영적각성의 기회였다. 따라서 사경회는 기성 신자들을 말씀으로 훈련하고 영적으로 무장시키고 불신자들에게는 그리스도를 구주로 영접하게 만드는 기회가 되었다.

이것은 각 교회에서 열리는 개교회의 사경회와 부흥회에서도 마찬가지였다. 각 지방의 개 교회에서 열리는 대부분의 사경회는 지방 사경회나 도사경회에서 훈련받은 지도자들에 의해 열렸다. 지도자 훈련의 일환으로 열린 사경회에 참석하여 은혜를 받은 지도자들은 지교회로 가서 일주일간 사경회를 인도하도록 요청을 받는다.[73] 담당 선교사에

---

71 Gale, *Korea in Transition*, 232-233.
72 Paik, *The History of Protestant Missions in Korea*, 302; *Annual Report, PCUSA* (1906), 258.
73 Gale, *Korea in Transition*, 234-235.

게 집회 계획을 알리면 선교사는 각자가 어디에서 집회를 인도하는지를 알 수 있고, 집회 인도자는 선교사의 기도의 지원을 받으며 집회를 인도할 수 있어 서로간의 신뢰와 공감대가 형성되었다. 감리교 선교사 존 무어의 사례가 보여 주듯이 그 결과는 항상 예외적이었다:

> 나는 기대감으로 이들 사경회의 결과를 기다렸다. 곧 그들이 지방에서 유익한 시간들을 가졌다는 보고서가 날아 왔다. 그러나 나는 같은 한국인 전도자들과 많은 교회 지도자들이 일월에 모이는 신학 수업에 참여한 후에야 분명한 보고를 받을 수 있다. … 작은 교회에서는 25명에서부터 큰 교회의 경우 80명이 넘게 사경회와 부흥회에 참석하였다. 총 1,000명 이상, 여자 성도들의 3분의 1이 낮 시간의 정규 사경회에 참석하였고, 여러 집회소에서 열리는 저녁 부흥회에는 교회에 몰려드는 무리들로 만원이었다.
> 실제적인 내적 결과를 들을 수는 없지만, 사역 전반을 알 수는 있다. 비록 교사들 중 상당히 많은 수가 성경에 대한 지식이 결핍되었지만, 하나님께서 각 사경회에서 많은 빛을 그의 거룩한 말씀으로부터 쏟아 내셨으며, 몇몇 군데에서는 부흥회가 지난해와 마찬가지로 죄의 짐으로 인한 슬픔과 사죄와 용서로 인한 기쁨으로 특징되었다.[74]

이와 같이 그들은 개교회의 사경회 인도로 복음의 결실뿐만 아니라 자신들이 인도하는 부흥 집회를 통해 복음에 대한 열정과 확신을 배가하게 되었다. 태신자를 낳아 본 사람들은 그렇지 않은 이들보다 복음의 능력과 구원의 감격을 훨씬 더 강하게 느끼는 법이듯이 실제로 집회 인도를 통해 성령의 강한 역사와 하나님의 능력을 경험한 이들은 더욱더 주의 사역에 감격하고 전도자로서의 소명과 책임을 동시에 느끼게 된다:

---

74   Gale, *Korea in Transition*, 235.

전에는 결코 그 같은 일을 시도하지 않았던 대부분의 이들 집회 인도자들은 자신들의 영적인 삶에서 축복을 받았다. 우리의 오후 모임에서 어떤 사람이 "받는 것보다 주는 것이 더 복되다"고 말한 것처럼, 자신이 받은 것을 다른 사람에게 나누어 줄 때까지는 그가 실제로 복음을 소유할 수 없다는 사실을 처음으로 배우면서 그의 신앙이 더욱 견고해진다.[75]

따라서 개교회의 사경회와 부흥회 인도는 외형적인 전도의 결실은 물론 직접 집회 인도를 경험함으로써 구원의 확신은 물론 복음 전도자로서의 소명을 확인하는 기회였다.

개교회에서 열리는 부흥회와 사경회에서도 이와 같은 이중적인 결실이 언제나 뒤따랐다. 부흥회와 사경회는 참석한 기성 신자들에게는 영적 재충전의 기회였고, 주변의 믿지 않는 사람들에게는 그리스도를 영접할 수 있는 기회였다. 자신들이 전도한 이들이 복음을 접하는 것을 현장에서 확인하면서 개교회의 기성 신자들은 구원의 확신을 더욱 견고하게 다지게 되었고 구령의 열정에 사로잡히게 되었다. 따라서 "부흥운동과 복음 전도는 항상 나란히 병행되었다."[76] 각 교회에서 열리는 부흥회 마지막 날에 참석자들은 주변과 이웃에게 복음을 전하는 데 시간을 드리겠다는 전도 서약, 날연보를 작정하였다:[77]

하나님의 나라를 직접적이고 긴급하게 확장하는 일에 있어서 이들 사경회와 부흥회의 가장 큰 결과는 한국인들이 날연보라 부르는 것에서 발견될 수 있다. 집회 마지막 날 대예배 때 각 남녀는 나뉘어진 종이에 헌금을 내는 대신에 자신의 마음에 축호 전도나 마을 전도에 아주 많은 날을 드리기로 서약한다. …자기 집이 길가에 위치한 한 사람은 지나가는 모든 사람에게 전도하였으며, 그들 대부분이 말씀을 즐겁게 받았다고 말했다. 다른 사람은 3주 동안 가가호호를 돌면서 200명에게 전도했으며 그들 중 50명이 믿었다. 이 전도의 결과로 한 교회에서는 50명의 여인들

75　Gale, *Korea in Transition*, 235-236.
76　Paik, *The History of Protestant Missions in Korea*, 378.
77　Charles Allen Clark, 한국 교회와 네비우스 선교 정책 (서울: 기독교서회, 1994), 179.

마펫(Samuel A. Moffett)과 사경회 참석 한국여성들

이 모여들었다.[78]

은혜를 받자 전혀 사례를 받지 않고 자비를 들여가면서 주의 복음을 전하는 일은 당시에 보편적인 현상이었다. 대부흥운동의 역사를 피부로 접하면서 복음 전파의 긴박성을 더욱 절감하고 그 일에 자신들의 시간을 드리기를 주저하지 않은 것이다. 이미 일부 선교부에서 시행되던 날연보는 부흥운동을 거치면서 점점 더 보편화되기 시작해 1908년부터는 부흥회나 사경회마다 날연보를 작정하는 것이 일반적인 현상이 되었다.[79] 이것은 백만인 구령운동에서는 가장 두드러진 특징으로 자리 잡을 만큼 선교 사역에서 매우 중요한 위치를 차지했다.[80]

처음부터 선교사들은 한국인들에게 복음을 전하는 것이 한국인들의 몫이며 자신들

---

78   Gale, *Korea in Transition*, 236-237.
79   Gale, *Korea in Transition*, 236. 게일은 "지난해(1907년경)에는 단지 몇몇 교회에서만 이것을 시행했으나 올해(1908년경)에는 모든 교회들이 날연보를 보고하였다"고 말한다.
80   Gale, *Korea in Transition*, 236.

은 단지 그들에게 방향을 제시하고 그들과 이 일에 있어서 협력할 뿐이라는 사실을 일깨워 주었다. 1907년 6월 수많은 선교사들과 한국 교회 지도자들이 모인 앞에서 북감리교의 스크랜톤은 "한국인들의 구원을 애써 성취해야 할 사람은 우리가 아니라 한국인 자신들이다. 목회 사역은 우리가 한국인 목회자들을 육성시키는 것만이 그 필요를 충족시킬 수 있다는 사실을 깨닫도록" 교훈해 주었다며 다음과 같이 말했다:

> 목회 사역은 이미 우리의 손을 벗어났다. 현재 선교 사역을 수행하고 있는 이들은 우리 선교회의 한국인 조사들이다. 우리는 단지 그들이 사역하고 있는 것을 감독할 뿐이다. 우리는 너무 느리고 무능해 추수가 파종을 따라잡지 못하고 뿌린 씨앗들이 수확기를 놓쳐 땅에 묻혀지고 있다.[81]

존스의 말대로 자전의 노력은 한국인 그리스도인들에 의해 처음부터 수용되었다.[82] 그 결과, 게일이 지적한 것처럼 "처음부터 한국인들은 복음 전파와 교회 성장이 우리들[선교사들]의 사역이 아니라 자신들의 사역이라고 믿었다."[83] 한국인들의 헌신적인 전도열을 옆에서 지켜본 한국에 파송된 선교사들은 하나같이 한국의 놀라운 복음 전파가 한국인들의 헌신적인 전도열의 결과라고 생각하고 있었다.[84]

한국인들은 처음부터 말씀을 간절히 사모했고, 사경회는 그들의 필요를 정확하게 채워 주었다. 1908년 1월 청주에서 열린 한 사경회에 참석한 어느 한국인은 말씀에 "나는 주리고 있습니다. 너무도 주리고 있습니다! 나는 심오한 하나님의 말씀에 대해 너무 무지해 사경회 기간 동안에 채움을 받기 원합니다"[85]며 말씀에 대한 사모함을 표현했다.

---

81   *Minutes of Korea Mission*, Methodist Episcopal Church, 1907, 32.
82   Gale, *Korea in Transition*, 198.
83   Gale, *Korea in Transition*, 197.
84   Gale, *Korea in Transition*, 197. 이와 같은 증거는 KMF나 선교 보고서를 비롯한 거의 모든 한국 교회 초대 문헌들에서 일치하는 견해이다.
85   "Editorial," *KMF* IV: 1 (Jan., 1908), 25. 말씀에 대한 사모함은 부흥운동의 특징이다. Richard M. Riss, *A Survey of 20th Century Revival Movement in North America* (Peabody: Hendrickson, 1988), 4.

선교사들과 한국인 사역자들

　말씀과의 만남은 그들의 가치관을 완전히 변화시켜 주었다. 사경회에 참석한 이들은 말씀을 깊이 연구하는 동안 자신들의 공허한 가슴이 말씀을 통해 가득히 채워지는, 뭐라 말로 표현하기 힘든 영적 은혜를 경험할 수 있었다. 이후 그들의 심령에는 복음을 다른 사람들에게 전하지 않고는 견딜 수 없는 마음이 생겨났다.

　사경회에서는 타의에 의해 끌려 온 이들도 말씀을 연구하는 동안 점점 더 복음에 눈이 뜨이면서 구령의 열정으로 불타기 시작했다. 사경회에는 말씀과의 인격적인 만남이 있었던 것이다. 참석한 이들은 거의 예외 없이 이 축복을 누렸다. 때문에 일단 사경회에 참석하면 "거의 모두가 다 끝날 때까지 머문다."[86] 모든 사경회에서 하이라이트는 저녁 전도 집회였다. 사경회 참석자들은 오후에 각기 흩어져 전도하고, 자기가 전도한 이들과 함께 저녁 집회에 참석하였다. 이 전도 집회를 통해 인도자나 처음 참석한 사람이나 모두 은혜를 나누는 이와 같은 훈련을 통해 한 생명을 주께로 인도하는 것이 얼마나 귀하

86　"Editorial," 25.

고 아름다운 것인가를 깨닫는다.[87]

사경회에서 실시하는 복음 전도를 통해 실제적인 결실을 경험하면서 참석자들은 복음 전도를 당연한 의무로 받아들이게 되었다. 사경회가 끝난 후에도 그들은 때를 얻든지 못 얻든지 복음을 전하는 일을 자신들의 삶 속에서 실천에 옮겼다. 따라서 사람을 접할 수 있는 공공장소에서 사람들이 다른 사람들에게 복음을 전하는 것을 흔하게 발견할 수 있었다. 당시 사람들이 운집하는 시장 한 구석에서 사람들이 그곳에 모인 사람들에게 복음을 전하는 모습이 자주 눈에 띄었다.

청주를 선교 거점으로 삼고 있는 한 선교사는 장날 그곳에 모이는 사람들의 수를 어림잡기 위해 도시의 높은 언덕에 올라 사람들의 오고 가는 발걸음을 바라보았다. "일단의 그리스도인들이" 시장의 한 곳에 자리잡고 그곳에 모인 군중들에게 복음을 전하는 것을 목격할 수 있었다. 그의 고백대로 "그것은 소설 같은 경험"[88]이었다. 당시 대부분의 믿는 사람들은 씨를 뿌리면 반드시 거둘 날이 있을 것으로 믿고 기회가 닿는 대로 열심히 복음의 씨를 심었다. 전환기의 한국에서 게일은 이렇게 말했다: "말씀을 듣고 전도지를 받은 사람들 중에 얼마나 많은 사람들이 믿을지 우리는 알 수 없다. 씨는 땅에 뿌려졌고 거둘 때가 있을 것이다. 충청북도와 남도 전역으로부터 매 5일마다 장을 보기 위해 여기 오는 군중들 가운데 이와 같이 끊임없이 씨를 뿌린다면 장차 커다란 수확을 거둘 것이다."[89]

처음부터 그리스도인이 된다는 것은 자기가 받은 그 아름다운 구원의 진리를 다른 사람들에게 전한다는 것을 의미하였고, 따라서 복음을 전해 받은 한국인들도 처음부터 그것을 다른 사람들에게 전하는 일을 게을리 하지 않았다. 제임스 게일의 말대로, "한국인들은 성경을 암송할 뿐만 아니라 그것을 실천에 옮겼던 것이다."[90]

사도행전과 초대교회 역사가 보여 주는 것처럼 복음이 갖고 있는 특성 가운데 가장

87　"Editorial," 26. 대부분의 경우 "저녁 전도 집회는 참석률이 좋았고, 몇몇 새 신자들이 그들을 집회에 데리고 온 친구들과 함께 참석"하는 경우가 많다.
88　"Editorial," 26.
89　"Editorial," 26.
90　Gale, *Korea in Transition*, 193.

중요한 특성은 그것을 다른 사람들과 공유하려는 속성이다. 복음을 접한 이들은 구령의 열정으로 불타올라 자신이 만나고 경험한 그 주님을 가족과 친구와 이웃에게 전하지 않고는 견딜 수 없는 법이다. 하나님의 자녀가 되었다는 것은 어둠의 자녀에서 빛의 자녀로 바뀌었다는 의미이며, 이것은 단순히 신분의 변화만을 의미하는 것이 아니라 성령의 역사를 통해 우리의 죄악이 그리스도의 보혈로 용서 받고 변화를 받아 "새로운 피조물" 이 되었다는 의미이다. 따라서 참으로 예수 그리스도를 인격적으로 만난 사람의 심령에는 이전에 알지 못했던 구원의 감격과 기쁨이 넘쳤다. 부흥운동의 주역 가운데 한 사람인 존 무어는 1907년 8월 코리아 미션 필드에 이렇게 말했다:

> 십자가와 보혈과 부활의 옛 복음이 이제 수많은 사람들에게 자유롭고 충만하고 완벽한 구원을 가져다주었고, 문자적으로 게으르고, 둔하고, 목적 없는 수백 명의 한국인들을 사로잡아 그들을 놀라운 능력의 전도자로 변화시켜 주었다.[91]

미국의 제 1차 대각성운동과 제 2차 대각성운동, 그리고 무디 부흥운동이 국내외의 선교열을 고취시켜 주었던 것처럼, 평양대부흥운동도 한국 교회에 선교의 비전을 심어 주어 내지 선교회(Home Mission Society)의 활동과 해외 선교활동을 한층 강화시켜 주었다. 이 같은 분위기는 1907년에 설립된 한국 장로교회를 처음부터 선교하는 교회로 정착시켜 주는 일에 중요한 역할을 했다. 그 후 수많은 이들이 해외나 복음이 닿지 않은 오지로 복음을 들고 나갔다.[92]

대부흥운동 기간 동안 구령의 열정에 사로잡힌 이들 가운데는 복음을 들고 전국을 누빈 이들이 한둘이 아니었다. 길선주는 1907년 장대현교회에서 부흥운동의 도구로 쓰임 받은 후 자기를 필요로 하는 곳이면 전국 어디에나 다 다녔다.[93] 확실히 길선주는 그

---

91   J. Z. Moore, "The Great Revival Year," *KMF* III: 8 (Aug., 1907), 118.
92   *Annual Report, PCUSA* (1907), 33.
93   길선주는 성령의 능력을 체험한 후 복음의 빚진 자의 심정을 가지고 예루살렘과 온 유대와 사마리아와 땅 끝까지 이르러 복음을 전하는 일에 자신의 생명을 아끼지 않았던 전형적인 한국 교회 지도자였다. 그는 부흥의 불길을 평양에서 전국으로 확산해 나갈 수 있도록 만든, 한국 교회의 부흥을 위해 하나님이 예비하신 목회자이자 부흥사였고, 또한 기독교 민족주의자였다. 길선주만큼

의 일생이 복음의 열정으로 불타올랐던 전형적인 한국 교회 지도자였다.

그러나 복음의 열정이 길선주만의 독점물은 아니었다. 그것은 당시 은혜를 체험한 이들에게 공통적으로 찾을 수 있는 현상이었다. 또한 그것은 오랜 신앙생활을 한 사람들이 복음의 능력을 접하고 나서 나타나는 현상만이 아니라 복음을 접한 사람들이라면 신앙의 연륜과 상관없이 찾아오는 주님의 선물이었다.

바울 사도가 로마서에서 "복음의 빚진 자의 사명"이라고 정의했던 바, 바로 그와 같은 영적인 부담감은 복음을 받아들인 사람들에게, 특별히 은혜의 역사를 체험한 사람들에게 공통적으로 찾아왔다. 그러나 이것은 결코 강제적인 것이 아니라 자발적인 것이고, 자기 자신에게서 나오는 것이 아니라 그 안에 역사하시는 성령께서 주시는 일종의 은혜였다. 오순절 성령 충만을 받은 베드로와 요한이 담대하게 복음을 전할 때 그곳에 모인 이들이 성령의 충만을 받고 "담대히 하나님의 말씀을 전했던" 것과 마찬가지이다. 특별히 사경회에 참석했다가 은혜를 받은 이들은 자신들만 복음의 특권을 누리는 것에 대해 너무도 안타깝게 생각했다.

복음을 공유하고 싶은 마음, 자기가 체험한 구원의 은혜를 나누어 주고 싶은 마음이 영적각성을 체험한 모든 사람들에게 공통적으로 나타났다. 한국 교회의 놀라운 교세의 증가는 구령의 열정에 불타는 한국인들에 의해 이루어진 것이다. 모든 그리스도인들은 구원의 이야기를 다른 사람들에게 전해 주어야 한다는 일종의 책임 의식을 느끼고 있었다. 한국 교회의 성장을 주도해 온 평양 선교부는 1903년 연례 보고를 하면서 한국 교회의 급성장이 한국인의 전도열에 있다는 사실을 분명히 밝혔다:

> 한국 북부 지역의 교회 성장은 거의 전적으로 한국 그리스도인 개개인이 열정적으로 복음을 전파한 덕분이다. 각 신자는 구원의 이야기를 전해 주어야 한다는 의무감을 느끼고 있었고, 그래서 사역이 성장해 왔고, 또 동족을 향한 열정적인 복음

부흥운동이 전국적인 운동으로 확산되는 데 중요한 도구로 쓰임받은 인물도 드물 것이다. 그것은 그가 부흥운동의 진행 과정에서 지도력을 인정받았기 때문이다.

전파 사역에 의해 산간벽지에까지 복음이 닿을 정도로 계속해서 성장했다.[94]

처음부터 선교사들은 자전을 중요한 선교 정책으로 삼았고, 한국인들은 복음의 빚진 자의 사명을 충실하게 감당하려고 기대 이상으로 노력해 왔다. 구원의 감격과 기쁨을 체험하자 그것이 얼마나 소중하고 값진 것인가를 자연스럽게 깨닫게 된 것이다. 그러나 그것은 결코 어떤 강요에 의한 것이 아니었다. 존 무어가 경험한 다음 사건은 그것을 단적으로 보여 준다:

> 평양의 여자 성경반(the women's class)에서 죄용서의 새로운 경험과 중생으로 인한 충만한 평안과 기쁨을 경험한 여인들이 눈물을 흘리며 내게 와 내가 가거나 아니면 누군가를 자신들의 교회에 보내 모든 사람들이 이 새로운 경험을 체험하고 살도록 간청하는 것이었다. 몇몇의 경우 이 여인들 자신들은 자기의 지역 교회에 부흥을 가져다주는 도구들이 되었다.[95]

1901년 평양 선교부와 선천 선교부의 남자 성도들이 "선교회"를 조직한 것도 복음이 닿지 않은 지역에 스스로 복음을 전하겠다는 목적에서였다.[96] 이것은 자신의 선교구에서 놀라운 복음의 신장을 바라는 선교사들의 소망과 정확하게 맞아 떨어져 한국인에 의한 한국 교회를 오랫동안 자신들의 선교 정책으로 삼아온 이들 선교사들에게 적지 않은 용기를 가져다주었다.

부흥운동을 전후해서 한국 교회에 이와 같은 복음 전도열이 어느 때보다도 놀랍게 나타나자 선교사들 가운데는 복음 전도에 더욱더 진력하는 경향이 나타나기도 했다. 여러 선교회가 교육과 의료 선교도 소홀히 하지 않으려고 한 것이 사실이지만 부흥운동을 거치면서 직접 전도에 더 많은 관심을 기울이는 현상이 나타났다. 자신들의 능력과 역량은 한정되어 있고, 좀 더 선교 효율의 극대화를 가져오기를 원했던 장로교 선교사들은

---

94 "Korean Work for Koreans," *The Korea Field* (Nov., 1903), 144.
95 Moore, "The Great Revival Year," 115.
96 "Korean Work for Koreans," *The Korea Field* (Nov., 1903), 144.

여자 성경반

점점 더 복음 전도라는 직접 선교에 힘을 쏟기 시작했던 것이다.

그러나 이 말이 장로교 선교회가 간접 선교를 하지 않았다거나 과소평가했다거나 남감리교가 직접 선교를 과소평가했다는 의미는 아니다. 놀라운 부흥의 현장을 목도하면서 민족의 복음화를 어떤 방향으로 이루어 가야 하는가라는 선교 방향에 대한 정책상의 차이에서 생겨난 것이라고 볼 수 있다. 좀 더 정확히 표현해 장로교는 간접 선교의 중요성을 인식하는 가운데 직접 선교에 더 관심과 초점을 맞추었고, 남감리교 선교회가 직접 선교를 무시하지 않으면서 학교나 병원과 같은 간접 선교에 더 많은 투자를 하였다고 표현하는 것이 적절할 것이다.

장로교 선교회의 놀라운 신장, 특히 오랫동안 장로교 선교지의 중심이었던 평양에서의 놀라운 각성운동과 그로 인한 교세의 급속한 신장으로 선교사들은 복음 전파에 더 많은 투자와 관심을 기울이게 되었다. 부흥운동을 직접 목도한 대부분의 선교사들은 복음 전도야말로 이 시대에 자신들이 끊임없이 지속해야 할 주님이 주신 소중한 사명으로 여기지 않을 수 없었다. 당시 부흥운동의 현장에 있던 존 무어의 다음 고백이 말해주듯이, 하나님이 상황을 만드셨고, 은둔의 나라에 파송받은 이들은 이제 하나님의 거룩한 도구로 쓰임받고 있었던 것이다. 그런 의미에서 한 선교사의 당시의 고백은 깊은 의미를 지니고 있다.

> 성인 남녀들뿐만 아니라 남학생과 여학생들이 대가나 칭찬과 상관없이 어디서나 그리고 항상 그리스도와 십자가에 못박히신 그를 전함으로, 한국이 "근대 선교의 기적"이라 불리어 온 것은 더 이상 놀랄 일이 아니다. 나는 그들을 가르치기 위해 여기 왔고, 하나님이 그렇게 할 수 있도록 기회와 능력 모두를 주신 사실에 감사하며, 그분의 방식과 사역을 배울 수 있도록 금년에 한 번 이상 그 앞에 무릎을 꿇었다.[97]

존 무어의 기록에 따르면 지난해 자기가 맡은 구역에 75명의 학생들이 유니온 학교에 등록했는데, "학교 입학 때만 해도 이들은 명목상의 그리스도인이었으나 지난겨울의 부흥으로 말미암아 각 사람이 주님에 대한 열정으로 불타오르는, 매우 진지하고 성령 충만한 그리스도인들로 거의가 변화되었다."[98] 복음의 능력에 사로잡힌 이들은 사회적 신분이나 빈부의 차이와 상관없이 복음 전파의 전선에서 귀하게 쓰임 받았던 것이다:

> 헌금뿐만 아니라 전도로 자기의 소중한 시간 상당 부분을 교회 사역에 사용하는 한 부유한 성경공부반 지도자가 있다. 한 가난한 다른 지도자-그가 어떻게 살아가는지 나는 알지 못한다-는 자신의 시간 대부분을 전도에 보내는데, 보고된 그의 사역 결과는 사례를 지불받는 조사들 가운데 어떤 사람의 사역 결과와 맞먹을 정도이다. 그가 살고 있는 지역은 주로 그 사람의 사역 덕분에 올해 교세가 배 이상이 되어 지금은 거의 5백 명의 교인이 출석한다.
> 나는 어느 이른 아침 진남포에서 나오면서 걸어오는 기독교인 한 사람을 만났다. 그는 일주일을 기도했고 스스로 빈손으로 가지 않겠다는 약속대로 그 밤에 가까운

---

97 Moore, "The Great Revival Year," 115.
98 Moore, "The Great Revival Year," 114.

마을로 사람을 전도하기 위해 나갔던 것이다.[99]

　　복음의 은혜를 깨닫고 나면 사람들은 복음의 빚진 자의 사명을 깨달아 거리에 상관없이 멀리까지 교회를 찾아가 정성으로 예배하고 기도하고 전도하는 것을 당연한 그리스도인의 의무로 받아들인다.

　　온갖 박해 속에서도 그들이 보여 준 복음에 대한 불타는 열정은 처음부터 한국 교회의 소중한 특징으로 자리 잡았다. 황해도 봉산 사리원교회의 한 성도가 어디로 가는 길에 "엇던 사름이 방립을 쓸고 두건을 모호로 쓰고 손을 흔들고 밋츤 모양과 굿흠을 보옵고 측은훈 ᄆᆞ옴이 싱겨 그 잇흔날 차져가셔 전도훈 즉 욕셜"[100]을 퍼붓는 일이 있었다. 그러나 실망하지 않고 그 후에 다시 찾아가 복음을 전하자 그 사람이 "죄를 통회ᄒᆞ고 눈물을 흘니고 ᄌᆞ복"[101]하고 주님을 영접하는 역사가 나타났다. 그 후 그는 "호구지척이 업셔 갓집과 보힝을 ᄃᆞ니며 훈푼두푼모와 하ᄂᆞ님씌 연보ᄒᆞ옵고 ᄯᅩ 열심으로 전도"[102]할 만큼 변화되었다. 구태여 복음을 전해 받은 자에게 누구나 복음의 빚을 갚아야 한다는 사실을 강조할 필요가 없었다. 그것은 예수 믿는 자라면 당연히 해야 할 자연스러운 의무라고 여겼기 때문이다.

　　복음을 받아들였을 때 그 신앙을 자기 자신에게만 국한시키기보다 그 신앙을 가족들과 친구들에게 전해 주는 습관은 부흥운동 이전부터 있었던 현상이지만,[103] 그 같은 현상은 부흥운동 이후 더욱 두드러졌다.[104] "종교적인 헌신이 거의 없이 이제까지 자기 자신만을 위해 살아온 한국인들이 그리스도를 발견하면 먼저 자신의 형제를 생각하고, 성령의 은사가 성결과 권능으로 그에게 임하면 그는 자발적으로 자신의 친구를 위해 혼신

99　　Moore, "The Great Revival Year," 115.
100　안태석, "봉산사리원," 예수교 신보, 1908년 12월 15일, 210.
101　안태석, "봉산사리원," 210.
102　안태석, "봉산사리원," 210.
103　예수 믿은 이후 가족 복음화를 믿는 자의 당연한 의무로 가르쳤다. 사설, "가속기도," 신학월보, 1904년 1월, 51-54; 구흥국, "전도함이 우리의 직분," 신학월보, 1904년 10월, 431-432.
104　특히 1903년 이후 전도에 대한 강조가 더 두드러지게 나타난다. cf. 라봉식, "구세교를 젼파함이 신자도 직분에 맛당홈," 논설, 신학월보, 1904년 4월 호 163-171.

으로 기도한다.

지난해 한국 전역에 일어난 놀라운 부흥 기간 동안 다른 어떤 것보다도 더 선교사들을 주목하게 만들었던 것은 한국인들이 서로를 위해 기도하였고 또 이와 같은 기도가 놀랍게 응답되었다는 사실이다. 기도에서뿐만 아니라 사역에서도 마찬가지로 계속해서 결실이 무성하다. 나는 한국에서보다 더 개인적이고 급료를 받지 않고 손에 손을 잡고 마음과 마음으로 전도 사역이 행해지는 곳이 이 세상에는 아무 데도 없다고 감히 말할 수 있다."[105]

복음을 접하고 나서 제일 먼저 한국인들이 복음 전파의 대상으로 삼는 것은 형제와 친구와 이웃이었다.[106] 학비를 벌기 위해 평양의 한 보통학교에서 가르치고 있던 평양 숭실학교에 다니는 한 젊은이는[107] 그리스도인이면서도 열정도 없고 개교회에 별로 도움이 되지 않는 명목상의 신자에 불과했다. 그러다 1907년 초 있었던 부흥 집회에서 성령의 충만을 받은 후 그의 인생이 완전히 달라졌다.

"성령의 세례를 받은 후 그는 믿지 않는 그의 부모를 위해 기도하기 시작했고, 오래지 않아 그의 부모 또한 독실한 그리스도인이 되었다. 여름방학에 들어가기 전 그는 존 무어에게 자기의 고향 교회에서 소년들을 위한 여름학교를 개설하고 싶다는 사실을 말해 주었고, 또 실제로 여름 성경학교를 개설 운영했다. 그것은 그의 고향 교회 전도사에게 상당한 도움이 되었다."[108] 존 무어는 이와 같은 사람, 곧 은혜를 접한 후에 구령의 열정에 사로잡혀 복음의 빚진 자의 심정으로 부모를 기독교 신앙으로 인도한 사람을 그밖에도 대여섯이나 개인적으로 알고 있었다.

자식이 부모에게 복음을 전해 주는 경우도 있었지만 때로는 그 반대의 현상도 있었다. 한 나이 많은 그리스도인 여인이 병들어 죽어가면서 큰 아들에게 간곡히 복음을 전했고, 그 아들은 죽어가는 어머니의 유언을 듣고는 눈물을 흘리며 "어머니, 내 지난 수년

---

105   Moore, "The Great Revival Year," 115.
106   당시 가족 구원은 선교사들과 한국인들의 중요한 관심사였다. 강인걸, "북방 지방회 그리스도인이 엇더케 행하여야 제 식구를 구원할 문제에 대한 론셜," 신학월보, 1903년 8월, 348-350.
107   *Minutes of Korea Mission*, Methodist Episcopal Church, 1907, 44.
108   Moore, "The Great Revival Year," 114.

동안 어머니께 불순종했는데, 이제 내도 믿겠습니다"[109]라며 울부짖는 일도 있었다.

어찌할 줄 몰라 떨고 있는 빌립보 감옥의 간수에게 "주 예수를 믿으라. 그리하면 너와 네 집이 구원을 얻으리라"고 말했던 바울 사도의 선언은 복음이 전해지는 곳마다 나타나는 복음 본래의 특성이었다. 그들은 적절한 기회를 보아 가면서 가족들에게 복음을 전할 기회를 찾으려고 하지 않았다. 1908년 11월 30일자 예수교 신보에는 당시 경상남도 동래 두구등교회에서 시무하는 조사 정덕생이 자신의 교회에서 있었던 이야기를 담은 짧은 글이 게재되었다. 이것은 당시 그들이 얼마나 가족 복음화를 위해 노력했는가를 단적으로 말해 준다:

> 본 교회 령수 정현의 씨는 쥬를 밋은 후에 그 부인의게 쥬의 말씀을 권면ᄒ오되 그 부인이 밋지 않는 고로 홍상 섭섭히 녁이더니 후로는 긔도홀 째에 그 부인이 춤예치 안는 거슬 보고 닐ᄋ되 이제는 부인과 내가 ᄒ 집에 잇슬 수가 업스니 나는 멀리 써나겟다 ᄒ고 힝쟝을 차리니 그 부인이 마지 못ᄒ야 그러면 내가 홈씌 긔도ᄒ겟솝ᄂ이다 ᄒ고 그날부터 밋은지라. 성신의 감화홈을 닙어 온 집안 식구가 다 죄를 회개하고 신실이 밋사오며 쏘 손님 디졉ᄒ기를 심히 두터히 ᄒ며 형뎨를 춤으로 ᄉ랑ᄒ시는 즁에 쏘 례비당이 업는 고로 조긔의 논을 파라 엽젼 二百량 주고 ᄉ간집을 사셔 례비 보옵더니 형뎨 ᄌ민들이 열심으로 연보ᄒ야 지금은 례비당을 느리는 즁이오니 …이곳 교회를 위ᄒ야 긔도로 도와주옵소셔.[110]

너무도 원색적이고 직설적이라고 할 만큼 불신앙과 정면으로 맞서서 복음 전래의 길을 찾으려고 했다. 먼저 복음을 접한 이들이 다른 가족들에게 복음을 들을 수 있는 기회를 제공해 주기 위해 그 이튿날 자신의 가족들을 사경회 저녁 전도 집회에 인도하여 함께 참석하는 경우가 비일 비재했다. 그리고 일단 참석한 후에는 그들이 주님을 영접할 수 있도록 모든 노력을 다해 지원을 아끼지 않았다. 먼저 은혜를 받은 이들이 저녁 집

---

109   Moore, "The Great Revival Year," 115.
110   정덕생, "동래 두구동교회," 예수교 신보, 1908년 11월 30일, 202.

회에서 은혜를 받고서 몸부림치는 어느 형제를 품에 안고 위로해 주는 모습은 당시 흔히 볼 수 있는 현상이었다:

> 부흥운동 동안 한 강인한 남자가 죄의 확신으로 탄식 가운데 울부짖는 극심한 절망에 처해 있을 때 매우 아름다운 것은 똑같은 갈등을 겪고 결국 승리를 한 다른 사람들이 그 형제에게 가서 자신들의 팔로 그를 감싸 주고 그를 빛 가운데로 인도하는 것이었다. 한국인들은 개인적인 애정을 거의 표현하지 않는다는 것을 우리가 기억할 때 이 놀라움은 더욱 컸다.[111]

이와 같은 모습은 당시로서는 결코 과장된 것도 또 보기 드문 현상도 아니었다. 복음의 은혜를 접한 이들이 이와 같은 일을 위해 노력하는 모습을 우리는 어렵지 않게 목도할 수 있었다. 가장에게 복음을 전한 후에 그가 복음을 받아들이기로 결정하면 모든 다른 가족들이 가장과 함께 고개를 숙이는 모습도 많았다. 가부장 제도권의 사회 속에서 가장의 결정은 곧 다른 이들에게 같은 노선과 길을 걸어가도록 촉구하는 자연스러운 동기가 되었다.

3. 처음부터 실천한 자립

당시 한국인 지도자들은 복음을 직접 전하는 이들이야말로 이 세상에서 가장 위대한 사람이라는 자의식을 가지고 있었다.[112] 그만큼 한국인들은 스스로 복음을 전하는 것을 당연한 그리스도인의 의무로 받아들였다.[113] 뿐만 아니라 그들은 처음부터 선교사들에 의존하지 않고 자립하는 한국 교회를 만들어야 한다는 불타는 사명감을 가지고 있었다. 선교사들도 자립과 자전을 생명으로 여겼지만 한국인들은 그것을 당연하게 받아들였

---

111   Moore, "The Great Revival Year," 115.
112   Gale, *Korea in Transition*, 249.
113   Paik, *The History of Protestant Missions in Korea*, 295-298.

다.

1901년 한국을 처음으로 방문한 북장로교 해외 선교부 총무 아더 브라운이 방문 보고서에서 밝힌 것처럼, "처음부터 한국 그리스도인들은 선교사들로부터 급료 받기를 기대하지 않았고, 아주 극소수의 매우 예외적인 경우가 아니면 한국 그리스도인들에게는 실제로 급료가 지급되지 않았다. 그들은 복음에 따라 살고 자신의 동료들에게 대가 없이 복음을 전하도록 가르침을 받았다."[114] 한국 선교 초기부터 "모든 선교사는 네비우스 선교 방법을 엄격히 고수했으며, 한국 교회가 처음부터 완전히 자립할 것을 주장했다."[115] 감리교 선교사 노블의 보고에 따르면 1902년 현재 한국 북부 지역에만 완전히 자립하는 감리교회가 20개이며, 이들 대부분의 교회들이 지난 5년 내에 설립된 교회들이었다.[116]

부흥운동을 거치면서 북부 교회들은 더욱더 자립의 틀을 더해 갔다. 그것은 1909년 북장로교 선교 25주년 기념집회에서 발표된 한 흥미로운 논문에서도 잘 나타난다.[117] 1884년부터 1909년까지 미국 북장로교 선교 본부는 한국에 파송된 선교사들의 사례비와 기타 온갖 자산 구입비를 포함하여 124만 7,640달러의 선교비를 보냈다. 자산 비용을 제외한다면 실제 선교비는 95만 달러이다.

그런데 1909년 한 해 동안 한국 장로교회 교인들은 온갖 사역을 위해 9만 5,180달러를 헌금했다. 이것은 본국 선교부가 보낸 선교비 중 실제 선교비로 사용된 금액의 10분의 1에 해당하는 금액이다. 1909년 한 해를 기준으로 할 때 본국 선교부는 한국에 파송된 선교사들의 봉급을 포함하여 여러 가지 목적으로 12만 8,333달러를 보냈다. 이것은 그 해 한국인들이 헌금한 9만 5,180달러와 비교할 때 미 북장로교 선교부가 1달러의 선교비를 보냈다면 한국인들은 75센트를 헌금한 셈이다. 선교사들의 봉급을 제외한다면 그 해 본국 선교부가 보낸 금액은 1만 4,007달러로 한국인들 헌금액의 6분의 1에 불과하다.[118]

---

114 Brown, *Report of a Visitation of the Korea Mission*, 1901, 19.
115 Paik, *The History of Protestant Missions in Korea*, 293.
116 W. A. Noble, "The North Korea District," *The Gospel in All Lands* (Feb., 1902), 92-93.
117 Clark, 한국 교회와 네비우스 선교 정책, 197.
118 Clark, 한국 교회와 네비우스 선교 정책, 197.

그 당시 열악한 경제 환경에 비추어 볼 때 한국인의 헌금 액수는 상상을 초월하는 금액이었다. 북장로교만 1909년 한 해에 165개의 교회 건물이 건축되었는데, 그 모든 건물이 한국인들의 헌금으로 지어진 것이다. 307명의 유급 복음 전도 사역자 중 94%가 한국 교회로부터 사례비를 받았고, 그 해 6개 병원이 본국 선교부로부터 2,304달러의 병원 경영비를 지원 받았으며, 9명의 외국인 의사와 2명의 간호사에 대한 봉급과 모든 부대비용을 추가하면 1909년 한 해 동안 선교 본부가 보낸 선교비 총액은 1만 5,475달러이다. 반면에 병원들이 환자로부터 받은 진료비는 10만 3,735달러에 달했다.[119] 비록 이와 같은 통계가 한국 교회와 한국 선교가 자립의 틀을 다져간 결정적인 단서라고 할 수는 없지만, 선교사들과 한국 교회 지도자들이 처음부터 자전뿐만 아니라 자립 정신을 얼마나 성실하게 실천에 옮기려고 노력했는가를 잘 말해 준다.

남녀 사경회에 참석하는 이들 모두는 비용 일체를 자비로 했으며, "선교회는 기숙사에 단지 연료와 불을 제공하였을 뿐이다."[120] 선교사들은 사경회에 참석하기 위해 사람들이 어렵게 마련한 돈을 가지고 오거나 몇몇은 자기들이 먹을 양식을 등에 걸머메고 오는 것을 보고는 "말씀을 배우려는 그들의 열정으로 인해 하나님을 찬양하지 않을 수 없었다."[121] 선교사들로부터 "보리떡과 물고기"를 얻기 위해 사경회에 참석하는 이들은 처음부터 찾을 수 없었다.

일단 복음을 접하고 교회의 일원이 된 다음에는 그가 몸담고 있는 교회를 사랑하도록 철저하게 훈련을 받았다. 개중에는 복음을 접하고 자기의 고향에 가서 선교사들이나 한국인 지도자들의 도움을 받지 않고 스스로 복음을 전하고 교회를 세우는 일까지 있었다. 이 경우 선교사들의 지원을 받지도 못했고 또 받으려고도 하지 않았다.

따라서 예수를 믿는다는 것은 물질적인 혜택을 받는다거나 혹은 선교사들의 지원을 받으며 신앙생활하는 것과는 처음부터 거리가 멀었다. 청지기 정신에 기초한 믿는 자들의 헌신은 네비우스의 자립, 자치, 자전의 원칙에 따라 철저하게 시행되었고, 한국 교회의 그리스도인들과 지도자들은 어떠한 희생과 대가를 치르더라도 자전과 자립의 정신

---

119 Clark, 한국 교회와 네비우스 선교 정책, 197.
120 W. B. Harrison, "Kunsan, Korea, Station Report," *KMF* IV: 4 (Apr., 1908), 52.
121 Harrison, "Kunsan, Korea, Station Report," 52.

한국인에 의해 지어진 교회

을 실천해 나갔던 것이다. 다음 사건은 한국인들이 얼마나 헌신적인가를 단적으로 말해주는 한 사건이다.

자립과 자전의 한 사례

한국의 북부 지방에 교회 다닌 지 10년이 지난 한 건장한 사람이 살고 있었다. 길선주처럼 과거에 그도 예수 믿기 전에 진리를 찾아 간절히 헤맸던 구도자였다.[122] 구도자가 흔히 그렇듯이 그 역시 상당히 경건하고 거룩한 삶을 자신의 이상으로 삼았다. 홀로 산속에 들어가 은둔의 삶을 살면서 동료들과의 교제도 끊고 먹는 것도 절제하고 입는 옷도 절제하면서 겨울에는 옷도 제대로 입지 않고 추위와 고투하면서 수도생활에 전념하였다. 그는 시간 나는 대로 고전을 읽으면서 철저하게 자신을 복종시켰다. 그러나 그러면

---

122 Harrison, "Practical Christianity," *KMF* IV: 4 (Apr., 1908), 62-63.

대부흥운동에 크게 기여한 블레어(H. E. Blair) 형제

그럴수록 비록 외형적으로는 자신의 소원을 이룬 것처럼 보였지만 내면 깊숙이 자리잡은 약하고 변화되지 않고 고쳐지지 않은 약점 때문에 그는 괴로워하지 않을 수 없었다. 인간적인 이와 같은 노력에도 불구하고 여전히 진리에 대한 목마름이 채워지지 않았다.

여기에 한계를 느낀 이 젊은이는 군에 입대했다. 그가 구원의 진리를 발견한 것은 군대 생활을 하고 있을 때였다. 일단 교회생활을 시작하자 그는 독실한 그리스도인이 되었다. 군보직에 재직하고 있는 동안 교회에 전념하는 것은 보통 힘든 일이 아니었다. 그는 좀 더 신앙생활에 전념하기 위해 과감하게 군보직을 사임하고 자기의 고향 아버지의 집으로 돌아와 농사를 지으며 농부 생활을 시작했다. 그 후 농사를 짓는 것 외에 "마을 집집마다 다니면서 복된 구원의 소식을 전해 주었고, 그리스도를 찾도록 그들을 권유"하는 것이 그의 주요 일과가 되었다.

자기 고향 마을에 믿는 자들이 점차 증가하자 그는 교회당을 세울 필요를 느끼고 이를 위해 기도하기 시작했다. 다행히 마을 사람들도 그의 열심과 헌신에 감동되어 온갖 협력을 아끼지 않았다. 비록 규모는 작았지만 교회의 공사 진척은 순조롭게 진행되는 듯했다. 그러나 워낙 농촌 교회인데다 자금이 부족한 가운데 건축을 시작해 건축이 어느 정도 진행되어 지붕을 올리기 위해 서까래를 얹을 즈음 비축해둔 건축 자금이 완전히 바닥나고 말았다. 할 수 있는 유일한 자원이라곤 기도밖에 없었기 때문에 그들은 이 문제를 놓고 열심히 기도했다. 많은 계획들이 논의되었으나 항상 결론은 다시 기도하는 수밖에 없다는 것이었다. 오랫동안 기도를 해왔지만 특별한 대안이 생기지 않았다.

시간이 지나면서 더 기도하자는 말에 교인들은 "우리가 기도를 해왔지만 결과는 돈한 푼이 생기지 않지 않습니까?"라고 자포자기하는 듯했다. 그렇다고 여기서 포기할 수는 없었다. 기도하는 가운데 이 젊은이의 내면에서는 남아 있는 유일한 재산을 바쳐서라도 교회 건축을 완성해야 한다는 감동이 강하게 일어났다. 그는 다음날 아침 사람들을 모아 놓고 간절히 하나님께 기도한 후 이렇게 자신의 결심을 털어놨다:

> 지금 내게는 강하고 훌륭한 짐승, 즉 매우 값나가는 황소가 있습니다. 그것은 내 농장에서 일할 수 있는 유일한 것이고 그것이 없어지면 우리가 어떻게 해야 할지 나는 알지 못합니다. 그러나 하나님의 집은 완성되어야 합니다. 그것을 완성하는 데 나의 황소는 도움이 될 것입니다. 나는 그것을 팔아 건물을 완성할 수 있는 자금을 마련하겠습니다. 농토에 대해서는 우리의 농경지를 돌보실 하나님을 신뢰합시다.[123]

사실 농사를 짓는 데 없어서는 안 될 황소를 교회 건축을 위해 바친다는 것은 너무도 어려운 일이었다. 동네에 한 마리밖에 없는 황소가 무엇을 의미하는지를 잘 알고 있는 그곳에 모인 농사꾼들에게 그것은 대단한 충격이었다. 그러나 그들 모두는 그 젊은이의 그와 같은 결단을 존중하지 않을 수 없었다. "그는 약속을 지키는 신실한 사람이어서 즉시 자신의 황소를 팔았다."[124]

"교회는 완성되어 하나님의 집으로 사용되도록 봉헌되었다."[125] 그로부터 몇 주 후에 이 마을을 방문하기 위해 그 마을 들을 지나가던 한 선교사는 쉽게 보기 힘든 인상적인 장면을 보게 되었다. "그 한국인 그리스도인과 그의 형제가 이미 판 황소 대신 나란히 쟁기를 끌고 늙은 아버지는 쟁기를 잡고 밭이랑을 갈고 있었다."[126] 자기의 시간을 아끼지 않고 전도하여 사람들을 모은 후에는 애써 모은 전 재산을 희생하면서 교회를 건립하고는 다시 그 교회를 위해 헌신하는 일들은 당시로서는 드문 일이 아니었다. 얼마 후 그

---

123 Harrison, "Practical Christianity," 62-63.
124 Harrison, "Practical Christianity," 62-63.
125 Harrison, "Practical Christianity," 62-63.
126 Harrison, "Practical Christianity," 63.

청년은 22개 마을을 책임 맡은 충실한 목회자가 되었다.[127]

철저한 주일성수

선교사들 가운데는 니스벳 여사(Mrs. A. M. Nisbet)의 지적처럼 한국인들이 "보리떡과 물고기" 때문에 교회로 몰려드는 것이 아닌가 오해한 이들도 있었다. 그러나 그와 같은 오해는 현장을 목도하면서 곧 사라지고 말았다:

> 한국인들은 탁월하고 지적인 백성이며 많은 확고한 목적을 소유하고 있다. 나는 선교지에 오기 전에는 '보리떡과 물고기' 때문에 한국인들이 그리스도를 영접하기로 고백하지 않나 하는 많은 우려를 하곤 했다. 그러나 나는 그것이 사실과 매우 다르다는 것을 발견했다. 이곳에서 그리스도인이 되려면 무엇인가 대가를 치른다. …그 한 가지가 주일 성수이다. 매 5일마다 전주에는 장이 열리는데 농부, 상인, 공업 종사자–모든 사람들이 팔 것을 가지고 온다. 일반적으로 사람들은 다른 4일 동안 판 것보다도 5일장에서 더 많은 것을 판다. 물론 매 몇 주마다 주일에 장이 선다. 하루를 장사하거나 거래하지 않고 성스럽게 주일을 지키는 것은 수입의 7분의 1을 포기하고, 이웃의 조소와 조롱을 감내해야 할 뿐만 아니라 때로 재정상의 큰 손실도 감수하는 것을 의미한다. 그러나 지난주일 나는 주일학교에서 100명 이상의 어른과 학생들의 숫자를 헤아렸다.[128]

니스벳 여사는 "그들이 그곳에 있다는 것이 무엇을 의미하는지"[129] 잘 알고 있었다. 주일 하루 일을 하지 않으면 그만큼 손해를 본다는 것을 잘 알면서도 주님을 영접한 이들은 주일을 지키는 것을 당연하게 받아들였다. 처음부터 선교사들은 한국인들에게 주일을 지키는 것을 그리스도인의 당연한 의무로 가르쳤다. 한국인들에게서 찾아볼 수 있는

---

127   Jones, *The Korean Revival*, 21.
128   Mrs A. M. Nisbet, "Keeping the Sabbath in Korea," *KMF* IV: 6 (Jun., 1908), 90.
129   Nisbet, "Keeping the Sabbath in Korea," 90.

이와 같은 철저한 주일성수 신앙은 당시 선교사들로부터 기원된 것이다. 선교사들은 그리스도인이라면 주일은 마땅히 지켜야 할 중요한 신앙의 도리라고 가르쳤다.[130] 크램은 1906년 8월 30일자 그리스도 신문에서 "밋는 사룸이 맛당이 쥬일을 삼가 직힐 것"을 강조했다:

> 밋는 쟈는 쥬일을 삼가 직희는 거시 당연훈 률법이라. 창셰 초에 하ᄂ님끠셔 모든 만물을 창조ᄒ시고 닐헤되는 날은 쉬셨스며 우리 밋는쟈로 ᄒ야곰 이날을 온 젼이 직희여 셩일 되게 ᄒ시고 복과 은혜를 주시기로 허락ᄒ신지라.[131]

1906년 6월 21일 북감리교 연회에서 스크랜톤도 "주일성수는 대단히 강조할 필요가 있다. 매 닷새마다 열리는 장날은 보통 직업과 더불어 주일을 범하려는 강한 유혹을 제공한다"[132]며 주일성수를 철저하게 시행할 것을 요청하였다. 따라서 주일성수는 일방적인 요구 사항이 아니었다. 선교 초기부터 장로교와 감리교는 주일성수를 교회가 반드시 지켜야 할 필수 요건 가운데 하나로 강조해 왔다.[133]

선교사들이 주일성수를 얼마나 철저하게 지키려고 했는가는 1908년 봄에 있었던 다음 사건을 통해서 알 수 있다. 일제가 한국을 점령한 후 서울에서의 사회생활은 상당히 변하고 있었다. 외교관들을 초청한 가운데 대규모 파티가 열리고 있었으며, 적지 않은 선교사들도 초청을 받아 참석하였다.

이것은 한편으로는 선교사들과 우호적인 관계를 유지하려는 일환으로 계획된 것이다. 그러나 이와 같은 초청들이 주로 주일날에 계획되었기 때문에 주일날 그곳에 참석하는 것은 선교사들에게 결코 도움이 되지 않는다는 사실을 누구보다도 잘 알고 있는 이들이 바로 선교사 자신들이었다. 때문에 그들이 초청을 사양한 것은 지극히 당연했다:

---

130 "주일을 맛당이 직혀야 함" 사설, 신학월보, 1903년 8월, 321-324; 김유경, "안식일을 셩심으로 직히라," 신학월보, 1904년 1월, 11-12.
131 크램, "밋는 사룸이 맛당이 쥬일을 삼가 직힐 것," 그리스도 신문, 1906년 8월 30일, 853.
132 *Minutes of Korea Mission*, Methodist Episcopal Church, 1905, 32.
133 *Minutes of Korea Mission*, Methodist Episcopal Church, 1903, 62-63; 1904, 68-69; 1905, 85-86.

우리는 붉은 포도주가 자유롭게 흘러나는 리셉션에서 선교사가 자신의 포도주 잔을 거절하기를 기대할 뿐만 아니라 마찬가지로 주일날 있는 리셉션 초대를 거절하기를 기대한다. 선교사의 삶은 이 백성들에게 유일한 기독교 해석이다. 우리의 수준은 장차 그들의 수준이 될 것이다. 우리의 행동은 장차 그들의 행동이 될 것이다. 우리는 그들의 성경이다. 우리는 어떤 선교사들이 이 초청을 받았는지 알지 못하지만 그러나 우리는 그들이 매우 분명히 그 초청을 거절해 고위 부서에서 그것을 느끼게 되기를 바란다.[134]

한국에 파송된 선교사들은 주일날 그와 같은 리셉션에 참석하는 것 자체를 죄로 여겼던 것이다. 그리고 코리아 미션 필드에 공식적으로 그런 문제를 제기할 만큼 선교사들은 주일성수를 지키는 문제에 있어서 타협의 여지가 없었다.

네비우스 선교 정책의 구현

이와 같은 엄격한 주일성수는 자립 정신과 청지기 정신이 뒷받침되지 않는다면 실현될 수 없는 일이다. 한국인들의 자립 정신은 선교사들이 다 동의하는 것이고, 선교사들은 처음부터 네비우스 원칙을 통해 한국인들 스스로에 의해 지어져 가는 교회를 주창하였다. "많은 사람들이 교회가 자립하고 있다는 것을 아는 것은 놀라운 일이다. 단지 적은 액수만이 교회 건축과 학교에 지원된다. 나는 한국 교회 중 적어도 90%는 자립하고 있다고 말할 수 있다."[135]

한국 교회의 부흥운동과 성장 이면에 숨겨진 가장 중요한 요인 가운데 하나도 역시 자립 정신이다.[136] 1908년 6월 언더우드는 "한국에서의 자립의 원리"라는 글을 통해 한국 교회의 자립의 원리가 뿌리내리게 된 역사와 발전 과정, 그리고 구체적인 실례를 예

134　"Editorial," *KMF* IV: 3 (Mar., 1908), 41.
135　"Christianity in Korea," *KMF* IV: 5 (May, 1908), 70.
136　Latourette, *A History of the Expansion of Christianity* Vol. VI, 425; Arthur J. Brown, *Mastery of the Far East* (New York: Fleming Revell Com., 1919), 521.

시하여 주었다.

우리가 잘 아는 대로 네비우스 선교 정책은 선교 경험이 부족한 한국의 초기 선교사들이 1890년 산동성에서 활동하던 네비우스(John Livingstone Nevius) 부처를 초빙하여 2주간 선교 경험을 청취한 데서 시작되었다. 네비우스 선교사의 선교 경험과 이론을 숙지한 북장로교 선교사들은 여기에 기초하여 소위 네비우스 선교 정책을 자신들의 선교 정책으로 채택했던 것이다.[137] 네비우스 원리는 곽안련(클락) 선교사가 지적한 것처럼 성경의 체계적인 연구와 깊숙이 연계되어 있었다.[138] 한국의 개척 선교사 언더우드의 다음 증언은 당시 한국에 파송된 선교사들이 자립에 근거한 네비우스 선교 정책에 얼마나 많이 동감하고 있었는가를 말해 준다:

> 이후에 온 선교사들이, 우리의 사역을 목도하면서, 거의 모두가 같은 견해를 가졌던 것은 다행한 일이었다. 더 나아가 한국에 온 다른 장로교 선교회와 침례교 선교회도 진심으로 같은 계획을 채택하였다. 그래서 두 미국 감리교 선교회를 제외하고는 한국에 있는 거의 모든 선교사들이 한 계획을 채택하였다. 이러한 환경 하에서 그 제도는 상당한 시련을 맞았지만, 그 어려움은 모국의 자금이 여러 가지 방식으로 자유스럽게 사용되는 다른 제도와 나란히 자립 제도의 사역에 초점이 맞추어 졌다.[139]

---

137 Horace G. Underwood, "Principles of Self-Support in Korea," *KMF* IV: 6 (Jun., 1908), 91.
138 Clark, 한국 교회와 네비우스 선교 정책, 44-45. Latourette, *A History of the Expansion of Christianity* Vol. VI., 425.
139 Underwood, "Principles of Self-Support in Korea," 91, 93-94. 선교사역에서 행해졌던 원칙 가운데 몇은 다음과 같다.
  1. 우리는 모국에서처럼 한국인들 가운데 완전히 조직된 교회를 세우려고 하지 않았다. 조직은 가능한 단순하였으며, 지도자는 그곳에 있는 집사 가운데 한 명 혹은 장로로 세웠다.
  2. 우리는 한국인들의 건축 능력과 일반적으로 사용되는 집의 스타일에 따라 우리의 교회 건축 계획을 세웠다. 큰 도시의 중앙에는 잘 건축되고 튼튼한 타일로 지붕이 된 교회들이 있지만 작은 마을에서는 전형적인 한국식 초가 형태의 교회들이 많다.
  3. 불신자들에게 복음을 전하는 책임을 그리스도인들에게 위임해 모든 그리스도인이 역동적인 사역자가 되도록 하는 것이 우리의 목적이다. 그 결과 여러 교회 출신 대부분의 지적인 그리스도인들이 다른 지역에 보내질 것이다. (Underwood, "Principles of Self-Support in Korea," 93.)
  4. 교회가 세워지는 곳에는 교회 학교를 운영하고 책임을 맡은 선교사의 감독 하에 자원자나 집사 혹은 장로가 그것을 맡는다.

가난한 나라 한국에서 자립, 자치, 자전의 네비우스 선교 정책이 과연 실현될 수 있는 정책인가 하는 비판을 받을 수 있을 만큼 한국은 가난한 나라였다. 언더우드가 지적한 것처럼 "한국은 가난한 나라다. 한국에는 부유한 상인들의 큰 조합이 없으며, 그곳의 자산도 액수가 적다."[140] 한 사람이 100달러 혹은 200달러를 가지고 있다는 것은 상상할 수 없는 상황이었다. 만약 그런 사람들이 있다면 그것은 특별한 경우이다. 한국의 많은 사람들이 주로 한 칸짜리 작은 방 하나 혹은 두 칸짜리 창호지로 바른 창 하나가 있는 초가집에 사는 경우가 태반이었다.

중국에서 가장 가난한 지역 가운데 하나인 산둥성에서 온 중국 상인들, 목수들, 건축업자들, 혹은 다른 사람들은 한국이 산둥성에 비해 더 가난하다고 말한다. 확실히 한국에서의 선교 사역의 성공이 한국인들이 중국인들보다 더 부유해서는 분명히 아니다.

네비우스 선교 정책에 따라 선교사들은 한국인들 가운데 사역자들을 택하여 세웠다. 비록 선교사들 가운데는 무급 조사들을 여러 명 데리고 있는 이들도 있었지만 각 선교사에게는 한 명의 유급 조사만이 주어진다. 감독할 교회가 30개 혹은 40개 이상으로 늘어나 도저히 한 명의 조사로는 사역 현장을 지도할 수 없을 정도로 성장하였을 때는 추가로 한 명의 조사가 더 허락될 수는 있다.

전도사나 목사의 사례비를 외국 선교비에서 지불하는 것은 금지되어 있었다.[141] 선교사들은 선교지를 계속 접촉하기 위해 조사가 필요하지만 복음 전도와 전도사들의 사례, 새로운 선교지의 복음 전파 사역은 한국인 교회에 그 책임을 맡긴다. 비록 선교 초기

---

5. 선교회의 목적은 거의 많은 지역에 고등학교와 중학교를 세우는 것이다. 선교회는 외국인 교사를 제공하고 한국인 교사 대부분의 봉급과 설립 전기와 난방 수위 월급과 학생회는 전적으로 한국인들이 부담한다.

......

8. 의료 사역에서도 같은 원칙이 적용된다. 한국인들이 한국인들의 의료비, 식비를 지불하여야 한다. (Underwood, "Principles of Self-Support in Korea," 94.)
그러나 한국에 파송된 선교사들이 채택한 선교 정책은 정확히 네비우스 선교사의 이론에만 근거한 것은 아니었다. 언더우드가 지적한 것처럼 북장로교 선교회를 비롯한 장로교 선교회가 1908년 "현재 따르는 제도는 정확히 말해 본래 네비우스 방법으로 알려진 것이 아니었고, 그 사역의 필요성에서 발전된 것, 그것도 함께 발전되어 온 것이며, 그것은 전체적으로 볼 때 본래의 네비우스 방법보다 더 발전된 것이었다." (Underwood, "Principles of Self-Support in Korea," 91.)

140   Underwood, "Principles of Self-Support in Korea," 91, 93-94.
141   외국 선교비(foreign funds)란 모국의 친구들이 제공하는 자금이나 선교사의 개인 주머니에서 나오는 돈이나 선교부의 자금을 말하는 것이다.

에 비용의 반을 선교비에서 부담했지만 이제는 그들의 교회와 예배당, 그리고 초등학교 운영비는 한국인들이 스스로 부담한다.

처음부터 선교사들은 복음을 전하는 사명감과 책임감을 한국 교회에 안겨 주었다. 필요한 자금은 한국인들이 스스로 부담해야 했고, 가능한 어느 곳에서나 한국인들 스스로가 이웃에게 복음을 전하도록 격려하였으며 그 일을 위해 지도하고 권면하며 도전하는 일을 게을리 하지 않았다. 그 결과 한국인들은 자신들의 이웃에게 복음을 전하는 것이 그리스도인들이 해야 할 주님의 가장 귀한 명령이며, "하나님의 동역자가 되는 것이야말로 자신의 특권이다."[142]는 것을 깨닫기 시작하였다. 언더우드의 다음과 같은 고백은 한국 교회에서 특히 부흥운동 기간 동안 네비우스 선교 사역이 얼마나 중요한 역할을 했는가를 말해 준다:

> 나는 한국에서의 선교 사역의 진보가 주로 하나님의 축복 곧 우리가 채택한 네비우스 선교 정책 덕분이라고 믿는다. 한국인들에게 복음 전파에 대한 부담감이 지워진 사실이 전국에 걸쳐 복음 전파를 급속히 수행하는 진지한 기독교 사역자들의 교회를 우리에게 제공해 주었다. 오늘날 불완전하게 조직된 188개의 교회 가운데 186개가 완전히 자립하고 있다. 그곳에는 거의 3,000명의 성인 교인들이 있으며, 이들 가운데 865명이 지난해에 증가한 것이다.[143]

"한국에서의 선교 사역의 진보"가 "네비우스 선교 정책 덕분"이라는 언더우드의 평은 결코 과장된 것이 아니었다. 이것은 한국에 파송된 거의 대부분의 선교사들의 일치된 견해였다.[144] 마펫도 1909년 8월 29일 북장로교 선교 25주년 기념식에서 한국 교회

---

142   Underwood, "Principles of Self-Support in Korea," 92.
143   Underwood, "Principles of Self-Support in Korea," 92. 이와 같은 견해는 북장로교 선교사 거의 대부분이 인정하는 바이다. cf. Clark, 한국 교회와 네비우스 선교 정책, 320-324. *Annual Report, PCUSA* (1909), 42; Gale, *Korea in Transition*, 194-197. 1909년 8월 27일에 열린 선교 25주년 기념식에서 마포삼열 선교사도 한국 교회 성장의 역사를 자립, 자치, 자전에 두었다.
144   A. J. Brown, *One Hundred Years. A History of the Foreign Missionary Work of the Presbyterian Church in the U.S.A. with Some Account of Countries, People and the Policies and Problems of Modern Missions* (New York: Fleming H. Revll Co., 1936), 420-421, 436-437.

의 성장을 "자립, 자치, 자전"의 네비우스 선교 정책에서 찾았고, 1937년 북장로교 선교 보고서에서도 한국 교회 성장이 "현대 선교역사의 위대한 기적 중의 하나"[145]라고 평한 후 그 원인을 네비우스 선교 정책에서 찾았다.

곽안련 선교사도 한국 교회와 네비우스 선교 정책에서 "청일전쟁," "전통 종교들"을 비롯한 여러 요인들이 한국 교회의 성장에 기여했지만, 성장의 근본 요인은 네비우스 선교 정책이라며 다음과 같이 결론지었다:[146]

> 필자가 알고 있는 한, 세계 어느 곳에서도 네비우스 정책이 한국의 경우처럼 채택되고 확장되어 온 선교 현장은 없다. 필자가 발견할 수 있는 한, 세계 어느 곳에서도 똑같은 기간에 동일한 자금과 선교 시간을 소비하여 이보다 더 크고 구체적인 결과를 거둔 선교 현장은 없다. 그러므로 앞에서 언급한 이 모든 항목을 고려하면서 거기에 충분한 무게를 두는 한편, 인간적으로 말해 네비우스 정책이 한국에서 획득한 결과의 최종적인 결정적 요인이었다고 결론짓는 것이 공평하다. 이것이 필자의 믿음이다.[147]

그리고 근원을 더 거슬러 올라가면 한국 교회의 놀라운 성장을 가능케 한 원동력은 단순히 네비우스의 자립, 자치, 자전 원리가 아니라 이 원리를 가능케 한 원동력, 곧 네비우스 정책의 근간을 이루고 있는 철저한 성경공부 곧 성경 강조 정책에 있다고 간파했다:

> 네비우스 정책에서 가장 잘 알려져 있고 가장 많이 언급되는 항목이 자립(경제적 自立), 자전(自力 傳道), 자치(自治)이다. 이러한 것이 확보될 수 있을 경우 어떤 현장에서든 놀라운 진보가 있으리라는 것은 확실하다.

145　*Annual Report, PCUSA* (1937), 230.
146　Clark, 한국 교회와 네비우스 선교 정책, 319-320.
147　Clark, 한국 교회와 네비우스 선교 정책, 319-320.

그러나 필자는 이 세 가지 요소 전부에 동력을 공급하는 또 하나의 네비우스 방식이 그것들의 배후에 존재한다고 믿게 되었다. 그것은 다름 아니라 "성경 강조 정책"이다. …성경이 모든 사역의 중심을 차지함으로써, 다시 말해 사경회 제도와 주일학교, 성경학교, 여름 성경학교, 성경 구락부, 성경 통신 과정, 가정예배에서의 성경공부 등에서 추진력이 생겨났다. …사람이 성경을 하나님의 권위 있는 책으로 받아들이고 성경 속에서 하나님이 직접 말씀하신다고 믿게 될 때, 상황이 그를 붙잡는다면 그는 이웃에게 이 복음을 말하고 싶어할 것이며 자전은 숨쉬는 것처럼 자연스러워질 것이다. 그 다음…당연히 그는…물질로 도움을 주기 원할 것이다. …그러므로 자립은 자전으로부터 발생하며 자전은 성경에 깊이 젖은 삶으로부터 발생한다.

다음 단계로 자치가 자연스럽게 따라온다. …그러므로 필자는 한국 교회가 이룩한 성공의 저변에 성경공부에 대한 그러한 집중적인 강조가 있다고 믿게 되었으며, 그 밖에 어떤 것도 그 자리를 차지할 수 없다고 믿는다. 선교방식을 "네비우스 정책"으로 바꾸고 싶어하는 현장들은 당연히 여기서부터 출발해야 할 것이다. 이 일이 진행된다면 자립, 자전, 혹은 자치에 대해 걱정할 필요가 없을 것이다. 그것들은 자연스럽게 이루어질 것이다. 이 성경공부가 없다면 그러한 방법들은 설혹 수립된다고 하더라도 그 배후에 지탱력이 결여될 것이며 또 오래 지속하지도 못할 것이다.[148]

한국의 선교 사역은 처음부터 철저하게 자립과 자전의 토대 위에 구축되었다. "복음 전도 사업은 물론 의료 사업, 교육 사업 및 일반 사역 등 모든 분야의 사업이 동일한 정책위에"[149]서 진행되었다. 이것이 한국 교회의 성장에 중추적인 역할을 한 것이 사실이다. 그러나 이 모든 자립과 자전에 대한 강조가 클락이 말한 대로 "사경회 제도가 없었다면 과연 성공하였을지 의심스럽다."[150]

---

148   Clark, 한국 교회와 네비우스 선교 정책, 320-322.
149   Clark, 한국 교회와 네비우스 선교 정책, 323.
150   Clark, 한국 교회와 네비우스 선교 정책, 323.

사경회가 뒷받침되지 않는다면 "미조직 소교회 지도자들은 몇 달 설교한 후 더 이상의 메시지를 얻지 못했을 것이다."[151] 그렇게 되면 마티어 박사가 지적한 대로 "교회는 굶주리게"[152] 되었을 것이 분명하다. 그러나 선교사들이 순회 제도를 통해 사경회를 인도하여 개교회 지도자들의 자질을 향상시키고 그들을 통해 다시 모든 교회가 함께 성장할 수 있도록 붙들어 준 것이다. 따라서 한국 교회의 성장을 단순히 네비우스 선교 정책 때문이라고 하기보다는 철저한 사경회 제도와 성경 강조 정책에 근간한 네비우스 정책의 채택 때문이라고 보아야 할 것이다.[153]

교회 자립의 모델 사례

우리는 한국 교회의 자립에 대한 예를 얼마든지 찾을 수 있지만, 특히 평양의 교회들이 그 대표적인 사례라고 할 수 있다. 평양 주재 북감리교 선교사 존 무어는 한국 교회로부터 재정 지원을 요청받을 경우 그들의 형편을 충분히 이해하면서도 "주는 자가 받는 자보다 더 복되다"[154]는 말로 정중하게 거절하였다. 평양의 경우 장로교의 자립정신은 감리교보다 더 강했고, 그 같은 자립 정신은 실제로 거의 모든 교회에서 찾아볼 수 있었다. 1898년 북장로교 보고서에 따르면 대부분의 평양 교회들은 처음부터 자립, 자치, 자전을 철저하게 실천에 옮겼다.[155]

몇몇 한국인들과 심지어 선교사들 중에서도 철저한 자립에 대한 강조가 한국 교회에 부정적인 요인으로 작용하지 않을까 하는 우려를 하기도 했다. 그러나 실제로 그런 경우는 하나도 없었으며, 오히려 한국 교회와 교인들에게 자립 의지를 심어 주어 한국

---

151 Clark, 한국 교회와 네비우스 선교 정책, 323.
152 Clark, 한국 교회와 네비우스 선교 정책, 324.
153 Clark, 한국 교회와 네비우스 선교 정책, 324.
154 *Minutes of Korea Mission*, Methodist Episcopal Church, 1907, 45.
155 *Annual Report, PCUSA* (1898), 156. 장대현교회 건축 과정에서 철저하게 자립정신이 그대로 구현되었다. *Pyeng Yang Station Report of the Korea Mission of the Presbyterian Church in the U.S.A.*, 1900, 6-7.

교회를 성장시키는 중요한 요인으로 작용하였다.[156]

감리교의 제물포교회, 서울 정동교회, 강화교회도 자립 의지가 철저하게 실천에 옮겨진 대표적인 교회들이었다. 제물포교회는 이미 1903년에 완전히 자립하고 있었다. 1903년 존스는 북감리교 보고서에서 "제물포교회는 완전히 자립하고 있다. 이 자립의 성취로 인해 우리는 전능하신 하나님께 감사한다"[157]고 말했다.

그로부터 4년 후인 1907년 6월 스크랜톤은 "아마도 제물포교회는 자립, 교세, 관대한 자선 사업에 있어서 선두 교회로 알려졌다. 서울 정동제일교회와 강화교회가 두 번째 영예를 차지할 것이다"[158]고 보고하였다. 1907년 "제물포교회는 지난 한 해 동안 재정적인 자립을 실천했을 뿐만 아니라 도움을 필요로 하는 몇몇 교회를 도와주었고, 또한 자신들이 헌금하여 주로 콜린스(Collins) 남학교와 일본 나가사끼 학교에 재학하고 있는 두 명의 여학생을 지원하였다."[159]

스크랜톤이 지적한 것처럼 외국의 지원을 받지 않고 한국인들 스스로 매년 2,000엔을 모아 학교를 운영한 것은 "확실히 자립에 대한 훌륭한 기록"[160]이 아닐 수 없다. 장로교와 감리교는 처음부터 자립을 철저하게 강조하였고 또 실천에 옮겼다.

이와 같은 자립 정신은 최초의 한국 교회인 소래교회와 새문안교회에도 그대로 적용되었다.[161] 10여 년 전, 10명 내지 12명 정도의 교인에 불과했을 때 소래교회는 자신들의 자체 건물을 갖기를 간절히 원했다. 언더우드는 소래교회 교인들이 처음에 선교회가 교회를 건축해 주기를 기대하고 있는 것을 발견하고는 "그들 스스로 자신들의 교회 건물을 건축해야 한다고 알려주었다."[162] 처음부터 한국 교회를 자립하는 교회로 만들기 위해서였다. 그 후 자립정신은 이땅에 최초로 세워진 소래교회에서부터 실천에 옮겨졌다.

156　*Minutes of Korea Mission*, Methodist Episcopal Church, 1907, 31.
157　*Minutes of Korea Mission*, Methodist Episcopal Church, 1907, 24.
158　*Minutes of Korea Mission*, Methodist Episcopal Church, 1907, 32.
159　*Minutes of Korea Mission*, Methodist Episcopal Church, 1907, 35.
160　*Minutes of Korea Mission*, Methodist Episcopal Church, 1907, 33.
161　H. G. Underwood, *The Call of Korea* (New York: The Fleming H. Revell Co., 1908), 108-109.
162　Underwood, "Principles of Self-Support in Korea," 92.

그로부터 몇 년 후 캐나다 출신 매켄지(W. J. McKenzie) 선교사가 한국에 도착해 소래교회가 위치한 작은 마을에 거점을 마련하였다. 매켄지의 헌신과 희생의 봉사는 마을 사람들을 감동시켰다. 마을 사람들은 자신들의 힘으로 교회를 건축하기로 결정하였다. 어떤 사람들은 자신들이 키운 나무를 드렸고, 다른 사람들은 가서 그것들을 잘랐고 또 다른 사람들은 소를 끌고 현장으로 달려왔다. 한 가난한 과부는 교회 건축 일을 직접 도왔고, 다른 사람은 수고하는 사람들에게 식사를 제공하였으며, 다른 몇 사람은 필요한 자금을 지원했다.

이렇게 해서 최초의 한국 교회 소래교회는 60가호 농촌의 한가운데 아름답게 자리 잡을 수 있었다. 소래교회는 준공 후 한 달이 되자 교회 공간이 모자라 증축공사를 착수해야 할 정도로 놀랍게 성장했다.

소래교회는 1900년 서경조를 장로로 장립하고 당회를 조직하여 자치의 틀을 마련하는 한편[163] 재정적으로도 자립하는, "가장 튼튼한 교회 가운데 하나"로 발전할 수 있었다. 소래교회는 전도 사역을 담당하는 한 전도사를 재정적으로 지원하였고, 교회 학교의 재정을 지원하였으며, 또 다른 교회 예배당 건립에 필요한 재정도 지원하였다. 뿐만 아니라 인도의 기근과 아르메니아인들에 대한 터키의 잔악 행위로 인한 난민들의 지원에도 교회가 자발적으로 앞장섰다.[164] 이처럼 소래교회는 처음부터 자전뿐만 아니라 자립을 철저하게 실천에 옮겼다. 소래교회의 자립의지와 관련하여 언더우드는 그 교회 서경조 장로의 말을 인용하면서 이렇게 말했다:

> 그러나 이 지역의 장로 서 [경조] 형제는 내게[언더우드] '만약 한국인 회심자가 이전에 이방신들에게 열심이었던 것처럼 참 하나님을 예배하는 데 관대하다면 한국의 그리스도인들은 자신들의 교회를 건축하고 자신들의 학교를 운영하는 데 필요한 충분한 돈을 확보할 수 있을 것이며, 더 나아가 이 모든 것이 성취되었을 때 그들은 그들의 지도자로 필요한 선교사들의 사례를 지불할 충분한 금액을 확보할 수

163　車載明, 朝鮮 예수敎 長老會 史記, 64.
164　Underwood, "Principles of Self-Support in Korea," 92.

있을 것이라'고 말했다.[165]

언더우드가 맡고 있던 새문안교회 역시 자립 정신을 잘 보여 주는 또 하나의 예이다. 1887년 9월에 설립된 새문안교회는 1895년이 되자 공간이 너무 작아 확장할 필요를 느끼기 시작하였다. 그래서 언더우드는 교인들을 모아 확장의 필요성을 설명하였고, 교인들이 여기에 대해 토의를 한 후 새 건물이 필요하다는 데 인식을 같이하였다. 그리고 여기에 대한 필요한 금액을 산출한 결과 1,000엔이 필요했다. 그러나 언더우드는 새문안교회 교인들이 동원할 수 있는 금액이 겨우 20엔이 조금 넘는 금액이라는 것을 알았다. 이 금액은 비록 건축 금액을 충당하기에는 턱없이 모자란 금액이었지만 결코 적은 액수가 아니었다. 언더우드는 일단 그 액수를 존중하면서 그들 스스로 건물을 지을 수 있도록 지도하였다. 먼저 교회 대지를 구입하고, 건축에 대한 기도와 협력을 모으기 위해 기도회를 가졌다. 여기서 이춘호 집사가 자신들의 힘으로 교회를 건축하자고 제안했고, 교인들은 자신들이 동원할 수 있는 모든 노력을 다 동원했다:

> 여인들은 여인들대로 할 수 있는 모든 일들을 지원했고, 소년들은 그들대로 등에 돌을 져 모아 건물에 사용되는 필요한 건축 자재를 모으는 일에 자발적으로 동참했다. 몇몇의 그리스도인 목수는 격일로 자원하여 교회 건축을 위해 수고하였고, 이틀 중 하루는 자기들의 가족 생계를 위해 일했다.
> 선교회는 단지 대지와 벽돌과 몇 개의 재목만을 공급했다. 선교사들이 웃옷을 벗어 제치고 건축을 도왔다. 같은 해 크리스마스에 750엔의 건축비용을 한국인들이 전적으로 부담하여 아름다운 새 예배당 새문안교회를 봉헌할 수 있었다. 평양에서도 한두 교회가 이렇게 완성되어 봉헌되었고, 이어 다른 선교 지역에서도 그와 같은 사례들이 이어져 교회 건축의 자립은 부흥운동 이후 마치 한국 교회의 특징이라고 할 만큼 전국적으로 확대되었다.[166]

---

165 Underwood, "Principles of Self-Support in Korea," 93.
166 이들 교회 외에 자립의 한 예가 전라도 금산봉곡교회이다. 그 교회 리귀환 집사가 자기 교회가 세

한국인들에 의해 복음이 확산되었고, 그래서 만들어진 한국 교회는 처음부터 자전 뿐만 아니라 자립을 하나의 원칙으로 세웠다. 한국에 파송된 선교사들은 네비우스 선교 정책의 원리에 따라 처음부터 그리스도인이 된 이들에게 복음을 전해야 한다는 사명감을 불어넣었고, 시간과 물질에 대한 청지기적 헌신도 훈련시켜 그들로 하여금 교회 사역에 역동적으로 동참하도록 만들어 준 것이다. 그것은 처음부터 한국 교회가 스스로 복음을 전하는 자전의 교회와 스스로에 의해 자립하는 교회를 세워 가야 한다는 사실을 한국인들에게 일깨워 주었기 때문이다.

또 그것은 그들이 "보리떡과 물고기"에 관심을 기울이면 곧 그들의 신앙이 빗나간 신앙 형태를 낳게 되고 급기야는 복음의 본질에서 멀어져 간다고 생각했기 때문이다. 자립의 실천 없이 구령의 열정만으로는 당시와 같은 놀라운 성장을 가져 올 수 없었을 것이다. 한국인들은 동족에게 복음을 전하기 위한 "날연보" 정신, 또 자기의 재산을 팔아서라도 자립하는 교회를 만들겠다는 철저한 청지기 정신이 말해 주듯이 한국 교회는 처음부터 그와 같은 자전과 자립의 실천이 복음이 가르치고 있는 구원받은 자의 피할 수 없는 사명이라고 믿었다.

워지고 자립해가는 형편을 기술하였다. 금산읍교회 전도인 이경필이 "셩신의 인도ᄒᆞᆷ으로 이곳에 나아와 일쥬일을 젼도ᄒᆞ며 복음을 강론하니 여러 형뎨ᄌᆞ미들이 다 감화ᄒᆞᆷ을 밧아 죄과를 깨ᄃᆞᆺ고 슯흔 눈믈이 옷기슬 젹시며 교[회]당이 협착ᄒᆞᆷ을 민망이 녁여 각기 연보를 열심히 주원ᄒᆞ야 녜 째에 형뎨 중 황치션 씨ᄂᆞᆫ 본리가 빈ᄒᆞᆫ 형톄로 남의 협실을 차겨ᄒᆞ야 호구방칙이 죠혼 녀석이 온디 쥬를 ᄉᆞ랑ᄒᆞᄂᆞᆫ ᄆᆞ음으로 엽젼 三十량을 하ᄂᆞ님씌 드리고 교회 흥왕ᄒᆞᆷ을 간구ᄒᆞ오니 이 형뎨의 신심을 감샤ᄒᆞᄂᆞ이다." 리긔환, "금산봉곡교회," 예수교 신보, 1908년 11월 15일, 195.

제 10 장
대부흥운동과 교회성장

> 그젼에는 대한에서 큰 무리가 흔곳에 모히여 엄슉ᄒ고 단졍ᄒᆫ 모양으로 경비ᄒ는 일이 업섯더니 셩신의 권능으로 우리 예수교회를 경향 각쳐에 셜립ᄒᆫ 후로는 미양 쥬일이면 一二千 명 혹 一二百 명 교인들이 일심으로 셩면에 회집ᄒ야 하ᄂ님의 은혜를 찬송ᄒ니 엇지 지극히 감샤ᄒᆫ 곳이 아니리오.
>
> 1909, 신학월보

1906년 8월 12일부터 1907년 6월 10일까지 10개월의 대부흥운동 기간 동안 전도여행을 다니면서 가는 곳마다 교회가 놀랍게 성장한 것을 확인한 감리교 선교사 존 무어는 1907년 8월, 흥분을 감추지 못하고 올해야말로 한국 교회사에서 길이 기억될 "1차 대부흥의 해"(the year of the first great revival of experimental religion)라고 규정하였다.[1] 이와 같은 감탄은 존 무어에게만 국한된 현상이 아니었다. 한국에서 부흥운동 기간 동안 사역하고 있던 선교사라면 누구나 공감하는 것이었다.[2] 1907년 이전에도 부흥운동의 역사가 매우 확연하게 나타났던 것이 사실이지만 그것은 국부적이고 지역적인 성격이 강했다. 이와는 달리 1907년에 들어서면서 나타난 부흥운동은 전국 모든 선교지에서 나타난 그야말로 대부흥운동이었다.

이와 같은 한국 교회의 부흥운동은 성령의 주권적인 역사이자 이 나라와 이 민족을

---

1   J. Z. Moore, "The Great Revival Year," *KMF* III: 8 (Aug., 1907), 120.
2   James Dale Van Buskirk, *Korea: Land of the Dawn* (New York: Missionary Education Movement of the United States and Canada, 1931), 40-56.

향한 하나님의 은혜의 역사였다. 그 동안 은혜를 체험한 이들이 한 생명을 천하보다 귀하게 여기는 복음의 빚진 자의 심령을 가지고 받은 은혜를 나누는 일에 자신들의 물질과 시간을 아끼지 않았기 때문이다.

1. 대부흥운동과 놀라운 교세의 성장

확실히 대각성운동은 한국 교회의 놀라운 성장을 가속화시켰다.[3] 선교 현장이 놀랍게 성장하고 있다는 사실을 눈에 띄게 피부로 목도한 사람은 다름 아닌 바로 선교사 자신들이었다.[4] 지난해보다 더 많은 사람들을 학습교인으로 받아야 했고, 세례를 받기 위해 준비하고 있는 수많은 사람들을 선교지마다 만나야 했다. 부모 모두가 세례받은 입교인이어야 허락되는 당시 유아세례 지원자도 지난해와는 비교가 되지 않을 정도로 늘어났다.[5] 게일은 1909년에 출판된 전환기의 한국에서 부흥운동이 가져다준 영향과 결과와 관련하여 매우 선명하게 다음과 같이 기술한다:

> 일반적으로 사람들이 대규모로 교회로 돌아서고 있다. 그들은 기독교가 그들에게 유일한 구원을 제공하며, 기독교의 윤리 및 영적인 힘을 통해서만 그들이 그들 앞에 열려 있는 새로운 기회들과 어울릴 수 있는 인간성을 계발할 수 있을 것이라고 확신하고 있다. 다른 한편으로 교회 자체는 결코 전에는 찾아볼 수 없을 만큼 살아 움직이고 있으며, 한국의 기독교 지도자들은 그 나라를 복음화하기 위한 계획에 전념하고 있다. 새 한국은 기독교 한국이 될 것이며, 그리고 비교적 짧은 시일 내

---

[3] Arthur Judson Brown, *Mastery of the Far East* (New York: Fleming Revell Com., 1919), 509-510: *Report on a Second Visit to China, Japan and Korea 1909* (New York: The Board of Foreign Missions, PCUSA), 84-95.

[4] S. M. Zwemer & A. J. Brown, *The Nearer & Farther East: Outline Studies of Moslem Lands and of Siam, Burma and Korea* (New York: The Macmillian Co., 1908), 285-312.

[5] Moore, "The Great Revival Year," 120.

에 그것이 달성될 것이다.

교회들이 모든 방면에서 급성장하고 있다. 어디서나 모여드는 많은 무리들로 인해 선교사가 개인적인 접촉을 하는 것은 불가능하다. 복음 전파라는 관점에서 말할 때, 현재 아시아 대륙의 기회는 바로 한국에서 발견될 수 있다. 긴박성과 여건의 약속이라는 측면에서 한국과 비교할 수 있는 다른 선교지는 없다. 한국인은 전략적인 백성이며, 그리고 지금 이 나라는 전략적인 때를 맞고 있다. 1,000만의 영혼들이 교회가 제공할 수 있는 도움과 가르침을 기다리고 있다.[6]

한국 북감리교의 경우 1888년에 불과 38명이었으나 1907년에는 무려 39,613명으로 무려 1,000배나 급성장하였다. 14명의 남자 선교사, 13명의 아내, 그리고 13명의 해외 여선교회 사역자들, 도합 겨우 40명의 선교사들이 이룬 업적치고는 그야말로 기적 중의 기적이 아닐 수 없었다. 이처럼 부흥운동의 결실을 가장 많이 경험한 감리교 입장에서 볼 때 "한국에서의 교회 성장은 이 민족의 급속한 복음화에 대한 화려한 약속을 제시하는 것이었다."[7] 통계는 선교가 시작된 이래 한국 교회가 실제적으로 "꾸준한 성장률"을 기록하고 있다는 사실을 보여 주고 있으며, "모든 사인들이 이와 같은 성장이 무한히 계속될 수 있음을 나타내 주었다."[8] "수적인 놀라운 결과", "엄청난 외형적인 교회 성장"은 세상에 대한 교회의 선교가 참으로 성공할 수 있을 것이라는 확신을 교회에 심어 주었다:

> 우리가 사역하고 있는 한국 선교지는 전민족복음화가 약속된 선교지이며, 한국의 상황들은 매우 준비된 백성들에게 그리스도의 복음을 제공하는 이 위대한 사역에 교회가 모든 노력을 집중해야 한다는 사실을 보여 준다. …우리가 확신하건대, 만약 모 교회가 한국에 지금보다 다섯 배 많은 선교사들을 파송했더라면 선교지는

---

6 James S. Gale, *Korea in Transition* (New York: The Layman's Missionary Movement, 1909), 228-229.
7 Gale, *Korea in Transition*, 228-229.
8 Gale, *Korea in Transition*, 230.

바로 점령되었을 것이며 회심자들이 지금의 여러 배가 되었을 것이다."

한 명의 한국인 사역자가 660명을, 한 외국인 선교사가 무려 1,630명을 맡아야 할 정도로, 교세는 급성장하였다. 지난 3년간을 고려할 때 평균 증가율이 매년 33%였으며, 이와 같은 성장률이 앞으로 10년 동안 계속 유지된다면 북감리교 선교회는 40만 명 이상의 교세를 가진 대교단으로 성장할 수 있을 것으로 전망되었다. 그만큼 한국 선교의 전망은 낙관적이었다. 그들은 이구동성으로 장차 특별한 변화가 없는 한 한국 교회가 이와 같은 성장을 계속할 것이라고 예견했다. 그들이 볼 때 다만 당면한 문제가 있다면 "그것은 인력과 자금의 문제였다."[10]

이와 같은 놀라운 성장은 다음의 존 무어의 고백이 보여 주듯 선교사들에게 대단한 보람과 긍지를 심어 주었다. "요즘이야말로 자신이 살아 있음을 즐거워할 때이다. 성장의 때는 가장 흥미 있는 삶의 때이자 실제로 유일의 유용한 시기이다. 한국은 새로운 삶으로 매우 가득 차 있으며, 사역에 대한 가장 흥미 있고 희망적인 것 가운데 하나는 타 선교회의 발전과 교회의 내적 및 외적인 성장을 어디서나 지켜보는 것이다."[11]

청주시를 맡고 있는 북장로교 선교사 널(Null)은 부흥운동이 전국적으로 확산되고 있던 1907년 4월 26일 미 선교본부에 보낸 편지에서 "출석, 관심, 효과적인 사역을 포함하여 시내 교회는 지난 두 달 동안 거의 배가 되었다"[12]고 보고하였다. 같은 지역에서 활동하는 북장로교 선교사 프레더릭 밀러도 낙관적이기는 마찬가지였다. 그는 1907년 8월 자신이 맡은 선교 사역에서 하나님의 "매우 분명한 현시에 대해 감사하며 하나님께서 여기 백만 명 (그가 맡은 선교구의 인구) 가운데 평안의 복음을 전하고 어둠 가운데 빛을 발하는 등대가 될 교회를 세우려는" 선교 사역에서 "크게 역사하실 것을 점점 더 확신한다"고 보고하였다.[13]

---

9   Gale, *Korea in Transition*, 230.
10   Gale, *Korea in Transition*, 231.
11   Moore, "The Great Revival Year," 119.
12   M. N. Null, Letter to Dr. Brown, April, 26. 1907.
13   F. S. Miller, "Establishing Chong Ju Station," *KMF* III: 8 (Aug., 1907), 124. cf. F. S. Miller, Letter to Dr. Brown, June, 25, 1907. 그는 이 편지에서 17개의 교회를 새로 조직하고, 218명에게 학습문

부흥 집회를 끝낸 후 한 선교사로부터 그가 인도한 집회가 성공적이었는가를 질문받은 한 한국인 조사는 "당신이 다음번에 그들을 방문하면 알 수 있을 것이다"[14]라고 간단히 대답했다. 그만큼 부흥운동의 영향으로 교회가 놀랍게 성장하고 있었다.

평양 지역의 교회 성장

평양부흥운동의 중심지 장대현교회는 두 개의 지교회를 설립하여 상당한 교인들을 분산시켰으면서도 1,500명의 좌석이 모자라 밀려오는 교인들을 수용할 수 있는 대책을 시급히 마련해야 했다. 장대현교회는 이미 1년 전 지교회, 산정현교회를 세워 분립시켰음에도 1907년 가을에 들어서면서 부흥운동으로 늘어난 교인들을 수용할 수 없을 만큼 교세가 급성장했다. 남녀가 동시에 예배를 드리기에는 공간이 부족해 오전에는 약 800명에서 1,000명의 여자들이 예배를 드리고 오후에는 1,200명에서 1,500명의 남자 성도들이 별도로 모여 예배를 드려야 했다.[15] 그 결과 장대현교회는 한국에서 가장 큰 교세를 가진 3,000명의 교회로 성장하였다.[16] 교회에 두 명의 조사와 담임목사를 돕는 전도사, 그리고 두 명의 전도부인이 있었지만 희어진 곡식들을 추수하기에는 일손이 너무 부족했다. 매큔이 보고한 대로 대부흥운동 이후 평양 교회는 놀랍게 성장하기 시작했다:

> 그 집회 이후 우리 도시[평양]의 모든 교회들에는 더 많은 사람들이 모여들었다. 사창골교회(the North Church)에서는 최근 교회가 신축에 들어갔는데 새 예배당도 너무 비좁아져 옛 건물에서도 예배를 드려야만 했다. 양 교회가 모두 가득 찼다. 산정현교회(the East Church)도 같은 문제를 안고 있다. 그리고 남문밖교회도 상당히 증축이 되었는데도 주일예배에 참석하려는 사람들을 수용하기에는 공간

답을 했고, 50명에게 세례를 주었으며, 그리고 8개의 교회가 새 건물을 갖게 되었다고 보고했다.

14 Moore, "The Great Revival Year," 118.
15 Samuel A. Moffett, Letter to Dr. Brown, November, 1, 1907.
16 올해 117명이 세례를 받아 전체 입교인이 1,076명이 되었고, 235명이 학습을 받았고, 새로 영입된 신자들이 대단히 많았다.

이 모자랐다. 큰 장대현교회 역시 교인들로 차고 넘친다. 지난 주일 서문(the West Gate) 밖에 사람들은 두 개의 사랑채에서 모였는데 그곳에 모인 이들은 전체 4백 명이었다. 이 많은 숫자가 장대현교회에 출석하지 않았는데도 장대현교회는 사람들로 넘쳐났다. 우리는 도시 서쪽에 거대한 그룹을 따로 제쳐 두어야 할 것이고, 다른 각 교회에 얼마를 보내 주어야 할 것이다. 이 모든 것으로 인해 우리는 사역의 주인이신 그분께 모든 영광을 돌리지 않을 수 없다.[17]

이와 같은 성장은 비단 장로교에만 국한된 현상이 아니었다. 부흥운동을 거치면서 평양 시내 모든 교회들이 전에 없는 성장을 경험하였다.[18] 1907년 6월 노블이 북감리교 연회에 보고한 것에 따르면 평양 지역의 거의 모든 교회들이 연초에 임했던 성령의 역사 이후 어떤 곳은 배가 성장했고, 또 다른 곳은 그보다 약하지만 적어도 전년 대비 평균 30% 이상이 성장했다. 가장 큰 규모의 평양의 한 감리교회도 평양대부흥운동을 지나면서 공간이 너무 좁다고 우려를 표할 정도로 부흥운동을 통해 교세가 놀랍게 성장하였다.

성장은 양적 측면에만 국한된 것이 아니었다. "연초에 우리 백성들을 압도했던 놀라운 성령의 임재가 아직도 이 나라의 몇몇 지역에서 사람들을 놀랍게 감동시키고 있다. 이 수개월 동안 우리 교회는 영적 지식, 자존, 그리고 주도적인 기독교 활동이라는 측면에서 수년 동안의 진보를 이룩하였다."[19] 그 결과 1907년 10월 25일 뷰트(Alice Butte)가 언급한 것처럼 평양 교회는 매우 건강한 교회로 성장했고, "평양은 기독교 사역의 위대한 센터가 되었다."[20]

또한 부흥운동을 통한 그와 같은 평양 지역의 영적 및 외적 성장은 평양뿐만 아니라 전 한국 교회에 영적 생명력을 공급해 주는 중요한 동인으로 발전하였다.[21]

17　G. S. McCune, "Ever Extending Blessings," *KMF* III: 4 (Apr., 1907), 55.
18　*Annual Report, PCUSA* (1907), 28.
19　*Minutes of Korea Mission*, Methodist Episcopal Church, 1907, 41. 평양 시내 외에도 셔데산, 중산, 함종, 삼화, 중남포, 선돌, 강서, 솔모루 등 J. Z. Moore의 선교구에도 부흥운동의 영향으로 교세가 급신장하였다.
20　Allice Butte, Letter to Dr. Brown, October, 25, 1907.
21　*Annual Report, PCUSA* (1907), 33.

서울 지역의 교회성장

평양에서만 이와 같은 놀라운 성장이 있었던 것은 아니다. 평양에서 발흥한 부흥운동이 전국적으로 확대되면서 서울과 다른 모든 지역의 교회들도 놀라운 속도로 성장을 계속했다. 서울 상동교회의 경우, 1907년 1월 초에 열린 부흥 집회 동안에만도 200명의 초신자가 등록했으며, 새로 등록하는 교인이 없는 주가 거의 없었다.[22] 1907년 6월 북감리교 보고에 의하면 제물포의 북감리교회는 적어도 4명 이상의 초신자가 등록하지 않는 주일은 한 주도 없었으며, 한 주에 20명 이상 초신자들이 등록한 주일도 있었다.[23] 그 교회를 감독하고 있는 한 선교사는 "우리 교회는 매주일 아침 사람들로 가득 차고 있으며, 특별한 경우 밀려오는 군중들을 수용할 공간이 없다"[24]고 보고하였다. 제임스 게일은 1907년 9월 8일자 미 선교부에 보낸 편지에서 심각한 서울의 정치적인 상황 속에서도 "오늘 우리 교회는 500명의 새 신자들이 몰려들었으며, 약 1,200명이 모여 주일 오전예배를 드렸다"[25]며 흥분을 감추지 못했다.

부흥운동이 한창 진행되고 있던 1907년 4월 초 감리교 선교사 존스가 담당하고 있는 강화 지역의 한 교회에서는 주일날 900명이 주일학교에 참석했고 주일예배에는 1,200명 이상이 출석했으며, 그날 120명의 남녀 성인과 어린이들이 세례를 받았다.[26] 1907년 북감리교 보고서에 따르면 "강화의 우리 선교 사역은 대단히 번성하고 있으며," "강화에 새 교회 건축이 시급하게 요구될" 정도로 시설이 외형적인 성장을 따라가지 못했다.[27] 전통적인 한옥 스타일로 새로 지은 교회 건물이 모자라 주일예배를 위해 주변 건물을 잠시 빌려 사용할 정도였다. 지역에서 한 주간 가졌던 지역 사경회에 수많은 사람들이 참석해 성경을 공부하고 저녁에는 부흥 집회를 가졌다. 예정된 1주일이 지나자 한

22　*Minutes of Korea Mission*, Methodist Episcopal Church, 1907, 40.
23　*Minutes of Korea Mission*, Methodist Episcopal Church, 1907, 32.
24　*Minutes of Korea Mission*, Methodist Episcopal Church, 1907, 34.
25　James S. Gale, Letter to Dr. Brown, September, 8, 1907.
26　W. B. Scranton, "Kangwha Revisited," *KMF* III: 5 (May, 1907), 70.
27　*Minutes of Korea Mission*, Methodist Episcopal Church, 1907, 37.

주간 더 집회를 가져 달라는 요청을 가까스로 달래며 존스와 스크랜톤은 발걸음을 옮겨야 했다.[28]

가는 교회마다 발견하는 뜨거운 복음의 열정, 마치 마를 대로 마른 스폰지가 물을 흡수하듯, 가물어 메마른 땅이 단비를 기다리듯 복음에 대한 흡인력은 대단했다. 교회마다, 예배 처소마다 일손을 멈추고 모여드는 사람들로 가득 메워진 가운데 드리는 예배 광경은 당시로서는 흔한 일이었다. 존스가 방문한 4월은 시골이 농사 준비로 한창 분주한 시기였다. 그럼에도 불구하고 그와 같은 호응을 얻었다는 것은 이들이 얼마나 복음에 굶주렸는가를 단적으로 말해 준다.

스위러가 지적한 것처럼 평양대부흥운동이 있기 전에 한국 교회에 뿌리내린 "2천 개의 복음주의 교회들"과 이 나라에 생겨난 "십만 명"의 독실한 신앙인들의 숫자는 부흥운동을 기점으로 눈에 띄게 급신장하게 되었다.[29]

주요 도시에서의 성장

부흥운동의 영향은 평양과 서울, 대구, 청주 등 큰 도시들뿐만 아니라 전국의 구석구석까지 깊숙이 파고 들어갔다. 이와 같은 분위기라면 1907년 12월 10일부터 시작되는 재령 선교지부의 황해 지방 남자 사경회에는 "약 1,000명이 등록할 것으로 예상될 만큼"[30] 부흥운동의 열기는 전국 어디서나 뜨겁게 달아오르고 있었다. 확실히 부흥운동을 거치면서 사경회 참석률과 열의는 그 이전과 비교할 수 없을 정도로 높고 뜨거웠다. 남장로교 선교사 해리슨이 전주에서 50명이 모인 가운데 3주 동안 가졌던 정규 사경회(Normal class), 또 170명이 참석한 남자 성경 사경회(Men's Bible Class)는 지난해에 비해 두 배 이상 참석자가 늘어났다. 만약 사경회가 "좀 더 편리한 시간에 모였다면 그 숫자는 훨씬 더 많아졌을 것이다."[31] 여자 사경회(Women's Bible Conference)에도

28　Scranton, "Kangwha Revisited," 70.
29　W. C. Swearer, "A Notable Collection," *KMF* III: 4 (Apr., 1907), 61.
30　"News Notes," *KMF* III: 11 (Nov., 1907), 168.
31　W. B. Harrison, "Kunsan, Korea, Station Report," *KMF* IV: 4 (Apr., 1908), 52. 서울의 북장로교

70명이 참석했는데 이는 이전에 비해 상당히 높은 수치였다.[32] 그리고 선교부 사경회에 참석하지 못한 이들을 위해 각 교회에서 조사들이 한 주간씩 인도하는 사경회도 참석률이 높았다.[33]

그 즈음 단기 전도여행을 다녀온 남장로교 선교회 소속 테이트(L. B. Tate)는 전도여행 동안에 78명에게 세례를 주고, 교회 두 곳에서 봉헌예배를 드렸다.[34] 이와 같은 놀라운 성장은 거의 모든 선교사들이 선교여행을 하면서 경험하는 일들이었다. 학습교인들과 세례 지원자가 부흥운동이 시작되면서 거의 예년에 비해 배가 증가하였다.

교회성장과 더불어 전도열도 놀랍게 증가해 은혜를 접한 이들이 더 많은 시간을 전도하는 일에 사용하겠다고 서약하면서 작정된 날연보가 어느 때보다도 증가하였다. 1907년 3월 클락 선교구의 경우 117명이 무려 2,018일의 날연보를 작정해 한 사람이 평균 17일을 서약했다.[35] 런던 타임즈(*London Times*)에서 영국의 윌리엄 세실 경이 적절히 지적한 것처럼 평양에서 일어난 성령강림의 역사는 웨슬리 부흥운동의 성령강림과 유사한 데가 많았다:

> 웨슬리의 일기를 읽고 평양에 나타난 성령 강림의 기사를 비교해 보면 이 두 현상이 아주 같다는 사실을 분명히 알게 될 것이다. 그 두 사건에는 비상한 권능이 나타났음을 볼 수 있으며, 신자들은 이성보다 다른 힘에 의하여 죄를 깨닫게 되고, 죄를 깨닫게 하시는 그 성령의 권능(the power)이 자기의 죄를 이길 뿐만 아니라 다른 사람들까지도 확신시키는 힘(strength)을 그들에게 제공하여 주었다. 이 초기 부흥회에 참석하였던 한인들은 …웨슬리의 제자들과 마찬가지로 전도에 나서서 훌륭한 성과를 거두고 있으며, 기독교의 빛을 동양에 비추게 하는 과업은 한국

선교회의 A. G. Welbon 선교사와 광주의 Eugene Bell 선교사가 사경회를 인도하는 데 있어서 이 지역 선교사들에게 매우 값진 도움을 주었다.

32 Harrison, "Kunsan, Korea, Station Report," 52. 전주에서 놀라운 결실을 거두었던 Miss Tate가 와서 사경회를 인도하면서 군산에서도 상당한 결실이 있었던 것이다.
33 Harrison, "Kunsan, Korea, Station Report," 52.
34 "The Story of Salvation," *KMF* III: 11 (Nov., 1907), 168.
35 "Importance of Daily Prayer meeting," *KMF* III: 3 (Mar., 1907), 43.

을 통해서만 가능하리라는 말을 하는 사람들이 적지 않다.³⁶

당시 한국 개신교 선교지를 대변하는 *KMF* 1907년 10월호는 한 해 동안의 각성 운동으로 한국 교회가 얼마나 성장하고 있는가를 말해 주는 기사들로 가득 차 있다.³⁷ 부흥운동이 전국 전역으로 확산되면서 7, 8월 이후부터 구체적으로 그 결실을 거두기 시작했다. 장로교, 감리교 할 것 없이 평양과 서울과 기타 전 지역의 교회마다 밀려오는 새 신자들과 모여드는 기성 신자들로 차고 넘쳤다. 한국에 대형 교회가 생겨난 것도 이즈음이었다. 부흥운동을 통과하면서 "한국은 큰 규모의 교회로 유명해지기 시작했다. 1907년 가을에 접어들면서 서울 연못걸 장로교회에는 1,500명이, 정동 감리교회에는 1,100명이 모이고 있고, 평양에는 1,000명 이상 모이는 감리교회와 장로교회들이 여럿 생겨났다."³⁸ 특히 평양대부흥운동의 중심지 "평양 시내는 급속하게 기독교화"되고 있고, 그곳의 모든 교회마다 건강하고 지속적으로 성장하고 있었다.³⁹

부흥운동 이후 새 신자들이 놀랍게 증가하기는 서울의 교회들도 마찬가지였다. 서울의 교회들은 새 신자의 증가로 상당히 즐거워하고 있으며, 서울의 몇몇 교회의 경우, 주일 오전 예배 때 한 교회에서만 60명에서 100명이나 되는 많은 사람들이 그리스도인이 되기로 결심하였다.⁴⁰ 그것은 비록 몇몇 교회에 국한된 현상이기는 하였지만, 당시 얼마나 많은 신자들이 교회로 몰려들고 있는가를 단적으로 말해 준다. 신학월보에는 당시 교회의 형편을 말해 주는 다음과 같은 기사가 실렸다:

그전에는 대한에셔 큰 무리가 훈곳에 모히여 엄슉호고 단정훈모양으로 경비호 는 일이 업셧더니 셩신의 권능으로 우리 예수교회를 경향 각쳐에 셜립훈 후로는 미양 쥬일이면 一二千 명 혹 一二百 명 교인들이 일심으로 셩뎐에 회집호야 하

---

36   *KMF* IV: 5 (May, 1908), 67-8.
37   "Field Notes," *KMF* III: 10 (Oct., 1907), 148-150.
38   "Field Notes," 150.
39   "Field Notes," 148-150.
40   "Field Notes," 148.

ᄂ님의 은혜를 찬송ᄒ니 엇지 지극히 감샤혼 곳이 아니리오.⁴¹

    1907년의 대부흥운동은 한편으로는 영적각성을 통해 개인의 변혁과 사회적 변혁을 태동시키는 요인이 되었고, 다른 한편으로는 구속의 은혜를 다른 사람들에게 전함으로 교회가 급성장하는 결과를 가져다주었다. 1907년 8월 존 무어가 지난 1년을 회고하면서 "대부흥의 해"라고 규정한 것은 결코 과장이 아니라⁴² 당시 한국 교회를 정확히 대변해 주는 매우 적절한 표현이었다.

    쉬어러(Roy E. Shearer)는 1907년 이전부터 1914년까지 계속해서 한국 교회가 급속하게 성장했음을 들어 부흥운동이 한국 교회 성장에 기여한 직접적인 요인이 아니라고 주장하고 있으나, 그는 원산부흥운동이 일어난 1903년부터 성장이 눈에 띄게 두드러졌다는 사실을 간과한 것이다.⁴³ 왜 유독 1903년부터 1914년까지 급속한 성장이 이루어졌는가를 분석해 보아도 교회 성장이 부흥운동과 매우 밀접한 연관성을 지니고 있음을 알 수 있다.⁴⁴ 실제로 부흥운동은 단순히 영적각성운동으로만 그치지 않고 영적각성을 통해서 사회개혁과 전도열로 이어져 교회 부흥의 초석이 되었던 것이다.⁴⁵

    1907년 평양대부흥운동 이후 열린 감리교의 연례대회는 실제로는 단지 9개월 회기로 이루어진 대회였음에도 불구하고 "입교인과 학습교인이 결정적으로 증가했음이 보고되었다."⁴⁶ 1908년 4월 원산부흥운동의 주역 하디의 보고에 따르면 1907년 3월 한

---

41   "예비당 규측," 신학월보, 1909년 제 7권 1호, 4.

42   Moore, "The Great Revival Year," 113-120.

43   Roy E. Shearer, *Wildfire: Church Growth in Korea* (Grand Rapids: Eerdmans, 1966), 56. 부흥운동과 교회 성장과의 관계는 전체 교인의 성장 추이를 도표화한 그가 제시한 표에서도 나타난다. 원산부흥운동이 발흥하고 1910년 백만인 구령운동까지의 기간 동안 특별히 놀랍게 성장한 것에서 알 수 있다.

44   cf. 김영재, 한국 교회사 (서울: 개혁주의 신행협회, 1993), 118-119.

45   각성운동은 일차적으로 개인의 영적각성을 가져다주었지만, 영적각성은 다시 복음에 대한 열정과 구령에 대한 열정을 더해 주어 복음 전파에 헌신하도록 만들어 주었다. 그런 면에서 부흥운동은 질적, 양적 성장의 요인이 되었던 것이다. "이번 하나님의 임재 동안 회심받지 못한 수천 명의 초신자들이 교회와 접붙임되었다. 그러나 이와 같이 회심자들이 대규모로 모인 것은 부흥운동의 직접적인 결과라기보다는 간접적인 결과에 속한 것이다. "The Korean Revival," *KMF* IV: 4 (Apr., 1908), 62; George Heber Jones, *The Korean Revival* (New York: The Board of Foreign Missions of the Methodist Episcopal Church, 1910), 11.

46   "Notes," *KMF* IV: 3 (Mar., 1908), 40.

달 동안에만 동해안 지역에 약 17개의 교회가 새로 조직될 정도로 복음의 불모지 동해안에 복음이 놀랍게 전파되고 있었다.[47]

한 교구에, 그것도 개척지와 다름없는 지역에 한 달에 무려 17개의 교회가 세워질 정도로 부흥의 역사는 전국 전역으로 확대되고 있었던 것이다. 1908년 한국 복음주의 공의회(the General Council of Evangelical Missions)의 공식적인 통계 전문가(official statistician) 하운셀은 "그리스도인임을 고백하는 신자들의 숫자가 13만 명을 넘었다"고 공식적으로 발표했다.

> 그것이 단지 24년의 선교 사역의 결실이었음을 기억할 때, 우리는 "하나님께서 얼마나 많은 결실을 가져다주셨는가"를 선언하지 않을 수 없다. 만약 이와 같은 기독교 증가율이 계속된다면 한국인들이 세계의 기독교 국가 대열에 서는 날이 멀지 않을 것이다. 복음주의 교회의 기회는 의심할 바 없이 오늘날 바로 한국에 놓여 있다. 가장 작은 투자로 그 어떤 다른 인류애적 혹은 복음주의 과업에서보다도 가장 놀라운 결실을 올린 것이다.[48]

1908년 3월 북감리교 연례대회에서 유능한 선교사 존스는 선교의 결실을 회고하면서 지난 한 해야말로 장차 한국 교회의 장래에 미칠 가장 강력한 힘이 태동된 한 해였으며, "전국적인 광범위한 변화를 가져 온 한 해였다"[49]고 보고하였다.

지난해 "모임 이후 9개월 동안 수적으로나 영적인 힘에서 꾸준하게 성장했다. 이제 우리는 120개 신앙의 공동체와 전체 13,000명의 그리스도인을 지닌 10개의 소선교구를 갖고 있으며, 지난해에는 순수 회심자만 1,500명이었다."[50] 모든 선교구가 그렇지만 그가 맡은 선교 지역에서도 이처럼 많은 변화와 성장이 있었고, "아직도 역사가 만들어

---

47   "Notes," 58.
48   "Editorial," *KMF* IV: 4 (Apr., 1908), 56.
49   "The Annual Meeting of the Methodist Episcopal Church Mission," *KMF* IV: 3 (Mar., 1908), 36.
50   "The Annual Meeting of the Methodist Episcopal Church Mission," 36.

지고 있는 한 해였다."[51] 부흥운동으로 인해 "소란과 싸움의 지역이 평화와 질서의 지역"으로 바뀌어 가고 있었고, 봄이 되면서 그 전망은 더 좋게 전개되고 있었다.

1905년 9월 13일 내한해 인천에서 어학 공부를 마치고 서울과 해주 지방을 거점으로 선교 활동을 하던 남감리교 선교사 드밍(C. S. Deming)은 1907년 크리스마스 아침에 제물포에 있는 한 대형 한인 교회에서 161명의 세례 문답자들에게 세례를 주었다.[52] 크리스마스 휴가도 반납하고 부흥운동의 결실을 거두느라 눈코 뜰 새가 없었던 것이다. 그러나 그런 선교사는 드밍 뿐이 아니었다. 거의 모든 선교사들이 휴가를 가질 여유도 없을 만큼 부흥의 결실을 거두고 있었다.

남장로교 군산 선교지부는 두 주간의 사경회를 개최하였고, 170명이 참석하였으며 서울의 웰본(A. G. Welbon)과 광주의 벨이 사경회 기간 동안 협력하였다.[53] 부흥운동 이후 전국의 사경회는 이전에 비해 더욱 활력이 넘쳤고, 참석자들의 열기 또한 대단했다. 1908년 2월에 끝난 평양 북장로교 사역 훈련반은 850명이 등록한 가운데 성황리에 진행되었다. 전에 없이 많은 사람들이 참석하는 바람에 이들을 수용하기 위해 병원, 중학교 건물, 대기소 등 가능한 모든 공간들이 다 동원될 정도였다.

이와 같은 추세로 미루어 볼 때 곧 선천에서 열릴 사역 훈련반은 규모가 더 클 것으로 예견되었다.[54] 1905년부터 경기 서부, 충청도, 제물포, 공주 지방 감리사로 활동하던 케이블 선교사와 그의 동료들이 맡은 공주 선교 구역은 부흥운동의 영향으로 340개의 교회, 전체 18,000명의 신도들로 급증했다.[55]

박해 속에서의 교회 성장

부흥운동을 거치면서 교회는 주변의 박해 속에서도 든든하게 지어져 가고 있었다.

---

51 "The Annual Meeting of the Methodist Episcopal Church Mission," 36.
52 "News Notes," KMF IV: 1 (Jan., 1908), 3.
53 "Incidents from the Firing' Line," KMF IV: 2 (Feb., 1908), 20-21.
54 "Incidents from the Firing' Line," 21.
55 "The Annual Meeting of the Methodist Episcopal Church Mission," 38.

다음 사건은 그 수많은 사례 가운데 하나다.

구정 연후 둘째 날에 케이블이 맡고 있던 긍천에서는 그리스도인들이 교회에 모여 예배를 드리고 있을 때 갑자기 술취한 남자 몇이 예배당에 나타나 집회를 방해하는 일이 발생했다. 그곳에 모인 그리스도인들이 정중히 삼가 달라는 부탁을 했음에도 그들은 막무가내였다. 오히려 분노한 그들은 그곳을 떠나 100명 혹은 그 이상의 동조자들을 모아 다시 교회에 나타나서는 기독교인들을 붙잡고 남자들을 구타하고 여자들을 모욕하였다. 그들은 책과 성경들을 불태워 버렸다. 여기에 만족하지 못하고 군중들은 그리스도인의 가정으로 가서 그들의 집들을 부수어트리기 시작했다. 많은 문들이 이음새에서부터 부서지고 벽들이 움푹 들어갔다.

그 현장에는 가정을 가진 한 열심 있는 젊은 여신도가 있었다. 몰려온 군중 가운데 한 남자가 그녀의 뺨을 때리고 욕설을 퍼붓는 일이 발생했다. 이 모욕적인 언행에도 불구하고 그녀는 아무런 저항도 하지 않고 "나는 그리스도를 위해 이것을 참을 수 있습니다. 원하면 다른 뺨도 때리십시오"라고 말하는 것이었다. 그러자 그 남자는 무안하고 부끄러운 나머지 급히 그곳을 떠나갔다.

다음날 흩어지고 구타를 당한 그리스도인들은 핍박에도 굴하지 않고 예배를 드리기 위해 다시 교회에 모였다. 군중 가운데 몇이 또다시 나타났으나 이번에는 교인들을 괴롭히거나 구타하지는 않았다. 그들은 그리스도인들이 자신들을 핍박하는 원수를 위해 기도하는 경건한 모습을 보고는 마음에 가책을 받기 시작한 것이다. "왜 우리가 그들을 구타하고 모욕했을 때 그들이 우리들을 치거나 모욕하지 않았지요? 확실히 이 종교에는 무엇인가 놀라운 것이 있음에 틀림이 없습니다."[56] 그 후 대단한 변화가 그 도시에 발생했다. 그 군중들 가운데 몇이 예수를 믿고 그리스도인이 된 것이다. 예수 믿는 사람들을 핍박하기 위해 다메섹 도상을 지나던 사울을 강권적으로 변화시키셨던 주님이 강퍅한 그들의 심령도 변화시키신 것이다.

박해의 성격은 다르지만 남장로교 선교사 해리슨의 군산 지역 교회 역시 박해 속에서도 놀랍게 성장하였다. 군산의 몇몇 지역에서는 일본 정부가 일본 정부에 대한 한국인

---

56 "The Annual Meeting of the Methodist Episcopal Church Mission," 38.

들의 협력을 끌어내기 위해 만든 소위 자위단(Self Defense Society) 문제로 야기된 정치적인 돌풍이 발생했다. 이 단체는 표면적으로는 자율 단체였지만 처음부터 일본 정부가 조직적으로 개입하였다. 일본 정부는 더 많은 사람들을 이 조직에 끌어들이려고 온갖 수단과 방법을 다 동원했고, 그리스도인들은 어떻게 해서든지 자위단에 가입하지 않으려고 했다.[57] 그래서 일본 정부는 교회에 대해 곱지 않은 눈총을 보냈고, 직간접적으로 박해를 가해 왔다. 이런 과정에서도 군산 지역 교회들은 건강하게 성장할 수 있었다.[58] 사람들이 홍수같이 교회로 밀려오면서 교회는 외형적으로 놀랍게 성장을 거듭했고 교회마다 사람들로 가득 찼다. 이들을 수용하기 위해 시설을 확충하였지만 이 확충들이 완성되기도 전에 새로 영입되는 교인들로 인해 교회는 또다시 차고 넘쳤다.

폭발적인 교세 증가

1908년부터 1911년까지 평양 및 서울 지방 감리사로 북한 지역을 담당했던 "노블 박사와 그의 동료들은 1908년 3월 북한 지역에 몇몇의 매우 강력한 기독교 센터들을 포함하여 자신들의 지도 아래 12,631명의 그리스도인들을 관리"[59]하고 있다고 보고하였다. 4,000명의 회심자들이 있는 대동강 건너 선교구가 대변하듯이 평양의 교회들은 부흥운동을 거치면서 놀랍게 교세를 확장하고 있었다. 이곳 지역의 한 선교구에서는 40개가 넘는 도시에 교회가 개척되었다. 1907년 평양대부흥운동 이후 평양의 교회는 장로교, 감리교를 막론하고 놀랍게 성장한 것이다.[60]

1907년 10월, 11월, 12월의 3개월간 자신이 맡은 선교 구역을 돌아본 스왈른(소안론)도 "전 사역은 대단히 고무적이었다"[61]며 전에 없는 성장 앞에 흥분하고 있었다.

---

57 Harrison, "Kunsan, Korea, Station Report," 52.
58 Harrison, "Kunsan, Korea, Station Report," 52. "군산 지역의 교회 수는 36개에서 41개로 증가했으며 150명의 지원자 중에서 33명이 6개 교회에서 세례를 받았다. 다른 성장의 사인들이 있는데 한 교회에서 장로를 선출한 것이고 그리스도인들에 의해 또 다른 전도부인을 임명한 것이다."
59 "The Annual Meeting of the Methodist Episcopal Church Mission," 38.
60 "The Annual Meeting of the Methodist Episcopal Church Mission," 38.
61 "Narrative Report of Rev. W. L. Swallen for October, November, December, 1907," KMF IV: 3

이미 10월 한 달 동안의 전도여행에서만 어린이들을 제외하고 장년만 221명에게 세례를 주었다. 그는 1907년 11월 1일 "나는 이곳 사역이 수적으로 증가하고, 영적인 힘과 기독교 성품에서 깊어지는 탁월한 상황에 처해 있음을 발견하였다"[62]고 보고하였다. 그만큼 부흥운동을 지나면서 교인들 가운데 성경공부와 이웃 사람들에게 복음을 증거하는 강한 열정이 넘쳐 났고, 교회가 수적으로뿐만 아니라 또한 영적인 능력과 복음 전도의 노력에 있어서 성장하고 있었던 것이다.[63]

부흥운동의 결과, 지난해 40개의 교회들을 돌보던 소안론은 올해는 방기창과 송인 세 두 명의 한국인 목사에게 10개의 단체들을 맡겨 30개 교회를 돌보게 되었다. 선교 사역의 놀라운 신장으로 더 많은 조사와 매서인이 필요했으며, 선교 사역의 효율성을 높이기 위해 자신이 맡은 지역을 둘로 구분하지 않으면 안 되었다. "우리는 전 지역의 연합 모임에서 대표자들의 규모와 해야 할 사역이 효과적으로 다루기에는 너무 커졌다는 것을 발견했다. 그래서 우리는 선교구를 북과 남 둘로 나누기로 결정했다. 그러므로 이에 따라 우리는 두 차례의 지도자 모임과 선교구 반(circuit classes)을 개최하려고 한다."[64]

확실히 사경회에 대한 관심과 참여도도 예전보다 높았고, 자립심과 선교에 대한 관심도도 상당히 높았다.[65] 거의 모든 선교지마다 부흥운동을 전후해 수많은 사람들이 교회에 영입되면서 세례 지원자와 학습 지원자들이 폭발적으로 증가하였다. 그 결과 교회마다 이들을 수용할 수 있는 공간이 턱없이 부족한 실정이었다. 평안도의 용강 제재교회는 1907년 부흥운동을 거치면서 "십여 칸의 예배당이 너무 좁아 작년에 예배당을 새

(Mar., 1908), 43-44. "교회들은 50명에서 100명의 출석교인을 가지고 있으며, 반면 큰 교회들은 주일 오전예배에 평균 200명에서 300명이 참석한다." "나는 약 40개의 교회와 신앙의 모임들을 대표하는 약 100명이 출석한 지도자 모임을 열었다. 이 모임에서 모든 조사들과 매서인들의 보고가 있었으며, 그런 후 우리는 사역 전반에 대해 논한 다음 일년 동안의 캠페인의 규모에 대해 결정했다."

62   W. L. Swallen, Letter to Dr. Brown, November, 1, 1907.
63   "Narrative Report of Rev. W. L. Swallen for October, November, December, 1907," 43-44.
64   "Narrative Report of Rev. W. L. Swallen for October, November, December, 1907," 43-44.
65   "Narrative Report of Rev. W. L. Swallen for October, November, December, 1907," 44. "지난해 교회는 11명의 조사를 지원했는데, 이들은 일년에 1,200엔을 받았다. 올해에는 모든 사례비를 올려 두 명의 한국인 목사에게 360엔을 지원하고 10명의 조사에게 1,200엔을 지원해 지난해보다 사례비를 30% 올렸다. 여기에 추가하여 제주도에서 사역하는 한국 장로회 파송 해외 선교사 이기풍의 선교 사역을 도울 한 명의 조사의 사례를 지원하기로 하였다."

로 건축"⁶⁶하였고, 평안도 강서 남양리교회의 경우, 부흥운동으로 교회가 놀랍게 성장해 1908년에 이르는 "예배당이 좁아 교우가 다 앉지 못하고 문밖에 앉아 예배 보는 이가 태반"⁶⁷이나 되었다.

    교세의 폭발적인 증가로 적지 않은 선교사들이 새로운 사람들을 전도하는 일보다는 이들을 양육하고 이들에게 학습과 세례식을 거행하는 데 더 많은 시간을 투자해야 했다. 예를 들어 소안론 선교사는 1907년 10월부터 3개월의 순회전도 기간 동안 거의 매일 밤낮을 "세례를 받는 이들과 성만찬을 위해 모인 이들을 특별히 가르치는 데 할애해야만 했다."⁶⁸

    혼자 감당하기 힘들 만큼 모든 사역의 현장이 급신장하자 선교사들은 한국인 목회자들에게 그 일을 맡기기를 원했다. 그러나 신학교를 졸업한 목회자가 아직 턱없이 부족한 형편이라 평신도들을 활용할 수밖에 없었다. 소안론이 "우리는 가능한 모든 면, 즉 주일 아침 성경공부, 불신자들을 향한 직접 전도, 그리고 성경공부 반을 개최하는 일에 있어서 평신도 지도자들을 활용하려고 한다"⁶⁹고 말한 것도 그 때문이다. 실제로 평신도들은 주어진 사역을 성공적으로 수행하였다. 자연히 늘어나는 사역의 현장에서 사역의 짐을 분담하기 위해서라도 더 많은 교회 지도자들을 육성할 필요를 느끼지 않을 수 없다.

    다행히 이 일은 그렇게 문제가 되지 않았다. 그것은 부흥운동을 거치면서 만약 기회가 주어진다면 한 달 혹은 더 많은 기간 동안 성경학교에서 공부하기를 원하는 교회 지도자들과 집사들이 놀랍게 증가했기 때문이다. 선교사들은 그들에게 그런 기회를 제공해 주어⁷⁰ 한인 지도자들을 육성할 수 있다면 급속한 성장으로 교회에 영입되는 많은 초신자들을 가르치는 일을 개교회에서 감당할 수 있을 것이라고 판단했다. 소위 평신도 지

---

66   "룡강 제재교회," 예수교 신보, 1908년 11월 15일(25호), 194-195.
67   "강서 남양리교회 형편," 예수교 신보, 1908년 11월 15일(25호), 194. 이 교회는 과부 된 지 수십 년이 된 박씨가 "십여 년 전에 하나님의 부르심을 입고 예수를 진실히 믿어 그 근처에 다니면서 쉬지 않고 하나님의 말씀을 전파"하였기 때문이다.
68   3개월 동안 전 사역에서 소안론은 "500명의 성인과 14명의 어린이들에게 세례를 주었고, 799명에게 입교문답을 했다." "Narrative Report of Rev. W. L. Swallen for October, November, December, 1907," 44.
69   "Narrative Report of Rev. W. L. Swallen for October, November, December, 1907," 44.
70   "Narrative Report of Rev. W. L. Swallen for October, November, December, 1907," 44.

도자를 육성하는 것이 문제를 해결하는 길이라고 본 것이다.

2. 대부흥운동과 각 선교회의 성장

부흥운동 기간 동안 한국 교회는 질적으로나 양적으로 놀랍게 성장했다. 부흥운동의 결과 4개의 장로교 선교회와 2개의 감리교 선교회 모두 한 해 동안 교세가 급증했다.[71] 1907년 대부흥운동을 거치면서 한국 교회는 놀랍게 성장했다.[72] 각 선교회별 성장률을 살펴보는 것은 부흥 기간 동안 한국 교회가 얼마나 성장했는가를 이해하는 데 큰 도움이 될 것이다.

가장 급성장한 남감리교

부흥운동 기간 동안 가장 놀라운 신장률을 기록한 것은 남감리교이다. 남감리교는 한국 선교를 가장 늦게 시작했으면서도 부흥운동 기간 동안 가장 눈에 띄는 성장을 이룩

---

[71] 1907년 9월 19일 2시 장대현교회에서 조직된 독노회의 보고에 의하면 "장로교의 경우 목사 47명, 장로 53명, 조사 131명, 예배 처소 984개, 세례교인 17,890명, 입교인 21,482명, 속훈인 69,198명, 학교 402개, 학생 8,611명이었다." 독노회록, 21-22.

[72] "The General Council of Protestant Evangelical Missions in Korea," *KMF* IV: 4 (Apr., 1908), 64.

1906-1907년 한국복음주의 연합공의회 통계

선교회	선교사				한인 사역자	입교인	교회 통계					주일학교 학교생
	남자	아내	독신여	총계			금년 세례	유아 세례	학습 교인	신입인	총등록	
북장로교	37	33	9	79	493	15,153	3,421	1,009	16,721	23,113	54,987	49,545
북감리교	15	13	14	42	220	3,885	3,000	553	19,570	16,158	39,613	12,333
남장로교	12	8	4	24	44	1,961	970	178	2,098	5,208	9,267	1,784
남감리교	7	6	8	21	46	1,985	712	141	3,025		5,010	1,770
캐나다장로	6	4	4	42	42	814	184	101	803	2,213	3,830	3,366
호주장로교	3	2	5	10	18	227		62	253	253	792	204
합계	80	66	44	190	863	24,025	8,287	2,044	42,470	46,945	113,499	69,002

하였다.[73] 1903년 원산부흥운동 이후 원산과 개성을 중심으로 수적인 성장을 이룩해 온 남감리교는 1907년 평양대부흥운동 기간 동안에도 부흥운동에 가장 민감하게 반응하면서 교세가 급신장하였다. 원산부흥운동의 주역 하디와 그 뒤를 이은 저다인, 그리고 평양 부흥운동 기간 동안 눈에 띄게 활동했던 크램, 그리고 1909년 백만인 구령운동의 불씨를 제공한 스톡스 모두 남감리교 출신이었다.

그 결과 남감리교는 1903년부터 1907년까지 부흥운동을 거치면서 타 선교회보다도 놀라운 신장률을 기록했다. 그 단적인 예가 개성이다. "한국 선교가 시작되고 거의 15년 동안 복음이 닿지 않았던 미개척지 개성이 뒤늦게 선교가 시작되고 불과 10년 만에 한국에서 가장 활발한 선교 구역 가운데 하나로 성장한 것이다. 선교가 시작된 이후 개성 선교부는 교세가 꾸준하게 늘어나 1908년 초에 이르러서는 매우 활발한 선교부가 되었다."[74] 부흥운동을 거치며 놀랍게 신장하면서 "남감리교 선교회는 강원도 수도인 춘천에 새로운 선교부(mission station)를 개설하기로 결정하였다."[75] 캐나다 장로교 선교회와 남감리교 선교회가 원산 지역에서 좀 더 효율적인 선교를 위해 의견을 교환한 것도 이즈음이었다. 1908년 2월 두 선교회는 원산에서 모여 원산 남부는 남감리교 선교회가, 그리고 함경남북도 원산의 북부 지역은 전적으로 캐나다 장로교 선교회가 맡아 선교하기로 합의를 보았다.[76]

남감리교의 성장

	1903	1904	1905	1906	1907	1908	1909	1910	1911
입교인	492	611	751	1,227	1,973	3,545	4,657	6,017	6,743
학습인	472	392	457	1,694	3,025	2,536	2,930	3,792	2,108
합 계	964	1,003	1,208	2,921	4,998	6,081	7,697	9,809	8,851

자료: 조선 남감리교회 30년 기념보

---

73 Arthur J. Brown, *Mastery of the Far East: The Story of Korea's Transformation and Japan's Rise to Supremacy in the Orient* (N.Y.: Charles Scribner's Sons, 1919), 512.
74 "The City of Songdo," *KMF* IV: 1 (Jan., 1908), 7.
75 "News Notes," *KMF* IV: 1 (Jan., 1908), 3.
76 "News Notes," 42. cf. 사설, "하느님의 풍셩흐신 은혜," 신학월보, 1909년 제 7권 제 6호, 2.

남감리교는 1906년과 1907년 사이 회계연도 9개월 동안 756명의 입교인과 1,331명의 학습교인이 증가해 입교인 1,973명, 학습교인 3,025명, 성인세례자 712명, 유아세례자 141명이 되었고, 외국의 지원을 전혀 받지 않고 47개 교회가 지어졌다.[77] 남감리교는 지난 1년 동안 이처럼 놀랍게 양적, 질적으로 성장한 것이다.[78]

지난 9년 동안은 교회가 놀랍게 성장하면서 인력 및 경제적 자원이 턱없이 부족했다. 따라서 여기에 대한 전폭적인 지원이 뒷받침되어야 한다는 것이 선교지 현장에 있는 선교사들의 주된 요구 사항이었다. 그래서 그들은 이구동성으로 다음과 같이 외쳤다. "지금이야말로 한국의 구원을 위한 전에 없는 전략적 순간이다. 우리 주님의 능력 안에서 앞으로 나아가자. 모교회에 기도를 요청하자."[79]

북감리교의 성장

남감리교에 이어 놀라운 신장을 기록한 선교회는 북감리교 선교회(the Korea Mission of the Methodist Episcopal Church)였다. 한국에서 북장로교 선교회와 거의 동시에 선교를 시작한 북감리교 선교회는 1907년 한 해 동안 이전과는 비교할 수 없을 정도로 놀랍게 성장했다. 다음 통계는 북감리교가 1906년과 1907년 7월 사이에 교세가 얼마나 급증했는가를 보여 준다. 학습교인을 기준으로 하면 배가 성장한 것이고, 초신자들을 기준으로 하면 무려 3배 이상이 성장해 세례교인, 학습교인, 초신자까지 종합하면 지난해 18,107명에서 39,613명으로 배 이상이 증가한 것이다.[80]

77　梁柱三, **朝鮮 南監理教會 三十年 記念報** (京城: 朝鮮 南監理教會 傳道局, 1929), 183.

78　"Some Statistics of the Korea Mission of the M. E. Church, South, 1907," *KMF* III: 7 (Jul., 1907), 104. cf. "Field Notes," *KMF* III: 10 (Oct., 1907), 148.

79　"Field Notes," 148.

80　"Statistics of the Korea Mission of the Methodist Episcopal Church," *KMF* III: 7 (Jul., 1907), 106. 또한 *Minutes of Korea Mission*, Methodist Episcopal Church, 1907, 86, "Summary of Statistics"을 보라.

1906년과 1907년의 북감리교 성장대비

	입교인	학습교인	초신자	등록교인	당해세례자
1906년	2,810	9,981	5,316	18,107	1,822
1907년	3,885	19,570	16,158	39,613	3,553
성장률	38%	96%	303%	219%	200%

자료: KMF(July, 1907)

북감리교의 성장은 1907년 이후에도 계속되었다.[81] 1908년 3월, 영변, 평양, 공주, 제물포, 서울 등에서 선교사들과 한국의 전역에서 한국인들이 모인 가운데 서울 제일교회에서 열린 북감리교 연례모임에서 해리스(M. C. Harris) 감독과 감리교 선교사들은 이구동성으로 지난 9개월 동안의 한국 교회의 놀라운 신장을 자축하였다.[82] 지난 4년 동안 얻은 결실이 "비상"했던 것은 감리교 총회에서 해리스 감독이 보고한 대로 "부흥회와 함께 힘써 씨뿌린 결과"였다.

감리교의 존스와 노블은 성령 강림의 역사를 자세히 보고했다. 보고의 핵심은 성령 강림하심이 선교사들 중에 시작되어 전도사와 모든 교우들에게 전파되어 그리스도의 십자가의 대속으로 말미암아 죄 사함을 받고 정결케 되는 하나님의 주권적인 역사가 있었다는 것이었다. 부흥운동의 결과 수천 명이 한 곳에 모여 말씀을 배우게 되었고, 바른 마음을 가지게 되었으며, 수많은 사람들이 성령의 인도하심에 자신들의 생애를 맡기게 되었다. 1908년 신학월보는 부흥운동으로 인한 사람들의 변화를 이렇게 기술한다:

---

81 북감리교의 "M. C. Harris 감독은 지금 평양에 머물면서 그 지방의 교회의 사역에 관심을 기울이고 있었다." "News Notes," *KMF* IV: 2 (Feb., 1908), 24. 선교지를 돌면서 선교 사역을 지원하는 일을 게을리 하지 않았던 것이다.

82 새로 도착한 선교사들을 환영하는 인사말에서 해리스 감독은 한글 습득의 중요성을 역설하였다. 한글을 배워야 할 의무감을 말하면서 그는 이렇게 덧붙였다. "새 언어를 배우는 사람은 새로운 마음과 새로운 가슴을 얻게 되는데, 그에게 새로운 세계의 사상과 삶과 존재를 소개하기 때문이다. 한글은 한국 세계로 들어가는 출입문이다"(35 - 36). Deming, E. M. Cable을 비롯한 다른 지역의 선교사들의 보고도 1년 동안 한국 교회의 놀라운 신장에 초점을 맞추었고, 북쪽의 한국 교회 선교 사역에 대한 W. A. Noble의 보고, 그리고 그 뒤를 이은 J. Z. Moore와 A. L. Becker의 보고 역시 마찬가지였다. *KMF* IV: 3 (Mar., 1908), 37.

술군과 노름군과 도적과 간음쟈와 살인쟈와 스스로 의롭다 ᄒᆞᄂᆞᆫ 셕가와 공조의 문도들과 마귀 슝비ᄒᆞᄂᆞᆫ 쟈들이 예수교에 드러와 새 사ᄅᆞᆷ이 됨으로 넷일은 영원히 업서졋도다.[83]

확실히 1903년부터 1908년 봄까지의 4년여 동안 한국 교회는 양적으로 뿐만 아니라 질적으로 놀랍게 성장했다는 사실을 피부로 깊이 느끼고 있었다. 한국 교회의 놀라운 성장이 영적각성에 근거한 것이기 때문에 단지 외형적인 성장에만 머물지 않고 어떤 박해와 어려움 속에서도 결코 흔들리지 않는 견고한 토대를 구축했다:

대한 신쟈들은 쥬압흐로 다른 이보다 더 갓가히 나아와 쥬를 남보다 더 소랑ᄒᆞ야 뎌의들이 쥬와 홈ᄭᅴ 감옥과 죽엄에 나아가며 불과 피와 험난ᄒᆞᆫ 시디를 피치 아니ᄒᆞ며 ᄯᅩ 다른 사ᄅᆞᆷ은 공겁ᄒᆞ야 뎌의 목뎍을랑패홀ᄯᅢ라도 대한 사ᄅᆞᆷ들은 뎌의 ᄆᆞ음을 변치 아니ᄒᆞ엿도다.[84]

이와 같은 한국 교회의 놀라운 성장이 부흥운동의 결과인 것은 의심의 여지가 없지만 그러나 해리스 감독은 한국인들이 처한 시대적 상황이 복음의 양적, 질적 성장을 더욱 진작시키는 요인이 되었다고 보았다. 한국인들은 "예수ᄭᅴ셔 온 셰계와 대한을 구졔ᄒᆞ시기 위ᄒᆞ야 텬당으로 좃ᄎᆞ누려오신 줄을 밋으며 ᄯᅩ 예수교가 하ᄂᆞ님이 주신 피란할 곳"[85]이라고 생각했다.

시대적인 불안, 복음에 대한 사모함으로 민중들이 주님을 받을 준비가 되어 있는 가운데 복음의 씨앗들이 뿌려져 그와 같은 놀라운 결실이 맺힐 수 있었다는 것이다. 복음의 진작은 그런 의미에서 하나님의 섭리와 간섭이 아닐 수 없었다.[86]

그 결과 1884년 한국 선교가 시작된 이래 그 고난의 "현금 시디가 ᄀᆞ장 ᄌᆞ미잇고

---

83   "론셜," 신학월보, 1908년 제 6권 제 2호, 51 - 52.
84   "론셜," 52.
85   "론셜," 51.
86   "론셜," 51.

중요한 시디"⁸⁷라고 확신했던 것은 한두 사람의 생각이 아니었다. 영적 대각성운동을 거치면서 나타나는 놀라운 복음의 진보를 목도한 이들은 한국 교회의 놀라운 복음의 확산과 영적 개혁이 한국사회를 이끄는 원동력이 될 것이라는 비전을 더욱더 갖기 시작했다. 부흥운동은 한국인들의 위상을 한 단계 더 높여 주었다.⁸⁸

4만 5천이라는 현재의 감리교인 수도 기적이지만 "만일 우리가 기회를 준비하면 교인의 수효가 십 배나 증가"⁸⁹할 것이라는 확신을 모든 감리교 지도자들이 갖고 있었다. 지금까지의 하나님의 축복에 비하면 앞으로 50만이 주님의 자녀가 된다는 사실은 결코 허황된 꿈이 아니라고 판단한 것이다. 그러나 그런 기회가 올 수 있느냐 없느냐 하는 것은 "다만 사람과 지경에"⁹⁰ 있다고 생각했다.

부흥운동을 거치면서 한국의 모든 교회들이 다 성장의 기적을 경험했지만 그중에서도 한국 감리교는 장로교보다 더 놀라운 성장을 기록하였다. 미국 2차 각성운동 기간 동안 가장 놀라운 성장을 기록한 교단도 역시 감리교였다. 1784년에 불과 15,000명이었던 감리교는 1830년에는 거의 100만 명에 육박하는 교세로 신장하였다. 반면 침례교는 1802년과 1812년 사이에 배가 되었고, 장로교는 1807년 18,000명에서 1835년에는 250,000명의 교세로 불어났다.⁹¹

---

87 "론셜," 52.
88 "The Annual Meeting of the Methodist Episcopal Church Mission," *KMF* IV: 3 (Mar., 1908), 39. 놀라운 한국인 목회자들의 활동을 목도하면서 1907년에 7명의 목사를 배출한 장로교에 이어 북감리교에서도 1908년 3월 감리교 연례대회에서 C. S. Kim과 S. Hyun 두 사람을 감리교 연회(Conference)의 정회원으로 받아들였다. 이들은 남감리교의 윤치호와 더불어 일찍부터 영어를 능통하게 구사하여 국제 교류를 촉진하는 데 적극적으로 기여하였던 촉망되는 감리교 지도자들이었다. 당시 남감리교의 윤치호, 북감리교의 C. S. Kim 목사, 그리고 1908년 북감리교 연례모임에서 통역을 한 S. Hyun 목사는 감리교 선교회내에서 상당한 인정을 받고 있었던 전형적인 지도자들이다. *KMF* IV: 3 (Mar., 1908), 37.
89 "론셜," 53.
90 "론셜," 53.
91 Richard M. Riss, *A Survey of 20th Century Revival Movements in North America* (Peabody: Hendrickson, 1988), 14.

부흥운동과 장로교의 성장

감리교의 성장에는 미치지 못하지만 장로교 역시 부흥운동 기간 동안 상당한 성장률을 기록했다. 1907년 부흥운동이 한국 전역에 놀랍게 확산되면서 1년 동안 선교 현장과 교회는 이전보다 놀랍게 신장했다.

한국에서 가장 큰 교세를 가진 북장로교의 경우, 1907년 79명이던 선교사의 수는 1908년에는 87명으로, 조직 교회는 29교회에서 42교회로, 입교인이 15,153명에서 19,654명으로, 새적이 54,987명에서 73,844명으로 신장했고, 평균 출석이 46,235명에서 58,308명으로 성장했다. 1906년과 1907년 사이 세례자가 3,421명이었는데 1907년과 1908년 사이에는 5,423명으로 급증해 확실히 1907년 평양대부흥운동 기간 북장로교회는 놀랍게 성장한 것이다.

조직 교회의 수와 자립 교회의 성장률도 1907년에 비해 상당한 증가율을 기록하였다. 1907년 예배 처소와 조직 교회를 포함해 796개 교회 중 619개 교회가 자립했으며, 1908년에는 911개 교회 중 797교회가 완전히 자립하였다.[92] 이것은 장로교의 경우 외형적으로는 감리교의 성장률보다는 적었지만 더 많은 교회들이 자립을 이룩하고 조직 교회로 발전하는 전기를 마련한 한 해였음을 보여 준다.[93]

---

92   가장 큰 교세를 가지고 있는 북장로교 선교회의 경우 1907년 9월 현재 전체 59,787명의 교세를 가지고 있으며 지역별로는 아래와 같다. 1907년 봄 54,987명이던 재적수가 1908년 6월 30일 현재 73,844명으로 늘어나 교회가 꾸준하게 성장하고 있음을 보여 준다. 부흥운동을 거치면서 1908년의 헌금은 1907년에 비해 무려 50%가 증가했으며, 교육과 해외 선교헌금이 특히 두드러졌다. 이것은 부흥운동을 거치면서 한국인들의 해외 선교에 대한 관심이 고조되고, 교회에 영입되는 이들을 위한 체계적인 교육이 필요했음을 반영하는 것이다.

93   곽안련 선교사의 통계는 북장로교 보고서의 통계와 약간의 차이가 있다. cf. *Annual Report, PCUSA* (1908), Appendix II., "Table of Statistics for the Year Ending June 30, 1908." 참고로 보고서의 통계를 첨부한다.

부흥운동 기간 북장로교 성장 도표

	1904	1905	1906	1907	1908
입교인	7,916	9,756	12,546	15,153	19,654
학습교인	6,295	7,320	11,025	16,721	19,336
연중세례자	1,876	2,034	2,811	3,421	5,423
등록교인	23,356	30,386	44,587	54,987	3,844

북장로교 선교회 통계

	1903	1904	1905	1906	1907	1908	1909	1910	1911
입교	7,107	8,766	11,061	14,353	18,081	24,239	30,377	39,394	46,934
학습	6,468	6,946	8,431	12,161	19,789	24,122	30,605	33,790	35,508
당해학습	2,821	2,469	4,755	8,047	10,027	14,008	12,588	14,507	15,708
전체교인	19,327	24,971	36,554	27,407	56,943	72,968	94,578	119,273	140,470

대한 예수교 장로회 통계(자료: 곽안련, 한국 교회와 네비우스 선교 정책)

 한국 선교지를 대표하는 두 선교회, 북장로교 선교회와 북감리교 선교회의 교세 신장만으로도 우리는 한국의 부흥운동이 얼마나 놀라운 교세의 증가를 가져왔는가를 알 수 있다. 1907년 9월 현재 북장로교 선교회 소속 교인은 59,787명이고, 7월 현재 북감리교 선교회 소속 교인은 39,613명으로 두 선교회를 합하면 99,400명이다.[94] 따라서 실제로 북장로교와 북감리교회 외의 다른 선교회의 통계를 합칠 경우 대부흥운동 기간 동안의 성장 규모는 125,000명을 훨씬 상회할 것으로 보인다. 당시 한국의 선교사들은 허수를 사용하지 않고 정직하고 조심스럽게 통계수치를 냈기 때문에 실제 부흥의 결실은 그들이 발표했던 수치를 더 상회했을 것이라고 추측된다.

 이와 같이 1907년 부흥운동으로 한국 교회의 선교 현장이 눈에 띄게 신장하자 그 해 10월 29일의 북장로교 실행위원회와, 11월 7일 알렉산더(George Alexander) 의장 주재로 열린 북장로교 선교부는 교육 자재와 교육 사업과 급속히 팽창하는 복음 사역을 위해 20명의 새로운 선교사가 필요하다는 데 의견의 일치를 보았다. 이에 앞서 마펫 박사가 참석한 가운데 열렸던 1907년 9월 30일 한국 선교회에서도 "본국 선교부가 한국 선교부를 강화시킬 것을 요청하기로 결정했다."[95] 특히 부흥운동으로 복음 전도 사역과 교육 사역이 폭발적으로 늘어나 이 사역을 위해 선교사 보강이 절실히 요청되었던 것이다.

---

94 "Field Notes," *KMF* III: 10 (Oct., 1907), 150.
95 *Annual Report, PCUSA* (1908), 51. "우리는 한국 선교회가 3명의 의사, 복음 전도와 교육 사업을 위해 17명의 목사, 복음 전도와 교육사역을 위해 20명의 미혼 여성 선교사를 다음 2년내에 강화시켜야 한다고 믿기에 두 개의 선교부를 개설하고, 최소한이라도 우리의 현 선교부를 강화시키는 것이 가능할 것이다."

1906년 12월 26일, 앨리스(W. T. Ellis)가 한국에 100명의 새로운 선교사를 추가로 보내 줄 것을 천거한 사실로 미루어 볼 때 이와 같은 선교부의 결정은 결코 과장이 아니었다. 북장로교 선교회의 경우 1908년 22명의 새로운 선교사들이 보강되었고, 1909년에 다시 14명이 더 보강되었다. 전체적으로 부흥운동 후 선교사들이 43%가 보강되었고, 초등학교도 115개에서 606개로 증가하였으며, 주일학교 학생수가 17,894명에서 87,117명으로 기하급수적으로 증가하였다. 1908년과 1909년 11개월 사이 북장로교에서만 6,000명 이상이 세례를 받아 27%의 순수 증가를 보였다. 목사의 수는 1907년에 7명이 목사 안수를 받은 후 1910년에는 20명이 되었다. 거의 1,000교회, 25,000명의 세례교인과 전체 교인 11만 명의 한국 교회로 놀랍게 신장한 것이다.

남장로교와 캐나다 및 호주 장로교의 성장

북장로교 선교회뿐만 아니라 남장로교 선교회, 호주 장로교 선교회와 캐나다 장로교 선교회 지역에서도 부흥운동의 결실을 누리고 있었다. 남장로교 선교회의 경우, 남장로교 제 16차 연례모임이 1907년 9월 3일부터 7일, 그리고 21일부터 26일까지 "존 웰스 트레이닝 스쿨(John D. Wells Training School)"에서 모였을 때 한 보고에 따르면, 1907년 9월 현재 지난 1년 동안 놀라운 축복을 받아 27명의 선교사들이 예배 처소 168개, 교회 건물 110개, 입교인 1,859명의 교세를 가졌으며, 입교인 중 반 이상인 990명이 지난 1년 동안에 입교한 사람들이었다. 그리고 앞으로의 밝은 전망은 선교 사역에 놀라운 역동성을 불어넣어 장차 "더 광범위한 계획과 더 밝은 소망"[96]이 도래할 것이라고 예견된다.

이와 같은 전라도 지역의 성장은 지금까지 북부 지역에 편중되어 있던 한국 교회의 성장이 부흥운동을 거치면서 남부 지역으로 확대되었음을 말해 주는 것이다. 1908년 2

---

96 "Annual Meeting of the Southern Presbyterian Mission in Korea," *KMF* III: 11 (Nov., 1907), 171. "Incidents From the Firing' Line," *KMF* IV: 2 (Feb., 1908), 20 - 21. 1907년 가을 3개월 동안 1,272명이 시취를 받고 그중 282명이 세례를 받았으며, 523명이 학습을 받았다. "Quarterly Report of Chunju Station, Southern Presbyterian Mission," *KMF* IV: 1 (Jan., 1908), 16.

월 예수교 신보 논설에서는 남방 교회가 점점 흥왕한다는 소식을 이렇게 전한다:

> 구쥬의 춤 리치가 우리 나라헤 드러온 지 수십 년에 하ᄂ님의 영광을 뎨일 만히 나타내인 곳은 곳 서관(西關)이라. 다른 곳은 몃히 동안에 교회가 잇스되 오히려 젹연 무문ᄒ니 사름의 좁은 의견에는 하ᄂ님씌셔 일톄로 ᄉ랑ᄒ시는 터에 엇지 ᄒ야 엇던 곳은 더 흥왕케 하시고 엇던 곳은 그만 못하게 ᄒ시는고 심각ᄒ기 쉬 올지라. 그러나 근릭에 남방(南方) 형뎨들의 통신을 자조 본즉 그곳 교회들이 졈졈 흥왕ᄒ야 훈편으로는 셩뎐을 건츅ᄒ며 훈편으로는 학교를 셜립ᄒ야 령혼과 지식을 겸ᄒ야 발달케 ᄒ니 비로소 하ᄂ님의 크신 은혜는 시죵이 업스며 넓은 ᄉ랑은 후박이 업시고 다만 사름의 열심이 잇고 업슴을 싸라 셩신과 은혜를 풍부이 주시는 줄을 분명이 깨닷고 하ᄂ님의 홍은을 더욱 찬숑ᄒᄂ이다.[97]

함경도 지역을 선교구로 하고 있는 캐나다 장로교 선교회는 정확한 통계를 보고하지는 않았지만, 하디 선교사를 비롯한 감리교 선교회와 협력하면서 역시 놀라운 전도의 결실을 맺었다.

1908년 4월 현재 한국 교회 통계

	북장로교	북감리교	남장로교	남감리교	캐나다장로	호주장로교
입교인	15,153	3,885	1,961	1,985	814	227
연중세례자	3,421	3,000	970	712	184	
유아세례	1,009	553	178	141	101	62
학습인	16,721	19,570	2,098	3,025	803	253
초신자	23,113	16,158	5,208		2,213	253
등록교인	54,987	39,613	9,267	5,010	3,830	792

자료 KMF (April, 1908)

---

97 론셜, "남방교회가 졈졈흥왕홈," 예수교 신보, 1908년 2월 2일(7호), 45. "새히 동안에 남방 형뎨 주미들의 밋음이 더욱 견고ᄒ고 셩경을 힘써 공부ᄒ야 영혼의 량식을 만히 싸흔 후에 쏘 열심으로 젼도ᄒ야 이 셰샹에 길 일흔 양과 굿치 갈 바를 알지 못ᄒ야 근심ᄒ고 슯허ᄒ는 쟈를 쥬의 압흐로 인도ᄒ야 한량업ᄂ 쥬의 ᄉ랑 아래셔 ᄌ긔의 죄를 면ᄒ게 ᄒ며 셔로 위로ᄒ고 셔로 ᄉ랑홈으로 교회가 단톄 되게 ᄒ기를 간졀히 바라ᄂ이다."

독노회의 조직, 목사 안수, 선교사 파송

이와 같은 놀라운 성장이 계속되는 가운데 장로교 공의회는 1907년 9월 17일에 한국 최초의 독노회를 결성했다. 한국에 하나의 민족 교회를 설립하겠다는 장감의 공통된 의지가 구체적으로 실현되지 못하고 장감이 독자적인 길을 걷게 된 것이다. 이미 북감리교 감독이 두 교파가 하나의 민족 교회를 설립한다는 것 자체가 이상적인 안임에도 불구하고 실현 불가능하다는 입장을 밝힌 상태였기 때문에 네 장로교 선교회로 구성된 장로교 공의회는 예정대로 장로교만이라도 하나의 민족 교회 설립을 추진하지 않을 수 없었다. 그 결과 평양대부흥운동으로 전에 없는 놀라운 성장을 맞고 있던 1907년 9월, 동방의 예루살렘인 평양, 평양대부흥운동의 발원지 장대현교회에서 첫 독노회가 조직되기에 이른 것이다. 최초의 민족 교회가 설립되는 그 역사적 현장에는 33명의 외국 선교사들과 36명의 한국인들이 참석하였다. 더구나 평양 선교를 전국 교회의 중심 세력으로 육성하는 데 절대적인 기여를 한 마포삼열(마펫)이 최초의 독노회장에 선출되었다는 사실도 역사적인 의미를 더해 주었다.[98]

평양에서의 독노회 조직은 기왕의 평양이 차지하는 비중에 비견할 때 결코 이상한 일이 아니었다. 이로써 평양은 장감을 대변하는 1,000여 명 이상 모이는 걸출한 교회들이 포진해 있고, 한국 교회의 신기원을 이룩한 평양대부흥운동의 발원지이고, 가장 탁월한 교수진과 학생진을 갖춘 장로회 신학교가 위치한데다 독노회까지 평양에서 조직되어 명실상부 한국 개신교를 대변하는 상징적인 장소로 자리 매김을 하게 되었다. 최초의 독노회 조직을 통해서 비로소 한국 교회는 한국인들에 의한 민족 교회의 틀을 다질 수 있는 기틀을 마련한 셈이다. 1907년 10월 7일, 평양 주재 북장로교 선교사 번하이셀은 미국 선교부에 한국 장로교 독노회의 설립 소식을 알리면서 흥분을 감추지 못했다:

> 이날은 이 나라 교회에 대단히 의미심장한 날입니다. 마포삼열 박사가 첫 독노회

98　W. D. Reynolds, "The Presbytery of Korea," *KMF* III: 1 (November, 1907), 102-104.

1907년 평양장로회신학교를 1회로 졸업하고 안수받은 최초의 7명의 장로교 목사
뒷줄 좌로부터 서경조, 방기창, 한석진, 양전백, 송린서, 길선주, 이기풍

노회장에 선출되었습니다. 우리는 곧 일곱 명의 목사 후보생을 시취하고 그들이 시취에 통과한 후 17일 밤을 안수식 날로 정했습니다. 그날 밤 많은 청중들이 그 엄숙하고 인상적인 예배를 목도하기 위해 장대현교회에 모여들었습니다. 일곱 명이 강단 앞에 무릎을 꿇고 앉았고, 선교사들이 한국인 장로들에게 앞으로 나오라고 요청한 후 노회장이 안수기도하고 있는 동안 모든 시취 위원들이 안수받을 사람들의 머리 위에 손을 얹었습니다. … 이로써 그들은 한국 장로교회 최초의 안수 받은 목사들이 되었습니다.[99]

이와 같이 노회 조직으로 한반도 내의 복음 전파를 위한 중요한 초석을 다지게 되었다. 뿐만 아니라 첫 독노회에서 선교회가 조직되어 안수받은 일곱 명 가운데 한 사람인 이기풍 목사를 제주도 선교사로 파송하기로 결의하였다. "19년 전" 마포삼열이 조선

---

99 C. F. Bernheisel, Letter to Dr. Brown, October, 7, 1907.

에 입국해 평양으로 선교여행을 떠났을 때 "평양 거리에서 마포삼열을 돌로 친 바로 그 사람이 한국 최초의 개신교 선교사였다는 사실을 주목하는 것은 흥미로운 일이다."[100]

이어 1909년 제 3회 독노회에서는 시베리아 한국인 선교 사역을 위해 최관흘을, 도쿄 한국인 학생들을 위해 한석진을, 또 캘리포니아와 멕시코의 한국인 교포 선교 사역을 위해 방화중을 파송하기로 결의하였다. 이로써 한국 장로교는 처음부터 선교하는 교회로서 그 틀을 견고히 다지게 되었다.

3. 미션 스쿨 및 의료 사역의 증대

부흥운동으로 직접 선교에 대한 관심이 어느 때보다도 높아진 것이 사실이었지만 그것이 간접 선교인 학교와 병원 사역을 평가 절하시키는 계기로 작용하지는 않았다. 오히려 부흥운동은 단순히 복음 전파뿐만 아니라 미션 스쿨과 병원의 설립을 가속화시키는 요인이 되었다.

학업에 대한 열망과 미션 스쿨의 증가

처음부터 교회가 어느 정도 자립할 경우 학교 설립을 권장해 온 전통에 따라 자립하는 교회가 늘어나면서 교회가 운영하는 학교들이 급증하기 시작했다.[101] 말 그대로 교육 분야에서 혁명이 일어난 것이다.

1903년 부흥운동이 일어나면서 보통학교에서부터 중학교, 대학교, 그리고 실업학교에 이르기까지 학교 설립에 대한 전반적인 필요성이 눈에 띄게 증가하였다.[102] 1903년

---

100 A. J. Brown, *Report on a Second Visit to China, Japan and Korea 1909* (New York: The Board of Foreign Missions, PCUSA, n.d.[ca. 1910]), 89-90.

101 Lak-Geoon George Paik, *The History of Protestant Missions in Korea 1832-1910* (Pyeng Yang: Union Christian College, 1929), 308-330.

102 Paik, *The History of Protestant Missions in Korea 1832-1910*, 308-330.

북감리교 보고서에서 노블은 "지난 한 해 동안에 8개의 사립학교가 새로 시작되었으며, 다른 학교들도 계획 중에 있다. 이 도시의 한 학교에는 83명의 학생이 등록하였다. 우리의 시설 확충이 시급하게 요청되고 있다"[103]고 말했다. 해마다 교육에 대한 관심이 높아지면서 학생들의 숫자도 놀랍게 증가할 것으로 예견되었다. 실제로 특히 1907년 부흥운동을 지나면서 학교 설립이 놀라운 속도로 늘어났다. 1907년 7월 25일 스왈른은 미 선교부 아더 브라운 총무에게 흥분을 감추지 못하고 아래와 같이 보고하였다:

> 대단히 놀라운 수의 학교가 올해 설립되었습니다. 내가 맡은 선교구에서만 지난해 16개 학교가 시작되었으며, 전체의 반 이상을 내가 관할하고 있습니다. 학교에 적합한 교사들을 공급하는 문제는 시급한 사항입니다. 대학과 연계된 단기 정규 과정의 문제가 선교부에서 논의되었습니다. 가능한 한 교육은 한국인 교사들만으로 이루어져야 한다고 생각합니다. 그러나 그것이 성공을 거둘 수 있으려면 선교사의 감독이 요청되리라고 봅니다. 교육 전반의 문제가 너무도 긴박하여 가뜩이나 제한된 우리의 에너지의 너무 많은 부분을 교육에 소비해 현 사역의 국면에서 시급하게 돌봐야 할 정규 교회 사역이 소홀하게 되지 않을까 적지 않게 우려가 됩니다. 대학과 중학교, 그리고 정규 사역뿐만 아니라 신학교와 사경회 사역이 점점 더 많은 우리의 관심을 요하고 있습니다. 금년 가을 선교부가 한국으로부터 많은 지원 요청을 받을 것으로 보입니다.[104]

이처럼 학교 설립이 폭발적으로 급증한 것은 대부흥운동을 통해 당시 복음을 접한 이들이 계몽되기 시작하면서 학업에 대한 열망이 자연스럽게 증가했기 때문이다. "학교에 대한 부르짖음이 어느 곳에서나 들린다. 수만의 학생들이 배움을 기다리고 있다."[105] 선교회는 교회 설립뿐만 아니라 이와 같은 배움에 대한 욕구를 충족시키는 일을 동시에 선교회 전체의 중요한 사역으로 여겨 왔던 것이다. 이와 같은 선교회의 교육에 대한 지

103　*Minutes of the Korea Mission*, Methodist Episcopal Church, 1903, 31.
104　W. L. Swallen, Letter to Dr. Brown, July, 25, 1907.
105　*KMF* IV: 3 (Mar., 1908), 33.

원을 단적으로 말해 주는 것이 1908년 연례모임에서 서울 지역을 담당했던 존스가 보고한 내용이다:

> 교육문제에 상당한 노력이 집중되었는데 교회는 이 지역에서 33개의 학교를 갖고 있다. 이들 학교들 가운데 21개 학교는 남학교로 전체 1,015명이 재학하고 있으며 12개는 여학교로 560명 학생이 재학하고 있어 이 한 지역에서만 총 1,575명의 학생들이 있다. 이들 학교들을 구체적으로 이야기하는 것은 불가능하지만 한국인들이 남자 영어고등학교에 기초하여 배재학당을 다시 오픈하기 위해 진심어린 지원을 아끼지 않았다는 사실을 특별히 언급해야 할 것 같다. 아마도 이화학당은 이 나라 미션 스쿨 가운데 가장 좋은 시설을 갖춘 교육 기관일 것이다. 에드먼즈의 조심스럽고 수고를 아끼지 않으며 매우 성공적인 지도로 간호 훈련원이 우리에게 한국 여성들을 위한 크고 중요한 사역의 토대를 제공할 것이다.[106]

배재학당과 이화학당을 비롯한 기존의 학교는 물론 새로 설립된 학교들도 부흥운동 기간 동안 급성장하기는 마찬가지였다.[107] 따라서 점점 더 늘어나는 학생들을 수용할 수 있는 시설 부족과 교사 수급 부족이 선교회에 당면한 현안 가운데 가장 시급한 문제가 되었다. 1903년 북감리교의 케이블은 이렇게 긴급하게 호소하였다. "무엇보다도 우리는 이미 등록된 학생들을 수용할 수 있는 건물이 필요하다. 현 교육 시설로는 말 그대로 도저히 수용할 수 없어 문밖으로 밀려나고 있다. 따라서 우리는 가장 빠른 시일 안에 건물을 세워야 하고 두 명의 교사를 더 고용해야 할 것이다."[108] 1904년 제물포의 남자 사립학교의 경우 40명의 학생들이 재학하고 있었으며, 시설이 부족하여 더 이상 학생들을 수용하지 못하고 있었다. 새 건물이 지어지고 교사들만 확보된다면 학생들의 수는 현재보다 배가 될 것이라고 예견했다. 제물포의 여학교도 이전의 선교역사 중 가장 많은

---

106 "The Annual Meeting of the Methodist Episcopal Church Mission," *KMF* IV: 3 (Mar., 1908), 36.
107 Paik, *The History of Protestant Missions in Korea*, 398-399.
108 *Minutes of the Korea Mission*, Methodist Episcopal Church, 1903, 31.

학생들이 재학하고 있어 남녀 학교 모두 놀랍게 번성하였다.[109]

1907년 대부흥운동이 전국적으로 발흥하면서 미션 스쿨의 학생들은 눈에 띄게 늘어났다. 예를 들어 북감리교의 경우, 평양 지역에만 1906년 13개학교에 281명이 재학하던 것이 1907년에는 17개 학교에 473명으로 놀랍게 성장했다.[110] 1909년 감리교의 케이블 선교사는 "우리는 교육 혁명의 한가운데 있다"[111]고 보고하였다. 부흥운동을 통해 학교에 대한 필요성과 요구가 폭발적으로 늘어나면서 학교 문제는 선교의 가장 중요한 현안으로 떠올랐다.

이것은 장로교의 경우에도 마찬가지였다. 평양 지역에서 활동하는 스왈른이 그 해 11월 1일 "우리가 직면한 가장 큰 문제는 학교 문제이다. 모든 교회가 한 학교씩을 운영하고 있고, 몇몇 교회는 서너 학교를 운영하고 있다"[112]고 선교 본부에 보고한 것처럼 학교 문제는 선교의 가장 중요한 현안으로 떠올랐다. 1907년 10월 현재 보통학교를 제외하고라도 여학교에 약 130명, 평양 숭실중학교와 대학에 약 400명, 합 500명 이상의 학생들이 장로교가 운영하는 학교에 재학하고 있었다.[113]

서울의 경신학교(The Wells Training School)를 맡고 있는 북장로교 선교사 에드워드 밀러(Edward H. Miller)는 1907년 7월 11일, "지난해는 학교 개교 이래 가장 많은 126명의 학생들이 재학하는 가장 대단한 한 해였다"[114]고 보고하였다. 경신학교는 1905년에 새 건물이 완공되었기 때문에 갑자기 늘어난 입학생들을 수용하는 데 별 문제가 없었다.[115] 1906년에 설립된 선천중학교도 부흥운동을 지나면서 학생수가 점증하기 시작했다. 1909년부터 미국의 파크 컬리지(Park College)를 졸업한 매큔과 샤록스가

109　제물포 지역에서만 1904년 현재 12개 사립학교에 237명이 재학하고 있다. 1903년 이후 학생들의 수가 놀랍게 늘어나고 있는 실정이다. E. M. Cable, "West Korea Districts," *Minutes of Korea Mission*, Methodist Episcopal Church, 1904, 31.

110　Cable, "West Korea Districts," 44.

111　*Annual Report, PCUSA* (1909), 270.

112　Swallen, Letter to Dr. Brown, November, 1, 1907.

113　Alice Butts, Letter to Dr. Brown, October, 28, 1907.

114　E. H. Miller, Letter to Dr. Brown, July, 11, 1907.

115　Paik, *The History of Protestant Missions in Korea*, 316.

대부흥운동으로 암흑에서 깨어나고 있는 한국 소녀들

학교 운영을 맡으면서 선천중학교는 장족의 발전을 거듭했다.[116]

　북장로교 대구 선교부가 운영하는 대구중학교도 1907년 대부흥운동을 지나면서 학생수가 증가하기는 마찬가지였다. 1906년 가을 아담스의 책임하에 개교한 이 학교에는 1907년 현재 48명의 학생이 재학하고 있었으며,[117] 1907년 북장로교의 보고서에 따르면 아담스가 맡고 있는 동부 선교구에 5개의 보통학교, 맥팔랜드가 맡고 있는 대구 극동과 남부 선교구에 "지금은 11개 학교가 설립되었고, 많은 교회들이 금년 가을에 학교를 개교하려고"[118] 계획하고 있었다. 맥팔랜드가 맡은 북부 선교구에서도 교육에 대한 관심은 대단했다:

116　Paik, *The History of Protestant Missions in Korea*, 397.
117　*Annual Report, PCUSA* (1907), 47.
118　*Annual Report, PCUSA* (1907), 44.

교회들이 한 초등학교를 설립했는데 이 학교는 교회 밖의 사람들에게 동네 학교보다도 더 인기가 있음이 증명되었다. 초등학교에 대한 열망이 모든 교회들 가운데 일어나 약 세 학교 내지 네 학교가 설립되었다. …교육에 대한 한국인들의 열망이 빠르게 증가하고 있으며 어떤 규모의 교회이든지 머지않아 그 자체의 남녀 초등학교를 가지게 될 것이다. 올해 우리 시골 사역에서만 49개 초등학교에 433명의 학생이 재학하고 있다.[119]

실업학교의 설립 또한 시급히 해결해야 할 시대적 요청이었다. 케이블이 맡고 있는 선교구의 여러 곳에서 한국인들이 무려 1,400명이나 서명하여 실업학교를 설립해 달라고 공식적으로 요청했던 것도 그와 같은 움직임을 반영한다. "한국인 상점이 일본과 중국 제품들로 가득 찬"[120] 당시의 현실에서 한국인들이 스스로 상품을 개발하고 만들어 낼 수 있도록 교육시켜야 한다는 일종의 사명의식을 모두가 느끼고 있었다.

윤치호가 축이 되어 1906년 가을 14명의 학생으로 남감리교가 시작한 개성 실업학교는 그와 같은 시대적 분위기 속에서 태동된 대표적인 학교였다.[121] 설립 2년 만인 1908년에 재학생이 225명으로 늘어났고, 1910년에는 329명으로 불어났다. 1908년에 건립된 교사, 남감리교 선교회의 집중적인 지원, 윤치호의 리더십, 그리고 왓슨을 비롯한 우수한 교수진은 전국적인 관심을 끌기에 충분했다. 특히 교장 윤치호는 1906년 학교가 개교할 때부터 1911년 소위 105인 사건으로 투옥되기까지 모든 노력을 기울여 학교 설립 불과 수년 만에 이 학교를 명실상부한 신흥 명문으로 끌어올리는 데 성공했다.[122]

1907년 10월부터 12월까지 3개월간 선교여행을 다녀온 소안론이 보고한 것처

---

119 Annual Report, PCUSA (1907), 46.
120 Minutes of the Korea Mission, Methodist Episcopal Church, 1903, 31.
121 D. W. Lim, "Songdo Higher Common School," Southern Methodism in Korea Thirtieth Anniversary, J. S. Ryang, ed. (Seoul: Bord of Missions, Korea Annual Conference, Methodist Episcopal Church, South, Seoul, Korea, 1930), 101-112. cf. Paik, The History of Protestant Missions in Korea, 393-395.
122 Paik, The History of Protestant Missions in Korea, 395.

럼 과거와는 달리 권징이 놀랍게 줄어들었고 학교 문제는 중요한 현안으로 떠올랐다. 그것은 학교에 대한 필요가 어느 때보다도 놀랍게 일어나고 있었기 때문이다. "만약 교회가 기독교 교사들을 제공한다면 불신자들은 돈과 자신들의 옛 유교 학당의 시설들을 헌금하고, 기독교 학교의 모든 법칙에 순종할 것과 심지어 교회의 주일예배에 자신들의 자녀들을 보낼 것을 약속하였다."[123] 그만큼 서양교육에 대한 관심이 급증하고 있었던 것이다. 1909년 아더 브라운은 장로교내 초등학교의 현황을 돌아본 후 이렇게 보고하였다:

> 우리는 전국에 걸쳐 589개의 초등학교를 갖고 있다. …실제적으로 모든 한국의 교회들이 초등학교를 운영하고 있다. 때때로 독립교사를 갖고 있기도 하고 때로는 교회 건물을 학교로 사용하고 있기도 하다. 이들 학교 가운데 588개 학교가 한국 교인들에 의해 운영되고 있다. 이것은 대단히 고무적인 사실이다. 1902년 고작 63개 학교에 남학생 845명, 여학생 148명에 불과했으나 지금은 589개 학교에 10,916명의 남학생과 2,511명의 여학생이 재학하고 있다는 사실이 이들 학교의 성장을 말해 준다.[124]

부흥운동을 지나면서 불과 7년 만에 초등학교가 무려 10배나 증가한 것이다. 이와 같은 교육 분야의 놀라운 급성장을 가리켜 백낙준 박사는 "교육 문예부흥"(the educational renaissance)[125]이라고 불렀다.

초등학교가 급증하면서 새로운 갈등도 노출되었다. 즉 처음에는 신앙적인 차원에서 출발했으나 폭발적으로 요구되는 교사들을 충원하는 과정에서 무장이 해제된 후 적지 않은 전직 젊은 군인들이 각 초등학교 교사로 자리를 옮기면서 초등학생들을 대상으로 군사훈련이 실시되기 시작한 것이다.

이로 인해 여러 학교에서 해당 교사와 학교 당국 사이에 심각한 갈등이 빚어졌다.

---

123 "Narrative Report of Rev. W. L. Swallen for October, November, December, 1907," 44.
124 A. J. Brown, *Report on a Second Visit to China, Japan and Korea 1909* (New York: The Board of Foreign Missions, PCUSA, n.d.), 189.
125 Paik, *The History of Protestant Missions in Korea*, 404.

예를 들어 평양의 서문밖학교의 경우 영향력 있는 한 학교 교사가 중심이 되어 "지나치게 많은 시간을 체육과 군사훈련"[126]에 집중하자 학교가 시정 요구를 한 일이 있었다. 그러나 해당 교사가 이를 거부하자 학교 교육위원회는 그를 해임시켰다. 이처럼 학교를 정치 도구화하려는 움직임이 일자, 재령 선교부의 각 지역 교육위원회 위원은 목사가 임명하거나 목사의 동의를 받아 임명할 것, 교사는 반드시 목사나 조사가 임명할 것, 학교는 매일 기도회를 가질 것, 그리고 공식적인 교과 과정을 준수할 것 등 교회가 통제할 수 있는 가능한 모든 방법을 간구하였다.[127] 일본 당국자들은 초등학교를 군사훈련장으로 만드는 움직임을 심각하게 우려하였다. 총독부가 1908년부터 모든 사립학교들이 반드시 교육부에 등록할 것을 법제화시켰던 것도 그런 이유에서였다.[128] 선교회는 이와 같은 상황 속에서 일본 정부와의 마찰을 피해 가면서 학교 설립의 본래의 동기와 목적을 새롭게 인식하지 않을 수 없었다.

사립학교의 육성은 처음부터 교단의 전통을 존중하면서 그들을 신앙으로 교육하는 것을 그 목적으로 삼고 있었다. 그것은 보통학교뿐만 아니라 중학교와 고등학교 교육도 마찬가지였다. 특히 교단이 운영하는 중학교와 고등학교는 소속 교단의 지도자들을 육성하는 것을 중요한 교육 이념으로 삼았다. 하운셀의 보고는 그것을 단적으로 대변해 준다:

> 배재학당은 기독교 학교일뿐만 아니라 교단의 학교이다. 배재학당은 제일 먼저 그리고 항상 감리교회 남학생들과 감리교 부모들의 자녀 교육을 대변한다. 만약 다른 교단의 학생들이 올 경우 그들이 우리의 종교적인 관습을 따른다면 우리는 그들을 환영하고 기쁨으로 그들을 교육시킨다. 모든 학생들은 의무적으로 교회에 정기적으로 출석해야 하고 매일의 기도회에 참석해야 한다. 교과 과정에서 성경은 주요 교과서이다. 매 학년마다 매일 성경 한 과목의 수업을 들어야 한다. 어떤 학

126　*Annual Report, PCUSA* (1906), 291.
127　*Annual Report, PCUSA* (1906), 306.
128　Paik, *The History of Protestant Missions in Korea*, 405.

생도 기독교의 중요 원리 및 교리에 대한 지식을 갖추지 않으면 교과 과정을 통과할 수 없다. 모든 학생들이 예수 그리스도를 그의 인격적인 구주로 영접하도록 교사와 기독교 학생 모두가 특별한 노력을 기울인다. 우리는 모든 학생들이 자신들을 하나님의 백성으로 여기고 있다고 기쁨으로 말한다.[129]

그들은 학생들 모두가 중생을 체험하고 성령으로 거듭나도록 만들어 주어야 한다는 일종의 소명의식을 느끼고 있었다. "교회와 정부에 의해 신뢰받을 수 있는 참된 기독교 특성을 교육시키고 훈련시키는"[130] 것이야말로 그들이 목표로 삼았던 교육 이념이었다. "성령의 감동으로 이 커다란 감리교단의 젊은이들은 광범위하고 충분한 교육을 요청하였다."[131] 감리교의 확산과 더불어 배재학당의 중요성이 증대된 것은 당연한 일이었다. 그러나 이와 같은 교파의식은 부흥운동이 점점 더 저변 확대되면서, 교파를 초월하여 민족복음화와 국민 계몽을 이룩해야 한다는 시대적 요청 앞에 갑자기 사라지고 말았다. 장로교와 감리교는 이 거대한 목적을 위해서는 교파와 교단을 초월하여 협력을 아끼지 않았다. 더 효율적이고 능률적인 교육을 위해 거시적인 안목으로 민족복음화를 이룩해야 한다는 소명의식을 느꼈던 것이다. 따라서 교육 분야에서의 협력은 시대적 요청이었다.

이와 같은 협력의 필요성을 충족시키기 위해 각 선교회와 보통학교는 각 교회들이 운영하는 것을 원칙으로 하였고, 중학교나 대학의 경우에는 타 선교회와의 연합을 통해 학교를 운영하기도 했다. 배재학당을 남북감리교가 공동으로 운영하기로 한 것도, 또 평양의 숭실중학교와 대학을 장감이 공동으로 운영하기로 한 것도 그와 같은 움직임을 반영한 것이다.[132] 베커의 보고에 따르면 평양의 숭실중학교와 대학의 경우 1908년 현재 280명이 재학하고 있었는데,[133] 이들 가운데 110명이 감리교인이어서 분포적으로 장로

---

129 *Minutes of Korea Mission*, Methodist Episcopal Church, 1904, 55.
130 *Minutes of Korea Mission*, Methodist Episcopal Church, 1904, 55.
131 *Minutes of Korea Mission*, Methodist Episcopal Church, 1904, 57.
132 *Annual Report*, PCUSA (1907), 35-37.
133 그중에 예비생(preparatory)이 80명, 1학년 108명, 2학년 45명, 3학년 32명, 대학 신입생 8명, 2학년 5명, 3학년 2명이다.

교와 감리교가 수적 균형을 이루고 있었다.[134] 평양의 여자 고등학교도 겨울 부흥운동을 거치면서 학구열이 더 강해졌고 관심이 더해 82명이 등록했다.[135]

부흥운동은 교육의 필요성을 일깨워 주었을 뿐만 아니라 교육에 대한 흥미를 갖도록 만들어 주었다. 부흥운동을 거치면서 학교 학생들의 학구열은 확실히 이전과 달랐다. 을사조약 체결 후 일본의 한국 지배가 가속화되면서 한때 학생들의 학구열이 급격하게 줄어들기도 했으나[136] 대부흥운동이 발흥하면서 이와 같은 분위기는 "완전히 바뀌었다." 특히 "기독교 학교들은 거의 전체가 자립하는 학교"로 정착했으며, "교육을 유지하기 위해 부모와 학생 모두가 희생을 아끼지 않았다."[137]

부흥운동 기간 평양 지역 학교의 증가

	1902	1905	1907
학 교 수	35	62	106
교 사	35	64	121
학 생	592	1,802	2,583
자립하는 학교 수	30	60	106

자료: *Annual Report, PCUSA* (1907)

부흥운동 이후 이와 같은 학구열이 놀랍게 일어나자 선교회는 체계적이고 조직적

---

134 주요 교과목은 국어로 교육하고 있으며, 중국어, 일본어, 그리고 영어 과목이 있다. 교수진 중에는 11명의 외국인들이 있으며, 이들은 한 주 110시간을 가르치고 20명의 한국인 선생들이 주당 전체 330시간을 가르치고 있다. 산업과(an industrial department-일종의 산학 협동)가 운영되고 있어 39명의 학생들이 학교에 다닐 수 있도록 도와주고 있다. 학교는 특별히 선생들을 계발하기 위해 계획하고 있으며 이미 학생들 가운데 29명은 초등학교 선생으로 4명은 고등학교에서 가르치고 있다. "The Annual Meeting of the Methodist Episcopal Church Mission," *KMF* IV: 3 (Mar., 1908), 38을 보라.

135 *Annual Report, PCUSA* (1907), 37-8. 이들 중 적지 않은 수가 과부들이어서 교회 사역에 이들을 활용할 수 있는 중요한 자원들이었다.

136 Bishop M. C. Harris, "Observations in Korea," *KMF* IV: 5 (May, 1908), 69. 기독교 학교로 널리 알려진 "20년의 역사를 가진 배재학당이 한 학생도 졸업시키지 못했다"는 데서 알 수 있듯이 "근래까지 한국 학생이 비록 매우 우수하고 탁월하더라도 그들의 능력에 비해 흥미는 결여되어" 있었다.

137 Harris, "Observations in Korea," 69.

인 지원을 위해 세계 주일학교 협의회(World's Sunday School Association) 한국 지부를 결성하기에 이르렀다. 이 일은 남감리교 선교회가 주축이 되어 진행했지만 남감리교만이 이 일에 관여한 것은 아니었다. 장감 모든 선교회가 이 일에 협력을 아끼지 않고 적극적으로 참여하였다. 세계 주일학교 협의회는 한국 교회의 가장 시급한 과제 가운데 하나인 젊은이들에 대한 종교 교육을 지원하면서 "젊은이들을 가르치는 문제는 과거처럼 해결하기 어려운 것이 아니다"[138]라고 선언하였다.

장감연합공회의 교육 위원회는 미국 총영사 세이몬스(Thomas Sammons)의 도움을 받아 "한국 정부의 교육 기관들과 교회의 교육 기관들이 더 밀접한 관계를 맺고 기독교 학교의 졸업생들이 공립학교의 졸업생들과 동등한 이익(advantage)과 특전(privilege)을 보장받을 수 있도록 한국 정부 당국에 요청하였다."[139]

1907년 4월 현재 전체 주일학교 및 학교 통계

	북장로교	북감리교	남장로교	남감리교	캐나다장로	호주장로교	합계
주일 학교	596	153	55	33	58	5	900
주일학생수	49,545	12,333	1,784	1,770	3,366	204	69,002
신 학 생	58	480	6		3	1	548
고등학교수	13	3	1	4	0	1	22
학생수	764	249	20	251		7	1291
기타학교수	344	103	34	3	17	7	505
학생수	6742	3538	481	82	305	301	11449
전체 총학생	57,109	16,700	2,291	2,103	3,674	513	82,290

자료: *KMF* (April, 1908)

의료 사역의 증대

한국 선교 사역에서 처음부터 중요하게 다루어져 온 의료 사역은 부흥운동 기간 동

138　"Editorial," *KMF* IV: 4 (Apr., 1908), 57.
139　"News Notes," *KMF* IV: 3 (Mar., 1908), 42-43.

안에도 활발하게 추진되었다.[140] 기성의 평양, 선천, 대구와 부산에서의 의료 선교는 물론 각 지방의 의료 선교도 활발하게 추진되었다. 군산의 다니엘(T. H. Daniel), 목포의 폴시더(W. H. Forsythe), 해주의 노톤(Arthur H. Norton), 그리고 공주의 제임스 밴 브스커크(James Van Buskirk)는 이 기간 동안 의료 선교 분야에서 중요한 공헌을 한 이들이었다.[141] 개성에 "아이비 메모리얼"(Ivy Memorial) 병원이 1907년에 건립되었고, 서울 동대문에 "감리교 여자 병원"이 1908년에 건립되었다.[142] 1907년 겨울에는 한국 의료 선교회(the Korea Medical Missionary Society)가 결성되어 의료 선교의 새 장을 열었다.[143]

1908년 3월 28일 금요일에 한국 의료 선교회 서울지부가 연례모임으로 스크랜톤의 사무실에서 모였으며, 이 모임에서는 한국의 복음화와 교육에 있어서 의료 기관의 유효성에 대한 논의가 집중적으로 있었다.[144] 이들은 자신들이 하고 있는 의료 사역이 단순히 의료 봉사 차원이 아니라 의료 선교의 분명한 목적이 이 나라의 복음화에 있다는 사실을 분명히 하였다.[145]

그런 의미에서 아비슨의 책임 하에 운영되어 온 세브란스 의전이 졸업생을 배출한 것은 한국의 의료 분야에 대한 신기원이자 또한 한국 부흥운동의 결실이 아닐 수 없었다. 부흥운동을 통해 모든 분야에서와 마찬가지로 선교 현장에서 의료 분야에 대한 더 많은 요구가 있었고, 이와 때를 같이하여 1907년 두 명의 한국인 간호사가 배출되

140　Sherwood Hall, "Pioneer Medical Missionary Work in Korea," *Within The Gate*, ed., Charles A. Sauer (Seoul: The Methodist News Service, 1934), 86-105; A. J. Brown, *One Hundred Years. A History of the Foreign Missionary Work of the Presbyterian Church in the U.S.A. with Some Account of Countries, People and the Policies and Problems of Modern Missions* (New York: Fleming H. Revell Co., 1936), 438.

141　Paik, *The History of Protestant Missions in Korea*, 407.

142　Paik, *The History of Protestant Missions in Korea*, 408.

143　Paik, *The History of Protestant Missions in Korea*, 408.

144　"News Notes," *KMF* IV: 3 (Mar., 1908), 43.

145　오하이오 클리블랜드의 Luise H. Severance가 헌금한 기금으로 건축한 세브란스 병원은 한국의 근대 의학을 주도하는 중심지가 되었을 뿐만 아니라 근대 한국 선교에서도 중추적인 역할을 하였다. 1904년 11월 16일, 수요일에 세브란스 기념 병원이 문을 열었다. 병원 설립 배경에 대해서는 O. R. Avison, "The Severance Hospital," *KR* (November, 1904), 486-493을 보라.

폴시더(W. H. Forsythe) 박사와
두 명의 한국인 조사가 복음서를 보급하고 있다

었고,[146] 1908년 7월 세브란스 의전이 첫 일곱 명의 졸업생을 배출한 것이다.[147] 1908년 7월 코리아 미션필드(*The Korea Mission Field*) 표지에 아비슨 교장과 함께 찍은 이들 일곱 명의 졸업생 사진이 게재된 것만 보아도 한국의 선교 사역에서 의료 선교가 얼마나 중요한 위치를 차지하고 있었는가를 짐작할 수 있다. 심지어 그 졸업식에 참석한 총독 이토 히로부미마저 세브란스의 첫 졸업식이야말로 "기념비적인 사건"[148]이라며 찬사를 아끼지 않았다.

스크랜톤 박사가 지적한 것처럼, 알렌의 입국으로 시작된 한국 개신교 선교는 지극히 정치적인 사건인 갑신정변을 계기로 광혜원이 설립되었고 이것이 개신교 선교사들의 선교 거점으로 활용되었으며, 한국 선교의 발전을 위한 산실이 되어 왔던 것이다. 이제 그것이 다시 오늘날의 세브란스 의전으로 발전하는 결정적인 전기가 되어 오늘의 결실을 이룰 수 있었다.[149] 세브란스 의전이 배출한 일곱 명의 졸업생은 국내의 모자라는 의료진을 공급한다는 의미에서뿐만 아니라 부흥운동 기간 동안에

---

146 G. H. Jones, "The Capping of the Nurses," *KMF* III: 4 (April, 1907), 49, 50.
147 "Severance Hospital Medical College," *KMF* IV: 7 (Jul., 1908), 98.
148 "Severance Hospital Medical College," 98.
149 최초의 선교사 Horace Allen 박사, 한국인들의 치료에 헌신하다 순교하여 한국 의료선교를 위해 한 알의 밀알이 된 J. W. Heron 박사, 그리고 1885년 5월 3일에 입국한 후 한국 의료 선교의 산 증인이 된 W. B. Scranton 박사, 그리고 세브란스 병원과 세브란스 의과 대학 설립에 결정적인 공헌을 한 Avison 박사 모두 한국의료 분야의 개척 선교사들이었다. "Severance Hospital Medical College," *KMF* IV: 7 (Jul., 1908), 98-102.

그 첫 졸업생을 배출한다는 점에서, 그리고 더 나아가서 의료 분야에 있어서도 한국인에 의한 의료 선교를 향한 도약을 의미한다는 점에서 더욱 의의가 있다.

부흥운동 기간 동안 상당한 의료 선교 활동의 발전이 있었다. 그 한 예가 1908년 5월 20일 서울에 비해 상대적으로 의료 시설이 부족했던 평양에 미국 북감리교 여선교부의 재정 지원으로 설립된 "평양 여성병원"(Women's Hospital)이다.[150] 이와 같은 활발한 의료 선교의 움직임은 서울에서도 있었다. 여성과 소아들을 위한 두 개의 병원이 서울에서 운영되고 있었는데 이들 병원 역시 매우 광범위하고 유용한 사역을 수행하고 있었다. 그리고 늘어나는 의료 시설을 확충하기 위해 동대문에 여성과 소아들을 위한 새로운 병원을 설립하려는 계획이 완벽하게 추진되어 1908년 봄에 개원되었다.

4. 급속한 성장과 자원의 결여

선교 사역의 확장으로 한국 선교 현장은 부흥운동으로 급신장하는 한국 선교지의 부족한 인적 및 물적 자원을 조달하기 위한 노력이 절실히 요청되게 되었다. 따라서 선교사들은 한편으로는 폭발적으로 늘어나는 선교지의 성장을 관리하면서 다른 한편으로는 부족한 인력 및 물적 지원을 요청하지 않을 수 없었다:

우리의 주된 난제는 모국으로부터의 지원 부족이다. 우리는 사람이 필요하고 또

---

150 평양에 Coroline A. Ladd 병원이 있기는 했지만 의료 시설이 서울에 비해 턱없이 부족했다. "The American Hospital in Pyenyang," KR (July, 1906), 254. 따라서 평양 여성 병원의 설립은 매우 의미가 있다고 할 수 있다. 장감 선교사들이 참석한 가운데 기공식이 성대하게 거행되었다. "만입이 내게 있으면 그 입 다 가지고" 찬양으로 시작된 기념식의 주인공은 Foolwell 박사이다. 이 목사가 기도를 인도하고 박씨가 베드로후서 2장1절부터 10절까지 봉독하였고, 사무엘 마펫 박사가 축사하면서 평양 지역에서의 초창기 선교 사역에 대해 언급하였다. 그날 평양 여자 맹인학교 학생들이 "내가 지켜야 할 책임(A charge to keep I have)"의 찬양을 부르고 일본인 Murata 목사와 Noble 박사의 간단한 말씀이 있은 후 Follwell 박사가 노블 박사에게 병원 이름이 새겨진 은삽을 건네주자 그가 그 안에 다음 내용물이 들은 인봉된 상자를 넣은 주춧돌을 놓았다. 그것들은 아비슨 선교사가 기증한 인체 해부도 등 17가지다. "Cornerstone Laying, Woman's Hospital, Pyong Yang," KMF IV: 7 (Jul., 1908), 103.

장비가 필요하다. 이 난제를 제거한다면 우리는 다른 모든 문제들을 해결할 수 있을 것이다. 최근에 끝난 대회의 회기년(the Conference Year) 동안 순수 21,000명의 회심자를 얻었으며, 극동아시아에서 지금까지 증거되고 있는 가장 주목할 만한 부흥이 진행 중에 있다.[151]

사실, 급속한 성장에 따른 인적 및 물적 지원의 요청은 당시 타국 선교지의 선교사들에 비하면 즐거운 비명이었다. 이제 한국 교회의 문제는 선교지에 파송된 선교사들의 문제도, 복음을 기다리고 있는 한국인들의 문제도, 또 동족에게 복음을 전하려는 한국 그리스도인들의 문제도 아니었다. 이것은 이와 같은 부흥을 얼마나 모교회가 지속적으로 지원해 줄 수 있는가 하는 문제였다:[152]

한국에 관한 한 선교 문제의 정점은 여기 선교지에 있지 않고 바야흐로 미국 교회에 있다. 우리 앞에는 수십만의 한국인들을 구원하는 일을 방해할 아무런 장애물도 없다. 그것은 단지 모교회가 하나님의 교회에 제시된-이 세대 동안에 한 민족에게 민족과 개인의 삶에서 그리스도인이 되는 무한한 혜택을 제공할-기회를 선용하느냐 않느냐의 문제이다.[153]

한국처럼 복음에 대해 준비가 되어 있는 지역은 전 세계에서, 심지어 대체적으로 복음에 대해 열려 있다고 하는 아시아에서도 찾아볼 수 없었다. 인력과 재원만 지원된다면 선교의 결실이 보장되는 지역, 누렇게 무르익어 거두어들이기만 하면 되는 곳, 그곳이 한국이었다. 전환기의 한국에서 게일이 그 책을 마무리하면서 독자들에게 복음을 받을

---

151 Rev. George Heber Jones, "Methodist Episcopal, Mission, Seoul, Korea," *KMF* IV: 5 (May, 1908), 68.
152 1907년 하반기에 들어서면서 부족한 사역자 충원에 대한 요청 서신이 미 선교 본부에 쇄도하고 있었다. 예를 들어 충청도 청주에서 사역하는 S. F. Miller는 급속한 성장으로 사역자 충원을 긴급히 요청하였다. S. F. Miller, Letter to Dr. Brown, October 8, 1907.
153 *KMF* IV: 3 (Mar., 1908), 33.

준비가 되어 있는 아시아에 와서 함께 복음을 전하자고 호소했던 것도 그 때문이었다.[154]

또 한국 부흥운동의 주역 가운데 한 사람이었던 북감리교 선교회의 존스가 5월 메릴랜드 볼티모어에서 개최되는 감리교 총회(the General Conference of the Methodist Church)에 총대로 선출되어 5월에 열리는 대회에 맞춰 도착하기 위해 4월 첫 주에 한국을 출발한 것도 그런 이유에서였다. 그는 한국에 대한 지원을 끌어내려는 막중한 사명감을 안고 한국을 출발했다. 대회에 참석한 후 존스는 9월까지 미국에 머물면서 한국의 감리교 선교 사역을 지원하기 위한 10만 달러 모금운동에도 참여할 예정이었다.[155]

미국 교회의 지원

다행히 한국에 대한 모국 교회의 반응은 매우 호의적이었다. 대부분의 선교회에 대한 지원이 상당 부분 약속되었다. 어느 정도 유럽에서 건강을 회복한 언더우드 선교사는 유럽에서 미국으로 건너와 홀, 브루인, 사이드보텀, 샤록스를 수행하고 뉴욕에서 북장로교 선교 본부가 추진하는 한국 선교비 모금을 위한 대규모 캠페인을 지원하였다. 20만 달러의 모금 계획과 상당한 선교사 확보가 어렵지 않게 달성되었다.[156]

1908년 봄 뉴욕을 방문하고 있던 남감리교 선교사 저다인의 보고에 따르면 한국에서 사역하는 선교회들이 모국으로부터의 지원을 약속받기 위해 활발하게 움직이고 있었고, 이들은 실질적인 성과를 거두고 있었다. 한국에서 활동하는 한 선교회는 미국 선교 본부로부터 한국에서 필요한 "16명의 새로운 선교사"[157]를 더 확보할 수 있었다. 가장 급신장한 남감리교 선교회는 많은 선교사와 막대한 선교비의 지원이 절실하게 요청되고 있었다:

---

154   Gale, *Korea in Transition*, 246.
155   "News Notes," *KMF* IV: 3 (Mar., 1908), 40.
156   "News Notes," 42.
157   J. L. Gerdine, "Southern Methodist Mission," *KMF* IV: 5 (May, 1908), 68.

나는 10명이 추가되고 5만 달러가 선교지에 투자된다면 복음을 한국에 전하는 우리의 책임을 감당할 수 있을 것이라고 평가한다. 선교지는 무르익고 소명은 너무 약속이 보장되어 매우 실행 가능한 것을 우리가 수행하는 데 실패한다면 그것은 부끄러운 일이 아닐 수 없다. 나는 교회가 한국에 대한 책임을 기꺼이 감당해야 한다고 믿는다. 그것은 지금 수행되어야 한다.[158]

선교사들의 적극적인 노력과 미국 교회의 헌신적인 지원으로 부흥운동 이후 한국에 대한 지원은 이전보다 한층 더 강화되었다. 미국에서의 지원이 속속 접수되면서 한국의 선교지에서는 많은 변화들이 일어났다. 학교와 병원이 설립되고 선교 사역이 놀랍게 확장되었다. 1908년 5월 평양의 장로교 신학교 새 교사(校舍)의 머릿돌이 놓여졌다. "교사 건립에 대한 자금은 시카고의 맥코믹 신학교에 기금을 기부한 맥코믹 가(家)의 맥코믹 여사가 헌금한 것이다."[159] 남감리교 선교회는 모국으로부터 원산의 남학교 건축비를 지원받았고,[160] 남감리교 해외 여선교부로부터도 서울, 원산, 그리고 개성의 여학교 건립 기금 6만 달러에 대한 지원을 약속받았으며,[161] 북장로교 선교회도 제물포의 여학교 건립 목적으로 2,500달러의 헌금을 지원받았다.[162] 이처럼 미국으로부터의 국내 선교부에 대한 지원이 매우 활발하게 이루어졌다.

북감리교 선교회는 몇 명의 새로운 선교사들이 도착하여 한층 더 보강되었다.[163]

---

158 Gerdine, "Southern Methodist Mission," 69.
159 "News Notes," *KMF* IV: 5 (May, 1908), 71.
160 "News Notes," 71.
161 "News Notes," 71.
162 "News Notes," 89.
163 새로 임명된 R. R. Repert 선교사와 아내는 서울에, Loeber 선교사와 아내는 제물포에 거점을 마련했고, Norton 박사와 아내는 영변에서 의료 사역을 맡았으며, Billing 씨는 평양에서 학교 사역을 맡았다. Wagner 박사와 Van Busker 박사가 각각 해주와 공주에서 의료 사역을 맡았다. "News Notes," *KMF* IV: 6 (Jun., 1908), 88. 당시 이와 같은 놀라운 부흥운동의 영향으로 미국 선교사들과 공관들 사이에 긴밀한 협력이 있었다. *KMF* 6월호에는 "1908년 5월 26일에는 미국 총영사 Thomas Sammons과 아내가 서울의 미국 영사관에서 외국 교민들에게 화려한 리셉션을 개최하였다"는 기사와 "영국 영사관 총무(junior Secretary) Oswald White 씨가 서울의 YMCA 회계에 임명되었다"라는 기사가 실렸다. "유명한 영국 부흥사 Gipsy Smith가 1909년 한국에서 열리는 선교 25주년 기념행사에 초대되어 기념 경건예배를 인도할 예정이다." "News Notes," *KMF* IV: 6 (Jun., 1908), 89.

1907년 9월 17일 예일대학교 선교학 교수 하란 비치(Harlan P. Beach)가 그의 아내와 함께 북경을 거쳐 한국에 입국해 평양, 개성, 서울을 방문하여 한국인들 가운데 나타난 "성령의 역사를"[164] 연구하였고, 세브란스병원 설립 기금을 기증한 세브란스 씨가 1907년 9월에 선교 현장을 방문하였으며,[165] 그보다 3개월 전 1907년 6월 18일부터 열린 감리교 연례모임에는 한국 감리교 선교에 절대적 기여를 한 메릴랜드의 볼티모어 여자대학의 가우처(John F. Goucher) 총장이 서울을 방문하여 "한국 선교사들의 연합정신과 영적으로 충만한 교회들과 주를 간절히 찾는 수많은 교인들로 인해 놀라운 감동을 받았다."[166]

25년 전인 1883년 민영익을 단장으로 한 견미사절단 일행이 미국을 방문했을 때 가우처 목사가 기차 안에서 그 일행을 만났던 일화는 널리 알려진 이야기이다. 그는 "전도할 마음이 심중에 일어남으로" 감리교회에 보조금을 기부하여 감리교로 하여금 아펜젤러와 스크랜톤을 한국의 선교사로 파송할 수 있도록 길을 여는 데 결정적인 역할을 하였다. 가우처 목사의 방문은 그런 의미에서 매우 의의가 깊었다. 1883년 기차 안에서 한국 공사를 만나 한국 선교에 대한 비전을 가진 후 지금까지 "二十五 년 간에 날마다 대한을 위ᄒᆞ야 긔도ᄒᆞ엿다"[167]는 그의 고백은 그곳에 모인 이들을 감동시키기에 충분했다. 그는 그곳에 모인 한국인들에게 자녀들에게 영어를 가르칠 것, "경부 명령을 슌종ᄒᆞᆯ" 것과 미국과 일본에 가서 대학 교육을 받고 돌아와야 한다는 사실과 "녀ᄌᆞ도 ᄯᅩᄒᆞᆫ 학교에 보내여 공부케 ᄒᆞᆯ"[168] 것을 부탁하였다.

헤론 의사의 딸(S. A. Heron)이 북장로교 선교회 소속 선교사로 합류하는 등 개척 선교사들의 아들과 딸들이 한국 선교지로 돌아와 팽창하는 선교 사역을 지원하였다. 남감리교 선교 본부 총무 램부스(Walter R. Lambuth) 박사가 대부흥운동이 한국에 놀랍게 확산되고 있던 1907년 봄 한국을 방문하여 주일날 수많은 한국인들이 모인 개성의

---

164 "Field Notes," *KMF* III: 10 (Oct., 1907), 149.
165 Avison은 9월 12일에는 세브란스 씨의 한국 방문을 기념하여 리셉션이 열었다.
166 "What Prominent Men Have Said," "Field Notes," *KMF* III: 10 (Oct., 1907), 158; "유명훈 미년회," 신학월보 1907년 2호, 89.
167 "유명훈 미년회," 90.
168 "유명훈 미년회," 90.

교회에서 말씀을 전해 "깊은 감동"을 주었다. 한국의 선교 현장을 돌아보고 본국으로 돌아간 그가 본국 선교부를 설득하여 한국 선교에 대한 더 많은 지원을 끌어내는 데 크게 기여한 것은 당연한 일이었다.[169]

이처럼 한국에 대한 지원이 계속 있었지만 그것은 부흥운동으로 놀랍게 확산되는 선교 현장의 필요를 충족시켜 주기에는 턱없이 모자랐다. 이와 같은 열악한 환경 속에서도 한국 교회가 성장을 계속했다는 사실을 지적하지 않을 수 없다:

> 이와 같은 장애에도 불구하고 지난 9개월간의 성인 세례자의 수는 우리가 주목할 만한 한 해라고 생각했던 그 이전의 12개월의 수보다도 무려 100% 이상이 증가하였다. 지난해 전체 교인 수는 3분의 1이상이 증가했고, 학습교인은 지난해보다 40% 이상이 증가했다. 만약 우리의 현재의 능력이나 사역 전반의 필요를 충족했더라면 이 숫자는 훨씬 더 증가했을 것이다.[170]

급성장에 따른 남감리교의 선교 방향 수정

남감리교 선교회는 폭발적으로 늘어나는 요구를 채우기 위해서 세 가지 방향으로 대책을 모색했다. 첫째는 북감리교와의 협력을 강화한 것이었다. 남감리교는 1903년부터 북감리교와의 유대 관계를 지속해 오다 1907년 대부흥운동을 지나면서 더 구체적인 협력 관계로 발전시켰다. 그 해에 남북감리교는 아예 연례모임을 같은 시간, 같은 장소에서 갖고 공동으로 해 갈 수 있는 분야에서는 적극 협력하기로 합의를 보았다. 남감리교는 한국의 복음화를 위해 북감리교와 신학교를 공동으로 운영하기로 의견의 일치를 보았다. 이 합의에 따라 북감리교와 남감리교의 한국인 교역자들을 위한 신학 수업이 9월 17일부터 10월 12일까지 서울의 존스, 원산의 하디, 개성의 크램, 그리고 평양의 노블

---

169   "The Visit of Dr. Wilbur F. Crafts to Seoul," *KMF* III: 5 (May, 1907), 73.
170   J. L. Gerdine, "Conspectus of the Past Year in the Southern Methodist Mission," *KMF* III: 9 (Sep., 1907), 129.

이 중심이 되어 열렸다.[171] 부흥운동의 실질적인 주역들이 장차 이 나라의 교회를 짊어질 목회 후보생들을 훈련시킨 것이다.

둘째는 모교회로부터의 지원이었다. 남감리교의 경우, 한국 선교역사가 짧고 선교의 경험도 부족해 모교회의 지원이 더욱 요구되었다. 남감리교는 효율적인 선교 사역을 위해서는 선교사 수가 "즉시" 배로 증가해야 한다고 이해하였다:[172]

> 사업의 원리들은 즉각적이고 대단한 투자를 요구한다. 만약 이 위대한 선교운동을 추진하는 모국 교회들이 인적 및 재정 투자에서 사업의 원리들을 따른다면 한국은 곧 복음화된 민족이 될 것이다. …지금은 발전기이다. 모국 교회들이여, "앞으로! 행군!"이라고 외치십시다. 그러면 그리스도의 군대와 한국 교회의 지도자들이 그리스도의 이름으로 정복하기 위해 행군할 것입니다.[173]

당시 선교지 한국을 방문한 이들이라면 이와 같은 모국 교회의 지원 요청이 매우 타당성이 있다는 사실을 피부로 느낄 수 있었다. 한국을 방문한 각 교단의 미국 선교 본부 "총무들은 이 절박한 필요에 깊은 감동을 받고 자신들의 힘이 닿는 대로 필요를 보강하기 위해 모든 것을 다 하기로 약속하고 돌아갔다."[174] 이들 모두 "한국이 즉시 복음화 할 수 있고 또 복음화 되어야 한다"[175]는 사실을 확인한 것이다. 남감리교 선교회는 놀라운 선교 확장으로 시설이 부족하자 캔들러 감독의 방한을 계기로 학교 건물, 기숙사, 병원을 위해 부지를 확보하고, 시설 확충에 매진하기 시작했다. 1907년 10월 남감리교 감독 캔들러는 개성 학교를 위해 25,000달러를 이미 모금했으며 앞으로 10만 달러를 달

---

171 "Field Notes," *KMF* III: 10 (Oct., 1907), 148.
172 이어 두 번째 큰 교단이 되었는데, 이 숫자는 지난해에 비해 일년 동안 50% 이상이 증가한 것이다. 여기서 사역하고 있는 선교사들은 남자 선교사가 25명, 그들의 아내가 19명, WFMS 사역자가 28명, 도합 72명이었다.
173 "Editorial," *KMF* IV: 4 (Apr., 1908), 56.
174 "Methodist Annual Meetings," *KMF* III: 7 (Jul., 1907), 105.
175 "Methodist Annual Meetings," 105.

성하기 위해 모금을 계속할 것이라고 알려 왔다.[176]

그러나 이와 같은 미국 교회로부터 인적 및 물적 지원에도 불구하고 저다인이 고백한 대로 남감리교 선교회가 "현재의 힘으로는 놀라운 교인 증가를 돌보기에는 턱없이 모자랐다."[177] 급속한 성장에 보조를 맞출 수 없었던 남감리교 선교회는 의도적으로 세례를 시행하는 속도와 학습교인으로 등록하는 속도를 늦추어 좀 더 질적인 성장에 초점을 맞추기로 합의를 보았다. 이것이 급증하는 외적 성장에 대처하려는 남감리교 선교회의 세 번째 방향이었다.

실제로 남감리교의 안수 받은 선교사들은 개교회의 부흥회 인도를 지양하고 한국인 지도자들에게 그 일을 일임했다.[178] 이 방법은 한국 교회의 적극적인 참여와 전도열을 고취시키는 데 매우 효과적인 방법이었다. 한국인 지도자들이 인도하는 집회가 한국인들의 정서에 더 맞는 경우가 많아 그들이 인도하는 집회를 통해 하나님의 복음이 매우 효과적으로 확산되어 나갔기 때문이다.[179] 그 결과 저다인이 지적한 것처럼, 한국인 사역자들의 설교를 통해 이 나라에 많은 사람들이 거듭나고 있다는 풍부한 증거들이 있었다.

특별히 당시 지역 교회를 맡고 있던 세 명의 남감리교 한국인 설교자들의 사역을 통해 지난 한 해 동안 수많은 불신 영혼들이 주님께로 돌아왔다. 그들은 "많은 사람들에게 거룩한 축복을 베풀어주는 도구"[180]로 쓰임 받았던 것이다. 그 결과 "교회가 점점 더 강건해졌고," 해가 가면 갈수록 "더 많은 사람들이 그들을 공격하는 유혹에도 흔들리지

---

176   "What Prominent Men Have Said," *KMF* III: 10 (Oct., 1907), 159. 그 결과 윤치호가 다른 남감리교 선교사들과 협력하면서 거점으로 삼고 있는 개성에 종합선교, 문예 및 산업학교 병원, 5채의 주거를 위해 72에이커를 확보하고, 총액 35,000달러의 학교건축 계획이 차질 없이 진행되었고, 학교의 놀라운 성장에 따라 부족한 인력을 메우기 위한 노력도 병행되어 "일리노이 대학의 Thompson 교수가 개성의 남감리교 영한학교의 산업과를 책임 맡기 위해 한국에 입국했다." "Field Notes," *KMF* III: 10 (Oct., 1907), 148. 또한 "남감리교 선교회 설립자 C. F. Reid의 아들 W. T. Reid가 의학과정과 뉴욕 시 Harlem 병원에서 2년간의 인턴십을 마치고 개성에 현재 건축 중인 병원의 책임을 맡기 위해 내한했다." "Field Notes," *KMF* III: 10 (Oct., 1907), 148. 이처럼, 부흥운동을 거치면서 가장 폭발적으로 증가한 남감리교 선교회에 대한 모국의 지원은 어느 선교회보다도 활발하게 진행되었다.

177   Gerdine, "Conspectus of the Past Year in the Southern Methodist Mission," 129.
178   Gerdine, "Conspectus of the Past Year in the Southern Methodist Mission," 129.
179   Gerdine, "Conspectus of the Past Year in the Southern Methodist Mission," 129.
180   Gerdine, "Conspectus of the Past Year in the Southern Methodist Mission," 130.

않는 은혜의 상태에 도달하는"[181] 것을 목도할 수 있었다. 그러나 이와 같은 선교 정책은 한국인들의 리더십을 강화시켜 선교의 내실을 기하는 데는 기여했지만, 한국 교회의 부흥운동을 주도하던 남감리교가 그 후 타 선교회에 비해 성장이 눈에 띄게 둔화되고 영적으로도 급속히 냉각되는 요인이 되었다.[182]

5. 한국 교회 부흥운동과 성장의 몇 가지 특징

1907년 평양대부흥운동 이후 진행된 대부흥운동과 관련된 지금까지의 한국 교회의 성장은 몇 가지의 뚜렷한 특징들을 남겨 놓았다.

첫째는 1907년 이후의 한국 교회의 부흥운동이 그 이전과 비교할 때 뚜렷한 차이가 있다는 사실이다. 1907년 이전에도 한국 교회는 놀랍게 성장했고 또한 부흥운동이 선교지에서 분명하게 감지되었지만, 이것은 1907년 이후와 비교할 때 국부적이고 지엽적인 한계, 즉 특정 지역에서 일어난 부흥운동이었다. 1903년 하디를 통한 원산부흥운동부터 감지되기 시작한 부흥운동의 움직임은 평양과 원산과 서울과 개성을 중심으로 전개되어 오다 다시 이것이 몇몇 지방으로 확산되었다.

1907년 평양대부흥운동이 발흥하면서 부흥운동은 전국적인 부흥운동, 그야말로 대부흥운동으로 폭발한 것이다. 1907년 1월 장대현교회에서 일어난 부흥운동은 장대현교회를 시발로 평양 전역으로 확산되었고, 다시 전국의 주요 도시로 그리고 또다시 전국의 모든 지역으로 부흥운동의 불길이 널리 더 깊이 확산되어 나갔던 것이다. 특히 평양대부흥운동은 1907년 1월부터 6월 사이에 가장 두드러지게 저변 확대되어 전국적인 현상으로 발전하였던 것이다.

---

181 Gerdine, "Conspectus of the Past Year in the Southern Methodist Mission," 130.
182 1909년에 들어서면서 남감리교 성장이 상당히 둔화되는 현상이 나타나는데 그 같은 결과는 1907년 대부흥운동으로 인한 놀라운 교세의 증가를 대처하는 남감리교의 선교 정책과 매우 밀접한 연계성을 지닌다고 볼 수 있다. 남감리교 선교사들, 특히 부흥운동에 대해 향수적인 선교사들이 이와 같은 남감리교의 외형적인 침체를 우려하면서 1909년 가을 다시 영적각성운동이 남감리교에 있어야 한다고 촉구했던 것도 그런 이유에서였다.

둘째는 모든 선교회에서 놀라운 성장이 이룩된 것이 사실이지만, 가장 눈에 띄는 성장을 이룩한 교단은 감리교 선교회 특히 남감리교 선교회였다. 하디의 회심과 그로 인한 남감리교의 원산부흥운동과 그 후의 하디의 활동으로 남감리교는 한국 부흥운동에서 중추적인 역할을 하였다. 비록 1897년에 선교를 시작하여 한국에서는 아주 늦게 시작한 선교 단체였지만, 부흥운동을 계기로 한국에서 외형적인 숫자에 비해 부흥운동을 주도하는 선교 단체로 부상했던 것이다. 하디뿐만 아니라 후에 입국한 저다인이나 크램 모두 한국의 부흥운동을 전국적인 현상으로 발흥시키는 데 중추적인 역할을 하였다. 자연히 남감리교 선교부가 자리잡은 원산과 개성은 한국 선교지에서도 눈에 띄는 성장을 이룩한 대표적인 부흥운동 중심 지역으로 떠올랐던 것이다.

셋째는 대부흥운동과 교회 성장과의 관계이다. 부흥운동이 교회의 성장과 직접적인 연계성을 가지느냐 아니냐는 논란이 한국 교회 성장을 연구하는 사람들 사이에 있었던 것이 사실이지만, 이 부흥운동이 한국에 뚜렷한 성장을 가져다준 중요한 요인이 되었다는 사실을 부인할 수 없다. 1903년부터 뚜렷한 성장세를 보였던 것도 1903년의 원산부흥운동, 1907년의 평양대부흥운동, 1909년 이후의 백만인 구령운동 등 이와 같은 일련의 부흥운동과 맞물려 이룩된 결과이다. 일률적인 통계로 분석하여 결과를 산출하기보다는 특정 지역, 특히 부흥운동이 두드러진 지역에서의 교회 성장이 그렇지 않은 지역에서보다 더 두드러지게 나타났다는 점에서 부흥운동과 교회 성장은 모종의 상관관계가 있다는 사실을 말해 주는 것이다.

넷째는 부흥운동이 교회의 교세의 성장뿐만 아니라 사역의 확장과 다양성, 그리고 한국 교회의 전반적인 성장을 유도했다는 사실이다. 교세가 늘어나면서 교육열이 동시에 높아졌고, 이들의 필요를 채워주기 위해 학교가 세워지고, 자연스럽게 미션 스쿨이 발전하는 결과를 낳았던 것이다. 이것은 의료 선교 사역에서도 마찬가지였다. 더 많은 병원이 설립되었고, 더 효율적인 의료 활동을 위해 세브란스 의과대학을 통한 한국인 의사를 배출해 부흥운동 기간 동안 한국 선교지에서의 의료 활동이 더욱 활발하게 추진되었던 것이다.

이와 같은 선교 사역의 확장과 다양성은 부흥운동의 결과라는 사실을 기억해야 할 것이다. 그런 면에서 실제적으로 1903년 이후, 좀 더 기원을 거슬러 올라가면 청일전쟁 이후 평양 중심으로 급성장하기 시작한 한국의 교세가 1903년 원산부흥운동을 지나면서 더욱 두드러지게 나타나다 1905년 을사조약 이후와 1907년 평양대부흥운동 이후 눈에 띄는 성장세를 기록했던 것이다. 존스는 이와 같은 놀라운 "한국 교회의 성장이 이 민족의 급속한 복음화에 대한 밝은 약속을 제공하였다"[183]고 말한다.

    마지막으로 본국 교회의 지원에도 불구하고 선교 확장에 따른 인적 및 물적 지원이 충분히 공급되지 못했다는 사실이다. 한국 교회가 급성장함에 따라 미국 교회들의 지원이 끊임없이 이어진 것은 사실이었지만, 남감리교의 경우에서 발견할 수 있듯이 미국 교회의 지원이 현장의 요구를 충족시켜 주기에는 역부족이었다. 그만큼 한국 교회의 교세는 대부흥운동을 거치면서 기하급수적으로 급성장했던 것이다.

---

183   Jones, *The Korean Revival*, 44.

제 11 장
대부흥운동과 사회개혁

> 슐군과 노룸군과 도젹과 간음쟈와 살인쟈와 스스로 의롭다 ᄒᆞ는 셕가와 공조의 문도들과 마귀 슝비ᄒᆞ는 쟈들이 예수교에 드러와 새 사름이 됨으로 녯일은 영원히 업서졋도다.

1908, 신학월보

티모시 스미스(Timothy Smith)가 19세기 후반 미국 부흥운동과 사회개혁에서 부흥운동이 얼마나 놀라운 사회적 변혁을 가져다주었는가를 잘 지적한 것처럼,[1] 참된 부흥운동은 개인의 영적각성으로 그치지 않고 개인의 변혁에 근거한 사회 변혁으로 이어져 왔다. 특히 "20세기 이전의 부흥운동은 사회에 지대한 영향을 미쳐 중요한 인도주의 발전의 요인을 가져 왔고, 그 결과 의미심장한 사회개혁을 낳았다."[2] 어느 때보다도 가난한 자들에 대한 구제활동이 활발했고, 노예 문제에 대한 관심도 그 때만큼 활발하게 이루어진 적도 없었다.[3] 이와 같은 현상은 20세기 이전의 미국 부흥운동과 영국 복음주의 운동에서 두드러졌다.[4]

---

1   Timothy L. Smith, *Revivalism and Social Reform in Mid-Nineteenth Century America* (New York: Abingdon., 1957), 34-44, 148-224.
2   Richard M. Riss, *A Survey of 20th Century Revival Movement in North America* (Peabody: Hendrickson, 1988), 7.
3   Smith, *Revivalism and Social Reform in Mid-Nineteenth Century America*, 163-177, 204-224.
4   Smith, *Revivalism and Social Reform in Mid-Nineteenth Century America*, 163-177, 204-224.

이것은 한국의 평양대부흥운동에서도 예외가 아니었다.⁵ 과거 죄의식에 있어서 희미하던 한국인들에게 평양의 오순절의 성령의 역사는 자신들이 철저하게 죄인이라는 사실을 가르쳐 주었고, 그 죄의 문제를 청산하지 않고는 견딜 수 없도록 만들어 주었다.⁶ 그와 함께 자연히 개인의 영적각성은 사회개혁의 중요한 동인으로 자리 매김을 하였다. 미국 제 1차 대각성운동에서처럼 한국 교회 대부흥운동은 말씀에 근거한 성령의 역사로 인한 영적각성이 죄의식을 심화시켜 주어 성결한 삶을 지향하도록 만들어 준 것이다.⁷

1. 대부흥운동과 영적각성

전환기의 한국에서 게일은 대부흥운동 발흥과 함께 "이미 전국이 깨어나고 있으며, 새로운 시대가 도래 하고 있었다"⁸며 흥분을 감추지 못했다. 성령께서 그들로 자신들의 죄성을 발견하도록 도우셨고, 성령의 강한 역사로 자신들의 죄성을 발견한 이들은 비탄과 통회로 자신들의 죄를 회개하며 새로운 피조물로서의 새 삶을 시작하도록 만들어 주셨다. 그들은 부흥운동을 거치면서 비로소 분명한 죄의식을 가질 수 있었던 것이다.⁹ 오랫동안 복음을 통해 신앙을 접한 이들 가운데서도 기독교만이 갖고 있는 진리에 대한 체계적인 이해와 죄에 대한 분명한 인식이 결여되어 그리스도인이 된 이후에 진정한 기독교인의 삶이 무엇인가를 확실하게 심어 주는 것이 쉽지 않았다.¹⁰

부흥운동은 이와 같은 과거의 문제점을 일소시켜 참된 영적각성을 그리스도인들의 심령 심령에 심어 주는 중요한 역할을 했던 것이다.¹¹ 심지어 선교사들 가운데 한국인들

---

5   George Heber Jones, *The Korean Revival* (New York: The Board of Foreign Missions of the Methodist Episcopal Church, 1910), 40-41.
6   James S. Gale, *Korea in Transition* (New York: Laymen's Missionary Movement, 1909), 213.
7   Riss, *A Survey of 20th Century Revival Movement in North America*, 7.
8   Gale, *Korea in Transition*, 228.
9   Jones, *The Korean Revival*, 35.
10 J. Z. Moore, "The Great Revival Year," *KMF* III: 8 (Aug., 1907), 118.
11 Jones, *The Korean Revival*, 35.

은 죄의식을 심오하게 느낄 수 없다고 생각하는 이들도 있었다. 그러나 대부흥운동 기간 동안 영적 회개와 각성의 현장을 목도하고는 이와 같은 의심이 사라지고 말았다.[12] 부흥운동은 선교사들에게 한국인들에 대한 새로운 이미지를 심어 주는 결정적인 계기가 되었다. "한국인들도 이 세상의 어떤 백성들만큼 놀랍게 죄의식을 가질 수 있음을 보여 주었다. 한국 교회의 한 외침은 심령 정화를 위한 것이다."[13]

1908년 2월 코리아 미션 필드에 실린 미 북장로교 선교회 소속 프레더릭 밀러가 소개하는 자신의 경험담은 그와 같은 죄의식에 대한 한국인들의 영적각성을 대변해 주는 한 가지 사례이다:

> 변화된 도박꾼이자 탕자였던 늙은 김씨가 선교사의 침실, 부엌, 거실, 그리고 연구실로 사용하고 있는 사방 7피트 방바닥에 책상 다리를 하고 앉았다. 조사 이씨가 그 옆에 앉아 김씨의 기독교 신앙체험이 사실인지를 확인하기 위해 질문을 하였다. 그러는 동안 선교사는 깊은 관심을 가지고 자신의 간이침대에 앉아 지켜보고 있었다.
> "당신은 그리스도인입니까?"
> "당신은 무엇을 믿으시지요?"
> "당신이 믿을 때 구체적으로 어떤 죄를 회개하셨지요?"
> "그 죄들을 용서받으셨나요?"
> "어떻게 그것을 아시지요?"
> "그 후 당신은 죄를 짓지 않았나요?"
> "당신이 죄인이라는 사실을 발견하고는 어떻게 하셨는가요?"
> "얼마나 자주 기도하시나요?"
> "가족 기도회를 갖는가요?"
> "성경을 공부하고 계시는가요?"

12　Jones, *The Korean Revival*, 35.
13　"The Korean Revival," *KMF* IV: 4 (Apr., 1908), 62.

"씨뿌리는 비유를 말씀해 주실 수 있겠습니까?"

"성경을 당신의 가족들에게 가르치고 계신가요?"

"당신과 당신의 가족과 소는 주일날 세상일을 삼가고 있는가요?"

"예수께서 당신을 위해 무엇을 하셨는가를 다른 사람들에게 이야기하시나요?"

"성령이 거주하시는 곳은 구체적으로 어디인가요?"

"그가 당신의 심령에 거하시는가요?"

"어떻게 그것을 아시나요?"

여기서 그는 곧 바로 일어서더니 이렇게 말했다. "당신과 목사(당시 선교사를 이렇게 불렀다)에게 최근에 내가 성령을 받았다고 생각되는 한 가지를 말씀드리겠습니다. 당신은 내가 늙은 사기 도박꾼인 것을 잘 아시지요? 최근에 일본인들이 철로를 놓을 때 땅을 잃었던 모든 사람들을 불러서 보상해 주었습니다. 나는 내 사촌 대신 갔지요. 그들이 내게 돈을 지불하자 나는 그 돈들을 다 계산할 수 없었기 때문에 돈을 모아 내 주머니에 넣었답니다. 내가 그 보상금을 내 사촌에게 건네 주었을 때 그는 이미 잃어버린 것으로 생각하고 포기해 전혀 보상을 기대하지 않았던 땅에 대해 보상을 받아 기뻐했습니다. 그런 후 나는 읍내에 나가 한 친구를 만났지요. 내가 주머니에서 수첩을 꺼내다 내 주머니에 5엔 짜리 지폐가 남아 있는 것을 발견한 겁니다. 처음에 나는 '하나님이 내게 이것을 주셨구나'라고 생각했습니다. 그러나 나는 그 5엔짜리 지폐가 나를 괴롭히는 바람에 그날 밤 한 잠도 잘 수가 없었던 겁니다. 아침에 나는 곧 바로 그 집으로 달려가 그것을 그 주인에게 돌려주었답니다. 만약 성령이 나의 이 탐욕적인 마음에 계시지 않았다면 그런 일은 10년이 지나도 일어나지 않았을 겁니다."[14]

이와 같은 변화된 모습, 마지막 남은 5엔짜리까지 돌려주는 정직한 모습, 과거에는 결코 볼 수 없었던 예수 믿은 후에 나타난 이 같은 변화를 보고, 마지막 남은 5엔까지 돌려받은 사촌은 그를 어떻게 생각했겠는가? 전혀 소망이 없다고 생각했던 그 사람에게

---

14 F. S. Miller, "Why Kim Thought he had Received the Spirit," *KMF* IV: 2 (Feb., 1908), 23-24

나타난 변화는 사촌과 그 가족에게 그만큼 크게 다가갔을 것이고, 따라서 기독교에 대한 인식을 새롭게 하였을 것이며, 결국 그 일로 인해 그를 변화시키신 하나님이 영광을 받으셨을 것이다.

"이같이 너희 빛을 사람 앞에 비춰게 하여 저희로 너희 착한 행실을 보고 하늘에 계신 너희 아버지께 영광을 돌리게 하라"(마 5: 16). 한 사람의 변화가 주변 사람들, 특히 가족과 친척들에게 얼마나 영향을 미치는가를 주님은 너무도 잘 아셨던 것이다. 이와 같은 사실은 부흥운동의 현장에서 부흥운동의 진행 과정과 그 영향을 직접 확인할 수 있었던 노블이 1907년 6월 북감리교 연회에서 한 다음과 같은 보고에서도 그대로 나타난다:

> 부흥운동의 즉각적인 결과는 그것이 교회의 성격을 혁명적으로 바꾸어 주었다는 사실이다. 지난 몇 년 동안에 우리 선교회의 교회에 영입된 수많은 교인들은 불신자들과 구별되지 않는 많은 당혹스러운 특징들을 가지고 있었다. 그러나 그 모든 것들이 이제는 사라졌다. 대체로 부흥운동은 사람들에게 그리스도인이 된다는 것이 무슨 의미인지에 대하여 다른 개념을 제시해 주었다. 이로써 부흥운동은 설교 및 사회사업에 있어서 목회자들에게 더 좋은 활동의 기초를 제공해 준 셈이다. 교인들은 자신들을 하나님 사업에 헌신하도록 부르셨다는 것이 무엇을 의미하는지를 비로소 알게 되었다.[15]

부흥운동을 통해서야 교인들은 그리스도인이 된다는 것이 무엇을 의미하는지 깨닫게 되었고, 자연히 이와 같은 의식의 변화가 삶의 변화로 이어져 그들을 믿지 않는 세상의 여타 사람들과 구별되게 만들어 주었다.

부흥운동이 한창 한국의 전역을 휩쓸고 있던 때 고위층의 자제인 한 젊은 소녀가 선교사들이 운영하는 기숙사 시설이 완비된 미션 스쿨에서 몇 년 동안을 보내면서 주님을 영접하고 변화를 받았다. 말씀의 씨앗이 그녀의 심령에 뿌려지자 그녀의 근본 성품이 바꾸어지기 시작했다. 그녀의 놀라운 변화는 그녀의 가족들을 변화시키는 동인이 되었

---

15 *Minutes of Korea Mission*, Methodist Episcopal Church, 1907, 57.

다. 처음 딸의 말에 귀를 기울이지 않던 그녀의 어머니가 그녀의 변화된 모습에 감동을 받은 것이다. 딸아이의 변화, 과거와 달라진 성품, 항상 즐겁게 노래하며 집안의 분위기를 밝게 해주는 딸의 모습이 어머니를 그리스도인으로 만드는 동기가 된 것이다.

그녀의 아버지는 이렇게 고백하였다. "딸아이는 언제나 노래를 불렀습니다. 당신은 어떻게 그녀가 제 어미를 그리스도인이 되도록 사로잡기 시작했는지 아셔야 합니다. 처음에 제 어미는 그 어떤 것에도 귀를 기울이지 않았으나, 딸아이가 너무 변화되었고, 너무 착해졌고, 너무 행복해져서 드디어 제 어미가 그녀와 함께 교회에 가기로 동의했고, 지금은 누구도 그 두 사람 모두를 교회에 다니지 못하게 할 수 없게 되었습니다. 이 종교는 참으로 놀랍습니다."[16] 그 후 이 가정이 한국의 고위층 집안에 복음을 전하는 복음의 통로로 쓰임받은 것은 자연스러운 일이었다.

복음이 심겨지는 곳마다 변화의 역사가 나타난 것이다. "그리스도가 나의 삶에 오시고 하나님의 영이 나의 영혼을 변화시키시자 영적인 변화뿐만 아니라 정신적인 변화가 나타났다"[17]고 한 어느 젊은이의 고백대로 복음은 인간의 심령을 근본적으로 변화시켜 주었다. 누구든지 그리스도 안에 있으면 새로운 피조물로 지음을 받게 되었고, 그것을 가능케 하는 원동력은 말씀이었다. "너희가 거듭난 것이 썩어질 씨로 된 것이 아니요 썩지 아니할 씨로 된 것이니 하나님의 살아 있고 항상 있는 말씀으로 되었느니라"(벧전 1: 23). 부흥운동은 이 말씀이 심령을 변화시키는 능력의 말씀으로 역사하고 있음을 생생하게 증명해 주었다.[18]

확실히 부흥운동으로 한국인들은 자신의 내면에 깊숙이 자리 잡고 있는 죄성이 얼마나 무서운가를 성령의 역사를 통해 분명하게 인식하기 시작했다. 그 결과 이전보다 더 분명한 죄의식을 갖게 되었다.[19] 부흥운동 기간 동안 선교 현장에서 발생하는 앞에서 언급된 김씨와 같은 사례는 헤아릴 수 없이 많다.

---

16 "Quincy Erving," *KMF* VII: 5 (Jun., 1910), 117.
17 Charles Lee, *How a Korean Found Full Salvation* (Kansas: J. L. Douglass, 1914), 26.
18 심지어 한국 기독교에 대해 비판적이었던 래드마저 부흥운동을 거치면서 한국의 도덕적인 수준이 한층 향상되었음을 인정하였다. George Trumbull Ladd, *In Korea with Marquis Ito* (London: Longmans, Green & Co., 1908), 393.
19 Roy E. Shearer, *Wildfire: Church Growth in Korea* (Grand Rapids: Eerdmans, 1966), 56-57.

철저한 회개, 한층 깊어진 죄의식

이와 같은 죄의식에 대한 새로운 영적각성은 1907년을 전후한 부흥운동의 일반적인 특징으로 부흥의 역사가 나타나는 곳이면 보편적으로 발견할 수 있는 현상이었다. 1908년 4월호 코리아 미션 필드에 "한국의 부흥운동"(the Korean Revival)이란 제목으로 실린 다음 사건 역시 그와 같은 영적각성을 대변하는 또 다른 사례이다:

평양에서 온 한 젊은 학생이 탄광의 중앙 캠프 가운데 하나인 북진에 있는 한국인 교회를 방문하여 행한 설교는 교인들에게 대단한 감동을 주었다. 설교를 들은 이들 가운데는 회사 광석 사무실에 고용된 한 젊은 한국인이 있었는데, 그는 그곳에서 가장 믿을 수 있는 한국인 고용자로 평가받고 있었다. 신앙을 갖기 전 그는 시험에 빠져 여러 차례 작은 양의 금을 훔쳐 그것이 나중에는 상당한 액수에 해당할 만큼 쌓였다. 교회에 합류한 후 그는 그것을 바른 일에 사용할 기회를 얻기를 바라면서 금을 숨기며 살아 왔다. 그의 생활은 여러 가지 면에서 그 주변 사람들에게 본이 되기는 하였으나, 그는 내면에 숨겨진 죄로 인해 몹시 괴로워하고 있었다. 그러다 성령의 강권적인 능력에 사로잡히자 내면에 숨겨진 죄악들을 완전히 고백하지 않을 수 없었고, 도적질한 모든 금을 돌려주기로 마음에 결심을 하기에 이르렀다. 비록 사실을 털어놓는다는 것이 자신의 해직, 불명예, 책벌을 의미하는 것임을 잘 알면서도 어느 날 그는 광산 관리인을 찾아 그 금을 그들 앞에 두고 그의 죄를 고백하면서 여하튼 그들과 하나님과 바른 관계를 가져야만 하겠다고 말했다. 그러나 그의 이와 같은 행동은 그의 고용주들에게 깊은 감동을 주었다. 부지배인은 그에게 악수를 청하고 그의 정직한 행동을 칭찬해 주었고, 고용주들이 그의 죄를 용서하고 해고시키지 않을 것이라고 말했다. 그 결과 이 신뢰받은 광산의 고용인은 과거의 굴곡(crooked-ness)을 바로 고칠 수 있었을 뿐만 아니라 고용주들이 그를

믿을 수 있도록 더 강한 신뢰를 보여 주는 데 성공했다.[20]

선교 사역에서 가장 중요한 부분을 차지하는 집회는 바로 이와 같은 놀라운 축복의 원천이었다. 성경공부반(사경회) 외에 거의 모든 큰 규모의 교회들과 얼마의 작은 교회에서조차 일주에서 3주씩 계속되는 부흥회를 가졌는데, "이들 부흥회는 기도, 죄의 고백, 영적 회복, 과거를 바로잡는 시간들"이었다. 그 후에 참으로 죄를 용서받았다는 느낌, 중생의 확신과 정결케 하시고 능력 있게 예배를 드리게 하시는 성령의 부으심에 대한 기쁨이 잇따랐다. 그때 그들 대부분이 불렀던 찬송, 그들이 평양에서 부를 때 해리스 감독을 감흥시켰던 찬송은 "예수의 보혈밖에 없네"였다.[21]

분명히 1907년 대부흥운동 이후 한국인들 사이에 뚜렷한 죄와 의에 대한 의식이 생겨났다. 부흥운동이 진행되고 있던 수개월 동안 부흥의 현장을 경험한 한 선교사는 이렇게 고백하였다:

> 부흥운동이 일어난 이래 지난 수개월을 되돌아보면, 그(부흥운동) 경험으로부터 태동된 바 특별한 결과가 눈에 띄게 돌출하는 것이 있다. 이것들 가운데 하나는 그리스도인들 가운데 의와 죄에 대한 지식이 깊어졌다는 것이다. 이 주제에 대한 기독교의 가르침은 죄의식과 의에 대한 의식이 전혀 없지 않았지만 우리가 갖고 있는 것과 다른 표준을 가지고 있던 한국인들에게 새로운 것이었다. 부흥운동은 교회의 심령에 놀라운 죄성과 의에 대한 영원한 의무감에 대한 깊은 인식을 남겨 주었다.[22]

모든 부흥운동이 일어난 곳마다에서 공통적으로 나타난 앞서 언급한 회개와 통회와 자복은 부흥운동이 얼마나 죄에 대한 철저한 회개를 동반했는가를 말해 준다. 영적 각성운동을 통해 놀라운 성령의 은혜를 체험한 이들은 과거 자신들이 도둑질한 물건이

---

20 "The Korean Revival," *KMF* IV: 4 (Apr., 1908), 62.
21 Moore, "The Great Revival Year," 117.
22 "The Direct Effects of The Revival," *KMF* IV: 5 (May, 1908), 70.

나 돈들을 되돌려 주었고, 이 집 저 집 다니면서 기독교인들에게 뿐만 아니라 믿지 않는 자들에게도 개인적으로 자신들이 범했던 잘못된 죄악들을 토로하였다. 부흥운동이 일어난 곳마다에서 이와 같은 회개와 영적각성운동이 이어졌다. 그 한 예가 해주의 교회이다. 1907년 해주에서는 부흥운동이 발흥해 그 불길이 18개 교회로 확산되면서 전체 교인 중 3분의 2가 자기 죄를 자백하고 용서를 구했으며, 그와 함께 죄에 대한 분명한 인식을 갖게 되었다.[23]

이길함 박사와 방위량 선교사가 1907년 2월 영유에서 사경회를 개최할 때 "한 사람이 일어나 교회 가까이에 있는 계곡에서 사람을 죽였다"[24]고 고백하고는 단상 앞에서 기절하는 바람에 사람들이 그 형제를 두드려 깬 후에야 일어났던 일도 있었다. 한국의 어떤 중국 상인은 한 그리스도인이 자신을 찾아와 그가 회심하기 이전, 몇 년 전에 부당하게 착복한 거액의 돈을 되돌려 주는 것을 보고 깜짝 놀라기도 했다.

은혜를 받고 나면 죄책감에 사로잡혀 그 모든 죄들을 토로하지 않고는 견딜 수 없는 법이다. 부흥운동 이후 이전에 비해 권징이 현격히 줄어들었다. 1907년 가을 3개월 동안 현장을 돌아본 한 선교사는 "이 가을에는 이전보다 실제적인 문제들이 더 적었고, 권징의 사례들도 놀라울 정도로 적어 전 지역에서 단지 4차례에 불과했다"[25]고 보고하였다.

한 선교사가 지적한 것처럼 확실히 죄에 대한 회개와 각성은 "부흥운동의 직접적인 결과"(The Direct Effects of the Revival)[26]였다. 이 사실은 선교사 가정의 한 하인의 경험에 의해 잘 예시된다. 그 사람은 그리스도인이 된 지 10년이 된 사람이었다. 그는 충실하게 교회에 출석했고 항상 예배에서 행해지는 모든 것에 깊은 주의를 기울였다. 부흥운동 초에 그는 부흥운동에 대해 상당히 부정적인 견해를 가지고 있었다. 그에게 부흥회 기간 동안 자주 일어나는 통회의 장면은 일종의 오락거리를 제공하는 것에 불과했다. 그

---

23 *Minutes of Korea Mission*, Methodist Episcopal Church, 1907, 46.

24 Blair & Hunt, *The Korean Pentecost & the Sufferings Which Followed* (Edinburgh: The Banner of Truth Trust, 1977), 76-77.

25 "Narrative Report of Rev. W. L. Swallen for October, November, December, 1907," *KMF* IV: 3 (Mar., 1908), 44.

26 "The Direct Effects of the Revival," 70.

가 일하는 부엌은 종종 부흥운동 장면을 흉내 내면서 자신의 동료들과 즐기는 일종의 무대였다. 그는 일부러 자신의 주먹으로 바닥을 치는 체하기도 하고, 몸을 뒤틀면서 부흥회 장면을 흉내 내기도 하였다.

어느 날 아침 그의 주인이 그에게 하나님과 화해가 있는지를 물었다. 그는 대답을 얼버무리면서 그 방을 나갔다. 다음날 집회가 열리자 그는 교회 앞자리의 한 의자에 앉았다. "그는 일어서서 자신의 죄를 토로하고 자신의 생애의 모든 죄악들을 고백하였다. 다른 것들 가운데 그는 그의 주인의 신의를 저버렸던 행위들을 말했다. 드디어 완전히 포기한 상태에서 그는 앞으로 달려 나가 그를 고용한 선교사 앞으로 기어가 무릎을 꿇고 그가 범한 모든 잘못된 행위들에 대해 용서를 구하였다."[27] 그 순간부터 그는 변화된 사람이 되었다.

부분적으로 죄를 고백했던 자들도 후에는 자신들의 모든 죄들을 일일이 고백하였다. 때문에 자신의 죄를 숨기려는 이들은 그로 인해 더 큰 고통을 감수해야 했다. 1907년 1월 장대현교회에서 열린 평양 사경회 기간에 김 장로를 미워한 적이 있다고 고백했던 강유문은 자신이 고백하지 않은 죄에 대한 죄책감에 사로잡혀 몹시 괴로워하고 있었다. 몇 년 후 한 여인이 강씨가 교회 직분을 맡고 있는 동안에 그와 부도덕한 죄를 지었음을 고백하면서 강씨가 그것을 숨기고 회개하지 않았던 것이 드러났다. 부흥회가 끝난 후 강유문은 점차 교회에서 멀어졌고, 결국 선교회는 그를 해고해야만 했다. 마침내 그는 교회에 발을 끊었고 의도적으로 방위량 선교사를 피했다. 그 후 강씨는 점점 더 완악해져 마침내 그 도시의 포주가 되어 남은 생애를 아편과 더불어 사악한 생을 보내야 했다.

죄를 회개하는 자에게는 은총을, 숨기는 자에게는 죄를 드러내시고 그를 방탕과 어둠으로 몰아내신 것이다. 그러나 이런 경우는 극히 예외였다. 대부분의 사람들은 자신들의 죄악들을 철저하게 회개하였고, 하나님과의 새로운 관계 속에서 살아갔다. "강씨와 같은 몇몇 경우를 제외하고는 교회에 미친 부흥의 효과는 대단히 유익하고 고무적이었다. 전 교회가 정화되었고 화목해졌으며 새롭게 되었다. 우리가 그 해 가을 우리의 독립적인 한국 교회를 조직하기 위해 모였을 때 다툼에 대한 소리는 한마디도 들리지 않았고

---

27   "The Direct Effects of the Revival," 70.

오직 한국 전역, 그리고 만약 하나님이 원하시면 중국과 일본에 가능한 빨리 복음을 전하고 기도하려는 대단한 열망만 있었다."[28]

평양대부흥운동 이후 지난 몇 개월을 돌이켜 본 한 선교사는 1908년 5월, 부흥운동이 가져다준 효과 가운데 하나가 "신자들 가운데 의와 죄의 의식을 심화한 것"이라며 이렇게 말하였다. "이 (죄의식) 문제에 대한 기독교의 교훈은 한국인들에게는 생소하였다. 한국들에게도 죄와 의에 대한 의식이 없는 것은 아니었으나 우리들의 그것과는 다른 것이었다. 이 부흥은 교인들의 마음에 죄의 극심한 죄악성을 깨닫게 하여 주는 동시에 의에 살고 행하는 것이 우리 평생의 책임이 된다는 의식을 깊이 넣어 주었다."[29] 이와 같은 영적각성은 교회의 삶을 변화시켰다:

> 약 반 마일 떨어진 큰 두 마을에는 상당히 강한 두 교회가 있었다. 지금까지 내가 사역을 시작한 이래 나는 그들을 하나로 합해 한 교회를 이루려고 시도했으나, 이 시끄러운 교회는 항상 교회에 대한 우리의 계획을 위축시켜 왔고, 그 결과 그 지역에서의 주의 사역 역시 위축되고 말았다. 그러나 부흥운동이 이곳에 임하자 탄식과 눈물로 교만과 질투와 증오를 통회하는 역사가 나타나 이제는 그들이 연합하여 큰 타일로 덮은 교회를 건축하고 있다. 올해 사역 가운데 가장 중요한 것은 단연 이와 같은 부흥이었다. 한국인 가운데 한 사람이 말한 것처럼, "부흥운동이 없었다면 교회는 심각한 위험에 직면했을 것이지만 부흥으로 교회가 새롭고 살아있는 교회로 태동되었다.[30]

이처럼 부흥운동은 영적 갱생을 통해 한국 교회를 새롭게 정화시켰고, 죄의식을 더 강화시켰으며 윤리적인 면에서도 한 차원 더 높은 수준으로 끌어 올렸다.[31] 부흥운동이

28　William Newton Blair, *Gold in Korea* (Topeka: H. M. Ives & Sons, 1946), 67.
29　"The Direct Effects of the Revival," 70.
30　Moore, "The Great Revival Year," 117-118.
31　Jones, *The Korean Revival*, 35-37. 개인의 기도생활과 경건생활이 달라지면서 그리스도인들의 도덕 및 윤리적인 삶에 변화가 일어난 것이다.

해리스(M. C. Harris)와 한국인 동역자들

한창 한국 전역에 일고 있을 즈음 평양 지역의 북감리교 선교사 모리스는 부흥운동이 한국인들의 도덕 수준을 지금까지보다도 더 한층 높여 주었다고 확신하고, "한국 교회 기독교 의식의 성장을 지켜보면서 매우 감사하고 있었다."[32]

평양대부흥운동은 개인의 각성뿐만 아니라 내면의 정화가 외면의 정화로,[33] 개인의 각성이 사회개혁으로 이어져 이전에 찾아볼 수 없었던 기독교 문화 변혁이 한국인의 의식과 삶 속에 놀랍게 움트기 시작했다. 누구든지 그리스도 안에 있으면 "새로운 피조물이라 이전 것은 지나갔으니 보라 새 것이 되었도다"는 사도 바울의 고백대로 평양대부흥운동으로 그리스도인들은 중생을 체험했고, 그 결과 교회의 신앙 수준이 한 단계 더 성숙해졌다. 북감리교 선교회 감독 해리스는 1908년 볼티모어에서 열렸던 북감리교 총회에서 이렇게 보고하였다:

---

32   *Minutes of Korea Mission*, Methodist Episcopal Church, 1907, 66.
33   마음의 정결뿐만 아니라 몸과 가정을 정결하게 하는 것도 그리스도인들에게 강조되었던 것들 가운데 하나이다. "집안을 정결케 홀 것," 신학월보, 1904년 9월, 381-4.

11장 대부흥운동과 사회개혁   491

이 부흥운동의 효과는 전적으로 훌륭하였다. 즉 교회의 신앙수준이 더 높아졌고, 미리 자상(仔詳)한 성경교육이 있었으므로 광신(狂信)은 거의 없었으며, 정신 이상과 같은 사건도 하나도 없었고, 수천 명의 신도가 바른 마음의 자세를 가졌으며, 다수인에게 성직의 소명을 받게 하였고, 그보다도 더 많은 교회들이 성경 말씀을 공부하려고 무려 2천 명의 대집회를 한 장소에서 거행하였으며, 수천 명이 글 읽기를 배우고 기독교를 알아보려고 문의하였고, 술주정꾼, 도박꾼, 도적놈, 오입쟁이, 살인, 도박, 광신적 유학자들, 구태의연한 불교 신도들, 수천 명의 잡신을 섬기던 사람들이 다 그리스도 안에서 새 사람이 되었으니 옛 것은 모두 다 지나가고 말았다.[34]

해리스의 보고는 부흥운동이 그리스도인들은 물론 비그리스도인들에게도 얼마나 큰 영향을 미쳤는가를 단적으로 말해 준다. 우리는 부흥운동이 개인적인 영적 갱신운동으로 그치지 않고 사회개혁으로 이어졌다는 사실을 어렵지 않게 찾아볼 수 있다. "성신의 권능은 약한 자를 강하게 만들어 주었고, 잘못된 길을 걷던 여인들에게 깨끗한 생활을 가르쳐 주었다."[35] "모든 잘못된 일이 바로잡히게 되었고, 도둑맞은 돈이 되돌아"오는 등 이 부흥운동은 신앙생활을 새롭게 만드는 계기가 되었다. 평양대부흥운동이 일어나고 나서 평양은 그야말로 거룩한 도성 예루살렘으로 변했고, 주일에는 불신자들마저도 가게 문을 열지 못할 만큼 개혁의 분위기가 강하게 조성되었다.

2. 배움에 대한 갈망

부흥운동은 진리에 대한 사모함을 낳았다. 그것은 부흥운동이 문자를 알지 못하는 이들에게 한글을 배워 성경을 읽을 수 있도록 사모하는 마음을 불어넣어 주었기 때문이

34　Journal of the 25th Delegated General Conference of the Methodist Church in 1908, 861, 862, 백낙준, 한국 개신교사 (서울: 연세대학교 출판부, 1990), 391에서 재인용.
35　Annual Report, PCUSA (1908), 302.

다. 그 때문에 정상적인 교육을 받지 못해 글을 알지 못하는 이들 가운데 은혜를 받고 나서 말씀에 대한 간절한 마음으로 글을 배운 경우가 이루 말할 수 없이 많았다.[36] 그러나 한글 습득이 단순히 성경을 읽게 하려는 수단으로만 강조되지는 않았다. "아모 나라던지 제 나라 방언이 업스면 자주 독립하난 큰 나라이 되지"[37] 못한다는 점을 동시에 일깨워 줌으로써 믿는 사람들이라면 당연히 민족의 언어 한글을 배워야 한다는 분위기를 조성해 주었다.

자연히 부흥운동은 교육 전반에 대한 간절한 열망을 고취시켜 주었다. 배움에 대한 열망은 부흥운동이 이 민족에게 가져다준 가장 놀라운 선물 가운데 하나였다. 평양대부흥운동이 한국 전역으로 확산되고 있던 1907년 6월 북감리교의 스크랜톤은 "무엇인가 해야 된다는 사실로 한국이 깨어나고 있으며, 교육과 교회에서 도움을 찾고 있다"[38]고 말했다.

이 민족이 부흥운동 이후 얼마나 배움에 굶주렸는가를 단적으로 말해 주는 것이 1907년 11월 에드워드 밀러가 코리아 미션 필드에 기고한 "배움에 대한 굶주림(Hungry to Learn)"[39]이다. 공주 지역을 맡고 있던 스위러도 똑같은 현상을 선교 현장에서 확인할 수 있었다:

> 기독교인들이 자신들에게 신앙과 도덕 교육을 시켜 줄 것과 자신들의 아들과 딸들을 위해 학교를 설립해 줄 것을 요청하고 있다. 우리는 이 요구를 충족시켜 주기 위해 훈련된 교사들을 확보해야 할 것이다. … 이 일과 관련하여 한 가지 고무적인 특징은 한국인 스스로 학교 운영비를 제공하려는 노력이 일고 있다는 사실이다. 그러나 그들이 그 자금을 모금할 수 있든 없든 그들은 학교 설립을 원하고 있다.

---

36 김우제, "우리 나라에 드문 일," 신학월보, 1903년 7월, 297. 강화읍의 김씨 부인이 80세에도 불구하고 주를 밋기 작정한 후 언문을 알지 못함으로 성경을 보지 못하야 주야 근심하고 날마다 언문을 힘써공부하야 나종에 언문성경을 보기에" 이르렀다는 기록이 있다.
37 "언문 배우기 긴함," 사설, 신학월보, 1903년 7월, 275-276.
38 *Minutes of Korea Mission*, Methodist Episcopal Church, 1907, 30.
39 E. H. Miller, "Hungry to Learn," *KMF* III: 11 (Nov., 1907), 166.

점자성경을 구하러 1,000리 길을 찾아온 시각장애인

지금은 이 나라의 젊은이들을 그리스도에게로 인도할 우리에게 찾아온 절호의 기회이다.[40]

배움에 대한 열망은 에드워드 밀러의 말대로 "배움에 대한 굶주림"이라고 표현할 만큼 간절했다. 그만큼 대부흥운동이 한국 교회에 발흥하면서 모든 선교지마다에서 "교육에 대한 열망이 점증하고 있었다."[41] 부흥운동을 통해 복음을 접하고 하나님의 놀라운 은혜를 체험하자 곧 안목이 열려 과거에 자신들이 보지 못했던 것을 보게 되었고, 배움에 대한 굶주림으로 성경학교, 보통학교, 중학교, 고등학교로 학업의 길을 찾아 떠나는 이들이 수없이 많았다.[42] 심지어 외국으로 유학을 떠나는 이들도 생겨나기 시작했다.[43]

선교사들은 복음을 통해 놀라운 영적각성을 경험하고 새로운 인생을 설계하는 젊은이들을 지역 교회의 지도자로 육성하기 위해 그들 중 몇몇을 발굴하여 교육을 시키는 일을 게을리 하지 않았다.[44] 1906년 10월 1,500명의 북감리교회 소속 교사들이 모임을 가진 것이나, 1907년 1월 서울에서 기독교 교육의 공동의 관심사를 논의하기 위해 교사대회(a Teacher's Convention)가 열렸던 것도 부흥운동의 저변 확대와 더불어 기독교 교육의 중요성이 제기되었음을 말해 준다.[45]

1907년 평양대부흥운동이 한반도 전역을 휩쓸고 있는 동안 선교사들은 단순히 복음만을 전하는 것으로 만족하지 않고 동시에 우수한 젊은이들을 발굴하여 선교부가 운

---

40 Minutes of Korea Mission, Methodist Episcopal Church, 1907, 60.
41 W. L. Swallen, Letter to Dr. Brown, July, 25, 1907.
42 J. Z. Moore, "Changed Life," KMF III: 10 (Oct., 1907), 159-160. 1907년 10월 J. Z. Moore는 위의 글 "변화된 삶"(Changed Life)을 통해 부흥운동이 개인의 영적각성으로, 다시 영적각성이 배움에 대한 갈증으로 이어져 한 사람의 인생관을 얼마나 깊이 변화시켰는가를 말해 주고 있다.
43 1929년 12월 뉴욕에서 발행된 the Korea Student Bulletin에는 1912년 이후 미국에서 유학하여 학위를 받은 54명의 분포가 실려 있다. M.A.가 30명으로 가장 많고 그 다음이 Ph.D.로 11명이며, 그 다음이 M.S. 6명, B.D. 3명, M.B.A. 2명, M.L.과 D.P.H.가 각각 1명씩 도합 54명이었다. Ellasue Wagner, Korea: The Old and the New (New York: Fleming H. Revell. Co., 1931), 125-126.
44 김챵건, "교회 통신, 의쥬 리신," 그리스도 신문, 1906년 1월 18일, 59. 의주에서는 아직 중학교가 설립되지 못해 학교 설립을 위한 모임이 구체화되었음을 알리는 기사가 실렸다. 평양과 서울에 중학교가 있었으나 외국인이 주도하는 것이었고 한국인들이 주도하는 중학교가 설립될 필요성이 제기된 것이다.
45 Minutes of Korea Mission, Methodist Episcopal Church, 1907, 30.

영하는 미션 스쿨에 보내는 일을 게을리 하지 않았다. 그것은 이 나라 젊은이들이야말로 장차 "모든 면에서 진리의 지식을 널리 전파하여 이 나라에 기독교 문명을 세우는 데 있어서 강력한 요소들이 될 것"[46]이라고 희망하였기 때문이다. 따라서 젊은이들을 바로 교육시키는 것이 이 민족의 복음화를 앞당기는 일이며 이 나라에 성숙한 기독교 문화를 정착시키는 첩경이라는 확신을 가지고 있었다.

존 무어는 평양대부흥운동 이후 1년 동안 그의 선교 구역에서만 150명의 젊은이들을 발굴하여 이들을 미션 스쿨에 진학시킬 계획을 세우고 있었다.[47] 과거에도 후보자가 없었던 것은 아니지만 평양대부흥운동 이후 숫자는 이전보다 압도적으로 증가했다. 개성의 남감리교 선교회가 운영하는 한 학교에서는 평양대부흥운동 이후 학생들이 놀랍게 불어나 이들을 학교가 다 수용할 수 없을 정도였고, 1906년에 설립된 평양의 숭실학교도 부흥운동으로 학생들이 급증하는 바람에 교육 시설의 확충이 시급한 현안으로 떠올랐다. 평양 숭실중학교와 숭실대학의 경우, 교장 베어드의 보고에 따르면, 1907년 11월 현재 신입생 255명을 받아 전체 숫자가 367명으로 늘어났으며, 이것은 지난해의 160명과 비교할 때 압도적으로 늘어난 숫자였다.[48] 부흥운동이 한 개인의 각성으로만 그친 것이 아니라 교육에 대한 간절한 열망을 고취시켰고, 영적각성을 체험한 젊은이들은 교육의 기회를 열심히 찾아 나섰다.

선교사들과 한국 교회 지도자들은 기회가 있을 때마다 부모들에게 자녀 교육의 필요성을 끊임없이 일깨워 주었다. 대부흥운동이 한반도 전역을 휩쓸고 있던 그 즈음 예수교 신보에는 소학교 교육의 필요성을 호소하는 다음과 같은 글이 실렸다:

---

46   *Minutes of the Seventh Annual Meeting*, Korea Mission Methodist Episcopal Church, South, 1903, 24.

47   Moore, "The Great Revival Year," 114.

48   W. M. Baird, "Pyeng Yang College and Academy," *KMF* III: 11 (Nov., 1907), 175, 174-176. Baird는 미 선교 본부에 보낸 1907년 10월 23일자 편지에서 학생수가 415명이라고 기술하고 있다. "중학교와 대학교가 약 2주 전에 개학하였으며 415명의 학생으로 잘 운영되고 있습니다. 채플의 유효한 모든 공간들이 다 찼으며, 다음 학기 증가에 어떻게 대비할지 말을 할 수 없습니다. 교육 문제에 대해 더 자세하게 당신에게 보고할 시간을 가질 수 있기를 바랍니다." W. B. Baird, Letter to Dr. Brown, Oct., 25, 1907. 이와 같은 숫자의 차이는 대학생을 포함하느냐 않느냐의 차이에서 비롯된 것으로 보인다. 이와 같은 숭실학교의 성장은 주로 W. M. Baird, 그의 아내 Annie Adams Baird, 그리고 Arthur L. Becker의 리더십과 헌신 때문이다. cf. Lak-Geoon George Paik, *The History of Protestant Missions in Korea 1832-1910* (Pyeng Yang: Union Christian College, 1929), 316.

쇼학교육(小學敎育)의 대지는 지혜를 열니게 ᄒᆞ며 덕을 밝히게 홈과 아히들의 건장홈을 보전ᄒᆞ나니 이ᄀᆞᆺ치 교육홈으로 몸을 닥고 업을 일우게 ᄒᆞ즉 능히 나라와 빅셩을 리롭게 편호게 홈을 싱각ᄒᆞ야 나라에 부강의 긔초가 될지라. 이러므로 문명ᄒᆞᆫ 나라에ᄂᆞᆫ 면시 고을과 궁벽ᄒᆞᆫ 지방ᄭᆞ지 다 학교를 설립ᄒᆞᆫ지라. 근일에 우리나라에도 쇼학교가 각쳐에 만히 잇스니 ᄌᆞ녀들을 만히 학교에 보내여 나라를 흥왕ᄒᆞᄂᆞᆫ긔초를 굿게 홈이 올토다. 또ᄒᆞᆫ 우리나라도 각 디방에 학교를 더 만히 설립ᄒᆞ고 교육을 힘쓸지니 부모 된 쟈 맛당히 녀ᄌᆞ를 공부식혀 나라 문명의 긔초가 되게 ᄒᆞᆯ지니라.[49]

이 시대를 살고 있는 선교사들과 한국 교회 지도자들에게는 복음을 통해 이 민족을 영적인 잠에서 깨울 뿐만 아니라 교육을 통해 이 민족을 계몽해야 한다는 분명한 의지가 깊이 자리 잡고 있었다. 그것은 교육이야말로 "능히 나라와 빅셩을 이롭고 편호게"[50] 하고, 나라의 "부강의 긔초"가 된다는 확신 때문이었다. 따라서 그들은 자녀들을 교육시키는 것이 부모가 해야 할 당연한 의무라는 사실을 끊임없이 환기시켜 주었다.

선교사들과 한국인 지도자들이 볼 때 자녀 교육은 이 민족을 향한 시대적인 사명이었다. 그들은 자녀 교육의 필요성을 권면하여 듣지 않으면, 외국처럼 부모들에게 벌금을 물리게 해서라도 자녀들을 교육시키도록 만들어야 한다고 생각했다. 이처럼 부모들에게 자녀를 교육하는 것이 부모의 책임임을 끊임없이 일깨워 주었다.[51] "ᄌᆞ녀를 교육ᄒᆞᄂᆞᆫ 거슨 부모의 칙임이라. 그러나 부친은 ᄒᆞᆼ샹 ᄉᆞ무를 인ᄒᆞ야 죵일토록 밧게 잇고 모친도 또ᄒᆞᆫ 집안 일에 분쥬ᄒᆞ야 교육을 온젼히 힘쓰기가 어려운 고로 교ᄉᆞᄂᆞᆫ 그 부모 디신에 그 의무를 ᄒᆡᆼᄒᆞᄂᆞᆫ 자라."[52]

---

49 "쇼학교육의 요지," 예수교 신보, 1908년 11월 15일, 198.
50 "쇼학교육의 요지," 198.
51 "쇼학교육의 요지," 198. 부흥운동의 지도자들은 가정의 부모들에게 학교 교육의 중요성을 끊임없이 일깨워 주었다. 소학교 교육이 나라와 백성을 이롭고 편하게 하고 문명의 기초가 되는데도 "자녀를 공부시킬 줄 알지 못하는" 어떤 이들이 있다며 "자녀 교육하는 것은 부모의 책임이라"고 강조했다.
52 "쇼학교육의 요지," 198.

부흥운동 이후 실제로 자녀 교육에 대한 부모의 태도도 이전과 달라졌다. "부모들은 자녀들을 교육시켜야 한다는 결심을 하게 되었으며, 청소년들이라면 소년 소녀 모두 교육이 자신들에게 주어진 특권이라는 사실을 깨닫기 시작했다."[53] 부흥운동을 통해 교육의 필요성이 제기되었고 자녀 교육에 대한 부모의 책임의식이 증대되면서 각종 학교의 설립 움직임이 자연히 강하게 일기 시작했다:[54]

> 1907년 대부흥운동이 한국을 휩쓸고 있던 그 해 480명-믿어지지 않는 숫자-의 학생으로 신학교가 설립되었고, 북감리회는 249명의 학생을 가진 3개 고등학교와 3,538명의 학생을 가진 103개의 사립 보통학교를 운영하고 있었다. 남감리회는 128명의 학생을 가진 중학교 하나와 82명의 학생을 가진 3개의 사립 보통학교, 그리고 33명의 여학생이 재학하고 있는 3개의 기숙학교를 운영하고 있었다.[55]

1907년 현재 평양에는 사립학교에 1,500명 이상의 학생이 재학하고 있었고, 로빈스(Robbins) 여선교사가 운영하는 여학교에만 300명 이상이 등록하고 있었으며, 교회에서 운영하는 학교에 4,000명의 소학교 학생이 재학하고 있었다. 이 숫자는 예측할 수 없을 정도로 증가할 것으로 예상되었다. 이처럼 부흥운동 기간 동안 많은 교회들이 사립 소학교를 설립 운영하였고,[56] 중학교가 없는 곳에서는 지역 단위로라도 중학교를 운영해야 한다는 여론이 강하게 일고 있었다. 그 한 예가 1906년 1월에 들어서면서 의주에서

---

53   *Minutes of Korea Mission*, Methodist Episcopal Church, 1907, 54.
54   H. D. Appenzeller, "Fifty Years of Educational Work," Charles A. Sauer, ed., *Within The Gate* (Seoul: The Methodist News Service, 1934), 84-95, 특히 92-93을 보라. cf. Horace Horton Underwood, *Modern Education in Korea* (New York: International Press, 1926), 46, 39-110, 149-188. 위 책은 1913년부터 1923년까지를 집중적으로 다루고 있기는 하지만, 1903년부터 1910년 사이 부흥운동을 거치면서 초등학교와 중등학교 교육에 대한 관심과 학교설립이 증가했음을 보여 준다.
55   Sauer, ed., *Within The Gate*, 92.
56   cf. Underwood, *Modern Education in Korea*, 182. 1908년부터 1912년까지의 사립 보통학교의 학교와 학생 수는 다음과 같다. 1908년 48개 학교에 83명의 교사, 그리고 2,529명이 재학하고 있으며, 1909년에는 44개 학교에 112명의 교사, 2,855명의 학생으로, 1910년에는 72개 학교에 205명의 교사, 5,139명의 학생으로 증가했다.

있었던 한국인들에 의한 중학교 설립의 움직임이다. 1월 5일에 의주의 김창건은 의주에서 한국인들에 의한 중학교 설립 소식을 전하면서 이것은 순수하게 한국인들이 중학교 설립을 처음으로 추진하는 일이라고 밝히고 있다:

> 셔울과 평양에 즁학교가 잇스나 이는 다 외국인의 쥬관ᄒ눈 바이오 우리 동포 가운듸셔 설립흔 거슨 아직 업슙더니 직금이 형뎨의 교육에 힘씀이 셔편 ᄭᅩᆺ헤셔부터 몬져 시작되엿스니 이는 쥬의 붉은 빗츨 나타냄이오, 우리나라헤 영광이라.[57]

평양 장대현교회에서는 대학 설립이 심도 있게 논의되었고, 수백 원짜리 전답을 바친 사람이 육칠 명이 되고 심지어 칠팔백 원짜리 집을 바친 이도 있고 매년 5원씩 세상을 떠날 때까지 내겠다고 작정한 이도 있었다. 그날 모금된 돈이 무려 사천 삼백 원이나 되었다.[58] 이렇게 해서 생긴 것이 평양 숭실대학이었다.

부흥운동은 어느 때보다도 교육에 대한 관심을 고조시켜 주었다. 자녀 교육이야말로 가장 시급한 과제라는 사실을 깊이 인식하기 시작한 것이다. 1906년 3월 21일 그리스도 신문 논설에는 "학문을 힘쓸 것"이라는 제목 하에 부모에게 자녀들의 교육에 힘쓸 것을 호소하는 글이 실렸다:

> …오직 각각 서로 그 ᄌᆞ녀를 교육ᄒᆞ여 구습에 우미흔 거슬 씻고 문명훈 학슐에 나아가며 국가의 흥왕흠을 권쟝ᄒᆞ여야 이에 놈의 노예 되며 놈의게 패망ᄒ논 욕을 면홀지니 슬프다 동포여 일즉 흔 날이라도 교육상에 힘을 쓰는 거시 곳 국가의 힝복이며 ᄌᆞ가의 만힝이니… ᄀᆞ르침이 업스면 곳 금슈의게 갓갑다 ᄒᆞ엿스니 이 말숨이 춤 올흔 말숨이로다. …사룸이 ᄌᆞ식을 나흐면 귀ᄒᆞ다 ᄉᆞ랑훈다 ᄒᆞ나 덕힝과 학문을 ᄀᆞ르침이업고 보면 곳 그 ᄌᆞ식으로 ᄒᆞ여곰 금슈를 ᄆᆞᄃᆞ르이니 귀

---

57 김창건, "의쥬 리신," 그리스도 신문, 1906년 1월 18일, 59.
58 길장로, "교회통신, 평양리신," 그리스도 신문, 1906년 7월 19일, 689.

ᄒᆞ다는 거시 거즛시오 ᄉᆞ랑ᄒᆞᆫ다는 거시 참 아니로다. ᄌᆞ녀를 교육식히는 칙은 부형의게 잇스니 부형 된 이가 만일 ᄌᆞ녀를 교육식히지 아니ᄒᆞ면 이는 그 부형의 죄오, 그 죄가 얼마나 즁하냐 ᄒᆞ면 이는 곳 망국패가(亡國敗家)ᄒᆞᆫ 죄와 ᄀᆞᆺ틀 지니 엇지 삼가 힘쓰지 아니ᄒᆞ리오.[59]

그러나 당시 교육의 기회가 남성들에게만 제한되지 않았다는 사실을 기억해야 할 것이다. 개신교 선교 초기부터 한국 교회는 남녀 모두에게 교육의 균등한 기회를 제공해 주었다. 과거 남성 위주의 사회 구조 속에서 교육의 기회가 남성들에게만 제한되어 왔던 사회에 여성들에게도 똑같은 교육 기회가 주어져 여성들의 지위를 한층 높여 주었다. 교육이 여성들로 하여금 자신들의 위치를 찾을 수 있는 기회를 제공해 준 것이다.

3. 철저한 성경적 기독교 신앙의 구현

이처럼 부흥운동이 한국인의 의식과 사고를 바꾸어 줄 수 있었던 것은 영적각성의 결과였다. 전통적인 유교 관습에 젖어 있던 이들에게 성경은 자연스럽게 새로운 세계관과 가치관을 심어 주었다. 한국인들에게 사경회에서 심도 있게 다루었던 성경 말씀이 한국인들의 문화와 맞아떨어진 경우가 많아 말씀에 대한 호기심을 더욱 자극하였다.

영적각성은 회심자들에게 이 말씀을 실천에 옮겨 살도록 자연스럽게 촉구하였다. 경건주의운동이나 미국의 1차 대각성운동 그리고 영국의 웨슬리 부흥운동 등 모든 놀라운 영적각성운동은 말씀을 사모하는 심령들 가운데 임했던 하나님의 축복이었다. 이것은 한국에서도 예외가 아니었다. 1890년 네비우스 선교 정책을 통해 말씀 연구를 가장 중요한 선교 정책으로 채택한 이후 선교사들은 성경을 번역하고 말씀을 연구하여 말씀대로의 삶을 실천에 옮길 수 있도록 유도해 주었다. 1907년의 부흥운동을 가능하게 만든 가장 중요한 원동력 가운데 하나는 한글 성경이었다. 한글 성경은 복음을 누구나 쉽게

---

59 혈산 안호, "론셜 학문을 힘쓸 것," 그리스도 신문, 1906년 3월 21일, 278.

접할 수 있도록 만들어 주어 복음이 신분과 성과 나이를 넘어 한국인들에게 깊숙이 전파되게끔 하였다. 사경회마다 성경 연구는 중요한 부분이었고, 이 성경 연구는 단순히 자신들의 연구 대상이 아니라 실제로 자신들의 삶 속에서 실천에 옮겨야 할 대상이었다.

선교사들과 한국인들은 이 사실을 실제로 자신들의 개교회와 지역 사경회에서 십분 활용하여 놀라운 결실을 맺었다. 사경회에 참석한 이들은 사경회 기간 동안 "문자적으로 성경대로 살았다."[60] 가장 나이 어린 어린이로부터 가장 나이 많은 늙은이에 이르기까지 성경은 필수품이었다. 그들은 곧 "모자나 신발 없이 교회에 올 수 없듯이 성경과 찬송가 없이는 교회에 올 수 없다고 생각하였다."[61] 한국인들은 누구나 처음 주님을 영접하였을 때부터 성경이 자신들의 신앙과 삶의 기준이 되도록 철저하게 교육을 받았다. 그러나 그것이 단순한 강요에 의해서만 이루어진 것은 아니었다. 한 젊은이는 "그리스도가 나의 삶에 오시자" "영적 및 지적 변화가 나타났으며, 나의 지적 기관들이 각성되어 지식, 먼저 하나님에 대한 지식을, 그리고 그 다음에 하나님의 말씀에 대한 지식을 갈망하게 되었다"[62]고 고백하였다.

사경회에서 가르치는 핵심 내용은 성경이었다. 사경회는 성경을 그대로 배워 그대로 실천에 옮길 수 있도록 구성되었다. 기도, 성경공부, 전도와 전도 집회로 구성된 사경회는 말씀대로의 삶을 실천에 옮기는 훈련의 기간이었고, 여기서 훈련받은 이들은 그 후에도 그대로 살았다. 적어도 이들에게는 신앙과 삶이 독립된 존재가 아니었다.

다행히 성경의 내용과 가르침이 한국인들에게 낯설지 않아 성경의 가르침을 받아들이는 일이 어렵지 않았다. 성경에 나오는 귀신 이야기, 씨 뿌리는 비유, 알곡과 가라지의 비유 등 수많은 예화들은 한국인들에게 매우 낯익은 이야기들이었다:

> 한국인들에게 성경공부를 흥미 있게 만드는 한 가지는 성경에 가득한 동양적인 이미지 때문이다. 이것은 또한 미국에서는 이해하기 힘들지만 한국에서는 많은 점들

---

60 J. Z. Moore, "The Great Revival Year," *KMF* III: 8 (Aug., 1907), 116.
61 Moore, "The Great Revival Year," 116.
62 Lee, *How a Korean Found Full Salvation*, 26.

에서 매우 평범한 이야기들이다. 어느 날 밤 나는 한 한국인 집 마루에 앉아서 성경을 가르치고 있었다. 그때 나는 살짝 담겨진 콩기름에서 나는 빛으로는 충분하지 않아 미국의 촛대와 초를 가지고 다녔다. 한번은 집주인이 거의 모든 농가에서 발견할 수 있는 말을 가지고 와 나는 초를 그 위에 두었다. 우리는 그날 변화산의 사건을 배우고 예수께서 산 밑에서 귀신들린 사람을 고친 이야기를 끝냈다. 나는 우리가 사역에 대한 영광을 그것을 베푸신 하나님께만 돌려야 한다는 생각을 말한 후 누군가에게 마태복음 5장14-16절을 읽게 했다. 막 그들이 "사람이 등불을 켜서 말 아래 두지 아니하나니"라는 말씀을 읽을 때 나는 촛불을 말 아래 두자 집안이 캄캄해졌다. 나 자신을 포함해 참석한 모든 사람이 그 사건에 깊이 감동되어 그 자리에 있던 한 사람이 말했다. "우리나라는 너무 어두워 모든 빛을 말 위에 둬야겠군요. 빛으로 부름 받은 우리가 세상에 그리스도를 비추도록 해야겠어요."[63]

이처럼 성경에 나오는 수많은 풍습들, 곧 유대인들의 풍습이 한국의 풍습과 매우 유사한 데가 많아 20세기 초 농경사회를 축으로 한 한국인들이 복음을 받아들이는데 적지 않은 도움을 주었다.[64]

처음부터 강조된 금연 금주

처음부터 한국인들은 그리스도인의 삶이 세상 사람들과 차이가 나야 한다고 배웠고, 또 그렇게 실천하는 것을 조금도 게을리 하지 않았다.[65] 그래서 사경회가 말씀 공부를 근간으로 하면서도 종종 삶의 적용과 관련된 주제를 택하는 경우도 많았다. 오전에는 말씀을 공부하고 "오후집회는 조혼, 교육, 청결, 흡연 등과 같은 주제로 열린 집회 형식

---

63 Moore, "The Great Revival Year," 117.
64 Gale, *Korea in Transition*, 78-79.
65 cf. 곽안련, 교회 사회사업 (서울: 조선 예수교서회, 1932). 이 책은 구제, 공창 문제, 금주 금연 문제, 마약 문제, 오락 등 사회 및 윤리 문제 전반에 대해 그리스도인들이 어떤 태도를 가져야 할 것인가를 구체적으로 기술하였다.

을 취했다."⁶⁶

이와 같은 집회는 지역 개교회의 지도자들에게 어떻게 신앙을 삶 속에서 실천해야 하는가를 교육시키는 좋은 기회를 제공하였다. 금연 금주를 강조하기 시작한 것도 그 즈음이었다. 흡연하는 이들 중에는 사경회에 참석하는 동안 금연에 성공하는 경우도 많았다.

그 즈음 존 무어는 지난번 사경회를 통해 8명의 교회 지도자들과 주일학교 교사들이 담배를 끊은 사실을 보고하였다.⁶⁷ 장로교와 감리교 모두 처음부터 입교인들은 물론 입교 전의 교우들 모두에게 철저하게 금연을 요구했다. 길선주는 기회가 있을 때마다 부모들이 자녀들로 하여금 흡연하는 것이나 담배 공장에서 일하는 것을 금하도록 교육시켰다.⁶⁸

북감리교는 교회에 정식으로 입교한 교인들이 흡연하는 것은 "절대적으로 금지한다"(absolutely prohibited)는 것을 오랫동안 명문화했으며, 입교하지 않은 교우들에게도 흡연은 피해야 할 사항이었다.⁶⁹

1904년 4월 신학월보에는 고랑포 속장 리덕수라는 사람이 쓴 "담배를 거절활 것"이라는 다음과 같은 호소문이 실렸다:

> 담배라 하는 거시 사람의게 해가 되는 거시오 조곰도 유익한 거시 업는 물건이라 위생에도 여러 가지 해가 되난 거신즉 엇지 해되난 담배을 거절치 아니하리오. 담배라 하는 거슨 슯품이나 울화가 마암에 잇는 사람이 담배를 항상 먹거늘 우리 구주님 예수씨을 밋난 형제자매야 엇지 슯픔나 울화가 어대 잇나뇨. 결단코 담배를 거절합시다. 담배를 거절치 못하옵시면 엇지 몸을 익일 수 잇사오릿가. 성경에 갈아사대 곳 몸을 이긔여 날마다 그 십자가를 지고 나를 좃칠지어다

---

66 Moore, "The Great Revival Year," 116.
67 Moore, "The Great Revival Year," 117.
68 Brown, The Mastery of the Far East, 569.
69 Minutes of the Korea Mission, Methodist Episcopal Church, 1903, 62.

하섯시니 우리가 힘써 몸을 이긔여야 하겟나이다. 우리 형제자매가 다 하나님의 성전 된 줄을 생각하옵시면 조케나이다. 그런 고로 결단코 술과 담배를 거절하옵시기를 원하옵나이다. 아멘.[70]

1906년에 이르러 믿지 않는 사람이 "혹 밋지 안는 집에 가도 그 쥬인 ᄆᆞ음에 밋는 사ᄅᆞᆷ은 담ᄇᆡ 먹지 안는 줄 알고 담ᄇᆡ 권ᄒᆞ지 안는 이도" 많아졌다. 그리스도인이라면 의례 담배를 금해야 하는 것으로 인식했다. 1906년 1월 18일, 연동교회 조사 박승명은 그리스도 신문에서 담배를 피는 습관을 그쳐야 한다는 사실을 강조하였다. "담ᄇᆡ 먹는 형뎨들의 소ᄆᆡ를 잡고 ᄒᆞᆫ 말ᄉᆞᆷ 부탁ᄒᆞ나이다. 쓴 담ᄇᆡ 먹는 습관을 곳치지 못ᄒᆞ면 큰 죄를 엇지 고칠 힘이 넉넉ᄒᆞ오리잇가."[71]

개중에 성경에 담배를 금하라는 말씀이 어디 있느냐고 반문하는 자들을 향해서 "성경의 담ᄇᆡ 먹지 말나신 말ᄉᆞᆷ이 업다고 핑계ᄒᆞ니 그러면 담ᄇᆡ 먹으라 ᄒᆞᆫ ᄃᆡ는 어디 잇소"[72]라고 반문했다. 그러면서 옳지 않은 것은 다 죄라는 요한일서 5장 17절의 말씀을 환기시켰다. 또 주일에 헌금으로는 동전 한 닢을 내면서 담배 값으로는 백오륙 푼씩 허비하는 그리스도인들을 향해서는 "엇지 ᄆᆞ음을 하ᄂᆞ님씌 밧쳣다 ᄒᆞ겟소 한심 답답ᄒᆞᆫ 일"[73]이라며 이런 이들을 위해 기도할 것을 요청하였다.

당시 감리교 노블 선교사의 아내는 술을 금하는 찬송을 만들어 보급하기까지 하였다.

---

70   리덕수, "담배를 거절활 것," 신학월보, 1904년 4월, 172.
71   박승명, "담ᄇᆡ를 긋칠 일," 그리스도 신문, 1906년 1월 18일, 58.
72   박승명, "담ᄇᆡ를 긋칠 일," 58.
73   박승명, "담ᄇᆡ를 긋칠 일," 58. cf. 박승명, "담ᄇᆡ를 엇지 먹으리오," 그리스도 신문, 1906년 8월 23일, 802-804.

슐을 검하는 찬미

노블 씨 부인[74]

一. 술은 네 령혼을 죽게 하니
    만지지 마라 만지지 마라
    그 속에 마귀 잇는 줄 몰나
    소경갓치 구렁에 빠진다

    먹는 자 결단날 줄 아나니
    잔을 만지지 말라
    죽음주는 잔을 삼가고
    맛보지도 말어라

二. 그 잔 속에 고은 빗 잇서도
    만지지 마라 만지지 마라
    이 잔 속에 쓰는 것 잇스니
    그 독한 것 맘속 드러가오

    자만호 갓치 빗치 빗최되
    잔을 되만지지 마라
    저를 살피지 못하게 하니
    잔을 만지지 마라

三. 방울만큼도 마시지 말고
    만지지 말고 마시지 마라
    네 집을 위하야 먹지 말고
    친구 위하야 그만두어라

    사랑하는 자 의견 듯고
    잔을 만지지 마라
    하나님과 나라를 위하야
    잔을 만지지 마라

처음 복음이 전래될 때부터 예수 믿는다는 것은 내면적인 개혁은 물론 술과 담배를 금하는 등 외면적인 개혁을 의미하였다. 때문에 금연 금주는 오랫동안 한국 그리스도인

---

74   노블 씨 부인, "슐을 검하는 찬미," 신학월보, 1904년 5월, 209.

평양대부흥의 주역 윌리엄 헌트와 황해지역 교역자들

들의 중요한 특징 가운데 하나로 정착되었다.[75]

웨일스 부흥운동에서 나타난 것과 같은 사회변화가 한국 부흥운동에서도 나타난 것이다. 웨일스 부흥운동으로 1905년 술주정뱅이는 60%나 감소했고, 죄수는 40%가 줄어들었다.[76]

흡연 문제만 금기 사항은 아니었다. 선교 초기부터 개신교 선교사들은 한국 교회에 다음과 같은 "절제 및 사회개혁" 원칙을 제시하고 이를 반드시 지킬 것을 끊임없이 요구해 왔다:

1. 주일 성수. ① 주일에는 세상적인 일을 하지 않아야 한다. 가게를 닫아야 하고 들일도 하지 않아야 한다. ② 하나님의 말씀을 전하고 거룩한 예배에 참석하고

---

75   당시 학습교인이나 세례교인들에게 술 담배 문제는 철저한 금기사항이었다. cf. "술노문답함," 신학월보, 1903년 4월, 153-158; "술의 큰 관계," 1903년 12월, 515-520.

76   J. Edwin Orr, *Evangelical Awakenings in India* (New Delhi: Masihi Sahitya Sanstha Christian Literature Institute, 1970), 56.

병자와 고난당하는 자들을 돌보는 일 외의 주일날의 모든 나들이는 중단해야 한다. ③ 가능한 교인들은 주일날 거룩한 예배에 참석해야 한다.

2. 음주. ① 의료 선교사들이 치료의 수단으로 처방을 내린 환자의 경우를 제외하고는 어떤 교인이라도 어떤 형태, 어떤 종류의 술이라도 마셔서는 안 된다. ② 어떤 교인도 술을 제조하거나 판매하는 일에 종사해서는 안 된다. ③ 모든 교인들은 다른 사람들이 술을 제조하거나 판매하는 일을 중단하도록 영향력을 행사할 것을 권한다.

3. 결혼. ① 신자의 불신자와의 결혼은 모든 면에서 삼가야 할 것이다. ② 기독교인 부모들은 자신들의 딸을 팔아서는 안 되며 교회 교인들이 신부를 돈 주고 사서도 안 된다. ③ 18세가 되기 전 남자와 16세 이전 여자의 결혼은 모든 면에서 삼가야 한다.

4. 노름과 마작. 교인들에게 모든 형태의 노름과 마작은 절대적으로 금한다.

5. 흡연. ① 교역자의 흡연은 절대적으로 금한다. ② 정식으로 등록하지 않은 교우의 흡연도 여러 가지 면에서 삼가야 한다.

6. 노예 소유. ① 교인은 노예를 소유해서는 안 되며 어떤 형태로든 노예제도를 부추겨서는 안 된다. ② 만약 현재 교인이 노예를 소유하고 있다면 그는 그들을 석방해야 한다. ③ 과부의 인신매매는 도저히 용납할 수 없는 죄악이다. 그러한 매매에 관여하는 교인들은 권징에 넘겨져 책벌을 받게 될 것이다.[77]

예수 믿은 후에 지켜야 할 사항은 주일 성수, 금주, 금연, 결혼, 노름 및 마작금지, 그리고 노예와 인신 매매 금지에 이르기까지 참으로 다양했다. 이와 같은 구체적인 금기 사항이 북감리교 선교회 보고서에 명문화되어 나타나기 시작한 것은 1903년부터였다. 교회의 성장이 계속되면서 선교사들은 교회의 대사회적인 책임의 중요성을 깊이 인식하고 자의식을 가지고 기독교의 "사회개혁"을 실천에 옮기기 시작한 것이다. 그 결과 1903년부터 본격적으로 "사회개혁"이라는 용어가 사용되기 시작했고, 절제운동도 사회

---

77   *Minutes of the Korea Mission*, Methodist Episcopal Church, 1903, 62-63.

개혁운동과 연계성을 가지고 추진되었다.[78]

부흥운동이 저변 확대되면서 축첩과 조혼 노비제도가 교정되고, 노름, 음주, 흡연에 빠져 있는 이들이 교회라는 신앙의 공동체 속에서 새롭게 거듭나고, 결혼 관계도 정상적으로 회복되었다. "누구든지 그리스도 안에 있으면 새로운 피조물"이라는 바울 사도의 고백이 부흥운동의 현장에서 목도되었던 것이다. 황해도 황주읍교회에서는 부흥운동 기간에 아편에 중독되어 거의 죽게 된 이들이 "쥬의 말숨을 듯고 밋은 후에 그 죄를 원통이 녀겨" 아편을 끊고 고치는 역사까지 있었다.[79]

4. 여성의 지위 향상

한국 여성은 동방의 여느 나라처럼 자신들의 권리를 상실한 채 마치 남성의 부속물처럼 살아가고 있었다.[80] 그러나 기독교가 전래되면서 19세기말과 20세기 초 한국 여성은 혁명의 시대를 맞होरा. 기독교 신앙은 한국 교회에 남녀평등 사상을 저변 확대시켜 여성 교육의 필요성과 정상적인 결혼관을 강화시켜 주었다.[81] 선교사들은 지방 순회를 하면서 한국인들이 영적각성운동을 거치면서 자신의 죄를 깨닫고 정상적인 결혼 관계를 회복하기 위해 분투하는 모습을 자주 접할 수 있었다.

첩을 거느리는 것과 조혼을 금했고, 부모에 의한 정략결혼도 금했다. 당시 사회적 분위기는 결혼 적령기의 젊은 남녀가 자신의 배우자를 마음대로 선택할 수 없었다. 그러나 부흥운동을 통과하면서 신앙을 가진 젊은이들은 자신의 배우자를 스스로 선택하는 것이 중요하다는 사실을 점차 깨닫기 시작했다.[82]

---

78 *Minutes of the Korea Mission*, Methodist Episcopal Church, 1903, 62-63.
79 박지선, "황해도 황주읍교회," 예수교 신보, 1908년 11월 15일, 195.
80 Homer B. Hulbert, *The Passing of Korea* (New York: Doubleday, Page & Co., 1906), 349-371.
81 James Dale Van Buskirk, *Korea: Land of the Dawn* (New York: Missionary Education Movement of the United States and Canada, 1931), 155-161.
82 Daniel L. Gifford, *Every-Day Life in Korea* (New York: Fleming H. Revell Company, 1898), 70-75.

한국인들은 보통 자신의 자녀를 위해 자녀가 12세 가량 되었을 때 자녀의 배우자를 미리 선택하였다가 후에 결혼시키는 경우가 많았다. 비록 일반적인 현상은 아니었지만 부흥운동은 젊은이들에게 결혼에 대한 가치관의 변화를 가져다주었다. 평양중학교에 재학 중이던 20세 된 한 젊은 학생은 그 전형적인 예라고 할 수 있다. 그의 부모는 한국의 관습에 따라 그가 12세 때 그를 위해 한 아내를 택하지 않아, 그에게는 결혼 상대가 없었다.

이 젊은이는 학교 수업 중 평양신학교에 다니는 한 신학생 조사가 소위 결혼할 "약혼자"를 정하지 않은 18세의 훌륭한 딸이 있다는 것을 알고 자신의 형님과 함께 그를 찾아가 그의 딸과 선을 볼 수 있도록 허락해 줄 것을 요청했다. 드디어 동의를 얻는 데 성공한 그는 청혼의 편지를 그녀에게 보내 자신이 누구인지, 그리고 앞으로 어떤 계획을 가지고 있는지를 알리고 여자의 의사를 타진했다. 당시 일반적인 사회적 풍토는 보통 부모가 동의하면 그것으로 결혼은 약정된 것이나 마찬가지였다. 그러나 이 젊은이는 상대방의 의사를 존중하여 그녀의 충분한 동의를 얻은 후 결혼 여부를 확정지으려고 했던 것이다. 지금 돌이켜 보면 아무것도 아니겠지만 그것은 그 당시로서는 보통 사회에서 행하던 결혼풍습을 넘어서는 대단한 변화였다.

드디어 그녀의 "승낙을 받아낸 그는 어느 토요일 오후 그녀의 아버지 집을 방문해 그곳에서 주일에 그녀와 함께 교회에 출석하고 곧 있을 행복한 사건에 관해 서로 머리를 맞대고 오랫동안 이야기를 나누었다."[83] 이와 같은 변화는 당시로서는 드문 현상이었지만, 여자를 남자의 부속물 정도로 생각하던 그 시대에 여성의 지위와 역할을 남자와 동등한 인격체이자 동반자로 자리 매김하는 출발점을 제공해 주었다.

선교사들은 처음부터 남자와 여자를 구별하지 않고 균등하게 교육의 기회와 복음의 기회를 제공했고, 한국 여성들도 자신들에게 그와 같은 평등한 기회가 주어지기를 열망했다.[84] 여성들이 교육의 기회를 사모하는 분위기는 부흥운동을 지나면서 더욱 증대되었다. 북감리교 선교사 스위러가 맡고 있던 공주에서만 6,000명의 여자들이 교육의

---

83 Moore, "The Great Revival Year," 120.
84 1910년 현재 평양 숭실여학교에는 162명의 여학생이 재학하고 있었고, 그중 46명이 감리교인이었다. Sauer, ed., *Within The Gate*, 84-95, 특히 93.

사경회에 참석한 여자 성도들

기회가 찾아오기를 간절히 기다리고 있었다.[85] 로빈스 여선교사가 운영하는 평양의 여학교에만 300명 이상이 등록하였다는 사실이 당시 여성의 변화를 단적으로 말해 준다. 1907년 6월 북감리교 연회에 노블이 보고한 대로, 당시 한국의 "부모들이 자기 딸들을 학교에 보내고 있다는 사실은 혁명이었다."[86] 이와 같은 혁명이 가능했던 것은 복음 앞에서 남녀가 결코 차별이 있을 수 없으며, 교육에 있어서도 남녀의 차별이 존재할 수 없다는 분명한 확신이 처음부터 선교 현장에서 실천에 옮겨져 온 결과였다. "오직 남ᄌᆞ만 텬당에 가ᄂᆞ 거시 아니오 녀인도 ᄀᆞᆺ치 가ᄂᆞ 거시니 대개 남녀 업시 다 텬부님의 ᄌᆞ녀"[87]이기 때문에 "남ᄌᆞ를 힘써서 ᄀᆞ르치ᄂᆞᆫ 것과 ᄀᆞᆺ치 녀교인도 교육ᄒᆞᄂᆞᆫ 거시 긴요"[88]하다고 가르친 것이다.

인천에서 사역하던 감리교의 케이블 선교사가 지적한 것처럼, 당시 "한국 녀인은

---

85 *Minutes of Korea Mission*, Methodist Episcopal Church, 1907, 63.
86 *Minutes of Korea Mission*, Methodist Episcopal Church, 1907, 54.
87 "녀인의 교육," 신학월보, 1907년 1월, 8.
88 "녀인의 교육," 8.

글ㅈ를 아는 이가 일천 명 즁에 불과 두 사룸"[89]에 불과할 정도로 여인들의 문맹률이 높았다. 당시 여인들의 교육을 천시하는 풍토는 가히 "셰계에 듬은 니야기"[90]였다.

이 때문에 선교사들은 "녀아로 ᄒ여곰 글을 배호지 못하게" 하는 것이 성경의 원칙과도 어긋난 이 나라의 "한 악흔 습관"이라며 그리스도인 가정에서 먼저 "녀아회를 맛당히 몬져 갈아칠" 것을 촉구했다.[91] 한국 선교에 지대한 공헌을 한 가우처 목사는 부흥운동이 한창 한국을 휩쓸고 있던 1907년 6월 18일부터 열린 감리교 연회에서 여자들도 학교에 보내 교육을 시켜야 한다는 사실을 강조하였다.[92] 여인들에게도 동등한 교육의 기회를 제공하고, 동등한 의료 혜택을 제공하며, 교회에서의 그들의 역할도 존중되어야 한다는 기독교 정신은 전통적인 동양사상에서는 찾을 수 없는 일종의 혁명이었다.[93] 수백 년 전부터 여성이 왕위에 올라 한 나라를 다스리던 영국이나 다른 유럽과 구미의 여성의 위치에 비추어 볼 때 당시 한국 여성들의 위치는 그야말로 남자의 부속물에 지나지 않았고, 일종의 종이나 마찬가지였다.[94] 1898년 게일이 코리안 스케치에서 말한 것처럼, "아내는 사랑받는 존재가 아니라 단지 아버지로부터 아들에까지 가족의 한 가계(家系)를 도와주는 생명 없는 존재에 불과하였다."[95] 1908년 6월 코리아 미션 필드에는 당시 여성들의 위치를 잘 설명해 주는 "한국의 소녀와 여성"이라는 글이 실렸다:

> 아내는 며느리에게 그 단조로운 일의 얼마를 넘겨 줄 수 있을 때까지 단지 단조롭고 판에 박힌 일을 하는 사람에 불과하다. 30세에 그녀는 50세처럼 보이고 50세에는 주름이 가득하고 조로(早老)하여 일찍 늙는다. 아침부터 밤까지 일, 일, 일이

---

89 케불, "셰계에 듬은 니야기," 그리스도 신문, 1906년 6월 14일, 557.
90 케불, "셰계에 듬은 니야기," 557.
91 사설, "녀아회를 맛당히 몬져 갈아칠 일," 신학월보, 1904년 7월, 285.
92 "유명흔 미년회," 신학월보, 1907년 제 2호, 90.
93 Moose가 적절하게 관찰한 것처럼 당시 한국인들 가운데는 남성 우월의식이 강하게 자리 잡고 있었다. J. Robert Moose, "The Present Situation," *KR* (November, 1905), 402.
94 Isabella Bird Bishop, *Korea and Her Neighbors* (New York: Fleming H. Revell Co., 1897), 338-343.
95 James S. Gale, *Korean Sketches* (New York: Fleming H. Revell Co., 1898), 175.

다! 이것이 그녀의 운명이고, 그녀의 삶이다. 삶은 이들 여인들에게 힘들고, 문명화되지 않은 도구들과 원시적인 일의 방식 때문에 더 힘들다. 한국에는 공장도 없고, 제분 혹은 곡식을 빻는 방앗간도 없어 여인들의 노동을 덜어 줄 수 있는 것이라곤 아무것도 없다. 그녀들은 논밭의 곡식을 취해 곡물의 겉껍질을 벗기고 무거운 도리개로 타작한다. 그런 후 특별한 경우 매일 양식이 아닌 떡을 만들기 위해 밀가루가 필요하면, 타작한 것을 또 맷돌로 갈거나 묵직한 나무 절구통 혹은 돌절구에다 가루로 빻아야 한다. 이 모든 것이 아내의 일이다. 반면 그녀의 주인인 남편은 그늘에 앉아 담배를 피운다. 그의 바지와 저고리는 흠 하나 없이 하얀데, 그렇게 되기 위해 아내가 쉬지 않고 수고를 해야 한다. 남자는 절대적으로 필요한 경우 외에는 자기를 낮추어 품위를 떨어뜨리는 일을 결코 하지 않는다.[96]

외국인의 눈에 비친 위와 같은 한국 여인들의 모습은 어느 특정한 여인들에게만 국한된 현상이 아니라 대부분의 한국 여인들이 갖고 있던 일반적인 현상이었다.[97] 한국의 여성들이 자신들의 위치를 찾을 수 있었던 것은 기독교의 덕분이다. 그리고 부흥운동은 이와 같은 변화를 촉진시킨 중요한 사건이었다. 1906년 봄, 강화를 방문한 케이블 부인은 "이전보다 여학교에 대한 관심이 더 높아졌으며, 심지어 아버지들이 자신들의 딸의 교육에 관심을 나타내고 있다"[98]는 사실을 발견했다. 당시 여성의 위치를 주제로 다룬다는 것 자체가 보통 힘든 상황이 아니었지만, 선교사들은 사경회 기간을 이용하여 교회의 집회를 이용해 이와 같은 주제를 토론의 주제로 삼기도 했던 것이다.

1906년 봄, 케이블 부인은 지역 남녀 신앙인들의 월례회(the District League) 때 경건회가 끝난 후 남녀가 남성들이 "가정의 평화와 관련하여 여성들과 상의해야 할 것이 무엇이 있는지 풀어 보라"는 주제를 가지고 토론을 벌인 일이 있었다. 찬성자들이

---

96   "Girls and Women in Korea," *KMF* IV: 6 (Jun., 1908), 82.
97   Gifford, *Every-Day Life in Korea*, 46-70.
98   Mrs. E. M. Cabel, "More Progress Than We Had Ever Hoped," *KMF* II: 7 (May, 1906), 138. cf. James Dale Van Buskirk, *Korea: Land of the Dawn* (New York: Missionary Education Movement of the United States and Canada, 1931), 184-185.

나 반대자나 남녀 모두 이 토론에 열심히 참여해 열띤 논쟁을 벌였다. 모두 다 여인들에게 우호적이었다. "이것은 확실히 한국의 여권(the womanhood)을 한 걸음 더 신장시킨 것이다."[99]

이것은 당시 기독교 남성들이 여타 비기독교인 남성들보다 여성에 대해 더 우호적인 시각을 가지고 있었음을 말해 준다. 남녀 모두 하나님의 형상으로 지음 받은 존귀한 존재라는 기독교 정신이 가정과 사회에서의 여성의 지위를 한층 더 높여 주었다. 이 같은 여권신장은 복음이 닿는 곳은 어디서나 마찬가지지만 특히 한국에서 더욱 두드러진 현상이었다.[100] 따라서 남자나 여자나 다 그리스도 안에서 하나라는 기독교 신앙은 그들이 여전히 가정과 사회에서 남자와 같은 대우와 인격적인 대우를 받지 못한다 하더라도 남자와 똑같이 하나님의 형상으로 지음 받은 존귀한 존재라는 사실을 한국인들에게 심어 주었던 것이다.

5. 우상숭배에서의 해방

이보다도 부흥운동이 가져다준 사회변혁 가운데 더 두드러진 현상은 우상숭배에서의 해방이었다.[101] 1898년 게일이 지적한 것처럼 "기독교가 한국에 전래되지 않았다면 미신, 불가지론, 혼란만이 이 나라의 몫이 되었을 것이다."[102] 거의 모든 마을에는 마을 사람들이 신을 섬기는 성황당이 있을 정도로[103] 미신이나 귀신숭배와 우상숭배는 당시 보편적인 현상이었다.[104]

---

99   Cabel, "More Progress Than We Had Ever Hoped," 138.
100 이와 같은 여성의 권익 신장은 기독교 전파에 여성들이 중요한 기여를 하는 전기를 마련해 주었다. "Bible Women," *KR* (March, 1906), 140-147.
101 George Heber Jones, *Korea The Land, People and Customs* (New York: Eaton & Mains, 1907), 100-101.
102 Gale, *Korean Sketches*, 195.
103 Fredrick S. Miller, *The Gospel in Korea* (New York: Fleming H. Revell Co., 1939), 124-133, 169-170.
104 한국인의 전통종교에 대해서는 Chalres Allen Clark, *Religions of Old Korea* (New York: Fleming

"한국인들 가운데 가장 보편적인 신앙은 정령숭배, 곧 애니미즘 신앙이다. 하늘, 천둥, 나무, 산, 그리고 호랑이가 신격화되고, 자신들의 안녕과 관련이 있다고 생각하기 때문에 불신자들은 이것들을 숭배하고 두려워한다. 하늘로부터 비가 내리고 자신들이 가꾸는 곡식의 성공이 거기에 의존하며, 천둥은 그를 향한 분노한 신의 음성이고, 나무는 그에게 쉼터를 제공하고, 호랑이는 그보다 더 강하다"는 인식을 가지고 있었다.[105]

한국인들의 애니미즘 사상, 조상숭배와 정령숭배, 그리고 유교와 불교 등 전통적인 한국의 재래종교가 때로는 복음의 접촉점을 제공해 복음 전파에 도움이 되는 경우도 있었다.[106] 아래의 존스 선교사의 지적은 그 연계성을 말해 주는 한 실례이다:

> 한국인들은 영혼의 우주적 현존을 믿기 때문에 하나님의 영적 본질에 대한 교리를 받아들이는 것이 어렵지 않았다. 인간이 도덕적인 존재이며 반드시 도덕법에 복종해야 한다는 사실을 오랫동안 주장해 온 유교는 한국 사람들이 자신들의 삶에서 기독교 윤리를 신실하게 증거하도록 준비시켜 주었다. …한국인들이 이방신에게 값진 제사를 드리던 바로 자원하는 그 기꺼움이 하나님에 대한 자유롭고 솔직하며 전심어린 사랑과 그들의 동료에 대한 봉사로 전환되었다.[107]

한국인들의 전통적인 종교 사상은 한편으로 기독교 사상을 받아들이는 요인으로 작용하면서도 또 다른 면으로는 복음 전파의 장해 요인이 되었다. 득실을 비교할 때 대부분의 경우 득보다는 실이 더 많았다. 기독교와 전통종교와의 연속성을 주장할 때 자칫

H. Revell Co., 1932)을 참고하라. 그는 유교, 불교, 샤머니즘은 물론 한국의 전통 종교와 재래 종교 전반에 대해 폭넓게 피력하였다. 또한 Isabella Bird Bishop, *Korea and Her Neighbors* (New York: Fleming H. Revell Co., 1897), 399-426을 보라.

105　George Heber Jones, "The Native Religions," *KMF* IV: 1 (Jan., 1908), 11. cf. Gifford, *Every-Day Life in Korea*, 106-127.

106　Gale, *Korea in Transition*, 78-79. cf. Gifford, *Every-day Life in Korea*, 6장; Gale, *Korean Sketches*, 215-216; H. G. Underwood, *The Call of Korea* (New York: The Fleming H. Revell Co., 1908), 79-81, 85-94; Hulbert, *The Passing of Korea*, 30장; William Arthur Noble, *Ewa A Tale of Korea* (New York: Young People's Missionary Movement of the United States and Canada, 1906), 49-53; Bishop, *Korea and Her Neighbors*, 290, 399-426, 443, 444.

107　George Heber Jones, "The Native Religions," *KMF* IV: 2(Feb., 1908), 29.

고종 황제 사망시 준비된 성대한 차례, 한국인의 차례를 대변함)

기독교의 유일성이 파괴되고 종교혼합주의로 흐를 소지가 다분했다.

따라서 선교사들은 복음 전래 초부터 기독교 신앙을 받아들인다는 것이 곧 이교 사상과의 단절을 의미하는 것임을 분명히 했다. 이로 인해 적지 않은 충돌이 일어나기도 했다. 이것은 한국의 복음 전래 과정에서 선교사들이 만났던 가장 어려운 문제 가운데 하나였다. 특히 조상숭배[108] 곧 "죽은 자 숭배의 구심점" 역할을 한 한국의 씨족 제도 (the clan organization)가 장자를 축으로 형성된 제도이기 때문에 만약 장자가 개종하면 가정 전체에 심각한 갈등이 야기되었다.[109]

그럼에도 불구하고 한국에 파송된 대부분의 선교사들은 기독교와 전통종교와의 타협을 시도하지 않았다. 종교혼합주의는 가장 경계해야 할 문제로 이해했던 것이다. 따라서 세례 조건이나 학습 조건에서도 우상숭배는 철저하게 엄금되었다. 기독교인이 된다는 것은 곧 전통종교와의 단절을 의미하였고, 또 우상숭배나 조상숭배를 더 이상 하지 않는

108　Gifford, *Every-Day Life in Korea*, 88-98.
109　Jones, "The Native Religions," 27.

다는 것을 의미하였다. 그래서 처음부터 한국 교회는 "하나님 밧게 다른 신을 섬기지 말 것"¹¹⁰을 철저하게 가르치고 또 그것을 실천에 옮겼다. 살아 계신 부모를 공경하는 것은 그리스도인의 당연한 의무이지만,¹¹¹ 세상을 떠난 조상을 섬기는 행위는 기독교 신앙 곧 하나님에 대한 유일신 신앙과 본질적으로 배치된다는 사실을 분명히 했다:

> 모든 우상을 섬기난 쟈는 큰 역적이오 쏘한 불효라. 이 갓흔 쟈는 이 세상 률법으로 보아도 그 형벌이 즁한 줄은 사람마다 아는 배라 엇지 무시무죵하시고 텬디의 뎨일 주재 되시는 하나님 아버지씌 불효를 씨치고 만왕의 왕 되시난 예수 구주를 배반하고 마왕을 섬기니 이갓치 큰 죄를 엇지 할고 주야로 답답하고 애통하며 죽난 길노 가난 거시 맛치 어린아해가 창창대해 가에 석벽상에서 져 죽을 줄도 모르고 졈졈 바다를 향하고 가는 것 갓도다. 쏘한 마귀를 슝봉하는 자는 오륙 월 염텬에 물 마른 논의서 벼가 타죽듯 할 거시오. 이 세상 역적과 불효자의 형벌과 갓치 견대기 어려온 즁형을 당하리로다. 하나님씌서 이 세상을 사랑하사 독생자를 주셧시니 누구던지 밋으면 멸망치 아니하고 영생 길을 차질 수도 잇고 텬의 대주재 되시는 춤 신을 슝봉하고 례배하시면 영생복락을 주실 줄 밋사옵나이다.¹¹²

이처럼 우상숭배를 하는 행위는 대역적의 행위이며 오히려 불효라고 생각했다. 이 때문에 한국인들이 복음을 받아들인다는 것은 이중 삼중의 장애를 넘는 것을 의미하였고, 또 이로 인한 심각한 손실을 감수하는 것을 의미하였다. 그러나 부흥운동으로 말미암아 한국 교인들은 이와 같은 장애물을 넘는 것이 어렵지 않다는 사실, 그것이야말로 영

---

110 김유경, "하나님 밧게 다른 신을 섬기지 말 것," 신학월보, 1904년 1월, 12-13; 전역호, "우상을 페할 것," 신학월보, 1904년 6월, 243-245.
111 부흥운동 당시 예수교 신보에는 그리스도인들이 살아 계신 부모를 공경해야 한다는 사실을 끊임없이 강조하고, 신앙인들이 늙은 부모를 잘 봉양하고 섬길 수 있도록 그들의 의식, 의복, 거하는 집, 음식 등에 이르기까지 구체적인 방법을 소개하였다. "가정학," 예수교 신보, 1908년 12월 15일, 215.
112 우병길, "론셜," 신학월보, 1904년 9월, 388.

적으로 거듭난 자들이 가져야 할 중요한 특징이라는 사실을 인식하기 시작한 것이다:

> 조상숭배는 한국 전역의 보편적인 현상이며, 모든 도덕의 초석(the foundation stone of all morality)으로 간주된다. 이 나라 법에는 …죽은 자의 숭배를 거부하는 자는 가장 잔악한 형태의 죽음을 당할 것으로 규정되어 있다. 이 점에서 이전의 기독교 전파는 국민의 습관과 관습과 매우 심각하게 충돌을 면치 못했다. 천주교가 전래되면서 몇몇 최초의 그리스도인들이 이것을 어겼다는 죄목으로 처형되었고, 19세기에 접어들면서 죽은 자를 숭배하지 않는 불경한 부도덕 때문에 모든 그리스도인들을 처형한다고 선언하는 법안이 공표되었다. 한국의 복음주의 선교회의 초창기에는 복음이 신앙을 받아들이는 어떤 한국인들이라도 죽음의 대가를 치른다는 것을 알면서 전파되었으나, 오늘날에는 그 법안이 사실상 사문화되었다.[113]

조상숭배 사상에 깊숙이 빠져 있던 한국인들이 영적인 깊은 잠에서 깨어나기 시작한 것이다. "어제의 한국인은 자신의 조상들에게 전 재산과 시간과 헌신을 바쳤으나, 오늘날의 한국인은 죽은 자로 죽은 자를 장사하고, 살아 있는 자는 산 자에게 헌신해야 한다는 사실을 깨닫게 되었다."[114] 1908년 1월, 남장로교 선교사 해리슨이 소개하는 다음 사건은 당시 신앙생활을 시작한 모든 그리스도인들이 우상숭배를 얼마나 철저하게 금해 왔는가를 말해 주는 수많은 사례들 가운데 한 가지이다.

1907년 부흥운동 전후에 아홉 살치고는 키가 작은 한 아이가 교회를 다니기 시작했다. 그의 부모는 산에서 정령들을 섬기고 조상신을 섬기는 이들이었는데, 부모는 그 마을에 다른 아이들이 전혀 없었기 때문에 이 아이가 교회에 나가는 것을 허락했다. 이 아홉 살 난 아이는 예수 그리스도를 배우고 사랑하게 되면서 자기 부모도 교회에 데려오고 싶었다. 그러나 부모가 들어주지 않았다. 아이가 6개월 동안 졸랐는데도 부모가 교회를

---

113 Jones, "The Native Religions," 27.
114 *Minutes of Korea Mission*, Methodist Episcopal Church, 1906, 55.

나오지 않았다.

그러던 어느 주일 아침, 아이가 실망하지 않고 아버지에게 다시 교회 가자고 조르자 아버지가 화가 나 "계속 조르려면 꺼져 버리라"며 심하게 야단쳤다. 아이는 교회로 달려와 울면서 거기 있는 사람에게 "가서서 아버지를 데리고 오실 수 없을까요? 내가 아버지한테 부탁했는데 오지 않아요."라고 하소연하는 것이었다. 아이의 부탁을 받고 그에게 찾아가 간곡히 부탁을 했으나 여전했다.

얼마 후 밥상 앞에서 아버지와 마주 앉은 아이는 정령을 숭배하는 도구들 때문에 밥을 먹을 수 없다며 밥상을 다 치울 때까지 밥을 먹지 않았다. 결국 아버지는 그것들을 치울 수밖에 없었고, 드디어 그 아이의 부모는 우상숭배를 그만두고 정기적으로 교회에 출석하기 시작했다.[115]

클락이 1907년 크리스마스 이후 도시 근교의 사역을 위해 전도여행을 하던 중 86명의 초신자들이 자기들이 섬기던 우상을 다 불태우고 한 달 넘게 한 전도부인과 성경을 공부한 일도 있었다.[116] 주님을 구주로 영접하고 나서 자신들이 지금까지 섬겨 오던 귀신들과 우상들이 얼마나 잘못되었는가를 깊이 깨달은 것이다.

선교사들과 한국인 지도자들은 어떤 사람이 주께로 돌아오면 과거 그들이 섬기던 신들과의 점진적인 단절을 추구하는 것이 아니라, 믿는 바로 그 순간부터 철저하게 하나님만을 섬겨야 한다는 사실을 분명히 일깨워 주었다. 그 결과 예수 믿는다는 것은 더 이상 귀신을 숭배하지 않는다는 것을 의미했고, 다른 신들을 섬기는 어떤 행위도 하지 않는다는 것을 의미했다. 무속적인 분위기가 강했던 무당들 가운데에도 교회에 나오는 경우가 종종 있었다. 이 경우 그는 자신의 무속적인 행위를 중단하는 것은 물론 자기가 섬겨 오던 귀신의 상들을 완전히 부셔버려야 했다. 과거에 정령숭배자들이나 무당들이었던 자들이 주님을 영접하고 여자 성경반에 나와 열심히 성경을 공부하며 새로운 인생을 시작하는 경우가 적지 않았다.[117]

부흥운동이 한창 한국 전역을 강타하던 1907년에는 성령의 역사가 강하게 나타나

---

115 W. B. Harrison, "Some Korean Home Missionaries," *KMF* IV: 1 (Jan., 1908), 5-6.
116 C. A. Clark, "An Explosive Devil," *KMF* IV: 1 (Jan., 1908), 8.
117 Isabel Sister, "A Mudang's Conversion," *KMF* III: 6 (Jun., 1907), 86.

무당들도 주님께로 돌아오는 경우가 흔하게 있었다. 주일학교 750명과 주일 오전예배 900명에 육박하는 인천의 제물포 감리교회는 세 군데의 수요예배 기도처소 가운데 하나가 과거에 귀신의 집으로 사용되던 곳이었다.[118] 즉 정령을 숭배하던 귀신의 집이 기도처소로 변한 것이다:

> 한국인들이 기독교인들이 되었을 때 그들은 산기슭에 있는 "귀신의 집"과 집 뜰에 있는 귀신을 섬기는 작은 막(booth)을 부셔 버리지만, 그들 가운데 많은 사람들이 부흥회를 통해서야 비로소 그 귀신이 자기들의 심령에 지어 놓은 집을 부셔 버린다. …얼마동안 그리스도인이었던 한 젊은이가 자신의 죄를 고백하고 자신의 생명에 새롭고 기이한 불을 받고 그리스도인이 아닌 부모에게 가서 눈물로 그들에게 간청한다. 그들은 20년 동안이나 집안에서 섬겨 오던 귀신의 집을 포기하였고, 이제는 그리스도를 신실하게 따르는 사람들이 되었다.[119]

예수를 믿는다는 것은 다른 모든 불신앙과의 단절을 의미하는 것이었다.[120] 귀신을 숭배하는 것으로부터의 단절뿐만 아니라 한국인의 오랜 전통 가운데 깊숙이 자리잡고 있는 조상숭배와의 단절을 의미했다. 그런데 이것은 한국인들에게 마치 삶의 일부라고 할 만큼 매일의 삶에서 떨어질 수 없도록 제도화되어 있었다.

그러나 선교사들은 한국인들이 가지고 있는 조상숭배 사상이 단순히 조상에 대한 존중이 아니라 실제로 다른 신을 섬기는 종교 행위이며, 그것이 곧 귀신을 숭배하는 전통적인 동양사상과도 맞물려 있다는 것을 발견하고는 철저하게 조상숭배를 금지시켰다. 조상숭배 금지는 세례의 조건뿐만 아니라 심지어 학습교인으로 등록할 때부터 요구받은 필수사항이었다. 하지만 한국인들이 조상숭배를 금할 수 있었던 것은 선교사들의 요구가 있었기 때문만이 아니었다. 그렇게 오랫동안 섬겨 오던 조상숭배 사상이 채워 주지 못했

---

118 C. S. Deming, "A Devil House Becomes a Place of Prayer," *KMF* III: 5 (May, 1907), 77.
119 Moore, "The Great Revival Year," 117.
120 구흥국, "경성동문안교우의 열심," 신학월보, 1904년 10월, 438. 당시 교회 지도자들 가운데는 타 종교에서 개종한 이들도 상당히 많았다.

던 영적 욕구를 기독교가 채워 주었기 때문이었다:

> 이뿐만 아니라 기독교는 이 백성의 영적 필요와 굶주림을 만족시킬 수 있다는 사실을 입증해 주었다. 헌(Lafcadio Hearn)은 일본-한 해석에서 이와 같은 놀라운 진술을 했다. "인도, 중국, 한국, 그리고 가까운 여러 나라에서는 불교가 조상숭배를 지속적으로 유지하려는 백성들의 영적 필요를 어느 정도 충족시켜 주었다." 참으로 불교는 스스로 한국인들에 적응하면서 한국인들의 조상숭배 전통을 방해하지 않는 방법을 터득했다. 그러나 과연 불교가 이 백성의 영적 필요를 충족시켜 주었는가? 불교가 소수 상류층의 필요를 채워 주었다는 사실은 인정하지만, 그것이 백성의 절대 다수의 필요를 채워 주지는 못했다. 오늘날 기독교 밖에 있는 한국 백성들은 영적으로 굶주려 있다. 한국인은 3,000년 동안의 조상숭배로 인해 죽은 민족이나 마찬가지였다. 지금은 죽은 자의 숭배로부터 이 백성을 벗어나게 할 수 있는 구주가 필요하다. 이 구주를 기독교에서 발견할 수 있다는 사실이 매일 점점 더 명백해지고 있다. …기독교와 부흥운동이 조상숭배를 완전히 철폐시킬 것이라는 사실은 아주 분명하였다.[121]

대각성운동이 단지 개인만의 각성으로 끝나지 않고 사회적 변혁의 동인이 될 수 있었던 것은 기독교 자체가 가지고 있는 신앙의 특성 때문이었다. 한 개인이 신앙으로 바로 서게 될 때 그가 변화되고, 또 그를 통해 가족과 이웃이 변화되고 더 나아가 사회 전체가 변혁되었다. 이 같은 변화의 역사는 복음이 닿는 곳마다 나타났다.

오랫동안 유교의 굴레 속에서 살아오면서 거의 조상숭배의 노예가 되어버린 한국인들이 이제는 그리스도 안에서 "진리가 너희를 자유케 하리라"는 사실을 직접 확인한 것이다. 기독교는 한국인들의 영적 및 도덕적, 지적 욕구 모두를 충족시켜 주었다. 1907년 이와 같은 놀라운 변화를 몸소 체험한 한 선교사는 "모든 지역에서 기독교가 한국인

---

121 Moore, "The Great Revival Year," 118.

들의 영적, 지적, 그리고 도덕적 필요를 충족시켜 주고 있다는 사실이 매우 분명하다"[122]고 결론을 내렸다.

복음의 능력을 접한 이들은 하나님의 자녀가 되는 권세를 실제로 누리며 살았다. 이것이 바로 왜 그들이 그와 같은 열악한 환경 속에서도 자신과 민족에 대한 소망을 잃지 않고 살아갔는가에 대한 분명한 답이었다. 부흥운동의 시대를 거친 자들은 하나같이 자기가 특권을 누리고 있다는 자의식을 가지고 있었다. 한 한국인 조사는 자신이 섬기는 한 선교사와 선교지를 방문하던 중 갑자기 이렇게 자신의 심정을 토로했다:

> 나는 내가 50년 전에 살지 않은 것이 얼마나 감사한지 모릅니다. 그때 사람들은 이와 같은 새로운 것들을 전혀 볼 수도 없었고, 또 우리가 지금 알고 있는 하나님을 알 수도 없었으며, 교회의 성장도 없었을 테니까요. 그들은 유교사상을 가지고 있었으나 그것으로는 죄를 없이하는 것이 너무 힘들어-거의 불가능-거기에는 평안이 없었을 테지요. 이제 우리는 죄 사함을 받을 수 있고 또 위대한 평안을 우리가 소유하였습니다![123]

확실히 이 시대 그리스도인들은 복음의 능력을 경험하고 있었다.

6. 기독교에 대한 비기독교인의 시각 변화

기독교 신앙이 닿는 곳마다 이와 같은 변화의 역사가 나타났다. 복음이 전래되면서 교회가 태동되었고, 교회가 태동되면서 배우기를 원하는 이들이 많아졌고, 자연히 이들을 위한 학교를 교회가 세우게 되어 비록 규모는 허술하기 짝이 없었지만 부흥운동 이후 수많은 학교들이 지방에 생겨나기 시작한 것이다. "2년 전에는 사랑 아니면 돈의 문제로

---

122 Moore, "The Great Revival Year," 118.
123 Moore, "The Great Revival Year," 119.

여학교를 시작하는 것이 어려웠다. 그러나 지금은 거의 모든 교회들이 여학교를 원하고 있고, 몇몇 교회는 선교사들의 도움 없이 여학교를 시작하였다."[124] 이들 학교들은 그 지방 군수를 비롯해 정치 지도자들에게 기독교에 대해 긍정적인 이미지를 심어 주는 계기가 되었던 것이다. 더 배우기를 원하는 이들에게 지원을 아끼지 않는 경우도 있었다. 각성운동을 거치면서 불신자들의 기독교에 대한 시각이 바뀌기 시작했고, 기독교를 바라보는 정치 지도자들의 시각 역시 과거와는 분명히 달랐다. 영적각성운동을 통해 복음이 닿는 곳마다 변화의 역사가 나타나자 그 지역을 치리하고 있는 군수들은 직간접으로 기독교를 지원하는 경향이 뚜렷하게 나타나기 시작한 것이다. 부흥운동이 한창 진행되고 있던 그 즈음에 일어났던 한 작은 사건은 이와 같은 변화를 말해 주는 단적인 예라고 할 수 있다:

> 함청군 군수는 자기가 다스리는 군에 있는 모든 기독교 초등학교 학생들을 한 소풍회 날(a Field Day)에 초청했다. 약 200명의 남학생들과 4, 5백 명의 기독교인들이 모였다. 모두 불신자들이었던 군수와 지도적인 7명의 상인들이 학생들뿐만 아니라 모든 그리스도인들에게 식사를 대접한 것이다. 그곳에는 수백 명의 구경꾼들이 있었지만 그들 가운데 아무도 그날 무료 식사를 제공받지 못했다.[125]

몇 년 전만 해도 이와 같은 현상은 찾아볼 수 없는 매우 드문 일이었다. 부흥운동으로 교육의 욕구가 더 많아지자 교회가 이 일에 앞장서서 민중들의 필요를 채워 주는 것을 보면서 교회에 대한 시각이 달라지기 시작했다. 비록 드문 현상이긴 하였지만 교회의 사역을 간접적으로 지원하고 격려하는 현상도 나타났다. 불과 몇 년 전만 해도 상상할 수 없는, 정치 지도자들의 교회에 대한 이 같은 우호적인 태도는 부흥운동이 가져다준 중요한 선물 가운데 하나였다. 다음은 그와 같은 변화를 말해 주는 또 한 가지의 좋은 예라고 할 수 있다:

---

124   Moore, "The Great Revival Year," 119.
125   Moore, "The Great Revival Year," 119.

함청의 여학생들 중의 한 명이 평양 여자반에 참석하기를 원했으나 여비를 지불할 충분한 돈이 없었다. 다른 사람들이 평양으로 떠난 후 그녀는 너무 상심해 어떻게 그것을 이겨내거나 어떻게 해야 할지 알지 못했다. 그곳 군수는 남학생들과 여학생들의 훌륭한 친구였는데, 그녀는 그를 찾아가 그에게 부탁하기로 결론을 내렸다. 이것은 상당한 용기를 요하는 것이었으나 그녀는 그가 너무도 친절했던 사실을 기억하고 그를 찾아갔다. 그와 대화하는 동안 혹시 군수가 자신에게 돈을 빌려줄 수 있는지를 청했던 것이다. 그는 그렇게 진지하게 공부하기를 원하는 소녀를 발견하고는 너무 기뻐 그녀에게 수업 받는 동안 필요한 충분한 여비를 주었을 뿐만 아니라, 그녀는 앞서간 다른 사람들보다 단지 하루만 늦게 평양에 안전히 도착하였다는 사실을 알았다.[126]

확실히 부흥운동이 발흥하면서 교회를 바라보는 정치 지도자들의 시각이 과거와 달라졌다. 부흥운동이 한국 교회에 일기 시작하던 1904년 최병헌이 시무하는 서울 정동교회에는 많은 상류층 사람들이 교회에 출석하기 시작했고, 예배에 정기적으로 출석하는 고위직의 사람도 몇 있었으며, 그들 중에 적지 않은 사람이 학습교인으로 등록하였다.[127]

그러다가 대부흥운동이 전국을 휩쓸던 1907년 1월부터는 더 많은 고위층의 인사들이 교회에 나오기 시작해 그 해 2월에 여러 명이 세례를 받았다. 과거에 기독교를 긍정하면서도 자신들이 직접 교회의 일원이 되기를 꺼려했던 고위 정치 지도자들도 이제는 교회에 정기적으로 출석하기 시작한 것이다. 시골에서 최고의 지위를 대변하는 군수들 가운데서도 정기적으로 교회에 출석하는 이들이 생겨나기 시작했다. 그 대표적인 예가 클락이 1906년 10월 강원도 일원을 자신의 선교 구역으로 배정받고 그곳을 전도여행하던 중 만났던 사건이다:

지난해 가을 내가 그곳[홍성군]에 있을 때 군수가 복음을 전하고 있는 시장에 와

---

126 Moore, "The Great Revival Year," 119-120.
127 *Minutes of Korea Mission*, Methodist Episcopal Church, 1904, 59.

서 사람들에게 예수를 믿으라고 권유하였다. 그 군수가 그곳을 떠난 후 공백 기간 동안 군수 서리로 임명된 사람은 그곳 교회에 정기적으로 출석하였다. 2개월 전에 부임한 현 군수 역시 그리스도인으로 교회에 정기적으로 출석하고 있다.[128]

5월 5일 단오절에는 항상 서울에서 기생들이 내려와 군민들과 며칠 동안 술을 마시며 즐기는 전통이 있었다. 그곳 교회를 맡고 있는 한 조사가 군수에게 자녀들을 위해 올해에는 그와 같은 전통을 중지시켜 주었으면 좋겠다는 건의를 하자 군수는 조사한 후 그 제의를 받아들여 행사를 전면적으로 중단시켰다. 사람들이 그에게 찾아와 이 행사를 준비하느라 적지 않은 비품비가 들었다며 항의하자 군수는 그 모든 물품을 가지고 오라고 하고서는 그것들을 다 구입하고는 매입한 술을 도랑에 쏟아 부어 버렸다. 이권을 챙기려는 이들이 군수를 찾아와 강력하게 항의하였으나 군수의 입장은 확고했고, 얼마 후 위기는 조용히 지나갔다.[129]

물론 기독교에 대해 우호적인 군수들만 있었던 것은 아니다. 양건군의 군수는 1907년 5월 그 지역 그리스도인들을 괴롭게 하였다. 군수는 자신에게 알리지 않고 감히 교회를 건축하려고 했다는 이유로 조용하고 전혀 문제가 없던 상시미교회의 지도자를 체포하고는 2시간 동안 마을 중앙에서 가혹행위를 가하였다.[130] 마침 감옥에 가두기에는 적기가 아니라 놓아 주기는 했지만, 군수는 마을을 떠나면서 사람들에게 그리스도인들은 나쁜 사람들이고 불신자들이 오히려 좋은 사람들이라며, 내년에 다시 와서 그를 체포해 감옥에 보낼 것이며, 다른 사람들에게 본을 보여 주기 위해 기독교인 가운데 한 사람을 사형시키겠다고 협박하였다. 이 일로 인해 2년도 채 안 된 새로 생겨난 교회의 교인들과 지도자는 공포에 싸여 있었다.

문제의 군수가 마을을 떠난 지 2시간 후에 곽안련 선교사가 마침 그곳에 도착해 소식을 듣고 군수를 찾아가 면담하고 그가 마을 사람들에게 한 말이 무슨 의미인지를 물었다. 문제의 군수는 항상 직권을 남용하기로 널리 알려진 사람으로 늘 술에 취해 있었다.

128   C. A. Clark, "Out To the Japan Sea," *KMF* III: 9 (Sep., 1907), 134.
129   Clark, "Out To the Japan Sea," 134.
130   Clark, "Out To the Japan Sea," 135.

다행히 일 년 후에 아무 일도 일어나지 않았다.[131] 그러나 이와 같은 군수의 기독교인에 대한 부정적인 모습은 기독교를 박해하는 반기독교 단체들, 그 지역의 천주교인들과 일진회 사람들이 기독교인들을 더욱 핍박하는 분위기를 만들어 주었다. 20세기 초 은둔의 나라에서의 놀라운 복음 전파는 이와 같은 갈등과 고통을 경험하면서 확산되어 갔다.[132]

처음 기독교에 대해 부정적인 시각을 가지고 있던 지도자들도 시간이 지나면서 점점 더 기독교에 대해 긍정적인 태도를 가졌다. 영적인 변화가 사회적 변혁으로 이어져 나타나는 복음의 결실을 목도하면서 기독교를 바라보는 시각이 수정되기 시작한 것이다. 소위 정학(正學)이라고 일컬어 왔던 유교도 우리 사회를 그렇게 근본적으로 변화시키지 못했는데 그렇게 짧은 역사를 지닌 기독교가 한국인들의 심령과 한국 사회를 그토록 놀랍게 변화시켜 마치 깊은 잠에서 이 민족을 깨워 주는 것을 목도하면서 정치가들은 놀라움을 금치 못했다. 여전히 기독교에 대해 부정적인 시각을 갖고 있는 이들도 있었지만 그것은 어디까지나 기독교를 정확히 알지 못하고 선입관을 가지고 기독교를 보고 판단하는 자들에게 국한된 현상이었다.

7. 한국에 대한 선교사들의 시각 변화

부흥운동을 거치면서 참으로 자신들의 과거의 선입관을 완전히 수정한 사람들은 바로 선교사 자신들이었다.[133] 부흥운동 기간 동안 그들은 영적인 재충전을 받았다. 한국의 부흥운동을 몸소 경험한 한 선교사는 "우리는 우리의 영적 삶이 각성하리라는 기대를 가지고 외국 선교지에 온 것이 아니었지만 그러나 이것이 확실히 일어났다. 여기의 분위기는 [부흥운동이 놀랍게 일어난] 노스필드(Northfield)와 같았다. 어디서나 사람들이 기도하고 있다."[134]고 솔직하게 고백하였다. 부흥운동 기간 동안 그들은 영적 재충전과 자

---

131 Clark, "Out To the Japan Sea," 135.
132 Clark, "Out To the Japan Sea," 135.
133 Jones, *The Korean Revival*, 40.
134 Gale, *Korea in Transition*, 240-241.

신의 무디어진 영적 감각들을 회복하는 특권을 누린 것이다. 그러나 부흥운동이 가져다 준 이보다도 더 큰 은혜는 한국인들을 바라보는 선교사들의 시각이 근본적으로 수정되었다는 사실이다.

부흥운동 이전까지 선교사들은 "한국인들은 역시 한국인"이라는 고정관념에서 벗어날 수 없었다.[135] 그들은 이전부터 애착과 애정을 가지고 한국인들을 대했던 것이 사실이지만, 특히 부흥운동 이후 한국인들 사이에 나타나는 놀라운 영적각성과 민족 각성을 경험하면서 한국인들을 바라보는 시각이 달라졌다. 당시 부흥운동의 현장에서 한국 교회의 놀라운 변화와 변혁을 직접 목도한 한 선교사는 자신의 심정을 이렇게 솔직하게 고백하였다:

> 금년까지 나는 동양은 동양이고 서양은 서양이지 둘 사이의 근저에는 전혀 실질적인 유사점이나 접촉점(common meeting)이 없다는 경멸적인 관념에 어느 정도 사로잡혀 있었다. 다른 이들과 같이 나는 한국인들은 서양인들이 가졌던 것과 같은 종교적인 경험을 결코 가질 수 없을 것이라고 말해 왔다. 그러나 부흥운동은 내게 두 가지의 사실을 가르쳐 주었다. 첫째, 비록 거기에는 표면적으로는 서양과 직접적으로 반대되는 일천 가지의 것들이 있을 것이지만 한국인은 그 중심에 또 모든 근본적인 것들에 있어서 서양 형제들과 하나라는 사실이다. 왜냐하면 "하나님은…그들이 주님을 찾을 수 있도록 …그리고 그를 발견할 수 있도록 …이 땅의 모든 인종 안에 거하시기 위해 모든 민족을 한 혈통으로 만드셨기 때문이다." 둘째는 이들 부흥운동이 내게 모든 인생을 종교적으로 만들어 주는 문제에 있어서, 기도에 있어서, 또 매우 단순한 어린아이와 같은 신뢰에 있어서 동양인들이 서양인들에게 가르쳐 줄 많은 것들뿐만 아니라 심오한 것들을 가지고 있다는 사실, 그리고 우리가 이것들을 배울 때에야 비로소 우리[서양 선교사들]는 그리스도의 완전히 빛나는 복음(the full-orbed Gospel of Christ)을 알게 될 것이라는 사실을 가르쳐

---

135   E. F. McRae, "For Thine is the Power," *KMF* II: 2 (Feb., 1906), 74.

주었다.[136]

존스가 지적한 대로 "부흥운동으로 한국인들의 생활과 본성에 드리워 있던 휘장이 걷히면서 그 동안 감추었던 한국인의 진면목이 새롭게 드러난 것이다."[137] 그 결과 "선교사들은 한국 교인들을 보다 깊이 이해하게 되었고 전보다 효과적으로 도울 수 있게 되었다."[138]

확실히 부흥운동은 서양인들이 볼 때에도 놀라운 변화를 가져다주었다. 한국인들에 대한 지금까지의 서양인의 시각을 근본적으로 바꾸어 한국인 역시 자신과 같은 인격적인 존재들이며, 이들도 복음을 받아들이면 변화가 찾아올 수 있는 하나님의 형상으로 지음 받은 존귀한 존재들이라는 사실을 깨달은 것이다. 지금까지의 한국인들에 대한 부정적인 선입관들이 무너져 내리면서 한국 선교에 대한 새로운 비전을 다질 수 있었다. 선교사들은 부흥운동 이전보다 더 뜨거운 애정과 사랑으로 선교에 헌신할 수 있었다.[139]

부흥운동은 한국인들과 한국인들을, 남자와 여자를, 지도자와 평신도를, 한국인들과 서양인들을 하나로 묶어 주는 역할을 했다. 기독교는 전통적인 동양 종교인 불교나 유교나 샤머니즘보다도 더 한국인들에게 접목될 수 있는 종교이며, 또 시급하게 필요한 종교라는 사실을 확인할 수 있었다.

이것은 비단 선교사들만의 고백이 아니었다. 심지어 부흥운동에 대해 상당히 비판적이던 이들마저도 부흥운동의 현장을 확인하고는 입장을 바꾸었다. 1907년 후반 평양에서 부흥운동의 과정과 영향을 목도한 한 사람은 그의 어머니에게 보낸 편지에서 다음과 같이 고백하였다:

한국에 대한 몇몇 저자들과 많은 여행객들의 태도는 터무니없는 것일 뿐입니다.

---

136   Moore, "The Great Revival Year," 118.
137   Jones, *The Korean Revival*, 40.
138   Jones, *The Korean Revival*, 40.
139   Gale, *Korea in Transition*, 241.

한국인들은 몇 가지 면에서 내가 지금까지 보아온 가장 놀라운 백성입니다. …기독교는 그들이 가장 필요로 하는 때에 그들에게 전해졌으며, 놀랍게 그 필요를 충족시켜 주고 있습니다. 어머니는 나의 태도가 얼마나 비판적인가를 잘 알고 계시고, 전반적으로 완전히 선교 사역을 참을 수 없다는 것을 아실 것입니다. 그러나 나의 태도가 무지했다는 사실, 선교가 이 민족에게 기독교를 통해 그들이 다른 방식으로는 소유할 수 없는 생명을 제공함으로써 이 민족의 생명을 구원하고 있다는 것 외에 아무것도 말할 것이 없습니다. 한국의 선교를 반대할 논쟁의 여지가 전혀 없습니다.[140]

이와 같은 시각의 변화는 부흥운동을 거치면서 나타나는 놀라운 변화의 역사를 그들이 직접 피부로 체험하고 눈으로 확인하였기 때문이다. 한국 민족의 삶이 절망 상태로부터 "너무도 분명하게 변화되었던 것이다"[141] 한국의 선교지를 찾아온 수많은 사람들은 실제로 선교지에서 벌어지고 있는 최근의 변화를 확인하고는 입을 다물지 못했다. 부흥운동 이후 놀라운 선교 사역의 팽창으로 선교지의 필요를 채워 달라는 요청을 받고 외국 선교부의 지도자들이나 선교 사역을 지원하는 수많은 외국의 교계 지도자들이 한국을 방문하여 현장을 경험하고는 놀라움을 금치 못했다. 그것은 현장을 방문한 이들이 토로하는 일치된 견해였다. 선교지를 방문한 외국 인사에게 소감을 물어 본 한 선교사는 이렇게 전하고 있다:

나는 올해 한국을 방문한 많은 유명인사들 가운데 한 사람에게 한국에서 기독교를 어떻게 생각하느냐고 물었다. 그는 방금 5, 6천 명의 기독교인들이 모여 예배를 드리는 평양에서 한 주일을 보냈는데, 그의 대답은 "원더풀! 원더풀!! 원더풀!!!"이었다. 목사들과 선교회 총무들뿐만 아니라 여러 신문 특파원들과 사업가들도 그 사

---

140 Gale, *Korea in Transition*, 241. 비판적인 이들이라도 선교지의 부흥운동의 현장을 목도하고는 자신들의 시각을 교정하는 일들이 자주 일어났다.

141 Gale, *Korea in Transition*, 241-242.

전형적인 전주의 시골학교

실에 동의를 표하고 있으며 한국에서의 기독교의 놀라운 결과에 놀라움을 표하고 있다. 그리고 그리스도인이나 비그리스도인이나 한국인들은 그들의 유일한 구원의 소망이 기독교라는 사실을 깨달았다.[142]

이미 서구에서 오래전에 확인된 바, 기독교 신앙이야말로 민족을 살리는 유일한 길이라는 확신이 오늘 이 시대 한국 민족에게도 여전히 요청되고 있었다. 이것을 확인하는 것처럼 감격스러운 일은 없었다. 을사조약과 주변국들의 위협, 따라서 국권의 찬탈과 경제적인 침략으로 인한 민족의 수탈 속에 진정한 자유와 해방의 의미도 미처 누리지 못하고 고난 받는 이 민족은 기독교야말로 이 민족을 살릴 수 있는 유일한 구원의 길이라는 사실을 부흥운동을 통해 확인할 수 있었다.

이와 같은 놀라운 영적 변혁은 그야말로 은둔의 나라 한국을 세계가 주목하는 나라로 만들어 주기에 충분하였다. 아시아의 어느 나라보다도 놀라운 선교의 결실을 맺고 있

---

142 Moore, "The Great Revival Year," 118-119.

던 한국에 대한 관심은 대부흥운동 이후 더 한층 높아졌다. 이제 한국은 세계가 주목하는 나라가 되었다. 한국에서 진행되고 있는 이와 같은 영적 변혁과 그로 인한 사회적 변혁을 목도한 "미국의 지도적인 일간신문"의 "한 유명한 신문 기자"는 신문에 다음과 같은 장문의 논평 기사를 실었다:[143]

> 당신은 어떤 말이나 어떤 행동으로 미국의 교회로 하여금 여기 한국에서 수세기 만에 찾아온 기독교의 기회를 이해시킬 수 있을 것인가? 나라 전체가 다 추수하기를 기다리는 익은 곡식이다. 무서운 정치적 상태가 한국인들로 미국 선교사들에게로 향하도록 만들었고, 그들의 메시지야말로 눈에 보이는 유일한 구원자이다. 이 나라의 지도자들은 기독교에서만 민족의 정치적 및 사회적 구원을 발견할 수 있다고 공공연히 선언하고 있다. 궁지에 빠진 한국인들은 살아 계신 하나님께로 돌아설 준비가 되었다. 이와 같은 상태가 이제부터 2년 이상 더 지속되지는 않을 것 같다. 내가 감히 쓸 수 없는 이곳의 상태가 한국의 특성을 바꾸고 있다. 만약 기독교회가 어떤 전략 개념, 기회의 진가, 그리고 어떤 상대적 가치에 대한 감각을 가진다면 한국은 내년이 아니라 바로 지금 그 역할을 할 것이다.[144]

대부흥운동이 가져다준 영적각성은 한국인들의 심성을 놀랍게 변혁시켜 주었고, 그와 같은 영적 변혁이 개인의 개혁에서 사회적인 개혁으로 이어져 사회가 놀랍게 변했다. 놀라운 교세의 신장과 한국을 뒤흔드는 사회적 변혁은 정치적인 압박을 극복하는 원동력이 되었고, 그 결과 이 나라에 다시 민족에 대한 새로운 자긍심을 심어 주어 이 민족에 대한 뚜렷한 소망을 기독교 안에서 찾도록 만들어 주었던 것이다. 이것은 선교사들이 바라는 바였지만, 그와 같은 현상은 부흥운동이 한국인들의 심성을 바꾸어주기 전까지는 너무도 미미한 정도에 불과했었다. 그 동안 청일전쟁과 러일전쟁이 일어날 때마다 강대국의 약탈 대상으로, 침략국의 노략의 대상으로 전락했던 이 나라에 새로운 성령의 바람

---

143 Moore, "The Great Revival Year," 118-119.
144 Moore, "The Great Revival Year," 118-119.

이 일어난 것이다.

확실히 1907년은 "영적 대각성운동의 해"였고, 실제로 그 결실은 복음을 받아들인 한 사람 한 사람에게만 아니라 사회 전반에서 찾을 수 있었다. 지금까지 한국의 상황을 대변했던 "사라진 한국"(Passing of Korea)의 개념은 이제 "민족의 각성"(The Awakening of the People)[145]의 개념으로 바뀌었다. 그것은 이와 같은 변화를 오랫동안 사모하고 열망하면서 하나님께 그와 같은 은혜를 이 민족에게 부어 달라고 간구해 왔던 것에 대한 하나님의 응답이었다.

한국에 파송된 선교사들은 복음에 대한 열정이 뚜렷하였고, 지적 및 신학적, 그리고 인격적인 면 모두에 있어서 뛰어났다. 하지만 그들은 이와 같은 한국 교회의 놀라운 변혁과 성장이 결코 자신들의 작품이라고 여기지 않았다.[146] 대부분의 선교사들이 볼 때 "그것은 하나님이 하신 하나님의 위대한 기적 가운데 하나였다."[147] 하늘 문이 열리고 하나님께서 친히 우리들과 함께 계시기 전까지 그들은 아무것도 기대할 수 없었다. 그들은 스스로가 결코 대단한 사람들이라고 생각하지 않았다.[148] 그렇다고 "대단히 헌신된 사역자들"이라고 생각한 것도 아니었다. 비록 자신들이 열악한 환경 속에서 열심히 물을 주고, 그래서 이 일을 위해 최선을 다하기는 하였지만, "성장케 하시는 분은 하나님이시라는 사실을"[149] 그들은 철저하게 인식하고 있었다:

> 우리가 잊지 않고 자신의 영광을 드러내는 유혹에 빠지지 않기 위해, 나는 70인들이 돌아와 그들이 행한 놀라운 일들을 말하였을 때 주님께서 그들에게 책망하신 것으로 이 글을 맺는 것보다 더 적절한 말을 알지 못한다. 주님은 "사탄이 너희에게 굴복한 것으로 기뻐하지 말고 너희 이름이 하늘에 기록된 것으로 즐거워하라"

---

145 Moore, "The Great Revival Year," 120.
146 Gale, *Korea in Transition*, 213.
147 Gale, *Korea in Transition*, 213.
148 그럼에도 불구하고 한국의 선교사들에 대한 비판적인 견해들은 끊임없이 제기되었다. 외부의 비판을 수용하는 여유가 없다고 비판하는 경우가 많았다. H. B. Drake, *Korea of The Japanese* (New York: Dodd, Mead and Company, 1930), 163-174.
149 Moore, "The Great Revival Year," 120.

고 말씀하셨다. 우리의 이름들과 모든 한국인들의 이름들이 거기에 기록될지어다.[150]

기독교가 점점 더 성장함에 따라 한국 사회 전체에 미치는 기독교의 영향력도 점점 더 증가하기 시작했다. 곽안련 선교사가 지적한 것처럼, 기독교는 복음이 전래된 세계 어느 지역에서와 마찬가지로 복음을 받아들인 이들 가운데 종교적인 변혁뿐만 아니라 사상적 변혁이 일어나 옛 모습을 벗어버리고 새 옷을 입기 시작한 것이다. 과거에 한국 사회의 악습으로 평가받던 노름, 일부다처제의 관습이 폐지되기 시작했고, 조상을 신격화하는 조상숭배가 사라졌던 것이다.

그 결과 한국의 기독교는 문화, 종교, 정치, 경제, 사회 전반에 걸쳐 한국의 근대화에 적지 않은 영향을 미쳤다.[151] 예일 대학의 교회사가 라토렛은 자신의 혁명 시대의 기독교(Christianity in a Revolutionary Age)에서 한국에 복음이 전래되면서 나타난 일련의 영적 및 사회적 변혁을 이렇게 정리하였다:

> 많은 다른 나라에서처럼 [한국에서도] 1914년까지 지역 내에서와 마찬가지로 지역 밖에서도 영향을 미치고 있었다. 지역 내에서는 도덕과 종교적 관습, 육체적 안정, 교육, 그리고 여성의 지위에 있어서 두드러진 변화를 가져다주었다. 지역 밖으로는 기독교가 영향력 있는 혁명 시대의 특징들인 서양 의학과 교육 방법을 소개하는 도움을 주었다. 또 기독교는 개신교도들 가운데 일본 통치로부터의 독립에 대한 민족주의적 염원을 강화시켜 주었다.[152]

참된 각성운동이 일어나는 곳마다 참된 개혁과 변혁의 역사가 나타났다. 경건주의

150　Moore, "The Great Revival Year," 120.

151　Kenneth S. Latourette, *A History of the Expansion of Christianity* Vol. VI (New York: Harper & Row, Pub., 1944), 428.

152　Kenneth S. Latourette, *Christianity in a Revolutionary Age: A History of Christianity in the 19th and 20th Centuries* Vol. III (Grand Rapids: Zondervan, 1976), 449.

자들이 그랬고, 또 1740년 미국의 제 1차 대각성운동이 그랬고, 제 2차 대각성운동이 그랬고, 20세기 복음주의 각성운동이 그랬다. 조나단 에드워즈, 찰스 피니, 빌리 그레이엄이 교회에서 성경을 강해하며 말씀을 가르치고 그 말씀 앞에 회개를 촉구하며 죄의 각성을 외쳤을 때 그곳에 모인 이들 가운데 성령의 역사가 강하게 나타났던 것이다.

왜 경건주의운동이 계몽주의 시대 유럽의 기독교를 새롭게 갱생시키고 그와 같은 영적인 움직임이 프랑케의 고아원운동, 진젠도르프의 신앙 공동체로 이어지고 영국의 웨슬리에게 지대한 영향을 미쳤는가 하는 것도 그런 이유에서이다. 웨슬리의 부흥운동도 마찬가지이다. 홀리 클럽에서 말씀을 배우고 그대로 실천하려고 하는 노력, 모라비안 공동체에서 체험한 말씀과의 만남이 웨슬리 부흥운동의 원동력이 되었던 것이다.

한국의 부흥운동이 도덕 수준의 향상, 정상적인 부부 관계의 향상, 근면성, 죄의식의 강화, 여권 신장, 그리고 서양 의학의 도입 등 헤아릴 수 없을 정도로 한국 사회개혁의 중요한 원동력이었다는 사실은 아무리 강조해도 지나치지 않을 것이다. "기독교를 통해 이 나라에 들어온 새롭고 활발한 도덕 및 영적인 역동성이 수많은 사람들의 삶에 놀라운 결과를 가져다주었다."[153] 그리고 그와 같은 부흥운동을 통한 도덕 및 영적인 역동성은 만주와 시베리아에 있는 한인들은 물론 그곳 사람들의 삶에도 심대한 영향을 미쳤다.[154] 1907년 대부흥운동은 다양한 방향에서 그리스도인들에게 하나님, 그리스도, 인간의 심령과 죄에 대한 더 분명한 개념을 제공했고, 전 교회를 놀라울 정도로 순결케 하는 결과를 가져다주었다.

평양대부흥운동의 결과가 "전체적으로 좋았다"는 북감리교 선교회 해리스 감독의 말을 빌리지 않더라도, 또한 부흥운동의 역사는 가짜가 아닌 "진짜"였다는 남감리교 선교회 크램의 말을 언급하지 않더라도, 그리고 이 부흥운동을 웨슬리운동과 비교한 영국의 윌리엄 세실 경의 말을 인용하지 않더라도, 원산에서 점화되어 평양에서 타오른 1907년의 "대각성운동"은 백낙준 박사가 지적한 것처럼 "한국 교회의 영적 재탄생을 특징짓는" 기념비적인 사건이었고, 또한 사회 변혁의 결과를 낳았던 영적 혁명의 사건이

---

153 Latourette, *A History of the Expansion of Christianity* Vol. VI, 428.
154 Latourette, *A History of the Expansion of Christianity* Vol. VI, 428-429; Jones, *The Korean Revival*, 43.

었음이 분명하다.[155]

    1907년 6월 북감리교 선교사 모리스가 평양에서 발흥하여 순식간에 전국적으로 확산된 "이 놀라운 부흥운동은 올해(1907년)를 한국 교회사에 있어서 잊혀지지 않는 한 해로 만들어 주었다"[156]고 평한 것은 한 세기가 지난 오늘 돌이켜 볼 때 정확한 판단이었다.

---

155   Paik, *The History of Protestant Missions in Korea 1832-1910*, 360-361.
156   *Minutes of Korea Mission*, Methodist Episcopal Church, 1907, 66.

제 12 장
복음주의 연합운동

언더우드는 결코 종파적이거나 계급적이거나 인종적인 편견을 가진 적이 없었다. 그가 모든 인종, 민족, 계급, 연령, 종파에 속한 사람들과 진정한 형제애를 나누는 모습을 누구보다 잘 볼 수 있었던 사람은 바로 나 자신이다. 그의 존재의 모든 흐름은 연합을 향하고 있었던 것이다…그의 동정과 관심과 사랑 앞에서는 신분의 높고 낮음이나 도량의 넓고 좁음이나 피부색의 희고 검은 것이 전혀 문제가 되지 않았다.

Lilias H. Underwood, *Underwood of Korea*

부흥운동이 가져다준 가장 두드러진 선물 가운데 한 가지는 복음주의 연합운동이었다.[1] 부흥운동 기간 동안 한국의 복음화를 위한 협력의 필요성이 어느 때보다도 강하게 제기되었다.[2] 부흥운동은 장로교 공의회를 조직하여 함께 연합으로 한국의 복음화를 위해 노력하고 있던 네 개의 장로교 선교회 소속 선교사들에게 한국의 복음화를 위해 더 큰 그림을 그릴 수 있도록 새로운 비전을 심어 주었다. 남북 감리교 역시 부흥운동을 통과하면서 협력의 필요성이 절실히 요청되었다. 실제로 교단간의 협력뿐만 아니라 교파간의 협력도 그때만큼 무르익었던 적은 없었다. 이와 같은 분위기에 힘입어 부흥의 물결이

---

1 Lak-Geoon George Paik, *The History of Protestant Missions in Korea 1832-1910* (Pyeng Yang: Union Christian College, 1929), 378.
2 James S. Gale, *Korea in Transition* (New York: The Layman's Missionary Movement, 1909), 237-238.

한반도 전역을 휩쓸고 있던 1907년 9월에 모인 장감연합공회에는 "의심할 바 없이 모든 논의에 있어서 일치가 있었으며, 타 선교회의 계획과 방법에 대해 훨씬 더 좋은 이해가 있었다."[3]

초대교회 오순절 성령의 역사가 "유대인이나 헬라인이나 종이나 자유자나 남자나 여자나" 그리스도 안에서 하나로 묶어 주는 역할을 했던 것처럼 한국 교회의 대부흥운동 역시 한국인들과 선교사들을, 원수와 원수를, 양반과 천민을, 남자와 여자를, 그리고 형제와 자매를 하나로 묶어 주는 매개체 역할을 했으며, 더 나아가 본국에서는 가히 상상할 수 없는 교파의 벽을 넘어 하나의 민족교회를 설립하려는 움직임으로까지 이어졌던 것이다. 부흥운동의 촉매 역할을 했던 사경회에는 장로교와 감리교가 연합으로 모였고, 장로교와 감리교는 서로 강단을 교류하면서 한국의 복음화를 함께 염려하였다.

이와 같은 분위기에 힘입어 장로교와 감리교는 세계 다른 선교지에서는 찾아볼 수 없는 선교지 분할협정의 벽도 어렵지 않게 넘을 수 있었다.[4] 1904년 2월 18일 미국 북장로교 선교부 총무 아더 브라운 박사에게 보낸 한 편지에서 언더우드는 "한국에 있어서 연합교회는 본질적인 문제이며, 한국에서 활동하고 있는 모든 장로교인들은 하나의 교회 설립을 위해 모두 연합하여야 한다"고 자신의 심정을 피력하였다.

1. 교파간의 연합운동

확실히 부흥운동은 같은 교파 내에 협력을 촉진시키는 중요한 요인이었다. 오랫동안 장로교 공의회를 조직해 서로간의 협력을 증대시켜 가던 장로교는 부흥운동을 거치면서 더욱더 협력의 분위기가 무르익었다. 이 점에서는 감리교의 경우도 마찬가지였다. 1903년 들어 밀접한 유대 관계를 맺기 시작한 남북감리교는 배재학당을 북감리교와 남

---

3   "Editorial," *KMF* III: 10 (Oct., 1907), 153-156.
4   백낙준 박사는 단일 교회 설립과 선교지 분할협정 두 가지를 부흥운동이 가져다준 연합운동의 선물이라고 말한다. Paik, *The History of Protestant Missions in Korea*, 379.

감리교가 공동으로 운영하여 더욱더 결실을 맺었다.[5]

남북 선교회 사이의 연합에 대해 논란이 없었던 것은 아니었지만, 1904년 케이블이 지적한 것처럼 감리교 정신에 있어서 항상 어깨를 나란히 하고 있었기 때문에 두 선교회는 "별개의 조직이 아니라 한국에서 기독교의 같은 원리들을 대변하고 공통의 감리교회 건설을 대변하는 같은 단체의 형제와 자매로 생각하게 되었다."[6] 1905년 5월 존스는 남북감리교 선교회의 관계가 이전보다 더 긴밀하게 발전하고 있음을 이렇게 보고하였다:

> 우리 모두가 마치 같은 선교회의 일원인 것처럼…우리는 선교사 생활의 모든 경험에서 나란히 경험을 공유하고 있다. 우리는 서로의 교회에서 말씀을 전하고 많은 문제들에 대해 조언을 주고 또 서로 상의하고 있다. …선교사 사이에 존재하는 사랑과 동정의 공감대가 우리 양 선교회 소속 한국 교인들을 함께 묶어 주었으며, 이로 인해 우리는 하나님께 감사한다. 우리 가운데는 교회를 반대하는 교회가 없다. 우리는 서로 라이벌이 아니며, 이제까지 라이벌이 되려는 의도도 없었다. 한국 감리교가 조직과 성장의 연합과 결속 속에서 한 가지 강점을 발견해야 한다는 것이 우리가 바라는 것이다.[7]

1903년 이후 남북감리교의 관계는 놀라운 속도로 발전했다. 부흥운동이 이들의 관계를 더욱 밀접하게 묶어 주는 동인이 되었던 것이다. 평양대부흥운동의 발흥으로 부흥의 물결이 한반도를 휩쓸고 있던 1907년 북감리교와 남감리교는 지금까지 각기 별도의 시간에 별개의 장소에서 갖던 감리교 연례모임(Methodist Annual Meetings)을 같은 시간, 같은 장소에서 가졌다:

---

5   *Minutes of the Seventh Annual Meeting*, Korea Mission Methodist Episcopal Church, South, 1903, 22-25.
6   *Minutes of Korea Mission*, Methodist Episcopal Church, 1904, 32.
7   *Minutes of Korea Mission*, Methodist Episcopal Church, 1905, 27.

그들은 상당히 공통적이고 적절한 시기에 하나의 감리교회를 형성하기를 기대하였기 때문에 책임을 맡은 두 감리교단의 감독들이 두 교단의 연례 모임을 동시에 갖기로 결정하였다. 그들은 세 번의 연합 모임을 가졌는데 거기에서 교회의 여러 관심사들이 논의되었다. 그러나 가장 관심을 끌었던 사역의 특징은 교육 사업, 특히 본국 기독교 사역자들-성서 부인들과 전도사들-의 교육이었다. 이들의 정책은 협력 사업이다. 본국의 목회자들을 훈련시키기 위한 성경학교가 조직되어 존스 박사와 하디 박사가 이 사업에 임명되었다. 그들은 본국의 목회자들을 훈련시키는 대단히 중요한 사업에서 다른 선교사들의 협력을 받을 것이다.[8]

이미 1893년 장로교 공의회를 조직하여 공동의 협력을 통해 한국 교회의 복음화에 매진해 온 한국 장로교회에 이어 감리교도 상호 협력을 통해 새로운 협력 시대로 돌입한 것이다. 이미 한국 선교를 먼저 착수한 북감리교는 자신들의 선교 경험의 노하우를 후에 입국한 남감리교 선교회와 공유하면서 남감리교회 선교회가 신속히 한국에 정착할 수 있도록 지원과 협력을 아끼지 않았다. 본국에서의 노선의 차이는 한국 선교지에서는 더 이상 극복하지 못할 만큼의 장벽도, 또 실제로 한국의 복음화라는 더 큰 공동의 목표 아래 별 문제가 될 이유도 없었던 것이다. 북감리교와 남감리교는 신학교를 공동으로 운영하기로 하고 할 수 있는 한 사경회도 연합하여 열기로 의견을 모았다.

실제로 1908년 3월에는 북감리교 여자 사경회가 서울의 남감리교 성경 훈련원(the Methodist Bible Training School)과 연합하여 개최되었고,[9] 그 해 11월 1일부터 한 달 동안 정동교회에서는 남북감리교가 공동으로 운영하는 신학회(Theological Class)가 열렸다. 이 신학회는 말이 신학회이지 좀 더 정확히 말하면 한국의 감리교 목회자들을 육성하는 유일한 신학교였다. 이 기간 동안 평양의 노블 선교사와 인천의 케이블 선교사가 신학 교육에 대한 전적인 책임을 맡았고, 한국인 최병헌 목사, 홍승하 목사, 손승용 목사 등이 협력했으며, 신학도 150명이 참석한 가운데 성대하게 진행되었다. 부

---

8 "Methodist Annual Meetings," *KMF* III: 7 (Jul., 1907), 105.
9 "Notes," *KMF* VI: 3 (Mar., 1908), 40.

흥운동을 거치면서 비로소 남북감리교의 협력 시대가 열린 것이다.

2. 복음주의 연합공의회 조직

1884년부터 1898년까지 한국에 자리잡은 4개의 장로교 선교회와 2개의 감리교 선교회는 지금이 "대한예수교회"라는 하나의 민족교회를 설립하기에 알맞은 시기라고 보고, 1905년 9월 15일 6개 선교회 150여 명의 선교사들이 모여 복음주의 연합공의회(The General Council of Protestant Evangelical Missions in Korea)를 조직하기에 이르렀다. 이것은 하루아침에 이루어진 것이 아니라 오랜 시간 동안 축적되어 온 장감의 유대 관계가 낳은 결과였다. 이미 언더우드와 아펜젤러가 한국 선교를 시작한 때부터 둘 사이의 긴밀한 유대 관계는 개인적인 신분을 넘어 장감의 연합 분위기를 형성하는 데 크게 기여했고, 이와 같은 분위기는 부흥운동을 거치면서 더욱 가시화되기 시작했다.

분명히 이 두 교파의 선교회를 하나로 묶어 주는 데 결정적인 역할을 한 것은 부흥운동이었다. 부흥운동을 거치면서 한국 개신교 선교를 주도해 온 장로교와 감리교는 교파를 초월해 한국의 민족복음화라는 공동의 목표를 향해 협력해야 할 필요성을 어느 때보다도 절감하고 있었다. 따라서 부흥운동은 교단과 교단간의 협력을 촉진시킨 요인이 되었을 뿐만 아니라 교파간의 협력을 가속화시킨 요인이 되었다. 장감이 부흥운동 기간 동안 전에 없는 협력과 일치의 정신을 보여 주었던 것도 그 때문이었다. 1903년 원산부흥운동 이후 장로교와 감리교 선교사들은 교파를 초월하여 한국 교회의 부흥에 관심을 기울였다. 부흥운동의 준비 기간 중에 장감 선교 단체들과 한국인들 사이에 접촉을 통해 긴밀한 협력을 모색하려는 움직임이 일었다.

원산부흥운동이 일어난 2년 후인 1905년 장로교와 감리교는 복음주의 연합공의회를 조직하였고, 선교지 분할 협정을 통해 밀접한 협력을 아끼지 않으면서 부흥운동 기간 동안 한국 교회의 복음화라는 공동의 목표를 위해 자연스럽게 어깨와 어깨를, 손과 손을 마주 잡고 달렸던 것이다. 1905년 남북감리교가 연합으로 찬송집을 만들 때 장로교 선

교회는 자신들의 찬양집에 있는 찬양곡을 감리교가 사용할 수 있도록 허락하였다.[10]

1902년 장로교와 감리교는 한국에 세워질 미래의 교회의 명칭을 공통 명칭으로 만들 수 없는지를 협의하기 위해 하나의 위원회를 임명하고 1904년에 마침내 합의점에 도달해 "대한예수교회"라는 이름을 채택하게 되었다.[11] 장로교와 감리교는 이 이름에 "장로회" 혹은 "감리회"라는 이름을 추가하기만 하면 되었다.[12] 그 해에 장로교와 감리교는 두 교파에서 발행하는 정기 간행물을 통합하기 위하여 하나의 위원회를 조직하였고, 1904년부터는 해마다 감사절을 같은 날짜로 정해 지키기로 결정을 보았다.

그들은 1905년 6월 24일 토요일 서울에서 회집된 비공식 모임에서 한국에서의 교육 사업에 대한 연합 활동의 가능성을 논의하였고, 감리교 연회에서 이를 위해 위원회가 임명되어 6월 26일 월요일 북감리교 벙커의 집에서 장감 대표자들이 2차 회합을 가졌다. 이 모임에는 북감리교의 스크랜튼, 남장로교의 레이놀즈, 북장로교의 게일이 각 선교회의 대표로 참석했다.[13] 레이놀즈 선교사가 "대한예수교회"라 불릴 하나의 한국 민족교회를 설립할 것을 제안하자 아비슨이 재청하고 거수로 표결한 결과 만장일치로 통과되었다.

벡이 동의한 한국 개신교회 전체가 힘을 모아 한국에서의 교육 사업을 연합으로 추진하자는 안도 만장일치로 통과되었다.[14]

1905년 6월에 서울에서 열린 북감리교 재한 선교부 총회의 교육 문제 토의회에는 다른 교파의 선교사들도 초청하였다.[15] 이미 남북감리교 두 교단이 연합하여 교육을 실시하고 있었고, 서울과 평양에서 장감이 연합 선교를 하고 있는 시점에서 이것은 자연스러운 현상이었다. 1905년 9월 장로교 공의회도 선교사업을 감리교 선교부와 합동 운영하자는 건의안을 제출하였고, 장감연합공회의 조직안을 승인하였다.[16] 장로교 공의회와

---

10   *Minutes of Korea Mission*, Methodist Episcopal Church, 1905, 80.
11   Charles Allen Clark, 한국 교회와 네비우스 선교 정책 (서울: 기독교서회, 1994), 174.
12   Clark, 한국 교회와 네비우스 선교 정책, 176.
13   *Minutes of Korea Mission*, Methodist Episcopal Church, 1905, 21.
14   *Minutes of Korea Mission*, Methodist Episcopal Church, 1905, 21.
15   Paik, *The History of Protestant Missions in Korea*, 379.
16   S. F. Moore, "Steps Toward Missionary Union in Korea," *The Missionary Review of the World*,

두 감리교 선교회의 철저한 준비와 공동 보조로 장감연합공회를 조직하려는 분위기가 무르익었던 것이다. 언더우드가 초대 의장에, 벙커가 서기 겸 회계에 임명되었으며, 각 선교회 대표자 한 명씩으로 구성된 실행위원회도 조직되었다. 이와 같은 분위기에 힘입어 1905년 9월 15일에는 장감 6개 선교회를 대표하는 150명의 선교사들이 참석한 가운데 장감연합공회(General Evangelical Council)가 결성되기에 이른 것이다.[17]

첫 회합에서부터 선교지 분할 문제를 토의할 위원회, 통합 찬송가 발행을 위한 위원회, 교회신문 통합을 위한 위원회와 코리아 미션 필드를 담당할 위원회와 기도 월력을 발행할 위원회가 조직될 만큼 연합의 열기는 대단했다. 장로교와 감리교는 1905년 10월 4일 1년 동안 학교 사업을 연합으로 실행하는 안에 서명했다. 베어드가 책임을 맡고 있던 평양 숭실학교를 비롯한 수많은 학교에서 장로교와 감리교는 연합으로 교육 사업을 실행하기 시작했다.[18] 스크랜톤이 지적한대로 "이 학교의 연합은 두 교단 사이의 기구적인 연합을 향한 단지 한 걸음에 불과했지만,"[19] 한국 선교가 시작된 이래 처음 있는 획기적인 사건이었다. 라토렛은 한국 개신교의 장감의 협력을 한국 교회가 놀랍게 성장한 중요한 요인 가운데 하나로 보고 다음과 같이 기술한다:

> 몇몇 다른 지역과 나라에서처럼 개신교 선교 단체 가운데 협력이 해가 가면서 증가되었다. 장로교와 감리교 선교회는 효율적인 선교를 위해 구체적인 지역에 대한 책임을 할당하기로 동의했다. 1905년에 그들은 함께 장감연합공회를, 그리고 1912년에는 연합공의회를 조직하였다. 이것은 둘 혹은 더 많은 선교회가 지원하는 교육 기관들에 이은 추가적인 협력이었다.[20]

　　N.S., 18 (December, 1905), 903-905.
17　Clark, 한국 교회와 네비우스 선교 정책, 175.
18　Paik, *The History of Protestant Missions in Korea*, 379.
19　*Minutes of Korea Mission*, Methodist Episcopal Church, 1905, 30. 그러나 스크랜톤은 1906년 북감리교 연회에서 장감의 학교 교육 연합을 계속 시행하는 것에 대해 우려를 표명했다.
20　Kenneth S. Latourette, *Christianity in a Revolutionary Age: A History of Christianity in the 19th and 20th Centuries* Vol. III (Grand Rapids: Zondervan, 1976), 448.

1893년의 장로교 공의회에 이어 1905년에 장감이 연합공의회를 조직한 것은 교회사적으로 매우 중요한 의미를 지니고 있다. 교파의 벽을 넘어 장감이 연합하여 한국 선교를 위해 함께 협력을 아끼지 않음으로 후대 한국 교회가 교파를 초월하여 함께 협력할 수 있도록 하나의 모델을 보여 주었다는 점 때문이다. 한국에 파송된 선교사들은 교파를 초월하여 처음부터 선교의 낭비를 막고 한국의 복음화를 효과적으로 이룩하기 위해 끊임없이 연구하고 실천해 왔다. 1893년에 장로교 선교회와 감리교 선교회는 선교지 분할 협정이라는 교계예양(敎界禮讓)을 통해 한국 선교의 동반자라는 사실을 분명히 한가운데 선교를 시작했고, 이와 같은 협력의 분위기는 대부흥운동을 전후한 1905년에 장감이 장감연합공회를 조직하기에 이른 것이다.

3. 연합의 목표, 하나의 민족교회

장감연합공회가 지향할 목적은 분명했다. 새로 결성된 장감연합공회 정관 제 2조에 따르면 "본 장감연합공회의 목적은 선교 사역을 상호 협력하고, 궁극적으로 한국에 하나의 복음주의 교회를 설립하는 것이었다."[21] 장감이 연합공회를 조직한 후 한국에 파송된 장로교 선교회 소속 선교사들과 감리교 소속 선교사들 사이에는 조선에 하나의 민족교회를 설립하려는 움직임이 강하게 일어났던 것이다. 이것은 본국의 교파적 특성이 강한 배경 속에서는 감히 상상할 수 없는 일이었다.

하나의 민족교회 설립안은 1905년 6월 26일 벙커의 집에서 서울 주재 장감 선교사 대부분이 모였을 때 이미 만장일치로 의견의 일치를 본 사항이었다. 그때 보수적이기로 소문난 "이눌서(레이놀즈) 선교사는 단일 한국 민족교회를 설립할 시기가 무르익었다고 전제하고 '대한예수교회'라는 명칭하에 단일 교회 설립을 추진하자는 동의안을 제출하였다. 이 동의는 아비슨 박사의 재청에 만장일치로 전원 총기립하여 채택되었다. 백낙준은 개신교 전부가 한국 내에서 교육 사업을 합동으로 할 것을 동의하여 진지한 토의

---

21   장감연합공회 회의록 (1905), 7.

끝에 그 동의도 가결되었다."²² 연달아 동의가 나오고 이어 동의마다 만장일치로 가결되었다.

연합공회는 장감이 연합하여 수행할 수 있는 수많은 연합 프로젝트를 개시하였다. 평양과 서울에서 교육 사업을 연합으로 실시하는 것은 물론 서울의 의료 사역, 문서 선교, 찬송가, 정기 간행물에 이르기까지 광범위한 분야에서 연합이 추진되었다.²³

부흥운동으로 가속화된 연합과 일치와 협력의 정신은 교파의 벽을 넘어 한반도에 하나의 교단을 설립하자는 분위기로 발전하였다. 1907년 연합공의회의 의장 소안론(스왈른)은 "한국에서 감리교 교리와 장로교 교리를 조화시키는 데에 아무런 어려움이 없다"며 장감이 공감할 수 있는 교리를 만드는 문제에 대해서도 낙관론적 견해를 피력하였다.

매우 보수적인 구학파(Old School)의 북장로교(PCUSA)에 속한 맥코믹 신학교를 졸업한 소안론 선교사가 장감이라는 교파적인 틀을 넘어서 교리적인 일치를 이룰 수 있다는 견해를 제시했다는 사실은 주목할 만하다. 더구나 전체 선교사들 가운데 95%가 이같은 민족 단일 교회의 설립을 찬성하고 나섰다는 사실은 더욱 놀랍다. 만약 이 연합 문제를 놓고 선교사들의 입장을 물었다면 연합은 압도적으로 이루어졌을 것이다.

1905년 코리아 미션 필드 지에 따르면 장감연합공회는 장감의 연합 목적을 발전시키기 위해 세 가지를 실시했다. 첫째는 미국 교회연맹(Federation of the Churches in the United States)의 내규와 캐나다의 장로교와 감리교의 연합 초안을 복사해 위원들에게 나누어 주어 연구토록 하였다. 둘째는 선교 구역내 장로교인들과 감리교인들의 상호 교환을 검토하기로 하였다. 셋째는 언더우드의 제안에 따라 본 공의회 서기가 선교 사역과 선교지의 중복을 피하기 위해 다음해 공의회까지 연구 논문을 준비하기로 결정했다.

장감의 연합을 위한 노력은 여기에만 머물지 않았다. "합동 찬송가안", "연합 편집에 의한 단일 교회 신문안" 그리고 스크랜톤의 "재한 개신교 선교 공의회의 조직을 촉진

---

22 Paik, *The History of Protestant Missions in Korea*, 380.
23 W. B. Harrison, "The Union Movement in Korea," *KMF* 2: 11 (September, 1906), 201.

시키자"는 건의안이 채택되었다.

노블 선교사는 언더우드 선교사가 내국인 목회자들의 신속한 목사 안수 문제를 진지하게 검토할 것을 제안했고, 언더우드는 엥겔(Engel) 선교사에게 장감연합공회 여러 교단들의 교회 정치상의 유사점과 차이점을 분석하여 이들 교단들이 조화를 이룰 수 있는 계획안을 다음 총회에 준비해 줄 것을 제안했다. 이눌서 선교사는 노블 선교사가 장감연합공회의 회원 교단들의 교회론을 검토하여 이들 교단들이 어떻게 조화를 이룰 수 있는지를 검토하여 연구 논문을 준비해 줄 것을 제안해 통과를 보았다.

또 언더우드의 제안으로 서울의 벙커와 평양의 베어드가 평양 숭실 교육기관에서의 첫해의 경험을 보고서로 작성해 줄 것을 제안해 통과되었다. 또한 공의회는 장감이 따로 출판하여 오던 찬송가와 선교지, 신문들도 연합으로 출판하기로 의견을 모았다.[24]

장감이 교파를 초월해 단일 교단을 설립한다는 공의회의 목적을 구체화시키기 위해 언더우드의 요청에 의해 1906년 2월 23일 그의 집에서 장감연합공회 실행위원회가 모였다. 여기에는 2개의 감리교 선교회를 대표해 노블 선교사와 무즈 선교사가 그리고 4개의 장로교 선교회를 대표해 언더우드와 이눌서 선교사가 참석했다. 언더우드와 노블 선교사가 공동 의장에, 그리고 이눌서가 서기로 선출되었다. 제 2차 장감연합공회는 한국 개신교의 95%에 달하는 196명의 선교사가 참석하였다.

연합에 대한 열망은 1905-1906년 사이에 최고 수위에 달했다. 이러한 연합에 대한 분위기는 1905년에 모인 제 1차 장감연합공회 때보다 1년 후에 모인 제 2차 공의회 때 더욱 무르익었다. 1906년 9월 10일과 11일에 열린 2차 모임에서는 더 많은 회원들이 모였으며, 분위기도 더욱 고조되었다. 지난해처럼 감정에 치우친 발언들은 줄어들었고, 문제 해결을 위한 진지한 분위기가 형성되었다. 지난해에 의아해 하던 선교사들도 장감의 연합안에 진지하게 협력하려는 움직임이 있었다. 그것은 지난 1년 동안 연합을 위한 준비 단계의 작업들이 성공적으로 이루어졌기 때문이기도 하였다.[25]

---

24 *Minutes of Korea Mission*, Methodist Episcopal Church, 1906, 73. 장감의 연합 활동은 광범위하게 추진되었다. 평양의 남자 학교과 의료 사역, 서울의 남자 학교와 여학교, 의료 사역, 주일학교 간행물, 한글 간행물과 영어 간행물, 찬송가, 출판사에 이르기까지 광범했다.

25 Clark, 한국 교회와 네비우스 선교 정책, 176.

서울과 평양의 남학교 협력, 평양 의료 사역의 협력, 주일학교 공과, 찬송가, 선교지의 공동 출판은 그 전형적인 예였다. 전국에 한 세트의 주일학교 공과만을 가진다는 계획도 승인을 받았고, 장감이 각각 운영하던 서울과 평양에 있는 중학교들을 하나로 통합하였으며, 장감의 교리와 정치 형태의 일치를 위한 위원회가 조직되어 운영되었다.[26]

1906년 9월 코리아 미션 필드 지는 "한국에서의 연합운동"이라는 제목하에 장감연합공회의 활동과 과정을 자세히 소개하면서 그 동안의 연합 과정을 이렇게 집약했다:

> 만일 본국의 교회들이 방해하지 않는다면 한국의 장감연합공회의 연합안은 계속될 것이고 또 발전될 것이 확실하다. 이 연합 안이 어느 정도까지 성숙할지 아무도 책임 있게 말할 수 없을 것이다. 다만 소수의 사람들은 우려할지 모른다. 그러나 대다수는 앞으로 한 단계 한 단계씩 하나님의 섭리에 기꺼이 따를 것으로 보인다.[27]

본국 선교 본부에서 반대하지만 않는다면 하나의 민족교회 설립이 낙관적이라는 의미이다. 1905년에 조직된 장감연합공회는 장감이 동의할 수 있는 교리를 만드는 한편 장감이 연합하여 선교할 수 있는 여러 가지의 틀을 마련하였다. 서로가 동의할 수 있는 교리적인 틀은 바로 복음주의적인 입장이었다. 장감연합공회의 영어 이름이 밝혀 주듯이 장감연합공회의 결성은 개신교 복음주의 교단이 한국 선교를 효율적으로 추진하기 위해서 연합선교 전선을 구축하겠다는 의지의 표현이었다. 장로교 선교회와 감리교 선교회는 하나의 민족교회를 설립하려는 이상을 갖고 세 가지 안을 두고 의견을 수렴하였다.

첫째는 네 개의 장로교 선교회가 하나의 장로교회를 설립하고 두 개의 감리교 선교회가 각기 하나씩 감리교회를 설립하여 전체 세 개의 교회를 조선에 설립하자는 안이었다. 둘째는 네 개의 장로교 선교회와 두 개의 감리교 선교회가 각기 하나씩 두 개의 교회를 조선에 설립하자는 안이었다. 셋째는 네 개의 장로교 선교회와 두 개의 감리교 선교

---

26 장감연합공회 회의록(1906), 15.
27 Harrison, "The Union Movement in Korea," 201.

회가 연합하여 하나의 민족교회를 조선에 설립하자는 안이었다.

 이 세 가지 안을 놓고 각 선교회는 선교사들과 본국 선교부의 의향을 타진하였다. 한국인들과 몇몇을 제외한 한국에 파송된 선교사들은 교파를 초월하여 하나의 민족교회를 설립하자는 세번째 안을 강하게 지지하였다. 1906년 8월 16일자 그리스도 신문에는 교파를 초월해 장감이 "ᄒ나히 될 것"을 촉구하는 글이 실렸다:

> 우리 나라 가온디 압흐로 교회 세울 거슬 싱각ᄒ면 감리와 미이미와 쟝로 세 교회 각각 세울 길이 잇고 또 미이미교와 감리교가 합ᄒ야 ᄒ나만 세울 수도 잇스며 또 쟝로 미이미 감리 세 교회가 합ᄒ야 ᄒ나만 세우는 길도 잇ᄂᆞ듸 어느 길노 가면 됴흘ᄂᆞ지 대한 형뎨 주매미의게 말ᄒ라 ᄒ면 삼 교회가 합ᄒ야 우리 대한 가온디 예수교회 ᄒ나만 세우는 것시 됴타고 아니ᄒ실 이가 업슬 듯 ᄒᆞ옵니다. 그러나 외국 형뎨 즁에 합ᄒ기 어렵다고 싱각ᄒ시는 이가 혹 잇스니 쟝ᄎ 엇더케 될ᄂᆞ지 아즉 알 수 업도다.[28]

 이처럼 하나의 민족교회를 설립하려는 한국인들과 선교사들의 의지는 대단했다. 당시 교파 의식이 강한 미국의 장로교회와 감리교회의 분위기 속에서는 극히 예외적인 일이었다. 언더우드가 졸업한 뉴브룬스위크 신학교나 대부분의 북장로교 선교사가 수학한 프린스톤과 맥코믹 신학교는 모두 교단적인 벽이 높았다. 감리교 선교사들을 가장 많이 배출한 드루 신학교(Drew Seminary)도 교단적인 벽이 높기는 마찬가지였다. 이런 분위기 속에서 신학 교육을 받은 장로교회와 감리교 선교사들이 교파와 교단을 초월하여 하나의 민족교회를 설립하겠다는 강한 의지를 가지고 있었다는 것은 놀라운 일이다.

 그러나 본국의 선교부는 견해를 달리했다. 교파를 초월하여 하나의 민족교회를 설립하려는 한국의 선교사들과 한국 교인들을 이해할 수 없었다. 교파와 교단을 대변하고 교단 중심의 선교가 주는 이점을 고려하지 않을 수 없는 본국 선교부는 이와 같은 교단의 입장을 떠나 하나의 민족교회를 설립한다는 선교사들의 계획을 수용하기가 힘들었다.

---

28 "ᄒ나히 될 것," 그리스도 신문, 1906년 8월 16일, 772.

존 모트, 언더우드, 그리고 한국교회 지도자들

미국 내의 장감의 신학적 차이가 분명한데다 교파 의식이 강했던 본국 선교부가 볼 때 한국의 장감의 연합은 위험한 일이었다. 선교 본부는 이 문제에 대해 이렇게 반응했다:

> 그들이 교회 연합 사상을 관철시키고자 하는 정도는 놀라운 것이다. "대한예수교회"의 정치 형태는 어떻게 할 것인가? 이 새로운 교회의 신조는 어떤 내용일 것인가? 지금 이 나라에서 감리교와 장로교가 다른 견해를 가지고 있는 점들에 대한 내용들을 모두 포함시킬 것인가?[29]

본국 선교부의 지도와 통제를 받고 있는 상황에서 이와 같은 본국 선교부의 입장은 국내에 활동하는 각 선교회 소속 선교사들에게 영향을 미칠 수밖에 없었다. 또한 국내 각 선교회의 지도자들도 하나의 민족교회 설립이 자신들이 처음 생각했던 것보다 쉬운 일이 아니라는 사실을 발견하였다. 이와 같은 상황에서 교리의 조화, 교회 정치의 조

---

29 S. H. Chester, "Church Union in Korea," *The Missionary* (March, 1906), 207.

화, 선교지 분할에 대한 연구 보고서가 제출되어 담당자들의 토의가 활발히 진행되었다. "1907년 캐나다 연합 교회에 의해 갓 채택된 신조가 한국의 모든 교단 통합에 토대가 될 수 있는 신조로 제출, 추천되었다. 이 신조는 논의를 거쳐 여러 가지의 부분적인 수정이 이루어진 다음 차후의 더욱 깊은 검토를 위해 의결이 보류되었다."[30] 본국 선교부가 하나의 민족교회를 설립하자는 안에 반대한 것은 세 가지 이유에서였던 것으로 보인다.

첫째는 신학적인 이유에서였다. 한국 선교를 주도한 미국 북장로교회나 남장로교회, 호주 장로교회, 그리고 캐나다 장로교회는 상당히 보수적인 입장을 취하고 있었던 반면 감리교는 장로교에 비해 상대적으로 열려 있었다. 19세기말부터 일기 시작한 현대주의 대 근본주의 논쟁에서 북장로교회와 남장로교회는 현대주의의 물결을 막기 위해 전장의 선두에서 보수주의 신앙을 지키는 데 결정적인 역할을 했다. 장로교회가 신학적인 입장이 다른 감리교와 연합하여 조선에 하나의 교회를 설립한다는 계획은 본국 선교부가 볼 때 달갑지 않는 일이었다.

둘째는 교단적인 입장 때문에서였다. 교단의 입장에서 보면 교단을 대표하여 파송된 선교사들이 교단의 입장을 대변해 주기를 바랐다. 교단 일각에서는 자신들의 교단을 한국에서도 이식하여 교세를 넓힐 기회로 삼기를 은근히 바랐던 것도 사실이다. 그런데 본국 선교부의 입장은 고려하지 않고 교파와 교단을 초월하여 교회를 설립하려고 하자 선교사들을 바라보는 시선이 곱지 않았다.

선교부가 반대한 세번째 이유는 칼빈주의 체계에 기초한 장로교와 알미니안주의에 기초한 감리교가 어떻게 하나의 독립적인 교단을 한국에 설립할 수 있겠느냐는 생각이었다. 특히 보수성이 강하고 구 칼빈주의 사상을 철저하게 따르는 남장로교 선교부가 장감 연합에 회의적이었던 이유도 거기 있었다.

더구나 1907년 평양대부흥운동 전후의 급속한 선교 사역의 확장도 단일 교회 설립을 방해한 또 하나의 요인이었다. 장로교와 감리교가 부흥운동을 통해 교회가 성장함에 따라 각자의 사업강화에 각기 열중하였기 때문이다.

1905년 스크랜톤은 학교 사업을 장감이 계속해서 연합으로 하는 것에 대해 우려를

---

30   장감연합공회 회의록 (1907), 12, 25.

표명했고, 1906년에 이르러 북감리교 선교회는 장로교와 추진해야 할 것은 "협력이지 기구적인 연합이 아니다"라는 사실을 분명히 했다. 장로교회와의 "연합과 협력"의 의미를 새롭게 규정함으로써 교단적인 연합을 위한 노력을 사실상 중단하였다.[31]

1907년 하반기에 들어 감리교 선교회가 웰스 스쿨(The J. D. Wells School)에서도 철수함으로써 교육 분야에서의 협력도 사실상 중단되고 말았다. 장로교 역시 1907년 독노회를 조직하여 7명의 목사를 배출함으로써 독자적인 교회를 설립하는 쪽으로 방향을 수정했다.

감리교도 지금까지 해오던 신학회를 발전시켜 교단 신학교인 협성 신학교를 설립함으로써 교단 형성을 향한 독자적인 틀을 마련하였다. 더구나 상당수의 한국 교인들도 장감이 하나의 단일 교회를 설립하는 것에 찬성하지 않았다. "한민족의 민족주의가 고조됨에 따라 한국 교인들에게는 그 소속한 교파의 신앙 규례를 중심으로 하는 교파 중심주의가 육성되었다. 이렇게 교회가 커갈수록 교파 통일은 더 멀어졌다."

부흥운동이 가장 정점에 달하던 1907년, 따라서 연합에 대한 기대가 가장 무르익어야 할 그때 장로교와 감리교는 각각 독자 노선을 걷기로 결정한 것이다. 서로간의 교파적 이해관계의 벽을 넘어서 기구적인 통합을 이루는 데에는 실패한 셈이다. 장감연합공회가 여전히 존재하였고 서로간의 협력의 필요성도 계속 제기되었지만, 장로교와 감리교는 서로의 벽이 예상보다 높다는 사실을 피부로 실감한 것이다.

결국 하나의 독립 교회를 설립하려는 선교사들과 한국인들의 의지는 한편으로는 본국 선교부의 회의적인 태도와 다른 한편으로 부흥운동으로 인한 국내 선교지의 놀라운 신장으로 실행에 옮겨지지 못하고 미완성으로 끝나고 말았다.[32] 하지만 그것은 상당

---

31   *Minutes of Korea Mission*, Methodist Episcopal Church, 1906, 81.
32   1907년 장로교가 독노회를 조직한 후 하나의 민족교회를 세우려는 노력은 아직 본국 교단에 속해 있던 두 개의 감리교 선교회가 한국 장로교회와 연합하기 위해서 본국 교단과의 관계를 끊어야만 가능하게 되었다. 그러나 미국 선교 본부가 이와 같은 움직임에 찬성하지 않았고, 대부흥운동을 거치면서 각 교파가 눈에 띄게 성장하면서 하나의 민족 교회를 설립하려는 계획이 기구적인 연합보다는 협력을 통해 민족복음화를 달성하려는 움직임으로 전향되었다. 이와 같은 움직임 때문에 하나의 민족 교회를 설립하려는 계획은 계속 표류하였고, "정치 형태를 다루는 분과 위원회의 보고서가 통합을 위한 완벽한 계획과 함께 1909년에 작성되었으나 심의를 위해 협의회에 제출되지는 않았다." 이처럼 "연합회의 원래 목적, 즉 궁극적인 단 하나의 현지 교회 조직"이 선교회를 떠나 "한국 교회의 손으로 넘어"감에 따라 1911년 장감연합공회는 시대적인 변화에 맞추어

히 의미 있는 미완성이었다. 교단적 배경이 다른 4개의 장로교 선교회가 하나의 장로교 회를 이 땅에 이룩하려던 것이나 2개의 남북 감리교 선교회가 하나의 감리교회를 이룩 하려던 것이나 모두 다 하나의 민족교회를 향한 강한 의지가 있었기 때문에 가능한 일들이었다.

4. 연합운동의 결실들

장감연합공회가 하나의 민족교회를 설립하려던 계획은 본국 선교부의 반대와 급속한 선교 사역의 확장으로 성공을 거두지 못했지만, 그렇다고 연합 선교를 위한 의지마저 포기된 것은 아니었다. 확실히 부흥운동은 교단간의 협력뿐만 아니라 교파간의 협력을 촉진하는 중요한 요인이 되었다. 부흥운동으로 교세가 급증하면서 성경에 대한 요구가 어느 때보다도 증대하고 있었다. 성경 번역과[33] 의료 및 문서 선교[34] 그리고 선교지 분할 협정에 이르기까지 장로교와 감리교는 협력을 아끼지 않았다.

연합 활동 중에서도 한국 선교에 가장 크게 공헌한 것은 역시 선교지 분할 협정이다. 1905년 장감연합공회가 결성된 후 선교지 분할 협정이 순조롭게 진행되기 시작했다. 제일 먼저 1905년 북장로교와 북감리교가 평안북도 지역을 놓고 평화적으로 선교지 분할 협정을 맺는 데 성공한 후 이듬해에는 다시 두 선교회가 평안남도 지역도 평화

연합 공의회(General Council)에서 몇몇 기관을 포함한 더 폭넓은 연합회(Federal Council)로 확대 개편되었다. Clark, 한국 교회와 네비우스 선교정책, 177.

33 한국 복음화를 위해 성서 번역을 조속히 완성해야 할 필요성을 느낀 장로교와 감리교는 1887년에 성서 번역위원회를 발족하고, 1895년에는 사도행전을 비롯한 여러 권의 신약성경을 시험 번역하였다. 1900년에는 신약 번역을, 그리고 10년 후인 1910년에는 구약성경의 번역도 완료하였다. 1910년에 완성된 성경을 구역이라고 하고 이를 보완해 나온 1937년의 성경을 개역성경이라고 한다. 성서 번역에 참여해 성경 번역을 주도했던 감리교의 아펜젤러와 스크랜톤, 그리고 장로교의 언더우드, 게일, 레이놀즈 모두 감리교나 장로교 소속이었다.

34 장감연합공회는 1906년에 평양 숭실대학을 공동으로 운영하였고, 1914년에는 세브란스 병원을, 1916년에는 연희 전문학교를 공동으로 설립해 운영했다. 1905년에는 감리교와 장로교의 선교지를 연합하여 KMF를, 1908년에는 감리교의 찬미가와 장로교의 찬양가를 합쳐 찬송가를, 또 장로교의 그리스도 신문과 감리교의 그리스도인 회보를 합하여 그리스도 신문으로 발간했다. 또한 주일학교 공과도 함께 발간해 장감이 교파를 초월해 연합선교를 추진하였다.

적으로 분할했다. 1907년에는 북장로교와 남감리교가 서울 북부 지역과 강원도 지역에서, 그리고 이듬해인 1908년에는 캐나다 선교회와 남감리교 사이에 평화적인 선교지 분할 협정이 체결되어 함경도와 원산 지방에서도 선교지 분할을 통한 효율적인 선교 사역을 추진할 수 있게 되었다. 그 해 남북 장로교와 남감리교 선교회 사이에 남부 지방에 대한 선교지 분할 협정도 체결되었다. 이렇게 해서 1908년과 1909년 사이 장감연합공회는 선교지 분할 협정을 놓고 오랫동안 고심한 끝에 1909년에 이르러 드디어 6개 선교회 (4개의 장로교 선교회와 2개의 감리교 선교회) 사이에 완전한 선교지 분할 협정이 체결되었다.[35]

평안남북도와 황해도, 경상북도는 북장로교가, 경기도와 충청도, 강원도의 중부권은 북감리교가 주로 맡았고, 개성과 이천을 비롯한 서울 동부지역과 강원도 대부분은 남감리교가, 전라도는 남장로교가, 경상남도는 호주 선교회가, 그리고 함경도는 캐나다 선교회가 맡았다.[36] 기타 군소 교파 선교회들과도 타협을 위한 노력이 있었으나 "그들은 자신들의 활동을 제한하는 것을 거부하였다."[37] 선교지 분할 협정을 통해 상호 존중과 공동의 목표를 위한 기왕의 협력 분위기는 부흥운동을 거치면서 더욱더 긴밀한 유대 관계로 발전하였다.

선교지에서는 장감 선교사가 함께 전도여행을 떠나는 경우도 많았다. 1907년 가을에는 한국의 부흥운동의 중요한 주역들이었던 "장로교 선교회의 스왈른과 감리교 선교회의 존 무어가 거의 인접한 자신들의 사역지로 함께 전도여행을 떠났다."[38] 종종 지나친 경쟁심리를 자극할 우려가 있기 때문에 선교사들은 자신들의 선교 지역에서 나타난 결과들 혹은 문제점들을 노출하기를 꺼려하는 경향이 있다. 그러나 부흥운동을 거치면서 장감 선교사들은 한국 교회 전체의 복음화를 위해 자신들이 갖고 있는 선교 경험들과 결실들을 나누는 일을 주저하지 않았다. 교파를 넘어서 장감 선교사들이 함께 선교여행을

---

35   Paik, *The History of Protestant Missions in Korea*, 382-384.
36   Paik, *The History of Protestant Missions in Korea*, 384.
37   장감연합공회 회의록 (1909), 32. Clark, 한국 교회와 네비우스 선교 정책, 176.
38   "Notes," *KMF* III: 11 (Nov., 1907), 168.

떠났던 것은 자신들의 고백대로 "새롭고, 의심할 바 없이 유익한 경험이었다."[39]

게일이 말한 것처럼 선교지에서는 타 교파의 선교부와도 밀접한 관계를 맺고 있었다. 적어도 한국 선교지에서는 이것이 사실이었다. 존스가 지적했듯이 "한국의 감리교와 장로교 선교회는 항상 협력 속에서 자신들의 선교 사역을 수행하였다."[40] 본국에서는 상상하기 힘들 정도로 타 선교부와의 관계가 친밀했으며, 이와 같은 분위기는 한국 선교의 효율성을 극대화시키는 중요한 요인 가운데 하나였다.

그런 분위기는 한국인들에게 매우 긍정적인 역할을 하였다. 게일이 말한 것처럼 "한국인들은 한국에서 사역하는 여러 선교회들 사이에 항상 존재해 온 친밀한 관계에 있어서 특별히 고무되었다." "성경 번역, 연합 찬송가, 연합 한글 및 영어 간행물, 그리고 주일학교 지원 모두가 초교파적인 후원하에 이루어졌다. 평양에서의 대학과 중학교 사역도 북감리교와 북장로교 두 교단 연합의 통제하에 있었다. 북장로교, 남장로교, 캐나다 장로교, 그리고 호주 장로교의 회심자들이 한 노회 한 교회하에 연합하였다."[41] 장감연합공회가 연합으로 선교를 하려는 노력은 기성의 연합 활동인 성서 번역, 문서 선교, 의료 선교 등 여러 영역에서 계속되었으나 미션 스쿨, 주일학교, 그리고 YMCA에서 더욱 두드러졌다.

미션 스쿨과 연합운동

장감의 연합운동은 선교지의 모든 분야에서 찾을 수 있었지만 그중에서도 특히 미션 스쿨과 주일학교 사업에 대한 협력이 더욱 두드러졌다. 부흥운동으로 영적각성운동이 촉발되었고 학업에 대한 욕구가 더욱 강화되었다. 이를 충족시키기 위한 선교회간의 협력이 더욱 요청되었고, 장감 선교회는 교파를 초월하여 미션 스쿨을 공동으로 운영하였다. 평양의 숭실중학교와 숭실대학은 이와 같은 장감의 연합 사상을 잘 대변해 주는 전

39　"Notes," 168.
40　George Heber Jones, *The Korean Revival* (New York: The Board of Foreign Missions of the Methodist Episcopal Church, 1910), 12.
41　Gale, *Korea in Transition*, 238.

형적인 학교이다.

평양 장대현교회에서 부흥운동이 놀랍게 평양 시내에 확산되면서 장감 모두 놀랍게 성장하였다. 부흥운동을 통해 장감의 협력 분위기가 평양에서 강하게 일어났다. 1908년 4월 코리아 미션 필드에 "한국의 부흥운동"(Korean Revival)이라는 제목하에 실린 글은 부흥운동이 미션 스쿨의 협력에 끼친 영향을 잘 집약해 주었다:

> 한국 북쪽의 감리교와 장로교 선교회는 항상 충만한 협력으로 자신들의 사역을 수행하고 있으며, 사회적으로나 공식적으로나 선교사들 사이에 팽만한 좋은 펠로우십은 효율성을 상당히 극대화시키는 결과를 가져다주었다. 선교사들 사이의 연합은 공동의 계획과 하나로 연합된 교수진을 갖춘 300명 이상의 학생들을 가진 매우 성공적인 교육기관인 평양 숭실대학과 숭실중학교에서 잘 나타난다. 이와 같은 연합은 일찍이 부흥운동의 힘으로 찾아온 것이다. 학생들이 하나님의 영이 하시는 역사에 화려한 자원을 제공한 셈이다. 이 학생들은 북한 전역과 평양 시내의 교회에서 온 엄선된 이들로 구성되었다. 부흥운동이 발발했을 때 모든 학생들이 기독교 신앙을 고백한 사실은 주목할 만하다. 평양의 학교에 하나님께서 놀랍게 임하신 이야기는 부흥운동이 기독교 공동체에 특별한 축복이었다는 사실을 예시한다.[42]

평양 숭실학교는 오랫동안 장감의 협력을 가장 잘 대변해 왔다.[43] 엄선된 한국의 엘리트 학생들은 장감 선교회가 공동으로 협력 운영하는 학교에서 교육을 받으면서 교파의 굴레를 넘어 한국의 복음화를 위해 협력해야 한다는 필요성과 당위성을 깊이 인식하였다. 따라서 미션 스쿨에서의 협력은 단순히 선교사들만의 협력으로 끝난 것이 아니라 그 후 오랫동안 선교사와 한국 교회 지도자들에게 교파를 초월하여 장감이 협력할 수 있도록 분위기를 조성해 주는데 적지 않게 기여했다.

---

42 "Korean Revival," *KMF* IV: 3 (Mar., 1908), 46.
43 Jones, *The Korean Revival*, 12.

흔히 갖기 쉬운 교파간의 경쟁이 줄어들었고 전체 한국 교회의 복음화를 위해 협력하는 분위기가 형성되었다. 사실 이와 같은 협력의 역사가 있었기 때문에 1970년대 대중 전도운동을 통해 민족복음화운동이 발흥했을 때에도 소수의 진보적인 교단을 제외하고는 개신교 전체가 민족복음화를 위해 공동으로 노력할 수 있었다.

주일학교 연합운동

미션 스쿨에 이어 장감 협력의 분위기를 보여 주는 또 하나의 사례는 주일학교에서의 협력이다. 1907년을 전후하여 한국 교회가 놀랍게 부흥하면서 주일학교 역시 이전보다 급신장하였다. 더 많은 주일학교 교사들이 필요했고, 체계적이고 조직적인 주일학교 운영과 효율적인 교육을 위한 프로그램 지원이 절실히 요청되었다. 이 같은 분위기는 이미 한국보다 앞선 서구의 주일학교 운영의 노하우의 지원의 필요성을 일깨워 주었고, 이를 위해서는 장감이 공동으로 협력하여야 한다는 당위성을 심어 주었다.

1908년 봄, 테네시 주 내쉬빌의 하밀(H. M. Hamill) 박사가 내한하여 결성한 세계 주일학교 협회(World's Sunday School Association) 한국 지부는 그와 같은 움직임의 결실이었다.[44] 하밀 박사는 서울과 개성과 평양을 방문해 선교 현장의 외형적인 성장과 부흥운동의 결실들을 목도하고, 한국에서의 주일학교의 총체적인 발전을 위한 세계 주일학교 협회의 한국 지부의 결성이 시대적인 사명이라는 사실을 발견한 것이다. 이미 그는 WSSA의 실행위원회 의장 베일리(G. W. Baily) 박사로부터 만약 한국 지부가 결성될 경우 한국 지부 선교지 총무의 일년간의 봉급을 위해 1,000달러를 지원한다는 약속을 받은 상태였다.[45] 이 한국 지부는 교파를 초월해 선교사들과 한국인들이 참여하는 초교파 단체로 구성되었다.

1908년 3월 19일 목요일 오후 3시 서울에서 열린 모임에는 한국 선교지 전역에

---

[44] 부흥운동을 통해 가장 큰 성장을 거둔 남감리교의 경우 본국에서 1908년 선교회 연회(the General Conference of the Methodist Episcopal Church, South)가 열렸을 때 한국 지부를 결성하기로 결정했다.

[45] "Another Notable Movement, The Organization of the Korea Branch of the World's Sunday School Association," KMF 1908, 34.

서 각 교파와 교단의 주일학교를 대표하여 지도적인 인물들이 참여하였다. 한국 지부 회장에 윤치호, 부회장에 게일, 크램, 레이놀즈, 존스 네 사람이, 그리고 실행위원회 의장에 그레함 리가 선출되었다.[46]

YMCA 연합운동

그리고 장감의 연합 정신을 보여 주는 또 하나의 사례는 YMCA라고 할 수 있다. 종로에 3층으로 지어진 YMCA 회관 건물은 명동 대성당과 새로 세워진 궁궐 다음으로 서울에서 가장 뛰어난 건물이라는 사실뿐만 아니라 "서울의 심장, 이 나라의 바로 중심부"에 세워졌다는 면에서 상징적인 의미 그 이상을 담고 있었다.[47]

필라델피아의 워너메이커(John Wanamaker)의 기부금으로 건립된 이 건물, 1908년 12월 1일의 준공 기념식에는 교파를 초월한 수많은 교계 지도자들이 참석하였다.[48] 3일에 걸쳐 진행된 개관식은 마치 한국 선교 25주년을 기념하는 기념식만큼이나 의미 깊고 또 성대하게 진행되었다.[49] 둘째 날에는 연동교회 교우들을 비롯한 시내 각 교회 교우들 4,700여 명이 참석하였고, 오후 2시에 진행된 셋째 날의 기념식에는 "이등통감이 연설ᄒᆞ고 [청국대표] 문학박수 리예 마태 씨가 연설ᄒᆞ고 총리대신 리완용 씨가 축

---

46 "Another Notable Movement, The Organization of the Korea Branch of the World's Sunday School Association," 34-35. 서기에는 C. T. Collyer & S. Hyun 목사가, 통계 서기에는 E. H. Miller가, 그리고 회계에는 평양의 길선주 장로, 개성의 윤치호, 평양의 마포삼열, 평양의 이길함이 선출되었다. 자세한 구성원과 결성 배경에 대해서는 *KMF* IV: 3 (March, 1908), 34-35를 참고하라.

47 Gale, *Korea in Transition*, 238-239.

48 "청년회 만찬회," 예수교 신보, 1908년 11월 30일, 204. 개관식에는 YMCA회장 게일, 최병헌, 윤치호, 윤치오, 전덕긔, 청국 총대 리예 마태, 조셜징, 일본인 등 수많은 이들이 모였다.

49 개관식은 3일에 걸쳐 진행되었다. 첫 개관식에 진행된 절차에 대해서는 예수교 신보에 소상하게 기록되어 있다. "본월 일일(12월 1일) 샤오 십시에 긔관식을 열 때에 그 츠례ᄂᆞᆫ 여좌ᄒᆞ니 회장 최병헌 씨ᄂᆞᆫ 긔회 대지를 설명ᄒᆞ고 리명혁 씨ᄂᆞᆫ 긔도ᄒᆞ고 본관 학생들은 찬미ᄒᆞ고 일본 총딘 우쳥츠랑 씨ᄂᆞᆫ 본회의 사랑ᄒᆞᄂᆞᆫ 정신의 문제로 연설ᄒᆞ고 안국션 씨가 통변ᄒᆞ여스며 리샹지 씨ᄂᆞᆫ 성신이 곳 긔득 쳥년회의 진흥ᄒᆞᄂᆞᆫ 경력이란 문제로 연설ᄒᆞ고 최피득 씨의 긔도로 폐회ᄒᆞ엿고 하오 삼시에ᄂᆞᆫ 회장 리원긍 씨ᄂᆞᆫ 긔회 대지를 설명ᄒᆞ고 현슌 씨ᄂᆞᆫ 긔도ᄒᆞ고 학생들은 찬미ᄒᆞ고 청국총디 조셜징 씨ᄂᆞᆫ 사룸의 자격을 양셩ᄒᆞᄂᆞᆫ디 긔득쳥년회의 규모와 활동력의 실디의 갑시라ᄂᆞᆫ 문제로 언셜ᄒᆞ고 쇠일 목수가 통변ᄒᆞ엿스며 윤치호 씨ᄂᆞᆫ 텬국을 세우ᄂᆞᆫ 디 디ᄒᆞ야 본 회관 교육부에서 보익ᄒᆞᄂᆞᆫ 문제로 연설ᄒᆞ고 풍류호 후에 일본 총딘 증면가이지 씨의 긔도로 폐회ᄒᆞ엿더라." "쳥년회 긔관식," 예수교 신보, 1908년 12월 15일, 211.

종로 YMCA 건물 전경

사흐고" 폐하였다.⁵⁰

이날 개관 기념식에서 회장 윤치호가 250달러를 헌금한 것을 비롯하여 10분 동안에 무려 3,350달러가 모아졌다는 사실도 선교사들은 물론 한국 교회 지도자들이 민족복음화라는 거대한 공동의 목표 아래 얼마나 하나로 뭉쳤는가를 보여 준다.⁵¹ 윤치호는 그날 "이것은 여기 참석한 외국의 숙녀 신사 여러분들을 위한 것이 아니라 한국인을 위한 것입니다"⁵²라며 한국인에 의한 자전, 자립, 자치를 분명하게 천명하였다.

처음부터 YMCA는 한국의 복음화라는 공동의 목표를 위해 개신교가 함께 참여하여 활동하였다. 특히 YMCA는 이 나라의 복음화를 위해 가장 시급히 요청되는 문서 분야에 대단한 기여를 하였다.⁵³ 선교사들은 부흥운동으로 복음이 널리 확산되면서 그 복

---

50 "청년회 기관식," 211.
51 Gale, Korea in Transition, 239.
52 Gale, Korea in Transition, 239.
53 "A Notable Movement. The Young Men's Christian Association Proposes Large Things for Educational and Christian Literature," KMF IV: 2 (Feb., 1908), 17.

음의 확산에 발맞추어 문서 사역도 보조를 맞출 수 있다면 한국의 복음 전도는 그야말로 양적으로나 질적으로 좋은 선교의 결실을 거둘 수 있을 것이라고 판단하고 있었다. 이런 상황에서 YMCA가 한국에 결성되고 그것을 통해 문서 활동이 활발하게 추진된 것이다. 며칠 전 YMCA 이사회가 그 문제를 의제로 삼아 심의하여 한국인들에게 문서를 공급하는 이 중차대한 과업을 착수하기 위한 목적으로 25만 달러의 기금을 모금하기로 했다.[54] 존 모트(John R. Mott)와 스피어 같은 사람이 국제위원회에 그 안건을 상정한다면 우리는 그 과업이 확실히 성공할 것이라고 확신한다.

선교 사역의 성장에 보조를 맞추어 균형 있게 교회가 성장하기 위해서는 문서 활동의 지원이 절실하게 요청되는 상황이었다. 만약 이에 대한 지원이 뒷받침되지 않는다면 지속적인 성장은 요원하다고 판단된 것이다. 그래서 선교사들 가운데 게일이나 헐버트는 한국의 문화적 유산을 발굴하여 소개하였고 개중에는 교과서, 경건 서적, 주석류, 윤리, 성경, 신학, 과학에 관한 외국의 서적들을 번역 소개하려는 노력들이 일기 시작했다.[55]

누구나 쉽게 접할 수 있는 한글로 된 문서들을 널리 보급시키는 길이야말로 가장 시급한 시대적 요청이었다. 그런 의미에서 YMCA의 설립과 문서 활동에 대한 이들의 지원 노력은 민족복음화에 적지 않은 기여를 한 것이다. YMCA는 문서 활동뿐만 아니라 강연과 교육과 심지어 전도 집회를 통해 수많은 젊은이들에게 민족의 희망과 용기를 불어넣었다. 한국에 파송된 선교사들 가운데 탁월한 리더십을 발휘하는 이들과 한국의 뛰어난 지도자들이 여기에 합류하면서 YMCA는 명실상부 한국의 젊은 지성을 대변하는 센터가 되었다. 그 결과 "YMCA는 한국에서 의로운 진보를 이룩하는 가장 강력한 세력 가운데 하나가 되었다."[56]

선교사들은 선교 현장에서 맡겨진 과중한 사역 중에서도 문서 활동과 문서 선교를 게을리 하지 않았다. 언더우드(*The Call of Korea*, 1908), 베어드 여사(*Daybreak*

---

54 "A Notable Movement. The Young Men's Christian Association Proposes Large Things for Educational and Christian Literature," 17.

55 "A Notable Movement. The Young Men's Christian Association Proposes Large Things for Educational and Christian Literature," 17.

56 Gale, *Korea in Transition*, 242.

in Korea, 1909), 게일(Korea in Transition)을 비롯한 선교사들의 선교 경험과 선교 현장을 소재로 쓴 저술들이 다수 출판되었고, 예수 성교서회와 감리교 출판부를 통한 문서 출판도 전에 없이 활기를 띠고 있었다.[57] 미국 성서공회, 스코틀랜드 국립 성서공회, 그리고 영국 성서공회를 통한 성경 출판과 보급도 그때만큼 활기를 띠며 급신장한 적이 없었다. 영국 성서공회에서만 1907년에 151,230권의 성경을 보급했고, 1910년에는 그 네 배인 666,178권을 보급했다.[58]

    외국 서적들을 한국어로 번역하여 소개하는 작업은 한국 교회의 질적 성장을 위해 가장 시급하게 요청되는 분야라고 인식되고 있었다. 베어드는 "나는 우리의 언어를 풍요롭게 만들어 준 위대한 사상들을 영구적인 보고인 한글에 담는 일보다 더 영감 있는 일은 아무것도 없다고 생각한다."고 말했다.[59] 또한 스미스(W. E. Smith)가 영어나 일본어를 하는 한국인들과 한국어를 구사하는 일본인들로 하여금 교회가 필요로 하는 서적들을 번역하여 책자들을 보급할 필요가 있다고 역설했던 것도 그런 이유에서였다.[60] 영국, 일본 그리고 다른 좋은 외국의 서적들을 한국에 소개하기 위해 유급 번역 위원회를 조직하여서라도 이 일을 추진해야 하고[61] 신약 주석을 비롯한 문서 보급이 선교 사역을 위해서 시급히 필요하다는 데에도 인식을 같이 하였다. 문제는 그것을 어떻게 보급하는가 하는 것이었다. 그래서 번하이셀은 세 가지의 가능성을 제시했다. "첫째는 한국 교회에서 번연이나 마이어 같은 사람들이 나올 때까지 기다리는 것이다. 둘째는 영어 지식이 있는 유능한 한국인들을 고용하여 좋은 영어 기독교 서적들을 번역하는 것이다. 셋째는 이들에게 적절한 양식을 공급할 수 있도록 이 사역을 위해 더 많은 시간을 허락해 주는 것이다."[62]

    평양대부흥운동은 비록 한국 개신교를 기구적으로 통일시켜 주지는 못했지만 장감

---

57   Paik, *The History of Protestant Missions in Korea*, 412.
58   "Annual Report of the British and Foreign Bible Society," 1910, 347.
59   W. M. Baird, "How to Supply Korea with a Literature of Permanent Value and what part the Missionary is to take in its Production," *KMF* IV: 2 (Feb., 1908), 19.
60   Mr. P. L. Gillett, *KMF* IV: 2 (Feb., 1908), 20.
61   Gillett, 20.
62   Gillett, 20.

이 한국의 민족복음화를 위해 연합해야 할 당위성을 제시해 주었다. 1907년 4월 평양의 한 장로교 선교사가 고백한 것처럼, "감리교와 우리 교회(장로교)는 '최선의 조화'(the best of harmony)로 사역하면서 전 도시(평양)를 그리스도에게로 인도하기 위해 노력하고 있으며, 그리고 우리는 그것을 실천하려고 한다."[63] 이것은 장감 선교사들이 교파를 초월해서 한국의 복음화를 위해 긴밀한 상호 협력과 지원을 아끼지 않았다는 사실을 단적으로 말해 준다. 부흥운동이 가져다준 이와 같은 협력과 연합과 일치야말로 한국이 여타 선교지에 비해 놀랍게 선교의 결실을 거두게 된 중요한 요인이 되었다:

> 한 위대한 목표 안에서 조화와 일치(harmony and unity)야말로 성공의 유일한 법칙이다. 나누어진 집안은 오래갈 수 없다. 바울은 교회에 보내는 그의 위대한 서신들에서 끊임없이 마음과 목적의 일치를 권하였다. "마음을 같이하여 같은 사랑을 가지고 뜻을 합하며 한마음을 품어 …나의 기쁨을 충만케 하라"(빌 2: 2-4). 그것이야말로 의심할 바 없이 현재 한반도에서 진행되는 몇몇 선교회들의 태도와 정신이다.[64]

이것은 의심할 바 없이 한반도에서 사역하고 있는 몇몇 선교회들의 "자세이자 정신"이었다. 한국에서 사역하는 모든 선교회들이 다 이와 같이 공동의 협력을 실천한 것은 아니었지만 적어도 감리교와 장로교는 교파를 초월하여 협력을 아끼지 않았던 것이다.

한 사람의 지도 아래 활동하고 있던 성서공회, 기독교서회도 이와 같은 협력을 대변해 주는 또 다른 사례이다. "한국과 같은 작은 나라에서 앞에서 언급한 그러한 공회와 조직에서 노력을 분산시킬 아무런 이유를 그들은 찾을 수 없었던 것이다."[65] 이와 같은 협력의 분위기를 결정적으로 만들어 준 것이 바로 부흥운동이었다. 1907년 8월 한국에서 6년째 서울의 승동교회를 맡고 있던 클락은 그 교회를 사례로 들어 부흥운동으로 인

63　G. S. McCune, "Ever Extending Blessings," *KMF* III: 4 (Apr., 1907), 55.
64　"Editorial," *KMF* IV: 1 (Jan., 1908), 9.
65　"Editorial," 9.

해 사역의 현장에서 얼마나 협력과 일치가 이루어지고 있는가를 아래와 같이 설명하였다:

> 올해 전 교회의 삶에서 가장 눈에 띄는 것은 2월에 있었던 성령 대부흥이었다. 교회는 결코 전에는 찾아볼 수 없을 만큼 동요되었고 정결케 되었다. 지금은 성령의 인도 아래 다른 사람들에게 복음을 전하고 있다. 세 도시의 교회 회중들이 지금처럼 생각이 하나된 적이 이전에 없었다. 2월 이후 매일마다 기도회가 도시 중앙에 있는 모든 지도자들을 위해 열리고 있다. 온갖 종류의 연합 사상들이 한국인들로부터 기원되었으며, 그들 가운데 많은 것들이 실천적이었는데, 이것들은 성령께서 그들을 함께 묶어 주시기 위해 상당히 역사하시고 있다는 사실을 보여 준다. 모든 사람들이 장감연합공회를 가을에 조직하는 일에 이전보다 더 놀라운 규모로 연합하였다. 모든 사람들이 평양에서 길선주 장로를 모셔 오고 후에 그에게 선물을 준비하는 비용을 똑같이 분담했다. 또 모든 사람들이 가을에 안수를 받는 일곱 명의 신학생들-최초로 안수받은 한국인 목사들-에게 졸업선물을 보내는 일에도 연합하였다.[66]

하지만 모든 연합운동이 꼭 성공을 거둔 것은 아니었다는 사실도 언급되어야 할 것이다. 장감이 서울에서 중학교를 통합하여 공동으로 운영하는 일은 2년 이상을 지속할 수 없었다. 같은 교파간에도 그 한계는 남아 있었다. 남북감리교가 연합으로 미션 스쿨을 운영하기로 했으나 남감리회 선교회가 중등학교를 개성으로 옮기고 북감리교도 서울에 있는 자신들의 건물로 되돌아가면서 더 이상 지속할 수 없었다. 이보다 더 심각한 문제는 선교지 분할 협정의 여파이다. 선교지 분할 협정은 한국 선교를 성공적으로 만들어 준 중요한 선교 정책이었지만 부정적인 측면도 없지 않았다.

과거 장로교에 소속되었다가 선교지 분할 협정에 의해 감리교 소속으로 넘어간 황해도 해주 근처의 한 교회와 강원도 원산 남쪽의 한 교회는 오랫동안 총회에 탄원서를

66　C. A. Clark, "Seung Dong Church of Seoul," *KMF* III: 8 (Aug., 1907), 121-122.

보내 장로교 총회에 남아 있기를 간청하였다. 그러나 장로교 총회와 선교사들은 감리교와의 협정을 존중하여 그들의 요청을 단호히 거절하였다. "얼마 후 탄원자들은 이 불가피한 상황에 마지못해 굴복하였으나 극소수는 강제로 감리교에 남기보다 신앙생활을 포기하는 편을 택하였다."[67]

그러나 이같은 많은 장애물에도 불구하고 장감의 연합운동은 "끈질기게 계속되고 확장되었다."[68] 교파를 초월한 이런 연합운동을 가능케 만든 중추적인 인물은 바로 언더우드였다. 그는 북장로교 선교회에 소속되었으면서도 남장로교와 캐나다 및 호주 장로교 선교회가 한국에 정착할 수 있도록 헌신적인 노력을 아끼지 않았고, 감리교 선교사들과도 밀접한 관계를 유지하면서 거시적인 안목에서 한국 선교를 끊임없이 모색하였다. 그의 아내 릴리아스는 언더우드에 대해 이렇게 고백한다:

> 그는 결코 종파적이거나 계급적이거나 인종적인 편견을 가진 적이 없었다. 그가 모든 인종, 민족, 계급, 연령, 종파에 속한 사람들과 진정한 형제애를 나누는 모습을 누구보다 잘 볼 수 있었던 사람은 바로 나 자신이다. 그의 존재의 모든 흐름은 연합을 향하고 있었던 것이다. 그에게는 무의식적으로 모든 살아 있는 영혼에게 도움과 사랑을 베푸는 친밀한 교제를 이루고자 하는 경향이 있었다. 그의 동정과 관심과 사랑 앞에서는 신분의 높고 낮음이나 도량의 넓고 좁음이나 피부색의 희고 검은 것이 전혀 문제가 되지 않았다.[69]

장감이 교파를 초월하여 복음주의 신앙에 기초한 하나의 교회를 설립하려는 의지를 갖고 있었다는 것은 교파의 벽이 높고 수많은 교파와 교단이 난무하여 건전한 한국 개신교 연합운동을 침해하는 오늘의 우리 한국 교계에 적지 않은 교훈을 안겨 준다.[70] 이

---

67 Clark, 한국 교회와 네비우스 선교 정책, 205. cf. *Annual Report, PCUSA* (1908), 27; *Annual Report, PCUSA* (1909), 40.
68 Clark, 한국 교회와 네비우스 선교 정책, 177.
69 Lilias H. Underwood, *Underwood of Korea* (Seoul: Yonsei University Press, 1983), 29.
70 한 가지 간과할 수 없는 것은 당시의 감리교의 신학적 분위기가 현재와 달랐으며, 웨슬리의 감리교의 이상을 따르고 있어서 전통적인 신앙을 견지하려는 확신과 복음 전파에 대한 열정이 있었기

와 같은 연합 정신은 교파를 초월하여 민족복음화 비전, 곧 '백만인 구령운동'을 연합으로 추진할 수 있는 동인을 제공해 주었다.

때문에 장감의 연합운동이 심도 있게 진행될 수 있었다는 사실이다.

제 13 장
평양대부흥운동, 그 성격과 평가

정치적인 이유가 한국인들이 주님께로 돌아서는 것을 설명하는 것으로 제시되어 왔으나 그러나 이것은 정확하지 않으며, 더 적절한 원인은 기독교 신앙을 그들의 이웃에게 전하는 일에 있어서 한국 그리스도인들 스스로의 지칠 줄 모르는 중단 없는 활동 때문이다.

1908, Annual Meeting, the Methodist Episcopal Church

부흥운동이 한창 한반도를 휩쓸고 있을 때 부흥운동에 대해 부정적인 견해를 피력하는 이들이 없었던 것은 아니다. 대부분의 비평적인 견해들은 한국에서 사역하는 이들에 의해서 나온 것이 아니라 한국을 일시 방문하거나 선교 현장과는 무관한 이들에 의해 나온 것이다. "한국에 대해 글을 쓴 몇몇 작가들은" 한국에서 일어나고 있는 이와 같은 놀라운 부흥의 역사를 "마치 커다란 우스개 사태"로 치부하는 경향마저 있었다.

부흥운동이 한창 일어나고 있던 1908년 2월 코리아 미션 필드에는 "한 탁월한 사람이 성령께서 그 백성들에게 자신의 권능과 은혜를 부으시는 방식을 가지고 성령이 한국 백성들을 일종의 우스개 그 이상으로 생각하는 것처럼 보인다"는 우려를 피력한 적이 있다.[1] 심지어 한국을 30일간 혹은 60일간 방문하면서 부흥의 현장을 목도한 이들 가운데 한국 교회의 급신장과 놀라운 부흥운동의 확산에 대해 순수 종교적인 입장에서 해

---

1 "Editorial," *KMF* IV: 3 (Mar., 1908), 42.

석하기보다는 다른 측면에서 비판적으로 평가하는 이들도 있었다.[2] 한국인들이 기독교로 돌아오는 것을 시대적 정황이 그렇게 만들고 있는 일시적인 현상으로 보는 경향이 있었던 것이다. 이와 같은 우려는 1908년 2월 코리아 미션 필드에 실린 다음의 언급에서 충분히 짐작할 수 있다:

> "무릇 경건하게 살고자 하는 자는 핍박을 받으리라"는 원리는 그리스도인 개인에게 뿐만 아니라 대영적 운동에 관해서도 또한 사실이다. 몇몇 다른 명사(名士)는 한국의 대각성운동과 지난 몇 년 동안 수많은 한국인들이 그리스도에게로 돌아서는 현상이야 말로 한국인들을 위해 더 행복하고 더 좋은 날로 만들어 줄 것이라고 이해했으나, 이와는 달리 한국을 방문한 몇몇 명사(名士)들은 부흥운동에 대해 어느 정도 심각한 비평을 가했다. 심각하게 비판하는 이들은 사탕발림 말로, 그리고 한국의 안녕에 관심 있는 것처럼 가장하나 30일 혹은 60일은 그들로 하여금 삶 혹은 성품의 어떤 국면을 인지하거나 판단하기에는 충분하지 않다. 우리는 한국을 방문한 이들 명사들이 높은 수준과 자신들이 갖고 있는 명성의 위풍을 지키면서 적어도 조사와 연구의 타당한 양만큼 공표하기를 바란다.[3]

부흥운동을 두고 순수 종교적인 차원이 아닌 다른 차원에서 접근하고 해석하려는 경향이 오늘날의 교회사가들 가운데서도 강하게 존재하고 있다. 1970년대 들어서면서 적지 않은 학자들이 대부흥운동을 "비정치화 내지 몰 역사성"이라는 관점에서 비판적으로 평가해왔다.[4] 이들은 1907년 대부흥운동을 성령의 주권적인 역사로 보기보다는 비정

---

2 "Editorial," 25.

3 "Editorial," 25.

4 아래의 저술 혹은 논문들은 평양대부흥운동을 비정치화 관점에서 평가하고 있는 대표적인 사례들이다. 민경배, 한국기독교회사 (서울: 대한기독교출판사, 1993), 254-260; 한국기독교역사연구소, 한국기독교의 역사 I (서울: 기독교문사, 1989), 276; 이만열, 한국기독교사 특강 (서울: 성경읽기사, 1985), 83-84; 서정민, "초기 한국 교회 대부흥운동 이해: 민족운동과의 관련을 중심으로," 한국기독교와 민족운동 (서울: 종로서적, 1986), 233-283; 유동식, 한국기독교의 역사 I. 1884-1992 (서울: 기독교대한감리회, 1994), 251, 269. 송길섭은 1907년 대부흥운동 기간 동안 나타난 회개운동이 "누가 인위적으로 조작하거나 꾸민 일"이 아닌 "가히 성령의 역사"라고 긍정하면서도 "선교사들은 이 성령운동을 계기로 한국 교회를 더욱 비정치화의 방향으로 끌고 가게

치화의 결과나 비정치화 수단으로 해석했다. 그 논지의 핵심은 당시 정치적인 소망이 사라지면서 기독교에서 그 분출구를 찾으려는 현상이 나타나, 정치적인 소망을 종교적인 소망으로 대치되면서 부흥운동이 발흥하게 되었다는 것이다. 정치적인 압박과 민족적인 독립의 소망이 선교사들에 의해 의도적으로 종교적 소망으로 대치되어 영적이고 피안적인 것을 지향하면서 부흥운동이 전국적인 현상으로 발로되었다고 주장한다. 부흥운동을 순수 종교적인 현상으로보다는 사회학적으로 해석하여 당시 일제의 압박 속에서 나타나는 일종의 도피적이고 피안적인 경향이 부흥운동을 촉발하고 그것을 전국적으로 확대시키는 동기가 되었다고 본 것이다.

이 입장을 수용하는 이들은 1907년 대부흥운동이 "민족적 울분을 종교적으로 카타르시스시킴으로써 민족 문제에 무관심하도록 만드는 결과를"[5] 초래했다고 주장한다. 심지어 1970년대 대중전도운동마저 같은 맥락에서 해석한다. 이 같은 부흥운동에 대한 해석은 한국교회사를 연구하는 이들이나 독자들에게 지대한 영향을 미쳐 1970년대 이후 한국교회사 학계를 지배해 왔다.

1907년 평양대부흥운동을 전후하여 비정치화현상이 출현한 것은 부정할 수 없는 사실이지만 그 결과로 대부흥운동이 발흥한 것은 아니다. 박명수 교수가 적절히 지적한 것처럼 "대부흥이 의도적인 비정치화의 결과라고 보기는 어렵다. 왜냐하면 부흥운동은 근본적으로 성령의 역사이지 인위적인 조작으로 이루어질 수 없기 때문이다."[6] 한국 교회 대부흥운동을 비정치화나 몰 역사성의 현상으로 해석하는 것은 김인수의 말대로 "부흥운동의 본원을 잘못 이해"[7]한 것이며, 김영재의 주장대로 한국 교회의 부흥운동이 성령의 역사이며, 당시 전 세계적으로 일고 있던 부흥운동의 일환이라는 사실을 간과한 해석이다.[8]

같은 맥락에서 한국 교회 대부흥운동을 정치적인 맥락에서 해석하는 것도 한계를

된다"고 지적한다. 송길섭, **韓國神學思想史** (서울: 기독교서회, 1988), 153-155.
5   이만열, 한국기독교사 특강, 83-84.
6   박명수, 한국 교회부흥운동연구 (서울: 한국기독교역사연구소, 2003), 35.
7   金仁洙, **韓國基督敎會史** (서울: 한국장로교출판사, 1994), 180-181.
8   김영재, **韓國敎會史** (서울: 한국장로교출판사, 1994), 117-118.

노정한다. 대부흥운동 전후 사람들이 정치적인 동기로 교회에 찾아드는 현상이 있었던 것은 사실이다. 1905년 을사조약이 강제적으로 체결되고 그로 인한 일본의 한국 지배가 역사 속에 표면화되면서 전 국민은 국권의 상실로 심령이 상할 대로 상한 상태였다. 그래서 국민들 가운데서는 민족의 소망을 기독교에 둔 이들이 많았다.

특별히 1905년 을사조약 체결 이후 종교적인 소망은 한국인들 사이에 깊숙이 침투하고 있었다. 그러면서 교회를 찾는 이들이 많아졌다. 1906년 8월 샤프는 한국인들이 "그리스도를 찾는 동기들"이라는 글을 통해 교회 안팎에서 부흥이 널리 확대되고 있는 이유 세 가지를 거론하면서 그 첫째 이유가 정치적인 동기라고 이해했다:

> 부흥운동이 교회 밖에서도 폭 넓게 감지되고 있다. 교회 밖에서 기독교에 대한 관심이 널리 확산되었다. 황해도에서 세 가지 국면을 명백하게 식별할 수 있다. 기독교로 돌아서는 많은 사람들 가운데 주된 동기는 보호와 힘에 대한 갈망이다. 시대의 불확실함 때문에 사람들은 서로가 서로를 돕기 위해 함께 뭉쳤다. 사회단체가 거의 회원 없이 발흥되었는데, 그들의 목적은 모두 정치적이었다. 태탄(Taitan)에서 발생한 사건은 현재의 기독교에 대한 많은 관심 배후에 있는 동기를 예시해 준다. 많은 사람들이 교회의 일원이었다가 출교된 그 마을의 명사에게 가서 말했다. "좋은 단체들이 많이 조직되었고, 일진회(一進會)도 있고 이 회(會) 저 회도 있는데 우리는 그들 가운데 한 회에 가담하는 것이 유익이 있을 것이라고 생각한다. 당신은 지식인이고 우리보다 이들에 대해 더 많이 알고 있을 텐데 어떤 것이 우리에게 더 나은지 조언을 주셨으면 합니다." 이 사람들은 단순히 연합 후에 오는 보호를 추구하였다. 그들이 얻은 답은 어떤 것을 능가하는 유일한 한 회가 있는데, 그것은 교회라는 것이다.[9]

국가가 갖고 있는 가장 중요한 기능인 국민 보호 기능을 상실하자 이 시대의 불확

---

9 C. E. Sharp, "Motives For Seeking Christ," *KMF* II: 10 (Aug., 1906), 182 - 183는 주된 동기를 보호와 힘에 대한 갈망, 두 번째 동기로 기독교가 서구 문명의 뿌리라는 사실에 근거한 서구 문명의 동경, 그리고 세 번째로 실제적인 하나님의 영의 역사를 들고 있다.

실한 상황에서 교회야말로 가장 훌륭히 그 역할을 제공할 수 있는 단체로 이해했던 것이다.[10] 이로 인해 교회가 어용단체인 일진회나 자위단과 심하게 대립하였다.[11] 한때 교회에 합류하였다 일진회로 돌아간 이들도 있고, 일진회에 가담했다 교회로 돌아온 이들도 많았다. 1905년 군산에서 활동하던 해리슨의 보고에 의하면 그가 맡고 있는 선교 지역의 어느 동네에서는 당국의 일진회 가입이 강요되자 30여 명이 집단으로 교회에 영입하였다.[12]

영변에서 사역하고 있던 모리스는 1906년 9월 "일진회에 속했던 한 시골 마을 사람이 약 1년 전 기독교인이 되기로 결정했다. 얼마 후 그 마을 귀신에게 제사를 드리기 위해 모금을 하자 기부금을 내는 것을 거절했다. 그 마을 수장이 그를 붙들어서 묶고 매질을 가했으나 그는 확고하게 신앙을 지켜 예수를 그 전체 주변의 시골에 증거하는 신실한 증인이 되었다."[13]고 보고하였다.

국권의 상실로 인한 정치적인 위기 속에서 그 소망을 교회에서 찾으려고 하는 움직임은 1907년 고종이 강제 퇴위 당한 뒤에 더욱 두드러지게 나타났다. 1908년 초에는 행주에서는 300호 주민들이 자위단 가입을 거부하고 교회로 대거 들어왔고,[14] 거의 같은 기간 고원에서도 일진회 회원 수백 명이 "미국 亽업을 회기하고" 일진회를 탈퇴하고 예수교로 돌아서는 일이 있었다.[15] 1908년 1월 19일자 대한매일신보가 "근일에 각 디방이 소요ᄒ매 빅셩들이 의로쳐가 업셔셔 예슈교에 드러나는 쟈 만함으로 면면이 례비당이오

10　Sharp, "Motives For Seeking Christ," 182 - 183.
11　1904년 8월 일본은 친일 어용단체 일진회를 창설하여 그 세력을 전국적으로 확장해나가는 과정에서 강제적으로 가입을 강요해 한국인들로부터 반발을 샀고, 교회가 일진회나 후에 조직된 친일단체 자위단을 반대하는 경향이 강했다. 특히 교회와 일진회의 대립, 교회와 또 다른 어용단체 자위대와의 대립은 1905년 이후 전국적으로 표면화되었다. 대한매일신보, 1907년 9월 1일; 1908년 3월 22일; C. A. Clark, "Out To the Japan Sea," KMF III: 9 (Sep., 1907), 135; 황성신문 1907년 8월 20일; 황성신문 1907년 11월 2일; "Kunsan Station Report, First Quarter 1908," KMF IV: 3 (Mar., 1908), 52.
12　W. B. Harrison, "New Hopes in New Field," KMF II: 1 (Nov., 1905), 28.
13　Rev. G. Lee, "A Rigorous Moral Standard," KMF II: 11 (Sep., 1906), 210.
14　대한매일신보 1908년 3월 6일
15　대한매일신보 1908년 2월 28일

동리마다 십즈긔라"¹⁶고 지적한 것도 그 즈음이었다.

북감리교 선교사 존스가 정확히 관찰한 대로 1907년을 전후해서 "한국은 심각한 정치적 위기를 겪고 있었다."¹⁷ 백성들은 모든 세상적인 힘의 원천은 실패했고 오직 하나님 밖에 의지 할 대상이 없다고 느끼고 있었다. 새로운 것에 스스로를 조정하기 위해 "기독교 신앙의 위안과 위로"¹⁸를 필요로 하였던 것이다:

> 그들은 더 새로운 더 나은 인간성(manhood)의 필요를 느끼고 있었고 그것을 발견하기 위해 기독교로 돌아서고 있었다. 최근 전 황제[고종]의 퇴위 문제와 관련하여 1,000명 이상의 한국인들이 서울의 우리 [정동감리]교회에 합류하였던 것도 그 때문이었다. 한 탁월한 황실 내관은 다섯 명의 다른 이들과 함께 우리 정동감리교회에 합류하여 다음과 같이 말했다:"이것이 내게 갑자기 일어난 일이라고 생각하지 말라. 나는 몇 년 동안 이것을 깊이 숙고해 왔다. 나의 인생은 사악한 인생이었으며 나는 나의 영혼을 구원하기 원한다."¹⁹

존스가 관찰한 대로 부흥운동을 전후해서 정치적인 위기 속에서 기독교에서 민족의 소망을 찾았던 흔적이 분명하다.²⁰ 하지만 그것이 부흥운동의 일차적인 요인이라거나 혹은 부흥운동의 직접적인 동인이라고 보기는 어렵다. 기독교에 대해 자신들의 마음의 눈을 열게 되었다는 사실과 그것이 부흥운동의 요인이었다는 것은 본질적으로 차이가 있는 것이다.

적지 않은 한국인들이 정치적인 위기로 인해 이제 더 이상 민족의 독립의 소망이 요원하게 되자 종교적인 소망을 갖게 되었던 것이 사실이다. 백만인 구령운동이 잘 보여주듯이 부흥운동 이후 복음을 먼저 받아들인 한국인이라면 그 가슴이 민족복음화에 대

---

16 대한매일신보 1908년 1월 19일
17 Rev. G. H. Jones, *KMF* IV: 5 (May, 1908), 68.
18 Jones, 68.
19 Jones, 68.
20 Arthur Judson Brown, *Mastery of the Far East* (New York: Fleming Revell Com., 1919), 526.

한 비전으로 불타고 있지 않은 사람은 한 사람도 없었다. 그리고 기독교는 수많은 종교들 가운데 당시로서는 상당히 설득력이 있었다. 민족의 소망을 기독교에서 찾으려고 한 것이다.

정치적 상황이 한국인으로 하여금 기독교에 대해 마음을 열도록 자극제가 된 것은 사실이었지만 이것이 부흥운동의 직접적인 요인이라고 해석하는 것은 부흥운동이 성령의 역사라는 중요한 사실을 정확히 파악하지 못한 데서 온 것이다. 순수하게 정치적인 목적으로 교회를 찾은 이들 가운데는 정착하지 못하고 교회를 떠나는 사례도 적지 않았다. 따라서 정치적인 요인을 주된 혹은 직접적인 부흥운동의 발흥 요인으로 단정하는 것은 한계가 있다.

적지 않은 젊은이들과 정치 지도자들이 정치적인 동기로 교회에 합류하였기 때문에 교회가 성장한 것은 아니다. 이전부터 진행된 놀라운 교회의 부흥의 역사를 목도하면서 그들이 교회에 관심을 가지게 된 것이지, 정치적인 동기로 인한 기독교에 대한 관심이 교회의 부흥을 야기한 것은 아니라는 사실이다. 정치적인 지도자들이 교회에 관심을 갖기 이전부터 교회는 부흥하였고, 또 한국 교회는 이 민족에게 새로운 소망을 가져다주었다.

시대적 상황이 교회에 대한 관심을 고조시킨 것은 사실이었지만, 이와 같은 관심에 대한 변화에서 부흥운동의 일차적인 요인을 찾는 것은 마치 순수하고 영적인 한국 교회 부흥운동을 사회학적이고 지극히 세속적인 요인으로 해석하려는 시도이다. 이와 같은 관점은 다음 두 가지 면에서 문제점을 안고 있다.

첫째, 부흥운동을 지나치게 인위적으로 해석하려고 한다는 사실이다. 1907년을 전후한 한국 교회의 부흥운동은 앞에서 살펴본 것처럼 일종의 각성운동으로 영적각성이 사회개혁으로까지 발전했던 성령의 역사였다. "부흥운동을 마치 인위적으로 조작할 수 있다는 식의 견해"는 부흥운동이 주권적인 성령의 역사라는 사실을 평가 절하시킨다. 당시 부흥운동은 한국만의 독자적인 현상이 아니라 세계적인 현상이었다. 따라서 당시의 시대적인 요인을 부흥운동의 일차적인 요인으로 해석하는 것은 당시의 부흥운동에 대한 정확한 평가라고 할 수 없다.

둘째, 그것은 당시 일선에서 부흥운동의 현장을 목도하고 그것에 대해 자신들의 의견을 피력한 선교사들의 견해와도 차이가 있다. 원산부흥운동의 저변 확대로 부흥의 움직임이 현장에서 상당히 감지되고 있던 1906년 5월, 하운셀 양은 한국 교회의 부흥의 움직임을 이 나라가 처한 시대적 현실로만 풀어 가려는 도식을 단호하게 반박하였다. "몇몇 사람은 '이것[부흥운동으로 인한 놀라운 교회 성장]은 나라의 정치적 상황에 상당히 기인된 것이 아니냐, 사람들이 정치적인 문제에 있어서 어떤 방식으로든 영향력과 도움을 확보하려는 희망을 가지고 외국인들과 밀착하려고 하는 것이 아니냐?'고 반문할 수 있다. 몇몇 경우에서 이런 열망들이 그 나름의 역할을 했을 것이지만 그러나 모든 면에서 그런 것은 아니다. 더 나은 것에 대한 열망, 참 하나님을 알려는 추구, 의에 대한 갈증이 있다."[21] 비록 이 나라의 정치적 현실이 오늘날의 영적각성과 무관한 것은 아니지만, 그와 같은 영적인 움직임은 먼저 신앙적으로 이해해야 한다는 사실을 분명히 한 것이다. 분명히 정치적인 이유가 영적각성운동의 일차적인 동기는 아니라는 사실이다.

1907년을 전후한 당시 평양대부흥운동의 발흥과 저변 확대를 정치적인 관점에서 이해하고, 그것을 돌파구를 찾기 위한 한국인들의 일시적인 현상으로 진단하는 경향이 있었으나 1907년 북장로교 보고서는 "기독교인들이 정치적인 이유로 교회에 몰려든 것이 아니라는 사실"[22]을 분명히 했다. 감리교 역시 같은 견해였다:

> 정치적인 이유가 한국인들이 주님께로 돌아서는 것을 설명하는 것으로 제시되어 왔으나 그러나 이것은 정확하지 않으며, 더 적절한 원인은 기독교 신앙을 그들의 이웃에게 전하는 일에 있어서 한국 그리스도인들 스스로의 지칠 줄 모르는 중단 없는 활동 때문이다.[23]

---

21   Josephine Hounshell, "Soul Hunger," *KMF* II: 7 (May, 1906), 128.
22   *Annual Report* (1907), 30.
23   "The Annual Meeting of the Methodist Episcopal Church Mission," *KMF* IV: 3 (Mar., 1908), 38. 그 중요성으로 인해 여기 원문을 삽입한다. "It has been suggested that political reasons account for the large turning of the Koreans, but this is not correct, the more adequate cause being the tireless and unceasing activity of the Korean Christians themselves in presenting the claims of the Christian faith to their neighbor."

이승만, 이상재를 비롯 상당한 정치지도자들이 출석했던 북감리교 선교회가 정치적인 동기와 부흥운동과의 관련성에 대해 부정적인 입장을 밝혔다는 것은 매우 중요한 의미를 지닌다. 그것은 감리교 선교회와 선교사들이 장로교 선교회나 선교사들보다 정치적인 문제에 민감하게 반응하는 경향이 있었기 때문이다.

따라서 우리는 부흥의 요인을 정치적인 요인에서 찾는 것보다는 좀 더 신앙적인 원리, 복음을 전해 받은 한국인들이 그 복음을 다른 사람들과 공유하려는 식을 줄 모르는 한국인 스스로의 구령의 열정, 하나님의 말씀과 부흥을 사모하는 간절한 기도에서 찾아야 할 것이다.[24] "선교사들은 열정적인 전도열과 지칠 줄 모르는 순회전도에서 모델이 되었으며, 한국인들이 당연히 전도사역에 최우선을 두고 영혼을 모으는 일에 절대적인 노력을 기울이도록 성령 안에서 한국 그리스도인들 심령에 전도의 정신을 발전시키는 길을 찾아왔다. 사경회에서의 남녀 교회 조사들과 지도자들의 훈련은 이 사역의 위대한 도구가 되어 왔다. 선교 초기 순회선교사들과 긴밀한 협력을 통해 그리고 수년간의 사경회 교육을 통해 이들 사역자들은 모델을 전수받아 왔던 것이다."[25]

흥미로운 사실은 이 같은 한국에서의 전도열은 1909년 한국선교 25주년 기념 논총에서 마펫이 지적한 것처럼 하나님의 말씀에 깊이 뿌리를 두고 있다는 사실이다. 일찍이 소돔과 고모라의 도성 평양에 선교 거점을 마련하고 서북 지역 선교의 기적을 견인하고 대부흥운동의 토양을 구축한 마펫은 평양대부흥운동이 한창 진행되고 있던 1909년 "한국에서의 복음전도사역의 위대한 성공 비밀이 무엇인가?"는 질문을 던진 후 다음과 같이 결론을 내렸다:

> 그 질문에 대해 어떤 누가, 그의 지혜로운 계획과 목적에 따라 하나님께서 한국사
> 람 위에 그의 영을 부으셔서 위대한 영적 권능을 가진 교회로 불러 내 그 안에서

---

24   T. Stanley Soltau, *Korea The Hermit Nation and Its Response to Christianity* (New York: World Dominion Press, 1932), 25.

25   Samuel A. Moffett, "Evangelistic Work," *Quarto Centennial Papers Read Before the Korean Mission of the Presbyterian Church in the U.S.A. at Annual Meeting*. (Pyeng Yang, Korea: Korea Mission of PCUSA, 1909), 26.

아직 드러나지 않은 것들을 성취하시기 위해 그의 은혜와 그의 권능을 현시하시기를 기뻐하셨다고 말하는 것 외에 달리 대답할 수 있는지 나는 알 수 없다. 그러나 나는 이 25주년 기념이 우리의 심령들과 고국의 교회의 심령들에게, 한 민족의 복음화를 위한 한 가지 위대한 하나님이 주신 수단은 그분의 말씀(His own Word)이라는 사실과 하나님의 말씀을 가르치고 전하는 것을 강조한 결과로 한국에서의 선교 사역이 하나님의 놀라운 축복을 받았다는 사실을 인각시켰음을 고백해야 할 것 같다. 한국에서의 사역의 한 가지 위대한 예찬할만한 특징은 성경이 바로 하나님의 말씀이며 모든 믿는 자에게 구원을 주시는 하나님의 능력이라고 가르치는 일에 있어서 분명한 입장, 절대적인 입장, 아마도 거의 예를 찾아 볼 수 없을만한 입장을 취해 왔다는 사실이다.[26]

확실히 복음전도와 성경에 대한 강조는 처음부터 한국 교회가 소중하게 간직해온 전통이었다. 그것은 한국 교회 영적각성의 중요한 밑거름이 되었다.

이와 함께 빼놓을 수 없는 것은 부흥을 사모하는 한국인들의 간절한 기도다. 한국의 대부흥운동은 "모든 다른 부흥운동과 마찬가지로 거룩한 은혜와 능력의 더 풍요롭고 충만한 체험에 대한 성령께서 주신 깊은 영적 굶주림에서 비롯된, 선교사들과 본토 그리스도인들이 함께 드린 간절하고, 연합된, 끈기 있는 기도에서 시작되었다."[27]

하나님의 말씀과 전도열이 부흥을 사모하는 간절한 기도와 어우러진 것이 바로 한국 교회가 처음부터 강조하고 실천해온 사경회였다. 1890년 이후 네비우스 선교정책의 일환으로 한국 교회가 강조하고 실천해온 사경회에는 언제나 하나님의 말씀 연구, 구령의 열정, 그리고 성령충만과 부흥을 사모하는 간절한 기도가 언제나 수반되었다. 1903년 원산 지역 여자 선교사들이 중심이 된 일종의 사경회 형식의 기도회 중에 일어난 원산부흥운동이나 1907년 1월 2일부터 15일까지 열린 평안남도도사경회 기간 중에 발흥한 평양대부흥운동이 보여주듯 부흥운동은 사경회와 밀접한 연계성을 지니고 있다. 그

---

26 Moffett, "Evangelistic Work," 28-29.
27 Soltau, *Korea The Hermit Nation and Its Response to Christianity*, 25.

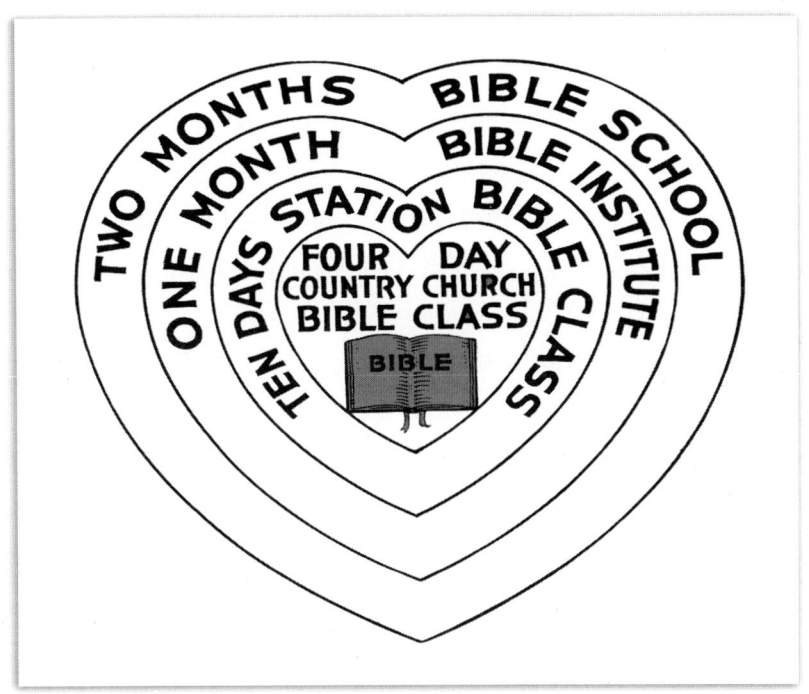

모든 사역의 중심이 된 성경교육

런 의미에서 한국 교회에 심대한 영향을 미친 "1907년 부흥운동은 부분적으로 네비우스 선교정책의 채택으로 조성된 분위기의 결과였다."[28] 말씀을 통해 말씀과 더불어 역사하시는 성령께서 사경회에 참석해 진지하게 말씀을 공부하며 이 땅의 부흥을 간절히 사모하는 그들의 심령들 가운데 놀랍게 임재하신 것이다.

당시의 시대적인 환경이 기독교에 대한 관심을 불러일으킨 것도 사실이지만, 성령의 역사로 그들이 중생함을 받고 교회의 일원으로 접붙임을 받지 않았다면 그들의 관심이 교회의 부흥으로 이어질 수 없었을 것이다. 주님은 니고데모에게 "육은 육이요 영은 영이라 내가 네게 땅의 것을 말하여도 알지 못하는데 하물며 하늘의 것을 이해하겠느냐"고 하시면서 성령의 역사 없이 중생이란 불가능하며 중생 없이 하나님 나라를 논할 수

---

28 Soltau, *Korea The Hermit Nation and Its Response to Christianity*, 94.

없다는 사실을 분명히 하셨다. 하나님이 주의 백성들을 부르시는 이유는 매우 다양하지만 일단 부르신 그들을 당신의 백성으로 삼으시는 것은 "영접하는 자 곧 그 이름을 믿는 자들"에 국한되는 것이며, 그것은 하나님의 은혜가 선행되지 않으면 될 수 없는 것이다.

샤프가 보여 주는 것처럼, 정치적인 동기만으로 교회에 들어온 사람들은 진정한 중생의 경험을 맛보지 않을 경우 종국에 교회 밖으로 다시 돌아갈 수 밖에 없고, 학습을 받았다고 할지라도 기독교와 교회의 영적인 면에 별 관심을 두지 않아 이들에게 세례를 줄 수 없었던 것이다.

이 민족이 당하는 고난이 이 백성을 복음으로 인도하는 몽학 선생의 역할을 했다는 평가를 넘어 그것이 부흥운동의 저변 확대를 가져 온 직접적인 요인이라고 주장하는 것은 상당한 비약이 있다. 하나님께서는 인간의 생각을 넘어서 역사하셔서 이런 저런 동기로 교회를 찾아오게 하실 수 있지만 그와 같은 주변 여건을 부흥운동의 요인으로 도식화하는 것은 분명히 한계가 있다.

선교사들은 오래전부터 네비우스 선교 정책을 통해 성경 중심의 선교 정책을 사용하여 왔고, 사경회와 주일 성경학교를 통해 말씀을 연구하고 공부할 수 있는 기회를 끊임없이 제공해 주었으며, 때로는 이 민족의 복음화를 위해 오랫동안 기도하면서 하나님만이 이 시대, 이 민족의 유일한 소망이라는 확신을 가지고 있었다.[29]

지난 3년 동안 한국의 내륙을 여행하면서 한국인, 일본인, 선교사들, 그리고 외국인들과 폭넓은 대화를 나누며 한국 선교지를 예의 깊이 관찰해 온 감리교의 감독 해리스는 1908년 5월 "오늘날 한국은 3년 전의 그것과 다르다"[30]고 결론을 내렸다. 그것은 현금의 "한국인의 각성과 진보에 대한 보편적인 열망"[31]이야말로 "명치유신 초기의 일본을 연상케 한다"는 것이었다. 지금 젊은이들 가운데 교육에 대한 요구가 놀랍게 일어나고 있고, 전에 없이 복음에 대한 반응과 결실이 눈에 띄게 증가하고 있다. 이와 같은 "원인

---

29 이것은 지금까지 민족주의 사관이나 민중사관이 일제의 침략으로 인한 정치적인 상황이 민족의 부흥운동을 촉발하는 가장 중요한 요인으로 이해해 온 것이 한계가 있음을 분명히 보여 주는 것이다. 여러 요인들 가운데 한 요인을 주된 요인으로 삼는 것은 상당한 비약이 있다고 할 수 있다.
30 M. C. Harris, "Observations in Korea," KMF IV: 5 (May, 1908), 69.
31 Harris, "Observations in Korea," 69.

들은 여러 가지로 설명할 수 있을 것"이나 그것이 결코 정치적인 동기 때문에 발흥한 것은 아니라고 결론을 내렸다:

> 잘 알려진 것처럼 기독교 선교회는 25년 전 미국 개신교 선교사들에 의해 한국에서 시작되었다. 초기에 그들은 정부와 국민 모두로부터 환영을 받았다. 그 후 기독교는 놀랍게 발전해 이제는 10만 명의 회심자가 넘어섰고 1,000개 이상의 교회가 조직되었다. 정치적인 변화와 중일전쟁, 러일전쟁, 그리고 다른 어려운 상황들이 새로운 신앙을 향한 민족의 이 운동을 늦추지는 못했다. 내가 사실을 힘들여 조사한 것처럼 그 이유가 정치적인 것은 아니라고 확신한다. 한때 정치운동에 기독교인들을 관여시키려는 특별한 노력이 있었고, 어느 정도 이것이 성공을 거둔 것이 사실이다. 그러나 이것은 효과적으로 바르게 잡혔다. 선교사들에 의해 얻어진 것이지만 정치 문제와 관련된 설교와 연설은 결코 교회에서 들리지 않았다고 확신한다. 지난해 구 황제가 폐위되고 일본과 한국 사이에 새 조약이 발표된 7월과 8월의 문제의 시간 동안 한국 기독교의 대규모 단체는 조용하고 권세에 복종할 뿐만 아니라 주로 백성들이 폭동을 삼가도록 하였다.[32]

정치적인 이유로 부흥운동을 설명하려는 노력은 당시의 부흥운동의 발흥과 성격을 충분히 설명하는 데는 한계가 있다. 교회가 정치적인 문제에 관심을 기울인 적도, 또한 그것을 위해 일부 선교사들이 한때 의도적으로 노력한 것도 사실이지만 그러나 부흥운동을 전후하여 절대 다수의 장감 선교사들은 교회가 정치 도구화되는 것을 반대하였고, 따라서 그들은 철저하게 정치적인 문제를 배제하려고 하였다. 정치적인 관심이 종교적인 관심으로 대치되면서 부흥운동이 촉발된 것으로 해석하는 것은 지엽적인 것을 들어 부흥운동의 주된 요인이라고 주장하는 것과 같다.

한국 교회의 엄청난 정치적인 어려움 속에서 한국인들이 당하는 많은 난제들은 오늘날 우리가 생각하는 것보다는 확실히 심각했던 것이 사실이었다. 그러나 그것이 부흥

---

32 Harris, "Observations in Korea," 69.

운동의 주된 요인도 또 부흥운동을 이해하는 열쇠도 결코 될 수 없다. 부흥운동은 성령의 강권적인 역사이며, 복음에 대한 놀라운 반응으로 나타난 것으로 보아야 할 것이다. 1906년 8월 "그리스도를 찾는 동기들" 가운데 주된 동기가 보호와 힘에 대한 갈망이라고 언급했던 샤프도 순수한 신앙적 동기가 한국인들이 기독교로 돌아서는 중요한 이유라고 주장하였다:

> 실제로 영혼에 굶주린 자들이 존재하였고, 많은 사람들 심령에서 실제적인 하나님의 영의 역사가 있었다. 한 사건이 이것을 예시해 줄 것이다. 수년 전 한국인의 관점에서 볼 때 꽤나 학식 있는 한 지식인이 학습문답을 받았으나 영적인 측면에서 교회나 기독교에 대해서는 큰 관심을 결코 보여 주지 않았다. 바로 지난 봄 그는 세례 문답을 받기 위해 왔다. 그는 여러 해 동안 학습교인이었으면서도 실제적인 기독교인이 아니었다. 그러나 지난겨울 그는 놀라운 변화를 경험하여 이제 모든 것이 달라진 것 같다고 말했다. 그는 이전에 성경을 공부했으나, 이제 성경은 그에게 새로운 책이 되었다. 모든 것은 달라졌고 그는 변화된 사람이 되었다. 이 사람은 지금은 매우 촉망되는 새로운 신앙 그룹의 지도적인 구심점이 되었다. 봄에 내가 시취한 시험에서 겨울 동안 특별히 1월과 2월에 성령의 깊고 실제적인 역사가 선교지의 많은 곳에서 경험되었다.[33]

샤프가 말한 1월과 2월이란 1906년 1월과 2월로, 그전 가을 1905년 9월 장감연합공회에서 한국의 구정을 기점으로 일제히 전국적으로 동시에 부흥회를 열기로 한 기간이었다. 그 해에 놀라운 영적 부흥이 선교 현장의 곳곳에서 감지되고 있었던 것이다. 성령의 역사가 아니면 진정한 부흥운동과 각성운동이 일어날 수 없다는 사실을 기억할 때 한국의 부흥운동을 단순히 정치적인 현상으로는 설명할 수 없다. 말씀과 전도와 기도로 특징되는 사경회운동에서 그 역사적 기원과 과정을 찾아야 할 것이다.

---

33   C. E. Sharp, "Motives For Seeking Christ," *KMF* II: 10 (Aug., 1906), 183.

제 3 부
백만인 구령운동(1909-1910)

14장
민족복음화운동과 백만인 구령운동

15장
백만인 구령운동의 진행

16장
백만인 구령운동의 재편과 영향

제 14 장

민족복음화운동과 백만인 구령운동

> 산에서 돌아온 우리 모두는 한국에서의 하나님의 역사가 위기점에 도달했으며 그가 이제까지 이 나라에 현시하셨던 것보다 더 큰 은혜의 역사를 계획하셨다는 사실을 매우 분명하게 느꼈다. 이것이 어떻게 성취될지 우리는 알지 못하지만 자신 있게 성령의 인도하심을 기다리고 있었다.
>
> 1909, 개성 남감리교 선교사 Reid, Stokes, Gamble

이와 같은 대부흥운동과 그로 인한 놀라운 교회의 성장은 일본의 을사조약으로 어두웠던 이 민족에 민족복음화에 대한 소망을 강하게 불어넣어 주었다.[1] 개교회 부흥에서 도시나 지역 전체의 부흥으로 더 나아가 민족의 복음화로 한국 교회의 비전이 바뀌어 갔던 것이다. 부흥운동이 전국으로 확산되면서 한국인들과 선교사들 가운데는 민족복음화의 비전이 결코 허황된 꿈이 아니라는 사실을 확인하기 시작한 것이다. 사도행전에 나타난 성령의 능력과 역사가 그대로 재연되는 것을 발견하면서 이들은 이 나라에 대한 비전을 새롭게 다졌던 것이다.

이 민족을 살리는 길은 정치적 힘을 키우는 것도, 경제적 힘을 키우는 것도 아니고 이 민족 전체가 복음화되는 길이라고 확신했던 것이다. 북장로교 선교회, 남장로교 선교회, 캐나다 장로교 선교회, 호주 장로교 선교회, 북감리교 선교회, 그리고 남감리교 선교

---

[1] George Heber Jones, *The Korean Revival* (New York: The Board of Foreign Missions of the Methodist Episcopal Church, 1910), 44.

회 모두가 참석한 가운데 1907년 9월 7일에서 11일까지 서울에서 열린 제 3차 장감연합공회는 이 나라의 민족복음화에 대한 새로운 비전을 다지는 계기가 되었다.

대부흥운동의 불길이 한창 서울 전역을 휩쓸고 있던 1907년 3월 17일 황성 기독교 청년회(YMCA)는 서울 시내 각종 학교에 재학하고 있는 크리스챤 학생들을 모아 서대문 밖 독립관에서 "만국학생연합기도회"를 개최하였다.[2] 그로부터 3주 후인 4월 8일 월요일에 가졌던 서울의 기도의 날에서는 수많은 사람들이 부흥운동의 역사를 체험하고는 이 민족 전체가 복음화되는 길이야말로 이 민족이 사는 길이라는 확신을 가지게 되었고, 따라서 그들은 이 나라를 영도하는 정치적인 지도자 왕이 주님을 찾을 수 있도록 뜨겁게 기도했던 것이다.[3]

이미 알렌과 언더우드 선교사를 비롯한 몇몇의 선교사들을 통해 서양 의술과 문명에 대한 깊은 식견을 얻을 수 있었던 고종 황제가 복음을 직접 들을 수 있기를 간절히 기도했다. 마침 아비슨이 궁정의로 있어 황제와 접할 수 있는 기회가 많았기 때문에 사람들은 그가 황제 앞에 그리스도를 증거할 수 있는 기회를 가질 수 있기를 소망했다. 이것은 오늘날 정권의 시녀로 전락한 조찬 기도회와는 본질적으로 차이가 있었다. 실제로 아비슨은 계속해서 황제를 알현하였다.[4]

이와 같은 기도가 있은 후 황제는 기독교인이 되는 것이 무엇인지에 대해 질문했고, 기독교 신앙에 대한 간단한 신앙고백이 준비되어 왕이 그것을 들을 수 있는 기회도 주어졌다.[5] 그 즈음 성서공회가 정성스럽게 만든 성경을 황제에게 선물하였다. 하나님의 말씀이 궁정에 들어갔다는 소식은 삽시간에 한반도 전체에 퍼져 나갔고, 궁정의 복음화를 고대하던 한국인들에게 그것은 이미 황제가 반쯤 기독교로 돌아선 것이나 마찬가지라고 낙관적으로 생각하는 이들도 있었다.

더구나 지금까지 없었던 바, "만국이 굿흔 뜻을"[6] 가지고 전 세계의 "만국 교인이

---

2 대한매일신보 1907년 3월 14일; 皇城新聞 1907년 3월 15일.
3 "All Day Prayer Meeting in Seoul," *KMF* III: 4 (Apr., 1907), 57.
4 Miss K. Wembold, Letter to Dr. Brown, June, 24, 1907.
5 "All Day Prayer Meeting in Seoul," 57.
6 "만국긔도," 대한매일신보 1907년 8월 6일.

한일합방 후 일제에 의해 투옥된 한국인들

일제히 대한을 위호야 긔도혼다"[7]는 소식은 한국의 기독교인들을 흥분시키기에 충분했다. 확실히 대부흥운동은 한국의 영적인 분위기뿐만 아니라 민족 전체를 바라보도록 끊임없이 일깨워 주었다.[8]

그러나 1907년 7월 24일 일본과 맺은 조약 결과 황제는 권좌에서 강제적으로 폐위되고 말았다. 대부흥운동이 한국을 강타하고 있던 바로 그때 이 민족은 가장 처절한

---

7   "만국긔도," 대한매일신보 1907년 8월 6일.
8   "All Day Prayer Meeting in Seoul," 57. 선교사들은 학생들을 가르칠 때도 어느 교단의 지도자 양성이라는 구조의 틀 속에서 교육의 목표를 설정하지 않고 한국 교회의 유능한 지도자 양성에 초점을 맞추었다. 한국의 교육을 한 단계 끌어올리는 데 크게 기여한 D. A. Bunker는 1905년에 이렇게 말했다. "서울의 선교회 가운데 연합 교육사업은 경제적인 관점에서도 조명할 수 있고, 그리스도의 친교적인 관점에서도 조명할 수 있지만 참된 목적은 한국인들 가운데 사역을 유능하고 자격을 갖춘 지도자들을 양성하는 데 있다. 만약 교단의 지도하에 교회 지도자들을 육성한다면 육성의 목적은 달라졌을 것이지만 현재 연합 교육 사역의 목적은 교단 지도자의 육성이 목적은 아니다. 두 개의 감리교 선교회가 3년 전부터 고등학교를 함께 운영하고 있으며, 이와 같은 연합의 분위기는 지난 가을 같은 수준의 장로교 고등학교와 감리교 고등학교가 연합하는 일이 아무런 반대도 받지 않고 성사되었다. 오늘날 서울에서는 세 개의 선교회가 한 지붕 아래 미션 고등학교를 운영하고 있는데 모두 잘되고 있다"(D. A. Bunker, "Union School Work" 21, D. A. Bunker, "Union School Work," KMF II: 2 (Dec., 1905), 22.

성경번역위원회

민족적 치욕을 겪고 있었던 것이다.[9] 전 세계가 주목할 만큼 강력한 영적각성운동이 일어나 한반도 전역을 휩쓸고 있는 바로 그때 한국인이라면 참을 수 없는 너무도 슬픈 사건이 발생한 것이다. 을사조약으로 한국의 국권을 빼앗더니 이제는 황제마저 폐위시키고 만 것이다.

민족적 울분이 그때처럼 극에 달한 적이 없었다. 김석항, 이규응, 박성환을 비롯 유생과 구 한국부대의 장교들은 1907년 정미 7조약이 체결되고 구한국부대가 해산되자 자결로서 항거했다. 심지어 신앙을 가진 이들 중에서도 국권의 상실 앞에 울분을 견디지 못하고 목숨으로 항거하는 이들이 있었다.

1907년 6월 30일에는 정동감리교회 정재홍이 일제의 한국 침략에 항거해 권총으로 자결했으며,[10] 7월 22일에는 경기도 양주 출신 예수교 신자 홍태순(洪太順)이 고종의 강제 퇴위에 항거해 대한문 앞에서 스스로 목숨을 끊었다.[11] 1908년 3월 22일 일제의

9   James S. Gale, *Korea in Transition* (New York: Laymen's Missionary Movement, 1909), 38.
10 대한매일신보 1907년 7월 2일-3일; 皇城新聞 1907년 7월 1일, 7월 4일.
11 대한매일신보 1907년 7월 24일.

한국 침략을 지원한 미국 외교관 스티븐슨(D. W. Stevenson)을 샌프란시스코에서 저격한 장인환(張仁煥),[12] 1909년 10월 26일 안중근이 만주 하얼빈에서 이토 히로부미를 저격할 때 그 거사에 동참했던 우덕순(禹德淳),[13] 그리고 같은 해 12월 22일 이완용을 저격한 이재명(李在明) 모두 예수교 신자들이었다.[14]

이처럼 일부 신자들은 민족적 울분을 이기지 못하고 일제에 자결이나 무력적 항거로 맞섰고, 교회가 민족적 수난을 방관할 수 없다고 판단한 이들은 나라를 살리기 위해 국채보상운동(國債報償運動)에 앞장서기도 했다.[15] 민족적 위기는 이 백성들의 심령을 복음을 받아들이기에 적합한 옥토로 만들어 주었다. "의병이 다슈히 감화"받고 기독교에 입교하거나 고위직에 있는 적지 않은 사람들이 기독교로 개종하기 시작했던 것도 그 즈음이었다.[16]

스위러의 보고에 의하면 존스 목사가 시무하는 서울의 제일감리교회(the First Methodist Episcopal Church)에 1907년 새해 들어 지난 여러 주 동안 서울의 고위층 사람이 교회에 합류해 진지하게 구원의 도를 배우려는 간절한 열망을 보여 왔으며, 1907년 2월 17일에는 이들이 참으로 순수한 목적을 가지고 있는지에 대한 테스트도 거쳤다.[17]

1. 민족복음화로 이어진 구령의 열정

한 생명을 귀하게 여기는 구령의 열정으로 불타는 선교사들과 그들의 선교열을 본

---

12 대한매일신보 1908년 3월 25일.
13 cf. 대한매일신보 1910년 2월 18일.
14 대한매일신보 1909년 12월 23일.
15 대한매일신보 3월부터 8월까지에는 국채보상운동에 대한 많은 기사들이 등장한다. 대한매일신보 1907년 2월 27일; 3월 8일, 21일; 4월 24일; 5월 7일, 21일, 25일, 27일; 6월 14일, 25일, 30일; 7월 13일, 18일, 22일, 26일; 8월 14일, 17일, 17일.
16 대한매일신보 1908년 1월 15일.
17 W. C. Swearer, "A Notable Collection," KMF III: 4 (Apr., 1907), 59.

받은 한국인들의 복음에 대한 관심은 한국의 민족복음화를 위한 거보를 디더 놓았다. 부흥운동을 거치면서 한국을 바라보는 시각이 이전과는 분명히 달랐다. 이와 같은 현상은 실제로 한국 선교지를 직접 방문하여 선교 현장에서 벌어지는 놀라운 변화를 목도하는 이들이라면 더욱 실감하는 부분들이었다. 부흥운동을 거치면서 한국은 이제 복음의 불모지가 아니라 세계가 주목하는 선교 지역으로 탈바꿈하였던 것이다.

1908년 부흥운동이 한창 한반도 전역에 확산되고 있던 그때 존 모트 박사는 이런 고백을 했다. "만약 한국에서의 협력 선교 부분의 현 사역이 적절히 유지되고 가까운 장래에 확장된다면 한국은 비기독교 세계에서 기독교 국가가 되는 첫 나라가 될 것이다. 나는 지출한 선교비에 비례하여 한국보다 더 실질적인 선교의 결실을 획득한 선교지를 알고 있지 않다."[18] 확실히 부흥운동은 한국 교회에 결코 과거에는 찾아볼 수 없었던 새로운 전기를 마련해 주었다. 부흥운동의 현장에서 그 진행과정을 직접 체험한 감리교 선교사 존스는 평양대부흥운동이 발흥한 지 1년 후인 1908년 1월, 부흥운동이 한국 교회에 얼마나 광범한 영향을 미쳤는가에 대해 이렇게 말했다:"한국은 시골 마을 어디나 흩어져 있는 거대한 믿음의 공동체로 유명하다. 기독교는 한국에 깊이 뿌리를 내리고 있다. 사역은 대도시에 제한되지 않고 마을 마을마다, 관구 관구마다 예배당, 초등학교, 한 무리의 경건한 신자들과 학생들이 있다."[19]

1907년을 전후한 한국 교회의 급신장은 한국에 대한 기성의 선입관을 바꾸는 계기가 되었을 뿐만 아니라 한국에 대한 선교적인 관심을 더욱 북돋아주는 계기가 되었던 것이다. 1907년 이후 한국은 아시아에서 주목받는 국가가 되었다. "복음 전도적으로 볼 때, 오늘날 아시아 대륙의 기회는 한국에서 발견될 수 있다. 다른 선교지는 긴급함과 상황의 약속에 있어서 어떤 곳도 한국과 비교할 수 없다. 한국은 전략적인 백성이며, 현재는 이 나라에서 전략적인 때이다. 1,000만의 영혼들이 기독교회가 제공할 수 있는 도움과 가르침을 기다리고 있다."[20]

---

18   W. B. Harrison, "Some Korean Home Missionaries," *KMF* IV: 1 (Jan., 1908), 5.
19   George Heber Jones, "The Native Religions," *KMF* IV: 1 (Jan., 1908), 11.
20   *KMF* IV: 3 (Mar., 1908), 33.

탁월한 선교 사역자들과 해외 선교부 총무들 가운데 현금의 한국에서의 복음 전도 계획은 너무 생산적일 가능성이 높아 이제는 가능한 가장 짧은 시일에 한국을 복음화하기 위해 특별한 노력을 발휘해야 한다는 의견인 것 같다. 이것은 한국에 아시아의 복음화를 도울 수 있는 기회를 제공할 것이며 모교회에는 다른 선교지들에 주의를 집중할 수 있도록 만들어 줄 것이다. 우리는 선교사 운영의 하나의 규칙을 규정했다고 들었다. 성령이 가장 효과적으로 역사하는 것처럼 보이는 곳에 당신이 분투적으로 사역하라. 오늘날의 선교지의 연구는 확실히 20세기 초 한국에서 성령이 능력 있고 놀랍게 역사하시고 있다는 사실에 대한 분명한 증거를 제공할 것이다. 왜, 어떻게 해서든지 한국을 복음화하는 이 작업이 다음 50년 안에 끝나지 않겠는가? 그것은 달성될 수 있지 않는가? 그렇다. 인력 및 돈이 그것을 할 것이다. 한국에서 사역을 지원하는 위대한 선교부가 그 간청, 곧 "이 세대에 한국을"이라는 간청에 관대하고 진심으로 힘을 모아 그것이 달성될 수 있도록 하자. 신앙과 목적에서 튼튼하게 성장하는 사역으로, 자립하는 교회로, 복음을 향해 다정하게 열려 있는 백성으로, 확실히 예수 그리스도의 이름으로 세계 복음화의 위대한 운동을 수행하는 그리스도 교회에 행복한 전조가 제공되었다.[21]

한국인들의 전도열은 웨슬리의 회심과 그를 따르는 이들의 복음 전도열과 비견되곤 하였다. 웨슬리에 의한 전도로 회심한 이들은 자신들이 할 수 있는 한 멀리 가 자신들의 신앙을 전하여 복음 확장에 놀라운 기여를 하였다. "웨슬리에 의해 회심한 이들과 마찬가지로 그들의 복음 전파는 놀랍게 성공적-한국을 통해 기독교의 빛이 극동 세계에 비칠 것이라고 말하는 이들이 적지 않을 만큼-이었다."[22] 1908년 5월 남감리교 선교사 저다인은 "한국이 복음 전도에 개방한 지 25년이 채 되지 않지만 우리는 10년 안에 한국을 복음화할 수 있을 것으로 보인다"며 확신에 차 있었다.[23]

1,200만 명의 한국인들을 구원하는 일이 너무도 가치있는 일이며, 또 현재의 모든

---

21   "Editorial," *KMF* IV: 3 (Mar., 1908), 41-42.
22   J. L. Gerdine, "Southern Methodist Mission," *KMF* IV: 5 (May, 1908), 68.
23   Gerdine, "Southern Methodist Mission," 68.

상황은 그 가능성을 보장해 주는 것처럼 보인다. "수세기 동안 거슬러 올라갈 수 있는 섭리에 의해, 하나님께서는 외관상 작금의 기회를 준비해 오셨다. 백성들의 심성, 수백 년 동안 흘러온 불교의 쇠퇴, 작금의 정치적인 상황은 온 백성이 복음의 메시지를 받아들이게 만드는 모든 요소들이다. 교회는 이 나라 거의 모든 지역에 설립되었다. 교인들은 충성스럽고 열정적이며 아직 복음이 닿지 않은 이들에게 복음을 전하기 위한 놀라운 진전의 토대를 구축하였다. 또한 교인들 가운데 우리는 적절히 지도한다면 자신들의 백성들에게 메시지를 전할 수 있는 힘을 도출할 수 있을 것이다."²⁴

1907년 부흥운동을 전후해 한국 민족은 복음에 대해 전에 없이 열려 있었다. 이 때문에 한 선교사는 한국이야말로 추수를 눈앞에 둔 황금 물결이 출렁이는 뜰이라고 말했던 것이다:

> 오늘날 한국은 황금물결이 출렁이는 뜰이다. 전국이 복음 전파에 열려 있다. 백성들은 복음을 들을 준비가 되어 있을 뿐만 아니라 그들은 너무도 복음을 사모하여 교회들마다 열심 있는 예배자들로 만원이며 믿는 사람들의 집단은 끊임없이 일어나 선교사들에게 와서 자신들을 가르쳐 달라고 요청하고 있다. 선교 사역이 너무 급속하게 성장하여 선교사들은 좀체 직접적으로 불신자들에게 복음을 전할 시간을 가질 수 없으며, 그의 시간은 주로 그리스도인들을 돌보고 성례를 시행할 목적으로 교회를 방문하고, 그들을 강화하고 인도하고, 한국인 관리들(native agents)을 관장하고 목회를 할 조사와 학생들을 가르치고, 그 사역을 감독하는데 보내고 있다.²⁵

한국의 복음화는 이제 시간문제라고 생각하기 시작했다. "새로운 한국은 기독교 한국이 될 것이며, 그것은 비교적 짧은 기간 안에 이루어질 것이다. 교회들은 모든 면에서 증가하고 있다."²⁶ 더 이상 한국은 은둔의 나라가 아니라 "전 민족의 급속한 복음화가 약

---

24 Gerdine, "Southern Methodist Mission," 68.
25 "Korea Ripe for the Gospel," *KMF* IV: 6 (June, 1908), 82.
26 *KMF* IV: 3 (Mar., 1908), 33.

속된 선교지 한국"²⁷이었다. 부흥운동을 거치면서 한국 교회와 선교사들은 복음을 받을 준비가 된 "준비된 한국인들에게 그리스도의 복음을"²⁸ 전하는 "위대한 사역에 노력을 집중할 것"²⁹을 강하게 요청하는 상황이 전개된 것이다. 이와 같은 놀라운 선교의 결실은 열악한 시대적 환경과 턱없이 부족한 "인적 및 물적 자원의 궁핍 가운데서 성취된 것"³⁰이라는 점에서 더욱 의의를 지니고 있다고 할 수 있다:

> [한국인보다] 메시지를 환영하고 존중하도록 더 잘 훈련된 백성을 결코 접촉할 수 없을 것이다. 교회에 첫발을 내딛는 자들은 논쟁을 하러 오는 것이 아니라 듣고 배우러 온다. 이 중대한 때에 한국인들은 반기독교 서적들을 읽지 못했다. 그들은 그들의 가난을 알고 그들의 약점을 느끼고 있다. 기독교는 이것들을 직면하여 북서 기독교 옹호자들을 깊이 만족시키고 있다.³¹

1908년 부흥운동이 한창 한국 교회를 휩쓸고 있던 때 피츠버그에서 이승만은 그곳에 모인 그리스도인들에게 한국이 처한 지금의 상황이야말로 "한국의 기회"며, "하나님의 기회"이고, 그리고 이것은 또 미국의 "자매와 형제 당신들의 기회"라고 역설하였다.³² 게일은 이와 같은 "현 상황이 한국에서 영구적으로 지속되지는 않을 것이라"³³고 강조할 만큼 작금의 현 상황은 너무도 호기라고 확신하였다. 한국의 현 상황을 목도한 이들이라면 "오늘날의 기독교야말로 한국인들이 가장 열렬하게 환영하는 민족 종교다"³⁴고 평가하기를 주저하지 않았다. 당시 '민족'과 '기독교'와 '복음화'는 당시의 상황을 가장 잘 대변하는 것이자 이 나라에서 가장 시급하게 요청되는 세 단어였다.

---

27 *KMF* IV: 3 (Mar., 1908), 33.
28 *KMF* IV: 3 (Mar., 1908), 33.
29 *KMF* IV: 3 (Mar., 1908), 33.
30· *KMF* IV: 3 (Mar., 1908), 33.
31 "Christianity in Korea," *KMF* IV: 5 (May, 1908), 70.
32 E, Sung Man, "Appeals of Native Christians," *KMF* IV: 6 (Jun, 1908), 96.
33 Gale, *Korea in Transition*, 231.
34 Gale, *Korea in Transition*, 231.

민족의 가장 비천한 상황에서 한국인들은 어떤 절대자의 도움이 필요하다는 것을 깨달았다. "그들은 어떤 지상의 권세로 그것을 할 수 없다는 것을 충분히 알았다. 그들의 부패한 정부는 정화되어야 하고, 그들의 심령과 힘은 새로워져야 한다. 그러나 유교와 불교 모두는 그 일에 실패했다. 만약 한국이 모두 구원받을 수 있다면 그것은 세상의 구주 예수 그리스도에 의해서이며, 그분만이 한국에 참 구원을 주실 수 있고 주실 것이다."[35]

나는 친구 여러분에게 감사합니다. 우리 한국 그리스도인들은 여러분들이 준 축복의 메시지에 대해 감사드립니다. 여러분의 선교사들은 한국인들에게 놀라운 사역을 이루었습니다. 그리고 한국인들은 너무도 고상하고 용감하게 응답해 그들은 1885년에 기독교가 한국인들에게 소개된 이래 그 동안에 놀라운 진보를 이룩하였습니다. 그러나 우리가 하나님께 감사하는 것은 그가 그 이상을 주셨으며, 하나님은 우리에게 그들의 민족적인 자만심, 조상 숭배신앙, 이교적인 미신을 포기할 수 있는 위대한 기회를 주셔서 그들의 빈 마음과 겸손한 심령에 예수 그리스도를 위한 자리를 마련한 것입니다. 그것이 지금 한국에서 진행되고 있는 것이며, 한국은 실제적으로 그들이 자랑했던 모든 것을 포기하였습니다.

한국은 미션에 사로잡혔습니다. 한국은 하늘로 눈을 돌리고 "오 주님, 나의 상처난 심령을 치료하시고 당신의 팔로 나를 안으소서!"라고 외칩니다. 최근 어려움이 있은 후 놀라운 능력, 무서운 부흥의 영이 그 나라를 사로잡았습니다. 왕실의 일원, 정부의 고관들, 유학의 보수주의 학자들, 불교 사원의 경건한 승려들, 상류층의 여인들, 평민 가정들, 시골의 가난한 농부들–그 나라 각계각층의 모든 종류의 사람들이, 그들을 발견할 수 있는 곳이라면 어디든지 하나님의 교회로 모여들고 있습니다. 그들은 교회와 예배당을 건축하고 있습니다. 그들은 스스로 교육하고 전도하고 있습니다. 오늘날 10만 명 이상의 한국 교인들이 그들의 아름다운 작은 나라가 다음 20년 내에 완전한 기독교 국가가 되도록 열심히 그러면서도 꾸준하게 기

---

35   E, Sung Man, "Appeals of Native Christians," 96.

도하고 있습니다. 나는 하나님께서 우리의 기도를 응답하실 것이라고 확고하게 믿는 이들 한국인 회심자 가운데 한 사람입니다. 이와 같은 상황에서 한 국가가 필요로 하는 것이 무엇인가를 숙고하고 한국을 위해 무엇을 해야 하는가를 발견하십시오.[36]

한국의 복음화에 대한 관심은 단순히 한반도의 복음화뿐 아니라 아시아에서 차지하는 지형학적 위치상의 중요성과 아시아의 복음화를 위한 전초기지로서의 중요성 때문에 더욱 커지고 있었다. 한국의 복음화는 일본, 중국, 러시아 등 주변국들의 복음화를 위한 기지로 또 복음화를 위한 중요한 전략지로서 그 중요성이 새롭게 인식되기 시작한 것이다:

> 한국이 아시아 세계의 발전에서 차지하는 중요한 위치를 소수만이 이해한다. 역사는 한 민족이 세계의 삶에 영향을 미치는 것을 잃지 않으면서 민족적 독립을 상실할 수 있다는 사실을 보여 주었다. 중국의 첫 이웃으로 한국이 차지하는 위치는 그 나라에 대단한 영향을 미칠 수 있다. 압록강으로부터 동해의 전 항구를 연결하는 철도로 만주도 한반도 전역으로 향하는 고속도로를 발견할 것이다. 한국의 수도에서 북경의 거리는 시카고에서 뉴욕의 거리보다 가깝다. 미국의 고속도로라면 14시간 안에 서울과 북경 두 도시의 거리를 커버할 수 있을 것이다. 그것은 한국에서 얻을 수 있는 어떤 압도적인 영향이 중국에 대단한 영향을 미칠 것이라는 것을 의미한다.[37]

실제로 한국의 복음화와 놀라운 부흥운동의 역사는 일본의 기독교에 적지 않은 도전과 자극을 주었다. 한국보다 선교의 역사가 깊고 더 많은 선교사들이 사역하였음에도 별 선교의 진전이 없는 일본에 비교할 때 한국의 선교지는 일본과 비교할 수 없을 정도

---

36 E, Sung Man, "Appeals of Native Christians," 96.
37 *KMF* IV: 3 (Mar., 1908), 33.

로 확장되고 있었다. 한국에서의 놀라운 부흥운동과 영적각성운동은 한국에 거주하는 일본인들의 영적각성과 부흥운동을 촉구하는 계기가 되었다. 부흥운동을 전후하여 수많은 일본 교회 지도자들이 한국의 일본인 선교에 관심을 기울였고, 커티스(Frederick S. Curtis)를 비롯한 대표자들은 부산, 서울, 개성, 제물포 등 일본인들이 주로 거주하는 지역을 돌면서 일본인들의 영적 현황들을 돌아보았다.[38]

2. 백만인 구령운동의 발흥

이와 같은 민족복음화에 대한 열정이 하나의 운동으로 조직화되어 나타난 것이 1909년과 1910년 사이에 발흥했던 백만인 구령운동이었다. 백만인 구령운동은 클락의 말대로 "1907년의 대부흥운동과 맞먹는 또 하나의 커다란 복음 전도운동"[39]이었다. 백만인 구령운동은 평양대부흥운동과 성격을 달리했지만, 존스가 지적한 것처럼, 앞서 일어난 "부흥운동의 직접적인 결과 가운데 하나였다."[40]

백만인 구령운동이 진행되는 동안 모든 교단이 이 운동에 협력하였으며 이 나라의 모든 사람을 복음과 접촉시키기 위한 노력이 기울어졌다.[41] 따라서 백만인 구령운동은 1907년을 전후한 부흥운동과 별개의 운동이 아니라 부흥운동의 선상에서 이해해야 할 것이다. 민족복음화가 결코 단순한 꿈이 아니라 얼마든지 실현 가능하다는 것을 부흥운동을 통해 경험한 한국 교회는 기왕에 갖고 있는 민족복음화의 비전을 백만인 구령운동이라는 모토 속에서 구현하려고 시도하였다. 또한 그런 노력은 당시의 시대적인 정황과 정확히 맞아 떨어졌다.

사실 1910년은 정치적으로 암흑기라고 할 만큼 조국의 주권을 힘없이 일본에 공

38　"An Account of the Travels of the Rev. Frederick S. Curtis among the Japanese in Korea," *KMF* IV: 1 (Jan., 1908), 29-32.
39　Clark, 한국 교회와 네비우스 선교 정책, 202.
40　Jones, *The Korean Revival*, 42.
41　Jones, *The Korean Revival*, 42.

식적으로 넘겨준 해이기도 하다. 그 동안 친일 행각의 국면을 그대로 보여 준, 한국 통치를 위해 만든 일진회가 일본의 한국 합병의 명분을 제공하기 위해 아예 일본과 한국의 영구적인 합병을 청원한 것도 그 해였다.[42]

용의주도하게 한국 합병을 준비하던 일본은 1910년 8월 22일 한일합방 조약을 체결했다.[43] 수많은 의병들이 자유를 위해 피를 흘린 보람도 없이 조국의 독립이 사라진 것이다.[44] 이미 5년 전 을사조약을 통해 국권의 상실이 가져다준 엄청난 고통을 체험한 한국인들은 또다시 절망의 늪으로 빠져들고 말았다.[45] 그러나 고난을 하나님이 주신 연단의 기회라고 생각하는 그리스도인들은 이와 같은 민족적 슬픔을 목도하면서도 희망을 잃지 않았다:

> 악과 도덕적인 타락을 유발하는 모든 영향이 한국을 거슬러 연합한 가운데 정치적인 타락의 시대에 잠긴 가난한 서울, 나라를 주기적으로 황폐화시키고 있는 모든 정치적 및 군사적 대폭풍의 중심지 서울이 지방 선교부들이 경험한 그러한 축복을 가질 수 있을 것인가? 그러나 하나님의 약한 것이 사람보다 강하여 하나님은 서울을 또한 축복하실 것이다. 그리고 하나님은 서울을 위해 풍성한 은사를 비축하셨다.[46]

1910년 5월 15일 오후 2시 30분에 거행된 동대문 감리교회 봉헌식에 평양의 노블, 정동교회 최병헌, 평양의 김규식, 언더우드, 저다인 등이 대거 참석했던 것도 침체의 늪, 국권의 상실로 인하여 깊은 위기를 맞고 있는 서울을 구하여야 한다는 사명감이 그

---

42   J. Grajdanzev, *Modern Korea* (New York: The John Day Company, 1944), 43.
43   한일 합방조약에 대해서는 Hugh Heung-Wo Cynn, *The Rebirth of Korea* (New York: The Abingdon Press, 1921), 271-272를 보라.
44   Grajdanzev, *Modern Korea*, 44-45. 1907년 7월부터 1908년 말까지만 해도 14,566명이 일본과의 전투 중 목숨을 잃었고, 8,728명이 체포되었다.
45   F. A. McKenzie, *Korea's Fight for Freedom* (New York: Fleming H. Revell Company, 1920), 171-181. 신흥우는 한국 백성들 사이에 이를 두고 세 부류로 나뉘었다고 주장한다. Hugh Heung-Wo Cynn, *The Rebirth of Korea*, 86-89.
46   "Seoul," *KMF* VI: 7 (Jul., 1910), 167.

들을 사로잡고 있었기 때문이다.[47] 복음을 받아들인 이들이라면 기독교야말로 이 민족의 참된 소망이라는 확신이 깊숙이 자리 잡고 있었다. 당시 신학월보에는 이와 같은 입장이 잘 나타나 있다:

> …형뎨 ᄌᆞ미들이여 우리의 소망은 비루한 소망이 아니오 고상한 소망이며 우리의 소망은 하ᄂᆞ님ᄭᅴ 잇스니 하ᄂᆞ님은 무소불능ᄒᆞ샤 무어시든지 ᄒᆞ고져 ᄒᆞ시는 대로 힝ᄒᆞ시는 하ᄂᆞ님이 우리 아바지시니 우리의 부죡홈을 치워 주시고 원ᄒᆞ는 것이 당신 ᄯᅳᆺ에 합ᄒᆞ면 곳 일우워 주실 줄 밋으니 우리 소망은 하ᄂᆞ님ᄭᅴ 두고 락심치 말고 일홀 ᄯᅢ라…다만 복의 근원되시는 하ᄂᆞ님ᄭᅴ 소망을 두고 힘써 복음을 젼홀지어다. 복음을 젼홀ᄉᆞ록 죄악이 물너갈 것이오 죄악이 물너갈ᄉᆞ록 복락이 ᄀᆞ득ᄒᆞ리로다.[48]

평양대부흥운동의 열기가 점차 줄어들어 갔던 것도 민족복음화에 대한 비전을 불태우게 만든 또 다른 요인이었다. 1908년에 들어서면서 1907년 대부흥운동의 영향이 여전히 전국에서 지속되고는 있었으나 부흥의 열기와 강도가 점차 식어지는 듯했고, 1909년에 들어서면서 그 같은 현상이 조금씩 표면화되기 시작했다.[49]

1909년 1월 3일부터 9일까지 "만국 련합긔도회" 감사 제목 가운데 "그리스도ᄭᅴ셔 주신 권능," "셩신의 강림ᄒᆞ심," "셩경에 대ᄒᆞ야 셩실ᄒᆞ고 ᄉᆞ랑ᄒᆞ는 ᄆᆞ음 잇는 쟈가 만흠과 ᄯᅩ 그 모든 말솜의 어그러짐이 업는 증거가 점ᄎᆞ 더 싱김," 그리고 "신령 부흥에 나아가랴는 ᄆᆞ음이 확실ᄒᆞ고 증가되는"[50] 것이 포함되어 있었지만, "셩신을 밧은 셩경 강론회 일군들이 번셩ᄒᆞ여지고 ᄯᅩ 하ᄂᆞ님의게 확실히 희기 ᄒᆞ는 일에 디ᄒᆞ여 더욱 열심과 셩심

---

47 "Seoul," 167.
48 "샤셜, 소망의 즐거워 홀 일" 신학월보, 1909년 제 2, 3호, 2.
49 1909년에 들어서면서 교회 안에서 부정적인 요소들이 목격되기 시작했다. "예비당 규측, 회당 안에셔 운동ᄒᆞ지 말 일," "예비당 규측, 회당 안에셔 현화ᄒᆞ지 말 일"은 과거에는 찾아볼 수 없는 형식적인 예배 모습과 예배 시간에 지각하거나 흐트러진 분위기가 나타나고 있었음을 암시해 준다. "예비당 규측, 회당 안에셔 운동ᄒᆞ지 말 일," 신학월보, 1909년 제 7권 제 1호, 4-6; "예비당 규측, 회당 안에셔 현화ᄒᆞ지 말 일" 신학월보, 1909년 제 7권 제 2,3호, 4-6;
50 "만국 련합긔도회 뎨목," 예수교 신보, 1908년 12월 30일, 219.

으로" 기도할 것과 "셩신의 권능이 항상 나타남"[51]을 위해 기도해 줄 것을 요청하였다.

한국 교회 지도자들과 선교사들에게는 한편으로는 대부흥운동의 불길이 시들지 않고 계속되기를 바라는 간절한 마음과 다른 한편으로는 대부흥운동으로 인한 복음의 씨앗들이 충실하게 결실을 맺기를 바라는 양면적인 바람이 깊이 자리 잡고 있었다.

1909년에 들어서서 성령의 역사가 중단된 것도 또 교회가 성장하지 않은 것도 아니었지만,[52] 이전과 비교할 때 그 속도와 생명력은 확실히 과거보다는 낮아지고 있었고, 또 영적 생명력도 줄어들고 있었다. 한국에서 활동하던 일부 선교사들은 이와 같은 변화의 움직임에 민감하지 않을 수 없었다.[53]

개성의 남감리교 선교사들의 기도

백만인 구령운동은 일본이 을사조약 이후 한국 침략을 더욱 노골화하기 위해 용의주도하게[54] 한일합방을 준비하던 1909년 7월 12일, 민족의 미래를 염려하는 남감리교 개성 선교부의 몇 명의 선교사들, 갬블(F. K. Gamble), 리드(C. F. Reid), 스톡스(M.

51　"만국 련합긔도회 뎨목," 220.

52　외형적으로 교세가 늘어나지 않아서 이 같은 운동을 전개하려고 한 것은 아니었다. 1909년에 북장로교회 25,057명의 세례교인, 24,000명의 학습교인이 등록했고, 전체 출석교인이 96,668명이나 되었다. 그 해 1년 동안 헌금한 액수가 81,075달러로 세례 교인 1인당 3.25달러를 헌금한 것으로 이 액수는 당시 하루 임금이 20센트에서 40센트인 것을 감안할 때 결코 적지 않은 액수이다. 57개의 조직 교회가 있었고, 900개의 예배 처소에서 정기적으로 예배를 드리고 있었다. 지난해 신학교에 재학한 학생수도 138명이나 되었고, 평양 숭실학교에 500명의 학생, 45명의 학생이 숭실대학에 재학하고 있었다. Mr. Bernheisel, "Some Gleaning from the Harvest in Korea," *KMF* V: 11 (Nov., 1909), 183. 또한 1909년 한 해 동안 22,599명의 신자가 생겼는데 이는 선교사 한 사람당 223명을 전도한 셈이다. 이것은 결코 적은 숫자는 아니다. *KMF* VII: 5 (Jun., 1910), 128. 그러나 이와 같은 성장은 과거에 비해 상당히 낮아진 수치이고, 평양대부흥운동 때와 같은 놀라운 영적각성도 점차 줄어들기 시작했다.

53　정상을 달리던 운동선수가 그와 같은 컨디션을 유지하지 못하였을 때, 이전보다 약간 성적이 부진하다고 하더라도 심각하게 느끼는 것처럼, 한국에 파송된 선교사들은 놀라운 성장과 놀라운 각성운동을 현장에서 두드러지게 감지하다 그와 같은 영적인 생명력이 줄어들고 있는 현실에 민감하게 반응하지 않을 수 없었던 것이다.

54　조선총독 외무부장(Director of Foreign Affairs of Government General of Chosen)은 "다른 한편으로 현 상태의 연구는 조선 장래의 희망적"이며, 합방 직후 일부 한국인들 사이에 몇 가지 오해가 존재하고 있다고 변명했지만 실제로 그것은 한국인들과 선교사들을 호도하려는 위장에 불과했다. Midori Komatsu, "The Old People and the New Government," *Transactions of the Korea Branch of the Royal Asiantic Society* IV: 1 (1912), 10.

B. Stokes)가 한국 교회의 부흥을 염원하는 기도모임을 함께 가지면서 시작되었다.[55] 이들은 1909년 초에 기도와 예배 모두에 있어서 "영적인 능력의 결핍"을 깨닫고 "진지하게 새로운 영적각성을 위해 기도하기 시작하였다."[56] 과거 자신들이 경험하고 알고 있던 "성령의 능력과 생명 안에서 걷고 있지 않다"[57]는 사실을 깊이 통감한 이들은 이 나라와 이 민족에게 다시 한 번 영적각성이 임하도록 간절히 기도했다.

개성의 남감리교 선교회 소속 15명의 선교사들은 심령이 갈급한 가운데 이 문제를 심도 있게 논의한 후 7월 12일부터 일주일간 기도회를 갖기로 결정한 것이다.[58] 기도회가 진행되는 동안 가진 매일 성경공부 주제는 기도였다. 이들이 기도를 주제로 다룬 것은 영적각성에 대한 자신들의 간절한 염원이 금번 기도회 동안에 구체적으로 성취되기를 바라는 마음에서였다.

이와 같은 이들의 간절함, 영적각성에 대한 염원이 가시적으로 나타나기 시작한 것은 기도회 4일째 되던 날이었다. 기도의 중보 사역을 주제로 다룬 그날 강의 후 잠깐의 휴회를 가진 후 그날의 기도회는 심야까지 연장되었으며, 그 동안에 리드의 고백대로 "우리 중 몇이 상당한 은혜를 받았으나 갬블, 스톡스, 그리고 나 자신은 그 정도에 만족하지 않고 하나님이 우리의 심령에 응답하셔서 만족하실 때까지 '간절히 기도하기로' 맹세하였다."[59] 2년 전의 평양대부흥운동과 수년 전의 원산부흥운동 때 임했던 영적인 대각성이야말로 조금씩 영적으로 메말라 가기 시작하는 이 나라 교회를 다시 한 번 소생시킬 수 있는 유일한 길이라는 확신이 있었다.

이들이 성령의 더 큰 은혜와 임재를 간구했던 것은 당연한 일이었다. 여전히 성장하는 외형적인 교세에 만족하지 않고 근본적으로 성령의 영적각성을 통해 새로운 갱생이 병행되어져야 한다는 생각을 가지고 있었던 것이다. 이들에게는 비록 소수라 하더라도 민족의 부흥과 대각성을 염원하며 하나님께 간절히 간구한다면 이번에도 놀랍게 응

---

55 "1,000,000 Souls This Year," *KMF* V: 11 (Nov., 1909), 196-197.
56 "1,000,000 Souls This Year," 196.
57 "1,000,000 Souls This Year," 196.
58 "1,000,000 Souls This Year," 196.
59 "1,000,000 Souls This Year," 197.

갬블(F. K. Gamble), 리드(C. F. Reid), 스톡스(M. B. Stokes)

답하실 것이라는 확신이 있었다:

> 그래서 우리는 매우 겸허하게 그리고 교만과 이기심과 불신앙과 같은 죄들을 고백하면서, 하나님 앞에 우리의 심령을 발가벗겨 놓은 상태에서 우리 각자가 새벽 4

시까지 하나님 앞에서 기다렸으며, 그때에 하나님께서 매우 은혜롭게도 우리 위에 놀랍고 형언할 수 없는 성령의 부으심을 허락하셔서 우리에게 심령의 정결함과 그분의 충만하심을 분명히 증거하여 주셨고, 우리로 하여금 말할 수 없는 충만한 영광의 즐거움으로 그분을 찬양하도록 인도하셨다.[60]

이 놀라운 축복은 민족의 영적각성을 간절히 염원했던 세 명의 남감리교 선교사들의 심령을 사랑의 띠로 단단히 묶어 주었고, 과거에 알지 못했던 오직 하나님의 영광만을 위한 간절한 열망으로 하나 되게 만들어 주었다. 이들은 그 성령의 역사에 만족하지 않고, 이와 같은 놀라운 은혜의 수단을 사용하는 방법을 하나님으로부터 배울 수 있도록 간절히 간구했다. 이 민족의 복음화가 더 강하고 힘있게 추진되기 위해서는 영적인 각성을 통해 성령의 은혜가 너무도 절실하게 요청된다는 확신에서 이들은 그날 임했던 성령의 역사로 만족하지 않고 끊임없이 민족복음화를 위해 기도하기 시작했다.

개인적인 우월감, 영적인 자만심에 사로잡히지 않고 오직 하나님의 영광만을 구하겠다는 겸손한 모습 속에 이들은 민족복음화의 지속적인 실천을 위해 기도하기 시작한 것이다. 이들이 지속적으로 기도하고 있던 어느 날 이들은 온종일 기도하는 일에 전념하였고, 그날 오후 3시에 믿음으로 그들의 기도에 하나님께서 응답하신 것이다.

이들은 자신들의 간절한 염원을 하나님이 외면하시지 않고 구체적으로 응답하실 것이라는 확신을 가지고 있었다. 그들에게 이 나라의 민족복음화는 곧 이 나라의 복음화 뿐만 아니라 중국과 극동의 복음화의 초석이었다. 그래서 이들은 한국 민족의 복음화 뿐만 아니라 중국과 더 나아가 극동 아시아의 복음화를 위해 기도하는 것을 늦추지 않았다. 성령께서는 이들의 기도를 외면하지 않으셨다:

> 갑자기 성령의 부으심으로 우리의 기도가 중단되었고, 우리는 찬양과 경배를 드리게 되었다. 그것은 우리 중 한 사람이 그리스도가 손을 쭉 펴시고 한국을 축복하시

---

60 "1,000,000 Souls This Year," 197. cf. George T. B. Davis, *Korea for Christ* (New York: Fleming H. Revell Co., 1910), 7.

대부흥운동의 주역 윌리엄 블레어(William N. Blair)

는 환상을 보았기 때문이다.[61]

며칠 후 세 사람 가운데 한 사람이 기도원에 올라가 며칠 동안 금식하고 기도하며 하나님의 은혜를 간구해야 할 필요성을 깊이 느꼈다. 이와 같은 마음은 곧 다른 두 사람에게도 전달되어 두 사람 역시 산에 올라 함께 기도하기로 뜻을 모았다. 1907년의 평양 대부흥운동을 목격한 이들은 한국 교회를 살리는 길이 대부흥운동이라는 사실을 실제로 체험하고 부흥의 역사가 다시 한 번 한국 교회를 주도할 수 있게 해달라고 간절히 기도했던 것이다. 뜻이 있는 곳에 길이 있듯이, 이들의 간절한 염원에 하나 둘씩 동참하기 시작했다.

기도원으로 떠나기 전 스톡스 선교사가 자기들이 계획하고 있는 것과 그것을 위해 기도원에 갈 계획을 한국인 사역자들에게 말하자 그들도 주저하지 않고 여기에 합류하였다. 이들 세 사람 외에 두 사람이 더 추가되어 다섯 명의 선교사들이 같은 목적으로 뜻을 모았다. 그 결과 개성의 세 교회를 대표하는 한국인 지도자 가운데 10명이 한 산으로 올라갔고, 반면 5명의 개성의 남감리교 소속 선교사들이 "성령의 권능 가운데 인도하심을 받을 수 있도록 하나님께 간구하기 위해"[62] 다른 산으로 올라갔다. 이렇게 해서 선교사들과 한국인들 15명이 민족복음화를 위해 간절히 기도하기 시작했다. 그들의 기도가 얼마나 간절하였는가는 충분히 짐작할 것이다. 십자가의 잔을 놓고 간절히 기도했던 겟세마네의 주님처럼 이들은 이 민족의 복음화와 영적각성을 위해 생명을 내걸고 간구한 것이다:

> 산에서 돌아온 우리 모두는 한국에서의 하나님의 역사가 위기점에 도달했으며 그가 이제까지 이 나라에 현시하셨던 것보다 더 큰 은혜의 역사를 계획하셨다는 사실을 매우 분명하게 느꼈다. 이것이 어떻게 성취될지 우리는 알지 못하지만 자신

---

61 "1,000,000 Souls This Year," 197.
62 "1,000,000 Souls This Year," 197.

있게 성령의 인도하심을 기다리고 있었다.[63]

그 다음날 한국인 조사들이 자기 구역의 선교사들에게 선교 보고를 하기 위해 지방에서 올라왔을 때 선교사들은 그들에게 놀라운 성령의 은혜가 임했다는 사실을 전해 듣고 흥분을 감추지 못했다. 그것은 자신들에게도 그와 같은 성령의 은혜가 임했었기 때문이다. 이에 고무된 스톡스는 20명을 데리고 자기가 올라갔던 그곳에 다시 올라가 4일 후에 내려왔다. "스톡스는 성령과 믿음이 충만하여 산에서 내려와서는 주님께서 어떻게 놀라운 권능으로 자신의 영을 그와 함께 올라간 20명 위에 부어 주셨는지에 대해 가슴 두근거리는 이야기를 전해 주었다."[64] 한국이 직면하고 있는 영적 위기를 목도한 이들은 이 나라 전역에 성령의 놀라운 역사가 임하기를 간절히 염원했다. 앞서 올라갔던 10명의 한국인 교회 지도자들과 5명의 선교사들 그리고 뒤에 올라간 20명의 한국인 조사들을 합쳐 45명의 사람들이 은혜를 충만히 받고 "열정과 능력이 충만한 제자들같이 자신들의 구역으로 돌아갔다."[65]

선교사들이 이들 지역들을 돌아보았을 때 "그들은 여기저기서 전보다 더 강도 높게 하나님의 축복이 현시된 것을 발견하였다."[66] 자신이 맡은 선교구에서 놀라운 선교의 결실을 목격한 스톡스는 성령의 감동하심 속에서 자신이 맡은 두 선교구에서만 5만의 영혼이 구원받을 수 있도록 기도하기 시작했다. 그 소식을 들은 다른 선교사들도 깊은 감동을 받고 남감리교 연례모임에서 이 운동을 선교회 차원에서 효과적으로 전개할 수 있도록 뜻을 모았다. 뜻이 있는 곳에 길이 있고, 그의 나라와 그의 의를 구하는 간절한 기도를 하나님께서는 한번도 외면하신 적이 없었다.

예정대로 1909년 9월 2일부터 6일까지 남감리교 연회가 서울에서 열렸다. 연회는 어느 때보다도 은혜로운 가운데 진행되었으며, 모인 이들 모두는 전에 없이 매우 진지했고 기도 가운데 하나로 연합되었다. 모임이 진행되는 가운데 "많은 분명한 기도 응답이

---

63 "1,000,000 Souls This Year," 197.
64 "1,000,000 Souls This Year," 198.
65 "1,000,000 Souls This Year," 198.
66 "1,000,000 Souls This Year," 198.

있었으며 성령이 임재하셔서 인도하고 정결케 하시고 사역을 감당할 수 있도록 능력을 부어 주셨다."[67]

남감리교의 경우, 지난 한 해 동안 1,112명이 늘어나 전체 4,657명이 되었으나 이와 같은 증가는 이전의 성장에 비해 그리 대단한 것이 아니었다. 한 해 동안 학습교인이 394명이 증가했는데 이것은 전체 학습교인 2,930명과 비교할 때 별로 높지 않은 수치였다. 과거 남감리교 선교회가 한국 교회의 성장을 주도할 정도로 놀라운 성장을 이룩해 온 것에 비하면 이와 같은 성장은 예외적일 만큼 미흡한 것이다. 스톡스를 비롯한 남감리교 선교사들이 지금이야말로 선교의 위기를 맞고 있는 때라고 진단한 것도 그런 이유에서였다. 이와 같은 위기의식을 느끼고 이 나라에 다시 성령의 계절, 그리스도의 계절이 도래해야 한다는 필요성을 절감했던 것이다.

병으로 위독한 상태에 있는 와드(Ward) 감독 대신 부흥운동의 주역 가운데 한 사람인 저다인이 감독 대행으로 선출된 것도 그와 같은 현 시대의 영적 위기를 극복하겠다는 남감리교 선교사들의 결연한 의지를 반영한 것이었는지도 모른다.[68] 이미 원산부흥운동 때부터 하디와 더불어 부흥운동의 주역 가운데 한 사람으로 인정을 받아 왔던 저다인이 남감리교내에서 상당한 리더십을 발휘하고 있었다.

남감리교 연회의 일차적인 초점은 남감리교의 영적 갱생이었다. 이들은 한편으로는 교회에 명백히 나타난 영적인 삶과 한국인 조사들과 성서 부인들의 신앙, 열정, 기도열, 남감리교 선교회 선교사들이 받은 축복에 대해 하나님께 감사하면서도 다른 한편으로는 영적 지식의 결여, 교회의 모든 교인들이 갖추어야 할 불신 영혼들을 구주 예수 그리스도에게로 인도하겠다는 적극적인 구령의 열정의 결여, 그리고 모든 교인들이 주일을 온전히 지키지 못하는 것을 인정하지 않을 수 없었다. 남감리교는 이와 같은 문제들을 깊이 인식하고 여기에 대한 해결책을 이번 연회를 통해 찾기를 기대했다.

그중에서 효율적인 복음화를 위해 히브리서 10장 35, 36절에 근거해 20만 명의 영혼을 금년에 달성하자는 것을 결의하고 모국의 선교 본부와 본국 해외 여선교회에 전

---

67 "Annual Meeting of the Korea Mission, M. E. Church, South," *KMF* V: 11 (Nov., 1909), 185.
68 "Annual Meeting of the Korea Mission, M. E. Church, South," 186.

도사역을 위해 가까운 시일 안에 6명의 남자 선교사와 4명의 여자 선교사를 파송해 줄 것을 요청하기로 결의하였다.⁶⁹

스톡스를 비롯해 의식 있는 몇 명의 선교사들이 기도하고 바랐던 그 일들이 너무도 놀랍게 응답된 것이다. "하나님께서 우리의 기도에 응답하셔서 모든 사람이 권능 가운데 임재하신 성령의 감동을 깊이 받았으며, 많은 사람이 전에는 그러한 연례모임에 참석한 적이 결코 없었다고 말했다."⁷⁰ 남감리교 연례모임에서 채택된 "금년에 20만 명을

대부흥운동의 주역 번하이셀 가족사진

그리스도에게로!"⁷¹(this year 200,000 souls for Christ) 구령운동이 장감연합공회에서 공식적으로 받아들여져 "금년에 백만 명을 그리스도에게로!"⁷²(1,000,000 souls for Christ this year) 슬로건을 택하게 된 것이다.

백만인 구령운동의 불씨: 장대현교회의 새벽기도

남감리교에서만 민족복음화를 위한 움직임이 감지된 것은 아니었다. 평양대부흥운동의 중심지 평양, 그리고 그 대부흥운동의 발원지 장대현교회에서도 1909년에 들어서면서 민족복음화를 향한 새로운 움직임이 감지되었다. 특히 장대현교회를 담임하는 길선

---

69   "Annual Meeting of the Korea Mission, M. E. Church, South," 186.
70   "1,000,000 Souls This Year," 198.
71   "1,000,000 Souls This Year," 198.
72   "1,000,000 Souls This Year," 198.

주 목사가 평양대부흥운동의 주역이기 때문이기도 하였지만, 이 민족의 암울한 현실 앞에서 이 민족을 구할 수 있는 유일한 희망이 기독교라고 확신하고 민족복음화를 위해 새벽을 깨우고 있었다. 그는 요란한 종소리를 울리며 화려하게 기도회를 시작하지 않고 모든 사람들이 잠자는 새벽에, 2년 전에 놀랍게 성령의 역사가 임했던 장대현교회 바로 그 강단 앞에 엎드려 은밀한 중에 들으시는 하나님께 조용히 나아갔다.

이렇게 해서 길선주 목사는 아무에게도 알리지 않고 그 교회의 박치록 장로와 함께 두 달 동안 새벽 4시에 모여 기도회를 갖기 시작했다.[73] 한국 교회의 새벽 기도회가 1907년 평양대부흥운동과 더불어 정착된 것으로 알려져 있으나 한국 교회에 새벽기도가 공식적으로 정착되기 시작한 것은 1909년부터였다.[74] 여전히 부흥운동의 주역으로 활동하고 있던 길선주 목사는[75] 평양대부흥운동의 영향력이 급격하게 줄어들면서 다시 한 번 그와 같은 대부흥운동의 역사를 이 민족에게 베풀어 달라고 기도하기 시작한 것이다.

개성에서 스톡스와 동료 선교사들, 그리고 한국인 조사들이 산에 올라가 민족복음화를 위해 금식하며 온밤을 기도로 지새우고 있는 동안 평양에서는 장대현교회에서 길선주 목사와 동료 사역자가 고요한 새벽을 깨우며 민족복음화를 위해 하나님께 부르짖고 있었다. 이들은 서로 약속이라도 한 듯이 이 민족이 위기를 맞고 있다는 사실을 절감하고 민족을 살리는 길이 기독교라는 사실, 따라서 이 민족이 먼저 복음화되어야 한다고 확신했다.

아무도 그것을 알지 못할 것이라고 생각했던 길선주 목사의 새벽 기도회는 기도가 계속되면서 입에서 입으로 소식이 전해졌고, 그 소식을 들은 이들이 하나 둘씩 기도회에 합류하면서 점점 더 참석하는 사람들이 늘어났다. 상황이 여기에 이르자 길선주 목사는 주일 오전예배 때 "'누구든지 원하면 며칠 동안 새벽 4시 반에 모여 기도할 수 있다'고

---

73 "A Story of Korean Prayer," *KMF* V: 11 (Nov., 1909), 182.
74 "A Story of Korean Prayer," 182.
75 金麟瑞, "靈溪先生小傳"(中二), 36. 김인서는 길선주가 1909년 대구에서 인도한 부흥회에서 놀라운 성령의 역사가 계속되었음을 전한다. "1909년은 百萬名傳道하든때이다. 是年에 先生이 大邱에서 傳道할때에 入信한 者가 三百五十餘人에 達하엿다." 그러나 이 같은 성령의 역사는 1907년과 비교할 때 강도가 훨씬 줄어든 것이다.

광고했다. 새벽기도가 많은 교우들에게 알려진 이상 더 많은 이들이 기도회에 동참하여 기도의 힘을 모으는 것이 좋을 것이라고 판단했기 때문이다. 4시 30분에 벨이 울리기로 되어 있었다. 그 이튿날에는 새벽 1시부터 사람들이 모이기 시작하였고, 2시에는 수백 명이 모였더니 4시 30분 벨이 울리자 4백 혹은 5백여 명이 모여들었다."[76] 며칠 후에는 새벽 기도회에 모이는 숫자가 6백에서 7백 명 사이가 될 정도로 늘어났다. 1907년 1월 장대현교회에 놀랍게 임재하신 성령께서 어둠을 가르고 새벽에 모여든 이들 가운데 "새벽에 응답하시겠다"는 시편 기자의 약속대로 놀랍게 응답하셨던 것이다:

> 넷째 날 새벽에 기도하는 동안 갑자기 전 회중은 무관심, 냉랭함, 사랑의 결핍, 사역에 대한 열정의 결핍 등 자신들의 죄를 회개하며 울부짖었다. 그 후 용서의 기쁨이 찾아왔으며 하나님에 대한 사역의 방식들과 수단들이 현시되었다. 기도하고 찬양하고 하나님의 인도를 간구하면서 4일 새벽을 더 보내면서 지금이야말로 무엇인가를 해야 할 때라는 생각이 들어 길선주 목사는 얼마나 많은 사람들이 온 하루를 불신자들에게 가서 그들에게 복음을 전해 그들을 그리스도에게로 인도하는 일에 드리겠는가를 물었다. 모두가 손을 들었다. 그런 후 얼마나 많은 사람이 이틀을 갈 수 있는가를 물었다. 다시 거의 모든 사람들이 손을 들었다. 3일을 요청하자 손을 든 사람은 더 적었으나 아직 많은 사람이 손을 들었고, 4일, 5일, 그리고 6일을 말하자 수가 점점 줄어들었으나 심지어 7일을 말하자 꽤 여러 명이 손을 들었다. 그 다음 주일에 그들이 참여했던 성찬식은 축복된 성찬식이었으며, 그 후 전 교회가 열심히 나가 다른 사람들을 그리스도에게로 인도했다.[77]

평양대부흥운동의 그 놀라운 은혜가 다시 임하게 해달라는 간절한 기도가 응답된 것이다. 새벽 기도회를 통해 형성된 이와 같은 영적인 분위기는 교회에 새로운 활력을 불어넣었다. 장대현교회에서 작정한 날연보는 무려 3,000일이 넘었으며 이것은 한 사람

---

76 G. T. B. Davis, *The Missionary* Vol. 43: 5 (May, 1910), 212, 213. 백낙준, 한국 개신교사 (서울: 연세대학교 출판부, 1990), 394-395.
77 "A Story of Korean Prayer," 182.

이 6년을 계속할 분량이었다. 평양대부흥운동의 주역 길선주 목사는 평양부흥운동이 지나면서 점차 냉랭해지고 있는 장대현교회를 다시 깨운 것이다.

부흥의 계절이 그치지 않기를 간절히 간구한 것이다. 이는 이들이 얼마나 한국 교회의 부흥을 갈망했는가를 단적으로 말해 준다. 부흥의 역사를 체험한 평양의 그리스도인들은 그와 같은 역사가 한국 교회를 살리는 지름길이라는 확신을 가지고 있었다. 특히 평양의 장대현교회에는 놀라운 성령의 역사를 간절히 고대하는 영적 분위기가 더욱 고조되어 있었다.

1909년에 장대현교회에서 길선주 목사가 시작한 새벽기도는 급속히 한국 교회에 확대되어 1910년 후반기에 접어들면서는 사경회와 전도 집회를 통해 보편화되기 시작하였다. 사경회가 열리는 곳마다, 부흥의 역사를 사모하는 교회마다, 부흥회와 전도 집회가 열리는 곳마다 새벽기도가 반드시 중요한 순서로 포함되었다. 장대현교회의 길선주 목사가 시작한 새벽기도는 그가 인도하는 집회를 통해 전국적으로 더욱더 확산되기 시작한 것이다. 실제로 부흥운동 기간 동안 새벽기도는 일반적인 현상이 되었다. 그리고 그 새벽마다 거의 예외 없이 새벽에 응답하시겠다는 하나님의 응답의 역사가 나타났다.

1910년 서울에서 지방의 전도 집회를 위해 재령에 내려간 화이팅 박사는 5시부터 5시 30분까지 새벽 기도회가 열렸는데, "그날의 최고의 집회는 새벽 기도회였다"[78]고 말하였다. 새벽기도는 선교사들에게도 적지 않은 도전을 주었다. 평양에 머무는 동안 길선주 목사가 인도하는 평양 장대현교회 새벽기 도회에 참석했다 새벽기도가 "상당한 유익"이 있다는 사실을 발견한 한 선교사는 선교지로 돌아가 "상당한 숙고와 기도 후에"[79] 그곳 교우들을 모아 놓고 "우리도 여기서 새벽기도를 가져야 한다고 제의하였다."[80] 제의가 통과되어 새벽기도가 실시되었다. 당시 새벽기도는 상황에 따라 약간의 차이는 있었으나 대략 새벽 다섯 시나 다섯 시 반에 시작되었다.

---

78   "Notes from the Stations," *KMF* VII: 12 (Dec., 1910), 303.
79   Eul Yul, "A Missionary Letter," *KMF* VII: 4 (Apr., 1911), 113.
80   Eul Yul, "A Missionary Letter," 113.

장감연합공회의 결정과 백만인 구령운동

1909년 10월 8일과 9일 금요일과 토요일에 장감연합공회가 서울에서 열려 존 무어가 의장에, 그리고 커(Kerr)가 서기에 선출되었다. "한국에서 사역하고 있는 장감연합공회는 기도하고 심시숙고한 후"[81] 백만인 구령운동을 1910년 공식적인 장감연합공회 캠페인으로 채택하였다. 연합공회가 남감리교 선교회의 제의를 받아들여 백만인 구령운동을 민족복음화 차원에서 전국적인 운동으로 전개하기로 공식 결의한 것이다. 공의회는 몇 주 동안 전혀 다른 사역을 중단하고 금식하고 기도하면서 평양, 개성, 서울, 그리고 다른 곳에서처럼 자신들의 선교 지역에서도 성공을 거두고, 성령의 역사하심이 끊임없이 계속되어 올해에 백만 명의 영혼을 구원할 수 있기를 하나님께 간구하기로 하였다. 이것은 모인 이들 모두의 만장일치로 엄숙하게 통과되었다:[82]

> 성령의 확실한 인도하심을 통해 한국의 장감연합공회(the General Council of Evangelical Missions in Korea)는 올해 한국에서 백만인의 구령을 위해 기도하면서 추진하기로 결의하였다. 그러므로 현재는 의심의 여지없이 한국을 기독교 국가로 만들 수 있는 하나님의 기회이고, 한국이 극동 아시아의 전략적 요충지이며, 그리고 지금 한국을 구하는 것은 극동 아시아의 복음화를 헤아릴 수 없이 도와주는 것을 의미하기 때문에, 우리는 전국의 그리스도인들에게 3월 20일 주일을 한때 "은둔의 나라"였던 이 나라에 백만인 구령운동을 위한 "기도의 날"로 지킬 것을 요청한다. 선교사들, 한국의 그리스도인들, 그리고 아직 이교의 어둠에 있는 이들 위에 성령의 은혜로운 부어 주심을 통해 백만인 구령이 실현될 수 있도록 기도해 달라. 예배에서 주일날 주일학교에서 기독교인들은 매일, 개별적으로, 그리고 집단으로 1910년 10월 9일까지 풍성한 수확이 모아질 수 있도록 기도하기를 특별히 요

81　H. G. Underwood, "The Beginning of the Seoul Campaign," *KMF* VII: 12 (Dec., 1910), 298.
82　Underwood, "The Beginning of the Seoul Campaign," 298. Davis, *Korea for Christ*, 16.

청한다.[83]

이로써 백만인 구령운동은 감리교를 넘어 장감 모두에게 새해의 가장 중요한 주제가 된 것이다. 장대현교회의 놀라운 부흥운동의 주역 그레함 리 선교사는 "백만 명을 예수에게로" 곧 백만인 구령운동을 구체적으로 전개하고 실천하기 위해 한국인들을 위한 구호로 "금년 백만 명"을 채택해 모든 선교사들의 마음에 새기고 이를 한국인들에게 알리기로 제의했다.[84] 또한 여기서는 세례교인과 학습교인이 한 달에 한 명씩 한 해 동안 전도해 백만 명을 구령하기로 하는 제안이 만장일치로 통과되었다:

> 사랑, 믿음, 기쁨, 일치의 놀라운 영이 임했으며, 단 한 사람의 의심이나 반대 없이 모든 것이 저항할 수 없는 거룩한 능력의 파도에 의해 통과되었으며, 모든 심령이 높이 고양되고, 모든 이의 눈에 감동의 눈물이 흘렀으며, 우리는 이미 우리의 기도가 성취된 것을 보는 것 같았고, 우리가 이미 이 사역이 한국인들에 의해 한 곳 이상에서 시작되었다는 것을 듣고 우리가 이에 따라야 한다는 감동을 느꼈다. 그것은 우리가 촉구하거나 밀었기 때문이 아니었다. 많은 사람들이 저녁 집회 때까지 금식하고 기도하면서 남아 있었다.[85]

장감연합공회에서는 백만인 구령운동의 실행을 위해 게일을 의장에, 서기에 휴 밀러(Hugh Miller), 언더우드, 벙커로 구성된 위원회를 구성하였다. 한국 선교를 대변하는 이들이 위원회의 중심이 되었다는 것은 그만큼 이 운동의 중요성을 대변해 준다.

장감연합공회가 백만인 구령운동을 결정하던 그 해는 한국 개신교 선교 25주년을 맞는 역사적인 해이기도 하였다. 1909년 10월 장감연합공회에서 감리교의 노블 박사가 발표한 대로 지난 25년간의 놀라운 한국 교회의 성장은 성령의 역사이자 은혜였다. 비록 장감이 하나의 교회를 이룩하려는 계획이 성취되지는 못했지만 장로교와 감리교는 민족

---

83   "A Call to Prayer for Korea," *KMF* VI: 3 (Mar., 1910), 54.
84   "M. E. Mission," *KMF* V: 11 (Nov., 1909), 195.
85   "M. E. Mission," 195.

언더우드 박사 내외와 알렉산더(Charles McCallon Alexander) 내외

복음화의 가능성을 확인받을 수 있었던 것이다.[86] 개신교 선교 불과 25년 만에 현재 6개 장감 선교회, 총 20만 명이 넘어서는 현대 선교의 기적이 발생한 것이다.

만약 이런 추세로 나간다면 앞으로 25년 후에는 200만 혹은 전 인구의 5분의 1이 기독교인이 될 것이며, 그렇게 되면 머지않아 한국이 기독교 국가의 대열에 합류할 날이 올 것이라는 기대를 감출 수 없었다. 노블은 이 과업을 달성하기 위해서 북장로교는 70만 명, 북감리교는 40만 명, 남장로교는 26만 명, 캐나다 장로교 26만 명, 호주 장로교 20만 명, 남감리교 18만 명의 죽어 가는 영혼들을 다음 25년 동안 그리스도에게로 인도해야 한다는 구체적인 목표까지 설정하였다.[87]

사실 "이것은 지난해 성취되어 온 것에 비하면 결코 더 큰 과업이 아니다. 다가오는 25년말에 한국이 복음 전파를 위한 하나의 힘-세계의 힘-이 될 것임을 진실로 믿는

86　"The Quarter Centennial," *KMF* VI: 1 (Jan., 1910), 17. 연합은 성취되지 못했지만 일치된 이해는 성취되었다.

87　"The Quarter Centennial," 17-18.

다. 교회의 건전한 발전이 수적 성장에 비해 조금도 느리지 않았다."[88] 노블은 백만인 구령운동을 전개한다는 것이 단지 공상이 아니라는 확신을 갖고 있었다. 그리고 이와 같은 용기를 가질 수 있도록 동기부여를 해준 것은 평양대부흥운동이었다:

> 이 구조물에서 가장 큰 기둥(column)은 아마도 우리 교회에 죄성의 참된 비전과 하나님의 거룩성을 제공해 준 1907년의 부흥운동일 것이다. 그것은 우리에게 다가올 신앙인의 유형을 힐끗 보여 주었다. 얼마 전 한 위대한 교육자이자 지도자가 우리들에게 자기는 다가올 그리스도인의 유형은 사람이 원숭이보다 높은 존재인 것처럼, 현재의 유형보다 훨씬 더 높을 것으로 믿는다고 말했고, 그리고 덧붙이기를 자기는 이 사람이 동양에서 나올 것이라고 말했다. 이 유형이 한국 교회에서 나오지 말라는 법이 있는가? 주님이 그와 같은 결실을 여기서 발견할 수 있을지 아닐지는 주로 선교사들의 마음의 웅대함과 순수성에 의존할 것이다. 다음 25년 말에는 이 거듭난 민족이 그 시대의 참된 전쟁을 행함으로 그의 나라의 도래를 앞당기는 것을 볼 수 있을 것이라고 나는 그렇게 믿고, 그렇게 기도하고, 심지어 주 예수님이 매우 속히 오시기를 기원한다.[89]

노블의 이와 같은 선언은 한국에 파송된 선교사들이 얼마나 한국 교회에 대한 비전을 크게 그리고 있었는가를 말해 준다. 지난 과거의 놀라운 성장에 만족하거나 그것으로 인해 자만하지 않고 더 높은 성장과 한국 교회의 발전을 자신들에게 맡겨진 시대적 과업으로 생각했던 것이다. 질적 성장이 양적 성장 못지 않게 한국 교회에서 이루어졌다는 노블의 말은 현재의 교회의 질적 성장이 성숙한 단계에 이르렀다는 말이 아니라 지난 25년 전의 상태와 비교할 때 놀라운 진보가 있었다는 의미였다. 놀라운 외형적인 성장에 따른 질적 성장이 충분히 뒷받침되지 못한 아쉬움이 그들에게 없었던 것은 아니다.

오히려 선교사들은 한국 교회의 지속적인 성장을 위해서는 성령의 역사를 통한 근

---

88 "The Quarter Centennial," 18.
89 "The Quarter Centennial," 18.

채프만(J. Wilbur Chapman) 박사와 알렉산더

본적인 영적각성이 뒷받침되어야 한다는 확신을 가지고 있었다. 개중에는 한국 선교역사 사상 가장 심각한 위기의 순간을 한국 교회가 만나고 있다고 느끼고 있던 선교사들도 있었다.

외국 부흥사의 입국

백만인 구령운동을 자연스럽게 더욱 촉진시킨 또 한 가지 사건은 일단의 해외 부흥사의 입국이었다.[90] 장감연합공회가 "백만인을 그리스도에게로!"라는 슬로건을 채택한 몇 시간 후 채프만(J. Wilbur Chapman, 1859-1918) 목사, 찰스 알렉산더(Charles McCallon Alexander, 1867-1920) 부부, 로버트 학니스(Robert Harkness, 1880-1961), 조지 데이비스(George T. B. Davis)와 그의 어머니, 노톤 부부, 그리고 다른

90　Davis, *Korea for Christ*, 8.

몇몇 사람들이 한국에 도착했다.

그 해 가을 동안 그들은 선교사들과 한국 교회 지도자들을 대상으로 전국 여러 곳을 돌면서 몇 차례의 전도 집회를 개최했다. 데이비스는 감리교와 장로교의 각 선교부를 돌면서 집회를 인도하였고, 1910년 1월 1일에 평양에서 열리는 사경회에 참석하기 위해 마펫 선교사 부부의 초청으로 평양에 갔다. 그와 동시에 미국 북장로교 선교 본부 한국 담당 총무 아더 브라운 박사 부부가 내한해 여러 곳에서 많은 집회를 인도했는데, 그는 한국에 있는 동안 많은 중요한 집회에서 매우 가치 있고 영향력 있는 상담자라는 정평을 받았다.[91]

1910년 후반 유명한 외국 부흥사들의 입국과 그들이 인도하는 집회는 장감을 초월하여 선교사들은 물론 한국 교회에 민족복음화에 대한 비전을 더욱 견고하게 심어 주었다. 뉴욕 대학의 챈슬러(Chanceller)로 널리 알려진 헨리 맥크랙킨(Henry McCracken)이 9월 3일에 서울에 도착했고, 화이트(W. W. White) 박사가 9월 11일 집회를 인도하기 위해 9월 10일에, 남감리교 선교회의 호스(E. E. Hoss) 감독도 9월 10일에, 그리고 미셔너리 리뷰 어브 더 월드(The Missionary Review of the World)의 편집인으로 세계 선교에 지대한 영향을 미친 아더 피어선(Arthur Pierson) 박사가 11월에 입국하였다.[92]

1883년 견미 사절단을 만난 후 한국 선교에 절대적인 기여를 한 볼티모어 여자대학의 총장 가우처 목사도 서울을 방문하였다. 그는 최근 조직된 선교 대회(Missionary Conference)의 연장(Continuation) 위원회 위원 가운데 한 사람으로 선교지의 기독교 교육에 대한 관심을 가지고 한국과 중국 등 동양의 선교지를 방문한 것이다.[93] 호주

---

91 Annual Report, PCUSA (1909), 46.
92 "Notes and Personals," KMF VI: 1 (Jan., 1911), 4.
93 1910년 11월 1일과 2일 북감리교도 한국 선교 25주년 기념식을 거행하였다. 마침 한국을 방문한 J. F. Goucher 목사가 이 기념식 의장이 되어 진행되었다. 11월 1일 화요일 2시에 가우처의 경건회로 시작된 기념식은 오후 동안에 C. D. Morris, D. A. Bunker가 사역과 관련하여 말씀하고, 장로교, 남감리교, 그리고 YMCA와 다른 단체들의 인사, E. D. Follwell의 의료 사역에 대한 말씀이 있은 후 저녁 식사 후 8시부터 가우처 목사의 강의가 있었다. 그는 이 강의에서 에딘버러 대회에서 받은 인상들을 동시에 소개하여 선교사들의 선교의 지평을 넓혀 주었다. 11월 2일 수요일 오전 9시에 시작하여 12시까지 기념식을 거행하였는데, 그중에 E. M. Noble의 "우리 선교회 사건의 역사적 스케치" 강의가 인상적이었다. KMF VII: 12 (Dec., 1910), 295를 보라.

채프만과 알렉산더가 한국을 방문했을 때의 서울의 선교 모임

평신도 선교사운동(the Laymen's Missionary Movement)을 대표하는 두 목사 패톤 (F. Patton)과 길랜더(W. Gillanders)도 그 해 11월과 12월 사이 한 달간 한국을 방문하였다. 이들 모두가 한국 교회로부터 대대적인 환영을 받은 것은 당연한 일이었다. 또한 1910년 10월에 열리는 서울 전도 집회에 참석하기 위해 일본 교회가 한국에 있는 일본인들을 대상으로 한 집회를 인도하기 위해 여러 명의 사역자들을 보냈다.

이처럼 북감리교 선교사 수 명이 시작한 백만인 구령운동은 같은 선교회 소속 동료 선교사들뿐만 아니라 장로교 선교회 소속 선교사들, 한국 교회 지도자들의 협력, 그리고 더 나아가 외국 교계 지도자들의 지원을 받으면서 전국적인 운동으로 확산되어 나갔다. 장감연합공회의 결정 이후 백만인 구령운동은 전국 교회와 선교회에 의해 활발히 추진되었다. 특별한 부흥운동 찬양 팸플릿이 발간되었는데, 그 찬양 가운데 하나가 1909년 10월 11일 로버트 학니스가 서울에서 작사한 백만인 구령운동의 주제가 "백만인을 예수에게로"(A Million Souls For Jesus)이다. 이 주제가는 그 후 백만인 구령운동이 진행되는 곳마다 울려 퍼졌다.

학니스가(Robert Harkness) 작사 작곡한 백만인구령운동 주제가

백만인을 예수에게로
주여, 이것은 확실히 가능하니이다!
백만인을 예수에게로
이것은 당신에게는 너무 많은 것이 아니니이다.
당신의 말씀은 놀라운 능력이 있으사
죄인의 심령을 감동케 하시지 않으시나요.
성령이 기꺼이
생명의 말씀을 나누어 주시지 않으시는가요.

백만인을 예수에게로
죄로 어두워진 이 나라에
백만인을 예수에게로
주여, 지금 그 사역이 시작되었나이다.
우리를 기꺼이 당신의 종으로 만드사
당신의 축복된 뜻을 행하소서.
우리에게 성령을 주사
우리를 권능으로 새롭게 채우소서.

백만인을 예수에게로
슬로건을 진실되게 외치라.
백만인을 예수에게로
이루어드려야 할 하나님의 사역
한국의 울부짖음은 대단하지만
그러나 하나님은 훨씬 더 놀라웁도다.
악한 세력들이
그의 목적을 해치 못하리.

후렴:
백만인을 예수에게로
주여, 우리 심령의 소원을 허락하소서.
백만인을 예수에게로
주여, 복음의 불을 확산하소서.

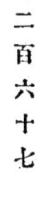

데이빅륙십칠 박만 면 구원홈
삼박이 기를군구홈

一 금년에빅만명을
구원히줍쇼셔
금년에빅만명은
과호지안으며
능호신도죡호야
죄인을구호니
그도를성신씌셔
써닷게홉쇼셔

二 금년에빅만명은
이어둔디방에
쥬피로구원홈을
곳엇게홉쇼셔
그일군감화호고
힘모음을줍시고
성신의권능밧어
힘쓰게홉쇼셔

三 금년에빅만명을
쥬씌로청호세
금년에빅만명은
쥬일군될쟐세
인력은부죡호나
쥬젼능호시니
온마귀합력히도
쥬뜻슬못막네

금년에빅만명을
구원히줍쇼셔
춤도를온대한에
퍼지게홉쇼셔

한글로 번역된 백만인구령운동 주제가

1909년 여름 개성의 남감리교 몇몇 선교사들에 의해 제기된 전도운동이 남감리교 선교회의 공식적인 캠페인으로 채택되더니 다시 이것이 1909년 10월에 감리교를 넘어 복음주의 개신교의 공동의 캠페인으로 받아들여진 것이다. 조지 브라운(George Thompson Brown)이 지적한 대로 이 운동은 "놀라운 열심과 복음주의 열정"[94]으로 교파와 교단을 넘어 범교단적인 운동으로 추진되었다. 백만인 구령운동은 세 가지의 방향에 초점을 맞추어 진행되었다:

> 그 계획에는 복음 전도의 향상을 위한 세 가지의 방법이 포함되었다. 첫째, 사람들을 집결시켜 여러 중심지에서 대중 전도 집회를 여는 것이다. 둘째, "날연보"라 부르는 두드러진 한국적 향내로 어우러진 고상한 아이디어이다. 대중 집회에서, 그리스도인들은 복음 전파나 혹은 개인 전도 사역에 너무도 많은 날들 동안 전념할 것을 결심하도록 요청받는다. 셋째, 복음서와 전도지를 나누어 주는 일에 상당한 노력을 기울인다. 마가복음이 백만인 구령운동을 위해 100만 부 이상이 배부되었다.[95]

장감연합공회가 백만인 구령운동을 공동의 목표로 삼고 교파를 초월하여 추진하기로 한 이면에는 그 동안 부흥운동을 거치면서 형성된 연합 분위기가 크게 작용했다. 장로교와 감리교는 한국의 복음화를 위해서는 교파의 기득권이나 이권을 넘어서야 한다는 원칙을 가지고 있었다. 비록 그와 같은 협력을 한국 선교지에서 추진하는 과정에서 어려움이 없었던 것은 아니지만 이들은 이 사역을 성공적으로 감당하였다.

---

94   George Thompson Brown, *Mission to Korea* (Richmond: Board of World Missions of the Presbyterian Church, U.S., 1962), 79.
95   Brown, *Mission to Korea*, 79.

제 15 장
백만인 구령운동의 진행

내가 가는 곳마다 나는 백만인 구령운동에 대한 가장 열렬한 관심을 발견하였다. 선교사들은 이 운동을 위해 기도하고 사역하고 인도하고 있었고, 반면 한국인들은 여러 날을 연보로 드리고, 무한한 열심과 열정으로 나누어 주기 위해 복음서를 구입하였다. "금년 백만 명"의 외침은 번갯불(wildfire)처럼 한국 전역을 휩쓸었고, 한국인은 영혼 구령자로서 비교할 수 없는 열정을 증명해 주었으며, [가는 곳마다] 수백 명이 천국 백성이 되었다.

1910, George T. B. Davis

1910년은 한일합방을 통해 조국의 주권이 힘없이 일본에 넘어간 정치적인 암흑기였다. 이미 5년 전 을사조약을 통해 국권의 상실이 가져다준 엄청난 고통과 쓰라림을 체험한 한국인들은 한일합방이라는 강제적인 조약으로 다시 한 번 절망의 늪으로 깊숙이 빠져들고 있었다. 특히 총독부가 자리 잡고 있는 서울은 당시 마치 폭풍의 눈처럼 "악과 도덕적인 타락을 유발하는 모든 영향이 한국을 거슬러 연합한 가운데 정치적인 타락의 시대에 잠긴 가난한 서울, 나라를 주기적으로 황폐화시키고 있는 모든 정치적 및 군사적 대폭풍의 중심지"[1]였다. 확실히 이 시기는 제임스 밴 브스커크(James Van Buskirk)가 말한 바와 같이 "고난의 시대"였음이 분명하다.[2]

1   "Seoul," *KMF* (1910), 167.
2   James Dale Van Buskirk, Korea: Land of the Dawn (New York: Missionary Education Movement of the United States and Canada, 1931), 59-74. 경제, 정치, 사회, 농업에 이르기까지 총체적으로 어

그러나 초대교회의 역사가 보여 주듯, 박해가 강하면 강할수록 한국 교회는 그보다 도 더 결연하게 맞섰고, 마치 물고기가 거센 물결을 거슬러 올라가듯이 외부로부터 오는 도전을 슬기롭게 극복해 나갔다. 선교사들은 선교사들대로, 한국 교회 지도자들은 그들 나름대로 이와 같은 시대적인 정황 속에서 자신들의 나갈 길을 진중하게 모색하지 않을 수 없었다. 1910년 5월 15일 오후 2시 30분에 거행된 동대문 감리교회 봉헌식에 서울의 언더우드와 최병헌, 저다인은 물론 평양의 노블과 김규식이 대거 참여했던 것도 침체의 늪에서, 국권의 상실로 인한 이와 같은 민족적 위기 속에서 이 나라를 구해야 한다는 위기의식 때문이었다.

그로부터 두 주 후 5월 29일, 새문안교회 신축 감사예배 때도 1886년 비밀리에 세례를 받은 노춘경과 1887년 9월 창립 예배 멤버들을 비롯 수많은 사람들이 1,500석의 좌석을 가득 메운 가운데 성대하게 예배를 드린 것도 그와 같은 위기의식을 반영한다. 선교사들이나 한국 교회 지도자들은 모두가 현재의 위기 속에서 이 나라를 살릴 수 있는 유일한 길은 기독교밖에 없다는 확신을 가지고 있었다.

지역과 교파의 벽을 넘어 한국 교회 전체가 백만인 구령운동에 놀라울 정도로 우호적이었던 것도 그 때문이었다. 장로교와 감리교는 전에 없이 협력과 연합의 분위기였고, 복음에 대한 반응도 대단했다.[3] 선교지 분할 이후 처음 방문하는 선교사의 전도여행에서 교회 지도자들은 "눈물을 흘리며"[4] 선교사들의 전도여행에 감사하기도 하였다. 한국인들은 심지어 성(性)의 벽을 넘어 복음에 반응하였다.

북부의 한 지역에서는 가마를 탄 여자 선교사가 성령의 인도하심으로 복음을 전하자 양반들로 보이는 꽤 많은 사람들이 진지하게 경청하고 있었다. 그곳을 떠나려고 하자 세 명의 여인과 몇 명의 어린이들이 따라오면서 예수에 대해 더 듣기를 원한다고 고백하는 것이었다. 여 선교사는 잠시 발걸음을 멈추고 그들에게 말씀을 전한 후 언덕에서 함께 기도하고 다시 여행을 계속하였다. 자기와 같은 여인이면서 암울한 현실 속에서 인간

려웠던 시기였다.

3 Gertrude E. Snavely, "Report Presented by Miss Gertrude E. Snavely to the Annual Conference," *KMF* VII: 12 (Dec., 1910), 305-306.
4 Snavely, "Report Presented by Miss Gertrude E. Snavely to the Annual Conference," 305.

적인 대우를 받지 못하고 살아가는 이 가련한 한국의 여인들에게 두 여자 선교사는 무엇을 느끼고 무슨 생각을 하였겠는가?

이 나라에 서양과 같은 기독교 문화가 발흥해 모든 여인들이 인간적인 대우를 받을 수 있는 그날이 오기를 바라는 간절한 염원이 이들의 심령을 사로잡았을 것이다. 그날 그들은 이 여인들에게 진정한 자유, 세상이 줄 수 없는 참 자유, 인간을 참으로 죄와 사망으로부터 자유케하는 복음을 전해야 한다는 사명감에 불타고 있었다. 진지하게 자신들이 전하는 복음에 귀를 기울이고, 이미 들은 복음을 더 듣고 싶어 다시 듣기를 간청했던 세 명의 여인들의 모습이 이들의 뇌리를 떠나지 않았다. 얼마 후 두 여 선교사는 한국인 설교자와 성서부인을 그곳으로 보냈다. 그로부터 수개월 후 처음 복음을 전해 들었던 여러 사람들이 예수를 믿고 신실한 신앙인이 되었고, 자신들의 전도에 진지하게 귀를 기울였던 사람 가운데 몇이 또한 믿게 되었다는 소식도 전해 들었다.[5]

1. 1909년 초 백만인 구령운동

남감리교 사역자 사경회

1909년 12월 1일부터 5일까지 경기도 이천에서 열린 남감리교 사역자 사경회의 기조(基調)는 "백만인 구령운동"이었다.[6] 12월의 추운 겨울 밤, 아름다운 경기도 이천의 시골 교회에서는 리드 박사의 인도 하에 모인 400명의 참석자들이 부르는 백만인 구령운동의 주제가가 메아리쳤다. 12월의 한국의 혹한을 가로질러 메아리치는 찬양은 민

---

5   Snavely, "Report Presented by Miss Gertrude E. Snavely to the Annual Conference," 305.

6   George T. B. Davis, "A Glimpse of a Great Gathering," *KMF* VI: 1 (Jan., 1910), 20. 그날 그 자리에 참석한 J. L. Gerdine, C. T. Collyer, E. L. Peerman, J. W. Hitch, M. B. Stokes, W. T. Reid, F. K. Gamble, George T. B. Davis 모두 전형적인 웨슬리안의 부흥의 열정을 그대로 계승한 이들이었다. "모든 강의, 모든 대화, 그리고 모든 찬양은 이 하나의 위대한 목표에 초점이 집중되었다. Gerdine의 설교 "사랑으로 역사하는 믿음," 하나님의 말씀에 대한 Miller의 강의, Collyer의 개인 사역에 대한 호소, Stokes의 성령 충만의 간청 모두 부흥운동과 영적각성운동에 대한 남감리교 선교사들의 염원을 그대로 반영한다.

족복음화에 대한 불타는 열정을 대변하기에 충분했다.

> 백만인을 예수에게로
> 주여, 우리의 심령의 소원을 허락하소서.
> 백만인을 예수에게로,
> 오 주여, 복음의 불을 널리 펴소서.[7]

불러도 불러도 지치지 않는 노래, 불러도 불러도 또 부르고 싶은 노래, 그것은 백만인 구령운동의 주제가였다. 이것은 노래가 아니라 민족의 복음화를 염원하는 20만 한국 기독교인들의 기도였다. 이날 그 자리에 모인 모든 이들은 "성령의 임재와 능력"을 느낄 수 있었다.[8] 민족복음화에 대한 이들의 불타는 열정은 여기에 모인 이들이 자신들의 시간을 이 일을 위해 바치겠다고 헌신한 날연보에서 잘 알 수 있다. 날연보는 권찰제도와 더불어 1908년부터 시행되기 시작하다가 1909년 백만인 구령운동 때부터 전국에 널리 확산되었다.

날연보와 권찰제도

오늘날의 구역장과 같은 역할을 감당한 권찰(Leader of Tens)제도는 평양에서 처음 시작되었다. 권찰제도의 착상은 평양의 마펫 박사가 워너메이커의 유명한 필라델피아 주일학교에서 얻은 것으로 교회의 모든 교인을 10명 단위로 나눈 후 권찰이 각 그룹을 관장하도록 하는 제도였다. 이 제도를 처음 착상한 평양의 사무엘 마펫은 북장로교 선교회 25주년 보고서에서 권찰제도에 대해 이렇게 말한다:

권찰은 자기에게 할당된 자들의 영적 유익에 관한 모든 일을 파악하고 감독한다.

---

7   Davis, "A Glimpse of a Great Gathering," 20.
8   Davis, "A Glimpse of a Great Gathering," 20.

권찰은 권면하고 가르치고 격려하고 위로하는 일을 하며 자신의 사역에 대해 장로나 목사 혹은 교회의 기타 상급 직분자에게 보고한다. 또한 권찰들의 월례회도 개최한다.[9]

이와 같은 제도는 한국인들에게 그렇게 낯선 것이 아니었다. 클락 선교사가 말한 대로, "옛날부터 열 가옥 단위로 묶어진 각 집단의 대표자에 의해 마을 치안을 유지하는 길드 제도가 있었으므로 한국인들은 이러한 개념에 익숙해 있었다. 따라서 한국 그리스도인들은 이런 제도를 더 쉽게 수용할 수 있었던 것이다."[10]

권찰제도는 초신자들을 교회로 접붙이는 좋은 보호 장치가 되었을 뿐만 아니라 "복음 전도의 매개체"가 되었다. 권찰이 담당하는 10명은 대개 권찰의 집 주변에 살았기 때문에 각 가정에서 일어나는 모든 일들을 소상하게 알고 있어 신앙의 문제가 발생할 때마다 권고하고 지도하는 역할을 할 수 있었다. 특히 권찰은 불신 가족들이 주님을 영접할 수 있도록 끊임없이 배려하고 독려하여 "그 가정들의 모든 불신 가족이 자신의 10인조에 들어올 때까지 계속해서 갖가지로 설득하고 권유하였다."[11] 그리고 만일 그 그룹의 한 교인이 교회의 공예배에 "단 한번이라도 빠지게 되면 이 지도자는 그 집에 찾아가 왜 참석하지 못하였는지를 알아보고, 그에게 계속해서 예배에 참석하라고 권면하였다."[12]

따라서 권찰제도는 오늘날의 장로교의 구역장제도나 감리교의 속회 및 속장제도와 유사한 제도이며, 현대의 제자훈련을 채택하는 교회에서 흔히 사용하는 다락방과 순장제도도 이와 유사하다. 본래 권찰제도를 채택할 때에는 매우 적극적으로 새로운 신자들이 신앙으로 정착할 수 있도록 양육하고 지도하여 교회가 그리스도의 몸과 지체로서 함께 지어져 갈 수 있도록 독려하면서 다른 한편으로는 영수와 장로감을 발굴해 내는 일종의

---

9 Samuel A. Moffett, "Evangelistic Work," *Quarto Centennial Papers Read Before the Korean Mission of the Presbyterian Church in the U.S.A. at Annual Meeting*. (Pyeng Yang, Korea: Korea Mission of PCUSA, 1909), 24.

10 Charles Allen Clark, 한국 교회와 네비우스 선교 정책 (서울: 기독교서회, 1994), 180. cf. "The Village Gilds of Old Korea," *Royal Asiatic Society Records*, Vol. IV, Part II, 35.

11 Clark, 한국 교회와 네비우스 선교 정책, 180.

12 Clark, 한국 교회와 네비우스 선교 정책, 180.

알렉산더가 인도하는 옥외 찬양집회

평신도 지도자 양성의 수단으로 시작되었다.

　백만인 구령운동으로 새로운 신자들이 교회에 영입될 때 이 제도를 통해 이들이 교회에 정착되고, 평신도 지도자들의 발굴로 교회는 더욱더 안정을 기하게 되었다. 그 결과 권찰제도는 한국 교회가 제도적으로 틀을 다져 가는 초창기에 적지 않은 공헌을 하였다:

> 10명으로 치밀하게 결속된 이 작은 집단들은 이웃들에 대해 강력한 영향력을 발휘할 수 있었다. 그 영향력은 일부 전도 방식보다 더 강력한 경우가 많았다. 그들은 공적 복음 전도 사역을 유지시키는 데에 놀라운 일을 이룩하였다. 이 사람들은 이웃 사람들 바로 옆에 그리스도교인으로서 통상적인 생활을 영위하면서 매일 매일 복음이란 실제적이고 가치 있는 것임을 행동으로 증명해 보이고 있었다. 이 권찰 그룹은 부수적인 효과로, 새로운 영수와 장로감을 끊임없이 만들어 내는 하나의

제1회 남감리회 조선 매년회

양성소 역할을 하였다.[13]

권찰제도는 백만인 구령운동이 진행되는 동안은 물론 그 이후에도 한국 교회에 소중하게 정착되어 한국 교회의 양적, 질적 성장에 적지 않게 기여했다. 그러나 백만인 구령운동 동안 권찰제도보다도 더 널리 확산되고 더 중요하게 다루어진 것은 날연보(days preaching)제도였다.

본래 날연보는 "각 개인이 자신의 직업상 가장 편리한 때에 인근의 비기독교 지역으로 나아가 일정한 기간 동안 보수를 받지 않고 그리스도의 복음을 전하기로 서원했던 것이 바로 이 일의 내막이었다."[14] 이 제도는 즉시로 널리 유행하기 시작해 전국에서 수천수만의 날연보가 작정되었다.[15] 부산의 한 사경회에서는 35명이 900일을 작정하였고,

---

13 Clark, 한국 교회와 네비우스 선교 정책, 180-181.
14 Clark, 한국 교회와 네비우스 선교 정책, 179.
15 Clark, 한국 교회와 네비우스 선교 정책, 179.

선천의 한 사경회에서는 2,200일을, 블레어 박사가 맡은 한 순회교구에서는 45명이 자원하여 10일 동안 자비로 기도와 직접적인 복음 전파에 헌신해 "많은 사람을 그리스도에게로 인도하고 전에 복음이 자리잡지 않은 곳에 새로운 예배처소를 만들었다."[16] 1909년 이후 이것은 전국적인 현상으로 발흥해 백만인 구령운동의 가장 두드러진 특징으로 정착하였다.

로버트 학니스

남감리교 사역자 사경회가 진행되는 동안 컬리어가 각 교회를 대표하는 사백여 명의 한국인 참석자들에게 앞으로 3개월 동안 백만인 구령운동을 위해 전도에 전념할 것을 부탁하자 거의 모든 사람들이 다 여기에 동참하여 그날 작정된 날연보는 무려 2,721일이나 되었다. 이것은 참석자 전원이 평균 9일을 작정한 양이며, 날짜로는 7년 7개월 5일에 해당하는 엄청난 시간이다. 참석한 한 상인은 일어나 "나는 내내 이 일을 할 것이지만 매달 한 주간을 온전히 이 일에 헌신하겠다"[17]며 다음 3개월 동안 21일을 작정하였고, 한 사공은 다음 3개월 동안 60일을 주께 바치겠다고 작정하였으며, 또 다른 사람은 자신이 어디에 있든지 매일 전도하겠다고 약속하였다.

한 행상인은 여행을 하면서 내내 전도를 하겠으며, 특별히 6일을 이 일에 전념하겠다고 약속했고, 피어맨(Peerman) 선교사 선교구의 17세의 한 소년은 30일의 날연보를 작정하였다. 참석한 이들 가운데 어떤 사람은 앞으로 3개월 90일 중 60일을 이 일에 전념하겠으며, 백만인 구령이 달성될 때까지 이 일을 계속하겠다고 선언하였다.[18] 백만인 구령운동은 남감리교 선교회에서 발의한 운동이었지만 이제 이것이 한국 교회를 대변하

---

16 Clark, 한국 교회와 네비우스 선교 정책, 179.
17 Davis, "A Glimpse of a Great Gathering," 22.
18 Davis, "A Glimpse of a Great Gathering," 22.

는 운동으로 발전한 것이다. 따라서 이 일에 대한 남감리교의 관심은 보통 대단한 것이 아니었다. 사경회가 끝나기 전 저다인은 많은 선교소구의 대표자들을 만나 그들에게 다음과 같은 백만인 구령운동의 효과적인 계획을 개관해 주었다:

> 첫째, 사경회의 메시지와 정신을 가능한 빨리 전달할 것, 둘째, 지역 교회의 교인들로부터 날연보 서약을 받을 것, 셋째, 여러 교회의 그리스도인들이 다른 사람들을 그리스도에게로 인도하는 데 사용할 복음서의 수를 사전에 조사할 것, 넷째, 날연보를 작성한 자원자들을 데리고 현재 그리스도인이 하나도 없는 몇 개의 마을에서 어느 하루를 복음 전도 사역을 실시할 것. 이 계획을 말하면서 저다인은 말했다:"나는 지도자들이 교회가 위치한 마을에서 하룻밤을 보낼 것을 권고한다. 지도자는 첫 세 가지의 점을 제시하고 그 다음날 아침에 자원자들을 데리고 이웃 마을에서 하루 동안 전도운동을 하면서 사역을 어떻게 수행하는지를 보여 준다. 그런 후 다른 교회로 가서 그 과정을 되풀이한다. 이렇게 하면 일주일내에 사경회의 사역을 교회 앞에 가져 갈 수 있을 것이다."[19]

이미 3개월 전 연회에서 100만 구령운동을 전개하기로 공식적으로 결정하고, 다시 사역자들을 위한 사경회를 열어 이것을 효과적으로 추진하기 위해 시행규칙까지 세우고 추진한 것이다.

비록 5명의 선교사들이 의자와 테이블도 없는 작은 학교 교실에서, 나머지 4명의 선교사들은 이천 감리교회 목사 사택의 두 개의 작은 방에서 매일 밤을 보냈지만 그들의 불타는 구령의 열정과 한국인들의 적극적이고 진취적인 협력을 목도하면서 자신들을 이 나라에 보내 주신 하나님께 감사하지 않을 수 없었다.

3명의 선교사가 시작한 민족복음화를 위한 기도의 불씨가 남감리교 선교회 전체의 선교 정책으로 뜻을 모으게 되고, 드디어는 장감연합공회에서 공식적인 신앙운동으로 채택되기에 이른 것이다. 장감연합공회에서는 1910년 3월 20일, 주일날을 백만인 구령을

19　Davis, "A Glimpse of a Great Gathering," 22.

위한 기도의 날로 정해 전국적으로 지키기로 하는 한편, 백만인 구령운동을 전국적으로 저변 확대시켜 나가기로 결정했다.

거의 모든 교회에서 한 차례 혹은 그 이상의 전도 집회가 개최되었고, 연례 성경반(the annual Bible classes)에는 전 해보다 더 많은 사람들이 참석했으며, 소위 "날연보"에 더 많은 이들이 서명했고, 전도지와 권별 복음서가 대량으로 판매되었다. "날연보"에 서명했던 이들은 자비로 자신들이 서명한 날 수만큼 가가호호를 방문하거나 각 마을을 돌면서 복음을 전했다.[20] 그들은 그 일을 수행하는 동안 전도지와 성경 각 권을 가지고 다녔다.

2. 전국으로 확산되는 백만인운동

1907년의 부흥운동과 마찬가지로 백만인 구령운동은 전국적으로 확산되어 나갔다. 감리교 선교사 스네이브리(Gertrude E. Snavely)는 자신이 맡은 해주 선교 구역의 지도자들을 가르치면서, 로버트 학니스의 "백만인의 영혼을 예수에게로" 합창 소리를 들으며 1910년 새해를 시작하였다. 사역에 대한 하나의 기도이자 소명으로, 한밤중에 울려 퍼지는 합창 소리는 부르는 이의 가슴과 듣는 이의 가슴에 복음의 열정이 끓어오르도록 만들었다.

그곳에서는 1909년과 1910년 사이 겨울과 1910년 이른 봄 동안에 각 약 한 주간 동안 모이는 일곱 개의 사경회가 열려, 총 475명의 여인들이 등록했다. 이 중 가장 작은 규모가 30명이었고, 가장 큰 규모는 142명이었다. 여인들이 주변 마을로부터 모여, 영향력을 넓은 지역에 확산시켰다. "백만인을 예수에게로," "완전한 기도," 그리고 "그가 나를 붙드시니"와 같은 몇 개의 최근 번역된 노래들을 가르치면서 새로운 영감, 생명과 힘이 많은 사모하는 심령에 찾아왔다.[21]

---

20   Harry A. Rhodes, *History of The Korea Mission, Presbyterian Church of the U.S.A. Vol. I 1884-1934* (Seoul: YMCA, 1934.), 286-287.

21   Snavely, "Report Presented by Miss Gertrude E. Snavely to the Annual Conference," 305.

사경회에 참석한 이들의 분위기는 너무도 진지하고 열의에 차 있었다. 스네이브리는 어느 날 새벽 5시에 옆방에서 나는 소리에 잠을 깼다. 가만히 귀를 기울이고 들으니 그들이 그날의 성경구절을 공부하고 있었던 것이다. 6살 먹은 어린 여자 아이가 성경구절을 완벽하게 암송하였다.[22] 성경구절을 암송하고 묵상하고 공부하는 동안 그 말씀이 그들의 심령에 역사하여 모두가 큰 은혜를 받았다. "거의 모든 성경공부반마다" 여인들이 "성령께서 각성시키시고 공부를 더 하고 싶어"[23] 울었던 것이다.

> 성령은 놀라운 권능으로 현시하셨다. 기도하는 동안 많은 그리스도인 여인들이 통회와 눈물로 자신들의 죄를 고백하였다. 소형 오르간에 매혹되어 호기심으로 성경공부반에 왔던 많은 불신 여인들이 기쁘게 그곳을 떠나기 전에 회심하였다. 성령의 능력으로 영혼들이 하나님 나라의 백성으로 태어나고 하늘의 떡을 먹는 것을 보는 것보다 더 큰 기쁨이 어디에 있겠는가? 진리가 그들의 심령에 깃들면서 그들의 얼굴에 나타나는 새로운 빛을 보는 것은 놀라운 일이다. 매 오후 시간이 끝나고 성경공부반의 자원자들이 마을의 불신자들에게 전도하여 이 방식으로 많은 사람들이 주님의 품안에 안기게 되었다.[24]

1910년 백만인 구령운동이 진행되는 동안 한국인들이 복음에 대해 보여 주었던 반응은 대단히 놀라운 것이었다. 그러나 이와 같은 반응은 백만인 구령운동이 진행되는 동안에만 보여 주었던 현상은 아니었다. 이미 이전부터 복음에 대한 한국인들의 반응은 한국 선교지의 두드러진 특징이었던 것이다.

1910년 3월호 코리아 미션 필드에는 한국을 방문하여 3개월 동안 선교지를 방문하면서 백만인 구령운동을 목도한 체험기, 조지 데이비스의 "백만인 구령운동의 진척" 기사가 연속적으로 실렸다. 지난 수개월 동안 북장로교 선교회를 비롯한 6개의 선교회를 방문한 데이비스는 이렇게 결론을 내렸다:

---

22 Snavely, "Report Presented by Miss Gertrude E. Snavely to the Annual Conference," 306.
23 Snavely, "Report Presented by Miss Gertrude E. Snavely to the Annual Conference," 306.
24 Snavely, "Report Presented by Miss Gertrude E. Snavely to the Annual Conference," 306.

내가 가는 곳마다 나는 백만인 구령운동에 대한 가장 열렬한 관심을 발견하였다. 선교사들은 이 운동을 위해 기도하고 사역하고 인도하고 있었고, 반면 한국인들은 여러 날을 연보로 드리고, 무한한 열심과 열정으로 나누어 주기 위해 복음서를 구입하였다. "금년 백만 명"의 외침은 번갯불처럼 한국 전역을 휩쓸었고, 한국인은 영혼 구령자로서 비교할 수 없는 열정을 증명해 주었으며, 수백 명이 천국 백성이 되었다.[25]

데이비스는 "기독교회사에서 가장 놀라운 선교운동의 한가운데 서 있다"[26]며 흥분을 감추지 못했다. "내가 느낀 기쁨을 말로는 기술할 수 없고 내가 받은 축복도 다 기술할 수 없다"[27]고 고백할 만큼 3개월 동안 그가 받은 백만인 구령운동에 대한 감동은 진했다. 데이비스가 1910년 1월에 방문한 군산, 전주, 광주, 목포, 공주, 행주, 평양 지역 모두 백만인 구령운동으로 불타올랐고, 첫 방문지 군산 지역부터 추수를 기다리는 하이얀 벌판(the fields white for the harvest)이었다. 벌(W. F. Bull)이 맡고 있는 지역의 한 교회에서는 주일 아침 공간이 비좁을 정도로 많은 사람들이 모여 예배를 드리고 있었다. 어디나 그와 같은 놀라운 성장이 계속되었다.

이와 같은 놀라운 성장의 비밀 가운데 하나는 금요 심야 기도회와 정기적으로 모이는 기도회였다. 새벽기도가 정착되더니 이제는 금요 심야 기도회가 한국 교회에 뿌리내리기 시작한 것이다. 일부 교회에서는 주일을 준비하기 위한 일환으로 토요 집회도 열고 있었다. 토요 집회에 참석한 이들은 두 명씩 마을로 내려가 복음을 전하면서 그 다음날 주일에 사람들을 초청하였다. "그 결과는 놀라웠으며, 그리고 이것은 너무도 단순하고 실천적이어서 확실히 거의 모든 지역에서 실행할 수 있는 것이다."[28]

말씀을 공부하고 기도하고 전도하는 이와 같은 방식은 가장 단순한 방법처럼 보였지만 이것은 초대교회가 실천에 옮겼던 옛 방식이고 가장 약속을 보장받는 방식이었다.

---

25 George T. B. Davis, "Progress of the Million Movement," *KMF* VI: 3 (Mar., 1910), 56.
26 Davis, "The Million Soul's Movement," 83.
27 Davis, "The Million Soul's Movement," 83.
28 Davis, "The Progress of the Million Movement," 56.

백만인구령운동 당시 목포 지역에 반포하기 위해 운송하는 쪽 복음 상자

백만인의 구령은 말씀에 대한 연구 없이, 기도 없이, 그리고 복된 소식을 들고 나가는 발걸음이 없이는 한낱 구호에 그쳤을 것이다. 그러나 말씀을 연구하고 함께 모여 간절히 기도하는 기도의 열기가 모아진 가운데 복음을 들고 나가는 복된 발걸음이 있었기 때문에 그와 같은 놀라운 결실을 맺을 수 있었던 것이다. 한 영혼을 사랑하는 구령의 열정에 근거한 간절한 기도, 그 구체적인 결실을 위해 복음서를 나누어 주고, 주일에 말씀을 들을 수 있도록 초청을 하는 일은 평양대부흥운동을 지나면서 장감을 초월해 한국의 모든 교회의 일반적인 특징들이었다. 하나님의 말씀을 사모하는 간절한 심령, 민족복음화에 대한 열정과 기도, 그리고 복음 전파의 철저한 실행을 선교지에서 어렵지 않게 발견할 수 있었던 것이다.

심지어 젊은 남녀 학생들이 "복음 전파의 열정으로 불타고" 있었고 "30명의 남학생들이 매일 새벽 5시에 성경공부와 기도를 위해 일어나기로 결정했으며, 다른 학교의 여학생들은 성령의 부어 주심과 그 지역의 영혼들을 위해 전심으로 기도하기 위해 기도

스왈른(W. L. Swallen) 선교사 부부

모임을 조직하였다."²⁹ 말씀을 전하고 싶은 간절한 염원은 한국 선교지 어디에서나 발견할 수 있었다. 백만인 구령운동을 위해 집에서나 어디서나 기도하기 위해 이들은 기도모임을 구성하여 열정적으로 기도하였다.

전주에서는 500명이 전도용으로 사용하기 위해 5,000권의 복음서를 구입했고,³⁰ 막 출판되기 시작한 쪽 복음서가 전도용으로 대량으로 구매되기 시작했다. 1905년에 이미 완성된 신약전서가 있기는 하였지만, 이 성경은 개인용으로 사용하는 경우가 많았고 전도용으로는 복음서 낱권이 사용되었다. 한국의 부흥운동과 발맞추어 신약이 완간되어 출판된 것은 매우 시의적절한 것으로 하나님의 은혜가 아닐 수 없었다:³¹

---

29 "Notes from the Stations," *KMF* VI: 4 (Apr., 1910), 78.
30 George Thompson Brown, *Mission to Korea* (Richmond: Board of World Missions of the Presbyterian Church, U.S., 1962), 79. 전라도 지역에서는 1910년 한 해 동안 3,349날의 날 연보가 작정되었고, 광주에서만 30만 장의 전도지가 배부되었고, 1910년 한 해 동안 2,010명이 세례를 받았다.
31 가장 많은 성경을 번역한 이눌서 선교사는 1909년 12월 23일, 자기에게 할당된 구약 부분의 번역을 완성하였다. 언더우드와 게일에게 할당된 부분도 이미 번역이 완료된 상태여서 구약을 착수한 지 5년 만의 결실이었다. George T. B. Davis, "Progress of the Million Movement," 57. 이와 같은 성

한국인들이 더 열정적으로 백만 명 영혼의 수확을 거둬들이기 위한 앞선 계획에 돌입했다. 528명의 교인들이 마가복음 5,000권을 주문했고, 하나님의 말씀을 읽고 기도하는 데 많은 시간을 드리기로 동의했다. 하나님께 날연보를 실천에 옮기면서 3개월 대신 일 년 동안 매일 혹은 매주를 영혼을 구원하는 일에 주로 시간을 드렸다. 한 한국인 학교 교사-영어를 말하는 탁월한 한 사람-는 개인전도 사역에 매일 두 시간씩 헌신하겠다고 선언하였다. 또 다른 사람은 매일 30분씩 드리겠다고 말했다. 또 다른 사람은 200권의 성경을 이미 구입했는데 200일 동안 매일 성경 한 권씩 나눠 주면서 그 사람과 시간을 내어 하나님의 말씀을 이야기하겠다고 말했다. 그러나 또 다른 사람은 아침에는 일하고 오후에는 영혼을 구원하면서 그 사역을 위해 매일 5시간씩 헌신하겠다고 말했다. 한 새 신자는 360일 동안 매일 한 시간씩을 바치겠다고 말했다. 9명의 남학생은 1년 동안 개인 전도 사역에 매일 30분씩을 드리기로 결심했다고 선언했다. 한 시골 학교 교사는 매주 토요일 오후를 전도 사역에 드리되 자기 학교 남학생들을 데리고 함께하겠다고 선언했다.[32]

이와 같은 구령운동은 목포, 공주, 행주에서도 일어났다. 사경회 기간 동안 수많은 복음서들이 전도용으로 팔려나갔으며, 서약한 날연보가 대단히 많았다. 행주에서 서울로 오는 기차가 고장 나자 차안에서 프레드릭 베시(F. G. Vesey), 김규식, 그리고 한 명의 조사가 한국인들에게 세 차례의 전도 설교를 실시했다. 그 자리에서 7명이 예수를 믿겠다고 손을 들었고, 개인 전도로 10명의 영혼을 구할 수 있었다. 한국을 3개월 동안 방문하는 동안 이 장면을 친히 목도한 데이비스는 "그것은 내가 한국에서 목격한, 전 민족이 얼마나 은혜로운 하나님의 영의 부으심을 통해 주께로 돌아설 준비가 되었는가를 보여 주는 가장 의미심장한 장면이었다"[33]고 고백했다. 그는 전국을 3개월 동안 방문하면서 가는 곳마다 백만인 구령운동을 실천하면서 실제적인 결실을 맺고 있는 것을 경험할 수 있었다. 그가 이 나라에 그와 같은 성령의 임재하심이 전국을 휩쓸어 1910년 10월 9

경 번역은 복음 전파의 원동력이 되어 적지 않은 영향을 미치게 된 것이다.

32 Davis, "Progress of the Million Movement," 57.
33 Davis, "Progress of the Million Movement," 58.

일까지 백만인 구령이 실현될 수 있도록 개인적으로나 단체적으로 계속해서 기도하자고 부탁했던 것도 그런 이유에서였다.[34]

데이비스가 방문한 평양과 선천과 제물포와 대구에서의 백만인 구령운동에 대한 열정도 어느 지역 못지않게 열기가 대단했다:

> 복음서를 구입하여 불신 친구들에게 나눠 주고 그들을 그리스도에게로 인도하려는 한국인들의 열정은 무한한 것처럼 보인다. 첫 마가복음 30만 권이 눈 깜짝할 사이에 바닥나고 40만, 50만, 60만 권을 주문하고, 마지막에는 급증하는 수요를 채우기 위해 일본으로부터 10만 권이 속달로 보내져 온 것은 놀라운 일이 아니다.[35]

이와 같은 구령의 열정은 대도시에만 국한된 현상이 아니었다. 스위러가 경험했듯이 그가 최근 인도한 40명이 참석한 사경회에서는 2,000일의 날연보가 작정되었고, 2,000권의 복음서가 판매되었다.

평양의 백만인 구령운동

그러나 단순히 많은 날연보를 작정하고 수많은 복음서가 팔린 것만으로 이들의 구령의 열정이 대단하다고 결론을 내리는 것은 아니다. 곳곳에서 성령의 역사가 동시에 나타나고 있었기 때문이다. 버딕은 그가 인도한 겨울 사경회마다 부흥운동의 역사가 현시되었다고 보고하였다. 놀라운 복음서의 구매, 수많은 날연보의 작정, 성령의 임재, 이 모두는 백만인 구령운동을 통해 민족복음화의 꿈이 현실적으로 불가능하지 않다는 사실을

---

34 Davis, "Progress of the Million Movement," 58.
35 평양에서는 지방 사경회 및 성경학교에 참석한 800명이 26,427권의 성경을 주문했고(Davis, "The Million Soul's Movement," 83), 그로부터 며칠 후 선천에서는 1,600명이 26,443권의 마가복음을 주문했으며, 그 다음날 다시 6,000권을 더 주문해 도합 33,000권의 복음서를 주문하였다. "That the World may Know that Thou hast sent Me," KMF VI: 6 (Jun., 1910), 127. 이와 같은 현상은 제물포에서도 마찬가지였고, 대구에서는 그 열기가 더했다. 대구 지역에서는 두 사람이 각각 1,000권의 복음서를 주문했으며, 500명이 참석한 저녁 집회에서는 무려 16,000권의 성경을 주문했다. "The Million Soul's Movement," KMF VI: 4 (Apr., 1910), 84.

보여 주었다. 이 때문에 데이비스가 지적한 것처럼 "한국인들은 백만인의 영혼을 구원하기 위해" 자신들의 소중한 시간을 주께 드리기를 주저하지 않았다.

그 한 예가 1910년 장대현교회에서 있었던 신년 전도 집회였다. 한 저녁 집회 때 마펫의 요청으로 참석한 1,800명이 종이에 적어 낸 날연보는 무려 22,150일이었다. 이것은 한 사람이 61년 이상을 전도하는 양에 맞먹는 것이었다. 그러나 실제 중요성은 단지 작정한 외형적인 수치에 있는 것이 아니라, 이들 수치가 실제로 실천에 옮겨질 수 있는 현실적인 수치였다는 사실에 있다.

이곳에 보인 이들은 함께 열심히 기도한 후 도시 전역으로 흩어져 복음을 전했다. "길을 지나다 혹자는 그리스도인 남자들이 가게 점원과 이야기를 나누거나 도시로 향하는 도로상에서 행인들에게 전도지를 나누어 주는 모습을 어렵지 않게 발견할 수 있을 것이다. 또한 두세 사람씩 짝을 이룬 여자들이 시내 가옥들의 내부로 통하는 문 안과 밖에서 들어가고 나오는 것을 목격할 것이다."[36] 학생들도 학교가 파한 후에 전도하는 일에 동참하였다. 백만인 구령운동을 실천하려는 의지는 1910년 들어 모든 선교지에서 목격할 수 있었다. 이렇게 복음을 들고 나간 이들을 통해 기독교에 관심을 가진 이들이 100명을 넘어섰고, 10일 동안 진행된 신년 전도 집회 동안에 683명의 남녀가 기독교인이 되겠다고 서약했다:

> 평양 거리에서는 그리스도인이 그리스도에게로 인도되는 방식을 목격할 수 있기 때문에 먼 거리를 여행하는 것은 가치가 있다. 한 주간 동안 대학과 중학교가 정규 수업을 중단하고 전 시간을 하나님의 말씀을 연구하는 데 드린다. 오후 기도회 후 그들은 시내 전역으로 나가 개인 전도를 실천하였고, 영광스러운 결과가 이어졌다. 그런 후 저녁에는 학생들을 위한 전도 집회가 열린다. 이것은 내가 지금까지 들은 학교에 대한 가장 독특하고 실천적인 계획 가운데 하나이며, 그리고 나의 유일한 소원은 미국, 영국, 그리고 오스트레일리아에서도 이것을 광범위하게 따라

---

36   "Notes from the Stations," *KMF* VI: 4 (Apr., 1910), 78.

했으면 하는 것이다.[37]

대학교와 중학교 학생들만 민족복음화를 실천했던 것은 아니었다. 심지어 초등학생들 가운데서도 이와 같은 구령의 열정이 불타고 있었다. 길선주 목사는 "여러분의 입을 열고 무엇이든지 말하기만 하라. 그러면 하나님이 그것을 받으실 것이다"[38]고 말했다. 확실히 수많은 사람들이 용기를 얻었고, 그들이 실제로 입을 열어 복음을 전하였을 때 하나님께서 결실을 거두는 역사가 여기저기서 보고되었다. 백만인 구령운동이 한창 진행되고 있던 1910년 초, 장대현교회 길선주 목사가 매큔에게 보낸 편지에는 심지어 초등학생들 가운데서도 구령의 열정이 얼마나 불타오르고 있었는가를 보여 준다:

나는 당신이 항상 성령으로 충만하기를 끊임없이 기도하고 있습니다. 아멘. 나는 그의 영광의 놀라운 현시에 대해 하나님께 찬양을 올립니다. 나는 그것을 생각하노라면 흐르는 눈물을 중단할 수 없습니다. 여기 지금 이 시간에 대학생들과 중학생들이 열정적으로 전도하고 있으며, 그리고 초등학교 학생들도 하나님의 사랑을 전하는 데 열정이 흘러 넘치고 있습니다. 심지어 7살 난 작은 아이들도 함께 모여 돈을 가지고 와 전도지와 복음서를 삽니다. 그들은 이것들을 거리로 가지고 나가 돌리며 전도합니다. 이 작은 어린 소년들이 불타는 열정으로 충만하고, 얼굴에 눈물을 흘리며 예수의 이야기를 서서 말하고 있습니다. 그들은 개개인에게 가서 그들의 팔로 그들을 붙잡고 그들에게 그들의 구주 예수를 영접하라고 간청합니다. 어제까지 약 400명이 교회에서 일어나 처음으로(3일 혹은 4일 동안에) 그리스도를 고백하였습니다. 몇 사람은 이전에 이들 작은 어린 소년들이 그들에게 전도했을 때 자신들의 죄를 깨달았다며 눈물을 터뜨렸습니다. 주님을 찬양합니다, 찬양합니다! 우리의 소중한 예수님께 모든 영광을 돌립니다. 그와 그의 은혜의 때에 사는

37　Davis, "The Million Soul's Movement," 84.
38　Davis, "The Million Soul's Movement," 84. "Notes from the Stations," *KMF* VI: 4 (Apr., 1910), 78.

백만인 구령운동 때 알렉산더 채프먼 서울 전도집회

것이 얼마나 영광스러운 특권인지 모릅니다!³⁹

한국인들만 전도열에 불타고 있었던 것은 아니었다. 한 선교사 가족은 한국인들에게 4,400장의 전도지를 나누어 주었다. 의료 선교사들은 백만인 구령운동을 실천에 옮기기 위해 병원에서 환자들에게 배부할 5,000권의 전도지를 인쇄하였다. 백만인 구령운동 전도 집회가 열리는 3주 동안에 평양의 장대현교회에서만 700명이 결신했고, 그곳 감리교에서 한 주일에만 100명이 결신했다. "확실히 하나님의 영이 놀라운 방식으로 한국 교회에 쏟아 부어지고 있었다."⁴⁰ 노블이 인도한 평양의 한 감리교 지도자 사경회에서는 한 명의 한국인을 중국의 선교사로 파송하기로 결정하였다. 이것은 "중국 복음화"를 위해 한국의 교회를 사용하시려는 위대한 선교의 시작일 뿐이었다.⁴¹ 1909년 한국을 방문한 브라운에게 한 밀러 선교사의 고백대로 눈물로 드리는 한국인의 기도가 그들의 목

---

39 Davis, "The Million Soul's Movement," 84-85.
40 Davis, "The Million Soul's Movement," 85.
41 Davis, "The Million Soul's Movement," 85.

전에서 응답된 것이다. "오 주님, 우리는 미천한 백성, 지구상에서 가장 연약한 민족입니다. 그런데 이 미천한 것들을 택하신 분이 바로 하나님 당신이십니다. 아시아에 당신의 영광을 드러내는 데 이 백성을 들어 사용하시옵소서!"[42]

부흥의 불길이 다시 발흥하고 있다는 사실을 지적하는 것처럼 감격스러운 것은 없을 것이다. 평양과 개성과 서울에서 일고 있는 부흥의 역사는 비록 평양대부흥운동 때와는 견줄 수 없었지만 성령의 역사와 참된 회개가 수반된 각성운동이 나타나고 있었다. 1910년 3월 29일에 에드워즈(Miss Laura Edwards) 양은 지난 1년 동안 나타난 하나님의 은혜, 특히 신년에 열린 사경회에서 시작되어 그 이후 계속 확산되고 있는 "부흥의 불길"에 대해 특별히 감사하였다.

원산과 선천의 백만인 구령운동

백만인 구령운동이 전개되고 있는 동안 "성령의 역사가 원산 전역과 주변 지방에 현시되었다."[43] 1903년 하디의 부흥운동으로 부흥의 열기가 달아 오른 이후 연속적이지는 않았지만 성령의 역사가 그치지 않았던 원산에 1910년 들어 신년 사경회에서 다시 한 번 성령의 역사가 나타난 이후 성령의 불길이 원산 전역으로 확대되고 있었던 것이다. 1910년에 이와 같은 성령의 역사가 나타난 것은 우연이 아니었다. 이미 지난해 7월에 개성에서 백만인 구령운동의 불씨를 제공했던 스톡스가 저녁 집회를 인도하였기 때문이다. 하나님께서 하디를 사용하시고 저다인을 사용하시고 크램을 사용하셨던 것처럼 또다시 구령의 열정과 성령의 은혜를 사모하고 실제로 체험한 스톡스를 사용하셨던 것이다:

저녁 시간에는 교회가 항상 가득 찼으며, 매우 진지하고 인상적인 방식으로, 스톡

---

42 A. J. Brown, *Report on a Second Visit to China, Japan and Korea 1909* (New York: The Board of Foreign Missions, PCUSA, n.d.[ca. 1910]), 90.

43 "Notes from the Stations," *KMF* VI: 5 (May, 1910), 100.

스가 대단한 능력을 가지고 죄, 회개, 중생, 성령의 증거에 대해 설교하자 사람들의 심령에 말씀이 불타올랐으며 남녀가 제단에 고꾸라져 자신들의 죄를 고백하고 그것들을 회개하였다. 부흥운동은 참으로 깊고 넓었으며, 그리스도인들은 진정으로 불신자들을 전도하기 시작했다. 1주일 후 사경회가 끝나고 그 다음 한 주간 내내 전도하는 일로 헌신했다.[44]

낮에 말씀을 통해 진리를 밝히 깨닫고 저녁 집회에는 새로운 도전을 받은 이들이 기도하면서 오후에는 마을로 나가 전도 대상자들에게 전도지와 복음서를 나누어 주고 그들을 저녁 집회에 초청하였다. 이미 금식과 산기도로 능력을 충만히 받은 스톡스의 영력 있는 설교가 저녁 집회에 모인 이들의 심령에 놀랍게 역사하여 결신으로 이어지게 되었던 것이다. 한 주간의 전도 집회를 통해 결신한 이들이 무려 280명이었다.[45] 원산이라는 지역적인 특성상 한 주간에 280명이 결신한 것은 도시의 1,000명의 숫자와 맞먹는 수이다. 비록 부흥의 불길이 전역으로 확대되어 전 도시가 부흥운동으로 움직이고 있는 것은 아니었지만 전하는 복음들이 결코 헛되지 않을 것이라는 확신을 가지고 있었던 것이다. 때가 되면 거두리라는 성경말씀을 그대로 받아들여 이들은 기회가 닿는 대로 복음을 뿌리는 일을 게을리 하지 않았다. 신년 사경회 이후 불과 3개월 만에 원산 지역에서만 1,000명의 결신자가 생겨났다. 이 놀라운 부흥의 역사, 그가 그토록 바라고 소원하던 대로 1910년부터 여기저기서 전도의 결실이 나타나는 것을 목도한 스톡스는 1910년 6월 흥분을 감추지 못하고 이렇게 보고했다:

우리는 원산에서 대부흥운동을 맞고 있습니다. 교회는 놀랍게 각성하고 있으며, 우리는 금주에 불신자들을 위해 별도의 노력을 기울이고 있습니다. 지난밤 20명의 결신자가 생겼습니다. 해안을 따라 새 신자가 어디에서나 있습니다. 두 달 동안 한 선교구에서는 200명의 새 신자가 생겨났습니다.[46]

---

44   "Notes from the Stations," 101.
45   "Notes from the Stations," 101.
46   "Notes from the Stations," 102.

백만인 구령운동이 전국적으로 확산되면서 전도의 결실이 눈에 띠게 나타났다. 선천에서의 백만인 구령운동의 열기도 대단했다. 2,461날이 날연보로 작정되어 매일 매일 가정과 지역에서 자원자들이 불신 영혼들에게 복음을 전하고 있었다. 1910년 1월 28일 평양의 산정현교회(the Fourth Church)에서는 2,100일을 약속했고, 이미 3월에 들어서 그 결실이 나타나고 있었다. 소안론(스왈른)은 1909년 가을 동안 619명의 장년과 51명의 어린이들에게 세례를 주었다.

"교회가 깨어나 거룩한 열정으로 백만인 구령운동의 실천에 돌입했다. 한 시골의 작은 교회는 12개월의 전도를 약속했고, 또 다른 매우 작은 한 교회는 6개월의 전도를 약속했다. 나는 이 가을에 열린 것과 같은 지도자 모임에 결코 참석한 적이 없다. 행해진 모든 것들은 참석자들의 심령이 하나님의 말씀을 연구하고 그것을 다른 사람들에게 전하려는 사랑과 열정으로 충만했음을 보여 주었다. 고별 새벽기도회 때 모든 사람들의 눈이 눈물로 흠뻑 적셔졌으며, 우리 모두는 집이 완전히 흔들리도록 성령께서 각자를 충만케 하시고 인도하시도록 기도했다."[47]

서울, 경기의 백만인 구령운동

1910년 2월, 한 교회(수원교회, the Water Gate Church)에서는 만국기도 주간 동안 하디의 인도로 집회가 열렸다. 하디는 집회 전후 청중들에게 고린도전서 13장을 읽고 연구할 것을 요청했다. 이번 집회 동안 놀라운 성령의 역사가 모인 이들 가운데 나타났다. 이미 백만인 구령운동을 위한 기도회가 한국인들에 의해 신실하게 지켜졌다. 북감리교의 동대문교회에서는 643명의 새 신자가 생겨났고, 15,000권의 마가복음이 판매되었다. 서울의 달성교회는 지난 가을 이후 300명의 새 신자가 생겼으나 그들 가운데 200명은 백만인 구령운동의 결과로 일어난 한 주간에 결실을 얻은 것이다. 한 선교사는 20,000권의 성경 전도지와 8,000권의 마가복음을 1909년 12월 크리스마스 이후 전해

---

47 "Campaign Notes from the Stations," *KMF* VI: 3 (Mar., 1910), 59.

백만인 구령운동의 주역 찰스 알렉산더

주었다.[48]

이와 같은 구령의 열정은 승동교회를 시무하는 곽안련 선교사가 맡고 있던 선교 구역에서도 목격할 수 있었다. 1910년 4월, 곽안련 선교사는 자신의 선교구 교인들이 "올해 수백 일의 날연보를 드렸으며, 밤낮으로 100만 인의 영혼을 구원하는 일에 동참하기 위해 기도하고 있다"[49]고 보고하였다.

북감리교의 제물포의 한 교회에서는 800명의 교인이 7,000권의 복음서를 주문했고, 2,260일의 전도를 약속했다. 1910년 2월 15일, 춘천 선교부를 맡고 있는 무즈는 비록 그곳이 새로 시작한 선교부였지만 "그러나 나는 지금이 이전보다 사역에 대한 더 깊은 관심이 일고 있으며 많은 사람들이 백만인 구령을 위해 기도하고, 그리고 사역하고 있다고 말할 수 있다"[50]고 기술하였다. 대구에서 열린 겨울 사경회 마지막 폐회송은 백만

---

48 "Seoul," *KMF* VI: 4 (Apr., 1910), 81.
49 "Seoul," 81.
50 "Seoul," 82.

인 구령운동의 주제가였다. 대구에서도 저녁 집회에 참석한 1,500명이 3,000일 이상의 날연보를 작정했고 16,432권의 복음서가 팔렸다. 8일 동안 진행된 이 사경회에 참석하기 위해 몇몇 사람은 무려 100마일 이상을 걸어왔다.[51]

사경회는 하나님의 말씀을 배우는 기간이기도 하였지만, 기독교가 얼마나 이 나라와 이 민족에게 필요한 종교인가를 확인시켜 주는 기간이기도 하였다. 흔히 사경회에 참석한 이들에게 나타나는 말씀에 대한 사모함, 구령의 열정, 능력 있는 신앙생활은 다른 참석자들에게 적지 않은 격려와 용기를 제공해 주었다. 사경회는 단순히 말씀만 공부하는 시간이 아니라 주를 향한 선한 비전을 견고히 다지고, 일부 지도자들은 성경공부나 전도 집회 인도를 통해서 한 차원 높은 사역자로 쓰임 받을 준비를 하는 기간이기도 하였다.

비록 1907년과 같은 놀라운 성령의 역사, 강권적인 성령의 역사와 비교할 수는 없었지만, 1910년에 들어서도 성령의 역사가 개교회에서 계속되었다. 길선주와 하디를 비롯한 원산부흥운동과 평양대부흥운동의 주인공들이 가는 곳마다 성령의 역사는 계속되었다. 1910년 초 하디가 인도한 이화학당, 연동의 장로교 여학교, 남감리교의 여학생들을 상대로 열린 부흥회에서 놀라운 성령의 역사가 나타났다. 연동의 여학교 학생들을 대상으로 한 집회에 참석했던 릿거스(Miss Rittgers)는 그곳에 임했던 성령의 역사가 "대단한 영적인 축복"[52]이었다고 말한다. 많은 여학생들이 성령의 충만을 받았고, 그 집회에 참석한 많은 여학생들이 성령의 역사로 회개하고 통회하는 역사가 나타났던 것이다.

이와 같은 성령의 역사는 학생들의 심령을 정화시키고 새롭게 각성시키는 계기가 되었다.[53] 수업에 임하는 학생들의 태도가 달라졌고, 학생들은 민족복음화에 대한 사명감을 점점 더 깊이 인식하기 시작하였다.[54] 성령께서 말씀을 사모하는 이들의 심령 속에 말씀을 통해 역사하신 것이다. 그 결과 매커친(L. T. McCutchen)이 보고한 대로 "심령

---

51 H. M. Bruen, "Taiku," *KMF* VI: 4 (Apr., 1910), 82.
52 "Campaign Notes from the Stations," 60.
53 "Campaign Notes from the Stations," 60.
54 W. M. Baird가 맡고 있는 평양 숭실중학교와 대학의 학생들이 577명이나 불어난 것도 이 나라 젊은이들의 교육에 대한 열의를 말해 준다. W. M. Baird, "The Pyeng Yang Academy and College," *KMF* VI: 3 (Mar., 1910), 61.

은 갈급해졌고, 죄가 고백되었으며, 하나님에 대한 더 충분한 헌신의 삶과 성령의 충만한 임재가 실현되었다."[55] 모리스에 의하면 1910년 1월 하순에 열린 영변의 남자 사경회에서도 성령의 역사가 강하게 나타났다:

> 참석자들이 매우 진지하게 성경을 공부하였고, 사경회가 종반으로 접어들면서 저녁 집회에 성령의 역사가 점점 더 강하게 나타났다. 많은 형제들이 죄를 깊이 회개하였고, 깊이 통회하였으며, 용서를 간구하였다. 동시에 그들은 잘못했던 이들과의 관계 회복도 약속하였다. 사경회가 끝나는 그 밤 참석자들이 약속한 날연보는 한 사람이 일 년 동안 헌신하는 규모보다 더 많았으며, 우리는 모든 지역에서도 작정된 날연보가 몇 사람의 풀타임 사역자가 전도하는 양과 동등할 만큼 많을 것이라고 기대한다.[56]

성령의 은혜를 사모하는 이들이 새벽을 깨우고 밤을 지새워 기도하는 습관이 생겨난 것은 백만인 구령운동이 한창 절정에 오를 때였다. 평양의 장대현교회에서의 새벽기도와 서울의 어느 교회의 교우들이 철야기도를 하고 있는 것이 목도된 것도 그 즈음이었다. 기도와 구령운동은 별개의 것이 아니라 상호 밀접한 연계성을 지니고 있었다. 한국에 파송된 선교사들은 한국인들에게서 동족을 구원하려는 뜨거운 기도의 열정을 목도하면서 그와 같은 기도의 모습이 전국적으로 확대되기를 바랐던 것이다. "만약 이 기도의 영이 그의 이름을 부르는 모든 이들에게 임한다면 우리는 1년 안에 백만인이 구원을 얻는 것뿐만 아니라 백만인이 하나님 나라를 위해 기도하는 것을 목도할 수 있을 것이다."[57]

백만인 구령운동이 시작된 후 지금까지 76,066일의 날연보가 사경회 기간 동안에 작정되었다. 대구의 남자 사경회에서는 500명이 등록해 저녁 집회에는 1,500명이 참석했고 3,000일의 날연보가 작정되었다. 지난 가을 이후 남감리교는 643명의 새 신자가 추가되었고, 1,800명이 모이는 평양의 한 교회에서는 22,150일이 작정되었으며, 한

---

55   Josephine Hounshell McCutchen, "Chunju Bible Institute," *KMF* VI: 3 (Mar., 1910), 63.
56   "Notes from the Stations," *KMF* VI: 4 (Apr., 1910), 77.
57   J. Robert Moose, "Korean Christians Pray," *KMF* VI: 3 (Mar., 1910), 65.

교회에서만 700명의 새 신자가 증가하였고, 2월 24일까지 다섯 개의 장로교회에서만 1,610명의 새 신자가 보고되었다.[58]

3. 저변 확대되는 백만인 구령운동-1910년 봄

1910년 봄에 들어서면서 백만인 구령운동은 더욱 활발하게 추진되었다. 그것은 한국에서 사역하고 있는 장감 선교회가 교파를 초월해 민족복음화를 위해 협력을 아끼지 않았기 때문이다. 일련의 부흥운동으로 교회가 놀랍게 성장하자 무엇보다도 한국 교회의 미래를 짊어질 목회자들을 육성하는 신학 교육의 관심이 어느 때보다도 높아졌다. 장감 모두 신학 교육에서 가장 두드러진 특징 가운데 하나는 신학 교육이 현장과 깊이 접목되어 진행되었다는 사실이다.

현장 경험을 살린 장감의 신학 교육

1910년 3월 15일에는 남감리교와 북감리교가 공동으로 운영하는 신학회(theological class)에 참석하기 위해 상당히 열성적인 한국인 목회자들과 사역자들이 서울에 모였다. 이것은 1909년 가을에 3개월 동안 개성에서 있었던 일종의 신학 교육의 연장이었다. 이들은 강화와 다른 서해안 지역, 강원도, 평양 북부, 충청남도 등 한국의 감리교의 선교 지역에서 온 이들이었다. 이들이 받은 수업은 조직신학, 실천신학, 성경 교회사, 창세기, 열왕기서, 누가복음, 사도행전, 로마서, 그리고 야고보서 과목들이었다. 체험적이고 경험적인 신앙의 영역을 중시하는 웨슬리 감리교 전통이 존중되면서도 전통적인 신학 체계를 무시하지 않았다. 이와 같은 감리교 정신과 전통은 교장 하디를 비롯해 노블, 스위러, 모리스, 버딕, 드밍 등 교수진들에 의해 소중히 계승되었다.[59]

---

58   KMF VI: 4 (Apr., 1910), 73.
59   J. E. Adams, "The Dispensation of the Spirit," KMF VI: 6 (Jun., 1910), 143.

이들 교수진들은 이미 오래전부터 부흥운동을 통해 현장에서 하나님의 복음을 실천에 옮겼던 구령의 열정의 소유자들이었다. 이들은 한국의 목회자들이 단순히 신학적인 지식만 소유한 자들이 아니라 복음 전도를 실천하는 전도자가 되어야 한다고 생각하고 있었다. 그것은 참석한 신학생 모두가 신학 교육 기간 동안 수요일을 제외한 매일 오후 4시에서 5시 사이에 서울 시내 전역으로 흩어져 불신자들에게 복음을 전하는 것을 의무화한 것에서도 알 수 있다.[60]

신학 교육을 받기 위해 전국에서 온 이들은 자원하여 정동교회에서 서울에 하나님의 축복이 임하고 백만인 구령운동이 한국에서 효과적으로 추진되어 놀라운 결실을 맺을 수 있기 위해 철야기도회를 가졌다.[61]

실천적인 신학 교육은 장로교에서도 마찬가지였다. 1901년에 시작된 평양신학교는 1910년에 들어 137명으로 늘어났으며, 학생들의 숫자는 해마다 꾸준하게 증가하였다.[62] 매년 봄에 3개월씩 실시하는 장로교 신학교 교과 과정은 1910년에는 3월 15일부터 5월 1일까지, 5월 1일부터 6월 15일까지 두 분기로 나누어 실시하였다.

북장로교를 비롯한 4개 장로교 선교회가 공동으로 운영하는 평양신학교에서 그 해 전반기 강의를 맡은 사람은 북장로교의 마펫, 스왈른, 클락과 남장로교의 매커친과, 호주장로교의 엥겔, 그리고 캐나다 장로교의 푸트(Foote)이고, 후반기는 북장로교 언더우드, 게일, 스왈른, 샤프와 남장로교 벨과 벌이 맡았다. 이들 강사들은 부흥운동에 대해 상당히 열려 있었고, 또 실제로 부흥운동의 저변 확대에 중요한 공헌을 했던 뜨거운 복음의 열정을 가진 전도자들이었다. 특히 위에서 언급한 마펫, 스왈른, 클락은 무디의 영향을 강하게 받은 맥코믹 신학교 출신이었고, 언더우드, 게일, 샤프 역시 부흥운동의 주역으로 활동했던 선교사들이었다. 때문에 이들의 가르침은 현장감이 있었고, 가르치는 과목 역시 상당히 실천적이었다. 입학생들은 학문적인 소양뿐만 아니라 경건의 능력을 갖

---

60 Adams, "The Dispensation of the Spirit," 143.
61 Adams, "The Dispensation of the Spirit," 143. 3개월 동안 가지려는 신학 수업은 감리교 연례모임(Annual Conference)으로 인해 중단해야만 했다.
62 137명을 학년별로 살펴보면 1학년 35명, 2학년 33명, 3학년 21명, 4학년 20명, 그리고 졸업반 28명이다.

춘 성령의 사람들이었다:

> 그들의 입학 조건은 학문적일 뿐만 아니라 영적이고 실천적이었다. 그들은 수년 동안 교회의 지도자로서 수많은 성경반의 학생들이었다. 그들은 주로 목회 사역을 수행할 능력을 검증받았기 때문에 신학교 입학이 허용되었다. 다행히 한국 교회는 지도자를 확보하기 전 사람들이 신학 수업을 마칠 때까지 기다릴 수 없으며, 그리고 더구나 이들 학생들이 목회하는 교회로 돌아가면 경험 있고 능력 있는 지도자들의 지지를 받는 것을 발견할 수 있다. 이것은 이상적이다. 목회자와 평신도의 간극은 거의 구분할 수 없다. 안수를 받은 사람은 모종의 성직권을 가질 것이고 그의 신학교 과정이 그를 더 능력 있는 교사로 만들어 줄 것이지만, 다른 점에서 그의 사역은 그가 신학교에 들어가기 전과 똑같을 것이다. 한국 교회가 매우 짧은 기간에 그처럼 많은 결실을 맺고 능력을 갖춘 목회자를 배출할 수 있었던 것은 이상한 일이 아니다. 그것은 열심 있는 교회의 자연스러운 열매이며, 어떤 교회에 목회를 쇠퇴하게 만드는 원인이 무엇이든 간에 주된 원인은 교회 자체에 있다. …한국 교회는 그리스도의 나라를 확장하는 일에 적극적인 관심을 가지고 있기 때문에 교회가 아주 훌륭한 한국인 목회자를 양성하고 있는 중이다.[63]

신학교는 한국 교회에 필요한 목회자, 하나님 나라 확장을 위해 자신의 생명을 아끼지 않고 헌신할 수 있는 실천적인 목회자들을 양성하는 것을 그 목적으로 하고 있었다. 신학 교육이 지나치게 성경 과목에 치중되었다는 비평이 일 만큼 성경은 교육과정의 핵심이었다.[64] 당시로서는 필요한 목회자들을 양성하여 한국인에 의한 한국 교회를 정착시키는 것이 무엇보다도 시급한 과제였기 때문에 이러한 성경 중심의 신학 교육은 한편으로는 현장감 있는 목회자를 육성하면서 다른 한편으로 재학생과 졸업생이 효율적인

---

63 Harry A. Rhodes, "Presbyterian Theological Seminary," *KMF* VI: 6 (Jun., 1910), 151-152.
64 *Annual Report, PCUSA* (1923), 89; Lak Geoon George Paik, *History of the Protestant Missions of Korea* (Pyeng Yang: Union Christian College, 1929), 21-24.

목회사역을 수행하도록 만들어 주는 데에 필수적이었다.[65]

현장과 이론을 겸비하도록 하되 끊임없이 현장 사역을 통해 모든 신학 교육이 실천적인 교육이 되도록 배려한 것도 한국 교회를 지속적으로 성장하게 만들어 준 중요한 원동력이었다. 성경 과목을 중요하게 다루었으며, 장감 모두 성경이 영감된 권위 있는 하나님의 말씀이라는 사실에 철저하게 기초하고 있었다.

따라서 모든 신학 교육의 가장 중요한 근간은 성경을 체계적이고 조직적으로 가르치는 데 있었다. 비록 장로교의 신학 교육이 감리교의 신학 교육에 비해 더 다양하고 체계적으로 진행된 것은 사실이었지만, 장로교 신학 교육 역시 이론적인 측면보다는 실천적이고 실제적인 신학 교육에 더 많은 초점을 맞추어졌다. 이것은 신학 교육을 책임 맡은 이들이 모두 부흥운동에 지대한 관심을 가지고 있으면서 일선에서 부흥운동의 저변 확대를 위해 발벗고 뛰었던 부흥운동의 지도자들이었기 때문이다.

이와 같은 분위기 속에서 교육을 받고 배출된 목회자들이었기 때문에 그들은 현장 감각이 뛰어났고 졸업 후 한국 교회를 이끄는 지도자로 부상할 수 있었다. 1910년 7월 15일 3개월의 신학 수업을 마치는 그날 졸업한 29명의 평양장로회신학교 젊은이들도 5년 과정의 이와 같은 실천적인 신학 과정을 다 마친 이들이다.[66] 원산부흥운동이 전국에 영향을 미치던 그 해 신학교에 입학한 이들은 특별히 부흥운동의 분위기에서 은혜를 받고 배출된 지도자들이었다. 그들은 현장에서 목회를 하면서 신학 교육을 받은 이들이었기 때문에 경건의 훈련이 잘 되어 있었다. 이 학교의 영적 분위기는 한국 교회의 영적 분위기를 식별하는 바로미터나 다름없었다. 그런 의미에서 그 해의 평신의 졸업식은 어느 해의 졸업식보다도 더 의미가 깊었다:

> 신학교의 큰 채플이 대부분 한국인들로 가득 찼고, 강단은 멋있게 꽃으로 장식되었으며, 가장 최근에 입국한 새 선교사 홀드크로프트(J. G. Holdcroft)가 찬양을

65　*Annual Report, PCUSA* (1923), 88; 朴容奎, **韓國長老敎思想史** (서울: 총신대학출판부, 1993), 67.
66　"Pyeng Yang," *KMF* VI: 8 (Aug., 1910), 195.

훌륭히 인도하였고, 모든 것이 고무적이고 매혹적이었다. 벨이 의장으로 사회를 보고, 언더우드가 먼저 한국어로 훈사를 하고, 이어 스왈른이 훈사를 하고, 그 후 졸업장이 수여되었으며, 선교사 자녀 가운데 한 사람이 장미 꽃다발을 증정했다. 이번 학기 신학교 수업은 영적인 각성으로 학생들이 은혜를 충만히 받았으며, 공부에 방해가 되지 않도록 하기 위해 기도회가 매일 늦은 시간이나 이른 새벽에 열렸으며, 모든 사람들이 교회로 돌아가 충만한 구령의 열정을 가지고 사역할 수 있도록 종교적 열정으로 가득 차 있었다.[67]

전도 집회와 새 신자의 영입

1910년 들어 지방에서 열리고 있는 사경회는 백만인 구령운동을 조직적으로 전개하는 가장 중요한 통로였다. 말씀을 배우고, 기도의 힘을 모으고, 직접 사경회가 열리는 주변 마을에 가서 복음을 전하고 친구와 이웃에게 전할 복음서를 구입하는 모든 일들이 주로 사경회 때 이루어졌다. 그 때문에 부흥운동 이전부터 활발하게 개최되던 사경회는 부흥운동 기간 동안에 더욱더 활성화되어 각 선교회의 중심 사역으로 자리 잡았다. 사경회는 단순히 말씀 공부만을 하는 것이 아니라 저녁이나 오후 집회를 통해 영적인 재충전을 받는 기회였다. 저녁 집회 때는 복음을 아직 받아들이지 않은 이들이 주님을 영접하고 구원받는 일들이 놀라울 정도로 나타났다.

그 대표적인 예가 1910년 5월에 청주에서 열린 청주 지방 사경회이다. 여기서는 오후에 심령 부흥회(a spiritual conference)가 열려 죄의 고백, 죄 사함, 성령 충만, 성령 훼방죄 같은 주제들이 논의되었다.[68] 모든 집회마다 성경공부, 전도, 기도가 강조되었고, 무엇보다도 성령의 충만을 받아야 할 필요성이 강조되었다. 청주에서 열린 한 사경회에서 한 권서인이 말한 것처럼, "성령 없이 우리가 회개하는 것은 불가능하다."[69] 맥팔랜드의 대구에서도 "대부흥 전도 집회가 열렸으며" 모든 지역에서 사경회마다 전도에 대

---

67 "Pyeng Yang," 195.
68 "Chung Chong Prov., Chong Ju," *KMF* VI: 7 (Jul., 1910), 163.
69 "Chung Chong Prov., Chong Ju," 164.

한 강조가 어느 해보다도 강하게 추진되었다.[70] 1910년 봄 홀드크로프트도 2주간 지방을 전도여행하면서 한국인들이 백만인 구령을 위해 간절히 기도하고 있는 것을 대단한 관심을 가지고 지켜볼 수 있었다.[71]

선천에서는 4월 평안북도 지역 여자 사경회에 778명이 참석했고, 평양에서는 장로교 도시 여자 사경회에 450명이 참석했고, 성서부인과 교사 사경회에 215명, 그리고 지방 여자 사경회에 510명이 참석해, 1910년 2월 중순부터 3월말까지 열린 평양 사경회에 총 1,175명의 여인들이 참석하였다.[72] 1910년 4월 9일, 부츠(Miss Butts)는 "우리는 백만인 구령운동으로 생겨난 너무도 많은 새 신자들이 하나님의 말씀을 배우고 싶어 하여 매우 기쁘다. 시간이 되면 그들도 먼저 믿은 신자들처럼 멋있고 세련된 신자가 될 것이다"[73]고 보고하였다.

겨울 사경회까지 합치면 큰 규모의 선교부에서만 4,000명 이상이 참석할 만큼 사경회의 열기는 대단했다. 단순히 참석률만 높은 것이 아니라 사경회마다 결실이 잇따랐다. 1910년 4월 23일, 대구 지역을 맡고 있는 맥팔랜드는 다음과 같이 보고했다:

> 우리의 사역은 올해 대단히 눈부시게 향상되었으며, 복음 전파가 대단한 열정을 가지고 계속 수행되고 있다. 우리의 사경회는 우리가 지금까지 이 도시에서 열었던 것 가운데 가장 훌륭하였으며, 결실 면에서 다음해 선교 사역의 보고가 올해를 훨씬 앞지를 것이라고 나는 믿는다. 마가복음이 그 지방에 널리 광범위하게 뿌려지고 있으며, 사람들이 자비를 들여 자신들이 주의 사역을 위해 약정했던 날연보 동안 전도하기 위해 길거리를 여행하고 있다.[74]

그와 함께 새로 교회에 영입되는 신자들도 다시 늘어났다. 제물포에 살고 있는 한

---

70 "Chung Chong Prov., Chong Ju," 165.
71 "Chung Chong Prov., Chong Ju," 166.
72 *KMF* VI: 6 (Jun., 1910), 127.
73 "Notes from the Stations," *KMF* VI: 6 (Jun., 1910), 139.
74 "Notes from the Stations," 138.

그리스도인이 130명을 전도하는 경우도 있었다. 강화 지역의 한 교회는 2주간 혹은 3주간 동안 계속된 부흥회 동안에 놀라운 축복을 받아 40명에서 130명으로 교세가 늘어났다.[75]

북감리교의 드밍은 서울 교동 선교구에서 4월에만 402명의 세례 지원자가 있고, 210가구 중 96가구가 기독교인이 되었다고 보고했다.[76] 서울의 한 장로교 선교사의 선교구에서는 4월에만 거의 1,000명의 새 신자가 영입되었다. "새문안교회도 1910년 5월 22일 새 건물에서 예배를 드릴 수 있도록 준비가 완료되었다. 1886년에 비밀리에 세례를 받은 노춘경, 그 이듬해 창립예배를 드렸던 것을 아직도 기억하고 있는 사람들이 상당수 건재하고 있는 새문안교회가 5월 29일 주일에 1,500명이 좌석을 가득 메운 가운데 예배를 드리고 있었다."[77]

1910년 1월 1일부터 4월 19일까지 진행된 서울의 YMCA 집회에서 총 520명이 결신했고, 4월에만 150명의 결신자가 생겨났다.[78] 이것은 단지 몇 가지의 사례에 불과하다. 실제로 백만인 구령운동을 전개하면서 새로운 신자들이 교회에 영입되었고, 세례 지원자 수가 확실히 늘어났음이 보고되었다. 안식년의 허락을 받은 선교사들이 "한국에서 추수의 시기가 너무 무르익어 선교지를 아직 떠날 수 없다"[79]고 고백할 정도로 한국의 선교지는 낫을 기다리고 있었다. 이와 같은 외형적인 성장은 선교사들이 추진하는 백만인 구령운동의 분위기를 더욱 고무시켜 주었다.

이와 같은 분위기 속에서 1910년 4월 "대단한 능력의 설교자"인 미국 남감리교의 모리슨(H. C. Morrison) 박사가 내한했다. 서울과 개성과 평양에서 개최된 모리슨의 전도 집회는 매우 인상 깊었으며, 이것은 부흥의 열기를 더욱 가속화시키는 또 하나의 중요한 요인이었다. "모리슨이 말하는 모든 것은 하나님의 말씀과 완벽한 조화를 이루었으며, 그의 메시지는 분명하고 정확하게 전달되어 집회에 참석한 이들 모두가 너무도 깊

---

75 "Notes from the Stations," 138.
76 "Notes from the Stations," 135.
77 "Notes from the Stations," *KMF* VI: 7 (Jul., 1910), 168.
78 "Notes from the Stations," 133.
79 *KMF* VI: 7 (Jul., 1910), 161.

은 감동을 받았으며, 풍성한 영적 양식을 공급받았다."[80]

1910년 5월 중순 이후 두 주간 동안 개성에서 열린 부흥 집회에서만 무려 2,000명의 새 신자가 등록하였다. 이와 같은 결실을 맺을 수 있었던 배후에는 한국인들의 구령의 열정이 크게 작용했다. 그중의 하나는 기성의 신자들이 가능한 많은 불신자 친구들을 자기 집으로 초청해 선교사들이나 교회 지도자들과 더불어 하루 저녁을 보내면서 그들에게 복음을 전하는 기회를 가진 것이었다.[81] 또한 원산부흥운동과 평양대부흥운동 때처럼 부흥운동의 지도자들의 노력도 적지 않게 작용했다. 대규모의 선교 중심지마다 수많은, 동시적인, 그리고 열정적인 집회가 길선주 목사, 폴시더 박사, 하디 박사, 그리고 각 선교회마다 귀하게 쓰임받고 있던 몇몇 다른 사람들에 의해 열리고 있었다.

이 나라에서 진행되는 그와 같은 집회마다 놀라운 역사가 나타났고, 또한 수많은 사람들이 모여들었는데 그것은 성령이 이 사람들과 함께 행하고 계시기 때문이었다. 왓슨이 지적한 대로 그중에서도 "지난 가을 하디 박사가 인도한 부흥회의 좋은 영향이 한 해 동안 우리와 함께 있었던 것"[82]도 그와 같은 영적 분위기를 형성해 주는 중요한 요인이었다.

1910년 전반기를 지나면서 백만인 구령운동에 대한 더 많은 관심과 노력을 촉구하는 움직임이 나타났다. 그 해 6월 언더우드의 아내 릴리아스는 당시의 분위기를 이렇게 말한다:

> 모든 사람들은 "이 나라는 대규모 전도운동에 대한 준비가 되어 있다"고 말한다. 한 사람은 "적어도 나의 선교지는 만약 모든 다른 일을 접어두고 온전히 나의 전 시간을 이 일에 투자한다면 우리에게 할당된 백만인 구령운동의 몫이 곧 달성될 것으로 보인다"고 말했다. 주님은 "너의 발이 닿는 곳만큼 너는 모든 나라를 소유할 것이다"고 말씀하셨으며, 따라서 만약 우리가 계속 추진하거나 소유할 준비

---

80   "Personals and Notes," *KMF* VI: 6 (Jun., 1910), 129.
81   "Notes from the Stations," *KMF* VI: 7 (Jul., 1910), 162.
82   "Notes from the Stations," 162.

가 되지 않았다면 주님은 우리에게 백만인의 영혼을 주실 것이라고 기대할 수 없다.[83]

특별한 노력이 병행되지 않는다면 백만인 구령운동의 목표는 달성될 수 없을 것이다. 이 목표는 하나님께서 이루어 주셔야 성취될 수 있는 일이기 때문에 모든 사람들은 하나님의 은혜를 사모하는 가운데 주어진 환경 속에서 최선을 다해 같은 목적을 가지고 이 일을 추진해야 할 것이다. 릴리아스가 적절히 지적한 것처럼 "이 같은 종류의 일은 기도와 금식으로 이룩될 수 있을 뿐이다."[84] 하나님께서 한국에 놀라운 축복을 가져다주시도록 이 일에 더 많은 노력을 투자할 것을 촉구한 것이다.

백만인 구령운동은 주변 다른 나라 선교지에도 적지 않은 영향을 미쳤다. 한국 선교지에서 진행되고 있는 백만인 구령운동을 목도한 이들은 매우 진한 인상을 받고 돌아가 이를 본국에 소개하면서 한국은 세계 어느 선교지보다도 관심과 주목을 받는 선교지로 부상했다. 선교 후원을 위해 미국에 간 윤치호가 가는 곳마다 수많은 사람들이 모여들었고, 모일 때마다 깊은 인상을 남기며 상당한 후원을 끌어낼 수 있었던 것도 그 때문이었다.[85] 하운셀이 "미국의 많은 심령들이 한국에서 진행되고 있는 백만인 구령운동을 위해 당신과 함께 매일 기도하고 있다"[86]고 한 것은 결코 과장이 아니었다.

한국을 방문한 일본과 중국 주재 선교사들도 적지 않은 도전을 받았다. 한국에서 백만인 구령운동이 전개되고 있을 때 일본에서도 10만인 구령운동이 전개되었던 것도 그와 같은 영향을 반영하는 것이다. 60만 권의 복음서와 전도지가 순식간에 매진되고, 10만 일의 날연보가 작정되었으며, 실제로 그 서약을 실천에 옮기기 위해 자비를 들여 성경을 구입하고 전도하는 모습에 놀라움을 금치 못했던 것이다.[87]

---

83   Lillias H, Underwood, "Harvesting," *KMF* VI: 6 (Jun., 1910), 155.
84   Underwood, "Harvesting," 155.
85   "Personal and Notes," *KMF* VI: 7 (Jul., 1910), 161.
86   "Personal and Notes," 161.
87   Underwood, "Harvesting," 154.

1910년 6월 30일 현재 개신교 통계

	입교인	학습교인	전체교인
북장로교	30,617	25,477	105,982
북감리교	6,590	18,134	47,181
남장로교	5,644	5,300	17,767
캐나다장로교	1,691	1,970	9,379

자료: *KMF* (1910년 10월호)

4. 열기를 더하는 백만인 구령운동-1910년 여름

6월에도 여전히 부흥회가 도시와 지방 선교부 차원에서 개최되고 있었다. 6월에 열린 대표적인 집회는 6월 22일부터 27일까지 진관사로 알려진 서울 북부에 위치한 한 오래된 불교 사찰에서 열린 제 1회 YMCA 학생 사경회였다.[88]

YMCA 학생 사경회

언더우드, 이상재, 김규식, 길선주, 아비슨, 왓슨 등 지도적인 선교사들과 한국인 지도자들이 대거 강사로 참석한 가운데 열린 일주일간의 사경회는 한편으로는 국권의 상실 앞에 민족적 소망을 잃고 방황하는 젊은이들에게 미래에 대한 진정한 소망을 제시하고, 다른 한편으로는 한국의 젊은 학생층 가운데 하나님 나라를 확장하려는 목적하에 계획되었다.[89]

여러 가지 점에서 이곳은 집회 장소로 적격이었다. 주변 환경이 무엇보다도 매혹적이었다. "절간 뒤, 불규칙하지만 아름다운 바위로 뒤덮인 산비탈이 상당히 높은 정상까지 쭉 뻗어 있었다. 사찰 소나무 숲에서 나는 바람 소리, 그리고 가까이 계곡 물이 흘러

---

88 Brockman, "Korea's First YMCA Student Conference," *KMF* VII: 10 (Oct., 1910), 256-257.
89 Brockman, "Korea's First YMCA Student Conference," 256-257.

떨어지면서 끊임없이 울려나는 흐르는 물소리가 산속의 정적을 더해 주었고, 창조주 하나님의 권능과 영원성을 사색하게 만들었다. 하나님과 거룩한 교제를 나누기에 이보다 적합한 장소는 찾기 힘들 것이다."[90] 제 1회 학생 집회를 한국의 전통 종교를 대변하는 불교의 한 사찰에서 가졌다는 것은 그 자체가 깊은 의미를 담고 있었다. 염불 소리와 목탁 소리 대신 기도 소리가 고요한 깊은 산속의 정적을 깨고 하늘로 향하고 있었다:

> 스님들은 학생들을 위해 자신들의 방 대부분을 양보해야 했고, 반면 외국인 강사들과 대표자들은 이교 신들로 둘러싸인 사찰 안에 야영 간이 침대를 펴고 모기장을 매달았다. 성령의 임재를 위한 수많은 간절한 기도 소리가 부처의 발밑에서부터 하나님의 보좌로 올라가고 있었다. 집회는 때로는 사찰의 막사로 사용하고 있는 한 커다란 한국인 방에서 갖기도 하고 때로는 불상 앞에 있는 대형나무 그늘에서 갖기도 했다. 혹자는 의미를 알 수 없는, 중얼거리며 염불을 외는 늙은 노승들을 바라보면서, 그런 후 그들의 불상 앞에서 심벌 소리가 울리고 드럼 소리가 울려 나는 가운데, 전통적인 기독교 찬양을 부르고, 성령의 임재를 위해 기도하고, 학생들 가운데 주님의 사역을 논의하는 이 열렬한 한국의 젊은이들을 바라볼 수 있어 어제의 한국과 오늘의 한국 사이의 대비가 매우 생생하였고, 한국의 장래에 대한 생각이 끊임없이 우리의 마음에 찾아왔다.[91]

학교에서 엄격히 선별된 가장 뛰어난 학생들이 모인 이번 사경회는 이들을 철저하게 신앙으로 무장시켜 장차 이 민족을 짊어지고 갈 능력 있는 기독교 지도자로 육성하겠다는 깊은 뜻이 내재되어 있었다. 민족의 미래를 염려하는 기독교 민족주의, 기독교만이 이 나라를 구할 수 있는 유일한 소망이라는 확신, 그러므로 젊은이들의 영혼을 구원하는 것이야말로 가장 시급한 과제라는 확신을 갖지 않을 수 없었다. 비록 10개의 학교를 대표하는 46명의 학생들만이 참여한 집회였지만, 그런 면에서 제 1회 학생 사경회의 영적

---

90 Brockman, "Korea's First YMCA Student Conference," 256-257.
91 Brockman, "Korea's First YMCA Student Conference," 257.

분위기는 너무도 진지하였다. 몇 명의 학생들은 집회에 참석하기 위해 무려 300마일을 달려와야 했다. 여섯 교단과 영국인, 미국인, 일본인, 한국인을 포함한 4개국 16명의 강사진이 참여한 것은 이 대회의 중요성을 대변해 주기에 충분하다.[92]

6시 기상으로 프로그램이 시작되어 9시부터 9시 45분까지 YMCA 총무 길렛(P. L. Gillett)이 인도하는 요한복음 강해가 있은 후 한 시간 동안 YMCA 부룩맨(F. M. Brockman)이 인도하는 "신입생을 위한 사역"과 "학생 성경공부"와 같은 실제적인 주제를 다룬 사경회가 이어졌다. 그런 후 11시부터 12시까지 학생들을 위한 강의가 진행되었는데, 한국의 스피어와 모트라고 불리는 게일 박사와 언더우드 박사가 맡았다. 오후에는 전체 학생들이 모여 실내 축구, 야구, 검도 등 다양한 운동경기를 하였다. 학교가 다르고 지역이 다르고 성격이 다르고 비전이 다른 이들이 운동을 함께 하면서 서로의 유대를 견고하게 다지는 모습은 그야말로 장관이었다. 사찰의 운동장에서 펼쳐지는 야구 경기는 생동감이 넘쳤다.[93]

가장 중요한 시간은 저녁 시간이었다. 어두워진 조국의 정치 현실 앞에 장차 무엇을 해야 할지 결정하지 못하고 방황하는 젊은이들에게 저녁 시간은 결단의 시간이었다. 천부적인 재능을 타고난 뛰어난 언변가 김규식의 폐부를 찌르며 다가오는 강의, 제물포의 와이어(H. H. Wire), 개성의 왓슨, 그리고 서울의 게일의 의학, 교사, 그리고 목회에 대한 소명 역시 젊은이들에게 너무도 시의 적절한 강의였다. 탁월한 학생들에게 장차 이 민족을 향해 어떻게 섬길 것인가를 진중하게 생각하도록 만들어 주기에 충분했다.[94]

독립운동의 혐의로 옥살이를 하던 중 감옥에서 주님을 영접하고 그리스도인이 되어 YMCA에서 성경교사로 있는 이상재의 강의 역시 기독교 민족주의에 대한 비전을 젊은이들의 심령에 강하게 심어 주었다. 민족주의와 기독교 신앙을 접목시켜, 기독교가 이 나라의 장래를 책임져야 한다고 확신했던 이상재의 강의는 젊은이들을 매료시키기에 충분했다. 더구나 사경회 내내 뜨거운 태양, 작렬하는 그 여름의 매서운 햇빛 속에서도 학생들과 어울려 야구를 하는 그의 모습은 감동적이었다. "한국인 신사, 아직 어린아이 같

---

92   Brockman, "Korea's First YMCA Student Conference," 257.
93   Brockman, "Korea's First YMCA Student Conference," 257.
94   Brockman, "Korea's First YMCA Student Conference," 257.

은 겸손의 사람! 학생들 사이에 그의 영향은 대단했다."[95]

제 1회 학생 사경회가 장차 한국에 어떤 결과를 가져다 줄지 아무도 예견할 수 없었다. 그러나 분명한 사실은 이 집회를 통해 학생들의 영적인 삶이 더 깊어졌다는 사실이다. 버너블(W. A. Vernable)의 지적대로 "그들 가운데는 이미 자신들의 직업을 선택한 신학생들과 의대생들이 있고, 그들은 이 집회 결과로 더 영적인 설교자들과 더 영적인 의사들이 될 것이다."[96] 이와 같은 확신을 갖는 것은 단지 희망 사항이 아니라 기울어 가는 조국의 현실을 기독교 신앙으로 승화시키며 민족의 미래를 신앙 안에서 염려하는 민족애적인 모습들을 이 젊은이들 속에서 찾아볼 수 있었기 때문이다.

비록 46명이라는 적은 수지만 이들은 당시 한국을 대변하는 대학에서 선별된 탁월한 젊은이들이었으며, 이들 모두가 민족의 장래를 진지하게 염려하는 이 나라의 민족주의자들이었다. 그러나 그들의 민족애는 혁명적인 정치 군사적인 행동을 통해서 이루려는 민족애가 아니었다. 한 나라를 흥하게도 하시고 쇠하게도 하시는 주권적인 하나님께서 이 나라의 장래에 개입하시기를 기도하면서 주어진 현실 속에서 역동적으로 맡겨진 사역을 감당하겠다는 겸손한 민족애, 바로 그것이었다. 그곳에 참석한 학생들과 강사들 모두가 그 출발은 역시 영적각성이라고 확신하고 있었다. 때문에 그 집회는 처음부터 진지했고, 또 그만큼 결실이 있었던 것이다. 마지막 모임은 더욱 잊지 못할 집회였다:

> 만약 당신이 마지막 집회만이라도 참석을 하였더라면! …마지막 날은 결단의 날이었으며, 그들은 특별히 그날 하나님과 함께 떠나고 그를 섬기도록 새롭게 헌신할 것을 권고 받았다. 그들은 이것을 실천에 옮겼다. 그리고 그런 후 그 저녁 그들은 하나 둘씩, 그들 중 22명이 일어서서 어떤 값을 치르더라도 자신들의 남은 생애 동안 주님의 인도를 전적으로 따를 것을 서약하였다. 이것은 어떤 감정적인 설교의 진행 없이 고요하고 조용히 이루어졌다. 그 사경회가 저 학생들에게 무엇을 의미하였는지를 생각해 보라! 그러나 그 영향은 여기서 중단하지 않는데, 왜냐하면 하

95　Brockman, "Korea's First YMCA Student Conference," 258.
96　Brockman, "Korea's First YMCA Student Conference," 257.

루에 수차례 학생들에게 그들이 선별된 대표들이라는 사실과 그들이 배운 것을 자신들의 각 학교에서 전달해야 할 의무가 있다는 사실을 상기시켰기 때문이다.

누가 이 영향의 결과를 측정할 수 있겠는가? 이 대회는 기도 가운데 계획되었고, 기도(성령의 임재하심으로 이 첫 집회가 성격상 영적으로 깊고 그래서 장래의 사경회의 성격을 결정하도록 기도) 가운데 수행되었다. 우리는 이 기도가 응답되었다고 믿는다. 여러분도 지도자들과 연합하여 이 사경회가 한국의 학생들을 그리스도에게로 인도하는 위대한 요소가 되도록 기도하시지 않겠습니까?[97]

당시의 사경회에는 조국의 미래를 염려하는 민족애와 민족복음화만이 이 민족과 이 나라를 살리는 길이라는 확신이 깊숙이 자리 잡고 있었다. 성령의 능력을 힘입어 영적으로 깨어나는 영적각성이야말로 이 시대에 가장 시급한 과제라는 확신이 있었다. 백만인 구령운동이 왜 그토록 많은 사람들에게 설득력이 있었는가 하는 것도 그런 이유에서였다. 이것은 선교사들과 한국인 모두에게 가장 적절한 한국 교회를 위한 비전이었다. 그때만큼 선교사들이 이 일에 자발적이고 적극적이고 그러면서도 감사함으로 참여한 적이 없었다. 그리고 그 백만인 구령운동의 가장 중요한 통로는 사경회와 부흥회였다.

전국으로 확산되는 백만인 구령운동

1910년 7월 25일 전주에서 사역하고 있던 매커친이 보낸 보고서는 지난 1년 동안의 사역 가운데 백만인 구령운동이 얼마나 중요한 위치를 차지했는가를 말해 준다. 그는 연중 사역 중 "지방 교회들 가운데 백만인 구령운동을 제시하고 그 노력을 조직하는 데 약 3주"를 보냈다.[98] 직접 백만인 구령운동에 보낸 시간은 3주에 불과하였지만 부흥회를

---

97 Brockman, "Korea's First YMCA Student Conference," 258-259.
98 그의 연중 사역은 다음과 같다. "세례교인 문답, 성례 집행 및 지방 사경회 인도에 보낸 시간을 포함한 5개월의 순회전도; 우리 선교부 혹은 다른 선교부에서 성경공부를 위해 함께 모인 지도자들을 가르치는 데 2개월 반; 도시 교회들에서 열린 우리의 부흥회와 관련된 특별 노력에 4주, 그리고 백만인 구령운동을 전달하는 데 3주를 보냈다. 남은 3개월도 휴식을 취할 겨를 없이 특별 집회 강의를 준비하거나 지방 전도여행을 떠나거나 다른 선교 사역과 관련된 일을 처리하는 데 보내야

인도하거나 준비하는 데 보낸 4주와 성경공부를 인도하는 데 보낸 2달 반까지 합치면 실제로 상당한 시간을 백만인 구령운동에 투자한 셈이다. 백만인 구령운동에 대한 관심과 노력은 다음과 같은 고백에서도 잘 나타난다:

> 지난 가을 서울에서 열린 공의회에 모인 형제들에 의해 발의된 그 화려한 표어-금년에 백만 명을 그리스도에게로!-에 응하여, 하나님의 백성들에게 신앙에 대한 도전의 말씀을 북동 선교구의 사람들에게 전해 그 호소에 응하여 그들로부터 총 11년 이상의 시간을 드리겠다는 약속을 받아내고, 그들이 마가복음 2,112권을 자유스럽게 분배하기 위해 구입하게 된 것은 나의 특권이 아닐 수 없다.
>
> 7월 초 여름 훈련을 위해 선교부를 떠난 우리의 작은 사역자 집단은, 친절하게도 전주까지 내려와 일련의 특별 집회를 통해 우리를 돕기로 동의한, 평양의 길 목사의 도움을 받아 전주에서 열렸던 불신자들을 위한 전도 집회에서 대단히 도움을 받았다. 우리는 각 가정의 남녀에게 개별적으로 접근해 그들에게 예수의 이야기를 들려주기 위해 시내를 샅샅이 누볐다. 하나님은 우리와 함께하셨고, 우리에게 대단한 즐거움, 우리 심령의 재충전(refreshing)과 사역에의 용기를 주셨다. 강하고 신실하고 진지한 호소력 있는 설교와 하나님의 백성의 진지한 기도의 호소에 응하여 353명의 예수 그리스도에 대한 분명한 결단이 하나님의 말씀을 듣기 위해 밤마다 함께 모인 교회의 교인들에 의해 이루어졌다. 우리는 그분의 은혜에 대해 하나님을 찬양한다.[99]

어느 곳에서나 백만인 구령을 위한 전도 집회가 개최되었고, 평양의 길선주 목사는 자기를 필요로 하는 곳이라면 마다하지 않고 달려갔다. 그리고 그때마다 성령께서는 길선주를 도구로 사용하셔서 모인 이들의 심령을 움직이시고 주께로 돌아서게 만드셨다. 전도 집회 동안 353명이 결신했다는 것은 대단히 고무적인 일이었다. 실제로 그만큼 복

하였다." L. T. Mccutchen, "Annual Report of L. T. Mccutchen," *KMF* VI: 10 (Oct., 1910), 263.

99   McCutchen, "Annual Report of L. T. McCutchen," 264.

음에 대한 반응이 놀랍게 일어났다. 전도 집회가 열리는 동안 "매주 그리스도에 대한 새로운 결단이 이루어지고 있었다."[100] 이와 같은 놀라운 결실을 목도하면서 선교사들은 바쁜 일정을 보내면서도 감사와 감격이 떠나지 않았다. 한국에서 주의 사역을 감당할 수 있게 해주신 하나님께 육신의 고통 가운데서도 감사할 수 있었던 것도 그런 이유에서였다. 매커친의 다음 고백은 그것을 단적으로 말해 준다:

> 방금 막 끝난 교회 회기 동안 내게 이 나라에서 그리고 이때에 주님을 위해 섬길 수 있는 특권에 대한 확신을 강화시켜 주었다. 주님과 교제를 나누는 즐거움 외에 주님의 추수의 벌판에서 섬기는 즐거움에 견줄 수 있는 다른 즐거움은 없다. …나는 내게 좋은 건강과 한국에서 교회 생활을 하면서 한 해 동안 주님과 함께 꾸준하게 사역할 수 있는 기회를 주신 것에 대해 그분께 감사드린다.[101]

이것은 매커친만의 고백이 아니라 한국에서 사역하는 당시의 모든 선교사들과 사역자들의 일치된 고백이었다.

기도회를 통해 원산부흥운동의 불씨를 지핀 매컬리의 말대로, "'백만인을 예수에게로'는 1910년 한국을 위해 하나님이 주신 표어였다." 비록 이것은 인간적으로는 상상하기 힘든 규모였지만 그러나 "하나님께는 모든 것이 가능하다"는 확신, 한국 교회가 엘샤다이 하나님을 의지하는 가운데 "승리의 행군"을 하게 하시려는 섭리가 내재되어 있었다.[102] 철도와 신문이 닿지 않는 오지였지만, 학니스의 백만인 구령운동 주제가가 울려 퍼지는 함흥도 한국의 다른 지역과 마찬가지로 영적으로 꿈틀거리고 있었다. 백만인 구령운동을 위해 38만 명의 인구를 가진 함흥에 할당된 숫자는 2,778명의 현 그리스도인의 거의 10배가 되는 25,000명이었다. "참으로 '사람으로는 이것이 불가능하다'"고 고백할 수밖에 없지만, 그러나 하나님께는 가능하다.

이처럼 백만인 구령운동은 모든 곳에서 실천에 옮겨졌고, 그 가장 중요한 도구는

100　McCutchen, "Annual Report of L. T. McCutchen," 265.
101　McCutchen, "Annual Report of L. T. McCutchen," 263.
102　Louise H. McCully, "Extract from Ham Heung Annual Report," *KMF* VI: 11 (Nov., 1910), 273.

특별 집회, 부흥회, 사경회라는 이름으로 진행된 전도 집회였다. 1910년 7월 초에 위주에서 특별 부흥회가 열렸고, 6월에 평양에서도 전체적인 전도 집회가 지난 가을에 임명된 모든 교회 지도자들을 위한 모임과 연계하여 열렸으며, 거의 같은 기간에 개성에서도 대규모 전도 집회가 열렸다. 7월 위주에서 열린 특별 전도집회에 200명이 그리스도인이 되기로 결심했고, 3주 동안 열린 개성 부흥회에서는 무려 2,000명의 결신자가 나왔다.[103] 2,000명 이상이 실내를 가득 메운 가운데 가진 의주 저녁 전도 집회에는 상당히 많은 불신자들이 초청을 받고 참석하였다가 말씀의 은혜를 받고 결신하였다.[104]

특별 부흥회와 전도 집회가 1910년 7월 내내 재령 선교부에서 열렸다. "무더운 여름 시즌에도 불구하고 그들이 이 영광스러운 사역을 계속했다"[105]는 것은 그들이 얼마나 복음 전도에 불타고 있었는가를 말해 준다. 전주에서도 7월 일주일간의 기도회를 가진 후에 길선주 목사의 인도로 진행된 부흥회에서 11일 동안에 353명이 결신하였다. 이 부흥회는 새 신자들을 위한 일주일간의 저녁 성경공부 후에 개최되었는데, 그 기간에 행한 길선주 목사의 설교는 그곳에 모인 이들을 완전히 사로잡는 능력의 메시지였다.[106] 서울에서 열린 일련의 집회에서도 성령의 임재와 영적인 각성이 감지되었으며, 선교사들은 이것이 "하나님이 서울에 큰 축복을 준비하고 계시는 한 예고"[107]이기를 희망하였다.

1910년에 가진 일련의 부흥회와 사경회의 저녁 집회는 이전의 부흥운동의 집회와 성격을 달리했다. 이전의 부흥 집회가 기성 신자의 영적각성에 초점이 맞추어졌다면 백만인 구령운동의 일환으로 전개된 전도 집회는 새 신자 전도에 초점이 맞추어졌다. 이것은 백만인 구령운동을 전개하면서 각 선교회와 선교부가 새 신자 전도에 목표를 설정하고 모든 노력을 기울였기 때문이다.

1907년 평양대부흥운동의 영적각성이 선행된 가운데 이어 수적인 성장이 이어졌다. 대구 지역의 연례 남자 사경회에서는 500명의 참석자들이 16,000권의 낱권 성경을

---

103   "Notes from the Stations," *KMF* VI: 8 (Aug., 1910), 195.
104   Mrs. Swallen, "An Account of a Good Time in Wei Ju," *KMF* VI: 9 (Sep., 1910), 236-237.
105   "Notes from the Stations," 196.
106   "Notes from the Stations," *KMF* VI: 9 (Sep., 1910), 218-219.
107   "Notes from the Stations," 218-219.

구입했고, 평양에서는 800명이 26,000권의 복음서를, 그리고 선천에서는 1,100명이 35,000권이나 구입했다. 서울 근교의 170명이 참석한 한 작은 지방 사경회에서는 101명이 무려 5,247권의 복음서를 구입했고, 1,175일의 날연보를 작정하기도 하였다.[108]

지난 25년 동안 한국 교회는 은둔의 나라에 첫발을 디딘 첫 선교사들이 기대했던 것보다 훨씬 더 빠르게 성장하고 있었고, 놀랍게 하나님의 축복을 받았다. 지난 수년 동안 한국은 놀라운 방법으로 기독교를 대중화시키는 데 성공했다. 미국과 영국의 목회자들은 이 나라에 베푸신 하나님의 은혜를 끊임없이 강단에서 선포하고 있다. "한국은 변하고 있으며, 빠르게 변하고 있다." "한국은 더 이상 잠자고 있지 않다." 일부 비평가들이 잠자는 한국이라고 비판하였던 이 나라가 놀랍게 변하고 있었다. "오늘날 한국은 깨어 각성하고 있다!!"[109]

이와 같은 놀라운 영적각성을 보고하면서 코리아 미션 필드의 편집자는 "무엇이 이토록 한국을 변하게 만들고 있는가?"라는 근본적인 질문에 대해 주저하지 않고 성경이라고 진단했다. "일반적으로 말해 한국의 그리스도인들은 성경을 사랑하는 영혼이다. 흔히 그는 성경 외에 세상의 다른 책을 가지고 있지 않다."[110] 변하는 시대에 불변하는 말씀, 성경은 이 시대에 한국인들이 가장 필요로 하는 것이라는 확신이 이들에게 있었다. 따라서 한국의 아들딸들에게 성경을 주는 것이야말로 이 나라의 진정한 필요를 채워 주는 것이라는 확신이 있었다.

아더 브라운이 해외 선교의 이유와 방법에서 지적한 것처럼, "역사(歷史)는 하나님의 말씀이 지적 및 영구적인 신앙에 필요 불가결하다는 사실을 입증하였다."[111] 이 같은 현상은 세계 어느 선교 지역에나 마찬가지겠지만 한국에서 더 강하게 나타났다. 처음부터 언더우드와 아펜젤러를 비롯한 선교 1세대들은 한국 선교를 말씀의 토대 위에 구

---

108 *KMF* VI: 3 (Mar., 1910), 53. 3개의 큰 선교부의 사경회에서 온 하루를 전도하는 일에 바치겠다고 작정한 한 날연보가 36,696일이었으며, 그중 25,116일이 1910년 1월부터 3월까지에 집중되었다. 이 숫자는 279명이 3개월 동안 매일 이 일에 전념하는 양의 헌신이었다.
109 F. G. V. "The Great Present Need of Korea," *KMF* VII: 4 (Apr., 1911), 104-105.
110 F. G. V. "The Great Present Need of Korea," 105.
111 Arthur Judson Brown, *The Why and How of Foreign Missions* (New York: Domestic and Foreign Missionary Society of the Protestant Episcopal Church in the United States of America, 1911), 132.

축하기 위해 성경 번역 사업은 물론 사경회를 비롯한 체계적인 성경공부운동을 전개하기 위해 온갖 노력을 다했다. 이와 같은 말씀 중심의 한국 교회 구축이 대부흥운동의 중요한 밑거름이 되었다.

1890년에 채택된 네비우스 선교 정책을 통해 처음부터 말씀 중심의 신앙교육을 구현해 왔고, 말씀에 대한 연구는 자연히 구령에 대한 열정을 더해 주었다. 부흥운동의 중심에는 사경회가 깊숙이 자리 잡고 있었다. 19세기말 미국 부흥운동이 사경회운동과 더불어 저변 확대된 것처럼 한국의 부흥운동도 사경회운동과 더불어 전국적으로 확대되어 나갔다. 부흥운동과 백만인 구령운동이 전개되는 동안 말씀을 읽고 배우려는 열정이 어느 때보다도 더 강하게 일어났다.

체계적인 말씀 연구는 복음의 진리를 깨닫게 만들고, 복음의 진리를 깨달은 이들은 다시 그 복음의 진리를 다른 사람들에게 전하게 마련이다. 사경회를 통해 말씀의 은혜를 깨달은 이들은 백만인을 그리스도에게로 인도하자는 백만인 구령운동에 자발적으로 참여하기 시작했다. "재령에서는 무려 10,000명이나 '날연보'에 서명했고, 평양에서는 1,800명이 서명한 날수가 무려 22,000날을 넘어섰다. 부산에서는 연례 사경회에 참석한 400명이 3,500일을 약속했고, 거의 10,000부에 가까운 마가복음서를 팔았고, 사경회가 진행되는 10일 동안 매일 200명의 사람들이 사경회가 열리고 있는 지역 반경 3마일 내에 있는 모든 마을에 가서 복음을 전했다."[112] 단순하게 사경회에서 말씀만 배우는 것으로 끝나지 않고 실제로 마을로 가서 복음을 전하는 일에 동참했다. "의주 여자 사경회에서는 끝 날에 345명의 여성들이 2,300일의 전도를 약속했고, 1,200권의 복음서 낱권을 구입했다."[113]

성서공회는 20만 권의 마가복음을 발행했으나 이것으로는 수요를 충당할 수 없어 10만 권을 더 인쇄해야 했고, 100만 부의 전도지가 인쇄되었으며, 600명이 참석한 한 사경회에서는 5,000일의 날연보가 작정되었고 그중에 13명이 무려 3개월간을 작정하기도 했으며, 전도용으로 배부하기 위해 5천 권의 복음서가 판매되었다. 250명이 참석

112　Harry Rhodes, *History of The Korea Mission, Presbyterian Church of the U.S.A. Vol. I 1884-1934* (Seoul: YMCA, 1934), 287.

113　Rhodes, *History of The Korea Mission, Presbyterian Church of the U.S.A. Vol. I 1884-1934*, 287.

한 또 다른 사경회에서는 2,700일이 작정되었고, 무려 4,000권의 복음서가 판매되었다.[114]

"백만인 구령운동이 진행되는 동안 한국 그리스도인들은 100,000일을 전도했고, 수백만의 전도지와 70만 권의 낱권 복음서를 분배했으며, 한국의 거의 모든 마을을 방문했다. 평양 장대현교회에서 열렸던 10일간의 전도 집회 동안에 700명이 결신했고, 중학교 출판부에서 발행한 73,000장의 전도지가 분배되었다."[115] 전도지를 이와 같이 분배할 수 있었던 이면에는 기독교서회의 전신, "한국 성교서회"(Korea Religious Track Society)의 헌신적인 노력이 있었기 때문이다. 한국 성교서회가 1910년 1월부터 12월까지 출판한 것은 전도지 210,000개, 34,000권의 서적, 3,180,000장의 백만인 구령운동 전도지였다.[116]

---

114   미국 성서공회와 영국 성서공회는 1913년 50만 권 이상의 낱권 성경을 한국에서 배본했다. Kenneth S. Latourette, *A History of the Expansion of Christianity* Vol. VI (New York: Harper & Row, Pub., 1944), 424.

115   Greenfield, "The Korean Religious Tract Society," *KMF* VII: 3 (Mar., 1911), 78.

116   Greenfield, "The Korean Religious Tract Society," 78.

제 16 장
백만인 구령운동의 재편과 영향

> 아무도 백만 명의 새 신자가 백만인 구령운동 기간 동안에 생겨났다고 주장하지는 않는다. 몇 사람은 그 슬로건 자체가 잘못이었다고 생각한다. 그 후 수년 내에 새로운 회심자들이 신앙으로부터 떨어져 나갔다. 그럼에도 불구하고 모든 사람들은 백만인 구령운동이 놀랍게 유익했다는 사실에 동의한다.
>
> 1910, *Annual Meeting, PCUSA*

1910년 8월 22일 치욕적인 한일 합방조약이 체결된 뒤 "대한" 대신 "조선"을 사용해야 했고, 영어 명칭도 지금까지 사용해 오던 코리아(Korea) 대신 조선(Chosen)으로 바뀌었다. 1911년에 들어서면서 한국에 대해 우호적이었던 선교사들마저 코리아 대신 조선을 사용하기 시작했다. 한국의 주권이 그토록 철저하게 유린당하는 시대적 상황 속에서 기독교가 이 민족의 소망으로 점점 부상하고 있었다는 것은 하나님의 섭리였다. 수많은 애국자들이 기독교로 귀의하고, 과거 민족의 중흥을 일선에서 꾀하던 기독교 정치 지도자들도 선교 현장에서 인재를 양성하거나 민족복음화를 달성하기 위해 혼신의 노력을 기울이기 시작했다.

복음에 대한 한국인들의 반응은 너무도 놀라웠다. 1910년 세계 선교대회(World Missionary Conference)에서 한 선교사는 "비기독교 세계에 대한 복음 전파"라는 보고서에서 다음과 같이 기술하였다. "한국에서의 복음의 상황 가운데 가장 저항할 수 없는 특징은 모든 신선한 노력에 대한 놀라운 반응이다. 그런 상황은 복음 전파의 긴박성을 말해 준다. 현재는 전국의 모든 상황이 이 나라의 신속한 복음 전파를 촉진하기 위해 연합하는, 한국 백성의 역사에서 좀체 찾아보기 드문 시기이다. 한국은 아마도 오늘날 비기독교 국가 중 가장 매력적이고 가장 빠르게 반응하는 선교지일 것이다. 신앙, 풍습, 관습을 동반하는 옛 문명은 완전히 지리멸렬해졌고, 새로운 한국이 우리 눈에서 발흥하고 있다."[1]

한국에서 사역하거나 한국을 방문한 외부 인사들은 하나같이 지금이야말로 복음을 전하는 절호의 기회라고 생각하고 있었다. 그들은 기독교만큼 이 민족의 관심을 사로잡는 것이 없으며, 이것을 대신할 아무것도 없다고 확신하고 있었다. "지금 전개되고 있는 이 같은 상황의 이점을 최대한으로 이용한다는 것은 현 세대(世代)내에 이 민족을 완전히 복음화하는 것을 의미한다. 반면 현 기회를 이용하는 데 실패한다는 것은 그만큼 현재 진행되고 있는 급성장하는 한국 교회를 퇴보시키고 물질주의, 합리주의, 그리고 회의주의의 세력에 길을 내주는 정반대의 결과를 초래할지도 모른다는 것을 의미한다."[2]

따라서 한국의 복음 전파는 시급한 시대적 과제이자 사명이 아닐 수 없었다. 복음 전파를 위해 최선의 노력을 기울여야 할 이유가 여기 있다. "한국의 거의 전 인구는 지금 복음을 들을 준비가 되어 있다. 이 백성들이 겪고 있는 어려움은 그들이 대량으로 위로와 힘을 얻기 위해 기독교로 돌아서도록 만들어 줄 것이다. 선교사들의 가르침뿐만 아니라 외부 세계와 교육의 진보와의 접촉은 깊이 자리 잡고 있는 미신숭배사상을 일소시켜 주었다. 정치 지도자들은 회유적이고, 몇몇의 경우 기독교운동에 직접적으로 도움이 되었다."[3] 1910년 하반기에 들어서면서 전도 집회에 대한 필요성이 더욱 고조된 것은 자연스러운 일이었다.

1. 새롭게 재편된 백만인 구령운동

주권상실의 슬픔 속에서도 이 민족이 보여 준 복음에 대한 반응은 암흑 가운데 빛

---

1 "The Work to be done in Korea," *KMF* VII: 8 (Aug., 1911), 221.
2 "The Work to be done in Korea," 221.
3 "The Work to be done in Korea," 221-222.

나는 샛별과 같았다. 1910년 가을, 한일합방의 쓰라린 고통을 제일 먼저 피부로 접한 서울 지역의 선교사들이 가장 먼저 착수한 일은 민족복음화에 대한 비전을 새롭게 다지는 일이었다. 좀 더 체계적이고 조직적으로 서울에서 대대적인 전도 집회를 열기 위해 언더우드, 노블, 게일, 저다인, 하디 등 지금까지 부흥운동에 지대한 관심을 가지고 있으면서 실제로 부흥운동의 지도자로 쓰임받고 있던 선교사들이 중앙위원회를 구성하였다.[4] 이들 외에 길렛, 로톤(B. L. Lawton), 휴 밀러, 벙커, 호가드(Robert Hoggard), 아비슨, 커티스 등 지도급 선교사들이 대거 동참했다.[5]

서울 지역 선교사들이 중심이 되어 1910년 대규모 서울 전도 집회를 열기로 결의한 이면에는 이유가 있었다. 1909년 장감연합공회에서 1년 동안 백만인 구령운동을 전개하기로 결정하였으나 실제로 여러 가지를 종합해 볼 때 "서울의 그리스도인들이 대규모 전도 집회에 대한 준비가 되어 있지 않다는 사실에 대해 의견의 일치"가 있었다. 그래서 이들은 모두가 더 많은 기도를 하기로 동의하고 지난해 가을의 계획을 일단 제쳐두기로 했었다.[6] 그러나 봄이 왔을 때 개교회가 적지 않은 노력을 기울였지만 노력을 총동원하기가 쉽지 않아 서울의 사역자들과 목회자들이 봄 대신 여름에 전도 집회를 열기로 동의하였다. 그러나 막상 여름은 우기인데다 적지 않은 선교사들이 선교지에 없어 10월에 전도 집회를 여는 것이 가장 바람직하다는 최종적인 견해가 나왔던 것이다.

언더우드가 의장에, 길렛이 부의장에, 서기에는 로톤이, 그리고 재정에는 휴 밀러가 선출되었다.[7] 서울 전도 집회는 처음 계획과는 달리 상당히 확대된 것이었다. 전도 집회의 중요성을 잘 알고 있던 많은 선교사들이 민족복음화운동에 주저하지 않고 동참했기 때문이다. 그 결과 처음에는 몇몇 뜻 있는 선교사들 차원에서 소규모로 추진하려던 전도 집회가 전국적인 전도 집회로 확대되었다. 장로교는 전국에 한 달 동안 사역을 추진하기로 하였고, 지방 각 선교 지역 출신 몇몇 한국의 지도적인 사역자들이 서울의 사역자들과 함께 매일 모임을 갖고 전도 집회를 계획하고 준비 기도회를 가졌다. 그들은

---

4   Member of the Central Committee, "Evangelistic Campaign," *KMF* VI: 11 (Nov., 1910), 289-291.
5   Member of the Central Committee, "Evangelistic Campaign," 289-291.
6   H. G. Underwood, "The Beginning of the Seoul Campaign," *KMF* VI: 12 (Dec., 1910), 298.
7   Underwood, "The Beginning of the Seoul Campaign," 298.

10월 서울에서 대규모 전도 집회를 열고, 그 후 전도 집회를 전국으로 확대하기로 의견의 일치를 보았다.

총동원 서울 전도 집회

1910년 가을에 계획된 서울 전도 집회는 여러 가지 면에서 매우 시의 적절했다. 먼저 사람들의 심령이 복음을 받아들일 준비가 되어 있었다. 정치적으로는 그 해가 국권이 상실당하는 암흑기였지만 영적으로는 말 그대로 "엄청난 기회의 때였다."[8] 이와 같은 시기에 대규모 전도 집회를 갖는다는 것은 고무적인 일이었다. 이 일을 추진하기 위해서는 철저한 사전 준비와 기도가 요구되었다. 여러 지방에서 올라온 교회 지도자들이 1910년 9월 26일부터 10월 1일까지 일주일간 모여 서울 전도 집회를 지원할 수 있는 방법을 모색했다. 전도 집회는 10월 2일부터 10월 30일까지 한 달 동안 서울의 모든 교회들에서 개최되었다. 전국 교회는 1910년 10월 24일부터 30일까지 1주일 동안 기도의 날로 정하고, 서울 전도 집회가 전국적인 전도운동으로 확대될 수 있도록 합심해서 기도했다.[9]

서울 전도 집회가 끝나는 1910년 10월 30일부터 전국의 각 선교부에서 전도운동을 전개하기로 뜻을 모았다. 그것은 서울 전도 집회에 참석하였던 사역자들이 자신들의 선교구로 돌아가 부흥운동을 확산할 수 있도록 하겠다는 의미에서였다. 서울을 시작으로 전국의 각 선교부로, 다시 각 선교부에서 각 선교구로 전도 집회를 확대시켜 나간다는 계획이었다. 11월 9일경에는 각 지방 전도 집회가 모든 선교부 교회에서부터 시작되어, 교회 지도자들이 선교부 부흥회(Station Revival Meetings)에서 자신들의 선교지구로 돌아가 선교지구 전도 집회(circuit meetings)를 인도하고, 이때 각 교회 교인들을 집회에 참석시킨다는 계획이었다. 그리고 11월 16일경에는 남은 모든 교회에서 전도 집회를 개최할 예정이었다. 이렇게 해서 11월 안에 전도 집회를 모두 끝낸다는 구상이었다.[10]

중앙위원회를 통해 전도 집회가 서울뿐만 아니라 전국적으로 확대될 수 있도록 상

---

8   Member of the Central Committee, "Evangelistic Campaign," 290.
9   Member of the Central Committee, "Evangelistic Campaign," 290.
10 Member of the Central Committee, "Evangelistic Campaign," 290.

당한 준비가 진행되었다. 전도 집회는 중앙위원회가 총괄하고 각 지방의 전도 집회는 각 지방 전도위원회가 추진하도록 되어 있었다. 중앙위원회 외에 각 선교부에서 효과적으로 이 일을 추진하기 위해 모든 선교부마다 전도 집회의 계획, 추진, 진행 등 일체를 체계적이고 조직적으로 운영하기 위해 위원회를 구성하도록 요청을 받았다.

서울 전도 집회의 한 사례, 남대문교회

전도 집회는 어느 한 곳에서 집단적으로 사경회처럼 열리는 것이 아니라 서울의 각 지역의 개교회별로 준비하고 개최되었다. 서울 지역의 모든 선교사들이 서울 전도 집회에 총동원되었다. 심지어 의료 선교로 눈코 뜰 새 없이 분주한 아비슨이 맡고 있는 남대문(South Gate)교회에서도 전도 집회를 위한 준비가 차질 없이 진행되었다. 남대문교회에서는 전도 집회가 시작되기 전 한 주간 동안 심야 기도회가 임시 교회로 사용하고 있는 텐트에서 열렸다. 많은 교인들이 참석했으며, 참석자들은 다가오는 전도 집회가 성공을 거둘 수 있도록 진지하게 기도했다. 이번 기회를 통해 한 심령이라도 더 구원해야겠다는 각오로[11] 집회를 준비한 것이다. 집회가 시작되자 모든 사역자들은 낮 사역을 준비하기 위해 매일 아침 9시에 모였다. 집회 기간 중 한 주간 동안 16명에서 20명이 매일 새벽에 모여 전도 집회를 위해 기도하였다.

각 교회마다 진행 본부로부터 전도 지역이 할당되었고, 개교회에게 맡겨진 지역은 다시 세분화되어 어느 한 곳도 전도 대상에서 제외될 수 없었다. 남대문교회도 예외는 아니었다. 다른 색깔의 전도지가 전도용으로 분배되었다.[12] 7시 30분에 열리는 저녁 전도 집회에 참석하는 이들을 돕기 위한 위원회도 조직되었다. 각 집회마다 그리스도에 대한 초청의 시간이 주어졌고, 매일 결단하는 이들이 생겨났다. 전도 집회가 열리는 어느 한 밤, 인근의 한 마을에서 온 14명이 결신했으며, 어느 한 저녁에는 43명이 예수 믿겠다고 일어섰다.[13] 매일 저녁 열리는 전도 집회는 이미 주님을 영접한 가족이 다른 가족들

---

11   Member of the Central Committee, "Evangelistic Campaign," 291.
12   O. R. Avison, "How the Work was carried on at the South Gate," *KMF* VI: 12 (Dec., 1910), 300.
13   Avison, "How the Work was carried on at the South Gate," 300.

에게 전도할 수 있는 절호의 기회였다. 몇몇 지역에서는 전 가족들이 그리스도인이 되는 경우도 있었다. 두 지역에서는 가족 8명이 모두 결신하였고, 수많은 이들이 주님을 영접하였다. 사역자들은 전도 집회의 마지막 주에 함께 모여 결신자들의 수를 정리하면서 놀라움을 금치 못했다. 새로 세워진 아비슨이 맡은 남대문교회는 전도 집회 이후 350명의 교회로 급성장하였다.[14]

　이와 같은 전도 집회가 성공을 거둘 수 있었던 가장 중요한 이유는 한국인 사역자들의 열심 때문이었다. 노블이 지적한 대로 "한국인 사역자들은 열정에 있어서 외국인들을 앞질렀다." 가가호호를 방문하면서 성경을 나누어 주거나 전도지를 배부하는 한국인 사역자들의 열성은 전도 집회 현장에 있는 모든 선교사들에게 대단한 도전과 용기를 주었고, 깊은 인상을 남겼다. 아비슨의 고백처럼 선교사들은 한국인 사역자들이 "집회가 열리는 한 달 동안 매일 집집마다 방문하면서 지속적으로 열심을 갖고 전도하는 것을 보고는 놀라지 않을 수 없었다."[15]

　서울 전도 집회도 구상은 처음에 선교사들이 했지만 집회를 인도하고 실제로 전도를 실천한 사람들은 한국인들이었다. 민족복음화라는 이상 앞에, 이 긴박하고 절실한 복음 전도 사역에 그들은 만사를 제쳐두고 뛰어들었던 것이다. 그리고 한국인 목회자들과 교회 지도자들도 이 일에 헌신적으로 참여하였다. 부흥운동을 거치는 동안 훈련된 한국인 목사들의 설교는 이제 수준급이었다. 수많은 불신자들이 참여한 서울의 한 전도 집회에서는 예화를 곁들인 한 감리교 목사의 설교가 모인 청중들을 완전히 사로잡아 진한 감동과 도전을 주었다. 그날 그의 예화는 복음을 알지 못하는 믿지 않는 사람들에게 하나님의 사랑과 복음의 본질을 너무도 잘 그려 준 감동적인 예화였다. 그날, 설교가 끝나고 38명의 남녀가 자리에서 일어나 새로운 인생을 살기로 결단하였다. 놀라운 전도 집회가 연일 계속되고 있는 바로 그때 선교 사역을 처음 시작한 루이스(Margo Lee Lewis)는 한국인의 전도열과 복음에 대한 놀라운 반응에 그저 놀랄 뿐이었다.[16]

14　Avison, "How the Work was carried on at the South Gate," 300.
15　Avison, "How the Work was carried on at the South Gate," 300.
16　M. L. Lewis, "First Impressions and First Work," *KMF* VI: 12 (Dec., 1910), 302.

총동원 지방 전도 집회

1910년 10월 한 달 동안에 서울 전도 집회가 성공적으로 끝난 후 이어 10월 30일부터 각 선교부별로 지방 전도 집회가 열렸다. 전국의 선교부는 거의 10일 동안 정규 선교 사역을 중단하고 전도 집회를 열었다. 지방 전도 집회 역시 결실이 적지 않았다. 이미 평양대부흥운동을 통해 전국에 알려진 길선주 목사가 대구 지방 전도 집회 강사로 초빙되었다. 대구 선교부가 한국 전역에서 가장 영향력 있는 사람으로 평가받고 있는 평양 장대현교회 길선주 목사를 초빙할 수 있었던 것은 대단한 영광이었다.[17] 애나 밀스(Anna Rae Mills)가 1909년 여름 여행을 하면서 어디서나 길선주 목사에 관한 이야기를 들었다고 고백할 정도로 당시 길선주의 인기는 대단했다. 밀스가 말한 대로 "그는 모든 한국인들이 따르고 인용하고 숭상하고 신뢰하는 사람이었다."[18]

길선주를 관심 있게 지켜본 이들은 "길 목사의 방법"이 "채프만 박사가 사용하는 방법과 상당히 닮은 것을 알고는 놀라움과 흥미를 감출 수 없었다."[19] 길선주가 인도하는 집회는 준비 기도부터 청중들이 은혜를 받았다. 성령의 사람, 길선주의 기도는 그 자체가 선지자의 외침처럼 감동적이었다. 말씀과 기도로 특징되는 길선주의 부흥회가 대구 지방 전도 집회에서도 그대로 나타났다. 대구 집회에서도 그의 "기도가 모든 것을 압도하였다."[20] 특히 그가 인도하는 새벽기도는 어느 시간보다도 인상적이었다. 그 현장에 참석했던 애나 밀스는 자기가 받은 인상을 이렇게 기록했다:

> 일주일 전 교회에서 매일 새벽 5시에서 6시까지 내 생각으로는 5, 6백 명의 한국인이 참석한 가운데 기도회를 가졌다! 나는 그 새벽 시간에 두 번 일어났으나 한국인들은 오전 6시 30분부터 오후 5시 30분까지의 그들의 낮 사역에도 불구하고 전 일

17　Anna Rae Mills, "A Letter from Taiku," *KMF* VII: 1 (Jan. 1911), 10.
18　Mills, "A Letter from Taiku," 10.
19　Mills, "A Letter from Taiku," 10.
20　Mills, "A Letter from Taiku," 10.

주일 동안 계속 정규적으로 새벽기도를 드렸다. 만약 새벽 5시에 시작하여 저녁 집회가 끝나는 오후 10시까지 계속한다면 참석자들이 육신적으로 이상이 생길 수 있음을 알고 있었기 때문에, 전도 집회가 실제로 시작되자 아담스는 새벽기도 시간을 6시 30분으로 바꾸었다. 그러나 정기적으로 새벽 5시에 일어나 기도하던 습관대로 수많은 한국인들이 그 시간에 일어나 기도했고, 그것도 모자라 1시 30분에, 그리고 다시 저녁 6시 30분에 기도를 계속했다.[21]

항상 그렇듯이 길선주 목사가 인도하는 대구 집회에서도 놀라운 결과가 나타났다. 특히 그가 인도하는 저녁 집회는 매우 인상적이었다. 기성 신자들은 뒷좌석에 비좁게 자리를 잡고 앞자리는 새로 전도한 이들의 차지였다. 대부분의 기성 신자들은 믿지 않는 친구들을 동반하고 저녁 전도 집회에 참석했다. 저녁 집회 설교는 낮 집회와 완전히 달랐다. 성령의 강권적인 역사가 나타났지만, 그곳에 참석한 애나가 "나는 결코 그리스도인들이나 비그리스도인들 여인들 가운데 울부짖는 것을 보지 못했다"[22]고 증언한 대로 그곳에서는 "어떤 감정적인 흥분"(any emotionalism)은 없었다. 길선주의 말은 대단히 빨랐고 그가 사용하는 어휘는 유창했으며, 청중들을 완전히 압도했다. 이 10일 동안의 집회 동안 "믿기로 작정한" 이들이 5백 명이 넘었다.[23]

14년 전만 해도 주의 이름을 부르는 이가 하나도 없던 이곳 대구에 그와 같은 놀라운 전도의 결실이 맺혀진 것은 대단히 놀라운 일이었다. 오랫동안 복음이 닿지 않은 영혼의 불모지, "사악하고 무지하고 가난에 찌든 도시,"[24] 대구에 5백 명의 회심자가 생겨났다는 사실을 상상해 보라! 전도 집회가 끝난 후 대구 선교부의 기성 신자들은 새롭게 재충전을 받았으며, 결신자들이 영입되면서 선교부 산하 각 교회는 활력이 넘쳤다.

거의 같은 기간에 열린 선천 전도 집회도 대단히 성공적이었다. 선천 선교부는 "사

---

21 Mills, "A Letter from Taiku," 10.
22 Mills, "A Letter from Taiku," 13.
23 Mills, "A Letter from Taiku," 13.
24 Mills, "A Letter from Taiku," 13.

람들이 있어야 전도 집회를 가질 것이 아니냐"[25]고 반문할 정도로 인구가 적은 곳이었다. 때문에 선천 선교부는 이미 믿는 이들을 선천 지방의 여러 곳에서 뽑아 일종의 대표자들이 전도 집회를 개최하고, 이들을 가까운 마을로 보내 저녁 전도 집회를 갖도록 계획하였다. 이미 복음을 받아들인 중학생들과 초등학생들은 전도 집회가 열리는 한 주간 동안을 전도로 보냈다. 선천 외곽 27개 장소에서 전도 집회가 열려 많은 사람들이 결신했다.

일부 지역에서는 동네 사람들이 집단으로 몰려와 예배를 드리기 위해 모인 이들을 구타하는 일도 발생했지만 전반적인 결과는 고무적이었다. 주님을 받아들이는 이들이 적지 않게 생겨났다. 주변 동리 사람들이 장을 보기 위해 모이는 시골 장터는 전도하기에 아주 적합한 곳이었다. 장날에 열린 전도 집회에는 1,000명 이상이 모였으며, 그중 약 40명이 주님을 믿기로 결신하였다. 이들은 교회를 떠나기 전에 이름을 기록하고 각자 기도를 받았다. 이렇게 해서 선천 전도 집회 기간 중 결신자가 총 700명이나 나왔다.[26]

대구에서 성령의 사람 길선주가 전도 집회를 인도하고 있는 동안, 이곳 선천에서는 황해 지방의 능력의 종, 김익두가 전도 집회를 인도하고 있었다. 민족의 주권을 상실당한 그 암흑의 시기에 김익두가 서서히 무대에 등장하기 시작한 것이다. 선천 전도 집회 현장을 처음부터 지켜 본 매큔이 지적한 대로 "황해 지방의 김익두 목사가 특별한 열정과 능력을 가지고 왔으며, 그것은 전 교회에 놀라운 축복이었다."[27] 평양 신학교를 졸업하고 복음에 대한 타고난 열정을 소유한 김익두는 참으로 복음 외에는 무식하다는 평을 받을 만큼 순수한 복음의 사람이었다. 복음을 그대로 받아들이고 믿고 그것을 실천하며 전했던 부흥사 김익두가 선천에서 부흥 집회를 인도한 것은 그런 면에서 매우 의미가 있었다. 그가 인도하는 저녁 집회 때 은혜를 받은 이들이 구령의 열정에 견딜 수 없어 사방으로 흩어져 복음을 전했다. 해주에서도 "기억될 만한 부흥회"가 열린 것이다:

> 비록 비가 내렸지만 400명 이상의 새 신자가 등록했고, 전 교회가 영적으로 깨어

---

25 Rev. McCune, "The Campaigns in Syen Chen," *KMF* VII: 1 (Jan, 1911), 21.
26 McCune, "The Campaigns in Syen Chen," 21.
27 McCune, "The Campaigns in Syen Chen," 22.

났다. 교회에 새 생명이 주어졌으며, 우리가 떠나면서 주일까지 이틀 동안 그들 자신들이 계속하기로 결정하였다. 특별 집회는 오후에 열렸다. 하나는 성인들을 위해서 열렸으며 그것은 대단히 흥미가 있었다. 두 번째는 어린이들을 위해 열렸으며, 이들 집회 가운데 한 집회에는 모든 공립학교 어린이들이 왔으며, 1,000명 이상의 어린이가 참석했다.[28]

비록 시골이었지만 해주에는 22년 된 신자도 있었고, 지난해 노회에서 목사 안수를 받은 목사도 있었으며, 세브란스 의대를 졸업하고 선천에서 병원을 운영하는 세브란스 졸업생도 있었다.[29] 목회자도 양성되고 의사도 배출됨으로써 1910년말에 들어서면서 기독교는 서서히 제도적 틀을 갖추기 시작했다.

1910년 12월, 원산에서는 캐나다 장로교회와 남감리교가 연합으로 백만인 구령 운동을 위한 전도 집회를 개최하였다.[30] 그곳에서 전도 집회와 개인 사역을 지원하기 위해 스왈른, 컬리어, 존 로스, 영(Lither L. Young), 맥레오드(J. M. McLeod), 맥밀란(Kate McMillan)이 함께하였다. 이번 원산 집회는 과거 어느 때보다도 놀라운 결실이 맺혀졌다.

민족과 편견을 넘어 집회에 참석한 중국, 일본, 한국인이 연합으로 기도회를 가졌다. 이것은 과거에는 찾아볼 수 없었던 복음 안에서 하나된 모습이었다.[31] 전에 없이 원산 도시 전체가 "그리스도에 대한 감동"으로 충만했다. 소수를 제외하고는 모든 심령들이 복음에 열렸으며, 기꺼이 복음을 듣기를 원하였다. 교회들이 "저녁 집회는 사람들로 가득 찼고, 2천 명이 결신했다."[32]

백만인 구령운동이 전개되는 동안 안동에서도 전도 집회가 열려 교회에 새로운 영적인 활력을 불어넣어 주었다. 1909년 7명으로 시작한 그곳 안동의 어느 교회는 설립된

---

28 McCune, "The Campaigns in Syen Chen," 22.
29 McCune, "The Campaigns in Syen Chen," 22.
30 Elizabeth A. McCully, "Wonsan Bible Conference," *KMF* VII: 11 (Nov., 1911), 331.
31 McCully, "Wonsan Bible Conference," 331.
32 "Notes from the Stations," *KMF* VII: 2 (Feb., 1911), 36.

지 불과 1년 만인 1주년 기념예배 때 교인이 70명으로 증가하였고, 1910년 10월 30일 교회 건축 후 드린 첫 예배 때는 400명이 교회당을 가득 메웠다. 이와 같은 놀라운 성장 속에서 그 해 11월 13일 주일날 평양의 길선주 목사의 인도로 부흥회가 열렸다.[33] 길선주가 가는 곳마다 놀라운 성령의 역사가 나타났으며, 이 점에서 안동도 예외일 수 없었다. 새벽기도와 말씀 공부와 저녁 전도 집회는 길선주가 인도하는 사경회에서 가장 중요한 세 가지 요소들이었다.

안동에서 열린 길선주의 사경회 역시 아침 일찍 새벽기도를 시작으로 집회가 시작되어, 10시에는 교회에서 그가 인도하는 성경공부가 있었고, 오후 2시에는 교회의 지도적인 사역자들이 모여 저녁 전도 집회에 믿지 않는 사람들을 초청하기 위해 노방전도와 축호전도를 나갔다. 노방전도와 축호전도를 통해 초청받은 초신자들을 대상으로 한 길선주의 저녁 전도 집회는 불신 영혼들에게 복음을 전할 수 있는 절호의 기회였다. 이미 영적 방황을 경험한 길선주의 저녁 집회 메시지는 원색적이라고 할 만큼 복음적이었지만, 놀랍게도 그 복음은 참석자들의 심령을 꿰뚫었다. 주님이 부르시는 곳이라면, 자신을 필요로 하는 곳이라면 교회가 크든 작든, 도시이든 시골이든 길선주는 가리지 않았다. 주권이 상실된 조국의 정치 현실 속에서 이 민족을 살리는 길이 복음화에 있다는 소명의식이 그를 완전히 사로잡았다. 그가 인도한 안동 부흥회 결과 그 교회는 현 교인들의 두 배보다 더 많은 98명이 결신했다. 길선주 목사가 사경회를 인도하는 동안 교회가 사람들로 차고 넘쳐 그들을 수용하기 위해 임시로 천막을 쳐야 될 형편이었다.[34]

평양대부흥운동의 중심지 평양에서도 백만인 구령운동의 전도 집회가 열렸다. 1910년 가을, 지역별로 전도 집회가 열렸다. 평양 외곽에서 열린 한 집회에서는 이틀 동안 108명이 결신하였고, 그중 4분의 1이 어린이였다.[35] 감리교회에서도 전도 집회에 대한 열기는 대단했다. 그곳에서 활동하던 감리교 선교사 빌링스(B. W. Billings)는 평양 전도집회에 대해 다음과 같이 보고하였다:

33 "Notes from the Stations," 36.
34 "Notes from the Stations," 36-37.
35 "Notes from the Stations," 39.

지난해 연례모임이 끝난 거의 직후 우리는 일주일간의 전도 집회를 시작했다. 이것은 장로교와 동시에 실시하였으며, 우리의 제1교회에서 약 100명이 결신하였다. 집회는 매우 유익하였다. 한일합방 때에 남녀를 위한 한 주간의 특별 기도와 성경공부가 있었다. 다시 10월에 한 주간의 기도회가 10월 31일부터 11월 9일까지 진행될 대부흥운동의 물결을 준비하면서 지켜졌다. 제1교회가 이 사역을 시작하여 교회에게 맡겨진 도시의 지역을 멋지게 돌보았다. 초등학교 소년들이 밤에 나가 등불을 들고 찬송을 부르면서 거리를 행군하였고 반면 특별히 대학과 중학교 학생들을 포함한 교회의 교인들은 모인 군중들에게 전도하였고, 전도지를 배부하고 가가호호를 방문하고 개인적인 사역을 수행하면서 도시 가까운 지역을 샅샅이 누볐다. 이 교회에서 100명 이상이 일어서서 그리스도인이 되기로 서약했으나 도시의 전 교회에서는 총 결신자가 4,000명 이상이었다."[36]

그 현장에 있던 빌링스가 미국의 부흥운동에서 본 이후 그만큼의 결신자를 목도하는 것은 처음 있는 일이었다고 고백할 정도로 백만인 구령운동의 일환으로 열린 1910년 평양 전도 집회의 결실은 대단했다. 이것은 많은 사람들이 구원을 얻었고, 뿌려진 복음의 씨앗들이 결코 헛되지 않을 것임을 보여 주는 것이었다. 평양에서 콜레라가 창궐하여 정부가 모든 학교와 교회들을 일시적으로 폐쇄시키는 바람에 10월에야 황해도 북서의 배미창에서 남녀 사경회를 열었다. 성경공부, 새벽기도, 노방 및 축호전도, 저녁의 부흥회는 상당한 결신자가 있었다. 평양부흥회가 바로 끝난 후 이익모 목사가 내려와 인도한 2주간의 진남포 집회에서도 무려 221명의 결신자가 나왔다.

---

36 B. W. Billings, "What a Missionary Does by the Way," *KMF* VII: 8 (Aug., 1911), 224.

2. 백만인 구령운동의 영향

자전, 자치, 자립하는 교회

백만인 구령운동은 이미 뿌리 내린 한국인들의 민족복음화 열기를 더욱더 가속화시켰다. 당시 예수 믿는 한국인이라면 누구나 그의 심령이 민족복음화에 대한 소명의식으로 불타고 있었다. 비록 선교회가 여전히 한국 교회 전체를 총괄하고 있기는 했지만 백만인 구령운동이 전국적인 운동으로 진행되는 동안 한국 교회의 지도자들의 리더십이 눈에 띄게 부상하였다. 민족복음화운동의 실질적인 축이 한국인들에게로 이전되기 시작한 것이다.

신학교를 졸업하고 목사 안수를 받은 유능한 한국인들이 생겨나면서 그 일은 더욱더 자연스럽게 진행되었다. 길선주나 김익두처럼 어떤 선교사보다도 복음의 열정에 불타 전국을 누비며 사경회를 인도하면서 부흥운동의 주역으로 부상하는 이들이 있었다. 이들은 평양대부흥운동과 백만인 구령운동을 전국적인 운동으로 저변 확대시켜 한국 교회를 양적으로나 질적으로 한 단계 도약시키는 데 결정적인 기여를 하였다. 그러나 백만인 구령운동이 전국적인 민족복음화운동으로 확대될 수 있었던 것은 세인들의 주목을 받지 못하면서도 무대의 뒤에서 이름 없이 빛도 없이 복음의 빚진 자의 사명을 감당하는 수많은 조사들과 영수들과 목회자들, 그리고 성서부인들이 있었기 때문이다. 이들의 공헌은 이루 말할 수 없었다.[37]

그중에서도 성서부인은 한국 부흥운동에서 매우 중요한 역할을 하였는데, 그 한 예가 노블을 도왔던 김새디(Sadie Kim)라는 성서부인이다. 그녀는 1년 동안 2,770가정을 방문하여 그리스도를 전했고, 83권의 기독교 서적을 팔았으며 33명을 교회로 인도하였다. 단순히 전도만 한 것이 아니라 복음을 받아들인 이들이 더 성숙한 신앙인으로 성장할 수 있도록 돌보는 일도 게을리 하지 않았다. 성서부인들은 자신들을 통해 예수를

---

37 1911년 9월 6일과 7일에 열린 장로교 여성 모임(The Presbyterian Women's Meeting)과 같은 모임을 통해 한국의 여성들에 대한 중요성이 강조되었다. 여성들을 교육시키고 훈련시키는 일은 여자 선교사들이 맡는 경우가 많았다.

믿기 시작한 이들이 사경회에 참석하여 더 성숙한 말씀의 사람으로 양육받을 수 있도록 배려하는 일도 소홀히 하지 않았다.

이렇게 해서 성서부인들이 전도한 사람들 중 대다수는 수십 리 혹은 수백 리를 걸어와 선교부가 중심이 되어 여는 부흥 집회나 사경회에 참석하여 성령의 은혜와 말씀의 은혜, 두 가지 모두를 다 경험하였다. 두 주간씩 공부하는 동안 말씀이 깊이 뿌리를 내리고 저녁 전도 집회를 통해서 길선주 목사나 다른 유명한 부흥사의 폐부를 찌르는 성령의 능력을 경험하였다. 때문에 이들은 믿은 지 얼마 되지 않았지만 복음의 열정이 대단했고, 체계적인 훈련을 거쳐 성경에 대한 지식도 상당 수준에 이르렀다. 이처럼 한국 부흥운동과 교회 성장에 있어서 성서부인들의 헌신과 공헌은 이루 말할 수 없었다.

1910년 에든버러 대회에서 윤치호가 말한 것처럼 "선교사들이 성경을 한국인들의 손에 들려주자마자"[38] 그들이 교회를 조직하기 시작한 것이다. 한국인이 복음 전도에서 일차적인 위치를 차지하는 것은 당연한 일이었다. 그것은 한국인들이 한국인들의 심성을 더 잘 알고 있기 때문도, 또 그들이 더 잘 훈련을 받았기 때문도 아니다. 그것은 윤치호가 에든버러 대회에서 말한 것처럼, "선교사들보다 더 많은 본토 그리스도인들이"[39] 있었기 때문이다.

교회가 정착을 하고 교회가 한국인들의 사회 속에서 나름대로의 역할을 수행하기 시작하면서 점점 더 복잡하게 연계되는 수많은 부차적인 문제들을 효과적으로 대처하고 해결하기 위해서라도 한국인들에 의한 복음 전파는 더욱 절실하게 요청되었다. 실제로 한국의 선교사들은 한국인 지도자들의 양성이 얼마나 중요한가를 깊이 인식하고 있었다. 그들이 수많은 조사들과 영수들과 교회 지도자들을 양성하려고 했던 것도 그런 이유에서였다.

부흥운동 기간 동안 한국인들이 보여 준 날연보, 힘에 겨울 정도로 감당하는 교회 건축 헌금, 그리고 예배와 기도와 전도에 대한 열심 모두는 한국인들이 얼마나 헌신적인가를 보여 주는 것이다. 해리슨이 맡고 있는 목포에서는 벼 수확기인데도 불구하고 110

---

38 "The Place of the Native Church in the Work of Evangelization," *KMF* VII: 2 (Feb., 1911), 49.
39 "The Place of the Native Church in the Work of Evangelization," 49.

명이 부흥회에 참석하였다. 농사를 지어 겨우 생계를 유지하는 농부들에게 이와 같은 결단은 큰 희생을 감수하는 것을 의미하였다. 그가 맡은 어느 교회에서는 교회를 건축하기 위해 교인들이 2,000일의 노동과 1,000냥 이상을 헌금했는데, 이 1,000냥은 100달러와 200달러 사이에 해당하는 당시 시골의 생활수준을 고려할 때 대단한 액수였다.[40] 자립, 자전 정신이 대부흥운동 기간을 통과하면서 한국 교회에 더 견고하게 뿌리 내리고 있었다.

선교운동

동족을 향한 구령의 열정은 민족복음화에 대한 비전으로, 이것은 다시 국내 선교를 넘어 해외 선교운동으로 이어졌다. 그 결과 부흥운동은 한국 교회에 선교운동을 일으키는 중요한 요인이 되었다. 믿음의 눈을 가진 이들은 한국 교회의 놀라운 성장이 한국만을 위한 것이 아니라 아시아를 복음화 하시려는 하나님의 섭리라는 사실을 일찍이 간파하고 있었다. 1905년 9월호 코리아 메소디스트(*Korea Methodist*)에는 한국 교회의 영적각성과 부흥운동의 움직임을 예의 주시하면서 극동아시아 선교에서의 한국의 중요성을 밝힌 "한국, 극동의 팔레스타인"이라는 글이 게재되었다:

> 이 모든 것에 있어서 거룩한 목적은 무엇인가? 하나님께서 어떤 목적으로 이 나라에 그의 능력을 그토록 놀랍게 현시하시는가? 하나님이 단지 한국만을 구원하시려고 그러시는가, 아니면 종국에 구원받은 한국을 발효시키시기 위한 영적 누룩으로 삼으시려는 것인가? 우리는 그것으로 하나님께서 한국을, 황인종을 복음화하시기 위한 도구, 곧 어떤 다른 물질로부터도 만들어질 수 없는 그러한 도구로 만드시려는 계획이 있음을 믿으며, 그리고 우리는 한국인 전도자가 그의 백성들 가운데서 사역할 때처럼 수백만의 중국인들 가운데서 능력과 권세를 가지고 사역하는

---

40   "Notes from the Stations," *KMF* VII: 3 (Mar., 1911), 69.

것을 보는 그때, 그날이 도래할 것이라고 믿는다.[41]

신앙적인 차원에서뿐만 아니라 천성적으로도 한국인들은 그러한 사명을 위해 매우 적합한 사람들이라고 생각했던 것이다. 그들이 그렇게 생각했던 두 가지 이유는 한국의 보통 사람들이 타고난 "말재주"의 능력, 구령의 열정, 그리고 뛰어난 조직력 때문이다. 선교사들 중에는 이 같은 능력이 한국인을 보기 드문 능력과 권능의 연사(演士), 설교자, 전도자로 만들어 줄 것이라고 판단했던 이들이 적지 않았다: [42]

> 14살 먹은 많은 한국인 학생들이 미국의 대학원생 대다수보다도 훨씬 더 유창하게 언어를 구사하고 쉽게 표현하면서, 대단한 능력과 힘으로 설교하거나 주제를 논할 수 있다. 더구나 한국인들은 설교와 말의 재능을 가지고 있을 뿐만 아니라 대체로 한국의 그리스도인은 회심자들을 얻으려는 불타는 구령의 열정으로 가득 찼으며, 말하고 권유하고 전도하고, 자기와 관련된 전 가족들, 친구들, 아는 사람들의 구원을 위해 기도할 때까지는 편히 쉬지 않는다. 한국인은 또한 대단히 놀라울 정도로 조직력의 은사를 부여받아 만약 지도를 받고 훈련을 받는다면, 그것이 교회를 바로 세우는 확실한 힘이 될 것이다. 여기에 추가해 한국인은 모든 것을 만드는 동양인이다. 이것들은 한국에 미래-세상의 구주 안에서 한국이 보여 준 위대한 신앙과 조화를 이루는 선교-가 있다는 희망을 우리에게 주는 이유 가운데 하나이다.[43]

선교의 움직임은 특히 젊은이들 사이에서 강했다. 선교열이 일면서 평양의 학생들이 자발적으로 학생 선교회를 조직해 복음이 닿지 않은 곳에 자체 선교사를 파송하기로 결정하였고, 그 일은 실제로 추진되었다.[44] 학생선교회는 평양신학교 1학년을 수료한 복음에 불타는 한 젊은이를 선발하여 경상도에 파송하였다. 미국 1차, 2차 대각성운동의

---

41 "Korea, the Palestine of the Far East," *KM* I: 11 (Sep., 1905), 152.
42 "Korea, the Palestine of the Far East," 152.
43 "Korea, the Palestine of the Far East," 152.
44 George McCune, "Students' Missionary Organization," *KMF* VII: 2 (Feb, 1911), 53.

역사가 보여 주듯이 부흥운동은 은혜를 받은 젊은이들에게 선교열을 고취시켜 수많은 젊은이들이 복음이 닿지 않은 서부 지역과 인디언을 비롯한 원주민 지역으로 파송되었던 것이다. 이 점에서 한국도 예외가 아니었다.[45]

이처럼 1903년부터 일기 시작한 한국의 대부흥운동은 한국 교회에 놀라운 선교열을 고취시켜 국내외 선교운동이 강하게 일어났다. 1901년 평양의 장로교회는 6명의 선교사와 9명의 한국인들로 구성된 선교 위원회를 조직하여 "북방의 모든 미전도 지역에 전도자를 파송"[46]하기로 뜻을 모았다. 1902년에는 만주에 살고 있는 한인들에게 복음을 전할 사명의식을 느끼고 이 문제를 스코틀랜드 선교회와 협의를 했고, 그 결과 국경 너머로 사역자들을 파송하기 시작했다.[47]

1905년에는 장로교 공의회 차원에서 광범한 복음 전도 사역을 관장할 선교 위원회를 결성하여 한국 교회의 해외 선교를 위한 기초를 다졌다.[48] 한국 교회가 평양대부흥운동을 통과하면서 해외 선교는 이제 교단적인 차원에서 본격적으로 진행되었다. 이를 위해 한국 장로교회는 1907년 노회 산하에 해외 선교부를 설치하기에 이르렀다.

1909년 5월 11일 오전 9시에 정동 감리교회에서 모인 감리교 연례회에서는 기성의 "국내 선교회"를 "내외국(內外國) 선교회"로 개편하고 만주에 손정도를 파송하기로 결정하였다.[49] 1909년 신학월보에는 감리교의 이와 같은 결정이 소상하게 기록되었다:

> 우리가 그전에는 국니 션교회로 셜시ᄒᆞ엿더니 이번미 년회에셔 니외국 션교회로 결뎡이 되야 젼도ᄉ 손졍도 씨를 쳥국 만쥬 디방에 파송ᄒᆞ야 션교ᄒᆞ기로 작뎡ᄒᆞ엿스니 우리 형뎨들이여 어느 디방에 가셔 텬국 복음을 젼ᄒᆞ던지 다 셩신의 인도ᄒᆞ시는 권능이어니와 한국의 이십 5년 젼 졍형을 ᄉᆡᆼ각ᄒᆞ야 봅시다. 그째에

---

45 McCune, "Students' Missionary Organization," 53.
46 장로교 공의회 회의록(1901), 17.
47 장로교 공의회 회의록(1901), 15.
48 Charles Allen Clark, 한국 교회와 네비우스 선교 정책 (서울: 기독교서회, 1994), 181.
49 이 연례 모임은 11일에 시작되어 19일 오후 4시에 폐회되었다. 샤셜, "하ᄂᆞ님의 풍셩ᄒᆞ신 은혜," 신학월보, 1909년 제 7권 제 6호, 3.

예수끠셔 누구신지 ᄒᆞ엿쇼. 사룸이 죽으면 령혼이 엇더케 되는지 싱각이나 ᄒᆞ여 보앗쇼. 밋으라 ᄒᆞ면 비방이나 ᄒᆞ고 셩경을 주면 보지도 안코 다만 육신의 복만 마귀의게 구ᄒᆞ더니 오놀날 와셔는 경향 각쳐에 교회가 왕셩ᄒᆞ야 외국ᄭᅡ지 션교 ᄉᆞ를 파송케 되엿스니 참 하ᄂᆞ님의 은혜와 셩신의 권능이 아니시면 엇지 이긋치 되기를 경영ᄒᆞ리오. 할렐루야.[50]

　1909년 감리교 연례모임에서 가장 감사하고 축하할 일은 바로 해외에 선교사를 파송하기로 한 결정이었다. 이와 같은 노력은 장로교에서도 예외가 아니었다. 해외 선교에 더 많은 관심과 노력을 기울였던 교단은 장로교였다. 사실 감리교의 이와 같은 결정은 이미 2년 전인 1907년 9월 대한 예수교 독노회에서 이기풍 선교사를 파송하기로 결정한 장로교의 해외 선교열에 적지 않은 자극과 도전을 받았다. 영적각성과 놀라운 교회의 성장은 단순히 민족복음화뿐만 아니라 타민족에 대한 구령의 열정으로 이어졌다.

　1907년 9월 17일 창립된 첫 독노회에서는 "졔쥬에 션교ᄉᆞ를 보내어 젼도를 시작 홀 일"[51]을 결의했다. 그와 함께 "졔쥬 션교ᄉᆞ는 리긔풍 씨로 젼도인 혼 두 사룸과 동반ᄒᆞ야 파송"[52]하기로 결정하였다. 이기풍을 파송하기로 한 것은 그 해 목사로 안수받은 일곱 명 가운데 한 사람을 선교사로 보냄으로 한국 교회가 처음부터 선교하는 교회로서의 틀을 다지겠다는 깊은 의미가 담겨 있었다. 따라서 이기풍의 파송은 한국 선교사에 있어서 하나의 획을 긋는 중요한 사건이었다.[53]

　1908년 1월 11일 길선주 목사가 시무하는 장대현교회에서는 청중들이 교회를 가득 메운 가운데 이기풍 선교사 파송예배가 있었다. 노회가 조직된 후 파송되는 첫 선교사의 파송예배가 부흥운동의 중심지 평양, 그것도 대부흥운동의 발원지 장대현교회에서 평양부흥운동의 주역 길선주 목사에 의해 진행되었던 것이다.[54] 그곳에 참석한 이들 모

50　샤셜, "하ᄂᆞ님의 풍셩ᄒᆞ신 은혜," 1-2.
51　대한 예수교 독노회록 (1907), 16.
52　대한 예수교 독노회록 (1907), 16.
53　대한 예수교 독노회록 (1907), 16. 선교비는 각 교회가 주일에 헌금을 하여 외국 선교비 지원을 받지 않고 한국 교회가 일체를 부담하도록 하는 내용도 1907년 총회에서 결의했다.
54　Julia Martin, "Three Pictures," *KMF* VII: 6 (Jun., 1911), 172.

두가 자신들이 처음으로 파송하는 해외 선교사에 대한 자긍심으로 가득 차 있었다.

그날 이기풍 선교사의 간단한 작별 인사가 있은 후 길선주 목사는 설교를 통해 "당신이 어떻게 평양의 첫 선교사들에게 돌을 던졌는가를 기억하고"[55] 설령 제주도 사람들이 당신에게 돌을 던진다고 하더라도 결코 실망해서는 안 될 것이라며, 선교사로서의 자긍심과 소명의식을 강하게 일깨워 주었다. 길선주는 자신의 뚜렷한 회심의 체험을 통해 인생의 참된 가치가 무엇이며, 또 그것이 어디에 있으며, 인생의 여정 속에

이기풍 목사 가족

서 그것을 어떻게 이루어 가야 할 것인가를 너무도 분명하게 알고 있었다. 그날 그의 메시지는 파송받아 떠나는 이기풍 목사는 물론 장대현교회를 가득 메운 한국인들과 선교사들에게 다시 한 번 복음의 빚진 자의 사명을 새롭게 환기시켜 주었다. 늘 그렇듯이 말씀과 성령의 강한 능력이 어우러진 그날의 길선주 목사의 설교는 감동적이었다.

평양에 복음을 들고 온 선교사들에게 돌을 던지며 복음 전파를 방해했던 이기풍이 신학교를 졸업하고 복음의 불모지인 제주도에 그가 그토록 핍박했던 그 예수 그리스도를 증거하기 위해 선교사로 가는 것이다. 이 일은 누구도 예상하지 못했다. 그것은 심지어 이기풍 목사 자신마저도 미처 상상하지 못했던 일이었다.

하나님이 하시는 방식은 인간의 방식과 달랐다. 그날 길선주 목사의 설교를 듣고 있는 이기풍 선교사의 뇌리에는 지나간 일들이 주마등같이 스쳐지나갔다. 그러나 그에게

55　Martin, "Three Pictures," 172.

는 조금도 후회와 미련이 없었다. 그날 그의 심령은 이 민족을 향한 하나님의 거룩한 사랑과 이 민족의 복음화를 위해 부름 받았다는 소명의식으로 불타고 있었다.

그날 역사의 주인공, "숑도에 젼도함"는 친구이자 평양신학교를 같이 졸업한 사랑하는 동료 "길선주가 설교하고 있는 동안 눈물을 주룩 흘리면서 앉아 있었다."[56] 얼마나 감격스러웠겠는가! 얼마나 아름다운 장면인가! 그날 그가 흘리는 눈물은 장차 제주도 사람들이 자기에게 돌을 던질까봐 두려워서 흘리는 눈물이 아니라 자기와 같은 너무도 못나고 부족하고 방탕했던 사람을 주의 복음을 전하는 거룩한 종으로 불러 주신 것에 대한 감격의 눈물이었다. 그날 그를 파송하는 집회는 "참석한 이들에게는 결코 잊혀질 수 없는 집회였다."[57] 1월 17일 아내와 함께 평양역을 출발한 이기풍 선교사는 같은 날 서울 남대문에 도착해 승동교회에서 7일을 체류하다 1월 24일 목포행 기차에 올랐다.[58] 목포에 도착한 그는 프레스톤과 폴시더를 비롯 그곳 선교사들과 교우들의 환영을 받으며 얼마를 체류한 뒤 자신의 선교지 제주도로 향했다.[59]

과연 길선주의 예견대로 오랫동안 우상과 미신의 굴레에 잠겨 있던 제주도 원주민들은 한국의 첫 선교사 이기풍을 처음부터 극심하게 박해하기 시작했다.[60] 그러나 그러한 혹독한 박해와 핍박도 동족복음화에 불타는 이기풍의 의지를 꺾을 수는 없었다. "처음 그곳에 갔을 때 돌에 맞고 죽음의 위협을" 받았으나 그의 헌신과 사랑으로 불과 3년 만에 이기풍 선교사는 "그곳의 모든 한국인들로부터 대단한 사랑을 받는"[61] 복음의 역군이 되었다. "내 자신이 저주를 받아 그리스도에게서 끊어질 찌라도 원하는바"라고 고백한 바울 사도와 같은 그의 동족에 대한 구령의 열정 앞에는 어느 누구도 녹아지지 않을 수 없었다. 한편으로 성령께서 주변 사람들의 마음을 변화시켜 주셨기 때문이고, 다른 한편으로는 복음 전파자의 실천적인 행동이 우상으로 물든 탐라도 사람들의 시각을 강권

56　Martin, "Three Pictures," 172.
57　Martin, "Three Pictures," 172.
58　예수교회보 1908년 1월 29일.
59　차종순, 제주성안교회 90년사 1908-1998 (제주: 대한예수교 장로회 성안교회, 1999), 109
60　Anabel Major Nisbet, *Day in and Day out in Korea* (Richmond: Presbyterian Committee of Publication, 1919), 144-145.
61　Julia Martin, "Three Pictures," 172.

적으로 변화시켜 주었기 때문이다.

시간이 지나면서 믿지 않는 한국인들이 기독교를 바라보는 시각도 점점 달라지기 시작했다. 어느 날 한 선교사가 길을 지나다가, 도움을 받을 수 있는 친구도, 돈도 없는 한 여인이 중병으로 고통 가운데 울부짖고 있는 것을 발견하였다. 선교사가 두 명의 가마꾼을 불러 병원까지 호송하도록 부탁하였고, 그들은 선교사가 시키는 대로 했다. 그 선교사가 얼마의 요금을 내야 할지 가마꾼들에게 묻자 그들은 "외국인인 당신이 우리 민족의 한 여인을 그렇게 친절히 돕는데 우리가 당신에게 무엇을 요구하겠는가!"[62]라며 요금을 거절한 일이 있었다.

한국인들에게 따뜻한 친절을 보여 주는 선교사들의 실천적인 행동은 한국인들에게 적지 않은 도전과 격려가 되었다. 선교사들을 측면에서 돕는 이들은 물론 심지어 불신자들까지도 선교사들을 어떤 이기적인 목적으로 이용하려고 하지 않고 사랑과 감사함으로 환대했던 것도 그 때문이었다.

이기풍 선교사는 목포와 복음의 불모지 제주도에서 여러 차례의 전도 집회를 열어 불신 영혼을 구원하는 일에 젊음을 바쳤다. 그는 매년 독노회에 참석해 "제쥬에 전도되는 형편을 일일이 설명"하면서 전체 한국 교회와 깊은 유대 속에 선교를 교단적인 차원에서 추진하도록 협력을 아끼지 않았다.[63] 여러 차례의 위협에도 불구하고 꾸준하게 복음을 전한 결과 1911년 5월 목포에서 활약하고 있던 남장로교 선교사 마틴(Martine)이 보고한 대로 "지금은 도시 외곽에 있는 다른 집회 장소와 함께 한 멋진 교회가 제주시에 세워졌다." 학생들이 자발적으로 만든 선교 기구가 파송한 "평양 중학 학생 김형지의 열심과 부인 젼도회가 파숑한 리씨 션광의 슈고"[64]는 제주의 복음 전파는 물론 그곳에서 집회들을 여는데 많은 도움이 되었다. 그 결과 제주도에서도 목포에서처럼 가가호호 직접 방문하여 복음을 전했고, 그들이 저녁 집회에 참석해 수백 명의 사람들이 교회를 가득 메워 마당 밖으로까지 사람들로 넘쳤던 것이다.

복음의 불모지 제주도에 불과 몇 년도 되지 않아 하나님의 복음이 전해졌고, 그곳

---

62 "The Place of the Native Church in the Work of Evangelization," *KMF* VII: 2 (Feb., 2), 50.
63 대한예수교 독노회록 (1909), 16.
64 대한예수교 독노회록 (1909), 16.

에서도 복음의 씨앗이 놀랍게 싹이 트고 있었다. 이미 1911년 봄에 한 교회가 도시에, 그리고 몇 개의 예배 처소가 도시 외곽에 생겼다는 것, 교회가 수용하지 못하고 마당 밖에까지 차고 넘칠 정도로 수백 명이 전도 집회에 참석하였고, 그 가운데 100명 이상이 결신했다는 사실은 당시로서는 대단한 결실이었다. 제주도 선교 사역의 진행을 옆에서 지켜본 선교사 마틴은 "100명 이상의 새 신자들이 보고되었다. 저 사람들이야말로 한국에서 가장 복음을 필요로 하는 이들이며, 이것은 예수 보혈의 능력의 위대한 승리이다. …나의 신앙은 그곳의 사역으로 인하여 대단한 힘을 얻었다"[65]며 흥분을 감추지 못했다.

제주도로 파송받은 지 불과 3년 만인 1911년 9월, 제 5회 독노회에 보고한 내용에 의하면 이기풍 선교사는 제주도에 다섯 개의 예배 처소와 160명의 교우, 17명의 학생이 재학하고 있는 학교 하나를 설립했다. 원주민의 위협과 박해 속에서 시작된 제주도 선교가 불과 3년 만에 박해가 멈추고 그와 같은 결실을 얻을 수 있었던 것은 대단한 축복이었다. 그렇게 교회가 놀랍게 성장하게 되기까지는 자신들의 집을 예배 처소로 내놓은 두 여인의 헌신이 배후에 있었다. 복음에 대해 그토록 배타적인 그곳에서 예배 처소로 자신들의 집을 내놓는다는 것은 곧 마을로부터 매장되는 것을 의미한다는 사실을 잘 알고 있으면서도 그것을 실천했던 것이다.

이기풍의 파송은 한국 교회가 처음부터 선교하는 교회로 정착하는 전기를 마련해 주었다. 그 후에도 독노회는 계속해서 해외에 선교사를 파송하여 선교의 틀을 다져 갔다. 이듬해 1908년에 평양 시내 여성 교우들은 제주도의 여성 사역을 위해 이선광 여사를 파송하였고, 1909년 평양 소재 대학과 학당의 학생들은 선교비를 모금하여 동료 김형채를 파송하여 이기풍 선교사의 선교 사역을 측면에서 지원하였다.[66]

1909년에 독노회는 시베리아 블라디보스톡 주변에 정착한 한국인들의 사역을 위해 최관흘 목사를 선교사로 파송하였고, 동경의 한국인 학생들을 위해 한석진, 박영일 장로를 파송하였으며, 1912년부터는 감리교와 연합하여 일본 선교를 계속하였다. 1907년 독노회 조직 때부터 중요한 현안으로 떠올랐던 해외 선교는 1912년 총회가 조직될

---

65   "Notes from the Stations," *KMF* VII: 5 (May, 1911), 127.
66   장로교 공의회 회의록 (1909), 48.

때도 가장 중요한 현안이었다.

1912년 총회가 결성된 후 총회는 중국 선교를 결정하고 바로 실천에 옮겼다. 클락의 말대로 "1912년의 총회에서 조직의 완성 이후에 있었던 최대 사업은 외국 선교사를 파송해 중국의 산동 지역 사람들에게 중국어로 사역을 행하도록 결정한 일이었다."[67] 그래서 산동 선교가 본격적으로 시작된 것이다. 이것은 5년 전인 1906년 길선주 장로가 1,500명의 회중들 앞에서 던진 비전의 성취였다:

> 아마도 우리는 곧 우리나라 전역에 복음을 전하고 그런 후 우리가 아직 암흑 가운데 있는 저 수백만[억]의 중국인들에게 미국 그리스도인들이 우리에게 해온 것처럼 그들에게 예수 그리스도를 통한 구원의 길을 전하기 위해 선교사를 파송하는 것이 허락될지 모른다.[68]

1907년 대부흥운동이 그것을 가능케 만든 것이다. 1907년 독노회 때 이기풍 선교사 파송을 위해 전국에서 수많은 선교 헌금이 답지했던 것처럼, 1912년에도 전국의 교회들이 해외 선교를 위해 지원을 아끼지 않았다. 총회 해외 선교부가 하는 일은 "선교 사역에 가장 적합하다고 생각되는 사람을 선정하기만 하면 되었다. 이때 선택된 사람은 어느 누구도 선교사로 가는 것을 거부하지 않았다. 한번은 선교 위원회가 대구에서 1,000명의 교인을 맡고 있는 그 교회 담임목사를 선택하여 중국에 파송한 일도 있었다. 물론 그는 기꺼이 갔다."[69]

그 후 한국 교회는 선교하는 교회로서 복음의 빚진 자의 본래의 사명을 다하였다. 산동의 북장로교 선교회가 청도(青島)로부터 100마일 가량 떨어진 내륙 내양현(萊陽縣) 주변의 교회와 일부 지역을 한국 선교사들에게 넘겨주는 데 동의하여 한국 장로교

---

67 장로교 공의회 회의록 (1912), 36.
68 Samuel A. Moffett, "Evangelistic Work," *Quarto Centennial Papers Read Before the Korean Mission of the Presbyterian Church in the U.S.A. at Annual Meeting* (Pyeng Yang, Korea: Korea Mission of PCUSA, 1909), 29.
69 장로교 공의회 회의록 (1912), 36.

총회는 1912년에 박태로, 사병순, 김영훈 목사를 파송하였다. 여기에 세브란스의대를 졸업한 젊은 의사가 가세하면서 선교 사역은 더욱 활기를 띠기 시작했다.

중국에 파송된 선교사들은 중국어를 매우 빨리 습득하여 1년이 지나서는 중국어로 복음을 전할 수 있는 수준까지 도달했다. 이미 한문을 습득한 이들이었기 때문에 어렵지 않게 중국어를 익힐 수 있었던 것도 선교에 한몫을 했다. "그들은 자신들의 영역을 넘어 순회하고 시장과 가정 노변에서 복음을 전하였으며 사경회를 개최하였다."[70]

1912년 총회에서 중국 산동성에 파송한 재령 출신 박태로(朴泰魯) 선교사

이와 같은 노력에 힘입어 1920년 산동 노회와 산동의 미국 선교회는 "이루어진 선교 사역에 대해 매우 만족스럽게 생각하고 또 하나의 거대한 인접 영역을 한국 선교사들에게 넘겨주었다. 1923년 말, 이들에 의해 591명의 중국인 세례자를 합쳐 815명의 교인과 25개의 예배 처소, 19개의 사립학교와 436명의 학생들을 관장하는 비교적 큰 선교 결실을 거둘 수 있게 되었다."[71] 제주도와 서만주, 북만주, 시베리아와 일본에서의 선교 결실까지 합하면 한국 교회가 부흥운동 이후에 이룩한 선교 결실은 대단했다.

해외 선교가 확장되어 감에 따라 총회는 순수 중국인들을 대상으로 한 선교 사역과 해외 한인 교포들을 대상으로 한 선교 사역을 구분하여 1913년에 전라 노회가 제주도 선교를, 함경도가 시베리아와 북만주의 선교 사역을, 한국의 북서부 교회들이 서만주 선

---

70 Clark, 한국 교회와 네비우스 선교 정책, 213.
71 Clark, 한국 교회와 네비우스 선교 정책, 214.

교 사역을 접수하였고, 일본의 선교 사역은 장감연합공회에서 관장하도록 일임하였다.[72]

부흥운동과 더불어 독노회가 조직되었고, 독노회는 처음부터 선교하는 교회로서의 틀을 다졌다. 1907년 한국을 방문한 한 중국인(S. K. Tsao)이 1,000여 명의 한국 교인들이 모인 자리에서 "이 나라에서의 하나님의 역사를 보고 내 마음은 기뻤습니다. 여러분 앞에는 여러분의 조국에 뿐만 아니라 중국에도 위대한 선교지가 놓여 있습니다. 나는 여러분들이 나의 조국에 선교사들을 파송하여 그 나라를 복음화하는 것을 도울 날이 올 것을 기대합니다"[73]라고 호소한 지 불과 2년도 되지 않아 중국 선교가 실현된 셈이다. 부흥운동 기간 동안 중국에 부흥의 불씨를 제공해 주더니 이제는 그들을 위해 선교사를 파송한 것이다.

교회의 양적, 질적 성장: 그 한 사례-새문안교회

백만인 구령운동은 민족복음화에 대한 비전을 정착시켰을 뿐만 아니라 한국 교회가 질적, 양적으로 한 단계 도약하는 전기를 마련해 주었다. 상당히 많은 사람들이 성경을 배우고, 은혜 가운데 자라고 있는 증거를 볼 수 있었다.[74] 새문안교회를 담임하고 있던 언더우드는 1909년 동안 국내에 없어 본인이 직접 사역을 감당하지 못했으면서도 1910년에 들어서 놀라운 결실을 거둘 수 있었다. "우리는 많은 전체 사경회, 몇몇 지역 사경회를 방문했으며, 전 선교지에 대한 결과로 보아 오는 여름과 가을 동안에 꽤 큰 결실이 있을 것이 예견되었다. …이처럼 수적 성장이 매우 두드러지게 나타났을 뿐만 아니라 교회 교인수가 지난해 동안에 거의 배가 되었다."[75]

언더우드가 맡고 있는 선교지에서는 지난 1년 동안 276명의 교인들과 177명의 학습교인이 늘어나 세례교인이 825명, 학습교인이 322명, 전체 교인이 1,147명이 되었

72　Clark, 한국 교회와 네비우스 선교 정책, 214.
73　James S. Gale, *Korea in Transition* (New York: Laymen's Missionary Movement, 1909), 245.
74　H. G. Underwood, "H. G. Underwood's Annual Report," *KMF* VI: 11 (Nov., 1910), 284.
75　Underwood, "H. G. Underwood's Annual Report," 285.

다.[76] 언더우드가 없는 동안에도 새문안교회는 거의 배가 성장한 것이다. 새로 지은 새문안교회가 비좁을 정도였다. 불과 1년 전 "많은 사람들을 수용할 수 있는 새 건물이 세워졌을 때 우리는 그곳이 채워지는 데 시간이 오래 걸리지 않을 것이라고 기대하였다."[77] 그 예상은 정확히 적중되어 1년도 되지 않아 언더우드가 교회를 비우고 있는 동안 신축한 새 교회당이 가득 찬 것이다.

1년의 공백을 끝내고 언더우드가 돌아왔을 때 그가 받은 첫인상은 "교회가 너무 비좁다"[78]는 사실이었다. 1년 동안 그만큼 교회가 성장한 것이다. 교회가 그렇게 급속하게 비좁아지자 언더우드는 교회 건물을 위해 너무 많은 비용을 지불했다는 사실이 후회될 정도였다. 그러나 새문안교회가 외형적인 교세만 증가한 것이 아니었다. 이 지역의 교인들이 새 교회당을 건축하는 데 시간과 노동을 바치고 물질을 드렸으며, 무엇보다도 전도하는 일에 자신들의 소중한 시간들을 드리기를 아끼지 않았다.

한국 개신교 선교가 시작된 1884년부터 지난 25년 동안 한국 교회는 선교사들이 기대했던 것보다 훨씬 더 놀랍게 하나님의 축복을 받았다. 특히 1903년부터 수년 동안 한국에서의 복음 전도는 세계가 주목할 정도로 놀랍게 확대되었다. 당시 수많은 미국과 영국의 목회자들은 이 나라에 베푸신 하나님의 은혜를 끊임없이 강단에서 선포하고 있었다. 그들의 일치된 목소리는 "오늘날 한국이 깨어 각성하고 있다!"[79]는 것이었다. 한때 일부 비평가들이 잠자는 한국이라고 신랄하게 비판했던 이 나라가 잠에서 깨어나 놀랍게 변하고 있었다.

무엇이 이토록 한국 교회를 변하게 만들고 있는가? 그것은 바로 성령과 말씀이었다. 말씀을 사모하는 곳마다 성령께서 놀랍게 임하셔서 하늘의 신령한 비밀을 깨닫게 만들어 주셨던 것이다. 사경회는 물론 사경회 기간에 열리는 저녁 전도 집회와 부흥회는 그와 같은 은혜를 발견하는 가장 중요한 통로였다. 복음을 처음 전해 준 존 로스, 언더우드와 아펜젤러는 처음부터 한국 교회가 성경의 토대 위에 구축되어야 한다는 확신을 갖

---

76 Underwood, "H. G. Underwood's Annual Report," 285.
77 Underwood, "H. G. Underwood's Annual Report," 286.
78 Underwood, "H. G. Underwood's Annual Report," 286.
79 "The Great Present Need of Korea," *KMF* VII: 4 (Apr., 1911), 104-105.

고 있었다.

결과 이것은 한국 교회를 특징지우는 중요한 특징이 되었다. "일반적으로 말해 한국의 그리스도인들은 성경을 사랑하는 영혼이다. 대개 그는 성경 외에 세상의 다른 책을 가지고 있지 않다."[80] 변하는 시대에 불변하는 하나님의 말씀, 성경은 이 시대에 한국인들이 가장 필요로 하는 것이라는 확신이 이들에게 있었다. 이들은 한국의 아들들과 딸들에게 성경을 전해 주는 것이야말로 이 민족의 진정한 필요를 채워 주는 것이라고 믿었다.

3. 백만인 구령운동의 평가

1909년 9월, 백만인 구령운동을 전개할 때부터 과연 이듬해 9월까지 "백만 명을 그리스도에게로" 인도할 수 있을 것인가를 의심하는 이들이 있었다. 한국 개신교 선교가 시작된 1884년으로부터 1910년까지 불과 25년 만에 20만 명이라는 교세를 가질 수 있었던 것도 현대 선교의 기적이었는데, 불과 1년 안에 그 네 배를 달성한다는 것은 성령의 능력과 도우심을 의지한다고 하더라도 거의 불가능에 가까운 일이었다. 한국 교회가 백만 명을 구령할 수 있다는 사실 자체도 과연 실현 가능한 일인가 의문이었지만, 제반 여건이 갖추어지지 않은 가운데 설령 백만 명이 교회로 영입된다고 하더라도 그들을 양육하여 성숙한 그리스도인으로 만들 수 있겠는가 하는 것도 문제가 아닐 수 없었다. 그러나 이보다 더 큰 문제는 과연 백만 명이라는 목표를 설정한 것이 바람직한 일인가 하는 것이었다.[81]

백만 명이라는 목표를 설정하고 그 목표를 달성하기 위해 노력하는 이와 같은 슬로

---

80 "The Great Present Need of Korea," *KMF* VII: 4 (Apr., 1911), 105.
81 당시 이 운동에 직접 참여한 선교사들 중에서도 적지 않은 사람들이 백만인 구령운동은 그 출발부터 문제점을 안고 있다고 보았다. 그것은 평양대부흥운동이나 원산부흥운동과는 달리 이 운동이 성령의 역사를 간절히 사모하는 가운데 부흥의 불길이 이 나라에 임하기를 기대하기보다 조직력을 동원한 캠페인으로 출발했기 때문이다. 다시 말해 백만인 구령운동이 목표지향적인 운동이었다는 것이다. Afred W. Wasson, *Church Growth in Korea* (New York: International Missionary Council, 1934), 59; George Thompson Brown, *Mission to Korea Mission to Korea* (Richmond: Board of World Missions of the Presbyterian Church, U.S., 1962), 80을 참고하라.

건은 분명히 신년 부흥회를 동시에 개최하기로 결정한 1905년 장감연합공회에서의 결정이나 1907년 평양 장대현교회에서 발화된 평양대부흥운동의 성격과 근본적으로 차이가 있었다. 그때는 개인들이 영적으로 거듭나는 것, 성령의 능력을 체험하여 영적으로 깨어나는 것이 교회의 가장 필요한 급선무라고 생각하였다. 따라서 교세를 늘리려는 목표의식보다는 기성의 신자들을 영적으로 거듭나게 하는 것이 가장 시급한 과제였다. 일차적인 관심은 영적인 각성이었지 교세의 성장이 아니었다. 그러나 영적각성을 통해 그리스도인 개개인이 영적인 잠에서 깨어나자 그들 스스로가 가족과 친구와 이웃에게 복음을 전하기 시작했고, 그 결과 그들을 통해 교회가 놀랍게 성장했다. 복음의 의미를 바로 깨닫자 복음의 빚진 자라는 사실을 분명히 인식하게 되었고, 그와 함께 주변의 사람들에게 그 복음을 전해야 한다는 일종의 소명의식을 강하게 느꼈던 것이다. 이처럼 원산부흥운동과 평양대부흥운동은 처음부터 성령의 강권적인 역사를 통한 개개인의 영적각성운동에서 출발한 부흥운동이었다.

이와는 달리 백만인 구령운동은 처음부터 목표 지향적이었다. 처음 이 운동은 이 나라에 평양대부흥운동과 같은 놀라운 영적각성운동이 다시 일어나야 하겠다는 몇몇 선교사들과 한국인 지도자들의 간절한 염원에서 출발하였다. 성령의 능력을 사모했던 개성의 몇몇 남감리교 선교사들이 산에 올라가 금식하며 기도했고, 평양 장대현교회에서는 길선주 목사도 평양대부흥운동의 역사가 또다시 임하기를 사모하면서 새벽마다 간절히 기도했다. 처음 백만인 구령운동이 출발할 때는 이처럼 순수하게 시작되었다.

그러나 시간이 지나면서 일정한 목표를 설정하고, 시간이 흐르면서 또다시 그 수치는 감당할 수 없을 만큼 높아졌고, 이것을 달성하기 위한 여러 가지 방법들이 모색되면서 그 성격은 처음 의도와는 달라졌다. 인간의 영혼의 구원이 일차적으로 주권적인 성령의 역사라는 사실이 간과되고 인간의 책임이 크게 부상하였다. 그 결과 백만인 구령운동이 추진되는 과정에서 성령의 인도하심을 간절히 사모하기보다 이것을 하나의 운동으로 추진하려는 인간적인 계획이 앞서고 말았다.

이것은 과거 1905년 신년 부흥회를 개최하기로 결정할 때나 1906년 8월 평양 선교사 사경회와 그 후 선교사들이 한국인 지도자들과 연합으로 가졌던 정오 기도회 때와는 다른 모습이었다. 장감 선교회의 전국적인 조직망을 동원해 백만인 구령운동을 전국적인 캠페인으로 추진하려고 한 것이다. 백만인 구령운동은 이미 복음을 먼저 받은 이들을 민족복음화운동에 동참하도록 독려하는 데는 성공했지만, 부흥운동이 전적으로 성령의 주권적인 역사라는 사실이 상대적으로 약화되고 말았다.

곽안련(클락) 선교사는 백만인 구령운동이 "산골짜기 깊은 곳이라 할지라도 복음과 접촉해 보지 않은 마을은 거의 없었다"고 할 정도로 "모든 기독교 공동체를 자극하여 연대의식을 심어주고 복음을 널리 홍보하는 데에 놀라운 역할"[82]을 했다고 예찬하면서도, 그러나 본래 이 운동이 시작될 때 온 교회의 절실한 필요성의 자각으로부터 자연스럽게 시작된 것처럼 보이지 않고 "사전의 준비가 거의 없이 하나의 흥분된 전도운동처럼 보였다"[83]고 분석하였다. 구체적인 수확에는 다소 실망스러웠다고 말한[84] 아더 브라운의 평 역시 의미 있는 평가였다. 이전에 비해 더 많은 투자와 더 많은 노력과 협력이 있었음에도 불구하고 백만인 구령운동으로 인한 수적인 증가는 이전의 원산부흥운동이나 평양 대부흥운동에 비해 미흡했던 것이 사실이었다. 이 말이 전혀 수적인 결실이 없었다는 의미는 아니다.

일부 특정 지역에서는 백만인 구령운동 기간 동안 과거의 부흥운동 못지 않은 놀라운 결실이 있었다. "평양 지역에서 블레어 목사는 그 이전의 5년 동안보다 더 많은 새 신자 그리스도인 집단이 그 지방에 조직되었다고 보고하였다."[85] 홀드크로프트가 담당한 지역에서는 700명의 학습 세례자들이 보고 되었고, 스왈른 선교사가 담당한 지역에서는 거의 800명이 그 해에 세례를 받았으며, 그리고 1,100명 이상이 학습 세례를 받았다. 그리고 번하이셀이 맡은 지역에서는 450명이 세례를 받았고, 거의 700명이 학습세례를 받았다. 이처럼 평양 지역의 경우 백만인 구령운동 기간 동안에도 교회 성장이 계속되어 1907년 대부흥운동의 페이스를 이어갔다.[86]

---

82   Clark, 한국 교회와 네비우스 선교 정책, 202-203.
83   Clark, 한국 교회와 네비우스 선교 정책, 202-203.
84   A. J. Brown, *Report on a Second Visit to China, Japan and Korea 1909* (New York: The Board of Foreign Missions, PCUSA, n.d.), 80.
85   *Annual Report, PCUSA* (1911), 287.
86   *Annual Report, PCUSA* (1911), 287. 북장로교 선교 구역 내에 한국 장로교의 경우 세례 입교인이 1906년과 1908년 사이 57%가 증가했고, 전체 교인 수는 66%가 증가했으며, 반면 그 다음 2년

그러나 그 같은 성장 수치는 일부 지역에 나타난 국부적 현상이었고, 전체 통계상으로는 그 결과가 미흡했다. 백만인 구령운동이 가장 활발하게 추진되었던 1909년 6월 1일부터 1910년 11월 30일까지 북장로교의 경우 입교인 32,509명, 학습교인 26,981명, 합 59,490명으로 이는 지난해 1909년에 입교인 25,053명, 학습교인 23,892명, 합 48,945명이었던 것에 비해 별로 늘지 않은 숫자였다.[87] 세례교인과 학습교인으로만 볼 때 지난해에 비해 약 20%의 성장에 그쳤다.

이와 같은 증가는 1년 6개월이라는 기간에 이루어진 성장이었다는 점을 고려하고, 또 그것이 그렇게 외형적인 성장을 강하게 주장했던 백만인 구령운동이 한창 절정에 달하던 기간에 이루어진 통계라는 점을 고려할 때 그 증가는 대단히 미흡한 것이었다. 18개월 동안에 세례 및 학습교인이 12,691명이 증가했고, 이 기간에 출석교인 전체로 볼 때는 13,694명이 증가한 셈이지만 이것은 과거의 성장률에는 턱없이 미달되는 것이다. 그러나 평양은 이 기간 동안에도 놀라운 성장을 지속해 지난 1년 동안 3,031명이 세례를 받아 전체 입교인이 11,730명이 되었다. 학습교인과 신입교인을 포함한다면 평양은 여전히 놀라운 성장을 지속하고 있었다. 이것은 1907년의 평양대부흥운동 이후 여전히 평양의 교회들이 성장하고 있음을 보여 주는 것이다.[88]

이 운동에 투자한 정열과 시간에 비해 전체적인 통계 면에서 별 진전이 없기는 북감리교도 예외가 아니었다. 1911년 6월 21일부터 28일까지 서울 정동교회에서 열린 제 4차 한국 북감리교 연회는 "연회가 조직된 이래 최고였다"[89]는 평을 받을 만큼 좋은 분위기였지만 실제로 수적 증가는 그리 높지 않았다. 1910년 한 해 동안 4,063명의 새

동안(1908-1910)에는 전체 세례교인 수가 65%, 전체 교인 수는 63%가 증가했다. 1906년의 통계를 1910년과 비교할 때 세례입교인 수는 이 두 부흥운동 동안에 12,500명에서 32,500명으로 증가했고, 교인 전체 수는 44,000명에서 무려 11만 명으로 각기 약 150%가 성장했다.

[87] E. W. Koons, "Report of the Presbyterian Church, North," *KMF* VII: 11 (Nov., 1911), 307. 이곳에는 성인 입교인 36,074명, 학습교인 25,948명, 유아세례자 3,671명, 그리고 다른 출석자 43,277명 합 108,970명으로 되어 있다. 이것이 1911년의 통계인지 1910년의 통계인지 정확하지 않지만, 1911년의 통계치고는 너무 증가하지 않았다.

[88] "Statistics for 1910," *KMF* VII: 4 (Apr., 1911), 107. 가장 큰 신장을 보인 곳은 안동으로 121명의 입교인이었던 1909년에 비해 106명의 세례교인과 340명의 학습교인 전체 3,275명의 출석하는 선교부로 급신장한 것이다.

[89] B. W. Billings, "The Methodist Conference," *KMF* VII: 10 (Oct., 1911), 299.

신자를 얻어 전체 51,244명이 되었다.[90] 수치적으로 볼 때에는 지난해 백만인 구령운동을 전개하였음에도 불구하고 10%의 성장도 채 이룩하지 못했다.[91]

　　부흥운동 기간 동안 가장 급속한 성장을 계속해 온 남감리교도 1911년 원산에서 모인 연례모임에서 발표한 통계가 과거의 성장률에 못 미치는 저조한 성적이었다. 1911년 한 해 동안 750명이 세례를 받아 총 입교인 6,750명이 되었다. 이는 지난해 결실의 반 정도에 불과한 것이다.[92] 이처럼 장로교, 감리교 모두 백만인 구령운동으로 인한 실질적인 성장은 눈에 띄지 않았다.

　　백만인 구령운동의 결과를 놓고 일부에서는 "이들 수치가 백만인 구령운동이 성공했다는 사실을 보여 주지 않는 것처럼 보이지만, 그 수치들이 하나님께서 지난해 그의 말씀과 성령을 통해 가져다주신 것에 대한 진정한 이야기를 말해 주지는 않는다"며, 그리고 "심지어 부흥회에 참석하거나 하나님의 말씀을 받아들여 지난해의 노력과 축복의 결과로 장차 믿게 될 출석자들 가운데 그 수에 포함되지 않은 수만의 사람들이 있다. 전체 마을들이 그들의 태도가 완전히 바뀌어 그리스도에게로 돌아서고 있으며, 어디서나 마른 뼈 가운데 꿈틀거림이 있다"[93]고 변명했지만 실제로 백만인 구령운동이 가져다준 결과는 그 이전의 부흥운동의 결과와 비교할 때 미흡한 수치였다. 때문에 일부 선교사들 가운데는 백만인 구령운동에 대해서 강한 의문을 제기하기도 하였다.[94] 그 질문들은 주로 "'백만인 구령이 달성되었는가?', '어떤 결과가 나타났는가?', '그것은 실제로 하나님께서 감동하신 운동이었는가?'"[95] 하는 것들이었다.

90　이들은 입교인 8,352명, 학습교인 16,674명, 초신자 26,218명이다. 입교인 1,762명을 한해 동안 얻었는데, 이는 한국사역 18년 동안이 끝날 때인 1903년의 전체 입교인보다 많은 수라고 하지만 과거에 지난 몇 년간의 통계에 비교할 때 상당히 둔화된 성장률이다.

91　Billings, "The Methodist Conference," 300.

92　"Annual Meeting, Southern Methodist Mission," *KMF* VII: 12 (Dec., 1911), 368. 이는 연례 보고서의 기록과 약간의 차이가 있다. 보고서에는 1910년 6,017명이던 입교인이 1911년에는 6,943명으로 926명이 증가했으나, 학습교인의 경우는 지난해 3,792명에서 2,108명으로 오히려 1684명이 감소했다. "Statistics," *Minutes of Korea Mission*, Methodist Episcopal Church, South, 1911, 69.

93　"Statistics for 1910," *KMF* VII: 4 (Apr., 1911), 107.

94　Wasson, *Church Growth in Korea*, 59. Brown도 여기에 어느 정도 동의하는 듯하다. Brown, *Mission to Korea*, 80.

95　"The Million Movement and Its Results," *KMF* VI: 1 (Jan., 1911), 5.

이와 같은 질문은 백만인 구령운동이 출발 자체부터 문제의 소지를 안고 있다는 말과 같은 질문이었다. 이와 같은 질문은 백만인 구령운동을 추진한 일선 지도자들에게는 매우 곤혹스러운 질문이었지만, 이러한 질문을 받을 때마다 그들은 다음과 같이 변호했다:

> 비록 우리가 현재 백만 명의 새 신자를 가시적으로 셀 수는 없고, 지난 1년 안에 이 숫자와 같은 어떤 결과를 실제로 얻을 수 있을 것이라고는 거의 기대할 수 없지만 그러나 하나님께서 우리에게 가시적인 결과를 남기시지 않은 것은 아니다. 한국 교회의 대부분은 아니지만 많은 교회가 예배 참석률이 배가 되거나 배 이상으로 증가했으며, 반면 많은 선교부에서 신앙 단체의 수가 매우 대단히 증가했다고 말하는 것은 결코 지나친 것이 아니라고 우리는 생각한다. 한 사람은 본 호에서 17개의 새 교회와 102개의 새 신앙단체를 보고하였다. 후반 전도운동 동안에 수천 명의 사람들이 그들 자신들을 그리스도에게 헌신하겠다는 결심을 간증하였으며, 교회에 영입하여 지원자의 명단에 그들의 이름을 등재하였다.[96]

백만인 구령운동이 한국 교회에 실질적인 결실을 가져다주었다는 것이다. 심지어는 백만 명이 현재 달성되지는 않았지만, 이미 뿌린 복음의 씨앗이 백만 명의 영혼을 장차 구원하는 결과를 가져다 줄지 모른다는 소박한 확신도 가지고 있었다. 한 선교사는 백만인 구령운동의 결과에 대해 이렇게 변호하였다:

> …표어 달성을 위해 노력하고 그러한 결실이 있기를 기도할 때 참여했던 이들의 마음에는 유일한 한 가지의 답이 있다. 성령의 임재가 매우 분명하였으며 영감을 체험한 많은 간증들이 있었다. 다른 한편으로 백만인이, 또는 그 가운데 상당 부분이 오늘날 우리 교회에서 발견할 수 있는 것도, 심지어 우리의 통계에서 출석 성도

---

96 "The Million Movement and Its Results," 6.

가운데 계산될 수 있는 것도 아닌 것이 매우 확실하지만, 그럼에도 불구하고 우리는 하나님이 그들 모두를 그의 생명책에 기록하지 않았다고 결코 확신하지 않는다. 백만 명의 남자, 여자, 그리고 어린이들이 장차 구원을 받을 것이고 지난해 그의 제단에 드려진 사역과 기도의 직접적인 결과로 지금 그의 면전에서 실제로 구원이 이루어지고 있다.[97]

비록 백만인의 영혼이 현재 구원을 받은 것은 아니지만, 그와 같은 비전이 결코 몽상에 불과한 것이 아니라는 말이다. 주의 능력을 의지하고 그를 신뢰한다면 언젠가는 하나님이 그것을 이루어 주실 것이라는 확신이 있었다. 백만인 구령운동의 결과를 근시안적으로 평가하기보다는 좀 더 멀고 좀 더 넓은 차원에서 이해하고 평가해야 한다는 것이다. 이미 뿌려진 전도지와 복음서가 백만인 구령운동의 결실 가운데 하나이며, 그 뿌려진 씨앗들이 결코 헛되지 않을 것이며 언젠가 반드시 결실로 이어질 것이라는 소박한 희망이 있었다. 백만인 구령운동이 시작된 지 2년이 지난 1911년 9월, 장로교 공의회에서 부흥운동의 주역 가운데 한 사람인 방위량이 백만인 구령운동이 실제로 목표 달성에는 실패했지만 그것이 결코 실패를 의미하는 것은 아니라며 다음과 같이 변호했던 것도 그런 이유에서였다:

> 몇 사람은 지난 1년 동안에 실제적으로 백만 명이 교회에 영입되지 않았기 때문에 실망하고 구령운동이 실패했다고 보는 경향이 있다. 그러나 그것이 어떻게 실패인가? 전 교회는 신앙과 비교할 수 없는 열정으로 전도운동을 착수하였다. 복음이 전에는 찾아볼 수 없을 정도로 한국 전역에 전파되었다. 우리는 그 결과에 두려워할 필요가 없다. 하나님께서는 그의 말씀이 "헛되이 돌아오지 않을 것이라"고 말씀하셨고, 지난해 광범위하게 뿌린 씨앗으로부터 대단한 결실을 거둘 것임에 틀림없다.[98]

---

97 "The Million Movement and Its Results," 5.
98 W. M. Blair, "Report of an Address to the Presbyterian Mission on the Million Movement," *KMF*

백만인 구령운동을 통해 비록 백만 명이 전도되지 못했더라도, 그 목표를 향해 전 개신교가 일치단결해 추진했던 일은 한국 기독교 역사상 처음 있는 일이었다. 민족복음화라는 한 가지 비전을 그들이 공유하였고, 그들은 복음 전파를 위해 최선을 다했던 것이다. 백만인운동이 진행되는 동안 그들이 보여 주었던 이와 같은 민족복음화를 이룩하려는 한국인들의 구령의 열정은 너무도 감동적이었다. 백만인 구령운동이 "많은 오해와 더불어 대대적으로 착수되었다"[99]는 소식을 미국에서 듣고 반신반의했던 한 선교사도 선교지로 돌아와서 "한국인들이 얼마나 백만인 구령운동을 믿고 기도하고 전도하고 있는지"[100]를 확인하고는 "하나님의 영이 백만인 구령운동과 함께하신다는 것을 알고 전심으로 총전도 집회"[101]를 추진하는 일에 합류하였다.

현장에서 사역하는 이들은 "얼마나 많은 사람이 구원을" 받았는가에 대한 관심보다는 구령의 열정과 실천을 통해 교회가 새로운 활력을 되찾았고, 대규모의 전도운동을 통해 복음의 빛이 널리 퍼져 나갔다는 사실에 더 큰 의미를 부여하려고 하였다.[102] 춘천에서 활동하고 있던 한 선교사가 백만인 구령운동이 "복음을 다른 사람들에게 전하려는 깊은 열정"으로 특징된다고 고백한 것도 그런 의미에서였다:

> 백만인 구령운동은 우리 백성들에게 대단한 영감과 대단한 축복이었다. 이것은 복음을 다른 사람들에게 전하려는 깊은 열정에 의해 나타난다. 그들이 복음 전파를 위해 기도해 오고 사역해 온 대로 교인들의 영적인 삶이 각성되었다. 이 노력이 한국 교회에 미친 결과는 수치적으로 요약될 수 없지만, 그중의 몇은 분명히 나타났다. 수많은 전도지와 성경 단행본들이 팔리거나 배부되어 전에는 알려지지 않았던 곳에 진리이며 빛이신 예수 그리스도가 전파되어졌다. 수천 명의 남녀들이 기쁜 소식(Glad Tidings)을 들었고, 그들 가운데 수백 명이 그것을 받아들여 지금은 그

VII: 11 (Nov., 1911), 310.
99 Blair, "Report of an Address to the Presbyterian Mission on the Million Movement," 310.
100 Blair, "Report of an Address to the Presbyterian Mission on the Million Movement," 310.
101 Blair, "Report of an Address to the Presbyterian Mission on the Million Movement," 310.
102 Blair, "Report of an Address to the Presbyterian Mission on the Million Movement," 310.

들을 신자라고 부른다. 이 결과로 선교구의 많은 지역에 새로운 신앙단체들이 생겨났다. 백만인 구령운동이 성취되었든 그렇지 않든 나는 그것이 춘천 지역에 대단한 축복이었다고 아주 확신한다.[103]

백만인 구령운동을 통해 그 목표가 달성되지는 못했지만 그 과정에서 한국인들이 보여 주었던 복음 전파의 열심과 노력은 대단했다. 스왈른이 인도하는 250명의 지방 사경회에서는 평양에 도착한 4천 권의 복음서와 1만 장의 전도지가 30분도 되지 않아 바닥이 나고 말았다. 민족복음화에 대한 간절한 염원이 모든 사경회마다, 선교회 대회마다 불타오르고 있었으며, 모인 한국인들이 보여 준 반응은 이 운동이 결코 불가능한 구호가 아니라는 사실을 확인케 해주는 것이었다. "영적각성이 이미 지방에서 시작되었으며", 성령께서 앞서가셔서 그 길을 예비하고 계시다는 확신을 갖지 않을 수 없었다. 1907년의 평양대부흥운동이 개인의 영적각성을 특징으로 하였다면, 백만인 구령운동은 개인 전도열로 특징될 수 있다. "큰 선교부 중 한 선교부에서는 각 교회의 모든 남녀 어린이들이 개인전도 사역을 위해 기도 주간 동안 온 하루를 드리기로 약속하였고,"[104] 사람들이 매일 전도하는 일과 기도하는 일로 교회에 모였다.

"가난하면서도 어렵게 일하던 한국인들이" 10만 일을 하나님께 드렸으며 그중에 76,000일을 1909년 겨울에 수행하였고, 1910년 가을 수백 명의 본토 사역자들이 "집집마다 다니는 일뿐만 아니라 대집회에 개인적으로 사람들을 다루는 특별 봉사에 한 달을 꼬박 드렸다."[105] 민족복음화에 불타는 이들은 "수백만 장의 전도지와 70만 권의 마가복음을 구입하여 기도하는 가운데 불신자들에게 전해 주었고, 한국의 거의 모든 가정들을 방문했으며, 수천 명의 한국인들이 이를 위해 매일 기도했다."[106]

따라서 그들이 볼 때 "이 모든 것이 놀라운 결과를 가져올 수 없다는 것은 도덕적으로 불가능한" 일이었다. 이들에게는 "기도를 들으시고 응답하신다는 하나님의 약

---

103 C. T. Collyer, "Annual Meeting Report," *KMF* VI: 11 (Nov., 1910), 280
104 "Editorial," *KMF* VI: 2 (Feb., 1910), 26.
105 "The Million Movement and Its Results," *KMF* VII: 1 (Jan., 1911), 5.
106 "The Million Movement and Its Results," 5.

속"¹⁰⁷에 대한 확신과 그의 말씀은 헛되이 돌아오지 않는다는 확신이 있었다. 그러나 백만인 구령운동을 비판적으로 바라보는 사람들의 시각에서 볼 때 그 같은 변명은 수적인 목표를 설정하고 전국적으로 대대적인 캠페인을 벌여 오면서 동원된 엄청난 노력에 견주어 볼 때 그리 설득력이 없었다.

백만인 구령운동이 가져다준 가장 큰 결실은 범개신교운동의 가능성을 타진해 주었다는 사실이다. 그것은 백만인 구령운동이 민족복음화의 중요성과 그 목표를 달성하기 위해 전 기독교가 연합하여 노력함으로써 한국 개신교 역사에서 전 기독교가 민족과 지역과 교파를 초월하여 같은 목표를 놓고 힘을 모은 최초의 범개신교운동이었기 때문이다.¹⁰⁸ 1885년 개신교가 공식적으로 전래된 이래 이와 같은 총체적이고 조직적인 민족복음화운동은 일찍이 없었다:

> 한국인들, 중국인들, 일본인들이 자기 민족뿐만 아니라 서로서로를 위해 기도하고 사역하였으며, 모든 교파의 그리스도인들이 결코 전에는 찾아볼 수 없었던, 그 나라 모든 영혼들의 구령을 위해 진지한 협력 가운데 연합되었다. 북과 남, 동과 서가 사역자들을 서로 교환하였고 각자가 형제들의 필요를 느끼며 그의 문제점들과 어려움을 알았고 그의 기쁨과 승리에 동참하였으며, 그리스도인들은 다가오는 수년 동안 그 페이스를 정착시키려는 헌신적인 노력에 박차를 가했다. 또 교회 자체에 심령의 갈급함과 거의 모든 지역에 새로운 영적각성이 있었고, 비록 찾아볼 수는 없었지만 믿어지는 바 곧 신앙 안에서 하나님에 대한 상당한 신뢰가 있었다.¹⁰⁹

일제의 침략이 절정에 달하던 그때, 비록 기독교계 내에서였지만 민족을 염려하고 사랑하는 이들이 교파와 교단의 벽을 넘어 민족복음화를 위해 하나되어 협력을 아끼지 않았던 것은 대단히 고무적인 일이었다. 민족복음화를 위한 이와 같은 총체적인 노력과

---

107 "The Million Movement and Its Results," 5.
108 Kenneth S. Latourette, *A History of the Expansion of Christianity* Vol. VI (New York: Harper & Row, Pub., 1944), 426.
109 "The Million Movement and Its Results," 6.

협력은 한일합방으로 인한 민족적 고난을 극복하게 만들어 준 중요한 원동력이었다. 이 민족을 살릴 수 있는 분은 오직 하나님뿐이라는 사고가 기성 신자들의 심령에 깊이 자리 잡고 있었다. 부흥운동 기간 동안 두드러지게 나타난 이와 같은 사고는 마치 위기와 혁명 시대를 극복하게 만들었던 웨슬리 부흥운동처럼 이 나라의 정치적, 민족적 위기를 극복하고 새로운 희망을 바라보게 만들어 주었다:

> 아무도 백만 명의 새 신자가 백만인 구령운동 기간 동안에 생겨났다고 주장하지는 않는다. 몇 사람은 그 슬로건 자체가 잘못이었다고 생각한다. 그 후 수년 내에 새로운 회심자들이 신앙으로부터 떨어져 나갔다. 그럼에도 불구하고 모든 사람들은 백만인 구령운동이 놀랍게 유익했다는 사실에 동의한다. 한일합방으로 인해 많은 한국인들의 심령에 찾아든 어둠이 새로운 희망을 발견함으로써 퇴치되었던 것이다. 의심할 바 없이 교회의 엄청난 힘이 대단히, 그리고 영속적으로 증가되었다.[110]

확실히 백만인 구령운동은 한일합방으로 인한 민족적 어둠을 새로운 희망으로 승화시켜 기울어 가는 국운 앞에서도 좌절하지 않도록 민족의 힘을 결집시켜 주는 데 크게 기여하였다. 처음부터 부흥운동의 현장을 직접 몸으로 경험하고 있던 방위량 선교사가 지적한 것처럼, 백만인 구령운동이 가져다준 가장 큰 유익 가운데 하나는 한일합방이라는 민족적 슬픔을 극복할 수 있는 원동력을 제공해 주었다는 사실이다.

"백만인 구령운동이 전개되던 해는 이 백성의 역사(歷史)에서는 위기의 한 해였다. 백만인 구령운동을 시작했을 때 아무도 그것을 예측하지 못했으나 그 운동이 제대로 출발하기도 전에 한일합방이 체결되어 한국은 더 이상 독립 국가가 되지 못했다. 그러한 민족적 변화는 교회에 심오한 영향을 미치지 않을 수 없었다. 어디서나 사람들은 절망을 기대하고 예견하였으나 하나님은 그 위험을 예견하시고 그의 교회에 복음의 열정의 대

---

110 Harry A. Rhodes, ed., *History of the Korea Mission, Presbyterian Church USA Vol. I 1884-1934* (Seoul: Chosen Mission Presbyterian Mission, USA., 1934), 287.

세례를 부으셔서 백성들로 그것을 준비시키셨다."[111] 백만인 구령운동은 기울어져 가는 이 나라에 새로운 소망의 빛을 던져 주었다는 사실만으로도 한국 교회에 의미 있는 선물을 안겨주었다는 주장이다. 따라서 단순히 나타난 결과로만 백만인 구령운동을 평가하기보다는 좀 더 거시적이고 종합적인 관점에서 평가할 필요가 있다는 것이다. 과거 한국인들의 특성상 복음은 놀랍게 한국인들의 심성을 파고들었고, 실제로 복음은 그들 가운데 구체적인 결실로 이어졌다. 따라서 이미 뿌려진 수만 장의 전도지와 70만 권의 복음서를 읽는 이들의 심령을 성령께서 감동시키시고 변화시키셔서 주님을 발견할 수 있도록 만드실 것이라는 소박한 꿈을 그들은 잃지 않았다.

"우리는 씨앗이 언제 어디서 은밀하게 천천히 성숙하여 싹이 틀 준비가 되어 있을지 거의 알지 못하므로 참지 못하고 씨를 뒤적이는 작은 어린아이들처럼 우리의 수확을 계산할 수 없다. 아실 수 있는 분이 그분뿐이기 때문에 오직 하나님의 눈으로 볼 수 있으며, 씨를 뿌리고, 기도하고, 눈물로 땅에 물을 주는 의무가 우리의 것이므로 결과는 그분에게 있고, 우리는 신뢰하고 사역하고 기다려야 한다. '의심하는 것은 불충성하는 것이며, 흔들리는 것은 죄이다.'"[112]

다른 한편으로 백만인 구령운동은 한국 교회와 교인들에게 강한 자성의 기회를 제공해 주었다. "현재 교회에 백만 명의 새로운 교인 혹은 참석자들은 고사하고 사실 그 수의 10분의 1도 추가하지 못했으나" "그러나 이 문제에서 우리 모두가 느끼는 실망은 우리의 눈을 여시고 우리가 교회로서 100만 명을 영입할 준비가 되지 않았다는 사실을 깨닫게 하시는 하나님의 방법이었다는 확신이 든다. 우리가 준비가 되었을 때 그가 그 백만 명을, 그리고 한국의 수백만 명의 모든 나머지 사람들을 보내 주실 것이다. 그리고 과연 누가 중국의 헤아릴 수 없는 수백만 명과 극동아시아의 나머지 모든 사람들에게 말할 것인가? 그분의 시간에서 그것은 비밀이다."[113] 왜 백만 명을 달성하지 못했는가에 대한 자성이 곧 한국 교회가 그만한 사람을 수용할 준비가 되지 않았기 때문이었다는 자성으로 이어졌던 것이다. 한국 교회가 먼저 해야 할 일은 그가 주신 땅을 경작하는 일이라는

111　Blair, "Report of an Address to the Presbyterian Mission on the Million Movement," 310.
112　"The Million Movement and Its Results," 6.
113　Eul Yul, "A Missionary Letter," *KMF* VII: 4 (Apr., 1911), 115.

사실이다.

1911년 10월, 프레드릭 베시는 "지난해는 '백만인 운동의 해'라고 부르는 것이 지당하고, 우리는 올해를 감히 '조선야소교서회(朝鮮耶蘇敎書會)의 해'라고 명명할 수 있을 것이다"[114]라고 말했다. 1911년에 들어서도 여전히 복음의 열정에 불타고 있었고, 선교지 확장이 계속되었지만 그것을 백만인 구령운동이라는 틀 속에서 추진하려는 움직임이나 노력들은 현저하게 줄어들었다. 이것은 1909년과 1910년에 전체적으로 추진되었던 백만인 구령운동이 1911년에 들어 하나의 역사적 운동으로서는 막을 내렸음을 의미하는 듯하다.

백만인 구령운동이 한국 교회에 새로운 틀을 다져 주는 매우 중요한 계기를 제공하는 데 실패한 것은 아니다. 1911년 제 5회 장로교 독노회는 1912년을 기해 총회를 조직할 것을 결의하였고, 그 해 가을에 열린 장감연합공회(General Council) 총회도 1912년에 장감 6개 선교회와 각 성서공회, 그리고 성공회(British Evangelistic Mission)가 참여하는 연합공회(Federal Council)로 확대 개편할 것을 결정하였다.[115]

뿐만 아니라 감리교는 감리교대로, 장로교는 장로교대로 민족교회로서의 틀을 다지는 전기가 되었으며, 평양신학교와 감리교의 협성신학교도 한국 교회를 이끌어 갈 유능한 지도자들을 육성할 수 있는 신학교로서의 모습을 갖출 수 있었다.[116] 그리하여 만주와 소련과 일본과 하와이에 선교사를 파송하여 교포들에게 복음을 전하려는 노력들이 점점 더 강하게 나타났다. 부흥운동과 백만인 구령운동은 민족복음화라는 거대한 비전과

---

[114] "So Shall My Word Be," *KMF* VII: 10 (Oct., 1911), 290. 1912년 6월 30일 *KRTS*의 보고서에 의하면 1911년 한해 동안 배본한 문서가 책 24,962권, 전단지 386,691장 합 411,653이고, 1912년에는 책 116,437권, 전단지 622,704장 합 739,141이다. "Annual Report of the Korean Religious Tract Society, Seoul, Korea (KRTS)," 1911-1912, 8.

[115] "Report of the Committee on Making the General Council a Delegated Body," *KMF* VII: 12 (Dec., 1911), 343-345.

[116] 부흥운동을 거치면서 목회자의 양성은 가장 시급한 한국 교회의 과제로 떠올랐고, 장로교와 감리교는 이와 같은 요구에 부응하기 위해 신학생 양성에 상당한 투자를 하기 시작했다. 그 결과 장로교는 이미 1901년부터 시행하던 신학 교육을 확대하여 평양신학교를 설립하고 부흥운동으로 폭발적으로 늘어난 목회자 요구를 어느 정도 충족할 수 있었다. 감리교도 신학 교육을 실시하다 부흥운동을 거치면서 남 감리교와 미 감리교가 신학교를 공동으로 운영하기로 결정한 것이다. 미국 총회가 5만 환을 한국 감리교 신학교 건축을 위해 모금하였다. 샤셜, "하느님의 풍셩흐신 은혜," 신학월보, 1909년 6월, 제 7권 6호, 3; "신학교를 대한에 설립홈," 신학월보, 1909년 제 7권 제 4, 5호, 4-5;

꿈을 한국인들에게 깊숙이 심어 주었고,[117] 이와 함께 자연히 해외 선교열이 놀랍게 진작되어 한국 교회가 처음부터 선교하는 교회로 정착할 수 있는 전기를 마련해 주었다.

---

117 신학교 설립, 국내 선교, 그리고 해외 선교는 부흥운동의 결실이었다. 감리교는 국내 선교회를 발족하고 거기에 대한 법칙까지 만들었다. "대한국늬션교회 법측," 신학월보, 1909년 제7권 4, 5호, 4-7.

맺는말

확실히 1903년부터 발흥하기 시작한 원산부흥운동부터 평양대부흥운동과 백만인 구령운동에 이르기까지 일련의 한국 교회 부흥운동은 한국 교회사에서 하나의 뚜렷한 이정표를 기록한 사건이었다. 마치 초대교회 오순절 성령강림이 교회의 틀을 제공했던 것처럼 1903년부터 1907년으로 특징되는 대부흥운동은 한국 교회가 한국 교회 되게 만들어 주는 중요한 원동력이었다.

양주삼이 정확히 지적하였듯이 "敎會의 發展으로 因하야 〈隱士國〉인 朝鮮를 世界가 알게 되엿스며 또 敎會가 速히 發展된 것은 全國을 撓動케 한 復興으로 因함이다."[1] 실제로 이 시대 수많은 자료들은 분명 한국 교회의 급성장이 대부흥운동과 깊은 연계성을 지니고 있음을 증거하고 있다.

이 같은 한국 교회 발전과 성장을 견인한 한국 교회 대부흥운동의 일련의 과정을 심도 있게 고찰하다 보면 다음 몇 가지 사실을 발견할 수 있다.

첫째, 한국의 부흥운동은 단순한 부흥운동이 아니라 영적각성운동이었다는 사실이다. 성령의 부으심과 임재가 공동체 가운데 나타났으며, 사람들은 은밀히 숨겨진 내면의 죄악들을 토로하였다. 대부흥운동 기간 동안 성령의 놀라운 임재와 부으심, 성령의 충만, 강력한 죄에 대한 각성과 회개가 언제나 수반되었다. 사람이 지을 수 있는 모든 죄악들이 토로되었다. 이런 의미에서 이 시대 한국의 놀라운 부흥의 역사는 미국의 1차 각성운동처럼 회개운동과 영적각성을 수반하는 종교운동의 성격을 지니고 있어 단순히 부흥운동이라기보다 20세기 초 전 세계적으로 일어난 놀라운 영적각성운동 가운데 하나였다.

---

1 J. S. Ryang, ed., *Southern Methodism in Korea: Thirtieth Anniversary* (Seoul: Methodist Episcopal Church, South, Korea, 1929), 61.

특별히 20세기에 접어들면서 나타난 세 번의 부흥운동의 파장 중에서 원산부흥운동과 평양대부흥운동은 영적각성운동의 뚜렷한 특징을 지니고 있는 반면 백만인 구령운동은 영적각성이 수반되기는 했지만 일종의 전도 캠페인의 성격이 강했다. 어떤 의미에서 앞의 두 부흥운동이 순수하게 성령의 주권적인 역사였다면 백만인 구령운동은 장감을 중심으로 한 전국적인 조직력을 동원한 전도 캠페인이었다.[2]

암울한 시대적 상황이 부흥운동을 촉진하는 또 하나의 자극제가 된 것은 사실이지만 그것이 부흥운동의 일차적인 동기는 아니었다. 대부흥운동은 비정치화의 결과가 아니라 순수한 성령의 역사였다. 독립의 소망이 끊기자 사람들이 교회로 몰려들었고, 교회가 정치화되는 경향이 발생하자 선교사들이 의도적으로 교회가 정치에 개입하는 것을 금하고 비정치화시켜 독립의 소망을 종교적인 소망으로 유도하여 그 결과로 대부흥이 발흥했다는 주장은 부흥이 하나님의 주권적인 역사, 따라서 일차적으로 성령의 역사라는 사실을 간과한 해석이다.[3] 로이드 존스의 말대로 부흥은 성령의 역사이며, 성령충만이 없는 부흥은 존재할 수 없다.

복음의 놀라운 확산은 말씀을 사모하는 사람들이 대부흥을 통해 성령을 인격적으로 체험한 후 복음의 빚진 자의 심령을 가지고 이웃에게 달려가는 불타는 구령의 열정에서 찾아야 할 것이다. 한국 교회의 기적은 바로 헬라인이나 야만인이나 다 내게 복음의 빚진 자라고 고백했던 바울 사도의 고백이 성령 안에서 한국 교회의 고백이 되었을 때 가능했던 것이다. 생명을 담보로 하면서까지 순수한 복음의 열정을 현장에서 몸소 보여

---

2   T. Stanley Soltau, *Korea The Hermit Nation and Its Response to Christianity* (New York: World Dominion Press, 1932), 76. 하지만 부흥과 전도운동으로서의 100만인 구령운동이 한국 교회 안에서는 별개로 존재하지 않고 서로 연계성을 지니며 진행되었다.

3   한국 교회 대부흥운동이 정치적인 소망을 종교적인 방향으로 전환하여 일어난 것은 아니다. 존스가 증언하는 것처럼 한국의 부흥운동의 진행 과정에서 국내의 정치적 상황은 부흥운동의 저변 확대에 적지 않은 자극제와 촉진제 역할을 했던 것이 사실이다. 하지만 그것은 어디까지나 부흥운동의 직접적인 요인으로보다는 간접적인 요인으로 작용하였다. 전혀 복음을 알지 못하는 이들이 국내의 정치적 상황의 불확실함으로 기독교로 돌아서는 현상은 없었고, 이미 복음을 받아들이고 성령의 놀라운 은혜를 경험한 이들이 영적으로 깨어 복음을 들고 가족과 이웃과 친구에게 달려가 증거하여 복음의 현장에 온 그들이 복음을 접하는 일이 일어났던 것이다. 적지 않은 정치 지도자들과 의식 있는 젊은이들이 정치적인 소망으로 인한 좌절감으로 교회에 발을 들여 놓았고, 정치적 현실이 민중들의 심령을 옥토로 만들어 복음을 받아들일 수 있도록 일종의 예비적인 역할을 하기는 했지만-실제로 그것이 본서에서 상당히 심도 있게 언급되었듯이-그것이 한국 교회에 대부흥운동을 가져다준 직접적인 요인은 아니었다.

주었던 선교사들의 모델과 그것을 그대로 본받은 한국인들의 놀라운 구령의 열정이 대부흥운동을 통과하면서 성령 안에서 이러한 한국 교회의 기적을 창출했던 것이다. 하지만 이 말이 전도가 1903년부터 1907년으로 특징되는 대부흥운동의 일차적인 요인이었다는 의미는 아니다. 오히려 성령의 개인적인 체험을 통한 영적각성이 처음부터 강조되었고, 전도는 그 결과였다.

둘째, 한국의 놀라운 부흥은 교회 성장만 아니라 개인의 영적각성으로 이어지고 다시 그것이 사회개혁으로 이어져 복음을 전해 받은 이들의 세계관과 가치관이 변하고 그 결과 사회변혁이 나타나게 되었다. 소돔과 고모라의 도성 평양이 동방의 예루살렘으로 바뀐 것도, 사회 개혁이 일어나 수많은 학교들이 설립되고 여성들의 사회적 신분이 높아진 것도, 그리고 신분타파가 구체적으로 실현된 것도 대부흥운동을 통해서다. 한국 교회 대부흥운동은 세계 어느 부흥운동과 비교해도 손색이 없을 만큼 개인의 각성이 사회각성으로 이어져 한반도 전역에 놀라운 사회변혁을 태동시켰다.

자연히 대부흥운동은 당시의 정치적인 암흑기를 극복하고 민족에 대한 새로운 희망을 다지는 중요한 원동력이었다. 한국 교회는 대부흥운동으로 말미암아 세상적이고 정치적인 독립에 대한 소망이 내세와 미래를 향한 종교적인 소망으로 승화되어 을사조약과 한일합방이라는 민족의 울분을 극복할 수 있었다. 을사조약이 체결된 이후 이어 민족적인 부흥운동이 전국을 휩쓸었다는 사실은 결코 우연이 아니었다. 이것은 을사조약과 같은 민족의 설움이 부흥운동의 동인이 되었다는 의미가 아니라 이 민족을 살리는 길, 이 민족에게 필요한 진정한 해방이 무엇인가를 일깨우시려는 하나님의 깊으신 섭리였다는 의미다. 민족의 설움이 오히려 이 민족을 살리는 영적 도구가 되었던 것은 이스라엘 역사에서 얼마든지 찾아볼 수 있다. 이스라엘 사람들에게 70년의 바벨론 포로 기간은 자신들의 정체성을 돌아보며 진정으로 하나님과의 관계에서 자신들의 앞날을 점검하는 민족적인 자기 성찰의 시기였다. 우리가 이해할 수 없는 차원에서 역사하시는 하나님께서 한국의 역사 속에서도 개입하시고 섭리하셨던 것이다.

셋째, 이 같은 놀라운 교회성장과 사회개혁을 수반한 한국 교회 대부흥운동은 역사적 기원을 거슬러 올라가다 보면 영적각성의 물줄기가 두 가지 방향에서 흘러 나왔다는 사실이다. 그 하나는 맥코믹 출신의 북장로교 선교사들로부터 기원된 것이고, 다른 하나는 남감리교 출신 선교사들로부터 기원된 것이다. 이들이 선교 거점으로 삼고 있던 원산, 평양, 송도는 1903년 원산부흥운동, 1907년 평양대부흥운동, 그리고 1909년 백만인구령운동의 진원지였다.

프린스톤 출신 헌트를 제외하곤 평양대부흥운동의 발흥과 전개와 발전에 지대한 공헌을 한 이길함, 마포삼열, 소안론, 방위량, 편하설 등 거의 모든 장로교 선교사들이 맥코믹 출신이었고, 평양은 오랫동안 이들의 영향을 깊이 받아 왔다. 글로버(R. H. Glover)가 "전 기독교계가 들은 하나님의 영의 이 놀라운 현시가 평양에 집중되었다"[4]고 평한 것은 결코 과장이 아니었다.

평양이 처음부터 부흥운동의 중요한 구심점 역할을 해온 것은 결코 우연이 아니다. 무디 부흥운동의 전통과 미국 북장로교 구학파의 전통을 아름답게 조화시킨 맥코믹 신학교 북장로교 선교사들이 평양선교를 처음부터 주도해왔기 때문이다. 그들은 구학파 전통과 부흥, 둘의 조화와 균형을 평양신학교를 통해, 사경회를 통해 그리고 장대현교회, 사창골교회, 남문외교회, 산정현교회 목회를 통해 현장에서 구체적으로 실천에 옮겨왔고 곧 그것은 한국장로교회의 전통으로 구형되어 지금까지 계승되었다.

미국에서는 구학파와 신학파가 부흥운동을 두고 첨예하게 대립하여 에드워즈의 놀라운 영적각성의 전통을 이어받았으면서도 후대에 부흥운동에 대한 첨예한 갈등과 대립이 지속되어 개신교의 주도권을 감리교에 이양하고 말았다. 그러나 한국 장로교회는 신학적으로는 개혁파복음주의 신학을 견지하면서도 부흥운동을 통해 한국 교회 성장을 견인하며 한국 교회 안에 주도적인 리더쉽을 발휘해왔다.

맥코믹 출신 못지않게 한국 교회 부흥운동의 저변 확대에 크게 기여한 이들은 남감리교 출신 선교사들이었다. 1903년부터 1907년으로 특징되는 대부흥운동에 남감리교가 미친 영향은 한 마디로 지대했다. 양주삼이 지적한 대로 "全國을 撓動케 한" "其 復

---

4   Robert Hall Glover, *The Progress of World-wide Missions* (New York: Harper & Brothers, 1939), 190-191.

興會는 一九0三年에 元山에서 [남 감리교 선교사] 河鯉泳 氏와 鄭春洙 氏의 始作으로 各處에 漸次 宣傳되여 一九0七年 年에는 朝鮮 全國에 充滿하엿섯다."[5] 실제로 1903년 초에 영적각성이 감지된 곳도, 그 해 8월에 원산에서 부흥운동이 일어났던 것도, 1905년에 신년 부흥회를 개최하자고 제의했던 것도, 또한 평양대부흥의 영적분위기 조성에 지대한 역할을 한 1906년 8월의 평양선교사 사경회 인도자도, 그해 가을 목포부흥의 불을 당긴 인물도, 그리고 1909년에 백만인 구령운동을 건의했던 것도 모두 남감리교 선교사들이었다.

우리는 한국 교회 부흥운동이 진행되는 과정에서 너무도 중요한 역할을 했던 하디, 저다인, 크램을 비롯한 부흥운동의 지도자들과 백만인 구령운동의 발흥에 중요한 몫을 한 리드, 갬블, 스톡스 모두가 남감리교 선교사들이었다는 사실을 잊어서는 안 될 것이다. 그들은 남부의 특유한 감리교 복음주의 신앙의 전통을 한국 교회에 접목시켜 한국 교회에 영적각성운동을 발흥하도록 끊임없는 도전을 주었다.[6] 그들의 건의가 모두 성공한 것은 아니었지만, 이 나라와 이 민족은 물론 이곳에서 사역하고 있는 선교사들이 영적인 재충전, 성령의 능력과 권능을 힘입지 않고는 주의 사역을 감당할 수 없다는 사실을 끊임없이 일깨워 주었던 것이다.

이들 남감리교 선교사들은 단지 영적각성이나 한국 교회의 성장만을 외치지 않았다. 그들은 이 민족과 이 나라의 총체적인 개혁을 위해, 또 건강한 기독교 문화변혁과 문화건설을 위해 끊임없이 고투했다. 양주삼이 조선 남감리교회 30년 기념보에서 다음과 같이 말한 것은 결코 과장이 아니다:

---

5   Ryang, ed., *Southern Methodism in Korea:Thirtieth Anniversary*, 61. Wasson 역시 한국 교회 첫 부흥이 남감리교선교회에서 시작되었음을 분명히 했다. "그 부흥은 남 감리교 선교회에서 시작하여 점차 확산되어 전 한국 교회의 삶의 눈에 띠는 특징이 되었으며, 세계 여러 널리 떨어진 곳에서도 널이 알려졌다." Alfred W. Wasson, *Church Growth in Korea* (New York: International Missionary Council, 1934), 29.

6   John Z. Moore, "Vital Methodism," *Within The Gate*, ed., Charles A. Sauer (Seoul: The Korea Methodist News Services, 1934), 124-135. Moore가 말한 바, "감리교, 교회가 아닌 운동"이라는 18세기 웨슬리의 감리교 복음주의 운동의 모토는 한국에 파송된 감리교 선교사들, 특히 남감리교 선교사들이 갖고 있던 자의식이었다.

南監理敎會가 조선에 紹介된 事實은 宣敎歷史에 뿐만 아니라 朝鮮文明史 中에도 뛰어나는 事件이 되겠다. 過去 三十年 동안에 南監理敎會가 朝鮮人民의 精神上과 物質上 生活을 向上식히기 爲하야 朝鮮에서 여러 가지 事變을 經營하엿스니 즉 傳道, 敎育, 醫療, 實業, 慈善, 文學 등 事業이다. 그것들을 檢閱하여 보면 모도가 成功이라고 말할 수 있다.[7]

넷째, 이 시대의 한국 교회 부흥운동은 1890년 네비우스 선교 정책의 일환으로 채택한 사경회운동과 밀접히 연계되어 진행되었다는 사실이다.[8] 방위량 선교사는 자신의 책 골드 인 코리아(*Gold in Korea*)에서 "50여 년이 넘도록 한국 교회가 급격히 성장하고 지속적으로 부흥할 수 있었던 조건을 각자 나름대로 설명해 보라고 한다면, 나는 서슴없이 사경회라고 대답할 것이다"[9]라고 고백한 적이 있다. 백낙준 박사 역시 그의 책 한국 개신교사에서 "평양의 부흥운동도 장로교 남녀 사경회 때에 일어났었다"[10]며 대부흥운동과 사경회를 밀접히 연계시켰다. 백낙준의 말을 직접 빌린다면 "사경회는 부흥회의 계기를 마련하였고 부흥회는 구령운동에로 나가려는 자극을 주고 북받치게 하였으니 전도운동은 그 북받쳐 오르는 감동의 표현이었다."[11]

부흥운동의 현장에서 처음부터 네비우스 선교 정책과 부흥운동을 목도한 언더우드 역시 부흥운동이 한창 한반도 전역으로 확대되고 있던 1908년 6월 "나는 한국에서의 선교 사역의 진보가 주로 하나님의 축복 곧 우리가 채택한 네비우스 선교 정책 덕분이라고 믿는다"[12]며 한국 교회의 놀라운 성장의 근간이 바로 자신들이 채택한 네비우스 선교 정책에 있다고 확신하였다. 그것은 네비우스 선교 정책이 성경공부와 기도와 전도로 특

---

7   양주삼 편, 조선 남감리교회 30년 기념보 (경성: 조선 남감리교 전도국, 소화 5년), 1.
8   Charles Allen Clark, 한국 교회와 네비우스 선교 정책 (서울:기독교서회, 1994), 320-324; *Annual Report, PCUSA* (1909), 42; James S. Gale, *Korea in Transition* (New York: Laymen's Missionary Movement, 1909), 194-197.
9   William Newton Blair, *Gold in Korea* (Topeka: H. M. Ives & Sons, 1946), 69.
10 백낙준, 한국 개신교사 (서울: 연세대학교 출판부, 1990), 394.
11 백낙준, 한국 개신교사, 395.
12 Horace G. Underwood, "Principles of Self-Support in Korea," *KMF* IV: 6 (June, 1908), 92.

정되는 사경회를 근간으로 삼고 있기 때문이다.

사경회는 모든 교회에서 해마다 적어도 일주일 동안 개최되고 주요 도시에서는 큰 도사경회가 열렸다. "유대인들이 유월절을 지키듯이 한국 기독교인들은 사경회 기간 동안 경건하게 기도하며 하나님의 말씀을 공부하며 보냈다."[13] 사경회 기간은 가능한 모든 교인이 만사를 제쳐두고 교회에 모여 매일 조직적으로 성경을 공부하고 기도하며 개인 전도에 전념할 수 있도록 보통 농부들이 보다 한가한 겨울에 한 주간 혹은 그 이상을 잡는다.

약간의 차이는 있지만 사경회는 보통 5시에서 6시까지 새벽 기도회를 가지며, 9시에서 10시까지 함께 모여 성경공부를 하는데 크기에 따라 반으로 나누어 공부를 한다. 10시에서 10시 45분까지는 기도회를 갖고 그 후 15분간 휴식한 후 다시 11시에서 12시와 점심시간 후인 2시부터 3시까지 성경공부를 하고, 그 후에는 교회 교직원들과 함께 축호전도를 나가 사경회 기간 동안 진행되는 저녁 전도집회에 사람들을 초청하는 것이 보통이다.

기도와 성경 공부와 전도, 이 세 가지는 사경회에서 빼놓을 수 없는 중요한 요소였다. 처음부터 모든 사경회에서 이 세 가지는 항상 강조되었다. 특별히 성경공부는 세 가지 중에서도 가장 중요하게 다루는 요소였다. 보통 사경회 기간 동안 참석자들은 한 절한 절씩 성경을 공부하고 질의 토론 시간을 가졌다. "그 결과 적어도 한국에서는 전 교회가 조직적으로 성경을 공부하고 있고 성경공부에 흥미를 가지고 있으며 성경에 대한 일반 지식이 증가하였다."[14]

사경회 기간 저녁에 열리는 전도집회는 기성의 신자들에게는 나태해진 자신의 신앙을 새롭게 다지는 계기를 제공하였고, 타락한 신자들에게는 자신의 죄악을 회개하고 좀 더 성결한 삶을 살도록 촉구하는 계기를, 그리고 초신자들에게는 주님을 만나는 계기를 마련해 주었다. 하나님의 말씀을 통한 성령의 인격적 체험이 교인들로 하여금 믿지 않는 이웃들과 초신자들에게 관심을 갖도록 동기부여를 했다. 따라서 사경회는 성경에

---

13 Blair, *Gold in Korea*, 69.
14 Blair, *Gold in Korea*, 70.

대한 지식만 증가시켜 주는 것이 아니라 성령의 인격적 체험을 통해 실제로 교회가 부흥할 수 있는 기회를 제공해 주었다. 초기 한국의 모든 서양 선교사들은 교파를 초월해 사경회가 "교회를 부흥시키는 참되고 성경적인 방법"[15]이라고 확신했다.

처음부터 부흥회와 사경회는 성격이 달랐고, 선교사들은 이 차이점을 분명히 인식한 가운데 사경회를 선교 사역의 중요한 요소로 다루었다. 그들은 한국 교회의 영적 성장과 발전을 지속적으로 가져다주는 데는 부흥회보다 사경회가 훨씬 더 낫다는 분명한 생각을 가지고 있었다. 1907년 평양대부흥운동과 백만인 구령운동 등 한국 교회의 부흥운동을 현장에서 직접 체험하고 그 운동의 저변 확대에 일생을 헌신했던 방위량은 이와 관련하여 이렇게 피력했다:

> 한국 교회는 교회를 부흥시키는 참되고 성경적인 방법을 거의 발견한 듯하다. 사랑과 믿음의 부흥으로부터 자연스럽게 자라난 부흥운동은 청중들을 끌려는 독특한 방법이나 그리스도에 대한 결단을 쟁취하려고 청중을 고도로 압박하는 그런 방식에 의존하는 전문적인 전도 집회에 의한 격정적인 부흥회보다는 훨씬 더 낫고 오래 지속된다. 복음을 선포하고 그리스도에 대해 결단케 하는 어떤 종류의 부흥회도 전혀 없는 것보다 더 낫다. 하지만 가장 좋은 방법은 매년 열리는 사경회를 통해 교회의 삶을 조직적으로 세워가는 성경공부와 개인 전도사역이 아름답게 조화를 이루는 것이라고 나는 생각한다.[16]

철저한 말씀에 대한 연구, 그리고 그 말씀을 삶 속에서 실천할 수 있도록 성령의 역사를 구하는 간절한 기도, 복음의 빚진 자의 사명을 감당하기 위한 복음 전도는 사경회에서 늘 강조되었으며, 사경회 참석자들은 말씀을 체계적으로 배우고, 저녁에는 부흥회를 열어 주의 말씀 앞에 엎드려 자신들의 죄를 통회하고 영적 힘과 능력을 인격적으로 체험한 후 성령충만한 가운데 세상을 향해 나아갔던 것이다. 성령은 말씀을 통해 말씀과

---

15 Blair, *Gold in Korea*, 70.
16 Blair, *Gold in Korea*, 70.

더불어 역사한다는 개혁주의 신학의 원리를 구태여 실례(實例)로 들지 않더라도 말씀 앞에 자신을 점검하고 말씀을 배워 그대로 순종하려고 하는 믿음의 사람들 가운데 성령께서 놀랍게 역사하신 사례를 우리는 얼마든지 찾아볼 수 있다.

    1907년의 평양대부흥운동은 몇몇 사람이 회개해서 우연히 발생한 것이 아니었다. 이미 네비우스 선교 정책과 연관된 사경회를 통해 조성된 영적 토대 위에 하디로 인해 촉발된 원산부흥운동과 그 영향으로 전국 주요 도시에 부흥운동이 확산되어 영적 분위기가 저변 확대된 가운데 장대현교회에서 놀라운 성령의 역사가 나타나면서 전국적인 대부흥운동으로 이어진 것이다. 1903년의 원산부흥운동 역시 하디의 회개로 촉발된 부흥운동이었지만, 그 배경을 제공해 준 직접적인 도화선은 기도와 성경공부로 특징되는 일종의 사경회 성격의 기도회였다. 평양대부흥운동의 영적 토양을 제공해 준 1906년 8월 평양선교사들의 모임도 사경회였고, 1907년 1월 장대현교회에서 발흥한 평양대부흥운동 역시 겨울 남자 사경회 기간 중이었다.

    한국의 부흥운동은 성령께서 말씀을 통해 말씀과 더불어 역사하신다는 성경의 진리를 다시 확인시켜 주었다. 1890년대에 네비우스 선교 정책이 처음 채택되고 10여 년이 지난 다음 한국 교회는 성경의 권위와 말씀의 객관성을 강조하면서도 성경공부와 사경회를 통해 급성장을 경험하였고, 이 같은 영적 분위기는 1903년의 원산부흥운동과 1907년의 평양부흥운동의 발흥에 적지 않은 자극을 주었다. 이 부흥운동이 주권을 상실한 한국인들이 종교적인 면에서 그 돌파구를 찾게 됨으로 말미암아 발흥한 것이라고 매도할 수는 없다. 성령의 역사는 말씀과 더불어 역사할 수밖에 없는 것이다.

    성경 중심의 선교 정책과 말씀 연구는 많은 사람들에게 보수적인 신앙을 심어 주었을 뿐만 아니라 총체적인 개인 구원과 민족 구원이라는 염원을 말씀 속에서 추구하는 동기를 마련해 주었다. 암울한 시대적 상황 속에서 민족의 미래를 염려하고 민족의 앞날을 제시하는 길이 기독교를 통해서만 가능하다는 사실은 민족의 미래를 염려하는 이들 속에 갖고 있던 일반적인 생각들이었다. 그 같은 동기 부여의 직접적인 원동력이 다름 아닌 당시 영적 구심점 역할을 했던 사경회운동이었다.

마지막으로, 한국의 부흥운동은 지금까지 살펴본 것처럼 내외적으로 한국적인 배경과 특수성이 중요하게 작용한 것이 사실이고 또 이점을 충분히 고려해야 하지만 당시 전 세계적으로 일고 있는 부흥운동의 흐름과 독립된 신앙운동으로 이해되어서는 안 된다. 20세기에 접어들면서 1903-1904년 웨일즈 부흥운동, 1905-1906년 인도부흥운동, 1906년 오순절운동, 1907년 평양대부흥운동, 그리고 1908년 만주와 중국부흥운동에 이르기까지 이 시대 세계 곳곳에서 일어난 부흥운동은 서로 영향을 주고받으며 진행되었다. 웨일즈부흥운동 소식은 인도 카시 부흥운동의 촉진제가 되었고, 인도 부흥 소식은 부흥을 갈망하는 한국 교회와 선교사들에게 놀라운 도전을 주었으며,[17] 한국에서 일어난 대부흥의 불길은 다시 만주와 중국으로 이어졌다.

실제로 1903년 프란손의 입국은 원산부흥운동의 발흥에 적지 않은 기여를 했고, 1906년 존스톤의 입국과 그가 전해준 웨일즈와 인도부흥운동 소식은 원산부흥운동을 통해 영적각성을 경험한 한국 교회에 큰 도전을 주어 평양대부흥운동의 발흥의 중요한 동인이 되었으며, 1909년 가을 입국한 저명한 외국 부흥운동 지도자들은 기왕의 놀라운 부흥을 경험한 한국 교회가 교파와 교단을 초월하여 백만인구령운동을 한반도 전역에 저변확대 시키는데 지대한 공헌을 했다. 그런 의미에서 20세기에 접어들어 나타난 일련의 한국 교회 대부흥운동은 당시 전 세계적으로 일고 있던 영적각성운동의 흐름 속에서 이해해야 할 것이다.

---

17 그러나 놀라울 정도로 미국 오순절운동에 대한 언급은 거의 찾아볼 수 없다. 미국 오순절운동과 한국의 부흥운동의 모종의 연계성은 희박한 것으로 보인다.

평양대부흥운동 주요 사건 연표
(1901-1910)

다음은 성령의 임재, 죄의 고백, 성령의 역사와 관련된 사건임.

1901.	원산 남감리교 윤승군 최초로 공개적인 죄 고백, 평양신학교 시작
1901.1	The Korea Review 창간, 헐버트 주간
1901.10.	남북감리교 신학회
1902.1.	속장, 권사를 대상으로 한 남북감리교 연합 사경회
1902.6.11.	성서번역위원회 참석차 제물포에서 목포로 가다 배 난파로 아펜젤러 소천
1902.12.31 - 1.13.	평양 장로교 겨울 사경회
1903.1.	교회 지도자를 대상으로 한 2주간 감리교 사경회
1903.1.30.	개성 남감리교 구정 신년 사경회
1903.6.22 - 7.3.	조사를 대상으로 한 평양 여름 사경회
1903.8.	문경회 전도사 평양 합종읍교회, 칠산교회 집회
1903.8.24 - 30.	원산 기도회, 인도자 하디 성령의 역사 체험, 선교사 앞에서 공개 죄 고백 화이트, 매컬리, 캐롤, 노울즈, 하운셀 참석, 원산부흥운동 시작
1903.9.	주일 오전예배 때 한국 교인 앞에서 하디 선교사 공개적으로 죄 고백
1903.9.	하디의 원산 기도회, 최종손, 강태수 공개적으로 죄 고백
1903.10.	원산 창전교회서 스칸디나비아 선교회 책임자 프란손의 원산 연합 사경회, 28일 황성 기독교 청년회(YMCA) 발족
1903.10 - 11.12.	연속적인 하디의 원산부흥회
1903.11.2.	상동교회에서 프란손 집회
1903.11.3.	제중원에서 프란손 집회

1903.12.5	서울 상동교회 남북감리교 연합 사경회
1904.1.5 -	2주간 하디의 원산 남산동교회 사경회
1904.1.25.	원산 연합(장감침) 사경회, 엄아력 성령 체험
1904.1월말 - 2.9.	개성 지방 사경회, 하디, 캐롤, 노울즈, 저다인 인도
1904.2.9	제물포에서 러시아와 일본의 함포 공격으로 러일전쟁 발발
1904.2.	2주간의 하디의 강원도 지경터 부흥회
1904.2.26 -	10일간 개성 남부교회서 하디의 개성 지방 연합 사경회
1904.4.	10일간 하디의 서울 자교(자골)교회 부흥회, 유경상, 김계명, 지수돌 공개 죄 고백
1904.10.1 - 9.	1주간 하디의 정동감리교회 부흥회
1904.10.16 -	1주간 하디의 평양, 영변 연합 부흥회
1904.11.	1주간 하디의 제물포 부흥회, 이어 안식년으로 잠시 귀국
1905.1.	개성 지역, 원산 지역 구정 신년 사경회
1905.2.	원산 지역 여자 특별 사경회, 2월말 강화 홍해교회 여자 사경회
1905.6.20 - 30.	10일간 장감 연합 사경회
1905.6.21 - 27.	북감리교 선교회 제 1회 연회
1905.7.	장감 그리스도 신문 창간, 게일 주간
1905.9.3 - 10.	1주간 선교사 사경회
1905. 9.5.	러일 포츠머스 조약 체결
1905.9.10 - 16.	장로교 공의회 한국 교회 부흥에 대해 논의
1905.9.11 -	남북감리교 선교회 연합 연회
1905.9.14 -	1주간 남감리교 연회
1905.9.15.	6개 선교회(남북감리교, 남북장로교, 호주, 캐나다 장로교) 150명의 선교사 장감연합공회(the General Council of Evangelical Missions in Korea) 결성, 1906년 신년 부흥회 전국적으로 실시키로 결정
1905.10.7.	Kennen이 Outlook 지에 일본의 한국 지배 비평 기사 기고
1905.10.	New York Herald 지 을사보호조약 비판 기사 게재
1905.11.10.	상동교회 청년회(전덕기 회장) 중심으로 구국 기도회
1905.11.16 - 25.	재령 사경회(553명 참석)
1905.11.17.	을사보호조약 체결
1905.11.17 - 23.	그레함 리의 황주 용소골교회 사경회
1905.11.18 -	매일 오후 3 - 4시 초교파 구국 기도회
1905.12.	하디 안식년 마치고 원산으로 귀환

1905.12.29 - 1.10.	평양 사경회
1906.1.27 -	2주간 정동, 승동, 연동교회서 서울 신년 연합 부흥회, 400여 명 결신
1906.1.28 -	평양 남산현교회 감리교 신년 부흥회, 400여 명 결신
1906.1.29 -	1주간 장대현교회, 남문밖교회서 장로교 신년 사경회, 450여 명 결신
1906.1.30 -	10일간 선천읍교회서 선천 지방 사경회, 1,114명 참석
1906.2.	이토 히로부미 제 1대 총독 취임
1906.2.	하디의 서울 자교(자골)교회, 이화학당, 배재학당 신년 부흥회
1906.2.	1월과 2월 서울과 평양 신년 부흥회로 2,000여 명 이상 결신
1906.7.3.	언더우드 요양차 스위스로 출발
1906.8.5 - 12.	제 3회 원산 지방 사경회, 하운셀과 펜윅이 인도
1906.8.26 - 9.2.1	평양 선교사 사경회, 요한 1서로 하디 인도, 그레함 리 성령의 역사 체험
1906.9.2 - 9.	북장로교 해외 선교부 존스톤의 서울 사경회, 웨일스와 인도 부흥운동 소개
1906.10.	남감리교 저다인의 목포(남장로교 프레스톤의 선교구) 부흥회
1906.10.	장대현교회서 존스톤의 평양 사경회, 길선주 성령의 역사 체험
1906.10.	이길함, 평양 경창문내 여전도회당에서 평양 제직 사경회 인도
1906.10. -	평양의 선교사 정오 기도회 시작, 윤치호 개성에 韓英學院 설립
1906.11.	강원도 북부 지역 부흥의 역사
1906.12.12 - 22.	길선주의 황해도 재령 남자 도 사경회
1906.12.22.	백정(白丁) 선교의 주인공 사무엘 무어 소천
1907.1.2. - 15.	장대현교회 겨울 남자 사경회(평남도 사경회), 1,000명(낮) -1,500명(저녁) 참석 14과 15일 놀라운 성령의 역사 임재, 평양대부흥운동 발흥 시작
1907.1월초.	매컬리 담당 함흥에서도 성령의 역사
1907.1.16.	김찬성의 숭덕학교 기도회, 평양 선교사 정오 기도회, 평양 장대현교회 수요 저녁예배에서 성령의 역사, 주공삼 장로 수요예배시 공개적으로 죄 고백
1907.1.17.	베스트 양과 번하이셀 여사의 여학교에서의 성령의 역사
1907.1.17 - 19.	장대현교회에서 여자 사경회, 남자 사경회와 같은 성령의 역사
1907.1.20.	길선주 인도의 장대현교회 주일 오후예배, 성령의 역사
1907.1.	10일간 대구 겨울 사경회, 윌리엄 헌트 인도, 성령의 역사
1907.2.	2주간의 숭실대학 개강 사경회, 성령의 역사
1907.2.13. -	2주간 장대현교회 평양 장로교 남녀 사경회(남 800명, 여 400명 출석), 성령의 역사
1907.2.	중순 남감리교 개성 구정 신년 부흥회, 선천, 의주 장로교 겨울 남자 사경회 (1,180명 참석), 성령의 역사
1907.2.17. -	길선주, 승동교회서 서울장로교연합 사경회, 이어 연동, 수구문, 상동 제 교회서

	사경회 인도, 평양대부흥운동 서울로 확산
1907.2.22 - 3.22.	평양 남산현교회서 남북감리교 신학회, 97명 참석, 성령의 역사
1907.3.	평양 장대현교회서 평양 장로교 여자 사경회, 이은승, 손정도의 제물포 사경회, 하디의 원산 지방 연합(장감침) 사경회
1907.3.16. -	12일간 평양감리교 도(都) 여자 사경회
1907.3.17.	황성기독교 청년회 주최, 서대문 밖에서 만국학생연합 기도회
1907.3.30.	전국적으로 "평신의 날" 지킴
1907.4.2. -	평양장로회신학교 개강 사경회, 4월 6일, 9일 특별한 성령의 역사
1907.4.6. -	존스와 스크랜톤, 12일간 강화 지방 감리교 사경회
1907.4.8	서울 기도의 날, 고종황제 위해 기도, 8일부터 1주간 공주교회 사경회
1907.7.	감리교 協成神學堂 개교, 평양신학교를 장로회신학교로 개칭
1907.7.24.	고종황제 강제 퇴위
1907.9.7 - 11.	제 3차 장감연합공회
1907.9.15(음) -	10일간 함경도 북청교회 기도회
1907.9.17.	대한 예수교 장로회 독노회 조직(선교사 38명, 한국인 장로 40명 참석), 서경조, 방기창, 한석진, 양전백, 송린서, 길선주, 이기풍, 7명의 목사 안수, 이기풍 선교사 제주 선교사 파송 결정
1907.12.1 -	함흥 남자 사경회
1908.1.2.	남장로교 선교사 전킨 소천
1908.1.11.	장대현교회서 이기풍 선교사 파송예배, 길선주 목사 설교
1908.1.2(음) -	1주일간 황해도 풍천읍교회 사경회
1908.2 - 3월.	유주와 목천에서 부흥의 역사, 케이블 인도
1908.3.19.	세계주일학교 한국지부 결성, 윤치호 회장
1908.3.22.	장인환 샌프란시스코에서 미국 외교관 스티븐슨 저격
1908.5.15.	평양신학교 새 교사 기공식, 시카고 Cyrus McCormick 여사 기부
1908.6.	세브란스 의전 7명의 첫 졸업생 배출
1908.9.	남감리교 李和春을 북간도 선교사로 파송
1908.10.3. -	1주간 원산 창전교회서 장로교 부인 사경회
1908.10.19 - 22.	두 명의 평신도가 인도한 전주 지방의 교회 성경공부
1908.11.2 -	1주간 김성호 인도의 함경도 성천 잡바우교회 사경회
1908.11.	1주간 김인수 전도사의 강원도 강릉읍교회 기도회
1909.1.3 - 9.	만국연합 기도회
1909.5.11.	감리교 연회

1909.7.12 -	갬블, 리드, 스톡스, 1주간 남감리교 개성 선교부 선교사 기도회, 백만인 구령운동의 발단
1909.8.	길선주 목사 장대현교회서 장로 1명과 새벽기도 시작, 전통적인 새벽기도 효시, 곧 새벽기도가 한국 교회 전역에 확산
1909.9.2. - 6.	서울에서 남감리교 선교회 연회에서 20만 명 구령운동 추진키로 결정
1909.9.6.	미 북장로교 선교본부 총무 아더 브라운 내한
1909.9.	장로교 독노회, 韓錫晋 목사 동경에, 李善寬 제주도 여선교사로, 崔寬屹 목사 海蔘威 선교사로 파송
1909.10.8 - 9.	서울서 장감연합공회, 백만인 구령운동 결정, J.W.Wilbur Chapman, Charles Alexander, Robert Harkness, Norton 내한
1909.10.11.	Robert Harkness 백만인 구령운동 주제가 "백만인을 예수에게로" 작사
1909.10.26.	안중근 만주 하르빈에서 이토 히로부미 저격
1909.12.1 - 5.	경기도 이천읍교회서 남감리교 사역자 사경회, 400여 명 참석
1910.1.1 - 4.19.	YMCA 연속집회, 총 520명 결신
1910.1.	전국적으로 백만인 구령운동 전도 집회 개최
1910.1.28.	장대현교회 신년 전도 집회 1,800여 명 참석, 22,150일의 날연보 작정
1910.1.	1월 하순, 영변 남자 사경회
1910.2.	2월 중순부터 3월말, 평양 사경회, 1,175명 참석, 耶蘇敎會報 창간, 한석진 사장
1910.3.15 -	남북감리교 신학회, 6월 15일까지 평양신학교 수업
1910.4.2.	성서번역위원회에서 24년간의 작업 끝에 구약성경 번역 완성
1910.4.	미 남감리교 H. C. Morrison 내한, 선천 평북 지역 여자 사경회(778명 참석)
1910.5.	청주 지방 사경회, 5월 중순 2주간 개성 전도 집회, 2,000명 결신
1910.5.15.	동대문감리교회 봉헌식, 김규식, 언더우드, 저다인, 노블, 최병헌 참석
1910.5.29.	새문안교회 신축 봉헌예배
1910.6.22 - 27.	서울 북부 진관사서 제 1회 YMCA 학생 사경회
1910.6.6 - 23.	감리교협성신학교 정식 발족, 1911.12.20.첫 30명 졸업생 배출
1910.7.	7월 초 의주 전도 집회
1910.7.11 -	10일간 길선주 전주 부흥회, 353명 결신
1910.7.15.	평양장로회신학교 졸업, 29명 졸업생 배출
1910.7.	3주간 개성 부흥회, 2,000명 결신, 재령 전도 집회
1910.8.22.	한일합방 체결
1910.9.	장로교 독노회, 金永濟 목사 북간도 선교사로 파송
1910.9.3.	뉴욕대학교 챈슬러, Henry McCracken 내한
1910.9.10.	W. W. White, 남감리교 감독 Hoss 내한

1910.9.26 - 10.1.	서울 전도 집회 예배 모임
1910.10.2 - 30.	서울 시내 각 교회별로 대규모 서울 전도 집회 개최
1910.10.	이익모 목사 진남포 전도 집회, 221명 결신
1910.10.24 - 30.	1주간 기도의 주간
1910.10.30 - 11.9.	1주간 평양 전도 집회, 총 4,000명 이상 결신
1910.11.9. -	주요 선교부(Station) 일시 전도 집회 개최
1910.11.16. -	각 지역 선교지구 전도 집회(circuit meeting) 개최
1910.11 - 12.	Arthur Pierson 내한, 호주 평신도선교사운동(the Laymen's Missionary Movement) 책임자 F. Patton, W. Gillander 내한
1910.11.	10일간 길선주의 대구 전도 집회, 500명 결신, 김익두의 선천 전도 집회, 700명 결신, 해주 전도 집회, 400명 결신
1910.12.	원산 연합(장감) 전도 집회, 중국인, 일본인, 한국인, 참석

도표로 보는 통계 자료

도표 1

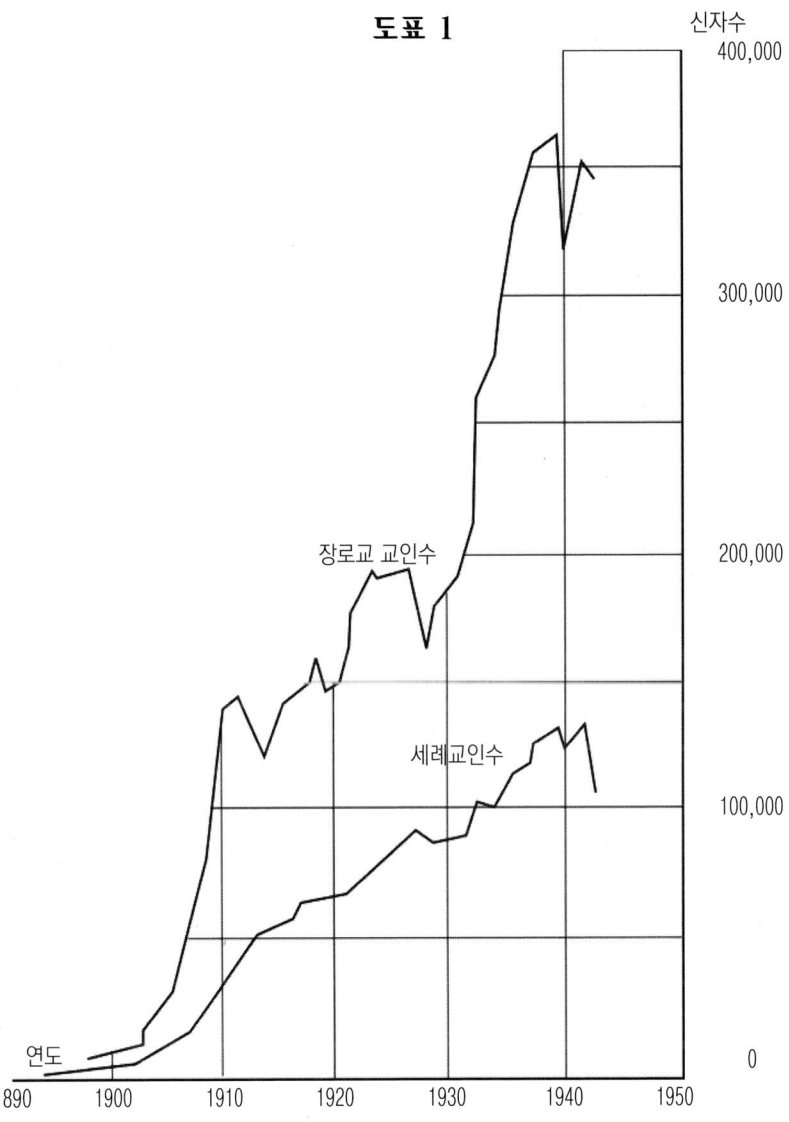

한국 장로교 교인수와 세례교인수 (만주 한인 장로교 교인 포함)

(Roy E. Shearer, *Wildfire:Church Growth in Korea*, p.48)

도표 2

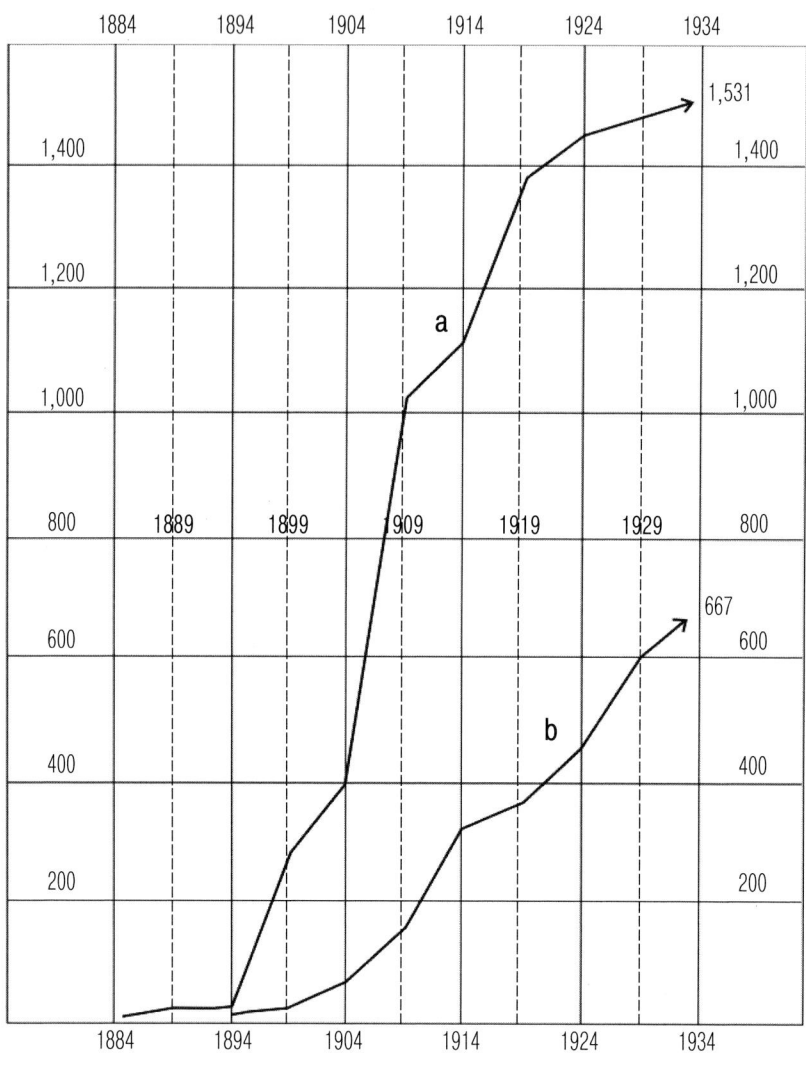

북장로교 교회 및 목회자

(Rhodes, *History of Korea Mission, PCUSA, 1884-1934*, p.504)

a. 북장로교 전체 조직 및 미조직 교회
b. 북장로교 전체 안수받은 한인 목회자 및 안수받지 않은 조사

도표 3

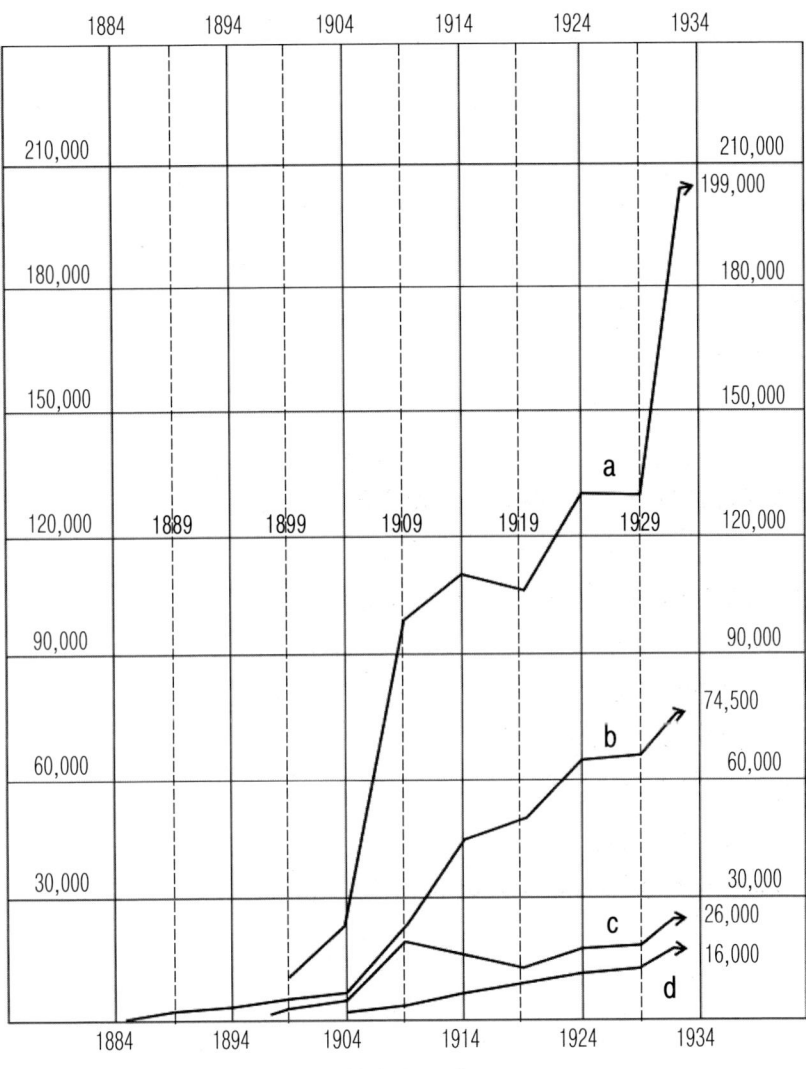

북장로교 교세

(Rhodes, *History of Korea Mission, PCUSA*, p.568)

a. 총 등록자　　b. 총 입교인　　c. 총 학습교인　　d. 총 유아세례교인

도표 4

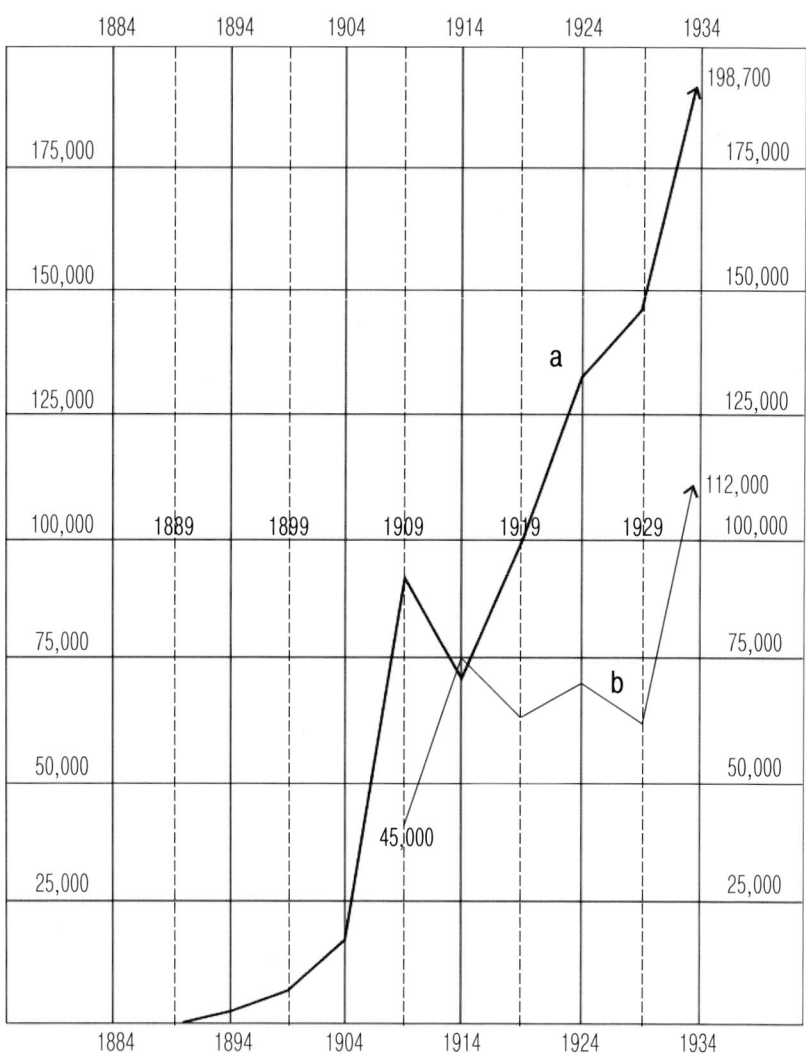

북장로교 주일학교

(Rhodes, *History of Korea Mission, PCUSA*, p.565)

a. 총 주일학교 등록생   b. 전체 사경회 등록생

도표 5

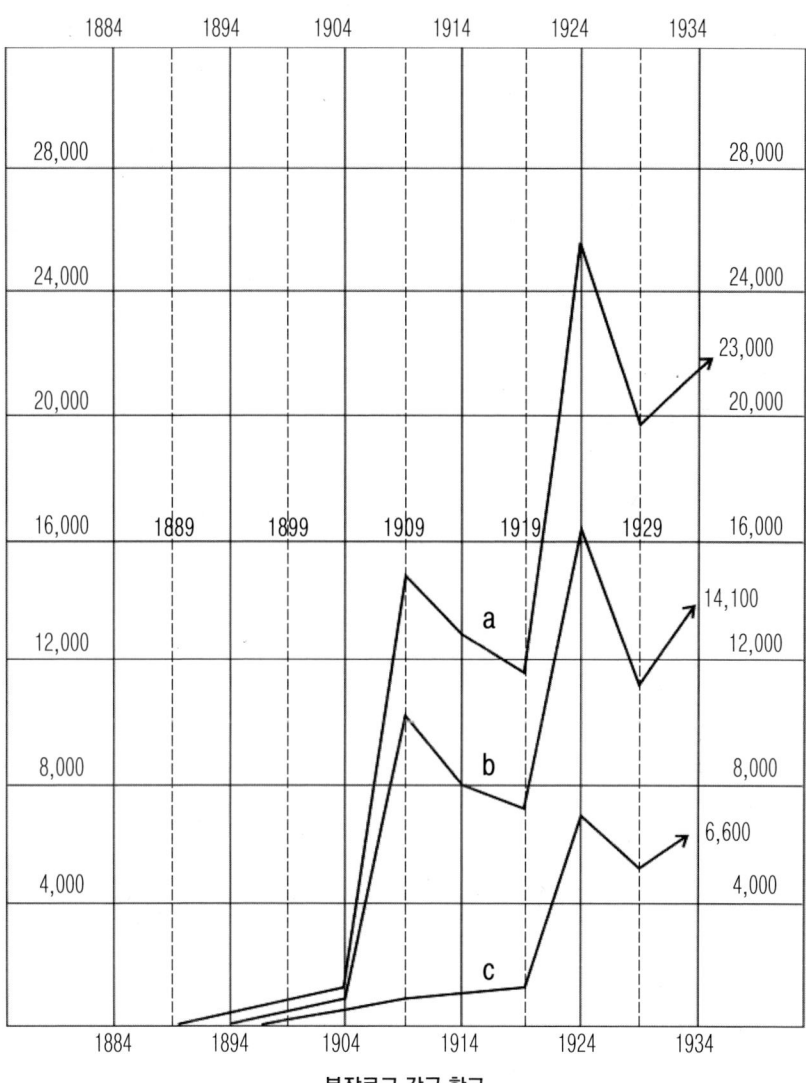

북장로교 각급 학교

(Rhodes, *History of Korea Mission, PCUSA*, p.566)

a. 전체 초등학교 및 중학교 학생
b. 전체 초등학교 남학생
c. 전체 초등학교 여학생

도표 6

번호	연도	미조직 교회	조직 교회	자립 교회	전체 입교인	당해 세례 입교인	전체 유아 세례	전체 등록 교인	전체 학습 교인	평균 출석
1	1884-85									
2	1885-86	1			9	9				
3	1886-87	1			25	20				
4	1887-88	1	1		65	45				
5	1888-89	1	1		104	39				
6	1889-90	3	1		100	3				
7	1890-91	5	1		119	21				
8	1891-92	5	1		127	17				
9	1892-93	5	1		141	14				
10	1893-94	7	1		236	76				
11	1894-95	13	1		286	50				
12	1895-96	26	1	15	530	210				
13	1896-97	73	1	40	932	347		6,800	2,344	4,800
14	1897-98	205	1	170	2,079	1,153		7,500	2,800	5,200
15	1898-99	261	2	230	2,804	841		9,634	3,426	6,500
16	1899-00	287	2	255	3,690	1,086		13,569	4,000	9,114
17	1900-01	300	3	270	4,793	1,263		13,694	4,480	10,865
18	1901-02	340	3	295	5,481	970		16,333	5,986	13,865
19	1902-03	372	3	302	6,491	1,435		22,662	6,197	15,306
20	1903-04	385	7	353	7,916	1,876	486	23,356	6,285	16,869
21	1904-05	418	10	329	9,756	2,034	410	30,386	7,320	22,121
22	1905-06	623	20	480	12,546	2,811	1,059	44,587	11,025	35,262
23	1906-07	767	29	619	15,153	3,421	1,009	54,987	16,721	46,235
24	1907-08	809	42	787	19,654	5,423	2,078	73,844	19,336	58,308
25	1908-09	971	57	965	25,057	6,532	3,163	96,443	23,885	72,676
26	1909-10	1,065	65	1,065	32,509	9,592	3,858	110,362	26,981	90,543
27	1910-11	1,055	78	1,133	36,074	6,823	3,671	108,470	25,948	76,332
28	1911-12	1,104	90	1,190	39,475	6,408	[a]4,200	96,488	22,503	73,114
29	1912-13	1,135	134	1,268	42,913	5,758	4,484	92,612	18,441	73,114
30	1913-14	1,007	189	1,076	46,804	5,900	6,415	109,401	19,264	70,760

북장로교 교세

(Rhodes, *History of Korea Mission, PCUSA*, p.546)

a : 일부 미확인

도표 7

번호	연도	대학생	중학교	남자 중학생	여자 중학생	초등학교 및 유치원	남학생	여학생	총학생	자립 학교수
1	1884-85	-	-	-	-	-	-	-	-	-
2	1885-86	-	-	-	-	-	-	-	-	-
3	1886-87	-	-	-	-	-	-	-	-	-
4	1887-88	-	1	25	-	-	-	-	25	-
5	1888-89	-	2	36	3	-	-	-	39	-
6	1889-90	-	2	15	9	-	-	-	24	-
7	1890-91	-	2	24	10	-	-	-	34	-
8	1891-92	-	2	9	13	-	-	-	22	-
9	1892-93	-	2	13	16	2	15	-	44	-
10	1893-94	-	2	46	16	5	60	-	122	-
11	1894-95	-	2	46	16	5	60	-	122	-
12	1895-96	-	2	46	17	7	141	26	230	-
13	1896-97	-	2	46	17	14	252	80	405	-
14	1897-98	-	2	47	19	25	170	63	309	-
15	1898-99	-	2	50	19	19	140	72	281	-
16	1899-00	-	2	55	20	28	485	112	682	-
17	1900-01	-	2	60	22	48	544	109	737	-
18	1901-02	-	3	67	24	63	845	148	1,082	50
19	1902-03	-	3	85	27	75	1,033	300	1,450	36
20	1903-04	-	3	115	69	84	1,031	240	1,462	64
21	1904-05	-	5	151	118	115	1,451	387	2147	85
22	1905-06	15	7	255	125	208	3,116	795	4399	188
23	1906-07	12	9	603	146	344	5,649	1,093	7579	334
24	1907-08	15	8	503	165	457	9,315	3,165	12,264	454
25	1908-09	23	16	982	233	589	10,916	2,511	14,858	588
26	1909-10	54	15	988	285	539	10,938	2,556	14,507	556
27	1910-11	49	15	811	245	544	8,640	2,351	12,484	501
28	1911-12	76	13	987	266	488	8,971	2,211	11,192	450
29	1912-13	50	10	830	367	402	8,012	[a]1,769	10,978	402
30	1913-14	85	10	989	390	375	8,065	3,669	12,513	390

북장로교 교육통계

(Rhodes, *History of Korea Mission, PCUSA*, p.550)

a : 오류 가능성

참고 문헌

영문 단행본

Adams, James Edwards. *The Missionary Pastor*. New York: Fleming H. Revell Company, 1895.

Allen, Horace N. *Korea the Fact and Fancy*. Methodist Publishing House. 1904.

_____. *Things Korean*. New York: Fleming H. Revell Co., 1908.

America's Great Revivals. Minneapolis: Bethany Fellowship, n.d.

Bernheisel, C. F. *Forty One Years in Korea*. Personal Monograph, 1942.

Baird, William M. *A Profile*. Oakland: Richard H. Baird, 1968.

Barns, Albert. *Sermons on Revivals*. New York: Johns Taylor, and Co., 1841.

Beardsley, Frank Grenville. *A History of American Revivals*. Boston, New York, Chicago: American Tract Society, 1904.

Bishop Bird, I. *Korea and Her Neighbors*. New York: Fleming H. Revell Co., 1897.

Blackeslee, G. H. *China and the Far East*. New York: Thomas Y. Crowell & Co., 1900.

Blair, William N. *Chansung's Confessions*. Topeka, Kansas: H. M. Ives and Sons, 1959.

_____. *Gold in Korea*. Topeka, Kansas: H. M. Ives and Sons, 1957.

Blair, William N. & Hunt, Bruce. *The Korean Pentecost & the Sufferings Which Followed*. Edinburgh: The Banner of Truth Trust, 1977.

Bland, J. O. P. *China Japan and Korea*. New York: Charles Scribner's Sons, 1921.

Brown, Arthur J. *The Foreign Missionary: An Incarnation of a World Movement*. New York: Lazeaux Brothers, Inc., 1945.

_____. *The Korean Conspiracy Case*. New York, 1912.

_____. *Mastery of the Far East: The Story of Korea's Transformation and Japan's Rise to Supremacy in the Orient*. N.Y.: Charles Scribner's Sons, 1919.

_____. *One Hundred Years*. New York: Fleming H. Revell Co., 1936.

_____. *Report on a Second Visit to China, Japan and Korea 1909*. New York: The Board of Foreign

Missions, PCUSA, n.d.

_____. *Rising Churches in Non-Christian Lands*. New York: The Presbyterian Department of Missionary Education, 1915.

_____. *The Why and How of Foreign Missions*. New York: Domestic and Foreign Missionary Society of the Protestant Episcopal Church in the United States of America, 1911.

Brown, G. T. *Mission to Korea*. Richmond: Board of World Missions of the Presbyterian Church, U.S., 1962.

Buskirk, James Dale Van. *Korea: Land of the Dawn*. New York: Missionary Education Movement of the United States and Canada, 1931.

Cable, E. M. "Another Wonderful Revival," *KM* I (December, 1904).

Chapell, F. I. *The Great Awakening of 1740*. Philadelphia: American Baptist Publication Society, 1903.

Chapman, J. W. *Present-Day Evangelism*. N.Y.: The Baker & Taylor Co., 1903.

Chester, S. H. "Church Union in Korea," *The Missionary* (March, 1906).

Chung, Henry. *Korean Treaties*. New York: H. S. Nichols Inc., 1919.

_____. *The Case of Korea*. New York: Fleming H. Revell Co., 1921.

Clark, Allen D. *History of the Korean Church*. Seoul: CLS, 1961.

Clark, Charles Allen. *Digest of the Presbyterian Church of Korea*. Seoul: The Korean Religious Book & Track Society, 1918.

_____. *Extending the Firing Line in Korea*. New York: Board of Foreign Missions of the Presbyterian Church in the U.S.A., 1914.

_____. *The First Fruits in Korea*. New York: Fleming H. Revell, 1930.

_____. *The Korean Church and Nevius Methods*. New York: Fleming H. Revell, 1930.

_____. *Religions of Old Korea*. New York: Fleming H. Revell Co., 1932

Cleveland, Catherine C. *The Great Revival in the West 1797-1805*. Chicago: The University of Chicago Press, 1916.

Conn, Harvie M. *Evangelism: Doing Justice and Preaching Grace*. Grand Rapids: Zondervan Publishing House, 1982.

Cooper, S. K. *Evangelism in Korea*. Nashville: Board of Missions of the Methodist Episcopal Church, South, 1931.

Cynn, Hugh Heung W. *The Rebirth of Korea*. New York: The Abingdon Press, 1921.

David, F. D. *Our Neighbors the Korean*. New York: Field Afar Press, 1946.

Davis, G. T. B. *Korea for Christ*. Chicago: Fleming H. Revell Co., 1910.

Dennett, Tyler. *Americans in Eastern Asia*. New York: The Macmillan Co., 1922.

_____. "President Roosevelt's Secret Pact With Japan," *The Current History Magazine* (October, 1924).

Evans, Eifion. *Revival Comes to Wales: The Story of the 1859 Revival in Wales*. Wales: The Evangelical Press of Wales, 1979.

_____. *The Welsh Revival of 1904*. Port Talbot, Glamorgan, Wales: The Evangelical Movement of Wales, 1969.

Fenwick, M. C. *The Church of Christ in Corea*. New York: Hodder & Stoughton, 1911.

Finney, C. *Lectures on Revivals of Religion*. Virginia Beach: CBN Univ. Press, 1978.

Fish, Henry C. *Handbook of Revivals: for the Use of Winners of Souls*. Boston: James H. Earle, 1874.

Fisher, J. E. *Democracy and Mission Education in Korea*. New York: Teacher's College, Columbia University, 1928.

_____. *Pioneers of Modern Korea*. Seoul: C.L.S., 1977.

Fisher, Earnest J. *Pioneer of Modern Korea*. Seoul: KCLS, 1979.

Foster, John W. *American Diplomacy in the Orient*. Boston & New York: Houghton, Mifflin & Co., 1903.

French, A. ed. *Evangelism: An Interpretation*. London: The Epworth Press, 1921.

Frodsham, S. H. *With Signs Following*. Springfield: Gospel Publishing House, 1946.

Gale, James S. *Korea in Transition*. N.Y.: Laymen's Missionary Movement, 1909.

_____. "Dr. R. A. Hardie," *The Korea Methodist* 1. 9 (July 10, 1905).

_____. *A History of the Korean People*. Seoul: KCLS, 1927.

_____. *Korean Sketches*. New York: Fleming H. Revell Co., 1898.

_____. *The Vanguard A Tale of Korea*. New York: Laymens Missionary Movement, 1904,

Gifford, D. L. *Every-Day Life in Korea*. New York: Fleming H. Revell Company, 1898.

Gilmore, George W. *Korea form Its Capital: with a Chapter on Missions*. Philadelphia: Presbyterian Board of Pub. and Sabbath-School Work, 1892.

Godwin, George. *The Great Revivalists*. Boston: The Beacon Press, 1950.

Goforth, Jonathan. *When the Spirit's Fire Swept Korea*. Calvite, Phillippines: Pres-byterian Theological Seminary, n.d.

Grajdanzev, J. *Modern Korea*. New York: The John Day Company, 1944.

Griffis, William. E. *Corea: The Hermit Nation*. N.Y.: Charles Scribner's Sons, 1885.

_____. A Modern Pioneer in Korea: The Life Story of Harry G. Appenzeller. New York: Fleming H. Revell Co., 1912.

_____. *Corea Without and Within*. Philada: Westcott & Thomsons, 1885.

Gulick, Sidney Lewis. *The White Peril in the Far East: An Interpretation of the Significance of the Russio-Japanese War*. New York: Fleming H. Revell Co., 1905.

_____. *The Winning of the Far East*. New York: George H. Dora, 1923.

Hall, Rosetta S. *The Life of Rev. William James Hall, M.D.* N.Y.: Eaton & Mains, 1897.

Hamilton, Angus. *Korea*. New York: Charles Scribner's Sons, 1904.

Harrington, F. H. *God, Mammom and the Japanese, Dr. H. N. Allen and Korea-American Relations 1884-1905*. Wisconsin: Univ. of Wisconsin, 1944.

Hocking, William Earnest. *Rethinking Missions. A Laymen's Inquiry After One Hundred Years*. New York: Harper & Brothers Pub., 1932.

Holton, D. C. *The Christian Movement in Japan, Korea and Formosa*. Kobe: Federation of the Christian Mission, 1924.

Hulbert, H. B. *The History of Korea* 2 vols. Seoul: Royal Asiatic Society, 1905.

_____. *The Passing of Korea*. New York: Doubleday, Page & Co., 1906.

Ireland, Alleyne. *The New Korea*. New York: E. P. Dutton & Company, 1926.

Hunt, Evertt N. "Protestant Pioneers in Korea: A Study of Propagation and Prop-aganda, Korea and American, 1884-1890," Ph.D. Dissertation, University of Chicago, 1976.

Ireland, Alleyne. *The New Korea*. New York: E. P. Dutton & Co., 1926.

Johnston, Howard Agnew. *Studies for Personal Workers*. New York: The Inter-national Committee of Young Men's Christian Associations, 1905.

Jones, Brynmor P. *Voices from the Welsh Revival 1904-1905*. Wales: The Evangelical Press of Wales, 1995.

Jones, George Heber. *The Korean Revival*. New York: The Board of Foreign Missions of the Methodist Episcopal Church, 1910.

_____. *Korea: The Land, People, and Customs*. Cincinnati: Jennings and Graham, New York: Eaton and Mains, 1907.

_____. *The Korea Mission of the Methodist Episcopal Church*. New York: The Board of Foreign Missions of the Methodist Episcopal Church, 1910.

Jones, Joseph H. *Outline Work of Grace: in the Presbyterian Congregation at New Brunswick, N. J., During the Year 1837*. Philadelphia: Henry Perkins, Boston: Perkins & Marvin, 1839.

Journal of the 25th, Delegated General Conference of the Methodist Church, 1908.

Kang, Youmghill. *The Grass Roof*. New York: Charles Scribner's Sons, 1931.

Kawakami, K. K. *American-Japanese Relations*. New York, Chicago, Toronto, London and Edinburgh: Fleming H. Revell Company, 1912.

Kendall, Carton Waldo. *The Truth About Korea*. San Francisco: The Korean National Association, 1919.

Kennen, G. "Korea: a degenerate state," *Outlook* (October 7, 1905).

Kerr, Edith A. & Anderson, George. *The Australia Presbyterian Mission in Korea 1889-1941*. Australia Presbyterian Board of Missions, 1970.

Kim, San & Wales Nym. *Song of Arirang*. New York: The John Day Company, 1941.

Komatsu, Midori. "The Old People and The New Government," *Transactions of the Korea Branch of the Royal Asiatic Society*, 1912.

Ladd, George T. *In Korea with Marquis Ito*. London: Longmans, Green & Co., 1908.

Latourett, Kenneth S. *A. History of the Expansion of Christianity* Vol. 6. New York: Harper & Row, Pub., 1944.

_____. *The Development of Japan*. New York: The Macmillan Co., 1926.

_____. *Christianity in a Revolutionary Age: A History of Christianity in the 19th and 20th Centuries* Vol. III. Grand Rapids: Zondervan, 1976.

Lee, Chalres L. *How a Korean Found Full Salvation*. Kansas: J. L. Douglass, 1914.

Longford, Joseph H. *The Story of Korea*. London: T. Fisher Unwin, 1911.

Loomis Clara Denison. *Henry Loomis Friend of the East*. Fleming H. Revell Co., 1923.

Lyall, Leslie. *God Reigns in China*. London: Hodder & Stoughton, 1985.

Macfarlan, D. *The Revivals of the Eighteenth Century, Particularly at Cambuslang*. Edinburgh: John Johnston, 1849.

Marsden, George. *Fundamentalism and American Culture: The Shaping of Twentieth- Century Evangelicalism 1870-1925*. New York: Oxford University Press, 1980.

Matthews, David. *I Saw the Welsh Revival*. Chicago: Moody Press, 1951.

McCaughey, Robert Culver. "A Survey of the Literary Output of McCormick Alumni in Chosen," B.D. thesis, Presbyterian Theological Seminary. Chicago, 1940.

McCully, E. A. *A Corn of Wheat or the Life of the Rev. W. J. McKenzie of Korea*. Toronto: The Westminster Co., 1903.

_____. & Fraser, J. O., Van Buskirk, T. D. *Our Share in Korea*. Boston: The United Church of Canada by the Committee on Literature, General Publicity & Missionary Education, 1932.

McCune, George M. *Korea Today*. Cambridge: Harvard University Press, 1950.

McKenzie, F. A. *Korea's Fight for Freedom*. N.Y.: Fleming H. Revell Company, 1920.

_____. *The Tragedy of Korea*. New York: E. P. dutton & Co.

_____. *The Unveiled Corea*. New York: E. D. Dutton and Co., 1907.

McLoughlin, William G. *Revivals, Awakenings, and Reform: an Essay on Religion and Social Change in America, 1607-1977*. Chicago and London: The Univer-sity of Chicago, 1978.

_____. *Modern Revivalism: Charles Grandison Finney to Billy Graham*. New York: the Ronald Press Com., 1959.

Millard, Thomas F. *The New Far East*. New York: Charles Scribners & Sons, 1906.

Miller, Fredrick S. *The Gospel in Korea*. New York: Fleming H. Revell Co., 1939.

Moberg, David O. *The Great Reversal: Evangelism versus Social Concern*. Philadelphia and New York: J. B. Lippincott Company, 1972.

Moffett, Samuel Hugh. *The Christians of Korea*. New York: Friendship Press, 1962.

Moore, J. Z. *How Kuibum, Younpokie, and the Tiger Helped to Evangelize the Village*. New York: Board of Foreign Missions of Methodist Episcopal Church, 1910.

_____. "Korean Independence," *The Korea Field* (August, 1905).

Mott, J. R. *The Student Volunteer Movement of Foreign Mission*. New York: Association Press, 1964.

Muncy, W. L. *Evangelism in the United Sates*. Kansas City: Central Seminary Press, 1945.

Nakarai, Kiyoshi. *Relations between the Government and Christianity in Chosen*. Government General in Chosen, 1921.

Noble, M. W. *Victorious Lives of Early Christians in Korea*. Seoul: CLSK, 1927.

_____. *The Journal of Mattie Wilcox Noble, 1892-1934*.

Noble, W. Arthur. "Enthusiasm for Education," *KMF* II. 8 (June, 1906).

_____. *Ewa A Tale of Korea*. New York: Young People's Missionary Movement of the United States and Canada, 1906.

Oppert, Ernest. *A Forbidden Land: Voyages to the Corea*. London: Sampson Low, Marston, Searle, and Rivington, 1880.

Orr, J. Edwin. *The Fervent Prayer: The Worldwide Impact of the Great Awakening of 1858*. Chicago: Moody Press, 1974.

_____. *Evangelical Awakenings in India in the Early Twentieth Century*.

Osgood, Cornelius. *The Koreans and Their Culture*. New York: The Ronald Press Company, 1951.

Packer, J. I. *Evangelism and the Sovereignty of God*. Chicago: IVP, 1961.

Paik, Lak-Geoon George. *The History of Protestant Missions in Korea*. Seoul: Yonsei University Press, 1990.

Pollard, H. E. "The History of the Missionary Enterprise of the Presbyterian Church U.S.A. in Korea, with Special Emphasis on the Personnel." M.A. Thesis, Northwestern University, 1927.

Riss, Richard M. *A Survey of 20th Century Revival Movement in North America*. Peabody: Hendrickson, 1988.

Rhodes, Harry. *History of The Korea Mission, Presbyterian Church of the U.S.A. Vol. I 1884-1934*. Seoul: YMCA, 1934.

_____. *History of the Korean Mission, Presbyterian Church in the U.S.A., vol II 1935-1959*. New York: Commission on Ecumenical Mission and Relations, The United Presbyterian Church in the U.S.A., 1964.

Ryang, J. S. *Facts about the Korean Methodist Church*. Seoul: Korea Methodist Headquarter, 1938.

_____. *Southern Methodism in Korea: Thirtieth Anniversary*. Seoul: Methodist Episcopal Church, South, Korea, 1929.

Sandeen, Earnest. *The Roots of Fundamentalism: British and American Millenarianism 1800-1930*. Grand Rapids: Baker, 1978.

Sauer, C. A. ed., *Within the Gate*. Seoul: The Korea Methodist News Services, 1934.

Scott, William. *Canadians in Korea: Part One*. Toronto: 1970.

Shearer, Roy E. *Wildfire: Church Growth in Korea*. Grand Rapids: William B. Eerdmans Publishing Company, 1966.

Silberman, Bernard S. *Japan and Korea: A Critical Bibliography*. Arizona: The University of Arizona Press., 1962.

Smith, Timothy L. *Revivalism and Social Reform in Mid-Nineteenth Century America*. New York: Abingdon., 1957.

Soltau, T. Stanley. *Korea The Hermit Nation and Its Response to Christianity*. New York: World Dominion Press, 1932.

_____. *Yin Yang: Korean Voices*. Wheaton: Key Publishers, 1971.

Speer, Robert E. *Missions and Politics in Asia*. New York: Fleming H. Revell, 1898.

_____. *Reports of the Missions in Korea of Presbyterian Board of Foreign Missions*. New York: Board of Foreign Missions of PCUSA., 1897.

Stead, W. T. *The Story of the Welsh Revival*. New York: Fleming H. Revell, 1905.

Stokes, C. D. *History of Methodist Missions in Korea, 1885-1930*. Yale Univ., 1947.

Sweet, William Warren. *Revivalism in America: Its Origin, Growth and Decline*. New York: Charles Scribner's Sons, 1945.

Swinhart, L. H. *Korea, Handbook of Missions*. Federal Council of Korea, 1920.

_____. *Korea Calls, a Story of the Eastern Missions Field*. New York: Fleming H. Revell, 1919.

The Fiftieth Anniversary Celebration of the Korean Mission of the Presbyterian Church in the U.S.A., June 30-July 3, 1934. Seoul: John D. Wells School.

Trollope, M. N. *The Church in Corea*. London: A. R. Mowbrary & Co., 1915.

Two University Men. ed., *Modern Evangelistic Movements*. New York: George H. Doran Co., n.d.

Underwood, H. G. "The Growth of the Korean Church," *Missionary Review of the World* (February-March, 1908).

_____. *The Call of Korea Political-Social-Religious*. New York: Fleming H. Revell Co., 1908.

_____. *The Religions of Eastern Asia*. N.Y.: Fleming H. Revell, 1905.

Underwood, H. H. *Modern Education in Korea*. New York: International Press, 1926.

_____. *A Partial Bibliography of Occidental Literature on Korea to 1930*. Transaction of the Korean Branch, Royal Asiatic Society, vol xx, 1931.

Underwood, L. H. *Fifteen Years Among the Top-Knots or Life in Korea*. Boston, New York, Chicago: American Tract Society, 1904.

_____. *Underwood of Korea*. New York: Fleming H. Revell, 1918.

_____. *With Tommy Tompkins in Korea*. N.Y.: Fleming H. Revell, 1905.

Underwood, P. A. Moffett, S. H. & Sibley, N. R. *First Encounters Korea 1880-1910*. Seoul: Dragon's Eye Graphics, 1982.

Vinack, H. M. *A History of the Far East in Modern Times*. New York, 1928.

Wagner, Ellasue. *Korea: The Old and the New*. N.Y.: Fleming H. Revell Co., 1931.

_____. ed., *Within The Gate*. Seoul: The Korea Methodist Pub. House, 1934.

Walton, Joseph. *China & The Present Crisis with Notes on a Visit to Japan and Korea*. London: Sampson Low., Marston & Co., 1900.

Wasson, A. W. *Church Growth in Korea*. N.Y.: International Missionary Council, 1934.

Weale, B. L. Putnam. *The Reshaping of the Far East*. N.Y.: The Macmillan Co., 1905.

Weber, H. R. *Asia and the Ecumenical Movement 1895-1961*. London: S.C.M., 1966.

Weisberger, Bernard A. *They Gathered at the River: the Story of the Great Revivalists and Their Impact upon Religion in America*. Boston, Toronto: Little, Brown and Company, 1958.

Wesley, John. *A Plain Account of Christian Perfection*. London: Epworth Press, 1952.

Whigham, H. J. *Manchuria and Korea*. New York: Charles Scribners Sons, 1904.

Whiting, Georgiana E. "A Year of Progress," *The Korean Repository* V (Nov. 1898).

Woodworth-Etter, Maria B. *Signs and Wonders God Wrought in the Ministry for Forty Years*. Indianapolis Ind.: By the Author, 1916.

Yoo, Young Sik. *Earlier Canadian Missionaries in Korea: A Study in History 1888-1895*. Ontario: Westward Graphics, 1987.

Youn, Laurent. *Missions of Korea and Formosa*. N.Y.: The America Press, 1947.

Zwemer, Samuel M. & Brown, Arthur J. *The Nearer and Farther East: Outline Studies of Moslem Lands and of Siam Burma and Korea*. New York: The Macmillan Co., 1909.

영문 보고서

Annual Meeting of the General Council of the Protestant Evangelical Missions in Korea, 1905-1911.

Annual Meeting of the Korea Mission of PCUSA., 1898-1920.

Annual Reports of the Board of Foreign Missions of the PCUSA. 1886-1954.

Annual Reports of the Korea Woman's Conference of the M.E. Church, 1903-1914.

Annual Reports of the Board of Foreign Missions of the M.E. Church, 1884-1910.

Annual Reports of the Woman's Foreign Missionary Society of the M.E. Church, 1896-1929.

Annual Reports on Administration of Korea, 1908-1940. Government General of Chosen.

Minutes and Reports of the Annual Meeting of the Korea Mission, PCUSA., 1903-1912.

Official Minutes of the Korea Annual Conference of the M.E. Church, 1908-1930.

Quarter Centennial Paper Read Before the Korea Mission of the Presbyterian Church in the U.S.A. at Annual Meeting, PCUSA, 1909.

Station Reports of the Southern Presbyterian Mission, 1907-1910.

영문 정기 간행물

The Baptist Magazine, 1908.

The Korea Field, 1903-1905.

The Korea Magazine, 1917-1919.

The Korea Methodist, 1904-1905.

The Korea Mission Field, 1905-1912.

The Korea Repository, 1892-1896

The Korea Review, 1903-1906.

The Methodist Review of Missions, 1894-1901.

The Missionary Review, 1883-1887.

The Missionary Review of the World, 1888-1910.

한글 단행본

간하배. 한국장로교신학사상. 서울: 개혁주의신행협회, 1997.

監理敎와 神學大學史. 監神大七十週年紀念, 1975. 서울: 韓國敎育圖書出版社, 1977.

곽안련. 교회 사회사업. 서울: 조선 예수교서회, 1932.

_____. 長老敎會史典彙集. 서울: 조선야소교서회, 1918.

_____. 한국 교회와 네비우스 선교 정책. 서울: 기독교서회, 1994.

姜渭祚. 日帝統治下 韓國의 宗敎와 政治. 서울: 大韓基督敎書會, 1977.

길진경 편. 영계길선주목사 저작전집. 제1집. 서울: 기독교서회, 1968.

김양선. 韓國基督敎解放十年史. 서울: 大韓예수敎長老會總會 宗敎敎育部, 1956.

_____. 韓國基督敎史研究. 서울: 기독교문사, 1971.

김영재. 한국 교회사. 서울: 개혁주의 신행협회, 1994.

김인서저작전집 1-5券. 서울: 신망애사, 1976.

김인수. 한국기독교의 역사. 서울: 한국장로교 출판부, 1997.

김진형. 초기한국감리교회북한교회사, 1887-1910. 서부연회. 한민족통일선교회, 1997.

김춘배. 韓國敎會受難史話. 서울: 聖文學舍, 1969.

남감리교회 조신 매년회 회록, 1921-1929.

대한예수교 독노회록, 1907-1911.

대한예수교 총회회의록, 1912-1938.

대한예수교장로회총회 창립 오십주년약사. 대한예수교장로회, 五十週年紀念大會, 1962..

미감리회 조선 연회록, 1914-1930.

閔庚培. 韓國 基督敎會史. 서울: 기독교서회, 1989.

_____. 敎會와 民族. 서울: 대한 기독교서회, 1981.

朴容奎. 韓國 長老敎 思想史. 서울: 총신대학교 출판부, 1992.

_____. 한국교회를 깨운 복음주의 운동. 서울: 두란노, 1998.

白樂濬. 韓國 改新敎史. 서울: 연세대학교 출판부, 1990.

_____. 元杜尤博士小傳. 서울: 연세대학교, 1959.

변린서. 강규찬. 김선두. 平壤老會地境各敎會史記. 평양: 광문사, 1925.

서명원. 한국교회성장사. 이승익 譯. 서울: 기독교서회, 1966.

송길섭. 일제하 3대성좌. 서울: 성광문화사. 1992.

_____. 한국신학사상사. 서울: 대한기독교출판사, 1982.
安光國. 韓國敎會宣敎百年秘話. 서울: 대한예수교장로회 총회교육부, 1979.
梁柱三. 基督敎論. 서울: 남감리교회백년기념회, 1921.
_____. 편. 朝鮮 南監理敎 三十年 紀念報. 京城: 朝鮮 南監理敎 傳道局, 소화 5년, 1929.
예수교 미감리회 대한 매년회의록, 1907.
元漢慶. 元杜尤講演集. 경성: 조선야소교서회, 1927.
尹致昊. 日記 I-V 券. 韓國史料叢書 제19, 국사편찬위원회. 서울: 탐구당, 1973-1975.
윤춘병. 한국감리교회 성장사. 서울: 감리교 출판사, 1997.
이광린. 한국개화사 연구. 서울: 일조각, 1985.
李能和. 朝鮮基督敎及外交史. 서울: 學文館, 1968.
이덕주. 나라의 독립, 교회의 독립. 서울: 기독교문사, 1988.
이만열. 한국기독교문화운동사. 서울: 대한기독교 출판사, 1987.
_____. 한국기독교와 민족의식. 서울: 지식산업사, 1991.
이만열 외. 한국기독교와 민족운동. 서울: 종로서적, 1985.
이명직. 朝鮮耶蘇敎, 東洋宣敎會 聖潔敎會略史. 동양선교회 조선예수교성결교회사, 1929.
이영헌. 한국기독교사. 서울: 컨콜디아사, 1978.
이장식. 한국교회백년. 서울: 한국기독교문화진흥원, 1987.
李泉泳. 聖潔敎會史. 서울: 기독교대한 성결교회 출판부, 1970.
장감연합공의회 회의록, 1901-1911.
장로교 공의회 회의록, 1901.
장로회 신학대학 칠십년사. 서울: 장로회신학대학, 1971.
장병욱. 한국감리교여성사. 서울: 성광문화사, 1979.
張貞心. 朝鮮基督敎 50年史話. 서울: 기독교조선감리회 여선교회, 1934.
전택부. 한국교회발전사. 서울: 대한기독교출판사, 1987.
정경옥. 기독교의 원리. 서울: 감리교신학교, 1935.
_____. 기독교신학개론. 서울: 감리교 신학교, 1939.
鄭仁果. 朝鮮耶蘇敎長老會史. 서울: 총회사무소, 1940.
주재용. 역사와 신학적 증언. 서울: 대한기독교서회, 1981.
池明觀. 한국인과 기독교. 서울: 대한기독교교육협회 1969.
車載明. 朝鮮 예수敎 長老會 史記. 京城: 大韓예수敎長老會 總會, 1929.
한국감리교회사. 서울: 기독교대한감리회 총리원교육국, 1975.
한국교회사학회 편. 朝鮮예수敎長老會 史記 (下). 서울: 연세대학교출판부, 1968.
한국기독교장로회 오십년사. 서울: 한국기독교장로회, 1965.

韓㳓劢. **韓國通史**. 서울: 을유문화사, 1994.
홍치모. 장로교회사. 서울: 개혁주의신행협회, 1998.

한글 정기 간행물

감리회보, 1933-1938.
그리스도 신문, 1897. 4-1906. 6.
그리스도 회보, 1911-1914.
기독교사상, 1957-.
기독교보, 1936-1938.
기독신문, 1938-1941.
대한매일신보, 1904-1910.
대한그리스도인 회보, 1899-1900.
독립신문, 1896-1899.
신앙생활, 1930-1939.
신학사상, 1973-
신학세계, 1916-1940.
신학월보, 1900. 12-1904. 12, 1907. 12-1910. 12.
신학지남, 1918-1940.
예수교 신보, 1907. 12-1910. 1.
예수교회보, 1910-1911.
죠션크리스도인회보, 1897. 2-1900. 8.
황성신문, 1898-1910.

색인

[K]

KMF 17, 21, 40-42, 56, 64, 77, 103-106, 115, 117, 125-128, 132, 136, 137, 141, 143, 148-151, 155, 157, 160, 163, 167, 169, 172, 174, 177, 179-182, 185-189, 197, 198, 202-205, 212, 216, 222, 223, 225, 246, 257, 272, 273, 276, 278, 279, 280, 286, 287, 289, 292, 293, 298, 300, 308, 311-313, 320, 325, 326, 327, 336, 342, 344, 349, 354, 355, 357-359, 375, 377, 387, 388, 390, 391, 393, 399, 402, 412, 413, 416, 418, 419, 429, 432, 434-441, 443, 446-449, 451, 453, 454, 456, 459, 460, 467-478, 483, 484, 485, 487, 489, 490, 495, 497, 498, 503, 514, 516, 520, 521, 526, 528, 538, 540, 545, 552, 553, 555-558, 560, 561, 562, 565, 568, 569, 570, 572, 576, 578, 582, 583, 585-589, 591-593, 595, 596, 602, 604, 606-609, 612, 613, 618-620, 629, 631, 633-635, 637, 639-643, 645-652, 657-660, 662, 664, 665, 667-669, 671, 672, 674, 676,-678, 680, 683, 684, 687, 688, 689, 692, 693, 695, 697, 700, 701, 708

[ㄱ]

가와가미(Kawakami, Kiyoshi K.) 102
가우처(Goucher, John F.) 475, 513, 612, 613
간증 34, 35, 36, 50, 52, 68, 70, 88, 89, 136, 148, 156, 158, 192, 203, 208, 210, 229, 232, 233, 248, 273, 275, 295, 302, 303, 304, 326, 694
감리교 여자 병원 469
갑신정변 470
강릉읍교회 361
강유문 236, 247, 249, 491
강화 30, 80, 89, 127, 133, 149, 150, 151, 188, 336, 342, 344, 345, 346, 402, 425, 435, 453, 474, 476, 479, 492, 495, 510, 514, 534, 535, 550, 554, 588, 643, 649, 658
강화교회 425
강화 사경회 344, 346
강화 흥해교회 89
개성 4, 31-36, 39, 58, 60, 64-68, 71-73, 83, 87-89, 91, 93, 102, 114, 133-136, 154, 155, 168, 169, 171, 183, 203, 207, 212, 342-344, 357, 447, 463, 469, 474-480, 498, 553, 556, 557, 562, 581, 592, 595, 596, 600, 604, 607, 616, 637, 643, 649, 650, 654, 659, 690
개성 부흥회 65, 67, 68, 659, 717
개성 북부교회 168
개성 선교구 66, 87
개성 신년 기도회 32, 87
개성 실업학교 463
개성 여자 사경회 72
갬블(Gamble, Foster K.) 595, 596, 597, 707
게일, 제임스(Gale, James S.) 16, 21, 26, 31, 37, 43, 44, 47, 83, 95, 98, 114, 119, 121, 141, 166, 228, 244, 249, 250, 252, 270, 272, 294, 306, 307, 316, 327, 362, 370, 391, 394, 398, 399, 401, 430, 435, 472, 483, 513, 515, 542, 552, 554, 557, 559, 560, 589, 608, 631, 644, 654, 665
겨울 사경회 38, 40, 53, 92, 160, 176, 190, 200, 214, 215, 222, 237, 238, 239, 255, 320, 325, 329, 336, 339, 395, 633, 640, 648
견미사절단 475
경신학교 461
계몽주의 110, 535
고포드(Goforth, Jonathan L.) 363, 364, 365, 366, 367
곡산 250, 311
곤미교회 331, 332
골드 인 코리아 231, 708
광혜원 393
광헌 470
교계예양 544
교회성장 22, 89, 134, 150, 153, 177, 200, 205, 217, 371, 429, 435, 437, 705
구정 부흥운동 73, 133
권찰제도 621, 622, 623, 624
그리스도 신문 100, 101, 103, 121, 135, 145-147, 152, 154, 155, 159, 162-164, 166, 174, 181, 385, 417, 497, 501, 502, 506, 513, 548, 552
그리스도인 회보 154, 552
금산봉곡교회 360, 427, 428
금산읍교회 360, 428
긍천 442
기도회 19, 21, 22, 31, 32, 33, 34, 35, 38, 40, 41, 42, 43, 45, 49, 55, 56, 57, 77, 80, 81, 87, 123, 128, 145, 154-157, 162, 181, 185, 202, 214-216, 222, 225, 227, 229, 256, 257, 258, 259, 260, 261, 262, 263, 264, 266, 278, 279, 286, 290, 291, 294, 295, 299, 300, 326, 336, 337, 340, 358, 359, 361, 364, 395, 427, 465, 484, 562, 574, 582, 596, 604-606, 629, 634, 639, 644, 647, 658, 659, 665, 667, 669, 672, 674, 690, 709, 711
기포드(Gifford, Daniel L.) 37
길랜더(Gillanders, W.) 613
길렛(Gillett, Philip L.) 654, 665
길선주 15, 21, 164, 165, 201, 202, 212, 214, 215, 223, 225, 228, 244, 245, 250, 256, 267, 270, 271, 272, 299, 310, 313-324, 327, 331, 362, 375, 402, 403, 413, 457, 505, 557, 562, 603-606, 635, 641, 650, 652, 657, 659, 669-671, 673, 675, 676, 680, 681, 682, 685, 690
길선주의 서울 부흥회 319
길선주의 서울 집회 324
김관군 165
김규식 593, 619, 632, 652, 654
김새디(Sadie, Kim) 675
김영훈 686
김익두 164, 165, 212, 381, 671, 675
김정식 119
김찬성 258, 264, 265, 316
김창건 501
김형채 684

색인 737

[ㄴ]

나이아가라 사경회 18
날연보 166, 397, 398, 428, 437, 605, 617, 621, 624-627, 632, 633, 634, 639-642, 648, 651, 660, 661, 676
남감리교 선교사 18, 32, 40, 41, 57, 62, 65, 66, 87, 89, 92, 135, 155, 172, 207, 212, 375, 441, 473, 478, 479, 581, 587, 595, 598, 602, 620, 690, 707
남감리교 선교회 18, 31, 32, 33, 43, 44, 87, 91, 92, 93, 102, 139, 171, 178, 183, 206, 207, 357, 405, 447, 463, 468, 473, 474, 476-478, 480, 498, 535, 540, 553, 581, 596, 602, 607, 612, 616, 625, 626
남녀 사경회 38, 272, 298, 412, 674, 708
남문밖교회 162, 163, 433, 715
남북감리교 연합 사경회 60
남북전쟁 110
남산현교회 161, 282, 284
남양리교회 445
남자 보통학교 257, 289, 296
남자 사경회 19, 89, 90, 168, 215, 216, 220, 222, 223, 240, 256, 267, 269, 272, 279, 289, 295, 305, 309, 320, 328, 330, 336, 339, 340, 359, 436, 642, 659, 711
남장로교 선교사 179, 327, 391, 436, 442, 519, 683
남장로교 선교회 139, 205, 386, 387, 437, 454, 581
내적 경험 74
널(Null, M. N.) 327, 432
네비우스 선교 정책 17, 19, 28, 29, 95, 109, 231, 232, 242, 243, 372, 374, 397, 411, 412, 418, 419, 420, 421, 422, 423, 424, 428, 453, 502, 542, 543, 546, 552, 553, 563, 574, 575, 576, 592, 622, 624, 625, 661, 679, 686, 687, 691, 708, 711
네비우스(Nevius, John L.) 419, 420
노블(Noble, William A.) 33, 39, 115, 127, 141, 281, 282, 284, 286, 287, 288, 289, 296, 297, 298, 308, 349, 411, 434, 443, 449, 459, 471, 476, 486, 506, 507, 512, 540, 546, 593, 608, 609, 610, 619, 636, 643, 665, 668, 675
노올즈(Knowles, Mary) 41, 53, 54, 60
노춘경 619, 649
노톤(Norton, Arthur H.) 469, 612
뉴욕 102
뉴욕 헤럴드 103
니스벳 여사(Mrs. Nisbet, Anabel M.) 416

[ㄷ]

다니엘(Daniel, Thomas H.) 469
대구 174, 175, 176, 212, 307, 310, 312, 336, 338-342, 359, 385, 436, 462, 469, 604, 633, 640-642, 647-659, 669-671, 685
데이비스(Davis, George T. B.) 389, 612, 628, 629, 632-634
독립전쟁 110
동아기독교 186
동학란 25, 26
두구동교회 409
드밍(Deming, Charles S.) 441, 643, 649
들목 378, 380, 381, 382

[ㄹ]

라이알(Lyall, Leslie) 253
라토렛(Latourette, Kenneth S.) 95, 118, 127, 363, 374, 534, 543
란킨(Rankin, David C.) 388
래드, 조지(Ladd, George T.) 104, 242, 487
래크(Leck, George) 250
러일전쟁 26, 27, 28, 29, 30, 38, 95, 101, 105, 106, 189, 220, 359, 532, 577
레이놀즈(이눌서, Reynolds, Willam D.) 141, 327, 388-390, 542, 544, 552, 557
램부스(Lambuth, Walter R.) 475
로버츠, 이반(Roberts, Evan) 46, 245
로브(업아력, Robb, Alexander F.) 55, 285
로빈스(Robbins, Henrietta P.) 500, 512
로스, 시릴(Ross, Cyril) 301, 391, 393
로스, 존(Ross, John Roberts) 50, 70, 304, 391, 672, 688
로톤(Lawton, Burke R.) 665
루이스(Lewis, Margo Lee) 668
리, 그레함(이길함, Lee, Graham) 146, 189, 216, 225, 228, 230, 231, 234, 235, 236, 238, 239, 241-243, 247, 250, 253, 254, 256, 259, 261, 263, 265-267, 271, 309, 311, 328, 557, 608
리덕수 505, 506
리드(Reid, Clarence F.) 57, 595, 596, 597, 620, 707
리은승 282, 283, 284, 285
릿거스(Miss. Rittgers) 641

[ㅁ]

마가이 56
마을 전도 397
마틴(Martine, Julia A.) 683, 684
마펫, 사무엘(마포삼열, Moffett, Samuel A.) 37, 79, 145, 200, 305, 317, 398, 421, 453, 456, 471, 573, 612, 621, 634, 644
매커친(McCutchen, Luther O.) 641, 644, 656, 658
매컬리(McCully, Louise Hoard) 41, 60, 61, 358, 658
매켄지(McKenzie, Frederick A.) 37
매켄지(McKenzie, William J.) 426
매큔(McCune, George M.) 216, 222-227, 235, 239, 241, 242, 250, 259, 267, 270, 273, 275, 276, 287, 288, 298, 300, 302, 304, 311, 433, 461, 635, 671
매튜스(Mathews, David) 237
맥코믹 신학교 9, 18, 19, 316, 372, 474, 545, 548, 644, 706
맥크랙킨, 헨리(McCracken, Henry) 612
맥팔랜드 여사(Mrs. MacFarland) 386
맥팔랜드(MacFarland, Edwin F.) 336, 337, 338, 341, 462, 647, 648
모리슨(Morrison, Henry C.) 649
모리스(Morris, James H.) 30, 77, 78, 79, 284, 330, 334, 493, 536, 569, 642, 643
모삼률 59
모트, 존(Mott, John R.) 549, 559, 586, 654
목천 353, 354
목포 부흥회 185, 205
무디 부흥운동 15, 18, 19, 20, 130, 372, 402, 706
무디(Moody, Dwight L.) 15, 18, 19, 20, 31, 48, 79, 92, 94, 97, 110, 130, 372, 373, 402, 528, 644, 706
무어, 사무엘(Moore, Samuel F.) 155, 156, 160, 327, 386
무어, 존(Moore, John Z.) 28, 92, 124, 152, 153, 284, 286, 287, 288, 298, 390, 396, 402, 404, 405, 406, 408, 424, 429, 432, 439,

498, 505, 553, 607
무즈(Moose, Jacob R.)　　77, 78, 121,
　　126, 135, 141, 179, 546, 640
무풍돌목교회　　380
문경호　　33, 34, 39
미국의 제1차 대각성운동　　15, 16, 19,
　　20, 93, 110, 169, 253, 269,
　　319, 402, 483, 502, 535
미국의 제2차 대각성운동　　15, 20, 93,
　　130, 374, 402, 535, 678
미션 스쿨　　70, 74, 116, 141, 198, 258,
　　279, 289, 296, 298, 299, 458,
　　460, 461, 480, 486, 498, 554,
　　555, 556, 562
민영익　　475
민족 각성운동　　93
민족복음화　　20, 22, 86, 87, 106,
　　115, 124, 125, 139, 140, 199,
　　298, 394, 431, 466, 541, 551,
　　556, 558, 559, 561, 564, 570,
　　579, 581, 582, 585, 586, 592,
　　594, 598, 600, 603, 604, 607,
　　608, 612, 620, 621, 626, 630,
　　633, 635, 641, 643, 656, 663,
　　665, 668, 675, 677, 680, 687,
　　691, 696, 697, 698, 701
민족복음화운동　　22, 556, 579, 581,
　　665, 675, 691, 698
밀러, 아델리아(Miller, Lula A.)　　89
밀러, 에드워드(Miller, Edward H.)　　461,
　　495, 497
밀러, 프레데릭(Miller, Frederick S.)　　180,
　　312, 432, 484
밀러, 휴(Miller, Hugh)　　608, 665
밀스, 애나(Mills, Anna Rae)　　669

[ㅂ]

바시포드(Bashford, James W.)　　117
박승명　　154, 155, 159, 506
박영일　　684
박태로　　686
발안 장터(발왈 장터)　　378, 382
방기창　　252, 444, 457
방화정　　458
배럿 여사(Mrs. Barrett)　　386
배럿, 윌리엄(Barrett, William M.)　　176,
　　341
배미장　　674
배재학당　　68, 70, 77, 148, 460, 465, 466,
　　467, 538
백낙준　　20, 40, 45, 187, 216, 221, 223,
　　230, 279, 302, 309, 374, 464,
　　494, 535, 538, 544, 605, 708
백만인 구령운동　　9, 15, 20, 21, 22, 398,

439, 447, 480, 564, 570, 579,
　　581, 592, 595, 603, 607, 608,
　　610, 611, 613, 615-621, 623,
　　624-629, 631-637, 639, 640,
　　642-644, 647-652, 656-659,
　　661-665, 672-675, 687, 689-
　　701, 703, 704, 707, 710
밴 브스커크, 제임스(Van Buskirk, James)
　　469, 618
버너블(Vernable, W. A.)　　655
버딕(Burdick, George M.)　　116, 353-
　　355, 633, 643
번하이셀 여사(Mrs. Bernheisel)　　267
번하이셀(Bernheisel, Charles F.)　　162,
　　192, 215, 222, 234, 239, 298,
　　456, 560, 603, 691
벌(Bull, William F.)　　629, 644
벙커(Bunker, Dalziel A.)　　119, 141,
　　156, 296, 376, 542, 543, 544,
　　546, 608, 665
베스트(Miss Best, Margaret)　　180,
　　267, 306, 308, 321
베시(Vesey, Frederick G.)　　632, 701
베어드 여사(Baird, Annie A.)　　298,
　　559, 560
베어드(Baird, William M.)　　291, 498,
　　543, 546
베일리(Baily, G. W.)　　556
베커(Becker, Arthur L.)　　92, 289, 290,
　　291, 292, 295, 297, 298, 466
벡(Beck, S. A.)　　29, 542
벨(Bell, Eugene)　　151, 182, 441, 644,
　　647
복음 전도　　83, 181, 186, 281, 368, 371,
　　373, 374, 376, 390, 397, 401,
　　404, 405, 412, 420, 423, 444,
　　453, 559, 573, 574, 586, 587,
　　592, 616, 622, 623, 626, 644,
　　659, 668, 676, 679, 688, 710
복음주의 교회　　139, 140, 436, 440,
　　544
봉산　　145, 164, 407
부룩맨(Brockman, Frank M.)　　654
부산　　4, 44, 98, 174, 175, 206, 469,
　　592, 624, 661
부스, 윌리엄(Booth, William)　　376
부츠(Miss Butts)　　648
북감리교 선교사　　29, 30, 77, 92, 156,
　　289, 290, 308, 424, 493, 511,
　　536, 570, 613
북감리교 선교회　　28, 32, 100, 139, 178,
　　279, 432, 448, 453, 473, 474,
　　493, 509, 535, 539, 551, 573,
　　581

북장로교 선교사　　18, 44, 316, 336, 342,
　　373, 386, 391, 419, 421, 432,
　　456, 461, 548, 706
북장로교 선교회　　105, 123, 139, 145,
　　193, 300, 373, 420, 436, 448,
　　452, 453, 454, 474, 475, 484,
　　563, 581, 621, 628, 685
북청　　359
북청교회　　359
뷰트(Butte, Alice)　　434
브라운, 아더(Brown, Arthur J.)　　114,
　　229, 238, 239, 242, 250, 259,
　　261, 267, 325, 341, 364, 370,
　　411, 459, 464, 538, 612, 636,
　　660, 691
브라운, 조지(Brown, George T.)　　616
브라운(Brown, J. Millian)　　367
브루엔(Bruen, Henry M.)　　176, 338,
　　339, 342
블레어, 윌리엄(방위량, Blair, William N.)
　　225, 414, 599, 625, 691
블레어, 허버트(Blair, Herbert E.)　　180
비치, 하란(Beach, Harlan P.)　　475
빌링스(Billings, Bliss W.)　　673, 674

[ㅅ]

사경회운동　　17, 19, 578, 661, 708,
　　711
사리원교회　　407
사병순　　686
사이드보텀(Sidebotham, William H.)
　　301, 473
사창골교회　　161, 163, 223, 224,
　　236, 433, 706
사회개혁　　22, 217, 376, 439, 482, 483,
　　493, 494, 508, 509, 535, 571,
　　705
사회개혁운동　　509
산정현교회　　162, 164, 223, 224,
　　433, 639, 706, 747, 752
상동교회　　58, 60, 128, 155, 435
상시미교회　　526
새문안교회　　156, 157, 327, 425,
　　427, 619, 649, 687, 688
새술막　　63, 64
샤록스(Sharrocks, Alfred M.)　　166,
　　461, 473
샤프(Sharp, Charles E.)　　70, 128, 301,
　　348, 568, 576, 578, 644
서경조　　426, 457
서문 밖　　224
서울 남부 지방　　136
서울 집회　　58, 76, 77, 154, 159, 206, 209,
　　320, 322, 324

색인　739

서흥 145
선교지 분할협정 198, 371, 538
선천 110, 161, 166-168, 171, 183, 212, 298, 301, 307, 308, 310, 312, 328-330, 371, 391, 393, 394, 404, 441, 461, 462, 469, 625, 633, 637, 639, 648, 660, 670-672
선천 사경회 166, 328, 330
선천 선교부 166, 167, 168, 328, 330, 404, 670, 671
선천읍교회 371
선천 전도 집회 670, 671
선천중학교 461, 462
성결운동 18, 79
성경공부 17, 19, 21, 41, 46, 49, 80, 89, 110, 112, 142, 145, 161, 169, 182, 185, 187, 189, 216, 223, 270, 273, 275, 290, 330, 334, 344, 345, 358, 395, 406, 422, 423, 444, 445, 489, 503, 596, 628, 630, 641, 647, 654, 656, 657, 659, 661, 673, 674, 708-711
성경 연구반 144
성서부인 77, 149, 620, 648, 675, 676
세계 복음주의 연맹 57
세계 주일학교 협회 556
세브란스 병원 110, 469, 470, 552
세실, 윌리엄(Cecil, William) 235, 245, 437, 535
세이몬스(Sammons, Thomas) 468
소래교회 425, 426
손승용 345, 346, 540
손정도 346, 679
송도 18, 31, 32, 71, 706
송인세 444
수원 348, 354, 355, 359, 639
숭덕학교 258
숭실대학 290, 298, 299, 498, 501, 552, 554, 555, 595
숭실중학교 298, 461, 466, 498, 554, 555, 641
숭실학교 289, 290, 291, 292, 293, 294, 408, 498, 543, 555, 595
쉬어러(Shearer, Roy E.) 439
스가랴 186
스네이브리(Snavely, Gertrude E.) 627, 628
스미스, 월터(Smith, Walter E.) 560
스미스, 티모시(Smith, Timothy) 482
스왈른, 윌리엄(소안론, Swallen, William L.) 178, 192, 213, 214, 225, 229, 233, 239, 245, 255, 261, 301,

304, 306, 443, 459, 461, 545, 553, 631, 639, 644, 647, 672, 691, 697
스위러(Swearer, Wilbur C.) 35, 348, 349, 352, 436, 495, 511, 585, 633, 643
스크랜튼(Scranton, William B.) 100, 101, 106, 107, 155, 345, 346, 399, 417, 425, 436, 469, 470, 475, 495, 542, 543, 545, 550, 552
스태드(Stead, William T.) 46
스톡스(Stokes, Marion B.) 60, 447, 595-597, 600-604, 637, 638, 707, 717
스피어(Speer, Robert E.) 36, 110, 559, 654
승동교회 154, 157, 320, 327, 561, 640, 682
신년 부흥회 21, 23, 133, 134, 139, 147, 152, 154, 160, 161, 162, 166, 168, 183, 690, 707
신년 서울 연합 부흥회 154
신년 연합 부흥회 154, 168
신천 145, 164
신학월보 33, 34, 35, 39, 56, 60, 65, 66, 71, 72, 75, 76, 106, 116, 120, 282, 284, 285, 308, 345, 346, 348, 349, 350, 380, 407, 408, 417, 429, 438, 439, 447, 449, 450, 475, 482, 493, 495, 505, 506, 507, 508, 512, 513, 518, 521, 594, 679, 701, 702
신학월보의 "부흥회" 75, 152
신학회 31, 284, 298, 331, 540, 551, 643
신흥우 119, 593

[ㅇ]

아담스(Adams, James E.) 176, 212, 340, 341, 375, 385, 462, 670
아비슨(Avison, Oliver R.) 43, 44, 469, 470, 471, 542, 544, 582, 652, 665, 667, 668
아이비 메모리얼 병원 469
아일런드(Ireland, Alleyne) 102
아펜젤러(Appenzeller, Henry G.) 107, 304, 374, 475, 541, 552, 660, 688
안국선 119
알렉산더(Alexander, Charles M.) 609, 611, 613, 616, 623, 636, 640
알렌(Allen, Horace N.) 16, 28, 188, 313, 380, 470, 582

애틀랜타 저널 97
앨리스(Ellis, W. T.) 454
양주삼 703, 706, 707, 708
어드만(Eerdman, Walter C.) 342
언더우드(Underwood, Horace G.) 19, 41, 105, 119, 139, 141, 155, 205, 254, 304, 327, 372, 377, 378, 380, 383-386, 418, 419, 420, 421, 425-427, 473, 537, 538, 541, 543, 545, 546, 548, 549, 552, 559, 563, 582, 593, 608, 609, 619, 631, 644, 647, 650, 652, 654, 660, 665, 687, 688, 708, 715, 717
에드워즈, 라우라(Edwards, Laura) 637
에드워즈, 조나단(Edwards, Jonathan) 16, 19, 266, 269, 319, 535, 706
앵겔(왕길지, Engel, George O.) 546, 644
여자 보통학교 256, 267, 289
연동교회 155, 159, 506, 557
연례모임 29, 69, 72, 79, 105, 141, 151, 193, 200, 266, 357, 449, 451, 454, 460, 469, 475, 476, 539, 601, 603, 644, 674, 680, 693
연례 사경회 74, 87, 395, 661
연목걸교회 327
연합공회 19, 137, 139, 140, 141, 143-145, 147, 152, 154, 155, 156, 163, 171, 182, 183, 196, 197, 199, 200, 201, 468, 538, 542-547, 550-554, 562, 578, 582, 603, 607, 608, 611, 615, 617, 626, 665, 687, 690, 701
연합운동 22, 139, 159, 197, 198, 217, 537, 538, 547, 552, 554, 556, 557, 562, 563, 564
영국 부흥운동 20, 93
영변 77, 328, 330, 334, 449, 474, 569, 642
영변 감리교 선교부 330
영변교회 334
예수 성교서회 560
와그너(Wagner, Ellasue C.) 84
와드(Ward) 602
와이어(Wire, H. H.) 654
왓슨(Wasson, Alfred W.) 102, 127, 463, 650, 652, 654
용천 135
워너메이커(Wanamaker, John) 557, 621
원산교회 135
원산부흥운동 15, 19-23, 25, 31,

38-43, 52, 54, 56-58, 60-62, 65, 76, 81, 84, 87, 91, 93, 111, 112, 135, 147, 154, 155, 183, 187, 190, 205-208, 212, 213, 223, 320, 357, 375, 391, 439, 447, 479-481, 541, 572, 574, 596, 602, 641, 646, 650, 658, 689-691, 703, 704, 706, 711, 712
원산 사경회　　91, 185, 186, 187, 193, 197
웨슬리 부흥운동　　94, 110, 130, 169, 280, 437, 502, 535, 699
웨일스 부흥운동　　15, 16, 20, 46, 94, 194, 231, 232, 235, 237, 238, 245, 508, 712
웰본(Welbon, Arthur G.)　　441
웰스(Wells, James Hunter)　　125, 241, 242, 260, 285
유경상　　68, 69
유성준　　119
유주　　353
유주 사경회　　353
윤승근　　57
윤치호　　451, 463, 478, 557, 558, 651, 676
을사조약　　21, 23, 95, 96, 98, 100, 102, 104, 105, 109, 119, 128, 188, 220, 467, 481, 531, 568, 581, 584, 593, 595, 618, 705
의료　　38, 40, 42, 44, 83, 108, 110, 126, 140, 148, 188, 193, 197, 198, 225, 241, 260, 373, 377, 391, 392, 393, 404, 420, 423, 458, 468-471, 474, 480, 509, 513, 545-547, 552, 554, 612, 636, 667
의주　　101, 168, 307, 310, 313, 328, 329, 331, 497, 500, 501, 593, 595, 659, 661, 664
이경필　　360, 380, 428
이기풍　　317, 444, 457, 680, 681, 682, 683, 684, 685
이등통감(이토 히로부미)　　95, 96, 97, 98, 104, 221, 470, 557, 585
이상재　　119, 573, 652, 654
이선광(리씨 선광)　　683, 684
이승만　　119, 120, 573, 589
이승인　　119
이완용　　100, 585
이원긍　　119
이익모　　674
이장포교회　　33
이창실　　121

이춘호　　427
이화학당　　77, 129, 130, 145, 148, 460, 641
일진회　　111, 150, 527, 568, 569, 593

[ㅈ]

자교교회　　68, 69, 71, 160
자립　　22, 37, 80, 115, 127, 128, 151, 166, 178, 217, 363, 371, 372, 410-413, 418-428, 444, 452, 458, 467, 558, 587, 675
자위단　　443, 569
자전　　22, 80, 166, 217, 371, 372, 394, 399, 404, 410, 412, 413, 420-424, 426, 428, 558, 675
잠바우교회　　360
장감연합공회　　137, 139, 140, 141, 143, 144, 145, 147, 152, 154, 155, 156, 163, 171, 182, 183, 196, 197, 199-201, 468, 538, 542-547, 550-554, 562, 578, 582, 603, 607, 608, 611, 615, 617, 626, 665, 687, 690, 701
장단읍교회　　33
장대현교회　　19, 21, 39, 40, 161, 162, 163, 164, 192, 193, 200, 201, 202, 208, 215, 216, 219, 220, 222-225, 228, 230, 232, 233, 236, 238, 240, 243, 250, 255-260, 262, 264-267, 269-274, 277, 279, 281, 282, 286, 287, 289, 290, 295, 298, 305-309, 311-313, 317-320, 328, 330, 332, 342, 344, 350, 357, 361, 375, 402, 424, 433, 434, 446, 456, 457, 479, 491, 501, 555, 603-606, 608, 634-636, 642, 662, 669-681, 690, 706, 711
장대현교회 사경회　　258, 259, 265, 273, 309
장로교 신학교　　165, 316, 387, 474, 644
재령　　104, 145, 146, 162, 180, 212, 215, 239, 298, 328, 335, 336, 339, 436, 465, 606, 659, 661, 686
재령 사경회　　145
재령 선교부　　104, 180, 465, 659
저다인(Gerdine, Joshep L.)　　18, 50, 53, 60, 61, 93, 113, 135, 172, 173, 177, 185, 203, 206, 207, 208, 211, 212, 309, 447, 473, 478, 480, 587, 593, 602, 619, 626,

637, 665, 707
전도 집회　　17, 40, 48, 49, 53, 59, 79, 137, 146, 147, 155, 159, 162, 216, 223, 224, 244, 262, 265, 268, 281, 305, 324, 344, 394, 395, 400, 401, 409, 503, 559, 606, 612, 613, 617, 627, 634, 636, 638, 641, 647, 649, 657, 658, 659, 662, 664-674, 676, 683, 684, 688, 696, 710
전도회　　35, 295, 371
전시 복음화　　279
전킨(Junkin, William McCleery)　　387, 388, 389, 390
정기 사경회　　198
정덕생　　409
정동 감리교회　　36, 76, 77, 438, 679
정오 기도회　　22, 185, 214, 216, 229, 257, 260, 261, 266, 690
정인노　　249
정현의　　409
제물포　　27, 28, 76, 80, 81, 84, 98, 148, 206, 295, 297, 342, 346, 347, 353, 380, 425, 435, 441, 449, 460, 461, 474, 521, 592, 633, 640, 648, 654
제물포 감리교회　　521
제물포 선교부　　148
제물포 집회　　76, 81
제재교회　　444, 445
제중원　　58, 59
조선야소교서회　　701
존스톤의 서울 집회　　206, 209
존스톤의 평양 집회　　201
존스톤(Johnston, Howard A.)　　184, 193-196, 200-202, 206, 209, 213-215, 231, 321
존스(Jones, George H.)　　32, 35, 282, 309, 332, 346, 399, 425, 435, 436, 440, 449, 460, 473, 476, 481, 516, 529, 539, 540, 554, 557, 570, 585, 586, 592, 704
지경대　　45, 62, 63, 64, 71
지경대 부흥회　　63
지수돌　　68, 70
지룽산　　364
진관사　　652
진남포　　212, 213, 406, 674
쪽 복음서　　631

[ㅊ]

창전 예배당　　51, 55
채정민　　258
채프만(Chapman, John Wilbur)　　611,

613, 669
챈슬러(Chanceller) 612, 717
청일전쟁 25, 26, 27, 36, 37, 38, 44, 98, 161, 189, 251, 277, 392, 422, 480, 532
최관흘 684
최대건 67
최덕천 378
최병헌 116, 525, 540, 557, 593, 619
축호전도 87, 216, 273, 673, 674, 709
칠산 39, 162, 163, 334, 335
칠산리교회 39
침례교 선교사 51
침례교 선교회 419

[ㅋ]

캐나다 장로교 41, 43, 55, 139, 145, 358, 364, 369, 447, 454, 455, 550, 554, 581, 609, 644, 672
캐나다 장로교 선교회 43, 139, 145, 447, 454, 455, 581
캐롤(Carroll, Arrea) 41, 53, 54, 55, 60, 89, 179
캔들러(Candler, Warren A.) 97, 477
커티스(Curtis, Frederick S.) 592, 665
컨즈(Kearns, Carl E.) 167, 204, 328
컬리어(Collyer, Charles T.) 31, 73, 134, 625, 672
커(Kerr, William C.) 607
케이블(Cable, Elmer M.) 29, 30, 81, 89, 115, 123, 124, 128, 150, 177, 335, 353, 354, 441, 442, 460, 461, 463, 512, 514, 539, 540
켄넨(Kennen) 103
켄델(Kendall, Carlton Waldo) 102
코리아 리뷰 103, 109
코리아 메소디스트 139, 677
코리아 미션 필드 140, 197, 225, 246, 286, 298, 311, 312, 320, 326, 338, 342, 358, 402, 418, 484, 488, 495, 513, 543, 545, 547, 555-566, 628, 660
코리아 필드 123, 140
코리안 스케치 26, 37, 98, 513
크램(Cram, Willard G.) 18, 33, 61, 65-67, 72, 87, 88, 133, 168, 169, 342, 343, 417, 447, 476, 480, 535, 557, 637, 707
크리체트(Critchett, Carl) 331
클락(곽안련, Clark, Charles A.) 28, 29, 95, 109, 136, 231, 242, 243, 311, 327, 355, 356, 372, 373, 391, 419, 422, 423, 437,

452, 453, 504, 520, 525, 526, 534, 561, 592, 622, 640, 644, 685, 691

[ㅌ]

테넌트(Tennent, Gilbert) 269
테이트(Tate, Lewis B.) 389, 437

[ㅍ]

패튼(Patton, F.) 613
페인(Paine, Josephine Ophelia) 77, 128, 129, 130, 148, 444, 473, 607, 616, 689, 691, 698, 704
펜윅(Fenwick, Malcolm C.) 44, 117, 186
평안남북도 317, 553
평양대부흥운동 15, 16, 18, 19, 20, 21, 22, 23, 36, 40, 41, 184, 185, 187, 209, 212-214, 216, 217, 219, 222-224, 231-233, 237, 238, 243, 245, 253, 257, 274, 284, 291, 297, 298, 306, 309, 310, 313, 319, 320, 322, 324, 325, 328, 334, 336, 361, 362, 363, 365, 367, 368, 370, 375, 390, 395, 402, 434, 436, 438, 439, 443, 447, 452, 456, 479, 480, 481, 483, 492-495, 497, 498, 535, 539, 550, 560, 565, 566, 567, 572, 573, 574, 586, 592, 594-596, 600, 603-606, 610, 630, 637, 641, 650, 659, 669, 673, 675, 679, 689-692, 697, 703, 704, 706, 710
평양 사경회 146, 162, 164, 180, 184, 185, 187, 193, 197, 213, 222, 491, 648
평양신학교 38, 165, 298-305, 317, 390, 511, 644, 678, 682, 701, 706
평양 여성병원 471
평양 여자고등학교 256
평양의 신년 부흥회 161
평양 장로회 신학교 317
평양제일교회 178
포츠머스 조약 96
폴시더(보위렴, Forsythe, Wiley H.) 469, 470, 650, 682
푸트(Foote, William R.) 644
풍천 146, 360
프란손의 서울 집회 58
프란손(Franson, Fredrik) 38, 40, 48, 49, 51, 52, 58, 59, 60, 61
프레스톤(Preston, John Fairman) 179,

205-209, 212, 682
프레이(Frey, Lulu E.) 148
프린스톤 신학교 9, 179, 205
프릴링휘슨(Frelinghuysen, Frederick) 269
피니, 찰스(Finney, Charles G.) 15, 20, 94, 535
피셔, 어니스트(Fisher, Earnest J.) 60
피어맨(Peerman, Ernst L.) 625
피어선, 아더(Pierson, Arthur) 612
필립스(Phillips) 369

[ㅎ]

하디의 서울 부흥회 76
하디의 제물포 부흥회 80
하디, 켈리(Hardie, Margaret Kelly) 43
하디(Hardie, Robert Alexander) 18, 19, 21, 22, 23, 25, 30, 39-58, 60-74, 76-84, 87, 89-91, 93, 147-151, 171, 174, 180, 182-187, 189-193, 201, 202, 206-208, 212-214, 223, 309, 318, 357, 358, 375, 439, 447, 455, 476, 479, 480, 540, 602, 637, 639, 641, 643, 650, 665, 707, 711
하리동교회 353
하밀(Hamill, H. M.) 556
하운셀(Hounshell, Charles G.) 156, 157, 174, 185, 186, 440, 465, 651
하운셀(Hounshell, Josephine C.) 41, 43, 65, 69, 73, 85, 572
하니스(Harkness, Robert) 612, 614-616, 625, 627, 658
학생 자원운동 18, 373
학습반 90
한국 의료 선교회 469
한국의 오순절 역사 243, 267, 278
한석진 165, 457, 458, 684
한타리 355
함흥 358, 359, 658
해리슨(Harrison, William Butler) 197, 393, 436, 442, 519, 569, 676
해리스(Harris, Merriman C.) 97, 449, 450, 489, 493, 494, 535, 576
해주 51, 67, 89, 92, 106, 145, 177, 179, 193, 249, 265, 328, 331-334, 363, 379, 382, 405, 441, 469, 474, 487, 490, 562, 627, 658, 671, 672, 697
허스트 역사(Mrs. Hirst) 156
헌(Hearn, Lafcadio) 522
헐버트(Hulbert, Homer B.) 103, 188, 559

해론(Heron, Sarah Ann)　　475
협력 정신　371
호가드(Hoggard, Robert)　　665
호스(Hoss, E. E.)　612
호주 장로교　　123, 139, 145, 454,
　　　　550, 554, 563, 581, 609, 644
호주 장로교 선교회　　123, 139,
　　　　454, 563, 581
홀드크로프트(Holdcroft, James G.)　646,
　　　　648, 691
홀, 로제타(Hall, Rosetta S.)　192, 391, 393
홀, 윌리엄(Hall, William J.)　391, 392
홍승하　　380, 540
홍재기　　119
화이트(White, Mary Culler)　41, 43, 60
화이트(White, Walter W.)　612
화이팅(Whiting, Harry C.)　104, 606
황주읍교회　　510
황해도　　212, 215, 282, 317, 359, 407,
　　　　510, 553, 562, 568, 674
휘트필드, 조지(Whitefield, George)　280,
　　　　322
힐맨(Hillman, Mary R.)　　148, 149, 151

한국기독교사연구소 출간도서

한국교회와 민족을 깨운 평양산정현교회
편하설, 강규찬, 조만식, 주기철 같은 걸출한 인물을 배출했던 평양산정현교회는 광복 전 40년간 부흥운동, 기독교민족운동, 신사참배반대운동, 공산정권에 대한 저항운동의 보루로서 겨레와 함께한 교회였다. 본서는 한국교회와 민족과 사회에 지대한 영향을 끼쳤던 평양산정현교회를 조명하여 민족부흥의 기치를 올리고자 했다.

박용규 지음
2006
신국판 양장
423쪽
17,000원

강규찬과 평양산정현교회
본서는 한학자, 기독교민족운동가, 목회자로 한국교회의 중요한 족적을 남긴 강규찬 목사를 조명한다. 그의 영향으로 산정현교회가 조만식 선생과 같은 많은 민족지도자들을 배출할 수 있었다. 본서를 통하여 교회가 민족과 사회에 대한 책임을 어떻게 감당해나가야 할지를 통찰을 얻게 될 것이며, 강규찬 목사와 그 시대 중요한 인물들을 만날 수 있을 것이다.

박용규 지음
2011
신국판
368쪽
12,000원

평양대부흥이야기
본서는 지난 100년 동안 한국교회가 놀라운 영적 생명력을 유지할 수 있었던 원동력인 한국의 오순절, 1907년 평양대부흥운동에 대하여 잘 소개해 주고 있다. 1907년 1월 평양 장대현교회에서 시작된 강력한 성령의 역사인 평양대부흥운동에 대한 관련 자료, 선교사들의 생생한 보고서와 서신과 중요한 문헌들을 담고 있는 이 책을 통해 다시금 한국교회에 부흥운동의 역사를 소망해 볼 수 있을 것이다.

박용규 지음
2013
신국판
182쪽
10,000원

평양노회 지경 각 교회 사기
평양노회는 한국장로교의 중심축이다. 평양대부흥운동이 일어난 곳이고, 평양장로회신학교가 위치한 곳이며, 신사참배를 결정한 곳이다. 영광과 치욕의 역사를 그대로 간직하고 있다. 그 같은 평양노회에 속한 교회의 소중한 역사가 이 책 한권에 그대로 녹아 있다. 당시 평양교회의 산 증인 강규찬, 김선두, 변인서는 평양노회의 교회들의 역사를 생생하게 그려냈다.

강규찬, 김인두, 변인서 편집
2013
신국판
260쪽
10,000원

총회 100년, 한국장로교회 회고와 전망
본서는 2012년 총회 설립 100주년을 맞아 한국장로교를 대표하는 여러 장로교신학교의 역사신학교수들이 지난 100년의 총회 역사, 신학, 논의를 심도 있게 논의하고 발표한 논고들이다. 성경관, 통일문제, 사회참여, 연합운동, 교회분열과 연합 등 다양한 주제들이 다루어졌다. 본서에서 기고자들은 지난 100년의 장로교 역사를 회고·진단하고 앞으로의 방향을 제시할 것이다.

박용규, 이은선 편집
2014
신국판
442쪽
15,000원

조선예수교장로회사기 (상)
한국장로교 역사를 독노회 이전부터 총회가 설립되기 전까지 노회록에 근거하여 객관적이고 체계적으로 정리한 책이다. 조선예수교장로회 사기 上은 총회가 엄선한 위원들이 중심이 되어 기술된 이 분야의 가장 권위 있는 저술로 한문으로 되어 있어 있다. 초판의 편집상의 문제점을 보완하고 현대 독자들이 쉽게 접할 수 있도록 한문에다 한글로 토를 달고 세로쓰기를 가로쓰기로 바꾸고 색인도 첨부하였다.

차재명 편저
2014
신국판
448쪽
20,000원

조선예수교장로회사기 (하)
1912년, 제 1회 총회부터 1923년, 제 12회 총회까지의 장로교 역사를 총회록을 중심으로 기술하였다. 함태영을 비롯한 위원들이 기술하였고 1930년에 교정이 완료되었지만 일제하에 출판을 하지 못하다가 백낙준 박사가 오윤태 목사로부터 원고를 입수하여 1968년에 출간하였다. 초판의 편집상의 문제점을 보완하고 세로쓰기로 된 것을 가로쓰기로 하고, 선교사의 영어 이름을 삽입하고, 색인을 만들어 가독성을 높였다.

양전백, 함태영, 김영훈 편저
2017
신국판
767쪽
30,000원

세계부흥운동사 개정판
본서는 신구약성경과 지난 2천년간의 세계기독교회사에 나타난 놀라운 부흥운동, 영적각성운동 역사를 심도 있게 조명한 책으로서, 세계 각국의 개인, 교회, 민족 가운데 일어난 놀라운 성령의 역사를 생생하게 접할 것이다.

박용규 지음
2016
신국판 양장
1153쪽
55,000원

교회사총서 4 근대교회사
1648년 베스트팔렌 조약부터 1789년 프랑스 혁명과 1861년 남북전쟁에 이르는 이성과 자율의 시대 세계근대교회사를 통시적인 안목을 가지고 재구성한 책으로서, 종교개혁 이후 급속한 변천을 맞은 이 시대 세계 기독교의 역사, 중요사건, 인물을 흥미있게 만날 것이다.

박용규 지음
2016
신국판
394쪽
23,000원

교회사총서 1 초대교회사
세계초대교회 배경부터 5세기에 이르는 세계초대교회사를 원자료에 근거하여 재구성한 책으로 초대교회 박해, 속사도, 기독교 변증가, 이단의 발흥, 삼위일체논쟁, 기독론논쟁, 어거스틴을 비롯한 초대교회 사상가들, 수도원제도, 교황제도와 세계선교 사건을 생생하게 만날 것이다.

박용규 지음
2016
신국판
621쪽
32,000원

자연과학으로부터의 반기독교적 유추

한국이 낳은 가장 위대한 신학자 중 한 명인 죽산 박형룡 박사의 박사학위 논문을 번역한 책이다. 자연과학으로부터의 반기독교적 유추를 논박하기 위해 종교, 성경, 하나님의 존재, 하나님의 사역, 인간의 본성에 관한 고등개념, 죄와 구원이라는 여섯 가지 중심 주제를 제시하며 내용을 전개한다. 학위 논문의 각주와 참고문헌을 현대적으로 다듬었고, 내용 전개 과정에서 생략된 순서를 재조정하였으며, 독자들을 위해 색인을 추가하였다.

박형룡 지음
2016
신국판
300쪽
12,000원

한국기독교회사 1: 1784-1910

저자는 한국과 외국에 흩어진 방대한 자료를 수집하여 1784년부터 1910년까지 한국교회의 모습을 생생하게 담아냈다. 본서에는 한국에 파송된 선교사들의 신학과 신앙, 그들이 남겨준 신앙의 발자취와 결실들이 생동감 있게 그려져 있다. 한국에 파송된 선교사들이 어떻게 복음의 순수성 계승, 복음전파, 복음의 대 사회적 책임을 선교현장에서 구현했는지를 생생하게 만날 것이다.

박용규 지음
2017
신국판 양장
1091쪽
55,000원

한국기독교회사 2: 1910-1960

저자는 1910년부터 1960년까지 반세기 동안 한국교회의 모습을 신학적으로, 역사적으로, 사회문화적으로 균형 있게 고찰하였다. 독자들은 한국교회의 조직부터 해외선교운동, 105인 사건과 3.1독립운동 같은 기독교민족운동, 사회계몽운동, 신사참배반대운동, 해방 후 남북한 교회의 재건과 갈등에 이르기까지 한국교회의 진 모습을 만날 것이다.

박용규 지음
2017
신국판 양장
1151쪽
55,000원

한국기독교회사 3: 1960-2010

한국교회는 한국근대화의 주역이었다. 1960년 4.19혁명과 5.16군사정변이후 급속하게 전개되는 한국사회의 변화 속에서 한국은 민주발전, 경제발전, 세계화를 이룩했다. 본서는 혁명과 정체성파악, 대중전도운동과 교회성장, 전환기의 교회, 복음주의운동과 해외선교, 도전받는 교회, 새로운 밀레니엄 시대의 한국교회를 심도 있게 다루었다.

박용규 지음
2018
신국판 양장
1284쪽
58,000원

제주기독교회사

제주선교는 평양대부흥의 결실이다. 평양대부흥의 주역 이기풍이 제주도에 파송 받아 복음의 불모지 제주에 복음의 씨앗을 뿌리고 오늘의 기적을 가능케 했다. 비운의 땅 제주의 역사는 수난의 역사였다. 그러나 복음이 들어간 후 제주는 희망의 섬, 영광의 땅, 태평양으로 나아가는 세계화의 길목으로 바뀌었다. 본서는 한국 최초의 고난과 영광의 제주기독교통사이다.

박용규 지음
2017
신국판
710쪽
32,000원

개혁주의 신학: 현대 개혁주의 역사

프린스톤신학, 웨스트민스터신학, 화란개혁주의, 남부개혁주의전통과 신정통주의신학 등 미국의 근대개혁주의신학과 역사를 각 분야의 최고의 권위자들이 정확하면서도 심도 있게 그려낸 본서는 개혁주의의 의미를 둘러싸고 발생하는 많은 혼란들을 해결해 줄 것이며, 오늘날 개혁주의가 어떤 의미를 지니는가를 정확히 제시해줄 것이다.

데이빗 F. 웰스 편집
2017
신국판
526쪽
24,000원

기독교역사와 역사의식

기독교 세계관의 근간은 바른 기독교 역사의식이다. 기독교와 역사는 불가분리의 관계를 지닌다. 본서는 이 세상을 살아가는 목회자, 신학생, 그리스도인들에게 기독교 역사에 대한 깊은 안목과 바른 역사의식을 심어줄 것이다.

박용규 지음
2018
신국판
264쪽
12,000원

한국장로교회와 민족운동

한국장로교회는 한국교회의 성장과 발전만 아니라 한국의 근대화에 지대한 공헌을 이룩하였다. 특별히 한국의 민족운동에 끼친 영향은 한 마디로 지대하다. 그럼에도 불구하고 그동안 이 분야에 대한 연구가 매우 부족했던 것이 사실이다. 본서는 풍부한 자료와 균형잡힌 역사해석과 함께 한국장로교회와 민족운동의 관계에 대한 통시적인 안목을 제시해 준다.

이영식 지음
2019
신국판
446쪽
22,000원

성령의 복음

본서는 의사 누가가 기록한 사도행전이 처음부터 마지막까지 성령이 중심 주제가 되어 진행된 성령의 복음이라는 사실을 설득력 있게 제시하였다. 본서는 사도행전이 기록된 당시의 역사와 시대적 환경은 물론 요세푸스, 유세비우스, 크리소스톰을 비롯한 고대 교부들, 존 칼빈, 램지와 브루스에 이르기까지 18-20세기의 고전적인 사도행전 연구서들을 통해 성령의 복음의 진수를 이 시대의 메시지로 재현했다.

박용규 지음
2020
신국판 양장
1212쪽
55,000원

성령의 복음 입문

본서는 성령의 복음의 중심 주제와 핵심 메시지를 알기 쉽게 이야기 형식으로 정리하였다. 본서는 사도행전에 대한 안목과 시각과 적용을 새롭게 만들어 줄 것이다. 독자들은 본서를 읽으면 사도행전에 대한 새로운 안목이 열릴 것이고, 사도행전을 더 깊이 알고 싶은 마음이 생길 것이다.

박용규 지음
2020
신국판
268쪽
12,000원

한국장로교사상사

본서는 한국장로교를 특징 짓는 가장 중요한 중심 주제는 성경의 권위라는 사실을 한국선교 초부터 1959년 예장합동과 예장통합의 분열까지 심도 있게 다루었다. 한국에 파송된 장로교 선교사들은 성경이 영감된 오류 없는 하나님의 말씀이라는 사실을 믿고 확신했다. 이와 같은 성경관은 사경회와 평양장로회신학교를 통해서 한국교회에 그대로 계승 발전되었다. 독자들은 왜 한국교회가 짧은 역사 속에서 전 세계에서 유래를 찾을 수 없을만큼 놀랍게 성장했는지 그 사상적 배경을 본서를 통해서 만날 것이다.

박용규 지음
2023
신국판
480쪽
30,000원

교회사총서 2 중세교회사

590년 그레고리 1세부터 1517년 루터의 종교개혁이 일어나기 전까지 900여 년의 중세교회 역사를 교황과 대립의 시대라는 시각으로 중세를 한눈에 이해할 수 있도록 정리하였다. 중세를 특징 짓는 교황제도, 이슬람과 기독교의 대립, 동서방교회의 분리, 스콜라주의, 수도원 운동과 중세신비주의부흥운동, 종교개혁 이전의 개혁자들, 그리고 르네상스 휴머니즘에 이르는 장구한 기독교 역사를 한 권에 담았다.

박용규 지음
2024
신국판 양장
552쪽
33,000원

교회사총서 3 종교개혁사 (근간)

1517년 10월 31일 마르틴 루터가 종교개혁의 포문을 연 이후부터 1648년 베스트팔렌 평화조약이 체결되기까지 종교개혁운동이 어떻게 발흥하고 전개되고 영향을 미쳤는가를 통시적으로 고찰하였다. 루터, 츠빙글리, 칼빈으로 대변되는 대륙의 종교개혁, 영국의 종교개혁, 급진종교개혁, 프랑스 위그노종교개혁과 네덜란드 종교개혁, 그리고 로마 카톨릭의 반종교개혁으로 이어지는 종교개혁의 흐름을 한눈에 이해하도록 정리하였다.

박용규 지음
신국판 양장

교회사총서 5 현대교회사 (근간)

1789년 프랑스혁명과 1861년 남북전쟁 이후의 교회 역사를 다룬다. 독일에서 발흥한 고등비평, 영국의 찰스 다윈의 진화론, 칼 마르크스의 공산주의를 배경으로 한 현대주의가 무섭게 역사적 기독교를 위협하였다. 자유주의발흥, 근본주의, 신정통주의, 에큐메니칼운동, 복음주의가 역사에 부상했다.

박용규 지음
신국판 양장

박용규 교수의 저서와 역서 소개

◆ 저서

- 한국장로교사상사. 총신대학교 출판부, 1992, (수정판, 한국기독교사연구소, 2023).
- 초대교회사. 총신대학교 출판부, 1994, 한국기독교사연구소, 2016.
- 근대교회사. 총신대학교 출판부, 1995, 한국기독교사연구소, 2016.
- 죽산 박형룡 박사의 생애와 사상. 총신대학교 출판부, 1996.
- 한국교회를 깨운 복음주의 운동. 두란노, 1998.
- 한국교회를 깨운다. 생명의 말씀사, 1998.
- 평양대부흥운동. 생명의 말씀사, 2000, 한국기독교사연구소, 2024.
- 한국기독교회사 1권 1784-1910, 2권. 1910-1960, 한국기독교사연구소, 2016.
- 평양대부흥이야기. 생명의 말씀사, 2005, 한국기독교사연구소, 2014.
- 평양산정현교회. 생명의 말씀사, 2006.
- 제주기독교회사. 생명의 말씀사, 2008, 한국기독교사연구소, 2017.
- 부흥의 현장을 가다. 생명의 말씀사, 2008.
- 안산동산교회이야기. 큰숲, 2009.
- 강규찬과 평양산정현교회. 한국기독교사연구소, 2012.
- 사랑의교회 이야기. 생명의 말씀사, 2012.
- 세계부흥운동사. 생명의 말씀사, 2014(수정판, 한국기독교사연구소, 2016).
- 한국기독교회사 3권. 1960-2010, 한국기독교사연구소, 2018.
- 기독교역사와 역사의식. 한국기독교사연구소, 2018.
- 성령의 복음. 한국기독교사연구소, 2020.
- 성령의 복음 입문. 한국기독교사연구소, 2020.
- 중세교회사. 한국기독교사연구소, 2024.
- 종교개혁사. 한국기독교사연구소, 2024(예정).
- 현대교회사. 한국기독교사연구소, 2024(예정).

◆ 공저

- 이 땅 부흥케 하소서. 생명의 말씀사, 2004.
- 총신대학교 100년사. 총신대학교, 2002.
- 장로교 총회 100년사. 예장총회, 2006.
- Accountability in Missions. Eugene: Wipf&Stock, 2011.
- 총회 100년, 한국장로교회 회고와 전망, 한국기독교사연구소, 2014.

◆ 번역서

- Noll, Hatch. Woodbridge. 기독교와 미국. 총신대학교 출판부, 1992.
- John D. Woodbridge. 인물로 본 기독교회사 상 하. 도서출판 횃불, 1993.
- David Wells, ed. 개혁주의신학. 엠마오, 1993, 한국기독교사연구소, 2017.
- Charles Allen Clark. 한국교회와 네비우스 선교정책. 기독교서회, 1994.
- George M. Marsden. 근본주의와 미국문화. 생명의 말씀사, 1997.
- John D. Woodbridge. ed. 세속에 물들지 않는 영성. 생명의 말씀사, 2004.

한국기독교사연구소
The Korea Institute of Christian History

 한국기독교사연구소(The Korea Institute of Christian History)는 비영리단체로서 복음주의적이고 개혁주의적인 신앙에 입각하여 한국교회사 전반에 대한 역사, 문화, 출판 사업을 통해 역사의식을 고취하고, 이 시대 복음의 대사회적 문화적 민족적 책임을 충실하게 감당하여 한국교회와 사회 전 영역에 그리스도의 주관을 확립하는 것을 그 목적으로 1997년 7월 14일 창립하였다.

 2004년부터 정기학술세미나를 개최하고 있으며, 2013년 4월까지 57차 정기학술세미나 및 심포지엄을 가졌다. 평양대부흥운동과 한국기독교회사 1, 2, 3을 비롯해 많은 저술을 발행했으며, 홈페이지 www.kich.org(www.1907revival.com)을 통해 평양대부흥운동, 세계부흥운동, 한국교회의 정체성과 이슈를 포함하여 기독교회사에 대한 심도 있고 균형 잡힌 정보를 제공하고 있다. 2021년 좀더 효과적인 사역을 위해 유튜브 '박용규TV'를 개설하였다.

주　　소 : 04083 서울시 마포구 성지길 54 (합정동376-32)
전　　화 : (02) 3141-1964 (Fax. 02-3141-1984)
이 메 일 : kich-seoul@daum.net
홈페이지: www.kich.org(www.1907revival.com)
후원계좌: 국민은행 165-21-0030-176 (예금주:한국교회사연구소)
　　　　　우체국 104984-01-000223 (예금주:한국교회사연구소)